儒藏經典

康熙篆文六經四書

（下）

四川大學古籍整理研究所◎編

余洋 馬琛◎校釋

舒大剛 尹波◎審核

四川大學出版社
SICHUAN UNIVERSITY PRESS

儀禮

儀禮篇目

儀禮篇目

少牢饋食禮第十六

有司徹第十七

儀禮篇目

少牢饋食禮第十六

有司徹第十七

儒藏
儒藏經典·康熙篆文六經四書 儀禮

儀禮卷第一

士冠禮第一

士冠禮筮于廟門主人玄冠朝
服緇帶素韠即位于門東西面
有司如主人服即位于西方東
面北上筮與席所卦者具饌于
西塾布席于門中闑西閾外西
面筮人執筴抽上韇兼執之進
受命於主人宰自右少退贊命
筮人許諾右還即席坐西面卦
者在左卒筮書卦執以示主人
主人受眡反之筮人還東面旅
占卒進告吉若不吉則筮遠日
如初儀徹筮席宗人告事畢主
人戒賓賓禮辭許主人再拜賓
答拜主人退賓拜送前期三日

儀禮卷第一

士冠禮第一

士冠禮。筮于廟門。主人玄冠朝服，緇帶素韠，即位于門東西面。有司如主人服，即位于西方，東面北上。筮與席，所卦者，具饌于西塾。布席于門中，闑西閾外，西面。筮人執筴抽上韇，兼執之，進受命於主人。宰自右，少退贊命。筮人許諾，右還，即席，坐西面。卦者在左。卒筮書卦，執以示主人。主人受眡反之。筮人還東面，旅占卒，進告吉。若不吉，則筮遠日，如初儀。徹筮席。宗人告事畢。主人戒賓，賓禮辭許。主人再拜，賓答拜。主人退，賓拜送。前期三日筮賓，如求日之儀。乃宿賓。賓如主人服，出門左，西面再拜。主人東面答拜。乃宿賓，賓許。主人再拜，賓答拜。主人退，賓拜送。宿贊冠者一人，亦如之。厥明夕爲期，于廟門之外。主人立于門東，兄弟在其南，少退。西面北上。有司皆如宿服，立于西方，東面北上。擯者請期。宰告曰，質明行事。告兄弟及有司。告事畢。擯者告期于賓之家。夙興，設洗直于東榮。南北以堂深，水在洗東。陳服于房中西墉下，東領北上。爵弁，服纁裳，純衣。緇帶，韎韐。皮弁，服素積，緇帶，素韠。玄端，玄裳，黃裳，雜裳，可也。緇帶爵韠。緇布冠缺項青組，纓屬于缺。緇纚廣終幅，長六尺。皮弁笄，爵弁笄。緇組紘纁邊。同篋。櫛實于簞。蒲筵二在南。側尊一甒。醴在服北。有篚實、勺觶，角柶。脯醢南上。爵弁、皮弁、緇布冠，各一匴。執以待于西坫南，南面東上。賓升則東面。主人玄端爵韠，立于阼階下，直東序西面。兄弟畢袗玄，立于洗東，西面北上。擯者玄端，負東塾。將冠者，采衣紒，在房中南面，賓如主人服，贊者玄端從之，立于外門之外。擯者告。主人迎出門左，西面再拜。賓答拜。主人揖贊者，與賓揖先入。每曲揖，至于廟門揖入。三揖至于階，三讓。主人升，立于

序端西面賓西序東面贊者盥
于洗西升立于房中西面南上
主人之贊者筵于東序少北西
面將冠者出房南面贊者奠纚
笄櫛于筵南端賓揖將冠者將
冠者即筵坐贊者坐櫛設纚賓
降主人降賓辭主人對賓盥卒
壹揖壹讓升主人升復初位賓

筵前坐正纚興降西階一等執
冠者升一等東面授賓賓右手
執項左手執前進容乃祝坐如
初乃冠興復位贊者卒冠者興
賓揖之適房服玄端爵韠出房
南面賓揖之即筵坐櫛設笄賓
盥正纚如初降二等受皮弁右
執項左執前進祝加之如初復

序端，西面。賓西序，東面。贊者盥
于洗西，升立于房中，西面南上。
主人之贊者，筵于東序，少北西
面。將冠者出房，南面。贊者奠纚
笄櫛于筵南端。賓揖將冠者，將
冠者即筵坐。贊者坐櫛設纚。賓
降。主人降。賓辭，主人對。賓盥卒，
壹揖，壹讓，升。主人升，復初位。賓

筵前坐，正纚，興，降西階一等。執
冠者升一等，東面授賓。賓右手
執項，左手執前進容，乃祝坐如
初，乃冠。興，復位。贊者卒。冠者興。
賓揖之適房。服玄端爵韠，出房
南面。賓揖之，即筵坐櫛，設笄。賓
盥，正纚如初，降二等，受皮弁，右
執項，左執前進祝，加之如初，復

位贊者卒紘興賓揖之適房服
素積素韠容出房南面賓降三
等受爵弁加之服纁裳韎韐其
他如加皮弁之儀徹皮弁冠櫛
筵入于房筵于户西南面贊者
洗于房中側酌醴加柶覆之面
葉賓揖冠者就筵筵西南面賓
受醴于户東加柶面枋筵前北

面冠者筵西拜受觶賓東面答
拜薦脯醢冠者即筵坐左執觶
右祭脯醢以柶祭醴三興筵末
坐啐醴捷柶興降筵坐奠觶拜
執觶興賓答拜冠者奠觶于薦
東降筵北面坐取脯降自西階
適東壁北面見于母母拜受子
拜送母又拜賓降直西序東面

位。贊者卒紘。興。賓揖之適房。服
素積素韠，容，出房南面。賓降三
等，受爵弁加之。服纁裳韎韐。其
他如加皮弁之儀。徹皮弁冠櫛
筵，入于房。筵于户西，南面。贊者
洗于房中，側酌醴，加柶覆之面
葉。賓揖冠者就筵。筵西南面。賓
受醴于户東，加柶面枋，筵前北

儒藏 儒藏經典・康熙篆文六經四書 儀禮

面。冠者筵西拜受觶。賓東面答
拜。薦脯醢。冠者即筵坐，左執觶。
右祭脯醢，以柶祭醴三，興，筵末
坐啐醴，捷柶，興，降筵坐，奠觶拜。
執觶興。賓答拜。冠者奠觶于薦
東，降，筵北面坐，取脯，降自西階，
適東壁，北面見于母。母拜，受子
拜。送母。又拜。賓降直西序東面。

主人降，復初位。冠者立于西階東南面。賓字之。冠者對。賓出，主人送于廟門外，請醴賓。賓禮辭，許。賓就次。冠者見于兄弟。兄弟再拜，冠者答拜。見贊者，西面拜，亦如之。入見姑姊如見母。乃易服。服玄冠玄端爵韠。奠贄見於君，遂以贄見于鄉大夫、鄉先生。

儒藏 儒藏經典·康熙篆文六經四書 儀禮

乃醴賓以壹獻之禮。主人酬賓，束帛儷皮。贊者皆與。贊冠者爲介。賓出，主人送于外門外，再拜。歸賓俎。若不醴則醮用酒。尊于房户之間，兩甒有禁，玄酒在西，加勺南枋。洗有篚，在西，南順。始加，醮用脯醢。賓降，取爵于篚。辭，降如初。卒洗，升酌。冠者拜受。賓

主人降，復初位。冠者立于西階東南面。賓字之。冠者對。賓出，主人送于廟門外，請醴賓。賓禮辭，許。賓就次。冠者見于兄弟。兄弟再拜，冠者答拜。見贊者，西面拜，亦如之。入見姑姊如見母。乃易服。服玄冠玄端爵韠。奠贄見於君，遂以贄見于鄉大夫、鄉先生。

乃醴賓以壹獻之禮。主人酬賓，束帛儷皮。贊者皆與。贊冠者爲介。賓出，主人送于外門外，再拜。歸賓俎。若不醴則醮用酒。尊于房户之間，兩甒有禁，玄酒在西，加勺南枋。洗有篚，在西，南順。始加，醮用脯醢。賓降，取爵于篚。辭，降如初。卒洗，升酌。冠者拜受。賓

[篆文同下]

答拜如初。冠者升筵坐，左執爵，右祭脯醢，祭酒，興，筵末坐啐酒，降筵拜。賓答拜。冠者奠爵于薦東，立于筵西。徹薦爵，筵尊不徹。加皮弁如初儀，再醮攝酒。其他皆如初。加爵弁如初儀。三醮，有乾肉，折俎嚌之。其他如初。北面取脯見于母。若殺，則特豚載合升，離肺實于鼎，設扃鼏。始醮，如初。再醮，兩豆，葵菹蠃醢。兩籩栗脯。三醮，攝酒如再醮，加俎嚌之，皆如初嚌肺。卒醮，取籩脯以降，如初。若孤子，則父兄戒宿。冠之日，主人紒而迎賓，拜揖讓立于序端，皆如冠主。禮于阼。凡拜，北面于阼階上。賓亦北面于西階

上答拜若殺則舉鼎陳于門外
直東塾北面若庶子則冠于房
外南面遂醮焉冠者母不在則
使人受脯于西階下戒賓曰某
有子某將加布于其首願吾子
之教之也賓對曰某不敏恐不
能共事以病吾子敢辭主人曰
某猶願吾子之終教之也賓對
曰吾子重有命某敢不從宿曰
某將加布于某之首吾子將莅
之敢宿賓對曰某敢不夙興始
加祝曰令月吉日始加元服棄
爾幼志順爾成德壽考惟祺介
爾景福再加曰吉月令辰乃申
爾服敬爾威儀淑慎爾德眉壽
萬年永受胡福三加曰以歲之

儒藏
儒藏經典·康熙篆文六經四書　儀禮

上答拜。若殺，則舉鼎陳于門外，直東塾北面。若庶子，則冠于房外南面，遂醮焉。冠者母不在，則使人受脯于西階下。戒賓曰：某有子，某將加布于其首。願吾子之教之也。」賓對曰：「某不敏，恐不能共事，以病吾子，敢辭。」主人曰：「某猶願吾子之終教之也。」賓對曰：「吾子重有命，某敢不從？」宿，曰：「某將加布于某之首，吾子將莅之，敢宿。」賓對曰：「某敢不夙興？」始加祝曰：「令月吉日，始加元服。棄爾幼志，順爾成德。壽考惟祺，介爾景福。」再加曰：「吉月令辰，乃申爾服。敬爾威儀，淑慎爾德。眉壽萬年，永受胡福。」三加曰：「以歲之正以月之令咸加爾服兄弟具在以成厥德黃耇無疆受天之慶醴辭曰甘醴惟厚嘉薦令芳拜受祭之以定爾祥承天之休壽考不忘醮辭曰旨酒既清嘉薦亶時始加元服兄弟具來孝友時格永乃保之再醮曰旨酒既湑嘉薦伊脯乃申爾服禮儀有序祭此嘉爵承天之祜三醮曰旨酒令芳籩豆有楚咸加爾服肴升折俎承天之慶受福無疆字辭曰禮儀既備令月吉日昭告爾字爰字孔嘉髦士攸宜宜之于假永受保之曰伯某甫仲叔季唯其所當屨夏用葛玄端黑屨青絇繶純純博寸素積

正，以月之令，咸加爾服。兄弟具在，以成厥德。黃耇無疆，受天之慶。」醴辭曰：「甘醴惟厚，嘉薦令芳。拜受祭之，以定爾祥。承天之休，壽考不忘。」醮辭曰：「旨酒既清，嘉薦亶時。始加元服，兄弟具來。孝友時格，永乃保之。」再醮曰：「旨酒既湑，嘉薦伊脯。乃申爾服，禮儀有序。祭此嘉爵，承天之祜。」三醮曰：「旨酒令芳，籩豆有楚。咸加爾服，肴升折俎。承天之慶，受福無疆。」字辭曰：「禮儀既備，令月吉日，昭告爾字。爰字孔嘉，髦士攸宜。宜之于假，永受保之，曰伯某甫。」仲叔季，唯其所當。屨夏用葛。玄端黑屨，青絇繶純，純博寸。素積白屨，以魁柎之，緇約繶純，純博寸。爵弁纁屨，黑約繶純，純博寸。冬皮屨可也。不屨繐屨。記冠義。始冠緇布之冠也。大古冠布，齊則緇之。其緌也，孔子曰：「吾未之聞也。冠而敝之，可也。」適子冠於阼，以著代也。醮於客位，加有成也。三加彌尊，諭其志也。冠而字之，敬其名也。委貌，周道也。章甫，殷道也。毋追，夏后氏之道也。周弁，殷冔，夏收。三王共皮弁素積。無大夫冠禮，而有其昏禮。古者五十而后爵，何大夫冠禮之有？公侯之有冠禮也，夏之末造也。天子之元子猶士也，天下無生而貴者也。繼世以立諸侯，象賢

也以官爵人德之殺也死而謚
今也古者生無爵死無謚

儀禮卷第一

儒藏
儒藏經典·康熙篆文六經四書 儀禮

也。以官爵人，德之殺也。死而謚，
今也。古者生無爵，死無謚。

儀禮卷第一

儀禮卷第二

士昏禮第二

昏禮下達納采用鴈主人筵于
户西西上右几使者玄端至擯
者出請事入告主人如賓服迎
於門外再拜賓不答拜揖入至
于廟門揖入三揖至于階三讓
主人以賓升西面賓升西階當

阿東面致命主人阼階上北面
再拜授于楹間南面賓降出主
人降授老鴈擯者出請賓執鴈
請問名主人許賓入授如初禮
擯者出請賓告事畢入告出請
醴賓賓禮辭許主人徹几改筵
東上側尊甒醴于房中主人迎
賓于廟門外揖讓如初升主人

儀禮卷第二

士昏禮第二

昏禮。下達納采，用鴈。主人筵于
户西，西上右几。使者玄端至。擯
者出請事，入告。主人如賓服迎
於門外，再拜。賓不答拜。揖入。至
于廟門，揖入。三揖，至于階，三讓，
主人以賓升西面。賓升西階，當

儒藏經典·康熙篆文六經四書 儀禮

阿，東面致命。主人阼階上北面
再拜。授于楹間，南面。賓降，出。主
人降，授老鴈。擯者出請。賓執鴈，
請問名。主人許。賓入授，如初禮。
擯者出請，賓告事畢。入告，出請
醴賓。賓禮辭許。主人徹几改筵，
東上，側尊甒醴于房中。主人迎
賓于廟門外，揖讓如初升。主人

北面再拜賓西階上北面答拜▲主人拂几授校拜送賓以几辟北面設于坐左之西階上答拜贊者酌醴加角柶面葉出于房▲主人受醴面枋筵前西北面賓拜受醴復位▲主人阼階上拜送贊者薦脯醢賓即筵坐左執觶祭脯醢以柶祭醴三西階上北

面坐啐醴建柶興坐奠觶遂拜▲主人答拜賓即筵奠于薦左降筵北面坐取脯▲主人辭賓降授人脯出▲主人送于門外再拜納吉用鴈如納采禮納徵玄纁束帛儷皮如納吉禮請期用鴈▲主人辭賓許告期如納徵禮期初昏陳三鼎于寢門外東方北面

儒藏經典·康熙篆文六經四書　儀禮

北面再拜。賓西階上北面答拜。主人拂几授校，拜送。賓以几辟。北面設于坐左之西階上答拜。贊者酌醴，加角柶面葉，出于房。主人受醴，面枋筵前西北面。賓拜受醴復位。主人阼階上拜送。贊者薦脯醢。賓即筵坐，左執觶。祭脯醢，以柶祭醴三，西階上北

面，坐啐醴建柶興，坐奠觶，遂拜。主人答拜。賓即筵奠于薦左，降筵北面，坐取脯。主人辭。賓降，授人脯，出。主人送于門外，再拜。納吉用鴈，如納采禮。納徵，玄纁束帛儷皮，如納吉禮。請期用鴈。主人辭，賓許告期，如納徵禮。期初昏，陳三鼎于寢門外，東方北面

北上。其實，特豚合升，去蹄，舉肺脊二，祭肺二，魚十有四，腊一，純髀不升，皆飪。設扃鼏。設洗于阼階東南。饌于房中：醯醬二豆，菹醢四豆，兼巾之；黍稷四敦，皆蓋。大羹湆在爨，尊于室中北墉下，有禁，玄酒在西，綌冪加勺，皆南枋。尊于房户之東，無玄酒。篚在南，實四爵合卺。主人爵弁，纁裳緇袘。從者畢玄端。乘墨車，從車二乘。執燭前馬。婦車亦如之，有裧。至于門外。主人筵于户西，西上，右几。女次純衣纁袡，立于房中南面。姆纚笄宵衣在其右。女從者畢袗玄，纚笄被纇黼，在其後。主人玄端迎于門外，西面再拜賓東面答拜主人揖入賓執鴈從至于廟門揖入三揖至于階三讓主人升西面賓升北面奠鴈再拜稽首①降出婦從降自西階主人不降送壻御婦車授綏姆辭不受婦乘以几姆加景乃驅御者代壻乘其車先俟于門外婦至主人揖婦以入及寢門揖入升自西階媵布席于奥夫入于室即席婦尊西南面媵御沃盥交贊者徹尊冪舉者盥出除鼏舉鼎入陳于阼階南西面北上匕俎從設北面載執而俟匕者逆退復位于門東北面西上贊者設醬于席前菹醢在其北俎入設于豆東魚次腊特

拜。賓東面答拜。主人揖入，賓執鴈從。至于廟門，揖入。三揖，至于階。三讓，主人升西面。賓升北面奠鴈，再拜稽首。降出。婦從降自西階。主人不降送。壻御婦車授綏，姆辭不受。婦乘以几。姆加景。乃驅，御者代。壻乘其車，先俟于門外。婦至，主人揖婦以入。及寢門，揖入，升自西階。媵布席于奥。夫入于室即席。婦尊西南面。媵御沃盥交。贊者徹尊冪。舉者盥出除鼏。舉鼎。入陳于阼階南，西面北上。匕俎從設。北面載，執而俟。匕者逆退，復位于門東，北面西上。贊者設醬于席前，菹醢在其北。俎入設于豆東，魚次腊，特于俎北贊設黍于醬東稷在其東設湆于醬南設對醬于東菹醢在其南北上設黍于腊北其西稷設湆于醬北御布對席贊啓會卻于敦南對敦于北贊告具揖婦即對筵皆坐皆祭祭薦黍稷肺贊爾黍授肺脊皆食以湆醬皆祭舉食舉也三飯卒食贊洗爵酌酳主人主人拜受贊户内北面答拜酳婦亦如之皆祭贊以肝從皆振祭嚌肝皆實于菹豆卒爵皆拜贊答拜受爵再酳如初無從三酳用巹亦如之贊洗爵酌于户外尊入户西北面奠爵拜皆答拜坐祭卒爵拜皆答拜興主人出婦復位乃

儒藏 儒藏經典·康熙篆文六經四書 儀禮

于俎北。贊設黍于醬東，稷在其東，設湆于醬南。設對醬于東，菹醢在其南北上。設黍于腊北，其西稷，設湆于醬北。御布對席。贊啓會卻于敦南，對敦于北。贊告具。揖婦即對筵。皆坐皆祭，祭薦黍稷肺。贊爾黍授肺脊皆食，以湆醬，皆祭舉食舉也。三飯卒食。贊洗爵酌，酳主人，主人拜受。贊户内北面答拜。酳婦亦如之。皆祭。贊以肝從。皆振祭嚌肝，皆實于菹豆。卒爵皆拜。贊答拜受爵。再酳如初，無從。三酳用巹，亦如之。贊洗爵酌于户外尊，入户西北面奠爵拜。皆答拜。坐祭卒爵拜。皆答拜。興。主人出，婦復位。乃徹于房中，如設于室。尊否。主人説服于房，媵受。婦説服于室，御受。姆授巾。御衽于奥，媵衽良席在東，皆有枕北止。主人入。親説婦之纓。燭出。媵餕主人之餘，御餕婦餘。贊酌外尊酳之。媵侍于户外，呼則聞。夙興，婦沐浴纚笄，宵衣以俟見。質明，贊見婦于舅姑。席于阼，舅即席。席于房外南面，姑即席。婦執笲棗、栗，自門入，升自西階進拜，奠于席。舅坐撫之，興，答拜。婦還，又拜。降階受笲腶脩，升進，北面拜，奠于席。姑坐舉以興，拜授人。贊醴婦，席于户牖間，側尊甒醴于房中。婦疑，立于席西。贊者酌醴，加柶面枋，出房席前北面婦東面拜受贊西階上北面拜送婦又拜薦脯醢婦升席左執觶右祭脯醢以柶祭醴三降席東面坐啐醴建柶興拜贊答拜婦又拜奠于薦東北面坐取脯降出授人于門外舅姑入于室婦盥饋特豚合升側載無魚腊無稷並南上其他如取女禮婦贊成祭卒食一酳無從席于北墉下婦徹設席前如初西上婦餕舅辭易醬婦餕姑之饌御贊祭豆黍肺舉肺脊乃食卒姑酳之婦拜受姑拜送坐祭卒爵姑受奠之婦徹于房中媵御餕姑酳之雖無娣媵先於是與始飯之錯舅姑共饗婦

儒藏經典·康熙篆文六經四書　儀禮

房席前北面。婦東面拜受。贊西階上北面拜送。婦又拜。薦脯醢。婦升席，左執觶，右祭脯醢，以柶，祭醴三，降席東面，坐啐醴建柶，興拜。贊答拜。婦又拜，奠于薦東，北面坐取脯降出，授人于門外。舅姑入于室。婦盥饋。特豚合升側載。無魚腊，無稷，並南上。其他如取女禮。婦贊成祭。卒食一酳，無從。席于北墉下，婦徹，設席前。如初西上。婦餕，舅辭易醬。婦餕姑之饌。御贊祭豆黍肺舉肺脊乃食卒，姑酳之。婦拜受。姑拜送。坐祭卒爵。姑受奠之。婦徹于房中，媵御餕，姑酳之。雖無娣，媵先。於是與始飯之錯。舅姑共饗婦

以一獻之禮舅洗于南洗姑洗
于北洗奠酬舅姑先降自西階
婦降自阼階歸婦俎于婦氏人
舅饗送者以一獻之禮酬以束
錦姑饗婦人送者酬以束錦若
異邦則贈丈夫送者以束錦若
舅姑既没則婦入三月乃奠菜
席于廟奥東面右几席于北方
南面祝盥婦盥于門外婦執笲
菜祝帥②婦以入祝告稱婦之姓
曰某氏來婦敢奠嘉菜于皇舅
某子婦拜扱地坐奠菜于几東
席上還又拜如初婦降堂取笲
菜入祝曰某氏來婦敢告于皇
姑某氏奠菜于席如初禮婦出
祝闔牖户老醴婦于房中南面

以一獻之禮。舅洗于南洗，姑洗于北洗。奠酬。舅姑先降自西階，婦降自阼階。歸婦俎于婦氏人。舅饗送者以一獻之禮，酬以束錦。姑饗婦人送者，酬以束錦。若異邦，則贈丈夫，送者以束錦。若舅姑既没，則婦入三月，乃奠菜。席于廟奥東面，右几，席于北方南面。祝盥。婦盥于門外。婦執笲菜。祝帥婦以入。祝告稱婦之姓曰：「某氏來婦，敢奠嘉菜于皇舅某子。」婦拜扱地，坐，奠菜于几東，席上，還，又拜如初。婦降堂，取笲菜入，祝曰：「某氏來婦，敢告于皇姑某氏。」奠菜于席，如初禮。婦出。祝闔牖户。老醴婦于房中南面。

如舅姑醴婦之禮壻饗婦送者
丈夫婦人如舅姑饗禮記士昏
禮凡行事必用昏昕受諸禰廟
辭無不腆無辱贄不用死皮帛
必可制腊必用鮮魚用鮒必殽
全女子許嫁笄而醴之稱字祖
③廟未毀教于公宮三月若祖廟
已毀則教于宗室問名主人受
鴈還西面對賓受命乃降祭醴
始扱一祭又扱再祭賓右取脯
左奉之乃歸執以反命納徵執
皮攝之內文兼執足左首隨入
西上參分庭一在南賓致命釋
外足見文主人受幣士受皮者
自東出于後自左受遂坐攝皮
逆退適東壁父醴女而俟迎者

如舅姑醴婦之禮。壻饗婦送者，丈夫婦人，如舅姑饗禮。記。士昏禮。凡行事，必用昏昕，受諸禰廟。辭無「不腆」，無「辱」。贄不用死。皮帛必可制。腊必用鮮，魚用鮒，必殽全。女子許嫁，笄而醴之稱字。祖廟未毀，教于公宮三月。若祖廟已毀，則教于宗室。問名，主人受鴈，還西面對。賓受命，乃降。祭醴，始扱一祭，又扱再祭。賓右取脯，左奉之，乃歸執以反命。納徵，執皮攝之內文，兼執足，左首。隨入西上，參分庭，一在南。賓致命，釋外足見文。主人受幣。士受皮者，自東出于後，自左受遂坐攝皮。逆退，適東壁。父醴女而俟迎者。

女南面于房外女出于母左父
西面戒之必有正焉若衣若笄 ④
母戒諸西階上不降婦乘以几
從者二人坐持几相對婦入寢
門贊者徹尊冪酌玄酒三屬于
尊棄餘水于堂下階間加勺笄
緇被纁裏加于橋舅答拜宰徹
笄婦席薦饌于房饗婦姑薦焉
婦洗在北堂直室東隅篚在東
北面盥婦酢舅更爵自薦不敢
辭洗舅降則辟于房不敢拜洗
凡婦人相饗無降婦入三月然
後祭行庶婦則使人醮之婦不
饋昏辭曰吾子有惠貺室某也
某有先人之禮使某也請納采
對曰某之子惷愚又弗能教吾

儒藏經典·康熙篆文六經四書　儀禮

母南面于房外，女出于母左。父西面戒之，必有正焉，若衣若笄。母戒諸西階上，不降。婦乘以几，從者二人，坐持几相對。婦入寢門，贊者徹尊冪，酌玄酒，三屬于尊，棄餘水于堂下階間，加勺。笄，緇被纁裏，加于橋。舅答拜，宰徹笄。婦席薦饌于房。饗婦，姑薦焉。婦洗在北堂，直室東隅。篚在東北面盥。婦酢舅，更爵自薦。不敢辭洗，舅降，則辟于房，不敢拜洗。凡婦人相饗，無降。婦入三月，然後祭行。庶婦，則使人醮之。婦不饋。昏辭曰：「吾子有惠，貺室某也，某有先人之禮，使某也請納采。」對曰：「某之子惷愚，又弗能教。吾子命之某不敢辭致命曰敢納采問名曰某既受命將加諸卜敢請女爲誰氏對曰吾子有命且以備數而擇之某不敢辭醴曰子爲事故至於某之室某有先人之禮請醴從者對曰某既得將事矣敢辭先人之禮敢固以請某辭不得命敢不從也納吉曰吾子有貺命某加諸卜占曰吉使某也敢告對曰某之子不教唯恐弗堪子有吉我與在某不敢辭納徵曰吾子有嘉命貺室某也某有先人之禮儷皮束帛使某也請納徵致命曰某敢納徵對曰吾子順先典貺某重禮某不敢辭敢不承命請期

儒藏
儒藏經典·康熙篆文六經四書 儀禮

子命之，某不敢辭。」致命曰：「敢納采」。問名曰：「某既受命，將加諸卜，敢請女爲誰氏？」對曰：「吾子有命，且以備數而擇之。某不敢辭。」醴，曰：「子爲事故至於某之室。某有先人之禮，請醴從者。」對曰：「某既得將事矣。敢辭。」「先人之禮，敢固以請。」「某辭不得命，敢不從也。」納吉，曰：「吾子有貺，命某加諸卜，占曰吉，使某也敢告。」對曰：「某之子不教，唯恐弗堪。子有吉，我與在，某不敢辭。」納徵，曰：「吾子有嘉命，貺室某也。某有先人之禮，儷皮束帛，使某也，請納徵。」致命曰：「某敢納徵。」對曰：「吾子順先典，貺某重禮，某不敢辭，敢不承命？」請期，曰吾子有賜命某既申受命矣惟是三族之不虞使某也請吉日對曰某既前受命矣唯命是聽曰某命某聽命于吾子對曰某固唯命是聽使者曰某使某受命吾子不許某敢不告期曰某日對曰某敢不敬須凡使者歸反命曰某既得將事矣敢以禮告主人曰聞命矣父醮子命之曰往迎爾相承我宗事勗帥以敬先妣之嗣若則有常子曰諾唯恐弗堪不敢忘命賓至擯者請對曰吾子命某以茲初昏使某將請承命對曰某固敬具以須父送女命之曰戒之敬之夙夜毋⑤違命母施衿結帨曰勉

儒藏經典・康熙篆文六經四書　儀禮

曰：「吾子有賜，命某既申受命矣。惟是三族之不虞，使某也請吉日。」對曰：「某既前受命矣，唯命是聽。」曰：「某命某聽命于吾子。」對曰：「某固唯命是聽。」使者曰：「某使某受命，吾子不許，某敢不告期？」曰某日。對曰：「某敢不敬須？」凡使者歸，反命，曰：「某既得將事矣，敢以禮告。」主人曰：「聞命矣。」父醮子，命之曰：「往迎爾相，承我宗事。勗帥以敬先妣之嗣。若則有常。」子曰：「諾。唯恐弗堪，不敢忘命。」賓至，擯者請，對曰：「吾子命某以茲初昏，使某將請承命。」對曰：「某固敬具以須。」父送女，命之曰：「戒之敬之，夙夜毋違命。」母施衿結帨，曰：「勉之敬之夙夜無違宫事庶母及門内施鞶申之以父母之命命之曰敬恭聽宗爾父母之言夙夜無愆眂諸衿鞶宗⑥子無父母命之親皆没己躬命之支子則稱其宗弟則稱其兄若不親迎則婦入三月然後壻見曰某以得爲外昏姻請覿主人對曰某以得爲外昏姻之數某之子未得濯溉於祭祀是以未敢見今吾子辱請吾子之就宫某將走見對曰某以非他故不足以辱命請終賜見對曰某得以爲昏姻之故不敢固辭敢不從主人出門左西面壻入門東面奠贄再拜出擯者以贄出請受壻禮

之敬之，夙夜無違宫事。」庶母及門内施鞶，申之以父母之命，命之曰：「敬恭聽宗爾父母之言，夙夜無愆，眂諸衿鞶。」宗子無父，母命之。親皆没，己躬命之。支子則稱其宗。弟則稱其兄。若不親迎，則婦入三月，然後壻見，曰：「某以得爲外昏姻，請覿。」主人對曰：「某以得爲外昏姻之數，某之子未得濯溉於祭祀，是以未敢見。今吾子辱請吾子之就宫，某將走見。」對曰：「某以非他故，不足以辱命，請終賜見。」對曰：「某得以爲昏姻之故，不敢固辭。敢不從？」主人出門，左西面。壻入門，東面奠贄，再拜出。擯者以贄出，請受。壻禮辭許，受贄入。主人再拜受。壻再拜送出。見主婦。主婦闔扉立于其内。壻立于門外，東面。主婦一拜。壻答再拜。主婦又拜。壻出，主人請醴。及揖讓入。醴以一獻之禮。主婦薦。奠酬無幣。壻出，主人送再拜。

儀禮卷第二

儒藏經典·康熙篆文六經四書 儀禮

辭許，受贄入。主人再拜受。壻再拜送出。見主婦。主婦闔扉立于其内。壻立于門外，東面。主婦一拜。壻答再拜。主婦又拜。壻出，主人請醴。及揖讓入。醴以一獻之禮。主婦薦。奠酬無幣。壻出，主人送再拜。

儀禮卷第二

儀禮卷第三

士相見禮第三

士相見之禮摯冬用雉夏用腒左頭奉之曰某也願見無由達某子以命命某見主人對曰某子命某見吾子有辱請吾子之就家也某將走見賓對曰某不足以辱命請終賜見主人對曰某不敢爲儀固請吾子之就家也某將走見賓對曰某不敢爲儀固以請主人對曰某也固辭不得命將走見聞吾子稱摯敢辭摯賓對曰某不以摯不敢見主人對曰某不足以習禮敢固辭賓對曰某也不依於摯不敢見固以請主人對曰某也固辭

儀禮卷第三

士相見禮第三

士相見之禮。贄，冬用雉，夏用腒。左頭奉之。曰：「某也願見。無由達。某子以命命某見。」主人對曰：「某子命某見，吾子有辱。請吾子之就家也，某將走見。」賓對曰：「某不足以辱命。請終賜見。」主人對曰：「某不敢爲儀，固請吾子之就家也，某將走見。」賓對曰：「某不敢爲儀，固以請。」主人對曰：「某也固辭，不得命，將走見。聞吾子請贄，敢辭贄。」賓對曰：「某不以贄，不敢見。」主人對曰：「某不足以習禮，敢固辭。」賓對曰：「某也不依於贄，不敢見，固以請。」主人對曰：「某也固辭，

儒藏經典・康熙篆文六經四書　儀禮

不得命敢不敬從出迎于門外再拜賓荅再拜。主人揖入門右賓奉贄入門左。主人再拜受賓再拜送贄出。主人請見賓反見退。主人送于門外再拜。主人復見之以其贄曰鄉者吾子辱使某見請還贄於將命者。主人對曰某也既得見矣敢辭賓對曰某也非敢求見請還贄於將命者。主人對曰某也既得見矣敢固辭賓對曰某不敢以聞固以請於將命者。主人對曰某也固辭不得命敢不從賓奉贄入。主人再拜受賓再拜送贄出。主人送于門外再拜士見於大夫終辭其贄於其入也一拜其辱也

不得命，敢不敬從！」出迎于門外，再拜。賓答再拜。主人揖，入門右。賓奉贄，入門左。主人再拜受，賓再拜送贄，出。主人請見，賓反見，退。主人送于門外，再拜。主人復見之以其贄。曰：「鄉者。吾子辱使某見。請還贄於將命者。」主人對曰：「某也既得見矣，敢辭。」賓對曰：「某也非敢求見，請還贄於將命者。」主人對曰：「某也既得見矣。敢固辭。」賓對曰：「某不敢以聞，固以請於將命者。」主人對曰：「某也固辭，不得命，敢不從？」賓奉贄入，主人再拜受。賓再拜送贄，出。主人送于門外，再拜。士見於大夫，終辭其贄。於其入也，一拜。其辱也。

賓退，送再拜。若嘗爲臣者，則禮辭其贄，曰：「某也辭，不得命，不敢固辭。」賓入奠贄，再拜，主人答一拜，賓出。使擯者還其贄于門外。曰：「某也使某還贄。」賓對曰：「某也既得見矣，敢辭。」擯者對曰：「某也命某：『某非敢爲儀也。』敢以請。」賓對曰：「某也，夫子之賤私，不足以踐禮，敢固辭！」擯者對曰：「某也使某，不敢爲儀也，固以請！」賓對曰：「某固辭不得命，敢不從？」再拜受。

下大夫相見以鴈，飾之以布，維之以索，如執雉。上大夫相見以羔。飾之以布。四維之，結于面；左頭，如麛執之。如士相見之禮。始見于君執摯，至下，容彌蹙。庶人見於君，不爲容。進退走。士大夫則奠贄，再拜稽首；君答一拜。若他邦之人，則使擯者還其贄。曰：「寡君使某還贄。」賓對曰：「君不有其外臣，臣不敢辭。」再拜稽首，受。凡燕見于君，必辯君之南面。若不得，則正方，不疑君。君在堂，升見無方階，辯君所在。凡言，非對也，妥而後傳言。與君言，言使臣。與大人言，言事君。與老者言，言使弟子。與幼者言，言孝弟于父兄。與衆言，言忠信慈祥。與居官者言，言忠信。凡與大人言，始視面，中視抱，卒視面，毋改⑦。衆皆若是。若父，則游目，毋上於面，毋下於帶。若不言，立則視足，坐則視

儒藏經典・康熙篆文六經四書　儀禮

見於君，不爲容。進退走。士大夫則奠贄，再拜稽首；君答一拜。若他邦之人，則使擯者還其贄。曰：「寡君使某還贄。」賓對曰：「君不有其外臣，臣不敢辭。」再拜稽首，受。凡燕見于君，必辯君之南面。若不得，則正方，不疑君。君在堂，升見無方階，辯君所在。凡言，非對也，妥而後傳言。與君言，言使臣。與大人言，言事君。與老者言，言使弟子。與幼者言，言孝弟于父兄。與衆言，言忠信慈祥。與居官者言，言忠信。凡與大人言，始視面，中視抱，卒視面，毋改。衆皆若是。若父，則游目，毋上於面，毋下於帶。若不言，立則視足，坐則視

膝凡侍坐於君子君子欠伸問
日之早晏以食具告改居則請
退可也夜侍坐問夜膳葷請退
可也若君賜之食則君祭先飯
徧嘗膳飲而俟君命之食然後
食若有將食者則俟君之食然
後食若君賜之爵則下席再拜
稽首受爵升席祭卒爵而俟君
卒爵然後授虛爵退坐取屨隱
辟而后屨君爲之興則曰君無
爲興臣不敢辭君若降送之則
不敢顧辭遂出大夫則辭退下
比及門三辭若先生異爵者請
見之則辭辭不得命則曰某無
以出見辭不得命將走見先見之
非以君命使則不稱寡大夫士

膝。凡侍坐於君子，君子欠伸，問日之早晏，以食具告，改居，則請退可也。夜侍坐，問夜，膳葷，請退可也。若君賜之食，則君祭先飯，徧嘗膳，飲而俟，君命之食，然後食。若有將食者，則俟君之食，然後食。若君賜之爵，則下席，再拜稽首，受爵，升席祭，卒爵而俟，君卒爵，然後授虛爵。退，坐取屨，隱辟而后屨。君爲之興，則曰：「君無爲興，臣不敢辭。」君若降送之。則不敢顧辭，遂出。大夫則辭，退下，比及門三辭。若先生異爵者請見之，則辭。辭不得命，則曰：「某無以出見，辭不得命，將走見。」先見之。非以君命使，則不稱寡。大夫士，

則曰寡君之老凡執幣者不趨
容彌蹙以爲儀執玉者則唯舒
武舉前曳踵凡自稱於君士大
夫則曰下臣宅者在邦則曰市
井之臣在野則曰草茅之臣庶
人則曰刺草之臣他國之人則 ⑧
曰外臣

儀禮卷第三

則曰寡君之老。凡執幣者，不趨，容彌蹙以爲儀。執玉者，則唯舒武，舉前曳踵。凡自稱於君，士大夫，則曰下臣。宅者在邦，則曰市井之臣；在野，則曰草茅之臣。庶人，則曰刺草之臣。他國之人則曰外臣。

儀禮卷第三

儀禮卷第四

鄉飲酒禮第四

鄉飲酒之禮。主人就先生而謀賓介。主人戒賓賓拜辱。主人答拜乃請賓賓禮辭許。主人再拜賓答拜。主人退賓拜辱。介亦如之乃席賓。主人介眾賓之席皆不屬焉尊兩壺于房戶閒斯禁有玄酒在西設篚于禁南東肆加二勺于兩壺設洗于阼階東南南北以堂深東西當東榮水在洗東篚在洗西南肆羹定。主人速賓賓拜辱。主人答拜還賓拜辱。介亦如之賓及眾賓皆從之。主人一相迎于門外再拜賓賓答拜拜介介答拜揖眾賓。

儀禮卷第四

鄉飲酒禮第四

鄉飲酒之禮。主人就先生而謀賓、介。主人戒賓，賓拜辱；主人答拜，乃請賓。賓禮辭，許。主人再拜，賓答拜。主人退，賓拜辱。介亦如之。乃席賓、主人、介、眾賓之席，皆不屬焉。尊兩壺于房户間，斯禁，有玄酒，在西。設篚于禁南，東肆，加二勺于兩壺。設洗于阼階東南，南北以堂深，東西當東榮。水在洗東，篚在洗西，南肆。羹定，主人速賓，賓拜辱，主人答拜。還，賓拜辱。介亦如之。賓及眾賓皆從之。主人一相迎于門外，再拜賓，賓答拜；拜介，介答拜；揖眾賓。主

儒藏經典·康熙篆文六經四書　儀禮

人揖先入賓厭介入門左介厭眾賓入眾賓皆入門左北上主人與賓三揖至于階三讓主人升賓升主人阼階上當楣北面再拜賓西階上當楣北面答拜主人坐取爵于篚降洗賓降主人坐奠爵于階前辭賓對主人坐取爵興適洗南面坐奠爵于

儒藏經典·康熙篆文六經四書　儀禮

篚下盥洗賓進東北面辭洗主人坐奠爵于篚興對賓復位當西序東面主人坐取爵沃洗者西北面卒洗主人壹揖壹讓升賓拜洗主人坐奠爵遂拜降盥賓降主人辭賓對復位當西序卒盥揖讓升賓西階上疑立主人坐取爵實之賓之席前西北

人揖，先入。賓厭介，入門左；介厭眾賓，入；眾賓皆入門左；北上。主人與賓三揖，至于階，三讓。主人升，賓升。主人阼階上當楣北面再拜。賓西階上當楣北面答拜。主人坐取爵于篚，降洗。賓降。主人坐奠爵于階前，辭。賓對。主人坐取爵，興，適洗，南面坐，奠爵于

篚下，盥洗，賓進東，北面辭洗。主人坐奠爵于篚，興對。賓復位，當西序，東面。主人坐取爵，沃洗者西北面。卒洗，主人壹揖，壹讓。升。賓拜洗。主人坐奠爵，遂拜。降盥。賓降，主人辭；賓對，復位，當西序。卒盥，揖讓升。賓西階上疑立。主人坐取爵，實之賓之席前，西北

面獻賓賓西階上拜主人少退
賓進受爵以復位主人阼階上
拜送爵賓少退薦脯醢賓升席
自西方乃設折俎主人阼階東
疑立賓坐左執爵祭脯醢奠爵
于薦西興右手取肺卻左手執
本坐弗繚右絶末以祭尚左手
嚌之興加于俎坐捝手遂祭酒
興席末坐啐酒降席坐奠爵拜
告旨執爵興主人阼階上答拜
賓西階上北面坐卒爵興坐奠
爵遂拜執爵興主人阼階上答
拜賓降洗主人降賓坐奠爵興
辭主人對賓坐取爵適洗南北
面主人阼階東南面辭洗賓坐
奠爵于篚興對主人復阼階東

面獻賓。賓西階上拜，主人少退。賓進受爵，以復位。主人阼階上拜送爵，賓少退。薦脯醢。賓升席，自西方。乃設折俎。主人阼階東疑立。賓坐，左執爵，祭脯醢，奠爵于薦西，興；右手取肺，卻左手執本，坐，弗繚，右絶末以祭，尚左手，嚌之，興；加于俎，坐捝手，遂祭酒，興；席末坐，啐酒，降席，坐奠爵，拜，告旨，執爵興。主人阼階上答拜。賓西階上北面坐，卒爵，興；坐奠爵，遂拜，執爵興。主人阼階上答拜。賓降洗，主人降。賓坐奠爵，興辭，主人對。賓坐取爵，適洗南，北面。主人阼階東，南面辭洗。賓坐奠爵于篚，興對。主人復阼階東，西面。賓東北面盥，坐取爵，卒洗，揖讓如初，升。主人拜洗。賓答拜，興，降盥，如主人禮。賓實爵主人之席前，東南面酢主人。主人阼階上拜，賓少退。主人進受爵，復位，賓西階上拜送爵。薦脯醢。主人升席自北方。設折俎。祭如賓禮，不告旨。自席前適阼階上，北面坐卒爵，興，坐奠爵，遂拜，執爵興。賓西階上答拜。主人坐奠爵于序端，阼階上北面再拜崇酒。賓西階上答拜。主人坐取觶於篚，降洗。賓降，主人辭降。賓不辭洗，立當西序，東面。卒洗，揖讓升。賓西階上疑立。主人實觶酬賓，阼階上北面坐奠觶，遂拜，執觶

儒藏經典·康熙篆文六經四書　儀禮

興賓西階上答拜坐祭遂飲卒
觶興坐奠觶遂拜執觶興賓西
階上答拜。主人降洗賓降辭如
獻禮升不拜洗賓西階上立。
主人實觶賓之席前北面賓西階
上拜。主人少退卒拜進坐奠觶
于薦西賓辭坐取觶復位。主
人阼階上拜送賓北面坐奠觶于
薦東復位。主人揖降賓降立于
階西當序東面。主人以介揖讓
升拜如賓禮。主人坐取爵于東
序端降洗介降。主人辭降介辭
洗如賓禮升不拜洗介西階上
立。主人實爵介之席前西南面
獻介介西階上北面拜。主人少
退介進北面受爵復位。主人介

興。賓西階上答拜。坐祭，遂飲，卒觶，興；坐奠觶，遂拜，執觶興。賓西階上答拜。主人降洗；賓降辭，如獻禮，升，不拜洗。賓西階上立；主人實觶賓之席前，北面；賓西階上拜；主人少退，卒拜進，坐奠觶于薦西；賓辭，坐取觶，復位；主人阼階上拜送；賓北面坐奠觶于

儒藏經典·康熙篆文六經四書　儀禮

薦東，復位。主人揖，降。賓降立于階西，當序，東面。主人以介揖讓升，拜如賓禮。主人坐取爵于東序端，降洗；介降，主人辭降；介辭洗，如賓禮，升，不拜洗。介西階上立。主人實爵介之席前，西南面獻介。介西階上北面拜，主人少退；介進，北面受爵，復位。主人介

右北面拜送爵介少退主人立于西階東薦脯醢介升席自北方設折俎祭如賓禮不嚌肺不啐酒不告旨自南方降席北面坐卒爵興坐奠爵遂拜執爵興主人介右答拜介降洗主人復阼階降辭如初卒洗主人盥介揖讓升授主人爵于兩楹之間

介西階上立主人實爵酢于西階上介右坐奠爵遂拜執爵興介答拜主人坐祭遂飲卒爵興坐奠爵遂拜執爵興介答拜主人坐奠爵于西楹南介右再拜崇酒介答拜主人復阼階揖降介降立于賓南主人西南面三拜衆賓衆賓皆答壹拜主人揖

儒藏
儒藏經典·康熙篆文六經四書　儀禮

右北面拜送爵，介少退。主人立于西階東。薦脯醢。介升席自北方，設折俎。祭如賓禮，不嚌肺，不啐酒，不告旨，自南方降席，北面坐卒爵，興，坐奠爵，遂拜，執爵興。主人介右答拜。介降洗，主人復阼階，降辭如初。卒洗，主人盥。介揖讓升，授主人爵于兩楹之間。

介西階上立。主人實爵，酢于西階上，介右坐奠爵，遂拜，執爵興。介答拜。主人坐祭，遂飲，卒爵，興；坐奠爵，遂拜，執爵興。介答拜。主人坐奠爵于西楹南，介右再拜崇酒；介答拜。主人復阼階，揖降，介降立于賓南。主人西南面三拜衆賓，衆賓皆答壹拜。主人揖升坐取爵于西楹下降洗升實爵于西階上獻眾賓眾賓之長升拜受者三人主人拜送坐祭立飲不拜既爵授主人爵降復位眾賓獻則不拜受爵坐祭立飲每一人獻則薦諸其席眾賓辯有脯醢主人以爵降奠于篚揖讓升賓厭介升介厭眾賓升眾賓序升即席一人洗升舉觶于賓實觶西階上坐奠觶遂拜執觶興賓席末答拜坐祭遂飲卒觶興坐奠觶遂拜執觶興賓答拜降洗升實觶立于西階上賓拜進坐奠觶于薦西賓辭坐受以興舉觶者西階上拜送賓坐奠觶于其所舉觶者降設席

儒藏

儒藏經典·康熙篆文六經四書 儀禮

升，坐取爵于西楹下；降洗，升實爵，于西階上獻眾賓。眾賓之長升拜受者三人，主人拜送。坐祭，立飲，不拜既爵；授主人爵，降復位。眾賓獻，則不拜受爵，坐祭，立飲。每一人獻，則薦諸其席。眾賓辯有脯醢。主人以爵降，奠于篚。揖讓升，賓厭介升，介厭眾賓升，眾賓序升，即席。一人洗，升，舉觶于賓。實觶，西階上坐奠觶，遂拜，執觶興，賓席末答拜；坐祭，遂飲，卒觶，興，坐奠觶，遂拜，執觶興，賓答拜。降洗，升，實觶，立于西階上賓拜；進坐奠觶于薦西，賓辭，坐受以興。舉觶者西階上拜送，賓坐奠觶于其所。舉觶者降。設席于堂廉，東上。工四人，二瑟，瑟先。相者二人，皆左何瑟，後首，挎越，内弦，右手相。樂正先升，立于西階東。工入，升自西階。北面坐。相者東面坐，遂授瑟，乃降。工歌《鹿鳴》《四牡》《皇皇者華》。卒歌，主人獻工。工左瑟，一人拜，不興，受爵。主人阼階上拜送爵。薦脯醢。使人相祭。工飲，不拜既爵，授主人爵。衆工則不拜，受爵，祭，飲，辯有脯醢，不祭。大師則爲之洗。賓、介降，主人辭降。工不辭洗。笙入堂下，磬南，北面立，樂《南陔》《白華》《華黍》。主人獻之于西階上。一人拜，盡階，不升堂，受爵，主人拜送爵。階前坐祭，立飲，不拜既爵，升授主

人爵衆笙則不拜受爵坐祭立
飲辯有脯醢不祭乃間歌魚麗
笙由庚歌南有嘉魚笙崇丘歌
南山有臺笙由儀乃合樂周南
關雎葛覃卷耳召南鵲巢采蘩
采蘋工告于樂正曰正歌備樂
正告于賓乃降主人降席自南
方側降作相爲司正司正禮辭

許諾主人拜司正答拜主人升
復席司正洗觶升自西階阼階
上北面受命于主人主人曰請
安于賓司正告于賓賓禮辭許
司正告于主人主人阼階上再
拜賓西階上答拜司正立于楹
間以相拜皆揖復席司正實觶
降自西階階間北面坐奠觶退

人爵。衆笙則不拜，受爵，坐祭，立飲；辯有脯醢，不祭。乃間歌《魚麗》，笙《由庚》；歌《南有嘉魚》，笙《崇丘》；歌《南山有臺》，笙《由儀》。乃合樂：周南《關雎》《葛覃》《卷耳》，召南《鵲巢》《采蘩》《采蘋》。工告于樂正曰：「正歌備。」樂正告于賓，乃降。主人降席自南方，側降；作相爲司正。司正禮辭，

儒藏經典·康熙篆文六經四書　儀禮

許諾。主人拜，司正答拜。主人升，復席。司正洗觶，升自西階，阼階上北面受命于主人。主人曰：「請安于賓。」司正告于賓，賓禮辭，許。司正告于主人。主人阼階上再拜，賓西階上答拜。司正立于楹間以相拜，皆揖，復席。司正實觶，降自西階，階間北面坐奠觶；退

共少立坐取觶不祭遂飲卒觶興坐奠觶遂拜執觶興洗北面坐奠觶于其所退立于觶南賓北面坐取俎西之觶阼階上北面酬主人主人降席立于賓東賓坐奠觶遂拜執觶興主人答拜不祭立飲不拜卒觶不洗實觶東南面授主人主人阼階上拜賓少退主人受觶賓拜送于主人之西賓揖復席主人西階上酬介介降席自南方立于主人之西如賓酬主人之禮主人揖復席司正升相旅曰某子受酬受酬者降席司正退立于序端東面受酬者自介右衆受酬者受自左拜興飲皆如賓酬

共，少立；坐取觶，不祭，遂飲，卒觶興，坐奠觶，遂拜；執觶興，洗；北面坐奠觶于其所，退立于觶南。賓北面坐取俎西之觶，阼階上北面酬主人。主人降席，立于賓東。賓坐奠觶，遂拜，執觶興，主人答拜。不祭，立飲，不拜，卒觶，不洗，實觶，東南面授主人。主人阼階上拜，賓少退。主人受觶，賓拜送于主人之西。賓揖，復席。主人西階上酬介。介降席自南方，立于主人之西，如賓酬主人之禮。主人揖，復席。司正升相旅，曰：「某子受酬。」受酬者降席。司正退立于序端，東面。受酬者自介右，衆受酬者受自左，拜、興、飲，皆如賓酬主

人之禮辯卒受者以觶降坐奠
于篚司正降復位使二人舉觶
于賓介洗升實觶于西階上皆
坐奠觶遂拜執觶興賓介席末
答拜皆坐祭遂飲卒觶興坐奠
觶遂拜執觶興賓介席末答拜
逆降洗升實觶皆立于西階上
賓介皆拜皆進薦西奠之賓辭
坐取觶以興介則薦南奠之介
坐受以興退皆拜送降賓介奠
于其所司正升自西階受命于
主人主人曰請坐于賓賓辭以
俎主人請徹俎賓許司正降階
前命弟子俟徹俎司正升立于
席端賓降席北面主人降席阼
階上北面介降席西階上北面

儒藏
儒藏經典·康熙篆文六經四書　儀禮

人之禮。辯，卒受者以觶降，坐奠于篚。司正降，復位。使二人舉觶于賓、介，洗，升，實觶于西階上，皆坐奠觶，遂拜，執觶興。賓、介席末答拜。皆坐祭，遂飲，卒觶興，坐奠觶，遂拜，執觶興，賓、介席末答拜。逆降，洗，升，實觶，皆立于西階上。賓、介皆拜。皆進，薦西奠之，賓辭，坐取觶以興。介則薦南奠之，介坐受以興。退，皆拜送，降。賓、介奠于其所。司正升自西階，受命于主人。主人曰：「請坐于賓。」賓辭以俎。主人請徹俎，賓許。司正降階前，命弟子俟徹俎。司正升，立于席端。賓降席，北面。主人降席，阼階上北面。介降席，西階上北面。

遵者降席東南面賓取俎還授
司正司正以降賓從之主人取
俎還授弟子弟子以降自西階
主人降自阼階介取俎還授弟
子弟子以降介從之若有諸公
大夫則使人受俎如賓禮衆賓
皆降說屨揖讓如初升坐乃羞
無筭爵無筭樂賓出奏陔主人
送于門外再拜賓若有遵者諸
公大夫則既一人舉觶乃入席
于賓東公三重大夫再重公如
大夫入主人降賓介降衆賓皆
降復初位主人迎揖讓升公升
如賓禮辭一席使一人去之大
夫則如介禮有諸公則辭加席
委于席端主人不徹無諸公則

儒藏經典・康熙篆文六經四書 儀禮

遵者降席，東南面。賓取俎，還授司正；司正以降，賓從之。主人取俎，還授弟子；弟子以降自西階，主人降自阼階。介取俎，還授弟子；弟子以降，介從之。若有諸公、大夫，則使人受俎，如賓禮。衆賓皆降。說屨，揖讓如初，升，坐。乃羞。無筭爵。無筭樂。賓出，奏《陔》。主人送于門外，再拜。賓若有遵者，諸公、大夫，則既一人，舉觶，乃入。席于賓東，公三重，大夫再重。公如大夫，入，主人降，賓、介降，衆賓皆降，復初位。主人迎，揖讓升。公升如賓禮，辭一席，使一人去之。大夫則如介禮，有諸公，則辭加席，委于席端，主人不徹；無諸公，則大夫辭加席，主人對，不去加席。明日，賓服鄉服以拜賜，主人如賓服以拜辱。主人釋服，乃息司正。無介，不殺，薦脯醢，羞唯所有。徵唯所欲，以告于先生、君子可也。賓、介不與。鄉樂唯欲。記。鄉，朝服而謀賓、介，皆使能，不宿戒。蒲筵，緇布純。尊綌冪，賓至徹之。其牲，狗也。亨于堂東北。獻用爵，其他用觶。薦脯，五挺，橫祭于其上，出自左房。俎由東壁，自西階升。賓俎，脊、脅、肩、肺。主人俎，脊、脅、臂、肺。介俎，脊、脅、胳、肺。肺皆離。皆右體，進腠。以爵拜者不徒作。坐卒爵者拜既爵，立卒爵者不拜既爵。凡奠者於左，將舉於右。衆賓

儒藏經典・康熙篆文六經四書　儀禮

大夫辭加席，主人對，不去加席。明日，賓服鄉服以拜賜，主人如賓服以拜辱。主人釋服，乃息司正。無介，不殺，薦脯醢，羞唯所有。徵唯所欲，以告于先生、君子可也。賓、介不與。鄉樂唯欲。記。鄉，朝服而謀賓、介，皆使能，不宿戒。蒲筵，緇布純。尊綌冪，賓至徹之。其牲，狗也。亨于堂東北。獻用爵，其他用觶。薦脯，五挺，橫祭于其上，出自左房。俎由東壁，自西階升。賓俎，脊、脅、肩、肺。主人俎，脊、脅、臂、肺。介俎，脊、脅、胳、肺。肺皆離。皆右體，進腠。以爵拜者不徒作。坐卒爵者拜既爵，立卒爵者不拜既爵。凡奠者於左，將舉於右。衆賓

之長一人辭洗如賓禮立者東
面北上若有北面者則東上樂
正與立者皆薦以齒凡舉爵三
作而不徒爵樂作大夫不入獻
工與笙取爵于上篚既獻奠于
下篚其笙則獻諸西階上磬階
間縮霤北面鼓之主人介凡升
席自北方降自南方司正既舉

解而薦諸其位凡旅不洗不洗
者不祭既旅士不入徹俎賓介
遵者之俎受者以降遂出授從
者主人之俎以東樂正命奏陔
賓出至于階陔作若有諸公則
大夫於主人之北西面主人之
贊者西面北上不與無筭爵然
後與

之長，一人辭洗，如賓禮。立者東面北上；若有北面者，則東上。樂正與立者，皆薦以齒。凡舉爵，三作而不徒爵。樂作，大夫不入。獻工與笙，取爵于上篚；既獻，奠于下篚。其笙，則獻諸西階上；磬，階間縮霤，北面鼓之。主人、介，凡升席自北方，降自南方。司正，既舉

解而薦諸其位。凡旅，不洗。不洗者，不祭。既旅，士不入。徹俎：賓、介，遵者之俎，受者以降，遂出授從者；主人之俎，以東。樂正命奏《陔》，賓出，至于階，《陔》作。若有諸公，則大夫於主人之北，西面。主人之贊者，西面北上，不與，無筭爵，然後與。

儀禮卷弟四

儀禮卷第四

儀禮卷第五

鄉射禮第五

鄉射之禮。主人戒賓，賓出迎，再拜。主人答再拜，乃請。賓禮辭，許。主人再拜，賓答再拜。主人退；賓送，再拜。無介。乃席賓，南面，東上。衆賓之席，繼而西。席主人於阼階上，西面。尊于賓席之東，兩壺，斯禁，左玄酒，皆加勺。篚在其南，東肆。設洗於阼階東南，南北以堂深，東西當東榮。水在洗東，篚在洗西，南肆。縣于洗東北，西面。乃張侯，下綱不及地武。不繫左下綱，中掩東之。乏參侯道，居侯黨之一，西五步。羹定。主人朝服，乃速賓；賓朝服出迎，再拜；主人答再拜，退；賓送，再拜。賓及眾賓遂從之。及門，主人一相出迎于門外，再拜；賓答再拜。揖眾賓。主人以賓揖，先入。賓厭眾賓，眾賓皆入門左，東面北上。賓少進，主人以賓三揖，皆行。及階，三讓，主人升一等，賓升。主人阼階上當楣北面再拜，賓西階上當楣北面答再拜。主人坐取爵于上篚，以降。賓降。主人阼階前西面坐奠爵，興辭降。賓對。主人坐取爵，興，適洗，南面坐奠爵于篚下，盥洗。賓進，東北面辭洗。主人坐奠爵于篚，興對，賓反位。主人卒洗，壹揖，壹讓，以賓升。賓西階上北面拜洗。主人阼階上北面奠爵，

遂答拜乃降賓降主人辭降賓
對主人卒盥壹揖壹讓升賓升
西階上疑立主人坐取爵實之
賓席之前西北面獻賓賓西階
上北面拜主人少退賓進受爵
于席前復位主人阼階上拜送
爵賓少退薦脯醢賓升席自西
方乃設折俎主人阼階東疑立
賓坐左執爵右祭脯醢奠爵于
薦西興取肺坐絶祭尚左手嚌
之興加于俎坐捝手執爵遂祭
酒興席末坐啐酒降席坐奠爵
拜告旨執爵興主人阼階上答
拜賓西階上北面坐卒爵興坐
奠爵遂拜執爵興主人阼階上
答拜賓以虚爵降主人降賓西

儒藏
儒藏經典・康熙篆文六經四書　儀禮

遂答拜，乃降。賓降，主人辭降，賓
對。主人卒盥，壹揖壹讓升；賓升，
西階上疑立。主人坐取爵，實之
賓席之前，西北面獻賓。賓西階
上北面拜，主人少退。賓進受爵
于席前，復位。主人阼階上拜送
爵，賓少退。薦脯醢。賓升席，自西
方。乃設折俎。主人阼階東疑立。
賓坐，左執爵，右祭脯醢，奠爵于
薦西，興取肺，坐，絶祭，尚左手，嚌
之，興，加于俎，坐捝手，執爵，遂祭
酒，興，席末坐啐酒，降席，坐奠爵，
拜，告旨，執爵興。主人阼階上答
拜。賓西階上北面坐卒爵，興，坐
奠爵，遂拜，執爵興。主人阼階上
答拜。賓以虚爵降。主人降。賓西

階前東面坐奠爵，興，辭降；主人對。賓坐取爵，適洗，北面坐奠爵于篚下，興，盥洗。主人阼階之東，南面辭洗。賓坐奠爵于篚，興對。主人反位。賓卒洗，揖讓如初，升。主人拜洗，賓答拜，興，降盥，如主人之禮。賓升，實爵主人之席前，東南面酢主人。主人阼階上拜，賓少退。主人進受爵，復位，賓西階上拜送爵。薦脯醢。主人升席自北方。乃設折俎。祭如賓禮，不告旨，自席前適阼階上，北面坐卒爵，興，坐奠爵，遂拜，執爵興。賓西階上北面答拜。主人坐奠爵于序端，阼階上再拜崇酒，賓西階上答再拜。主人坐取觶于篚，

儒藏經典·康熙篆文六經四書　儀禮

階前東面坐奠爵，興，辭降；主人對。賓坐取爵，適洗，北面坐奠爵于篚下，興，盥洗。主人阼階之東，南面辭洗。賓坐奠爵于篚，興對。主人反位。賓卒洗，揖讓如初，升。主人拜洗，賓答拜，興，降盥，如主人之禮。賓升，實爵主人之席前，東南面酢主人。主人阼階上拜，賓少退。主人進受爵，復位，賓西階上拜送爵。薦脯醢。主人升席自北方。乃設折俎。祭如賓禮，不告旨，自席前適阼階上，北面坐卒爵，興，坐奠爵，遂拜，執爵興。賓西階上北面答拜。主人坐奠爵于序端，阼階上再拜崇酒，賓西階上答再拜。主人坐取觶于篚，

以降。賓降主人奠觶辭降賓對東面立。主人坐取觶洗賓不辭洗卒洗揖讓升賓西階上疑立。主人實觶酬之阼階上北面坐奠觶遂拜執觶興賓西階上北面答拜。主人坐祭遂飲卒觶興坐奠觶遂拜執觶興賓西階上北面答拜。主人降洗賓降辭如獻禮升不拜洗賓西階上立。主人實觶賓之席前北面賓西階上拜。主人坐奠觶于薦西賓辭坐取觶以興反位。主人阼階上拜送賓北面坐奠觶于薦東反位。主人揖降賓降東面立于西階西當西序。主人西南面三拜眾賓眾賓皆答一拜。主人揖升

以降。賓降，主人奠觶辭降，賓對，東面立。主人坐取觶，洗，賓不辭洗。卒洗，揖讓升。賓西階上疑立。主人實觶，酬之，阼階上北面坐奠觶，遂拜，執觶興。賓西階上北面答拜。主人坐祭，遂飲，卒觶，興，坐奠觶，遂拜，執觶興。賓西階上北面答拜。主人降洗。賓降辭，如獻禮，升，不拜洗。賓西階上立。主人實觶賓之席前，北面。賓西階上拜。主人坐奠觶于薦西。賓辭，坐取觶以興，反位。主人阼階上拜送。賓北面坐奠觶于薦東，反位。主人揖降。賓降，東面立于西階西，當西序。主人西南面三拜眾賓，眾賓皆答一拜。主人揖升，

坐取爵于序端，降洗；升實爵，西階上獻衆賓。衆賓之長升拜受者三人，主人拜送。坐祭，立飲，不拜；既爵，授主人爵；降復位。衆賓皆不拜，受爵，坐祭，立飲。每一人獻，則薦諸其席。衆賓辯有脯醢。主人以虛爵降，奠于篚。揖讓升。賓厭衆賓升，衆賓皆升，就席。一人洗，舉觶於賓；升實觶，西階上坐奠觶；拜，執觶興。賓席末答拜。舉觶者坐祭，遂飲，卒觶，興；坐奠觶，拜，執觶興；賓答拜。降洗，升實之，西階上北面。賓拜。舉觶者進，坐奠觶于薦西。賓辭，坐取以興，舉觶者西階上拜送。賓反奠于其所。舉觶者降。大夫若有遵者，

坐取爵于序端，降洗；升實爵，西階上獻衆賓。衆賓之長升拜受者三人，主人拜送。坐祭，立飲，不拜；既爵，授主人爵；降復位。衆賓皆不拜，受爵，坐祭，立飲。每一人獻，則薦諸其席。衆賓辯有脯醢。主人以虛爵降，奠于篚。揖讓升。賓厭衆賓升，衆賓皆升，就席。一人洗，舉觶於賓；升實觶，西階上坐奠觶；拜，執觶興。賓席末答拜。舉觶者坐祭，遂飲，卒觶，興；坐奠觶，拜，執觶興；賓答拜。降洗，升實之，西階上北面。賓拜。舉觶者進，坐奠觶于薦西。賓辭，坐取以興，舉觶者西階上拜送。賓反奠于其所。舉觶者降。大夫若有遵者，

儒藏經典·康熙篆文六經四書·儀禮

則入門左。主人降。賓及衆賓皆降，復初位。主人揖讓，以大夫升，拜至，大夫答拜。主人以爵降，大夫降。主人辭降。大夫辭洗，如賓禮，席于尊東。升，不拜洗。主人實爵，席前獻于大夫。大夫西階上拜，進受爵，反位。主人大夫之右拜送。大夫辭加席。主人對，不去加席。乃薦脯醢。大夫升席。設折俎。祭如賓禮，不嚌肺，不啐酒，不告旨，西階上卒爵，拜。主人答拜。大夫降洗，主人復阼階，降辭如初。卒洗。主人盥，揖讓升。大夫授主人爵于兩楹間，復位。主人實爵，以酢于西階上，坐奠爵，拜，大夫答拜。坐祭，卒爵，拜，大夫答拜。

儒藏經典·康熙篆文六經四書　儀禮

主人坐奠爵于西楹南再拜崇
酒大夫答拜主人復阼階揖降
大夫降立于賓南主人揖讓以
賓升大夫及衆賓皆升就席席
工于西階上少東樂正先升北
面立于其西工四人二瑟瑟先
相者皆左何瑟面鼓執越内弦
右手相入升自西階北面東上

工坐相者坐授瑟乃降笙入立
于縣中西面乃合樂周南關雎
葛覃卷耳召南鵲巢采蘩采蘋
工不興告于樂正曰正歌備樂
正告于賓乃降主人取爵于上
篚獻工大師則爲之洗賓降主
人辭降工不辭洗卒洗升實爵
工不興左瑟一人拜受爵主人

主人坐奠爵于西楹南，再拜崇
酒，大夫答拜。主人復阼階，揖降。
大夫降，立于賓南。主人揖讓，以
賓升，大夫及衆賓皆升，就席。席
工于西階上，少東。樂正先升，北
面立于其西。工四人，二瑟，瑟先，
相者皆左何瑟，面鼓，執越，内弦，
右手相，入，升自西階，北面東上。

儒藏
儒藏經典·康熙篆文六經四書 儀禮

工坐。相者坐授瑟，乃降。笙入，立
于縣中，西面。乃合樂：周南《關雎》
《葛覃》《卷耳》，召南《鵲巢》《采蘩》《采蘋》。
工不興，告于樂正，曰：「正歌備。」樂
正告于賓，乃降。主人取爵于上
篚，獻工。大師則爲之洗。賓降，主
人辭降。工不辭洗。卒洗，升實爵。
工不興，左瑟，一人拜受爵。主人

阼階上拜送爵薦脯醢使人相祭工飲不拜既爵授主人爵衆工不拜受爵祭飲辯有脯醢不祭不洗遂獻笙于西階上笙一人拜於下盡階不升堂受爵主人拜送爵階前坐祭立飲不拜既爵升授主人爵衆笙不拜受爵坐祭立飲辯有脯醢不祭主人以爵降奠于篚反升就席主人降席自南方側降作相爲司正司正禮辭許諾主人再拜司正答拜主人升就席司正洗觶升自西階由楹内適阼階上北面受命于主人西階上北面請安于賓賓禮辭許司正告于主人遂立于楹間以相拜主人阼

阼階上拜送爵。薦脯醢。使人相祭。工飲，不拜既爵，授主人爵。衆工不拜，受爵，祭飲，辯有脯醢。不祭，不洗。遂獻笙于西階上。笙一人拜於下，盡階，不升堂。受爵，主人拜送爵。階前坐祭，立飲，不拜既爵，升，授主人爵。衆笙不拜，受爵，坐祭，立飲，辯有脯醢，不祭。主人以爵降，奠于篚，反升，就席。主人降席自南方，側降，作相爲司正。司正禮辭，許諾。主人再拜，司正答拜。主人升就席。司正洗觶，升自西階，由楹内適阼階上，北面受命于主人；西階上北面請安于賓。賓禮辭，許。司正告于主人，遂立于楹間以相拜。主人阼階上再拜，賓西階上答再拜，皆揖就席。司正實觶，降自西階，中庭北面坐奠觶，興，退，少立；進，坐取觶，興；反坐，不祭，遂卒觶，興；坐奠觶，拜，執觶，興；洗，北面坐奠于其所，興；少退，北面立于觶南。未旅。三耦俟于堂西，南面東上。司射適堂西，袒決遂，取弓于階西，兼挾乘矢，升自西階。階上北面告于賓，曰：「弓矢既具，有司請射。」賓對曰：「某不能。爲二三子許諾。」司射適阼階上，東北面告于主人，曰：「請射于賓，賓許。」司射降自西階；階前西面，命弟子納射器。乃納射器，皆在堂西。賓與大夫之弓倚于西序，矢在弓下，北括。

階上再拜賓西階上答再拜皆揖就席司正實觶降自西階中庭北面坐奠觶興退少立進坐取觶興反坐不祭遂卒觶興坐奠觶拜執觶興洗北面坐奠于其所興少退北面立于觶南未旅三耦俟于堂西南面東上司射適堂西袒決遂取弓于階西兼挾乘矢升自西階階上北面告于賓曰弓矢既具有司請射賓對曰某不能爲二三子許諾司射適阼階上東北面告于主人曰請射于賓賓許司射降自西階階前西面命弟子納射器乃納射器皆在堂西賓與大夫之弓倚于西序矢在弓下北括

衆弓倚于堂西矢在其上主人
之弓矢在東序東司射不釋弓
矢遂以比三耦於堂西三耦之
南北面命上射曰某御於子命
下射曰子與某子射司正爲司
馬司馬命張侯弟子説束遂繫
左下綱司馬又命獲者倚旌于
侯中獲者由西方坐取旌倚于
侯中乃退樂正適西方命弟子
贊工遷樂于下弟子相工如初
入降自西階阼階下之東南堂
前三笴西面北上坐樂正北面
立于其南司射猶挾乘矢以命
三耦各與其耦讓取弓矢拾三
耦皆袒決遂有司左執弣右執
弦而授弓遂授矢三耦皆執弓

儒藏經典·康熙篆文六經四書 儀禮

衆弓倚于堂西，矢在其上。主人之弓矢，在東序東。司射不釋弓矢，遂以比三耦於堂西。三耦之南，北面，命上射曰：「某御於子。」命下射曰：「子與某子射。」司正爲司馬，司馬命張侯，弟子説束，遂繫左下綱。司馬又命獲者：「倚旌于侯中。」獲者由西方，坐取旌，倚于侯中，乃退。樂正適西方，命弟子贊工，遷樂于下。弟子相工，如初入；降自西階，阼階下之東南，堂前三笴，西面北上坐。樂正北面立于其南。司射猶挾乘矢，以命三耦：「各與其耦讓取弓矢，拾。」三耦皆袒決遂。有司左執弣，右執弦，而授弓，遂授矢。三耦皆執弓，搢三而挾一个司射先立于所設中之西南東面三耦皆進由司射之西立于其西南東面北上而俟司射東面立于三耦之北搢三而挾一个揖進當階北面揖及階揖升堂揖豫則鉤楹內堂則由楹外當左物北面揖及物揖左足履物不方足還視侯中俯正足不去旌誘射將乘矢執弓不挾右執弦南面揖揖如升射降出于其位南適堂西改取一个挾之遂適階西取扑搢之以反位司馬命獲者執旌以負侯獲者適侯執旌負侯而俟司射還當上耦西面作上耦射司射反位上耦揖進上射在

儒藏
儒藏經典·康熙篆文六經四書 儀禮

搢三而挾一个。司射先立于所設中之西南，東面。三耦皆進，由司射之西，立于其西南，東面北上而俟。司射東面立于三耦之北，搢三而挾一个，揖進；當階，北面揖；及階，揖；升堂，揖；豫則鉤楹內，堂則由楹外。當左物，北面揖；及物，揖。左足履物，不方足，還；視侯中，俯正足。不去旌。誘射，將乘矢。執弓不挾，右執弦。南面揖，揖如升射；降，出于其位南；適堂西，改取一个，挾之。遂適階西，取扑，搢之，以反位。司馬命獲者執旌以負侯，獲者適侯，執旌負侯而俟。司射還，當上耦西面，作上耦射。司射反位。上耦揖進，上射在左並行當階北面揖及階揖上射先升三等下射從之中等上射升堂少左下射升上射揖並行皆當其物北面揖及物揖皆左足履物還視侯中合足而俟司馬適堂西不決遂袒執弓出于司射之南升自西階鉤楹由上射之後西南面立于物間右執簫南揚弓命去侯獲者執旌許諾聲不絕以至于乏坐東面偃旌興而俟司馬出于下射之南還其後降自西階反由司射之南適堂西釋弓襲反位立于司射之南司射進與司馬交于階前相左由堂下西階之東北面視上射命曰無射獲無獵獲

左，並行；當階，北面揖；及階，揖。上射先升三等，下射從之，中等。上射升堂，少左；下射升，上射揖，並行。皆當其物，北面揖；及物，揖。皆左足履物，還視侯中，合足而俟。司馬適堂西，不決遂，袒執弓，出于司射之南，升自西階；鉤楹，由上射之後，西南面立于物間；右執簫，南揚弓，命去侯。獲者執旌許諾，聲不絕，以至于乏；坐，東面偃旌，興而俟。司馬出于下射之南，還其後，降自西階；反由司射之南，適堂西，釋弓，襲，反位，立于司射之南。司射進，與司馬交于階前，相左；由堂下西階之東，北面視上射，命曰：「無射獲，無獵獲。」

上射揖司射退反位乃射上射
既發挾弓矢而后下射射拾發
以將乘矢獲者坐而獲舉旌以
宮偃旌以商獲而未釋獲卒射
皆執弓不挾南面揖揖如升射
上射降三等下射少右從之中
等並行上射於左與升射者相
左交于階前相揖由司馬之南
儒藏
儒藏經典·康熙篆文六經四書　儀禮
適堂西釋弓說決拾襲而俟于
堂西南面東上三耦卒射亦如
之司射去扑倚于西階之西升
堂北面告于賓曰三耦卒射賓
揖司射降扑反位司馬適堂
西袒執弓由其位南進與司射
交于階前相左升自西階鉤楹
自右物之後立于物間西南面

上射揖。司射退，反位。乃射，上射既發，挾弓矢；而后下射射，拾發，以將乘矢。獲者坐而獲，舉旌以宮，偃旌以商；獲而未釋獲。卒射，皆執弓不挾，南面揖，揖如升射。上射降三等，下射少右，從之，中等；並行，上射於左。與升射者相左，交于階前，相揖。由司馬之南，

適堂西，釋弓，說決拾，襲而俟于堂西，南面，東上。三耦卒射，亦如之。司射去扑，倚于西階之西，升堂，北面告于賓，曰：「三耦卒射。」賓揖。司射降，扑，反位。司馬適堂西，袒執弓，由其位南，進；與司射交于階前，相左；升自西階，鉤楹，自右物之後，立于物間；西南面，

揖弓，命取矢。獲者執旌許諾，聲不絕，以旌負侯而俟。司馬出于左物之南，還其後，降自西階；遂適堂前，北面立于所設楅之南，命弟子設楅，乃設楅于中庭，南當洗，東肆。司馬由司射之南，退，釋弓于堂西，襲，反位。弟子取矢，北面坐委于楅；北括，乃退。司馬襲進，當楅南，北面坐，左右撫矢而乘之。若矢不備，則司馬又袒執弓如初，升命曰：「取矢不索。」弟子自西方應曰：「諾。」乃復求矢，加于楅。司射倚扑于階西，升，請射于賓，如初。賓許諾。賓、主人、大夫若皆與射，則遂告于賓，適阼階上告于主人，主人與賓爲耦；遂

儒藏經典·康熙篆文六經四書　儀禮

告于大夫，大夫雖衆，皆與士爲耦，告于大夫，曰：「某御於子。」西階上，北面作衆賓射。司射降，搢扑，由司馬之南適堂西，立，比衆耦。衆賓將與射者皆降，由司馬之南適堂西，繼三耦而立，東上。大夫之耦爲上，若有東面者，則北上。賓、主人與大夫皆未降，司射乃比衆耦辯。遂命三耦拾取矢，司射反位。三耦拾取矢，皆袒決遂，執弓，進立于司馬之西南。司射作上耦取矢，司射反位。上耦揖進；當楅北面揖，及楅揖。上射東面，下射西面。上射揖進，坐，横弓；卻手自弓下取一个，兼諸弣，順羽，且興；執弦而左還，退反位，東面揖。下射進，坐，橫弓；覆手自弓上取一个，興；其他如上射。既拾取乘矢，揖，皆左還；南面揖，皆少進；當楅南，皆左還，北面，三挾一个；揖，皆左還，上射於右；與進者相左，相揖；反位。三耦拾取矢，亦如之。後者遂取誘射之矢，兼乘矢而取之，以授有司于西

方，而后反位。眾賓未拾取矢，皆袒決遂，執弓搢，三挾一个；由堂西進，繼三耦之南而立，東北面，⑨上。大夫之耦爲上。司射作射如初，一耦揖升如初。司馬命去侯，獲者許諾。司馬降，釋弓反位。司射猶挾一个，去扑，與司馬交于階前，升，請釋獲于賓；賓許。降，搢

東面揖。下射進，坐，橫弓；覆手自弓上取一个，興；其他如上射。既拾取乘矢，揖，皆左還；南面揖，皆少進；當楅南，皆左還，北面，三挾一个；揖，皆左還，上射於右；與進者相左，相揖；反位。三耦拾取矢，亦如之。後者遂取誘射之矢，兼乘矢而取之，以授有司于西

儒藏 儒藏經典·康熙篆文六經四書 儀禮

方，而后反位。眾賓未拾取矢，皆袒決遂，執弓搢，三挾一个；由堂西進，繼三耦之南而立，東北面，上。大夫之耦爲上。司射作射如初，一耦揖升如初。司馬命去侯，獲者許諾。司馬降，釋弓反位。司射猶挾一个，去扑，與司馬交于階前，升，請釋獲于賓；賓許。降，搢

扑西面立于所設中之東北面
命釋獲者設中遂眡之釋獲者
執鹿中一人執筭以從之釋獲
者坐設中南當楅西當西序東
面興受筭坐實八筭于中橫委
其餘于中西南末興共而俟司
射遂進由堂下北面命曰不貫
不釋上射揖司射退反位釋獲
者坐取中之八筭改實八筭于
中興執而俟乃射若中則釋獲
者坐而釋獲每一个釋一筭上
射於右下射於左若有餘筭則
反委之又取中之八筭改實八
筭于中興執而俟三耦卒射賓
主人大夫揖皆由其階降揖主
人堂東袒決遂執弓搢三挾一

儒藏經典·康熙篆文六經四書 儀禮

扑，西面立于所設中之東；北面命釋獲者設中，遂眡之。釋獲者執鹿中，一人執筭以從之。釋獲者坐設中，南當楅，西當西序，東面；興受筭，坐實八筭于中，橫委其餘于中，西南末；興，共而俟。司射遂進，由堂下，北面命曰：「不貫不釋。」上射揖。司射退反位。釋獲者坐，取中之八筭，改實八筭于中，興，執而俟。乃射，若中，則釋獲者坐而釋獲，每一个釋一筭。上射於右，下射於左，若有餘筭，則反委之。又取中之八筭，改實八筭于中，興，執而俟。三耦卒射。賓、主人、大夫揖，皆由其階降揖。主人堂東袒決遂，執弓，三挾一

个賓於堂西亦如之皆由其階
階下揖升堂揖主人爲下射皆
當其物北面揖及物揖乃射卒
南面揖皆由其階階上揖降階
揖賓序西主人序東皆釋弓說
決拾襲反位升及階揖升堂揖
皆就席大夫袒決遂執弓三
挾一个由堂西出于司射之西
就其耦大夫爲下射揖進耦少
退揖如三耦及階耦先升卒射
揖如升射耦先降降階耦少退
皆釋弓于堂西襲耦遂止于堂
西大夫升就席衆賓繼射釋獲
皆如初司射所作唯上耦卒射
釋獲者遂以所執餘獲升自西
階盡階不升堂告于賓曰左右

儒藏經典·康熙篆文六經四書 儀禮

个。賓於堂西亦如之。皆由其階，階下揖，升堂揖。主人爲下射，皆當其物，北面揖，及物揖，乃射；卒，南面揖；皆由其階，階上揖，降階揖。賓序西，主人序東，皆釋弓，說決拾，襲，反位；升，及階揖，升堂揖，皆就席。大夫袒決遂，執弓，三挾一个，由堂西出于司射之西，就其耦。大夫爲下射，揖進；耦少退。揖如三耦。及階，耦先升。卒射，揖如升射，耦先降。降階，耦少退。皆釋弓于堂西，襲。耦遂止于堂西，大夫升就席。衆賓繼射，釋獲皆如初。司射所作，唯上耦。卒射，釋獲者遂以所執餘獲，升自西階，盡階，不升堂。告于賓曰：「左右

卒射降反位坐委餘獲于中西
興共而俟司馬袒決執弓升命
取矢如初獲者許諾以旌負侯
如初司馬降釋弓反位弟子委
矢如初大夫之矢則兼束之以
茅上握焉司馬乘矢如初司射
遂適西階西釋弓去扑襲進由
中東立于中南北面視筭釋獲
者東面于中西坐先數右獲二
筭爲純一純以取實于左手十
純則縮而委之每委異之有餘
純則橫於下一筭爲奇奇則又
縮諸純下興自前適左東面坐
兼斂筭實于左手一純以委十
則異之其餘如右獲司射復位
釋獲者遂進取賢獲執以升自

儒藏經典·康熙篆文六經四書　儀禮

卒射。」降，反位，坐委餘獲于中西；興，共而俟。司馬袒決執弓，升命取矢，如初。獲者許諾，以旌負侯，如初。司馬降，釋弓，反位。弟子委矢，如初。大夫之矢，則兼束之以茅，上握焉。司馬乘矢如初。司射遂適西階西，釋弓，去扑，襲；進由中東，立于中南，北面視筭。釋獲者東面于中西坐，先數右獲。二筭爲純，一純以取，實于左手；十純則縮而委之，每委異之；有餘純，則橫於下。一筭爲奇，奇則又縮諸純下。興，自前適左，東面；坐，兼斂筭，實于左手；一純以委，十則異之，其餘如右獲。司射復位。釋獲者遂進取賢獲，執以升，自西階盡階不升堂告于賓若右勝則曰右賢於左若左勝則曰左賢於右以純數告若有奇者亦曰奇若左右鈞則左右皆執一筭以告曰左右鈞降復位坐兼斂筭實八筭于中委其餘于中西興共而俟司射適堂西命弟子設豐弟子奉豐升設于西

楹之西乃降勝者之弟子洗觶升酌南面坐奠于豐上降袒執弓反位司射遂袒執弓挾一个搢扑北面于三耦之南命三耦及衆賓勝者皆袒決遂執張弓不勝者皆襲說決拾卻左手右加弛弓于其上遂以執弣司射先反位三耦及衆射者皆與其

儒藏經典·康熙篆文六經四書　儀禮

西階，盡階不升堂，告于賓。若右勝，則曰：「右賢於左。」若左勝，則曰：「左賢於右。」以純數告；若有奇者，亦曰奇。若左右鈞，則左右皆執一筭以告，曰：「左右鈞。」降復位，坐，兼斂筭，實八筭于中，委其餘于中西；興，共而俟。司射適堂西，命弟子設豐。弟子奉豐升，設于西

楹之西，乃降。勝者之弟子洗觶，升酌，南面坐奠于豐上；降，袒執弓，反位。司射遂袒執弓，挾一个，搢扑，北面于三耦之南，命三耦及衆賓：「勝者皆袒決遂，執張弓。不勝者皆襲，說決拾，卻左手，右加弛弓于其上，遂以執弣。」司射先反位。三耦及衆射者皆與其

耦進立于射位北上司射作升飲者如作射一耦進揖如升射及階勝者先升堂少右不勝者進北面坐取豐上之觶興少退立卒觶進坐奠于豐下興揖不勝者先降與升飲者相左交于階前相揖出于司馬之南遂適堂西釋弓襲而俟有執爵者執爵者坐取觶實之反奠于豐上升飲者如初三耦卒飲賓主人大夫不勝則不執弓執爵者取觶降洗升實之以授于席前受觶以適西階上北面立飲卒觶授執爵者反就席大夫飲則耦不升若大夫之耦不勝則亦執弛弓特升飲眾賓繼飲射爵者

儒藏經典·康熙篆文六經四書 儀禮

耦進立于射位，北上。司射作升飲者，如作射。一耦進，揖如升射，及階，勝者先升堂，少右。不勝者進，北面坐取豐上之觶；興，少退，立卒觶；進，坐奠于豐下；興，揖。不勝者先降，與升飲者相左，交于階前，相揖；出于司馬之南，遂適堂西；釋弓，襲而俟。有執爵者。執爵者坐取觶，實之，反奠于豐上。升飲者如初。三耦卒飲。賓、主人、大夫不勝，則不執弓，執爵者取觶，降洗，升實之，以授于席前，受觶，以適西階上，北面立飲；卒觶，授執爵者，反就席。大夫飲，則耦不升。若大夫之耦不勝，則亦執弛弓，特升飲。眾賓繼飲，射爵者辯乃徹豐與觶司馬洗爵升實之以降獻獲者于侯薦脯醢設折俎俎與薦皆三祭獲者負侯北面拜受爵司馬西面拜送爵獲者執爵使人執其薦與俎從之適右个設薦俎獲者南面坐左執爵祭脯醢執爵興取肺坐祭遂祭酒興適左个中皆如之

左个之西北三步東面設薦俎獲者薦右東面立飲不拜既爵司馬受爵奠于篚復位獲者執其薦使人執俎從之辟設于乏南獲者負侯而俟司射適階西釋弓矢去扑說決拾襲適洗洗爵升實之以降獻釋獲者于其位少南薦脯醢折俎有祭釋獲

辯，乃徹豐與觶。司馬洗爵，升實之以降，獻獲者于侯。薦脯醢，設折俎，俎與薦皆三祭。獲者負侯，北面拜受爵，司馬西面拜送爵。獲者執爵，使人執其薦與俎從之；適右个，設薦俎。獲者南面坐，左執爵，祭脯醢；執爵興，取肺，坐祭，遂祭酒；興，適左个；中皆如之。

儒藏經典·康熙篆文六經四書　儀禮

左个之西北三步，東面設薦俎，獲者薦右東面立飲，不拜既爵，司馬受爵，奠于篚，復位。獲者執其薦，使人執俎從之，辟設于乏南。獲者負侯而俟。司射適階西，釋弓矢，去扑，說決拾，襲；適洗，洗爵；升實之，以降，獻釋獲者于其位，少南。薦脯醢，折俎，有祭。釋獲者薦右東面拜受爵司射北面拜送爵釋獲者就其薦坐左執爵祭脯醢興取肺坐祭遂祭酒興司射之西北面立飲不拜既爵司射受爵奠于篚釋獲者少西辟薦反位司射適堂西袒決遂取弓于階西挾一个搢扑以反位司射去扑倚于階西升請射于賓如初賓許司射降搢扑由司馬之南適堂西命三耦及衆賓皆袒決遂執弓就位司射先反位三耦及衆賓皆袒決遂執弓各以其耦進反于射位司射作拾取矢三耦拾取矢如初反位賓主人大夫降揖如初主人堂東賓堂西皆袒決遂執弓

儒藏
儒藏經典·康熙篆文六經四書 儀禮

者薦右東面拜受爵，司射北面拜送爵。釋獲者就其薦坐，左執爵，祭脯醢；興，取肺，坐祭，遂祭酒；興，司射之西，北面立飲，不拜既爵。司射受爵，奠于篚。釋獲者少西辟薦，反位。司射適堂西，袒決遂，取弓于階西，挾一个，搢扑，以反位。司射去扑，倚于階西，升請射于賓，如初。賓許。司射降，搢扑，由司馬之南適堂西，命三耦及衆賓：「皆袒決遂，執弓就位。」司射先反位。三耦及衆賓皆袒決遂，執弓，各以其耦進，反于射位。司射作拾取矢。三耦拾取矢如初，反位。賓、主人、大夫降揖如初。主人堂東，賓堂西，皆袒決遂，執弓；

皆進階前揖及福揖拾取矢如
三耦卒北面搢三挾一个揖退
賓堂西▲主人堂東皆釋弓矢襲
及階揖升堂揖就席大夫袒決
遂執弓就其耦揖皆進如三耦
耦東面大夫西面大夫進坐説
矢束興反位而后耦揖進坐兼
取乘矢順羽而興反位揖大夫

進坐亦兼取乘矢如其耦北面
搢三挾一个揖退耦反位大夫
遂適序西釋弓矢襲升即席衆
賓繼拾取矢皆如三耦以反位
司射猶挾一个以進作上射如
初一耦揖升如初司馬升命去
侯獲者許諾司馬降釋弓反位
司射與司馬交于階前去扑襲

皆進階前揖，及福揖，拾取矢如
三耦。卒，北面搢三挾一个，揖退。
賓堂西，主人堂東，皆釋弓矢，襲；
及階揖，升堂揖，就席。大夫袒決
遂，執弓，就其耦；揖皆進，如三耦。
耦東面，大夫西面。大夫進坐，説
矢束，興反位。而后耦揖進坐，兼
取乘矢，順羽而興，反位，揖。大夫

儒藏經典·康熙篆文六經四書 儀禮

進坐，亦兼取乘矢，如其耦，北面，
搢三挾一个，揖退。耦反位。大夫
遂適序西，釋弓矢，襲；升即席。衆
賓繼拾取矢，皆如三耦，以反位。
司射猶挾一个以進，作上射如
初。一耦揖升如初。司馬升，命去
侯，獲者許諾。司馬降，釋弓反位。
司射與司馬交于階前，去扑，襲；

升，請以樂樂于賓。賓許諾。司射降，搢扑，東面命樂正，曰：「請以樂樂于賓。」賓許。司射遂適階間，堂下北面命曰：「不鼓不釋。」上射揖。司射退反位。樂正東面命大師，曰：「奏《騶虞》，間若一。」大師不興，許諾。樂正退反位。乃奏《騶虞》以射。三耦卒射，賓、主人、大夫、衆賓繼射，釋獲如初。卒射，降。釋獲者執餘獲，升告左右卒射，如初。司馬升，命取矢，獲者許諾。司馬降，釋弓反位。弟子委矢，司馬乘之，皆如初。司射釋弓視筭，如初；釋獲者以賢獲與鈞告，如初。降復位。司射命設豐，設豐、實觶如初；遂命勝者執張弓，不勝者執弛弓，升飲如初。司射猶袒決遂，左執弓，右執一个，兼諸弦，面鏃；適堂西，以命拾取矢，如初。司射反位。三耦及賓、主人、大夫、衆賓皆袒決遂，拾取矢，如初；矢不挾，兼諸弦弣以退，不反位，遂授有司于堂西。辯拾取矢，揖，皆升就席。司射乃適堂西，釋弓，去扑，說決拾，

襲，反位。司馬命弟子說侯之左下綱而釋之，命獲者以旌退，命弟子退福。司射命釋獲者退中與筭，而俟。司馬反爲司正，退，復觶南而立。樂正命弟子贊工即位。弟子相工，如其降也，升自西階，反坐。賓北面坐，取俎西之觶，興，阼階上北面酬主人。主人降

升飲如初。司射猶袒決遂，左執弓，右執一个，兼諸弦，面鏃；適堂西，以命拾取矢，如初。司射反位。三耦及賓、主人、大夫、衆賓皆袒決遂，拾取矢，如初；矢不挾，兼諸弦弣以退，不反位，遂授有司于堂西。辯拾取矢，揖，皆升就席。司射乃適堂西，釋弓，去扑，說決拾，

儒藏 儒藏經典·康熙篆文六經四書 儀禮

襲，反位。司馬命弟子說侯之左下綱而釋之，命獲者以旌退，命弟子退福。司射命釋獲者退中與筭，而俟。司馬反爲司正，退，復觶南而立。樂正命弟子贊工即位。弟子相工，如其降也，升自西階，反坐。賓北面坐，取俎西之觶，興，阼階上北面酬主人。主人降

席立于賓東賓坐奠觶拜執觶興主人荅拜賓不祭卒觶不拜不洗實之進東南面主人阼階上北面拜賓少退主人進受觶賓主人之西北面拜送賓揖就席主人以觶適西階上酬大夫大夫降席立于主人之西如賓酬主人之禮主人揖就席若無大夫則長受酬亦如之司正升自西階相旅作受酬者曰某酬某子受酬者降席司正退立于西序端東面眾受酬者拜興飲皆如賓酬主人之禮辯遂酬在下者皆升受酬于西階上卒受者以觶降奠于篚司正降復位使二人舉觶于賓與大夫舉觶

儒藏經典·康熙篆文六經四書 儀禮

席，立于賓東。賓坐奠觶，拜；執觶興；主人答拜。賓不祭，卒觶，不拜，不洗，實之，進東南面。主人阼階上北面拜，賓少退。主人進受觶，賓主人之西北面拜送。賓揖，就席。主人以觶適西階上酬大夫；大夫降席，立于主人之西，如賓酬主人之禮。主人揖，就席。若無大夫，則長受酬，亦如之。司正升自西階，相旅，作受酬者曰：「某酬某子。」受酬者降席。司正退立于西序端，東面。衆受酬者拜、興、飲，皆如賓酬主人之禮。辯，遂酬在下者；皆升，受酬于西階上。卒受者以觶降，奠于篚。司正降復位，使二人舉觶于賓與大夫。舉觶者皆洗觶升實之西階上北面皆坐奠觶拜執觶興賓與大夫皆席末答拜舉觶者皆坐祭遂飲卒觶興坐奠觶拜執觶興賓與大夫皆答拜舉觶者逆降洗升實觶皆立于西階上北面東上賓與大夫拜舉觶者皆進坐奠于薦右賓與大夫辭坐受觶以興舉觶者退反位皆拜送乃降賓與大夫坐反奠于其所興若無大夫則唯賓司正升自西階阼階上受命于主人適西階上北面請坐于賓賓辭以俎反命于主人主人曰請徹俎賓許司正降自西階階前命弟子俟徹俎司正升立于序端賓降席

者皆洗觶，升實之；西階上北面，皆坐奠觶，拜，執觶興。賓與大夫皆席末答拜。舉觶者皆坐祭，遂飲，卒觶，興；坐奠觶，拜，執觶興。賓與大夫皆答拜。舉觶者逆降，洗，升實觶，皆立于西階上，北面，東上。賓與大夫拜。舉觶者皆進，坐奠于薦右。賓與大夫辭，坐受觶以興。舉觶者退反位，皆拜送，乃降。賓與大夫坐，反奠于其所，興。若無大夫，則唯賓。司正升自西階，阼階上受命于主人，適西階上，北面請坐于賓，賓辭以俎。反命于主人，主人曰：「請徹俎。」賓許。司正降自西階，階前命弟子俟徹俎。司正升立于序端。賓降席，

北面・主人降席自南方阼階上
北面大夫降席席東南面賓取
俎還授司正司正以降自西階
賓從之降遂立于階西東面司
正以俎出授從者・主人取俎還
授弟子弟子受俎降自西階以
東・主人降自阼階西面立大夫
取俎還授弟子弟子以降自西
階遂出授從者大夫從之降立
于賓南衆賓皆降立于大夫之
南少退北上・主人以賓揖讓説
屨乃升大夫及衆賓皆説屨升
坐乃羞無筭爵使二人舉觶賓
與大夫不興取奠觶飲卒觶不
拜執觶者受觶遂實之賓觶以
之・主人大夫之觶長受而錯皆

儒藏
儒藏經典・康熙篆文六經四書　儀禮

北面。主人降席自南方，阼階上北面。大夫降席，席東南面。賓取俎，還授司正。司正以降自西階，賓從之降，遂立于階西，東面。司正以俎出，授從者。主人取俎，還授弟子。弟子受俎，降自西階以東。主人降自阼階，西面立。大夫取俎，還授弟子；弟子以降自西階，遂出授從者；大夫從之降，立于賓南。衆賓皆降，立于大夫之南，少退，北上。主人以賓揖讓，説屨，乃升。大夫及衆賓皆説屨，升，坐。乃羞。無筭爵。使二人舉觶。賓與大夫不興，取奠觶飲，卒觶，不拜。執觶者受觶，遂實之。賓觶以之主人，大夫之觶長受，而錯，皆不拜辯卒受者興以旅在下者于西階上長受酬酬者不拜乃飲卒觶以實之受酬者不拜受辯旅皆不拜執觶者皆與旅卒受者以虛觶降奠于篚執觶者洗升實觶反奠于賓與大夫無筭樂賓興樂正命奏陔賓降及階陔作賓出衆賓皆出。主人送于門外再拜明日賓朝服以拜賜于門外。主人不見如賓服遂從之拜辱于門外乃退。主人釋服乃息司正無介不殺使人速迎于門外不拜入升不拜至不拜洗薦脯醢無俎賓酢主人主人不崇酒不拜衆賓既獻衆賓一人舉觶遂無筭爵無司正賓

儒藏經典·康熙篆文六經四書　儀禮

不拜。辯，卒受者興，以旅在下者于西階上。長受酬，酬者不拜，乃飲，卒觶，以實之。受酬者不拜受。辯旅，皆不拜。執觶者皆與旅。卒受者以虛觶降奠于篚；執觶者洗，升實觶，反奠于賓與大夫。無筭樂。賓興，樂正命奏《陔》。賓降及階，《陔》作。賓出，衆賓皆出，主人送于門外，再拜。明日，賓朝服以拜賜于門外，主人不見。如賓服，遂從之，拜辱于門外，乃退。主人釋服，乃息司正。無介。不殺。使人速。迎于門外，不拜；入，升。不拜至，不拜洗。薦脯醢，無俎。賓酢主人，主人不崇酒，不拜衆賓；既獻衆賓，一人舉觶，遂無筭爵。無司正。賓

不與徵唯所欲以告於鄉先生君
子可也羞唯所有鄉樂唯欲記
大夫與則公士爲賓使能不宿
戒其牲狗也亨於堂東北尊綌
冪賓至徹之蒲筵緇布純西序
之席北上獻用爵其他用觶以
爵拜者不徒作薦脯用籩五職
祭半職横于上醢以豆出自東
房職長尺二寸俎由東壁自西
階升賓俎脊脅肩肺主人俎脊
脅臂肺肺皆離皆右體也進腠
凡舉爵三作而不徒爵凡奠者
於左將舉者於右衆賓之長一
人辭洗如賓禮若有諸公則如
賓禮大夫如介禮無諸公則大
夫如賓禮樂作大夫不入樂正

儒藏經典・康熙篆文六經四書　儀禮

不與。徵唯所欲，以告於鄉先生、君子可也。羞唯所有。鄉樂唯欲。記。大夫與，則公士爲賓。使能，不宿戒。其牲，狗也。亨於堂東北。尊，綌冪。賓至，徹之。蒲筵，緇布純。西序之席，北上。獻用爵，其他用觶。以爵拜者，不徒作。薦，脯用籩，五職，祭半職，横于上。醢以豆，出自東房。職長尺二寸。俎由東壁，自西階升。賓俎，脊、脅、肩、肺。主人俎：脊、脅、臂、肺。肺皆離。皆右體也。進腠。凡舉爵，三作而不徒爵。凡奠者於左，將舉者於右。衆賓之長，一人辭洗，如賓禮。若有諸公，則如賓禮，大夫如介禮。無諸公，則大夫如賓禮。樂作，大夫不入。樂正，與立者齒。三笙一和而成聲。獻工與笙，取爵于上篚。既獻，奠于下篚。其笙，則獻諸西階上。立者，東面北上。司正既舉觶，而薦諸其位。三耦者，使弟子。司射前戒之。司射之弓矢與扑，倚于西階之西。司射既袒決遂而升，司馬階前命張侯，遂命倚旌。凡侯：天子熊侯，白質；諸侯麋侯，赤質；大夫布侯，畫以虎豹；士布侯，畫以鹿豕。凡畫者，丹質。射自楹間，物長如笴。其間容弓，距隨長武。序則物當棟，堂則物當楣，命負侯者，由其位。凡適堂西，皆出入于司馬之南。唯賓與大夫降階，遂西取弓矢。旌，各以其物。無物，則

儒藏經典·康熙篆文六經四書　儀禮

與立者齒三笙一和而成聲獻工與笙取爵于上篚既獻奠于下篚其笙則獻諸西階上立者東面北上司正既舉觶而薦諸其位三耦者使弟子司射前戒之司射之弓矢與扑倚于西階之西司射既袒決遂而升司馬階前命張侯遂命倚旌凡侯天子熊侯白質諸侯麋侯赤質大夫布侯畫以虎豹士布侯畫以鹿豕凡畫者丹質射自楹間物長如笴其間容弓距隨長武序則物當棟堂則物當楣命負侯者由其位凡適堂西皆出入于司馬之南唯賓與大夫降階遂西取弓矢旌各以其物無物則

以白羽與朱羽糅。杠長三仞，以鴻脰韜上，二尋。凡挾矢，於二指之間橫之。司射在司馬之北。司馬無事不執弓。始射，獲而未釋獲；復，釋獲；復，用樂行之。上射於右。楅長如笴，博三寸，厚寸有半，龍首，其中蛇交，韋當。楅，髹，橫而奉之，南面坐而奠之，南北當洗。

射者有過，則撻之。衆賓不與射者，不降。取誘射之矢者，既拾取矢，而后兼誘射之乘矢而取之。賓、主人射，則司射擯升降，卒射即席，而反位卒事。鹿中，髹，前足跪，鑿背容八筭。釋獲者奉之，先首。大夫降，立于堂西以俟射。大夫與士射，袒纁襦。耦少退于物。

司射釋弓矢視筭與獻釋獲者釋弓矢禮射不主皮主皮之射者勝者又射不勝者降主人亦飲于西階上獲者之俎折脊脅肺臑東方謂之右个釋獲者之俎折脊脅肺皆有祭大夫説矢束坐説之歌騶虞若采蘋皆五終射無筭古者於旅也語凡旅不洗不洗者不祭既旅士不入大夫後出主人送于門外再拜鄉侯上个五尋中十尺侯道五十弓弓二寸以爲侯中倍中以爲躬倍躬以爲左右舌下舌半上舌箭籌八十長尺有握握素楚扑長如笴刊本尺君射則爲下射上射退于物一笴既發則

儒藏經典·康熙篆文六經四書　儀禮

司射釋弓矢視筭，與獻釋獲者釋弓矢。禮射不主皮。主皮之射者，勝者又射，不勝者降。主人亦飲于西階上。獲者之俎，折脊、脅、肺、臑。東方謂之右个。釋獲者之俎，折脊、脅、肺，皆有祭。大夫説矢束，坐説之。歌《騶虞》，若《采蘋》，皆五終。射無筭。古者於旅也語。凡旅，不洗。不洗者，不祭。既旅，士不入。大夫後出。主人送于門外，再拜。鄉侯，上个五尋，中十尺。侯道五十弓，弓二寸以爲侯中。倍中以爲躬，倍躬以爲左右舌。下舌半上舌。箭籌八十。長尺有握，握素。楚扑長如笴。刊本尺。君射，則爲下射。上射退于物一笴，既發，則答君而俟君樂作而后就物君袒朱襦以射小臣以巾執矢以授若飲君如燕則夾爵君國中射則皮樹中以翿旌獲白羽與朱羽糅於郊則閭中以旌獲於竟則虎中龍旜大夫兕中各以其物獲唯君有射于國中其餘否君在大夫射則肉袒

儀禮卷第五

儒藏經典·康熙篆文六經四書　儀禮

答君而俟。君，樂作而后就物。君袒朱襦以射。小臣以巾執矢以授。若飲君，如燕，則夾爵。君國中射，則皮樹中，以翿旌獲，白羽與朱羽糅；於郊，則閭中，以旌獲；於竟，則虎中，龍旜。大夫，兕中，各以其物獲。唯君有射于國中，其餘否。君在，大夫射，則肉袒。

儀禮卷第五

儀禮卷第六

燕禮第六

燕禮小臣戒與者膳宰具官饌
于寢東樂人縣設洗篚于阼階
東南當東霤罍水在東篚在洗
西南肆設膳篚在其北西面司
宮尊于東楹之西兩方壺左玄
酒南上公尊瓦大兩有豐冪用

綌若錫在尊南南上尊士旅食
于門西兩圜壺司宮筵賓于戶
西東上無加席也射人告具小
臣設公席于阼階上西鄉設加
席公升即位于席西鄉小臣納
卿大夫卿大夫皆入門右北面
東上士立于西方東面北上祝
史立于門東北面東上小臣師

儀禮卷第六

燕禮第六

燕禮。小臣戒與者。膳宰具官饌
于寢東。樂人縣。設洗、篚于阼階
東南，當東霤。罍水在東，篚在洗
西，南肆。設膳篚在其北，西面。司
宮尊于東楹之西，兩方壺，左玄
酒，南上。公尊瓦大兩，有豐，冪用

綌若錫，在尊南，南上。尊士旅食
于門西，兩圜壺。司宮筵賓于戶
西，東上，無加席也。射人告具。小
臣設公席于阼階上，西鄉，設加
席。公升，即位于席，西鄉。小臣納
卿大夫，卿大夫皆入門右，北面
東上。士立于西方，東面北上。祝
史立于門東，北面東上。小臣師

一人在東堂下南面士旅食者
立于門西東上公降立于阼階
之東南南鄉爾卿卿西面北上
爾大夫大夫皆少進射人請賓
公曰命某爲賓射人命賓賓少
進禮辭反命又命之賓再拜稽
首許諾射人反命賓出立于門
外東面公揖卿大夫乃升就席
小臣自阼階下北面請執冪者
與羞膳者乃命執冪者執冪者
升自西階立于尊南北面東上
膳宰請羞于諸公卿者射人納
賓賓入及庭公降一等揖之公
升就席賓升自西階主人亦升
自西階賓右北面至再拜賓答
再拜主人降洗洗南西北面賓

儒藏 儒藏經典·康熙篆文六經四書 儀禮

一人在東堂下，南面。士旅食者立于門西，東上。公降立于阼階之東南，南鄉爾卿，卿西面北上；爾大夫，大夫皆少進。射人請賓。公曰：「命某爲賓。」射人命賓，賓少進，禮辭。反命。又命之，賓再拜稽首，許諾，射人反命。賓出立于門外，東面。公揖卿大夫，乃升就席。小臣自阼階下，北面，請執冪者與羞膳者。乃命執冪者，執冪者升自西階，立于尊南，北面，東上。膳宰請羞于諸公卿者。射人納賓。賓入，及庭，公降一等揖之。公升就席。賓升自西階，主人亦升自西階，賓右北面至再拜，賓答再拜。主人降洗，洗南，西北面。賓降，階西，東面。主人辭降，賓對。主人北面盥，坐取觚洗。賓少進，辭洗。主人坐奠觚于篚，興對。賓反位。主人卒洗，賓揖，乃升。主人升。賓拜洗。主人賓右奠觚答拜，降盥。賓降，主人辭。賓對，卒盥。賓揖升。主人升，坐取觚。執冪者舉冪，主人酌膳，執冪者反冪。主人筵前獻賓。賓西階上拜，筵前受爵，反位。主人賓右拜送爵。膳宰薦脯醢，賓升筵。膳宰設折俎。賓坐，左執爵，右祭脯醢，奠爵于薦右，興；取肺，坐絕祭，嚌之，興加于俎；坐挩手，執爵，遂祭酒，興；席末坐啐酒，降席，坐奠爵，拜，告旨，執爵興。主人答拜。賓西階上北面坐卒爵，興；坐奠爵，遂拜。主人答拜。賓以虛爵降，主人降。賓洗南坐奠觚，少進，辭降。主人東面對。賓坐取觚，奠于篚下，盥洗。主人辭洗。賓坐奠觚于篚，興，對。卒洗，及階，揖，升。主人升，拜洗如賓禮。賓降盥，主人降。賓辭降，卒盥，揖升，酌膳，執冪如初，以酢主人于西

階上。主人北面拜受爵，賓主人之左拜送爵。主人坐祭，不啐酒，不拜酒，不告旨；遂卒爵，興；坐奠爵，拜，執爵興。賓答拜。主人不崇酒，以虛爵降奠于篚。賓降，立于西階西。射人升賓，賓升立于序內，東面。主人盥，洗象觚，升實之，東北面獻于公。公拜受爵。主人

降自西階，阼階下北面拜送爵。士薦脯醢，膳宰設折俎，升自西階。公祭如賓禮，膳宰贊授肺。不拜酒，立卒爵，坐奠爵，拜，執爵興。主人答拜，升受爵以降，奠于膳篚。更爵，洗，升酌膳酒以降；酢于阼階下，北面坐奠爵，再拜稽首。公答再拜。主人坐祭，遂卒爵，再拜稽首。公答再拜，主人奠爵于篚。主人盥洗，升，媵觚于賓，酌散，西階上坐奠爵，拜賓，降筵，北面答拜。主人坐祭，遂飲，賓辭。卒爵，拜，賓答拜。主人降洗，賓降，主人辭降，賓辭洗。卒洗，揖升。不拜洗。主人酌膳。賓西階上拜，受爵于筵前，反位。主人拜送爵。賓升席，

坐祭酒遂奠于薦東主人降復
位賓降筵西東南面立小臣自
阼階下請媵爵者公命長小臣
作下大夫二人媵爵媵爵者阼
階下皆北面再拜稽首公答再
拜媵爵者立于洗南西面北上
序進盥洗角觶升自西階序進
酌散交于楹北降阼階下皆奠
觶再拜稽首執觶興公答再拜
媵爵者皆坐祭遂卒觶興坐奠
觶再拜稽首執觶興公答再拜
媵爵者執觶待于洗南小臣請
致者若君命皆致則序進奠觶
于篚阼階下皆再拜稽首公答
再拜媵爵者洗象觶升實之序
進坐奠于薦南北上降阼階下

儒藏
儒藏經典·康熙篆文六經四書　儀禮

坐祭酒，遂奠于薦東。主人降復位。賓降筵西，東南面立。小臣自阼階下請媵爵者，公命長。小臣作下大夫二人媵爵。媵爵者阼階下，皆北面再拜稽首；公答再拜。媵爵者立于洗南，西面北上，序進，盥洗角觶；升自西階，序進，酌散；交于楹北，降；阼階下皆奠觶，再拜稽首，執觶興。公答再拜。媵爵者皆坐祭，遂卒觶，興；坐奠觶，再拜稽首，執觶興。公答再拜。媵爵者執觶待于洗南。小臣請致者。若君命皆致，則序進，奠觶于篚，阼階下皆再拜稽首；公答再拜。媵爵者洗象觶，升實之；序進，坐奠于薦南，北上；降，阼階下皆再拜稽首送觶公答再拜公坐取大夫所媵觶興以酬賓賓降西階下再拜稽首公命小臣辭賓升成拜公坐奠觶答再拜執觶興立卒觶賓下拜小臣辭賓升再拜稽首公坐奠觶答再拜執觶興賓進受虛爵降奠于篚易觶洗公有命則不易不洗反升酌膳觶下拜小臣辭賓升再拜稽首公答再拜賓以旅酬於西階上射人作大夫長升受旅賓大夫之右坐奠觶拜執觶興大夫答拜賓坐祭立飲卒觶不拜若膳觶也則降更觶洗升實散大夫拜受賓拜送大夫辯受酬如受賓酬之禮不祭卒受

儒藏經典·康熙篆文六經四書 儀禮

皆再拜稽首，送觶。公答再拜。公坐取大夫所媵觶，興以酬賓。賓降，西階下再拜稽首。公命小臣辭，賓升成拜。公坐奠觶，答再拜，執觶興，立卒觶。賓下拜，小臣辭。賓升，再拜稽首。公坐奠觶，答再拜，執觶興。賓進受虛爵，降奠于篚，易觶洗。公有命，則不易不洗，反升酌膳觶，下拜。小臣辭。賓升，再拜稽首。公答再拜。賓以旅酬於西階上，射人作大夫長升受旅。賓大夫之右坐奠觶，拜，執觶興；大夫答拜。賓坐祭，立飲，卒觶不拜。若膳觶也，則降更觶洗，升實散。大夫拜受。賓拜送。大夫辯受酬，如受賓酬之禮，不祭。卒受

者以虛觶降奠于篚·主人洗升
實散獻卿于西階上司宮兼卷
重席設于賓左東上卿升拜受
觚·主人拜送觚卿辭重席司宮
徹之乃薦脯醢卿升席坐左執
爵右祭脯醢遂祭酒不啐酒降
席西階上北面坐卒爵興坐奠
爵拜執爵興·主人答拜受爵卿
降復位辯獻卿·主人以虛爵降
奠于篚射人乃升卿卿皆升就
席若有諸公則先卿獻之如獻
卿之禮席于阼階西北面東上
無加席小臣又請媵爵者二大
夫媵爵如初請致者若命長致
則媵爵者奠觶于篚一人待于
洗南長致致者阼階下再拜稽

儒藏
儒藏經典·康熙篆文六經四書　儀禮

者以虛觶降奠于篚。主人洗，升，實散，獻卿于西階上。司宮兼卷重席，設于賓左，東上。卿升，拜受觚；主人拜送觚。卿辭重席，司宮徹之，乃薦脯醢。卿升席坐，左執爵，右祭脯醢，遂祭酒，不啐酒；降席，西階上北面坐卒爵，興；坐奠爵，拜，執爵興。主人答拜，受爵。卿降復位。辯獻卿，主人以虛爵降，奠于篚。射人乃升卿，卿皆升就席。若有諸公，則先卿獻之，如獻卿之禮；席于阼階西，北面東上，無加席。小臣又請媵爵者，二大夫媵爵如初。請致者。若命長致，則媵爵者奠觶于篚，一人待于洗南。長致，致者阼階下再拜稽

首公答再拜洗象觶升實之坐
奠于薦南降與立于洗南者二
人皆再拜稽首送觶公答再拜
公又行一爵若賓若長唯公所
酬以旅于西階上如初大夫卒
受者以虛觶降奠于篚●主人洗
升獻大夫于西階上大夫升拜
受觚●主人拜送觚大夫坐祭立

卒爵不拜既爵●主人受爵大夫
降復位胥薦●主人于洗北⑪西面
脯醢無胥辯獻大夫遂薦之繼
賓以西東上卒射人乃升大夫
大夫皆就席席工于西階上少
東樂正先升北面立于其西小
臣納工工四人二瑟小臣左何
瑟面鼓執越內弦右手相入升

首，公答再拜。洗象觶，升，實之，坐
奠于薦南，降，與立于洗南者二
人皆再拜稽首送觶，公答再拜。
公又行一爵，若賓，若長，唯公所
酬。以旅于西階上，如初。大夫卒
受者以虛觶降奠于篚。主人洗，
升，獻大夫于西階上。大夫升，拜
受觚，主人拜送觚。大夫坐祭，立

卒爵，不拜既爵。主人受爵。大夫
降復位。胥薦主人于洗北。西面，
脯醢，無胥。辯獻大夫，遂薦之，繼
賓以西，東上。卒，射人乃升大夫，
大夫皆就席。席工于西階上，少
東。樂正先升，北面立于其西。小
臣納工，工四人，二瑟。小臣左何
瑟，面鼓，執越，內弦，右手相。入，升

自西階，北面東上坐。小臣坐授瑟，乃降。工歌《鹿鳴》《四牡》《皇皇者華》。卒歌，主人洗升獻工，工不興。左瑟一人拜受爵，主人西階上拜送爵。薦脯醢。使人相祭。卒爵，不拜。主人受爵。衆工不拜受爵，坐祭，遂卒爵。辯有脯醢，不祭。主人受爵，降奠于篚。公又舉奠觶。唯公所賜。以旅于西階上，如初。卒，笙入，立于縣中。奏《南陔》《白華》《華黍》。主人洗，升，獻笙于西階上。一人拜，盡階，不升堂，受爵，降；主人拜送爵。階前坐祭，立卒爵，不拜既爵，升，授主人。衆笙不拜受爵，降；坐祭，立卒爵。辯有脯醢，不祭。乃間：歌《魚麗》，笙《由庚》；歌《南有

嘉魚笙崇丘歌南山有臺笙由
儀遂歌鄉樂周南關雎葛覃卷
耳召南鵲巢采蘩采蘋大師告⑫
樂正曰正歌備樂正由楹內東
楹之東告于公乃降復位射人
自阼階下請立司正公許射人
遂爲司正司正洗角觶南面坐
奠于中庭升東楹之東受命西
階上北面命卿大夫君曰以我
安卿大夫皆對曰諾敢不安司
正降自西階南面坐取觶升酌
散降南面坐奠觶右還北面少
立坐取觶興坐不祭卒觶奠之
興再拜稽首左還南面坐取觶
洗南面反奠于其所升自西階
東楹之東請徹俎降公許告于

儒藏
儒藏經典·康熙篆文六經四書　儀禮

嘉魚》，笙《崇丘》；歌《南山有臺》，笙《由儀》。遂歌鄉樂：周南《關雎》《葛覃》《卷耳》，召南《鵲巢》《采蘩》《采蘋》。大師告于樂正曰：「正歌備。」樂正由楹內、東楹之東，告于公，乃降復位。射人自阼階下，請立司正，公許。射人遂爲司正。司正洗角觶，南面坐奠于中庭；升東楹之東受命，西階上北面，命卿、大夫：「君曰以我安。」卿、大夫皆對曰：「諾，敢不安。」司正降自西階，南面坐取觶，升酌散，降，南面坐奠觶，右還，北面少立，坐取觶，興，坐不祭，卒觶，奠之，興，再拜稽首，左還，南面坐取觶洗，南面反奠于其所，升自西階東楹之東，請徹俎降，公許。告于賓賓北面取俎以出膳宰徹公俎降自阼階以東卿大夫皆降東面北上賓反入及卿大夫皆說屨升就席公以賓及卿大夫皆坐乃安羞庶羞大夫祭薦司正升受命皆命君曰無不醉賓及卿大夫皆興對曰諾敢不醉皆反坐。主人洗升獻士于西階上士長升拜受觶。主人拜受觶士坐祭立飲不拜既爵其他不拜坐祭立飲乃薦司正與射人一人司士一人執冪二人立于觶南東上辯獻士士既獻者立于東方西面北上乃薦士祝史小臣師亦就其位而薦之。主人就旅食之尊⑬而獻之旅食不拜

儒藏 儒藏經典·康熙篆文六經四書 儀禮

賓，賓北面取俎以出。膳宰徹公俎，降自阼階以東。卿、大夫皆降，東面北上。賓反入，及卿、大夫皆說屨，升就席。公以賓及卿、大夫皆坐，乃安。羞庶羞。大夫祭薦。司正升受命，皆命：「君曰無不醉。」賓及卿、大夫皆興，對曰：「諾！敢不醉。」皆反坐。主人洗，升，獻士于西階上。士長升，拜受觶，主人拜受觶。士坐祭，立飲，不拜既爵。其他不拜，坐祭，立飲。乃薦司正與射人一人、司士一人、執冪二人，立于觶南，東上。辯獻士。士既獻者立于東方，西面北上。乃薦士。祝史，小臣師，亦就其位而薦之。主人就旅食之尊而獻之。旅食不拜，

受爵坐祭立飲若射則大射正
爲司射如鄉射之禮賓降洗升
媵觚于公酌散下拜公降一等
小臣辭賓升再拜稽首公答再
拜賓坐祭卒爵再拜稽首公答
再拜賓降洗象觶升酌膳坐奠
于薦南降拜小臣辭賓升成拜
公答再拜賓反位公坐取賓所

媵觶興唯公所賜受者如初受
酬之禮降更爵洗升酌膳下拜
小臣辭升成拜公答拜乃就席
坐行之有執爵者唯受于公者
拜司正命執爵者爵辯卒受者
興以酬士大夫卒受者以爵興
西階上酬士士升大夫奠爵拜
士答拜大夫立卒爵不拜實之

受爵，坐祭，立飲。若射，則大射正爲司射，如鄉射之禮。賓降洗，升媵觚于公，酌散，下拜。公降一等，小臣辭。賓升，再拜稽首，公答再拜。賓坐祭，卒爵，再拜稽首，公答再拜。賓降洗象觶，升酌膳，坐奠于薦南，降拜。小臣辭。賓升成拜，公答再拜。賓反位。公坐取賓所

儒藏 儒藏經典·康熙篆文六經四書 儀禮

媵觶，興。唯公所賜。受者如初受酬之禮，降更爵洗，升酌膳，下拜。小臣辭。升成拜，公答拜。乃就席，坐行之。有執爵者。唯受于公者拜。司正命執爵者爵辯，卒受者興以酬士。大夫卒受者以爵興，西階上酬士。士升，大夫奠爵拜，士答拜。大夫立卒爵，不拜，實之。

士拜受大夫拜送士旅于西階上辯士旅酌卒主人洗升自西階獻庶子于阼階上如獻士之禮辯降洗遂獻左右正與内小臣皆於阼階上如獻庶子之禮無筭爵士也有執膳爵者有執散爵者執膳爵者酌以進公公不拜受執散爵者酌以之公命所賜所賜者興受爵降席下奠爵再拜稽首公答拜受賜爵者以爵就席坐公卒爵然後飲執膳爵者受公爵酌反奠之受賜爵者興授執散爵執散爵者乃酌行之唯受爵於公者拜卒受爵者興以酬士于西階上士升大夫不拜乃飲實爵士不拜受

儒藏
儒藏經典·康熙篆文六經四書　儀禮

士拜受，大夫拜送。士旅于西階上，辯。士旅酌。卒。主人洗，升自西階，獻庶子于阼階上，如獻士之禮。辯，降洗，遂獻左右正與内小臣，皆於阼階上，如獻庶子之禮。

無筭爵。士也，有執膳爵者，有執散爵者。執膳爵者酌以進公，公不拜，受。執散爵者酌以之公，命所賜。所賜者興受爵，降席下，奠爵，再拜稽首。公答拜。受賜爵者以爵就席坐，公卒爵，然後飲。執膳爵者受公爵，酌，反奠之。受賜爵者興，授執散爵，執散爵者乃酌行之。唯受爵於公者拜。卒受爵者興，以酬士于西階上。士升，大夫不拜，乃飲，實爵。士不拜，受爵。大夫就席。士旅酌，亦如之。公有命徹幂，則卿大夫皆降，西階下北面東上，再拜稽首。公命小臣辭。公答再拜，大夫皆辟。遂升，反坐。士終旅于上，如初。無筭樂。宵，則庶子執燭于阼階上，司宮執燭于西階上，甸人執大燭于庭，閽人爲大燭于門外。賓醉，北面坐取其薦脯以降。奏陔。賓所執脯以賜鍾人于門內霤，遂出。卿、大夫皆出。公不送。公與客燕。曰：寡君有不腆之酒，以請吾子之與寡君須臾焉。使某也以請。對曰：寡君，君之私也。君無所辱賜于使臣，臣敢辭。寡君固曰不腆，使某固以請！寡君，君之私也。

儒藏經典·康熙篆文六經四書 儀禮

爵。大夫就席。士旅酌，亦如之。公有命徹幂，則卿大夫皆降，西階下北面東上，再拜稽首。公命小臣辭。公答再拜，大夫皆辟。遂升，反坐。士終旅于上，如初。無筭樂。宵，則庶子執燭于阼階上，司宮執燭于西階上，甸人執大燭于庭，閽人爲大燭于門外。賓醉，北面坐取其薦脯以降。奏《陔》。賓所執脯以賜鍾人于門內霤，遂出。卿、大夫皆出。公不送。公與客燕。曰：「寡君有不腆之酒，以請吾子之與寡君須臾焉。使某也以請。」對曰：「寡君，君之私也。君無所辱賜于使臣，臣敢辭。」「寡君固曰不腆，使某固以請！」「寡君，君之私也。

君無所辱賜于使臣臣敢固辭
寡君固曰不腆使某固以請某
固辭不得命敢不從致命曰寡
君使某有不腆之酒以請吾子
之與寡君須臾焉君貺寡君多
矣又辱賜于使臣臣敢拜賜命
記燕朝服於寢⑮亨于門外東方
若與四方之賓燕則公迎之于
儒藏經典·康熙篆文六經四書　儀禮
大門内揖讓升賓爲苟敬席于
阼階之西北面有脀不嚌肺不
啐酒其介爲賓無膳尊無膳爵
與卿燕則大夫爲賓與大夫燕
亦大夫爲賓羞膳者與執冪者
皆士也羞卿者小膳宰也若以
樂納賓則賓及庭奏肆夏賓拜
酒主人答拜而樂闋公拜受爵

君無所辱賜于使臣，臣敢固辭！」「寡君固曰不腆，使某固以請！」「某固辭，不得命，敢不從？」致命曰：「寡君使某，有不腆之酒，以請吾子之與寡君須臾焉！」「君貺寡君多矣，又辱賜于使臣，臣敢拜賜命！」

記。燕，朝服於寢。亨于門外東方。若與四方之賓燕，則公迎之于大門内，揖讓升。賓爲苟敬，席于阼階之西，北面，有脀，不嚌肺，不啐酒。其介爲賓。無膳尊，無膳爵。與卿燕，則大夫爲賓。與大夫燕，亦大夫爲賓。羞膳者與執冪者，皆士也。羞卿者，小膳宰也。若以樂納賓，則賓及庭，奏《肆夏》；賓拜酒，主人答拜，而樂闋。公拜受爵，

而奏肆夏公卒爵主人升受爵
以下而樂闋升歌鹿鳴下管新
宫笙入三成遂合鄉樂若舞則
勺唯公與賓有俎獻公曰臣敢
奏爵以聽命凡公所辭皆栗階
凡栗階不過二等凡公所酬既
拜請旅侍臣凡薦與羞者小膳
宰也有内羞君與射則爲下射
袒朱襦樂作而后就物小臣以
巾授矢稍屬不以樂志既發則
小臣受弓以授弓人上射退于
物一笴既發則答君而俟若飲
君燕則夾爵君在大夫射則肉
袒若與四方之賓燕媵爵曰臣
受賜矣臣請贊執爵者相者對
曰吾子無自辱焉有房中之樂

儒藏
儒藏經典·康熙篆文六經四書 儀禮

而奏《肆夏》；公卒爵，主人升，受爵以下，而樂闋。升歌《鹿鳴》，下管《新宫》，笙入三成，遂合鄉樂。若舞，則《勺》。唯公與賓有俎。獻公，曰：「臣敢奏爵以聽命。」凡公所辭，皆栗階。凡栗階，不過二等。凡公所酬，既拜，請旅侍臣。凡薦與羞者，小膳宰也。有内羞。君與射，則爲下射，袒朱襦，樂作而后就物。小臣以巾授矢，稍屬。不以樂志。既發，則小臣受弓以授弓人。上射退于物一笴，既發，則答君而俟。若飲君，燕，則夾爵。君在，大夫射，則肉袒。若與四方之賓燕，媵爵，曰：「臣受賜矣。臣請贊執爵者。」相者對曰：「吾子無自辱焉。」有房中之樂。

儀禮卷第六

儀禮卷第六

儒藏
儒藏經典·康熙篆文六經四書　儀禮

儀禮卷第七

大射儀第七

大射之儀君有命戒射宰戒百官有事於射者射人戒諸公卿大夫射司士戒士射與贊者前射三日宰夫戒宰及司馬射人宿眡滌司馬命量人量侯道與所設乏以貍步大侯九十參七十干五十設乏各去其侯西十北十遂命量人巾車張三侯大侯之崇見鵠於參參見鵠於干干不及地武不繫左下綱設乏西十北十凡乏用革樂人宿縣于阼階東笙磬西面其南笙鐘其南鑮皆南陳建鼓在阼階西南鼓應鼙在其東南鼓西階之

儀禮卷第七

大射儀第七

大射之儀。君有命戒射，宰戒百官有事於射者。射人戒諸公、卿、大夫射，司士戒士射與贊者。前射三日，宰夫戒宰及司馬、射人宿眡滌。司馬命量人量侯道與所設乏以貍步，大侯九十，參七十，干五十，設乏各去其侯西十、北十。遂命量人、巾車張三侯。大侯之崇，見鵠於參；參見鵠於干，干不及地武，不繫左下綱。設乏西十、北十，凡乏用革。樂人宿縣于阼階東，笙磬西面，其南笙鐘，其南鑮，皆南陳。建鼓在阼階西，南鼓，應鼙在其東，南鼓。西階之西頌磬東面其南鐘其南鎛皆南陳一建鼓在其南東鼓朔鼙在其北一建鼓在西階之東南面簜在建鼓之間鼗倚于頌磬西紘厥明司宮尊于東楹之西兩方壺膳尊兩甒在南有豐冪用錫若絺綴諸箭蓋冪加勺又反之皆玄尊酒在北尊士旅食

于西鎛之南北面兩圜壺又尊于大侯之乏東北兩壺獻酒設洗于阼階東南罍水在東篚在洗西南陳設膳篚在其北西面又設洗于獲者之尊西北水在洗北篚在南東陳小臣設公席于阼階上西鄉司宮設賓席于户西南面有加席卿席賓東東

西，頌磬東面，其南鐘，其南鎛，皆南陳。一建鼓在其南，東鼓，朔鼙在其北。一建鼓在西階之東，南面。簜在建鼓之間，鼗倚于頌磬西紘。厥明，司宮尊于東楹之西，兩方壺，膳尊兩甒在南。有豐。冪用錫若絺，綴諸箭。蓋冪加勺，又反之。皆玄尊。酒在北。尊士旅食

儒藏 儒藏經典·康熙篆文六經四書 儀禮

于西鎛之南，北面，兩圜壺。又尊于大侯之乏東北，兩壺獻酒。設洗于阼階東南，罍水在東，篚在洗西，南陳。設膳篚在其北，西面。又設洗于獲者之尊西北，水在洗北。篚在南，東陳。小臣設公席于阼階上，西鄉。司宮設賓席于户西，南面，有加席。卿席賓東，東

上小卿賓西東上大夫繼而東
上若有東面者則北上席工于
西階之東東上諸公阼階西北
面東上官饌羹定射人告具于
公公升即位于席西鄉小臣師
納諸公卿大夫諸公卿大夫皆
入門右北面東上士西方東面
北上大夫在干侯之東北北面

東上士旅食者在士南北面東
上小臣師從者在東堂下南面
西上公降立于阼階之東南南
鄉小臣師詔揖諸公卿大夫諸
公卿大夫西面北上揖大夫大
夫皆少進大射正擯擯者請賓
公曰命某爲賓擯者命賓賓少
進禮辭反命又命之賓再拜稽

上。小卿賓西，東上。大夫繼而東上，若有東面者，則北上。席工于西階之東，東上。諸公阼階西，北面，東上。官饌。羹定。射人告具于公，公升，即位于席，西鄉。小臣師納諸公、卿、大夫，諸公、卿、大夫皆入門右，北面東上。士西方，東面北上。大夫在干侯之東北，北面

儒藏經典・康熙篆文六經四書　儀禮

東上。士旅食者在士南，北面東上。小臣師從者在東堂下，南面西上。公降，立于阼階之東南，南鄉。小臣師詔揖諸公、卿大夫，諸公、卿大夫西面北上。揖大夫，大夫皆少進。大射正擯。擯者請賓，公曰：「命某爲賓。」擯者命賓，賓少進，禮辭。反命，又命之。賓再拜稽

首受命擯者反命賓出立于門外北面公揖卿大夫升就席小臣自阼階下北面請執冪者與羞膳者乃命執冪者執冪者升自西階立于尊南北面東上膳宰請羞于諸公卿者擯者納賓賓及庭公降一等揖賓賓辟公升即席奏肆夏賓升自西階主人從之賓右北面至再拜賓答再拜主人降洗洗南西北面賓降階西東面主人辭降賓對主人北面盥坐取觚洗賓少進辭洗主人坐奠觚于篚興對賓反位主人卒洗賓揖乃升主人升賓拜洗主人賓右奠觚答拜降盥賓降主人辭降賓對卒盥賓

首，受命。擯者反命。賓出，立于門外，北面。公揖卿、大夫，升就席。小臣自阼階下北面，請執冪者與羞膳者。乃命執冪者。執冪者升自西階，立于尊南，北面東上。膳宰請羞于諸公卿者。擯者納賓，賓及庭，公降一等揖賓，賓辟，公升，即席。奏《肆夏》，賓升自西階。主人從之，賓右北面，至再拜。賓答再拜。主人降洗，洗南，西北面。賓降階西，東面。主人辭降，賓對。主人北面盥，坐取觚，洗。賓少進，辭洗。主人坐奠觚于篚，興對。賓反位。主人卒洗。賓揖，乃升。主人升，賓拜洗。主人賓右奠觚答拜，降盥。賓降，主人辭降，賓對。卒盥。賓揖升。主人升，坐取觚。執冪者舉冪，主人酌膳，執冪者蓋冪。酌者加勺，又反之。筵前獻賓。賓西階上拜，受爵于筵前，反位。主人賓右拜送爵。宰胥薦脯醢。賓升筵。庶子設折俎。賓坐，左執觚，右祭脯醢，奠爵于薦右；興取肺，坐絶祭，嚌之；興加于俎，坐捝手，執爵，遂祭酒，興，席末坐啐酒，降席，坐奠爵，拜，告旨，執爵興。主人答拜。樂闋。賓西階上北面坐，卒爵，興；坐奠爵，拜，執爵興。主人答拜。賓以虛爵降。主人降。賓洗南西北面坐奠觚，少進，辭降。主人西階西東面少進對。賓坐取觚，奠于篚下，盥洗。主人辭洗。賓坐奠觚于篚，興對，卒洗，及階，揖升。主人升，拜洗如賓禮。賓降盥，主人降。賓辭降，卒盥，揖升。酌膳、執冪如初，以酢主人于西階上。主人北面拜受爵。賓主人之左拜送爵。主人坐祭，不啐酒，不拜酒，遂卒爵，興，坐奠爵，拜，執爵興。賓答拜。主人不崇酒，以虛爵降，奠于篚。

賓降，立于西階西，東面。擯者以命升賓。賓升，立于西序，東面。主人盥，洗象觚，升酌膳，東北面獻于公。公拜受爵，乃奏《肆夏》。主人降自西階，阼階下北面拜送爵。宰胥薦脯醢，由左房。庶子設折俎，升自西階。公祭，如賓禮，庶子贊授肺。不拜酒，立卒爵；坐奠爵，拜，執爵興。主人答拜，樂闋。升受爵，降奠于篚。更爵洗，升，酌散以降；酢于阼階下，北面坐奠爵，再拜稽首。公答拜。主人坐祭，遂卒爵，興，坐奠爵，再拜稽首。公答拜。主人奠爵于篚。主人盥洗，升媵觚于賓，酌散，西階上坐奠爵，拜。賓西階上北面答拜。主人坐祭，遂飲。賓辭。卒爵興，坐奠爵，拜，執爵興。賓答拜。主人降洗，賓降。主人辭降，賓辭洗。卒洗。賓揖升，不拜洗。主人酌膳。賓西階上拜，受爵于筵前，反位。主人拜送爵。賓升席，坐祭酒，遂奠于薦東。主人降，復位。賓降筵西，東南面立。小臣自阼階下請媵爵者，公命長。

小臣作下大夫二人媵爵媵爵者阼階下皆北面再拜稽首公答拜媵爵者立于洗南西面北上序進盥洗角觶升自西階序進酌散交于楹北降適阼階下皆奠觶再拜稽首執觶興公答拜媵爵者皆坐祭遂卒觶興坐奠觶再拜稽首執觶興公答再拜媵爵者執觶待于洗南小臣請致者若命皆致則序進奠觶于篚阼階下皆北面再拜稽首公答拜媵爵者洗象觶升實之序進坐奠于薦南北上降適阼階下皆再拜稽首送觶公答拜媵爵者皆退反位公坐取大夫所媵觶興以酬賓賓降西階下

儒藏
儒藏經典·康熙篆文六經四書　儀禮

小臣作下大夫二人媵爵。媵爵者阼階下皆北面再拜稽首。公答拜。媵爵者立于洗南，西面北上，序進，盥洗角觶，升自西階，序進，酌散，交于楹北，降，適阼階下，皆奠觶，再拜稽首，執觶興。公答拜。媵爵者皆坐祭，遂卒觶，興，坐奠觶，再拜稽首，執觶興。公答再拜。媵爵者執觶待于洗南。小臣請致者。若命皆致，則序進，奠觶于篚，阼階下皆北面再拜稽首。公答拜。媵爵者洗象觶，升實之；序進，坐奠于薦南，北上；降，適阼階下，皆再拜稽首送觶。公答拜。媵爵者皆退反位。公坐取大夫所媵觶，興以酬賓。賓降，西階下

再拜稽首小臣正辭賓升成拜
公坐奠觶答拜執觶興公卒觶
賓下拜小臣正辭賓升再拜稽
首公坐奠觶答拜執觶興賓進
受虛觶降奠于篚易觶興洗公
有命則不易不洗反升酌膳下
拜小臣正辭賓升再拜稽首公
答拜賓告于擯者請旅諸臣擯
者告于公公許賓以旅大夫于
西階上擯者作大夫長升受旅
賓大夫之右坐奠觶拜執觶興
大夫答拜賓坐祭立卒觶不拜
若膳觶也則降更觶洗升實散⑰
大夫拜受賓拜送遂就席大夫
辯受酬如受賓酬之禮不祭酒
卒受者以虛觶降奠于篚復位

儒藏經典·康熙篆文六經四書　儀禮

再拜稽首。小臣正辭，賓升成拜。公坐奠觶，答拜，執觶興。公卒觶，賓下拜，小臣正辭。賓升，再拜稽首。公坐奠觶，答拜，執觶興。賓進，受虛觶，降，奠于篚，易觶，興洗，公有命，則不易不洗。反升酌膳，下拜。小臣正辭。賓升，再拜稽首。公答拜。賓告于擯者，請旅諸臣。擯者告于公，公許。賓以旅大夫于西階上。擯者作大夫長升受旅。賓大夫之右坐奠觶，拜，執觶興。大夫答拜。賓坐祭，立卒觶，不拜。若膳觶也，則降、更觶，洗，升實散。大夫拜受。賓拜送，遂就席。大夫辯受酬，如受賓酬之禮，不祭酒。卒受者以虛觶降，奠于篚，復位。

主人洗觚，升實散，獻卿于西階上。司宮兼卷重席，設于賓左，東上。卿升，拜受觚。主人拜送觚。卿辭重席，司宮徹之。乃薦脯醢。卿升席。庶子設折俎。卿坐，左執爵，右祭脯醢，奠爵于薦右；興，取肺，坐，絶祭，不嚌肺；興，加于俎，坐捝手，取爵，遂祭酒，執爵興；降席，西階上北面坐，卒爵，興；坐奠爵，拜，執爵興。主人答拜，受爵。卿降，復位。辯獻卿。主人以虛爵降，奠于篚。擯者升卿，卿皆升，就席。若有諸公，則先卿獻之，如獻卿之禮，席于阼階西，北面東上，無加席。小臣又請媵爵者，二大夫媵爵如初。請致者。若命長致，則媵爵

者奠觶于篚一人待于洗南長
致者阼階下再拜稽首公答拜
洗象觶升實之坐奠于薦南降
與立于洗南者二人皆再拜稽
首送觶公答拜公又行一爵若
賓若長唯公所賜以旅于西階
上如初大夫卒受者以虛觶降
奠于篚·主人洗觚升獻大夫于
西階上大夫升拜受觚·主人拜
送觚大夫坐祭立卒爵不拜既
爵·主人受爵大夫降復位胥薦
·主人于洗北西面脯醢無脀辯
獻大夫遂薦之繼賓以西東上
若有東面者則北上卒擯者升
大夫大夫皆升就席乃席工于
西階上少東小臣納工工六人

儒藏經典·康熙篆文六經四書　儀禮

者奠觶于篚，一人待于洗南，長致者阼階下再拜稽首，公答拜。洗象觶，升實之，坐奠于薦南，降，與立于洗南者二人皆再拜稽首送觶。公答拜。公又行一爵，若賓，若長，唯公所賜。以旅于西階上，如初。大夫卒受者以虛觶降，奠于篚。主人洗觚，升，獻大夫于西階上。大夫升，拜受觚。主人拜送觚。大夫坐祭，立卒爵，不拜既爵。主人受爵。大夫降復位。胥薦主人于洗北，西面。脯醢，無脀。辯獻大夫，遂薦之，繼賓以西，東上，若有東面者，則北上。卒，擯者升大夫。大夫皆升，就席。乃席工于西階上，少東。小臣納工，工六人，四瑟。僕人正徒相太師，僕人師相少師，僕人士相上工。相者皆左何瑟，後首，内弦，挎越，右手相。後者徒相入。小樂正從之。升自西階，北面東上。坐授瑟，乃降。小樂正立于西階東。乃歌《鹿鳴》三終。主人洗，升實爵，獻工。工不興，左瑟；一人拜受爵。主人西階上拜送爵。薦脯醢。使人相祭。卒爵，不拜。主人受虛爵。衆工不拜，受爵，坐祭，遂卒爵。辯有脯醢，不祭。主人受爵，降奠于篚，復位。大師及少師、上工皆降，立于鼓北，群工陪于後。乃管《新宫》三終。卒管。大師及少師、上工皆東坫之東南，西面北上，坐。擯者自阼階下

⑱

四瑟。僕人正徒相太師，僕人師相少師，僕人士相上工。相者皆左何瑟，後首，内弦，挎越，右手相。後者徒相入。小樂正從之。升自西階，北面東上。坐授瑟，乃降。小樂正立于西階東。乃歌《鹿鳴》三終。主人洗，升實爵，獻工。工不興，左瑟；一人拜受爵。主人西階上拜送爵。薦脯醢。使人相祭。卒爵，不拜。主人受虛爵。衆工不拜，受爵，坐祭，遂卒爵。辯有脯醢，不祭。主人受爵，降奠于篚，復位。大師及少師、上工皆降，立于鼓北，群工陪于後。乃管《新宫》三終。卒管。大師及少師、上工皆東坫之東南，西面北上，坐。擯者自阼階下

請立司正。公許，擯者遂爲司正。司正適洗，洗角觶，南面坐奠于中庭，升東楹之東受命于公，西階上北面命賓、諸公、卿、大夫。公曰：「以我安。」賓、諸公、卿、大夫皆對曰：「諾，敢不安！」司正降自西階，南面坐取觶，升、酌散、降，南面坐奠觶，興，右還，北面少立，坐取觶，興，坐，不祭，卒觶，奠之，興，再拜稽首，左還，南面坐取觶，洗，南面反奠于其所，北面立。司射適次，袒決遂，執弓，挾乘矢，於弓外見鏃於弣，右巨指鉤弦。自阼階前曰：「爲政請射。」遂告曰：「大夫與大夫，士御於大夫。」遂適西階前，東面右顧，命有司納射器，射器皆入。君之弓矢適東堂賓之弓矢與中籌豐皆止于西堂下眾弓矢不挾總眾弓矢楅皆適次而俟工人士與梓人升自北階兩楹之間疏數容弓若丹若墨度尺而午射正莅之卒畫自北階下司宮埽所畫物自北階下太史俟于所設中之西東面以聽政司射西面誓之曰公射大侯大夫射參士射干射者非其侯中之不獲卑者與尊者為耦不異侯太史許諾遂比三耦三耦俟於次北西面北上司射命上射曰某御於子命下射曰子與某子射卒遂命三耦取弓矢于次司射入于次搢三挾一个出于次

儒藏 儒藏經典·康熙篆文六經四書 儀禮

之弓矢適東堂。賓之弓矢與中、籌、豐，皆止于西堂下。眾弓矢不挾。總眾弓矢、楅，皆適次而俟。工人、士與梓人升自北階兩楹之間。疏數容弓，若丹，若墨，度尺而午。射正莅之。卒畫，自北階下。司宮埽所畫物，自北階下。太史俟于所設中之西，東面以聽政。司射西面誓之曰：「公射大侯，大夫射參，士射干。射者非其侯，中之不獲。卑者與尊者為耦，不異侯。」太史許諾。遂比三耦。三耦俟於次北，西面北上。司射命上射，曰：「某御於子。」命下射，曰：「子與某子射。」卒，遂命三耦取弓矢于次。司射入于次，搢三挾一个，出于次，

西面揖當階北面揖及階揖升
堂揖當物北面揖及物揖由下
物少退誘射射三侯將乘矢始
射干又射參大侯再發卒射北
面揖及階揖降如升射之儀遂
適堂西改取一个挾之遂取扑
搢之以立于所設中之西南東
面司馬師命負侯者執旌以負
侯負侯者皆適侯執旌負侯而
俟司射適次作上耦射司射反
位上耦出次西面揖進上射在
左並行當階北面揖及階揖上
射先升三等下射從之中等上
射升堂少左下射升上射揖並
行皆當其物北面揖及物揖皆
左足履物還視侯中合足而俟

儒藏經典・康熙篆文六經四書　儀禮

西面揖，當階北面揖，及階揖，升堂揖，當物北面揖，及物揖，由下物少退，誘射。射三侯，將乘矢，始射干，又射參，大侯再發。卒射，北面揖。及階，揖降，如升射之儀。遂適堂西，改取一个挾之。遂取扑搢之，以立于所設中之西南，東面。司馬師命負侯者：「執旌以負侯。」負侯者皆適侯，執旌負侯而俟。司射適次，作上耦射。司射反位。上耦出次，西面揖進。上射在左，並行。當階北面揖，及階揖。上射先升三等，下射從之，中等。上射升堂，少左。下射升，上射揖，並行。皆當其物北面揖，及物揖。皆左足履物，還，視侯中，合足而俟。

司馬正適次袒決遂執弓右挾
之出升自西階適下物立于物
間左執弣右執簫南揚弓命去
侯負侯皆許諾以宮趨直西及
乏南又諾以商至乏聲止授獲
者退立于西方獲者興共而俟
司馬正出于下射之南還其後
降自西階遂適次釋弓說決拾

襲反位司射進與司馬正交于
階前相左由堂下西階之東北
面眡上射命曰毋射獲毋獵獲
上射揖司射退反位乃射上射
既發挾矢而后下射射拾發以
將乘矢獲者坐而獲舉旌以宮
偃旌以商獲而未釋獲卒射右
挾之北面揖揖如升射上射降

司馬正適次，袒決遂，執弓，右挾之，出，升自西階，適下物，立于物間，左執弣，右執簫，南揚弓，命去侯。負侯皆許諾，以宮趨，直西，及乏南，又諾以商，至乏，聲止，授獲者，退立于西方。獲者興，共而俟。司馬正出于下射之南，還其後，降自西階，遂適次，釋弓，說決拾，

儒藏
儒藏經典·康熙篆文六經四書　儀禮

襲，反位。司射進，與司馬正交于階前，相左，由堂下西階之東北面眡上射，命曰：「毋射獲！毋獵獲！」上射揖。司射退，反位。乃射，上射既發，挾矢，而后下射射，拾發以將乘矢。獲者坐而獲，舉旌以宮，偃旌以商，獲而未釋獲。卒射，右挾之，北面揖，揖如升射。上射降

三等下射少右從之中等並行上射于左與升射者相左交于階前相揖適次釋弓說決拾襲反位三耦卒射亦如之司射去扑倚于階西適阼階下北面告于公曰三耦卒射反搢扑反位司馬正袒決遂執弓右挾之出與司射交于階前相左自西階自右物之後立于物間西南面揖弓命取矢負侯許諾如初去侯皆執旌以負其侯而俟司馬正降自西階北面命設楅小臣師設楅司馬正東面以弓爲畢既設楅司馬正適次釋弓說決拾襲反位小臣坐委矢于楅⑲北括司馬師坐乘之卒若矢不備

儒藏經典·康熙篆文六經四書　儀禮

三等，下射少右，從之，中等；並行，上射于左。與升射者相左，交于階前，相揖。適次，釋弓，說決拾，襲，反位。三耦卒射亦如之。司射去扑，倚于階西，適阼階下，北面告于公，曰：「三耦卒射。」反，搢扑，反位。司馬正袒決遂，執弓，右挾之，出；與司射交于階前，相左。升自西階，自右物之後，立于物間；西南面，揖弓，命取矢。負侯許諾，如初去侯，皆執旌以負其侯而俟。司馬正降自西階，北面命設楅。小臣師設楅。司馬正東面，以弓爲畢。既設楅，司馬正適次，釋弓，說決拾，襲，反位。小臣坐委矢于楅，北括；司馬師坐乘之。卒若矢不備，則司馬正又袒執弓升命取矢如初曰取矢不索乃復求矢加于楅卒司馬正進坐左右撫之興反位司射適西階西倚扑升自西階東面請射于公公許遂適西階上命賓御于公諸公卿則以耦告于上大夫則降即位而后告司射自西階上北面告于大夫曰請降司射先降搢扑反位大夫從之降適次立于三耦之南西面北上司射東面于大夫之西比耦大夫與大夫命上射曰某御於子命下射曰子與某子射卒遂比衆耦衆耦立于大夫之南西面北上若有士與大夫爲耦則以大夫之耦爲

儒藏經典·康熙篆文六經四書 儀禮

則司馬正又袒執弓，升，命取矢如初，曰：「取矢不索。」乃復求矢，加于楅。卒，司馬正進坐，左右撫之，興，反位。司射適西階西，倚扑；升自西階，東面請射于公。公許。遂適西階上，命賓御于公，諸公、卿則以耦告于上，大夫則降，即位而后告。司射自西階上，北面告于大夫，曰：「請降。」司射先降，搢扑，反位。大夫從之降，適次，立于三耦之南，西面北上。司射東面于大夫之西，比耦。大夫與大夫，命上射曰：「某御於子。」命下射曰：「子與某子射。」卒，遂比衆耦。衆耦立于大夫之南，西面北上。若有士與大夫爲耦，則以大夫之耦爲

上命大夫之耦曰子與某子射
告於大夫曰某御於子命衆耦
如命三耦之辭諸公卿皆未降
遂命三耦各與其耦拾取矢皆
袒決遂執弓右挾之一耦出西
面揖當楅北面揖及楅揖上射
東面下射西面上射揖進坐橫
弓卻手自弓下取一个兼諸弣

興順羽且左還毋周反面揖下
射進坐橫弓覆手自弓上取一
个兼諸弣興順羽且左還毋周
反面揖既拾取矢梱之兼挾乘
矢皆内還南面揖適楅南皆左
還北面揖搢三挾一个揖以耦
左還上射於左退者與進者相
左相揖還退釋弓矢于次說決

上，命大夫之耦曰：「子與某子射。」告於大夫曰：「某御於子。」命衆耦，如命三耦之辭。諸公、卿皆未降。遂命三耦各與其耦拾取矢，皆袒決遂，執弓，右挾之。一耦出，西面揖，當楅北面揖，及楅揖。上射東面，下射西面。上射揖進，坐橫弓，卻手自弓下取一个，兼諸弣，

儒藏經典·康熙篆文六經四書　儀禮

興，順羽且左還，毋周，反面揖。下射進，坐橫弓，覆手自弓上取一个，兼諸弣，興；順羽，且左還，毋周，反面揖。既拾取矢，梱之。兼挾乘矢，皆内還，南面揖；適楅南，皆左還，北面揖；搢三挾一个。揖，以耦左還，上射於左。退者與進者相左，相揖。還退，釋弓矢于次，說決

儒藏經典·康熙篆文六經四書　儀禮

拾，襲，反位。二耦拾取矢，亦如之。後者遂取誘射之矢，兼乘矢而取之，以授有司于次中。皆襲，反位。司射作揖如初。一耦揖、升如初。司馬命去侯，負侯許諾如初。司馬降，釋弓，反位。司射猶挾一个，去扑；與司馬交于階前，適阼階下，北面請釋獲于公；公許，反，搢扑；遂命釋獲者設中；以弓爲畢，北面。大史釋獲。小臣師執中，先首，坐設之；東面，退。大史實八筭于中，橫委其餘于中西，興，共而俟。司射西面命曰：「中離維綱，揚觸，梱復，公則釋獲，衆則不與。唯公所中，中三侯皆獲。」釋獲者命小史，小史命獲者。司射遂進

由堂下北面視上射命曰不貫
不釋上射揖司射退反位釋獲
者坐取中之八筭改實八筭興
執而俟乃射若中則釋獲者每
一个釋一筭上射於右下射於
左若有餘筭則反委之又取中
之八筭改實八筭于中興執而
俟三耦卒射賓降取弓矢于堂
西諸公卿則適次繼三耦以南
公將射則司馬師命負侯皆執
其旌以負其侯而俟司馬師反
位隸僕人埽侯道司射去扑適
阼階下告射于公公許適西階
東告于賓遂搢扑反位小射正
一人取公之決拾于東坫上一
小射正授弓拂弓皆以俟于東

儒藏經典·康熙篆文六經四書　儀禮

由堂下，北面視上射，命曰：「不貫
不釋。」上射揖。司射退，反位。釋獲
者坐取中之八筭，改實八筭，興，
執而俟。乃射。若中，則釋獲者每
一个釋一筭，上射於右，下射於
左。若有餘筭，則反委之。又取中
之八筭，改實八筭于中。興，執而
俟。三耦卒射。賓降，取弓矢于堂
西。諸公、卿則適次，繼三耦以南。
公將射，則司馬師命負侯，皆執
其旌以負其侯而俟，司馬師反
位。隸僕人埽侯道。司射去扑，適
阼階下，告射于公，公許，適西階
東告于賓，遂搢扑，反位。小射正
一人，取公之決拾于東坫上，一
小射正授弓拂弓，皆以俟于東

堂。公將射，則賓降，適堂西，袒決遂，執弓，搢三挾一个，升自西階，先待于物北，一笴，東面立。司馬升，命去侯如初；還右，乃降，釋弓，反位。公就物，小射正奉決拾以笥，大射正執弓，皆以從於物。小射正坐奠笥于物南，遂拂以巾，取決，興，贊設決、朱極三。小臣正贊袒，公袒朱襦，卒袒，小臣正退俟于東堂。小射正又坐取拾，興。贊設拾，以笥退奠于坫上，復位。大射正執弓，以袂順左右隈，上再下壹，左執弣，右執簫，以授公。公親揉之。小臣師以巾內拂矢，而授矢于公，稍屬。大射正立于公後，以矢行告于公。下曰留，上曰揚左右曰方公既發大射正受弓而俟拾發以將乘矢公卒射小臣師以巾退反位大射正受弓小射正以笥受決拾退奠于坫上復位大射正退反司正之位小臣正贊襲公還而后賓降釋弓于堂西反位于階西東面公即席司正以命升賓賓升復筵而后卿大夫繼射諸公卿取弓矢于次中袒決遂執弓搢三挾一个出西面揖揖如三耦升射卒射降如三耦適次釋弓說決拾襲反位衆皆繼射釋獲皆如初卒射釋獲者遂以所執餘獲適阼階下北面告于公曰左右卒射反位坐委餘獲于

儒藏經典·康熙篆文六經四書　儀禮

上曰揚，左右曰方。公既發，大射正受弓而俟，拾發以將乘矢。公卒射，小臣師以巾退，反位，大射正受弓，小射正以笥受決拾，退奠于坫上，復位。大射正退，反司正之位。小臣正贊襲。公還而后賓降，釋弓于堂西，反位于階西東面。公即席，司正以命升賓。賓升復筵而后卿大夫繼射。諸公、卿取弓矢于次中，袒決遂，執弓，搢三挾一个，出，西面揖，揖如三耦，升射、卒射、降如三耦，適次，釋弓，説決拾，襲，反位。衆皆繼射，釋獲皆如初。卒射，釋獲者遂以所執餘獲，適阼階下，北面告于公，曰：「左右卒射。」反位坐，委餘獲于

中西興共而俟司馬袒執弓升
命取矢如初負侯許諾以旌負
侯如初司馬降釋弓如初小臣
委矢于福如初賓諸公卿大夫
之矢皆異束之以茅卒正坐左
右撫之進束反位賓之矢則以
授矢人于西堂下司馬釋弓反
位而后卿大夫升就席司射適
階西釋弓去扑襲進由中東立
于中南北面視筭釋獲者東面
于中西坐先數右獲二筭爲純
一純以取實于左手十純則縮
而委之每委異之有餘純則横
諸下一筭爲奇奇則又縮諸純
下興自前適左東面坐坐兼斂
筭實于左手一純以委十則異

中西，興，共而俟。司馬袒執弓，升，命取矢如初。負侯許諾，以旌負侯如初。司馬降，釋弓如初。小臣委矢于福，如初。賓、諸公、卿、大夫之矢皆異束之以茅，卒，正坐左右撫之，進束，反位。賓之矢，則以授矢人于西堂下。司馬釋弓，反位，而后卿、大夫升就席。司射適階西，釋弓，去扑，襲；進由中東，立于中南，北面視筭。釋獲者東面于中西坐，先數右獲。二筭爲純，一純以取，實于左手。十純則縮而委之，每委異之。有餘純，則横諸下。一筭爲奇，奇則又縮諸純下。興，自前適左，東面坐，坐，兼斂筭，實于左手，一純以委，十則異之，其餘如右獲。司射復位。釋獲者遂進取賢獲，執之，由阼階下，北面告于公。若右勝，則曰：「右賢于左。」若左勝，則曰：「左賢於右。」以純數告；若有奇者，亦曰奇。若左右鈞，則左右各執一筭以告，曰：「左右鈞。」還復位，坐，兼斂筭，實八筭于中，委其餘于中西，興，共而俟。司射命設豐。司宮士奉豐，由西階升，北面坐設于西楹西，降復位。勝者之弟子洗觶，升酌散，南面坐奠于豐上，降反位。司射袒執弓，挾一个，搢扑，東面于三耦之西，命三耦及眾射者：「勝者皆袒決遂，執張弓。不勝者皆襲，說決拾，卻左手，右加弛弓于其

之，其餘如右獲。司射復位。釋獲者遂進取賢獲，執之，由阼階下，北面告于公。若右勝，則曰：「右賢于左。」若左勝，則曰：「左賢於右。」以純數告；若有奇者，亦曰奇。若左右鈞，則左右各執一筭以告，曰：「左右鈞。」還復位，坐，兼斂筭，實八筭于中，委其餘于中西，興，共而俟。司射命設豐。司宮士奉豐，由西階升，北面坐設于西楹西，降復位。勝者之弟子洗觶，升酌散，南面坐奠于豐上，降反位。司射袒執弓，挾一个，搢扑，東面于三耦之西，命三耦及眾射者：「勝者皆袒決遂，執張弓。不勝者皆襲，說決拾，卻左手，右加弛弓于其

上遂以執弣司射先反位三耦
及衆射者皆升飲射爵于西階
上小射正作升飲射爵者如作
射一耦出揖如升射及階勝者
先升升堂少右不勝者進北面
坐取豐上之觶興少退立卒觶
進坐奠于豐下興揖不勝者先
降與升飲者相左交于階前相
揖適次釋弓襲反位僕人師繼
酌射爵取觶實之反奠于豐上
退俟于序端升飲者如初三耦
卒飲若賓諸公卿大夫不勝則
不降不執弓耦不升僕人師洗
升實觶以授賓諸公卿大夫受
觶于席以降適西階上北面立
飲卒觶授執爵者反就席若飲

儒藏經典·康熙篆文六經四書　儀禮

上，遂以執弣。」司射先反位。三耦及衆射者皆升飲射爵于西階上。小射正作升飲射爵者，如作射。一耦出，揖如升射，及階，勝者先升，升堂少右。不勝者進，北面坐取豐上之觶，興，少退，立卒觶，進，坐奠于豐下，興，揖。不勝者先降，與升飲者相左，交于階前，相揖；適次，釋弓，襲，反位。僕人師繼酌射爵，取觶實之，反奠于豐上，退俟于序端。升飲者如初。三耦卒飲。若賓、諸公、卿、大夫不勝，則不降，不執弓，耦不升。僕人師洗，升實觶以授；賓、諸公、卿、大夫受觶于席，以降，適西階上，北面立飲，卒觶，授執爵者，反就席。若飲

公則侍射者降洗角觶升酌散
降拜公降一等小臣正辭賓升
再拜稽首公答再拜賓坐祭卒
爵再拜稽首公答再拜賓降洗
象觶升酌膳以致下拜小臣正
辭升再拜稽首公答再拜公卒
觶賓進受觶降洗散觶升實散
下拜小臣正辭升再拜稽首公
答再拜賓坐不祭卒觶降奠于
篚階西東面立擯者以命升賓
賓升就席若諸公卿大夫之耦
不勝則亦執弛弓特升飲衆皆
繼飲射爵如三耦射爵辯乃徹
豐與觶司宮尊侯于服不之東
北兩獻酒東面南上皆加勺設
洗于尊西北篚在南⑳東肆實一

儒藏經典·康熙篆文六經四書 儀禮

公，則侍射者降，洗角觶，升酌散，降拜；公降一等，小臣正辭，賓升、再拜稽首，公答再拜；賓坐祭，卒爵，再拜稽首，公答再拜；賓降，洗象觶，升酌膳以致，下拜，小臣正辭，升，再拜稽首，公答再拜；公卒觶，賓進受觶，降洗散觶，升實散，下拜，小臣正辭，升，再拜稽首，公答再拜；賓坐，不祭，卒觶，降奠于篚，階西東面立。擯者以命升賓，賓升就席。若諸公、卿、大夫之耦不勝，則亦執弛弓，特升飲。衆皆繼飲射爵，如三耦。射爵辯，乃徹豐與觶。司宮尊侯于服不之東北，兩獻酒，東面南上，皆加勺設洗于尊西北，篚在南，東肆，實一散于篚司馬正洗散遂實爵獻服不服不侯西北三步北面拜受爵司馬正西面拜送爵反位宰夫有司薦庶子設折俎卒錯獲者適右个薦俎從之獲者左執爵右祭薦俎二手祭酒適左个祭如右个中亦如之卒祭左个之西北三步東面設薦俎立

卒爵司馬師受虛爵洗獻隸僕人與巾車獲者皆如大侯之禮卒司馬受虛爵奠于篚獲者皆執其薦庶子執俎從之設于乏少南服不復負侯而侯司射適階西去扑適堂西釋弓說決拾襲適洗洗觚升實之降獻釋獲者于其位少南薦脯醢折俎皆

儒藏經典·康熙篆文六經四書　儀禮

散于篚。司馬正洗散，遂實爵，獻服不。服不侯西北三步，北面拜受爵。司馬正西面拜送爵，反位。宰夫有司薦，庶子設折俎。卒錯，獲者適右个，薦俎從之。獲者左執爵，右祭薦俎，二手祭酒；適左个，祭如右个，中亦如之。卒祭，左个之西北三步，東面。設薦俎，立

卒爵。司馬師受虛爵，洗獻隸僕人與巾車、獲者，皆如大侯之禮。卒，司馬受虛爵，奠于篚。獲者皆執其薦，庶子執俎從之，設于乏少南。服不復負侯而侯。司射適階西，去扑，適堂西，釋弓，說決拾，襲，適洗，洗觚，升實之，降，獻釋獲者于其位，少南。薦脯醢、折俎，皆

儒藏

有祭釋獲者薦右東面拜受爵
司射北面拜送爵釋獲者就其
薦坐左執爵右祭脯醢興取肺
坐祭遂祭酒興司射之西北面
立卒爵不拜既爵司射受虛爵
奠于篚釋獲者少西辟薦反位
司射適堂西袒決遂取弓挾一
个適階西搢扑以反位司射倚
扑于階西適阼階下北面請射
于公如初反搢扑適次命三耦
皆袒決遂執弓序出取矢司射
先反位三耦拾取矢如初小射
正作取矢如初三耦既拾取矢
諸公卿大夫皆降如初位與耦
入於次皆袒決遂執弓皆進當
楅進坐說矢束上射東面下射

儒藏

儒藏經典·康熙篆文六經四書　儀禮

有祭。釋獲者薦右東面拜受爵。司射北面拜送爵。釋獲者就其薦坐，左執爵，右祭脯醢，興取肺，坐祭，遂祭酒；興，司射之西，北面立卒爵，不拜既爵。司射受虛爵，奠于篚。釋獲者少西辟薦，反位。司射適堂西，袒決遂，取弓，挾一个，適階西，搢扑以反位。司射倚扑于階西，適阼階下，北面請射于公，如初。反搢扑，適次，命三耦皆袒決遂，執弓，序出取矢。司射先反位。三耦拾取矢如初，小射正作取矢如初。三耦既拾取矢，諸公、卿、大夫皆降如初位，與耦入於次，皆袒決遂，執弓，皆進當楅，進坐，說矢束。上射東面，下射

西面拾取矢如三耦若士與大
夫爲耦士東面大夫西面大夫
進坐説矢束退反位耦揖進坐
兼取乘矢興順羽且左還毋周
反面揖大夫進坐亦兼取乘矢
如其耦北面搢三挾一个揖進
大夫與其耦皆適次釋弓説決
拾襲反位諸公卿升就席衆射
者繼拾取矢皆如三耦遂入于
次釋弓矢説決拾襲反位司射
猶挾一个以作射如初一耦揖
升如初司馬升命去侯負侯許
諾司馬降釋弓反位司射與司
馬交于階前倚扑于階西適阼
階下北面請以樂于公公許司
射反搢扑東面命樂正曰命用

西面，拾取矢如三耦。若士與大夫爲耦，士東面，大夫西面。大夫進坐，説矢束，退反位。耦揖進坐，兼取乘矢，興，順羽，且左還，毋周，反面揖。大夫進坐，亦兼取乘矢，如其耦；北面搢三挾一个，揖進。大夫與其耦皆適次，釋弓，説決拾，襲，反位。諸公、卿升就席。衆射者繼拾取矢，皆如三耦，遂入于次，釋弓矢，説決拾，襲，反位。司射猶挾一个以作射，如初。一耦揖升如初。司馬升，命去侯，負侯許諾。司馬降，釋弓，反位。司射與司馬交于階前，倚扑于階西，適阼階下，北面請以樂于公。公許。司射反，搢扑，東面命樂正曰：「命用

樂樂正曰諾司射遂適堂下北
面視上射命曰不鼓不釋上射
揖司射退反位樂正命大師曰
奏貍首間若一大師不興許諾
樂正反位奏貍首以射三耦卒
射賓待于物如初公樂作而后
就物稍屬不以樂志其他如初
儀卒射如初賓就席諸公卿大
儒藏經典·康熙篆文六經四書　儀禮
夫衆射者皆繼射釋獲如初卒
射降反位釋獲者執餘獲進告
左右卒射如初司馬升命取矢
負侯許諾司馬降釋弓反位小
臣委矢司馬師乘之皆如初司
射釋弓眡筭如初釋獲者以賢
獲與鈞告如初復位司射命設
豐實觶如初遂命勝者執張弓

樂。」樂正曰：「諾。」司射遂適堂下，北面視上射，命曰：「不鼓不釋！」上射揖。司射退反位。樂正命大師，曰：「奏《貍首》，間若一。」大師不興，許諾。樂正反位。奏《貍首》以射，三耦卒射。賓待于物如初。公樂作而后就物，稍屬，不以樂志。其他如初儀。卒射如初。賓就席。諸公、卿、大

夫、衆射者皆繼射，釋獲如初。卒射，降反位。釋獲者執餘獲進告：「左右卒射。」如初。司馬升，命取矢，負侯許諾。司馬降，釋弓，反位。小臣委矢，司馬師乘之，皆如初。司射釋弓、眡筭，如初。釋獲者以賢獲與鈞告，如初。復位。司射命設豐、實觶，如初。遂命勝者執張弓，

不勝者執弛弓，升、飲如初。卒，退豐與觶，如初。司射猶袒決遂，左執弓，右執一个，兼諸弦，面鏃，適次，命拾取矢，如初。司射反位。三耦及諸公、卿、大夫、衆射者，皆袒決遂以拾取矢，如初。矢不挾，兼諸弦，面鏃；退適次，皆授有司弓矢，襲，反位。卿、大夫升就席。司射適次，釋弓，説決拾，去扑，襲，反位。司馬正命退楅解綱。小臣師退楅，巾車、量人解左下綱。司馬師命獲者以旌與薦俎退。司射命釋獲者退中與筭而俟。公又舉奠觶，唯公所賜。若賓，若長，以旅于西階上，如初。大夫卒受者以虛觶降，奠于篚，反位。司馬正升

儒藏經典·康熙篆文六經四書　儀禮

不勝者執弛弓，升、飲如初。卒，退豐與觶，如初。司射猶袒決遂，左執弓，右執一个，兼諸弦，面鏃，適次，命拾取矢，如初。司射反位。三耦及諸公、卿、大夫、衆射者，皆袒決遂以拾取矢，如初。矢不挾，兼諸弦，面鏃；退適次，皆授有司弓矢，襲，反位。卿、大夫升就席。司射適次，釋弓，説決拾，去扑，襲，反位。司馬正命退楅解綱。小臣師退楅，巾車、量人解左下綱。司馬師命獲者以旌與薦俎退。司射命釋獲者退中與筭而俟。公又舉奠觶，唯公所賜。若賓，若長，以旅于西階上，如初。大夫卒受者以虛觶降，奠于篚，反位。司馬正升

自西階東楹之東北面告于公
請徹俎公許遂適西階上北面
告于賓賓北面取俎以出諸公
卿取俎如賓禮遂出授從者于
門外大夫降復位庶子正徹公
俎降自阼階以東賓諸公卿皆
入門東面北上司正升賓賓諸
公卿大夫皆説屨升就席公以
賓及卿大夫皆坐乃安羞庶羞
大夫祭薦司正升受命皆命公
曰衆無不醉賓及諸公卿大夫
皆興對曰諾敢不醉皆反位坐
主人洗酌獻士于西階上士長
升拜受觶主人拜送士坐祭立
飲不拜既爵其他不拜坐祭立
飲乃薦司正與射人于觶南北

儒藏經典・康熙篆文六經四書　儀禮

自西階，東楹之東，北面告于公，請徹俎，公許。遂適西階上，北面告于賓。賓北面取俎以出。諸公、卿取俎如賓禮，遂出，授從者于門外。大夫降復位。庶子正徹公俎，降自阼階以東。賓、諸公、卿皆入門，東面北上。司正升賓。賓、諸公、卿、大夫皆説屨，升就席。公以賓及卿、大夫皆坐，乃安，羞庶羞。大夫祭薦。司正升受命皆命，公曰：「衆無不醉。」賓及諸公、卿、大夫皆興，對曰：「諾，敢不醉。」皆反位坐。主人洗、酌，獻士于西階上。士長升，拜受觶，主人拜送。士坐祭，立飲，不拜既爵。其他不拜，坐祭，立飲。乃薦司正與射人于觶南，北

面東上司正爲上辯獻士士既
獻者立于東方西面北上乃薦
士祝史小臣師亦就其位而薦
之主人就士旅食之尊而獻之
旅食不拜受爵坐祭立飲主人
執虛爵奠于篚復位賓降洗升
媵觶于公酌散下拜公降一等
小臣正辭賓升再拜稽首公答
再拜賓坐祭卒爵再拜稽首公
答再拜賓降洗象觚升酌膳坐
奠于薦南降拜小臣正辭賓升
成拜公答拜賓反位公坐取賓所
媵觚興唯公所賜受者如初受
酬之禮降更爵洗升酌膳下再
拜稽首小臣正辭升成拜公答
拜乃就席坐行之有執爵者唯

面東上，司正爲上。辯獻士。士既獻者立于東方，西面北上。乃薦士。祝史、小臣師亦就其位而薦之。主人就士旅食之尊而獻之。旅食不拜，受爵，坐祭，立飲。主人執虛爵，奠于篚，復位。賓降洗，升，媵觶于公，酌散，下拜。公降一等，小臣正辭。賓升再拜稽首，公答

再拜。賓坐祭，卒爵，再拜稽首。公答再拜。賓降，洗象觚，升酌膳，坐奠于薦南，降拜。小臣正辭。賓升成拜，公答拜，賓反位。公坐，取賓所媵觚，興。唯公所賜。受者如初受酬之禮。降，更爵，洗；升酌膳；下，再拜稽首。小臣正辭，升成拜。公答拜。乃就席，坐行之，有執爵者。唯

受于公者拜司正命執爵者爵
辯卒受者興以酬士大夫卒受
者以爵興西階上酬士士升大
夫奠爵拜士答拜大夫立卒爵
不拜實之士拜受大夫拜送士
旅于西階上辯士旅酌若命曰
復射則不獻庶子司射命射唯
欲卿大夫皆降再拜稽首公答
拜壹發中三侯皆獲主人洗升
自西階獻庶子于阼階上如獻
士之禮辯獻降洗遂獻左右正
與內小臣皆於阼階上如獻庶
子之禮無筭爵士也有執膳爵
者有執散爵者執膳爵者酌以
進公公不拜受執散爵者酌以
之公命所賜所賜者興受爵降

受于公者拜。司正命：「執爵者爵辯，卒受者興以酬士。」大夫卒受者以爵興，西階上酬士。士升，大夫奠爵拜，士答拜。大夫立卒爵，不拜，實之。士拜受，大夫拜送。士旅于西階上，辯。士旅酌。若命曰：「復射！」則不獻庶子。司射命射，唯欲。卿、大夫皆降，再拜稽首。公答拜。壹發，中三侯皆獲。主人洗，升自西階，獻庶子于阼階上，如獻士之禮。辯獻。降洗，遂獻左右正與內小臣，皆於阼階上，如獻庶子之禮。無筭爵。士也，有執膳爵者，有執散爵者。執膳爵者酌以進公；公不拜，受。執散爵者酌以之公，命所賜。所賜者興受爵，降席下奠爵再拜稽首公答再拜受賜爵者以爵就席坐公卒爵然後飲執膳爵者受公爵酌反奠之受賜者興授執散爵者執散爵者乃酌行之唯受于公者拜卒爵者興以酬士于西階上士升大夫不拜乃飲實爵士不拜受爵大夫就席士旅酌亦如

之公有命徹冪則賓及諸公卿大夫皆降西階下北面東上再拜稽首公命小臣正辭公答拜大夫皆辟升反位士終旅于上如初無筭樂宵則庶子執燭於阼階上司宫執燭於西階上甸人執大燭於庭閽人爲燭於門外賓醉北面坐取其薦脯以降

席下，奠爵，再拜稽首；公答再拜。受賜爵者以爵就席坐，公卒爵，然後飲。執膳爵者受公爵，酌，反奠之。受賜者興，授執散爵者。執散爵者乃酌行之。唯受于公者拜。卒爵者興以酬士于西階上。士升。大夫不拜乃飲，實爵；士不拜，受爵。大夫就席。士旅酌，亦如

之。公有命徹冪，則賓及諸公、卿、大夫皆降，西階下北面東上，再拜稽首。公命小臣正辭，公答拜。大夫皆辟。升，反位。士終旅于上，如初。無筭樂。宵，則庶子執燭於阼階上，司宫執燭於西階上，甸人執大燭於庭，閽人爲燭於門外。賓醉，北面坐取其薦脯以降。

奏陔賓所執脯以賜鐘人于門
内霤遂出卿大夫皆出公不送
公入驁

儀禮卷第七

奏《陔》。賓所執脯，以賜鐘人于門
内霤，遂出。卿、大夫皆出，公不送。
公入，《驁》。

儀禮卷第七

儒藏
儒藏經典·康熙篆文六經四書 儀禮

儀禮卷第八

聘禮第八

聘禮君與卿圖事遂命使者使者再拜稽首辭君不許乃退既圖事戒上介亦如之宰命司馬戒眾介眾介皆逆命不辭宰書幣命宰夫官具及期夕幣使者朝服帥眾介夕管人布幕于寢門外官陳幣皮北首西上加其奉於左皮上馬則北面奠幣于其前使者北面眾介立于其左東上卿大夫在幕東西面北上宰入告具于君君朝服出門左南鄉史讀書展幣宰執書告備具于君授使者使者受書授上介公揖入官載其幣舍于朝上

儒藏經典·康熙篆文六經四書 儀禮

儀禮卷第八

聘禮第八

聘禮。君與卿圖事，遂命使者，使者再拜稽首辭，君不許，乃退。既圖事，戒上介，亦如之。宰命司馬戒眾介，眾介皆逆命，不辭。宰書幣，命宰夫官具。及期，夕幣。使者朝服，帥眾介夕。管人布幕于寢門外。官陳幣，皮北首，西上，加其奉於左皮上；馬則北面，奠幣于其前。使者北面，眾介立于其左，東上。卿、大夫在幕東，西面北上。宰入，告具于君。君朝服出門左，南鄉。史讀書展幣。宰執書，告備具于君，授使者。使者受書，授上介。公揖入。官載其幣，舍于朝。上

介視載者所受書以行厥明賓
朝服釋幣于禰有司筵几于室
中祝先入主人從入主人在右
再拜祝告又再拜釋幣制玄纁
束奠于几下出主人立于户東
祝立于牖西又入取幣降卷幣
實于笲埋于西階東又釋幣于
行遂受命上介釋幣亦如之上
介及眾介俟于使者之門外使
者載旜帥以受命于朝君朝服
南鄉卿大夫西面北上君使卿
進使者使者入及眾介隨入北
面東上君揖使者進之上介立
于其左接聞命賈人西面坐啓
櫝取圭垂繅不起而授宰宰執
圭屈繅自公左授使者使者受

儒藏經典·康熙篆文六經四書 儀禮

介視載者、所受書以行。厥明，賓朝服釋幣于禰。有司筵几于室中。祝先入，主人從入。主人在右，再拜，祝告，又再拜。釋幣，制玄纁束，奠于几下，出。主人立于户東。祝立于牖西，又入，取幣，降，卷幣，實于笲，埋于西階東。又釋幣于行。遂受命。上介釋幣亦如之。上介及眾介俟于使者之門外。使者載旜，帥以受命于朝。君朝服，南鄉。卿、大夫西面北上。君使卿進使者。使者入，及眾介隨入，北面東上。君揖使者，進之，上介立于其左，接聞命。賈人西面坐啓櫝，取圭垂繅，不起而授宰。宰執圭屈繅，自公左授使者。使者受

圭同面垂繅以受命既述命同
面授上介上介受圭屈繅出授
賈人衆介不從受享束帛加璧
受夫人之聘璋享玄纁束帛加
琮皆如初遂行舍于郊斂旜若
過邦至于竟使次介假道束帛
將命于朝曰請帥奠幣下大
夫取以入告出許遂受幣餼之以
其禮上賓大牢積唯芻禾介皆
有餼士帥没其竟誓于其竟賓
南面上介西面衆介北面東上
史讀書司馬執筴立于其後未
入竟壹肆爲壝壇畫階帷其北
無宮朝服無主無執也介皆與
北面西上習享士執庭實習夫
人聘享亦如之習公事不習

儒藏
儒藏經典·康熙篆文六經四書　儀禮

圭，同面，垂繅以受命。既述命，同面授上介。上介受圭屈繅，出，授賈人，衆介不從。受享束帛加璧，受夫人之聘璋，享玄纁束帛加琮，皆如初。遂行，舍于郊，斂旜。若過邦，至于竟，使次介假道，束帛將命于朝，曰：「請帥。」奠幣。下大夫取以入告，出許，遂受幣。餼之以其禮，上賓大牢，積唯芻禾，介皆有餼。士帥没其竟。誓于其竟，賓南面，上介西面，衆介北面東上，史讀書，司馬執筴立于其後。未入竟，壹肆。爲壝壇，畫階，帷其北，無宮。朝服無主，無執也。介皆與，北面西上。習享，士執庭實。習夫人聘享，亦如之。習公事，不習私事及竟張旃誓乃謁關人關人問從者幾人以介對君使士請事遂以入竟入竟斂旜乃展布幕賓朝服立于幕東西面介皆北面東上賈人北面坐拭圭遂執展之上介北面眂之退復位退圭陳皮北首西上又拭璧展之會諸其幣加于左皮上上介視之退馬則幕南北面奠幣于其前展夫人之聘享亦如之賈人告于上介上介告于賓有司展群幣以告及郊又展如初及館展幣於賈人之館如初賓至于近郊張旃君使下大夫請行反君使卿朝服用束帛勞上介出請入告賓禮辭迎于舍門

儒藏經典·康熙篆文六經四書　儀禮

私事。及竟，張旃，誓。乃謁關人。關人問從者幾人，以介對。君使士請事，遂以入竟。入竟，斂旜，乃展。布幕，賓朝服立于幕東，西面，介皆北面東上。賈人北面，坐拭圭，遂執展之。上介北面眂之，退復位。退圭。陳皮，北首，西上，又拭璧，展之，會諸其幣，加于左皮上。上介視之，退。馬則幕南、北面，奠幣于其前。展夫人之聘享，亦如之，賈人告于上介，上介告于賓。有司展群幣以告。及郊，又展，如初。及館，展幣於賈人之館，如初。賓至于近郊，張旃。君使下大夫請行，反。君使卿朝服，用束帛勞。上介出請。入告。賓禮辭，迎于舍門之外再拜勞者不答拜賓揖先入受于舍門內勞者奉幣入東面致命賓北面聽命還少退再拜稽首受幣勞者出授老幣出迎勞者勞者禮辭賓揖先入勞者從之乘皮設賓用束錦儐勞者勞者再拜稽首受賓再拜稽首送幣勞者揖皮出乃退賓送

儒藏經典·康熙篆文六經四書　儀禮

再拜夫人使下大夫勞以二竹簋方玄被纁裏有蓋其實棗蒸栗擇兼執之以進賓受棗大夫二手授栗賓之受如初禮儐之如初下大夫勞者遂以賓入至于朝主人曰不腆先君之祧既拚以俟矣賓曰俟間大夫帥至于館卿致館賓迎再拜卿致命

之外，再拜。勞者不答拜。賓揖，先入，受于舍門內。勞者奉幣入，東面致命。賓北面聽命，還，少退，再拜稽首，受幣。勞者出。授老幣，出迎勞者。勞者禮辭。賓揖，先入，勞者從之。乘皮設。賓用束錦儐勞者，勞者再拜稽首受。賓再拜稽首，送幣。勞者揖皮出，乃退。賓送

再拜。夫人使下大夫勞以二竹簋方，玄被纁裏，有蓋，其實棗蒸栗擇，兼執之以進。賓受棗，大夫二手授栗。賓之受，如初禮。儐之如初。下大夫勞者遂以賓入。至于朝，主人曰：「不腆先君之祧，既拚以俟矣。」賓曰：「俟間。」大夫帥至于館，卿致館。賓迎，再拜。卿致命，

賓再拜稽首。卿退，賓送再拜。宰夫朝服設飧：飪一牢，在西，鼎九，羞鼎三；腥一牢，在東，鼎七。堂上之饌八，西夾六。門外米、禾皆二十車，薪芻倍禾。上介：飪一牢，在西，鼎七，羞鼎三；堂上之饌六；門外米、禾皆十車，薪芻倍禾。衆介皆少牢。厥明，訝賓于館。賓皮弁聘，至于朝。賓入于次，乃陳幣。卿爲上擯，大夫爲承擯，士爲紹擯。擯者出請事。公皮弁，迎賓于大門内。大夫納賓。賓入門左，公再拜，賓辟，不答拜。公揖入，每門每曲揖。及廟門，公揖入，立于中庭；賓立接西塾。几筵既設，擯者出請命。賈人東面坐啓櫝，取圭垂

繅不起而授上介上介不襲執
圭屈繅授賓賓襲執圭擯者入
告出辭玉納賓賓入門左介皆
入門左北面西上三揖至于階
三讓公升二等賓升西楹西東
面擯者退中庭賓致命公左還
北鄉擯者進公當楣再拜賓三
退負序公側襲受玉于中堂與
東楹之間擯者退負東塾而立
賓降介逆出賓出公側授宰玉
裼降立擯者出請賓裼奉束帛
加璧享擯者入告出許庭實皮
則攝之毛在內內攝之入設也
賓入門左揖讓如初升致命張
皮公再拜受幣士受皮者自後
右客賓出當之坐攝之公側授

儒藏
儒藏經典·康熙篆文六經四書　儀禮

繅，不起而授上介。上介不襲，執圭屈繅，授賓。賓襲，執圭。擯者入告，出辭玉。納賓，賓入門左。介皆入門左，北面西上。三揖，至于階，三讓。公升二等，賓升西楹西，東面。擯者退中庭。賓致命。公左還，北鄉。擯者進。公當楣再拜。賓三退，負序。公側襲，受玉于中堂與東楹之間。擯者退，負東塾而立。賓降，介逆出。賓出。公側授宰玉，裼，降立。擯者出請。賓裼，奉束帛加璧享。擯者入告，出許。庭實，皮則攝之，毛在內；內攝之，入設也。賓入門左，揖讓如初，升致命，張皮。公再拜受幣。士受皮者自後右客；賓出，當之坐攝之。公側授

宰幣皮如入右首而東聘于夫
人用璋享用琮如初禮若有言
則以束帛如享禮擯者出請事
賓告事畢賓奉束錦以請覿擯
者入告出辭請禮賓賓禮辭聽
命擯者入告宰夫徹几改筵公
出迎賓以入揖讓如初公升側
受几于序端宰夫內拂几三奉
兩端以進公東南鄉外拂几三
卒振袂中攝之進西鄉擯者告
賓進訝受几于筵前東面俟公
一拜送賓以几辟北面設几不
降階上答再拜稽首宰夫實觶
以醴加柶于觶面枋公側受醴
賓不降壹拜進筵前受醴復位
公拜送醴宰夫薦籩豆脯醢賓

儒藏經典・康熙篆文六經四書　儀禮

宰幣，皮如入，右首而東。聘于夫人，用璋，享用琮，如初禮。若有言，則以束帛，如享禮。擯者出請事，賓告事畢。賓奉束錦以請覿。擯者入告，出辭，請禮賓。賓禮辭，聽命。擯者入告。宰夫徹几改筵。公出，迎賓以入，揖讓如初。公升，側受几于序端。宰夫內拂几三，奉兩端以進。公東南鄉，外拂几三，卒，振袂，中攝之，進，西鄉。擯者告。賓進，訝受几于筵前，東面俟。公一拜送。賓以几辟，北面設几，不降，階上答再拜稽首。宰夫實觶以醴，加柶于觶，面枋。公側受醴。賓不降，壹拜，進筵前受醴，復位。公拜送醴。宰夫薦籩豆脯醢，賓

升筵擯者退負東塾賓祭脯醢
以柶祭醴三庭實設降筵北面
以柶兼諸觶尚擸㉑坐啐醴公用
束帛建柶北面奠于薦東擯者
進相幣賓降辭幣公降一等辭
栗階升聽命降拜公辭升再拜
稽首受幣當東楹北面退東面
俟公壹拜賓降也公再拜賓執
左馬以出上介受賓幣從者訝
受馬賓覿奉束錦總乘馬二人
贊入門右北面奠幣再拜稽首
擯者辭賓出擯者坐取幣出有
司二人牽馬以從出門西面于
東塾南擯者請受賓禮辭聽命
牽馬右之入設賓奉幣入門左
介皆入門左西上公揖讓如初

升筵，擯者退負東塾。賓祭脯醢，以柶祭醴三，庭實設。降筵，北面，以柶兼諸觶，尚擸，坐啐醴。公用束帛。建柶，北面奠于薦東。擯者進相幣。賓降辭幣，公降一等辭。栗階升，聽命，降拜，公辭。升，再拜稽首，受幣，當東楹，北面，退，東面俟。公壹拜，賓降也。公再拜。賓執左馬以出。上介受賓幣，從者訝受馬。賓覿，奉束錦，總乘馬，二人贊。入門右，北面奠幣，再拜稽首。擯者辭。賓出。擯者坐取幣出，有司二人牽馬以從，出門，西面于東塾南。擯者請受。賓禮辭，聽命。牽馬，右之。入設。賓奉幣，入門左，介皆入門左，西上。公揖讓如初，

馬公北面再拜賓三退反還負
序振幣進授當東楹北面士受
馬者自前還牽者後適其右受
牽馬者自前西乃出賓降階東
拜送君辭拜也君降一等辭擯
者曰寡君從子雖將拜起也栗
階升公西鄉賓階上再拜稽首
公少退賓降出公側授宰幣馬
出公降立擯者出請上介奉束
錦士介四人皆奉玉錦束請覿
擯者入告出許上介奉幣儷皮
二人贊皆入門右東上奠幣皆
再拜稽首擯者辭介逆出擯者
執上幣士執衆幣有司二人舉
皮從其幣出請受委皮南面執
幣者西面北上擯者請受介禮

升。公北面再拜。賓三退，反還負
序。振幣進授，當東楹北面。士受
馬者，自前還牽者後，適其右，受。
牽馬者自前西，乃出。賓降階東
拜送。君辭。拜也，君降一等辭。擯
者曰：「寡君從子，雖將拜，起也。」栗
階升。公西鄉。賓階上再拜稽首。
公少退。賓降出。公側授宰幣。馬
出。公降立。擯者出請。上介奉束
錦，士介四人皆奉玉錦束，請覿。
擯者入告，出許。上介奉幣，儷皮，
二人贊；皆入門右，東上，奠幣，皆
再拜稽首。擯者辭，介逆出。擯者
執上幣，士執衆幣；有司二人舉
皮，從其幣。出請受。委皮南面；執
幣者西面北上。擯者請受。介禮

儒藏經典·康熙篆文六經四書　儀禮

辭聽命皆進訝受其幣上介奉
幣皮先入門左奠皮公再拜介
振幣自皮西進北面授幣退復
位再拜稽首送幣介出宰自公
左受幣有司二人坐舉皮以東
擯者又納士介士介入門右奠
幣再拜稽首擯者辭介逆出擯
者執上幣以出禮請受賓固辭
公答再拜擯者出立于門中以
相拜士介皆辟士三人東上坐
取幣立擯者進宰夫受幣于中
庭以東執幣者序從之擯者出
請賓告事畢擯者入告公出送
賓及大門内公問君賓對公再
拜公問大夫賓對公勞賓賓再
拜稽首公答拜公勞介介皆再

儒藏經典·康熙篆文六經四書　儀禮

辭，聽命。皆進，訝受其幣。上介奉幣、皮，先入門左，奠皮。公再拜。介振幣，自皮西進，北面授幣，退復位，再拜稽首送幣。介出。宰自公左受幣，有司二人坐舉皮以東。

擯者又納士介。士介入門右，奠幣，再拜稽首。擯者辭，介逆出。擯者執上幣以出，禮請受，賓固辭。公答再拜。擯者出，立于門中以相拜，士介皆辟。士三人，東上，坐取幣，立。擯者進。宰夫受幣于中庭，以東，執幣者序從之。擯者出請，賓告事畢。擯者入告，公出送賓。及大門内，公問君。賓對，公再拜。公問大夫，賓對。公勞賓，賓再拜稽首，公答拜。公勞介，介皆再拜稽首公答拜賓出公再拜送賓不顧賓請有事於大夫公禮辭許賓即館卿大夫勞賓賓不見大夫奠鴈再拜上介受勞上介亦如之君使卿韋弁歸饔餼五牢上介請事賓朝服禮辭有司入陳饔飪一牢鼎九設于西階前陪鼎當内廉東面北上上

當碑南陳牛羊豕魚腊腸胃同鼎膚鮮魚鮮腊設扃鼏膷臐膮蓋陪牛羊豕腥二牢鼎二七無鮮魚鮮腊設于阼階前西面南陳如飪鼎二列堂上八豆設于户西西陳皆二以並東上韭菹其南醓醢屈八簋繼之黍其南稷錯六鉶繼之牛以西羊豕豕

拜稽首，公答拜。賓出，公再拜送，賓不顧。賓請有事於大夫，公禮辭，許。賓即館。卿、大夫勞賓，賓不見。大夫奠鴈再拜，上介受。勞上介，亦如之。君使卿韋弁，歸饔餼五牢。上介請事，賓朝服禮辭。有司入陳。饔，飪一牢，鼎九，設于西階前，陪鼎當内廉，東面北上，上

儒藏 儒藏經典·康熙篆文六經四書 儀禮

當碑，南陳。牛、羊、豕、魚、腊、腸、胃同鼎，膚、鮮魚、鮮腊，設扃鼏。膷、臐、膮，蓋陪牛、羊、豕。腥二牢，鼎二七，無鮮魚、鮮腊，設于阼階前，西面，南陳如飪鼎，二列。堂上八豆，設于户西，西陳，皆二以並，東上韭菹，其南醓醢，屈。八簋繼之，黍其南稷，錯。六鉶繼之，牛以西羊、豕，豕

南牛，以東羊、豕。兩簠繼之，梁在北，八壺設于西序，北上，二以並，南陳。西夾六豆，設于西墉下，北上韭菹，其東醓醢，屈。六簋繼之，黍其東稷，錯。四鉶繼之，牛以南羊，羊東豕，豕以北牛。兩簠繼之，梁在西。皆二以並，南陳。六壺西上，二以並，東陳。饌于東方，亦如之，西北上。壺東上，西陳。醯醢百罋，夾碑，十以爲列，醯在東。餼二牢，陳于門西，北面東上。牛以西羊、豕，豕西牛、羊、豕。米百筥，筥半斛，設于中庭，十以爲列，北上。黍、梁、稻皆二行，稷四行。門外，米三十車，車秉有五籔。設于門東，爲三列，東陳；禾三十車，車三秅。設

于門西西陳薪芻倍禾賓皮弁
迎大夫于外門外再拜大夫不
答拜揖入及廟門賓揖入大夫
奉束帛入三揖皆行至于階讓
大夫先升一等賓從升堂北面
聽命大夫東面致命賓降階西
再拜稽首拜餼亦如之大夫辭
升成拜受幣堂中西北面大夫
降出賓降授老幣出迎大夫大
夫禮辭許入揖讓如初賓升一
等大夫從升堂庭實設馬乘賓
降堂受老束錦大夫止賓奉幣
西面大夫東面賓致幣大夫對
北面當楣再拜稽首受幣于楹
間南面退東面俟賓再拜稽首
送幣大夫降執左馬以出賓送

儒藏經典・康熙篆文六經四書　儀禮

于門西，西陳。薪芻倍禾。賓皮弁迎大夫于外門外，再拜，大夫不答拜。揖入。及廟門，賓揖入。大夫奉束帛，入，三揖，皆行。至于階，讓，大夫先升一等。賓從，升堂，北面聽命。大夫東面致命，賓降階西，再拜稽首，拜餼亦如之。大夫辭，升成拜。受幣堂中西，北面。大夫降，出。賓降，授老幣，出迎大夫。大夫禮辭，許。入，揖讓如初。賓升一等，大夫從，升堂。庭實設，馬乘。賓降堂，受老束錦，大夫止。賓奉幣西面，大夫東面。賓致幣。大夫對，北面當楣，再拜稽首，受幣于楹間，南面，退，東面，俟。賓再拜稽首送幣。大夫降，執左馬以出。賓送于外門外，再拜。明日，賓拜于朝，拜饔與餼，皆再拜稽首。上介饔餼三牢。飪一牢在西，鼎七，羞鼎三。腥一牢，在東，鼎七。堂上之饌六，西夾亦如之。筥及甕，如上賓。餼一牢。門外米、禾視死牢，牢十車，薪芻倍禾。凡其實與陳，如上賓。下大夫韋弁，用束帛致之。上介韋弁以受，如賓禮。儐之兩馬束錦。士介四人，皆餼大牢，米百筥，設于門外。宰夫朝服，牽牛以致之。士介朝服，北面再拜稽首受。無儐。賓朝服問卿。卿受于祖廟。下大夫擯。擯者出請事；大夫朝服迎于外門外，再拜。賓不答拜，揖。大夫先入，每門每曲揖。及

廟門大夫揖入擯者請命庭實
設四皮賓奉束帛入三揖皆行
至于階讓賓升一等大夫從升
堂北面聽命賓東面致命大夫
降階西再拜稽首賓辭升成拜
受幣堂中西北面賓降出大夫
降授老幣㉒無儐擯者出請事賓
面如覿幣賓奉幣庭實從入門

右大夫辭賓遂左庭實設揖讓
如初大夫升一等賓從之大夫
西面賓稱面大夫對北面當楣
再拜受幣于楹間南面退西面
立賓當楣再拜送幣降出大夫
降授老幣擯者出請事上介特
面幣如覿介奉幣皮二人贊入
門右奠幣再拜大夫辭擯者反

廟門，大夫揖入。擯者請命。庭實
設四皮。賓奉束帛入。三揖，皆行，
至于階，讓。賓升一等；大夫從，升
堂，北面聽命。賓東面致命。大夫
降階西，再拜稽首。賓辭，升成拜。
受幣堂中西，北面。賓降，出。大夫
降，授老幣，無儐。擯者出請事。賓
面，如覿幣。賓奉幣，庭實從，入門

儒藏

儒藏經典·康熙篆文六經四書　儀禮

右。大夫辭。賓遂左。庭實設，揖讓
如初。大夫升一等，賓從之。大夫
西面，賓稱面。大夫對，北面當楣
再拜，受幣于楹間，南面，退，西面
立。賓當楣再拜送幣，降，出。大夫
降，授老幣。擯者出請事。上介特
面，幣如覿。介奉幣。皮，二人贊。入
門右，奠幣，再拜。大夫辭。擯者反

幣庭實設介奉幣入大夫揖讓
如初介升大夫再拜受介降拜
大夫降辭介升再拜送幣擯者
出請衆介面如覿幣入門右奠
幣皆再拜大夫辭介逆出擯者
執上幣出禮請受賓辭大夫答
再拜擯者執上幣立于門中以
相拜士介皆辟老受擯者幣于

中庭士三人坐取群幣以從之
擯者出請事賓出大夫送于外
門外再拜賓不顧擯者退大夫
拜辱下大夫嘗使至者幣及之
上介朝服三介問下大夫下大
夫如卿受幣之禮其面如賓面
于卿之禮大夫若不見君使大
夫各以其爵爲之受如主人受

幣。庭實設，介奉幣入，大夫揖讓
如初。介升，大夫再拜受。介降拜，
大夫降辭。介升，再拜送幣。擯者
出請。衆介面，如覿幣，入門右，奠
幣，皆再拜。大夫辭，介逆出。擯者
執上幣出，禮請受，賓辭。大夫答
再拜。擯者執上幣，立于門中以
相拜，士介皆辟。老受擯者幣于

中庭，士三人坐取群幣以從之。
擯者出請事。賓出，大夫送于外
門外，再拜。賓不顧。擯者退，大夫
拜辱。下大夫嘗使至者，幣及之。
上介朝服、三介，問下大夫，下大
夫如卿受幣之禮。其面，如賓面
于卿之禮。大夫若不見，君使大
夫各以其爵爲之受，如主人受

幣禮，不拜。夕，夫人使下大夫韋弁歸禮。堂上籩豆六，設于户東，西上，二以並，東陳。壺設于東序，北上，二以並，南陳。醙、黍、清，皆兩壺。大夫以東帛致之。賓如受饔之禮，儐之乘馬東錦。上介四豆、四籩、四壺，受之如賓禮；儐之兩馬東錦。明日，賓拜禮於朝。大夫餼賓大牢，米八筐。賓迎，再拜。老牽牛以致之，賓再拜稽首受。老退，賓再拜送。上介亦如之。衆介皆少牢，米六筐，皆士牽羊以致之。公於賓，壹食，再饗。燕與羞，俶獻，無常數。賓介皆明日拜于朝。上介壹食壹饗。若不親食，使大夫各以其爵、朝服致之以侑幣，如致饔無儐致饔以酬幣亦如之大夫於賓壹饗壹食上介若食若饗若不親饗則公作大夫致之以酬幣致食以侑幣君使卿皮弁還玉于館賓皮弁襲迎于外門外不拜帥大夫以入大夫升自西階鉤楹賓自碑內聽命升自西階自左南面受圭退負右房而立大夫降中庭賓降自碑內東面授上介于阼階東上介出請賓迎大夫還璋如初入賓裼迎大夫賄用束紡禮玉束帛乘皮皆如還玉禮大夫出賓送不拜公館賓賓辟上介聽命聘享夫人之聘享問大夫送賓公皆再拜公退賓從請命于

儒藏
儒藏經典·康熙篆文六經四書　儀禮

如致饔，無儐。致饔以酬幣，亦如之。大夫於賓，壹饗壹食。上介，若食，若饗；若不親饗，則公作大夫致之以酬幣，致食以侑幣。君使卿皮弁，還玉于館。賓皮弁，襲，迎于外門外，不拜；帥大夫以入。大夫升自西階，鉤楹。賓自碑內聽命，升自西階，自左，南面受圭，退負右房而立。大夫降中庭。賓降，自碑內，東面，授上介于阼階東。上介出請，賓迎，大夫還璋，如初入。賓裼，迎。大夫賄用束紡。禮玉、束帛、乘皮，皆如還玉禮。大夫出，賓送，不拜。公館賓，賓辟，上介聽命。聘享，夫人之聘享，問大夫，送賓，公皆再拜。公退，賓從，請命于朝公辭賓退賓三拜乘禽於朝訝聽之遂行舍于郊公使卿贈如覿幣受于舍門外如受勞禮無儐使下大夫贈上介亦如之使士贈衆介如其覿幣大夫親贈如其面幣無儐贈上介亦如之使人贈衆介如其面幣士送至于竟使者歸及郊請反命朝服載旜禳乃入乃入陳幣于朝西上上賓之公幣私幣皆陳上介公幣陳他介皆否束帛各加其庭實皮左公南鄉卿進使者使者執圭垂繅北面上介執璋屈繅立于其左反命曰以君命聘于某君某君受幣于某宮某君再拜以享某君某君再拜宰

儒藏
儒藏經典・康熙篆文六經四書　儀禮

朝。公辭，賓退。賓三拜乘禽於朝，訝聽之。遂行，舍于郊。公使卿贈，如覿幣。受于舍門外，如受勞禮，無儐。使下大夫贈上介，亦如之。使士贈衆介，如其覿幣。大夫親贈，如其面幣，無儐，贈上介亦如之。使人贈衆介，如其面幣。士送至于竟。使者歸，及郊，請反命。朝服，載旜，禳，乃入。乃入陳幣于朝，西上。上賓之公幣、私幣皆陳，上介公幣陳，他介皆否。束帛各加其庭實，皮左。公南鄉。卿進使者，使者執圭垂繅，北面；上介執璋屈繅，立于其左。反命，曰：「以君命聘于某君，某君受幣于某宮，某君再拜。以享某君，某君再拜。」宰自公左受玉受上介璋致命亦如之執賄幣以告曰某君使某子賄授宰禮玉亦如之執禮幣以盡言賜禮公曰然而不善乎授上介幣再拜稽首公答再拜私幣不告君勞之再拜稽首君答再拜若有獻則曰某君之賜也君其以賜乎上介徒以公賜告如上賓之禮君勞之再拜稽首君答拜勞士介亦如之君使宰賜使者幣使者再拜稽首賜介介皆再拜稽首乃退介皆送至于使者之門乃退揖使者拜其辱釋幣于門乃至于禰筵几于室薦脯醢觴酒陳席于阼薦脯醢三獻一人舉爵獻從者行

儒藏
儒藏經典・康熙篆文六經四書　儀禮

自公左受玉。受上介璋，致命亦如之。執賄幣以告，曰：「某君使某子賄。」授宰。禮玉亦如之。執禮幣，以盡言賜禮。公曰：「然。而不善乎！」授上介幣，再拜稽首，公答再拜。私幣不告。君勞之，再拜稽首，君答再拜。若有獻，則曰：「某君之賜也。君其以賜乎？」上介徒以公賜告，如上賓之禮。君勞之。再拜稽首。君答拜。勞士介亦如之。君使宰賜使者幣，使者再拜稽首。賜介，介皆再拜稽首。乃退，介皆送至于使者之門，乃退揖。使者拜其辱。釋幣于門，乃至于禰，筵几于室，薦脯醢。觴酒陳。席于阼，薦脯醢，三獻。一人舉爵，獻從者，行酬乃出上介至亦如之聘遭喪入竟則遂也不郊勞不筵几不禮賓主人畢歸禮賓唯饔餼之受不賄不禮玉不贈遭夫人世子之喪君不受使大夫受于廟其他如遭君喪遭喪將命于大夫主人長衣練冠以受聘君若薨于後入竟則遂赴者未至則哭于巷衰于館受禮不受饔食赴者至則衰而出唯稍受之歸執圭復命于殯升自西階不升堂子即位不哭辯復命如聘子臣皆哭與介入北鄉哭出袒括髮入門右即位踊若有私喪則哭于館衰而居不饗食歸使衆介先衰而從之賓入竟而死遂

儒藏
儒藏經典·康熙篆文六經四書　儀禮

酬，乃出。上介至，亦如之。聘遭喪，入竟，則遂也。不郊勞。不筵几。不禮賓。主人畢歸禮，賓唯饔餼之受。不賄，不禮玉，不贈。遭夫人、世子之喪，君不受，使大夫受于廟，其他如遭君喪。遭喪，將命于大夫，主人長衣練冠以受。聘，君若薨于後，入竟則遂。赴者未至，則哭于巷，衰于館；受禮，不受饔食。赴者至，則衰而出。唯稍，受之。歸，執圭復命于殯，升自西階，不升堂。子即位，不哭。辯復命，如聘。子臣皆哭。與介入，北鄉哭。出，袒括髮。入門右，即位踊。若有私喪，則哭于館，衰而居，不饗食。歸。使衆介先，衰而從之。賓入竟而死，遂

也主人爲之具而殯介攝其命
君弔介爲主人主人歸禮幣必
以用介受賓禮無辭也不饗食
歸介復命柩止于門外介卒覆
命出奉柩送之君弔卒殯若大
夫介卒亦如之士介死爲之棺
斂之君不弔焉若賓死未將命
則既斂于棺造于朝介將命若
介死歸復命唯上介造于朝若
介死雖士介賓既復命往卒殯
乃歸小聘曰問不享有獻不及
夫人主人不筵几不禮面不升
不郊勞其禮如爲介三介記久
無事則聘焉若有故則卒聘束
帛加書將命百名以上書於策
不及百名書於方主人使人與

儒藏經典・康熙篆文六經四書 儀禮

也。主人爲之具，而殯。介攝其命。君弔，介爲主人。主人歸禮幣，必以用。介受賓禮，無辭也。不饗食。歸，介復命，柩止于門外。介卒覆命，出，奉柩送之。君弔，卒殯。若大夫介卒，亦如之。士介死，爲之棺斂之，君不弔焉。若賓死，未將命，則既斂于棺，造于朝，介將命。若介死，歸復命，唯上介造于朝。若介死，雖士介，賓既復命，往，卒殯乃歸。小聘曰問。不享，有獻，不及夫人，主人不筵几，不禮。面不升。不郊勞。其禮，如爲介，三介。記。久無事，則聘焉。若有故，則卒聘。束帛加書將命，百名以上書於策，不及百名書於方。主人使人與客讀諸門外。客將歸，使大夫以其束帛反命于館。明日，君館之。既受行，出，遂見宰，問幾月之資。使者既受行日，朝同位。出祖，釋軷，祭酒脯，乃飲酒于其側。所以朝天子，圭與繅皆九寸，剡上寸半，厚半寸，博三寸，繅三采六等，朱白倉。問諸侯，朱綠繅，八寸。皆

玄纁繫，長尺，絢組。問大夫之幣，俟于郊，爲肆。又齎皮馬。辭無常，孫而說。辭多則史，少則不達。辭苟足以達，義之至也。辭曰：「非禮也。敢。」對曰：「非禮也。敢。」卿館於大夫，大夫館於士，士館於工商。管人爲客，三日具沐，五日具浴。飧不致，賓不拜，沐浴而食之。卿，大

夫訝大夫士訝士皆有訝賓即
館訝將公命又見之以其摯賓
旣將公事復見訝以其摯凡四
器者唯其所寶以聘可也宗人
授次次以帷少退于君之次上
介執圭如重授賓賓入門皇升
堂讓將授志趨授如爭承下如
送君還而后退下階發氣怡焉
再三舉足又趨及門正焉執圭
入門鞠躬焉如恐失之及享發
氣焉盈容眾介北面蹌焉私覿
愉愉焉出如舒鴈皇且行入門
主敬升堂主慎凡庭實隨入左
先皮馬相間可也賓之幣唯馬
出其餘皆東多貨則傷于德幣
美則沒禮賄在聘于賄凡執玉

儒藏
儒藏經典·康熙篆文六經四書　儀禮

夫訝。大夫，士訝。士，皆有訝。賓即館，訝將公命，又見之以其摯。賓旣將公事，復見訝以其摯。凡四器者，唯其所寶，以聘可也。宗人授次。次以帷。少退于君之次。上介執圭，如重，授賓。賓入門，皇；升堂，讓；將授，志趨；授如爭承，下如送；君還，而后退。下階，發氣，怡焉；再三舉足，又趨。及門，正焉。執圭，入門，鞠躬焉，如恐失之。及享，發氣焉，盈容。眾介北面，蹌焉。私覿，愉愉焉。出，如舒鴈。皇，且行；入門主敬，升堂主慎。凡庭實，隨入，左先，皮馬相間，可也。賓之幣，唯馬出，其餘皆東。多貨，則傷于德。幣美，則沒禮。賄，在聘于賄。凡執玉，

無藉者襲禮不拜至醴尊于東
箱瓦大一有豐薦脯五膱祭半
膱横之祭醴再扱始扱一祭卒
再祭主人之庭實則主人遂以
出賓之士訝受之既覿賓若私
獻奉獻將命擯者入告出禮辭
賓東面坐奠獻再拜稽首擯者
東面坐取獻舉以入告出禮請
受賓固辭公答再拜擯者立于
閾外以相拜賓辟擯者授宰夫
于中庭若兄弟之國則問夫人
若君不見使大夫受自下聽命
自西階升受負右房而立賓降
亦降不禮幣之所及皆勞不釋
服賜饔唯羹飪筮一尸若昭若
穆僕爲祝祝曰孝孫某孝子某

儒藏經典・康熙篆文六經四書　儀禮

無藉者襲。禮，不拜至。醴尊于東箱，瓦大一，有豐。薦脯五膱，祭半膱横之。祭醴再扱，始扱一祭，卒再祭。主人之庭實，則主人遂以出，賓之士訝受之。既覿，賓若私獻，奉獻，將命。擯者入告，出禮辭。賓東面坐奠獻，再拜稽首。擯者東面坐取獻，舉以入告，出禮請受。賓固辭，公答再拜。擯者立于閾外以相拜，賓辟。擯者授宰夫于中庭。若兄弟之國，則問夫人。若君不見，使大夫受。自下聽命，自西階升受，負右房而立。賓降亦降。不禮。幣之所及，皆勞，不釋服。賜饔，唯羹飪。筮一尸，若昭若穆。僕爲祝，祝曰：「孝孫某，孝子某，

薦嘉禮于皇祖某甫皇考某子
如饋食之禮假器於大夫朌肉
及廋車聘日致饔明日問大夫
夕夫人歸禮既致饔旬而稍宰
夫始歸乘禽日如其饔餼之數
士中日則二雙凡獻執一雙委
其餘于面禽羞俶獻比歸大禮
之日既受饔餼請覿訝帥之自

下門入各以其爵朝服士無饔
無饔者無儐大夫不敢辭君初
爲之辭矣凡致禮皆用其饗之
加籩豆無饔者無饗禮凡餼大
夫黍粱稷筐五斛既將公事賓
請歸凡賓拜于朝訝聽之燕則
上介爲賓賓爲苟敬宰夫獻無
行則重賄反幣曰子以君命在

薦嘉禮于皇祖某甫、皇考某子。」如饋食之禮。假器於大夫。朌肉及廋車。聘日致饔。明日，問大夫。夕，夫人歸禮。既致饔，旬而稍，宰夫始歸乘禽，日如其饔餼之數。士中日則二雙。凡獻，執一雙，委其餘于面。禽羞，俶獻比。歸大禮之日，既受饔餼，請覿。訝帥之，自

儒藏經典・康熙篆文六經四書　儀禮

下門入。各以其爵，朝服。士無饔。無饔者無儐。大夫不敢辭，君初爲之辭矣。凡致禮，皆用其饗之加籩豆。無饔者無饗禮。凡餼，大夫黍、粱、稷，筐五斛。既將公事，賓請歸。凡賓拜于朝，訝聽之。燕，則上介爲賓，賓爲苟敬。宰夫獻。無行，則重賄反幣。曰：「子以君命在

寡君寡君拜君命之辱君以社
稷故在寡小君拜又拜送君貺
寡君延及二三老拜賓於館堂
楹間釋四皮束帛賓不致主人
不拜大夫來使無罪饗之過則
餼之其介爲介有大客後至則
先客不饗食致之唯大聘有几
筵十斗曰斛十六斗曰籔十籔
曰秉二百四十斗四秉曰筥十
筥曰稯十稯曰秅四百秉爲一
秅

儀禮卷第八

儒藏
儒藏經典・康熙篆文六經四書　儀禮

寡君，寡君拜君命之辱。」「君以社稷故，在寡小君，拜。」又拜送。「君貺寡君，延及二三老，拜。」賓於館堂楹間，釋四皮束帛。賓不致，主人不拜。大夫來使，無罪，饗之；過，則餼之。其介爲介。有大客後至，則先客不饗食，致之。唯大聘有几筵。十斗曰斛，十六斗曰籔，十籔曰秉，二百四十斗，四秉曰筥，十筥曰稯，十稯曰秅，四百秉爲一秅。

儀禮卷第八

儀禮卷第九

公食大夫禮第九

公食大夫之禮使大夫戒各以其爵上介出請入告三辭賓出拜辱大夫不答拜將命賓再拜稽首大夫還賓不拜送遂從之賓朝服即位于大門外如聘即位具羹定甸人陳鼎七當門南

面西上設扃鼏鼏若束若編設洗如饗小臣具槃匜在東堂下宰夫設筵加席几無尊飲酒漿飲俟于東房凡宰夫之具饌于東房公如賓服迎賓于大門內大夫納賓賓入門左公再拜賓辟再拜稽首公揖入賓從及廟門公揖入賓入三揖至于階三

儀禮卷第九

公食大夫禮第九

公食大夫之禮。使大夫戒，各以其爵。上介出請，入告。三辭。賓出，拜辱。大夫不答拜，將命。賓再拜稽首。大夫還，賓不拜送，遂從之。賓朝服即位于大門外，如聘。即位，具。羹定，甸人陳鼎七，當門，南

儒藏 儒藏經典·康熙篆文六經四書 儀禮

面西上，設扃鼏，鼏若束若編。設洗如饗。小臣具槃匜，在東堂下。宰夫設筵，加席、几。無尊。飲酒、漿飲，俟于東房。凡宰夫之具，饌于東房。公如賓服，迎賓于大門內。大夫納賓。賓入門左，公再拜；賓辟，再拜稽首。公揖入，賓從。及廟門，公揖入。賓入，三揖。至于階，三

讓。公升二等，賓升。大夫立于東
夾南，西面北上。士立于門東，北
面西上。小臣東堂下，南面西上。
宰，東夾北，西面南上。内官之士
在宰東北，西面南上。介，門西，北
面西上。公當楣北鄉，至再拜，賓
降也，公再拜。賓，西階東，北面答
拜。擯者辭，拜也；公降一等。辭曰：
「寡君從子，雖將拜，興也！」賓栗階
升，不拜，命之成拜，階上北面再
拜稽首。士舉鼎，去鼏於外，次入。
陳鼎于碑南，南面西上。右人抽
扃，坐奠于鼎西南，順出自鼎西，
左人待載。雍人以俎入，陳于鼎
南。旅人南面加匕于鼎，退。大夫
長盥洗東南，西面北上，序進盥。

退者與進者交于前卒盥序進南面匕載者西面魚腊飪載體進奏魚七縮俎寢右腸胃七同俎倫膚七腸胃膚皆橫諸俎垂之大夫既匕匕奠于鼎逆退復位公降盥賓降公辭卒盥公一揖一讓公升賓升宰夫自東房授醯醬公設之賓辭北面坐遷而東遷所公立于序內西鄉賓立于階西疑立宰夫自東房薦豆六設于醬東西上韭菹以東醓醢昌本昌本南麋臡以西菁菹鹿臡士設俎于豆南西上牛羊豕魚在牛西腊腸胃亞之膚以爲特旅人取匕甸人舉鼎順出奠于其所宰夫設黍稷六簋

儒藏經典·康熙篆文六經四書 儀禮

退者與進者交于前。卒盥，序進，南面匕。載者西面。魚腊飪。載體進奏。魚七，縮俎，寢右。腸、胃七，同俎。倫膚七。腸、胃、膚，皆橫諸俎，垂之。大夫既匕，匕奠于鼎，逆退，復位。公降盥，賓降，公辭。卒盥，公一揖一讓。公升，賓升。宰夫自東房授醯醬，公設之。賓辭，北面坐遷而東遷所。公立于序內，西鄉。賓立于階西，疑立。宰夫自東房薦豆六，設于醬東，西上，韭菹，以東醓醢、昌本；昌本南麋臡以西菁菹、鹿臡。士設俎于豆南，西上，牛、羊、豕，魚在牛西，腊、腸、胃亞之，膚以爲特。旅人取匕，甸人舉鼎，順出，奠于其所。宰夫設黍、稷六簋

于俎西二以並東北上黍當牛
俎其西稷錯以終南陳大羹湆
不和實于鐙宰右執鐙左執蓋
由門入升自阼階盡階不升堂
授公以蓋降出入反位公設之
于醬西賓辭坐遷之宰夫設鉶
四于豆西東上牛以西羊羊南
豕豕以東牛飲酒實于觶加于
豐宰夫右執觶左執豐進設于
豆東宰夫東面坐啓簋會各卻
于其西贊者負東房南面告具
于公公再拜揖食賓降拜公辭
賓升再拜稽首賓升席坐取韭
菹以辯擩于醢上豆之間祭贊
者東面坐取黍實于左手辯又
取稷辯反于右手興以授賓賓

儒藏經典·康熙篆文六經四書　儀禮

于俎西，二以並，東北上。黍當牛
俎，其西稷，錯以終，南陳。大羹湆
不和，實于鐙。宰右執鐙，左執蓋，
由門入，升自阼階，盡階，不升堂，
授公，以蓋降，出，入反位。公設之
于醬西，賓辭，坐遷之。宰夫設鉶
四于豆西，東上，牛以西羊，羊南
豕，豕以東牛。飲酒，實于觶，加于
豐。宰夫右執觶，左執豐，進設于
豆東。宰夫東面，坐啓簋會，各卻
于其西。贊者負東房，南面，告具
于公。公再拜，揖食，賓降拜，公辭，
賓升，再拜稽首。賓升席，坐取韭
菹，以辯擩于醢，上豆之間祭。贊
者東面坐取黍，實于左手，辯，又
取稷，辯，反于右手，興，以授賓，賓

祭之。三牲之肺不離，贊者辯取之，一以授賓。賓興受，坐祭。挩手，扱上鉶以柶，辯擩之，上鉶之間祭。祭飲酒于上豆之間。魚、腊、醬、湆不祭。宰夫授公飯粱，公設之于湆西。賓北面辭，坐遷之。公與賓皆復初位。宰夫膳稻于粱西。士羞庶羞，皆有大、蓋，執豆如宰。先者反之，由門入，升自西階。先者一人升，設于稻南簋西，間容人。旁四列，西北上，膷以東，臐、膮、牛炙。炙南醢以西，牛胾、醢、牛鮨，鮨南羊炙，以東羊胾、醢、豕炙，炙南醢，以西豕胾、芥醬、魚膾。衆人騰羞者盡階，不升堂，授，以蓋降，出。贊者負東房，告備于公。贊升

儒藏經典·康熙篆文六經四書　儀禮

祭之三牲之肺不離贊者辯取之一以授賓賓興受坐祭挩手扱上鉶以柶辯擩之上鉶之間祭祭飲酒于上豆之間魚腊醬湆不祭宰夫授公飯粱公設之于湆西賓北面辭坐遷之公與賓皆復初位宰夫膳稻于粱西士羞庶羞皆有大蓋執豆如宰先者反之由門入升自西階先者一人升設于稻南簋西間容人旁四列西北上膷以東臐膮牛炙炙南醢以西牛胾醢牛鮨鮨南羊炙以東羊胾醢豕炙炙南醢以西豕胾芥醬魚膾衆人騰羞者盡階不升堂授以蓋降出贊者負東房告備于公贊升

賓賓坐席末取粱即稻祭于醬
湆間贊者北面坐辯取庶羞之
大興一以授賓賓受兼壹祭之
賓降拜公辭賓升再拜稽首公
答再拜賓北面自間坐左擁簠
粱右執湆以降公辭賓西面坐
奠于階西東面對西面坐取之
栗階升北面反奠于其所降辭
公公許賓升公揖退于箱擯者
退負東塾而立賓坐遂卷加席
公不辭賓三飯以湆醬宰夫執
觶漿飲與其豐以進賓捝手興
受宰夫設其豐于稻西庭實設
賓坐祭遂飲奠于豐上公受宰
夫束帛以侑西鄉立賓降筵北
面擯者進相幣賓降辭幣升聽

儒藏經典·康熙篆文六經四書　儀禮

賓。賓坐席末，取粱，即稻，祭于醬湆間。贊者北面坐，辯取庶羞之大，興，一以授賓。賓受，兼壹祭之。賓降拜，公辭。賓升，再拜稽首。公答再拜。賓北面自間坐，左擁簠粱，右執湆，以降。公辭。賓西面坐奠于階西，東面對，西面坐取之；栗階升，北面反奠于其所；降辭公。公許，賓升，公揖退于箱。擯者退，負東塾而立。賓坐，遂卷加席，公不辭。賓三飯以湆醬。宰夫執觶漿飲與其豐以進。賓捝手，興受。宰夫設其豐于稻西。庭實設。賓坐祭，遂飲，奠於豐上。公受宰夫束帛以侑，西鄉立。賓降筵，北面。擯者進相幣。賓降辭幣，升聽

命降拜公辭賓升再拜稽首受
幣當東楹北面退西楹西東面
立公壹拜賓降也公再拜介逆
出賓北面揖執庭實以出公降
立上介受賓幣從者訝受皮賓
入門左没霤北面再拜稽首公
辭揖讓如初升賓再拜稽首公
答再拜賓降辭公如初賓升公

揖退于箱賓卒食會飯三飲不
以醬湇挩手興北面坐取粱與
醬以降西面坐奠于階西東面
再拜稽首公降再拜介逆出賓
出公送于大門内再拜賓不顧
有司卷三牲之俎歸于賓館魚
腊不與明日賓朝服拜賜于朝
拜食與侑幣皆再拜稽首訝聽

命，降拜。公辭。賓升，再拜稽首，受幣，當東楹，北面；退，西楹西，東面立。公壹拜，賓降也，公再拜。介逆出。賓北面揖，執庭實以出。公降立。上介受賓幣，從者訝受皮。賓入門左，没霤，北面再拜稽首。公辭，揖讓如初，升。賓再拜稽首，公答再拜。賓降辭公，如初。賓升，公

儒藏
儒藏經典・康熙篆文六經四書　儀禮

揖退于箱。賓卒食會飯，三飲，不以醬湇。挩手，興，北面坐，取粱與醬以降，西面坐奠于階西，東面再拜稽首。公降，再拜。介逆出，賓出。公送于大門内，再拜。賓不顧。有司卷三牲之俎，歸于賓館。魚腊不與。明日，賓朝服拜賜于朝，拜食與侑幣，皆再拜稽首。訝聽

之上大夫八豆八簋六鉶九俎魚腊皆二俎魚腸胃倫膚若九若十有一下大夫則若七若九庶羞西東毋[23]過四列上大夫庶羞二十加于下大夫以雉兔鶉駕若不親食使大夫各以其爵朝服以侑幣致之豆實實于甕陳于楹外二以並北陳簋實實于筐陳于楹內兩楹間二以並南陳庶羞陳于碑內庭實陳于碑外牛羊豕陳于門內西方東上賓朝服以受如受饔禮無擯明日賓朝服以拜賜于朝訝聽命大夫相食親戒速迎賓于門外拜至皆如饗拜降盥受醬湆侑幣束錦也皆自阼階降堂受

儒藏經典·康熙篆文六經四書 儀禮

之。上大夫八豆，八簋，六鉶，九俎，魚腊皆二俎；魚，腸胃，倫膚，若九，若十有一，下大夫則若七，若九。庶羞，西東毋過四列。上大夫，庶羞二十，加于下大夫，以雉、兔、鶉、駕。若不親食，使大夫各以其爵、朝服以侑幣致之。豆實，實于甕，陳于楹外，二以並，北陳。簋實，實于筐，陳于楹內、兩楹間，二以並，南陳。庶羞陳于碑內，庭實陳于碑外。牛、羊、豕陳于門內，西方，東上。賓朝服以受，如受饔禮。無擯。明日，賓朝服以拜賜于朝。訝聽命。大夫相食，親戒速。迎賓于門外，拜至，皆如饗拜。降盥。受醬、湆、侑幣、束錦也，皆自阼階降堂受，

儒藏經典·康熙篆文六經四書 儀禮

授者升一等。賓止也。賓執粱與湇，之西序端。主人辭，賓反之。卷加席，主人辭，賓反之。辭幣，降一等，主人從。受侑幣，再拜稽首。主人送幣，亦然。辭於主人，降一等，主人從。卒食，徹于西序端；東面再拜，降出。其他皆如公食大夫之禮。若不親食，則公作大夫朝服以侑幣致之。賓受于堂。無儐。

記。不宿戒，戒不速。不授几。無阼席。亨于門外東方。司宮具几，與蒲筵常緇布純，加萑席尋玄帛純，皆卷自末。宰夫筵，出自東房。賓之乘車在大門外西方，北面立。鉶芼，牛藿，羊苦，豕薇，皆有滑。贊者盥，從俎升。簠有蓋冪。凡炙

無醬上大夫蒲筵加萑席其純皆如下大夫純卿擯由下上贊下大夫也上大夫庶羞酒飲漿飲庶羞可也拜食與侑幣皆再拜稽首

儀禮卷第九

無醬。上大夫，蒲筵加萑席。其純，皆如下大夫純。卿擯由下。上贊，下大夫也。上大夫，庶羞。酒飲，漿飲，庶羞可也。拜食與侑幣，皆再拜稽首。

儀禮卷第九

儒藏 儒藏經典·康熙篆文六經四書 儀禮

儒藏
儒藏經典·康熙篆文六經四書　儀禮

儀禮卷第十

覲禮第十

覲禮至于郊王使人皮弁用璧勞侯氏亦皮弁迎于帷門之外再拜使者不答拜遂執玉三揖至于階使者不讓先升侯氏升聽命降再拜稽首遂升受玉使者左還而立侯氏還璧使者受侯氏降再拜稽首使者乃出侯氏乃止使者使者乃入侯氏與之讓升侯氏先升授几侯氏拜送几使者設几答拜侯氏用束帛乘馬儐使者使者再拜受侯氏再拜送幣使者降以左驂出侯氏送于門外再拜侯氏遂從之天子賜舍曰伯父女順命于

儀禮卷第十

覲禮第十

覲禮。至于郊，王使人皮弁用璧勞。侯氏亦皮弁迎于帷門之外，再拜。使者不答拜，遂執玉，三揖。至于階，使者不讓，先升。侯氏升聽命，降，再拜稽首，遂升受玉。使者左還而立，侯氏還璧，使者受。侯氏降，再拜稽首，使者乃出。侯氏乃止使者，使者乃入。侯氏與之讓升。侯氏先升，授几。侯氏拜送几；使者設几，答拜。侯氏用束帛、乘馬儐使者，使者再拜受。侯氏再拜送幣。使者降，以左驂出。侯氏送于門外，再拜。侯氏遂從之。天子賜舍，曰：「伯父，女順命于

王所賜伯父舍侯氏再拜稽首
(24)儐之束帛乘馬天子使大夫戒
曰某日伯父帥乃初事侯氏再
拜稽首諸侯前朝皆受舍于朝
同姓西面北上異姓東面北上
侯氏裨冕釋幣于禰乘墨車載
龍旂弧韣乃朝以瑞玉有繅天
子設斧依於户牖之間左右几
天子衮冕負斧依嗇夫承命告
于天子天子曰非他伯父實來
予一人嘉之伯父其入予一人
將受之侯氏入門右坐奠圭再
拜稽首擯者謁侯氏坐取圭升
致命王受之玉侯氏降階東北
面再拜稽首擯者延之曰升升
成拜乃出四享皆束帛加璧庭

王所，賜伯父舍！」侯氏再拜稽首，儐之束帛、乘馬。天子使大夫戒，曰：「某日，伯父帥乃初事。」侯氏再拜稽首。諸侯前朝，皆受舍于朝。同姓西面北上，異姓東面北上。侯氏裨冕，釋幣于禰。乘墨車，載龍旂、弧韣乃朝以瑞玉，有繅。天子設斧依於户牖之間，左右几。天子衮冕，負斧依。嗇夫承命，告于天子。天子曰：「非他，伯父實來，予一人嘉之。伯父其入，予一人將受之。」侯氏入門右，坐奠圭，再拜稽首。擯者謁。侯氏坐取圭，升致命。王受之玉。侯氏降階東，北面再拜稽首。擯者延之，曰：「升。」升成拜，乃出。四享皆束帛加璧，庭

實唯國所有奉束帛匹馬卓上
九馬隨之中庭西上奠幣再拜
稽首擯者曰予一人將受之侯
氏升致命王撫玉侯氏降自西
階東面授宰幣西階前再拜稽
首以馬出授人九馬隨之事畢
乃右肉袒于廟門之東乃入門
右北面立告聽事擯者謁諸天
子天子辭於侯氏曰伯父無事
歸寧乃邦侯氏再拜稽首出自
屏南適門西遂入門左北面立
王勞之再拜稽首擯者延之曰
升升成拜降出天子賜侯氏以
車服迎于外門外再拜路先設
西上路下四亞之重賜無數在
車南諸公奉篋服加命書于其

實唯國所有。奉束帛，匹馬卓上，九馬隨之，中庭西上，奠幣，再拜稽首。擯者曰：「予一人將受之。」侯氏升，致命。王撫玉。侯氏降自西階，東面授宰幣，西階前再拜稽首，以馬出，授人，九馬隨之。事畢。乃右肉袒于廟門之東。乃入門右，北面立，告聽事。擯者謁諸天子。天子辭於侯氏，曰：「伯父無事，歸寧乃邦！」侯氏再拜稽首，出，自屏南適門西，遂入門左，北面立，王勞之。再拜稽首。擯者延之，曰：「升。」升成拜，降出。天子賜侯氏以車服。迎于外門外，再拜。路先設，西上，路下四，亞之，重賜無數，在車南。諸公奉篋服，加命書于其上升自西階東面大史是右侯氏升西面立大史述命侯氏降兩階之間北面再拜稽首升成拜大史加書于服上侯氏受使者出侯氏送再拜儐使者諸公賜服者束帛四馬儐大史亦如之同姓大國則曰伯父其異姓則曰伯舅同姓小邦則曰叔父其異姓小邦則曰叔舅饗禮乃歸諸侯覲于天子爲宫方三百步四門壇十有二尋深四尺加方明于其上方明者木也方四尺設六色東方青南方赤西方白北方黑上玄下黄設六玉上圭下璧南方璋西方琥北方璜東方圭上介皆奉其君之旂置

儒藏經典·康熙篆文六經四書　儀禮

上，升自西階，東面，大史是右。侯氏升，西面立。大史述命。侯氏降兩階之間；北面再拜稽首，升成拜。大史加書于服上，侯氏受。使者出。侯氏送，再拜，儐使者，諸公賜服者，束帛、四馬，儐大史亦如之。同姓大國則曰伯父，其異姓則曰伯舅。同姓小邦則曰叔父，其異姓小邦則曰叔舅。饗，禮，乃歸。諸侯覲于天子，爲宫方三百步，四門，壇十有二尋、深四尺，加方明于其上。方明者，木也，方四尺，設六色，東方青，南方赤，西方白，北方黑，上玄，下黄。設六玉，上圭，下璧，南方璋，西方琥，北方璜，東方圭。上介皆奉其君之旂，置

于宮尚左公侯伯子男皆就其
旂而立四傳擯天子乘龍載大
旂象日月升龍降龍出拜日於
東門之外反祀方明禮日於南
門外禮月與四瀆於北門外禮
山川丘陵於西門外祭天燔柴
祭山丘陵升祭川沈祭地瘞記
几俟于東箱偏駕不入王門奠
圭于繅上

儀禮卷第十

于宮，尚左。公、侯、伯、子、男，皆就其旂而立。四傳擯。天子乘龍，載大旂，象日月、升龍、降龍；出，拜日於東門之外，反祀方明。禮日於南門外，禮月與四瀆於北門外，禮山川丘陵於西門外。祭天，燔柴。祭山丘陵，升。祭川，沈。祭地，瘞。記。几，俟于東箱。偏駕不入王門。奠圭于繅上。

儀禮卷第十

儀禮卷第十一

喪服第十一　子夏傳

喪服斬衰裳苴絰杖絞帶冠繩
纓菅屨者傳曰斬者何不緝也
苴絰者麻之有蕡者也苴絰大
搹左本在下去五分一以爲帶
齊衰之絰斬衰之帶也去五分
一以爲帶大功之絰齊衰之帶
也去五分一以爲帶小功之絰
大功之帶也去五分一以爲帶
緦麻之絰小功之帶也去五分
一以爲帶苴杖竹也削杖桐也
杖各齊其心皆下本杖者何爵
也無爵而杖者何擔主也非主
而杖者何輔病也童子何以不
杖不能病也婦人何以不杖亦

儀禮卷第十一

喪服第十一　子夏傳

喪服。斬衰裳，苴絰，杖，絞帶，冠繩纓，菅屨者。《傳》曰：斬者何？不緝也。苴絰者，麻之有蕡者也。苴絰大搹，左本在下，去五分一以爲帶。齊衰之絰，斬衰之帶也，去五分一以爲帶。大功之絰，齊衰之帶也，去五分一以爲帶。小功之絰，大功之帶也，去五分一以爲帶。緦麻之絰，小功之帶也，去五分一以爲帶。苴杖，竹也。削杖，桐也。杖各齊其心，皆下本。杖者何？爵也。無爵而杖者何？擔主也。非主而杖者何？輔病也。童子何以不杖？不能病也。婦人何以不杖？亦

不能病也絞帶者繩帶也冠繩
纓條屬右縫冠六升外畢鍛而
勿灰衰三升菅屨者菅菲也外
納居倚廬寢苫枕塊哭晝夜無
時歠粥朝一溢米夕一溢米寢
不脫絰帶既虞翦屏柱楣寢有
席食疏食水飲朝一哭夕一哭
㉕ 而已既練舍外寢始食菜果飯
素食哭無時父傳曰爲父何以
斬衰也父至尊也諸侯爲天子
傳曰天子至尊也君傳曰君至
尊也父爲長子傳曰何以三年
也正體於上又乃將所傳重也
庶子不得爲長子三年不繼祖
也爲人後者傳曰何以三年也
受重者必以尊服服之何如而

儒藏 儒藏經典·康熙篆文六經四書 儀禮

不能病也。絞帶者，繩帶也。冠繩纓，條屬，右縫；冠六升，外畢；鍛而勿灰。衰三升。菅屨者，菅菲也，外納。居倚廬，寢苫枕塊，哭晝夜無時。歠粥，朝一溢米，夕一溢米。寢不脱絰帶。既虞，翦屏柱楣，寢有席，食疏食，水飲，朝一哭、夕一哭而已。既練，舍外寢，始食菜果，飯素食，哭無時。父。《傳》曰：爲父何以斬衰也？父至尊也。諸侯爲天子。《傳》曰：天子至尊也。君。《傳》曰：君至尊也。父爲長子。《傳》曰：何以三年也？正體於上，又乃將所傳重也。庶子不得爲長子三年，不繼祖也。爲人後者。《傳》曰：何以三年也？受重者，必以尊服服之。何如而

可爲之後同宗則可爲之後何
如而可以爲人後支子可也爲
所後者之祖父母妻妻之父母
昆弟昆弟之子若子妻爲夫傳
曰夫至尊也妾爲君傳曰君至
尊也女子子在室爲父布總箭
笄髽衰三年傳曰總六升長六
寸箭笄長尺吉笄尺二寸子嫁
反在父之室爲父三年公士大
夫之衆臣爲其君布帶繩屨傳
曰公卿大夫室老士貴臣其餘
皆衆臣也君謂有地者也衆臣
杖不以即位近臣君服斯服矣
繩屨者繩菲也疏衰裳齊牡麻
經冠布纓削杖布帶疏屨三年
者傳曰齊者何緝也牡麻者枲

可爲之後？同宗則可爲之後。何如而可以爲人後？支子可也。爲所後者之祖父母、妻，妻之父母、昆弟、昆弟之子，若子。妻爲夫。《傳》曰：夫至尊也。妾爲君。《傳》曰：君至尊也。女子子在室，爲父布總、箭笄、髽、衰三年。《傳》曰：總六升，長六寸，箭笄長尺，吉笄尺二寸。子嫁，反在父之室，爲父三年。公士大夫之衆臣，爲其君布帶、繩屨。《傳》曰：公、卿、大夫室老、士，貴臣。其餘皆衆臣也。君，謂有地者也。衆臣杖，不以即位。近臣，君服斯服矣。繩屨者，繩菲也。疏衰裳齊、牡麻經、冠布纓、削杖、布帶、疏屨，三年者。《傳》曰：齊者何？緝也。牡麻者，枲

儒藏經典·康熙篆文六經四書　儀禮

麻也。牡麻經，右本在上，冠者沽功也。疏屨者，藨蒯之菲也。父卒則爲母，繼母如母。《傳》曰：繼母何以如母？繼母之配父，與因母同，故孝子不敢殊也。慈母如母。《傳》曰：慈母者何也？傳曰：妾之無子者，妾子之無母者，父命妾曰：「女以爲子。」命子曰：「女以爲母。」若是，則生養之，終其身如母，死則喪之三年如母，貴父之命也。母爲長子。《傳》曰：何以三年也？父之所不降，母亦不敢降也。疏衰裳齊，牡麻經，冠布纓，削杖，布帶，疏屨，期者。《傳》曰：問者曰：「何冠也？」曰：「齊衰、大功，冠其受也。緦麻、小功，冠其衰也。帶緣各視其冠。」父在爲母傳曰何以期也屈也至尊在不敢伸其私尊也父必三年然後娶達子之志也妻傳曰爲妻何以期也妻至親也出妻之子爲母傳曰出妻之子爲母期則爲外祖父母無服傳曰絶族無施服親者屬出妻之子爲父後者則爲出母無服傳曰與尊者爲一體不敢服其私親也父卒繼母嫁從爲之服報傳曰何以期也貴終也不杖麻屨者祖父母傳曰何以期也至尊也世父母叔父母傳曰世父叔父何以期也與尊者一體也然則昆弟之子何以亦期也旁尊也不足以加尊焉故報之也父子一體

儒藏 儒藏經典·康熙篆文六經四書 儀禮

母。《傳》曰：何以期也？屈也。至尊在，不敢伸其私尊也。父必三年然後娶，達子之志也。妻。《傳》曰：爲妻何以期也？妻，至親也。出妻之子爲母。《傳》曰：出妻之子爲母期，則爲外祖父母無服。《傳》曰：絶族無施，服親者屬。出妻之子爲父後者，則爲出母無服。《傳》曰：與尊者爲一體，不敢服其私親也。父卒，繼母嫁，從，爲之服，報。《傳》曰：何以期也？貴終也。不杖，麻屨者。祖父母。《傳》曰：何以期也？至尊也。世父母，叔父母。《傳》曰：世父、叔父，何以期也？與尊者一體也。然則昆弟之子何以亦期也？旁尊也，不足以加尊焉，故報之也。父子一體也，夫妻一體也，昆弟一體也，故父子首足也，夫妻牉合也，昆弟四體也。故昆弟之義無分，然而有分者，則辟子之私也。子不私其父，則不成爲子，故有東宮，有西宮，有南宮，有北宮，異居而同財，有餘則歸之宗，不足則資之宗。世母、叔母，何以亦期也？以名服也。大夫之適子爲妻。《傳》曰：何以期也？父之所不降，子亦不敢降也。何以不杖也？父在，則爲妻不杖。昆弟。爲衆子。昆弟之子。《傳》曰：何以期也？報之也。大夫之庶子爲適昆弟。《傳》曰：何以期也？父之所不降，子亦不敢降也。適孫。《傳》曰：何以期也？不敢降其適也。

有適子者無適孫孫婦亦如之爲人後者爲其父母報傳曰何以期也不貳斬也何以不貳斬也特重於大宗者降其小宗也爲人後者孰後後大宗也曷爲後大宗大宗者尊之統也禽獸知母而不知父野人曰父母何算焉都邑之士則知尊禰矣大夫及學士則知尊祖矣諸侯及其大祖天子及其始祖之所自出尊者尊統上卑者尊統下大宗者尊之統也大宗者收族者也不可以絕故族人以支子後大宗也適子不得後大宗女子子適人者爲其父母昆弟之爲父後者傳曰爲父何以期也婦

儒藏經典·康熙篆文六經四書 儀禮

有適子者，無適孫，孫婦亦如之。爲人後者爲其父母，報。《傳》曰：何以期也？不貳斬也。何以不貳斬也？特重於大宗者，降其小宗也。「爲人後者」，孰後？後大宗也。曷爲後大宗？大宗者，尊之統也。禽獸知母而不知父。野人曰：「父母何筭焉！」都邑之士，則知尊禰矣。大夫及學士，則知尊祖矣。諸侯，及其大祖。天子，及其始祖之所自出。尊者尊統上，卑者尊統下。大宗者，尊之統也。大宗者，收族者也，不可以絶，故族人以支子後大宗也。適人不得後大宗。女子子適人者爲其父母、昆弟之爲父後者。《傳》曰：爲父何以期也？婦人不貳斬也婦人不貳斬者何也婦人有三從之義無專用之道故未嫁從父既嫁從夫夫死從子故父者子之天也夫者妻之天也婦人不二斬者猶曰不貳天也婦人不能貳尊也爲昆弟之爲父後者何以亦期也婦人雖在外必有歸宗曰小宗故服期也繼父同居者傳曰何以期也傳曰夫死妻稺子幼子無大功之親與之適人而所適者亦無大功之親所適者以其貨財爲之築宮廟歲時使之祀焉妻不敢與焉若是則繼父之道也同居則服齊衰期異居則服齊衰三月也必嘗同居然後爲異

儒藏經典·康熙篆文六經四書　儀禮

人不貳斬也。婦人不貳斬者何也？婦人有三從之義，無專用之道，故未嫁從父，既嫁從夫，夫死從子。故父者子之天也，夫者妻之天也。婦人不二斬者，猶曰不貳天也，婦人不能貳尊也。爲昆弟之爲父後者，何以亦期也？婦人雖在外，必有歸宗，曰小宗，故服期也。繼父同居者。《傳》曰：何以期也？《傳》曰：夫死，妻稺，子幼。子無大功之親，與之適人，而所適者亦無大功之親；所適者以其貨財爲之築宮廟，歲時使之祀焉；妻不敢與焉。若是，則繼父之道也，同居則服齊衰期，異居則服齊衰三月也。必嘗同居，然後爲異居；未嘗同居，則不爲異居。爲夫之君。《傳》曰：何以期也？從服也。姑、姊妹、女子子適人無主者，姑姊妹報。《傳》曰：無主者，謂其無祭主者也。何以期也？爲其無祭主故也。爲君之父、母、妻、長子、祖父母。《傳》曰：何以期也？從服也。父母、長子，君服斬。妻，則小君也。父卒，然後爲祖後者服斬。妾爲女君。《傳》曰：何以期也？妾之事女君，與婦之事舅姑等。婦爲舅姑。《傳》曰：何以期也？從服也。夫之昆弟之子。《傳》曰：何以期也，報之也。公妾、大夫之妾爲其子。《傳》曰：何以期也？妾不得體君，爲其子得遂也。女子子爲祖父母。《傳》曰：何以期也？

不敢降其祖也大夫之子爲世父母叔父母子昆弟昆弟之子姑姊妹女子子無主者爲大夫命婦者唯子不報傳曰大夫者其男子之爲大夫者也命婦者其婦人之爲大夫妻者也無主者命婦之無祭主者也何以言唯子不報也女子子適人者爲其父母期故言不報也言其餘皆報也何以期也父之所不降子亦不敢降也大夫曷爲不降命婦也夫尊於朝妻貴於室矣大夫爲祖父母適孫爲士者傳曰何以期也大夫不敢降其祖與適也公妾以及士妾爲其父母傳曰何以期也妾不得體君

不敢降其祖也。大夫之子爲世父母、叔父母、子、昆弟、昆弟之子，姑、姊妹、女子子無主者，爲大夫命婦者，唯子不報。《傳》曰：大夫者，其男子之爲大夫者也。命婦者，其婦人之爲大夫妻者也。無主者，命婦之無祭主者也。何以言「唯子不報」也？女子子適人者爲其父母期，故言不報也，言其餘皆報也。何以期也？父之所不降，子亦不敢降也。大夫曷爲不降命婦也？夫尊於朝，妻貴於室矣。大夫爲祖父母，適孫爲士者。《傳》曰：何以期也？大夫不敢降其祖與適也。公妾，以及士妾爲其父母。《傳》曰：何以期也？妾不得體君，

儒藏經典·康熙篆文六經四書　儀禮

得爲其父母遂也。疏衰裳齊，牡麻絰，無受者。寄公爲所寓。《傳》曰：寄公者何也？失地之君也。何以爲所寓服齊衰三月也？言與民同也。丈夫、婦人爲宗子、宗子之母、妻。《傳》曰：何以服齊衰三月也？尊祖也。尊祖故敬宗。敬宗者，尊祖之義也。宗子之母在，則不爲宗子之妻服也。爲舊君、君之母、妻。《傳》曰：爲舊君者，孰謂也？仕焉而已者也。何以服齊衰三月也？言與民同也。君之母、妻，則小君也。庶人爲國君。大夫在外，其妻、長子爲舊國君。《傳》曰：何以服齊衰三月也？妻，言與民同也。長子，言未去也。繼父不同居者。曾祖父母傳曰何以齊衰三月也小功者兄弟之服也不敢以兄弟之服服至尊也大夫爲宗子傳曰何以服齊衰三月也大夫不敢降其宗也舊君傳曰大夫爲舊君何以服齊衰三月也大夫去君歸其宗廟故服齊衰三月也言與民同也何大夫之謂乎言其以道去君而猶未絶也曾祖父母爲士者如衆人傳曰何以齊衰三月也大夫不敢降其祖也女子子嫁者未嫁者爲曾祖父母傳曰嫁者其嫁於大夫者也未嫁者其成人而未嫁者也何以服齊衰三月不敢降其祖也大功布衰裳牡麻絰無受

儒藏經典·康熙篆文六經四書　儀禮

父母。《傳》曰：何以齊衰三月也？小功者，兄弟之服也。不敢以兄弟之服服至尊也。大夫爲宗子。《傳》曰：何以服齊衰三月也？大夫不敢降其宗也。舊君。《傳》曰：大夫爲舊君，何以服齊衰三月也？大夫去，君歸其宗廟，故服齊衰三月也，言與民同也。何大夫之謂乎？言其以道去君而猶未絶也。曾祖父母爲士者如衆人。《傳》曰：何以齊衰三月也？大夫不敢降其祖也。女子子嫁者、未嫁者爲曾祖父母。《傳》曰：嫁者，其嫁於大夫者也。未嫁者，其成人而未嫁者也。何以服齊衰三月？不敢降其祖也。大功布衰裳，牡麻絰，無受者。子、女子子之長殤、中殤。《傳》曰：何以大功也？未成人也。何以無受也？喪成人者，其文縟。喪未成人者，其文不縟。故殤之經不樛垂，蓋未成人也。年十九至十六爲長殤，十五至十二爲中殤，十一至八歲爲下殤，不滿八歲以下爲無服之殤。無服之殤以日易月。以日易月之殤，殤而無服。故子生三月，則父名之，死則哭之；未名則不哭也。叔父之長殤、中殤，姑、姊妹之長殤、中殤，昆弟之長殤、中殤，夫之昆弟之子、女子子之長殤、中殤，適孫之長殤、中殤，大夫之庶子爲適昆弟之長殤、中殤，公爲適之子長殤、中

者。子、女子子之長殤、中殤。《傳》曰：何以大功也？未成人也。何以無受也？喪成人者，其文縟。喪未成人者，其文不縟。故殤之經不樛垂，蓋未成人也。年十九至十六爲長殤，十五至十二爲中殤，十一至八歲爲下殤，不滿八歲以下爲無服之殤。無服之殤以日易月。以日易月之殤，殤而無服。故子生三月，則父名之，死則哭之；未名則不哭也。叔父之長殤、中殤，姑、姊妹之長殤、中殤，昆弟之長殤、中殤，夫之昆弟之子、女子子之長殤、中殤，適孫之長殤、中殤，大夫之庶子爲適昆弟之長殤、中殤，公爲適之子長殤、中

殤大夫爲適子之長殤中殤其長殤皆九月纓絰其中殤七月不纓絰大功布衰裳牡麻絰纓布帶三月受以小功衰即葛九月者傳曰大功布九升小功布十一升姑姊妹女子子適人者傳曰何以大功也出也從父昆弟爲人後者爲其昆弟傳曰何以大功也爲人後者降其昆弟也庶孫適婦傳曰何以大功也不降其適也女子子適人者爲衆昆弟姪丈夫婦人報傳曰姪者何也謂吾姑者吾謂之姪夫之祖父母世父母叔父母傳曰何以大功也從服也夫之昆弟何以無服也其夫屬乎父道者

儒藏經典·康熙篆文六經四書　儀禮

殤，大夫爲適子之長殤、中殤。其長殤，皆九月，纓絰；其中殤，七月，不纓絰。大功布衰裳，牡麻絰纓，布帶，三月；受以小功衰，即葛，九月者。《傳》曰：大功布，九升。小功布，十一升。姑、姊妹、女子子適人者。《傳》曰：何以大功也？出也。從父昆弟。爲人後者爲其昆弟。《傳》曰：何以大功也？爲人後者降其昆弟也。庶孫。適婦。《傳》曰：何以大功也？不降其適也。女子子適人者爲衆昆弟。姪丈夫婦人，報。《傳》曰：姪者何也？謂吾姑者，吾謂之姪。夫之祖父母、世父母、叔父母。《傳》曰：何以大功也？從服也。夫之昆弟何以無服也？其夫屬乎父道者，妻皆母道也。其夫屬乎子道者，妻皆婦道也。謂弟之妻「婦」者，是「嫂」亦可謂之母乎？故名者，人治之大者也，可無慎乎？大夫爲世父母、叔父母、子、昆弟、昆弟之子爲士者。《傳》曰：何以大功也？尊不同也。尊同，則得服其親服。公之庶昆弟，大夫之庶子爲母、妻、昆弟。《傳》曰：何以大功也？先君餘尊之所厭，不得過大功也。大夫之庶子，則從乎大夫而降也。父之所不降，子亦不敢降也。皆爲其從父昆弟之爲大夫者。爲夫之昆弟之婦人子適人者。大夫之妾爲君之庶子。女子子嫁者、未嫁者，爲世父母、叔父母、姑、姊妹。

儒藏 儒藏經典·康熙篆文六經四書 儀禮

妻皆母道也。其夫屬乎子道者，妻皆婦道也。謂弟之妻「婦」者，是「嫂」亦可謂之母乎？故名者，人治之大者也，可無慎乎？大夫爲世父母、叔父母、子、昆弟、昆弟之子爲士者。《傳》曰：何以大功也？尊不同也。尊同，則得服其親服。公之庶昆弟，大夫之庶子爲母、妻、昆弟。《傳》曰：何以大功也？先君餘尊之所厭，不得過大功也。大夫之庶子，則從乎大夫而降也。父之所不降，子亦不敢降也。皆爲其從父昆弟之爲大夫者。爲夫之昆弟之婦人子適人者。大夫之妾爲君之庶子。女子子嫁者、未嫁者，爲世父母、叔父母、姑、姊妹。

《傳》曰：嫁者，其嫁於大夫者也。未嫁者，成人而未嫁者也。何以大功也？妾爲君之黨服，得與女君同。下言爲世父母、叔父母、姑、姊妹者，謂妾自服其私親也。大夫、大夫之妻、大夫之子、公之昆弟爲姑、姊妹、女子子嫁於大夫者。君爲姑、姊妹、女子子嫁於國君者。《傳》曰：何以大功也？尊同也。尊同則得服其親服。諸侯之子稱公子，公子不得禰先君。公子之子稱公孫，公孫不得祖諸侯。此自卑別於尊者也。若公子之子孫有封爲國君者，則世世祖是人也，不祖公子，此自尊別於卑者也。是故始封之君不臣諸父

儒藏經典·康熙篆文六經四書 儀禮

昆弟封君之子不臣諸父而臣昆弟封君之孫盡臣諸父昆弟故君之所爲服子亦不敢不服也君之所不服子亦不敢服也繐衰裳牡麻絰既葬除之者傳曰繐衰裳者何以小功之繐也諸侯之大夫爲天子傳曰何以繐衰也諸侯之大夫以時接見乎天子小功布衰裳澡麻帶絰五月者叔父之下殤適孫之下殤昆弟之下殤大夫庶子爲適昆弟之下殤爲姑姊妹女子子之下殤爲人後者爲其昆弟從父昆弟之長殤傳曰問者曰中殤何以不見也大功之殤中從上小功之殤中從下爲夫之叔父

儒藏經典·康熙篆文六經四書　儀禮

昆弟，封君之子不臣諸父而臣昆弟，封君之孫盡臣諸父昆弟。故君之所爲服，子亦不敢不服也；君之所不服，子亦不敢服也。

繐衰裳，牡麻絰，既葬除之者。《傳》曰：繐衰裳者何？以小功之繐也。諸侯之大夫爲天子。《傳》曰：何以繐衰也？諸侯之大夫以時接見乎天子。

小功布衰裳，澡麻帶絰，五月者。叔父之下殤。適孫之下殤。昆弟之下殤。大夫庶子爲適昆弟之下殤。爲姑、姊妹、女子子之下殤。爲人後者爲其昆弟、從父昆弟之長殤。《傳》曰：問者曰：「中殤何以不見也？」大功之殤，中從上；小功之殤，中從下。爲夫之叔父之長殤。昆弟之子、女子子、夫之昆弟之子、女子子之下殤。爲姪、庶孫丈夫婦人之長殤。大夫、公之昆弟、大夫之子，爲其昆弟、庶子、姑、姊妹、女子子之長殤。大夫之妾爲庶子之長殤。小功布衰裳，牡麻經，即葛，五月。從祖祖父母，從祖父母，報。從祖昆弟。從父姊妹。孫適人者。爲人後者爲其姊妹適人者。爲外祖父母。《傳》曰：何以小功也？以尊加也。從母，丈夫婦人，報。《傳》曰：何以小功也？以名加也，外親之服皆緦也。夫之姑、姊妹，娣、姒婦，報。《傳》曰：娣、姒婦者，弟長也。何以小功也？以爲相與居室中，則生小功之親焉。大

儒藏經典·康熙篆文六經四書 儀禮

之長殤。昆弟之子、女子子、夫之昆弟之子、女子子之下殤。爲姪、庶孫丈夫婦人之長殤。大夫、公之昆弟、大夫之子，爲其昆弟、庶子、姑、姊妹、女子子之長殤。大夫之妾爲庶子之長殤。小功布衰裳，牡麻經，即葛，五月。從祖祖父母，從祖父母，報。從祖昆弟。從父姊妹。孫適人者。爲人後者爲其姊妹適人者。爲外祖父母。《傳》曰：何以小功也？以尊加也。從母，丈夫婦人，報。《傳》曰：何以小功也？以名加也，外親之服皆緦也。夫之姑、姊妹，娣、姒婦，報。《傳》曰：娣、姒婦者，弟長也。何以小功也？以爲相與居室中，則生小功之親焉。大

夫、大夫之子、公之昆弟爲從父昆弟，庶孫，姑、姊妹、女子子適士者。大夫之妾爲庶子適人者。庶婦。君母之父母、從母。《傳》曰：何以小功也？君母在，則不敢不從服。君母不在，則不服。君子子爲庶母慈己者。《傳》曰：君子子者，貴人之子也。爲庶母何以小功也？以慈己加也。緦麻，三月者。《傳》曰：緦者，十五升抽其半，有事其縷，無事其布，曰緦。族曾祖父母。族祖父母。族父母。族昆弟。庶孫之婦，庶孫之中殤。從祖姑、姊妹適人者，報，從祖父、從祖昆弟之長殤。外孫。從父昆弟姪之下殤，夫之叔父之中殤、下殤。從母之長殤，報。庶子爲父後者，爲其母。《傳》曰：何以緦也？《傳》曰：與尊者爲一體，不敢服其私親也。然則何以服緦也？有死於宮中者，則爲之三月不舉祭，因是以服緦也。士爲庶母。《傳》曰：何以緦也？以名服也。大夫以上，爲庶母無服。貴臣、貴妾。《傳》曰：何以緦也？以其貴也。乳母。《傳》曰：何以緦也？以名服也。從祖昆弟之子。曾孫。父之姑。從母昆弟。《傳》曰：何以緦也？以名服也。甥。《傳》曰：甥者何也？謂吾舅者，吾謂之甥。何以緦也？報之也。壻。《傳》曰：何以緦也？報之也。妻之父母。《傳》曰：何以緦？從服也。姑之子。《傳》曰：何以緦？報之也。舅。《傳》曰：何以緦從服也舅之子傳曰何以緦從服也夫之姑姊妹之長殤夫之諸祖父母報君母之昆弟傳曰何以緦從服也從父昆弟之子之長殤昆弟之孫之長殤爲夫之從父昆弟之妻傳曰何以緦也以爲相與同室則生緦之親焉長殤中殤降一等下殤降二等齊衰之殤中從上大功之殤中從下記公子爲其母練冠麻麻衣縓緣爲其妻縓冠葛絰帶麻衣縓緣皆既葬除之傳曰何以不在五服之中也君之所不服子亦不敢服也君之所爲服子亦不敢不服也大夫公之昆弟大夫之子於兄弟降一等

儒藏 儒藏經典·康熙篆文六經四書 儀禮

緦？從服也。舅之子。《傳》曰：何以緦？從服也。夫之姑姊妹之長殤，夫之諸祖父母，報；君母之昆弟。《傳》曰：何以緦？從服也。從父昆弟之子之長殤，昆弟之孫之長殤，爲夫之從父昆弟之妻。《傳》曰：何以緦也？以爲相與同室，則生緦之親焉。長殤、中殤降一等，下殤降二等。齊衰之殤中從上，大功之殤中從下。記。公子爲其母，練冠，麻，麻衣縓緣；爲其妻，縓冠，葛絰，帶，麻衣縓緣。皆既葬除之。《傳》曰：何以不在五服之中也？君之所不服，子亦不敢服也。君之所爲服，子亦不敢不服也。大夫、公之昆弟，大夫之子，於兄弟降一等。

爲人後者，於兄弟降一等，報；於所爲後之兄弟之子，若子。兄弟皆在他邦，加一等。不及知父母，與兄弟居，加一等。《傳》曰：何如則可謂之兄弟？《傳》曰：小功以下爲兄弟。朋友皆在他邦，袒免。歸則已。朋友，麻。君之所爲兄弟服，室老降一等。夫之所爲兄弟服，妻降一等。庶子爲後者，爲其外祖父母、從母、舅，無服。不爲後，如邦人。宗子孤爲殤，大功衰，小功衰，皆三月。親，則月筭如邦人。改葬，緦。童子，唯當室緦。《傳》曰：不當室，則無緦服也。凡妾爲私兄弟，如邦人。大夫弔於命婦，錫衰。命婦弔於大夫，亦錫衰。《傳》曰：錫者何

儒藏經典·康熙篆文六經四書　儀禮

也？麻之有錫者也。錫者，十五升抽其半，無事其縷，有事其布，曰錫。女子子適人者爲其父母，婦爲舅姑，惡笄有首以髽。卒哭，子折笄首以笄，布總。《傳》曰：笄有首者，惡笄之有首也。惡笄者，櫛笄也。折笄首者，折吉笄之首也。吉笄者，象笄也。何以言子折笄首而不言婦？終之也。妾爲女君，君之長子，惡笄有首，布總。凡衰，外削幅；裳，内削幅，幅三袧。若齊，裳内，衰外。負，廣出於適寸。適，博四寸，出於衰。衰，長六寸，博四寸。衣帶，下尺。衽，二尺有五寸。袂，屬幅。衣，二尺有二寸。袪，尺二寸。衰三升，三升有半。其冠六升。以其冠

為受受冠七升齊衰四升其冠七升以其冠為受受冠八升繐衰四升有半其冠八升大功八升若九升小功十升若十一升

儀禮卷第十一

爲受，受冠七升。齊衰四升，其冠七升。以其冠爲受，受冠八升。繐衰四升有半，其冠八升。大功八升，若九升。小功十升，若十一升。

儀禮卷第十一

儒藏
儒藏經典·康熙篆文六經四書 儀禮

儀禮卷第十二

士喪禮第十二

士喪禮死于適室幠用斂衾復者一人以爵弁服簪裳于衣左何之扱領于帶升自前東榮中屋北面招以衣曰皋某復三降衣於前受用箧升自阼階以衣尸復者降自後西榮楔齒用角

柶綴足用燕几奠脯醢醴酒升自阼階奠于尸東帷堂乃赴于君主人西階東南面命赴者拜送有賓則拜之入坐于牀東眾主人在其後西面婦人俠牀東面親者在室眾婦人户外北面眾兄弟堂下北面君使人弔徹帷主人迎于寢門外見賓不哭

儀禮卷第十二

士喪禮第十二

士喪禮。死于適室，幠用斂衾。復者一人以爵弁服，簪裳于衣，左何之，扱領于帶。升自前東榮、中屋，北面招以衣，曰：「皋某復！」三，降衣於前。受用箧，升自阼階，以衣尸。復者降自後西榮。楔齒用角

柶。綴足用燕几。奠脯醢、醴酒。升自阼階，奠于尸東。帷堂。乃赴于君。主人西階東，南面，命赴者，拜送。有賓，則拜之。入，坐于牀東。眾主人在其後，西面。婦人俠牀，東面。親者在室。眾婦人户外北面，眾兄弟堂下北面。君使人弔。徹帷。主人迎于寢門外，見賓不哭，

先入，門右北面。弔者入，升自西階，東面。主人進中庭，弔者致命。主人哭，拜稽顙，成踊。賓出，主人拜送于外門外。君使人襚。徹帷。主人如初。襚者左執領，右執要，入，升致命。主人拜如初。襚者入衣尸，出。主人拜送如初。唯君命，出，升降自西階。遂拜賓，有大夫則特拜之。即位於西階下，東面，不踊。大夫雖不辭，入也。親者襚，不將命，以即陳。庶兄弟襚，使人以將命于室，主人拜于位，委衣于尸東牀上。朋友襚，親以進，主人拜，委衣如初，退，哭，不踊。徹衣者，執衣如襚，以適房。爲銘，各以其物。亡，則以緇長半幅，桱末長

終幅廣三寸書銘于末曰某氏
某之柩竹杠長三尺置于宇西
階上甸人掘坎于階間少西爲
垼于西牆下東鄉新盆槃瓶廢
敦重鬲皆濯造于西階下陳襲
事于房中西領南上不綪明衣
裳用布鬠笄用桑長四寸纋中
布巾環幅不鑿掩練帛廣終幅
儒藏經典·康熙篆文六經四書　儀禮
長五尺析其末瑱用白纊幎目
用緇方尺二寸䞓裏著組繫握
手用玄纁裏長尺二寸廣五寸
牢中旁寸著組繫決用正王棘
若檡棘組繫纊極二冒緇質長
與手齊䞓殺掩足爵弁服純衣
㉖
皮弁服褖衣緇帶韎韐竹笏夏
葛屨冬白屨皆繶緇絇純組綦

終幅，廣三寸。書銘于末，曰：「某氏
某之柩。」竹杠長三尺，置于宇西
階上。甸人掘坎于階間，少西。爲
垼于西牆下，東鄉。新盆，槃，瓶，廢
敦，重鬲，皆濯，造于西階下。陳襲
事于房中，西領，南上，不綪。明衣
裳，用布。鬠笄用桑，長四寸，纋中。
布巾，環幅，不鑿。掩，練帛廣終幅，

長五尺，析其末。瑱，用白纊。幎目，
用緇，方尺二寸，䞓裏，著，組繫。握
手，用玄，纁裏，長尺二寸，廣五寸，
牢中旁寸，著，組繫。決，用正王棘，
若檡棘，組繫，纊極二。冒，緇質，長
與手齊，䞓殺，掩足。爵弁服，純衣，
皮弁服，褖衣，緇帶，韎韐，竹笏。夏
葛屨，冬白屨，皆繶緇絇純，組綦

繫于踵庶襚繼陳不用貝三實
于笲稻米一豆實於筐沐巾一
浴巾二皆用綌于笲櫛用簞浴
衣於篋皆饌于西序下南上管
人汲不說繘屈之祝淅米于堂
南面用盆管人盡階不升堂受
潘煮于垼用重鬲祝盛米于敦
奠于貝北士有冰用夷槃可也

外御受沐入主人皆出戶外北
面乃沐櫛挋用巾浴用巾挋用
浴衣渜濯棄于坎蚤揃如他日
鬠用組乃笄設明衣裳主人入
即位商祝襲祭服褖衣次主人
出南面左袒扱諸面㉗之右盥于
盆上洗貝執以入宰洗柶建于
米執以從商祝執巾從入當牖㉘

儒藏經典·康熙篆文六經四書　儀禮

繫于踵。庶襚繼陳，不用。貝三，實于笲。稻米一豆，實於筐。沐巾一，浴巾二，皆用綌，于笲。櫛，用簞。浴衣，於篋。皆饌于西序下，南上。管人汲，不說繘，屈之。祝淅米于堂，南面，用盆。管人盡階，不升堂，受潘，煮于垼，用重鬲。祝盛米于敦，奠于貝北。士有冰，用夷槃可也。

外御受沐入。主人皆出，戶外北面。乃沐，櫛，挋用巾，浴，用巾，挋用浴衣。渜濯棄于坎。蚤，揃如他日。鬠用組，乃笄，設明衣裳。主人入，即位。商祝襲祭服，褖衣次。主人出，南面，左袒，扱諸面之右，盥于盆上，洗貝，執以入。宰洗柶，建于米，執以從。商祝執巾從入，當牖

北面徹枕設巾徹楔受貝奠于
尸西主人由足西床上坐東面
祝又受米奠于貝北宰從立于
床西在右主人左扱米實于右
三實一貝左中亦如之又實米
唯盈主人襲反位商祝掩瑱設
幎目乃屨綦結于跗連絇乃襲
三稱明衣不在筭設韐帶笏
設決麗于擘自飯持之設握乃
連擘設冒櫜之幠用衾巾柶鬈
蚤埋于坎重木刊鑿之甸人置
重于中庭三分庭一在南夏祝
鬻餘飯用二鬲于西牆下幂用
疏布久之繫用靲縣于重幂用
葦席北面左衽帶用靲賀之結
于後祝取銘置于重厥明陳衣

儒藏經典・康熙篆文六經四書　儀禮

北面，徹枕，設巾，徹楔，受貝，奠于
尸西。主人由足西，床上坐，東面。
祝又受米，奠于貝北。宰從立于
床西，在右。主人左扱米，實于右，
三，實一貝。左、中亦如之。又實米，
唯盈。主人襲，反位。商祝掩，瑱，設
幎目，乃屨，綦結于跗，連絇。乃襲，
三稱。明衣不在筭。設韐、帶，笏。
設決，麗于擘，自飯持之，設握，乃
連擘。設冒，櫜之，幠用衾。巾、柶、鬈、
蚤埋于坎。重木，刊鑿之。甸人置
重于中庭，三分庭，一在南。夏祝
鬻餘飯，用二鬲于西牆下。幂用
疏布，久之，繫用靲，縣于重，幂用
葦席，北面，左衽，帶用靲，賀之，結
于後。祝取銘置于重。厥明，陳衣

儒藏

于房南領西上精絞橫三縮一
廣終幅析其末緇衾赬裏無紞
祭服次散衣次凡十有九稱陳
衣繼之不必盡用饌于東堂下
脯醢醴酒幂奠用功布實于簞
在饌東設盆盥于饌東有巾苴
絰大鬲下本在左要絰小焉散
帶垂長三尺牡麻絰右本在上
亦散帶垂皆饌于東方婦人之
帶牡麻結本在房床第夷衾饌
于西坫南西方盥如東方陳一
鼎于寢門外當東塾少南西面
其實特豚四鬄去蹄兩胉脊肺
設扃鼏鼏西末素俎在鼎西西
順覆匕東柄士盥二人以並東
面立于西階下布席于户內下

儒藏

儒藏經典·康熙篆文六經四書　儀禮

于房，南領，西上，精，絞橫三縮一，廣終幅，析其末。緇衾，赬裏，無紞。祭服次，散衣次，凡十有九稱，陳衣繼之，不必盡用。饌于東堂下，脯醢醴酒。幂奠用功布，實于簞，在饌東。設盆盥于饌東，有巾。苴絰，大鬲，下本在左，要絰小焉；散帶垂，長三尺。牡麻絰，右本在上，亦散帶垂。皆饌于東方。婦人之帶，牡麻結本，在房。床第，夷衾，饌于西坫南。西方盥，如東方。陳一鼎于寢門外，當東塾，少南，西面。其實特豚，四鬄，去蹄，兩胉，脊、肺。設扃鼏，鼏西末。素俎在鼎西，西順，覆匕，東柄。士盥，二人以並，東面立于西階下。布席于户內，下莞上簟。商祝布絞衾、散衣、祭服。祭服不倒，美者在中。士舉遷尸，反位。設床第于兩楹之間，衽如初，有枕。卒斂，徹帷。主人西面馮尸，踊無筭；主婦東面馮，亦如之。主人髻發，袒，眾主人免于房。婦人髽于室。士舉，男女奉尸，俠于堂，幠無夷衾。男女如室位，踊無筭。主人出于足，降自西階。眾主人東即位。婦人阼階上西面。主人拜賓，大夫特拜，士旅之，即位踊，襲經于序東，復位。乃奠。舉者盥，右執匕，卻之，左執俎，橫攝之，入，阼階前西面錯，錯俎北面。右人左執匕，抽扃予左手，兼執之，取鼏，委于鼎北，加扃，不坐。乃朼，載。載兩髀于兩端，兩肩亞，兩胉亞，脊、肺在於中，皆覆。進柢，執而俟。夏祝及執事盥，執醴先，酒、脯、醢、俎從，升自阼階。丈夫踊。甸人徹鼎，巾待于阼階下。奠于尸東，執醴酒，北面西上。豆錯，俎錯于豆東。立于俎北，西上。醴酒錯于豆南。祝受巾，巾之，由足降自西階。婦人踊。奠者由重南，東。丈夫踊。賓出，主人拜送于門外。乃代哭，不以官。有襚者，則將命，擯者出請，入告。主人待于位。擯者出，告須，以賓入。賓入中庭，北面致命。主人拜稽顙。賓升自西階，出于足，西面委衣如於室禮，降，出。主人出，拜送。朋友親襚，如初儀，

西階東北面哭踊三降主人不
踊襚者以褶則必有裳執衣如
初徹衣者亦如之升降自西階
以東宵爲燎于中庭厥明滅燎
陳衣于房南領西上緕絞紟衾
二君襚祭服散衣庶襚凡三十
稱紟不在筭不必盡用東方之
饌兩瓦甒其實醴酒角觶木柶

毼豆兩其實葵菹芋蠃醢兩籩
無縢㉙布巾其實栗不擇脯四脡
奠席在饌北斂席在其東掘肂
見衽棺入主人不哭升棺用軸
蓋在下熬黍稷各二筐有魚腊
饌于西坫南陳三鼎于門外北
上豚合升魚鱄鮒九腊左胖髀
不升其他皆如初燭俟于饌東

西階東，北面哭，踊三，降，主人不踊。襚者以褶，則必有裳，執衣如初。徹衣者亦如之，升，降自西階以東。宵，爲燎于中庭。厥明，滅燎。陳衣于房，南領，西上，緕。絞紟，衾二。君襚，祭服，散衣，庶襚，凡三十稱，紟不在筭。不必盡用。東方之饌，兩瓦甒，其實醴酒，角觶，木柶；

儒藏經典·康熙篆文六經四書　儀禮

毼豆兩，其實葵菹芋、蠃醢，兩籩，無縢，布巾，其實栗，不擇，脯四脡。奠席在饌北，斂席在其東。掘肂見衽。棺入，主人不哭。升棺用軸，蓋在下。熬黍稷各二筐，有魚腊，饌于西坫南。陳三鼎于門外，北上。豚合升，魚鱄鮒九，腊左胖，髀不升，其他皆如初。燭俟于饌東。

祝徹盥于門外入升自阼階丈夫踊祝徹巾授執事者以待徹饌先取醴酒北面其餘取先設者出于足降自西階婦人踊設于序西南當西榮如設于堂醴酒位如初執事豆北南面東上乃適饌帷堂婦人尸西東面主人及親者升自西階出于足西面袒士盥位如初布席如初商祝布絞紟衾衣美者在外君襚不倒有大夫則告士舉遷尸復位主人踊無筭卒斂徹帷主人馮如初主婦亦如之主人奉尸斂于棺踊如初乃蓋主人降拜大夫之後至者北面視肂衆主人復位婦人東復位設熬旁一

儒藏經典·康熙篆文六經四書　儀禮

祝徹盥于門外，入，升自阼階，丈夫踊。祝徹巾，授執事者以待。徹饌，先取醴酒，北面。其餘取先設者，出于足，降自西階，婦人踊。設于序西南，當西榮，如設于堂。醴酒位如初，執事豆北，南面東上。乃適饌。帷堂。婦人尸西東面。主人及親者升自西階，出于足，西面袒。士盥位如初。布席如初。商祝布絞、紟、衾、衣，美者在外，君襚不倒。有大夫，則告。士舉遷尸，復位。主人踊無筭。卒斂，徹帷。主人馮如初，主婦亦如之。主人奉尸斂于棺，踊如初，乃蓋。主人降，拜大夫之後至者，北面視肂。衆主人復位。婦人東復位。設熬，旁一筐乃塗踊無筭卒塗祝取銘置于肂主人復位踊襲乃奠燭升自阼階祝執巾席從設于奧東面祝反降及執事執饌士盥舉鼎入西面北上如初載魚左首進鬐三列腊進柢祝執醴如初酒豆籩俎從升自阼階丈夫踊甸人徹鼎奠由柩內入于室醴酒北面設豆右菹菹南栗栗東脯豚當豆魚次腊特于俎北醴酒在籩南巾如初既錯者出立于戶西西上祝後闔戶先由柩西降自西階婦人踊奠者由重南東丈夫踊賓出婦人踊主人拜送于門外入及兄弟北面哭殯兄弟出主人拜送于門外眾

筐，乃塗。踊無筭。卒塗，祝取銘置于肂。主人復位，踊，襲。乃奠。燭升自阼階，祝執巾，席從，設於奧，東面。祝反降，及執事執饌。士盥，舉鼎入，西面北上，如初。載魚左首，進鬐，三列，腊進柢。祝執醴如初，酒、豆、籩、俎從，升自阼階，丈夫踊。甸人徹鼎。奠由柩內入于室。醴酒北面。設豆，右菹，菹南栗，栗東脯。豚當豆。魚次腊特于俎北，醴酒在籩南。巾如初。既錯者出，立于戶西，西上。祝後，闔戶，先由柩西，降自西階，婦人踊。奠者由重南東，丈夫踊。賓出，婦人踊，主人拜送于門外，入，及兄弟北面哭殯。兄弟出，主人拜送于門外。眾主人出門，哭止，皆西面于東方。闔門。主人揖，就次。君若有賜焉，則視斂。既布衣，君至，主人出迎于外門外，見馬首，不哭，還，入門右，北面，及眾主人袒。巫止于廟門外，祝代之。小臣二人執戈先，二人後。君釋采，入門，主人辟。君升自阼階，西鄉。祝負墉，南面，主人中庭。君哭。主人哭，拜稽顙，成踊，出。君命反行事，主人復位。君升主人，主人西楹東，北面。升公卿大夫，繼主人，東上。乃斂。卒，公卿大夫逆降，復位。主人降，出。君反主人，主人中庭。君坐撫當心。主人拜稽顙，成踊，出。君反之，復初位。眾主人辟于東壁，南面。君

降西鄉命主人馮尸主人升自
西階由足西面馮尸不當君所
踊主婦東面馮亦如之奉尸斂
于棺乃蓋主人降出君反之入
門左視塗君升即位眾主人復
位卒塗主人出君命之反奠入
門右乃奠升自西階君要節而
踊主人從踊卒奠主人出哭者

止君出門廟中哭主人不哭辟
君式之貳車畢乘主人哭拜送
襲入即位眾主人襲拜大夫之
後至者成踊賓出主人拜送三
日成服杖拜君命及眾賓不拜
棺中之賜朝夕哭不辟子卯婦
人即位于堂南上哭丈夫即位
于門外西面北上外兄弟在其

降，西鄉，命主人馮尸。主人升自西階，由足，西面馮尸，不當君所，踊。主婦東面馮，亦如之。奉尸斂于棺，乃蓋，主人降，出。君反之，入門左，視塗。君升即位，眾主人復位，卒塗，主人出，君命之反奠。入門右，乃奠，升自西階。君要節而踊，主人從踊。卒奠，主人出，哭者

儒藏經典·康熙篆文六經四書 儀禮

止。君出門，廟中哭。主人不哭，辟。君式之。貳車畢乘，主人哭，拜送。襲，入即位，眾主人襲，拜大夫之後至者，成踊。賓出，主人拜送。三日，成服，杖，拜君命及眾賓。不拜棺中之賜。朝夕哭，不辟子卯。婦人即位于堂，南上，哭。丈夫即位于門外，西面北上；外兄弟在其

南，南上；賓繼之，北上。門東，北面西上；門西，北面東上；西方，東面北上。主人即位，辟門。婦人拊心，不哭。主人拜賓，旁三，右還，入門，哭。婦人踊。主人堂下，直東序，西面。兄弟皆即位，如外位。卿大夫在主人之南。諸公門東，少進。他國之異爵者門西，少進。敵，則先拜他國之賓。凡異爵者，拜諸其位。徹者盥于門外，燭先入，升自阼階。丈夫踊。祝取醴，北面；取酒，立于其東；取豆、籩、俎，南面西上。祝先出，酒、豆、籩、俎序從，降自西階。婦人踊。設于序西南，直西榮。醴酒北面西上，豆西面，錯。立于豆北，南面。籩、俎既錯，立于執豆之西，東上。酒錯，復位，醴錯于西，遂先，由主人之北適饌。乃奠，醴、酒、脯、醢升。丈夫踊，入。如初設，不巾。錯者出，立于户西，西上。滅燭，出。祝闔户，先降自西階。婦人踊。奠者由重南，東。丈夫踊。賓出，婦人踊，主人拜送。眾主人出，婦人踊。出門，哭止。皆復位。闔門。主人卒拜送賓，揖眾主人，乃就次。朔月，奠用特豚、魚腊，陳三鼎如初。東方之饌亦如之。無籩，有黍稷。用瓦敦，有蓋，當籩位。主人拜賓，如朝夕哭。卒徹，舉鼎入，升，皆如初奠之儀。卒朼，釋匕于鼎，俎行。朼者逆出，甸人徹鼎。其序，醴酒、菹醢、黍稷、俎。其設于室、豆錯，俎錯腊特黍稷當籩位敦啓會卻諸其南醴酒位如初祝與執豆者巾乃出主人要節而踊皆如朝夕哭之儀月半不殷奠有薦新如朔奠徹朔奠先取醴酒其餘取先設者敦啓會面足序出如入其設于外如于室筮宅冢人營之掘四隅外其壤掘中南其壤既朝哭主人皆往兆南北面免經命筮者在主人之右筮者東面抽上韇兼執之南面受命命曰哀子某爲其父某甫筮宅度茲幽宅兆基無有後艱筮人許諾不述命右還北面指中封而筮卦者在左卒筮執卦以示命筮者命筮者受視反之東

錯，腊特，黍稷當籩位。敦啓會，卻諸其南。醴酒位如初。祝與執豆者巾，乃出。主人要節而踊，皆如朝夕哭之儀。月半不殷奠。有薦新，如朔奠。徹朔奠，先取醴酒，其餘取先設者。敦啓會，面足。序出，如入。其設于外，如于室。筮宅，冢人營之。掘四隅，外其壤。掘中，南其壤。既朝哭，主人皆往，兆南北面，免經。命筮者在主人之右。筮者東面，抽上韇，兼執之，南面受命。命曰：「哀子某，爲其父某甫筮宅。度茲幽宅，兆基無有後艱？」筮人許諾，不述命，右還，北面，指中封而筮。卦者在左。卒筮，執卦以示命筮者。命筮者受視，反之，東面。旅占，卒，進告于命筮者與主人：「占之曰從。」主人經，哭，不踊。若不從，筮擇如初儀。歸，殯前北面哭，不踊。既井椁，主人西面拜工，左還椁，反位，哭，不踊。婦人哭于堂。獻材于殯門外，西面北上，綪。主人徧視之，如哭椁。獻素、獻成亦如之。卜日，既朝哭，皆復外位。卜人先奠龜于西塾上，南首，有席。楚焞置于燋，在龜東。族長涖卜，及宗人吉服立于門西，東面南上。占者三人在其南，北上。卜人及執燋、席者在塾西。闔東扉，主婦立于其内。席于闑西閾外。宗人告事具。主人北面，免經，左擁之。涖卜即位于門東，西面。卜

面。旅占，卒，進告于命筮者與主人：「占之曰從。」主人經，哭，不踊。若不從，筮擇如初儀。歸，殯前北面哭，不踊。既井椁，主人西面拜工，左還椁，反位，哭，不踊。婦人哭于堂。獻材于殯門外，西面北上，綪。主人徧視之，如哭椁。獻素、獻成亦如之。卜日，既朝哭，皆復外位。卜人先奠龜于西塾上，南首，有席。楚焞置于燋，在龜東。族長涖卜，及宗人吉服立于門西，東面南上。占者三人在其南，北上。卜人及執燋、席者在塾西。闔東扉，主婦立于其内。席于闑西閾外。宗人告事具。主人北面，免經，左擁之。涖卜即位于門東，西面。卜

人抱龜燋先奠龜西首燋在北
宗人受卜人龜示高涖卜受視
反之宗人還少退受命命曰哀
子某來日卜葬其父某甫考降
無有近悔許諾不述命還即席
西面坐命龜興授卜人龜負東
扉卜人坐作龜興宗人受龜示
涖卜涖卜受視反之宗人退東
面乃旅占卒不釋龜告于涖卜
與主人占曰某日從授卜人龜
告于主婦主婦哭告于異爵者
使人告于眾賓卜人徹龜宗人
告事畢主人經入哭如筮宅賓
出拜送若不從卜擇如初儀

儒藏
儒藏經典·康熙篆文六經四書　儀禮

人抱龜燋，先奠龜，西首，燋在北。宗人受卜人龜，示高。涖卜受視，反之。宗人還，少退，受命。命曰：「哀子某，來日卜葬其父某甫。考降，無有近悔？」許諾，不述命；還即席，西面坐；命龜，興；授卜人龜，負東扉。于人坐，作龜，興。宗人受龜，示涖卜。涖卜受視，反之。宗人退，東面。乃旅占，卒，不釋龜，告于涖卜與主人：「占曰某日從。」授卜人龜。告于主婦，主婦哭。告于異爵者。使人告于眾賓。卜人徹龜。宗人告事畢。主人經，入，哭，如筮宅。賓出，拜送，若不從，卜擇如初儀。

儀禮卷第十二

儀禮卷第十二

儀禮卷第十三
既夕第十三
既夕哭請啓期告于賓夙興設
盥于祖廟門外陳鼎皆如殯東
方之饌亦如之夷床饌于階間
二燭俟于殯門外丈夫髽散帶
垂即位如初婦人不哭主人拜
賓入即位袒商祝免袒執功布
入升自西階盡階不升堂聲三
啓三命哭燭入祝降與夏祝交
于階下取銘置于重踊無筭商
祝拂柩用功布幠用夷衾遷于
祖用軸重先奠從燭從柩從燭
從主人從升自西階奠俟于下
東面北上主人從升婦人升東
面眾人東即位正柩于兩楹間

儒藏
儒藏經典·康熙篆文六經四書 儀禮

儀禮卷第十三

既夕第十三

既夕哭，請啓期，告于賓。夙興，設盥于祖廟門外。陳鼎皆如殯，東方之饌亦如之。夷床饌于階間。二燭俟于殯門外。丈夫髽，散帶垂，即位如初。婦人不哭。主人拜賓，入，即位，袒。商祝免袒，執功布入，升自西階，盡階，不升堂。聲三，啓三，命哭。燭入。祝降，與夏祝交于階下。取銘置于重。踊無筭。商祝拂柩用功布，幠用夷衾。遷于祖，用軸。重先，奠從，燭從，柩從，燭從，主人從。升自西階。奠俟于下，東面北上。主人從升，婦人升，東面。眾人東即位。正柩于兩楹間，用夷床。主人柩東，西面。置重如初。席升設于柩西。奠設如初，巾之，升降自西階。主人踊無筭，降，拜賓，即位，踊，襲。主婦及親者由足，西面。薦車，直東榮，北輈。質明，滅燭。徹者升自阼階，降自西階。乃奠如初，升降自西階。主人要節而踊。薦馬，纓三就，入門，北面，

交轡，圉人夾牽之。御者執策立于馬後。哭成踊，右還，出。賓出，主人送于門外。有司請祖期。曰：「日側。」主人入，袒。乃載，踊無筭。卒束。襲。降奠，當前束。商祝飾柩，一池，紐前經後緇，齊三采，無貝。設披。屬引。陳明器於乘車之西。折，橫覆之。抗木，橫三，縮二。加抗席三。

加茵用疏布緇翦有幅亦縮二
横三器西南上綪茵苞二筲三
黍稷麥甕三醯醢屑冪用疏布
甒二醴酒冪用功布皆木桁久
之用器弓矢耒耜兩敦兩杅槃
匜匜實于槃中南流無祭器有
燕樂器可也役器甲胄干笮燕
器杖笠翣徹奠巾席俟于西方

主人要節而踊袒商祝御柩乃
祖踊襲少南當前束婦人降即
位于階間祖還車不還器祝取
銘置于茵二人還重左還布席
乃奠如初主人要節而踊薦馬
如初賓出主人送有司請葬期
入復位公賵玄纁束馬兩擯者
出請入告主人釋杖迎于廟門

儒藏經典·康熙篆文六經四書　儀禮

加茵，用疏布，緇翦，有幅，亦縮二
横三。器西南上，綪。茵。苞二。筲三，
黍，稷，麥。甕三，醯，醢，屑。冪用疏布。
甒二，醴，酒。冪用功布。皆木桁，久
之。用器：弓矢，耒耜，兩敦，兩杅，槃，
匜。匜實于槃中，南流。無祭器。有
燕樂器可也。役器，甲，胄，干，笮。燕
器，杖，笠，翣。徹奠，巾席俟于西方。

主人要節而踊，袒。商祝御柩，乃
祖。踊，襲，少南，當前束。婦人降，即
位于階間。祖，還車不還器。祝取
銘，置于茵。二人還重，左還。布席，
乃奠如初，主人要節而踊。薦馬
如初。賓出。主人送，有司請葬期。
入，復位。公賵玄纁束，馬兩。擯者
出請，入告。主人釋杖，迎于廟門

外不哭先入門右北面及衆主人袒馬入設賓奉幣由馬西當前輅北面致命主人哭拜稽顙成踊賓奠幣于棧左服出宰由主人之北舉幣以東士受馬以出主人送于外門外拜襲入復位杖賓賵者將命擯者請入告出告須馬入設賓奉幣擯者先入賓從致命如初主人拜于位不踊賓奠幣如初舉幣受馬如初擯者出請若奠入告出以賓入將命如初士受羊如受馬又請若賻入告主人出門左西面賓東面將命主人拜賓坐委之宰由主人之北東面舉之反位若無器則捂受之又請賓告事

儒藏經典·康熙篆文六經四書　儀禮

外，不哭。先入門右，北面，及衆主人袒。馬入設。賓奉幣，由馬西當前輅，北面致命。主人哭，拜稽顙，成踊。賓奠幣于棧左服，出。宰由主人之北，舉幣以東。士受馬以出。主人送于外門外，拜，襲，入復位，杖。賓賵者將命，擯者請入告，出告須。馬入設，賓奉幣。擯者先入，賓從，致命如初。主人拜于位，不踊。賓奠幣如初，舉幣、受馬如初。擯者出請。若奠，入告，出，以賓入，將命如初。士受羊，如受馬。又請。若賻，入告。主人出門左，西面。賓東面將命，主人拜，賓坐委之；宰由主人之北，東面舉之，反位。若無器，則捂受之。又請，賓告事畢，拜送入。贈者將命，擯者出請，納賓如初。賓奠幣如初。若就器，則坐奠于陳。凡將禮，必請而后拜送。兄弟，賵、奠可也。所知，則賵而不奠。知死者贈，知生者賻。書賵于方，若九，若七，若五。書遣於策。乃代哭，如初。宵，爲燎于門内之右。厥明，陳鼎五于門外，如初。其實。羊左胖，髀不升，腸五，胃五，離肺。豕亦如之，豚解，無腸胃。魚、腊、鮮獸，皆如初。東方之饌：四豆，脾析，蜱醢，葵菹，蠃醢；四籩，棗，糗，栗，脯；醴，酒。陳器。滅燎。執燭，俠輅，北面。賓入者，拜之。徹者入，丈夫踊。設于西北，婦人踊。徹者東，鼎入，乃奠。豆南上，綪。籩，蠃醢南，北

儒藏經典・康熙篆文六經四書　儀禮

上緝組二以成南上不緝特鮮獸醴酒在籩西北上奠者出主人要節而踊甸人抗重出自道道左倚之薦馬馬出自道車各從其馬駕于門外西面而俟南上徹者入踊如初徹巾苞牲取下體不以魚腊行器茵苞器序從車從徹者出踊如初主人之史請讀賵執筭從柩東當前束西面不命毋哭哭者相止也唯主人主婦哭燭在右南面讀書釋筭則坐卒命哭滅燭書與筭執之以逆出公史自西方東面命毋哭主人主婦皆不哭讀遣卒命哭滅燭出商祝執功布以御柩執披主人袒乃行踊無筭

儒藏經典・康熙篆文六經四書　儀禮

上，緝。組二以成，南上，不緝。特鮮獸。醴酒在籩西，北上。奠者出，主人要節而踊。甸人抗重。出自道，道左倚之。薦馬，馬出自道，車各從其馬，駕于門外，西面而俟，南上。徹者入，踊如初。徹巾，苞牲，取下體。不以魚腊。行器，茵、苞、器序從，車從。徹者出。踊如初。主人之史請讀賵，執筭從。柩東，當前束，西面。不命毋哭，哭者相止也。唯主人主婦哭。燭在右，南面。讀書，釋筭則坐。卒，命哭，滅燭，書與筭執之以逆出。公史自西方，東面，命毋哭，主人、主婦皆不哭。讀遣，卒，命哭，滅燭，出。商祝執功布以御柩。執披。主人袒。乃行。踊無筭。

出宮踊襲至于邦門公使宰夫
贈玄纁束主人去杖不哭由左
聽命賓由右致命主人哭拜稽
顙賓升實幣于蓋降主人拜送
復位杖乃行至于壙陳器于道
東西北上茵先入屬引主人袒
衆主人西面北上婦人東面皆
不哭乃窆主人哭踊無筭襲贈
用制幣玄纁束拜稽顙踊如初
卒袒拜賓主婦亦拜賓即位拾
踊三襲賓出則拜送藏器於旁
加見藏苞筲於旁加折卻之加
抗席覆之加抗木實土三主人
拜鄉人即位踊襲如初乃反哭
入升自西階東面衆主人堂下
東面北上婦人入丈夫踊升自

出宮，踊，襲。至于邦門，公使宰夫贈玄纁束。主人去杖，不哭，由左聽命。賓由右致命。主人哭，拜稽顙。賓升，實幣于蓋，降。主人拜送，復位，杖。乃行。至于壙。陳器于道東西，北上。茵先入。屬引。主人袒。衆主人西面，北上。婦人東面。皆不哭。乃窆。主人哭，踊無筭。襲，贈用制幣，玄纁束，拜稽顙，踊如初。卒，袒，拜賓。主婦亦拜賓；即位，拾踊三，襲。賓出，則拜送。藏器於旁，加見。藏苞筲於旁。加折，卻之。加抗席，覆之。加抗木。實土三。主人拜鄉人。即位，踊，襲，如初。乃反哭，入，升自西階，東面。衆主人堂下東面，北上。婦人入，丈夫踊，升自阼階。主婦入于室，踊，出即位，及丈夫拾踊，三。賓弔者升自西階，曰：「如之何！」主人拜稽顙。賓降，出。主人送于門外，拜稽顙。遂適殯宮，皆如啓位，拾踊三。兄弟出，主人拜送。衆主人出門，哭止，闔門。主人揖衆主人，乃就次。猶朝夕哭，不奠。三虞。卒哭。明日，以其班祔。記。士處適寢，寢東首于北墉㉚下。有疾，疾者齊。養者皆齊，徹琴瑟。疾病，内外皆埽。徹褻衣，加新衣。御者四人，皆坐持體。男女改服，屬纊，以俟絶氣。男子不絶於婦人之手，婦人不絶於男子之手。乃行禱于五祀。乃卒。主人啼，兄弟哭。設牀第，當牖㉛。衽，下莞上

儒藏經典·康熙篆文六經四書　儀禮

阼階。主婦入于室，踊，出即位，及丈夫拾踊，三。賓弔者升自西階，曰：「如之何！」主人拜稽顙。賓降，出。主人送于門外，拜稽顙。遂適殯宮，皆如啓位，拾踊三。兄弟出，主人拜送。衆主人出門，哭止，闔門。主人揖衆主人，乃就次。猶朝夕哭，不奠。三虞。卒哭。明日，以其班祔。記。士處適寢，寢東首于北墉下。有疾，疾者齊。養者皆齊，徹琴瑟。疾病，内外皆埽。徹褻衣，加新衣。御者四人，皆坐持體。男女改服，屬纊，以俟絶氣。男子不絶於婦人之手，婦人不絶於男子之手。乃行禱于五祀。乃卒。主人啼，兄弟哭。設牀第，當牖。衽，下莞上

簟，設枕。遷尸。復者朝服，左執領，右執要，招而左。楔，貌如軛，上兩末。綴足用燕几，校在南，御者坐持之。即床而奠，當腢，用吉器。若醴，若酒，無巾柶。赴曰：「君之臣某死。」赴母、妻、長子，則曰：「君之臣某之某死。」室中，唯主人、主婦坐。兄弟有命夫命婦在焉，亦坐。尸在室，有君命，眾主人不出。襚者委衣於床，不坐。其襚于室，户西北面致命。夏祝淅米，差盛之。御者四人，抗衾而浴，襢笫。其母之喪，則内御者浴，鬠無笄。設明衣，婦人則設中帶。卒洗，貝反于笄，實貝，柱右齻左齻，夏祝徹餘飯，瑱塞耳。掘坎，南順，廣尺，輪二尺，深

三尺南其壤垼用塊明衣裳用
幕布袂屬幅長下膝有前後裳
不辟長及轂縓縪緆緇純設握
裹親膚繫鉤中指結于掔甸人
築坅坎隸人涅廁既襲宵爲燎
于中庭厥明滅燎陳衣凡絞紟
用布倫如朝服設棜于東堂下
南順齊于坫饌于其上兩甒醴
酒酒在南篚在東南順實角觶
四木柶二素勺二豆在甒北二
以並籩亦如之凡籩豆實具設
皆巾之觶俟時而酌柶覆加之
面枋及錯建之小斂辟奠不出
室無踴節既馮尸主人袒髻髮
絞帶衆主人布帶大斂于阼大
夫升自西階階東北面東上既

三尺；南其壤。垼，用塊。明衣裳，用幕布，袂屬幅，長下膝。有前後裳，不辟，長及轂。縓縪緆。緇純。設握，裹親膚，繫鉤中指，結于掔。甸人築坅坎。隸人涅廁。既襲，宵爲燎于中庭。厥明，滅燎，陳衣。凡絞紟用布，倫如朝服。設棜于東堂下，南順，齊于坫。饌于其上兩甒醴、酒，酒在南。篚在東，南順，實角觶四，木柶二，素勺二。豆在甒北，二以並，籩亦如之。凡籩豆，實具設，皆巾之。觶，俟時而酌，柶覆加之，面枋；及錯，建之。小斂，辟奠不出室。無踴節。既馮尸，主人袒，髻髮，絞帶；衆主人布帶。大斂于阼。大夫升自西階，階東，北面東上。既馮尸，大夫逆降，復位。巾奠，執燭者滅燭出，降自阼階，由主人之北，東。既殯，主人說髦。三日絞垂。冠六升，外縪，纓條屬，厭。衰三升。履外納。杖下本，竹桐一也。居倚廬，寢苫枕塊。不說經帶。哭晝夜無時。非喪事不言。歠粥，朝一溢米，夕一溢米。不食菜果。主人乘惡車，白狗幦，蒲蔽，御以蒲菆，犬服，木館，約綏，約轡，木鑣，馬不齊髦。主婦之車亦如之，疏布裧。貳車，白狗攝服，其他皆如乘車。朔月，童子執帚，卻之，左手奉之，從徹者而入。比奠，舉席，埽室，聚諸窔，布席如初。卒奠，埽者執帚，垂末內鬛，從執燭者而東。燕養、饋

儒藏經典·康熙篆文六經四書　儀禮

馮尸大夫逆降復位巾奠執燭者滅燭出降自阼階由主人之北東既殯主人說髦三日絞垂冠六升外縪纓條屬厭衰三升履外納杖下本竹桐一也居倚廬寢苫枕塊不說經帶哭晝夜無時非喪事不言歠粥朝一溢米夕一溢米不食菜果主人乘惡車白狗幦蒲蔽御以蒲菆犬服木館約綏約轡木鑣馬不齊髦主婦之車亦如之疏布裧貳車白狗攝服其他皆如乘車朔月童子執帚卻之左手奉之從徹者而入比奠舉席埽室聚諸窔布席如初卒奠埽者執帚垂末內鬛從執燭者而東燕養饋

羞、湯沐之饌，如他日。朔月若薦新，則不饋于下室。筮宅，冢人物土。卜日吉，告從于主婦；主婦哭，婦人皆哭；主婦升堂，哭者皆止。啓之昕，外內不哭。夷床，輁軸，饌于西階東。其二廟，則饌于禰廟，如小斂奠；乃啓。朝于禰廟，重止于門外之西，東面。柩入，升自西階。正柩于兩楹間。奠止于西階之下，東面北上。主人升，柩東，西面。眾主人東即位，婦人從升，東面。奠升，設于柩西，升降自西階，主人要節而踊。燭先入者，升堂，東楹之南，西面；後入者，西階東，北面，在下。主人降，即位。徹，乃奠，升降自西階，主人踊如初。祝及執事舉奠，巾席從而降，柩從、序從如初適祖。薦乘車，鹿淺幦，干，笮，革靾，載旜，載皮弁服，纓、轡、貝勒縣于衡。道車，載朝服。稾車，載簑笠。將載，祝及執事舉奠，户西，南面東上。卒束前而降，奠席于柩西。巾奠，乃牆。抗木，刊。茵著，用荼，實綏澤焉。葦苞，長三尺，一編。菅筲三，其實皆瀹。祖，還車不易位。執披者，旁四人。凡贈幣，無常。凡糗，不煎。唯君命，止柩于堩，其餘則否。車至道左，北面立，東上。柩至于壙，斂服載之。卒窆而歸，不驅。君視斂，若不待奠，加蓋而出；不視斂，則加蓋而至，卒事。既正柩，賓出，遂匠納車于階間。祝

饌祖奠于主人之南當前輅北上巾之弓矢之新沽功有弭飾焉亦可張也有柲設依撻焉有韣猴矢一乘骨鏃短衛志矢一乘軒輖中亦短衛

儀禮卷第十三

饌祖奠于主人之南，當前輅，北上，巾之。弓矢之新，沽功。有弭飾焉，亦可張也。有柲。設依撻焉。有韣。猴矢一乘，骨鏃，短衛。志矢一乘，軒輖中，亦短衛。

儀禮卷第十三

儒藏 儒藏經典·康熙篆文六經四書 儀禮

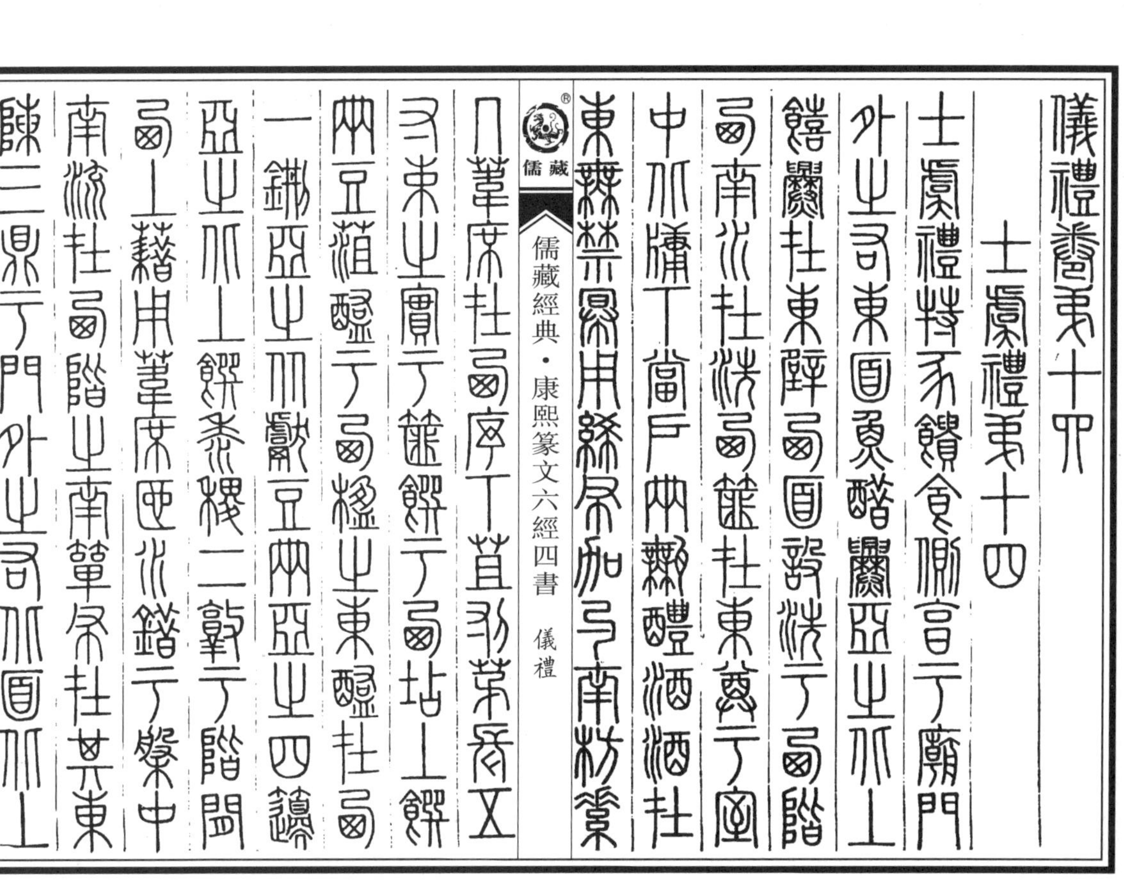

儀禮卷第十四

士虞禮第十四

士虞禮。特豕饋食，側亨于廟門外之右，東面。魚腊爨亞之，北上。饎爨在東壁，西面。設洗于西階西南，水在洗西，篚在東。尊于室中北墉下，當户，兩甒醴、酒，酒在東。無禁，冪用絺布，加勺，南枋。素几，葦席，在西序下。苴刌茅，長五寸，東之，實于篚，饌于西坫上。饌兩豆菹、醢于西楹之東，醢在西，一鉶亞之。從獻豆兩亞之，四籩亞之，北上。饌黍稷二敦于階間，西上，藉用葦席。匜水錯于槃中，南流，在西階之南，簞布在其東。陳三鼎于門外之右，北面，北上，設扃鼏。匕俎在西塾之西。羞燔俎在内西塾上，南順。主人及兄弟如葬服，賓執事者如弔服，皆即位于門外，如朝夕臨位。婦人及内兄弟服、即位于堂，亦如之。祝免，澡葛經帶，布席于室中，東面，右几，降，出，及宗人即位於門西，東面南上。宗人告有司具，遂請拜賓。如臨，入門哭，婦人哭。主人即位于堂，衆主人及兄弟、賓即位于西方，如反哭位。祝入門左，北面。宗人西階前北面。祝盥，升，取苴降，洗之，升，入設于几東席上，東縮，降，洗觶，升，止哭。主人倚杖，入。祝從，在左，西面。贊薦菹醢，醢在北。佐食及執事盥，出舉，

儒藏經典·康熙篆文六經四書 儀禮

設扃鼏。匕俎在西塾之西。羞燔俎在内西塾上，南順。主人及兄弟如葬服，賓執事者如弔服，皆即位于門外，如朝夕臨位。婦人及内兄弟服、即位于堂，亦如之。祝免，澡葛經帶，布席于室中，東面，右几，降，出，及宗人即位於門西，東面南上。宗人告有司具，遂請拜賓。如臨，入門哭，婦人哭。主人即位于堂，衆主人及兄弟、賓即位于西方，如反哭位。祝入門左，北面。宗人西階前北面。祝盥，升，取苴降，洗之，升，入設于几東席上，東縮，降，洗觶，升，止哭。主人倚杖，入。祝從，在左，西面。贊薦菹醢，醢在北。佐食及執事盥，出舉，

長在左。鼎入，設于西階前，東面北上。匕俎從設。左人抽扃、鼏、匕，佐食及右人載。卒，朼者逆退復位。俎入，設于豆東，魚亞之，腊特。贊設二敦于俎南，黍，其東稷。設一鉶于豆南。佐食出，立于户西。贊者徹鼎。祝酌醴，命佐食啓會。佐食許諾，啓會，卻于敦南，復位。祝奠觶于鉶南。復位。主人再拜稽首。祝饗，命佐食祭。佐食許諾，鉤袒，取黍稷，祭于苴三，取膚祭，祭如初。祝取奠觶，祭，亦如之；不盡，益，反奠之。主人再拜稽首。祝祝卒，主人拜如初，哭，出復位。祝迎尸，一人衰絰，奉篚，哭從尸。尸入門，丈夫踴，婦人踴。淳尸盥，宗

人授巾尸及階祝延尸尸升宗
人詔踊如初尸入户踊如初哭
止婦人入于房·主人及祝拜妥
尸尸拜遂坐從者錯篚于尸左
席上立于其北尸取奠左執之
取菹擩于醢祭于豆閒祝命佐
食墮祭佐食取黍稷肺祭授尸
尸祭之祭奠祝祝·主人拜如初

尸嘗醴奠之佐食舉肺脊授尸
尸受振祭嚌之左手執之祝命
佐食邇敦佐食舉黍錯于席上
尸祭鉶嘗鉶泰羹湆自門入設
于鉶南胾四豆設于左尸飯播
餘于篚三飯佐食舉幹尸受振
祭嚌之實于篚又三飯舉胳祭
如初佐食舉魚腊實于篚又三

儒藏
儒藏經典·康熙篆文六經四書　儀禮

人授巾。尸及階，祝延尸。尸升，宗
人詔踊如初。尸入户，踊如初，哭
止。婦人入于房。主人及祝拜妥
尸。尸拜，遂坐。從者錯篚于尸左
席上，立于其北。尸取奠，左執之，
取菹，擩于醢，祭于豆閒。祝命佐
食墮祭。佐食取黍稷肺祭，授尸，
尸祭之。祭奠，祝祝，主人拜如初。

尸嘗醴，奠之。佐食舉肺脊授尸。
尸受，振祭，嚌之，左手執之。祝命
佐食邇敦。佐食舉黍，錯于席上。
尸祭鉶，嘗鉶，泰羹湆自門入，設
于鉶南；胾四豆，設于左。尸飯，播
餘于篚。三飯，佐食舉幹；尸受，振
祭，嚌之，實于篚。又三飯。舉胳，祭
如初。佐食舉魚腊，實于篚。又三

飯，舉肩，祭如初。舉魚腊俎，俎釋三个。尸卒食。佐食受肺脊，實于篚。反黍如初設。主人洗廢爵，酌酒酳尸。尸拜受爵，主人北面答拜。尸祭酒，嘗之。賓長以肝從，實于俎，縮，右鹽。尸左執爵，右取肝，擩鹽，振祭，嚌之，加于俎。賓降，反俎於西塾，復位。尸卒爵，祝受，不相爵。主人拜，尸答拜。祝酌授尸，尸以醋主人，主人拜受爵，尸答拜。主人坐祭，卒爵，拜，尸答拜。筵祝，南面。主人獻祝，祝拜，坐受爵，主人答拜。薦菹醢，設俎。祝左執爵，祭薦，奠爵，興，取肺，坐祭，嚌之，興；加于俎，祭酒，嘗之。肝從。祝取肝擩鹽，振祭，嚌之，加于俎，卒爵，拜。主人答拜。祝坐授主人。主人酌獻佐食，佐食北面拜，坐受爵，主人答拜。佐食祭酒，卒爵，拜。主人答拜，受爵，出，實于篚，升堂復位。主婦洗足爵于房中，酌，亞獻尸，如主人儀。自反兩籩棗、栗，設于會南，棗在西。尸祭籩，祭酒，如初。賓以燔從，如初。尸祭燔，卒爵，如初。酌獻祝，籩、燔從，獻佐食，皆如初。以虛爵入于房。賓長洗繶爵，三獻，燔從，如初儀。婦人復位。祝出户，西面告利成。主人哭，皆哭。祝入，尸謖。從者奉篚哭，如初。祝前尸。出户，踊如初；降堂，踊如初；出門亦如之。祝反，入徹，設于西北隅，如其設也。几在南，厞用

儒藏

儒藏經典·康熙篆文六經四書　儀禮

席祝薦席徹入于房祝自執其俎出贊闔牖户主人降賓出主人出門哭止皆復位宗人告事畢賓出主人送拜稽顙記虞沐浴不櫛陳牲于廟門外北首西上寢右日中而行事殺于廟門西主人不視豚解羹飪升左肩臂臑肫胳脊脅離肺膚祭三取諸左膉上肺祭一實于上鼎升魚鱄鮒九實于中鼎升腊左胖髀不升實于下鼎皆設扃鼏陳之載猶進柢魚進鬐祝俎髀脰脊脅離肺陳于階間敦東淳尸盥執槃西面執匜東面執巾在其北東面宗人授巾南面主人在室則宗人升户外北面佐食

儒藏

儒藏經典·康熙篆文六經四書　儀禮

席。祝薦席徹入于房。祝自執其俎出。贊闔牖户。主人降，賓出。主人出門，哭止，皆復位。宗人告事畢。賓出，主人送，拜稽顙。記。虞，沐浴，不櫛。陳牲于廟門外，北首，西上，寢右。日中而行事。殺于廟門西，主人不視。豚解。羹飪，升左肩、臂、臑、肫、胳、脊、脅，離肺。膚祭三，取諸左膉上，肺祭一，實于上鼎；升魚鱄鮒九，實于中鼎；升腊，左胖，髀不升，實于下鼎。皆設扃鼏，陳之。載猶進柢，魚進鬐。祝俎，髀、脰、脊、脅，離肺，陳于階間，敦東。淳尸盥。執槃，西面。執匜，東面。執巾在其北，東面。宗人授巾，南面。主人在室，則宗人升，户外北面。佐食無事則出戶負依南面鉶芼用苦若薇有滑夏用葵冬用荁有柶豆實葵菹菹以西蠃醢籩棗烝栗擇尸入祝從尸尸坐不說屨尸謖祝前鄉尸還出戶又鄉尸還過主人又鄉尸還降階又鄉尸降階還及門如出戶尸出祝反入門左北面復位然後宗人詔降尸服卒者之上服男男尸女女尸必使異姓不使賤者無尸則禮及薦饌皆如初既饗祭于苴祝祝卒不綏祭無泰羹湆胾從獻主人哭出復位祝闔牖戶降復位于門西男女拾踊三如食間祝升止哭聲三啓戶主人入祝從啓牖鄉如初主人

儒藏經典·康熙篆文六經四書　儀禮

無事，則出戶，負依南面。鉶芼用苦，若薇，有滑。夏用葵，冬用荁，有柶。豆實，葵菹，菹以西，蠃醢。籩，棗烝，栗擇。尸入，祝從尸。尸坐不說屨。尸謖。祝前，鄉尸；還，出戶，又鄉尸；還，過主人，又鄉尸；還，降階，又鄉尸；降階，還，及門，如出戶。尸出，祝反，入門左，北面復位，然後宗人詔降。尸服卒者之上服。男，男尸，女，女尸；必使異姓，不使賤者。無尸，則禮及薦饌皆如初。既饗，祭于苴，祝祝卒，不綏祭，無泰羹湆、胾、從獻。主人哭，出復位。祝闔牖戶，降，復位于門西；男女拾踊三；如食間。祝升，止哭；聲三，啓戶。主人入，祝從，啓牖、鄉，如初。主人哭，出復位。卒徹，祝佐食降位。宗人詔降如初。始虞用柔日，曰：「哀子某，哀顯相，夙興夜處不寧。敢用絜牲、剛鬛、香合、嘉薦、普淖、明齊溲酒，哀薦祫事，適爾皇祖某甫。饗！」再虞，皆如初，曰「哀薦虞事」。三虞，卒哭，他用剛日，亦如初，曰「哀薦成事。」獻畢，未徹，乃餞。尊兩甒于廟門外之右，少南。水尊在酒西，勺北枋。洗在尊東南，水在洗東，篚在西。饌籩豆，脯四脡。有乾肉折俎，二尹縮，祭半尹，在西塾。尸出，執几從，席從。尸出門右，南面。席設于尊西北，東面。几在南。賓出，復位。主人出，即位于門東，少南；婦人出，即位于主人之北；皆西南，哭不止。尸即席坐。唯主人不哭，洗廢爵，酌獻尸，尸拜受。主人拜送，哭，復位。薦脯醢，設俎于薦東，朐在南。尸左執爵，取脯擩醢，祭之。佐食授嚌。尸受，振祭，嚌，反之。祭酒，卒爵，奠於南方。主人及兄弟踊，婦人亦如之。主婦洗足爵，亞獻如主人儀，無從，踊如初。賓長洗繶爵，三獻，如亞獻，踊如初。佐食取俎，實于篚。尸謖，從者奉篚，哭從之。祝前，哭者皆從，及大門內，踊如初。尸出門，哭者止。賓出，主人送，拜稽顙。主婦亦拜賓。丈夫說經帶于廟門外。入徹，主人不與。婦人說首經，不說帶。無尸，則不餞。猶出，几席設如初，拾踊三。死[32]三日而殯，三月而葬，遂卒哭。將旦而祔，則薦。卒辭曰：「哀子某，來日某，隮祔爾于爾皇祖某甫。尚饗！」女子，曰「皇祖妣某氏」。婦，曰「孫婦于皇祖姑某氏」。其他辭，一也。饗辭曰：「哀子某，圭爲而哀薦之饗！」明日，以其班祔。沐浴，櫛，搔翦。用專膚爲折俎，取諸脰膉。其他如饋食。用嗣尸。曰：「孝子某，孝顯相，夙興夜處，小心畏忌。不惰[33]其身，不寧。用尹祭、嘉薦、曾淖、普薦、溲酒，適爾皇祖某甫，以隮祔爾孫某甫。尚饗。」朞而小祥，曰：「薦此常事。」又朞而大祥，曰：「薦此祥事。」中月而禫。[34]是月也。吉祭，猶未配。

儀禮卷第十四

儀禮卷第十四

儒藏
儒藏經典·康熙篆文六經四書 儀禮

儀禮卷第十五
特牲饋食禮第十五
特牲饋食之禮不諏日及筮日主人冠端玄即位于門外西面子姓兄弟如主人之服立于主人之南西面北上有司群執事如兄弟服東面北上席于門中闑西閾外筮人取筮于西塾執之東面受命于主人宰自主人之左贊命命曰孝孫某筮來日某諏此某事適其皇祖某子尚饗筮者許諾還即席西面坐卦者在左卒筮寫卦筮者執以示主人主人受視反之筮者還東面長占卒告于主人占曰吉若不吉則筮遠日如初儀宗人告

儒藏
儒藏經典・康熙篆文六經四書　儀禮

儀禮卷第十五

特牲饋食禮第十五

特牲饋食之禮。不諏日。及筮日，主人冠端玄，即位于門外，西面。子姓兄弟如主人之服，立于主人之南，西面北上。有司群執事，如兄弟服，東面北上。席于門中，闑西閾外。筮人取筮于西塾，執之，東面受命于主人。宰自主人之左贊命，命曰：「孝孫某，筮來日某，諏此某事，適其皇祖某子。尚饗！」筮者許諾，還，即席，西面坐。卦者在左。卒筮，寫卦。筮者執以示主人。主人受視，反之，筮者還，東面。長占，卒，告于主人：「占曰吉。」若不吉，則筮遠日，如初儀。宗人告事畢。前期三日之朝，筮尸，如求日之儀。命筮曰：「孝孫某，諏此某事，適其皇祖某子，筮某之某爲尸。尚饗！」乃宿尸。主人立于尸外門外。子姓兄弟立于主人之後，北面東上。尸如主人服，出門左，西面。主人辟，皆東面，北上。主人再拜。尸答拜。宗人擯辭如初，卒曰：「筮子爲某尸，占曰吉，敢宿！」祝許諾，致命。尸許諾，主人再拜稽首。尸入主人退。宿賓。賓如主人服，出門左，西面再拜。主人東面，答再拜。宗人擯，曰：「某薦歲事，吾子將涖之，敢宿！」賓曰：「某敢不敬從！」主人再拜，賓答拜，主人退，賓拜送。厥明夕，陳鼎于門外，北面

儒藏經典·康熙篆文六經四書 儀禮

北上，有鼏。棜在其南，南順，實獸于其上，東首。牲在其西，北首，東足。設洗于阼階東南，壺、禁在東序，豆、籩、鉶在東房，南上。几、席、兩敦在西堂。主人及子姓兄弟即位于門東，如初。賓及眾賓即位于門西，東面北上。宗人、祝立于賓西北，東面南上。主人再拜，賓再答拜。三拜眾賓，眾賓答再拜。主人揖入，兄弟從，賓及眾賓從，即位于堂下，如外位。宗人升自西階，視壺濯及豆籩，反降，東北面告濯、具。賓出，主人出，皆復外位。宗人視牲，告充。雍正作豕。宗人舉獸尾，告備；舉鼎鼏告絜。請期，曰「羹飪」。告事畢，賓出，主人拜

儒藏經典·康熙篆文六經四書　儀禮

北上有鼏棜在其南南順實獸于其上東首牲在其西北首東足設洗于阼階東南壺禁在東序豆籩鉶在東房南上几席兩敦在西堂主人及子姓兄弟即位于門東如初賓及眾賓即位于門西東面北上宗人祝立于賓西北東面南上主人再拜賓再答拜三拜眾賓眾賓答再拜主人揖入兄弟從賓及眾賓從即位于堂下如外位宗人升自西階視壺濯及豆籩反降東北面告濯具賓出主人出皆復外位宗人視牲告充雍正作豕宗人舉獸尾告備舉鼎鼏告絜請期曰羹飪告事畢賓出主人拜

送。夙興，主人服如初，立于門外
㉟東房，南面，視側殺。主婦視饎爨
于西堂下。亨于門外東方，西面
北主。羹飪，實鼎，陳于門外，如初。
尊于戶東，玄酒在西。實豆、籩、鉶，
陳于房中，如初。執事之俎，陳于
階間，二列，北上。盛兩敦，陳于西
堂，藉用萑，几席陳于西堂，如初。

戶盥匜水，實于槃中，簞巾，在門
內之右。祝筵几于室中，東面。主
婦纚笄，宵衣，立于房中，南面。主
人及賓、兄弟、群執事，即位于門
外，如初。宗人告有司具。主人拜
賓如初，揖入，即位，如初，佐食北
面立于中庭。主人及祝升，祝先
入，主人從，西面于戶內。主婦盥

送。夙興，主人服如初，立于門外
東房，南面，視側殺。主婦視饎爨
于西堂下。亨于門外東方，西面
北主。羹飪，實鼎，陳于門外，如初。
尊于戶東，玄酒在西。實豆、籩、鉶，
陳于房中，如初。執事之俎，陳于
階間，二列，北上。盛兩敦，陳于西
堂，藉用萑，几席陳于西堂，如初。
儒藏 儒藏經典·康熙篆文六經四書 儀禮
戶盥匜水，實于槃中，簞巾，在門
內之右。祝筵几于室中，東面。主
婦纚笄，宵衣，立于房中，南面。主
人及賓、兄弟、群執事，即位于門
外，如初。宗人告有司具。主人拜
賓如初，揖入，即位，如初，佐食北
面立于中庭。主人及祝升，祝先
入，主人從，西面于戶內。主婦盥

于房中，薦兩豆，葵菹、蝸醢，醢在北。宗人遣佐食及執事盥，出。主人降，及賓盥，出。主人在右，及佐食舉牲鼎。賓長在右，及執事舉魚腊鼎。除鼏。宗人執畢先入，當阼階，南面。鼎西面錯，右人抽扃，委于鼎北。贊者錯俎，加匕，乃朼。佐食升肵俎，鼏之，設于阼階西。卒載，加匕于鼎。主人升，入復位。俎入，設于豆東。魚次，腊特于俎北。主婦設兩敦黍稷于俎南，西上，及兩鉶芼設于豆南，南陳。祝洗，酌奠，奠于鉶南，遂命佐食啓會，佐食啓會，卻于敦南，出，立于西南面。主人再拜稽首。祝在左，卒祝，主人再拜稽首。祝迎尸于

儒藏
儒藏經典·康熙篆文六經四書 儀禮

門外。主人降立于阼階東尸入
門左北面盥宗人授巾尸至於
階祝延尸尸升入祝先。主人從
尸即席坐。主人拜妥尸尸答拜
執奠祝饗。主人拜如初祝命挼
祭尸左執觶右取菹于醢祭
于豆間佐食取黍稷肺祭授尸
尸祭之祭酒啐酒告旨。主人拜

尸奠觶答拜祭鉶嘗之告旨。
主人拜尸答拜祝命爾敦佐食爾
黍稷于席上設大羹湇于醢北
舉肺脊以授尸尸受振祭嚌之
左執之乃食食舉。主人羞肵俎
于腊北尸三飯告飽祝侑。主人
拜佐食舉幹尸受振祭嚌之佐
食受加于肵俎舉獸幹魚一亦

門外。主人降，立于阼階東。尸入
門左，北面盥。宗人授巾。尸至於
階，祝延尸。尸升，入，祝先，主人從。
尸即席坐，主人拜妥尸。尸答拜，
執奠；祝饗，主人拜如初。祝命挼
祭。尸左執觶，右取菹于醢，祭
于豆間。佐食取黍、稷、肺祭，授尸。
尸祭之，祭酒，啐酒，告旨。主人拜，

儒藏經典・康熙篆文六經四書　儀禮

尸奠觶，答拜。祭鉶，嘗之，告旨。主
人拜，尸答拜，祝命爾敦。佐食爾
黍稷于席上，設大羹湇于醢北，
舉肺脊以授尸。尸受，振祭，嚌之，
左執之，乃食，食舉。主人羞肵俎
于腊北。尸三飯，告飽。祝侑，主人
拜。佐食舉幹，尸受，振祭，嚌之。佐
食受，加于肵俎。舉獸幹、魚一，亦

如之尸實舉于菹豆佐食羞庶
羞四豆設于左南上有醢尸又
三飯告飽祝侑之如初舉骼及
獸魚如初尸又三飯告飽祝侑
之如初舉肩及獸魚如初佐食
盛肵俎俎釋三个舉肺脊加于
肵俎反黍稷于其所主人洗角
升酌酳尸尸拜受主人拜送尸
祭酒啐酒賓長以肝從尸左執
角右取肝擩于鹽振祭嚌之加
于菹豆卒角祝受尸角曰送爵
皇尸卒爵主人拜尸答拜祝酌
授尸尸以醋主人主人拜受角
尸拜送主人退佐食授挼祭主
人坐左執角受祭祭之祭酒啐
36 酒進聽嘏佐食摶黍授祝祝授

儒藏
儒藏經典·康熙篆文六經四書 儀禮

如之。尸實舉于菹豆。佐食羞庶
羞四豆，設于左，南上有醢。尸又
三飯，告飽。祝侑之，如初，舉骼及
獸、魚，如初，尸又三飯，告飽。祝侑
之如初，舉肩及獸、魚如初。佐食
盛肵俎，俎釋三个，舉肺脊加于
肵俎，反黍稷于其所。主人洗角，
升酌，酳尸。尸拜受，主人拜送。尸
祭酒，啐酒，賓長以肝從。尸左執
角，右取肝擩于鹽，振祭，嚌之，加
于菹豆，卒角。祝受尸角，曰：「送爵！
皇尸卒爵。」主人拜，尸答拜。祝酌
授尸，尸以醋主人。主人拜受角，
尸拜送。主人退，佐食授挼祭。主
人坐，左執角，受祭祭之，祭酒，啐
酒，進聽嘏。佐食摶黍授祝，祝授

尸尸受以菹豆執以親嘏主人
主人左執角再拜稽首受復位
詩懷之實于左袂挂于季指卒
角拜尸答拜主人出寫嗇于房
祝以籩受筵祝南面主人酌獻
祝祝拜受角主人拜送設菹醢
俎祝左執角祭豆興取肺坐祭
嚌之興加于俎坐祭酒啐酒以
肝從祝左執角右取肝換于鹽
振祭嚌之加于俎卒角拜主人
答拜受角酌獻佐食佐食北面
拜受角主人拜送佐食坐祭卒
角拜主人答拜受角降反于篚
升入復位主婦洗爵于房酌亞
獻尸尸拜受主婦北面拜送宗
婦執兩籩户外坐主婦受設于

尸。尸受以菹豆，執以親嘏主人。主人左執角，再拜稽首受，復位，詩懷之，實于左袂，挂于季指，卒角，拜。尸答拜。主人出，寫嗇于房，祝以籩受。筵祝，南面。主人酌獻祝，祝拜受角，主人拜送。設菹醢、俎。祝左執角，祭豆，興取肺，坐祭，嚌之，興加於俎，坐祭酒，啐酒，以肝從。祝左執角，右取肝換于鹽，振祭，嚌之，加于俎，卒角，拜。主人答拜，受角，酌獻佐食。佐食北面拜受角，主人拜送。佐食坐祭，卒角，拜。主人答拜，受角，降，反于篚，升，入復位。主婦洗爵于房，酌，亞獻尸。尸拜受，主婦北面拜送。宗婦執兩籩，户外坐。主婦受，設于

敦南祝贊籩祭尸受祭之祭酒
啐酒兄弟長以燔從尸受振祭
嚌之反之羞燔者受加于肵出
尸卒爵祝受爵命送如初酢如
主人儀主婦適房南面佐食挼
祭主婦左執爵右撫祭祭酒啐
酒入卒爵如主人儀獻祝籩燔
從如初儀及佐食如初卒以爵
入于房賓三獻如初燔從如初
爵止席于户内主婦洗爵酌致
爵于主人主人拜受爵主婦拜
送爵宗婦贊豆如初主婦受設
兩豆兩籩俎入設主人左執爵
祭薦宗人贊祭奠爵興取肺坐
絕祭嚌之興加于俎坐挩手祭
酒啐酒肝從左執爵取肝揳于

儒藏
儒藏經典·康熙篆文六經四書　儀禮

敦南。祝贊籩祭。尸受，祭之，祭酒，啐酒。兄弟長以燔從。尸受，振祭，嚌之，反之。羞燔者受，加于肵，出。尸卒爵，祝受爵，命送如初。酢，如主人儀。主婦適房，南面。佐食挼祭。主婦左執爵，右撫祭，祭酒，啐酒，入，卒爵，如主人儀。獻祝，籩燔從，如初儀。及佐食，如初。卒，以爵入于房。賓三獻，如初。燔從如初。爵止。席于户内。主婦洗爵，酌，致爵于主人。主人拜受爵，主婦拜送爵。宗婦贊豆如初，主婦受，設兩豆兩籩。俎入設。主人左執爵，祭薦，宗人贊祭。奠爵，興取肺，坐絕祭，嚌之，興加于俎，坐挩手，祭酒，啐酒，肝從。左執爵，取肝揳于鹽坐振祭嚌之宗人受加于俎燔亦如之興席末坐卒爵拜主婦荅拜受爵酌醋左執爵拜主人荅拜坐祭立飲卒爵拜主人荅拜主婦出反于房主人降洗酌致爵于主婦席于房中南面主婦拜受爵主人西面荅拜宗婦薦豆俎從獻皆如主人主人更爵酌醋卒爵降實爵于篚入復位三獻作止爵尸卒爵酢酌獻祝及佐食洗爵酌致于主人主婦燔從皆如初更爵酢于主人卒復位主人降阼階西面拜賓如初洗賓辭洗卒洗揖讓升酌西階上獻賓賓北面拜受爵主人在右荅拜薦脯醢設折俎

儒藏經典·康熙篆文六經四書　儀禮

鹽，坐振祭，嚌之。宗人受，加于俎。燔亦如之。興，席末坐卒爵，拜。主婦答拜，受爵，酌醋，左執爵，拜，主人答拜。坐祭，立飲，卒爵，拜，主人答拜。主婦出，反于房。主人降，洗，酌，致爵于主婦，席于房中，南面。主婦拜受爵，主人西面答拜。宗婦薦豆、俎，從獻皆如主人。主人更爵酌醋，卒爵，降，實爵于篚，入復位。三獻作止爵。尸卒爵，酢。酌獻祝及佐食。洗爵，酌致于主人、主婦，燔從皆如初。更爵，酢于主人，卒，復位。主人降阼階，西面拜賓，如初。洗，賓辭洗。卒洗，揖讓升，酌，西階上獻賓。賓北面拜受爵。主人在右，答拜。薦脯醢。設折俎。

賓左執爵，祭豆，奠爵，興，取肺，坐絶祭，嚌之，興加于俎，坐捝手，祭酒，卒爵，拜。主人答拜，受爵，酌酢，奠爵，拜。賓答拜。主人坐祭，卒爵，拜。賓答拜，揖，執祭以降，西面奠于其位；位如初。薦、俎從設。衆賓升，拜受爵，坐祭，立飲。薦、俎設于其位，辯。主人備答拜焉，降，實爵于篚。尊兩壺于阼階東，加勺，南枋，西方亦如之。主人洗觶，酌于西方之尊，西階前北面酬賓，賓在左。主人奠觶拜，賓答拜。主人坐祭，卒觶，拜。賓答拜。主人洗觶，賓辭，主人對。卒洗，酌，西面。賓北面拜。主人奠觶于薦北。賓坐取觶，還，東面拜。主人答拜。賓奠觶于薦南揖復位主人洗爵獻長兄弟于阼階上如賓儀洗獻兄弟如衆賓儀洗獻内兄弟于房中如獻衆兄弟之儀主人西面答拜更爵酢卒爵降實爵于篚入復位長兄弟洗觚爲加爵如初儀不及佐食洗致如初無從衆賓長爲加爵如初爵止嗣舉奠盥入北面再拜稽首尸執奠進受復位祭酒啐酒尸舉肝舉奠左執觶再拜稽首進受肝復位坐食肝卒觶拜尸備答拜焉舉奠洗酌入尸拜受舉奠答拜祭酒啐酒奠之舉奠出復位兄弟弟子洗酌于東方之尊阼階前北面舉觶于長兄弟如主人

于薦南。揖復位。主人洗爵，獻長兄弟于阼階上。如賓儀。洗，獻兄弟，如衆賓儀。洗，獻内兄弟于房中，如獻衆兄弟之儀。主人西面答拜，更爵酢，卒爵，降，實爵于篚，入復位。長兄弟洗觚爲加爵，如初儀，不及佐食，洗致如初，無從。衆賓長爲加爵，如初，爵止。嗣舉奠，盥入，北面再拜稽首。尸執奠，進受，復位，祭酒，啐酒。尸舉肝。舉奠左執觶，再拜稽首，進受肝，復位，坐食肝，卒觶，拜。尸備答拜焉。舉奠洗酌入，尸拜受，舉奠答拜。祭酒，啐酒，奠之。舉奠出，復位。兄弟弟子洗酌于東方之尊，阼階前北面，舉觶于長兄弟，如主人

酬賓儀宗人告祭脀乃羞賓坐
取觶阼階前北面酬長兄弟長
兄弟在右賓奠觶拜長兄弟答
拜賓立于觶酌于其尊東面立
長兄弟拜受觶賓北面答拜揖
復位長兄弟西階前北面衆賓
長左受旅如初長兄弟卒觶酌
於其尊西面立受旅者拜受長

兄弟北面答拜揖復位衆賓及
衆兄弟交錯以辯皆如初儀爲
加爵者作止爵如長兄弟之儀
長兄弟酬賓如賓酬兄弟之儀
以辯卒受者實觶于篚賓弟子
及兄弟弟子洗各酌于其尊中
庭北面西上舉觶于其長奠觶
拜長皆答拜舉(37)觶者洗各酌于

酬賓儀。宗人告祭脀，乃羞。賓坐
取觶，阼階前北面酬長兄弟；長
兄弟在右。賓奠觶拜，長兄弟答
拜。賓立于觶，酌于其尊，東面立。
長兄弟拜受觶。賓北面答拜，揖，
復位。長兄弟西階前北面，衆賓
長左受旅，如初，長兄弟卒觶，酌
於其尊，西面立。受旅者拜受。長

儒藏 儒藏經典·康熙篆文六經四書 儀禮

兄弟北面答拜，揖，復位。衆賓及
衆兄弟交錯以辯。皆如初儀。爲
加爵者作止爵，如長兄弟之儀。
長兄弟酬賓，如賓酬兄弟之儀，
以辯。卒受者實觶于篚。賓弟子
及兄弟弟子洗，各酌于其尊，中
庭北面西上，舉觶于其長，奠觶
拜，長皆答拜。舉觶者洗各酌于

其尊復初位長皆拜舉觶者皆
奠觶于薦右長皆執以興舉觶
者皆復位答拜長皆奠觶于其
所皆揖其弟子弟子皆復其位
爵皆無筭利洗散獻于尸酢及
祝如初儀降實散于篚主人出
立于户外西南祝東面告利成
尸謖祝前主人降祝反及主人

入復位命佐食徹尸俎俎出于
廟門徹庶羞設于西序下筵對
席佐食分簋鉶宗人遣舉奠及
長兄弟盥立于西階下東面北
上祝命嘗食餕者舉奠許諾升
入東面長兄弟對之皆坐佐食
授舉各一膚主人西面再拜祝
曰餕有以也兩餕奠舉于俎許

其尊，復初位。長皆拜。舉觶者皆奠觶于薦右。長皆執以興，舉觶者皆復位答拜。長皆奠觶于其所，皆揖其弟子，弟子皆復其位。爵皆無筭。利洗散，獻于尸，酢，及祝，如初儀。降，實散于篚。主人出，立于户外，西南。祝東面告利成。尸謖，祝前，主人降。祝反，及主人

儒藏經典·康熙篆文六經四書 儀禮

入，復位。命佐食徹尸俎，俎出于廟門。徹庶羞，設于西序下。筵對席，佐食分簋鉶。宗人遣舉奠及長兄弟盥，立于西階下，東面北上。祝命嘗食。餕者，舉奠許諾，升，入，東面。長兄弟對之，皆坐。佐食授舉，各一膚。主人西面再拜，祝曰：「餕，有以也。」兩餕奠舉于俎，許

諾，皆答拜。若是者三。皆取舉，祭食，祭舉乃食，祭鉶，食舉。卒食。主人降洗爵，宰贊一爵。主人升酌，酳上養，上養拜受爵，主人答拜；酳下養，亦如之。主人拜，祝曰：「酳，有與也。」如初儀。兩養執爵拜，祭酒，卒爵，拜。主人答拜。兩養皆降，實爵于篚，上養洗爵，升酌，酢主人，主人拜受爵。上養即位，坐答拜。主人坐祭，卒爵，拜。上養答拜，受爵，降，實于篚。主人出，立于户内，西面。祝命徹阼俎、豆、籩，設于東序下。祝執其俎以出，東面于户西。宗婦徹祝豆、籩入于房，徹主婦薦、俎。佐食徹尸薦、俎、敦，設于西北隅，几在南，厞用筵，納一

儒藏經典·康熙篆文六經四書　儀禮

㊳ 尊佐食闔牖户降祝告利成降
出主人降即位宗人告事畢賓
出主人送于門外再拜佐食徹
胙組堂下組畢出記特牲饋食
其服皆朝服玄冠緇帶緇韠唯 ㊴
尸祝佐食玄端玄裳黄裳雜裳
可也皆爵韠設洗南北以堂深
東西當東榮水在洗東篚在洗

西南順實二爵二觚四觶一角
一散壺棜禁饌于東序南順覆
兩壺焉蓋在南明日卒奠冪用 ㊵
綌即位而徹之加勺籩巾以綌
也纁裏棗烝栗擇鉶芼用苦若
薇皆有滑夏葵冬荁棘心匕刻
牲爨在廟門外東南魚腊爨在
其南皆西面饎爨在西壁肵俎

尊。佐食闔牖户，降。祝告利成，降，
出。主人降，即位。宗人告事畢。賓
出，主人送于門外，再拜。佐食徹
胙組。堂下組畢出。記。特牲饋食，
其服皆朝服，玄冠、緇帶、緇韠。唯
尸、祝、佐食玄端，玄裳、黄裳、雜裳
可也，皆爵韠。設洗，南北以堂深，
東西當東榮。水在洗東，篚在洗

西，南順，實二爵、二觚、四觶、一角、
一散。壺、棜禁，饌于東序，南順。覆
兩壺焉，蓋在南；明日卒奠，冪用
綌；即位而徹之，加勺。籩，巾以綌
也，纁裏，棗烝，栗擇。鉶芼，用苦，若
薇，皆有滑，夏葵，冬荁。棘心匕，刻。
牲爨在廟門外東南，魚腊爨在
其南，皆西面，饎爨在西壁。肵俎

心舌皆去本末午割之實于牲鼎載心立舌縮組賓與長兄弟之薦自東房其餘在東堂沃尸盥者一人奉槃者東面執匜者西面淳沃執巾者在匜北宗人東面取巾振之三南面授尸卒執巾者受尸入主人及賓皆辟位出亦如之嗣舉奠佐食設豆鹽佐食當事則户外南面無事則中庭北面凡祝呼佐食許諾宗人獻與旅齒於衆賓佐食於旅齒於兄弟尊兩壺于房中西墉下南上內賓立于其北東面南上宗婦北堂東面北上主婦及內賓宗婦亦旅西面宗婦贊薦者執以坐于户外授主婦尸

儒藏經典·康熙篆文六經四書　儀禮

心舌皆去本末，午割之，實于牲鼎，載心立、舌縮組。賓與長兄弟之薦，自東房，其餘在東堂。沃尸盥者一人，奉槃者東面，執匜者西面淳沃，執巾者在匜北。宗人東面取巾，振之三，南面授尸；卒，執巾者受。尸入，主人及賓皆辟位。出亦如之。嗣舉奠，佐食設豆鹽。佐食當事，則户外南面，無事，則中庭北面。凡祝呼，佐食許諾。宗人，獻與旅齒於衆賓。佐食，於旅齒於兄弟。尊兩壺于房中西墉下，南上。內賓立于其北，東面南上。宗婦北堂東面，北上。主婦及內賓、宗婦亦旅，西面。宗婦贊薦者，執以坐于户外，授主婦。尸

卒食而祭饎爨雍爨賓從尸俎
出廟門乃反位尸俎左肩臂臑
肫胳正脊二骨横脊長脅二骨
短脅膚三離肺一刌肺三魚十
有五腊如牲骨祝俎髀脡脊二
骨脅二骨膚一離肺一阼俎臂
正脊二骨横脊長脅二骨短脅
膚一離肺一·主婦俎轂折其餘
如阼俎佐食俎轂折脊脅膚一
離肺一賓骼長兄弟及宗人折
其餘如佐食俎衆賓及衆兄弟
内賓宗婦若有公有司私臣皆
殽脅膚一離肺一公有司門西
北面東上獻次衆賓私臣門東
北面西上獻次兄弟升受降飲

儒藏經典·康熙篆文六經四書 儀禮

卒食，而祭饎爨、雍爨。賓從尸，俎出廟門，乃反位。尸俎，左肩、臂、臑、肫、胳，正脊二骨，横脊，長脅二骨，短脅。膚三，離肺一，刌肺三，魚十有五。腊如牲骨。祝俎，髀、脡脊二骨，脅二骨。膚一，離肺一。阼俎：臂，正脊二骨，横脊，長脅二骨，短脅。膚一，離肺一。主婦俎，轂折，其餘如阼俎。佐食俎，轂折，脊，脅。膚一，離肺一。賓，骼。長兄弟及宗人，折，其餘如佐食俎。衆賓及衆兄弟、内賓、宗婦，若有公有司、私臣，皆殽脅，膚一，離肺一。公有司門西，北面東上，獻次衆賓。私臣門東，北面西上，獻次兄弟。升受，降飲。

儀禮卷第十五

儀禮卷第十五

儒藏經典·康熙篆文六經四書 儀禮

儀禮卷第十六

少牢饋食禮第十六

少牢饋食之禮日用丁己筮旬有一日筮於廟門之外主人朝服西面于門東史朝服左執筮右抽上韇兼與筮執之東面受命于主人主人曰孝孫某來日丁亥用薦歲事于皇祖伯某以某妃配某氏尚饗史曰諾西面于門西抽下韇左執筮右兼執韇以擊筮遂述命曰假爾大筮有常孝孫某來日丁亥用薦歲事于皇祖伯某以某妃配某氏尚饗乃釋韇立筮卦者在左坐卦以木卒筮乃書卦于木示主人乃退占吉則史韇筮史兼執

儒藏經典·康熙篆文六經四書　儀禮

儀禮卷第十六

少牢饋食禮第十六

少牢饋食之禮。日用丁、己，筮旬有一日。筮於廟門之外。主人朝服，西面于門東。史朝服，左執筮，右抽上韇，兼與筮執之，東面受命于主人。主人曰：「孝孫某，來日丁亥，用薦歲事于皇祖伯某，以某妃配某氏。尚饗！」史曰：「諾。」西面于門西，抽下韇，左執筮，右兼執韇以擊筮，遂述命曰：「假爾大筮有常。孝孫某，來日丁亥，用薦歲事于皇祖伯某，以某妃配某氏。尚饗！」乃釋韇立筮。卦者在左坐，卦以木。卒筮，乃書卦于木，示主人，乃退占。吉，則史韇筮，史兼執

筮與卦以告于主人占曰從乃
官戒宗人命滌宰命為酒乃退
若不吉則及遠日又筮日如初
宿前宿一日宿戒尸明日朝筮
尸如筮日之儀命曰孝孫某來
日丁亥用薦歲事于皇祖伯某
以某妃配某氏以某之某為尸
尚饗筮卦占如初吉則乃遂宿
尸祝擯主人再拜稽首祝告曰
孝孫某來日丁亥用薦歲事于
皇祖伯某以某妃配某氏敢宿
尸拜許諾主人又再拜稽首主
人退尸送揖不拜若不吉則遂
改筮尸既宿尸反為期于廟門
之外主人門東南面宗人朝服
北面曰請祭期主人曰比於子

儒藏
儒藏經典·康熙篆文六經四書　儀禮

筮與卦以告于主人：「占曰從。」乃官戒，宗人命滌，宰命爲酒，乃退。若不吉，則及遠日，又筮日如初。宿。前宿一日，宿戒尸。明日，朝筮尸，如筮日之儀。命曰：「孝孫某，來日丁亥，用薦歲事于皇祖伯某，以某妃配某氏。以某之某爲尸。尚饗！」筮、卦占如初。吉，則乃遂宿尸。祝擯，主人再拜稽首。祝告曰：「孝孫某，來日丁亥，用薦歲事于皇祖伯某，以某妃配某氏。敢宿。」尸拜，許諾，主人又再拜稽首。主人退，尸送，揖，不拜。若不吉，則遂改筮尸。既宿尸，反，爲期于廟門之外。主人門東，南面。宗人朝服北面，曰：「請祭期。」主人曰：「比於子。」

宗人曰：「旦明行事。」主人曰：「諾！」乃退。明日，主人朝服，即位于廟門之外，東方南面。宰、宗人西面，北上。牲北首東上。司馬刲羊，司士擊豕。宗人告備，乃退。雍人概鼎、匕、俎于雍爨，雍爨在門東南，北上。廩人概甑甗、匕與敦于廩爨，廩爨在雍爨之北。司宫概豆、籩、勺、爵、觚、觶、几、洗、篚于東堂下，勺、爵、觚、觶實于篚；卒概，饌豆、籩與篚于房中，放于西方；設洗于阼階東南，當東榮。羹定，雍人陳鼎五，三鼎在羊鑊之西，二鼎在豕鑊之西。司馬升羊右胖。髀不升，肩、臂、臑、膊、骼，正脊一、脡脊一、橫脊一、短脅一、正脅一、代脅一，皆

二骨以並腸三胃三舉肺一祭
肺三實于一鼎司士升豕右胖
髀不升肩臂臑膊骼正脊一脡
脊一横脊一短脅一正脅一代
脅一皆二骨以並舉肺一祭肺
三實于一鼎雍人倫膚九實于
一鼎司士又升魚腊魚十有五
而鼎腊一純而鼎腊用麋卒脀

皆設扃鼏乃舉陳鼎于廟門之
外東方北面北上司宫尊兩甒
于房户之間同棜皆有冪甒有
玄酒司宫設罍水于洗東有枓
設篚于洗西南肆改饌豆籩于
房中南面如饋之設實豆籩之
實小祝設槃匜與簞巾于西階
東主人朝服即位于阼階東西

二骨以並，腸三、胃三、舉肺一、祭肺三，實于一鼎。司士升豕右胖。髀不升，肩、臂、臑、膊、骼，正脊一、脡脊一、横脊一、短脅一、正脅一、代脅一，皆二骨以並，舉肺一、祭肺三，實于一鼎。雍人倫膚九，實于一鼎。司士又升魚、腊，魚十有五而鼎，腊一純而鼎，腊用麋。卒脀，

皆設扃鼏，乃舉，陳鼎于廟門之外，東方北面，北上。司宫尊兩甒于房户之間，同棜，皆有冪，甒有玄酒。司宫設罍水于洗東，有枓，設篚于洗西，南肆。改饌豆、籩于房中，南面，如饋之設，實豆、籩之實。小祝設槃、匜與簞、巾于西階東。主人朝服，即位于阼階東，西

面司宫筵于奥祝設几于筵上右之主人出迎鼎除鼏士盥舉鼎主人先入司宫取二勺于篚洗之兼執以升乃啓二尊之蓋冪奠于棜上加二勺于二尊覆之南柄鼎序入雍正執一匕以從雍府執四匕以從司士合執二俎以從司士贊者二人皆合執二俎以相從入陳鼎于東方當序南于洗西皆西面北上膚爲下匕皆加于鼎東枋俎皆設于鼎西西肆肵俎在羊俎之北亦西肆宗人遣賓就主人皆盥于洗長朼佐食上利升牢心舌載于肵俎心皆安下切上午割勿没其載於肵俎末在上舌皆

儒藏經典·康熙篆文六經四書　儀禮

面。司宫筵于奥，祝設几于筵上，右之。主人出迎鼎，除鼏。士盥，舉鼎，主人先入。司宫取二勺于篚，洗之，兼執以升，乃啓二尊之蓋冪，奠于棜上。加二勺于二尊，覆之南柄。鼎序入。雍正執一匕以從，雍府執四匕以從，司士合執二俎以從。司士贊者二人，皆合執二俎以相從入。陳鼎于東方，當序，南于洗西，皆西面北上，膚爲下。匕皆加于鼎，東枋。俎皆設于鼎西，西肆。肵俎在羊俎之北，亦西肆。宗人遣賓就主人，皆盥于洗，長朼。佐食上利升牢心舌，載于肵俎。心皆安下切上，午割勿没，其載於肵俎，末在上。舌皆切本末亦午割勿没其載于肵横之皆如初爲之于爨也佐食遷肵俎于阼階西西縮乃反佐食二人上利升羊載右胖髀不升肩臂臑膊骼正脊一横脊一短脅一正脅一代脅一皆二骨以並腸三胃三長皆及俎拒舉肺一長終肺祭肺三皆

切肩臂臑膊骼在兩端脊脅肺肩在上下利升豕其載如羊無腸胃體其載于俎皆進下司士三人升魚腊膚魚用鮒十有五而俎縮載右首進腴腊一純而俎亦進下肩在上膚九而俎亦横載革順卒脀祝盥于洗升自西階主人盥升自阼階祝先入

切本末，亦午割勿没；其載于肵，横之。皆如初爲之于爨也。佐食遷肵俎于阼階西，西縮，乃反。佐食二人。上利升羊，載右胖，髀不升，肩、臂、臑、膊、骼；正脊一、横脊一、短脅一、正脅一、代脅一，皆二骨以並；腸三、胃三，長皆及俎拒；舉肺一，長終肺，祭肺三，皆

切。肩、臂、臑、膊、骼在兩端，脊、脅、肺，肩在上。下利升豕，其載如羊，無腸胃。體其載于俎，皆進下。司士三人，升魚、腊、膚。魚用鮒十有五而俎，縮載，右首，進腴。腊一純而俎，亦進下，肩在上。膚九而俎，亦横載，革順。卒脀，祝盥于洗，升自西階。主人盥，升自阼階。祝先入，

南面。主人從，户内西面。主婦被錫，衣侈袂，薦自東房，韭、菹、醓、醢，坐奠于筵前。主婦贊者一人，亦被錫，衣侈袂。執葵菹、蠃醢，以授主婦。主婦不興，遂受，陪設于東，韭菹在南，葵菹在北。主婦興，入于房。佐食上利執羊俎，下利執豕俎，司士三人執魚、腊、膚俎，序升自西階，相從入。設俎，羊在豆東，豕亞其北，魚在羊東，腊在豕東，特膚當俎北端。主婦自東房，執一金敦黍，有蓋，坐設于羊俎之南。婦贊者執敦稷以授主婦。主婦興受，坐設于魚俎南；又興受贊者敦黍，坐設于稷南；又興受贊者敦稷，坐設于黍南。敦皆

儒藏經典・康熙篆文六經四書　儀禮

南首。主婦興，入于房。祝酌，奠，遂命佐食啓會。佐食啓會蓋，二以重，設于敦南。主人西面，祝在左，主人再拜稽首。祝祝曰：「孝孫某，敢用柔毛、剛鬣、嘉薦、普淖，用薦歲事于皇祖伯某，以某妃配某氏。尚饗！」主人又再拜稽首。祝出，迎尸于廟門之外。主人降立于阼階東，西面。祝先，入門右。尸入門左。宗人奉槃，東面于庭南。一宗人奉匜水，西面于槃東。一宗人奉簞、巾，南面于槃北。乃沃尸，盥于槃上。卒盥，坐奠簞，取巾，興，振之三，以受尸巾。祝延尸。尸升自西階，入，祝從。主人升自阼階，祝先入，主人從。尸升筵，祝、主人西面立于户内，祝在左。祝、主人皆拜妥尸，尸不言，尸答拜，遂坐，祝反南面。尸取韭菹，辯擩于三豆，祭于豆間。上佐食取黍稷于四敦。下佐食取牢一切肺于俎，以授上佐食。上佐食兼與黍以授尸。尸同受，祭于豆祭。上佐食舉尸牢肺、正脊以授尸。上佐食爾上敦黍于筵上，右之。主人羞肵組，升自阼階，置于膚北。上佐食羞兩鉶，取一羊鉶于房中，坐設于韭菹之南。下佐食又取一豕鉶于房中以從。上佐食受，坐設于羊鉶之南。皆芼，皆有柶。尸扱以柶，祭羊鉶，遂以祭豕鉶，嘗羊鉶，食舉，三飯。上佐食舉尸牢幹，尸受，振祭，嚌之。佐食受，加于肵。上佐食羞胾兩瓦豆，有醢，亦用瓦豆，設于薦豆之北。尸又食，食胾。上佐食舉尸一魚，尸受，振祭，嚌之。佐食受，加于肵，橫之。又食。上佐食舉尸腊肩，尸受，振祭，嚌之，上佐食受，加於肵。又食。上佐食舉尸牢骼，如初。又食。尸告飽。祝西面于主人之南，獨侑不拜。侑曰：「皇尸未實，侑！」尸又食。上佐食舉尸牢肩，尸受，振祭，嚌之，佐食受，加于肵。尸不飯，告飽。祝西面于主人之南。主人不言，拜侑。尸又三飯。上佐食受尸牢肺、正脊，加于肵。主人降，洗爵，升，北面酌酒，乃酳尸。尸拜受，主人拜送尸祭酒啐酒賓長羞牢肝用俎縮執俎肝亦縮進末鹽在右尸左執爵右兼取肝擩於俎鹽振祭嚌之加于俎豆卒爵主人拜祝受尸爵尸答拜祝酌授尸尸醋主人主人拜受爵尸答拜主人西面奠爵又拜上佐食取四敦黍稷下佐食取牢一切肺以授上佐食上佐食以綏祭主人左執爵右受佐食坐祭之又祭酒不興遂啐酒祝與二佐食皆出盥于洗入二佐食各取黍于一敦上佐食兼受摶之以授尸尸執以命祝卒命祝祝受以東北面于户西以嘏于主人曰皇尸命工祝承致多福無疆于

儒藏經典·康熙篆文六經四書 儀禮

送。尸祭酒，啐酒。賓長羞牢肝，用俎，縮執俎，肝亦縮，進末，鹽在右。尸左執爵，右兼取肝，擩於俎鹽，振祭，嚌之，加于俎豆，卒爵。主人拜。祝受尸爵。尸答拜。祝酌授尸，尸醋主人。主人拜受爵，尸答拜。主人西面奠爵，又拜。上佐食取四敦黍稷，下佐食取牢一切肺，以授上佐食。上佐食以綏祭。主人左執爵，右受佐食，坐祭之，又祭酒，不興，遂啐酒。祝與二佐食皆出，盥于洗，入。二佐食各取黍于一敦。上佐食兼受，摶之，以授尸，尸執以命祝。卒命祝，祝受以東，北面于户西，以嘏于主人，曰：「皇尸命工祝，承致多福無疆于

女孝孫來女孝孫使女受祿于
天宜稼于田眉壽萬年勿替引
之」主人坐奠爵興再拜稽首興
受黍坐振祭嚌之詩懷之實于
左袂挂于季指執爵以興坐卒
爵執爵以興坐奠爵拜尸答拜
執爵以興出宰夫以籩受嗇黍
主人嘗之納諸內主人獻祝設
席南面祝拜于席上坐受主人
西面答拜薦兩豆菹醢佐食設
俎牢髀橫脊一短脅一腸一胃
一膚三魚一橫之腊兩髀屬于
尻祝取菹揳于醢祭于豆間祝
祭俎祭酒啐酒肝牢從祝取肝
揳于鹽振祭嚌之不興加于俎
卒爵興主人酌獻上佐食上佐

儒藏經典·康熙篆文六經四書 儀禮

女孝孫。來女孝孫，使女受祿于
天，宜稼于田，眉壽萬年，勿替引
之。」主人坐奠爵，興；再拜稽首，興；
受黍，坐振祭，嚌之；詩懷之，實于
左袂，挂于季指，執爵以興；坐卒
爵，執爵以興；坐奠爵，拜。尸答拜。
執爵以興，出。宰夫以籩受嗇黍。
主人嘗之，納諸內。主人獻祝，設
席南面。祝拜于席上，坐受。主人
西面答拜。薦兩豆菹、醢。佐食設
俎，牢髀，橫脊一、短脅一、腸一、胃
一、膚三，魚一橫之，腊兩髀屬于
尻。祝取菹揳于醢，祭于豆間。祝
祭俎，祭酒，啐酒。肝牢從。祝取肝
揳于鹽，振祭，嚌之，不興，加于俎，
卒爵，興。主人酌，獻上佐食。上佐

儒藏經典·康熙篆文六經四書　儀禮

食户内牖東北面拜坐受爵。主人西面答拜佐食祭酒卒爵拜坐授爵興俎設于兩階之間其俎折一膚。主人又獻下佐食亦如之其脀亦設于階間西上亦折一膚有司贊者取爵于篚以升授主婦贊者于房中婦贊者受以授。主婦洗于房中出

酌入户西面拜獻尸尸拜受。主婦主人之北西面拜送爵尸祭酒卒爵。主婦拜祝受尸爵尸答拜易爵洗酌授尸。主婦拜受爵尸答拜上佐食綏祭。主婦西面于主人之北受祭祭之其綏祭如主人之禮不嘏卒爵拜。尸答拜。主婦以爵出贊者受易爵于

儒藏經典·康熙篆文六經四書　儀禮

食户内牖東北面拜，坐受爵。主人西面答拜。佐食祭酒，卒爵，拜，坐授爵，興。俎設于兩階之間，其俎折，一膚。主人又獻下佐食，亦如之。其脀亦設于階間，西上，亦折，一膚。有司贊者取爵于篚以升，授主婦贊者于房中。婦贊者受，以授主婦。主婦洗于房中，出

酌，入户，西面拜，獻尸。尸拜受。主婦主人之北西面，拜送爵。尸祭酒，卒爵。主婦拜。祝受尸爵。尸答拜。易爵，洗，酌，授尸。主婦拜受爵，尸答拜。上佐食綏祭。主婦西面，于主人之北受祭，祭之，其綏祭如主人之禮，不嘏，卒爵拜。尸答拜。主婦以爵出。贊者受，易爵于

篚，以授主婦于房中。主婦洗，酌，獻祝。祝拜，坐受爵。主婦答拜于主人之北。卒爵，不興，坐授主婦。主婦受，酌，獻上佐食于户内。佐食北面拜，坐受爵，主婦西面答拜。祭酒，卒爵，坐授主婦。主婦獻下佐食，亦如之。主婦受爵以入于房。賓長洗爵獻于尸，尸拜受爵。賓户西北拜送爵。尸祭酒，卒爵。賓拜。祝受尸爵，尸答拜。祝酌授尸，賓拜受爵，尸拜送爵。賓坐奠爵，遂拜，執爵以興，坐祭，遂飲，卒爵，執爵以興，坐奠爵，拜。尸答拜。賓酌獻祝。祝拜，坐受爵。賓北面答拜。祝祭酒，啐酒，奠爵于其筵前。主人出立于阼階上，西面。祝出立于西階上，東面。祝告曰：「利成。」祝入，尸謖。主人出立于阼階東，西面。祝先，尸從，遂出于廟門。祝反，復位于室中。主人亦入于室，復位。祝命佐食徹肵俎，降設于堂下阼階南。司宮設對席，乃四人餕。上佐食盥升，下佐食對之，賓長二人備。司士進一敦黍于上佐食，又進一敦黍于下佐食，皆右之于席上。資黍于羊俎兩端，兩下是餕。司士乃辯舉，餕者皆祭黍、祭舉。主人西面，三拜餕者。餕者奠舉于俎，皆答拜，皆反，取舉。司士進一鉶于上餕，又進一鉶于次餕，又進二豆湆于兩下。乃皆食，食舉。卒食，主

儒藏經典·康熙篆文六經四書　儀禮

面。祝出立于西階上，東面。祝告曰：「利成。」祝入，尸謖。主人出立于阼階東，西面。祝先，尸從，遂出于廟門。祝反，復位于室中。主人亦入于室，復位。祝命佐食徹肵俎，降設于堂下阼階南。司宮設對席，乃四人餕。上佐食盥升，下佐食對之，賓長二人備。司士進一敦黍于上佐食，又進一敦黍于下佐食，皆右之于席上。資黍于羊俎兩端，兩下是餕。司士乃辯舉，餕者皆祭黍、祭舉。主人西面，三拜餕者。餕者奠舉于俎，皆答拜，皆反，取舉。司士進一鉶于上餕，又進一鉶于次餕，又進二豆湆于兩下。乃皆食，食舉。卒食，主

人洗一爵升酌以授上養贊者
洗三爵酌。主人受于戶內以授
次若是以辯皆不拜受爵。主
人西面三拜養者養者奠爵皆
答拜皆祭酒卒爵奠爵皆拜。主
人答一拜養者三人興出上養
止。主人受上養爵酌以醋于戶
內西面坐奠爵拜上養答拜坐
祭酒啐酒上養親嘏曰主人受
祭之福胡壽保建家室。主人興
坐奠爵拜執爵以興坐卒爵拜
上養答拜上養興出。主人送乃
退

儀禮卷第十六

儒藏 儒藏經典·康熙篆文六經四書 儀禮

人洗一爵，升酌，以授上養。贊者洗三爵，酌。主人受于戶內，以授次，若是以辯。皆不拜，受爵。主人西面，三拜養者。養者奠爵，皆答拜，皆祭酒，卒爵，奠爵，皆拜。主人答一拜。養者三人興，出，上養止。主人受上養爵，酌以醋于戶內，西面坐奠爵，拜，上養答拜。坐祭酒，啐酒。上養親嘏，曰：「主人受祭之福，胡壽保建家室。」主人興，坐奠爵，拜，執爵以興，坐卒爵，拜，上養答拜。上養興，出。主人送，乃退。

儀禮卷第十六

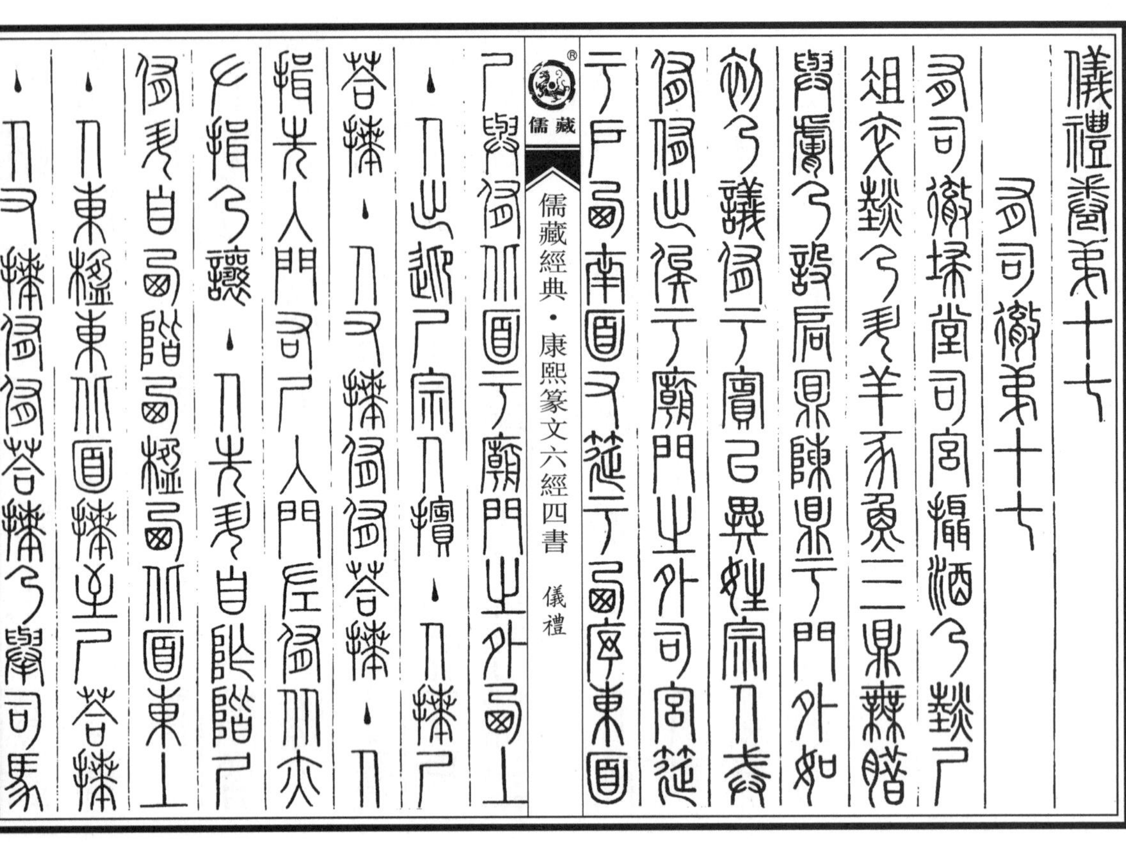

儀禮卷第十七

有司徹第十七

有司徹。埽堂。司宮攝酒。乃燅尸俎，卒燅，乃升羊、豕、魚三鼎，無腊與膚，乃設扃鼏，陳鼎于門外，如初。乃議侑于賓，以異姓。宗人戒侑。侑出，俟于廟門之外。司宮筵于户西，南面；又筵于西序，東面。

尸與侑，北面于廟門之外，西上。

主人出迎尸，宗人擯。主人拜，尸答拜。主人又拜侑，侑答拜。主人揖，先入門右。尸入門左，侑從亦左。揖，乃讓。主人先升自阼階，尸、侑升自西階，西楹西，北面東上。

主人東楹東，北面拜至，尸答拜。

主人又拜侑，侑答拜。乃舉，司馬

舉羊鼎司士舉豕鼎舉魚鼎以入陳鼎如初雍正執一匕以從雍府執二匕以從司士合執二俎以從司士贊者亦合執二俎以從匕皆加于鼎東枋二俎設于羊鼎西西縮二俎皆設于二鼎西亦西縮雍人合執二俎陳于羊俎西並皆西縮覆二疏匕于其上皆縮俎西枋主人降受宰几尸侑降主人辭尸對宰授几主人受二手横執几揖尸主人升尸侑升復位主人西面左手執几縮之以右袂推拂几三二手横執几進授尸于筵前尸進二手受于手間主人退尸還几縮之右手執外廉北面奠于

舉羊鼎，司士舉豕鼎、舉魚鼎，以入。陳鼎如初。雍正執一匕以從，雍府執二匕以從，司士合執二俎以從，司士贊者亦合執二俎以從。匕皆加于鼎，東枋。二俎設于羊鼎西，西縮。二俎皆設于二鼎西，亦西縮。雍人合執二俎，陳于羊俎西，並皆西縮。覆二疏匕于其上，皆縮俎，西枋。主人降，受宰几。尸、侑降，主人辭，尸對。宰授几，主人受，二手横執几，揖尸。主人升，尸、侑升，復位。主人西面，左手執几，縮之，以右袂推拂几三，二手横執几，進授尸于筵前。尸進，二手受于手間，主人退。尸還几，縮之，右手執外廉，北面奠于筵上左之南縮不坐、主人東楹東北面拜尸復位尸與侑皆北面答拜、主人降洗尸侑降尸辭洗、主人對卒洗揖、主人升尸侑升尸西楹西北面拜洗、主人東楹東北面奠爵答拜降盥尸侑降、主人辭尸對卒盥、主人揖升尸侑升、主人坐取爵酌獻尸、尸北面拜受爵、主人東楹東北面拜送爵、主婦自東房薦韭菹醢坐奠于筵前菹在西方婦贊者執昌菹醢以授主婦、主婦不興受陪設于南昌在東方興取籩于房麷蕡坐設于豆西當外列麷在東方婦贊者執白黑以授主婦、主婦不興受設于初籩之

筵上，左之，南縮，不坐。主人東楹東，北面拜。尸復位，尸與侑皆北面答拜。主人降洗，尸、侑降，尸辭洗。主人對，卒洗，揖。主人升，尸、侑升，尸西楹西北面拜洗。主人東楹東北面奠爵答拜，降盥。尸、侑降，主人辭，尸對。卒盥。主人揖，升，尸、侑升。主人坐取爵，酌獻尸。尸北面拜受爵，主人東楹東北面拜送爵。主婦自東房薦韭、菹、醢，坐奠于筵前，菹在西方。婦贊者執昌、菹、醢以授主婦。主婦不興，受；陪設于南，昌在東方。興，取籩于房，麷、蕡坐設于豆西，當外列，麷在東方。婦贊者執白、黑以授主婦。主婦不興，受，設于初籩之

南白在西方興退乃升司馬杝
羊亦司馬載載右體肩臂肫骼
臑正脊一脡脊一横脊一短脅
一正脅一代脅一腸一胃一祭
肺一載于一俎羊肉湆臑折正
脊一正脅一腸一胃一嚌肺一
載于南俎司士杝豕亦司士載
亦右體肩臂肫骼臑正脊一脡
脊一横脊一短脅一正脅一代
脅一膚五嚌肺一載于一俎侑
俎羊左肩左肫正脊一脅一腸
一胃一切肺一載于一俎侑俎
豕左肩折正脊一脅一膚三切
肺一載于一俎阼俎羊肺一祭
肺一載于一俎羊肉湆臂一脊
一脅一腸一胃一嚌肺一載于

儒藏
儒藏經典·康熙篆文六經四書　儀禮

南，白在西方；興，退。乃升。司馬杝羊，亦司馬載。載右體，肩、臂、肫、骼、臑，正脊一、脡脊一、横脊一，短脅一、正脅一、代脅一，腸一、胃一、祭肺一，載于一俎。羊肉湆：臑折、正脊一、正脅一、腸一、胃一、嚌肺一，載于南俎。司士杝豕，亦司士載，亦右體：肩、臂、肫、骼、臑，正脊一、脡脊一、横脊一，短脅一、正脅一、代脅一，膚五、嚌肺一，載于一俎。侑俎：羊左肩、左肫、正脊一、脅一、腸一、胃一、切肺一，載于一俎。侑俎：豕左肩折、正脊一、脅一、膚三、切肺一，載于一俎。阼俎：羊肺一，祭肺一，載于一俎。羊肉湆：臂一、脊一、脅一、腸一、胃一、嚌肺一，載于一組。豕脀：臂一、脊一、脅一、膚三、嚌肺一，載于一組。主婦組：羊左臑、脊一、脅一、腸一、胃一、膚一、嚌羊肺一，載于一組。司士杝魚，亦司士載，尸組五魚，横載之，侑、主人皆一魚，亦横載之，皆加膴祭于其上。卒升。賓長設羊組于豆南，賓降。尸升筵自西方，坐，左執爵，右取韭、菹擩于三豆，祭于豆間。尸取麷、蕡，宰夫贊者取白、黑以授尸。尸受，兼祭于豆祭。雍人授次賓疏匕與組。受于鼎西，左手執組左廉，縮之，卻右手執匕枋，縮于組上，以東面受于羊鼎之西。司馬在羊鼎之東，二手執挑匕枋以挹湆，注于疏匕，若是

者三尸興左執爵右取肺坐祭
之祭酒興左執爵次賓縮執匕
俎以升若是以授尸尸卻手授
匕枋坐祭嚌之興覆手以授賓
賓亦覆手以受縮匕于俎上以
降尸席末坐啐酒興坐奠爵拜
告旨執爵以興主人北面于東
楹東答拜司馬羞羊肉湆縮執
俎尸坐奠爵興取肺坐絶祭嚌
之興反加于俎司馬縮奠俎于
羊湆俎南乃載于羊俎卒載俎
縮執俎以降尸坐執爵以興次
賓羞羊燔縮執俎縮一燔于俎
上鹽在右尸左執爵受燔揳于
鹽坐振祭嚌之興加于羊俎賓
縮執俎以降尸降筵北面于西

者三。尸興，左執爵，右取肺，坐祭之，祭酒，興，左執爵。次賓縮執匕俎以升，若是以授尸。尸卻手授匕枋，坐祭，嚌之，興，覆手以授賓。賓亦覆手以受，縮匕于俎上以降。尸席末坐啐酒，興，坐奠爵，拜，告旨，執爵以興。主人北面于東楹東，答拜。司馬羞羊肉湆，縮執俎。尸坐奠爵，興取肺，坐絶祭，嚌之，興，反加于俎。司馬縮奠俎于羊湆俎南，乃載于羊俎，卒載俎，縮執俎以降。尸坐執爵以興。次賓羞羊燔，縮執俎，縮一燔于俎上，鹽在右。尸左執爵，受燔，揳于鹽，坐振祭，嚌之，興，加于羊俎。賓縮執俎以降。尸降筵，北面于西楹西，坐卒爵，執爵以興，坐奠爵，拜，執爵以興。主人北面于東楹東答拜。主人受爵。尸升筵，立于筵末。主人酌，獻侑。侑西楹西北面拜受爵。主人在其右，北面答拜。主婦薦韭菹醢，坐奠于筵前，醢在南方。婦贊者執二籩麷、蕡，以授主婦。主婦不興，受之，奠麷于醢南，蕡在麷東。主婦入于房。侑升筵自北方。司馬橫執羊俎以升，設于豆東。侑坐，左執爵，右取菹擩于醢，祭于豆間，又取麷、蕡同祭于豆祭，興，左執爵，右取肺，坐祭之，祭酒，興，左執爵。次賓羞羊燔，如尸禮。侑降筵自北方，北面于西楹西，坐卒爵，執爵以

興，坐奠爵，拜。主人答拜。尸受侑爵，降洗。侑降立于西階西，東面。主人降自阼階，辭洗。尸坐奠爵于篚，興對，卒洗。主人升，尸升自西階。主人拜洗。尸北面于西楹西，坐奠爵，答拜，降盥。主人降，尸辭，主人對。卒盥。主人升。尸升，坐取爵，酌。司宮設席于東序，西面。

主人東楹東北面拜受爵，尸西楹西北面答拜。主婦薦韭、菹、醓，坐奠于筵前，菹在北方。婦贊者執二籩麷、蕡，主婦不興，受，設麷于菹西北，蕡在麷西。主人升筵自北方，主婦入于房。長賓設羊俎于豆西。主人坐，左執爵，祭豆籩，如侑之祭，興，左執爵，右取肺，坐祭之祭酒興次賓羞匕湆如尸禮席末坐啐酒執爵以興司馬羞羊肉湆縮執俎主人坐奠爵于左興受肺坐絶祭嚌之興反加于湆俎司馬縮奠湆俎于羊俎西乃載之卒載縮執虚俎以降主人坐取爵以興次賓羞燔主人受如尸禮主人降筵自北方北面于阼階上坐卒爵執爵以興坐奠爵拜執爵以興尸西楹西答拜主人坐奠爵于東序南侑升尸侑皆北面于西楹西主人北面于東楹東再拜崇酒尸侑皆答再拜主人及尸侑皆升就筵司宫取爵于篚以授婦贊者于房東以授主婦主婦

儒藏經典·康熙篆文六經四書　儀禮

坐祭之，祭酒，興。次賓羞匕湆。如尸禮。席末坐啐酒，執爵以興。司馬羞羊肉湆，縮執俎。主人坐，奠爵于左，興，受肺，坐絶祭，嚌之，興，反加于湆俎。司馬縮奠湆俎于羊俎西，乃載之，卒載，縮執虚俎以降。主人坐取爵以興。次賓羞燔，主人受，如尸禮。主人降筵自北方，北面于阼階上，坐卒爵，執爵以興，坐奠爵，拜，執爵以興。尸西楹西答拜。主人坐奠爵于東序南。侑升。尸、侑皆北面于西楹西。主人北面于東楹東，再拜崇酒。尸、侑皆答再拜。主人及尸、侑皆升就筵。司宫取爵于篚，以授婦贊者于房東，以授主婦。主婦洗爵于房中，出實爵，尊南，西面拜獻尸。尸拜，于筵上受。主婦西面于主人之席北，拜送爵，入于房，取一羊鉶，坐奠于韭菹西。主婦贊者執豕鉶以從，主婦不興，受，設于羊鉶之西，興，入于房，取糗與腶脩，執以出，坐設之，糗在蕡西，脩在白西，興，立于主人席北，面西。尸坐，左執爵，祭糗脩，同祭于豆祭，以羊鉶之柶挹羊鉶，遂以挹豕鉶，祭于豆祭，祭酒。次賓羞豕匕湆，如羊匕湆之禮。尸坐啐酒，左執爵，嘗上鉶，執爵以興，坐奠爵，拜，主婦答拜。執爵以興。司士羞豕脀。尸坐奠爵，興受，如羊肉湆之禮，坐取爵，興。次賓

羞豕燔尸左執爵受燔如羊燔
之禮坐卒爵拜主婦答拜受爵
酌獻侑侑拜受爵主婦主人之
北西面答拜主婦羞糗脩坐奠
糗于麷南脩在蕡南侑坐左執
爵取糗脩兼祭于豆祭司士縮
執豕脀以升侑興取肺坐祭之
司士縮奠豕脀于羊俎之東載
于羊俎卒乃縮執俎以降侑興
次賓羞豕燔侑受如尸禮坐卒
爵拜主婦答拜受爵酌以致于
主人主人筵上拜受爵主婦北
面于阼階上答拜主婦設二鉶
與糗脩如尸禮主人共祭糗脩
祭鉶祭酒受豕匕湆拜啐酒皆
如尸禮嘗鉶不拜其受豕脀受

儒藏經典・康熙篆文六經四書　儀禮

羞豕燔。尸左執爵，受燔，如羊燔之禮，坐卒爵，拜。主婦答拜。受爵，酌，獻侑。侑拜受爵，主婦主人之北西面答拜。主婦羞糗脩，坐奠糗于麷南，脩在蕡南。侑坐，左執爵，取糗脩兼祭于豆祭。司士縮執豕脀以升。侑興取肺，坐祭之。司士縮奠豕脀于羊俎之東，載于羊俎，卒，乃縮執俎以降。侑興。次賓羞豕燔，侑受如尸禮，坐卒爵，拜。主婦答拜。受爵，酌以致于主人。主人筵上拜受爵，主婦北面于阼階上答拜。主婦設二鉶與糗脩，如尸禮。主人共祭糗脩，祭鉶，祭酒，受豕匕湆，拜啐酒，皆如尸禮。嘗鉶不拜。其受豕脀，受豕燔，亦如尸禮。坐卒爵，拜。主婦北面答拜，受爵。尸降筵，受主婦爵以降。主人降，侑降。主婦入于房。主人立于洗東北，西面。侑東面于西階西南。尸易爵于篚，盥洗爵，主人揖尸、侑。主人升。尸升自西階，侑從。主人北面立于東楹東，侑西楹西北面立。尸酌。主

婦出于房。西面拜，受爵。尸北面于侑東答拜。主婦入于房。司宮設席于房中，南面。主婦立于席西。婦贊者薦韭、菹、醢，坐奠于筵前，菹在西方。婦人贊者執麷、蕡以授婦贊者，婦贊者不興，受，設麷于菹西，蕡在麷南。主婦升筵。司馬設羊俎于豆南。主婦坐，左

豕燔，亦如尸禮。坐卒爵，拜。主婦北面答拜，受爵。尸降筵，受主婦爵以降。主人降，侑降。主婦入于房。主人立于洗東北，西面。侑東面于西階西南。尸易爵于篚，盥洗爵，主人揖尸、侑。主人升。尸升自西階，侑從。主人北面立于東楹東，侑西楹西北面立。尸酌。主

儒藏經典·康熙篆文六經四書　儀禮

婦出于房。西面拜，受爵。尸北面于侑東答拜。主婦入于房。司宮設席于房中，南面。主婦立于席西。婦贊者薦韭、菹、醢，坐奠于筵前，菹在西方。婦人贊者執麷、蕡以授婦贊者，婦贊者不興，受，設麷于菹西，蕡在麷南。主婦升筵。司馬設羊俎于豆南。主婦坐，左

執爵右取菹抨于醢祭于豆間又取麷蕡兼祭于豆祭主婦奠爵興取肺坐絕祭嚌之興加于俎坐挩手祭酒啐酒次賓羞羊燔主婦興受燔如主人之禮主婦執爵以出于房西面于主人席北立卒爵執爵拜尸西楹西北面答拜主婦入立于房尸主人及侑皆就筵上賓洗爵以升酌獻尸尸拜受爵賓西楹西北面拜送爵尸奠爵于薦左賓降主人降洗爵尸侑降主人奠爵于篚辭尸對卒洗揖尸升侑不升主人實爵酬尸東楹東北面坐奠爵拜尸西楹西北面答拜坐祭遂飲卒爵拜尸答拜降洗

執爵，右取菹抨于醢，祭于豆間；又取麷、蕡兼祭于豆祭。主婦奠爵，興取肺，坐絕祭，嚌之；興加于俎，坐挩手，祭酒，啐酒。次賓羞羊燔。主婦興，受燔，如主人之禮。主婦執爵以出于房，西面于主人席北，立卒爵，執爵拜。尸西楹西北面答拜。主婦入立于房。尸、主人及侑皆就筵。上賓洗爵以升，酌，獻尸。尸拜受爵。賓西楹西北面拜送爵。尸奠爵于薦左。賓降。主人降，洗爵，尸、侑降。主人奠爵于篚，辭。尸對。卒洗，揖。尸升，侑不升。主人實爵酬尸，東楹東，北面坐奠爵，拜。尸西楹西北面答拜。坐祭，遂飲，卒爵拜。尸答拜。降洗。

尸降辭。主人奠爵于篚，對，卒洗。主人升。尸升。主人實爵，尸拜受爵。主人反位，答拜。尸北面坐，奠爵于薦左。尸、侑、主人皆升筵。乃羞，宰夫羞房中之羞于尸、侑、主人、主婦，皆右之，司士羞庶羞于尸、侑、主人、主婦，皆左之。主人降，南面拜衆賓于門東，三拜。衆賓門東，北面，皆答壹拜。主人洗爵，長賓辭。主人奠爵于篚，興對，卒洗，升酌，獻賓于西階上。長賓升，拜受爵。主人在其右，北面答拜。宰夫自東房薦脯、醢，醢在西。司士俎于豆北，羊骼一、腸一、胃一、切肺一、膚一。賓坐，左執爵，右取肺，換于醢，祭之，執爵興，取肺，坐祭之，祭酒，遂飲，卒爵，執爵以興，坐奠爵，拜，執爵以興。主人答拜，受爵，賓坐取祭以降，西面坐委于西階西南。宰夫執薦以從，設于祭東；司士執俎以從，設於薦東。衆賓長升，拜受爵，主人答拜。坐祭，立飲，卒爵，不拜既爵。宰夫贊主人酌，若是以辯。辯受爵。其薦脯、醢與脀，設于其位。其位繼上賓而南，皆東面。其脀體，儀也。乃升長賓，主人酌，酢于長賓，西階上北面，賓在左。主人坐奠爵，拜，執爵以興，賓答拜。坐祭，遂飲，卒爵，執爵以興，坐奠爵，拜。賓答拜。賓降。宰夫洗觶以升。主人受酌，降酬長賓于西階南，北面。賓在左。主人坐奠爵，拜，賓答拜。坐祭，遂飲，卒爵拜。賓答拜。主人洗，賓辭。主人坐奠爵于篚，對，卒洗，升酌，降復位。賓拜受爵，主人拜送爵。賓西面坐，奠爵于薦左。主人洗，升酌，獻兄弟于阼階上。兄弟之長升，拜受爵。主人在其右答拜。坐祭，立飲，不拜既爵，皆若是以辯。辯受爵，其位在洗東，西面北上。升受爵，其薦脀設于其位。先生之脀折，脅一，膚一。其衆，儀也。主人洗，獻内賓于房中。南面拜受爵，主人南面于其右答拜。坐祭，立飲，不拜既爵。若是以辯，亦有薦脀。主人降洗，升獻私人于阼階上拜于下，升受，主人答其長拜。乃降，坐祭，立飲，不拜既爵。若是以辯。宰夫贊主人酌。主人於其群私人，不答拜。其位繼兄弟之南，亦北上，亦有薦脀。

主人就筵。尸作三獻之爵。司士羞湆魚，縮執俎以升。尸取膴祭祭之，祭酒，卒爵。司士縮奠俎于羊俎南，横載于羊俎，卒，乃縮執俎以降。尸奠爵拜。三獻北面答拜，受爵，酌獻侑。侑拜受，三獻北面答拜。司馬羞湆魚一，如尸禮。卒爵拜。三獻答拜，受爵，酌致主人。主人拜受爵，三獻東楹東北面答拜。司士羞一湆魚，如尸禮。卒爵拜。三獻答拜，受爵。尸降筵，受三獻，酌以酢之。三獻西楹西

儒藏經典·康熙篆文六經四書　儀禮

北面拜受爵，尸在其右以授之。尸升筵，南面答拜，坐祭，遂飲，卒爵拜。尸答拜。執爵以降，實于篚。二人洗觶，升實爵，西楹西，北面東上，坐奠爵，拜，執爵以興，尸、侑答拜。坐祭，遂飲，卒爵，執爵以興，坐奠爵，拜，尸、侑答拜。皆降。洗升酌，反位。尸、侑皆拜受爵，舉觶者皆拜送。侑奠觶于右。尸遂執觶以興，北面于阼階上酬主人。主人在右。坐奠爵，拜，主人答拜。不祭，立飲，卒爵，不拜既爵，酌就于阼階上酬主人。主人拜受爵。尸拜送。尸就筵，主人以酬侑于西楹西，侑在左。坐奠爵，拜。執爵興，侑答拜。不祭，立飲，卒爵，不拜既

爵酌復位侑拜受主人拜送主
人復筵乃升長賓侑酬之如主
人之禮至于衆賓遂及兄弟亦
如之皆飲于上遂及私人拜受
者升受下飲卒爵升酌以之其
位相酬辯卒飲者實爵于篚乃
羞庶羞于賓兄弟内賓及私人
兄弟之後生者舉觶于其長洗

升酌降北面立于阼階南長在
左坐奠爵拜執爵以興長答拜
坐祭遂飲卒爵執爵以興坐奠
爵拜執爵以興長答拜洗升酌
降長拜受于其位舉爵者東面
答拜爵止賓長獻于尸如初無
湆爵不止賓一人舉爵于尸如
初亦遂之於下賓及兄弟交錯

爵，酌，復位。侑拜受，主人拜送。主人復筵，乃升長賓。侑酬之，如主人之禮。至于衆賓，遂及兄弟，亦如之，皆飲于上。遂及私人，拜受者升受，下飲，卒爵，升酌，以之其位，相酬辯。卒飲者實爵于篚。乃羞庶羞于賓、兄弟、内賓及私人。兄弟之後生者舉觶于其長。洗，

儒藏經典·康熙篆文六經四書　儀禮

升酌，降，北面立于阼階南，長在左。坐奠爵，拜，執爵以興，長答拜。坐祭，遂飲，卒爵，執爵以興，坐奠爵，拜，執爵以興，長答拜。洗，升酌，降。長拜受于其位，舉爵者東面答拜。爵止。賓長獻于尸，如初，無湆，爵不止。賓一人舉爵于尸，如初，亦遂之於下。賓及兄弟交錯

其酬，皆遂及私人，爵無筭。尸出，
侑從。主人送于廟門之外，拜，尸
不顧，拜侑與長賓，亦如之。衆賓
從。司士歸尸、侑之俎。主人退，有
司徹。若不賓尸，則祝、侑亦如之。
尸食，乃盛俎、臑、臂、肫、脡脊、横脊、
短脅、代脅，皆牢，魚七，腊辯，無髀。
卒盛，乃舉牢肩。尸受，振祭，嚌之。
佐食受，加于肵。佐食取一俎于
堂下以入，奠于羊俎東。乃摭于
魚、腊俎，俎釋三个。其餘皆取之，
實于一俎以出。祝、主人之魚、腊
取于是。尸不飯，告飽。主人拜侑，
不言，尸又三飯。佐食受牢舉，如
儐。主人洗、酌，酳尸，賓羞肝，皆如
儐禮。卒爵，主人拜，祝受尸爵，尸

其酬，皆遂及私人，爵無筭。尸出，侑從。主人送于廟門之外，拜，尸不顧，拜侑與長賓，亦如之。衆賓從。司士歸尸、侑之俎。主人退，有司徹。若不賓尸，則祝、侑亦如之。尸食，乃盛俎、臑、臂、肫、脡脊、横脊、短脅、代脅，皆牢，魚七，腊辯，無髀。卒盛，乃舉牢肩。尸受，振祭，嚌之。

佐食受，加于肵。佐食取一俎于堂下以入，奠于羊俎東。乃摭于魚、腊俎，俎釋三个。其餘皆取之，實于一俎以出。祝、主人之魚、腊取于是。尸不飯，告飽。主人拜侑，不言，尸又三飯。佐食受牢舉，如儐。主人洗、酌，酳尸，賓羞肝，皆如儐禮。卒爵，主人拜，祝受尸爵，尸答拜。祝酌授尸，尸以醋主人，亦如儐。其綏祭，其嘏，亦如儐。其獻祝與二佐食，其位，其薦脀，皆如儐。主婦其洗獻于尸，亦如儐。主婦反取籩于房中，執棗、糗，坐設之，棗在稷南，糗在棗南。婦贊者執栗、脯，主婦不興，受，設之，栗在糗東，脯在棗東。主婦興，反位。尸左執爵，取棗、糗。祝取栗、脯以授尸。尸兼祭于豆祭，祭酒，啐酒。次賓羞牢燔，用俎，鹽在右。尸兼取燔揳于鹽，振祭，嚌之。祝受，加于肵。卒爵。主婦拜。祝受尸爵。尸答拜。祝易爵，洗，酌，授尸。尸以醋主婦，主婦主人之北拜受爵，尸答拜。主婦反位，又拜。上佐食綏祭，如儐。卒爵拜，尸答拜。主婦獻祝，其酌如儐。拜，坐受爵。主婦主人之北答拜。宰夫薦棗、糗，坐設棗于菹西，糗在棗南。祝左執爵，取棗、糗祭于豆祭，祭酒，啐酒。次賓羞燔，如尸禮。卒爵。主人受爵，酌獻二佐食，亦如儐。主婦受爵，以入于房。賓長洗爵，獻于尸。尸拜受。賓尸西北面答拜。爵止。主婦洗于房中，酌，致于主人。主人拜受，主婦户西北面拜送爵。司宮設席。主婦薦韭、菹、醢，坐設于席前，菹在北方。婦贊者執棗、糗以從，主婦不興，受，設棗于菹北，糗在棗西。佐食設俎，臂、脊、脅、肺皆牢，膚三，魚一，腊臂。主人左執爵，右取菹擩于醢，祭于豆間，遂祭籩，奠爵興，取牢肺，坐絶祭，嚌之，興，加于俎，坐挩手，祭酒，執爵以興，坐卒爵，拜。主婦答拜，受爵，酌以醋，户内北面拜，主人答拜。卒爵，拜。主人答拜。主婦以爵入于房。尸作止爵，祭酒，卒爵。賓拜。祝受爵。尸答拜。祝酌授尸。賓拜受爵，尸拜送。坐祭，遂飲，卒爵拜。尸答拜。獻祝及二佐食。洗，致爵于主人。主人席上拜受爵，賓北面答拜。坐祭，遂飲，卒爵，拜。賓答拜，受爵，酌，致爵于主婦。主婦北堂。司宫設席，東面。主婦席北東面拜受爵，賓西面答拜。婦贊者薦韭、菹、醢，菹在南方。婦人贊者執棗、糗，授婦贊者；婦贊者不興，受，設棗于菹南，糗在棗東。佐食設俎于豆東，羊臑，豕折，羊脊、脅，祭肺一，膚一，魚一，腊臑。主婦升筵，坐，左執爵，右取菹擩于醢，祭之，祭籩，奠爵，興取肺，坐絶祭，嚌之，興加于俎，坐挩手，祭酒，執爵興，筵北東面立卒爵，拜。賓答拜。賓受爵。易爵于篚，洗，酌，醋于主人，户西北面拜，主人答拜。卒爵，拜，主人答拜。賓以爵降奠于篚。乃羞。宰夫羞房中之羞，司士羞庶羞于尸、祝、主人、主婦，內羞在右，庶羞在左。主人降，拜衆賓，洗，獻衆賓。其薦脀，其位，其酬醋，皆如儐禮。主人洗，獻兄弟與內賓，與私人皆如儐禮其位其薦脀皆如儐禮卒乃羞于賓兄弟内賓及私人辯賓長獻于尸尸醋獻祝致醋賓以爵降實于篚賓兄弟交錯其酬無筭爵利洗爵獻于尸尸醋獻祝祝受祭酒啐酒奠之主人出立于阼階上西面祝出立于西階上東面祝告于主人曰利成祝入主人降立于阼階東西面尸謖祝前尸從遂出于廟門祝反復位于室中祝命佐食徹尸俎佐食乃出尸俎于廟門外有司受歸之徹阼薦俎乃養如儐卒養有司官徹饋饌于室中西北隅南面如饋之設右几厞用席納一尊于室中

儒藏經典·康熙篆文六經四書　儀禮

私人，皆如儐禮。其位，其薦脀，皆如儐禮。卒，乃羞于賓、兄弟、内賓及私人，辯。賓長獻于尸，尸醋，獻祝，致，醋。賓以爵降，實于篚。賓、兄弟交錯其酬。無筭爵。利洗爵，獻于尸，尸醋。獻祝，祝受，祭酒，啐酒，奠之。主人出，立于阼階上，西面。祝出，立于西階上，東面。祝告于主人曰：「利成。」祝入。主人降，立于阼階東，西面。尸謖，祝前，尸從，遂出于廟門。祝反，復位于室中。祝命佐食徹尸俎。佐食乃出尸俎於廟門外，有司受，歸之。徹阼薦俎。乃養，如儐。卒養，有司官徹饋，饌于室中西北隅，南面，如饋之設，右几，厞用席。納一尊于室中。

司宮埽祭主人出立于阼階上西面祝執其俎以出立于西階上東面司宮闔牖戶祝告利成㊹乃執俎以出于廟門外有司受歸之衆賓出主人拜送于廟門外乃反婦人乃徹徹室中之饌

儀禮卷第十七

翰林院檢討加一級臣張照
編修加一級臣薄海奉
旨恭校刊

司宮埽祭。主人出，立于阼階上，西面。祝執其俎以出，立于西階上，東面。司宮闔牖户。祝告利成，乃執俎以出于廟門外，有司受，歸之。衆賓出。主人拜送于廟門外，乃反。婦人乃徹，徹室中之饌。

儀禮卷第十七

翰林院檢討加一級臣張照
編修加一級臣薄海奉
旨恭校刊

校記

①此字形體有誤，當作「稽」。

②師：誤。據通行本，當作「帥」。

③己：誤。據通行本，當作「已」。

④執：誤。據通行本，當作「乘」。

⑤母：誤。據通行本，當作「毋」。

⑥據阮校，「宗子」上脱「壻授綏姆辭曰未教不足與爲禮也」十四字。

⑦母：誤。據通行本，當作「毋」。

⑧臣：誤。據通行本，當作「人」。

⑨東北面：誤。據通行本，當作「東面北」。

⑩據阮校，「唯君」上脱「士鹿中翿旌以獲」七字。

⑪西北：誤。據通行本，當作「北西」。

⑫據阮校「告」字下，自唐石經以下各本，皆有「于」字，《通解》、毛本無。今查閩本、監本亦無。篆本亦脱。

⑬奠：誤。據通行本，當作「尊」。

⑭辭：誤。據通行本，當作「辟」。

⑮據阮校，「亨于」上脱「其牲狗也」四字。

⑯酺：誤。據通行本，當作「脯」。

⑰賓：誤。據通行本，當作「實」。

⑱賓：誤。據通行本，當作「實」。

儒藏經典·康熙篆文六經四書　儀禮

⑲據阮校，「若」字上，自唐石經以下各本俱有「卒」字，毛本無。今查閩本、監本、篆本亦脱。

⑳東南：誤。據通行本，當作「南東」。

㉑獵：誤。據通行本，當作「攤」。

㉒受：誤。據通行本，當作「授」。

㉓母：誤。據通行本，當作「毋」。

㉔擯：誤。據通行本，當作「儐」。

㉕己：誤。據通行本，當作「已」。
㉖帶，此字形體有誤。
㉗室：誤。據通行本，當作「宰」。
㉘牖：誤。據通行本，當作「牖」。
㉙媵：誤。據通行本，當作「媵」。
㉚墉：誤。據通行本，當作「墉」。
㉛牖：誤。據通行本，當作「牖」。
㉜據阮校，「死三日」上脫「哭止告事畢
賓出」七字。

㉝隨：誤。據通行本，當作「惰」。
㉞禪：誤。據通行本，當作「禫」。
㉟房：據阮校，唐石經以下各本皆作
「方」，毛本作「房」，今查閩本、監
本亦作「方」，纂本同閩、監、毛本。
㊱搏：誤，據通行本，當作「搏」。
㊲據阮校，「舉觶」上脫「舉觶者祭卒觶

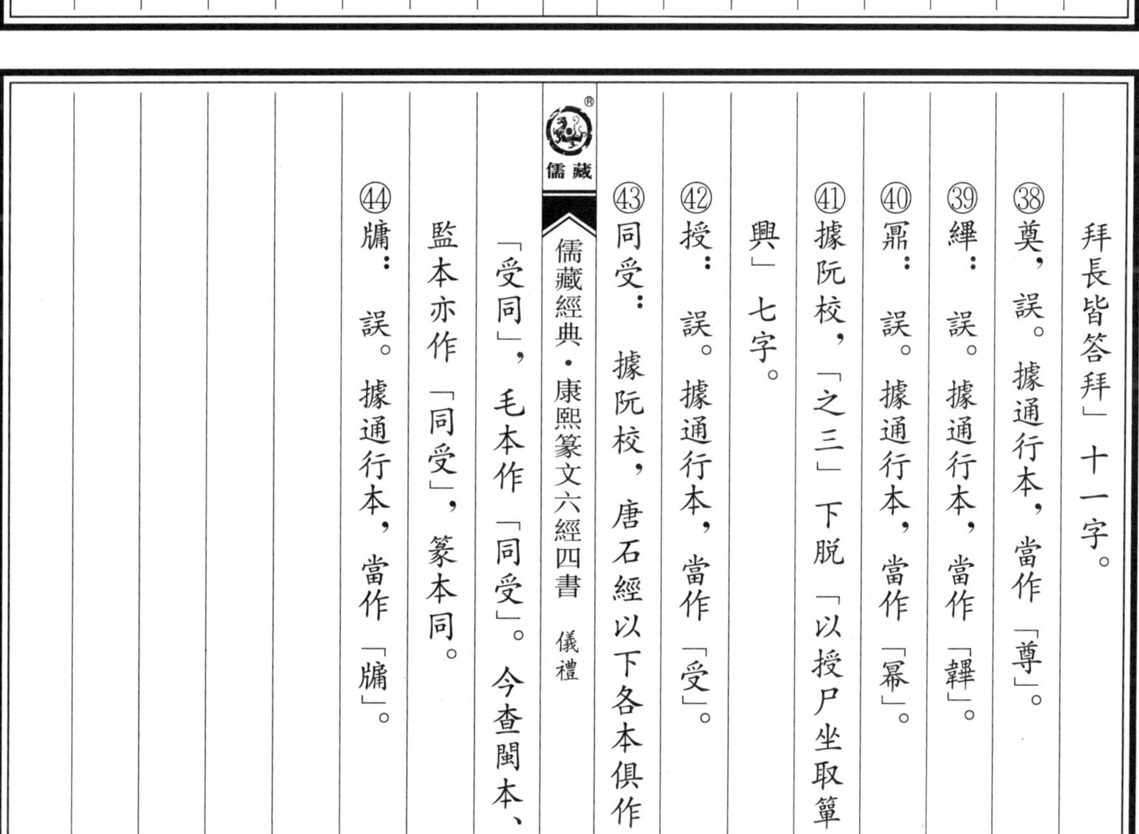

拜長皆答拜」十一字。
㊳奠，誤。據通行本，當作「尊」。
㊴縪：誤。據通行本，當作「縪」。
㊵冪：誤。據通行本，當作「冪」。
㊶據阮校，「之三」下脫「以授尸坐取簞
興」七字。
㊷授：誤。據通行本，當作「受」。
㊸同受：據阮校，唐石經以下各本俱作
「受同」，毛本作「同受」。今查閩本、
監本亦作「同受」，纂本同。

㊹牖：誤。據通行本，當作「牖」。

奇术

春秋篇目

凡二百四十二年

儒藏經典・康熙篆文六經四書　春秋

春秋篇目

隱公十一年
桓公十八年
莊公三十二年
閔公二年
僖公三十三年
文公十八年
宣公十八年
成公十八年
襄公三十一年
昭公三十二年
定公十五年
哀公十四年

凡二百四十二年

春秋

隱公

元年　春王正月　三月公及邾儀父盟于蔑　夏五月鄭伯克段于鄢　秋七月天王使宰咺來歸惠公仲子之賵　九月及宋人盟于宿　冬十有二月祭伯來　公子益師卒

二年　春公會戎于潛　夏五月莒人入向　無駭帥師入極　秋八月庚辰公及戎盟于唐　九月紀履緰來逆女　冬十月伯姬歸于紀　紀子伯莒子盟于密　十有二月乙卯夫人子氏薨　鄭人

春秋

隱公

元年，春王正月。三月，公及邾儀父盟于蔑。夏，五月，鄭伯克段于鄢。秋，七月，天王使宰咺來歸惠公、仲子之賵。九月，及宋人盟于宿。冬，十有二月，祭伯來。公子益師卒。

二年，春公會戎于潛。夏，五月，莒人入向。無駭帥師入極。秋，八月庚辰，公及戎盟于唐。九月，紀履緰來逆女。冬，十月，伯姬歸于紀。紀子伯、莒子盟于密。十有二月，乙卯，夫人子氏薨。鄭人

伐衛

三年 春王二月己巳日有食之 三月庚戌天王崩 夏四月辛卯尹氏卒 秋武氏子來求賻 八月庚辰宋公和卒 冬十有二月齊侯鄭伯盟于石門 癸未葬宋穆公

四年 春王二月莒人伐杞取牟婁 戊申衛州吁弒其君完 夏公及宋公遇于清 宋公陳侯蔡人衛人伐鄭 秋翬帥師 會宋公陳侯蔡人衛人伐鄭 九月衛人殺州吁于濮 冬十有二月衛人立晉

伐衛。

三年，春王二月己巳，日有食之。三月，庚戌，天王崩。夏，四月辛卯，尹氏卒。秋，武氏子來求賻。八月庚辰，宋公和卒。冬，十有二月，齊侯、鄭伯盟于石門。癸未，葬宋穆公。

四年，春王二月，莒人伐杞，取牟婁。戊申，衛州吁弒其君完。夏，公及宋公遇于清。宋公、陳侯、蔡人、衛人伐鄭。秋，翬帥師。會宋公、陳侯、蔡人、衛人伐鄭。九月，衛人殺州吁于濮。冬，十有二月，衛人立晉。

儒藏經典·康熙篆文六經四書　春秋

五年春，公觀魚于棠。夏，四月，葬衛桓公。秋，衛師入郕。九月，考仲子之宫。初獻六羽。邾人、鄭人伐宋。螟。冬，十有二月辛巳，公子彄卒。宋人伐鄭，圍長葛。

六年春，鄭人來輸平。夏，五月辛酉，公會齊侯盟于艾。秋，七月。冬，宋人取長葛。

七年春，王三月，叔姬歸于紀。滕侯卒。夏，城中丘。齊侯使其弟年來聘。秋，公伐邾。冬，天王使凡伯來聘。戎伐凡伯于楚丘以歸。

八年春，宋公、衛侯遇于垂。三月，鄭伯使宛來歸祊。庚

寅我人祊 夏六月己亥蔡
侯考父卒 辛亥宿男卒
秋七月庚午宋公齊侯衛侯
盟于瓦屋 八月葬蔡宣公
九月辛卯公及莒人盟于
浮來 螟 冬十有二月無
駭卒
九年 春天王使南季來聘
三月癸酉大雨震電庚辰大
雨雪 挾卒 夏城郎 秋
七月 冬公會齊侯于防
十年 春王二月公會齊侯鄭
伯于中丘 夏翬帥師會齊
人鄭人伐宋 六月壬戌公
敗宋師于菅 辛未取郜辛
巳取防 秋宋人衛人入鄭

儒藏 儒藏經典·康熙篆文六經四書 春秋

寅，我入祊。夏，六月己亥，蔡侯考父卒。辛亥，宿男卒。秋，七月庚午，宋公、齊侯、衛侯盟于瓦屋。八月，葬蔡宣公。

九月辛卯，公及莒人盟于浮來。螟。冬，十有二月，無駭卒。

九年　春，天王使南季來聘。三月癸酉，大雨，震電。庚辰，大雨雪。挾卒。夏，城郎。秋，七月。冬，公會齊侯于防。

十年　春，王二月，公會齊侯、鄭伯于中丘。夏，翬帥師會齊人、鄭人伐宋。六月壬戌，公敗宋師于菅。辛未，取郜。辛巳，取防。秋，宋人、衛人入鄭。

宋人蔡人衛人伐戴鄭伯

伐取之　冬十月壬午齊人

鄭人入郕

十有一年　春滕侯薛侯來朝

夏公會鄭伯于時來　秋

七月壬午公及齊侯鄭伯入

許　冬十有一月壬辰公薨

儒藏經典·康熙篆文六經四書　春秋

宋人、蔡人、衛人伐戴。鄭伯

伐取之。冬，十月壬午，齊人、

鄭人入郕。

十有一年　春，滕侯、薛侯來朝。

夏，公會鄭伯于時來。秋，

七月壬午，公及齊侯、鄭伯入

許。冬，十有一月壬辰，公薨。

桓公

元年　春王正月公即位　三月公會鄭伯于垂　鄭伯以璧假許田　夏四月丁未公及鄭伯盟于越　秋大水

冬十月

二年　春王正月戊申宋督弒其君與夷　及其大夫孔父

滕子來朝　三月公會齊侯陳侯鄭伯于稷以成宋亂　夏四月取郜大鼎于宋戊申納于大廟　秋七月杞侯來朝　蔡侯鄭伯會于鄧　九月入杞　公及戎盟于唐

冬公至自唐

三年　春正月　公會齊侯于

儒藏經典·康熙篆文六經四書　春秋

桓公

元年　春，王正月，公即位。三月，公會鄭伯于垂，鄭伯以璧假許田。夏，四月丁未。公及鄭伯盟于越。秋，大水。

冬，十月。

二年　春，王正月戊申，宋督弒其君與夷　及其大夫孔父。

滕子來朝。三月，公會齊侯、陳侯、鄭伯于稷，以成宋亂。夏，四月，取郜大鼎于宋。戊申，納于大廟。秋，七月，杞侯來朝。蔡侯、鄭伯會于鄧。九月，入杞。公及戎盟于唐。

冬，公至自唐。

三年　春，正月，　公會齊侯于

嬴 夏齊侯衛侯胥命于蒲 六月公會杞侯于郕 秋 七月壬辰朔日有食之既 公子翬如齊逆女 九月齊侯送姜氏于讙 公會齊侯于讙 夫人姜氏至自齊 冬齊侯使其弟年來聘 有年

四年 春正月公狩于郎 夏 天王使宰渠伯糾來聘

五年 春正月甲戌己丑陳侯鮑卒 夏齊侯鄭伯如紀 天王使仍叔之子來聘 葬陳桓公 城祝丘 秋蔡人衛人陳人從王伐鄭 大雩 螽 冬州公如曹

儒藏經典·康熙篆文六經四書 春秋

嬴。夏，齊侯、衛侯胥命于蒲。六月，公會杞侯于郕。秋，七月壬辰朔，日有食之，既。公子翬如齊逆女。九月，齊侯送姜氏于讙。公會齊侯于讙。夫人姜氏至自齊。冬，齊侯使其弟年來聘。有年。

四年春，正月，公狩于郎。夏，天王使宰渠伯糾來聘。

五年春，正月甲戌、己丑，陳侯鮑卒。夏，齊侯、鄭伯如紀。天王使仍叔之子來聘。葬陳桓公。城祝丘。秋，蔡人、衛人、陳人從王伐鄭。大雩。螽。冬，州公如曹。

六年　春正月寔來　夏四月
公會紀侯于郕　秋八月壬
午大閱　蔡人殺陳佗　九
月丁卯子同生　冬紀侯來
朝
七年　春二月己亥焚咸丘
夏穀伯綏來朝鄧侯吾離來
朝

八年　春正月己卯烝　天王
使家父來聘　夏五月丁丑
烝　秋伐邾　冬十月雨雪
祭公來遂逆王后于紀
九年　春紀季姜歸于京師
夏四月　秋七月　冬曹伯
使其世子射姑來朝
十年　春王正月　庚申曹伯

六年春，正月，寔來。夏，四月，公會紀侯于郕。秋，八月壬午，大閱。蔡人殺陳佗。九月丁卯，子同生。冬，紀侯來朝。

七年春，二月己亥，焚咸丘。夏，穀伯綏來朝。鄧侯吾離來朝。

八年春，正月己卯，烝。天王使家父來聘。夏，五月丁丑，烝。秋，伐邾。冬，十月，雨雪。祭公來，遂逆王后于紀。

九年春，紀季姜歸于京師。夏，四月。秋，七月。冬，曹伯使其世子射姑來朝。

十年春，王正月　庚申，曹伯

終生卒　夏五月葬曹桓公
秋公會衛侯于桃丘弗遇
冬十有二月丙午齊侯衛侯鄭伯來戰于郎
十有一年　春正月齊人衛人鄭人盟于惡曹　夏五月癸未鄭伯寤生卒　秋七月葬鄭莊公　九月宋人執鄭祭仲突歸于鄭　鄭忽出奔衛　柔會宋公陳侯蔡叔盟于折　公會宋公于夫鍾　冬十有二月公會宋公于闞
十有二年　春正月　夏六月壬寅公會杞侯莒子盟于曲池　秋七月丁亥公會宋公燕人盟于穀丘　八月壬辰

儒藏經典·康熙篆文六經四書　春秋

終生卒。夏，五月，葬曹桓公。

秋，公會衛侯于桃丘，弗遇。

冬，十有二月丙午，齊侯、衛侯、鄭伯來戰于郎。

十有一年春，正月，齊人、衛人、鄭人盟于惡曹。夏，五月癸未，鄭伯寤生卒。秋，七月，葬鄭莊公。九月，宋人執鄭祭仲。突歸于鄭。鄭忽出奔衛。柔會宋公、陳侯、蔡叔盟于折。公會宋公于夫鍾。冬，十有二月，公會宋公于闞。

十有二年春，正月。夏，六月壬寅，公會杞侯、莒子盟于曲池。秋，七月丁亥，公會宋公、燕人盟于穀丘。八月壬辰，

陳侯躍卒 公會宋公于虛 冬十有一月公會宋公于龜 丙戌公會鄭伯盟于武父 丙戌衛侯晉卒 十有二月及鄭師伐宋丁未戰于宋

十有三年 春二月公會紀侯鄭伯己巳及齊侯宋公衛侯燕人戰齊師宋師衛師燕師敗績 三月葬衛宣公 夏大水 秋七月 冬十月

十有四年 春正月公會鄭伯于曹 無冰 夏五 鄭伯使其弟語來盟 秋八月壬申御廩災 乙亥嘗 冬十有二月丁巳齊侯祿父卒

儒藏 儒藏經典·康熙篆文六經四書 春秋

陳侯躍卒。公會宋公于虛。冬，十有一月，公會宋公于龜。丙戌，公會鄭伯，盟于武父。丙戌，衛侯晉卒。十有二月，及鄭師伐宋。丁未，戰于宋。

十有三年春，二月，公會紀侯、鄭伯。己巳，及齊侯、宋公、衛侯、燕人戰。齊師、宋師、衛師、燕師敗績。三月，葬衛宣公。夏，大水。秋，七月。冬，十月。

十有四年春，正月，公會鄭伯于曹。無冰。夏五。鄭伯使其弟語來盟。秋，八月壬申，御廩災。乙亥，嘗。冬，十有二月丁巳，齊侯祿父卒。

宋人以齊人蔡人衛人陳人伐鄭

十有五年 春二月天王使家父來求車 三月乙未天王崩 夏四月己巳葬齊僖公 五月鄭伯突出奔蔡 鄭世子忽復歸于鄭 許叔入于許 公會齊侯于艾 邾

人牟人葛人來朝 秋九月鄭伯突入于櫟 冬十有一月公會宋公衛侯陳侯于袲伐鄭

十有六年 春正月公會宋公蔡侯衛侯于曹 夏四月公會宋公衛侯陳侯蔡侯伐鄭 秋七月公至自伐鄭 冬

宋人以齊人、蔡人、衛人、陳人伐鄭。

十有五年春，二月，天王使家父來求車。三月乙未，天王崩。夏，四月己巳，葬齊僖公。五月，鄭伯突出奔蔡。鄭世子忽復歸于鄭。許叔入于許。公會齊侯于艾。邾

儒藏經典·康熙篆文六經四書 春秋

人、牟人、葛人來朝。秋，九月，鄭伯突入于櫟。冬，十有一月，公會宋公、衛侯、陳侯于袲，伐鄭。

十有六年春，正月，公會宋公、蔡侯、衛侯于曹。夏，四月，公會宋公、衛侯、陳侯、蔡侯伐鄭。秋，七月，公至自伐鄭。冬，

城向　十有一月衛侯朔出
奔齊
十有七年　春正月丙辰公會
齊侯紀侯盟于黄　二月丙
午公會邾儀父盟于趡　夏
五月丙午及齊師戰于奚
六月丁丑蔡侯封人卒　秋
八月蔡季自陳歸于蔡　癸
巳葬蔡桓侯　及宋人衛人
伐邾　冬十月朔日有食之
十有八年　春王正月　公會
齊侯于濼　公與夫人姜氏
遂如齊　夏四月丙子公薨
于齊　丁酉公之喪至自齊
秋七月　冬十有二月己丑
葬我君桓公

儒藏經典·康熙篆文六經四書　春秋

城向。　十有一月，衛侯朔出奔齊。

十有七年　春，正月丙辰，公會齊侯、紀侯，盟于黄。　二月丙午，公會邾儀父，盟于趡。　夏，五月丙午，及齊師戰于奚。　六月丁丑，蔡侯封人卒。　秋，八月，蔡季自陳歸于蔡。　癸巳，葬蔡桓侯。　及宋人、衛人伐邾。　冬，十月朔，日有食之。

十有八年　春，王正月，　公會齊侯于濼。　公與夫人姜氏遂如齊。　夏，四月丙子，公薨于齊。丁酉，公之喪至自齊。　秋，七月。　冬，十有二月己丑，葬我君桓公。

莊公

元年春王正月　三月夫人孫于齊　夏單伯送王姬　秋築王姬之館于外　冬十月乙亥陳侯林卒　王使榮叔來錫桓公命　王姬歸于齊　齊師遷紀郱鄑郚

二年春王二月葬陳莊公　夏公子慶父帥師伐於餘丘　秋七月齊王姬卒　冬十有二月夫人姜氏會齊侯于禚　乙酉宋公馮卒

三年春王正月溺會齊師伐衛　夏四月葬宋莊公　五月葬桓王　秋紀季以酅入于齊　冬公次于滑

莊公

元年春，王正月。三月，夫人孫于齊。夏，單伯送王姬。秋，築王姬之館于外。冬，十月乙亥，陳侯林卒。王使榮叔來錫桓公命。王姬歸于齊。齊師遷紀郱、鄑、郚。

二年春，王二月，葬陳莊公。夏，公子慶父帥師伐於餘丘。秋，七月，齊王姬卒。冬，十有二月，夫人姜氏會齊侯于禚。乙酉，宋公馮卒。

三年春，王正月，溺會齊師伐衛。夏，四月，葬宋莊公。五月，葬桓王。秋，紀季以酅入于齊。冬，公次于滑。

四年　春王二月夫人姜氏享齊侯于祝丘　三月紀伯姬卒　夏齊侯陳侯鄭伯遇于垂　紀侯大去其國　六月乙丑齊侯葬紀伯姬　秋七月　冬公及齊人狩于禚

五年　春王正月　夏夫人姜氏如齊師　秋郳黎來來朝　冬公會齊人宋人陳人蔡人伐衛

六年　春王正月　王人子突救衛　夏六月衛侯朔入于衛　秋公至自伐衛　螟　冬齊人來歸衛俘

七年　春夫人姜氏會齊侯于防　夏四月辛卯夜恒星不

儒藏經典·康熙篆文六經四書　春秋

四年　春，王二月，夫人姜氏享齊侯于祝丘。　三月，紀伯姬卒。　夏，齊侯、陳侯、鄭伯遇于垂。　紀侯大去其國。　六月乙丑，齊侯葬紀伯姬。　秋，七月。　冬，公及齊人狩于禚。

五年　春，王正月。　夏，夫人姜氏如齊師。　秋，郳黎來來朝。　冬，公會齊人、宋人、陳人、蔡人伐衛。

六年　春，王正月，　王人子突救衛。　夏，六月，衛侯朔入于衛。　秋，公至自伐衛。　螟。　冬，齊人來歸衛俘。

七年　春，夫人姜氏會齊侯于防。　夏，四月辛卯，夜，恒星不見。夜中，星隕如雨。秋，大水。無麥苗。冬，夫人姜氏會齊侯于穀。

八年春，王正月，師次于郎，以俟陳人、蔡人。甲午，治兵。夏，師及齊師圍郕。郕降于齊師。秋，師還。冬，十有一月癸未，齊無知弒其君諸兒。

九年春，齊人殺無知。公及齊大夫盟于蔇。夏，公伐齊，納糾。齊小白入于齊。秋，七月丁酉，葬齊襄公。八月庚申，及齊師戰于乾時，我師敗績。九月，齊人取子糾殺之。冬，浚洙。

十年春，王正月，公敗齊師于

長勺 二月公侵宋 三月
宋人遷宿 夏六月齊師宋
師次于郎 公敗宋師于乘丘
秋九月荆敗蔡師于莘以
蔡侯獻舞歸 冬十月齊師
滅譚譚子奔莒
十有一年 春王正月 夏五
月戊寅公敗宋師于鄑 秋
宋大水 冬王姬歸于齊
十有二年 春王三月紀叔姬
歸于酅 夏四月 秋八月
甲午宋萬弑其君捷及其大
夫仇牧 冬十月宋萬出奔
陳
十有三年 春齊侯宋人陳人
蔡人邾人會于北杏 夏六

儒藏 儒藏經典・康熙篆文六經四書 春秋

長勺。二月，公侵宋。三月，宋人遷宿。夏，六月，齊師、宋師次于郎。公敗宋師于乘丘。秋，九月，荆敗蔡師于莘，以蔡侯獻舞歸。冬，十月，齊師滅譚。譚子奔莒。

十有一年春，王正月。夏，五月戊寅，公敗宋師于鄑。秋，宋大水。冬，王姬歸于齊。

十有二年春，王三月，紀叔姬歸于酅。夏，四月。秋，八月甲午，宋萬弑其君捷及其大夫仇牧。冬，十月，宋萬出奔陳。

十有三年春，齊侯、宋人、陳人、蔡人、邾人會于北杏。夏，六

月齊人滅遂　秋七月　冬
公會齊侯盟于柯
十有四年　春齊人陳人曹人
伐宋　夏單伯會伐宋　秋
七月荆入蔡　冬單伯會齊
侯宋公衛侯鄭伯于鄄
十有五年　春齊侯宋公陳侯
衛侯鄭伯會于鄄　夏夫人
姜氏如齊　秋宋人齊人邾
人伐郳　鄭人侵宋　冬十
月
十有六年　春王正月　夏宋
人齊人衛人伐鄭　秋荆伐
鄭　冬十有二月會齊侯宋
公陳侯衛侯鄭伯許男滑伯
滕子同盟于幽　邾子克卒

儒藏
儒藏經典·康熙篆文六經四書　春秋

月，齊人滅遂。秋，七月。冬，
公會齊侯盟于柯。
十有四年　春，齊人、陳人、曹人
伐宋。夏，單伯會伐宋。秋，
七月，荆入蔡。冬，單伯會齊
侯、宋公、衛侯、鄭伯于鄄。
十有五年　春，齊侯、宋公、陳侯、
衛侯、鄭伯會于鄄。夏，夫人
姜氏如齊。秋，宋人、齊人、邾
人伐郳。鄭人侵宋。冬，十
月。
十有六年　春，王正月。夏，宋
人、齊人、衛人伐鄭。秋，荆伐
鄭。冬，十有二月，會齊侯、宋
公、陳侯、衛侯、鄭伯、許男、滑伯、
滕子同盟于幽。邾子克卒。

十有七年　春齊人執鄭詹
夏齊人殲于遂　秋鄭詹自
齊逃來　冬多麋
十有八年　春王三月日有食
之　夏公追戎于濟西　秋
有蜮　冬十月
十有九年　春王正月　夏四
月　秋公子結媵陳人之婦
于鄄遂及齊侯宋公盟　夫
人姜氏如莒　冬齊人宋人
陳人伐我西鄙
二十年　春王二月夫人姜氏
如莒　夏齊大災　秋七月
冬齊人伐戎
二十有一年　春王正月　夏
五月辛酉鄭伯突卒　秋七

儒藏
儒藏經典·康熙篆文六經四書　春秋

十有七年春，齊人執鄭詹。
夏，齊人殲于遂。秋，鄭詹自
齊逃來。冬，多麋。
十有八年春，王三月，日有食
之。夏，公追戎于濟西。秋，
有蜮。冬，十月。
十有九年春，王正月。夏，四
月。秋，公子結媵陳人之婦
于鄄，遂及齊侯、宋公盟。夫
人姜氏如莒。冬，齊人、宋人、
陳人伐我西鄙。
二十年春，王二月，夫人姜氏
如莒。夏，齊大災。秋，七月。
冬，齊人伐戎。
二十有一年春，王正月。夏，
五月辛酉，鄭伯突卒。秋，七

月戊戌，夫人姜氏薨。 冬，十有二月，葬鄭厲公。

二十有二年 春，王正月，肆大眚。 癸丑，葬我小君文姜。 陳人殺其公子御寇。 夏，五月。 秋，七月丙申，及齊高傒盟于防。 冬，公如齊納幣。

二十有三年 春，公至自齊。 祭叔來聘。 夏，公如齊觀社。 公至自齊。 荆人來聘。 公及齊侯遇于穀。 蕭叔朝公。 秋，丹桓宫楹。 冬，十有一月，曹伯射姑卒。 十有二月甲寅，公會齊侯盟于扈。

二十有四年 春，王三月，刻桓宫桷。 葬曹莊公。 夏，公如

齊逆女 秋公至自齊 八月丁丑夫人姜氏入 戊寅大夫宗婦覿用幣 大水冬戎侵曹曹羈出奔陳赤歸于曹 郭公
二十有五年 春陳侯使女叔來聘 夏五月癸丑衛侯朔卒 六月辛未朔日有食之鼓用牲于社 伯姬歸于杞
秋大水鼓用牲于社于門
冬公子友如陳
二十有六年 春公伐戎 夏公至自伐戎 曹殺其大夫
秋公會宋人齊人伐徐
冬十有二月癸亥朔日有食之

齊逆女。秋，公至自齊。八月丁丑，夫人姜氏入。戊寅，大夫宗婦覿，用幣。大水。冬，戎侵曹。曹羈出奔陳。赤歸于曹。郭公。

二十有五年春，陳侯使女叔來聘。夏，五月癸丑，衛侯朔卒。六月辛未朔，日有食之，鼓，用牲于社。伯姬歸于杞。

秋，大水，鼓，用牲于社、于門。

冬，公子友如陳。

二十有六年春，公伐戎。夏，公至自伐戎。曹殺其大夫。

秋，公會宋人、齊人伐徐。

冬，十有二月癸亥朔，日有食之。

二十有七年　春公會杞伯姬于洮　夏六月公會齊侯宋公陳侯鄭伯同盟于幽　秋公子友如陳葬原仲　冬杞伯姬來　莒慶來逆叔姬　杞伯來朝　公會齊侯于城濮

二十有八年　春王三月甲寅　齊人伐衛衛人及齊人戰衛人敗績　夏四月丁未邾子瑣卒　秋荆伐鄭　公會齊人宋人救鄭　冬築郿　大無麥禾　臧孫辰告糴于齊

二十有九年　春新延廄　夏鄭人侵許　秋有蜚　冬十有二月紀叔姬卒　城諸及

儒藏經典·康熙篆文六經四書　春秋

二十有七年　春，公會杞伯姬于洮。夏，六月，公會齊侯、宋公、陳侯、鄭伯同盟于幽。秋，公子友如陳，葬原仲。冬，杞伯姬來。莒慶來逆叔姬。杞伯來朝。公會齊侯于城濮。

二十有八年　春，王三月甲寅，齊人伐衛。衛人及齊人戰，衛人敗績。夏，四月丁未，邾子瑣卒。秋，荆伐鄭，公會齊人、宋人救鄭。冬，築郿。大無麥、禾，臧孫辰告糴于齊。

二十有九年　春，新延廄。夏，鄭人侵許。秋，有蜚。冬，十有二月，紀叔姬卒。城諸及

防

三十年 春王正月 夏師次

于成 秋七月齊人降鄣

八月癸亥葬紀叔姬 九月

庚午朔日有食之鼓用牲于

社 冬公及齊侯遇于魯濟

齊人伐山戎

三十有一年 春築臺于郎

夏四月薛伯卒 築臺于薛

六月齊侯來獻戎捷 秋

築臺于秦 冬不雨

三十有二年 春城小穀 夏

宋公齊侯遇于梁丘 秋七

月癸巳公子牙卒 八月癸

亥公薨于路寢 冬十月己

未子般卒 公子慶父如齊

儒藏 儒藏經典·康熙篆文六經四書 春秋

防。

三十年 春，王正月。 夏，師次于成。 秋，七月，齊人降鄣。

八月癸亥，葬紀叔姬。 九月庚午朔，日有食之，鼓，用牲于社。 冬，公及齊侯遇于魯濟。

齊人伐山戎。

三十有一年 春，築臺于郎。

夏，四月，薛伯卒。 築臺于薛。

六月，齊侯來獻戎捷。 秋，築臺于秦。 冬，不雨。

三十有二年 春，城小穀。 夏，宋公，齊侯遇于梁丘。 秋，七月癸巳，公子牙卒。 八月癸亥，公薨于路寢。 冬，十月己未，子般卒。 公子慶父如齊。

狄伐邢

狄伐邢。

儒藏
儒藏經典·康熙篆文六經四書 春秋

閔公

元年　春王正月　齊人救邢

夏六月辛酉葬我君莊公

秋八月公及齊侯盟于落姑　季子來歸　冬齊仲孫來

二年　春王正月齊人遷陽

夏五月乙酉吉禘于莊公

秋八月辛丑公薨　九月夫人姜氏孫于邾　公子慶父出奔莒　冬齊高子來盟

十有二月狄入衛　鄭棄其師

儒藏經典·康熙篆文六經四書　春秋

閔公

元年春，王正月。齊人救邢。

夏，六月辛酉，葬我君莊公。

秋，八月，公及齊侯盟于落姑。季子來歸。冬，齊仲孫來。

二年春，王正月，齊人遷陽。

夏，五月乙酉，吉禘于莊公。

秋，八月辛丑，公薨。九月，夫人姜氏孫于邾。公子慶父出奔莒。冬，齊高子來盟。

十有二月，狄入衛。鄭棄其師。

僖公

元年　春王正月　齊師宋師曹師次于聶北救邢　夏六月邢遷于夷儀　齊師宋師曹師城邢　秋七月戊辰夫人姜氏薨于夷齊人以歸　楚人伐鄭　八月公會齊侯宋公鄭伯曹伯邾人于檉

九月公敗邾師于偃　冬十月壬午公子友帥師敗莒師于酈獲莒挐　十有二月丁巳夫人氏之喪至自齊

二年　春王正月城楚丘　夏五月辛巳葬我小君哀姜　虞師晉師滅下陽　秋九月齊侯宋公江人黄人盟于貫

儒藏經典·康熙篆文六經四書　春秋

僖公

元年　春，王正月。　齊師、宋師、曹師次于聶北，救邢。　夏，六月，邢遷于夷儀。　齊師、宋師、曹師城邢。　秋，七月戊辰，夫人姜氏薨于夷，齊人以歸。　楚人伐鄭。　八月，公會齊侯、宋公、鄭伯、曹伯、邾人于檉。

九月，公敗邾師于偃。　冬，十月壬午，公子友帥師敗莒師于酈，獲莒挐。　十有二月丁巳，夫人氏之喪至自齊。

二年　春，王正月，城楚丘。　夏，五月辛巳，葬我小君哀姜。　虞師、晉師滅下陽。　秋，九月，齊侯、宋公、江人、黄人盟于貫。

冬十月不雨　楚人侵鄭
三年　春王正月不雨　夏四
月不雨　徐人取舒　六月
雨　秋齊侯宋公江人黃人
會于陽穀　冬公子友如齊
涖盟　楚人伐鄭
四年　春王正月公會齊侯宋
公陳侯衛侯鄭伯許男曹伯
侵蔡蔡潰遂伐楚次于陘
夏許男新臣卒　楚屈完來
盟于師盟于召陵　齊人執
陳轅濤塗　秋及江人黃人
伐陳　八月公至自伐楚
葬許穆公　冬十有二月公
孫茲帥師會齊人宋人衛人
鄭人許人曹人侵陳

冬，十月，不雨。楚人侵鄭。

三年　春，王正月，不雨。夏，四月，不雨。徐人取舒。六月，雨。秋，齊侯、宋公、江人、黃人會于陽穀。冬，公子友如齊涖盟。楚人伐鄭。

四年　春，王正月，公會齊侯、宋公、陳侯、衛侯、鄭伯、許男、曹伯侵蔡。蔡潰，遂伐楚，次于陘。夏，許男新臣卒。楚屈完來盟于師，盟于召陵。齊人執陳轅濤塗。秋，及江人、黃人伐陳。八月，公至自伐楚。葬許穆公。冬，十有二月，公孫茲帥師會齊人、宋人、衛人、鄭人、許人、曹人侵陳。

五年　春，晉侯殺其世子申生。杞伯姬來朝其子。夏，公孫茲如牟。公及齊侯、宋公、陳侯、衛侯、鄭伯、許男、曹伯會王世子于首止。秋，八月，諸侯盟于首止。鄭伯逃歸不盟。楚子滅弦，弦子奔黄。九月戊申朔，日有食之。冬，晉人執虞公。

六年　春，王正月。夏，公會齊侯、宋公、陳侯、衛侯、曹伯伐鄭，圍新城。秋，楚人圍許，諸侯遂救許。冬，公至自伐鄭。

七年　春，齊人伐鄭。夏，小邾子來朝。鄭殺其大夫申侯。秋，七月，公會齊侯、宋公、陳世子款、鄭世子華盟于甯母。

曹伯班卒。　公子友如齊。

冬，葬曹昭公。

八年春，王正月，公會王人、齊侯、宋公、衛侯、許男、曹伯、陳世子款，盟于洮。鄭伯乞盟。　夏，狄伐晉。　秋，七月，禘于大廟，用致夫人。　冬，十有二月丁未，天王崩。

九年春，三月丁丑，宋公御説卒。　夏，公會宰周公、齊侯、宋子、衛侯、鄭伯、許男、曹伯于葵丘。　秋，七月乙酉，伯姬卒。

九月戊辰，諸侯盟于葵丘。

甲子，晉侯佹諸卒。　冬，晉里克殺其君之子奚齊。

儒藏經典·康熙篆文六經四書　春秋

世子款、鄭世子華盟于甯母。

曹伯班卒。　公子友如齊。

冬，葬曹昭公。

八年春，王正月，公會王人、齊侯、宋公、衛侯、許男、曹伯、陳世子款，盟于洮。鄭伯乞盟。　夏，狄伐晉。　秋，七月，禘于大廟，用致夫人。　冬，十有二月丁未，天王崩。

九年春，三月丁丑，宋公御説卒。　夏，公會宰周公、齊侯、宋子、衛侯、鄭伯、許男、曹伯于葵丘。　秋，七月乙酉，伯姬卒。

九月戊辰，諸侯盟于葵丘。

甲子，晉侯佹諸卒。　冬，晉里克殺其君之子奚齊。

十年春王正月公如齊狄滅温温子奔衛晉里克弑其君卓及其大夫荀息夏齊侯許男伐北戎晉殺其大夫里克秋七月冬大雨雪

十有一年春晉殺其大夫丕鄭父夏公及夫人姜氏會齊侯于陽穀秋八月大雩

冬楚人伐黄

十有二年春王三月庚午日有食之夏楚人滅黄秋七月冬十有二月丁丑陳侯杵臼卒

十有三年春狄侵衛夏四月葬陳宣公公會齊侯宋

儒藏經典·康熙篆文六經四書　春秋

十年春，王正月，公如齊。狄滅温，温子奔衛。晉里克弑其君卓及其大夫荀息。夏，齊侯、許男伐北戎。晉殺其大夫里克。秋，七月。冬，大雨雪。

十有一年春，晉殺其大夫丕鄭父。夏，公及夫人姜氏會齊侯于陽穀。秋，八月，大雩。

冬，楚人伐黄。

十有二年春，王三月庚午，日有食之。夏，楚人滅黄。秋，七月。冬，十有二月丁丑，陳侯杵臼卒。

十有三年春，狄侵衛。夏，四月，葬陳宣公。公會齊侯、宋公、陳侯、衛侯、鄭伯、許男、曹伯于鹹。秋，九月，大雩。冬，公子友如齊。

十有四年春，諸侯城緣陵。夏，六月，季姬及鄫子遇于防。使鄫子來朝。秋，八月辛卯，沙鹿崩。狄侵鄭。冬，蔡侯肸卒。

十有五年春，王正月，公如齊。楚人伐徐。三月，公會齊侯、宋公、陳侯、衛侯、鄭伯、許男、曹伯盟于牡丘，遂次于匡。公孫敖帥師及諸侯之大夫救徐。夏，五月，日有食之。秋，七月，齊師、曹師伐厲。八月，螽。九月，公至自會。季

儒藏經典·康熙篆文六經四書　春秋

姬歸于鄫　己卯晦震夷伯之廟　冬宋人伐曹　楚人敗徐于婁林　十有一月壬戌晉侯及秦伯戰于韓獲晉侯

十有六年　春王正月戊申朔隕石于宋五　是月六鷁退飛過宋都　三月壬申公子季友卒　夏四月丙申鄫季姬卒　秋七月甲子公孫茲卒　冬十有二月公會齊侯宋公陳侯衛侯鄭伯許男邢侯曹伯于淮

十有七年　春齊人徐人伐英氏　夏滅項　秋夫人姜氏會齊侯于卞　九月公至自

姬歸于鄫。己卯晦，震夷伯之廟。冬，宋人伐曹。楚人敗徐于婁林。十有一月壬戌，晉侯及秦伯戰于韓，獲晉侯。

十有六年春，王正月戊申朔，隕石于宋五。是月，六鷁退飛，過宋都。三月壬申，公子季友卒。夏，四月丙申，鄫季姬卒。秋，七月甲子，公孫茲卒。冬，十有二月，公會齊侯、宋公、陳侯、衛侯、鄭伯、許男、邢侯、曹伯于淮。

十有七年春，齊人、徐人伐英氏。夏，滅項。秋，夫人姜氏會齊侯于卞。九月，公至自

會　冬十有二月乙亥齊侯小白卒
十有八年　春王正月宋公曹伯衛人邾人伐齊　夏師救齊　五月戊寅宋師及齊師戰于甗齊師敗績　狄救齊　秋八月丁亥葬齊桓公　冬邢人狄人伐衛
十有九年　春王三月宋人執滕子嬰齊　夏六月宋公曹人邾人盟于曹南　鄫子會盟于邾　己酉邾人執鄫子用之　秋宋人圍曹　衛人伐邢　冬會陳人蔡人楚人鄭人盟于齊　梁亡
二十年　春新作南門　夏郜

儒藏經典·康熙篆文六經四書　春秋

會。冬，十有二月乙亥，齊侯小白卒。

十有八年　春，王正月，宋公、曹伯、衛人、邾人伐齊。夏，師救齊。五月戊寅，宋師及齊師戰于甗。齊師敗績。狄救齊。秋，八月丁亥，葬齊桓公。冬，邢人、狄人伐衛。

十有九年　春，王三月，宋人執滕子嬰齊。夏，六月，宋公、曹人、邾人盟于曹南。鄫子會盟于邾。己酉，邾人執鄫子，用之。秋，宋人圍曹。衛人伐邢。冬，會陳人、蔡人、楚人、鄭人，盟于齊。梁亡。

二十年　春，新作南門。夏，郜

子來朝　五月乙巳西宮災
鄭人入滑　秋齊人狄人
盟于邢　冬楚人伐隨
二十有一年　春狄侵衛　宋
人齊人楚人盟于鹿上　夏
大旱　秋宋公楚子陳侯蔡
侯鄭伯許男曹伯會于盂執
宋公以伐宋　冬公伐邾
楚人使宜申來獻捷　十有
二月癸丑公會諸侯盟于薄
釋宋公
二十有二年　春公伐邾取須
句　夏宋公衛侯許男滕子
伐鄭　秋八月丁未及邾人
戰于升陘　冬十有一月己
巳朔宋公及楚人戰于泓宋

儒藏經典·康熙篆文六經四書　春秋

子來朝。五月乙巳，西宮災。鄭人入滑。秋，齊人、狄人盟于邢。冬，楚人伐隨。

二十有一年春，狄侵衛。宋人、齊人、楚人盟于鹿上。夏，大旱。秋，宋公、楚子、陳侯、蔡侯、鄭伯、許男、曹伯會于盂。執宋公以伐宋。冬，公伐邾。楚人使宜申來獻捷。十有二月癸丑，公會諸侯盟于薄，釋宋公。

二十有二年春，公伐邾，取須句。夏，宋公、衛侯、許男、滕子伐鄭。秋，八月丁未，及邾人戰于升陘。冬，十有一月己巳朔，宋公及楚人戰于泓，宋

師敗績

二十有三年　春齊侯伐宋圍緡　夏五月庚寅宋公茲父卒　秋楚人伐陳　冬十有一月杞子卒

二十有四年　春王正月　夏狄伐鄭　秋七月　冬天王出居于鄭　晉侯夷吾卒

二十有五年　春王正月丙午衛侯燬滅邢　夏四月癸酉衛侯燬卒　宋蕩伯姬來逆婦　宋殺其大夫　秋楚人圍陳納頓子于頓　葬衛文公　冬十有二月癸亥公會衛子莒慶盟于洮

二十有六年　春王正月己未

師敗績。

二十有三年春，齊侯伐宋，圍緡。夏，五月庚寅，宋公茲父卒。秋，楚人伐陳。冬，十有一月，杞子卒。

二十有四年春，王正月。夏，狄伐鄭。秋，七月。冬，天王出居于鄭。晉侯夷吾卒。

二十有五年春，王正月丙午，衛侯燬滅邢。夏，四月癸酉，衛侯燬卒。宋蕩伯姬來逆婦。宋殺其大夫。秋，楚人圍陳，納頓子于頓。葬衛文公。冬，十有二月癸亥，公會衛子、莒慶，盟于洮。

二十有六年春，王正月，己未，

公會莒子衛甯速盟于向
齊人侵我西鄙公追齊師至
酅弗及　夏齊人伐我北鄙
衛人伐齊　公子遂如楚
乞師　秋楚人滅夔以夔子
歸　冬楚人伐宋圍緡　公
以楚師伐齊取穀公至自伐
齊

二十有七年　春杞子來朝
夏六月庚寅齊侯昭卒　秋
八月乙未葬齊孝公　乙巳
公子遂帥師入杞　冬楚人
陳侯蔡侯鄭伯許男圍宋
十有二月甲戌公會諸侯盟
于宋
二十有八年　春晉侯侵曹晉

公會莒子、衛甯速，盟于向。
齊人侵我西鄙，公追齊師，至
酅，弗及。夏，齊人伐我北鄙。
衛人伐齊。公子遂如楚
乞師。秋，楚人滅夔，以夔子
歸。冬，楚人伐宋，圍緡。公
以楚師伐齊，取穀。公至自伐
齊。

二十有七年　春，杞子來朝。
夏，六月庚寅，齊侯昭卒。秋，
八月乙未，葬齊孝公。乙巳，
公子遂帥師入杞。冬，楚人、
陳侯、蔡侯、鄭伯、許男圍宋。
十有二月甲戌，公會諸侯，盟
于宋。
二十有八年　春，晉侯侵曹，晉

儒藏經典·康熙篆文六經四書 春秋

侯伐衛。公子買戍衛，不卒戍，刺之。楚人救衛。三月丙午，晉侯入曹，執曹伯。畀宋人。夏，四月己巳，晉侯、齊師、宋師、秦師及楚人戰于城濮，楚師敗績。楚殺其大夫得臣。衛侯出奔楚。五月癸丑，公會晉侯、齊侯、宋公、蔡侯、鄭伯、衛子、莒子，盟于踐土。陳侯如會。公朝于王所。六月，衛侯鄭自楚復歸于衛。衛元咺出奔晉。陳侯款卒。秋，杞伯姬來。公子遂如齊。冬，公會晉侯、齊侯、宋公、蔡侯、鄭伯、陳子、莒子、邾子、秦人于温。天王狩于河陽。

壬申公朝于王所　晉人執衛侯歸之于京師　衛元咺自晉復歸于衛　諸侯遂圍許　曹伯襄復歸于曹遂會諸侯圍許

二十有九年　春介葛盧來　公至自圍許　夏六月會王人晉人宋人齊人陳人蔡人秦人盟于翟泉　秋大雨雹　冬介葛盧來

三十年　春王正月　夏狄侵齊　秋衛殺其大夫元咺及公子瑕　衛侯鄭歸于衛　晉人秦人圍鄭　介人侵蕭　冬天王使宰周公來聘　公子遂如京師遂如晉

儒藏經典·康熙篆文六經四書　春秋

壬申，公朝于王所。晉人執衛侯，歸之于京師。衛元咺自晉復歸于衛。諸侯遂圍許。曹伯襄復歸于曹，遂會諸侯圍許。

二十有九年春，介葛盧來。公至自圍許。夏，六月，會王人、晉人、宋人、齊人、陳人、蔡人、秦人，盟于翟泉。秋，大雨雹。冬，介葛盧來。

三十年春，王正月。夏，狄侵齊。秋，衛殺其大夫元咺及公子瑕。衛侯鄭歸于衛。晉人、秦人圍鄭。介人侵蕭。冬，天王使宰周公來聘。公子遂如京師，遂如晉。

三十有一年春取濟西田
公子遂如晉夏四月四卜
郊不從乃免牲猶三望
秋七月冬杞伯姬來求
婦狄圍衛十有二月衛遷
于帝丘
三十有二年春王正月夏
四月己丑鄭伯捷卒衛人
侵狄秋衛人及狄盟冬
十有二月己卯晉侯重耳卒
三十有三年春王二月秦人
入滑齊侯使國歸父來聘
夏四月辛巳晉人及姜戎
敗秦師于殽癸巳葬晉文公
狄侵齊公伐邾取訾婁
秋公子遂帥師伐邾晉

儒藏經典·康熙篆文六經四書　春秋

三十有一年春，取濟西田。公子遂如晉。夏，四月，四卜郊，不從，乃免牲。猶三望。秋，七月。冬，杞伯姬來求婦。狄圍衛。十有二月，衛遷于帝丘。

三十有二年春，王正月。夏，四月己丑，鄭伯捷卒。衛人侵狄。秋，衛人及狄盟。冬，十有二月己卯，晉侯重耳卒。

三十有三年春，王二月，秦人入滑。齊侯使國歸父來聘。夏，四月辛巳，晉人及姜戎敗秦師于殽。癸巳，葬晉文公。狄侵齊。公伐邾，取訾婁。秋，公子遂帥師伐邾。晉

人敗狄于箕　冬十月公如齊十有二月公至自齊　乙巳公薨于小寢　隕霜不殺草李梅實　晉人陳人鄭人伐許

儒藏
儒藏經典·康熙篆文六經四書　春秋

人敗狄于箕。冬，十月，公如齊。十有二月，公至自齊。乙巳，公薨于小寢。隕霜不殺草。李、梅實。晉人、陳人、鄭人伐許。

文公

元年　春王正月公即位　二月癸亥日有食之　天王使叔服來會葬　夏四月丁巳葬我君僖公　天王使毛伯來錫公命　晉侯伐衛　叔孫得臣如京師　衛人伐晉

秋公孫敖會晉侯于戚

冬十月丁未楚世子商臣弑其君頵　公孫敖如齊

二年　春王二月甲子晉侯及秦師戰于彭衙秦師敗績

丁丑作僖公主　三月乙巳及晉處父盟　夏六月公孫敖會宋公陳侯鄭伯晉士縠盟于垂隴　自十有二月不

儒藏
儒藏經典·康熙篆文六經四書　春秋

文公

元年，春，王正月，公即位。二月癸亥，日有食之。天王使叔服來會葬。夏，四月丁巳，葬我君僖公。天王使毛伯來錫公命。晉侯伐衛。叔孫得臣如京師。衛人伐晉。

秋，公孫敖會晉侯于戚。

冬，十月丁未，楚世子商臣弑其君頵。公孫敖如齊。

二年　春，王二月甲子，晉侯及秦師戰于彭衙，秦師敗績。

丁丑，作僖公主。三月乙巳，及晉處父盟。夏，六月，公孫敖會宋公、陳侯、鄭伯、晉士縠盟于垂隴。自十有二月不

雨至于秋七月 八月丁卯
大事于大廟躋僖公 冬晉
人宋人陳人鄭人伐秦 公
子遂如齊納幣
三年 春王正月叔孫得臣會
晉人宋人陳人衛人鄭人伐
沈沈潰 夏五月王子虎卒
秦人伐晉 秋楚人圍江
雨螽于宋 冬公如晉
十有二月己巳公及晉侯盟
晉陽處父帥師伐楚以救
江
四年 春公至自晉 夏逆婦
姜于齊 狄侵齊 秋楚人
滅江 晉侯伐秦 衛侯使
甯俞來聘 冬十有一月壬

儒藏
儒藏經典·康熙篆文六經四書 春秋

雨，至于秋七月。八月丁卯，
大事于大廟，躋僖公。冬，晉
人、宋人、陳人、鄭人伐秦。公
子遂如齊納幣。
三年春，王正月，叔孫得臣會
晉人、宋人、陳人、衛人、鄭人伐
沈。沈潰。夏，五月，王子虎卒。
秦人伐晉。秋，楚人圍江。
雨螽于宋。冬，公如晉。
十有二月己巳，公及晉侯盟。
晉陽處父帥師伐楚以救
江。
四年春，公至自晉。夏，逆婦
姜于齊。狄侵齊。秋，楚人
滅江。晉侯伐秦。衛侯使
甯俞來聘。冬，十有一月壬

寅夫人風氏薨

五年　春王正月王使榮叔歸含且賵　三月辛亥葬我小君成風　王使召伯來會葬　夏公孫敖如晉　秦人入鄀　秋楚人滅六　冬十月甲申許男業卒

六年　春葬許僖公　夏季孫行父如陳　秋季孫行父如晉　八月乙亥晉侯驩卒　冬十月公子遂如晉葬晉襄公　晉殺其大夫陽處父晉狐射姑出奔狄　閏月不告月猶朝于廟

七年　春公伐邾　三月甲戌取須句　遂城部　夏四月

寅，夫人風氏薨。

五年　春，王正月，王使榮叔歸含，且賵。　三月辛亥，葬我小君成風。　王使召伯來會葬。　夏，公孫敖如晉。　秦人入鄀。　秋，楚人滅六。　冬，十月甲申，許男業卒。

六年　春，葬許僖公。　夏，季孫行父如陳。　秋，季孫行父如晉。　八月乙亥，晉侯驩卒。　冬，十月，公子遂如晉。葬晉襄公。　晉殺其大夫陽處父。晉狐射姑出奔狄。　閏月不告月，猶朝于廟。

七年　春，公伐邾。　三月甲戌，取須句。　遂城部。　夏，四月，

宋公王臣卒 宋人殺其大夫 戊子晉人及秦人戰于令狐 晉先蔑奔秦 狄侵我西鄙 秋八月公會諸侯晉大夫盟于扈 冬徐伐莒 公孫敖如莒涖盟

八年 春王正月 夏四月 秋八月戊申天王崩 冬十月壬午公子遂會晉趙盾盟于衡雍 乙酉公子遂會雒戎盟于暴 公孫敖如京師不至而復丙戌奔莒 螽 宋人殺其大夫司馬宋司城來奔

九年 春毛伯來求金 夫人姜氏如齊 二月叔孫得臣

儒藏經典·康熙篆文六經四書 春秋

宋公王臣卒。宋人殺其大夫。戊子，晉人及秦人戰于令狐。晉先蔑奔秦。狄侵我西鄙。秋，八月，公會諸侯、晉大夫，盟于扈。冬，徐伐莒。公孫敖如莒涖盟。

八年春，王正月。夏，四月。秋，八月戊申，天王崩。冬，十月壬午，公子遂會晉趙盾，盟于衡雍。乙酉，公子遂會雒戎，盟于暴。公孫敖如京師，不至而復。丙戌，奔莒。螽。宋人殺其大夫司馬。宋司城來奔。

九年春，毛伯來求金。夫人姜氏如齊。二月，叔孫得臣

如京師　辛丑　葬襄王　晉人殺其大夫先都　三月　夫人姜氏至自齊　晉人殺其大夫士縠及箕鄭父　楚人伐鄭　公子遂會晉人宋人衛人許人救鄭　夏　狄侵齊　秋八月　曹伯襄卒　九月癸酉地震　冬　楚子使椒來聘

秦人來歸僖公成風之襚

葬曹共公

十年　春王三月辛卯　臧孫辰卒　夏　秦伐晉　楚殺其大夫宜申　自正月不雨至于秋七月　及蘇子盟于女栗　冬　狄侵宋　楚子蔡侯次于厥貉

如京師。辛丑，葬襄王。晉人殺其大夫先都。三月，夫人姜氏至自齊。晉人殺其大夫士縠及箕鄭父。楚人伐鄭。公子遂會晉人、宋人、衛人、許人，救鄭。夏，狄侵齊。秋，八月，曹伯襄卒。九月癸酉，地震。冬，楚子使椒來聘。

秦人來歸僖公、成風之襚。

葬曹共公。

十年春，王三月辛卯，臧孫辰卒。夏，秦伐晉。楚殺其大夫宜申。自正月不雨，至于秋七月。及蘇子盟于女栗。冬，狄侵宋。楚子、蔡侯次于厥貉。

十有一年春楚子伐麋夏
叔仲彭生會晉郤缺于承筐
秋曹伯來朝公子遂如
宋狄侵齊冬十月甲午
叔孫得臣敗狄于鹹
十有二年春王正月郕伯來
奔杞伯來朝二月庚子
子叔姬卒夏楚人圍巢
秋滕子來朝秦伯使術來
聘冬十有二月戊午晉人
秦人戰于河曲季孫行父
帥師城諸及鄆
十有三年春王正月夏五
月壬午陳侯朔卒邾子蘧
蒢卒自正月不雨至于秋
七月世室屋壞冬公如

儒藏經典·康熙篆文六經四書　春秋

十有一年　春，楚子伐麇。　夏，
叔仲彭生會晉郤缺于承筐。
秋，曹伯來朝。　公子遂如
宋。　狄侵齊。　冬，十月甲午，
叔孫得臣敗狄于鹹。
十有二年　春，王正月，郕伯來
奔。　杞伯來朝。　二月庚子，
子叔姬卒。　夏，楚人圍巢。
秋，滕子來朝。　秦伯使術來
聘。　冬，十有二月戊午，晉人、
秦人戰于河曲。　季孫行父
帥師城諸及鄆。
十有三年　春，王正月。　夏，五
月壬午，陳侯朔卒。　邾子蘧
蒢卒。　自正月不雨，至于秋
七月。　世室屋壞。　冬，公如

晉衛侯會公于沓　狄侵衛
十有二月己丑公及晉侯
盟公還自晉鄭伯會公于棐
十有四年春　王正月公至自
晉　邾人伐我南鄙叔彭生
帥師伐邾　夏五月乙亥齊
侯潘卒　六月公會宋公陳
侯衛侯鄭伯許男曹伯晉趙
盾癸酉同盟于新城　秋七
月有星孛入于北斗　公至
自會　晉人納捷菑于邾弗
克納　九月甲申公孫敖卒
于齊　齊公子商人弒其君
舍　宋子哀來奔　冬單伯
如齊　齊人執單伯　齊人執
子叔姬

儒藏
儒藏經典·康熙篆文六經四書　春秋

晉。衛侯會公于沓。狄侵衛。

十有二月己丑，公及晉侯盟。公還自晉，鄭伯會公于棐。

十有四年春，王正月，公至自晉。邾人伐我南鄙，叔彭生帥師伐邾。夏，五月乙亥，齊侯潘卒。六月，公會宋公、陳侯、衛侯、鄭伯、許男、曹伯、晉趙盾。癸酉，同盟于新城。秋，七月，有星孛入于北斗。公至自會。晉人納捷菑于邾，弗克納。九月甲申，公孫敖卒于齊。齊公子商人弒其君舍。宋子哀來奔。冬，單伯如齊。齊人執單伯。齊人執子叔姬。

十有五年春，季孫行父如晉。三月，宋司馬華孫來盟。夏，曹伯來朝。齊人歸公孫敖之喪。六月辛丑朔，日有食之。鼓，用牲于社。單伯至自齊。晉郤缺帥師伐蔡。①戊申，入蔡。秋，齊人侵我西鄙。季孫行父如晉。冬，十有一月，諸侯盟于扈。十有二月，齊人來歸子叔姬。齊侯侵我西鄙，遂伐曹，入其郛。

十有六年春，季孫行父會齊侯于陽穀，齊侯弗及盟。夏，五月，公四不視朔。六月戊辰，公子遂及齊侯盟于郪丘。秋，八月辛未，夫人姜氏薨。

儒藏經典·康熙篆文六經四書　春秋

毀泉臺楚人秦人巴人
滅庸冬十有一月宋人弒
其君杵臼
十有七年春晉人衛人陳人
鄭人伐宋夏四月癸亥葬
我小君聲姜齊侯伐我西
鄙六月癸未公及齊侯盟
于穀諸侯會于扈秋公
至自穀冬公子遂如齊
十有八年春王二月丁丑公
薨于臺下秦伯罃卒夏
五月戊戌齊人弒其君商人
六月癸酉葬我君文公
秋公子遂叔孫得臣如齊
冬十月子卒夫人姜氏歸
于齊季孫行父如齊莒

儒藏經典·康熙篆文六經四書 春秋

毀泉臺。楚人、秦人、巴人滅庸。冬，十有一月，宋人弒其君杵臼。

十有七年春，晉人、衛人、陳人、鄭人伐宋。夏，四月癸亥，葬我小君聲姜。齊侯伐我西鄙。六月癸未，公及齊侯盟于穀。諸侯會于扈。秋，公至自穀。冬，公子遂如齊。

十有八年春，王二月丁丑，公薨于臺下。秦伯罃卒。夏，五月戊戌，齊人弒其君商人。六月癸酉，葬我君文公。秋，公子遂、叔孫得臣如齊。冬，十月，子卒。夫人姜氏歸于齊。季孫行父如齊。莒

弒其君庶其

弒其君庶其。

儒藏

儒藏經典·康熙篆文六經四書　春秋

宣公

元年 春王正月公即位 公子遂如齊逆女 三月遂以夫人婦姜至自齊 夏季孫行父如齊 晉放其大夫胥甲父于衛 公會齊侯于平州 公子遂如齊 六月齊人取濟西田 秋邾子來朝

楚子鄭人侵陳遂侵宋

晉趙盾帥師救陳 宋公陳侯衛侯曹伯會晉師于棐林伐鄭 冬晉趙穿帥師侵崇

晉人宋人伐鄭

二年 春王二月壬子宋華元帥師及鄭公子歸生帥師戰于大棘宋師敗績獲宋華元

儒藏
儒藏經典·康熙篆文六經四書 春秋

宣公

元年春，王正月，公即位。公子遂如齊逆女。三月，遂以夫人婦姜至自齊。夏，季孫行父如齊。晉放其大夫胥甲父于衛。公會齊侯于平州。公子遂如齊。六月，齊人取濟西田。秋，邾子來朝。

楚子、鄭人侵陳，遂侵宋。

晉趙盾帥師救陳。宋公、陳侯、衛侯、曹伯會晉師于棐林，伐鄭。冬，晉趙穿帥師侵崇。

晉人、宋人伐鄭。

二年春，王二月壬子，宋華元帥師及鄭公子歸生帥師，戰于大棘。宋師敗績，獲宋華元。

秦師伐晉 夏晉人宋人衛人陳人侵鄭 秋九月乙丑晉趙盾弑其君夷皋 冬十月乙亥天王崩

三年 春王正月郊牛之口傷改卜牛牛死乃不郊 猶三望 葬匡王 楚子伐陸渾之戎 夏楚人侵鄭 秋赤狄侵齊 宋師圍曹 冬十月丙戌鄭伯蘭卒 葬鄭穆公

四年 春王正月公及齊侯平莒及郯莒人不肯公伐莒取向 秦伯稻卒 夏六月乙酉鄭公子歸生弑其君夷 赤狄侵齊 秋公如齊公至

儒藏經典·康熙篆文六經四書 春秋

秦師伐晉。夏，晉人、宋人、衛人、陳人侵鄭。秋，九月乙丑，晉趙盾弑其君夷皋。冬，十月乙亥，天王崩。

三年春，王正月，郊牛之口傷，改卜牛。牛死，乃不郊。猶三望。葬匡王。楚子伐陸渾之戎。夏，楚人侵鄭。秋，赤狄侵齊。宋師圍曹。冬，十月丙戌，鄭伯蘭卒。葬鄭穆公。

四年春，王正月，公及齊侯平莒及郯。莒人不肯。公伐莒，取向。秦伯稻卒。夏，六月乙酉，鄭公子歸生弑其君夷。赤狄侵齊。秋，公如齊。公至

自齊　冬楚子伐鄭
五年　春公如齊　夏公至自
齊　秋九月齊高固來逆子
叔姬　叔孫得臣卒　冬齊
高固及子叔姬來　楚人伐
鄭
六年　春晉趙盾衛孫免侵陳
夏四月　秋八月螽　冬
十月
七年　春衛侯使孫良夫來盟
夏公會齊侯伐萊　秋公
至自伐萊大旱　冬公會晉
侯宋公衛侯鄭伯曹伯于黑
壤
八年　春公至自會　夏六月
公子遂如齊至黃乃復　辛

儒藏經典·康熙篆文六經四書　春秋

自齊。冬，楚子伐鄭。
五年春，公如齊。夏，公至自
齊。秋，九月，齊高固來逆子
叔姬。叔孫得臣卒。冬，齊
高固及子叔姬來。楚人伐
鄭。
六年春，晉趙盾、衛孫免侵陳。
夏，四月。秋，八月，螽。冬，
十月。
七年春，衛侯使孫良夫來盟。
夏，公會齊侯伐萊。秋，公
至自伐萊。大旱。冬，公會晉
侯、宋公、衛侯、鄭伯、曹伯于黑
壤。
八年春，公至自會。夏，六月，
公子遂如齊，至黃乃復。辛

巳有事于大廟仲遂卒于垂
壬午猶繹萬入去籥　戊
子夫人嬴氏薨　晉師白狄
伐秦　楚人滅舒蓼　秋七
月甲子日有食之既　冬十
月己丑葬我小君敬嬴　雨
不克葬庚寅日中而克葬
城平陽　楚師伐陳
九年　春王正月公如齊公至
自齊　夏仲孫蔑如京師
齊侯伐萊　秋取根牟　八
月滕子卒　九月晉侯宋公
衛侯鄭伯曹伯會于扈晉荀
林父帥師伐陳　辛酉晉侯
黑臀卒于扈　冬十月癸酉
衛侯鄭卒　宋人圍滕　楚

儒藏
儒藏經典·康熙篆文六經四書　春秋

巳，有事于大廟，仲遂卒于垂。壬午，猶繹。萬入，去籥。戊子，夫人嬴氏薨。晉師、白狄伐秦。楚人滅舒蓼。秋，七月甲子，日有食之，既。冬，十月己丑，葬我小君敬嬴。雨，不克葬。庚寅，日中而克葬。城平陽。楚師伐陳。

九年春，王正月，公如齊。公至自齊。夏，仲孫蔑如京師。齊侯伐萊。秋，取根牟。八月，滕子卒。九月，晉侯、宋公、衛侯、鄭伯、曹伯會于扈。晉荀林父帥師伐陳。辛酉，晉侯黑臀卒于扈。冬，十月癸酉，衛侯鄭卒。宋人圍滕。楚子伐鄭晉郤缺帥師救鄭陳殺其大夫洩冶十年春公如齊公至自齊齊人歸我濟西田夏四月丙辰日有食之己巳齊侯元卒齊崔氏出奔衛公如齊五月公至自齊癸巳陳夏徵舒弑其君平國

六月宋師伐滕公孫歸父如齊葬齊惠公晉人宋人衛人曹人伐鄭秋天王使王季子來聘公孫歸父帥師伐邾取繹大水季孫行父如齊冬公孫歸父如齊齊侯使國佐來聘饑楚子伐鄭

子伐鄭。晉郤缺帥師救鄭。陳殺其大夫洩冶。

十年春，公如齊。公至自齊。齊人歸我濟西田。夏，四月丙辰，日有食之。己巳，齊侯元卒。齊崔氏出奔衛。公如齊。五月，公至自齊。癸巳，陳夏徵舒弑其君平國。

儒藏經典・康熙篆文六經四書　春秋

六月，宋師伐滕。公孫歸父如齊，葬齊惠公。晉人、宋人、衛人、曹人伐鄭。秋，天王使王季子來聘。公孫歸父帥師伐邾，取繹。大水。季孫行父如齊。冬，公孫歸父如齊。齊侯使國佐來聘。饑。楚子伐鄭。

十有一年 春王正月 夏楚子陳侯鄭伯盟于辰陵 公孫歸父會齊人伐莒 秋晉侯會狄于欑函 冬十月楚人殺陳夏徵舒 丁亥楚子入陳 納公孫寧儀行父于陳

十有二年 春葬陳靈公 楚子圍鄭 夏六月乙卯晉荀林父帥師及楚子戰于邲晉師敗績 秋七月 冬十有二月戊寅楚子滅蕭 晉人宋人衛人曹人同盟于清丘

宋師伐陳衛人救陳

十有三年 春齊師伐莒 夏楚子伐宋 秋螽 冬晉殺

十有一年 春，王正月。 夏，楚子、陳侯、鄭伯盟于辰陵。 公孫歸父會齊人伐莒。 秋，晉侯會狄于欑函。 冬，十月，楚人殺陳夏徵舒。 丁亥，楚子入陳。 納公孫寧、儀行父于陳。

儒藏經典・康熙篆文六經四書 春秋

十有二年 春，葬陳靈公。 楚子圍鄭。 夏，六月乙卯，晉荀林父帥師及楚子戰于邲，晉師敗績。 秋，七月。 冬，十有二月戊寅，楚子滅蕭。 晉人、宋人、衛人、曹人同盟于清丘。

宋師伐陳。衛人救陳。

十有三年 春，齊師伐莒。 夏，楚子伐宋。 秋，螽。 冬，晉殺

其大夫先穀
十有四年　春衛殺其大夫孔達　夏五月壬申曹伯壽卒　晉侯伐鄭　秋九月楚子圍宋　葬曹文公　冬公孫歸父會齊侯于穀
十有五年　春公孫歸父會楚子于宋　夏五月宋人及楚人平　六月癸卯晉師滅赤狄潞氏以潞子嬰兒歸　秦人伐晉　王札子殺召伯毛伯　秋螽　仲孫蔑會齊高固于無婁　初稅畝　冬蝝生　飢②
十有六年　春王正月晉人滅赤狄甲氏及留吁　夏成周

其大夫先穀。

十有四年春，衛殺其大夫孔達。夏，五月壬申，曹伯壽卒。晉侯伐鄭。秋，九月，楚子圍宋。葬曹文公。冬，公孫歸父會齊侯于穀。

十有五年春，公孫歸父會楚子于宋。夏，五月，宋人及楚人平。六月癸卯，晉師滅赤狄潞氏，以潞子嬰兒歸。秦人伐晉。王札子殺召伯、毛伯。秋，螽。仲孫蔑會齊高固于無婁。初稅畝。冬，蝝生。饑。

十有六年春，王正月，晉人滅赤狄甲氏及留吁。夏，成周

宣榭火　秋郯伯姬來歸
冬大有年
十有七年　春王正月庚子許
男錫我卒　丁未蔡侯申卒
夏葬許昭公葬蔡文公
六月癸卯日有食之　己未
公會晉侯衛侯曹伯邾子同
盟于斷道　秋公至自會
冬十有一月壬午公弟叔肹
卒
十有八年　春晉侯衛世子臧
伐齊　公伐杞　夏四月
秋七月邾人戕鄫子于鄫
甲戌楚子旅卒　公孫歸父
如晉　冬十月壬戌公薨于
路寢　歸父還自晉至笙遂

儒藏經典·康熙篆文六經四書　春秋

宣榭火。秋，郯伯姬來歸。
冬，大有年。
十有七年春，王正月庚子，許
男錫我卒。丁未，蔡侯申卒。
夏，葬許昭公。葬蔡文公。
六月癸卯，日有食之。己未，
公會晉侯、衛侯、曹伯、邾子同
盟于斷道。秋，公至自會。
冬，十有一月壬午，公弟叔肹
卒。
十有八年春，晉侯、衛世子臧
伐齊。公伐杞。夏，四月。
秋，七月，邾人戕鄫子于鄫。
甲戌，楚子旅卒。公孫歸父
如晉。冬，十月壬戌，公薨于
路寢。歸父還自晉，至笙。遂

儒藏

奔齊

儒藏

奔齊。

成公

元年　春王正月公即位　二
月辛酉葬我君宣公　無冰
三月作丘甲　夏臧孫許
及晉侯盟于赤棘　秋王師
敗績于茅戎　冬十月
二年　春齊侯伐我北鄙　夏
四月丙戌衛孫良夫帥師及
齊師戰于新築衛師敗績
六月癸酉季孫行父臧孫許
叔孫僑如公孫嬰齊帥師會
晉郤克衛孫良夫曹公子首
及齊侯戰于鞌齊師敗績
秋七月齊侯使國佐如師己
酉及國佐盟于袁婁　八月
壬午宋公鮑卒　庚寅衛侯

成公

元年春，王正月，公即位。二
月辛酉，葬我君宣公。無冰。
三月，作丘甲。夏，臧孫許
及晉侯盟于赤棘。秋，王師
敗績于茅戎。冬，十月。
二年春，齊侯伐我北鄙。夏，
四月丙戌，衛孫良夫帥師及
齊師戰于新築，衛師敗績。
六月癸酉，季孫行父、臧孫許、
叔孫僑如、公孫嬰齊帥師會
晉郤克、衛孫良夫、曹公子首
及齊侯戰于鞌，齊師敗績。
秋，七月，齊侯使國佐如師。己
酉，及國佐盟于袁婁。八月
壬午，宋公鮑卒。庚寅，衛侯

速卒。取汶陽田。冬，楚師、鄭師侵衛。十有一月，公會楚公子嬰齊于蜀。丙申，公及楚人、秦人、宋人、陳人、衛人、鄭人、齊人、曹人、邾人、薛人、鄫人盟于蜀。

三年春，王正月，公會晉侯、宋公、衛侯、曹伯伐鄭。辛亥，葬衛穆公。二月，公至自伐鄭。甲子，新宮災。三日哭。乙亥，葬宋文公。夏，公如晉。鄭公子去疾帥師伐許。公至自晉。秋，叔孫僑如帥師圍棘。大雩。晉郤克、衛孫良夫伐廧咎如。冬，十有一月，晉侯使荀庚來聘。衛侯

儒藏 儒藏經典·康熙篆文六經四書 春秋

速卒。取汶陽田。冬，楚師、鄭師侵衛。十有一月，公會楚公子嬰齊于蜀。丙申，公及楚人、秦人、宋人、陳人、衛人、鄭人、齊人、曹人、邾人、薛人、鄫人盟于蜀。

三年春，王正月，公會晉侯、宋公、衛侯、曹伯伐鄭。辛亥，葬衛穆公。二月，公至自伐鄭。甲子，新宮災。三日哭。乙亥，葬宋文公。夏，公如晉。鄭公子去疾帥師伐許。公至自晉。秋，叔孫僑如帥師圍棘。大雩。晉郤克、衛孫良夫伐廧咎如。冬，十有一月，晉侯使荀庚來聘。衛侯

使孫良夫來聘丙午及荀庚盟丁未及孫良夫盟鄭伐許

四年春宋公使華元來聘三月壬申鄭伯堅卒杞伯來朝夏四月甲寅臧孫許卒公如晉葬鄭襄公秋公至自晉冬城鄆鄭伯伐許

五年春王正月杞叔姬來歸仲孫蔑如宋夏叔孫僑如會晉荀首于穀梁山崩秋大水冬十有一月己酉天王崩十有二月己丑公會晉侯齊侯宋公衛侯鄭伯曹伯邾子杞伯同盟于蟲

儒藏經典·康熙篆文六經四書　春秋

使孫良夫來聘。丙午，及荀庚盟。丁未，及孫良夫盟。鄭伐許。

四年春，宋公使華元來聘。三月壬申，鄭伯堅卒。杞伯來朝。夏，四月甲寅，臧孫許卒。公如晉。葬鄭襄公。秋，公至自晉。冬，城鄆。鄭伯伐許。

五年春，王正月，杞叔姬來歸。仲孫蔑如宋。夏，叔孫僑如會晉荀首于穀。梁山崩。秋，大水。冬，十有一月己酉，天王崩。十有二月己丑，公會晉侯、齊侯、宋公、衛侯、鄭伯、曹伯、邾子、杞伯同盟于蟲

牢

六年 春王正月公至自會 二月辛巳立武宮 取鄟 衛孫良夫帥師侵宋 夏六月邾子來朝 公孫嬰齊如晉 壬申鄭伯費卒 秋仲孫蔑叔孫僑如帥師侵宋 楚公子嬰齊帥師伐鄭 冬季孫行父如晉 晉欒書帥師救鄭

七年 春王正月鼷鼠食郊牛角改卜牛鼷鼠又食其角乃免牛 吳伐郯 夏五月曹伯來朝 不郊猶三望 秋楚公子嬰齊帥師伐鄭公會晉侯齊侯宋公衛侯曹伯莒

儒藏經典·康熙篆文六經四書 春秋

牢。

六年 春，王正月，公至自會。二月辛巳，立武宮。取鄟。衛孫良夫帥師侵宋。夏，六月，邾子來朝。公孫嬰齊如晉。壬申，鄭伯費卒。秋，仲孫蔑、叔孫僑如帥師侵宋。楚公子嬰齊帥師伐鄭。冬，季孫行父如晉。晉欒書帥師救鄭。

七年 春，王正月，鼷鼠食郊牛角，改卜牛。鼷鼠又食其角，乃免牛。吳伐郯。夏，五月，曹伯來朝。不郊，猶三望。秋，楚公子嬰齊帥師伐鄭。公會晉侯、齊侯、宋公、衛侯、曹伯、莒

子邾子杞伯救鄭八月戊辰同盟于馬陵　公至自會吴人州來　冬大雩　衛孫林父出奔晋

八年　春晋侯使韓穿來言汶陽之田歸之于齊　晋欒書帥師侵蔡　公孫嬰齊如莒　宋公使華元來聘　夏宋公使公孫壽來納幣　晋殺其大夫趙同趙括　秋七月天子使召伯來賜公命　冬十月癸卯杞叔姬卒　晋侯使士燮來聘叔孫僑如會晋士燮齊人邾人伐郯　衛人來媵

九年　春王正月杞伯來逆叔

子、邾子、杞伯救鄭。八月戊辰，同盟于馬陵。公至自會。吴入州來。冬，大雩。衛孫林父出奔晋。

八年春，晋侯使韓穿來言汶陽之田，歸之于齊。晋欒書帥師侵蔡。公孫嬰齊如莒。宋公使華元來聘。夏，宋公使公孫壽來納幣。晋殺其大夫趙同、趙括。秋，七月，天子使召伯來賜公命。冬，十月癸卯，杞叔姬卒。晋侯使士燮來聘。叔孫僑如會晋士燮、齊人、邾人伐郯。衛人來媵。

九年春，王正月，杞伯來逆叔

姬之喪以歸 公會晉侯齊
侯宋公衛侯鄭伯曹伯莒子
杞伯同盟于蒲 公至自會
二月伯姬歸于宋 夏季
孫行父如宋致女晉人來媵
秋七月丙子齊侯無野卒
晉人執鄭伯晉欒書帥師
伐鄭 冬十有一月葬齊頃

公 楚公子嬰齊帥師伐莒
庚申莒潰楚人入鄆 秦人
白狄伐晉 鄭人圍許 城
中城
十年 春衛侯之弟黑背帥師
侵鄭 夏四月五卜郊不從
乃不郊 五月公會晉侯齊
侯宋公衛侯曹伯伐鄭 齊

姬之喪以歸。 公會晉侯、齊
侯、宋公、衛侯、鄭伯、曹伯、莒子、
杞伯，同盟于蒲。 公至自會。
二月，伯姬歸于宋。 夏，季
孫行父如宋致女。晉人來媵。
秋，七月丙子，齊侯無野卒。
晉人執鄭伯。晉欒書帥師
伐鄭。 冬，十有一月，葬齊頃

公。 楚公子嬰齊帥師伐莒。
庚申，莒潰。楚人入鄆。 秦人、
白狄伐晉。 鄭人圍許。 城
中城。
十年 春，衛侯之弟黑背帥師
侵鄭。 夏，四月，五卜郊，不從，
乃不郊。 五月，公會晉侯、齊
侯、宋公、衛侯、曹伯，伐鄭。 齊

人來滕　丙午晉侯獳卒　秋七月公如晉　冬十月

十有一年　春王三月公至自晉　晉侯使郤犨來聘己丑及郤犨盟　夏季孫行父如晉　秋叔孫僑如如齊　冬十月

十有二年　春周公出奔晉　夏公會晉侯衛侯于瑣澤　秋晉人敗狄于交剛　冬十月

十有三年　春晉侯使郤錡來乞師　三月公如京師　夏五月公自京師遂會晉侯齊侯宋公衛侯鄭伯曹伯邾人滕人伐秦　曹伯盧卒于師

人來滕。　丙午，晉侯獳卒。

秋，七月，公如晉。　冬，十月。

十有一年　春，王三月，公至自晉。　晉侯使郤犨來聘，己丑，及郤犨盟。　夏，季孫行父如晉。　秋，叔孫僑如如齊。　冬，十月。

十有二年　春，周公出奔晉。

夏，公會晉侯、衛侯于瑣澤。

秋，晉人敗狄于交剛。　冬，十月。

十有三年　春，晉侯使郤錡來乞師。　三月，公如京師。　夏，五月，公自京師，遂會晉侯、齊侯、宋公、衛侯、鄭伯、曹伯、邾人、滕人伐秦。　曹伯盧卒于師。

秋七月公至自伐秦冬葬曹宣公

十有四年春王正月莒子朱卒夏衛孫林父自晉歸于衛秋叔孫僑如如齊逆女鄭公子喜帥師伐許九月僑如以夫人婦姜氏至自齊冬十月庚寅衛侯臧卒

秦伯卒

十有五年春王二月葬衛定公三月乙巳仲嬰齊卒癸丑公會晉侯衛侯鄭伯曹伯宋世子成齊國佐邾人同盟于戚晉侯執曹伯歸于京師公至自會夏六月宋公固卒楚子伐鄭秋八

秋，七月，公至自伐秦。冬，葬曹宣公。

十有四年春，王正月，莒子朱卒。夏，衛孫林父自晉歸于衛。秋，叔孫僑如如齊逆女。鄭公子喜帥師伐許。九月，僑如以夫人婦姜氏至自齊。冬，十月庚寅，衛侯臧卒。

秦伯卒。

十有五年春，王二月，葬衛定公。三月乙巳，仲嬰齊卒。癸丑，公會晉侯、衛侯、鄭伯、曹伯、宋世子成、齊國佐、邾人，同盟于戚。晉侯執曹伯歸于京師。公至自會。夏，六月，宋公固卒。楚子伐鄭。秋，八

月庚辰葬宋共公 宋華元
出奔晉宋華元自晉歸于宋
宋殺其大夫山宋魚石出奔
楚 冬十有一月叔孫僑如
會晉士燮齊高無咎宋華元
衛孫林父鄭公子鰌邾人會
吴于鍾離 許遷于葉
十有六年 春王正月雨木冰

夏四月辛未滕子卒 鄭
公子喜帥師侵宋 六月丙
寅朔日有食之 晉侯使欒
黶來乞師 甲午晦晉侯及
楚子鄭伯戰于鄢陵楚子鄭
師敗績 楚殺其大夫公子
側 秋公會晉侯齊侯衛侯
宋華元邾人于沙隨不見公

月庚辰，葬宋共公。 宋華元
出奔晉。宋華元自晉歸于宋。
宋殺其大夫山。宋魚石出奔
楚。 冬，十有一月，叔孫僑如
會晉士燮、齊高無咎、宋華元、
衛孫林父、鄭公子鰌、邾人會
吴于鍾離。 許遷于葉。
十有六年 春，王正月，雨，木冰。

儒藏經典·康熙篆文六經四書　春秋

夏，四月辛未，滕子卒。 鄭
公子喜帥師侵宋。 六月丙
寅朔，日有食之。 晉侯使欒
黶來乞師。 甲午晦，晉侯及
楚子、鄭伯戰于鄢陵。楚子、鄭
師敗績。 楚殺其大夫公子
側。 秋，公會晉侯、齊侯、衛侯、
宋華元、邾人于沙隨，不見公。

公至自會 公會尹子晉侯齊國佐邾人伐鄭 曹伯歸自京師 九月晉人執季孫行父舍之于苕丘 冬十月乙亥叔孫僑如出奔齊 十有二月乙丑季孫行父及晉郤犨盟于扈 公至自會 乙酉刺公子偃

十有七年 春衛北宮括帥師侵鄭 夏公會尹子單子晉侯齊侯宋公衛侯曹伯邾人伐鄭 六月乙酉同盟于柯陵 秋公至自會 齊高無咎出奔莒 九月辛丑用郊 晉侯使荀罃來乞師 冬公會單子晉侯宋公衛侯曹

公至自會。公會尹子、晉侯、齊國佐、邾人伐鄭。曹伯歸自京師。九月，晉人執季孫行父，舍之于苕丘。冬，十月乙亥，叔孫僑如出奔齊。十有二月，乙丑，季孫行父及晉郤犨盟于扈。公至自會。乙酉，刺公子偃。

十有七年春，衛北宮括帥師侵鄭。夏，公會尹子、單子、晉侯、齊侯、宋公、衛侯、曹伯、邾人伐鄭。六月乙酉，同盟于柯陵。秋，公至自會。齊高無咎出奔莒。九月辛丑，用郊。晉侯使荀罃來乞師。冬，公會單子、晉侯、宋公、衛侯、曹

伯齊人邾人伐鄭　十有一月公至自伐鄭　壬申公孫嬰齊卒于貍脤　十有二月丁巳朔日有食之　邾子貜且卒　晉殺其大夫郤錡郤犨郤至　楚人滅舒庸
十有八年春王正月晉殺其大夫胥童　庚申晉弒其君

州蒲　齊殺其大夫國佐　公如晉　夏楚子鄭伯伐宋　宋魚石復入于彭城　公至自晉　晉侯使士匄來聘　秋杞伯來朝　八月邾子來朝　築鹿囿　己丑公薨于路寢　冬楚人鄭人侵宋　晉侯使士魴來乞師　十有

伯、齊人、邾人伐鄭。十有一月，公至自伐鄭。壬申，公孫嬰齊卒于貍脤。十有二月丁巳朔，日有食之。邾子貜且卒。晉殺其大夫郤錡、郤犨、郤至。楚人滅舒庸。

十有八年春，王正月，晉殺其大夫胥童。庚申，晉弒其君

州蒲。齊殺其大夫國佐。公如晉。夏，楚子、鄭伯伐宋。宋魚石復入于彭城。公至自晉。晉侯使士匄來聘。秋，杞伯來朝。八月，邾子來朝。築鹿囿。己丑，公薨于路寢。冬，楚人、鄭人侵宋。晉侯使士魴來乞師。十有

二月仲孫蔑會晉侯宋公衛侯邾子齊崔杼同盟于虛朾

丁未葬我君成公

二月，仲孫蔑會晉侯、宋公、衛侯、邾子、齊崔杼，同盟于虛朾。

丁未，葬我君成公。

襄公

元年　春王正月公即位　仲孫蔑會晉欒黶宋華元衛甯殖曹人莒人邾人滕人薛人圍宋彭城　夏晉韓厥帥師伐鄭仲孫蔑會齊崔杼曹人邾人杞人次于鄫　秋楚公子壬夫帥師侵宋　九月辛酉天王崩　邾子來朝　冬衛侯使公孫剽來聘晉侯使荀罃來聘

二年　春王正月葬簡王　鄭師伐宋　夏五月庚寅夫人姜氏薨　六月庚辰鄭伯睔卒　晉師宋師衛甯殖侵鄭　秋七月仲孫蔑會晉荀罃

儒藏經典·康熙篆文六經四書　春秋

襄公

元年春，王正月，公即位。仲孫蔑會晉欒黶、宋華元、衛甯殖、曹人、莒人、邾人、滕人、薛人，圍宋彭城。夏，晉韓厥帥師伐鄭，仲孫蔑會齊崔杼、曹人、邾人、杞人，次于鄫。秋，楚公子壬夫帥師侵宋。九月辛酉，天王崩。邾子來朝。冬，衛侯使公孫剽來聘。晉侯使荀罃來聘。

二年春，王正月，葬簡王。鄭師伐宋。夏，五月庚寅，夫人姜氏薨。六月庚辰，鄭伯睔卒。晉師、宋師、衛甯殖侵鄭。秋，七月，仲孫蔑會晉荀罃、

宋華元衛孫林父曹人邾人
于戚 己丑葬我小君齊姜
叔孫豹如宋 冬仲孫蔑
會晉荀罃齊崔杼宋華元衛
孫林父曹人邾人滕人薛人
小邾人于戚遂城虎牢 楚
殺其大夫公子申
三年 春楚公子嬰齊帥師伐
吴 公如晉 夏四月壬戌
公及晉侯盟于長樗 公至
自晉 六月公會單子晉侯
宋公衛侯鄭伯莒子邾子齊
世子光己未同盟于雞澤
陳侯使袁僑如會 戊寅叔
孫豹及諸侯之大夫及陳袁
僑盟 秋公至自會 冬晉

儒藏 儒藏經典·康熙篆文六經四書 春秋

宋華元、衛孫林父、曹人、邾人
于戚。 己丑，葬我小君齊姜。
叔孫豹如宋。 冬，仲孫蔑
會晉荀罃、齊崔杼、宋華元、衛
孫林父、曹人、邾人、滕人、薛人、
小邾人于戚，遂城虎牢。 楚
殺其大夫公子申。
三年 春，楚公子嬰齊帥師伐
吴。 公如晉。 夏，四月壬戌，
公及晉侯盟于長樗。 公至
自晉。 六月，公會單子、晉侯、
宋公、衛侯、鄭伯、莒子、邾子、齊
世子光。己未，同盟于雞澤。
陳侯使袁僑如會。 戊寅，叔
孫豹及諸侯之大夫及陳袁
僑盟。 秋，公至自會。 冬，晉

荀罃帥師伐許

四年 春王三月己酉陳侯午卒 夏叔孫豹如晉 秋七月戊子夫人姒氏薨 葬陳成公 八月辛亥葬我小君定姒 冬公如晉 陳人圍頓

五年 春公至自晉 夏鄭伯使公子發來聘 叔孫豹鄫世子巫如晉 仲孫蔑衛孫林父會吴于善道 秋大雩 楚殺其大夫公子壬夫 公會晉侯宋公陳侯衛侯鄭伯曹伯莒子邾子滕子薛伯齊世子光吴人鄫人于戚 公至自會 冬戍陳 楚公

儒藏
儒藏經典·康熙篆文六經四書 春秋

荀罃帥師伐許。

四年春，王三月。己酉，陳侯午卒。夏，叔孫豹如晉。秋，七月戊子，夫人姒氏薨。葬陳成公。八月辛亥，葬我小君定姒。冬，公如晉。陳人圍頓。

五年春，公至自晉。夏，鄭伯使公子發來聘。叔孫豹、鄫世子巫如晉。仲孫蔑、衛孫林父會吴于善道。秋，大雩。楚殺其大夫公子壬夫。公會晉侯、宋公、陳侯、衛侯、鄭伯、曹伯、莒子、邾子、滕子、薛伯、齊世子光、吴人、鄫人于戚。公至自會。冬，戍陳。楚公

子貞帥師伐陳　公會晉侯
宋公衛侯鄭伯曹伯齊世子
光救陳　十有二月公至自
救陳　辛未季孫行父卒
六年　春王三月壬午杞伯姑
容卒　夏宋華弱來奔　秋
葬杞桓公　滕子來朝　莒
人滅鄫　冬叔孫豹如邾
季孫宿如晉　十有二月齊
侯滅萊
七年　春郯子來朝　夏四月
三卜郊不從乃免牲　小邾
子來朝　城費　秋季孫宿
如衛　八月螽　冬十月衛
侯使孫林父來聘壬戌及孫
林父盟　楚公子貞帥師圍

儒藏經典·康熙篆文六經四書　春秋

子貞帥師伐陳。公會晉侯、
宋公、衛侯、鄭伯、曹伯、齊世子
光救陳。十有二月，公至自
救陳。辛未，季孫行父卒。
六年春，王三月，壬午，杞伯姑
容卒。夏，宋華弱來奔。秋，
葬杞桓公。滕子來朝。莒
人滅鄫。冬，叔孫豹如邾。
季孫宿如晉。十有二月，齊
侯滅萊。
七年春，郯子來朝。夏，四月，
三卜郊，不從，乃免牲。小邾
子來朝。城費。秋，季孫宿
如衛。八月，螽。冬，十月，衛
侯使孫林父來聘。壬戌，及孫
林父盟。楚公子貞帥師圍

陳　十有二月公會晉侯宋
公陳侯衛侯曹伯莒子邾子
于鄬　鄭伯髡頑如會未見
諸侯丙戌卒于鄵　陳侯逃
歸
八年　春王正月公如晉　夏
葬鄭僖公　鄭人侵蔡獲蔡
公子燮　季孫宿會晉侯鄭
伯齊人宋人衛人邾人于邢
丘　公至自晉　莒人伐我
東鄙　秋九月大雩　冬楚
公子貞帥師伐鄭　晉侯使
士匄來聘
九年　春宋災　夏季孫宿如
晉　五月辛酉夫人姜氏薨
秋八月癸未葬我小君穆

儒藏經典·康熙篆文六經四書　春秋

陳。　十有二月，公會晉侯、宋公、陳侯、衛侯、曹伯、莒子、邾子于鄬。　鄭伯髡頑如會，未見諸侯，丙戌，卒于鄵。　陳侯逃歸。

八年　春，王正月，公如晉。　夏，葬鄭僖公。　鄭人侵蔡，獲蔡公子燮。　季孫宿會晉侯、鄭伯、齊人、宋人、衛人、邾人于邢丘。　公至自晉。　莒人伐我東鄙。　秋，九月，大雩。　冬，楚公子貞帥師伐鄭。　晉侯使士匄來聘。

九年　春，宋災。　夏，季孫宿如晉。　五月辛酉，夫人姜氏薨。

秋，八月癸未，葬我小君穆

姜 冬公會晉侯宋公衛侯
曹伯莒子邾子滕子薛伯杞
伯小邾子齊世子光伐鄭十
有二月己亥同盟于戲 楚
子伐鄭
十年 春公會晉侯宋公衛侯
曹伯莒子邾子滕子薛伯杞
伯小邾子齊世子光會吳于
柤 夏五月甲午遂滅偪陽
公至自會 楚公子貞鄭
公孫輒帥師伐宋 晉師伐
秦 秋莒人伐我東鄙 公
會晉侯宋公衛侯曹伯莒子
邾子齊世子光滕子薛伯杞
伯小邾子伐鄭 冬盜殺鄭
公子騑公子發公孫輒 戍

儒藏
儒藏經典·康熙篆文六經四書 春秋

姜。冬，公會晉侯、宋公、衛侯、曹伯、莒子、邾子、滕子、薛伯、杞伯、小邾子、齊世子光伐鄭。十有二月己亥，同盟于戲。楚子伐鄭。

十年 春，公會晉侯、宋公、衛侯、曹伯、莒子、邾子、滕子、薛伯、杞伯、小邾子、齊世子光會吳于柤。夏，五月甲午，遂滅偪陽。公至自會。楚公子貞、鄭公孫輒帥師伐宋。晉師伐秦。秋，莒人伐我東鄙。公會晉侯、宋公、衛侯、曹伯、莒子、邾子、齊世子光、滕子、薛伯、杞伯、小邾子伐鄭。冬，盜殺鄭公子騑、公子發、公孫輒。戍

鄭虎牢　楚公子貞帥師救鄭　公至自伐鄭
十有一年　春王正月　作三軍　夏四月四卜郊不從乃不郊　鄭公孫舍之帥師侵宋　公會晉侯宋公衛侯曹伯齊世子光莒子邾子滕子薛伯杞伯小邾子伐鄭　秋
七月己未同盟于亳城北公至自伐鄭　楚子鄭伯伐宋　公會晉侯宋公衛侯曹伯齊世子光莒子邾子滕子薛伯杞伯小邾子伐鄭會于蕭魚　公至自會　楚人執鄭行人良霄　冬秦人伐晉
十有二年　春王三月莒人伐

儒藏經典·康熙篆文六經四書　春秋

鄭虎牢。楚公子貞帥師救鄭。公至自伐鄭。

十有一年春，王正月，作三軍。夏，四月，四卜郊，不從，乃不郊。鄭公孫舍之帥師侵宋。公會晉侯、宋公、衛侯、曹伯、齊世子光、莒子、邾子、滕子、薛伯、杞伯、小邾子伐鄭。秋，七月己未，同盟于亳城北。公至自伐鄭。楚子、鄭伯伐宋。公會晉侯、宋公、衛侯、曹伯、齊世子光、莒子、邾子、滕子、薛伯、杞伯、小邾子伐鄭，會于蕭魚。公至自會。楚人執鄭行人良霄。冬，秦人伐晉。

十有二年春，王三月，莒人伐

我東鄙圍台季孫宿帥師救台遂入鄆夏晉侯使士魴來聘秋九月吴子乘卒冬楚公子貞帥師侵宋公如晉

十有三年春公至自晉夏取邿秋九月庚辰楚子審卒冬城防

十有四年春王正月季孫宿叔老會晉士匄齊人宋人衛人鄭公孫蠆曹人莒人邾人滕人薛人杞人小邾人會吴于向二月乙未朔日有食之夏四月叔孫豹會晉荀偃齊人宋人衛北宮括鄭公孫蠆曹人莒人邾人滕人薛

儒藏經典·康熙篆文六經四書　春秋

我東鄙，圍台。季孫宿帥師救台，遂入鄆。夏，晉侯使士魴來聘。秋，九月，吴子乘卒。冬，楚公子貞帥師侵宋。公如晉。

十有三年春，公至自晉。夏，取邿。秋，九月庚辰，楚子審卒。冬，城防。

十有四年春，王正月，季孫宿、叔老會晉士匄、齊人、宋人、衛人、鄭公孫蠆、曹人、莒人、邾人、滕人、薛人、杞人、小邾人會吴于向。二月乙未朔，日有食之。夏，四月，叔孫豹會晉荀偃、齊人、宋人、衛北宮括、鄭公孫蠆、曹人、莒人、邾人、滕人、薛

人杞人小邾人伐秦 己未
衛侯出奔齊 莒人侵我東
鄙 秋楚公子貞帥師伐吴
冬季孫宿會晉士匄宋華
閲衛孫林父鄭公孫蠆莒人
邾人于戚
十有五年 春宋公使向戌來
聘二月己亥及向戌③盟于劉
劉夏逆王后于齊 夏齊
侯伐我北鄙圍成公救成至
遇 季孫宿叔孫豹帥師城
成郛 秋八月丁巳日有食
之 邾人伐我南鄙 冬十
有一月癸亥晉侯周卒
十有六年 春王正月葬晉悼
公 三月公會晉侯宋公衛

儒藏 儒藏經典·康熙篆文六經四書 春秋

人、杞人、小邾人伐秦。己未，衛侯出奔齊。莒人侵我東鄙。秋，楚公子貞帥師伐吴。冬，季孫宿會晉士匄、宋華閲、衛孫林父、鄭公孫蠆、莒人、邾人于戚。

十有五年　春，宋公使向戌來聘。二月己亥，及向戌盟于劉。劉夏逆王后于齊。　夏，齊侯伐我北鄙，圍成。公救成，至遇。　季孫宿、叔孫豹帥師城成郛。　秋，八月丁巳，日有食之。　邾人伐我南鄙。　冬，十有一月癸亥，晉侯周卒。

十有六年　春，王正月，葬晉悼公。　三月，公會晉侯、宋公、衛

侯鄭伯曹伯莒子邾子薛伯
杞伯小邾子于溴梁戊寅大
夫盟　晉人執莒子邾子以
歸　齊侯伐我北鄙　夏公
至自會　五月甲子地震
叔老會鄭伯晉荀偃衛甯殖
宋人伐許　秋齊侯伐我北
鄙圍成④　大雩　冬叔孫豹
如晉

十有七年　春王二月庚午邾
子牼卒　宋人伐陳　夏衛
石買帥師伐曹　秋齊侯伐
我北鄙圍桃　齊高厚帥師
伐我北鄙圍防　九月大雩
宋華臣出奔陳　冬邾人
伐我南鄙

侯、鄭伯、曹伯、莒子、邾子、薛伯、杞伯、小邾子于溴梁。戊寅，大夫盟。晉人執莒子、邾子以歸。齊侯伐我北鄙。夏，公至自會。五月甲子，地震。叔老會鄭伯、晉荀偃、衛甯殖、宋人伐許。秋，齊侯伐我北鄙，圍成。大雩。冬，叔孫豹如晉。

十有七年春，王二月，庚午，邾子牼卒。宋人伐陳。夏，衛石買帥師伐曹。秋，齊侯伐我北鄙，圍桃。齊高厚帥師伐我北鄙，圍防。九月，大雩。宋華臣出奔陳。冬，邾人伐我南鄙。

十有八年　春白狄來　夏晉
人執衛行人石買　秋齊師
伐我北鄙　冬十月公會晉
侯宋公衛侯鄭伯曹伯莒子
邾子滕子薛伯杞伯小邾子
同圍齊　曹伯負芻卒于師
楚公子午帥師伐鄭
十有九年　春王正月諸侯盟
于祝柯　晉人執邾子　公
至自伐齊　取邾田自漷水
季孫宿如晉　葬曹成公
夏衛孫林父帥師伐齊
秋七月辛卯齊侯環卒　晉
士匄帥師侵齊至穀聞齊侯
卒乃還　八月丙辰仲孫蔑
卒　齊殺其大夫高厚　鄭

儒藏經典·康熙篆文六經四書　春秋

十有八年　春，白狄來。　夏，晉
人執衛行人石買。　秋，齊師
伐我北鄙。　冬，十月，公會晉
侯、宋公、衛侯、鄭伯、曹伯、莒子、
邾子、滕子、薛伯、杞伯、小邾子
同圍齊。　曹伯負芻卒于師。
楚公子午帥師伐鄭。
十有九年　春，王正月，諸侯盟
于祝柯。　晉人執邾子。　公
至自伐齊。　取邾田，自漷水。
季孫宿如晉。　葬曹成公。
夏，衛孫林父帥師伐齊。
秋，七月辛卯，齊侯環卒。　晉
士匄帥師侵齊，至穀，聞齊侯
卒，乃還。　八月丙辰，仲孫蔑
卒。　齊殺其大夫高厚。　鄭

殺其大夫公子嘉 冬葬齊靈公 城西郛 叔孫豹會晉士匄于柯 城武城

二十年 春王正月辛亥仲孫速會莒人盟于向 夏六月庚申公會晉侯齊侯宋公衛侯鄭伯曹伯莒子邾子滕子薛伯杞伯小邾子盟于澶淵

秋公至自會 仲孫速帥師伐邾 蔡殺其大夫公子燮蔡公子履出奔楚 陳侯之弟黃出奔楚 叔老如齊

冬十月丙辰朔日有食之

季孫宿如宋

二十有一年 春王正月公如晉 邾庶其以漆閭丘來奔

殺其大夫公子嘉。冬，葬齊靈公。城西郛。叔孫豹會晉士匄于柯。城武城。

二十年春，王正月辛亥，仲孫速會莒人盟于向。夏，六月庚申，公會晉侯、齊侯、宋公、衛侯、鄭伯、曹伯、莒子、邾子、滕子、薛伯、杞伯、小邾子盟于澶淵。

秋，公至自會。仲孫速帥師伐邾。蔡殺其大夫公子燮。蔡公子履出奔楚。陳侯之弟黃出奔楚。叔老如齊。

冬，十月丙辰朔，日有食之。

季孫宿如宋。

二十有一年春，王正月，公如晉。邾庶其以漆、閭丘來奔。

夏公至自晉　秋晉欒盈出奔楚　九月庚戌朔日有食之　冬十月庚辰朔日有食之　曹伯來朝　公會晉侯齊侯宋公衛侯鄭伯曹伯莒子邾子于商任

二十有二年　春王正月公至自會　夏四月　秋七月辛

酉叔老卒　冬公會晉侯齊侯宋公衛侯鄭伯曹伯莒子邾子薛伯杞伯小邾子于沙隨　公至自會　楚殺其大夫公子追舒

二十有三年　春王二月癸酉朔日有食之　三月己巳杞伯匄卒　夏邾畀我來奔

夏，公至自晉。秋，晉欒盈出奔楚。九月庚戌朔，日有食之。冬，十月庚辰朔，日有食之。曹伯來朝。公會晉侯、齊侯、宋公、衛侯、鄭伯、曹伯、莒子、邾子于商任。

二十有二年春，王正月，公至自會。夏，四月。秋，七月辛

酉，叔老卒。冬，公會晉侯、齊侯、宋公、衛侯、鄭伯、曹伯、莒子、邾子、薛伯、杞伯、小邾子于沙隨。公至自會。楚殺其大夫公子追舒。

二十有三年春，王二月癸酉朔，日有食之。三月己巳，杞伯匄卒。夏，邾畀我來奔。

葬杞孝公　陳殺其大夫慶虎及慶寅　陳侯之弟黃自楚歸于陳　晉欒盈復入于晉入于曲沃　秋齊侯伐衛遂伐晉　八月叔孫豹帥師救晉次于雍榆　己卯仲孫速卒　冬十月乙亥臧孫紇出奔邾　晉人殺欒盈　齊侯襲莒

二十有四年春　叔孫豹如晉　仲孫羯帥師侵齊　夏楚子伐吳　秋七月甲子朔日有食之既　齊崔杼帥師伐莒　大水　八月癸巳朔日有食之　公會晉侯宋公衛侯鄭伯曹伯莒子邾子滕子

儒藏經典·康熙篆文六經四書　春秋

葬杞孝公。陳殺其大夫慶虎及慶寅。陳侯之弟黃自楚歸于陳。晉欒盈復入于晉，入于曲沃。秋，齊侯伐衛，遂伐晉。八月，叔孫豹帥師救晉，次于雍榆。己卯，仲孫速卒。冬，十月乙亥，臧孫紇出奔邾。晉人殺欒盈。齊侯襲莒。

二十有四年春，叔孫豹如晉。仲孫羯帥師侵齊。夏，楚子伐吳。秋，七月甲子朔，日有食之，既。齊崔杼帥師伐莒。大水。八月癸巳朔，日有食之。公會晉侯、宋公、衛侯、鄭伯、曹伯、莒子、邾子、滕子、

薛伯杞伯小邾子于夷儀　冬楚子蔡侯陳侯許男伐鄭　公至自會　陳鍼宜咎出奔楚　叔孫豹如京師　大饑

二十有五年　春齊崔杼帥師伐我北鄙　夏五月乙亥齊崔杼弒其君光　公會晉侯宋公衛侯鄭伯曹伯莒子邾子滕子薛伯杞伯小邾子于夷儀　六月壬子鄭公孫舍之帥師入陳　秋八月己巳諸侯同盟于重丘　公至自會　衛侯入于夷儀　楚屈建帥師滅舒鳩　冬鄭公孫夏帥師伐陳　十有二月吳

薛伯、杞伯、小邾子于夷儀。冬，楚子、蔡侯、陳侯、許男伐鄭。公至自會。陳鍼宜咎出奔楚。叔孫豹如京師。大饑。

二十有五年春，齊崔杼帥師伐我北鄙。夏，五月乙亥，齊崔杼弒其君光。公會晉侯、宋公、衛侯、鄭伯、曹伯、莒子、邾子、滕子、薛伯、杞伯、小邾子于夷儀。六月壬子，鄭公孫舍之帥師入陳。秋，八月己巳，諸侯同盟于重丘。公至自會。衛侯入于夷儀。楚屈建帥師滅舒鳩。冬，鄭公孫夏帥師伐陳。十有二月，吳

子過伐楚門于巢卒
二十有六年春王二月辛卯
衛甯喜弑其君剽　衛孫林
父入于戚以叛　甲午衛侯
衎復歸于衛　夏晉侯使荀
吴來聘　公會晉人鄭良霄
宋人曹人于澶淵　秋宋公
殺其世子痤　晉人執衛甯
喜　八月壬午許男甯卒于
楚　冬楚子蔡侯陳侯伐鄭
葬許靈公
二十有七年　春齊侯使慶封
來聘　夏叔孫豹會晉趙武
楚屈建蔡公孫歸生衛石惡
陳孔奂鄭良霄許人曹人于
宋　衛殺其大夫甯喜　衛

儒藏經典·康熙篆文六經四書　春秋

子過伐楚，門于巢，卒。
二十有六年春，王二月辛卯，衛甯喜弑其君剽。衛孫林父入于戚以叛。甲午，衛侯衎復歸于衛。夏，晉侯使荀吴來聘。公會晉人、鄭良霄、宋人、曹人于澶淵。秋，宋公殺其世子痤。晉人執衛甯喜。八月壬午，許男甯卒于楚。冬，楚子、蔡侯、陳侯伐鄭。
葬許靈公。
二十有七年春，齊侯使慶封來聘。夏，叔孫豹會晉趙武、楚屈建、蔡公孫歸生、衛石惡、陳孔奂、鄭良霄、許人、曹人于宋。衛殺其大夫甯喜。衛

侯之弟鱄出奔晉　秋七月
辛巳豹及諸侯之大夫盟于
宋　冬十有二月乙亥朔日
有食之

二十有八年　春無冰　夏衛
石惡出奔晉　邾子來朝
秋八月大雩　仲孫羯如晉
冬齊慶封來奔　十有一
月公如楚　十有二月甲寅
天王崩　乙未楚子昭卒

二十有九年　春王正月公在
楚　夏五月公至自楚　庚
午衛侯衎卒　閽弒吴子餘
祭　仲孫羯會晉荀盈齊高
止宋華定衛世叔儀鄭公孫
段曹人莒人滕人薛人小邾

侯之弟鱄出奔晉。秋，七月辛巳，豹及諸侯之大夫盟于宋。冬，十有二月乙亥朔，日有食之。

二十有八年春，無冰。夏，衛石惡出奔晉。邾子來朝。秋，八月，大雩。仲孫羯如晉。冬，齊慶封來奔。十有一月，公如楚。十有二月甲寅，天王崩。乙未，楚子昭卒。

二十有九年春，王正月，公在楚。夏，五月，公至自楚。庚午，衛侯衎卒。閽弒吴子餘祭。仲孫羯會晉荀盈、齊高止、宋華定、衛世叔儀、鄭公孫段、曹人、莒人、滕人、薛人、小邾

人城杞　晉侯使士鞅來聘
杞子來盟　吳子使札來
聘　秋九月葬衛獻公　齊
高止出奔北燕　冬仲孫羯
如晉

三十年　春王正月楚子使薳
罷來聘　夏四月蔡世子般
弒其君固　五月甲午宋災
宋伯姬卒　天王殺其弟佞
夫　王子瑕奔晉　秋七月
叔弓如宋葬宋共姬　鄭良
霄出奔許自許入于鄭鄭人
殺良霄　冬十月葬蔡景公
晉人齊人宋人衛人鄭人
曹人莒人邾人滕人薛人杞
人小邾人會于澶淵宋災故

儒藏經典·康熙篆文六經四書　春秋

人城杞。晉侯使士鞅來聘。杞子來盟。吳子使札來聘。秋，九月，葬衛獻公。齊高止出奔北燕。冬，仲孫羯如晉。

三十年春，王正月，楚子使薳罷來聘。夏，四月，蔡世子般弒其君固。五月甲午，宋災，宋伯姬卒。天王殺其弟佞夫。王子瑕奔晉。秋，七月，叔弓如宋，葬宋共姬。鄭良霄出奔許，自許入于鄭，鄭人殺良霄。冬，十月，葬蔡景公。晉人、齊人、宋人、衛人、鄭人、曹人、莒人、邾人、滕人、薛人、杞人、小邾人，會于澶淵，宋災故。

三十有一年 春王正月 夏
六月辛巳公薨于楚宮 秋
九月癸巳子野卒 己亥仲
孫羯卒 冬十月滕子來會
葬 癸酉葬我君襄公 十
有一月莒人弒其君密州

儒藏 儒藏經典·康熙篆文六經四書 春秋

三十有一年　春，王正月。　夏，六月辛巳，公薨于楚宮。　秋，九月癸巳，子野卒。　己亥，仲孫羯卒。　冬，十月，滕子來會葬。　癸酉，葬我君襄公。　十有一月，莒人弒其君密州。

昭公

元年 春王正月公即位 叔孫豹會晉趙武楚公子圍齊國弱宋向戌衛齊惡陳公子招蔡公孫歸生鄭罕虎許人曹人于虢 三月取鄆 夏秦伯之弟鍼出奔晉 六月丁巳邾子華卒 晉荀吴帥師敗狄于大鹵 秋莒去疾自齊入于莒 莒展輿出奔吴 叔弓帥師疆鄆田 葬邾悼公 冬十有一月己酉楚子麇卒 楚公子比出奔晉

二年 春晉侯使韓起來聘 夏叔弓如晉 秋鄭殺其大

儒藏 儒藏經典·康熙篆文六經四書 春秋

昭公

元年春，王正月，公即位。叔孫豹會晉趙武、楚公子圍、齊國弱、宋向戌、衛齊惡、陳公子招、蔡公孫歸生、鄭罕虎、許人、曹人于虢。三月，取鄆。夏，秦伯之弟鍼出奔晉。六月丁巳，邾子華卒。晉荀吴帥師敗狄于大鹵。秋，莒去疾自齊入于莒。莒展輿出奔吴。叔弓帥師疆鄆田。葬邾悼公。冬，十有一月己酉，楚子麇卒。楚公子比出奔晉。

二年春，晉侯使韓起來聘。夏，叔弓如晉。秋，鄭殺其大

夫公孫黑　冬公如晉至河
乃復季孫宿如晉
三年　春王正月丁未滕子原
卒　夏叔弓如滕五月葬滕
成公　秋小邾子來朝　八
月大雩　冬大雨雹　北燕
伯款出奔齊
四年　春王正月大雨雹　夏
楚子蔡侯陳侯鄭伯許男徐
子滕子頓子胡子沈子小邾
子宋世子佐淮夷會于申
楚人執徐子　秋七月楚子
蔡侯陳侯許男頓子胡子沈
子淮夷伐吳　執齊慶封殺
之　遂滅賴　九月取鄫
冬十有二月乙卯叔孫豹卒

儒藏 儒藏經典·康熙篆文六經四書 春秋

夫公孫黑。冬，公如晉，至河乃復。季孫宿如晉。

三年春，王正月丁未，滕子原卒。夏，叔弓如滕。五月，葬滕成公。秋，小邾子來朝。八月，大雩。冬，大雨雹。北燕伯欵出奔齊。

四年春，王正月，大雨雹。夏，楚子、蔡侯、陳侯、鄭伯、許男、徐子、滕子、頓子、胡子、沈子、小邾子、宋世子佐、淮夷會于申。楚人執徐子。秋，七月，楚子、蔡侯、陳侯、許男、頓子、胡子、沈子、淮夷伐吴，執齊慶封，殺之。遂滅賴。九月，取鄫。冬，十有二月乙卯，叔孫豹卒。

儒藏

五年　春王正月舍中軍　楚殺其大夫屈申　公如晉　夏莒牟夷以牟婁及防茲來奔　秋七月公至自晉　戊辰叔弓帥師敗莒師于蚡泉　秦伯卒　冬楚子蔡侯陳侯許男頓子沈子徐人越人伐吳

六年　春王正月杞伯益姑卒　葬秦景公　夏季孫宿如晉　葬杞文公　宋華合比出奔衛　秋九月大雩　楚薳罷帥師伐吳　冬叔弓如楚　齊侯伐北燕

七年　春王正月暨齊平　三月公如楚　叔孫舍如齊涖

儒藏

儒藏經典·康熙篆文六經四書　春秋

五年　春，王正月，舍中軍。楚殺其大夫屈申。公如晉。夏，莒牟夷以牟婁及防、茲來奔。秋，七月，公至自晉。戊辰，叔弓帥師敗莒師于蚡泉。秦伯卒。冬，楚子、蔡侯、陳侯、許男、頓子、沈子、徐人、越人伐吳。

六年　春，王正月，杞伯益姑卒。葬秦景公。夏，季孫宿如晉。葬杞文公。宋華合比出奔衛。秋，九月，大雩。楚薳罷帥師伐吳。冬，叔弓如楚。齊侯伐北燕。

七年　春，王正月，暨齊平。三月，公如楚。叔孫舍如齊涖盟。夏，四月，甲辰朔，日有食之。秋，八月，戊辰，衛侯惡卒。九月，公至自楚。冬，十有一月，癸未，季孫宿卒。十有二月癸亥，葬衛襄公。

八年 春，陳侯之弟招殺陳世子偃師。夏，四月辛丑，陳侯溺卒。叔弓如晉。楚人執陳行人干徵師殺之。陳公子留出奔鄭。秋，蒐于紅。陳人殺其大夫公子過。大雩。冬，十月壬午，楚師滅陳。執陳公子招，放之于越。殺陳孔奂。葬陳哀公。

九年 春，叔弓會楚子于陳。許遷于夷。夏，四月，陳災。

盟 夏四月甲辰朔日有食之 秋八月戊辰衛侯惡卒 九月公至自楚 冬十有一月癸未季孫宿卒 十有二月癸亥葬衛襄公
八年 春陳侯之弟招殺陳世子偃師 夏四月辛丑陳侯溺卒 叔弓如晉 楚人執陳行人干徵師殺之 陳公子留出奔鄭 秋蒐于紅 陳人殺其大夫公子過 大雩 冬十月壬午楚師滅陳 執陳公子招放之于越殺陳孔奂 葬陳哀公
九年 春叔弓會楚子于陳 許遷于夷 夏四月陳災

儒藏經典·康熙篆文六經四書 春秋

秋仲孫貜如齊　冬築郎囿
十年　春王正月　夏齊欒施
來奔　秋七月季孫意如叔
弓仲孫貜帥師伐莒　戊子
晉侯彪卒　九月叔孫舍如
晉葬晉平公　十有二月甲
子宋公成卒
十有一年　春王二月叔弓如
宋葬宋平公　夏四月丁巳
楚子虔誘蔡侯般殺之于申
楚公子棄疾帥師圍蔡
五月甲申夫人歸氏薨　大
蒐于比蒲　仲孫貜會邾子
盟于祲祥　秋季孫意如會
晉韓起齊國弱宋華亥衛北
宮佗鄭罕虎曹人杞人于厥

儒藏經典・康熙篆文六經四書　春秋

秋，仲孫貜如齊。冬，築郎囿。

十年春，王正月。夏，齊欒施來奔。秋，七月，季孫意如、叔弓、仲孫貜帥師伐莒。戊子，晉侯彪卒。九月，叔孫舍如晉，葬晉平公。十有二月甲子，宋公成卒。

十有一年春，王二月，叔弓如宋。葬宋平公。夏，四月丁巳，楚子虔誘蔡侯般殺之于申。

楚公子棄疾帥師圍蔡。

五月甲申，夫人歸氏薨。大蒐于比蒲。仲孫貜會邾子，盟于祲祥。秋，季孫意如會晉韓起、齊國弱、宋華亥、衛北宮佗、鄭罕虎、曹人、杞人于厥

慭　九月己亥葬我小君齊
歸　冬十有一月丁酉楚師
滅蔡執蔡世子有以歸用之
十有二年　春齊高偃帥師納
北燕伯于陽　三月壬申鄭
伯嘉卒　夏宋公使華定來
聘　公如晉至河乃復　五
月葬鄭簡公　楚殺其大夫
成熊　秋七月　冬十月公
子慭出奔齊　楚子伐徐
晉伐鮮虞
十有三年　春叔弓帥師圍費
夏四月楚公子比自晉歸
于楚弒其君虔于乾谿　楚
公子棄疾殺公子比　秋公
會劉子晉侯齊侯宋公衛侯

儒藏經典·康熙篆文六經四書　春秋

慭。九月己亥，葬我小君齊歸。冬，十有一月丁酉，楚師滅蔡，執蔡世子有以歸，用之。

十有二年春，齊高偃帥師納北燕伯于陽。三月壬申，鄭伯嘉卒。夏，宋公使華定來聘。公如晉，至河乃復。五月，葬鄭簡公。楚殺其大夫成熊。秋，七月。冬，十月，公子慭出奔齊。楚子伐徐。晉伐鮮虞。

十有三年春，叔弓帥師圍費。夏，四月，楚公子比自晉歸于楚，弒其君虔于乾谿。楚公子棄疾殺公子比。秋，公會劉子、晉侯、齊侯、宋公、衛侯、鄭伯曹伯莒子邾子滕子薛伯杞伯小邾子于平丘　八月甲戌同盟于平丘　公不與盟　晉人執季孫意如以歸　公至自會　蔡侯盧歸于蔡陳侯吴歸于陳　冬十月葬蔡靈公　公如晉至河乃復　吴滅州來

十有四年春　意如至自晉　三月曹伯滕卒　夏四月　秋葬曹武公　八月莒子去疾卒　冬莒殺其公子意恢　十有五年春　王正月吴子夷末卒　二月癸酉有事于武宫籥入叔弓卒去樂卒事　夏蔡朝吴出奔鄭　六月丁

鄭伯、曹伯、莒子、邾子、滕子、薛伯、杞伯、小邾子于平丘。八月甲戌，同盟于平丘。公不與盟。晉人執季孫意如以歸。公至自會。蔡侯盧歸于蔡。陳侯吴歸于陳。冬，十月，葬蔡靈公。公如晉，至河乃復。吴滅州來。

十有四年春，意如至自晉。三月，曹伯滕卒。夏，四月。秋，葬曹武公。八月，莒子去疾卒。冬，莒殺其公子意恢。

十有五年春，王正月，吴子夷末卒。二月癸酉，有事于武宫。籥入，叔弓卒。去樂，卒事。夏，蔡朝吴出奔鄭。六月丁

巳朔日有食之秋晉荀吴
帥師伐鮮虞冬公如晉
十有六年春齊侯伐徐楚
子誘戎蠻子殺之夏公至
自晉秋八月己亥晉侯夷
卒九月大雩季孫意如
如晉冬十月葬晉昭公
十有七年春小邾子來朝
夏六月甲戌朔日有食之
秋郯子來朝八月晉荀吴
帥師滅陸渾之戎冬有星
孛于大辰楚人及吴戰于
長岸
十有八年春王三月曹伯須
卒夏五月壬午宋衛陳鄭
災六月邾人入鄅秋葬

儒藏經典·康熙篆文六經四書 春秋

巳朔，日有食之。秋，晉荀吴帥師伐鮮虞。冬，公如晉。

十有六年春，齊侯伐徐。楚子誘戎蠻子殺之。夏，公至自晉。秋，八月己亥，晉侯夷卒。九月，大雩。季孫意如如晉。冬，十月，葬晉昭公。

十有七年春，小邾子來朝。夏，六月甲戌朔，日有食之。秋，郯子來朝。八月，晉荀吴帥師滅陸渾之戎。冬，有星孛于大辰。楚人及吴戰于長岸。

十有八年春，王三月，曹伯須卒。夏，五月壬午，宋、衛、陳、鄭災。六月，邾人入鄅。秋，葬曹平公。冬，許遷于白羽。

十有九年春，宋公伐邾。夏，五月戊辰，許世子止弒其君買。己卯，地震。秋，齊高發帥師伐莒。冬，葬許悼公。

二十年春，王正月。夏，曹公孫會自鄸出奔宋。秋，盜殺衛侯之兄縶。冬，十月，宋華亥、向寧、華定出奔陳。十有一月辛卯，蔡侯廬卒。

二十有一年春，王三月，葬蔡平公。夏，晉侯使士鞅來聘。宋華亥、向寧、華定自陳入于宋南里以叛。秋，七月壬午朔，日有食之。八月乙亥，叔輒卒。冬，蔡侯朱出奔楚。

儒藏經典·康熙篆文六經四書　春秋

曹平公。冬，許遷于白羽。

十有九年春，宋公伐邾。夏，五月戊辰，許世子止弒其君買。己卯，地震。秋，齊高發帥師伐莒。冬，葬許悼公。

二十年春，王正月。夏，曹公孫會自鄸出奔宋。秋，盜殺衛侯之兄縶。冬，十月，宋華亥、向寧、華定出奔陳。十有一月辛卯，蔡侯廬卒。

二十有一年春，王三月，葬蔡平公。夏，晉侯使士鞅來聘。宋華亥、向寧、華定自陳入于宋南里以叛。秋，七月壬午朔，日有食之。八月乙亥，叔輒卒。冬，蔡侯朱出奔楚。

公如晉至河乃復

二十有二年　春齊侯伐莒　宋華亥向寧華定自宋南里出奔楚　大蒐于昌間　夏四月乙丑天王崩　六月叔鞅如京師　葬景王王室亂　劉子單子以王猛居于皇　秋劉子單子以王猛入于王城　冬十月王子猛卒　十有二月癸酉朔日有食之

二十有三年　春王正月叔孫舍如晉　癸丑叔鞅卒　晉人執我行人叔孫舍　晉人圍郊　夏六月蔡侯東國卒于楚　秋七月莒子庚輿來奔　戊辰吳敗頓胡沈蔡陳

儒藏經典·康熙篆文六經四書　春秋

公如晉，至河乃復。

二十有二年　春，齊侯伐莒。　宋華亥、向寧、華定自宋南里出奔楚。　大蒐于昌間。　夏，四月乙丑，天王崩。　六月，叔鞅如京師，　葬景王。　王室亂。　劉子、單子以王猛居于皇。　秋，劉子、單子以王猛入于王城。　冬，十月，王子猛卒。　十有二月癸酉朔，日有食之。

二十有三年　春，王正月，叔孫舍如晉。　癸丑，叔鞅卒。　晉人執我行人叔孫舍。　晉人圍郊。　夏，六月，蔡侯東國卒于楚。　秋，七月，莒子庚輿來奔。　戊辰，吳敗頓、胡、沈、蔡、陳、

許之師于雞父胡子髡沈子逞滅獲陳夏齧天王居于狄泉尹氏立王子朝八月乙未地震冬公如晉至河有疾乃復

二十有四年春王二月丙戌仲孫貜卒叔孫舍至自晉夏五月乙未朔日有食之秋八月大雩丁酉杞伯郁釐卒冬吳滅巢葬杞平公

二十有五年春叔孫舍如宋夏叔詣會晉趙鞅宋樂大心衛北宮喜鄭游吉曹人邾人滕人薛人小邾人于黃父有鸜鵒來巢秋七月上

儒藏經典·康熙篆文六經四書　春秋

許之師于雞父。胡子髡、沈子逞滅，獲陳夏齧。天王居于狄泉。尹氏立王子朝。八月乙未，地震。冬，公如晉，至河，有疾，乃復。

二十有四年春，王二月丙戌，仲孫貜卒。叔孫舍至自晉。夏，五月乙未朔，日有食之。秋，八月，大雩。丁酉，杞伯郁釐卒。冬，吳滅巢。葬杞平公。

二十有五年春，叔孫舍如宋。夏，叔詣會晉趙鞅、宋樂大心、衛北宮喜、鄭游吉、曹人、邾人、滕人、薛人、小邾人于黃父。有鸜鵒來巢。秋，七月上

辛大雩季辛又雩九月乙亥公孫于齊次于陽州齊侯唁公于野井冬十月戊辰叔孫舍卒十有一月己亥宋公佐卒于曲棘十有二月齊侯取鄆

二十有六年春王正月葬宋元公三月公至自齊居于鄆夏公圍成秋公會齊侯莒子邾子杞伯盟于鄟陵公至自會居于鄆九月庚申楚子居卒冬十月天王入于成周尹氏召伯毛伯以王子朝奔楚

二十有七年春公如齊公至自齊居于鄆夏四月吳弒

辛，大雩；季辛，又雩。九月乙亥，公孫于齊，次于陽州。齊侯唁公于野井。冬，十月戊辰，叔孫舍卒。十有一月己亥，宋公佐卒于曲棘。十有二月，齊侯取鄆。

二十有六年春，王正月，葬宋元公。三月，公至自齊，居于鄆。夏，公圍成。秋，公會齊侯、莒子、邾子、杞伯，盟于鄟陵。公至自會，居于鄆。九月庚申，楚子居卒。冬，十月，天王入于成周。尹氏、召伯、毛伯以王子朝奔楚。

二十有七年春，公如齊。公至自齊，居于鄆。夏，四月，吳弒

其君僚　楚殺其大夫郤宛

秋晉士鞅宋樂祁犁衛北宫喜曹人邾人滕人會于扈

冬十月曹伯午卒　邾快來奔　公如齊公至自齊居于鄆

二十有八年春王三月葬曹悼公　公如晉次于乾侯

夏四月丙戌鄭伯寧卒　六月葬鄭定公　秋七月癸巳滕子寧卒　冬葬滕悼公

二十有九年春公至自乾侯居于鄆齊侯使高張來唁公　公如晉次于乾侯　夏四月庚子叔詣卒　秋七月

冬十月鄆潰

其君僚。　楚殺其大夫郤宛。

秋，晉士鞅、宋樂祁犁、衛北宫喜、曹人、邾人、滕人會于扈。

冬，十月，曹伯午卒。　邾快來奔。　公如齊。公至自齊，居于鄆。

二十有八年春，王三月，葬曹悼公。　公如晉，次于乾侯。

夏，四月丙戌，鄭伯寧卒。　六月，葬鄭定公。　秋，七月癸巳，滕子寧卒。　冬，葬滕悼公。

二十有九年　春，公至自乾侯，居于鄆。齊侯使高張來唁公。　公如晉，次于乾侯。　夏，四月庚子，叔詣卒。　秋，七月。

冬，十月，鄆潰。

三十年　春王正月公在乾侯
夏六月庚辰晉侯去疾卒
秋八月葬晉頃公　冬十
有二月吴滅徐徐子章羽奔
楚

三十有一年　春王正月公在
乾侯季孫意如會晉荀躒于
適歷　夏四月丁巳薛伯穀
卒　晉侯使荀躒唁公于乾
侯　秋葬薛獻公　冬黑肱
以濫來奔　十有二月辛亥
朔日有食之

三十有二年　春王正月公在
乾侯取闞　夏吴伐越　秋
七月　冬仲孫何忌會晉韓
不信齊高張宋仲幾衛世叔

儒藏經典·康熙篆文六經四書　春秋

三十年　春，王正月，公在乾侯。
夏，六月庚辰，晉侯去疾卒。
秋，八月，葬晉頃公。　冬，十
有二月，吴滅徐，徐子章羽奔
楚。

三十有一年　春，王正月，公在
乾侯。季孫意如會晉荀躒于
適歷。　夏，四月丁巳，薛伯穀
卒。　晉侯使荀躒唁公于乾
侯。　秋，葬薛獻公。　冬，黑肱
以濫來奔。　十有二月辛亥
朔，日有食之。

三十有二年　春，王正月，公在
乾侯。取闞。　夏，吴伐越。　秋，
七月。　冬，仲孫何忌會晉韓
不信、齊高張、宋仲幾、衛世叔

申鄭國參曹人莒人薛人杞
人小邾人城成周　十有二
月己未公薨于乾侯

儒藏
儒藏經典·康熙篆文六經四書　春秋

申、鄭國參、曹人、莒人、薛人、杞
人、小邾人城成周。　十有二
月己未，公薨于乾侯。

定公

元年　春王　三月晉人執宋仲幾于京師　夏六月癸亥公之喪至自乾侯戊辰公即位　秋七月癸巳葬我君昭公　九月大雩　立煬宮

冬十月隕霜殺菽

二年　春王正月　夏五月壬辰雉門及兩觀災　秋楚人伐吳　冬十月新作雉門及兩觀

三年　春王正月公如晉至河乃復　二月辛卯邾子穿卒

夏四月　秋葬邾莊公

冬仲孫何忌及邾子盟于拔

四年　春王二月癸巳陳侯吳

定公

元年，春王。三月，晉人執宋仲幾于京師。夏，六月癸亥，公之喪至自乾侯。戊辰，公即位。秋，七月癸巳，葬我君昭公。九月，大雩。立煬宮。

冬，十月，隕霜殺菽。

二年，春，王正月。夏，五月壬辰，雉門及兩觀災。秋，楚人伐吳。冬，十月，新作雉門及兩觀。

三年，春，王正月，公如晉，至河乃復。二月辛卯，邾子穿卒。

夏，四月。秋，葬邾莊公。

冬，仲孫何忌及邾子盟于拔。

四年，春，王二月癸巳，陳侯吳

卒　三月公會劉子晉侯宋
公蔡侯衛侯陳子鄭伯許男
曹伯莒子邾子頓子胡子滕
子薛伯杞伯小邾子齊國夏
于召陵侵楚　夏四月庚辰
蔡公孫姓帥師滅沈以沈子
嘉歸殺之　五月公及諸侯
盟于皋鼬　杞伯成卒于會
六月葬陳惠公　許遷于
容城　秋七月公至自會
劉卷卒　葬杞悼公　楚人
圍蔡　晉士鞅衛孔圉帥師
伐鮮虞　葬劉文公　冬十
有一月庚午蔡侯以吳子及
楚人戰于柏舉楚師敗績楚
囊瓦出奔鄭　庚辰吳入郢

儒藏
儒藏經典·康熙篆文六經四書　春秋

卒。三月，公會劉子、晉侯、宋公、蔡侯、衛侯、陳子、鄭伯、許男、曹伯、莒子、邾子、頓子、胡子、滕子、薛伯、杞伯、小邾子、齊國夏于召陵，侵楚。夏，四月庚辰，蔡公孫姓帥師滅沈，以沈子嘉歸，殺之。五月，公及諸侯盟于皋鼬。杞伯成卒于會。六月，葬陳惠公。許遷于容城。秋，七月，公至自會。劉卷卒。葬杞悼公。楚人圍蔡。晉士鞅、衛孔圉帥師伐鮮虞。葬劉文公。冬，十有一月庚午，蔡侯以吳子及楚人戰于柏舉，楚師敗績。楚囊瓦出奔鄭。庚辰，吳入郢。

五年春王三月辛亥朔日有
食之 夏歸粟于蔡 於越
入吴 六月丙申季孫意如
卒 秋七月壬子叔孫不敢
卒 冬晉士鞅帥師圍鮮虞
六年春王正月癸亥鄭游速
帥師滅許以許男斯歸 二
月公侵鄭 公至自侵鄭

夏季孫斯仲孫何忌如晉
秋晉人執宋行人樂祁犁
冬城中城 季孫斯仲孫何
忌帥師圍鄆
七年春王正月 夏四月
秋齊侯鄭伯盟于鹹 齊人
執衛行人北宮結以侵衛
齊侯衛侯盟于沙 大雩

五年春，三月辛亥朔，日有食之。夏，歸粟于蔡。於越入吴。六月丙申，季孫意如卒。秋，七月壬子，叔孫不敢卒。冬，晉士鞅帥師圍鮮虞。

六年春，王正月癸亥，鄭游速帥師滅許，以許男斯歸。二月，公侵鄭。公至自侵鄭。

儒藏 儒藏經典·康熙篆文六經四書 春秋

夏，季孫斯、仲孫何忌如晉。秋，晉人執宋行人樂祁犁。冬，城中城。季孫斯、仲孫何忌帥師圍鄆。

七年春，王正月。夏，四月。秋，齊侯、鄭伯盟于鹹。齊人執衛行人北宮結以侵衛。齊侯、衛侯盟于沙。大雩。

齊國夏帥師伐我西鄙 九
月大雩 冬十月
八年 春王正月公侵齊 公
至自侵齊 二月公侵齊
三月公至自侵齊 曹伯露
卒 夏齊國夏帥師伐我西
鄙 公會晉師于瓦 公至
自瓦 秋七月戊辰陳侯柳
卒 晉士鞅帥師侵鄭遂侵
衛 葬曹靖公 九月葬陳
懷公 季孫斯仲孫何忌帥
師侵衛 冬衛侯鄭伯盟于
曲濮 從祀先公 盜竊寶
玉大弓
九年 春王正月 夏四月戊
申鄭伯蠆卒 得寶玉大弓

儒藏
儒藏經典·康熙篆文六經四書 春秋

齊國夏帥師伐我西鄙。 九月，大雩。 冬，十月。

八年 春，王正月，公侵齊。 公至自侵齊。 二月，公侵齊。 三月，公至自侵齊。 曹伯露卒。 夏，齊國夏帥師伐我西鄙。 公會晉師于瓦。 公至自瓦。 秋，七月戊辰，陳侯柳卒。 晉士鞅帥師侵鄭，遂侵衛。 葬曹靖公。 九月，葬陳懷公。 季孫斯、仲孫何忌帥師侵衛。 冬，衛侯、鄭伯盟于曲濮。 從祀先公。 盜竊寶玉、大弓。

九年 春，王正月。 夏，四月戊申，鄭伯蠆卒。 得寶玉、大弓。

六月葬鄭獻公　秋齊侯衛侯次于五氏　秦伯卒　冬葬秦哀公

十年　春王三月及齊平　夏公會齊侯于夾谷公至自夾谷　晉趙鞅帥師圍衛　齊人來歸鄆讙龜陰田　叔孫州仇仲孫何忌帥師圍郈　秋叔孫州仇仲孫何忌帥師圍郈　宋樂大心出奔曹　宋公子地出奔陳　冬齊侯衛侯鄭游速會于安甫　叔孫州仇如齊　宋公之弟辰暨仲佗石彄出奔陳

十有一年　春宋公之弟辰及仲佗石彄公子地自陳入于

儒藏

儒藏經典·康熙篆文六經四書　春秋

六月，葬鄭獻公。秋，齊侯、衛侯次于五氏。秦伯卒。冬，葬秦哀公。

十年　春，王三月，及齊平。夏，公會齊侯于夾谷。公至自夾谷。　晉趙鞅帥師圍衛。　齊人來歸鄆、讙、龜陰田。　叔孫州仇、仲孫何忌帥師圍郈。　秋，叔孫州仇、仲孫何忌帥師圍郈。　宋樂大心出奔曹。　宋公子地出奔陳。　冬，齊侯、衛侯、鄭游速會于安甫。　叔孫州仇如齊。　宋公之弟辰暨仲佗、石彄出奔陳。

十有一年　春，宋公之弟辰及仲佗、石彄、公子地自陳入于

蕭以叛 夏四月 秋宋樂大心自曹入于蕭 冬及鄭平 叔還如鄭涖盟

十有二年 春薛伯定卒 夏葬薛襄公 叔孫州仇帥師墮郈 衛公孟彄帥師伐曹 季孫斯仲孫何忌帥師墮費 秋大雩 冬十月癸亥公會齊侯盟于黄 十有一月丙寅朔日有食之 公至自黄 十有二月公圍成公至自圍成

十有三年 春齊侯衛侯次于垂葭 夏築蛇淵囿 大蒐于比蒲 衛公孟彄帥師伐曹 秋晉趙鞅入于晉陽以

蕭以叛。夏，四月。秋，宋樂大心自曹入于蕭。冬，及鄭平。叔還如鄭涖盟。

十有二年春，薛伯定卒。夏，葬薛襄公。叔孫州仇帥師墮郈。衛公孟彄帥師伐曹。季孫斯、仲孫何忌帥師墮費。秋，大雩。冬，十月癸亥，公會齊侯盟于黄。十有一月丙寅朔，日有食之。公至自黄。十有二月，公圍成。公至自圍成。

十有三年春，齊侯、衛侯次于垂葭。夏，築蛇淵囿。大蒐于比蒲。衛公孟彄帥師伐曹。秋，晉趙鞅入于晉陽以

叛 冬晉荀寅士吉射入于
朝歌以叛 晉趙鞅歸于晉
薛弒其君比
十有四年春 衛公叔戍⑤來奔
衛趙陽出奔宋 二月辛巳
楚公子結陳公孫佗人帥師
滅頓以頓子牂歸 夏衛北
宮結來奔 五月於越敗吴

于檇李吴子光卒 公會齊
侯衛侯于牽 公至自會
秋齊侯宋公會于洮 天王
使石尚來歸脤 衛世子蒯
聵出奔宋 衛公孟彄出奔
鄭 宋公之弟辰自蕭來奔
大蒐于比蒲 邾子來會
公 城莒父及霄

叛。冬，晉荀寅、士吉射入于
朝歌以叛。晉趙鞅歸于晉。
薛弒其君比。
十有四年春，衛公叔戍來奔。
衛趙陽出奔宋。二月辛巳，
楚公子結、陳公孫佗人帥師
滅頓，以頓子牂歸。夏，衛北
宮結來奔。五月，於越敗吴

于檇李。吴子光卒。公會齊
侯、衛侯于牽。公至自會。
秋，齊侯、宋公會于洮。天王
使石尚來歸脤。衛世子蒯
聵出奔宋。衛公孟彄出奔
鄭。宋公之弟辰自蕭來奔。
大蒐于比蒲。邾子來會
公。城莒父及霄。

十有五年　春王正月邾子來朝　鼷鼠食郊牛牛死改卜牛　二月辛丑楚子滅胡以胡子豹歸　夏五月辛亥郊　壬申公薨于高寢　鄭罕達帥師伐宋　齊侯衛侯次于蘧蒢　邾子來奔喪　秋七月壬申姒氏卒　八月庚辰朔日有食之　九月滕子來會葬　丁巳葬我君定公雨不克葬　戊午日下昃乃克葬　辛巳葬定姒　冬城漆

儒藏
儒藏經典・康熙篆文六經四書　春秋

十有五年春，王正月，邾子來朝。鼷鼠食郊牛，牛死，改卜牛。二月辛丑，楚子滅胡，以胡子豹歸。夏，五月辛亥，郊。壬申，公薨于高寢。鄭罕達帥師伐宋。齊侯、衛侯次于蘧蒢。邾子來奔喪。秋，七月壬申，姒氏卒。八月庚辰朔，日有食之。九月，滕子來會葬。丁巳，葬我君定公，雨，不克葬。戊午，日下昃，乃克葬。辛巳，葬定姒。冬，城漆。

哀公

元年春王正月公即位　楚子陳侯隨侯許男圍蔡　鼷鼠食郊牛改卜牛　夏四月辛巳郊　秋齊侯衛侯伐晉　冬仲孫何忌帥師伐邾

二年春王二月季孫斯叔孫州仇仲孫何忌帥師伐邾取漷東田及沂西田　癸巳叔孫州仇仲孫何忌及邾子盟于句繹　夏四月丙子衛侯元卒　滕子來朝　晉趙鞅帥師納衛世子蒯聵于戚　秋八月甲戌晉趙鞅帥師及鄭罕達帥師戰于鐵鄭師敗績　冬十月葬衛靈公　十

儒藏經典·康熙篆文六經四書　春秋

哀公

元年春，王正月，公即位。楚子、陳侯、隨侯、許男圍蔡。鼷鼠食郊牛，改卜牛。夏，四月辛巳，郊。秋，齊侯、衛侯伐晉。冬，仲孫何忌帥師伐邾。

二年春，王二月，季孫斯、叔孫州仇、仲孫何忌帥師伐邾，取漷東田及沂西田。癸巳，叔孫州仇、仲孫何忌及邾子盟于句繹。夏，四月丙子，衛侯元卒。滕子來朝。晉趙鞅帥師納衛世子蒯聵于戚。秋，八月甲戌，晉趙鞅帥師及鄭罕達帥師戰于鐵。鄭師敗績。冬，十月，葬衛靈公。十

有一月蔡遷于州來蔡殺其大夫公子駟

三年春齊國夏衛石曼姑帥師圍戚夏四月甲午地震

五月辛卯桓宮僖宮災

季孫斯叔孫州仇帥師城啓陽宋樂髡帥師伐曹秋

七月丙子季孫斯卒·蔡人放其大夫公孫獵于吳冬

十月癸卯秦伯卒叔孫州仇仲孫何忌帥師圍邾

四年春王二月庚戌盜殺蔡侯申蔡公孫辰出奔吳

葬秦惠公宋人執小邾子

夏蔡殺其大夫公孫姓公孫霍晉人執戎蠻子赤歸

有一月，蔡遷于州來。蔡殺其大夫公子駟。

三年春，齊國夏、衛石曼姑帥師圍戚。夏，四月甲午，地震。

五月辛卯，桓宮、僖宮災。

季孫斯、叔孫州仇帥師城啓陽。宋樂髡帥師伐曹。秋，

七月丙子，季孫斯卒。蔡人放其大夫公孫獵于吳。冬，

十月癸卯，秦伯卒。叔孫州仇、仲孫何忌帥師圍邾。

四年春，王二月庚戌，盜殺蔡侯申。蔡公孫辰出奔吳。

葬秦惠公。宋人執小邾子。

夏，蔡殺其大夫公孫姓、公孫霍。晉人執戎蠻子赤歸

于楚 城西郛 六月辛丑
亳社災 秋八月甲寅滕子
結卒 冬十有二月葬蔡昭
公 葬滕頃公
五年 春城毗 夏齊侯伐宋
晉趙鞅帥師伐衛 秋九
月癸酉齊侯杵臼卒 冬叔
還如齊 閏月葬齊景公
六年 春城邾瑕 晉趙鞅帥
師伐鮮虞 吳伐陳 夏齊
國夏及高張來奔 叔還會
吳于柤 秋七月庚寅楚子
軫卒 齊陽生入于齊 齊陳
乞弑其君荼 冬仲孫何忌
帥師伐邾 宋向巢帥師伐
曹

儒藏
儒藏經典·康熙篆文六經四書 春秋

于楚。城西郛。六月辛丑，亳社災。秋，八月甲寅，滕子結卒。冬，十有二月，葬蔡昭公。葬滕頃公。

五年春，城毗。夏，齊侯伐宋。晉趙鞅帥師伐衛。秋，九月癸酉，齊侯杵臼卒。冬，叔還如齊。閏月，葬齊景公。

六年春，城邾瑕。晉趙鞅帥師伐鮮虞。吳伐陳。夏，齊國夏及高張來奔。叔還會吳于柤。秋，七月庚寅，楚子軫卒。齊陽生入于齊。齊陳乞弑其君荼。冬，仲孫何忌帥師伐邾。宋向巢帥師伐曹。

七年　春宋皇瑗帥師侵鄭　晉魏曼多帥師侵衛　夏公會吴于鄫　秋公伐邾八月己酉入邾以邾子益來　宋人圍曹　冬鄭駟弘帥師救曹

八年　春王正月宋公入曹以曹伯陽歸　吴伐我　夏齊人取讙及闡　歸邾子益于邾　秋七月　冬十有二月癸亥杞伯過卒　齊人歸讙及闡

九年　春王二月葬杞僖公　宋皇瑗帥師取鄭師于雍丘　夏楚人伐陳　秋宋公伐鄭　冬十月

七年春，宋皇瑗帥師侵鄭。晉魏曼多帥師侵衛。夏，公會吴于鄫。秋，公伐邾。八月己酉，入邾，以邾子益來。宋人圍曹。冬，鄭駟弘帥師救曹。

八年春，王正月，宋公入曹，以曹伯陽歸。吴伐我。夏，齊人取讙及闡。歸邾子益于邾。秋，七月。冬，十有二月癸亥，杞伯過卒。齊人歸讙及闡。

九年春，王二月，葬杞僖公。宋皇瑗帥師取鄭師于雍丘。夏，楚人伐陳。秋，宋公伐鄭。冬，十月。

十年 春王二月邾子益來奔 公會吴伐齊三月戊戌齊侯陽生卒 夏宋人伐鄭 晉趙鞅帥師侵齊 五月公至自伐齊 葬齊悼公 衛公孟彄自齊歸于衛 薛伯夷卒 秋葬薛惠公 冬楚公子結帥師伐陳吴救陳

十有一年 春齊國書帥師伐我 夏陳轅頗出奔鄭 五月公會吴伐齊 甲戌齊國書帥師及吴戰于艾陵齊師敗績獲齊國書 秋七月辛酉滕子虞母卒 冬十有一月葬滕隱公 衛世叔齊出奔宋

十年

春，王二月，邾子益來奔。

公會吴伐齊。三月戊戌，齊侯陽生卒。

夏，宋人伐鄭。

晉趙鞅帥師侵齊。

五月，公至自伐齊。

葬齊悼公。

衛公孟彄自齊歸于衛。

薛伯夷卒。

秋，葬薛惠公。

冬，楚公子結帥師伐陳。吴救陳。

儒藏 儒藏經典·康熙篆文六經四書 春秋

十有一年

春，齊國書帥師伐我。

夏，陳轅頗出奔鄭。

五月，公會吴伐齊。

甲戌，齊國書帥師及吴戰于艾陵，齊師敗績，獲齊國書。

秋，七月辛酉，滕子虞母卒。

冬，十有一月，葬滕隱公。

衛世叔齊出奔宋。

十有二年春用田賦夏五月甲辰孟子卒公會吴于橐皋秋公會衛侯宋皇瑗于鄖宋向巢帥師伐鄭冬十有二月螽

十有三年春鄭罕達帥師取宋師于嵒夏許男成卒公會晉侯及吴子于黄池楚公子申帥師伐陳於越入吴秋公至自會晉魏曼多帥師侵衛葬許元公九月螽冬十有一月有星孛于東方盗殺陳夏區夫十有二月螽

十有四年春西狩獲麟

儒藏經典·康熙篆文六經四書　春秋

十有二年春，用田賦。夏，五月甲辰，孟子卒。公會吴于橐皋。秋，公會衛侯、宋皇瑗于鄖。宋向巢帥師伐鄭。冬，十有二月，螽。

十有三年春，鄭罕達帥師取宋師于嵒。夏，許男成卒。公會晉侯及吴子于黄池。楚公子申帥師伐陳。於越入吴。秋，公至自會。晉魏曼多帥師侵衛。葬許元公。九月，螽。冬，十有一月，有星孛于東方。盗殺陳夏區夫。十有二月，螽。

十有四年春，西狩獲麟。

校記

①郤：誤，據通行本，當作「郤」。此經中同。

②飢：誤。據通行本，當作「饑」。

③此二「戌」字，誤。據通行本，當作「戍」。《公羊》《穀梁》釋文皆注明此字「音恤」。後《昭公元年》「宋向戌」不誤。

④郕：誤。據通行本，當作「成」。

⑤戌：胡傳各本及公、穀各本皆作「戌」，阮刻左氏本作「戍」。

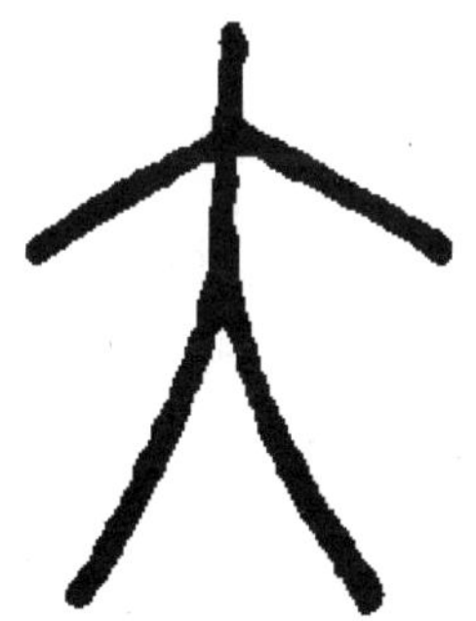

學

大學

子程子曰大學孔氏之遺書而初學入德之門也於今可見古人爲學次第者獨賴此篇之存而論孟次之學者必由是而學焉則庶乎其不差矣

大學之道在明明德在親民在

止於至善 知止而后有定定而后能靜靜而后能安安而后能慮慮而后能得 物有本末事有終始知所先後則近道矣

古之欲明明德於天下者先治其國欲治其國者先齊其家欲齊其家者先脩其身欲脩其身者先正其心欲正其心者

大学

子程子曰：大學，孔氏之遺書。而初學入德之門也。於今可見古人爲學次第者，獨賴此篇之存，而論孟次之。學者必由是而學焉，則庶乎其不差矣。

大學之道，在明明德，在親民，在

止於至善。 知止而后有定，定而后能靜，靜而后能安，安而后能慮，慮而后能得。 物有本末，事有終始，知所先後，則近道矣。

古之欲明明德於天下者，先治其國；欲治其國者，先齊其家；欲齊其家者，先脩其身；欲脩其身者，先正其心；欲正其心者，先

誠其意欲誠其意者先致其知
致知在格物　物格而后知至
知至而后意誠意誠而后心正
心正而后身修身修而后家齊
家齊而后國治國治而后天下
平　自天子以至於庶人壹是
皆以修身爲本　其本亂而末
治者否矣其所厚者薄而其所
薄者厚未之有也

右經一章蓋孔子之言
而曾子述之其傳十章
則曾子之意而門人記
之也舊本頗有錯簡今
因程子所定而更考經
文別爲序次如左

康誥曰克明德　大甲曰顧諟

儒藏經典·康熙篆文六經四書　大學

誠其意；欲誠其意者，先致其知，致知在格物。物格而后知至，知至而后意誠，意誠而后心正，心正而后身修，身修而后家齊，家齊而后國治，國治而后天下平。自天子以至於庶人，壹是皆以修身爲本。其本亂而末治者，否矣。其所厚者薄，而其所薄者厚，未之有也。

右經一章，蓋孔子之言，而曾子述之；其傳十章，則曾子之意，而門人記之也。舊本頗有錯簡，今因程子所定，而更考經文，別爲序次如左。

《康誥》曰：「克明德。」《大甲》曰：「顧諟

天之明命　帝典曰克明峻德
皆自明也
右傳之首章釋明明德
湯之盤銘曰苟日新日日新又
日新　康誥曰作新民　詩曰
周雖舊邦其命維新①　是故君
子無所不用其極
右傳之二章釋新民
詩云邦畿千里惟民所止　詩
云緡蠻黃鳥止于丘隅子曰於
止知其所止可以人而不如鳥
乎　詩云穆穆文王於緝熙敬
止爲人君止於仁爲人臣止於
敬爲人子止於孝爲人父止於
慈與國人交止於信　詩云瞻
彼淇澳菉竹猗猗有斐君子如

儒藏經典·康熙篆文六經四書　大學

天之明命。」《帝典》曰：「克明峻德。」皆自明也。

右傳之首章，釋明明德。

湯之《盤銘》曰：「苟日新，日日新，又日新。」《康誥》曰：「作新民。」《詩》曰：「周雖舊邦，其命維新。」是故君子無所不用其極。

右傳之二章，釋新民。

《詩》云：「邦畿千里，惟民所止。」《詩》云：「緡蠻黃鳥，止于丘隅。」子曰：「於止，知其所止，可以人而不如鳥乎？」《詩》云：「穆穆文王，於緝熙敬止。」爲人君，止於仁；爲人臣，止於敬；爲人子，止於孝；爲人父，止於慈；與國人交，止於信。《詩》云：「瞻彼淇澳，菉竹猗猗。有斐君子。如切如磋，如琢如磨。瑟兮僩兮，赫兮喧兮。有斐君子，終不可諠兮！」「如切如磋」者，道學也；「如琢如磨」者，自脩也；「瑟兮僩兮」者，恂慄也；「赫兮喧兮」者，威儀也；「有斐君子，終不可諠兮」者，道盛德至善，民之不能忘也。《詩》云：「於戲前王不忘！」君子賢其賢，而親其親。小人樂其樂，而利其利。此以没世不忘也。

右傳之三章，釋止於至善。

子曰：「聽訟，吾猶人也。必也使無訟乎？」無情者，不得盡其辭，大畏民志。此謂知本。

右傳之四章，釋本末。

此謂知本　此謂知之至也

右傳之五章蓋釋格物致知之義而今亡矣閒嘗竊取程子之意以補之曰所謂致知在格物者言欲致吾之知在即物而窮其理也蓋人心之靈莫不有知而天下之物莫不有理惟於理有未窮故其知有不盡也是以大學始教必使學者即凡天下之物莫不因其已②知之理而益窮之以求至乎其極至於用力之久而一旦豁然貫通焉則衆物之表

此謂知本。此謂知之至也。

右傳之五章，蓋釋格物致知之義，而今亡矣。閒嘗竊取程子之意以補之，曰：「所謂致知在格物者：言欲致吾之知，在即物而窮其理也，蓋人心之靈，莫不有知，而天下之物，莫不有理。惟於理有未窮，故其知有不盡也。是以大學始教，必使學者即凡天下之物，莫不因其已知之理，而益窮之，以求至乎其極。至於用力之久，而一旦豁然貫通焉。則衆物之表

裏精粗無不到而吾心之全體大用無不明矣此謂物格此謂知之至也

所謂誠其意者毋自欺也如惡惡臭如好好色此之謂自謙故君子必慎其獨也　小人閒居爲不善無所不至見君子而後厭然揜其不善而著其善人之視己如見其肺肝然則何益矣此謂誠於中形於外故君子必慎其獨也　曾子曰十目所視十手所指其嚴乎　富潤屋德潤身心廣體胖故君子必誠其意

右傳之六章釋誠意

儒藏
儒藏經典·康熙篆文六經四書　大學

裏精粗無不到，而吾心之全體大用無不明矣。此謂物格。此謂知之至也。」

所謂誠其意者：毋自欺也，如惡惡臭，如好好色。此之謂自謙。故君子必慎其獨也。　小人閒居爲不善，無所不至，見君子而後厭然。揜其不善，而著其善。人之視己，如見其肺肝然，則何益矣。此謂誠於中，形於外。故君子必慎其獨也。　曾子曰：「十目所視，十手所指，其嚴乎！」　富潤屋，德潤身，心廣體胖，故君子必誠其意。

右傳之六章，釋誠意。

所謂脩身在正其心者身有所忿懥則不得其正有所恐懼則不得其正有所好樂則不得其正有所憂患則不得其正　心不在焉視而不見聽而不聞食而不知其味　此謂脩身在正其心

右傳之七章釋正心脩身

所謂齊其家在脩其身者人之其所親愛而辟焉之其所賤惡而辟焉之其所畏敬而辟焉之其所哀矜而辟焉之其所敖惰而辟焉故好而知其惡惡而知其美者天下鮮矣　故諺有之曰人莫知其子之惡莫知其苗

儒藏
儒藏經典·康熙篆文六經四書　大學

所謂脩身在正其心者：身有所忿懥，則不得其正。有所恐懼，則不得其正。有所好樂，則不得其正。有所憂患，則不得其正。心不在焉，視而不見，聽而不聞，食而不知其味。此謂脩身在正其心。

右傳之七章，釋正心脩身。

所謂齊其家在脩其身者：人之其所親愛而辟焉。之其所賤惡而辟焉。之其所畏敬而辟焉。之其所哀矜而辟焉。之其所敖惰而辟焉。故好而知其惡，惡而知其美者，天下鮮矣。故諺有之曰：「人莫知其子之惡，莫知其苗

之碩　此謂身不修不可以齊其家

右傳之八章釋修身齊家

所謂治國必先齊其家者其家不可教而能教人者無之故君子不出家而成教於國孝者所以事君也弟者所以事長也慈者所以使衆也　康誥曰如保赤子心誠求之雖不中不遠矣未有學養子而后嫁者也　一家仁一國興仁一家讓一國興讓一人貪戾一國作亂其機如此此謂一言僨事一人定國

堯舜帥天下以仁而民從之桀紂帥天下以暴而民從之其所

儒藏經典·康熙篆文六經四書　大學

之碩。」此謂身不修，不可以齊其家。

右傳之八章，釋修身齊家。

所謂治國必先齊其家者：其家不可教，而能教人者，無之。故君子不出家，而成教於國。孝者，所以事君也；弟者，所以事長也；慈者，所以使衆也。《康誥》曰：「如保赤子」，心誠求之，雖不中不遠矣。未有學養子而后嫁者也！一家仁，一國興仁；一家讓，一國興讓；一人貪戾，一國作亂。其機如此，此謂一言僨事，一人定國。

堯舜帥天下以仁，而民從之。桀紂帥天下以暴，而民從之。其所令反其所好而民不從是故君子有諸己而後求諸人無諸己而後非諸人所藏乎身不恕而能喻諸人者未之有也　故治國在齊其家　詩云桃之夭夭其葉蓁蓁之子于歸宜其家人宜其家人而后可以教國人詩云宜兄宜弟宜兄宜弟而后可以教國人　詩云其儀不忒正是四國其爲父子兄弟足法而后民法之也　此謂治國在齊其家

右傳之九章釋齊家治國

所謂平天下在治其國者上老老而民興孝上長長而民興弟

儒藏經典·康熙篆文六經四書　大學

令反其所好，而民不從。是故君子有諸己，而後求諸人。無諸己，而後非諸人。所藏乎身不恕，而能喻諸人者，未之有也。故治國在齊其家。《詩》云：「桃之夭夭，其葉蓁蓁。之子于歸，宜其家人。」宜其家人，而后可以教國人。《詩》云：「宜兄宜弟。」宜兄宜弟，而后可以教國人。《詩》云：「其儀不忒，正是四國。」其爲父子兄弟足法，而后民法之也。此謂治國在齊其家。

右傳之九章，釋齊家治國。

所謂平天下在治其國者：上老老，而民興孝；上長長，而民興弟；

上恤孤而民不倍是以君子有絜矩之道也　所惡於上毋以使下所惡於下毋以事上所惡於前毋以先後所惡於後毋以從前所惡於右毋以交於左所惡於左毋以交於右此之謂絜矩之道　詩云樂只君子民之父母民之所好好之民之所惡惡之此之謂民之父母　詩云節彼南山維石巖巖赫赫師尹民具爾瞻有國者不可以不慎辟則爲天下僇矣　詩云殷之未喪師克配上帝儀監于殷峻命不易道得衆則得國失衆則失國　是故君子先慎乎德有德此有人有人此有土有土此

儒藏經典·康熙篆文六經四書　大學

上恤孤，而民不倍，是以君子有絜矩之道也。所惡於上，毋以使下。所惡於下，毋以事上。所惡於前，毋以先後。所惡於後，毋以從前。所惡於右，毋以交於左。所惡於左，毋以交於右。此之謂絜矩之道。《詩》云：「樂只君子，民之父母。」民之所好好之，民之所惡惡之，此之謂民之父母。《詩》云：「節彼南山，維石巖巖。赫赫師尹，民具爾瞻。」有國者不可以不慎，辟則爲天下僇矣。《詩》云：「殷之未喪師，克配上帝。儀監于殷，峻命不易。」道得衆則得國，失衆則失國。是故君子先慎乎德。有德此有人，有人此有土，有土此

有財有財此有用　德者本也財者末也　外本內末爭民施奪　是故財聚則民散財散則民聚　是故言悖而出者亦悖而入貨悖而入者亦悖而出康誥曰惟命不于常道善則得之不善則失之矣　楚書曰楚國無以爲寶惟善以爲寶　舅犯曰亡人無以爲寶仁親以爲寶　秦誓曰若有一个臣斷斷兮無他技其心休休焉其如有容焉人之有技若己有之人之彥聖其心好之不啻若自其口出寔能容之以能保我子孫黎民尚亦有利哉人之有技媢疾以惡之人之彥聖而違之俾不

有財，有財此有用。德者本也，財者末也。外本內末，爭民施奪。是故財聚則民散，財散則民聚。是故言悖而出者，亦悖而入；貨悖而入者，亦悖而出。《康誥》曰：「惟命不于常！」道善則得之，不善則失之矣。《楚書》曰：「楚國無以爲寶，惟善以爲寶。」舅犯曰：「亡人無以爲寶，仁親以爲寶。」《秦誓》曰：「若有一个臣，斷斷兮無他技，其心休休焉，其如有容焉。人之有技，若己有之；人之彥聖，其心好之，不啻若自其口出，寔能容之，以能保我子孫黎民，尚亦有利哉。人之有技，媢疾以惡之，人之彥聖，而違之俾不通，寔不能容，以不能保我子孫黎民，亦曰殆哉！」唯仁人放流之，迸諸四夷，不與同中國。此謂唯仁人爲能愛人，能惡人。見賢而不能舉，舉而不能先，命也。見不善而不能退，退而不能遠，過也。好人之所惡，惡人之所好，是謂拂人之性，菑必逮夫身。

是故君子有大道，必忠信以得之，驕泰以失之。生財有大道，生之者衆，食之者寡，爲之者疾，用之者舒，則財恒足矣。仁者以財發身，不仁者以身發財。未有上好仁，而下不好義者也。未有好義其事不終者也。未有府庫財非其財者也。孟獻子曰畜馬乘不察於雞豚伐冰之家不畜牛羊百乘之家不畜聚斂之臣與其有聚斂之臣寧有盜臣此謂國不以利爲利以義爲利也 長國家而務財用者必自小人矣彼爲善之小人之使爲國家菑害並至雖有善者亦無如之何矣此謂國不以利爲利以義爲利也

右傳之十章釋治國平天下 凡傳十章前四章統論綱領指趣後六章細論條目工夫其第五章乃明善之要第六章乃誠身之本在初學尤爲當務之急讀者不

儒藏經典·康熙篆文六經四書 大學

子曰：「畜馬乘不察於鷄豚，伐冰之家不畜牛羊，百乘之家不畜聚斂之臣。與其有聚斂之臣，寧有盜臣。」此謂國不以利爲利，以義爲利也。　長國家而務財用者，必自小人矣。彼爲善之，小人之使爲國家，菑害並至。雖有善者，亦無如之何矣。此謂國不以利爲利，以義爲利也。

右傳之十章，釋治國平天下。　凡傳十章，前四章統論綱領指趣，后六章細論條目工夫。其第五章乃明善之要，第六章乃誠身之本，在初學，尤爲當務之急。讀者不

可以其近而忽之也

可以其近而忽之也。

儒藏
儒藏經典·康熙篆文六經四書 大學

校記

①維，《毛詩·文王》作「維」，《大學章句》各本作「惟」，篆文蓋據《毛詩》改。

②已：誤。據通行本，當作「已」。

中庸

中庸

子程子曰不偏之謂中不易之謂庸中者天下之正道庸者天下之定理此篇乃孔門傳授心法子思恐其久而差也故筆之於書以授孟子其書始言一理中散爲萬事末復合爲一理放之則彌六合卷之則退藏於密其味無窮皆實學也善讀者玩索而有得焉則終身用之有不能盡者矣

天命之謂性率性之謂道脩道之謂教　道也者不可須臾離也可離非道也是故君子戒慎

儒藏
儒藏經典·康熙篆文六經四書　中庸

中庸

子程子曰：「不偏之謂中，不易之謂庸；中者，天下之正道，庸者，天下之定理。」此篇乃孔門傳授心法，子思恐其久而差也，故筆之於書，以授孟子。其書始言一理，中散爲萬事，末復合爲一理。放之則彌六合，卷之則退藏於密。其味無窮，皆實學也。善讀者玩索而有得焉，則終身用之，有不能盡者矣。

天命之謂性，率性之謂道，脩道之謂教。　道也者，不可須臾離也，可離非道也。是故君子戒慎

乎其所不睹恐懼乎其所不聞
莫見乎隱莫顯乎微故君子
慎其獨也　喜怒哀樂之未發
謂之中發而皆中節謂之和中
也者天下之大本也和也者天
下之達道也　致中和天地位
焉萬物育焉
右第一章子思述所傳

之意以立言首明道之
本原出於天而不可易
其實體備於己而不可
離次言存養省察之要
終言聖神功化之極蓋
欲學者於此反求諸身
而自得之以去夫外誘
之私而充其本然之善

乎其所不睹，恐懼乎其所不聞。莫見乎隱，莫顯乎微，故君子慎其獨也。　喜怒哀樂之未發，謂之中；發而皆中節，謂之和。中也者，天下之大本也；和也者，天下之達道也。　致中和，天地位焉，萬物育焉。

右第一章。子思述所傳

之意以立言。首明道之本原出於天而不可易，其實體備於己而不可離，次言存養省察之要，終言聖神功化之極。蓋欲學者於此反求諸身而自得之，以去夫外誘之私，而充其本然之善，

楊氏所謂一篇之體要是也其下十章蓋子思引夫子之言以終此章之義

仲尼曰君子中庸小人反中庸君子之中庸也君子而時中小人之中庸也小人而無忌憚也

右第二章

子曰中庸其至矣乎民鮮能久矣

右第三章

子曰道之不行也我知之矣知者過之愚者不及也道之不明也我知之矣賢者過之不肖者不及也人莫不飲食也鮮能

儒藏 儒藏經典·康熙篆文六經四書 中庸

楊氏所謂一篇之體要是也。其下十章，蓋子思引夫子之言，以終此章之義。

仲尼曰：「君子中庸，小人反中庸。君子之中庸也，君子而時中；小人之中庸也，小人而無忌憚也。」

右第二章。

子曰：「中庸其至矣乎！民鮮能久矣。」

右第三章。

子曰：「道之不行也，我知之矣。知者過之，愚者不及也。道之不明也，我知之矣。賢者過之，不肖者不及也。人莫不飲食也，鮮能

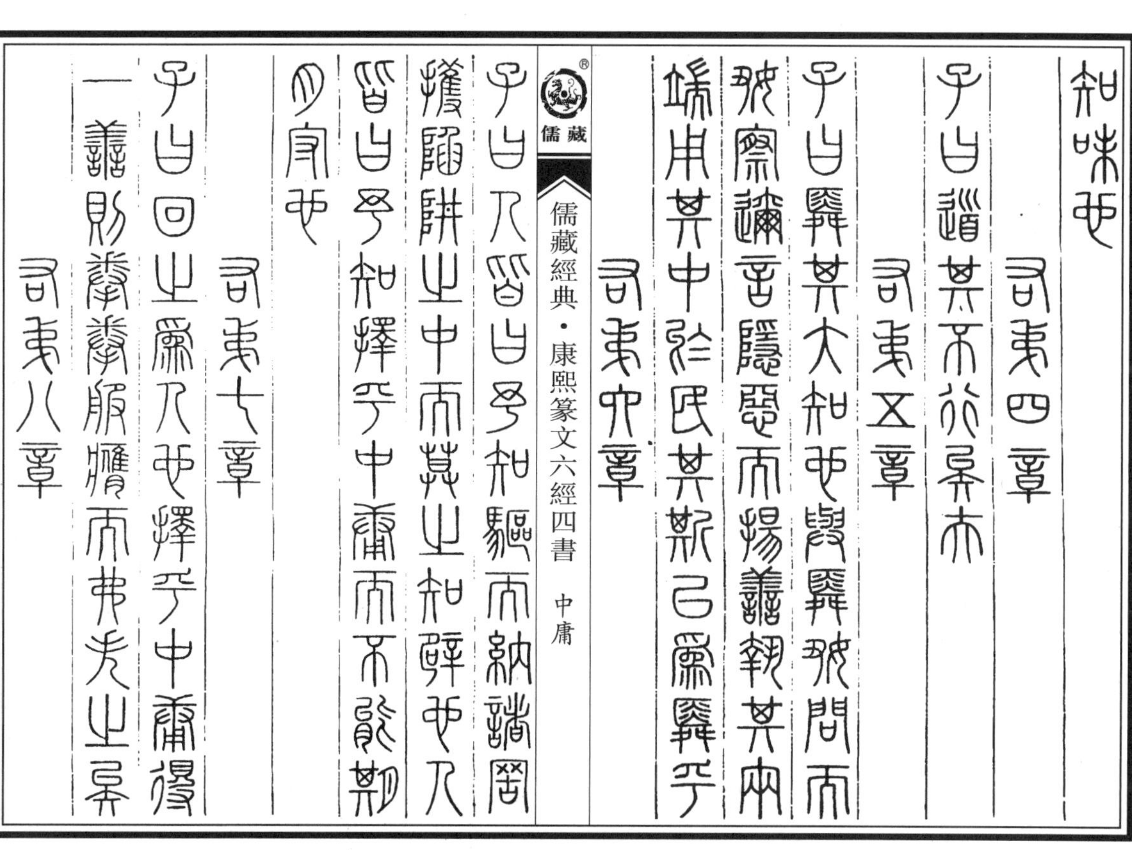

知味也。」

右第四章。

子曰：「道其不行矣夫！」

右第五章。

子曰：「舜其大知也與！舜好問而好察邇言；隱惡而揚善，執其兩端，用其中於民，其斯以爲舜乎！」

右第六章。

子曰：「人皆曰『予知』，驅而納諸罟擭陷阱之中而莫之知辟也；人皆曰『予知』，擇乎中庸而不能期月守也。」

右第七章。

子曰：「回之爲人也，擇乎中庸，得一善，則拳拳服膺而弗失之矣。」

右第八章。

子曰：「天下國家可均也，爵禄可辭也，白刃可蹈也，中庸不可能也！」

右第九章。

子路問强。子曰：「南方之强與？北方之强與？抑而强與？寬柔以教，不報無道，南方之强也；君子居之。衽金革，死而不厭，北方之强也；而强者居之。故君子和而不流，强哉矯！中立而不倚，强哉矯！國有道，不變塞焉，强哉矯！國無道，至死不變，强哉矯！」

右第十章。

子曰：「素隱行怪，後世有述焉；吾弗爲之矣。君子遵道而行，半塗而廢；吾弗能已矣。君子依

儒藏
儒藏經典·康熙篆文六經四書　中庸

乎中庸遯世不見知而不悔唯
聖者能之
右第十一章
君子之道費而隱　夫婦之愚
可以與知焉及其至也雖聖人
亦有所不知焉夫婦之不肖可
以能行焉及其至也雖聖人亦
有所不能焉天地之大也人猶

有所憾故君子語大天下莫能
載焉語小天下莫能破焉　詩
云鳶飛戾天魚躍于淵言其上
下察也　君子之道造端乎夫
婦及其至也察乎天地
右第十二章子思之言
蓋以申明首章道不可
離之意也其下八章雜

乎中庸，遯世不見知而不悔，唯
聖者能之。」
右第十一章。
君子之道，費而隱。夫婦之愚，
可以與知焉；及其至也，雖聖人
亦有所不知焉。夫婦之不肖，可
以能行焉；及其至也，雖聖人亦
有所不能焉。天地之大也，人猶

儒藏經典·康熙篆文六經四書　中庸

有所憾。故君子語大，天下莫能
載焉；語小，天下莫能破焉。《詩》
云：「鳶飛戾天，魚躍于淵。」言其上
下察也。君子之道，造端乎夫
婦；及其至也，察乎天地。
右第十二章。子思之言，
蓋以申明首章道不可
離之意也。其下八章，雜

引孔子之言以明之
子曰道不遠人人之爲道而遠人不可以爲道 詩云伐柯伐柯其則不遠執柯以伐柯睨而視之猶以爲遠故君子以人治人改而止 忠恕違道不遠施諸己而不願亦勿施於人 君子之道四丘未能一焉所求乎子以事父未能也所求乎臣以事君未能也所求乎弟以事兄未能也所求乎朋友先施之未能也庸德之行庸言之謹有所不足不敢不勉有餘不敢盡言顧行行顧言君子胡不慥慥爾
右第十三章
君子素其位而行不願乎其外

引孔子之言以明之。

子曰：「道不遠人；人之爲道而遠人，不可以爲道。《詩》云：『伐柯伐柯，其則不遠。』執柯以伐柯，睨而視之，猶以爲遠。故君子以人治人，改而止。忠恕違道不遠，施諸己而不願，亦勿施於人。君子之道四，丘未能一焉：所求乎子以事父，未能也；所求乎臣以事君，未能也；所求乎弟以事兄，未能也；所求乎朋友先施之，未能也。庸德之行，庸言之謹；有所不足，不敢不勉；有餘不敢盡。言顧行，行顧言，君子胡不慥慥爾！」

右第十三章。

君子素其位而行，不願乎其外。

素富貴，行乎富貴；素貧賤，行乎貧賤；素夷狄，行乎夷狄；素患難，行乎患難。君子無入而不自得焉。在上位，不陵下；在下位，不援上。正己而不求於人，則無怨。上不怨天，下不尤人。故君子居易以俟命，小人行險以徼幸。子曰：「射有似乎君子，失諸正鵠，反求諸其身。」

右第十四章。

君子之道，辟如行遠，必自邇，辟如登高，必自卑。詩曰：「妻子好合，如鼓瑟琴。兄弟既翕，和樂且耽。宜爾室家，樂爾妻帑。」子曰：「父母其順矣乎！」

右第十五章。

子曰鬼神之爲德其盛矣乎
視之而弗見聽之而弗聞體物
而不可遺 使天下之人齊明
盛服以承祭祀洋洋乎如在其
上如在其左右 詩曰神之格
思不可度思矧可射思 夫微
之顯誠之不可揜如此夫

右第十六章

子曰舜其大孝也與德爲聖人
尊爲天子富有四海之內宗廟
饗之子孫保之 故大德必得
其位必得其祿必得其名必得
其壽 故天之生物必因其材
而篤焉故栽者培之傾者覆之
詩曰嘉樂君子憲憲令德宜
民宜人受祿于天保佑命之自

子曰：「鬼神之爲德，其盛矣乎！視之而弗見，聽之而弗聞，體物而不可遺。使天下之人，齊明盛服，以承祭祀，洋洋乎如在其上，如在其左右。」《詩》曰：「神之格思，不可度思，矧可射思。夫微之顯，誠之不可揜如此夫！」

右第十六章。

儒藏經典・康熙篆文六經四書 中庸

子曰：「舜其大孝也與！德爲聖人，尊爲天子，富有四海之內，宗廟饗之，子孫保之。故大德，必得其位，必得其祿，必得其名，必得其壽。故天之生物，必因其材而篤焉，故栽者培之，傾者覆之。《詩》曰：『嘉樂君子，憲憲令德。宜民宜人，受祿于天。保佑命之，自

天申之故大德者必受命

右第十七章

子曰無憂者其惟文王乎以王季為父以武王為子父作之子述之武王纘大王王季文王之緒壹戎衣而有天下身不失天下之顯名尊為天子富有四海之內宗廟饗之子孫保之

武王末受命周公成文武之德追王大王王季上祀先公以天子之禮斯禮也達乎諸侯大夫及士庶人父為大夫子為士葬以大夫祭以士父為士子為大夫葬以士祭以大夫期之喪達乎大夫三年之喪達乎天子父母之喪無貴賤一也

儒藏經典·康熙篆文六經四書 中庸

天申之。』故大德者必受命。」

右第十七章。

子曰：「無憂者，其惟文王乎！以王季爲父，以武王爲子；父作之，子述之。武王纘大王、王季、文王之緒，壹戎衣而有天下，身不失天下之顯名，尊爲天子，富有四海之内，宗廟饗之，子孫保之。

武王末受命，周公成文武之德，追王大王、王季，上祀先公以天子之禮。斯禮也，達乎諸侯、大夫及士、庶人。父爲大夫、子爲士，葬以大夫、祭以士；父爲士、子爲大夫，葬以士、祭以大夫。期之喪，達乎大夫；三年之喪，達乎天子；父母之喪，無貴賤一也。」

右第十八章

子曰武王周公其達孝矣乎夫孝者善繼人之志善述人之事者也 春秋修其祖廟陳其宗器設其裳衣薦其時食 宗廟之禮所以序昭穆也序爵所以辨貴賤也序事所以辨賢也旅酬下爲上所以逮賤也燕毛所以序齒也 踐其位行其禮奏其樂敬其所尊愛其所親事死如事生事亡如事存孝之至也 郊社之禮所以事上帝也宗廟之禮所以祀乎其先也明乎郊社之禮禘嘗之義治國其如示諸掌乎

右第十九章

儒藏經典·康熙篆文六經四書 中庸

右第十八章。

子曰：「武王周公其達孝矣乎！夫孝者，善繼人之志，善述人之事者也。春秋修其祖廟，陳其宗器，設其裳衣，薦其時食。宗廟之禮，所以序昭穆也；序爵，所以辨貴賤也；序事，所以辨賢也；旅酬下爲上，所以逮賤也；燕毛，所以序齒也。踐其位，行其禮，奏其樂；敬其所尊，愛其所親；事死如事生，事亡如事存，孝之至也。郊社之禮，所以事上帝也；宗廟之禮，所以祀乎其先也。明乎郊社之禮、禘嘗之義，治國其如示諸掌乎！」

右第十九章。

哀公問政　子曰文武之政布在方策其人存則其政舉其人亡則其政息　人道敏政地道敏樹夫政也者蒲盧也　故爲政在人取人以身修身以道修道以仁　仁者人也親親爲大義者宜也尊賢爲大親親之殺尊賢之等禮所生也　①故君子不可以不修身思修身不可以不事親思事親不可以不知人思知人不可以不知天　天下之達道五所以行之者三曰君臣也父子也夫婦也昆弟也朋友之交也五者天下之達道也知仁勇三者天下之達德也所以行之者一也　或生而知之

哀公問政。　子曰：「文武之政，布在方策。其人存，則其政舉；其人亡，則其政息。　人道敏政，地道敏樹。夫政也者，蒲盧也。　故爲政在人，取人以身，修身以道，修道以仁。　仁者，人也，親親爲大。義者，宜也，尊賢爲大。親親之殺，尊賢之等，禮所生也。　故君子不可以不修身；思修身，不可以不事親；思事親，不可以不知人；思知人，不可以不知天。　天下之達道五，所以行之者三，曰：君臣也，父子也，夫婦也，昆弟也，朋友之交也。五者，天下之達道也。知、仁、勇三者，天下之達德也。所以行之者一也。　或生而知之，或學而知之，或困而知之，及其知之一也。或安而行之，或利而行之，或勉强而行之，及其成功一也。」 子曰：「好學近乎知，力行近乎仁，知恥近乎勇。 知斯三者，則知所以修身；知所以修身，則知所以治人；知所以治人，則知所以治天下國家矣。 凡爲天下國家有九經，曰：修身也，尊賢也，親親也，敬大臣也，體群臣也，子庶民也，來百工也，柔遠人也，懷諸侯也。 修身，則道立；尊賢，則不惑；親親，則諸父昆弟不怨；敬大臣，則不眩；體群臣，則士之報禮重；子庶民，則百姓勸；來百工，則財用足；柔遠人，則四方

歸之懷諸侯則天下畏之齊
明盛服非禮不動所以修身也
去讒遠色賤貨而貴德所以勸
賢也尊其位重其祿同其好惡
所以勸親親也官盛任使所以
勸大臣也忠信重祿所以勸士
也時使薄斂所以勸百姓也日
省月試既稟稱事所以勸百工
也送往迎來嘉善而矜不能所
以柔遠人也繼絕世舉廢國治
亂持危朝聘以時厚往而薄來
所以懷諸侯也　凡爲天下國
家有九經所以行之者一也
凡事豫則立不豫則廢言前定
則不跲事前定則不困行前定
則不疚道前定則不窮　在下

儒藏

儒藏經典·康熙篆文六經四書　中庸

歸之；懷諸侯，則天下畏之。齊明盛服，非禮不動，所以修身也；去讒遠色，賤貨而貴德，所以勸賢也；尊其位，重其禄，同其好惡，所以勸親親也；官盛任使，所以勸大臣也；忠信重禄，所以勸士也；時使薄斂，所以勸百姓也；日省月試，既稟稱事，所以勸百工也；送往迎來，嘉善而矜不能，所以柔遠人也；繼絶世，舉廢國，治亂持危，朝聘以時，厚往而薄來，所以懷諸侯也。凡爲天下國家有九經，所以行之者一也。凡事豫則立，不豫則廢。言前定，則不跲；事前定，則不困；行前定，則不疚；道前定，則不窮。在下位不獲乎上民不可得而治矣獲乎上有道不信乎朋友不獲乎上矣信乎朋友有道不順乎親不信乎朋友矣順乎親有道反諸身不誠不順乎親矣誠身有道不明乎善不誠乎身矣誠者天之道也誠之者人之道也誠者不勉而中不思而得從容中道聖人也誠之者擇善而固執之者也

博學之審問之慎思之明辨之篤行之

有弗學學之弗能弗措也有弗問問之弗知弗措也有弗思思之弗得弗措也有弗辨辨之弗明弗措也有弗行行之弗篤弗措也人一能之己百之人十能之己

儒藏 儒藏經典·康熙篆文六經四書　中庸

位不獲乎上，民不可得而治矣；獲乎上有道，不信乎朋友，不獲乎上矣；信乎朋友有道，不順乎親，不信乎朋友矣；順乎親有道，反諸身不誠，不順乎親矣；誠身有道，不明乎善，不誠乎身矣。誠者，天之道也；誠之者，人之道也。誠者，不勉而中，不思而得，從容中道，聖人也。誠之者，擇善而固執之者也。

博學之，審問之，慎思之，明辨之，篤行之。

有弗學，學之弗能弗措也；有弗問，問之弗知弗措也；有弗思，思之弗得弗措也；有弗辨，辨之弗明弗措也；有弗行，行之弗篤弗措也。人一能之，己百之；人十能之，己

千之 果能此道矣雖愚必明

雖柔必強

右第二十章

自誠明謂之性自明誠謂之教

誠則明矣明則誠矣

右第二十一章子思承

上章夫子天道人道之

意而立言也自此以下

十二章皆子思之言以

反覆推明此章之意

唯天下至誠爲能盡其性能盡

其性則能盡人之性能盡人之

性則能盡物之性能盡物之性

則可以贊天地之化育可以贊

天地之化育則可以與天地參

矣

儒藏經典·康熙篆文六經四書 中庸

千之。果能此道矣，雖愚必明，

雖柔必强。

右第二十章。

自誠明，謂之性；自明誠，謂之教。

誠則明矣，明則誠矣。

右第二十一章。子思承

上章夫子天道、人道之

意而立言也。自此以下

十二章，皆子思之言，以

反覆推明此章之意。

唯天下至誠，爲能盡其性；能盡

其性，則能盡人之性；能盡人之

性，則能盡物之性；能盡物之性，

則可以贊天地之化育；可以贊

天地之化育，則可以與天地參

矣。

右第二十二章
其次致曲曲能有誠誠則形形則著著則明明則動動則變變則化唯天下至誠爲能化
右第二十三章
至誠之道可以前知國家將興必有禎祥國家將亡必有妖孽見乎蓍龜動乎四體禍福將至

善必先知之不善必先知之故至誠如神
右第二十四章
誠者自成也而道自道也 誠者物之終始不誠無物是故君子誠之爲貴 誠者非自成己而已也所以成物也成己仁也成物知也性之德也合內外②之

右第二十二章。

其次致曲，曲能有誠，誠則形，形則著，著則明，明則動，動則變，變則化，唯天下至誠爲能化。

右第二十三章。

至誠之道，可以前知。國家將興，必有禎祥；國家將亡，必有妖孽。見乎蓍龜，動乎四體。禍福將至，

儒藏經典·康熙篆文六經四書 中庸

善，必先知之；不善，必先知之。故至誠如神。

右第二十四章。

誠者，自成也，而道自道也。 誠者，物之終始，不誠無物。是故君子誠之爲貴。 誠者，非自成己而已也，所以成物也。成己，仁也；成物，知也；性之德也，合外内之

道也故時措之宜也

右第二十五章

故至誠無息　不息則久久則徵　徵則悠遠悠遠則博厚博厚則高明　博厚所以載物也高明所以覆物也悠久所以成物也　博厚配地高明配天悠久無疆　如此者不見而章不

動而變無爲而成　天地之道可一言而盡也其爲物不貳則其生物不測　天地之道博也厚也高也明也悠也久也　今夫天斯昭昭之多及其無窮也日月星辰繫焉萬物覆焉今夫地一撮土之多及其廣厚載華嶽而不重振河海而不洩萬物

道也，故時措之宜也。

右第二十五章。

故至誠無息，　不息則久，久則徵，　徵則悠遠，悠遠則博厚，博厚則高明。　博厚，所以載物也；高明，所以覆物也；悠久，所以成物也。　博厚配地，高明配天，悠久無疆。　如此者，不見而章，不

儒藏經典·康熙篆文六經四書　中庸

動而變，無爲而成。　天地之道，可一言而盡也：其爲物不貳，則其生物不測。　天地之道，博也，厚也，高也，明也，悠也，久也。　今夫天，斯昭昭之多，及其無窮也，日月星辰繫焉，萬物覆焉。今夫地，一撮土之多，及其廣厚，載華嶽而不重，振河海而不洩，萬物

載焉今夫山一卷石之多及其廣大草木生之禽獸居之寶藏興焉今夫水一勺之多及其不測黿鼉蛟龍魚鱉生焉貨財殖焉　詩云維天之命於穆不已蓋曰天之所以爲天也於乎不顯文王之德之純蓋曰文王之所以爲文也純亦不已

右第二十六章

大哉聖人之道　洋洋乎發育萬物峻極于天　優優大哉禮儀三百威儀三千　待其人而後行　故曰苟不至德至道不凝焉　故君子尊德性而道問學致廣大而盡精微極高明而道中庸温故而知新敦厚以崇

載焉。今夫山，一卷石之多，及其廣大，草木生之，禽獸居之，寶藏興焉。今夫水，一勺之多，及其不測，黿鼉蛟龍魚鱉生焉，貨財殖焉。《詩》云：「維天之命，於穆不已。」蓋曰天之所以爲天也。「於乎不顯，文王之德之純。」蓋曰文王之所以爲文也，純亦不已。

儒藏
儒藏經典·康熙篆文六經四書　中庸

右第二十六章。

大哉聖人之道！洋洋乎！發育萬物，峻極于天。優優大哉！禮儀三百，威儀三千，待其人而後行。故曰：苟不至德，至道不凝焉。故君子尊德性而道問學，致廣大而盡精微，極高明而道中庸，温故而知新，敦厚以崇

禮　是故居上不驕爲下不倍國有道其言足以興國無道其默足以容詩曰既明且哲以保其身其此之謂與

右第二十七章

子曰愚而好自用賤而好自專生乎今之世反古之道如此者烖及其身者也　非天子不議禮不制度不考文　今天下車同軌書同文行同倫　雖有其位苟無其德不敢作禮樂焉雖有其德苟無其位亦不敢作禮樂焉　子曰吾說夏禮杞不足徵也吾學殷禮有宋存焉吾學周禮今用之吾從周

右第二十八章

儒藏經典·康熙篆文六經四書　中庸

禮。　是故居上不驕，爲下不倍。國有道，其言足以興；國無道，其默足以容。詩曰：「既明且哲，以保其身。」其此之謂與！

右第二十七章。

子曰：「愚而好自用；賤而好自專；生乎今之世，反古之道；如此者，烖及其身者也。」　非天子，不議禮，不制度，不考文。　今天下，車同軌，書同文，行同倫。　雖有其位，苟無其德，不敢作禮樂焉；雖有其德，苟無其位，亦不敢作禮樂焉。　子曰：「吾說夏禮，杞不足徵也；吾學殷禮，有宋存焉；吾學周禮，今用之，吾從周。」

右第二十八章。

王天下有三重焉其寡過矣乎上焉者雖善無徵無徵不信不信民弗從下焉者雖善不尊不尊不信不信民弗從

故君子之道本諸身徵諸庶民考諸三王而不繆建諸天地而不悖質諸鬼神而無疑百世以俟聖人而不惑

質諸鬼神而無疑知天也百世以俟聖人而不惑知人也

是故君子動而世爲天下道行而世爲天下法言而世爲天下則遠之則有望近之則不厭

詩曰在彼無惡在此無射庶幾夙夜以永終譽君子未有不如此而蚤有譽於天下者也

儒藏經典·康熙篆文六經四書　中庸

王天下有三重焉，其寡過矣乎！上焉者，雖善無徵；無徵，不信；不信，民弗從。下焉者，雖善不尊；不尊，不信；不信，民弗從。

故君子之道，本諸身，徵諸庶民，考諸三王而不繆，建諸天地而不悖，質諸鬼神而無疑，百世以俟聖人而不惑。

質諸鬼神而無疑，知天也；百世以俟聖人而不惑，知人也。

是故君子動而世爲天下道，行而世爲天下法，言而世爲天下則。遠之則有望，近之則不厭。

《詩》曰：「在彼無惡，在此無射。庶幾夙夜，以永終譽。」君子未有不如此，而蚤有譽於天下者也。

右第二十九章

仲尼祖述堯舜憲章文武上律天時下襲水土 辟如天地之無不持載無不覆幬辟如四時之錯行如日月之代明 萬物並育而不相害道並行而不相悖小德川流大德敦化此天地之所以爲大也

右第三十章

唯天下至聖爲能聰明睿知足以有臨也寬裕温柔足以有容也發强剛毅足以有執也齊莊中正足以有敬也文理密察足以有别也 溥博淵泉而時出之 溥博如天淵泉如淵見而民莫不敬言而民莫不信行而

右第二十九章。

仲尼祖述堯舜，憲章文武，上律天時，下襲水土。 辟如天地之無不持載，無不覆幬；辟如四時之錯行，如日月之代明。 萬物並育而不相害，道並行而不相悖，小德川流，大德敦化，此天地之所以爲大也。

儒藏經典·康熙篆文六經四書 中庸

右第三十章。

唯天下至聖，爲能聰明睿知，足以有臨也；寬裕温柔，足以有容也；發强剛毅，足以有執也；齊莊中正，足以有敬也；文理密察，足以有别也。 溥博淵泉，而時出之。 溥博如天，淵泉如淵。見而民莫不敬，言而民莫不信，行而

民莫不說　是以聲名洋溢乎
中國施及蠻貊舟車所至人力
所通天之所覆地之所載日月
所照霜露所隊凡有血氣者莫
不尊親故曰配天

右第三十一章

唯天下至誠爲能經綸天下之
大經立天下之大本知天地之

化育夫焉有所倚　肫肫其仁
淵淵其淵浩浩其天　苟不固
聰明聖知達天德者其孰能知
之

右第三十二章

詩曰衣錦尚絅惡其文之著也
故君子之道闇然而日章小人
之道的然而日亡君子之道淡

民莫不說。是以聲名洋溢乎中國，施及蠻貊。舟車所至，人力所通，天之所覆，地之所載，日月所照，霜露所隊，凡有血氣者，莫不尊親，故曰配天。

右第三十一章。

唯天下至誠，爲能經綸天下之大經，立天下之大本，知天地之

儒藏經典·康熙篆文六經四書　中庸

化育，夫焉有所倚？肫肫其仁，淵淵其淵，浩浩其天。苟不固聰明聖知達天德者，其孰能知之？

右第三十二章。

《詩》曰：「衣錦尚絅」，惡其文之著也。故君子之道，闇然而日章；小人之道，的然而日亡。君子之道，淡

而不厭簡而文溫而理知遠之
近知風之自知微之顯可與入
德矣　詩云潛雖伏矣亦孔之
昭故君子内省不疚無惡於志
君子之所不可及者其唯人之
所不見乎　詩云相在爾室尚
不愧于屋漏故君子不動而敬
不言而信　詩曰奏假無言時
儒藏經典·康熙篆文六經四書　中庸
靡有爭是故君子不賞而民勸
不怒而民威於鈇鉞　詩曰不
顯惟德百辟其刑之是故君子
篤恭而天下平　詩云予懷明
德不大聲以色子曰聲色之於
以化民末也詩曰德輶如毛毛
猶有倫上天之載無聲無臭至
矣

而不厭，簡而文，温而理，知遠之近，知風之自，知微之顯，可與入德矣。《詩》云：「潛雖伏矣，亦孔之昭。」故君子内省不疚，無惡於志。君子之所不可及者，其唯人之所不見乎！《詩》云：「相在爾室，尚不愧于屋漏。」故君子不動而敬，不言而信。詩曰：「奏假無言，時靡有爭。」是故君子不賞而民勸，不怒而民威於鈇鉞。《詩》曰：「不顯惟德，百辟其刑之。」是故君子篤恭而天下平。《詩》云：「予懷明德，不大聲以色。」子曰：「聲色之於以化民，末也。」《詩》曰「德輶如毛」，毛猶有倫。「上天之載，無聲無臭。」至矣！

右第三十三章子思因前章極致之言反求其本復自下學爲己謹獨之事推而言之以馴致乎篤恭而天下平之盛又贊其妙至於無聲無臭而後已焉③蓋舉一篇之要而約言之其反復丁寧示人之意至深切矣學者其可不盡心乎

儒藏
儒藏經典·康熙篆文六經四書　中庸

右第三十三章，子思因前章極致之言，反求其本；復自下學爲己謹獨之事，推而言之，以馴致乎篤恭而天下平之盛，又贊其妙，至於無聲無臭而後已焉。蓋舉一篇之要，而約言之，其反復丁寧示人之意，至深切矣，學者其可不盡心乎！

校記

①「禮所生也」下各本皆有「在下位不獲乎上民不可得而治矣」十四字，朱注：「鄭氏曰，此句在下，誤重在此。」篆本據删。

②内外：誤。據通行本，當作「外内」。

③己：誤。據通行本，當作「已」。

論語

論語卷之一

學而第一

子曰學而時習之不亦説乎有朋自遠方來不亦樂乎人不知而不慍不亦君子乎 有子曰其爲人也孝弟而好犯上者鮮矣不好犯上而好作亂者未之有也君子務本本立而道生孝弟也者其爲仁之本與 子曰巧言令色鮮矣仁 曾子曰吾日三省吾身爲人謀而不忠乎與朋友交而不信乎傳不習乎 子曰道千乘之國敬事而信節用而愛人使民以時 子曰弟子入則孝出則弟謹而信汎愛衆而親仁行有餘力則以學

儒藏
儒藏經典·康熙篆文六經四書 論語

論語卷之一

學而第一

子曰：「學而時習之，不亦説乎？有朋自遠方來，不亦樂乎？人不知而不慍，不亦君子乎？」 有子曰：「其爲人也孝弟，而好犯上者，鮮矣；不好犯上，而好作亂者，未之有也。君子務本，本立而道生。孝弟也者，其爲仁之本與！」 子曰：「巧言令色，鮮矣仁！」 曾子曰：「吾日三省吾身：爲人謀而不忠乎？與朋友交而不信乎？傳不習乎？」 子曰：「道千乘之國，敬事而信，節用而愛人，使民以時。」 子曰：「弟子入則孝，出則弟，謹而信，汎愛衆，而親仁。行有餘力，則以學

文　子夏曰賢賢易色事父母能竭其力事君能致其身與朋友交言而有信雖曰未學吾必謂之學矣　子曰君子不重則不威學則不固主忠信無友不如己者過則勿憚改　曾子曰慎終追遠民德歸厚矣　子禽問於子貢曰夫子至於是邦也必聞其政求之與抑與之與子貢曰夫子温良恭儉讓以得之夫子之求之也其諸異乎人之求之與　子曰父在觀其志父没觀其行三年無改於父之道可謂孝矣　有子曰禮之用和爲貴先王之道斯爲美小大由之有所不行知和而和不以禮

儒藏經典・康熙篆文六經四書　論語

文。」　子夏曰：「賢賢易色，事父母能竭其力，事君能致其身，與朋友交言而有信。雖曰未學，吾必謂之學矣。」　子曰：「君子不重則不威，學則不固。主忠信。無友不如己者。過則勿憚改。」　曾子曰：「慎終追遠，民德歸厚矣。」　子禽問於子貢曰：「夫子至於是邦也，必聞其政，求之與？抑與之與？」子貢曰：「夫子温、良、恭、儉、讓以得之。夫子之求之也，其諸異乎人之求之與？」　子曰：「父在，觀其志；父没，觀其行；三年無改於父之道，可謂孝矣。」　有子曰：「禮之用，和爲貴。先王之道斯爲美，小大由之。有所不行，知和而和，不以禮

節之亦不可行也 有子曰信
近於義言可復也恭近於禮遠
恥辱也因不失其親亦可宗也
子曰君子食無求飽居無求
安敏於事而慎於言就有道而
正焉可謂好學也已 子貢曰
貧而無諂富而無驕何如子曰
可也未若貧而樂富而好禮者
也子貢曰詩云如切如磋如琢
如磨其斯之謂與子曰賜也始
可與言詩已矣告諸往而知來
者 子曰不患人之不己知患
不知人也

爲政第二

子曰爲政以德譬如北辰居其
所而衆星共之 子曰詩三百

儒藏
儒藏經典・康熙篆文六經四書 論語

節之，亦不可行也。」 有子曰：「信近於義，言可復也；恭近於禮，遠恥辱也；因不失其親，亦可宗也。」

子曰：「君子食無求飽，居無求安，敏於事而慎於言，就有道而正焉，可謂好學也已。」 子貢曰：「貧而無諂，富而無驕，何如？」子曰：「可也。未若貧而樂，富而好禮者也。」子貢曰：「《詩》云：『如切如磋，如琢如磨。』其斯之謂與？」子曰：「賜也，始可與言《詩》已矣！告諸往而知來者。」 子曰：「不患人之不己知，患不知人也。」

爲政第二

子曰：「爲政以德，譬如北辰，居其所而衆星共之。」 子曰：「《詩》三百，

一言以蔽之曰思無邪 子曰
道之以政齊之以刑民免而無
恥道之以德齊之以禮有恥且
格 子曰吾十有五而志於學
三十而立四十而不惑五十而
知天命六十而耳順七十而從
心所欲不踰矩 孟懿子問孝
子曰無違樊遲御子告之曰孟
孫問孝於我我對曰無違樊遲
曰何謂也子曰生事之以禮死
葬之以禮祭之以禮 孟武伯
問孝子曰父母唯其疾之憂
子游問孝子曰今之孝者是謂
能養至於犬馬皆能有養不敬
何以別乎 子夏問孝子曰色
難有事弟子服其勞有酒食先

一言以蔽之，曰『思無邪』。」 子曰：「道之以政，齊之以刑，民免而無恥；道之以德，齊之以禮，有恥且格。」 子曰：「吾十有五而志於學，三十而立，四十而不惑，五十而知天命，六十而耳順，七十而從心所欲，不踰矩。」 孟懿子問孝。子曰：「無違。」樊遲御，子告之曰：「孟孫問孝於我，我對曰『無違』。」樊遲曰：「何謂也？」子曰：「生，事之以禮；死，葬之以禮，祭之以禮。」 孟武伯問孝。子曰：「父母唯其疾之憂。」 子游問孝。子曰：「今之孝者，是謂能養。至於犬馬，皆能有養；不敬，何以別乎？」 子夏問孝。子曰：「色難。有事弟子服其勞，有酒食先

生饌曾是以爲孝乎 子曰吾與回言終日不違如愚退而省其私亦足以發回也不愚 子曰視其所以觀其所由察其所安人焉廋哉人焉廋哉 子曰温故而知新可以爲師矣 子曰君子不器 子貢問君子子曰先行其言而後從之 子曰君子周而不比小人比而不周 子曰學而不思則罔思而不學則殆 子曰攻乎異端斯害也已 子曰由誨女知之乎知之爲知之不知爲不知是知也 子張學干祿子曰多聞闕疑慎言其餘則寡尤多見闕殆慎行其餘則寡悔言寡尤行寡悔

生饌，曾是以爲孝乎？」

子曰：「吾與回言終日，不違如愚。退而省其私，亦足以發。回也不愚。」

子曰：「視其所以，觀其所由，察其所安，人焉廋哉？人焉廋哉？」

子曰：「温故而知新，可以爲師矣。」

子曰：「君子不器。」

子貢問君子。子曰：「先行其言，而後從之。」

子曰：「君子周而不比，小人比而不周。」

子曰：「學而不思則罔，思而不學則殆。」

子曰：「攻乎異端，斯害也已！」

子曰：「由！誨女知之乎？知之爲知之，不知爲不知，是知也。」

子張學干祿。子曰：「多聞闕疑，慎言其餘，則寡尤；多見闕殆，慎行其餘，則寡悔。言寡尤，行寡悔，

儒藏經典·康熙篆文六經四書 論語

祿在其中矣。」 哀公問曰：「何爲則民服？」孔子對曰：「舉直錯諸枉，則民服；舉枉錯諸直，則民不服。」 季康子問：「使民敬、忠以勸，如之何？」子曰：「臨之以莊則敬，孝慈則忠，舉善而教不能，則勸。」 或謂孔子曰：「子奚不爲政？」子曰：「《書》云：『孝乎惟孝，友于兄弟，施於有政。』是亦爲政，奚其爲爲政？」 子曰：「人而無信，不知其可也。大車無輗，小車無軏，其何以行之哉？」 子張問：「十世可知也？」子曰：「殷因於夏禮，所損益，可知也；周因於殷禮，所損益，可知也；其或繼周者，雖百世可知也。」 子曰：「非其鬼而祭之，諂也。見義不爲，無

勇也

論語卷之一

勇也。」

論語卷之一

論語卷之二

八佾第三

孔子謂季氏八佾舞於庭是可忍也孰不可忍也　三家者以雍徹子曰相維辟公天子穆穆奚取於三家之堂　子曰人而不仁如禮何人而不仁如樂何

林放問禮之本子曰大哉問禮與其奢也寧儉喪與其易也寧戚　子曰夷狄之有君不如諸夏之亡也　季氏旅於泰山子謂冉有曰女弗能救與對曰不能子曰嗚呼曾謂泰山不如林放乎　子曰君子無所爭必也射乎揖讓而升下而飲其爭也君子　子夏問曰巧笑倩兮

論語卷之二

八佾第三

孔子謂季氏：「八佾舞於庭，是可忍也，孰不可忍也？」　三家者以《雍》徹。子曰：「『相維辟公，天子穆穆』，奚取於三家之堂？」　子曰：「人而不仁，如禮何？人而不仁，如樂何？」

林放問禮之本。子曰：「大哉問！禮，與其奢也，寧儉；喪，與其易也，寧戚。」　子曰：「夷狄之有君，不如諸夏之亡也。」　季氏旅於泰山。子謂冉有曰：「女弗能救與？」對曰：「不能。」子曰：「嗚呼！曾謂泰山不如林放乎？」　子曰：「君子無所爭，必也射乎！揖讓而升，下而飲，其爭也君子。」　子夏問曰：「『巧笑倩兮，美目盼兮素以爲絢兮何謂也子曰繪事後素曰禮後乎子曰起予者商也始可與言詩已矣 子曰夏禮吾能言之杞不足徵也殷禮吾能言之宋不足徵也文獻不足故也足則吾能徵之矣 子曰禘自既灌而往者吾不欲觀之矣 或問禘之說

子曰不知也知其說者之於天下也其如示諸斯乎指其掌 祭如在祭神如神在子曰吾不與祭如不祭 王孫賈問曰與其媚於奧寧媚於竈何謂也子曰不然獲罪於天無所禱也 子曰周監於二代郁郁乎文哉吾從周 子入大廟每事問或

美目盼兮，素以爲絢兮。』何謂也？」子曰：「繪事後素。」曰：「禮後乎？」子曰：「起予者商也！始可與言《詩》已矣。」

子曰：「夏禮，吾能言之，杞不足徵也；殷禮，吾能言之，宋不足徵也。文獻不足故也，足則吾能徵之矣。」子曰：「禘自既灌而往者，吾不欲觀之矣。」或問禘之說。

儒藏 儒藏經典·康熙篆文六經四書 論語

子曰：「不知也。知其說者之於天下也，其如示諸斯乎！」指其掌。

祭如在，祭神如神在。子曰：「吾不與祭，如不祭。」王孫賈問曰：「與其媚於奧，寧媚於竈，何謂也？」子曰：「不然，獲罪於天，無所禱也。」

子曰：「周監於二代，郁郁乎文哉！吾從周。」子入大廟，每事問。或曰孰謂鄹人之子知禮乎入大廟每事問子聞之曰是禮也 子曰射不主皮爲力不同科古之道也 子貢欲去告朔之餼羊子曰賜也爾愛其羊我愛其禮 子曰事君盡禮人以爲諂也 定公問君使臣臣事君如之何孔子對曰君使臣以禮臣事君以忠 子曰關雎樂而不淫哀而不傷 哀公問社於宰我宰我對曰夏后氏以松殷人以柏周人以栗曰使民戰栗子聞之曰成事不說遂事不諫既往不咎 子曰管仲之器小哉或曰管仲儉乎曰管氏有三歸官事不攝焉得儉然則管仲知

儒藏 儒藏經典·康熙篆文六經四書 論語

曰：「孰謂鄹人之子知禮乎？入大廟，每事問。」子聞之曰：「是禮也。」

子曰：「射不主皮，爲力不同科，古之道也。」

子貢欲去告朔之餼羊。子曰：「賜也，爾愛其羊，我愛其禮。」

子曰：「事君盡禮，人以爲諂也。」

定公問：「君使臣，臣事君，如之何？」孔子對曰：「君使臣以禮，臣事君以忠。」

子曰：「《關雎》，樂而不淫，哀而不傷。」

哀公問社於宰我。宰我對曰：「夏后氏以松，殷人以柏，周人以栗，曰使民戰栗。」子聞之曰：「成事不說，遂事不諫，既往不咎。」

子曰：「管仲之器小哉！」或曰：「管仲儉乎？」曰：「管氏有三歸，官事不攝，焉得儉？」「然則管仲知禮乎曰邦君樹塞門管氏亦樹塞門邦君爲兩君之好有反坫管氏亦有反坫管氏而知禮孰不知禮 子語魯大師樂曰樂其可知也始作翕如也從之純如也皦如也繹如也以成 儀封人請見曰君子之至於斯也吾未嘗不得見也從者見之出曰二三子何患於喪乎天下之無道也久矣天將以夫子爲木鐸 子謂韶盡美矣又盡善也謂武盡美矣未盡善也 子曰居上不寬爲禮不敬臨喪不哀吾何以觀之哉

里仁第四

子曰里仁爲美擇不處仁焉得

儒藏經典·康熙篆文六經四書 論語

禮乎？」曰：「邦君樹塞門，管氏亦樹塞門；邦君爲兩君之好，有反坫，管氏亦有反坫。管氏而知禮，孰不知禮？」

子語魯大師樂。曰：「樂其可知也：始作，翕如也；從之，純如也，皦如也，繹如也，以成。」

儀封人請見。曰：「君子之至於斯也，吾未嘗不得見也。」從者見之。出曰：「二三子，何患於喪乎？天下之無道也久矣，天將以夫子爲木鐸。」

子謂《韶》，「盡美矣，又盡善也。」謂《武》，「盡美矣，未盡善也」。

子曰：「居上不寬，爲禮不敬，臨喪不哀，吾何以觀之哉？」

里仁第四

子曰：「里仁爲美。擇不處仁，焉得

知？」　子曰：「不仁者不可以久處約，不可以長處樂。仁者安仁，知者利仁。」　子曰：「唯仁者能好人，能惡人。」　子曰：「苟志於仁矣，無惡也。」　子曰：「富與貴，是人之所欲也，不以其道得之，不處也；貧與賤，是人之所惡也，不以其道得之，不去也。君子去仁，惡乎成名？君子無終食之間違仁，造次必於是，顛沛必於是。」　子曰：「我未見好仁者，惡不仁者。好仁者，無以尚之；惡不仁者，其爲仁矣，不使不仁者加乎其身。有能一日用其力於仁矣乎？我未見力不足者。蓋有之矣，我未之見也。」

子曰：「人之過也，各於其黨。觀

過斯知仁矣　子曰朝聞道夕死可矣　子曰士志於道而恥惡衣惡食者未足與議也　子曰君子之於天下也無適也無莫也義之與比　子曰君子懷德小人懷土君子懷刑小人懷惠　子曰放於利而行多怨　子曰能以禮讓爲國乎何有不能以禮讓爲國如禮何　子曰不患無位患所以立不患莫己知求爲可知也　子曰參乎吾道一以貫之曾子曰唯子出門人問曰何謂也曾子曰夫子之道忠恕而已矣　子曰君子喻於義小人喻於利　子曰見賢思齊焉見不賢而內自省也

儒藏 儒藏經典·康熙篆文六經四書 論語

過，斯知仁矣。」　子曰：「朝聞道，夕死可矣。」　子曰：「士志於道，而恥惡衣惡食者，未足與議也。」　子曰：「君子之於天下也，無適也，無莫也，義之與比。」　子曰：「君子懷德，小人懷土；君子懷刑，小人懷惠。」　子曰：「放於利而行，多怨。」　子曰：「能以禮讓爲國乎？何有？不能以禮讓爲國，如禮何？」　子曰：「不患無位，患所以立；不患莫己知，求爲可知也。」　子曰：「參乎！吾道一以貫之。」曾子曰：「唯。」子出。門人問曰：「何謂也？」曾子曰：「夫子之道，忠恕而已矣。」　子曰：「君子喻於義，小人喻於利。」　子曰：「見賢思齊焉，見不賢而內自省也。」

子曰事父母幾諫見志不從又敬不違勞而不怨　子曰父母在不遠遊遊必有方①　子曰父母之年不可不知也一則以喜一則以懼　子曰古者言之不出恥躬之不逮也　子曰以約失之者鮮矣　子曰君子欲訥於言而敏於行　子曰德不孤必有鄰　子游曰事君數斯辱矣朋友數斯疏矣

論語卷之二

子曰：「事父母幾諫。見志不從，又敬不違，勞而不怨。」　子曰：「父母在，不遠遊。遊必有方。」　子曰：「父母之年，不可不知也。一則以喜，一則以懼。」　子曰：「古者言之不出，恥躬之不逮也。」　子曰：「以約失之者，鮮矣。」　子曰：「君子欲訥於言，而敏於行。」　子曰：「德不孤，必有鄰。」　子游曰：「事君數，斯辱矣，朋友數，斯疏矣。」

儒藏經典·康熙篆文六經四書　論語

論語卷之二

論語卷之三

公冶長第五

子謂公冶長可妻也雖在縲紲之中非其罪也以其子妻之子謂南容邦有道不廢邦無道免於刑戮以其兄之子妻之　子謂子賤君子哉若人魯無君子者斯焉取斯　子貢問曰賜也何如子曰女器也曰何器也曰瑚璉也　或曰雍也仁而不佞子曰焉用佞禦人以口給屢憎於人不知其仁焉用佞　子使漆雕開仕對曰吾斯之未能信子說　子曰道不行乘桴浮于海從我者其由與子路聞之喜子曰由也好勇過我無所取材

論語卷之三

公冶長第五

子謂公冶長，「可妻也。雖在縲絏之中，非其罪也」。以其子妻之。子謂南容，「邦有道，不廢；邦無道，免於刑戮」。以其兄之子妻之。

子謂子賤，「君子哉若人！魯無君子者，斯焉取斯」？

子貢問曰：「賜也何如？」子曰：「女器也。」曰：「何器也？」曰：「瑚璉也。」

或曰：「雍也仁而不佞。」子曰：「焉用佞？禦人以口給，屢憎於人。不知其仁，焉用佞？」

子使漆雕開仕。對曰：「吾斯之未能信。」子說。

子曰：「道不行，乘桴浮于海。從我者其由與？」子路聞之喜。子曰：「由也好勇過我，無所取材。」

孟武伯問子路仁乎子曰不知也又問子曰由也千乘之國可使治其賦也不知其仁也求也何如子曰求也千室之邑百乘之家可使爲之宰也不知其仁也赤也何如子曰赤也束帶立於朝可使與賓客言也不知其仁也　子謂子貢曰女與回也孰愈對曰賜也何敢望回回也聞一以知十賜也聞一以知二子曰弗如也吾與女弗如也

宰予晝寢子曰朽木不可雕也糞土之牆不可杇也於予與何誅子曰始吾於人也聽其言而信其行今吾於人也聽其言而觀其行於予與改是　子曰

儒藏經典·康熙篆文六經四書　論語

孟武伯問：「子路仁乎？」子曰：「不知也。」又問。子曰：「由也，千乘之國，可使治其賦也，不知其仁也。」「求也何如？」子曰：「求也，千室之邑，百乘之家，可使爲之宰也，不知其仁也。」「赤也何如？」子曰：「赤也，束帶立於朝，可使與賓客言也，不知其仁也。」　子謂子貢曰：「女與回也孰愈？」對曰：「賜也何敢望回。回也聞一以知十，賜也聞一以知二。」子曰：「弗如也！吾與女弗如也。」

宰予晝寢。子曰：「朽木不可雕也，糞土之牆不可杇也，於予與何誅。」子曰：「始吾於人也，聽其言而信其行；今吾於人也，聽其言而觀其行。於予與改是。」　子曰：

儒藏

儒藏經典・康熙篆文六經四書　論語

吾未見剛者或對曰申棖子曰
棖也慾焉得剛　子貢曰我不
欲人之加諸我也吾亦欲無加
諸人子曰賜也非爾所及也
子貢曰夫子之文章可得而聞
也夫子之言性與天道不可得
而聞也　子路有聞未之能行
唯恐有聞　子貢問曰孔文子
何以謂之文也子曰敏而好學
不恥下問是以謂之文也　子
謂子産有君子之道四焉其行
己也恭其事上也敬其養民也
惠其使民也義　子曰晏平仲
善與人交久而敬之　子曰臧
文仲居蔡山節藻棁何如其知
也　子張問曰令尹子文三仕

儒藏

儒藏經典・康熙篆文六經四書　論語

「吾未見剛者。」或對曰：「申棖。」子曰：
「棖也慾，焉得剛？」　子貢曰：「我不
欲人之加諸我也，吾亦欲無加
諸人。」子曰：「賜也，非爾所及也。」
子貢曰：「夫子之文章，可得而聞
也；夫子之言性與天道，不可得
而聞也。」　子路有聞，未之能行，
唯恐有聞。　子貢問曰：「孔文子
何以謂之文也？」子曰：「敏而好學，
不恥下問，是以謂之文也。」　子
謂子産，「有君子之道四焉：其行
己也恭，其事上也敬，其養民也
惠，其使民也義。」　子曰：「晏平仲
善與人交，久而敬之。」　子曰：「臧
文仲居蔡，山節藻棁，何如其知
也？」　子張問曰：「令尹子文三仕

爲令尹無喜色三已之無慍色舊令尹之政必以告新令尹何如子曰忠矣曰未知焉得仁崔子弑齊君陳文子有馬十乘棄而違之至於他邦則曰猶吾大夫崔子也違之之一邦則又曰猶吾大夫崔子也違之何如子曰清矣曰仁矣乎曰未知焉得仁　季文子三思而後行子聞之曰再斯可矣　子曰甯武子邦有道則知邦無道則愚其知可及也其愚不可及也　子在陳曰歸與歸與吾黨之小子狂簡斐然成章不知所以裁之　子曰伯夷叔齊不念舊惡怨是用希　子曰孰謂微

儒藏經典·康熙篆文六經四書　論語

爲令尹，無喜色；三已之，無慍色。舊令尹之政，必以告新令尹。何如？」子曰：「忠矣。」曰：「未知，焉得仁？」「崔子弑齊君，陳文子有馬十乘，棄而違之。至於他邦，則曰：『猶吾大夫崔子也。』違之。之一邦，則又曰：『猶吾大夫崔子也。』違之。何如？」子曰：「清矣。」曰：「仁矣乎？」曰：「未知。焉得仁？」　季文子三思而後行。子聞之，曰：「再，斯可矣。」　子曰：「甯武子，邦有道則知，邦無道則愚。其知可及也，其愚不可及也。」　子在陳曰：「歸與！歸與！吾黨之小子狂簡，斐然成章，不知所以裁之。」　子曰：「伯夷、叔齊不念舊惡，怨是用希。」　子曰：「孰謂微生高直或乞醯焉乞諸其鄰而與之子曰巧言令色足恭左丘明恥之丘亦恥之匿怨而友其人左丘明恥之丘亦恥之顏淵季路侍子曰盍各言爾志子路曰願車馬衣輕裘與朋友共敝之而無憾顏淵曰願無伐善無施勞子路曰願聞子之志子曰老者安之朋友信之少者懷之子曰已矣乎吾未見能見其過而內自訟者也子曰十室之邑必有忠信如丘者焉不如丘之好學也

雍也第六

子曰雍也可使南面仲弓問子桑伯子子曰可也簡仲弓曰居

儒藏經典·康熙篆文六經四書　論語

生高直？或乞醯焉，乞諸其鄰而與之。」子曰：「巧言、令色、足恭，左丘明恥之，丘亦恥之。匿怨而友其人，左丘明恥之，丘亦恥之。」

顏淵、季路侍。子曰：「盍各言爾志？」子路曰：「願車馬、衣輕裘，與朋友共。敝之而無憾。」顏淵曰：「願無伐善，無施勞。」子路曰：「願聞子之志。」子曰：「老者安之，朋友信之，少者懷之。」

子曰：「已矣乎！吾未見能見其過而內自訟者也。」

子曰：「十室之邑，必有忠信如丘者焉，不如丘之好學也。」

雍也第六

子曰：「雍也可使南面。」仲弓問子桑伯子，子曰：「可也簡。」仲弓曰：「居敬而行簡以臨其民不亦可乎居簡而行簡無乃大簡乎子曰雍之言然　哀公問弟子孰爲好學孔子對曰有顏回者好學不遷怒不貳過不幸短命死矣今也則亡未聞好學者也　子華使於齊冉子爲其母請粟子曰與之釜請益曰與之庾冉子與之粟五秉子曰赤之適齊也乘肥馬衣輕裘吾聞之也君子周急不繼富原思爲之宰與之粟九百辭子曰毋以與爾鄰里鄉黨乎　子謂仲弓曰犁牛之子騂且角雖欲勿用山川其舍諸　子曰回也其心三月不違仁其餘則日月至焉而已矣

儒藏經典·康熙篆文六經四書　論語

敬而行簡，以臨其民，不亦可乎？居簡而行簡，無乃大簡乎？」子曰：「雍之言然。」　哀公問：「弟子孰爲好學？」孔子對曰：「有顏回者好學，不遷怒，不貳過。不幸短命死矣！今也則亡，未聞好學者也。」　子華使於齊，冉子爲其母請粟。子曰：「與之釜。」請益。曰：「與之庾。」冉子與之粟五秉。子曰：「赤之適齊也，乘肥馬，衣輕裘。吾聞之也，君子周急不繼富。」原思爲之宰，與之粟九百，辭。子曰：「毋！以與爾鄰里鄉黨乎！」　子謂仲弓曰：「犁牛之子騂且角，雖欲勿用，山川其舍諸？」　子曰：「回也其心三月不違仁，其餘則日月至焉而已矣。」

季康子問：「仲由可使從政也與？」子曰：「由也果，於從政乎何有？」曰：「賜也可使從政也與？」曰：「賜也達，於從政乎何有？」曰：「求也可使從政也與？」曰：「求也藝，於從政乎何有？」

季氏使閔子騫爲費宰。閔子騫曰：「善爲我辭焉。如有復我者，則吾必在汶上矣。」

伯牛有疾，子問之，自牖執其手，曰：「亡之，命矣夫！斯人也而有斯疾也！斯人也而有斯疾也！」

子曰：「賢哉，回也！一簞食，一瓢飲，在陋巷。人不堪其憂，回也不改其樂。賢哉，回也！」

冉求曰：「非不說子之道，力不足也。」子曰：「力不足者，中道而廢。今女畫。」

子謂子夏曰：「女

儒藏

儒藏經典·康熙篆文六經四書　論語

爲君子儒無爲小人儒　子游爲武城宰子曰女得人焉耳②乎曰有澹臺滅明者行不由徑非公事未嘗至於偃之室也　子曰孟之反不伐奔而殿將入門策其馬曰非敢後也馬不進也　子曰不有祝鮀之佞而有宋朝之美難乎免於今之世矣

子曰誰能出不由户何莫由斯道也　子曰質勝文則野文勝質則史文質彬彬然後君子　子曰人之生也直罔之生也幸而免　子曰知之者不如好之者好之者不如樂之者　子曰中人以上可以語上也中人以下不可以語上也　樊遲問知

爲君子儒，無爲小人儒。」　子游爲武城宰。子曰：「女得人焉爾乎？」曰：「有澹臺滅明者，行不由徑。非公事，未嘗至於偃之室也。」　子曰：「孟之反不伐，奔而殿。將入門，策其馬，曰：『非敢後也，馬不進也。』」　子曰：「不有祝鮀之佞而有宋朝之美，難乎免於今之世矣！」

子曰：「誰能出不由户？何莫由斯道也？」　子曰：「質勝文則野，文勝質則史。文質彬彬，然後君子。」　子曰：「人之生也直，罔之生也幸而免。」　子曰：「知之者不如好之者，好之者不如樂之者。」　子曰：「中人以上，可以語上也；中人以下，不可以語上也。」　樊遲問知。

子曰務民之義敬鬼神而遠之
可謂知矣問仁曰仁者先難而
後獲可謂仁矣 子曰知者樂
水仁者樂山知者動仁者靜知
者樂仁者壽 子曰齊一變至
於魯魯一變至於道 子曰觚
不觚觚哉觚哉 宰我問曰仁
者雖告之曰井有仁焉其從之
也子曰何爲其然也君子可逝
也不可陷也可欺也不可罔也
子曰君子博學於文約之以
禮亦可以弗畔矣夫 子見南
子子路不說夫子矢之曰予所
否者天厭之天厭之 子曰中
庸之爲德也其至矣乎民鮮久
矣 子貢曰如有博施於民而

儒藏 儒藏經典·康熙篆文六經四書 論語

子曰：「務民之義，敬鬼神而遠之，可謂知矣。」問仁。曰：「仁者先難而後獲，可謂仁矣。」子曰：「知者樂水，仁者樂山；知者動，仁者靜；知者樂，仁者壽。」子曰：「齊一變，至於魯；魯一變，至於道。」子曰：「觚不觚，觚哉！觚哉！」宰我問曰：「仁者，雖告之曰：『井有仁焉。』其從之也？」子曰：「何爲其然也？君子可逝也，不可陷也；可欺也，不可罔也。」

子曰：「君子博學於文，約之以禮，亦可以弗畔矣夫！」子見南子，子路不說。夫子矢之曰：「予所否者，天厭之！天厭之！」子曰：「中庸之爲德也，其至矣乎！民鮮久矣。」子貢曰：「如有博施於民而

能濟眾何如可謂仁乎子曰何事於仁必也聖乎堯舜其猶病諸夫仁者己欲立而立人己欲達而達人能近取譬可謂仁之方也已

論語卷之三

能濟眾，何如？可謂仁乎？」子曰：「何事於仁，必也聖乎！堯舜其猶病諸！夫仁者，己欲立而立人，己欲達而達人。能近取譬，可謂仁之方也已。」

論語卷之三

儒藏
儒藏經典·康熙篆文六經四書 論語

論語卷之四

述而第七

子曰述而不作信而好古竊比於我老彭　子曰默而識之學而不厭誨人不倦何有於我哉

子曰德之不脩學之不講聞義不能徙不善不能改是吾憂也　子之燕居申申如也夭夭如也　子曰甚矣吾衰也久矣吾不復夢見周公　子曰志於道據於德依於仁游於藝　子曰自行束脩以上吾未嘗無誨焉　子曰不憤不啓不悱不發舉一隅不以三隅反則不復也

子食於有喪者之側未嘗飽也子於是日哭則不歌　子謂

儒藏
儒藏經典·康熙篆文六經四書　論語

論語卷之四

述而第七

子曰：「述而不作，信而好古，竊比於我老彭。」　子曰：「默而識之，學而不厭，誨人不倦，何有於我哉？」

子曰：「德之不脩，學之不講，聞義不能徙，不善不能改，是吾憂也。」　子之燕居，申申如也，夭夭如也。　子曰：「甚矣吾衰也！久矣吾不復夢見周公。」　子曰：「志於道，據於德，依於仁，游於藝。」　子曰：「自行束脩以上，吾未嘗無誨焉。」　子曰：「不憤不啓，不悱不發，舉一隅不以三隅反，則不復也。」

子食於有喪者之側，未嘗飽也。子於是日哭，則不歌。　子謂

顏淵曰用之則行舍之則藏惟
我與爾有是夫子路曰子行三
軍則誰與子曰暴虎馮河死而
無悔者吾不與也必也臨事而
懼好謀而成者也　子曰富而
可求也雖執鞭之士吾亦爲之
如不可求從吾所好　子之所
慎齊戰疾　子在齊聞韶三月

不知肉味曰不圖爲樂之至於
斯也　冉有曰夫子爲衛君乎
子貢曰諾吾將問之入曰伯夷
叔齊何人也曰古之賢人也曰
怨乎曰求仁而得仁又何怨出
曰夫子不爲也　子曰飯疏食
飲水曲肱而枕之樂亦在其中
矣不義而富且貴於我如浮雲

顏淵曰：「用之則行，舍之則藏，惟我與爾有是夫！」子路曰：「子行三軍，則誰與？」子曰：「暴虎馮河，死而無悔者，吾不與也。必也臨事而懼，好謀而成者也。」　子曰：「富而可求也，雖執鞭之士，吾亦爲之。如不可求，從吾所好。」　子之所慎：齊，戰，疾。　子在齊聞《韶》，三月

儒藏
儒藏經典·康熙篆文六經四書　論語

不知肉味。曰：「不圖爲樂之至於斯也！」　冉有曰：「夫子爲衛君乎？」子貢曰：「諾。吾將問之。」入，曰：「伯夷、叔齊何人也？」曰：「古之賢人也。」曰：「怨乎？」曰：「求仁而得仁，又何怨。」出，曰：「夫子不爲也。」　子曰：「飯疏食飲水，曲肱而枕之，樂亦在其中矣。不義而富且貴，於我如浮雲。」

子曰加我數年五十以學易
可以無大過矣　子所雅言詩
書執禮皆雅言也　葉公問孔
子於子路子路不對子曰女奚
不曰其爲人也發憤忘食樂以
忘憂不知老之將至云爾　子
曰我非生而知之者好古敏以
求之者也　子不語怪力亂神

子曰三人行必有我師焉擇
其善者而從之其不善者而改
之　子曰天生德於予桓魋其
如予何　子曰二三子以我爲
隱乎吾無隱乎爾吾無行而不
與二三子者是丘也　子以四
教文行忠信　子曰聖人吾不
得而見之矣得見君子者斯可

儒藏
儒藏經典·康熙篆文六經四書　論語

子曰：「加我數年，五十以學《易》，可以無大過矣。」　子所雅言，詩、書、執禮，皆雅言也。　葉公問孔子於子路，子路不對。子曰：「女奚不曰，其爲人也，發憤忘食，樂以忘憂，不知老之將至云爾。」　子曰：「我非生而知之者，好古，敏以求之者也。」　子不語怪力亂神。

子曰：「三人行，必有我師焉。擇其善者而從之，其不善者而改之。」　子曰：「天生德於予，桓魋其如予何？」　子曰：「二三子以我爲隱乎？吾無隱乎爾。吾無行而不與二三子者，是丘也。」　子以四教：文，行，忠，信。　子曰：「聖人，吾不得而見之矣；得見君子者，斯可矣子曰善人吾不得而見之矣得見有恒者斯可矣亡而爲有虛而爲盈約而爲泰難乎有恒矣　子釣而不綱弋不射宿　子曰蓋有不知而作之者我無是也多聞擇其善者而從之多見而識之知之次也　互鄉難與言童子見門人惑子曰與其進也不與其退也唯何甚人潔己以進與其潔也不保其往也　子曰仁遠乎哉我欲仁斯仁至矣　陳司敗問昭公知禮乎孔子曰知禮孔子退揖巫馬期而進之曰吾聞君子不黨君子亦黨乎君取於吴爲同姓謂之吴孟子君而知禮孰不知禮巫

儒藏 儒藏經典·康熙篆文六經四書　論語

矣。」子曰：「善人，吾不得而見之矣；得見有恒者，斯可矣。亡而爲有，虛而爲盈，約而爲泰，難乎有恒矣。」　子釣而不綱，弋不射宿。　子曰：「蓋有不知而作之者，我無是也。多聞，擇其善者而從之，多見而識之，知之次也。」　互鄉難與言，童子見，門人惑。子曰：「與其進也，不與其退也，唯何甚！人潔己以進，與其潔也，不保其往也。」　子曰：「仁遠乎哉？我欲仁，斯仁至矣。」　陳司敗問：「昭公知禮乎？」孔子曰：「知禮。」孔子退，揖巫馬期而進之，曰：「吾聞君子不黨，君子亦黨乎？君取於吴，爲同姓，謂之吴孟子。君而知禮，孰不知禮？」巫馬期以告子曰丘也幸苟有過人必知之子與人歌而善必使反之而後和之子曰文莫吾猶人也躬行君子則吾未之有得子曰若聖與仁則吾豈敢抑爲之不厭誨人不倦則可謂云爾已矣公西華曰正唯弟子不能學也子疾病子路請禱子曰有諸子路對曰有之誄曰禱爾于上下神祇③子曰丘之禱久矣子曰奢則不孫儉則固與其不孫也寧固子曰君子坦蕩蕩小人長戚戚子温而厲威而不猛恭而安

泰伯第八

子曰泰伯其可謂至德也已矣

儒藏經典·康熙篆文六經四書 論語

馬期以告。子曰：「丘也幸，苟有過，人必知之。」子與人歌而善，必使反之，而後和之。子曰：「文，莫吾猶人也。躬行君子，則吾未之有得。」子曰：「若聖與仁，則吾豈敢？抑爲之不厭，誨人不倦，則可謂云爾已矣。」公西華曰：「正唯弟子不能學也。」子疾病，子路請禱。子曰：「有諸？」子路對曰：「有之。誄曰：『禱爾于上下神祇。』」子曰：「丘之禱久矣。」子曰：「奢則不孫，儉則固。與其不孫也，寧固。」子曰：「君子坦蕩蕩，小人長戚戚。」子温而厲，威而不猛，恭而安。

泰伯第八

子曰：「泰伯，其可謂至德也已矣！」

三以天下讓民無得而稱焉
子曰恭而無禮則勞慎而無禮
則葸勇而無禮則亂直而無禮
則絞君子篤於親則民興於仁
故舊不遺則民不偷　曾子有
疾召門弟子曰啟予足啟予手
詩云戰戰兢兢如臨深淵如履
薄冰而今而後吾知免夫小子
儒藏經典・康熙篆文六經四書　論語
曾子有疾孟敬子問之曾子
言曰鳥之將死其鳴也哀人之
將死其言也善君子所貴乎道
者三動容貌斯遠暴慢矣正顏
色斯近信矣出辭氣斯遠鄙倍
矣籩豆之事則有司存　曾子
曰以能問於不能以多問於寡
有若無實若虛犯而不校昔者

三以天下讓，民無得而稱焉。」

子曰：「恭而無禮則勞，慎而無禮則葸，勇而無禮則亂，直而無禮則絞。君子篤於親，則民興於仁；故舊不遺，則民不偷。」

曾子有疾，召門弟子曰：「啟予足！啟予手！《詩》云『戰戰兢兢，如臨深淵，如履薄冰。』而今而後，吾知免夫小子！」

曾子有疾，孟敬子問之。曾子言曰：「鳥之將死，其鳴也哀；人之將死，其言也善。君子所貴乎道者三：動容貌，斯遠暴慢矣；正顏色，斯近信矣；出辭氣，斯遠鄙倍矣。籩豆之事，則有司存。」

曾子曰：「以能問於不能，以多問於寡，有若無，實若虛，犯而不校，昔者

吾友嘗從事於斯矣 曾子曰
可以託六尺之孤可以寄百里
之命臨大節而不可奪也君子
人與君子人也 曾子曰士不
可以不弘毅任重而道遠仁以
爲己任不亦重乎死而後已不
亦遠乎 子曰興於詩立於禮
成於樂 子曰民可使由之不
可使知之 子曰好勇疾貧亂
也人而不仁疾之已甚亂也
子曰如有周公之才之美使驕
且吝其餘不足觀也已 子曰
三年學不至於穀不易得也
子曰篤信好學守死善道危邦者
不入亂邦不居天下有道則見
無道則隱邦有道貧且賤焉恥

儒藏
儒藏經典·康熙篆文六經四書 論語

吾友，嘗從事於斯矣。」 曾子曰：
「可以託六尺之孤，可以寄百里
之命，臨大節而不可奪也。君子
人與？君子人也。」 曾子曰：「士不
可以不弘毅，任重而道遠。仁以
爲己任，不亦重乎？死而後已，不
亦遠乎？」 子曰：「興於詩，立於禮，
成於樂。」 子曰：「民可使由之，不
可使知之。」 子曰：「好勇疾貧，亂
也。人而不仁，疾之已甚，亂也。」
子曰：「如有周公之才之美，使驕
且吝，其餘不足觀也已。」 子曰：
「三年學，不至於穀，不易得也。」
子曰：「篤信好學，守死善道。危邦
不入，亂邦不居。天下有道則見，
無道則隱。邦有道，貧且賤焉，恥

也；邦無道，富且貴焉，恥也。」子曰：「不在其位，不謀其政。」子曰：「師摯之始，《關雎》之亂，洋洋乎！盈耳哉！」子曰：「狂而不直，侗而不愿，悾悾而不信，吾不知之矣。」子曰：「學如不及，猶恐失之。」子曰：「巍巍乎！舜禹之有天下也，而不與焉。」子曰：「大哉，堯之爲君也！巍巍乎！唯天爲大，唯堯則之。蕩蕩乎！民無能名焉。巍巍乎！其有成功也。焕乎！其有文章。」舜有臣五人而天下治。武王曰：「予有亂臣十人。」孔子曰：「才難，不其然乎？唐虞之際，於斯爲盛。有婦人焉，九人而已。三分天下有其二，以服事殷。周之德，其可謂至

儒藏經典·康熙篆文六經四書 論語

也；邦無道，富且貴焉，恥也。」子曰：「不在其位，不謀其政。」子曰：「師摯之始，《關雎》之亂，洋洋乎！盈耳哉！」子曰：「狂而不直，侗而不愿，悾悾而不信，吾不知之矣。」子曰：「學如不及，猶恐失之。」子曰：「巍巍乎！舜禹之有天下也，而不與焉。」子曰：「大哉，堯之爲君也！巍巍乎！唯天爲大，唯堯則之。蕩蕩乎！民無能名焉。巍巍乎！其有成功也。焕乎！其有文章。」舜有臣五人而天下治。武王曰：「予有亂臣十人。」孔子曰：「才難，不其然乎？唐虞之際，於斯爲盛。有婦人焉，九人而已。三分天下有其二，以服事殷。周之德，其可謂至

德也已矣　子曰禹吾無閒然矣菲飲食而致孝乎鬼神惡衣服而致美乎黻冕卑宮室而盡力乎溝洫禹吾無閒然矣

論語卷之四

德也已矣。」　子曰：「禹，吾無閒然矣。菲飲食，而致孝乎鬼神；惡衣服，而致美乎黻冕；卑宮室，而盡力乎溝洫。禹，吾無閒然矣。」

論語卷之四

論語卷之五

子罕第九

子罕言利與命與仁　達巷黨人曰大哉孔子博學而無所成名子聞之謂門弟子曰吾何執執御乎執射乎吾執御矣　子曰麻冕禮也今也純儉吾從眾　拜下禮也今拜乎上泰也雖違眾吾從下　子絕四毋意毋必毋固毋我　子畏於匡曰文王既沒文不在茲乎天之將喪斯文也後死者不得與於斯文也天之未喪斯文也匡人其如予何　大宰問於子貢曰夫子聖者與何其多能也子貢曰固天縱之將聖又多能也子聞之曰

論語卷之五

子罕第九

子罕言利，與命，與仁。　達巷黨人曰：「大哉孔子！博學而無所成名。」子聞之，謂門弟子曰：「吾何執？執御乎？執射乎？吾執御矣。」　子曰：「麻冕，禮也；今也純，儉。吾從眾。拜下，禮也；今拜乎上，泰也。雖違眾，吾從下。」　子絕四：毋意，毋必，毋固，毋我。　子畏於匡。曰：「文王既沒，文不在茲乎？天之將喪斯文也，後死者不得與於斯文也；天之未喪斯文也，匡人其如予何？」　大宰問於子貢曰：「夫子聖者與？何其多能也？」子貢曰：「固天縱之將聖，又多能也。」子聞之，曰：

儒藏　儒藏經典·康熙篆文六經四書　論語

大宰知我乎吾少也賤故多能鄙事君子多乎哉不多也牢曰子云吾不試故藝　子曰吾有知乎哉無知也有鄙夫問於我空空如也我叩其兩端而竭焉　子曰鳳鳥不至河不出圖吾已矣夫　子見齊衰者冕衣裳者與瞽者見之雖少必作過之必趨　顔淵喟然歎曰仰之彌高鑽之彌堅瞻之在前忽焉在後夫子循循然善誘人博我以文約我以禮欲罷不能既竭吾才如有所立卓爾雖欲從之末由也已　子疾病子路使門人爲臣病閒曰久矣哉由之行詐也無臣而爲有臣吾誰欺欺天

儒藏
儒藏經典·康熙篆文六經四書 論語

「大宰知我乎！吾少也賤，故多能鄙事。君子多乎哉？不多也。」牢曰：「子云，『吾不試，故藝』。」

子曰：「吾有知乎哉？無知也。有鄙夫問於我，空空如也，我叩其兩端而竭焉。」

子曰：「鳳鳥不至，河不出圖，吾已矣夫！」

子見齊衰者、冕衣裳者與瞽者，見之，雖少必作；過之，必趨。

顔淵喟然歎曰：「仰之彌高，鑽之彌堅；瞻之在前，忽焉在後。夫子循循然善誘人，博我以文，約我以禮。欲罷不能，既竭吾才，如有所立卓爾。雖欲從之，末由也已。」

子疾病，子路使門人爲臣。病閒，曰：「久矣哉！由之行詐也，無臣而爲有臣。吾誰欺？欺天乎且予與其死於臣之手也無寧死於二三子之手乎且予縱不得大葬予死於道路乎 子貢曰有美玉於斯韞匵而藏諸求善賈而沽諸子曰沽之哉沽之哉我待賈者也 子欲居九夷或曰陋如之何子曰君子居之何陋之有 子曰吾自衛反魯然後樂正雅頌各得其所

子曰出則事公卿入則事父兄喪事不敢不勉不爲酒困何有於我哉 子在川上曰逝者如斯夫不舍晝夜 子曰吾未見好德如好色者也 子曰譬如爲山未成一簣止吾止也譬如平地雖覆一簣進吾往也 子

儒藏經典·康熙篆文六經四書 論語

乎？且予與其死於臣之手也，無寧死於二三子之手乎？且予縱不得大葬，予死於道路乎？」子貢曰：「有美玉於斯，韞匵而藏諸？求善賈而沽諸？」子曰：「沽之哉！沽之哉！我待賈者也。」子欲居九夷。或曰：「陋，如之何！」子曰：「君子居之，何陋之有？」子曰：「吾自衛反魯，然後樂正，雅頌各得其所。」

子曰：「出則事公卿，入則事父兄，喪事不敢不勉，不爲酒困，何有於我哉？」子在川上，曰：「逝者如斯夫！不舍晝夜。」子曰：「吾未見好德如好色者也。」子曰：「譬如爲山，未成一簣，止，吾止也；譬如平地，雖覆一簣，進，吾往也。」子曰語之而不惰者其回也與子謂顏淵曰惜乎吾見其進也未見其止也 子曰苗而不秀者有矣夫秀而不實者有矣夫 子曰後生可畏焉知來者之不如今也四十五十而無聞焉斯亦不足畏也已 子曰法語之言能無從乎改之爲貴巽與

之言能無說乎繹之爲貴說而不繹從而不改吾末如之何也已矣④ 子曰三軍可奪帥也匹夫不可奪志也 子曰衣敝緼袍與衣狐貉者立而不恥者其由也與不忮不求何用不臧子路終身誦之子曰是道也何足以臧 子曰歲寒然後知松柏

曰：「語之而不惰者，其回也與！」子謂顏淵，曰：「惜乎！吾見其進也，未見其止也。」子曰：「苗而不秀者有矣夫！秀而不實者有矣夫！」子曰：「後生可畏，焉知來者之不如今也？四十、五十而無聞焉，斯亦不足畏也已。」子曰：「法語之言，能無從乎？改之爲貴。巽與

儒藏 儒藏經典・康熙篆文六經四書 論語

之言，能無說乎？繹之爲貴。說而不繹，從而不改，吾末如之何也已矣。」子曰：「三軍可奪帥也，匹夫不可奪志也。」子曰：「衣敝緼袍，與衣狐貉者立，而不恥者，其由也與？『不忮不求，何用不臧？』」子路終身誦之。子曰：「是道也，何足以臧？」子曰：「歲寒，然後知松柏

之後彫也。子曰：知者不惑，仁者不憂，勇者不懼。子曰：可與共學，未可與適道；可與適道，未可與立；可與立，未可與權。唐棣之華，偏其反而。豈不爾思？室是遠而。子曰：未之思也，夫何遠之有？

鄉黨第十

孔子於鄉黨，恂恂如也，似不能言者。其在宗廟朝廷，便便言，唯謹爾。朝，與下大夫言，侃侃如也；與上大夫言，誾誾如也。君在，踧踖如也，與與如也。君召使擯，色勃如也，足躩如也。揖所與立，左右手。衣前後，襜如也。趨進，翼如也。賓退，必復命曰：賓不顧

之後彫也。」子曰：「知者不惑，仁者不憂，勇者不懼。」子曰：「可與共學，未可與適道；可與適道，未可與立；可與立，未可與權。」「唐棣之華，偏其反而。豈不爾思？室是遠而。」子曰：「未之思也，夫何遠之有？」

鄉黨第十

孔子於鄉黨，恂恂如也，似不能言者。其在宗廟朝廷，便便言，唯謹爾。

朝，與下大夫言，侃侃如也；與上大夫言，誾誾如也。君在，踧踖如也，與與如也。

君召使擯，色勃如也，足躩如也。揖所與立，左右手。衣前後，襜如也。趨進，翼如也。賓退，必復命曰：「賓不顧

矣。」 入公門，鞠躬如也，如不容。立不中門，行不履閾。過位，色勃如也，足躩如也，其言似不足者。攝齊升堂，鞠躬如也，屏氣似不息者。出，降一等，逞顏色，怡怡如也。没階趨進，翼如也。復其位，踧踖如也。 執圭，鞠躬如也，如不勝。上如揖，下如授。勃如戰色，足蹜蹜，如有循。享禮，有容色。私覿，愉愉如也。 君子不以紺緅飾。紅紫不以爲褻服。當暑，袗絺綌，必表而出之。緇衣羔裘，素衣麑裘，黄衣狐裘。褻裘長，短右袂。必有寢衣，長一身有半。狐貉之厚以居。去喪，無所不佩。非帷裳，必殺之。羔裘玄冠不以弔。吉月，必朝服而朝。　齊，必有明衣，布。齊，必變食，居必遷坐。　食不厭精，膾不厭細。食饐而餲，魚餒而肉敗，不食。色惡，不食。臭惡，不食。失飪，不食。不時，不食。割不正，不食。不得其醬，不食。肉雖多，不使勝食氣。惟酒無量，不及亂。沽酒市脯不食。不撤薑食。不多食。祭於公，不宿肉。祭肉不出三日。出三日，不食之矣。食不語，寢不言。雖疏食菜羹，瓜祭，必齊如也。　席不正，不坐。　鄉人飲酒，杖者出，斯出矣。鄉人儺，朝服而立於阼階。　問人於他邦，再拜而送之。康子饋藥，拜而受之。曰：「丘未達，不敢嘗。」　廄焚。子退朝，曰：「傷人

乎不問馬　君賜食必正席先嘗之君賜腥必熟而薦之君賜生必畜之侍食於君君祭先飯疾君視之東首加朝服拖紳君命召不俟駕行矣　朋友⑤死無所歸曰於我殯朋友之饋雖車馬非祭肉不拜　寢不尸居不容見齊衰者雖狎必變見冕者與瞽者雖褻必以貌凶服者式之式負版者有盛饌必變色而作迅雷風烈必變　升車必正立執綏車中不內顧不疾言不親指　色斯舉矣翔而後集曰山梁雌雉時哉時哉子路共之三嗅而作

乎？」不問馬。　君賜食，必正席先嘗之；君賜腥，必熟而薦之；君賜生，必畜之。侍食於君，君祭，先飯。疾，君視之，東首，加朝服，拖紳。君命召，不俟駕行矣。　朋友死，無所歸。曰：「於我殯。」朋友之饋，雖車馬，非祭肉，不拜。　寢不尸，居不容。見齊衰者，雖狎，必變。見冕者與瞽者，雖褻，必以貌。凶服者式之。式負版者。有盛饌，必變色而作。迅雷風烈，必變。　升車，必正立執綏。車中，不內顧，不疾言，不親指。　色斯舉矣，翔而後集。曰：「山梁雌雉，時哉！時哉！」子路共之，三嗅而作。

論語卷之五

論語卷之五

儒藏
儒藏經典·康熙篆文六經四書 論語

論語卷之六

先進第十一

子曰先進於禮樂野人也後進於禮樂君子也如用之則吾從先進　子曰從我於陳蔡者皆不及門也德行顏淵閔子騫冉伯牛仲弓言語宰我子貢政事冉有季路文學子游子夏　子曰回也非助我者也於吾言無所不說　子曰孝哉閔子騫人不間於其父母昆弟之言　南容三復白圭孔子以其兄之子妻之　季康子問弟子孰爲好學孔子對曰有顏回者好學不幸短命死矣今也則亡　顏淵死顏路請子之車以爲之椁子

儒藏
儒藏經典·康熙篆文六經四書　論語

論語卷之六

先進第十一

子曰：「先進於禮樂，野人也；後進於禮樂，君子也。如用之，則吾從先進。」

子曰：「從我於陳、蔡者，皆不及門也。」德行：顏淵，閔子騫，冉伯牛，仲弓。言語：宰我，子貢。政事：冉有，季路。文學：子游，子夏。

子曰：「回也非助我者也，於吾言無所不說。」

子曰：「孝哉閔子騫！人不間於其父母昆弟之言。」

南容三復白圭，孔子以其兄之子妻之。

季康子問：「弟子孰爲好學？」孔子對曰：「有顏回者好學，不幸短命死矣！今也則亡。」

顏淵死，顏路請子之車以爲之椁。子

曰才不才亦各言其子也鯉也死有棺而無椁吾不徒行以爲之椁以吾從大夫之後不可徒行也　顔淵死子曰噫天喪予天喪予　顔淵死子哭之慟從者曰子慟矣曰有慟乎非夫人之爲慟而誰爲　顔淵死門人欲厚葬之子曰不可門人厚葬之子曰回也視予猶父也予不得視猶子也非我也夫二三子也　季路問事鬼神子曰未能事人焉能事鬼敢問死曰未知生焉知死　閔子侍側誾誾如也子路行行如也冉有子貢侃侃如也子樂若由也不得其死然　魯人爲長府閔子騫曰仍

儒藏經典・康熙篆文六經四書　論語

曰：「才不才，亦各言其子也。鯉也死，有棺而無椁。吾不徒行以爲之椁。以吾從大夫之後，不可徒行也。」　顔淵死。子曰：「噫！天喪予！天喪予！」　顔淵死，子哭之慟。從者曰：「子慟矣。」曰：「有慟乎？非夫人之爲慟而誰爲！」　顔淵死，門人欲厚葬之，子曰：「不可。」門人厚葬之。子曰：「回也視予猶父也，予不得視猶子也。非我也，夫二三子也。」　季路問事鬼神。子曰：「未能事人，焉能事鬼？」「敢問死。」曰：「未知生，焉知死？」　閔子侍側，誾誾如也；子路，行行如也；冉有、子貢，侃侃如也。子樂。「若由也，不得其死然。」　魯人爲長府。閔子騫曰：「仍舊貫如之何何必改作子曰夫人不言言必有中 子曰由之瑟奚爲於丘之門門人不敬子路子曰由也升堂矣未入於室也 子貢問師與商也孰賢子曰師也過商也不及曰然則師愈與子曰過猶不及 季氏富於周公而求也爲之聚斂而附益之子曰非吾徒也小子鳴鼓而攻之可也 柴也愚參也魯師也辟由也喭 子曰回也其庶乎屢空賜不受命而貨殖焉億則屢中 子張問善人之道 子曰不踐迹亦不入於室 子曰論篤⑥是與君子者乎色莊者乎 子路問聞斯行諸子曰有

儒藏
儒藏經典·康熙篆文六經四書 論語

舊貫，如之何？何必改作？」子曰：「夫人不言，言必有中。」子曰：「由之瑟奚爲於丘之門？」門人不敬子路。子曰：「由也升堂矣，未入於室也。」子貢問：「師與商也孰賢？」子曰：「師也過，商也不及。」曰：「然則師愈與？」子曰：「過猶不及。」季氏富於周公，而求也爲之聚斂而附益之。子曰：「非吾徒也。小子鳴鼓而攻之，可也。」柴也愚，參也魯，師也辟，由也喭。子曰：「回也其庶乎，屢空。賜不受命，而貨殖焉，億則屢中。」子張問善人之道。子曰：「不踐迹，亦不入於室。」子曰：「論篤是與，君子者乎？色莊者乎？」子路問：「聞斯行諸？」子曰：「有父兄在如之何其聞斯行之冉有問聞斯行諸子曰聞斯行之公西華曰由也問聞斯行諸子曰有父兄在求也問聞斯行諸子曰聞斯行之赤也惑敢問子曰求也退故進之由也兼人故退之　子畏於匡顏淵後子曰吾以女爲死矣曰子在回何敢死　季子然問仲由冉求可謂大臣與子曰吾以子爲異之問曾由與求之問所謂大臣者以道事君不可則止今由與求也可謂具臣矣曰然則從之者與子曰弑父與君亦不從也　子路使子羔爲費宰子曰賊夫人之子子路曰有民人焉有社稷

儒藏經典·康熙篆文六經四書　論語

父兄在，如之何其聞斯行之？」冉有問：「聞斯行諸？」子曰：「聞斯行之。」公西華曰：「由也問『聞斯行諸』，子曰『有父兄在』；求也問『聞斯行諸』，子曰『聞斯行之』。赤也惑，敢問。」子曰：「求也退，故進之；由也兼人，故退之。」　子畏於匡，顏淵後。子曰：「吾以女爲死矣。」曰：「子在，回何敢死？」　季子然問：「仲由、冉求可謂大臣與？」子曰：「吾以子爲異之問，曾由與求之問。所謂大臣者：以道事君，不可則止。今由與求也，可謂具臣矣。」曰：「然則從之者與？」子曰：「弑父與君，亦不從也。」　子路使子羔爲費宰。子曰：「賊夫人之子。」子路曰：「有民人焉，有社稷焉何必讀書然後爲學子曰是故惡夫佞者子路曾皙冉有公西華侍坐子曰以吾一日長乎爾毋吾以也居則曰不吾知也如或知爾則何以哉子路率爾而對曰千乘之國攝乎大國之間加之以師旅因之以饑饉由也爲之比及三年可使有勇

儒藏
儒藏經典·康熙篆文六經四書　論語

且知方也夫子哂之求爾何如對曰方六七十如五六十求也爲之比及三年可使足民如其禮樂以俟君子赤爾何如對曰非曰能之願學焉宗廟之事如會同端章甫願爲小相焉點爾何如鼓瑟希鏗爾舍瑟而作對曰異乎三子者之撰子曰何傷

焉。何必讀書，然後爲學？」子曰：「是故惡夫佞者。」

子路、曾皙、冉有、公西華侍坐。子曰：「以吾一日長乎爾，毋吾以也。居則曰：『不吾知也！』如或知爾，則何以哉？」子路率爾而對曰：「千乘之國，攝乎大國之間，加之以師旅，因之以饑饉；由也爲之，比及三年，可使有勇，

且知方也。」夫子哂之。「求！爾何如？」對曰：「方六七十，如五六十，求也爲之，比及三年，可使足民。如其禮樂，以俟君子。」「赤！爾何如？」對曰：「非曰能之，願學焉。宗廟之事，如會同，端章甫，願爲小相焉。」「點！爾何如？」鼓瑟希，鏗爾，舍瑟而作。對曰：「異乎三子者之撰。」子曰：「何傷

乎亦各言其志也曰莫春者春服既成冠者五六人童子六七人浴乎沂風乎舞雩詠而歸夫子喟然歎曰吾與點也三子者出曾皙後曾皙曰夫三子者之言何如子曰亦各言其志也已矣曰夫子何哂由也曰爲國以禮其言不讓是故哂之唯求則非邦也與安見方六七十如五六十而非邦也者唯赤則非邦也與宗廟會同非諸侯而何赤也爲之小孰能爲之大

顏淵第十二

顏淵問仁子曰克己復禮爲仁一日克己復禮天下歸仁焉爲仁由己而由人乎哉顏淵曰請

乎？亦各言其志也。」曰：「莫春者，春服既成。冠者五六人，童子六七人，浴乎沂，風乎舞雩，詠而歸。」夫子喟然歎曰：「吾與點也！」三子者出，曾皙後。曾皙曰：「夫三子者之言何如？」子曰：「亦各言其志也已矣。」曰：「夫子何哂由也？」曰：「爲國以禮，其言不讓，是故哂之。」「唯求則非邦也與？」「安見方六七十如五六十而非邦也者？」「唯赤則非邦也與？」「宗廟會同，非諸侯而何？赤也爲之小，孰能爲之大？」

顏淵第十二

顏淵問仁。子曰：「克己復禮爲仁。一日克己復禮，天下歸仁焉。爲仁由己，而由人乎哉？」顏淵曰：「請

問其目子曰非禮勿視非禮勿
聽非禮勿言非禮勿動顏淵曰
回雖不敏請事斯語矣　仲弓
問仁子曰出門如見大賓使民
如承大祭己所不欲勿施於人
在邦無怨在家無怨仲弓曰雍
雖不敏請事斯語矣　司馬牛
問仁子曰仁者其言也訒曰其
言也訒斯謂之仁矣乎子曰爲
之難言之得無訒乎　司馬牛
問君子子曰君子不憂不懼曰
不憂不懼斯謂之君子矣乎子
曰內省不疚夫何憂何懼　司
馬牛憂曰人皆有兄弟我獨亡
子夏曰商聞之矣死生有命富
貴在天君子敬而無失與人恭

儒藏經典·康熙篆文六經四書　論語

問其目。」子曰：「非禮勿視，非禮勿聽，非禮勿言，非禮勿動。」顏淵曰：「回雖不敏，請事斯語矣。」

仲弓問仁。子曰：「出門如見大賓，使民如承大祭。己所不欲，勿施於人。在邦無怨，在家無怨。」仲弓曰：「雍雖不敏，請事斯語矣。」

司馬牛問仁。子曰：「仁者其言也訒。」曰：「其言也訒，斯謂之仁矣乎？」子曰：「爲之難，言之得無訒乎？」

司馬牛問君子。子曰：「君子不憂不懼。」曰：「不憂不懼，斯謂之君子矣乎？」子曰：「內省不疚，夫何憂何懼？」

司馬牛憂曰：「人皆有兄弟，我獨亡。」子夏曰：「商聞之矣：死生有命，富貴在天。君子敬而無失，與人恭而有禮四海之內皆兄弟也君子何患乎無兄弟也 子張問明子曰浸潤之譖膚受之愬不行焉可謂明也已矣浸潤之譖膚受之愬不行焉可謂遠也已矣 子貢問政子曰足食足兵民信之矣子貢曰必不得已而去於斯三者何先曰去兵子貢曰必不得已而去於斯二者何先曰去食自古皆有死民無信不立 棘子成曰君子質而已矣何以文爲子貢曰惜乎夫子之説君子也駟不及舌文猶質也質猶文也虎豹之鞟猶犬羊之鞟 哀公問於有若曰年饑用不足如之何有若對曰盍徹

儒藏
儒藏經典·康熙篆文六經四書 論語

而有禮。四海之内，皆兄弟也。君子何患乎無兄弟也？」 子張問明。子曰：「浸潤之譖，膚受之愬，不行焉。可謂明也已矣。浸潤之譖，膚受之愬，不行焉，可謂遠也已矣。」 子貢問政。子曰：「足食，足兵，民信之矣。」子貢曰：「必不得已而去，於斯三者何先？」曰：「去兵。」子貢曰：「必不得已而去，於斯二者何先？」曰：「去食。自古皆有死，民無信不立。」 棘子成曰：「君子質而已矣，何以文爲？」子貢曰：「惜乎！夫子之説君子也。駟不及舌。文猶質也，質猶文也。虎豹之鞟，猶犬羊之鞟。」 哀公問於有若曰：「年饑，用不足，如之何？」有若對曰：「盍徹乎曰二吾猶不足如之何其徹也對曰百姓足君孰與不足百姓不足君孰與足 子張問崇德辨惑子曰主忠信徙義崇德也愛之欲其生惡之欲其死既欲其生又欲其死是惑也誠不以富亦祇以異 齊景公問政於孔子孔子對曰君君臣臣父父子子公曰善哉信如君不君臣不臣父不父子不子雖有粟吾得而食諸 子曰片言可以折獄者其由也與子路無宿諾 子曰聽訟吾猶人也必也使無訟乎 子張問政子曰居之無倦行之以忠 ⑦子曰君子成人之美不成人之惡小人反是

儒藏經典·康熙篆文六經四書 論語

乎？」曰：「二，吾猶不足，如之何其徹也？」對曰：「百姓足，君孰與不足？百姓不足，君孰與足？」 子張問崇德、辨惑。子曰：「主忠信，徙義，崇德也。愛之欲其生，惡之欲其死。既欲其生，又欲其死，是惑也。『誠不以富，亦祇以異。』」 齊景公問政於孔子。孔子對曰：「君君，臣臣，父父，子子。」公曰：「善哉！信如君不君，臣不臣，父不父，子不子，雖有粟，吾得而食諸？」 子曰：「片言可以折獄者，其由也與？」子路無宿諾。 子曰：「聽訟，吾猶人也，必也使無訟乎！」 子張問政。子曰：「居之無倦，行之以忠。」 子曰：「君子成人之美，不成人之惡。小人反是。」

季康子問政於孔子。孔子對曰：「政者，正也。子帥以正，孰敢不正？」

季康子患盜，問於孔子。孔子對曰：「苟子之不欲，雖賞之不竊。」

季康子問政於孔子曰：「如殺無道，以就有道，何如？」孔子對曰：「子爲政，焉用殺？子欲善，而民善矣。君子之德風，小人之德草。草上之風，必偃。」

子張問：「士何如斯可謂之達矣？」子曰：「何哉，爾所謂達者？」子張對曰：「在邦必聞，在家必聞。」子曰：「是聞也，非達也。夫達也者，質直而好義，察言而觀色，慮以下人。在邦必達，在家必達。夫聞也者，色取仁而行違，居之不疑。在邦必聞，在家必聞。」

樊遲從遊於舞雩之下，曰：「敢問崇德、脩慝、辨惑。」子曰：「善哉問！先事後得，非崇德與？攻其惡，無攻人之惡，非脩慝與？一朝之忿，忘其身，以及其親，非惑與？」　樊遲問仁，子曰：「愛人。」問知，子曰：「知人。」樊遲未達。子曰：「舉直錯諸枉，能使枉者直。」樊遲退，見子夏，曰：「鄉也吾見於夫子而問知，子曰，『舉直錯諸枉，能使枉者直』，何謂也？」子夏曰：「富哉言乎！舜有天下，選於眾，舉皋陶，不仁者遠矣。湯有天下，選於眾，舉伊尹，不仁者遠矣。」　子貢問友。子曰：「忠告而善道之，不可則止，毋自辱焉。」

曾子曰：「君子以文會友，以友輔

仁

論語卷之六

仁。」

論語卷之六

儒藏

儒藏經典·康熙篆文六經四書 論語

論語卷之七

子路第十三

子路問政子曰先之勞之請益曰無倦　仲弓爲季氏宰問政子曰先有司赦小過舉賢才曰焉知賢才而舉之曰舉爾所知爾所不知人其舍諸　子路曰衛君待子而爲政子將奚先子

曰必也正名乎子路曰有是哉子之迂也奚其正子曰野哉由也君子於其所不知蓋闕如也名不正則言不順言不順則事不成事不成則禮樂不興禮樂不興則刑罰不中刑罰不中則民無所措手足故君子名之必可言也言之必可行也君子於

論語卷之七

子路第十三

子路問政。子曰：「先之，勞之。」請益。曰：「無倦。」

仲弓爲季氏宰，問政。子曰：「先有司，赦小過，舉賢才。」曰：「焉知賢才而舉之？」曰：「舉爾所知。爾所不知，人其舍諸？」

子路曰：「衛君待子而爲政，子將奚先？」子

儒藏經典·康熙篆文六經四書　論語

曰：「必也正名乎！」子路曰：「有是哉，子之迂也！奚其正？」子曰：「野哉由也！君子於其所不知，蓋闕如也。名不正，則言不順；言不順，則事不成；事不成，則禮樂不興；禮樂不興，則刑罰不中；刑罰不中，則民無所措手足。故君子名之必可言也，言之必可行也。君子於

其言，無所苟而已矣。」

樊遲請學稼，子曰：「吾不如老農。」請學爲圃。曰：「吾不如老圃。」樊遲出。子曰：「小人哉，樊須也！上好禮，則民莫敢不敬；上好義，則民莫敢不服；上好信，則民莫敢不用情。夫如是，則四方之民襁負其子而至矣，焉用稼？」

子曰：「誦《詩》三百，授之以政，不達；使於四方，不能專對，雖多，亦奚以爲？」

子曰：「其身正，不令而行；其身不正，雖令不從。」

子曰：「魯衛之政，兄弟也。」

子謂衛公子荆，「善居室。始有，曰：『苟合矣。』少有，曰：『苟完矣。』富有，曰：『苟美矣。』」

子適衛，冉有僕。子曰：「庶矣哉！」冉有曰：「既庶矣，又何加

儒藏經典·康熙篆文六經四書　論語

焉曰富之曰既富矣又何加焉
曰教之 子曰苟有用我者朞
月而已可也三年有成 子曰
善人爲邦百年亦可以勝殘去
殺矣誠哉是言也 子曰如有
王者必世而後仁 子曰苟正
其身矣於從政乎何有不能正
其身如正人何 冉子退朝子
曰何晏也對曰有政子曰其事
也如有政雖不吾以吾其與聞
之 定公問一言而可以興邦
有諸孔子對曰言不可以若是
其幾也人之言曰爲君難爲臣
不易如知爲君之難也不幾乎
一言而興邦乎曰一言而喪邦
有諸孔子對曰言不可以若是

焉？」曰：「富之。」曰：「既富矣，又何加焉？」曰：「教之。」 子曰：「苟有用我者。朞月而已可也，三年有成。」 子曰：「善人爲邦百年，亦可以勝殘去殺矣。誠哉是言也！」 子曰：「如有王者，必世而後仁。」 子曰：「苟正其身矣，於從政乎何有？不能正其身，如正人何？」 冉子退朝。子曰：「何晏也？」對曰：「有政。」子曰：「其事也如有政，雖不吾以，吾其與聞之。」 定公問：「一言而可以興邦，有諸？」孔子對曰：「言不可以若是其幾也。人之言曰：『爲君難，爲臣不易。』如知爲君之難也，不幾乎一言而興邦乎？」曰：「一言而喪邦，有諸？」孔子對曰：「言不可以若是其幾也。人之言曰：『予無樂乎爲君，唯其言而莫予違也。』如其善而莫之違也，不亦善乎？如不善而莫之違也，不幾乎一言而喪邦乎？」　葉公問政。子曰：「近者說，遠者來。」　子夏爲莒父宰，問政。子曰：「無欲速，無見小利。欲速，則不達；見小利，則大事不成。」　葉公語孔子曰：「吾黨有直躬者，其父攘羊，而子證之。」孔子曰：「吾黨之直者異於是。父爲子隱，子爲父隱，直在其中矣。」　樊遲問仁。子曰：「居處恭，執事敬，與人忠。雖之夷狄，不可棄也。」　子貢問曰：「何如斯可謂之士矣？」子曰：「行己有恥，使於四方，不辱君命，可謂士矣。」曰：「敢問其次。」曰：「宗族稱孝焉，鄉黨稱弟焉。」曰：「敢問其次。」曰：「言必信，行必果，硜硜然小人哉！抑亦可以爲次矣。」曰：「今之從政者何如？」子曰：「噫！斗筲之人，何足算也。」

子曰：「不得中行而與之，必也狂狷乎！狂者進取，狷者有所不爲也。」

子曰：「南人有言曰：『人而無恆，不可以作巫醫。』善夫！」「不恆其德，或承之羞。」子曰：「不占而已矣。」

子曰：「君子和而不同，小人同而不和。」

子貢問曰：「鄉人皆好之，何如？」子曰：「未可也。」「鄉人皆惡之，何如？」子曰：「未可也。不如鄉人之善者好之，其不善者惡之。」

子曰：「君子易事而難說

也。說之不以道，不說也；及其使人也，器之。小人難事而易說也：說之雖不以道，說也；及其使人也，求備焉。」

子曰：「君子泰而不驕，小人驕而不泰。」

子曰：「剛、毅、木、訥近仁。」

子路問曰：「何如斯可謂之士矣？」子曰：「切切偲偲，怡怡如也，可謂士矣。朋友切切偲偲，兄弟怡怡。」

子曰：「善人教民七年，亦可以即戎矣。」

子曰：「以不教民戰，是謂棄之。」

憲問第十四

憲問恥。子曰：「邦有道，穀；邦無道，穀，恥也。」「克、伐、怨、欲不行焉，可以爲仁矣？」子曰：「可以爲難矣，仁則吾不知也。」

子曰：「士而懷居，

不足以爲士矣 子曰邦有道
危言危行邦無道危行言孫
子曰有德者必有言有言者不
必有德仁者必有勇勇者不必
有仁 南宮适問於孔子曰羿
善射奡盪舟俱不得其死然禹
稷躬稼而有天下夫子不答南
宮适出子曰君子哉若人尚德

哉若人 子曰君子而不仁者
有矣夫未有小人而仁者也
子曰愛之能勿勞乎忠焉能勿
誨⑧乎 子曰爲命裨諶草創之
世叔討論之行人子羽脩飾之
東里子產潤色之 或問子產
子曰惠人也問子西曰彼哉彼
哉問管仲曰人也奪伯氏駢邑

不足以爲士矣。」 子曰：「邦有道，危言危行；邦無道，危行言孫。」

子曰：「有德者，必有言。有言者，不必有德。仁者，必有勇。勇者，不必有仁。」 南宮适問於孔子曰：「羿善射，奡盪舟，俱不得其死然；禹稷躬稼，而有天下。」夫子不答，南宮适出。子曰：「君子哉若人！尚德

儒藏 儒藏經典·康熙篆文六經四書 論語

哉若人！」 子曰：「君子而不仁者有矣夫，未有小人而仁者也。」

子曰：「愛之，能勿勞乎？忠焉，能勿誨乎？」 子曰：「爲命，裨諶草創之，世叔討論之，行人子羽脩飾之，東里子產潤色之。」 或問子產。子曰：「惠人也。」問子西。曰：「彼哉！彼哉！」問管仲。曰：「人也。奪伯氏駢邑

三百飯疏食沒齒無怨言　子曰貧而無怨難富而無驕易　子曰孟公綽爲趙魏老則優不可以爲滕薛大夫　子路問成人子曰若臧武仲之知公綽之不欲卞莊子之勇冉求之藝文之以禮樂亦可以爲成人矣曰今之成人者何必然見利思義見危授命久要不忘平生之言亦可以爲成人矣　子問公叔文子於公明賈曰信乎夫子不言不笑不取乎公明賈對曰以告者過也夫子時然後言人不厭其言樂然後笑人不厭其笑義然後取人不厭其取子曰其然豈其然乎　子曰臧武仲以

儒藏經典·康熙篆文六經四書 論語

三百，飯疏食，没齒，無怨言。」子曰：「貧而無怨難，富而無驕易。」子曰：「孟公綽，爲趙魏老則優，不可以爲滕薛大夫。」子路問成人。子曰：「若臧武仲之知，公綽之不欲，卞莊子之勇，冉求之藝，文之以禮樂，亦可以爲成人矣。」曰：「今之成人者何必然？見利思義，見危授命，久要不忘平生之言，亦可以爲成人矣。」子問公叔文子於公明賈曰：「信乎夫子不言、不笑、不取乎？」公明賈對曰：「以告者過也。夫子時然後言，人不厭其言；樂然後笑，人不厭其笑；義然後取，人不厭其取。」子曰：「其然，豈其然乎？」子曰：「臧武仲以

防求爲後於魯雖曰不要君吾
不信也 子曰晉文公譎而不
正齊桓公正而不譎 子路曰
桓公殺公子糾召忽死之管仲
不死曰未仁乎子曰桓公九合
諸侯不以兵車管仲之力也如
其仁如其仁 子貢曰管仲非
仁者與桓公殺公子糾不能死
又相之子曰管仲相桓公霸諸
侯一匡天下民到於今受其賜
微管仲吾其被髮左衽矣豈若
匹夫匹婦之爲諒也自經於溝
瀆而莫之知也 公叔文子之
臣大夫僎與文子同升諸公子
聞之曰可以爲文矣 子言衛
靈公之無道也康子曰夫如是

儒藏 儒藏經典·康熙篆文六經四書 論語

防求爲後於魯，雖曰不要君，吾不信也。」 子曰：「晉文公譎而不正，齊桓公正而不譎。」 子路曰：「桓公殺公子糾，召忽死之，管仲不死。」曰：「未仁乎？」子曰：「桓公九合諸侯，不以兵車，管仲之力也。如其仁！如其仁！」 子貢曰：「管仲非仁者與？桓公殺公子糾，不能死，又相之。」子曰：「管仲相桓公，霸諸侯，一匡天下，民到於今受其賜。微管仲，吾其被髮左衽矣。豈若匹夫匹婦之爲諒也，自經於溝瀆而莫之知也。」 公叔文子之臣大夫僎，與文子同升諸公。子聞之曰：「可以爲文矣。」 子言衛靈公之無道也，康子曰：「夫如是，奚而不喪孔子曰仲叔圉治賓客祝鮀治宗廟王孫賈治軍旅夫如是奚其喪 子曰其言之不怍則爲之也難 陳成子弒簡公孔子沐浴而朝告於哀公曰陳恆弒其君請討之公曰告夫三子孔子曰以吾從大夫之後不敢不告也君曰告夫三子者之三子告不可孔子曰以吾從大夫之後不敢不告也 子路問事君子曰勿欺也而犯之

子曰君子上達小人下達

子曰古之學者爲己今之學者爲人 蘧伯玉使人於孔子孔子與之坐而問焉曰夫子何爲對曰夫子欲寡其過而未能也

儒藏經典·康熙篆文六經四書 論語

奚而不喪？」孔子曰：「仲叔圉治賓客，祝鮀治宗廟，王孫賈治軍旅。夫如是，奚其喪？」 子曰：「其言之不怍，則爲之也難。」 陳成子弒簡公。孔子沐浴而朝，告於哀公曰：「陳恆弒其君，請討之。」公曰：「告夫三子！」孔子曰：「以吾從大夫之後，不敢不告也。君曰『告夫三子』者。」之三子告，不可。孔子曰：「以吾從大夫之後，不敢不告也。」 子路問事君。子曰：「勿欺也，而犯之。」

子曰：「君子上達，小人下達。」

子曰：「古之學者爲己，今之學者爲人。」 蘧伯玉使人於孔子。孔子與之坐而問焉，曰：「夫子何爲？」對曰：「夫子欲寡其過而未能也。」

使者出子曰使乎使乎 ⑨曾子曰君子思不出其位 子曰君子恥其言而過其行 子曰君子道者三我無能焉仁者不憂知者不惑勇者不懼子貢曰夫子自道也 子貢方人子曰賜也賢乎哉夫我則不暇 子曰不患人之不己知患其不能也

子曰不逆詐不億不信抑亦先覺者是賢乎 微生畝謂孔子曰丘何爲是栖栖者與無乃爲佞乎孔子曰非敢爲佞也疾固也 子曰驥不稱其力稱其德也 或曰以德報怨何如子曰何以報德以直報怨以德報德 子曰莫我知也夫子貢曰

儒藏經典·康熙篆文六經四書 論語

使者出。子曰：「使乎！使乎！」 曾子曰：「君子思不出其位。」 子曰：「君子恥其言而過其行。」 子曰：「君子道者三，我無能焉：仁者不憂，知者不惑，勇者不懼。」子貢曰：「夫子自道也。」 子貢方人。子曰：「賜也賢乎哉？夫我則不暇。」 子曰：「不患人之不己知，患其不能也。」

子曰：「不逆詐，不億不信。抑亦先覺者，是賢乎！」 微生畝謂孔子曰：「丘何爲是栖栖者與？無乃爲佞乎？」孔子曰：「非敢爲佞也，疾固也。」 子曰：「驥不稱其力，稱其德也。」 或曰：「以德報怨，何如？」子曰：「何以報德？以直報怨，以德報德。」 子曰：「莫我知也夫！」子貢曰：

何爲其莫知子也子曰不怨天不尤人下學而上達知我者其天乎 公伯寮愬子路於季孫子服景伯以告曰夫子固有惑志於公伯寮吾力猶能肆諸市朝子曰道之將行也與命也道之將廢也與命也公伯寮其如命何 子曰賢者辟世其次辟地其次辟色其次辟言 子曰作者七人矣 子路宿於石門晨門曰奚自子路曰自孔氏曰是知其不可而爲之者與 子擊磬於衛有荷蕢而過孔氏之門者曰有心哉擊磬乎既而曰鄙哉硜硜乎莫己知也斯己而已矣深則厲淺則揭子曰果哉

「何爲其莫知子也？」子曰：「不怨天，不尤人。下學而上達。知我者其天乎！」

公伯寮愬子路於季孫。子服景伯以告，曰：「夫子固有惑志於公伯寮，吾力猶能肆諸市朝。」子曰：「道之將行也與？命也。道之將廢也與？命也。公伯寮其如命何！」

子曰：「賢者辟世，其次辟地，其次辟色，其次辟言。」

子曰：「作者七人矣。」

子路宿於石門。晨門曰：「奚自？」子路曰：「自孔氏。」曰：「是知其不可而爲之者與？」

子擊磬於衛。有荷蕢而過孔氏之門者，曰：「有心哉，擊磬乎！」既而曰：「鄙哉！硜硜乎！莫己知也，斯己而已矣。深則厲，淺則揭。」子曰：「果哉！

末之難矣　子張曰書云高宗
諒陰三年不言何謂也子曰何
必高宗古之人皆然君薨百官
總己以聽於冢宰三年　子曰
上好禮則民易使也　子路問
君子子曰修己以敬曰如斯而
已乎曰修己以安人曰如斯而
已乎曰修己以安百姓修己以
安百姓堯舜其猶病諸　原壤
夷俟子曰幼而不孫弟長而無
述焉老而不死是爲賊以杖叩
其脛　闕黨童子將命或問之
曰益者與子曰吾見其居於位
也見其與先生並行也非求益
者也欲速成者也

末之難矣。」　子張曰：「《書》云：『高宗諒陰，三年不言。』何謂也？」子曰：「何必高宗，古之人皆然。君薨，百官總己以聽於冢宰三年。」　子曰：「上好禮，則民易使也。」　子路問君子。子曰：「修己以敬。」曰：「如斯而已乎？」曰：「修己以安人。」曰：「如斯而已乎？」曰：「修己以安百姓。修己以安百姓，堯舜其猶病諸！」　原壤夷俟。子曰：「幼而不孫弟，長而無述焉，老而不死，是爲賊！」以杖叩其脛。　闕黨童子將命。或問之曰：「益者與？」子曰：「吾見其居於位也，見其與先生並行也。非求益者也，欲速成者也。」

論語卷之七

論語卷之七

儒藏
儒藏經典·康熙篆文六經四書 論語

論語卷之八

衛靈公第十五

衛靈公問陳於孔子孔子對曰俎豆之事則嘗聞之矣軍旅之事未之學也明日遂行在陳絕糧從者病莫能興子路慍見曰君子亦有窮乎子曰君子固窮小人窮斯濫矣子曰賜也女

以予爲多學而識之者與對曰然非與曰非也予一以貫之子曰由知德者鮮矣子曰無爲而治者其舜也與夫何爲哉恭己正南面而已矣子張問行子曰言忠信行篤敬雖蠻貊之邦行矣言不忠信行不篤敬雖州里行乎哉立則見其參於

論語卷之八

衛靈公第十五

衛靈公問陳於孔子。孔子對曰：「俎豆之事，則嘗聞之矣；軍旅之事，未之學也。」明日遂行。在陳絕糧，從者病，莫能興。子路慍見曰：「君子亦有窮乎？」子曰：「君子固窮，小人窮斯濫矣。」子曰：「賜也，女

儒藏 儒藏經典·康熙篆文六經四書 論語

以予爲多學而識之者與？」對曰：「然，非與？」曰：「非也，予一以貫之。」子曰：「由！知德者鮮矣。」子曰：「無爲而治者，其舜也與？夫何爲哉，恭己正南面而已矣。」子張問行。子曰：「言忠信，行篤敬，雖蠻貊之邦行矣；言不忠信，行不篤敬，雖州里行乎哉？立，則見其參於

儒藏 儒藏經典·康熙篆文六經四書 論語

前也；在輿，則見其倚於衡也。夫然後行。」子張書諸紳。子曰：「直哉史魚！邦有道，如矢；邦無道，如矢。君子哉蘧伯玉！邦有道，則仕；邦無道，則可卷而懷之。」子曰：「可與言而不與之言，失人；不可與言而與之言，失言。知者不失人，亦不失言。」子曰：「志士仁人，無求生以害仁，有殺身以成仁。」

子貢問爲仁。子曰：「工欲善其事，必先利其器。居是邦也，事其大夫之賢者，友其士之仁者。」

顔淵問爲邦。子曰：「行夏之時，乘殷之輅，服周之冕，樂則韶舞。放鄭聲，遠佞人。鄭聲淫，佞人殆。」

子曰：「人無遠慮，必有近憂。」子

曰已矣乎吾未見好德如好色
者也 子曰臧文仲其竊位者
與知柳下惠之賢而不與立也
子曰躬自厚而薄責於人則
遠怨矣 子曰不曰如之何如
之何者吾末如之何也已矣
子曰羣居終日言不及義好行
小慧難矣哉 子曰君子義以
爲質禮以行之孫以出之信以
成之君子哉 子曰君子病無
能焉不病人之不己知也 子
曰君子疾沒世而名不稱焉
子曰君子求諸己小人求諸人
子曰君子矜而不爭羣而不
黨 子曰君子不以言舉人不
以人廢言 子貢問曰有一言

儒藏 儒藏經典·康熙篆文六經四書 論語

曰：「已矣乎！吾未見好德如好色
者也。」 子曰：「臧文仲其竊位者
與？知柳下惠之賢，而不與立也。」
子曰：「躬自厚而薄責於人，則
遠怨矣。」 子曰：「不曰『如之何如
之何』者，吾末如之何也已矣。」
子曰：「群居終日，言不及義，好行
小慧，難矣哉！」 子曰：「君子義以
爲質，禮以行之，孫以出之，信以
成之。君子哉！」 子曰：「君子病無
能焉，不病人之不己知也。」 子
曰：「君子疾没世而名不稱焉。」
子曰：「君子求諸己，小人求諸人。」
子曰：「君子矜而不争，群而不
黨。」 子曰：「君子不以言舉人，不
以人廢言。」 子貢問曰：「有一言

而可以終身行之者乎子曰其恕乎己所不欲勿施於人子曰吾之於人也誰毀誰譽如有所譽者其有所試矣斯民也三代之所以直道而行也子曰吾猶及史之闕文也有馬者借人乘之今亡矣夫子曰巧言亂德小不忍則亂大謀子曰衆惡之必察焉衆好之必察焉子曰人能弘道非道弘人子曰過而不改是謂過矣子曰吾嘗終日不食終夜不寢以思無益不如學也子曰君子謀道不謀食耕也餒在其中矣學也祿在其中矣君子憂道不憂貧子曰知及之仁不能守

而可以終身行之者乎？」子曰：「其恕乎！己所不欲，勿施於人。」子曰：「吾之於人也，誰毀誰譽？如有所譽者，其有所試矣。斯民也，三代之所以直道而行也。」子曰：「吾猶及史之闕文也，有馬者借人乘之。今亡矣夫！」子曰：「巧言亂德，小不忍則亂大謀。」子曰：「衆惡之，必察焉；衆好之，必察焉。」

子曰：「人能弘道，非道弘人。」

子曰：「過而不改，是謂過矣。」子曰：「吾嘗終日不食，終夜不寢，以思，無益，不如學也。」子曰：「君子謀道不謀食。耕也，餒在其中矣；學也，祿在其中矣。君子憂道不憂貧。」子曰：「知及之，仁不能守之雖得之必失之知及之仁能守之不莊以涖之則民不敬知及之仁能守之莊以涖之動之不以禮未善也 子曰君子不可小知而可大受也小人不可大受而可小知也 子曰民之於仁也甚於水火水火吾見蹈而死者矣未見蹈仁而死者也

子曰當仁不讓於師 子曰君子貞而不諒 子曰事君敬其事而後其食 子曰有教無類 子曰道不同不相爲謀 子曰辭達而已矣 師冕見及階子曰階也及席子曰席也皆坐子告之曰某在斯某在斯師冕出子張問曰與師言之道與

儒藏經典·康熙篆文六經四書 論語

之；雖得之，必失之。知及之，仁能守之。不莊以涖之，則民不敬。知及之，仁能守之，莊以涖之。動之不以禮，未善也。」子曰：「君子不可小知，而可大受也；小人不可大受，而可小知也。」子曰：「民之於仁也，甚於水火。水火，吾見蹈而死者矣，未見蹈仁而死者也。」

子曰：「當仁不讓於師。」子曰：「君子貞而不諒。」子曰：「事君，敬其事而後其食。」子曰：「有教無類。」子曰：「道不同，不相爲謀。」子曰：「辭達而已矣。」師冕見，及階，子曰：「階也。」及席，子曰：「席也。」皆坐，子告之曰：「某在斯，某在斯。」師冕出。子張問曰：「與師言之道與？」

子曰然固相師之道也

季氏第十六

季氏將伐顓臾冉有季路見於孔子曰季氏將有事於顓臾孔子曰求無乃爾是過與夫顓臾昔者先王以爲東蒙主且在邦域之中矣是社稷之臣也何以伐爲冉有曰夫子欲之吾二臣者皆不欲也孔子曰求周任有言曰陳力就列不能者止危而不持顛而不扶則將焉用彼相矣且爾言過矣虎兕出於柙龜玉毀於櫝中是誰之過與冉有曰今夫顓臾固而近於費今不取後世必爲子孫憂孔子曰求君子疾夫舍曰欲之而必爲之

儒藏經典·康熙篆文六經四書　論語

子曰：「然。固相師之道也。」

季氏第十六

季氏將伐顓臾。冉有、季路見於孔子，曰：「季氏將有事於顓臾。」孔子曰：「求！無乃爾是過與？夫顓臾，昔者先王以爲東蒙主，且在邦域之中矣，是社稷之臣也。何以伐爲？」冉有曰：「夫子欲之，吾二臣者皆不欲也。」孔子曰：「求！周任有言曰：『陳力就列，不能者止。』危而不持，顛而不扶，則將焉用彼相矣？且爾言過矣。虎兕出於柙，龜玉毀於櫝中，是誰之過與？」冉有曰：「今夫顓臾，固而近於費。今不取，後世必爲子孫憂。」孔子曰：「求！君子疾夫舍曰欲之，而必爲之辭丘也聞有國有家者不患寡而患不均不患貧而患不安蓋均無貧和無寡安無傾夫如是故遠人不服則修文德以來之既來之則安之今由與求也相夫子遠人不服而不能來也邦分崩離析而不能守也而謀動干戈於邦內吾恐季孫之憂不在顓臾而在蕭牆之內也 孔子曰天下有道則禮樂征伐自天子出天下無道則禮樂征伐自諸侯出自諸侯出蓋十世希不失矣自大夫出五世希不失矣陪臣執國命三世希不失矣天下有道則政不在大夫天下有道則庶人不議 孔子曰祿

辭。丘也聞有國有家者，不患寡而患不均，不患貧而患不安。蓋均無貧，和無寡，安無傾。夫如是，故遠人不服，則修文德以來之。既來之，則安之。今由與求也，相夫子，遠人不服而不能來也；邦分崩離析而不能守也。而謀動干戈於邦內。吾恐季孫之憂，不在顓臾，而在蕭牆之內也。」

孔子曰：「天下有道，則禮樂征伐自天子出；天下無道，則禮樂征伐自諸侯出。自諸侯出，蓋十世希不失矣；自大夫出，五世希不失矣；陪臣執國命，三世希不失矣。天下有道，則政不在大夫。天下有道，則庶人不議。」

孔子曰：「祿

之去公室五世矣，政逮於大夫四世矣，故夫三桓之子孫，微矣。」孔子曰：「益者三友，損者三友。友直，友諒，友多聞，益矣。友便辟，友善柔，友便佞，損矣。」孔子曰：「益者三樂，損者三樂。樂節禮樂，樂道人之善，樂多賢友，益矣。樂驕樂，樂佚遊，樂宴樂，損矣。」孔

子曰：「侍於君子有三愆：言未及之而言謂之躁，言及之而不言謂之隱，未見顏色而言謂之瞽。」孔子曰：「君子有三戒：少之時，血氣未定，戒之在色；及其壯也，血氣方剛，戒之在鬭；及其老也，血氣既衰，戒之在得。」孔子曰：「君子有三畏：畏天命，畏大人，畏

之去公室五世矣，政逮於大夫四世矣，故夫三桓之子孫，微矣。」孔子曰：「益者三友，損者三友。友直，友諒，友多聞，益矣。友便辟，友善柔，友便佞，損矣。」孔子曰：「益者三樂，損者三樂。樂節禮樂，樂道人之善，樂多賢友，益矣。樂驕樂，樂佚遊，樂宴樂，損矣。」孔

儒藏經典・康熙篆文六經四書　論語

子曰：「侍於君子有三愆：言未及之而言謂之躁，言及之而不言謂之隱，未見顏色而言謂之瞽。」孔子曰：「君子有三戒：少之時，血氣未定，戒之在色；及其壯也，血氣方剛，戒之在鬭；及其老也，血氣既衰，戒之在得。」孔子曰：「君子有三畏：畏天命，畏大人，畏

聖人之言小人不知天命而不畏也狎大人侮聖人之言孔子曰生而知之者上也學而知之者次也困而學之又其次也困而不學民斯爲下矣孔子曰君子有九思視思明聽思聰色思温貌思恭言思忠事思敬疑思問忿思難見得思義孔

子曰見善如不及見不善如探湯吾見其人矣吾聞其語矣隱居以求其志行義以達其道吾聞其語矣未見其人也齊景公有馬千駟死之日民無德而稱焉伯夷叔齊餓於首陽之下民到于今稱之其斯之謂與陳亢問於伯魚曰子亦有異聞

儒藏
儒藏經典·康熙篆文六經四書　論語

聖人之言。小人不知天命而不畏也，狎大人，侮聖人之言。」孔子曰：「生而知之者，上也；學而知之者，次也；困而學之，又其次也；困而不學，民斯爲下矣。」孔子曰：「君子有九思：視思明，聽思聰，色思温，貌思恭，言思忠，事思敬，疑思問，忿思難，見得思義。」孔

子曰：「見善如不及，見不善如探湯。吾見其人矣，吾聞其語矣。隱居以求其志，行義以達其道。吾聞其語矣，未見其人也。」齊景公有馬千駟，死之日，民無德而稱焉。伯夷叔齊餓於首陽之下，民到于今稱之。其斯之謂與？陳亢問於伯魚曰：「子亦有異聞

乎對曰未也嘗獨立鯉趨而過
庭曰學詩乎對曰未也不學詩
無以言鯉退而學詩他日又獨
立鯉趨而過庭曰學禮乎對曰
未也不學禮無以立鯉退而學
禮聞斯二者陳亢退而喜曰問
一得三聞詩聞禮又聞君子之
遠其子也　邦君之妻君稱之
曰夫人夫人自稱曰小童邦人
稱之曰君夫人稱諸異邦曰寡
小君異邦人稱之亦曰君夫人

論語卷之八

儒藏 儒藏經典·康熙篆文六經四書 論語

乎？」對曰：「未也。嘗獨立，鯉趨而過庭。曰：『學《詩》乎？』對曰：『未也。』『不學《詩》，無以言。』鯉退而學《詩》。他日又獨立，鯉趨而過庭。曰：『學禮乎？』對曰：『未也。』『不學禮，無以立。』鯉退而學禮。聞斯二者。」陳亢退而喜曰：「問一得三，聞《詩》，聞禮，又聞君子之遠其子也。」

邦君之妻，君稱之曰夫人，夫人自稱曰小童；邦人稱之曰君夫人，稱諸異邦曰寡小君；異邦人稱之亦曰君夫人。

論語卷之八

論語卷之九

陽貨第十七

陽貨欲見孔子孔子不見歸孔
子豚孔子時其亡也而往拜之
遇諸塗謂孔子曰來予與爾言
曰懷其寶而迷其邦可謂仁乎
曰不可好從事而亟失時可謂
知乎曰不可日月逝矣歲不我
與孔子曰諾吾將仕矣　子曰
性相近也習相遠也　子曰唯
上知與下愚不移　子之武城
聞弦歌之聲夫子莞爾而笑曰
割雞焉用牛刀子游對曰昔者
偃也聞諸夫子曰君子學道則
愛人小人學道則易使也子曰
二三子偃之言是也前言戲之

論語卷之九

陽貨第十七

陽貨欲見孔子，孔子不見，歸孔子豚。孔子時其亡也，而往拜之，遇諸塗。謂孔子曰：「來！予與爾言。」曰：「懷其寶而迷其邦，可謂仁乎？」曰：「不可。」「好從事而亟失時，可謂知乎？」曰：「不可。」「日月逝矣，歲不我與。」孔子曰：「諾。吾將仕矣。」

子曰：「性相近也，習相遠也。」

子曰：「唯上知與下愚不移。」

子之武城，聞弦歌之聲。夫子莞爾而笑，曰：「割雞焉用牛刀？」子游對曰：「昔者偃也聞諸夫子曰：『君子學道則愛人，小人學道則易使也。』」子曰：「二三子！偃之言是也。前言戲之

耳公山弗擾以費畔召子欲
往子路不說曰末之也已何必
公山氏之之也子曰夫召我者
而豈徒哉如有用我者吾其爲
東周乎子張問仁於孔子孔
子曰能行五者於天下爲仁矣
請問之曰恭寬信敏惠恭則不
侮寬則得衆信則人任焉敏則

有功惠則足以使人佛肸召
子欲往子路曰昔者由也聞諸
夫子曰親於其身爲不善者君
子不入也佛肸以中牟畔子之
往也如之何子曰然有是言也
不曰堅乎磨而不磷不曰白乎
涅而不緇吾豈匏瓜也哉焉能
繫而不食子曰由也女聞六

耳。」公山弗擾以費畔，召，子欲往。子路不說，曰：「末之也已，何必公山氏之之也。」子曰：「夫召我者而豈徒哉？如有用我者，吾其爲東周乎？」子張問仁於孔子。孔子曰：「能行五者於天下，爲仁矣。」請問之。曰：「恭、寬、信、敏、惠。恭則不侮，寬則得衆，信則人任焉，敏則

儒藏經典·康熙篆文六經四書 論語

有功，惠則足以使人。」佛肸召，子欲往。子路曰：「昔者由也聞諸夫子曰：『親於其身爲不善者，君子不入也。』佛肸以中牟畔，子之往也，如之何？」子曰：「然。有是言也，不曰堅乎，磨而不磷；不曰白乎，涅而不緇。吾豈匏瓜也哉？焉能繫而不食？」子曰：「由也，女聞六

儒藏經典·康熙篆文六經四書　論語

言六蔽矣乎？」對曰：「未也。」「居！吾語女。好仁不好學，其蔽也愚；好知不好學，其蔽也蕩；好信不好學，其蔽也賊；好直不好學，其蔽也絞；好勇不好學，其蔽也亂；好剛不好學，其蔽也狂。」　子曰：「小子何莫學夫詩？《詩》，可以興，可以觀，可以群，可以怨。邇之事父，遠之事君；多識於鳥獸草木之名。」

子謂伯魚曰：「女爲《周南》《召南》矣乎？人而不爲《周南》《召南》，其猶正牆面而立也與？」　子曰：「禮云禮云，玉帛云乎哉？樂云樂云，鐘鼓云乎哉？」　子曰：「色厲而内荏，譬諸小人，其猶穿窬之盜也與？」

子曰：「鄉原，德之賊也。」　子曰：「道

聽而塗説德之棄也 子曰鄙夫可與事君也與哉其未得之也患得之既得之患失之苟患失之無所不至矣 子曰古者民有三疾今也或是之亡也古之狂也肆今之狂也蕩古之矜也廉今之矜也忿戾古之愚也直今之愚也詐而已矣 ⑩ 子曰惡紫之奪朱也惡鄭聲之亂雅樂也惡利口之覆邦家者 子曰予欲無言子貢曰子如不言則小子何述焉子曰天何言哉四時行焉百物生焉天何言哉 孺悲欲見孔子孔子辭以疾將命者出戶取瑟而歌使之聞之 宰我問三年之喪期已久

儒藏 儒藏經典·康熙篆文六經四書 論語

聽而塗説，德之棄也。」 子曰：「鄙夫可與事君也與哉？其未得之也，患得之；既得之，患失之。苟患失之，無所不至矣。」 子曰：「古者民有三疾，今也或是之亡也。古之狂也肆，今之狂也蕩；古之矜也廉，今之矜也忿戾；古之愚也直，今之愚也詐而已矣。」 子曰：「惡紫之奪朱也，惡鄭聲之亂雅樂也，惡利口之覆邦家者。」 子曰：「予欲無言。」子貢曰：「子如不言，則小子何述焉？」子曰：「天何言哉？四時行焉，百物生焉，天何言哉？」

孺悲欲見孔子，孔子辭以疾。將命者出戶，取瑟而歌，使之聞之。 宰我問：「三年之喪，期已久

矣君子三年不爲禮禮必壞三
年不爲樂樂必崩舊穀既没新
穀既升鑽燧改火期可已矣子
曰食夫稻衣夫錦於女安乎曰
安女安則爲之夫君子之居喪
食旨不甘聞樂不樂居處不安
故不爲也今女安則爲之宰我
出子曰予之不仁也子生三年
然後免於父母之懷夫三年之
喪天下之通喪也予也有三年
之愛於其父母乎　子曰飽食
終日無所用心難矣哉不有博
弈者乎爲之猶賢乎已　子路
曰君子尚勇乎子曰君子義以
爲上君子有勇而無義爲亂小
人有勇而無義爲盜　子貢曰

儒藏
儒藏經典·康熙篆文六經四書　論語

矣。君子三年不爲禮，禮必壞；三年不爲樂，樂必崩。舊穀既没，新穀既升，鑽燧改火，期可已矣。」子曰：「食夫稻，衣夫錦，於女安乎？」曰：「安。」「女安則爲之！夫君子之居喪，食旨不甘，聞樂不樂，居處不安，故不爲也。今女安，則爲之！」宰我出。子曰：「予之不仁也！子生三年，然後免於父母之懷。夫三年之喪，天下之通喪也。予也，有三年之愛於其父母乎？」　子曰：「飽食終日，無所用心，難矣哉！不有博弈者乎，爲之猶賢乎已。」　子路曰：「君子尚勇乎？」子曰：「君子義以爲上。君子有勇而無義爲亂，小人有勇而無義爲盜。」　子貢曰：

「君子亦有惡乎？」子曰：「有惡：惡稱人之惡者，惡居下流而訕上者，惡勇而無禮者，惡果敢而窒者。」曰：「賜也亦有惡乎？」「惡徼以爲知者，惡不孫以爲勇者，惡訐以爲直者。」

子曰：「唯女子與小人爲難養也，近之則不孫，遠之則怨。」

子曰：「年四十而見惡焉，其終也已。」

微子第十八

微子去之，箕子爲之奴，比干諫而死。孔子曰：「殷有三仁焉。」

柳下惠爲士師，三黜。人曰：「子未可以去乎？」曰：「直道而事人，焉往而不三黜？枉道而事人，何必去父母之邦。」

齊景公待孔子，曰：「若

儒藏經典·康熙篆文六經四書　論語

季氏則吾不能以季孟之閒待之也吾老矣不能用也孔子行　齊人歸女樂季桓子受之三日不朝孔子行　楚狂接輿歌而過孔子曰鳳兮鳳兮何德之衰往者不可諫來者猶可追已而已而今之從政者殆而孔子下欲與之言趨而辟之不得與

之言　長沮桀溺耦而耕孔子過之使子路問津焉長沮曰夫執輿者爲誰子路曰爲孔丘曰是魯孔丘與曰是也曰是知津矣問於桀溺桀溺曰子爲誰曰爲仲由曰是魯孔丘之徒與對曰然曰滔滔者天下皆是也而誰以易之且而與其從辟人之

季氏，則吾不能，以季、孟之閒待之。」曰：「吾老矣，不能用也。」孔子行。

齊人歸女樂，季桓子受之。三日不朝，孔子行。

楚狂接輿歌而過孔子曰：「鳳兮鳳兮！何德之衰？往者不可諫，來者猶可追。已而已而！今之從政者殆而！」孔子下，欲與之言。趨而辟之，不得與

儒藏
儒藏經典・康熙篆文六經四書　論語

之言。

長沮、桀溺耦而耕，孔子過之，使子路問津焉。長沮曰：「夫執輿者爲誰？」子路曰：「爲孔丘。」曰：「是魯孔丘與？」曰：「是也。」曰：「是知津矣。」問於桀溺，桀溺曰：「子爲誰？」曰：「爲仲由。」曰：「是魯孔丘之徒與？」對曰：「然。」曰：「滔滔者天下皆是也，而誰以易之？且而與其從辟人之

士也，豈若從辟世之士哉？」耰而不輟。子路行以告。夫子憮然曰：「鳥獸不可與同群，吾非斯人之徒與而誰與？天下有道，丘不與易也。」

子路從而後，遇丈人，以杖荷蓧。子路問曰：「子見夫子乎？」丈人曰：「四體不勤，五穀不分，孰爲夫子？」植其杖而芸。子路拱而立。止子路宿，殺雞爲黍而食之，見其二子焉。明日，子路行以告。子曰：「隱者也。」使子路反見之。至則行矣。子路曰：「不仕無義。長幼之節，不可廢也；君臣之義，如之何其廢之？欲潔其身，而亂大倫。君子之仕也，行其義也。道之不行，已知之矣。」

逸民：伯夷、叔齊、

虞仲夷逸朱張柳下惠少連子曰不降其志不辱其身伯夷叔齊與謂柳下惠少連降志辱身矣言中倫行中慮其斯而已矣謂虞仲夷逸隱居放言身中清廢中權我則異於是無可無不可　大師摯適齊亞飯干適楚三飯繚適蔡四飯缺適秦鼓方叔入于河播鞀武入于漢少師陽擊磬襄入于海　周公謂魯公曰君子不施其親不使大臣怨乎不以故舊無大故則不棄也無求備於一人　周有八士伯達伯适仲突仲忽叔夜叔夏季隨季騧

虞仲、夷逸、朱張、柳下惠、少連。子曰：「不降其志，不辱其身，伯夷、叔齊與！」謂「柳下惠、少連，降志辱身矣。言中倫，行中慮，其斯而已矣」。謂「虞仲、夷逸，隱居放言。身中清，廢中權」。「我則異於是，無可無不可。」

大師摯適齊，亞飯干適楚，三飯繚適蔡，四飯缺適秦。鼓方叔入於河，播鼗武入於漢，少師陽、擊磬襄入於海。

周公謂魯公曰：「君子不施其親，不使大臣怨乎不以。故舊無大故，則不棄也。無求備於一人。」

周有八士：伯達、伯适、仲突、仲忽、叔夜、叔夏、季隨、季騧。

論語卷之九

論語卷之九

儒藏
儒藏經典·康熙篆文六經四書 論語

論語卷之十

子張第十九

子張曰士見危致命見得思義祭思敬喪思哀其可已矣子張曰執德不弘信道不篤焉能爲有焉能爲亡 子夏之門人問交於子張子張曰子夏云何對曰子夏曰可者與之其不可者拒之子張曰異乎吾所聞君子尊賢而容衆嘉善而矜不能我之大賢與於人何所不容我之不賢與人將拒我如之何其拒人也 子夏曰雖小道必有可觀者焉致遠恐泥是以君子不爲也 子夏曰日知其所亡月無忘其所能可謂好學也已

儒藏 儒藏經典·康熙篆文六經四書 論語

論語卷之十

子張第十九

子張曰：「士見危致命，見得思義，祭思敬，喪思哀，其可已矣。」子張曰：「執德不弘，信道不篤，焉能爲有？焉能爲亡？」子夏之門人問交於子張。子張曰：「子夏云何？」對曰：「子夏曰：『可者與之，其不可者拒之。』」子張曰：「異乎吾所聞：君子尊賢而容衆，嘉善而矜不能。我之大賢與，於人何所不容？我之不賢與，人將拒我，如之何其拒人也？」子夏曰：「雖小道，必有可觀者焉；致遠恐泥，是以君子不爲也。」子夏曰：「日知其所亡，月無忘其所能，可謂好學也已

矣 子夏曰博學而篤志切問
而近思仁在其中矣 子夏曰
百工居肆以成其事君子學以
致其道 子夏曰小人之過也
必文 子夏曰君子有三變望
之儼然即之也温聽其言也厲
子夏曰君子信而後勞其民
未信則以爲厲己也信而後諫
未信則以爲謗己也 子夏曰
大德不踰閑小德出入可也
子游曰子夏之門人小子當洒
埽應對進退則可矣抑末也本
之則無如之何子夏聞之曰噫
言游過矣君子之道孰先傳焉
孰後倦焉譬諸草木區以别矣
君子之道焉可誣也有始有卒

儒藏經典・康熙篆文六經四書　論語

矣。」　子夏曰：「博學而篤志，切問
而近思，仁在其中矣。」　子夏曰：
「百工居肆以成其事，君子學以
致其道。」　子夏曰：「小人之過也
必文。」　子夏曰：「君子有三變：望
之儼然，即之也温，聽其言也厲。」
子夏曰：「君子信而後勞其民，
未信則以爲厲己也；信而後諫，
未信則以爲謗己也。」　子夏曰：
「大德不踰閑，小德出入可也。」
子游曰：「子夏之門人小子，當洒
埽、應對進退，則可矣。抑末也，本
之則無。如之何？」子夏聞之曰：「噫！
言游過矣！君子之道，孰先傳焉？
孰後倦焉？譬諸草木，區以别矣。
君子之道，焉可誣也？有始有卒

者其惟聖人乎　子夏曰仕而
優則學學而優則仕　子游曰
喪致乎哀而止　子游曰吾友
張也爲難能也然而未仁　曾
子曰堂堂乎張也難與並爲仁
矣　曾子曰吾聞諸夫子人未
有自致者也必也親喪乎　曾
子曰吾聞諸夫子孟莊子之孝
也其他可能也其不改父之臣
與父之政是難能也　孟氏使
陽膚爲士師問於曾子曾子曰
上失其道民散久矣如得其情
則哀矜而勿喜　子貢曰紂之
不善不如是之甚也是以君子
惡居下流天下之惡皆歸焉
子貢曰君子之過也如日月之

儒藏
儒藏經典·康熙篆文六經四書　論語

者，其惟聖人乎！」子夏曰：「仕而優則學，學而優則仕。」子游曰：「喪致乎哀而止。」子游曰：「吾友張也，爲難能也。然而未仁。」曾子曰：「堂堂乎張也，難與並爲仁矣。」曾子曰：「吾聞諸夫子：人未有自致者也，必也親喪乎！」曾子曰：「吾聞諸夫子：孟莊子之孝也，其他可能也；其不改父之臣與父之政，是難能也。」孟氏使陽膚爲士師，問於曾子。曾子曰：「上失其道，民散久矣。如得其情，則哀矜而勿喜。」子貢曰：「紂之不善，不如是之甚也。是以君子惡居下流，天下之惡皆歸焉。」子貢曰：「君子之過也，如日月之

食焉過也人皆見之更也人皆
仰之　衛公孫朝問於子貢曰
仲尼焉學子貢曰文武之道未
墜於地在人賢者識其大者不
賢者識其小者莫不有文武之
道焉夫子焉不學而亦何常師
之有　叔孫武叔語大夫於朝
曰子貢賢於仲尼子服景伯以

告子貢子貢曰譬之宮牆賜之
牆也及肩窺見室家之好夫子
之牆數仞不得其門而入不見
宗廟之美百官之富得其門者
或寡矣夫子之云不亦宜乎
叔孫武叔毁仲尼子貢曰無以
爲也仲尼不可毁也他人之賢
者丘陵也猶可踰也仲尼日月

食焉：過也，人皆見之；更也，人皆仰之。」　衛公孫朝問於子貢曰：「仲尼焉學？」子貢曰：「文武之道，未墜於地，在人。賢者識其大者，不賢者識其小者，莫不有文武之道焉。夫子焉不學？而亦何常師之有？」　叔孫武叔語大夫於朝曰：「子貢賢於仲尼。」子服景伯以

儒藏經典·康熙篆文六經四書　論語

告子貢。子貢曰：「譬之宮牆，賜之牆也及肩，窺見室家之好。夫子之牆數仞，不得其門而入，不見宗廟之美，百官之富。得其門者或寡矣。夫子之云，不亦宜乎！」　叔孫武叔毁仲尼。子貢曰：「無以爲也，仲尼不可毁也。他人之賢者，丘陵也，猶可踰也；仲尼，日月

也無得而踰焉人雖欲自絶其何傷於日月乎多見其不知量也陳子禽謂子貢曰子爲恭也仲尼豈賢於子乎子貢曰君子一言以爲知一言以爲不知言不可不慎也夫子之不可及也猶天之不可階而升也夫子之得邦家者所謂立之斯立道之斯行綏之斯來動之斯和其生也榮其死也哀如之何其可及也

堯曰第二十

堯曰咨爾舜天之曆數在爾躬允執其中四海困窮天祿永終舜亦以命禹曰予小子履敢用玄牡敢昭告于皇皇后帝有罪

儒藏經典·康熙篆文六經四書 論語

也，無得而踰焉。人雖欲自絶，其何傷於日月乎？多見其不知量也！」

陳子禽謂子貢曰：「子爲恭也，仲尼豈賢於子乎？」子貢曰：「君子一言以爲知，一言以爲不知，言不可不慎也。夫子之不可及也，猶天之不可階而升也。夫子之得邦家者，所謂立之斯立，道之斯行，綏之斯來，動之斯和。其生也榮，其死也哀，如之何其可及也。」

堯曰第二十

堯曰：「咨！爾舜！天之曆數在爾躬。允執其中。四海困窮，天祿永終。」舜亦以命禹。曰：「予小子履，敢用玄牡，敢昭告于皇皇后帝：有罪不敢赦帝臣不蔽在帝心朕躬有罪無以萬方萬方有罪罪在朕躬周有大賚善人是富雖有周親不如仁人百姓有過在予一人謹權量審法度脩廢官四方之政行焉興滅國繼絕世舉逸民天下之民歸心焉所重民食喪祭寬則得衆信則民任焉敏則有功公則說 子張問於孔子曰何如斯可以從政矣子曰尊五美屏四惡斯可以從政矣子張曰何謂五美子曰君子惠而不費勞而不怨欲而不貪泰而不驕威而不猛子張曰何謂惠而不費子曰因民之所利而利之斯不亦惠而不費乎

不敢赦。帝臣不蔽，在帝心。朕躬有罪，無以萬方；萬方有罪，罪在朕躬。」周有大賚，善人是富。「雖有周親，不如仁人。百姓有過，在予一人。」謹權量，審法度，脩廢官，四方之政行焉。興滅國，繼絕世，舉逸民，天下之民歸心焉。所重民，食、喪、祭。寬則得衆，信則民任焉，敏則有功，公則說。

子張問於孔子曰：「何如斯可以從政矣？」子曰：「尊五美，屏四惡，斯可以從政矣。」子張曰：「何謂五美？」子曰：「君子惠而不費，勞而不怨，欲而不貪，泰而不驕，威而不猛。」子張曰：「何謂惠而不費？」子曰：「因民之所利而利之，斯不亦惠而不費乎？

擇可勞而勞之又誰怨欲仁而
得仁又焉貪君子無衆寡無小
大無敢慢斯不亦泰而不驕乎
君子正其衣冠尊其瞻視儼然
人望而畏之斯不亦威而不猛
乎子張曰何謂四惡子曰不教
而殺謂之虐不戒視成謂之暴
慢令致期謂之賊猶之與人也
出納之吝謂之有司　子曰不
知命無以爲君子也不知禮無
以立也不知言無以知人也

論語卷之十

儒藏經典·康熙篆文六經四書　論語

擇可勞而勞之，又誰怨？欲仁而得仁，又焉貪？君子無衆寡，無小大，無敢慢，斯不亦泰而不驕乎？君子正其衣冠，尊其瞻視，儼然人望而畏之，斯不亦威而不猛乎？」子張曰：「何謂四惡？」子曰：「不教而殺謂之虐；不戒視成謂之暴；慢令致期謂之賊；猶之與人也，出納之吝，謂之有司。」子曰：「不知命，無以爲君子也。不知禮，無以立也。不知言，無以知人也。」

論語卷之十

校記

①此處各本皆有「子曰三年無改於父之道可謂孝矣」一章，朱注：「胡氏曰，已見首篇此蓋複出，而逸其半也。」篆本據刪。

②耳：誤。據通行本，當作「爾」。

③祇：誤。據通行本，當作「祇」。

④此章上各本皆有「子曰主忠信毋友不如己者過則勿憚改」一章，朱注：「重出，而逸其一半。」篆本據刪。

⑤此章上各本有「入太廟每事問」一章，朱注：「重出。」篆本據刪。

⑥篙：形體有誤。當作「篤」。

⑦此章上各本有「子曰博學於文」一章，朱注：「重出。」篆本據刪。

⑧悔：誤。據通行本，當作「誨」。

⑨此章上各本有「子曰不在其位不謀其政」一章，朱注：「重出。」篆本據刪。

⑩此章上各本有「子曰巧言令色鮮矣仁」一章，朱注：「重出。」篆本據刪。

⑪逸：形誤。當从「免」，不从「兔」。

儒藏經典·康熙篆文六經四書 論語

孟子

孟子卷之一

梁惠王章句上

孟子見梁惠王王曰叟不遠千里而來亦將有以利吾國乎孟子對曰王何必曰利亦有仁義而已矣王曰何以利吾國大夫曰何以利吾家士庶人曰何以利吾身上下交征利而國危矣萬乘之國弒其君者必千乘之家千乘之國弒其君者必百乘之家萬取千焉千取百焉不爲不多矣苟爲後義而先利不奪不饜未有仁而遺其親者也未有義而後其君者也王亦曰仁義而已矣何必曰利

孟子見梁惠王王立於沼上顧鴻鴈麋

孟子卷之一

梁惠王章句上

孟子見梁惠王。王曰：「叟不遠千里而來，亦將有以利吾國乎？」孟子對曰：「王何必曰利？亦有仁義而已矣。王曰『何以利吾國』，大夫曰『何以利吾家』，士庶人曰『何以利吾身』，上下交征利而國危矣。萬乘之國弒其君者，必千乘之家；千乘之國弒其君者，必百乘之家。萬取千焉，千取百焉，不爲不多矣。苟爲後義而先利，不奪不饜。未有仁而遺其親者也，未有義而後其君者也。王亦曰仁義而已矣，何必曰利？」

孟子見梁惠王，王立於沼上，顧鴻鴈麋

儒藏經典·康熙篆文六經四書 孟子

鹿曰賢者亦樂此乎孟子對曰賢者而後樂此不賢者雖有此不樂也詩云經始靈臺經之營之庶民攻之不日成之經始勿亟庶民子來王在靈囿麀鹿攸伏麀鹿濯濯白鳥鶴鶴王在靈沼於牣魚躍文王以民力爲臺爲沼而民歡樂之謂其臺曰靈臺謂其沼曰靈沼樂其有麋鹿魚鼈古之人與民偕樂故能樂也湯誓曰時日害喪予及女偕亡民欲與之偕亡雖有臺池鳥獸豈能獨樂哉　梁惠王曰寡人之於國也盡心焉耳矣河內凶則移其民於河東移其粟於河內河東凶亦然察鄰國之政

儒藏經典・康熙篆文六經四書　孟子

鹿，曰：「賢者亦樂此乎？」孟子對曰：「賢者而後樂此，不賢者，雖有此不樂也。《詩》云：『經始靈臺，經之營之，庶民攻之，不日成之。經始勿亟，庶民子來。王在靈囿，麀鹿攸伏，麀鹿濯濯，白鳥鶴鶴。王在靈沼，於牣魚躍。』文王以民力爲臺爲沼。而民歡樂之，謂其臺曰靈臺，謂其沼曰靈沼，樂其有麋鹿魚鼈。古之人與民偕樂，故能樂也。《湯》誓曰：『時日害喪？予及女偕亡。』民欲與之偕亡，雖有臺池鳥獸，豈能獨樂哉？」

梁惠王曰：「寡人之於國也，盡心焉耳矣。河內凶，則移其民於河東，移其粟於河內。河東凶亦然。察鄰國之政，無如寡人之用心者鄰國之民不加少寡人之民不加多何也孟子對曰王好戰請以戰喻填然鼓之兵刃既接棄甲曳兵而走或百步而後止或五十步而後止以五十步笑百步則何如曰不可直不百步耳是亦走也曰王如知此則無望民之多於鄰國也不違農時穀不可勝食也數罟不入洿池魚鼈不可勝食也斧斤以時入山林材木不可勝用也穀與魚鼈不可勝食材木不可勝用是使民養生喪死無憾也養生喪死無憾王道之始也五畝之宅樹之以桑五十者可以衣帛矣雞豚狗彘之

儒藏
儒藏經典·康熙篆文六經四書　孟子

無如寡人之用心者。鄰國之民不加少，寡人之民不加多，何也？」

孟子對曰：「王好戰，請以戰喻。填然鼓之，兵刃既接，棄甲曳兵而走。或百步而後止，或五十步而後止。以五十步笑百步，則何如？」

曰：「不可，直不百步耳，是亦走也。」

曰：「王如知此，則無望民之多於鄰國也。不違農時，穀不可勝食也；數罟不入洿池，魚鼈不可勝食也；斧斤以時入山林，材木不可勝用也。穀與魚鼈不可勝食，材木不可勝用，是使民養生喪死無憾也。養生喪死無憾，王道之始也。五畝之宅，樹之以桑，五十者可以衣帛矣；雞豚狗彘之畜無失其時七十者可以食肉矣百畝之田勿奪其時數口之家可以無飢矣謹庠序之教申之以孝悌之養頒白者不負戴於道路矣七十者衣帛食肉黎民不飢不寒然而不王者未之有也狗彘食人食而不知檢塗有餓莩而不知發人死則曰非我也歲也是何異於刺人而殺之曰非我也兵也王無罪歲斯天下之民至焉梁惠王曰寡人願安承教孟子對曰殺人以梃與刃有以異乎曰無以異也以刃與政有以異乎曰無以異也曰庖有肥肉廄有肥馬民有飢色野有餓莩此率獸而食人

儒藏經典·康熙篆文六經四書　孟子

畜，無失其時，七十者可以食肉矣；百畝之田，勿奪其時，數口之家可以無飢矣；謹庠序之教，申之以孝悌之養，頒白者不負戴於道路矣。七十者衣帛食肉，黎民不飢不寒，然而不王者，未之有也。狗彘食人食而不知檢，塗有餓莩而不知發；人死，則曰：『非我也，歲也。』是何異於刺人而殺之，曰：『非我也，兵也』？王無罪歲，斯天下之民至焉。」

梁惠王曰：「寡人願安承教。」孟子對曰：「殺人以梃與刃，有以異乎？」曰：「無以異也。」「以刃與政，有以異乎？」曰：「無以異也。」曰：「庖有肥肉，廄有肥馬，民有飢色，野有餓莩，此率獸而食人也獸相食且人惡之爲民父母行政不免於率獸而食人惡在其爲民父母也仲尼曰始作俑者其無後乎爲其象人而用之也如之何其使斯民飢而死也

梁惠王曰晉國天下莫彊焉叟之所知也及寡人之身東敗於齊長子死焉西喪地於秦七百里南辱於楚寡人恥之願比死者一洒之如之何則可孟子對曰地方百里而可以王王如施仁政於民省刑罰薄稅斂深耕易耨壯者以暇日脩其孝悌忠信入以事其父兄出以事其長上可使制梃以撻秦楚之堅甲利兵矣彼奪其民時使不得

儒藏經典·康熙篆文六經四書　孟子

也。獸相食，且人惡之。爲民父母，行政不免於率獸而食人。惡在其爲民父母也？仲尼曰：『始作俑者，其無後乎！』爲其象人而用之也。如之何其使斯民飢而死也？」

梁惠王曰：「晉國，天下莫彊焉，叟之所知也。及寡人之身，東敗於齊，長子死焉；西喪地於秦七百里；南辱於楚。寡人恥之，願比死者一洒之，如之何則可？」孟子對曰：「地方百里而可以王。王如施仁政於民，省刑罰，薄稅斂，深耕易耨。壯者以暇日脩其孝悌忠信，入以事其父兄，出以事其長上，可使制梃以撻秦楚之堅甲利兵矣。彼奪其民時，使不得

耕耨以養其父母父母凍餓兄
弟妻子離散彼陷溺其民王往
而征之夫誰與王敵故曰仁者
無敵王請勿疑　孟子見梁襄
王出語人曰望之不似人君就
之而不見所畏焉卒然問曰天
下惡乎定吾對曰定于一孰能
一之對曰不嗜殺人者能一之

孰能與之對曰天下莫不與也
王知夫苗乎七八月之間旱則
苗槁矣天油然作雲沛然下雨
則苗浡然興之矣其如是孰能
禦之今夫天下之人牧未有不
嗜殺人者也如有不嗜殺人者
則天下之民皆引領而望之矣
誠如是也民歸之由水之就下

耕耨以養其父母，父母凍餓，兄弟妻子離散。彼陷溺其民，王往而征之，夫誰與王敵？故曰：『仁者無敵。』王請勿疑！」 孟子見梁襄王。出，語人曰：「望之不似人君，就之而不見所畏焉。卒然問曰：『天下惡乎定？』吾對曰：『定于一。』『孰能一之？』對曰：『不嗜殺人者能一之。』

儒藏經典・康熙篆文六經四書　孟子

『孰能與之？』對曰：『天下莫不與也。王知夫苗乎？七八月之間旱，則苗槁矣。天油然作雲，沛然下雨，則苗浡然興之矣。其如是，孰能禦之？今夫天下之人牧，未有不嗜殺人者也。如有不嗜殺人者，則天下之民皆引領而望之矣。誠如是也，民歸之，由水之就下，

沛然誰能禦之 齊宣王問曰齊桓晉文之事可得聞乎孟子對曰仲尼之徒無道桓文之事者是以後世無傳焉臣未之聞也無以則王乎曰德何如則可以王矣曰保民而王莫之能禦也曰若寡人者可以保民乎哉曰可曰何由知吾可也曰臣聞

儒藏經典·康熙篆文六經四書　孟子

之胡齕曰王坐於堂上有牽牛而過堂下者王見之曰牛何之對曰將以釁鐘王曰舍之吾不忍其觳觫若無罪而就死地對曰然則廢釁鐘與曰何可廢也以羊易之不識有諸曰有之曰是心足以王矣百姓皆以王爲愛也臣固知王之不忍也王曰

沛然誰能禦之？』」　齊宣王問曰：「齊桓、晉文之事可得聞乎？」孟子對曰：「仲尼之徒無道桓、文之事者，是以後世無傳焉。臣未之聞也。無以，則王乎？」曰：「德何如，則可以王矣？」曰：「保民而王，莫之能禦也。」曰：「若寡人者，可以保民乎哉？」曰：「可。」曰：「何由知吾可也？」曰：「臣聞

之胡齕曰，王坐於堂上，有牽牛而過堂下者，王見之，曰：『牛何之？』對曰：『將以釁鐘。』王曰：『舍之！吾不忍其觳觫，若無罪而就死地。』對曰：『然則廢釁鐘與？』曰：『何可廢也？以羊易之！』不識有諸？」曰：「有之。」曰：「是心足以王矣。百姓皆以王爲愛也，臣固知王之不忍也。」王曰：

然誠有百姓者齊國雖褊小吾何愛一牛即不忍其觳觫若無罪而就死地故以羊易之也曰王無異於百姓之以王爲愛也以小易大彼惡知之王若隱其無罪而就死地則牛羊何擇焉王笑曰是誠何心哉我非愛其財而易之以羊也宜乎百姓之謂我愛也曰無傷也是乃仁術也見牛未見羊也君子之於禽獸也見其生不忍見其死聞其聲不忍食其肉是以君子遠庖廚也王說曰詩云他人有心予忖度之夫子之謂也夫我乃行之反而求之不得吾心夫子言之於我心有戚戚焉此心之所

儒藏 儒藏經典·康熙篆文六經四書 孟子

「然。誠有百姓者。齊國雖褊小，吾何愛一牛？即不忍其觳觫，若無罪而就死地，故以羊易之也。」曰：「王無異於百姓之以王爲愛也。以小易大，彼惡知之？王若隱其無罪而就死地，則牛羊何擇焉？」王笑曰：「是誠何心哉？我非愛其財，而易之以羊也。宜乎百姓之謂我愛也。」曰：「無傷也，是乃仁術也，見牛未見羊也。君子之於禽獸也，見其生，不忍見其死；聞其聲，不忍食其肉。是以君子遠庖廚也。」王說，曰：「《詩》云：『他人有心，予忖度之。』夫子之謂也。夫我乃行之，反而求之，不得吾心。夫子言之，於我心有戚戚焉。此心之所以合於王者何也曰有復於王者曰吾力足以舉百鈞而不足以舉一羽明足以察秋毫之末而不見輿薪則王許之乎曰否今恩足以及禽獸而功不至於百姓者獨何與然則一羽之不舉爲不用力焉輿薪之不見爲不用明焉百姓之不見保爲不用恩焉故王之不王不爲也非不能也曰不爲者與不能者之形何以異曰挾太山以超北海語人曰我不能是誠不能也爲長者折枝語人曰我不能是不爲也非不能也故王之不王非挾太山以超北海之類也王之不王是折枝之類也老吾老以

儒藏經典・康熙篆文六經四書　孟子

以合於王者，何也？」曰：「有復於王者曰：『吾力足以舉百鈞，而不足以舉一羽；明足以察秋毫之末，而不見輿薪』。則王許之乎？」曰：「否。」「今恩足以及禽獸，而功不至於百姓者，獨何與？然則一羽之不舉，爲不用力焉；輿薪之不見，爲不用明焉，百姓之不見保，爲不用恩焉。故王之不王，不爲也，非不能也。」曰：「不爲者與不能者之形何以異？」曰：「挾太山以超北海，語人曰『我不能』，是誠不能也。爲長者折枝，語人曰『我不能』，是不爲也，非不能也。故王之不王，非挾太山以超北海之類也；王之不王，是折枝之類也。老吾老，以

及人之老幼吾幼以及人之幼
天下可運於掌詩云刑于寡妻
至于兄弟以御于家邦言舉斯
心加諸彼而已故推恩足以保
四海不推恩無以保妻子古之
人所以大過人者無他焉善推
其所爲而已矣今恩足以及禽
獸而功不至於百姓者獨何與
權然後知輕重度然後知長短
物皆然心爲甚王請度之抑王
興甲兵危士臣構怨於諸侯然
後快於心與王曰否吾何快於
是將以求吾所大欲也曰王之
所大欲可得聞與王笑而不言
曰爲肥甘不足於口與輕煖不
足於體與抑爲采色不足視於

儒藏經典・康熙篆文六經四書　孟子

及人之老；幼吾幼，以及人之幼。天下可運於掌。《詩》云：『刑于寡妻，至于兄弟，以御于家邦。』言舉斯心加諸彼而已。故推恩足以保四海，不推恩無以保妻子。古之人所以大過人者無他焉，善推其所爲而已矣。今恩足以及禽獸，而功不至於百姓者，獨何與？權，然後知輕重；度，然後知長短。物皆然，心爲甚。王請度之！抑王興甲兵，危士臣，構怨於諸侯，然後快於心與？」王曰：「否。吾何快於是？將以求吾所大欲也。」曰：「王之所大欲可得聞與？」王笑而不言。曰：「爲肥甘不足於口與？輕煖不足於體與？抑爲采色不足視於目與聲音不足聽於耳與便嬖不足使令於前與王之諸臣皆足以供之而王豈爲是哉曰否吾不爲是也曰然則王之所大欲可知已欲辟土地朝秦楚蒞中國而撫四夷也以若所爲求若所欲猶緣木而求魚也王曰若是其甚與曰殆有甚焉緣木求魚雖不得魚無後裁以若所爲求若所欲盡心力而爲之後必有裁曰可得聞與曰鄒人與楚人戰則王以爲孰勝曰楚人勝曰然則小固不可以敵大寡固不可以敵衆弱固不可以敵彊海內之地方千里者九齊集有其一以一服八何以異於鄒

儒藏 儒藏經典·康熙篆文六經四書 孟子

目與？聲音不足聽於耳與？便嬖不足使令於前與？王之諸臣皆足以供之，而王豈爲是哉？」曰：「否。吾不爲是也。」曰：「然則王之所大欲可知已。欲辟土地，朝秦楚，蒞中國而撫四夷也。以若所爲求若所欲，猶緣木而求魚也。」王曰：「若是其甚與？」曰：「殆有甚焉。緣木求魚，雖不得魚，無後裁。以若所爲，求若所欲，盡心力而爲之，後必有裁。」曰：「可得聞與？」曰：「鄒人與楚人戰，則王以爲孰勝？」曰：「楚人勝。」曰：「然則小固不可以敵大，寡固不可以敵衆，弱固不可以敵彊。海內之地方千里者九，齊集有其一。以一服八，何以異於鄒敵楚哉蓋亦反其本矣今王發政施仁使天下仕者皆欲立於王之朝耕者皆欲耕於王之野商賈皆欲藏於王之市行旅皆欲出於王之塗天下之欲疾其君者皆欲赴愬於王其若是孰能禦之王曰吾惛①不能進於是矣願夫子輔吾志明以教我我雖不敏請嘗試之曰無恒產而有恒心者惟士爲能若民則無恒產因無恒心苟無恒心放辟邪侈無不爲已及陷於罪然後從而刑之是罔民也焉有仁人在位罔民而可爲也是故明君制民之產必使仰足以事父母俯足以畜妻子樂歲終身飽凶

儒藏 儒藏經典·康熙篆文六經四書 孟子

敵楚哉？蓋亦反其本矣。今王發政施仁，使天下仕者皆欲立於王之朝，耕者皆欲耕於王之野，商賈皆欲藏於王之市，行旅皆欲出於王之塗，天下之欲疾其君者皆欲赴愬於王。其若是，孰能禦之？」王曰：「吾惛，不能進於是矣。願夫子輔吾志，明以教我。我雖不敏，請嘗試之。」曰：「無恒產而有恒心者，惟士爲能。若民，則無恒產，因無恒心。苟無恒心，放辟邪侈，無不爲已。及陷於罪，然後從而刑之，是罔民也。焉有仁人在位，罔民而可爲也？是故明君制民之產，必使仰足以事父母，俯足以畜妻子，樂歲終身飽，凶

年免於死亡然後驅而之善故
民之從之也輕今也制民之產
仰不足以事父母俯不足以畜
妻子樂歲終身苦凶年不免於
死亡此惟救死而恐不贍奚暇
治禮義哉王欲行之則盍反其
本矣五畝之宅樹之以桑五十
者可以衣帛矣雞豚狗彘之畜

無失其時七十者可以食肉矣
百畝之田勿奪其時八口之家
可以無飢矣謹庠序之教申之
以孝悌之義頒白者不負戴於
道路矣老者衣帛食肉黎民不
飢不寒然而不王者未之有也

梁惠王章句下

莊暴見孟子曰暴見於王王語

年免於死亡。然後驅而之善，故民之從之也輕。今也制民之產，仰不足以事父母，俯不足以畜妻子，樂歲終身苦，凶年不免於死亡。此惟救死而恐不贍，奚暇治禮義哉？王欲行之，則盍反其本矣。五畝之宅，樹之以桑，五十者可以衣帛矣；雞豚狗彘之畜，

儒藏經典·康熙篆文六經四書　孟子

無失其時，七十者可以食肉矣；百畝之田，勿奪其時，八口之家可以無飢矣；謹庠序之教，申之以孝悌之義，頒白者不負戴於道路矣。老者衣帛食肉，黎民不飢不寒，然而不王者，未之有也。」

梁惠王章句下

莊暴見孟子，曰：「暴見於王，王語

暴以好樂暴未有以對也曰好樂何如孟子曰王之好樂甚則齊國其庶幾乎他日見於王曰王嘗語莊子以好樂有諸王變乎色曰寡人非能好先王之樂也直好世俗之樂耳曰王之好樂甚則齊其庶幾乎今之樂由古之樂也曰可得聞與曰獨樂樂與人樂樂孰樂曰不若與人曰與少樂樂與衆樂樂孰樂曰不若與衆臣請爲王言樂今王鼓樂於此百姓聞王鐘鼓之聲管籥之音舉疾首蹙頞而相告曰吾王之好鼓樂夫何使我至於此極也父子不相見兄弟妻子離散今王田獵於此百姓聞

儒藏經典·康熙篆文六經四書　孟子

暴以好樂，暴未有以對也。」曰：「好樂何如？」孟子曰：「王之好樂甚，則齊國其庶幾乎！」他日見於王，曰：「王嘗語莊子以好樂，有諸？」王變乎色，曰：「寡人非能好先王之樂也，直好世俗之樂耳。」曰：「王之好樂甚，則齊其庶幾乎！今之樂由古之樂也。」曰：「可得聞與？」曰：「獨樂樂，與人樂樂，孰樂？」曰：「不若與人。」曰：「與少樂樂，與衆樂樂，孰樂？」曰：「不若與衆。」「臣請爲王言樂：今王鼓樂於此，百姓聞王鐘鼓之聲，管籥之音，舉疾首蹙頞而相告曰：『吾王之好鼓樂，夫何使我至於此極也？父子不相見，兄弟妻子離散。』今王田獵於此，百姓聞王車馬之音見羽旄之美舉疾首蹙頞而相告曰吾王之好田獵夫何使我至於此極也父子不相見兄弟妻子離散此無他不與民同樂也今王鼓樂於此百姓聞王鐘鼓之聲管籥之音舉欣欣然有喜色而相告曰吾王庶幾無疾病與何以能鼓樂也今王田獵於此百姓聞王車馬之音見羽旄之美舉欣欣然有喜色而相告曰吾王庶幾無疾病與何以能田獵也此無他與民同樂也今王與百姓同樂則王矣　齊宣王問曰文王之囿方七十里有諸孟子對曰於傳有之曰若是其大乎曰民猶

儒藏經典·康熙篆文六經四書　孟子

王車馬之音，見羽旄之美，舉疾首蹙頞而相告曰：『吾王之好田獵，夫何使我至於此極也？父子不相見，兄弟妻子離散。』此無他，不與民同樂也。今王鼓樂於此，百姓聞王鐘鼓之聲，管籥之音，舉欣欣然有喜色而相告曰：『吾王庶幾無疾病與，何以能鼓樂也？』今王田獵於此，百姓聞王車馬之音，見羽旄之美，舉欣欣然有喜色而相告曰：『吾王庶幾無疾病與，何以能田獵也？』此無他，與民同樂也。今王與百姓同樂，則王矣。」　齊宣王問曰：「文王之囿方七十里，有諸？」孟子對曰：「於傳有之。」曰：「若是其大乎？」曰：「民猶以爲小也曰寡人之囿方四十里民猶以爲大何也曰文王之囿方七十里芻蕘者往焉雉兔者往焉與民同之民以爲小不亦宜乎臣始至於境問國之大禁然後敢入臣聞郊關之內有囿方四十里殺其麋鹿者如殺人之罪則是方四十里爲阱於國中民以爲大不亦宜乎齊宣王問曰交鄰國有道乎孟子對曰有惟仁者爲能以大事小是故湯事葛文王事昆夷惟智者爲能以小事大故大王事獯鬻句踐事吴以大事小者樂天者也以小事大者畏天者也樂天者保天下畏天者保其國詩

以爲小也。」曰：「寡人之囿方四十里，民猶以爲大，何也？」曰：「文王之囿方七十里，芻蕘者往焉，雉兔者往焉，與民同之。民以爲小，不亦宜乎？臣始至於境，問國之大禁，然後敢入。臣聞郊關之內，有囿方四十里，殺其麋鹿者如殺人之罪。則是方四十里爲阱於國中。民以爲大，不亦宜乎？」

齊宣王問曰：「交鄰國有道乎？」孟子對曰：「有。惟仁者爲能以大事小，是故湯事葛，文王事昆夷；惟智者爲能以小事大，故大王事獯鬻，句踐事吴。以大事小者，樂天者也；以小事大者，畏天者也。樂天者保天下，畏天者保其國。《詩》

云畏天之威于時保之王曰大哉言矣寡人有疾寡人好勇對曰王請無好小勇夫撫劍疾視曰彼惡敢當我哉此匹夫之勇敵一人者也王請大之詩云王赫斯怒爰整其旅以遏徂莒以篤周祜以對于天下此文王之勇也文王一怒而安天下之民書曰天降下民作之君作之師惟曰其助上帝寵之四方有罪無罪惟我在天下曷敢有越厥志一人衡行於天下武王恥之此武王之勇也而武王亦一怒而安天下之民今王亦一怒而安天下之民民惟恐王之不好勇也　齊宣王見孟子於雪宮

儒藏經典·康熙篆文六經四書　孟子

云：『畏天之威，于時保之。』」王曰：「大哉言矣！寡人有疾，寡人好勇。」對曰：「王請無好小勇。夫撫劍疾視曰：『彼惡敢當我哉！』此匹夫之勇，敵一人者也。王請大之！《詩》云：『王赫斯怒，爰整其旅，以遏徂莒，以篤周祜，以對于天下。』此文王之勇也。文王一怒，而安天下之民。《書》曰：『天降下民，作之君，作之師。惟曰其助上帝，寵之四方。有罪無罪，惟我在，天下曷敢有越厥志？』一人衡行於天下，武王恥之。此武王之勇也。而武王亦一怒而安天下之民。今王亦一怒而安天下之民，民惟恐王之不好勇也。」

齊宣王見孟子於雪宮。

王曰賢者亦有此樂乎孟子對曰有人不得則非其上矣不得而非其上者非也爲民上而不與民同樂者亦非也樂民之樂者民亦樂其樂憂民之憂者民亦憂其憂樂以天下憂以天下然而不王者未之有也昔者齊景公問於晏子曰吾欲觀於轉附朝儛遵海而南放於琅邪吾何脩而可以比於先王觀也晏子對曰善哉問也天子適諸侯曰巡狩巡狩者巡所守也諸侯朝於天子曰述職述職者述所職也無非事者春省耕而補不足秋省斂而助不給夏諺曰吾王不遊吾何以休吾王不豫吾

儒藏經典·康熙篆文六經四書　孟子

王曰：「賢者亦有此樂乎？」孟子對曰：「有。人不得，則非其上矣。不得而非其上者，非也；爲民上而不與民同樂者，亦非也。樂民之樂者，民亦樂其樂；憂民之憂者，民亦憂其憂。樂以天下，憂以天下，然而不王者，未之有也。昔者齊景公問於晏子曰：『吾欲觀於轉附朝儛，遵海而南，放於琅邪。吾何脩而可以比於先王觀也？』晏子對曰：『善哉問也！天子適諸侯曰巡狩，巡狩者巡所守也；諸侯朝於天子曰述職，述職者述所職也。無非事者。春省耕而補不足，秋省斂而助不給。夏諺曰：「吾王不遊，吾何以休？吾王不豫，吾

何以助一遊一豫爲諸侯度今
也不然師行而糧食飢者弗食
勞者弗息睊睊胥讒民乃作慝
方命虐民飲食若流流連荒亡
爲諸侯憂從流下而忘反謂之
流從流上而忘反謂之連從獸
無厭謂之荒樂酒無厭謂之亡
先王無流連之樂荒亡之行惟
君所行也景公說大戒於國出
舍於郊於是始興發補不足召
大師曰爲我作君臣相說之樂
蓋徵招角招是也其詩曰畜君
何尤畜君者好君也　齊宣王
問曰人皆謂我毁明堂毁諸已
乎孟子對曰夫明堂者王者之
堂也王欲行王政則勿毁之矣

儒藏經典·康熙篆文六經四書　孟子

何以助？一遊一豫，爲諸侯度。」今也不然，師行而糧食，飢者弗食，勞者弗息。睊睊胥讒，民乃作慝。方命虐民，飲食若流。流連荒亡，爲諸侯憂。從流下而忘反謂之流，從流上而忘反謂之連，從獸無厭謂之荒，樂酒無厭謂之亡。先王無流連之樂，荒亡之行。惟君所行也。」景公說，大戒於國，出舍於郊。於是始興發補不足。召大師曰：『爲我作君臣相說之樂！』蓋《徵招》《角招》是也。其詩曰：『畜君何尤？』畜君者，好君也。」

齊宣王問曰：「人皆謂我毁明堂。毁諸已乎？」孟子對曰：「夫明堂者，王者之堂也。王欲行王政，則勿毁之矣。」

王曰王政可得聞與對曰昔者文王之治岐也耕者九一仕者世祿關市譏而不征澤梁無禁罪人不孥老而無妻曰鰥老而無夫曰寡老而無子曰獨幼而無父曰孤此四者天下之窮民而無告者文王發政施仁必先斯四者詩云哿矣富人哀此煢獨王曰善哉言乎曰王如善之則何爲不行王曰寡人有疾寡人好貨對曰昔者公劉好貨詩云乃積乃倉乃裹餱糧于槖于囊思戢用光弓矢斯張干戈戚揚爰方啓行故居者有積倉行者有裹糧也然後可以爰方啓行王如好貨與百姓同之於王

王曰：「王政可得聞與？」對曰：「昔者文王之治岐也，耕者九一，仕者世祿，關市譏而不征，澤梁無禁，罪人不孥。老而無妻曰鰥，老而無夫曰寡，老而無子曰獨，幼而無父曰孤。此四者，天下之窮民而無告者。文王發政施仁，必先斯四者。《詩》云：『哿矣富人，哀此煢獨。』」王曰：「善哉言乎！」曰：「王如善之，則何爲不行？」王曰：「寡人有疾，寡人好貨。」對曰：「昔者公劉好貨；《詩》云：『乃積乃倉；乃裹餱糧，于槖于囊。思戢用光；弓矢斯張；干戈戚揚，爰方啓行。』故居者有積倉，行者有裹糧也，然後可以爰方啓行。王如好貨，與百姓同之，於王

何有王曰寡人有疾寡人好色
對曰昔者大王好色愛厥妃詩
云古公亶父來朝走馬率西水
滸至于岐下爰及姜女聿來胥
宇當是時也內無怨女外無曠
夫王如好色與百姓同之於王
何有　孟子謂齊宣王曰王之
臣有託其妻子於其友而之楚
遊者比其反也則凍餒其妻子
則如之何王曰棄之曰士師不
能治士則如之何王曰已之曰
四境之內不治則如之何王顧
左右而言他　孟子見齊宣王
曰所謂故國者非謂有喬木之
謂也有世臣之謂也王無親臣
矣昔者所進今日不知其亡也

何有？」王曰：「寡人有疾，寡人好色。」

對曰：「昔者大王好色，愛厥妃。《詩》云：『古公亶父，來朝走馬。率西水滸，至于岐下。爰及姜女，聿來胥宇。』當是時也，內無怨女，外無曠夫。王如好色，與百姓同之，於王何有？」

孟子謂齊宣王曰：「王之臣有託其妻子於其友而之楚遊者。比其反也，則凍餒其妻子，則如之何？」王曰：「棄之。」曰：「士師不能治士，則如之何？」王曰：「已之。」曰：「四境之內不治，則如之何？」王顧左右而言他。

孟子見齊宣王曰：「所謂故國者，非謂有喬木之謂也，有世臣之謂也。王無親臣矣，昔者所進，今日不知其亡也。」

王曰吾何以識其不才而舍之
曰國君進賢如不得已將使卑
踰尊疏踰戚可不慎與左右皆
曰賢未可也諸大夫皆曰賢未
可也國人皆曰賢然後察之見
賢焉然後用之左右皆曰不可
勿聽諸大夫皆曰不可勿聽國
人皆曰不可然後察之見不可
焉然後去之左右皆曰可殺勿
聽諸大夫皆曰可殺勿聽國人
皆曰可殺然後察之見可殺焉
然後殺之故曰國人殺之也如
此然後可以爲民父母　齊宣
王問曰湯放桀武王伐紂有諸
孟子對曰於傳有之曰臣弑其
君可乎曰賊仁者謂之賊賊義

王曰：「吾何以識其不才而舍之？」曰：「國君進賢，如不得已，將使卑踰尊，疏踰戚，可不慎與？左右皆曰賢，未可也；諸大夫皆曰賢，未可也；國人皆曰賢，然後察之；見賢焉，然後用之。左右皆曰不可，勿聽；諸大夫皆曰不可，勿聽；國人皆曰不可，然後察之；見不可焉，然後去之。左右皆曰可殺，勿聽；諸大夫皆曰可殺，勿聽；國人皆曰可殺，然後察之；見可殺焉，然後殺之。故曰，國人殺之也。如此，然後可以爲民父母。」

齊宣王問曰：「湯放桀，武王伐紂，有諸？」孟子對曰：「於傳有之。」曰：「臣弑其君，可乎？」曰：「賊仁者謂之賊，賊義者謂之殘殘賊之人謂之一夫聞誅一夫紂矣未聞弒君也孟子見齊宣王曰爲巨室則必使工師求大木工師得大木則王喜以爲能勝其任也匠人斲而小之則王怒以爲不勝其任矣夫人幼而學之壯而欲行之王曰姑舍女所學而從我則何如今有璞玉於此雖萬鎰必使玉人彫琢之至於治國家則曰姑舍女所學而從我則何以異於教玉人彫琢玉哉

齊人伐燕勝之宣王問曰或謂寡人勿取或謂寡人取之以萬乘之國伐萬乘之國五旬而舉之人力不至於此不取必有天殃取之

儒藏
儒藏經典·康熙篆文六經四書　孟子

者謂之殘，殘賊之人謂之一夫。聞誅一夫紂矣，未聞弒君也。」

孟子見齊宣王曰：「爲巨室，則必使工師求大木。工師得大木，則王喜，以爲能勝其任也。匠人斲而小之，則王怒，以爲不勝其任矣。夫人幼而學之，壯而欲行之。王曰『姑舍女所學而從我』，則何如？今有璞玉於此，雖萬鎰，必使玉人彫琢之。至於治國家，則曰『姑舍女所學而從我』，則何以異於教玉人彫琢玉哉？」

齊人伐燕，勝之。宣王問曰：「或謂寡人勿取，或謂寡人取之。以萬乘之國伐萬乘之國，五旬而舉之，人力不至於此。不取，必有天殃。取之何如孟子對曰取之而燕民說則取之古之人有行之者武王是也取之而燕民不說則勿取古之人有行之者文王是也以萬乘之國伐萬乘之國簞食壺漿以迎王師豈有他哉避水火也如水益深如火益熱亦運而已矣　齊人伐燕取之諸侯將謀救燕宣王曰諸侯多謀伐寡人者何以待之孟子對曰臣聞七十里爲政於天下者湯是也未聞以千里畏人者也書曰湯一征自葛始天下信之東面而征西夷怨南面而征北狄怨曰奚爲後我民望之若大旱之望雲霓也歸市者不止耕者不變

何如？」孟子對曰：「取之而燕民悅，則取之。古之人有行之者，武王是也。取之而燕民不悅，則勿取。古之人有行之者，文王是也。以萬乘之國伐萬乘之國，簞食壺漿，以迎王師。豈有他哉？避水火也。如水益深，如火益熱，亦運而已矣。」

齊人伐燕，取之。諸侯將謀救燕。宣王曰：「諸侯多謀伐寡人者，何以待之？」孟子對曰：「臣聞七十里爲政於天下者，湯是也。未聞以千里畏人者也。《書》曰：『湯一征，自葛始。』天下信之。東面而征，西夷怨；南面而征，北狄怨，曰：『奚爲後我？』民望之，若大旱之望雲霓也。歸市者不止，耕者不變。

誅其君而弔其民若時雨降民大悅書曰徯我后后來其蘇今燕虐其民王往而征之民以爲將拯己於水火之中也簞食壺漿以迎王師若殺其父兄係累其子弟毀其宗廟遷其重器如之何其可也天下固畏齊之彊也今又倍地而不行仁政是動天下之兵也王速出令反其旄倪止其重器謀於燕衆置君而後去之則猶可及止也　鄒與魯鬨穆公問曰吾有司死者三十三人而民莫之死也誅之則不可勝誅不誅則疾視其長上之死而不救如之何則可也孟子對曰凶年饑歲君之民老弱

儒藏經典·康熙篆文六經四書　孟子

誅其君而弔其民，若時雨降，民大悅。《書》曰：『徯我后，后來其蘇。』今燕虐其民，王往而征之。民以爲將拯己於水火之中也，簞食壺漿，以迎王師。若殺其父兄，係累其子弟，毀其宗廟，遷其重器，如之何其可也？天下固畏齊之彊也。今又倍地而不行仁政，是動天下之兵也。王速出令，反其旄倪，止其重器，謀於燕衆，置君而後去之，則猶可及止也。」

鄒與魯鬨。穆公問曰：「吾有司死者三十三人，而民莫之死也。誅之，則不可勝誅；不誅，則疾視其長上之死而不救。如之何則可也？」孟子對曰：「凶年饑歲，君之民老弱

轉乎溝壑壯者散而之四方者
幾千人矣而君之倉廩實府庫
充有司莫以告是上慢而殘下
也曾子曰戒之戒之出乎爾者
反乎爾者也夫民今而後得反
之也君無尤焉君行仁政斯民
親其上死其長矣　滕文公問
曰滕小國也間於齊楚事齊乎

事楚乎孟子對曰是謀非吾所
能及也無已則有一焉鑿斯池
也築斯城也與民守之効死而
民弗去則是可爲也　滕文公
問曰齊人將築薛吾甚恐如之
何則可孟子對曰昔者大王居
邠狄人侵之去之岐山之下居
焉非擇而取之不得已也苟爲

轉乎溝壑，壯者散而之四方者，幾千人矣；而君之倉廩實，府庫充，有司莫以告，是上慢而殘下也。曾子曰：『戒之戒之！出乎爾者，反乎爾者也。』夫民今而後得反之也。君無尤焉。君行仁政，斯民親其上、死其長矣。」

滕文公問曰：「滕，小國也，間於齊楚。事齊乎？

儒藏經典・康熙篆文六經四書　孟子

事楚乎？」孟子對曰：「是謀非吾所能及也。無已，則有一焉。鑿斯池也，築斯城也，與民守之，効死而民弗去，則是可爲也。」

滕文公問曰：「齊人將築薛，吾甚恐。如之何則可？」孟子對曰：「昔者大王居邠，狄人侵之，去之岐山之下居焉。非擇而取之，不得已也。苟爲善，後世子孫必有王者矣。君子創業垂統，爲可繼也。若夫成功，則天也。君如彼何哉？彊爲善而已矣。」

滕文公問曰：「滕，小國也。竭力以事大國，則不得免焉。如之何則可？」孟子對曰：「昔者大王居邠，狄人侵之。事之以皮幣，不得免焉；事之以犬馬，不得免焉；事之以珠玉，不得免焉。乃屬其耆老而告之曰：『狄人之所欲者，吾土地也。吾聞之也：君子不以其所以養人者害人。二三子何患乎無君？我將去之。』去邠，踰梁山，邑于岐山之下居焉。邠人曰：『仁人也，不可失也。』從之者如歸市。或曰：『世守也，非身之所能爲

也效死勿去君請擇於斯二者
魯平公將出嬖人臧倉者請
曰他日君出則必命有司所之
今乘輿已駕矣有司未知所之
敢請公曰將見孟子曰何哉君
所爲輕身以先於匹夫者以爲
賢乎禮義由賢者出而孟子之
後喪踰前喪君無見焉公曰諾
樂正子入見曰君奚爲不見孟
軻也曰或告寡人曰孟子之後
喪踰前喪是以不往見也曰何
哉君所謂踰者前以士後以大
夫前以三鼎而後以五鼎與曰
否謂棺椁衣衾之美也曰非所
謂踰也貧富不同也樂正子見
孟子曰克告於君君爲來見也

也。效死勿去。』君請擇於斯二者。」

魯平公將出。嬖人臧倉者請曰：「他日君出，則必命有司所之。今乘輿已駕矣，有司未知所之。敢請。」公曰：「將見孟子。」曰：「何哉？君所爲輕身以先於匹夫者，以爲賢乎？禮義由賢者出。而孟子之後喪踰前喪。君無見焉！」公曰：「諾。」

樂正子入見，曰：「君奚爲不見孟軻也？」曰：「或告寡人曰『孟子之後喪踰前喪』，是以不往見也。」曰：「何哉君所謂踰者？前以士，後以大夫；前以三鼎，而後以五鼎與？」曰：「否。謂棺椁衣衾之美也。」曰：「非所謂踰也，貧富不同也。」樂正子見孟子，曰：「克告於君，君爲來見也。

嬖人有臧倉者沮君君是以不果來也曰行或使之止或尼之行止非人所能也吾之不遇魯侯天也臧氏之子焉能使予不遇哉

孟子卷之一

嬖人有臧倉者沮君，君是以不果來也。」曰：「行或使之，止或尼之。行止，非人所能也。吾之不遇魯侯，天也。臧氏之子焉能使予不遇哉？」

孟子卷之一

儒藏
儒藏經典·康熙篆文六經四書　孟子

孟子卷之二

公孫丑章句上

公孫丑問曰夫子當路於齊管仲晏子之功可復許乎孟子曰子誠齊人也知管仲晏子而已矣或問乎曾西曰吾子與子路孰賢曾西蹵然曰吾先子之所畏也曰然則吾子與管仲孰賢

曾西艴然不悅曰爾何曾比予於管仲管仲得君如彼其專也行乎國政如彼其久也功烈如彼其卑也爾何曾比予於是曰管仲曾西之所不為也而子為我願之乎曰管仲以其君霸晏子以其君顯管仲晏子猶不足為與曰以齊王由反手也曰若

孟子卷之二

公孫丑章句上

公孫丑問曰：「夫子當路於齊，管仲、晏子之功，可復許乎？」孟子曰：「子誠齊人也，知管仲、晏子而已矣。或問乎曾西曰：『吾子與子路孰賢？』曾西蹵然曰：『吾先子之所畏也。』曰：『然則吾子與管仲孰賢？』

曾西艴然不悅，曰：『爾何曾比予於管仲？管仲得君，如彼其專也；行乎國政，如彼其久也；功烈，如彼其卑也。爾何曾比予於是？』」曰：「管仲，曾西之所不爲也，而子爲我願之乎？」曰：「管仲以其君霸，晏子以其君顯。管仲、晏子猶不足爲與？」曰：「以齊王，由反手也。」曰：「若是則弟子之惑滋甚且以文王之德百年而後崩猶未洽於天下武王周公繼之然後大行今言王若易然則文王不足法與曰文王何可當也由湯至於武丁賢聖之君六七作天下歸殷久矣久則難變也武丁朝諸侯有天下猶運之掌也紂之去武丁未久也其故家遺俗流風善政猶有存者又有微子微仲王子比干箕子膠鬲皆賢人也相與輔相之故久而後失之也尺地莫非其有也一民莫非其臣也然而文王猶方百里起是以難也齊人有言曰雖有智慧不如乘勢雖有鎡基不如待時今

儒藏經典·康熙篆文六經四書　孟子

是，則弟子之惑滋甚。且以文王之德，百年而後崩，猶未洽於天下；武王、周公繼之，然後大行。今言王若易然，則文王不足法與？」

曰：「文王何可當也？由湯至於武丁，賢聖之君六七作。天下歸殷久矣，久則難變也。武丁朝諸侯有天下，猶運之掌也。紂之去武丁未久也，其故家遺俗，流風善政，猶有存者；又有微子、微仲、王子比干、箕子、膠鬲，皆賢人也，相與輔相之，故久而後失之也。尺地莫非其有也，一民莫非其臣也，然而文王猶方百里起，是以難也。齊人有言曰：『雖有智慧，不如乘勢；雖有鎡基，不如待時。』今時則易然也夏后殷周之盛地未有過千里者也而齊有其地矣雞鳴狗吠相聞而達乎四境而齊有其民矣地不改辟矣民不改聚矣行仁政而王莫之能禦也且王者之不作未有疏於此時者也民之憔悴於虐政未有甚於此時者也飢者易爲食渴者易爲飲孔子曰德之流行速於置郵而傳命當今之時萬乘之國行仁政民之悦之猶解倒懸也故事半古之人功必倍之惟此時爲然　公孫丑問曰夫子加齊之卿相得行道焉雖由此霸王不異矣如此則動心否乎孟子曰否我四十不動心

儒藏
儒藏經典・康熙篆文六經四書　孟子

時則易然也。夏后、殷、周之盛，地未有過千里者也，而齊有其地矣；雞鳴狗吠相聞，而達乎四境，而齊有其民矣。地不改辟矣，民不改聚矣，行仁政而王，莫之能禦也。且王者之不作，未有疏於此時者也；民之憔悴於虐政，未有甚於此時者也。飢者易爲食，渴者易爲飲。孔子曰：『德之流行，速於置郵而傳命。』當今之時，萬乘之國行仁政，民之悦之，猶解倒懸也。故事半古之人，功必倍之，惟此時爲然。」

公孫丑問曰：「夫子加齊之卿相，得行道焉，雖由此霸王不異矣。如此則動心否乎？」孟子曰：「否。我四十不動心。」

曰若是則夫子過孟賁遠矣曰
是不難告子先我不動心曰不
動心有道乎曰有北宮黝之養
勇也不膚撓不目逃思以一豪
挫於人若撻之於市朝不受於
褐寬博亦不受於萬乘之君視
刺萬乘之君若刺褐夫無嚴諸
侯惡聲至必反之孟施舍之所

養勇也曰視不勝猶勝也量敵
而後進慮勝而後會是畏三軍
者也舍豈能爲必勝哉能無懼
而已矣孟施舍似曾子北宮黝
似子夏夫二子之勇未知其孰
賢然而孟施舍守約也昔者曾
子謂子襄曰子好勇乎吾嘗聞
大勇於夫子矣自反而不縮雖

曰：「若是，則夫子過孟賁遠矣。」曰：
「是不難，告子先我不動心。」曰：「不
動心有道乎？」曰：「有。北宮黝之養
勇也，不膚撓，不目逃，思以一豪
挫於人，若撻之於市朝。不受於
褐寬博，亦不受於萬乘之君。視
刺萬乘之君，若刺褐夫。無嚴諸
侯。惡聲至，必反之。孟施舍之所

養勇也，曰：『視不勝猶勝也。量敵
而後進，慮勝而後會，是畏三軍
者也。舍豈能爲必勝哉？能無懼
而已矣。』孟施舍似曾子，北宮黝
似子夏。夫二子之勇，未知其孰
賢，然而孟施舍守約也。昔者曾
子謂子襄曰：『子好勇乎？吾嘗聞
大勇於夫子矣：自反而不縮，雖

褐寬博吾不惴焉自反而縮雖千萬人吾往矣孟施舍之守氣又不如曾子之守約也曰敢問夫子之不動心與告子之不動心可得聞與告子曰不得於言勿求於心不得於心勿求於氣不得於心勿求於氣可不得於言勿求於心不可夫志氣之帥也氣體之充也夫志至焉氣次焉故曰持其志無暴其氣既曰志至焉氣次焉又曰持其志無暴其氣者何也曰志壹則動氣氣壹則動志也今夫蹶者趨者是氣也而反動其心敢問夫子惡乎長曰我知言我善養吾浩然之氣敢問何謂浩然之氣曰

儒藏經典·康熙篆文六經四書　孟子

褐寬博，吾不惴焉；自反而縮，雖千萬人，吾往矣。』孟施舍之守氣，又不如曾子之守約也。」曰：「敢問夫子之不動心，與告子之不動心，可得聞與？」「告子曰：『不得於言，勿求於心；不得於心，勿求於氣。』不得於心，勿求於氣，可；不得於言，勿求於心，不可。夫志，氣之帥也；氣，體之充也。夫志至焉，氣次焉。故曰：『持其志，無暴其氣。』」「既曰『志至焉，氣次焉』，又曰『持其志，無暴其氣』者，何也？」曰：「志壹則動氣，氣壹則動志也。今夫蹶者趨者，是氣也，而反動其心。」「敢問夫子惡乎長？」曰：「我知言，我善養吾浩然之氣。」「敢問何謂浩然之氣？」曰：

難言也其爲氣也至大至剛以
直養而無害則塞于天地之間
其爲氣也配義與道無是餒也
是集義所生者非義襲而取之
也行有不慊於心則餒矣我故
曰告子未嘗知義以其外之也
必有事焉而勿正心勿忘勿助
長也無若宋人然宋人有閔其
苗之不長而揠之者芒芒然歸
謂其人曰今日病矣予助苗長
矣其子趨而往視之苗則槁矣
天下之不助苗長者寡矣以爲
無益而舍之者不耘苗者也助
之長者揠苗者也非徒無益而
又害之何謂知言曰詖辭知其
所蔽淫辭知其所陷邪辭知其

儒藏經典·康熙篆文六經四書　孟子

「難言也。其爲氣也，至大至剛，以直養而無害，則塞于天地之間。其爲氣也，配義與道；無是，餒也。是集義所生者，非義襲而取之也。行有不慊於心，則餒矣。我故曰，告子未嘗知義，以其外之也。必有事焉而勿正，心勿忘，勿助長也。無若宋人然：宋人有閔其苗之不長而揠之者，芒芒然歸。謂其人曰：『今日病矣，予助苗長矣。』其子趨而往視之，苗則槁矣。天下之不助苗長者寡矣。以爲無益而舍之者，不耘苗者也；助之長者，揠苗者也。非徒無益，而又害之。」「何謂知言？」曰：「詖辭知其所蔽，淫辭知其所陷，邪辭知其所離遁辭知其所窮生於其心害於其政發於其政害於其事聖人復起必從吾言矣宰我子貢善爲説辭冉牛閔子顏淵善言德行孔子兼之曰我於辭命則不能也然則夫子既聖矣乎曰惡是何言也昔者子貢問於孔子曰夫子聖矣乎孔子曰聖則吾不能我學不厭而教不倦也子貢曰學不厭智也教不倦仁也仁且智夫子既聖矣夫聖孔子不居是何言也昔者竊聞之子夏子游子張皆有聖人之一體冉牛閔子顏淵則具體而微敢問所安曰姑舍是曰伯夷伊尹何如曰不同道非其君不

儒藏經典·康熙篆文六經四書　孟子

所離，遁辭知其所窮。生於其心，害於其政；發於其政，害於其事。聖人復起，必從吾言矣。」「宰我、子貢善爲説辭，冉牛、閔子、顏淵善言德行。孔子兼之，曰：『我於辭命則不能也。』然則夫子既聖矣乎？」曰：「惡！是何言也？昔者子貢問於孔子曰：『夫子聖矣乎？』孔子曰：『聖則吾不能，我學不厭而教不倦也。』子貢曰：『學不厭，智也；教不倦，仁也。仁且智，夫子既聖矣！』夫聖，孔子不居。是何言也？」「昔者竊聞之：子夏、子游、子張，皆有聖人之一體，冉牛、閔子、顏淵，則具體而微。敢問所安。」曰：「姑舍是。」曰：「伯夷、伊尹何如？」曰：「不同道。非其君不事非其民不使治則進亂則退伯夷也何事非君何使非民治亦進亂亦進伊尹也可以仕則仕可以止則止可以久則久可以速則速孔子也皆古聖人也吾未能有行焉乃所願則學孔子也伯夷伊尹於孔子若是班乎曰否自有生民以來未有孔

子也曰然則有同與曰有得百里之地而君之皆能以朝諸侯有天下行一不義殺一不辜而得天下皆不爲也是則同曰敢問其所以異曰宰我子貢有若智足以知聖人汙不至阿其所好宰我曰以予觀於夫子賢於堯舜遠矣子貢曰見其禮而知

事，非其民不使；治則進，亂則退，伯夷也。何事非君，何使非民；治亦進，亂亦進，伊尹也。可以仕則仕，可以止則止，可以久則久，可以速則速，孔子也。皆古聖人也，吾未能有行焉；乃所願則學孔子也。」「伯夷、伊尹於孔子，若是班乎？」曰：「否。自有生民以來，未有孔

儒藏經典・康熙篆文六經四書　孟子

子也。」曰：「然則有同與？」曰：「有。得百里之地而君之，皆能以朝諸侯有天下。行一不義、殺一不辜而得天下，皆不爲也。是則同。」曰：「敢問其所以異？」曰：「宰我、子貢、有若智足以知聖人。汙不至阿其所好。宰我曰：『以予觀於夫子，賢於堯舜遠矣。』子貢曰：『見其禮而知

其政聞其樂而知其德由百世之後等百世之王莫之能違也自生民以來未有夫子也有若曰豈惟民哉麒麟之於走獸鳳凰之於飛鳥泰山之於丘垤河海之於行潦類也聖人之於民亦類也出於其類拔乎其萃自生民以來未有盛於孔子也

孟子曰以力假仁者霸霸必有大國以德行仁者王王不待大湯以七十里文王以百里以力服人者非心服也力不贍也以德服人者中心悅而誠服也如七十子之服孔子也詩云自西自東自南自北無思不服此之謂也　孟子曰仁則榮不仁則

儒藏經典·康熙篆文六經四書 孟子

其政，聞其樂而知其德。由百世之後，等百世之王，莫之能違也。自生民以來，未有夫子也。』有若曰：『豈惟民哉？麒麟之於走獸，鳳凰之於飛鳥，泰山之於丘垤，河海之於行潦，類也。聖人之於民，亦類也。出於其類，拔乎其萃，自生民以來，未有盛於孔子也。』」

孟子曰：「以力假仁者霸，霸必有大國，以德行仁者王，王不待大。湯以七十里，文王以百里。以力服人者，非心服也，力不贍也；以德服人者，中心悦而誠服也，如七十子之服孔子也。《詩》云：『自西自東，自南自北，無思不服。』此之謂也。」

孟子曰：「仁則榮，不仁則

辱。今惡辱而居不仁，是猶惡濕而居下也。如惡之，莫如貴德而尊士，賢者在位，能者在職。國家閒暇，及是時明其政刑。雖大國，必畏之矣。《詩》云：『迨天之未陰雨，徹彼桑土，綢繆牖户。今此下民，或敢侮予？』孔子曰：『爲此詩者，其知道乎！能治其國家，誰敢侮之？』今國家閒暇，及是時般樂怠敖，是自求禍也。禍福無不自己求之者。《詩》云：『永言配命，自求多福。』《太甲》曰：『天作孽，猶可違；自作孽，不可活。』此之謂也。」

孟子曰：「尊賢使能，俊傑在位，則天下之士皆悦而願立於其朝矣。市廛而不征，法而不廛，則天下之商皆

儒藏經典·康熙篆文六經四書　孟子

辱。今惡辱而居不仁，是猶惡濕而居下也。如惡之，莫如貴德而尊士，賢者在位，能者在職。國家閒暇，及是時明其政刑。雖大國，必畏之矣。《詩》云：『迨天之未陰雨，徹彼桑土，綢繆牖户。今此下民，或敢侮予？』孔子曰：『爲此詩者，其知道乎！能治其國家，誰敢侮之？』今國家閒暇，及是時般樂怠敖，是自求禍也。禍福無不自己求之者。《詩》云：『永言配命，自求多福。』《太甲》曰：『天作孽，猶可違；自作孽，不可活。』此之謂也。」

孟子曰：「尊賢使能，俊傑在位，則天下之士皆悦而願立於其朝矣。市廛而不征，法而不廛，則天下之商皆

說而願藏於其市矣關譏而不征則天下之旅皆悅而願出於其路矣耕者助而不稅則天下之農皆悅而願耕於其野矣廛無夫里之布則天下之民皆悅而願爲之氓矣信能行此五者則鄰國之民仰之若父母矣率其子弟攻其父母自生民以來

儒藏

儒藏經典·康熙篆文六經四書　孟子

未有能濟者也如此則無敵於天下無敵於天下者天吏也然而不王者未之有也　孟子曰人皆有不忍人之心先王有不忍人之心斯有不忍人之政矣以不忍人之心行不忍人之政治天下可運之掌上所以謂人皆有不忍人之心者今人乍見

悅而願藏於其市矣。關譏而不征，則天下之旅皆悅而願出於其路矣。耕者助而不稅，則天下之農皆悅而願耕於其野矣。廛無夫里之布，則天下之民皆悅而願爲之氓矣。信能行此五者，則鄰國之民仰之若父母矣。率其子弟，攻其父母，自生民以來，

未有能濟者也。如此，則無敵於天下。無敵於天下者，天吏也。然而不王者，未之有也。」

孟子曰：「人皆有不忍人之心。先王有不忍人之心，斯有不忍人之政矣。以不忍人之心，行不忍人之政，治天下可運之掌上。所以謂人皆有不忍人之心者，今人乍見

孺子將入於井皆有怵惕惻隱
之心非所以內交於孺子之父
母也非所以要譽於鄉黨朋友
也非惡其聲而然也由是觀之
無惻隱之心非人也無羞惡之
心非人也無辭讓之心非人也
無是非之心非人也惻隱之心
仁之端也羞惡之心義之端也

辭讓之心禮之端也是非之心
智之端也人之有是四端也猶
其有四體也有是四端而自謂
不能者自賊者也謂其君不能
者賊其君者也凡有四端於我
者知皆擴而充之矣若火之始
然泉之始達苟能充之足以保
四海苟不充之不足以事父母

孺子將入於井，皆有怵惕惻隱
之心。非所以內交於孺子之父
母也，非所以要譽於鄉黨朋友
也，非惡其聲而然也。由是觀之，
無惻隱之心，非人也；無羞惡之
心，非人也；無辭讓之心，非人也；
無是非之心，非人也。惻隱之心，
仁之端也；羞惡之心，義之端也；

儒藏經典・康熙篆文六經四書　孟子

辭讓之心，禮之端也；是非之心，
智之端也。人之有是四端也，猶
其有四體也。有是四端而自謂
不能者，自賊者也；謂其君不能
者，賊其君者也。凡有四端於我
者，知皆擴而充之矣，若火之始
然，泉之始達。苟能充之，足以保
四海；苟不充之，不足以事父母。」

孟子曰矢人豈不仁於函人哉矢人唯恐不傷人函人唯恐傷人巫匠亦然故術不可不慎也孔子曰里仁爲美擇不處仁焉得智夫仁天之尊爵也人之安宅也莫之禦而不仁是不智也不仁不智無禮無義人役也人役而恥爲役由弓人而恥爲弓矢人而恥爲矢也如恥之莫如爲仁仁者如射射者正己而後發發而不中不怨勝己者反求諸己而已矣

孟子曰子路人告之以有過則喜禹聞善言則拜大舜有大焉善與人同舍己從人樂取於人以爲善自耕稼陶漁以至爲帝無非取於人

儒藏經典・康熙篆文六經四書　孟子

孟子曰：「矢人豈不仁於函人哉？矢人唯恐不傷人，函人唯恐傷人。巫匠亦然，故術不可不慎也。孔子曰：『里仁爲美。擇不處仁，焉得智？』夫仁，天之尊爵也，人之安宅也。莫之禦而不仁，是不智也。不仁不智，無禮無義，人役也。人役而恥爲役，由弓人而恥爲弓，矢人而恥爲矢也。如恥之，莫如爲仁。仁者如射，射者正己而後發。發而不中，不怨勝己者，反求諸己而已矣。」

孟子曰：「子路，人告之以有過則喜。禹聞善言則拜。大舜有大焉，善與人同。舍己從人，樂取於人以爲善。自耕、稼、陶、漁以至爲帝，無非取於人者。取諸人以爲善，是與人爲善者也。故君子莫大乎與人爲善。」

孟子曰：「伯夷，非其君不事，非其友不友。不立於惡人之朝，不與惡人言。立於惡人之朝，與惡人言，如以朝衣朝冠坐於塗炭。推惡惡之心，思與鄉人立，其冠不正，望望然去之，若將浼焉。是故諸侯雖有善其辭命而至者，不受也。不受也者，是亦不屑就已。柳下惠，不羞污君，不卑小官。進不隱賢，必以其道。遺佚而不怨，阨窮而不憫。故曰：『爾爲爾，我爲我，雖袒裼裸裎於我側，爾焉能浼我哉？』故由由然與之偕，而不自失焉，援而止之而止。援而

止之而止者是亦不屑去已孟
子曰伯夷隘柳下惠不恭隘與
不恭君子不由也

公孫丑章句下

孟子曰天時不如地利地利不
如人和三里之城七里之郭環
而攻之而不勝夫環而攻之必
有得天時者矣然而不勝者是

天時不如地利也城非不高也
池非不深也兵革非不堅利也
米粟非不多也委而去之是地
利不如人和也故曰域民不以
封疆之界固國不以山谿之險
威天下不以兵革之利得道者
多助失道者寡助寡助之至親
戚畔之多助之至天下順之以

止之而止者，是亦不屑去已。」孟子曰：「伯夷隘，柳下惠不恭。隘與不恭，君子不由也。」

公孫丑章句下

孟子曰：「天時不如地利，地利不如人和。三里之城，七里之郭，環而攻之而不勝。夫環而攻之，必有得天時者矣；然而不勝者，是

儒藏 儒藏經典·康熙篆文六經四書 孟子

天時不如地利也。城非不高也，池非不深也，兵革非不堅利也，米粟非不多也，委而去之，是地利不如人和也。故曰：域民不以封疆之界，固國不以山谿之險，威天下不以兵革之利。得道者多助，失道者寡助。寡助之至，親戚畔之；多助之至，天下順之。以

天下之所順攻親戚之所畔故
君子有不戰戰必勝矣 孟子
將朝王王使人來曰寡人如就
見者也有寒疾不可以風朝將
視朝不識可使寡人得見乎對
曰不幸而有疾不能造朝明日
出弔於東郭氏公孫丑曰昔者
辭以病今日弔或者不可乎曰
昔者疾今日愈如之何不弔王
使人問疾醫來孟仲子對曰昔
者有王命有采薪之憂不能造
朝今病小愈趨造於朝我不識
能至否乎使數人要於路曰請
必無歸而造於朝不得已而之
景丑氏宿焉景子曰內則父子
外則君臣人之大倫也父子主

儒藏 儒藏經典・康熙篆文六經四書 孟子

天下之所順，攻親戚之所畔；故君子有不戰，戰必勝矣。」孟子將朝王，王使人來曰：「寡人如就見者也，有寒疾，不可以風。朝將視朝，不識可使寡人得見乎？」對曰：「不幸而有疾，不能造朝。」明日，出弔於東郭氏。公孫丑曰：「昔者辭以病，今日弔，或者不可乎？」曰：「昔者疾，今日愈，如之何不弔？」王使人問疾，醫來。孟仲子對曰：「昔者有王命，有采薪之憂，不能造朝。今病小愈，趨造於朝，我不識能至否乎？」使數人要於路，曰：「請必無歸，而造於朝！」不得已而之景丑氏宿焉。景子曰：「內則父子，外則君臣，人之大倫也。父子主恩君臣主敬丑見王之敬子也未見所以敬王也曰惡是何言也齊人無以仁義與王言者豈以仁義爲不美也其心曰是何足與言仁義也云爾則不敬莫大乎是我非堯舜之道不敢以陳於王前故齊人莫如我敬王也景子曰否非此之謂也禮曰父召無諾君命召不俟駕固將朝也聞王命而遂不果宜與夫禮若不相似然曰豈謂是與曾子曰晉楚之富不可及也彼以其富我以吾仁彼以其爵我以吾義吾何慊乎哉夫豈不義而曾子言之是或一道也天下有達尊三爵一齒一德一朝廷莫

恩，君臣主敬。丑見王之敬子也，未見所以敬王也。」曰：「惡！是何言也！齊人無以仁義與王言者，豈以仁義爲不美也？其心曰『是何足與言仁義也』云爾，則不敬莫大乎是。我非堯舜之道，不敢以陳於王前，故齊人莫如我敬王也。」景子曰：「否，非此之謂也。《禮》曰：『父召，無諾；君命召，不俟駕。』固將朝也，聞王命而遂不果，宜與夫禮若不相似然。」曰：「豈謂是與？曾子曰：『晉楚之富，不可及也。彼以其富，我以吾仁；彼以其爵，我以吾義，吾何慊乎哉？』夫豈不義而曾子言之？是或一道也。天下有達尊三：爵一，齒一，德一。朝廷莫如爵鄉黨莫如齒輔世長民莫如德惡得有其一以慢其二哉故將大有爲之君必有所不召之臣欲有謀焉則就之其尊德樂道不如是不足與有爲也故湯之於伊尹學焉而後臣之故不勞而王桓公之於管仲學焉而後臣之故不勞而霸今天下地醜德齊莫能相尚無他好臣其所教而不好臣其所受教湯之於伊尹桓公之於管仲則不敢召管仲且猶不可召而況不爲管仲者乎

陳臻問曰前日於齊王餽兼金一百而不受於宋餽七十鎰而受於薛餽五十鎰而受前日之不受是則今日

如爵，鄉黨莫如齒，輔世長民莫如德。惡得有其一，以慢其二哉？故將大有爲之君，必有所不召之臣。欲有謀焉，則就之。其尊德樂道，不如是不足與有爲也。故湯之於伊尹，學焉而後臣之，故不勞而王；桓公之於管仲，學焉而後臣之，故不勞而霸。今天下地醜德齊，莫能相尚。無他，好臣其所教，而不好臣其所受教。湯之於伊尹，桓公之於管仲，則不敢召。管仲且猶不可召，而況不爲管仲者乎？」

陳臻問曰：「前日於齊，王餽兼金一百而不受；於宋，餽七十鎰而受；於薛，餽五十鎰而受。前日之不受是，則今日之受非也；今日之受是，則前日之不受非也。夫子必居一於此矣。」孟子曰：「皆是也。當在宋也，予將有遠行，行者必以贐，辭曰：『餽贐。』予何爲不受？當在薛也，予有戒心。辭曰：『聞戒。』故爲兵餽之，予何爲不受？若於齊，則未有處也。無處而餽之，是貨之也。焉有君子而可以貨取乎？」

孟子之平陸。謂其大夫曰：「子之持戟之士，一日而三失伍，則去之否乎？」曰：「不待三。」「然則子之失伍也亦多矣。凶年饑歲，子之民，老羸轉於溝壑，壯者散而之四方者，幾千人矣。」曰：「此非距心之所得爲也。」曰：「今有受人之牛羊而爲之牧之者，則必爲之求牧與芻矣。求牧與芻而不得，則反諸其人乎？抑亦立而視其死與？」曰：「此則距心之罪也。」他日，見於王曰：「王之爲都者，臣知五人焉。知其罪者，惟孔距心。爲王誦之。」王曰：「此則寡人之罪也。」

孟子謂蚳鼃曰：「子之辭靈丘而請士師，似也，爲其可以言也。今既數月矣，未可以言與？」蚳鼃諫於王而不用，致爲臣而去。齊人曰：「所以爲蚳鼃，則善矣；所以自爲，則吾不知也。」公都子以告。曰：「吾聞之也：有官守者，不得其職則去；有言責者，不得其言則去。我無官守，我無言責也，則吾進退，豈不綽綽然

有餘裕哉　孟子爲卿於齊出弔於滕王使蓋大夫王驩爲輔行王驩朝暮見反齊滕之路未嘗與之言行事也公孫丑曰齊卿之位不爲小矣齊滕之路不爲近矣反之而未嘗與言行事何也曰夫既或治之予何言哉

孟子自齊葬於魯反於齊止於嬴充虞請曰前日不知虞之不肖使虞敦匠事嚴虞不敢請今願竊有請也木若以美然曰古者棺椁無度中古棺七寸椁稱之自天子達於庶人非直爲觀美也然後盡於人心不得不可以爲悅無財不可以爲悅得之爲有財古之人皆用之吾何

儒藏
儒藏經典·康熙篆文六經四書　孟子

有餘裕哉？」

孟子爲卿於齊，出弔於滕，王使蓋大夫王驩爲輔行。王驩朝暮見，反齊滕之路，未嘗與之言行事也。公孫丑曰：「齊卿之位，不爲小矣；齊滕之路，不爲近矣。反之而未嘗與言行事，何也？」曰：「夫既或治之，予何言哉？」

孟子自齊葬於魯，反於齊，止於嬴。充虞請曰：「前日不知虞之不肖，使虞敦匠。事嚴，虞不敢請。今願竊有請也，木若以美然。」曰：「古者棺椁無度，中古棺七寸，椁稱之。自天子達於庶人。非直爲觀美也，然後盡於人心。不得，不可以爲悅；無財，不可以爲悅。得之爲有財，古之人皆用之，吾何

爲獨不然且比化者無使土親②
膚於人心獨無恔乎吾聞之
君子不以天下儉其親 沈同
以其私問曰燕可伐與孟子曰
可子噲不得與人燕子之不得
受燕於子噲有仕於此而子悦
之不告於王而私與之吾子之
祿爵夫士也亦無王命而私受
儒藏 儒藏經典・康熙篆文六經四書 孟子
之於子則可乎何以異於是齊
人伐燕或問曰勸齊伐燕有諸
曰未也沈同問燕可伐與吾應
之曰可彼然而伐之也彼如曰
孰可以伐之則將應之曰爲天
吏則可以伐之今有殺人者或
問之曰人可殺與則將應之曰
可彼如曰孰可以殺之則將應

爲獨不然？且比化者，無使土親膚，於人心獨無恔乎？吾聞之，君子不以天下儉其親。」

沈同以其私問曰：「燕可伐與？」孟子曰：「可。子噲不得與人燕，子之不得受燕於子噲。有仕於此，而子悦之，不告於王，而私與之吾子之祿爵。夫士也，亦無王命而私受

之於子，則可乎？何以異於是？」齊人伐燕。或問曰：「勸齊伐燕，有諸？」曰：「未也。沈同問『燕可伐與』？吾應之曰『可』，彼然而伐之也。彼如曰：『孰可以伐之？』則將應之曰：『爲天吏，則可以伐之。』今有殺人者，或問之曰『人可殺與』？則將應之曰：『可。』彼如曰：『孰可以殺之？』則將應

之曰爲士師則可以殺之今以燕伐燕何爲勸之哉 燕人畔王曰吾甚慙於孟子陳賈曰王無患焉王自以爲與周公孰仁且智王曰惡是何言也曰周公使管叔監殷管叔以殷畔知而使之是不仁也不知而使之是不智也仁智周公未之盡也而況於王乎賈請見而解之見孟子問曰周公何人也曰古聖人也曰使管叔監殷管叔以殷畔也有諸曰然曰周公知其將畔而使之與曰不知也然則聖人且有過與曰周公弟也管叔兄也周公之過不亦宜乎且古之君子過則改之今之君子過則

儒藏 儒藏經典·康熙篆文六經四書 孟子

之曰：『爲士師，則可以殺之。』今以燕伐燕，何爲勸之哉？」

燕人畔。王曰：「吾甚慙於孟子。」陳賈曰：「王無患焉。王自以爲與周公孰仁且智？」王曰：「惡！是何言也？」曰：「周公使管叔監殷，管叔以殷畔。知而使之，是不仁也；不知而使之，是不智也。仁智，周公未之盡也，而況於王乎？賈請見而解之。」見孟子問曰：「周公何人也？」曰：「古聖人也。」曰：「使管叔監殷，管叔以殷畔也，有諸？」曰：「然。」曰：「周公知其將畔而使之與？」曰：「不知也。」「然則聖人且有過與？」曰：「周公，弟也；管叔，兄也。周公之過，不亦宜乎？且古之君子，過則改之；今之君子，過則順之古之君子其過也如日月之食民皆見之及其更也民皆仰之今之君子豈徒順之又從爲之辭　孟子致爲臣而歸王就見孟子曰前日願見而不可得得侍同朝甚喜今又棄寡人而歸不識可以繼此而得見乎對曰不敢請耳固所願也他日

王謂時子曰我欲中國而授孟子室養弟子以萬鍾使諸大夫國人皆有所矜式子盍爲我言之時子因陳子而以告孟子陳子以時子之言告孟子孟子曰然夫時子惡知其不可也如使予欲富辭十萬而受萬是爲欲富乎季孫曰異哉子叔疑使己

順之。古之君子，其過也，如日月之食，民皆見之；及其更也，民皆仰之。今之君子，豈徒順之，又從爲之辭。」

孟子致爲臣而歸。王就見孟子，曰：「前日願見而不可得，得侍同朝甚喜。今又棄寡人而歸，不識可以繼此而得見乎？」對曰：「不敢請耳，固所願也。」他日，

儒藏
儒藏經典・康熙篆文六經四書　孟子

王謂時子曰：「我欲中國而授孟子室，養弟子以萬鍾，使諸大夫國人皆有所矜式。子盍爲我言之？」時子因陳子而以告孟子，陳子以時子之言告孟子。孟子曰：「然。夫時子惡知其不可也？如使予欲富，辭十萬而受萬，是爲欲富乎？季孫曰：『異哉子叔疑！』使己

爲政，不用，則亦已矣，又使其子弟爲卿。人亦孰不欲富貴？而獨於富貴之中，有私龍斷焉。古之爲市也，以其所有易其所無者，有司者治之耳。有賤丈夫焉，必求龍斷而登之，以左右望而罔市利。人皆以爲賤，故從而征之。征商，自此賤丈夫始矣。」

孟子去齊，宿於晝。有欲爲王留行者，坐而言，不應，隱几而臥。客不悦曰：「弟子齊宿而後敢言，夫子臥而不聽，請勿復敢見矣。」曰：「坐！我明語子。昔者魯繆公無人乎子思之側，則不能安子思；泄柳、申詳無人乎繆公之側，則不能安其身。子爲長者慮，而不及子思，子絶長者乎？長者絶子乎？」孟子去齊。尹士語人曰：「不識王之不可以爲湯武，則是不明也；識其不可，然且至，則是干澤也。千里而見王，不遇故去。三宿而後出畫，是何濡滯也？士則茲不悦。」高子以告。曰：「夫尹士惡知予哉？千里而見王，是予所欲也；不遇故去，豈予所欲哉？予不得已也。予三宿而出畫，於予心猶以爲速。王庶幾改之。王如改諸，則必反予。夫出畫而王不予追也，予然後浩然有歸志。予雖然，豈舍王哉？王由足用爲善。王如用予，則豈徒齊民安，天下之民舉安。王庶幾改之，予日望之。予豈若

儒藏經典·康熙篆文六經四書　孟子

子絶長者乎長者絶子乎孟子去齊尹士語人曰不識王之不可以爲湯武則是不明也識其不可然且至則是干澤也千里而見王不遇故去三宿而後出畫是何濡滯也士則茲不悦高子以告曰夫尹士惡知予哉千里而見王是予所欲也不遇故去豈予所欲哉予不得已也予三宿而出畫於予心猶以爲速王庶幾改之王如改諸則必反予夫出畫而王不予追也予然後浩然有歸志予雖然豈舍王哉王由足用爲善王如用予則豈徒齊民安天下之民舉安王庶幾改之予日望之予豈若

是小丈夫然哉？諫於其君而不受，則怒，悻悻然見於其面。去則窮日之力而後宿哉？」尹士聞之曰：「士誠小人也。」　孟子去齊。充虞路問曰：「夫子若有不豫色然。前日虞聞諸夫子曰：『君子不怨天，不尤人。』」曰：「彼一時，此一時也。五百年必有王者興，其間必有名世者。由周而來，七百有餘歲矣。以其數則過矣，以其時考之則可矣。夫天未欲平治天下也；如欲平治天下，當今之世，舍我其誰也？吾何爲不豫哉？」　孟子去齊，居休。公孫丑問曰：「仕而不受祿，古之道乎？」曰：「非也。於崇，吾得見王。退而有去志，不欲變，故

儒藏
儒藏經典・康熙篆文六經四書　孟子

是小丈夫然哉？諫於其君而不受，則怒，悻悻然見於其面。去則窮日之力而後宿哉？」尹士聞之曰：「士誠小人也。」

孟子去齊。充虞路問曰：「夫子若有不豫色然。前日虞聞諸夫子曰：『君子不怨天，不尤人。』」曰：「彼一時，此一時也。五百年必有王者興，其間必有名世者。由周而來，七百有餘歲矣。以其數則過矣，以其時考之則可矣。夫天未欲平治天下也；如欲平治天下，當今之世，舍我其誰也？吾何爲不豫哉？」

孟子去齊，居休。公孫丑問曰：「仕而不受祿，古之道乎？」曰：「非也。於崇，吾得見王。退而有去志，不欲變，故

不受也繼而有師命不可以請
久於齊非我志也

孟子卷之二

不受也。繼而有師命，不可以請。
久於齊，非我志也。」

孟子卷之二

孟子卷之三
滕文公章句上
滕文公爲世子將之楚過宋而
見孟子孟子道性善言必稱堯
舜世子自楚反復見孟子孟子
曰世子疑吾言乎夫道一而已
矣成覸謂齊景公曰彼丈夫也
我丈夫也吾何畏彼哉顔淵曰
舜何人也予何人也有爲者亦
若是公明儀曰文王我師也周
公豈欺我哉今滕絶長補短將
五十里也猶可以爲善國書曰
若藥不瞑眩厥疾不瘳滕定
公薨世子謂然友曰昔者孟子
嘗與我言於宋於心終不忘今
也不幸至於大故吾欲使子問

孟子卷之三

滕文公章句上

滕文公爲世子，將之楚，過宋而見孟子。孟子道性善，言必稱堯舜。世子自楚反，復見孟子。孟子曰：「世子疑吾言乎？夫道一而已矣。成覸謂齊景公曰：『彼丈夫也，我丈夫也，吾何畏彼哉？』顔淵曰：『舜何人也？予何人也？有爲者亦若是。』公明儀曰：『文王我師也，周公豈欺我哉？』今滕，絶長補短，將五十里也，猶可以爲善國。《書》曰：『若藥不瞑眩，厥疾不瘳。』」滕定公薨。世子謂然友曰：「昔者孟子嘗與我言於宋，於心終不忘。今也不幸至於大故，吾欲使子問

儒藏 儒藏經典·康熙篆文六經四書 孟子

於孟子然後行事然友之鄒問
於孟子孟子曰不亦善乎親喪
固所自盡也曾子曰生事之以
禮死葬之以禮祭之以禮可謂
孝矣諸侯之禮吾未之學也雖
然吾嘗聞之矣三年之喪齊疏
之服飦粥之食自天子達於庶
人三代共之然友反命定爲三
年之喪父兄百官皆不欲曰吾
宗國魯先君莫之行吾先君亦
莫之行也至於子之身而反之
不可且志曰喪祭從先祖曰吾
有所受之也謂然友曰吾他日
未嘗學問好馳馬試劍今也父
兄百官不我足也恐其不能盡
於大事子爲我問孟子然友復

儒藏經典·康熙篆文六經四書　孟子

於孟子，然後行事。」然友之鄒，問於孟子。孟子曰：「不亦善乎！親喪固所自盡也。曾子曰：『生，事之以禮；死，葬之以禮，祭之以禮，可謂孝矣。』諸侯之禮，吾未之學也；雖然，吾嘗聞之矣。三年之喪，齊疏之服，飦粥之食，自天子達於庶人，三代共之。」然友反命，定爲三年之喪。父兄百官皆不欲，曰：「吾宗國魯先君莫之行，吾先君亦莫之行也，至於子之身而反之，不可。且志曰：『喪祭從先祖。』」曰：「吾有所受之也。」謂然友曰：「吾他日未嘗學問，好馳馬試劍。今也父兄百官不我足也，恐其不能盡於大事，子爲我問孟子。」然友復之鄒問孟子。孟子曰：「然。不可以他求者也。孔子曰：『君薨，聽於家宰。歠粥，面深墨。即位而哭，百官有司，莫敢不哀，先之也。』上有好者，下必有甚焉者矣。『君子之德，風也；小人之德，草也。草尚之風必偃。』是在世子。」然友反命。世子曰：「然。是誠在我。」五月居廬，未有命戒。百官族人可謂曰知。及至葬，四方來觀之，顔色之戚，哭泣之哀，弔者大悦。

滕文公問爲國。孟子曰：「民事不可緩也。《詩》云：『畫爾于茅，宵爾索綯；亟其乘屋，其始播百穀。』民之爲道也，有恆産者有恆心，無恆産者無恆心。苟無恆心，放辟邪侈，無不爲已。

及陷乎罪然後從而刑之是罔民也焉有仁人在位罔民而可爲也是故賢君必恭儉禮下取於民有制陽虎曰爲富不仁矣爲仁不富矣夏后氏五十而貢殷人七十而助周人百畝而徹其實皆什一也徹者徹也助者藉也龍子曰治地莫善於助莫不善於貢貢者校數歲之中以爲常樂歲粒米狼戾多取之而不爲虐則寡取之凶年糞其田而不足則必取盈焉爲民父母使民盻盻然將終歲勤動不得以養其父母又稱貸而益之使老稚轉乎溝壑惡在其爲民父母也夫世祿滕固行之矣詩云

儒藏經典·康熙篆文六經四書　孟子

及陷乎罪，然後從而刑之，是罔民也。焉有仁人在位，罔民而可爲也？是故賢君必恭儉禮下，取於民有制。陽虎曰：『爲富不仁矣，爲仁不富矣。』夏后氏五十而貢，殷人七十而助，周人百畝而徹，其實皆什一也。徹者，徹也；助者，藉也。龍子曰：『治地莫善於助，莫不善於貢。貢者，校數歲之中以爲常。樂歲，粒米狼戾，多取之而不爲虐，則寡取之；凶年，糞其田而不足，則必取盈焉。爲民父母，使民盻盻然，將終歲勤動，不得以養其父母，又稱貸而益之。使老稚轉乎溝壑，惡在其爲民父母也？』夫世祿，滕固行之矣。《詩》云：

雨我公田遂及我私惟助爲有公田由此觀之雖周亦助也設爲庠序學校以教之庠者養也校者教也序者射也夏曰校殷曰序周曰庠學則三代共之皆所以明人倫也人倫明於上小民親於下有王者起必來取法是爲王者師也詩云周雖舊邦其命維③新文王之謂也子力行之亦以新子之國使畢戰問井地孟子曰子之君將行仁政選擇而使子子必勉之夫仁政必自經界始經界不正②井地不均穀祿不平是故暴君汙吏必慢其經界經界既正分田制祿可坐而定也夫滕壤地褊小將爲

儒藏經典·康熙篆文六經四書　孟子

『雨我公田，遂及我私。』惟助爲有公田。由此觀之，雖周亦助也。設爲庠序學校以教之：庠者，養也；校者，教也；序者，射也。夏曰校，殷曰序，周曰庠，學則三代共之，皆所以明人倫也。人倫明於上，小民親於下。有王者起，必來取法，是爲王者師也。《詩》云：『周雖舊邦，其命惟新』，文王之謂也。子力行之，亦以新子之國。」使畢戰問井地。孟子曰：「子之君將行仁政，選擇而使子，子必勉之！夫仁政，必自經界始。經界不正，井地不鈞，穀祿不平。是故暴君汙吏必慢其經界。經界既正，分田制祿，可坐而定也。夫滕壤地褊小，將爲君子焉，將爲野人焉。無君子莫治野人，無野人莫養君子。請野九一而助，國中什一使自賦。卿以下必有圭田，圭田五十畝。餘夫二十五畝。死徙無出鄉，鄉田同井。出入相友，守望相助，疾病相扶持，則百姓親睦。方里而井，井九百畝，其中爲公田。八家皆私百畝，同養公田。公事畢，然後敢治私事，所以别野人也。此其大略也。若夫潤澤之，則在君與子矣。」有爲神農之言者許行，自楚之滕，踵門而告文公曰：「遠方之人聞君行仁政，願受一廛而爲氓。」文公與之處，其徒數十人，皆衣褐，捆屨、織席以爲食。陳

儒藏經典·康熙篆文六經四書　孟子

君子焉，將爲野人焉。無君子莫治野人，無野人莫養君子。請野九一而助，國中什一使自賦。卿以下必有圭田，圭田五十畝。餘夫二十五畝。死徙無出鄉，鄉田同井。出入相友，守望相助，疾病相扶持，則百姓親睦。方里而井，井九百畝，其中爲公田。八家皆私百畝，同養公田。公事畢，然後敢治私事，所以别野人也。此其大略也。若夫潤澤之，則在君與子矣。」

有爲神農之言者許行，自楚之滕，踵門而告文公曰：「遠方之人聞君行仁政，願受一廛而爲氓。」文公與之處，其徒數十人，皆衣褐，捆屨、織席以爲食。陳

良之徒陳相與其弟辛負耒耜而自宋之滕曰聞君行聖人之政是亦聖人也願爲聖人氓陳相見許行而大悦盡棄其學而學焉陳相見孟子道許行之言曰滕君則誠賢君也雖然未聞道也賢者與民並耕而食饔飧而治今也滕有倉廩府庫則是厲民而以自養也惡得賢孟子曰許子必種粟而後食乎曰然許子必織布而後衣乎曰否許子衣褐許子冠乎曰冠曰奚冠曰冠素曰自織之與曰否以粟易之曰許子奚爲不自織曰害於耕曰許子以釜甑爨以鐵耕乎曰然自爲之與曰否以粟易

儒藏
儒藏經典・康熙篆文六經四書　孟子

良之徒陳相與其弟辛，負耒耜而自宋之滕，曰：「聞君行聖人之政，是亦聖人也，願爲聖人氓。」陳相見許行而大悦，盡棄其學而學焉。陳相見孟子，道許行之言曰：「滕君，則誠賢君也；雖然，未聞道也。賢者與民並耕而食，饔飧而治。今也滕有倉廩府庫，則是厲民而以自養也，惡得賢？」孟子曰：「許子必種粟而後食乎？」曰：「然。」「許子必織布而後衣乎？」曰：「否。許子衣褐。」「許子冠乎？」曰：「冠。」曰：「奚冠？」曰：「冠素。」曰：「自織之與？」曰：「否。以粟易之。」曰：「許子奚爲不自織？」曰：「害於耕。」曰：「許子以釜甑爨，以鐵耕乎？」曰：「然。」「自爲之與？」曰：「否。以粟易之以粟易械器者不爲厲陶冶陶冶亦以其械器易粟者豈爲厲農夫哉且許子何不爲陶冶舍皆取諸其宮中而用之何爲紛紛然與百工交易何許子之不憚煩曰百工之事固不可耕且爲也然則治天下獨可耕且爲與有大人之事有小人之事

且一人之身而百工之所爲備如必自爲而後用之是率天下而路也故曰或勞心或勞力勞心者治人勞力者治於人治於人者食人治人者食於人天下之通義也當堯之時天下猶未平洪水橫流氾濫於天下草木暢茂禽獸繁殖五穀不登禽獸

儒藏
儒藏經典·康熙篆文六經四書　孟子

之。」「以粟易械器者，不爲厲陶冶；陶冶亦以其械器易粟者，豈爲厲農夫哉？且許子何不爲陶冶。舍皆取諸其宮中而用之？何爲紛紛然與百工交易？何許子之不憚煩？」曰：「百工之事，固不可耕且爲也。」「然則治天下獨可耕且爲與？有大人之事，有小人之事。

且一人之身，而百工之所爲備。如必自爲而後用之，是率天下而路也。故曰：或勞心，或勞力；勞心者治人，勞力者治於人；治於人者食人，治人者食於人：天下之通義也。當堯之時，天下猶未平，洪水橫流，氾濫於天下。草木暢茂，禽獸繁殖；五穀不登，禽獸

偪人獸蹄鳥迹之道交於中國
堯獨憂之舉舜而敷治焉舜使
益掌火益烈山澤而焚之禽獸
逃匿禹疏九河瀹濟漯而注諸
海決汝漢排淮泗而注之江然
後中國可得而食也當是時也
禹八年於外三過其門而不入
雖欲耕得乎后稷教民稼穡樹

藝五穀五穀熟而民人育人之
有道也飽食煖衣逸居而無教
則近於禽獸聖人有憂之使契
爲司徒教以人倫父子有親君
臣有義夫婦有別長幼有序朋
友有信放勳曰勞之來之匡之
直之輔之翼之使自得之又從
而振德之聖人之憂民如此而

偪人。獸蹄鳥迹之道，交於中國。堯獨憂之，舉舜而敷治焉。舜使益掌火，益烈山澤而焚之，禽獸逃匿。禹疏九河，瀹濟漯，而注諸海；決汝漢，排淮泗，而注之江，然後中國可得而食也。當是時也，禹八年於外，三過其門而不入，雖欲耕，得乎？后稷教民稼穡。樹

儒藏 儒藏經典·康熙篆文六經四書 孟子

藝五穀，五穀熟而民人育。人之有道也，飽食、煖衣、逸居而無教，則近於禽獸。聖人有憂之，使契爲司徒，教以人倫：父子有親，君臣有義，夫婦有別，長幼有序，朋友有信。放勳曰：『勞之來之，匡之直之，輔之翼之，使自得之，又從而振德之。』聖人之憂民如此，而

暇耕乎堯以不得舜爲己憂舜
以不得禹皋陶爲己憂夫以百
畝之不易爲己憂者農夫也分
人以財謂之惠教人以善謂之
忠爲天下得人者謂之仁是故
以天下與人易爲天下得人難
孔子曰大哉堯之爲君惟天爲
大惟堯則之蕩蕩乎民無能名

焉君哉舜也巍巍乎有天下而
不與焉堯舜之治天下豈無所
用其心哉亦不用於耕耳吾聞
用夏變夷者未聞變於夷者也
陳良楚産也悦周公仲尼之道
北學於中國北方之學者未能
或之先也彼所謂豪傑之士也
子之兄弟事之數十年師死而

暇耕乎？堯以不得舜爲己憂，舜以不得禹、皋陶爲己憂。夫以百畝之不易爲己憂者，農夫也。分人以財謂之惠，教人以善謂之忠，爲天下得人者謂之仁。是故以天下與人易，爲天下得人難。孔子曰：『大哉堯之爲君！惟天爲大，惟堯則之，蕩蕩乎民無能名

焉！君哉舜也！巍巍乎有天下而不與焉！』堯舜之治天下，豈無所用其心哉？亦不用於耕耳。吾聞用夏變夷者，未聞變於夷者也。陳良，楚産也。悦周公、仲尼之道，北學於中國。北方之學者，未能或之先也。彼所謂豪傑之士也。子之兄弟事之數十年，師死而

遂倍之。昔者孔子没，三年之外，門人治任將歸，入揖於子貢，相嚮而哭，皆失聲，然後歸。子貢反，築室於場，獨居三年，然後歸。他日，子夏、子張、子游以有若似聖人，欲以所事孔子事之，彊曾子。曾子曰：『不可。江漢以濯之，秋陽以暴之，皜皜乎不可尚已。』今也南蠻鴃舌之人，非先王之道，子倍子之師而學之，亦異於曾子矣。吾聞出於幽谷遷于喬木者，未聞下喬木而入於幽谷者。魯頌曰：『戎狄是膺，荆舒是懲。』周公方且膺之，子是之學，亦爲不善變矣。」「從許子之道，則市賈不貳，國中無僞。雖使五尺之童適市，莫之或欺布帛長短同則賈相若麻縷絲絮輕重同則賈相若五穀多寡同則賈相若屨大小同則賈相若曰夫物之不齊物之情也或相倍蓰或相什伯或相千萬子比而同之是亂天下也巨屨小屨同賈人豈爲之哉從許子之道相率而爲僞者也惡能治國家

墨者夷之因徐辟而求見孟子孟子曰吾固願見今吾尚病病愈我且往見夷子不來他日又求見孟子孟子曰吾今則可以見矣不直則道不見我且直之吾聞夷子墨者墨之治喪也以薄爲其道也夷子思以易天下豈以爲非是而

儒藏
儒藏經典・康熙篆文六經四書　孟子

莫之或欺。布帛長短同，則賈相若；麻縷絲絮輕重同，則賈相若；五穀多寡同，則賈相若；屨大小同，則賈相若。」曰：「夫物之不齊，物之情也；或相倍蓰，或相什伯，或相千萬。子比而同之，是亂天下也。巨屨小屨同賈，人豈爲之哉？從許子之道，相率而爲僞者也，惡能治國家？」

墨者夷之，因徐辟而求見孟子。孟子曰：「吾固願見，今吾尚病，病愈，我且往見。」夷子不來。他日，又求見孟子。孟子曰：「吾今則可以見矣。不直，則道不見；我且直之。吾聞夷子墨者。墨之治喪也，以薄爲其道也。夷子思以易天下，豈以爲非是而不貴也然而夷子葬其親厚則是以所賤事親也徐子以告夷子夷子曰儒者之道古之人若保赤子此言何謂也之則以爲愛無差等施由親始徐子以告孟子孟子曰夫夷子信以爲人之親其兄之子爲若親其鄰之赤子乎彼有取爾也赤子匍匐將入井非赤子之罪也且天之生物也使之一本而夷子二本故也蓋上世嘗有不葬其親者其親死則舉而委之於壑他日過之狐狸食之蠅蚋姑嘬之其顙有泚睨而不視夫泚也非爲人泚中心達於面目蓋歸反虆梩而掩之掩之誠是也則孝子

儒藏經典·康熙篆文六經四書　孟子

不貴也？然而夷子葬其親厚，則是以所賤事親也。」徐子以告夷子。夷子曰：「儒者之道，古之人『若保赤子』，此言何謂也？之則以爲愛無差等，施由親始。」徐子以告孟子。孟子曰：「夫夷子，信以爲人之親其兄之子爲若親其鄰之赤子乎？彼有取爾也。赤子匍匐將入井，非赤子之罪也。且天之生物也，使之一本，而夷子二本故也。蓋上世嘗有不葬其親者。其親死，則舉而委之於壑。他日過之，狐狸食之，蠅蚋姑嘬之。其顙有泚，睨而不視。夫泚也，非爲人泚，中心達於面目。蓋歸反虆梩而掩之。掩之誠是也，則孝子

仁人之掩其親亦必有道矣徐子以告夷子夷子憮然爲閒曰命之矣
滕文公章句下
陳代曰不見諸侯宜若小然今一見之大則以王小則以霸且志曰枉尺而直尋宜若可爲也孟子曰昔齊景公田招虞人以旌不至將殺之志士不忘在溝壑勇士不忘喪其元孔子奚取焉取非其招不往也如不待其招而往何哉且夫枉尺而直尋者以利言也如以利則枉尋直尺而利亦可爲與昔者趙簡子使王良與嬖奚乘終日而不獲一禽嬖奚反命曰天下之賤工

儒藏經典·康熙篆文六經四書　孟子

仁人之掩其親，亦必有道矣。」徐子以告夷子。夷子憮然爲閒曰：「命之矣。」

滕文公章句下

陳代曰：「不見諸侯，宜若小然；今一見之，大則以王，小則以霸。且志曰：『枉尺而直尋』，宜若可爲也。」孟子曰：「昔齊景公田，招虞人以旌，不至，將殺之。志士不忘在溝壑，勇士不忘喪其元。孔子奚取焉？取非其招不往也，如不待其招而往，何哉？且夫枉尺而直尋者，以利言也。如以利，則枉尋直尺而利，亦可爲與？昔者趙簡子使王良與嬖奚乘，終日而不獲一禽。嬖奚反命曰：『天下之賤工也。』或以告王良。良曰：『請復之。』彊而後可，一朝而獲十禽。嬖奚反命曰：『天下之良工也。』簡子曰：『我使掌與女乘。』謂王良。良不可，曰：『吾爲之範我馳驅，終日不獲一；爲之詭遇，一朝而獲十。《詩》云：「不失其馳，舍矢如破。」我不貫與小人乘，請辭。』御者且羞與射者比。比而得禽獸，雖若丘陵，弗爲也。如枉道而從彼，何也？且子過矣，枉己者，未有能直人者也。」

景春曰：「公孫衍、張儀豈不誠大丈夫哉？一怒而諸侯懼，安居而天下熄。」孟子曰：「是焉得爲大丈夫乎？子未學禮乎？丈夫之冠也，父命之；女子之嫁也，母命之，往送之門戒之曰往之女家必敬必戒無違夫子以順爲正者妾婦之道也居天下之廣居立天下之正位行天下之大道得志與民由之不得志獨行其道富貴不能淫貧賤不能移威武不能屈此之謂大丈夫周霄問曰古之君子仕乎孟子曰仕傳曰孔子三月無君則皇皇如也出疆必載質公明儀曰古之人三月無君則弔三月無君則弔不以急乎曰士之失位也猶諸侯之失國家也禮曰諸侯耕助以供粢盛夫人蠶繅以爲衣服犧牲不成粢盛不潔衣服不備不敢以祭惟士無田則亦不祭牲

之門，戒之曰：『往之女家，必敬必戒，無違夫子！』以順爲正者，妾婦之道也。居天下之廣居，立天下之正位，行天下之大道。得志與民由之，不得志獨行其道。富貴不能淫，貧賤不能移，威武不能屈。此之謂大丈夫。」周霄問曰：「古之君子仕乎？」孟子曰：「仕。《傳》曰：『孔子三月無君，則皇皇如也，出疆必載質。』公明儀曰：『古之人三月無君則弔。』」「三月無君則弔，不以急乎？」曰：「士之失位也，猶諸侯之失國家也。《禮》曰：『諸侯耕助，以供粢盛；夫人蠶繅，以爲衣服。犧牲不成，粢盛不潔，衣服不備，不敢以祭。惟士無田，則亦不祭。』牲殺器皿衣服不備不敢以祭則不敢以宴亦不足弔乎出疆必載質何也曰士之仕也猶農夫之耕也農夫豈爲出疆舍其耒耜哉曰晉國亦仕國也未嘗聞仕如此其急仕如此其急也君子之難仕何也曰丈夫生而願爲之有室女子生而願爲之有

儒藏經典·康熙篆文六經四書　孟子

家父母之心人皆有之不待父母之命媒妁之言鑽穴隙相窺踰牆相從則父母國人皆賤之古之人未嘗不欲仕也又惡不由其道不由其道而往者與鑽穴隙之類也　彭更問曰後車數十乘從者數百人以傳食於諸侯不以泰乎孟子曰非其道

殺器皿衣服不備，不敢以祭，則不敢以宴，亦不足弔乎？」「出疆必載質，何也？」曰：「士之仕也，猶農夫之耕也，農夫豈爲出疆舍其耒耜哉？」曰：「晉國亦仕國也，未嘗聞仕如此其急。仕如此其急也，君子之難仕，何也？」曰：「丈夫生而願爲之有室，女子生而願爲之有

儒藏經典·康熙篆文六經四書　孟子

家。父母之心，人皆有之。不待父母之命、媒妁之言，鑽穴隙相窺，踰牆相從，則父母國人皆賤之。古之人未嘗不欲仕也，又惡不由其道。不由其道而往者，與鑽穴隙之類也。」　彭更問曰：「後車數十乘，從者數百人，以傳食於諸侯，不以泰乎？」孟子曰：「非其道，

則一簞食不可受於人如其道
則舜受堯之天下不以爲泰子
以爲泰乎曰否士無事而食不
可也曰子不通功易事以羨補
不足則農有餘粟女有餘布子
如通之則梓匠輪輿皆得食於
子於此有人焉入則孝出則悌
守先王之道以待後之學者而

不得食於子子何尊梓匠輪輿
而輕爲仁義者哉曰梓匠輪輿
其志將以求食也君子之爲道
也其志亦將以求食與曰子何
以其志爲哉其有功於子可食
而食之矣且子食志乎食功乎
曰食志曰有人於此毁瓦畫墁
其志將以求食也則子食之乎

則一簞食不可受於人；如其道，則舜受堯之天下，不以爲泰，子以爲泰乎？」曰：「否。士無事而食，不可也。」曰：「子不通功易事，以羨補不足，則農有餘粟，女有餘布；子如通之，則梓匠輪輿皆得食於子。於此有人焉，入則孝，出則悌，守先王之道，以待後之學者，而

儒藏
儒藏經典・康熙篆文六經四書　孟子

不得食於子。子何尊梓匠輪輿而輕爲仁義者哉？」曰：「梓匠輪輿，其志將以求食也。君子之爲道也，其志亦將以求食與？」曰：「子何以其志爲哉？其有功於子，可食而食之矣。且子食志乎？食功乎？」曰：「食志。」曰：「有人於此，毁瓦畫墁，其志將以求食也，則子食之乎？」

曰否曰然則子非食志也食功也　萬章問曰宋小國也今將行王政齊楚惡而伐之則如之何孟子曰湯居亳與葛爲鄰葛伯放而不祀湯使人問之曰何爲不祀曰無以供犧牲也湯使遺之牛羊葛伯食之又不以祀湯又使人問之曰何爲不祀曰無以供粢盛也湯使亳衆往爲之耕老弱饋食葛伯率其民要其有酒食黍稻者奪之不授者殺之有童子以黍肉餉殺而奪之書曰葛伯仇餉此之謂也爲其殺是童子而征之四海之内皆曰非富天下也爲匹夫匹婦復讎也湯始征自葛載十一征

儒藏
儒藏經典・康熙篆文六經四書　孟子

曰：「否。」曰：「然則子非食志也，食功也。」

萬章問曰：「宋，小國也。今將行王政，齊楚惡而伐之，則如之何？」孟子曰：「湯居亳，與葛爲鄰，葛伯放而不祀。湯使人問之曰：『何爲不祀？』曰：『無以供犧牲也。』湯使遺之牛羊。葛伯食之，又不以祀。湯又使人問之曰：『何爲不祀？』曰：『無以供粢盛也。』湯使亳衆往爲之耕，老弱饋食。葛伯率其民，要其有酒食黍稻者奪之，不授者殺之。有童子以黍肉餉，殺而奪之。《書》曰：『葛伯仇餉。』此之謂也。爲其殺是童子而征之，四海之内皆曰：『非富天下也，爲匹夫匹婦復讎也。』『湯始征，自葛載』，十一征而無敵於天下。東面而征，西夷怨；南面而征，北狄怨，曰：『奚爲後我？』民之望之，若大旱之望雨也。歸市者弗止，芸者不變，誅其君，弔其民，如時雨降。民大悅。《書》曰：『徯我后，后來其無罰。』『有攸不爲臣，東征，綏厥士女，匪厥玄黄，紹我周王見休，惟臣附于大邑周。』其君子實玄黄于匪以迎其君子，其小人簞食壺漿以迎其小人，救民於水火之中，取其殘而已矣。《太誓》曰：『我武惟揚，侵于之疆，則取于殘，殺伐用張，于湯有光。』不行王政云爾，苟行王政，四海之内皆舉首而望之，欲以爲君。齊楚雖大，何畏焉？」孟子謂戴不勝曰：「子欲子之王之善與？我明告子。有楚大夫於此，欲其子之齊語也，則使齊人傅諸？使楚人傅諸？」曰：「使齊人傅之。」曰：「一齊人傅之，衆楚人咻之，雖日撻而求其齊也，不可得矣；引而置之莊嶽之間數年，雖日撻而求其楚，亦不可得矣。子謂薛居州，

儒藏經典·康熙篆文六經四書　孟子

善士也。使之居於王所。在於王所者，長幼卑尊，皆薛居州也，王誰與爲不善？在王所者，長幼卑尊，皆非薛居州也，王誰與爲善？一薛居州，獨如宋王何？」　公孫丑問曰：「不見諸侯，何義？」孟子曰：「古者不爲臣不見。段干木踰垣而辟之，泄柳閉門而不内，是皆

已甚。迫，斯可以見矣。陽貨欲見孔子，而惡無禮，大夫有賜於士，不得受於其家，則往拜其門。陽貨瞯孔子之亡也，而饋孔子蒸豚；孔子亦瞯其亡也，而往拜之。當是時，陽貨先，豈得不見？曾子曰：『脅肩諂笑，病于夏畦。』子路曰：『未同而言，觀其色赧赧然，非由之所知也。』由是觀之，則君子之所養可知已矣。」

戴盈之曰：「什一，去關市之征，今茲未能。請輕之，以待來年，然後已，何如？」孟子曰：「今有人日攘其鄰之雞者，或告之曰：『是非君子之道。』曰：『請損之，月攘一雞，以待來年，然後已。』如知其非義，斯速已矣，何待來年。」公都子曰：「外人皆稱夫子好辯，敢問何也？」孟子曰：「予豈好辯哉？予不得已也。天下之生久矣，一治一亂。當堯之時，水逆行，氾濫於中國，蛇龍居之，民無所定，下者爲巢，上者爲營窟。《書》曰：『洚水警余。』洚水者，洪水也。使禹治之。禹掘地而注之海，驅蛇龍而放之菹，水由地中行，江、淮、河、漢是也。險阻既遠，鳥獸之害人者消，然後人得平土而居之。堯舜既没，聖人之道衰，暴君代作，壞宮室以爲汙池，民無所安息；棄田以爲園囿，使民不得衣食。邪説暴行又作，園囿、汙池、沛澤多而禽獸至。及紂之身，天下又

儒藏經典·康熙篆文六經四書　孟子

大亂周公相武王誅紂伐奄三年討其君驅飛廉於海隅而戮之滅國者五十驅虎豹犀象而遠之天下大悅書曰丕顯哉文王謨丕承哉武王烈佑啓我後人咸以正無缺世衰道微邪説暴行有作臣弑其君者有之子弑其父者有之孔子懼作春秋春秋天子之事也是故孔子曰知我者其惟春秋乎罪我者其惟春秋乎聖王不作諸侯放恣處士横議楊朱墨翟之言盈天下天下之言不歸楊則歸墨楊氏爲我是無君也墨氏兼愛是無父也無父無君是禽獸也公明儀曰庖有肥肉廄有肥馬民

大亂。周公相武王，誅紂伐奄，三年討其君，驅飛廉於海隅而戮之，滅國者五十，驅虎豹犀象而遠之，天下大悅。《書》曰：『丕顯哉，文王謨，丕承哉，武王烈，佑啓我後人，咸以正無缺。』世衰道微，邪説暴行有作，臣弑其君者有之，子弑其父者有之。孔子懼，作《春秋》。《春秋》，天子之事也，是故孔子曰：『知我者，其惟《春秋》乎！罪我者，其惟《春秋》乎！』聖王不作，諸侯放恣，處士横議，楊朱墨翟之言盈天下，天下之言，不歸楊則歸墨。楊氏爲我，是無君也；墨氏兼愛，是無父也。無父無君，是禽獸也。公明儀曰：『庖有肥肉，廄有肥馬，民有飢色野有餓莩此率獸而食人也楊墨之道不息孔子之道不著是邪說誣民充塞仁義也仁義充塞則率獸食人人將相食吾爲此懼閑先聖之道距楊墨放淫辭邪說者不得作作於其心害於其事作於其事害於其政聖人復起不易吾言矣昔者禹抑洪水而天下平周公兼夷狄驅猛獸而百姓寧孔子成春秋而亂臣賊子懼詩云戎狄是膺荊舒是懲則莫我敢承無父無君是周公所膺也我亦欲正人心息邪說距詖行放淫辭以承三聖者豈好辯哉予不得已也能言距楊墨者聖人之徒

有飢色，野有餓莩，此率獸而食人也。』楊墨之道不息，孔子之道不著，是邪說誣民，充塞仁義也。仁義充塞，則率獸食人，人將相食。吾爲此懼。閑先聖之道，距楊墨，放淫辭，邪說者，不得作，作於其心，害於其事，作於其事，害於其政，聖人復起，不易吾言矣。昔者禹抑洪水，而天下平；周公兼夷狄，驅猛獸，而百姓寧；孔子成《春秋》，而亂臣賊子懼。《詩》云：『戎狄是膺，荊舒是懲，則莫我敢承。』無父無君，是周公所膺也。我亦欲正人心，息邪說，距詖行，放淫辭，以承三聖者。豈好辯哉？予不得已也。能言距楊墨者，聖人之徒也。

匡章曰：「陳仲子豈不誠廉士哉？居於陵，三日不食，耳無聞，目無見也。井上有李，螬食實者過半矣，匍匐往將食之，三咽，然後耳有聞，目有見。」孟子曰：「於齊國之士，吾必以仲子爲巨擘焉。雖然，仲子惡能廉？充仲子之操，則蚓而後可者也。夫蚓，上食槁壤，下飲黃泉。仲子所居之室，伯夷之所築與？抑亦盜跖之所築與？所食之粟，伯夷之所樹與？抑亦盜跖之所樹與？是未可知也。」曰：「是何傷哉？彼身織屨，妻辟纑，以易之也。」曰：「仲子，齊之世家也。兄戴，蓋祿萬鍾。以兄之祿爲不義之祿而不食也，以兄之室爲不義之室而不居也避兄離母處於於陵他日歸則有饋其兄生鵝者己頻顣曰惡用是鶃鶃者爲哉他日其母殺是鵝也與之食之其兄自外至曰是鶃鶃之肉也出而哇之以母則不食以妻則食之以兄之室則弗居以於陵則居之是尚爲能充其類也乎若仲子者蚓而後充其操者也

孟子卷之三

儒藏經典·康熙篆文六經四書　孟子

不義之室而不居也，避兄離母，處於於陵。他日歸，則有饋其兄生鵝者，己頻顣曰：『惡用是鶃鶃者爲哉？』他日，其母殺是鵝也，與之食之。其兄自外至，曰：『是鶃鶃之肉也。』出而哇之。以母則不食，以妻則食之；以兄之室則弗居，以於陵則居之。是尚爲能充其類也乎？若仲子者，蚓而後充其操者也。」

孟子卷之三

孟子卷之四

離婁章句上

孟子曰離婁之明公輸子之巧不以規矩不能成方員師曠之聰不以六律不能正五音堯舜之道不以仁政不能平治天下今有仁心仁聞而民不被其澤不可法於後世者不行先王之道也故曰徒善不足以爲政徒灋不能以自行詩云不愆不忘率由舊章遵先王之法而過者未之有也聖人既竭目力焉繼之以規矩準繩以爲方員平直不可勝用也既竭耳力焉繼之以六律正五音不可勝用也既竭心思焉繼之以不忍人之政

儒藏經典·康熙篆文六經四書 孟子

孟子卷之四

離婁章句上

孟子曰：「離婁之明，公輸子之巧，不以規矩，不能成方員；師曠之聰，不以六律，不能正五音；堯舜之道，不以仁政，不能平治天下。今有仁心仁聞而民不被其澤，不可法於後世者，不行先王之道也。故曰，徒善不足以爲政，徒灋不能以自行。《詩》云：『不愆不忘，率由舊章。』遵先王之法而過者，未之有也。聖人既竭目力焉，繼之以規矩準繩，以爲方員平直，不可勝用也；既竭耳力焉，繼之以六律，正五音，不可勝用也；既竭心思焉，繼之以不忍人之政，而仁覆天下矣。故曰，爲高必因丘陵，爲下必因川澤。爲政不因先王之道，可謂智乎？是以惟仁者宜在高位。不仁而在高位，是播其惡於衆也。上無道揆也，下無法守也，朝不信道，工不信度，君子犯義，小人犯刑，國之所存者，幸也。故曰：城郭不完，兵甲不多，非國之災也；田野不辟，貨財不聚，非國之害也。上無禮，下無學，賊民興，喪無日矣。《詩》曰：『天之方蹶，無然泄泄。』泄泄，猶沓沓也。事君無義，進退無禮，言則非先王之道者，猶沓沓也。故曰，責難於君謂之恭，陳善閉邪謂之敬，吾君不能謂之賊。」

孟子曰：「規

矩方員之至也聖人人倫之至
也欲爲君盡君道欲爲臣盡臣
道二者皆法堯舜而已矣不以
舜之所以事堯事君不敬其君
者也不以堯之所以治民治民
賊其民者也孔子曰道二仁與
不仁而已矣暴其民甚則身弒
國亡不甚則身危國削名之曰
幽厲雖孝子慈孫百世不能改
也詩云殷鑒不遠在夏后之世
此之謂也　孟子曰三代之得
天下也以仁其失天下也以不
仁國之所以廢興存亡者亦然
天子不仁不保四海諸侯不仁
不保社稷卿大夫不仁不保宗
廟士庶人不仁不保四體今惡

儒藏
儒藏經典·康熙篆文六經四書　孟子

矩，方員之至也；聖人，人倫之至也。欲爲君，盡君道，欲爲臣，盡臣道，二者皆法堯舜而已矣。不以舜之所以事堯事君，不敬其君者也；不以堯之所以治民治民，賊其民者也。孔子曰：『道二：仁與不仁而已矣。』暴其民甚，則身弒國亡，不甚，則身危國削，名之曰『幽厲』，雖孝子慈孫，百世不能改也。《詩》云：『殷鑒不遠，在夏后之世』，此之謂也。」

孟子曰：「三代之得天下也以仁，其失天下也以不仁。國之所以廢興存亡者亦然。天子不仁，不保四海；諸侯不仁，不保社稷；卿大夫不仁，不保宗廟；士庶人不仁，不保四體。今惡死亡而樂不仁，是猶惡醉而强酒。」孟子曰：「愛人不親反其仁，治人不治反其智，禮人不答反其敬。行有不得者，皆反求諸己，其身正而天下歸之。《詩》云：『永言配命，自求多福。』」孟子曰：「人有恆言，皆曰『天下國家』。天下之本在國，國之本在家，家之本在身。」

孟子曰：「爲政不難，不得罪於巨室。巨室之所慕，一國慕之；一國之所慕，天下慕之；故沛然德教溢乎四海。」

孟子曰：「天下有道，小德役大德，小賢役大賢；天下無道，小役大，弱役强。斯二者天也。順天者存，逆天者亡。齊景公曰：『既不能令，又不受命，是絶

儒藏經典·康熙篆文六經四書　孟子

物也涕出而女於吳今也小國師大國而恥受命焉是猶弟子而恥受命於先師也如恥之莫若師文王師文王大國五年小國七年必爲政於天下矣詩云商之孫子其麗不億上帝既命侯于周服侯服于周天命靡常殷士膚敏裸將于京孔子曰仁不可爲衆也夫國君好仁天下無敵今也欲無敵於天下而不以仁是猶執熱而不以濯也詩云誰能執熱逝不以濯　孟子曰不仁者可與言哉安其危而利其菑樂其所以亡者不仁而可與言則何亡國敗家之有有孺子歌曰滄浪之水清兮可以

儒藏經典·康熙篆文六經四書　孟子

物也。」涕出而女於吳。今也小國師大國而恥受命焉，是猶弟子而恥受命於先師也。如恥之，莫若師文王。師文王，大國五年，小國七年，必爲政於天下矣。《詩》云：『商之孫子，其麗不億。上帝既命，侯于周服。侯服于周，天命靡常。殷士膚敏，裸將于京。』孔子曰：『仁不可爲衆也。夫國君好仁，天下無敵。』今也欲無敵於天下而不以仁，是猶執熱而不以濯也。《詩》云：『誰能執熱，逝不以濯？』」

孟子曰：「不仁者可與言哉？安其危而利其菑，樂其所以亡者。不仁而可與言，則何亡國敗家之有？有孺子歌曰：『滄浪之水清兮，可以

儒藏經典·康熙篆文六經四書　孟子

濯我纓；滄浪之水濁兮，可以濯我足。』孔子曰：『小子聽之！清斯濯纓，濁斯濯足矣，自取之也。』夫人必自侮，然後人侮之；家必自毀，而後人毀之；國必自伐，而後人伐之。《太甲》曰：『天作孽，猶可違；自作孽，不可活。』此之謂也。」孟子曰：「桀紂之失天下也，失其民也；失其民者，失其心也。得天下有道：得其民，斯得天下矣。得其民有道：得其心，斯得民矣。得其心有道：所欲與之聚之，所惡勿施爾也。民之歸仁也，猶水之就下、獸之走壙也。故爲淵敺魚者，獺也；爲叢敺爵者，鸇也；爲湯武敺民者，桀與紂也。今天下之君有好仁者則諸侯皆爲之驅矣雖欲無王不可得已今之欲王者猶七年之病求三年之艾也苟爲不畜終身不得苟不志於仁終身憂辱以陷於死亡詩云其何能淑載胥及溺此之謂也孟子曰自暴者不可與有言也自棄者不可與有爲也言非禮義謂之自暴也吾身不能居仁由義謂之自棄也仁人之安宅也義人之正路也曠安宅而弗居舍正路而不由哀哉孟子曰道在爾而求諸遠事在易而求諸難人人親其親長其長而天下平孟子曰居下位而不獲於上民不可得而治也獲於

儒藏
儒藏經典·康熙篆文六經四書　孟子

好仁者，則諸侯皆爲之歐矣。雖欲無王，不可得已。今之欲王者，猶七年之病求三年之艾也。苟爲不畜，終身不得。苟不志於仁，終身憂辱，以陷於死亡。《詩》云：『其何能淑，載胥及溺。』此之謂也。」

孟子曰：「自暴者，不可與有言也；自棄者，不可與有爲也。言非禮義，謂之自暴也；吾身不能居仁由義，謂之自棄也。仁，人之安宅也；義，人之正路也。曠安宅而弗居，舍正路而不由，哀哉！」

孟子曰：「道在爾而求諸遠，事在易而求諸難。人人親其親、長其長而天下平。」

孟子曰：「居下位而不獲於上，民不可得而治也。獲於

上有道不信於友弗獲於上矣
信於友有道事親弗悦弗信於
友矣悦親有道反身不誠不悦
於親矣誠身有道不明乎善不
誠其身矣是故誠者天之道也
思誠者人之道也至誠而不動
者未之有也不誠未有能動者
也　孟子曰伯夷辟紂居北海
之濱聞文王作興曰盍歸乎來
吾聞西伯善養老者太公辟紂
居東海之濱聞文王作興曰盍
歸乎來吾聞西伯善養老者二
老者天下之大老也而歸之是
天下之父歸之也天下之父歸
之其子焉往諸侯有行文王之
政者七年之內必爲政於天下

儒藏經典·康熙篆文六經四書　孟子

上有道，不信於友，弗獲於上矣。信於友有道，事親弗悦，弗信於友矣。悦親有道，反身不誠，不悦於親矣。誠身有道，不明乎善，不誠其身矣。是故誠者，天之道也；思誠者，人之道也。至誠而不動者，未之有也；不誠，未有能動者也。」

孟子曰：「伯夷辟紂，居北海之濱，聞文王作，興曰：『盍歸乎來！吾聞西伯善養老者。』太公辟紂，居東海之濱，聞文王作，興曰：『盍歸乎來！吾聞西伯善養老者。』二老者，天下之大老也，而歸之，是天下之父歸之也。天下之父歸之，其子焉往？諸侯有行文王之政者，七年之內，必爲政於天下矣。孟子曰：求也爲季氏宰，無能改於其德，而賦粟倍他日。孔子曰：求非我徒也，小子鳴鼓而攻之可也。由此觀之，君不行仁政而富之，皆棄於孔子者也。況於爲之强戰？爭地以戰，殺人盈野；爭城以戰，殺人盈城。此所謂率土地而食人肉，罪不容於死。故善戰者服上刑，連諸侯者次之，辟草萊、任土地者次之。孟子曰：存乎人者，莫良於眸子。眸子不能掩其惡。胷中正，則眸子瞭焉；胷中不正，則眸子眊焉。聽其言也，觀其眸子，人焉廋哉？孟子曰：恭者不侮人，儉者不奪人。侮奪人之君，惟恐不順焉，惡

矣。」

孟子曰：「求也爲季氏宰，無能改於其德，而賦粟倍他日。孔子曰：『求非我徒也，小子鳴鼓而攻之可也。』由此觀之，君不行仁政而富之，皆棄於孔子者也。況於爲之强戰？爭地以戰，殺人盈野；爭城以戰，殺人盈城。此所謂率土地而食人肉，罪不容於死。故善戰者服上刑，連諸侯者次之，辟草萊、任土地者次之。」

孟子曰：「存乎人者，莫良於眸子。眸子不能掩其惡。胷中正，則眸子瞭焉；胷中不正，則眸子眊焉。聽其言也，觀其眸子，人焉廋哉？」

孟子曰：「恭者不侮人，儉者不奪人。侮奪人之君，惟恐不順焉，惡

得爲恭儉恭儉豈可以聲音笑貌爲哉　淳于髡曰男女授受不親禮與孟子曰禮也曰嫂溺則援之以手乎曰嫂溺不援是豺狼也男女授受不親禮也嫂溺援之以手者權也曰今天下溺矣夫子之不援何也曰天下溺援之以道嫂溺援之以手子欲手援天下乎　公孫丑曰君子之不教子何也孟子曰勢不行也教者必以正以正不行繼之以怒繼之以怒則反夷矣夫子教我以正夫子未出於正也則是父子相夷也父子相夷則惡矣古者易子而教之父子之間不責善責善則離離則不祥

得爲恭儉？恭儉豈可以聲音笑貌爲哉？」

淳于髡曰：「男女授受不親，禮與？」孟子曰：「禮也。」曰：「嫂溺則援之以手乎？」曰：「嫂溺不援，是豺狼也。男女授受不親，禮也；嫂溺，援之以手者，權也。」曰：「今天下溺矣，夫子之不援，何也？」曰：「天下溺，援之以道；嫂溺，援之以手。子欲手援天下乎？」

公孫丑曰：「君子之不教子，何也？」孟子曰：「勢不行也。教者必以正；以正不行，繼之以怒；繼之以怒，則反夷矣。『夫子教我以正，夫子未出於正也。』則是父子相夷也。父子相夷，則惡矣。古者易子而教之。父子之間不責善。責善則離，離則不祥

莫大焉　孟子曰事孰爲大事親爲大守孰爲大守身爲大不失其身而能事其親者吾聞之矣失其身而能事其親者吾未之聞也孰不爲事事親事之本也孰不爲守守身守之本也曾子養曾皙必有酒肉將徹必請所與問有餘必曰有曾皙死曾元養曾子必有酒肉將徹不請所與問有餘曰亡矣將以復進也此所謂養口體者也若曾子則可謂養志也事親若曾子者可也　孟子曰人不足與適也政不足間也惟大人爲能格君心之非君仁莫不仁君義莫不義君正莫不正一正君而國定

莫大焉。」孟子曰：「事孰爲大？事親爲大；守孰爲大？守身爲大。不失其身而能事其親者，吾聞之矣；失其身而能事其親者，吾未之聞也。孰不爲事？事親，事之本也；孰不爲守？守身，守之本也。曾子養曾皙，必有酒肉。將徹，必請所與。問有餘，必曰『有』。曾皙死，曾元養曾子，必有酒肉。將徹，不請所與。問有餘，曰『亡矣』，將以復進也。此所謂養口體者也。若曾子，則可謂養志也。事親若曾子者，可也。」孟子曰：「人不足與適也，政不足間也。惟大人爲能格君心之非。君仁莫不仁，君義莫不義，君正莫不正。一正君而國定

矣　孟子曰有不虞之譽有求全之毁　孟子曰人之易其言也無責耳矣　孟子曰人之患在好爲人師　樂正子從於子敖之齊樂正子見孟子孟子曰子亦來見我乎曰先生何爲出此言也曰子來幾日矣曰昔者曰昔者則我出此言也不亦宜

乎曰舍館未定曰子聞之也舍館定然後求見長者乎曰克有罪　孟子謂樂正子曰子之從於子敖來徒餔啜也我不意子學古之道而以餔啜也　孟子曰不孝有三無後爲大舜不告而娶爲無後也君子以爲猶告也　孟子曰仁之實事親是也

矣。」　孟子曰：「有不虞之譽，有求全之毁。」　孟子曰：「人之易其言也，無責耳矣。」　孟子曰：「人之患在好爲人師。」　樂正子從於子敖之齊。樂正子見孟子。孟子曰：「子亦來見我乎？」曰：「先生何爲出此言也？」曰：「子來幾日矣？」曰：「昔者。」曰：「昔者，則我出此言也，不亦宜

儒藏 儒藏經典·康熙篆文六經四書　孟子

乎？」曰：「舍館未定。」曰：「子聞之也，舍館定，然後求見長者乎？」曰：「克有罪。」　孟子謂樂正子曰：「子之從於子敖來，徒餔啜也。我不意子學古之道，而以餔啜也。」　孟子曰：「不孝有三，無後爲大。舜不告而娶，爲無後也，君子以爲猶告也。」　孟子曰：「仁之實，事親是也；

義之實從兄是也智之實知斯
二者弗去是也禮之實節文斯
二者是也樂之實樂斯二者樂
則生矣生則惡可已也惡可已
則不知足之蹈之手之舞之
孟子曰天下大悅而將歸己視
天下悅而歸己猶草芥也惟舜
爲然不得乎親不可以爲人不
順乎親不可以爲子舜盡事親
之道而瞽瞍厎豫瞽瞍厎豫而
天下化瞽瞍厎豫而天下之爲
父子者定此之謂大孝

離婁章句下

孟子曰舜生於諸馮遷於負夏
卒於鳴條東夷之人也文王生
於岐周卒於畢郢西夷之人也

儒藏經典·康熙篆文六經四書　孟子

義之實，從兄是也。智之實，知斯二者弗去是也；禮之實，節文斯二者是也；樂之實，樂斯二者，樂則生矣；生則惡可已也，惡可已，則不知足之蹈之手之舞之。」

孟子曰：「天下大悅而將歸己。視天下悅而歸己，猶草芥也，惟舜爲然。不得乎親，不可以爲人；不順乎親，不可以爲子。舜盡事親之道而瞽瞍厎豫，瞽瞍厎豫而天下化，瞽瞍厎豫而天下之爲父子者定，此之謂大孝。」

離婁章句下

孟子曰：「舜生於諸馮，遷於負夏，卒於鳴條，東夷之人也。文王生於岐周，卒於畢郢，西夷之人也。

地之相去也千有餘里世之相
後也千有餘歲得志行乎中國
若合符節先聖後聖其揆一也
子産聽鄭國之政以其乘輿
濟人於溱洧孟子曰惠而不知
爲政歲十一月徒杠成十二月
輿梁成民未病涉也君子平其
政行辟人可也焉得人人而濟
之故爲政者每人而悦之日亦
不足矣　孟子告齊宣王曰君
之視臣如手足則臣視君如腹
心君之視臣如犬馬則臣視君
如國人君之視臣如土芥則臣
視君如寇讎王曰禮爲舊君有
服何如斯可爲服矣曰諫行言
聽膏澤下於民有故而去則君

儒藏經典·康熙篆文六經四書　孟子

地之相去也，千有餘里；世之相後也，千有餘歲。得志行乎中國，若合符節。先聖後聖，其揆一也。」

子産聽鄭國之政，以其乘輿濟人於溱洧。孟子曰：「惠而不知爲政。歲十一月徒杠成，十二月輿梁成，民未病涉也。君子平其政，行辟人可也。焉得人人而濟之？故爲政者，每人而悦之，日亦不足矣。」

孟子告齊宣王曰：「君之視臣如手足，則臣視君如腹心；君之視臣如犬馬，則臣視君如國人；君之視臣如土芥，則臣視君如寇讎。」王曰：「禮，爲舊君有服，何如斯可爲服矣？」曰：「諫行言聽，膏澤下於民；有故而去，則君使人導之出疆又先於其所往去三年不反然後收其田里此之謂三有禮焉如此則爲之服矣今也爲臣諫則不行言則不聽膏澤不下於民有故而去則君搏執之又極之於其所往去之日遂收其田里此之謂寇讎寇讎何服之有 孟子曰無罪而殺士則大夫可以去無罪而戮民則士可以徙 孟子曰君仁莫不仁君義莫不義 孟子曰非禮之禮非義之義大人弗爲 孟子曰中也養不中才也養不才故人樂有賢父兄也如中也棄不中才也棄不才則賢不肖之相去其閒不能以寸

儒藏 儒藏經典·康熙篆文六經四書 孟子

使人導之出疆，又先於其所往；去三年不反，然後收其田里。此之謂三有禮焉。如此，則爲之服矣。今也爲臣。諫則不行，言則不聽；膏澤不下於民；有故而去，則君搏執之，又極之於其所往；去之日，遂收其田里。此之謂寇讎。寇讎何服之有？」 孟子曰：「無罪而殺士，則大夫可以去；無罪而戮民，則士可以徙。」 孟子曰：「君仁莫不仁，君義莫不義。」 孟子曰：「非禮之禮，非義之義，大人弗爲。」 孟子曰：「中也養不中，才也養不才，故人樂有賢父兄也。如中也棄不中，才也棄不才，則賢不肖之相去，其閒不能以寸。」

孟子曰人有不爲也而後可以有爲　孟子曰言人之不善當如後患何　孟子曰仲尼不爲已甚者　孟子曰大人者言不必信行不必果惟義所在　孟子曰大人者不失其赤子之心者也　孟子曰養生者不足以當大事惟送死可以當大事

孟子曰君子深造之以道欲其自得之也自得之則居之安居之安則資之深資之深則取之左右逢其原故君子欲其自得之也　孟子曰博學而詳說之將以反說約也　孟子曰以善服人者未有能服人者也以善養人然後能服天下天下不心

儒藏
儒藏經典·康熙篆文六經四書　孟子

孟子曰：「人有不爲也，而後可以有爲。」　孟子曰：「言人之不善，當如後患何？」　孟子曰：「仲尼不爲已甚者。」　孟子曰：「大人者，言不必信，行不必果，惟義所在。」　孟子曰：「大人者，不失其赤子之心者也。」　孟子曰：「養生者不足以當大事，惟送死可以當大事。」

孟子曰：「君子深造之以道，欲其自得之也。自得之，則居之安；居之安，則資之深；資之深，則取之左右逢其原，故君子欲其自得之也。」　孟子曰：「博學而詳說之，將以反說約也。」　孟子曰：「以善服人者，未有能服人者也；以善養人，然後能服天下。天下不心

服而王者未之有也　孟子曰言無實不祥不祥之實蔽賢者當之　徐子曰仲尼亟稱於水曰水哉水哉何取於水也孟子曰原泉混混不舍晝夜盈科而後進放乎四海有本者如是是之取爾苟爲無本七八月之閒雨集溝澮皆盈其涸也可立而待也故聲聞過情君子恥之

孟子曰人之所以異於禽獸者幾希庶民去之君子存之舜明於庶物察於人倫由仁義行非行仁義也　孟子曰禹惡旨酒而好善言湯執中立賢無方文王視民如傷望道而未之見武王不泄邇不忘遠周公思兼三

服而王者，未之有也。」　孟子曰：「言無實，不祥。不祥之實，蔽賢者當之。」　徐子曰：「仲尼亟稱於水，曰：『水哉，水哉！』何取於水也？」孟子曰：「原泉混混，不舍晝夜。盈科而後進，放乎四海，有本者如是，是之取爾。苟爲無本，七八月之閒雨集，溝澮皆盈；其涸也，可立而待也。故聲聞過情，君子恥之。」

孟子曰：「人之所以異於禽獸者幾希，庶民去之，君子存之。舜明於庶物，察於人倫，由仁義行，非行仁義也。」　孟子曰：「禹惡旨酒而好善言。湯執中，立賢無方。文王視民如傷，望道而未之見。武王不泄邇，不忘遠。周公思兼三

儒藏
儒藏經典·康熙篆文六經四書　孟子

王，以施四事；其有不合者，仰而思之，夜以繼日；幸而得之，坐以待旦。」 孟子曰：「王者之迹熄，而《詩》亡，《詩》亡然後《春秋》作。晉之《乘》，楚之《檮杌》，魯之《春秋》，一也。其事則齊桓、晉文，其文則史。孔子曰：『其義則丘竊取之矣。』」 孟子曰：「君子之澤，五世而斬，小人之澤，五世而斬。予未得爲孔子徒也，予私淑諸人也。」 孟子曰：「可以取，可以無取，取，傷廉；可以與，可以無與，與，傷惠；可以死，可以無死，死，傷勇。」 逢蒙學射於羿，盡羿之道，思天下惟羿爲愈己，於是殺羿。孟子曰：「是亦羿有罪焉。」公明儀曰：『宜若無罪焉。』曰薄乎

儒藏
儒藏經典·康熙篆文六經四書　孟子

王，以施四事；其有不合者，仰而思之，夜以繼日；幸而得之，坐以待旦。」 孟子曰：「王者之迹熄，而《詩》亡，《詩》亡然後《春秋》作。晉之《乘》，楚之《檮杌》，魯之《春秋》，一也。其事則齊桓、晉文，其文則史。孔子曰：『其義則丘竊取之矣。』」 孟子曰：「君子之澤，五世而斬，小人之澤，五世而斬。予未得爲孔子徒也，予私淑諸人也。」 孟子曰：「可以取，可以無取，取，傷廉；可以與，可以無與，與，傷惠；可以死，可以無死，死，傷勇。」 逢蒙學射於羿，盡羿之道，思天下惟羿爲愈己，於是殺羿。孟子曰：「是亦羿有罪焉。」公明儀曰：『宜若無罪焉。』曰薄乎

云爾惡得無罪鄭人使子濯孺子侵衛衛使庾公之斯追之子濯孺子曰今日我疾作不可以執弓吾死矣夫問其僕曰追我者誰也其僕曰庾公之斯也曰吾生矣其僕曰庾公之斯衛之善射者也夫子曰吾生何謂也曰庾公之斯學射於尹公之他尹公之他學射於我夫尹公之他端人也其取友必端矣庾公之斯至曰夫子何爲不執弓曰今日我疾作不可以執弓曰小人學射於尹公之他尹公之他學射於夫子我不忍以夫子之道反害夫子雖然今日之事君事也我不敢廢抽矢扣輪去其

儒藏經典・康熙篆文六經四書　孟子

云爾，惡得無罪？鄭人使子濯孺子侵衛，衛使庾公之斯追之。子濯孺子曰：『今日我疾作，不可以執弓，吾死矣夫！』問其僕曰：『追我者誰也？』其僕曰：『庾公之斯也。』曰：『吾生矣。』其僕曰：『庾公之斯，衛之善射者也，夫子曰「吾生」，何謂也？』曰：『庾公之斯學射於尹公之他，尹公之他學射於我。夫尹公之他，端人也，其取友必端矣。』庾公之斯至，曰：『夫子何爲不執弓？』曰：『今日我疾作，不可以執弓。』曰：『小人學射於尹公之他，尹公之他學射於夫子。我不忍以夫子之道反害夫子。雖然，今日之事，君事也，我不敢廢。』抽矢扣輪，去其金，發乘矢而後反。」孟子曰：「西子蒙不潔，則人皆掩鼻而過之。雖有惡人，齊戒沐浴，則可以祀上帝。」孟子曰：「天下之言性也，則故而已矣。故者以利爲本。所惡於智者，爲其鑿也。如智者若禹之行水也，則無惡於智矣。禹之行水也，行其所無事也。如智者亦行其所無事，則智亦大矣。天之高也，星辰之遠也，苟求其故，千歲之日至，可坐而致也。」公行子有子之喪，右師往弔，入門，有進而與右師言者，有就右師之位而與右師言者。孟子不與右師言，右師不悅，曰：「諸君子皆與驩言，孟子獨不與驩言，是簡驩也孟子聞之曰禮朝廷不歷位而相與言不踰階而相揖也我欲行禮子敖以我爲簡不亦異乎　孟子曰君子所以異於人者以其存心也君子以仁存心以禮存心仁者愛人有禮者敬人愛人者人恆愛之敬人者人恆敬之有人於此其待我以橫逆則君子必自反也我必不仁也必無禮也此物奚宜至哉其自反而仁矣自反而有禮矣其橫逆由是也君子必自反也我必不忠自反而忠矣其橫逆由是也君子曰此亦妄人也已矣如此則與禽獸奚擇哉於禽獸又何難焉是故君子有終

儒藏 儒藏經典·康熙篆文六經四書　孟子

簡驩也。」孟子聞之，曰：「禮，朝廷不歷位而相與言，不踰階而相揖也。我欲行禮，子敖以我爲簡，不亦異乎？」　孟子曰：「君子所以異於人者，以其存心也。君子以仁存心，以禮存心。仁者愛人，有禮者敬人。愛人者，人恆愛之；敬人者，人恆敬之。有人於此，其待我以橫逆，則君子必自反也：我必不仁也，必無禮也，此物奚宜至哉？其自反而仁矣，自反而有禮矣，其橫逆由是也，君子必自反也：我必不忠。自反而忠矣，其橫逆由是也，君子曰：『此亦妄人也已矣。如此則與禽獸奚擇哉？於禽獸又何難焉？』是故君子有終身之憂無一朝之患也乃若所憂則有之舜人也我亦人也舜爲法於天下可傳於後世我由未免爲鄉人也是則可憂也憂之如何如舜而已矣若夫君子所患則亡矣非仁無爲也非禮無行也如有一朝之患則君子不患矣 禹稷當平世三過其門而不入孔子賢之顏子當亂世居於陋巷一簞食一瓢飲人不堪其憂顏子不改其樂孔子賢之孟子曰禹稷顏回同道禹思天下有溺者由己溺之也稷思天下有飢者由己飢之也是以如是其急也禹稷顏子易地則皆然今有同室之人鬭者救

儒藏 儒藏經典・康熙篆文六經四書 孟子

身之憂，無一朝之患也。乃若所憂則有之：舜人也，我亦人也。舜爲法於天下，可傳於後世，我由未免爲鄉人也，是則可憂也。憂之如何？如舜而已矣。若夫君子所患則亡矣。非仁無爲也，非禮無行也。如有一朝之患，則君子不患矣。」

禹、稷當平世，三過其門而不入，孔子賢之。顏子當亂世，居於陋巷。一簞食，一瓢飲。人不堪其憂，顏子不改其樂，孔子賢之。孟子曰：「禹、稷、顏回同道。禹思天下有溺者，由己溺之也；稷思天下有飢者，由己飢之也，是以如是其急也。禹、稷、顏子，易地則皆然。今有同室之人鬭者，救之雖被髮纓冠而救之可也鄉鄰有鬭者被髮纓冠而往救之則惑也雖閉户可也公都子曰匡章通國皆稱不孝焉夫子與之游又從而禮貌之敢問何也孟子曰世俗所謂不孝者五惰其四支不顧父母之養一不孝也博弈好飲酒不顧父母之

養二不孝也好貨財私妻子不顧父母之養三不孝也從耳目之欲以爲父母戮四不孝也好勇鬭很以危父母五不孝也章子有一於是乎夫章子子父責善而不相遇也責善朋友之道也父子責善賊恩之大者夫章子豈不欲有夫妻子母之屬哉

之，雖被髮纓冠而救之，可也。鄉鄰有鬭者，被髮纓冠而往救之，則惑也，雖閉户可也。」公都子曰：「匡章，通國皆稱不孝焉。夫子與之游，又從而禮貌之，敢問何也？」孟子曰：「世俗所謂不孝者五：惰其四支，不顧父母之養，一不孝也；博弈好飲酒，不顧父母之

儒藏 儒藏經典·康熙篆文六經四書 孟子

養，二不孝也；好貨財，私妻子，不顧父母之養，三不孝也；從耳目之欲，以爲父母戮，四不孝也；好勇鬭很，以危父母，五不孝也。章子有一於是乎？夫章子，子父責善而不相遇也。責善，朋友之道也；父子責善，賊恩之大者。夫章子，豈不欲有夫妻子母之屬哉？

爲得罪於父不得近出妻屏子終身不養焉其設心以爲不若是是則罪之大者是則章子已矣曾子居武城有越寇或曰寇至盍去諸曰無寓人於我室毀傷其薪木寇退則曰脩我牆屋我將反寇退曾子反左右曰待先生如此其忠且敬也寇至

則先去以爲民望寇退則反殆於不可沈猶行曰是非汝所知也昔沈猶有負芻之禍從先生者七十人未有與焉子思居於衛有齊寇或曰寇至盍去諸子思曰如伋去君誰與守孟子曰曾子子思同道曾子師也父兄也子思臣也微也曾子子思易

爲得罪於父，不得近。出妻，屏子，終身不養焉。其設心以爲不若是，是則罪之大者，是則章子已矣。」 曾子居武城，有越寇。或曰：「寇至，盍去諸？」曰：「無寓人於我室，毀傷其薪木。」寇退，則曰：「脩我牆屋，我將反。」寇退，曾子反。左右曰：「待先生，如此其忠且敬也。寇至

則先去以爲民望，寇退則反，殆於不可。」沈猶行曰：「是非汝所知也。昔沈猶有負芻之禍，從先生者七十人，未有與焉。」子思居於衛，有齊寇。或曰：「寇至，盍去諸？」子思曰：「如伋去，君誰與守？」孟子曰：「曾子、子思同道。曾子，師也，父兄也；子思，臣也，微也。曾子、子思易

地則皆然。」儲子曰：「王使人瞯夫子，果有以異於人乎？」孟子曰：「何以異於人哉？堯舜與人同耳。」

齊人有一妻一妾而處室者，其良人出，則必饜酒肉而後反。其妻問所與飲食者，則盡富貴也。其妻告其妾曰：「良人出，則必饜酒肉而後反。問其與飲食者，盡富貴也，而未嘗有顯者來，吾將瞯良人之所之也。」蚤起，施從良人之所之，徧國中無與立談者。卒之東郭墦閒之祭者，乞其餘；不足，又顧而之他，此其爲饜足之道也。其妻歸，告其妾曰：「良人者，所仰望而終身也。今若此。」與其妾訕其良人，而相泣於中

儒藏經典·康熙篆文六經四書　孟子

地則皆然。」儲子曰：「王使人瞯夫子，果有以異於人乎？」孟子曰：「何以異於人哉？堯舜與人同耳。」

齊人有一妻一妾而處室者，其良人出，則必饜酒肉而後反。其妻問所與飲食者，則盡富貴也。其妻告其妾曰：「良人出，則必饜酒肉而後反。問其與飲食者，盡富貴也，而未嘗有顯者來，吾將瞯良人之所之也。」蚤起，施從良人之所之，徧國中無與立談者。卒之東郭墦閒之祭者，乞其餘；不足，又顧而之他，此其爲饜足之道也。其妻歸，告其妾曰：「良人者，所仰望而終身也。今若此。」與其妾訕其良人，而相泣於中

庭而良人未之知也施施從外來驕其妻妾由君子觀之則人之所以求富貴利達者其妻妾不羞也而不相泣者幾希矣

孟子卷之四

庭。而良人未之知也，施施從外來，驕其妻妾。由君子觀之，則人之所以求富貴利達者，其妻妾不羞也，而不相泣者，幾希矣。

孟子卷之四

孟子卷之五

萬章章句上

萬章問曰舜往于田號泣于旻天何爲其號泣也孟子曰怨慕也萬章曰父母愛之喜而不忘父母惡之勞而不怨然則舜怨乎曰長息問於公明高曰舜往于田則吾既得聞命矣號泣于旻天于父母則吾不知也公明高曰是非爾所知也夫公明高以孝子之心爲不若是恝我竭力耕田共爲子職而已矣父母之不我愛於我何哉帝使其子九男二女百官牛羊倉廩備以事舜於畎畝之中天下之士多就之者帝將胥天下而遷之焉

儒藏經典・康熙篆文六經四書　孟子

孟子卷之五

萬章章句上

萬章問曰：「舜往于田，號泣于旻天，何爲其號泣也？」孟子曰：「怨慕也。」萬章曰：「父母愛之，喜而不忘；父母惡之，勞而不怨。然則舜怨乎？」曰：「長息問於公明高曰：『舜往于田，則吾既得聞命矣；號泣于旻天，于父母，則吾不知也。』公明高曰：『是非爾所知也。』夫公明高以孝子之心，爲不若是恝，我竭力耕田，共爲子職而已矣，父母之不我愛，於我何哉？帝使其子九男二女，百官牛羊倉廩備，以事舜於畎畝之中。天下之士多就之者，帝將胥天下而遷之焉。

爲不順於父母如窮人無所歸天下之士悅之人之所欲也而不足以解憂好色人之所欲妻帝之二女而不足以解憂富人之所欲富有天下而不足以解憂貴人之所欲貴爲天子而不足以解憂人悅之⑤好色富貴無足以解憂者惟順於父母可以解憂人少則慕父母知好色則慕少艾有妻子則慕妻子仕則慕君不得於君則熱中大孝終身慕父母五十而慕者予於大舜見之矣　萬章問曰詩云娶妻如之何必告父母信斯言也宜莫如舜舜之不告而娶何也孟子曰告則不得娶男女居室

儒藏經典·康熙篆文六經四書　孟子

爲不順於父母，如窮人無所歸。天下之士悅之，人之所欲也，而不足以解憂；好色，人之所欲，妻帝之二女，而不足以解憂；富，人之所欲，富有天下，而不足以解憂；貴，人之所欲，貴爲天子，而不足以解憂。人悅之、好色、富貴，無足以解憂者，惟順於父母，可以解憂。人少，則慕父母；知好色，則慕少艾；有妻子，則慕妻子；仕則慕君，不得於君則熱中。大孝終身慕父母。五十而慕者，予於大舜見之矣。」

萬章問曰：「《詩》云：『娶妻如之何？必告父母。』信斯言也，宜莫如舜。舜之不告而娶，何也？」

孟子曰：「告則不得娶。男女居室，

人之大倫也如告則廢人之大倫以懟父母是以不告也萬章曰舜之不告而娶則吾既得聞命矣帝之妻舜而不告何也曰帝亦知告焉則不得妻也萬章曰父母使舜完廩捐階瞽瞍焚廩使浚井出從而揜之象曰謨蓋都君咸我績牛羊父母倉廩

父母干戈朕琴朕弤朕二嫂使治朕棲象往入舜宮舜在牀琴象曰鬱陶思君爾忸怩舜曰惟茲臣庶汝其于予治不識舜不知象之將殺己與曰奚而不知也象憂亦憂象喜亦喜曰然則舜僞喜者與曰否昔者有饋生魚於鄭子產子產使校人畜之

人之大倫也。如告，則廢人之大倫，以懟父母，是以不告也。」萬章曰：「舜之不告而娶，則吾既得聞命矣；帝之妻舜而不告，何也？」曰：「帝亦知告焉則不得妻也。」萬章曰：「父母使舜完廩，捐階，瞽瞍焚廩。使浚井，出，從而揜之。象曰：『謨蓋都君，咸我績。牛羊父母，倉廩

儒藏經典·康熙篆文六經四書 孟子

父母，干戈朕，琴朕，弤朕，二嫂使治朕棲。』象往入舜宮，舜在牀琴。象曰：『鬱陶思君爾。』忸怩。舜曰：『惟茲臣庶，汝其于予治。』不識舜不知象之將殺己與？」曰：「奚而不知也？象憂亦憂，象喜亦喜。」曰：「然則舜僞喜者與？」曰：「否。昔者有饋生魚於鄭子產，子產使校人畜之

池。校人烹之，反命曰：『始舍之圉圉焉，少則洋洋焉，攸然而逝。』子産曰：『得其所哉！得其所哉！』校人出，曰：『孰謂子産智？予既烹而食之，曰：得其所哉！得其所哉！』故君子可欺以其方，難罔以非其道。彼以愛兄之道來，故誠信而喜之，奚僞焉？」

萬章問曰：「象日以殺舜爲事，立爲天子，則放之，何也？」孟子曰：「封之也，或曰放焉。」萬章曰：「舜流共工于幽州，放驩兜于崇山，殺三苗于三危，殛鯀于羽山，四罪而天下咸服，誅不仁也。象至不仁，封之有庳。有庳之人奚罪焉？仁人固如是乎？在他人則誅之，在弟則封之。」曰：「仁人

之於弟也不藏怒焉不宿怨焉
親愛之而已矣親之欲其貴也
愛之欲其富也封之有庳富貴
之也身爲天子弟爲匹夫可謂
親愛之乎敢問或曰放者何謂
也曰象不得有爲於其國天子
使吏治其國而納其貢稅焉故
謂之放豈得暴彼民哉雖然欲
常常而見之故源源而來不及
貢以政接于有庳此之謂也
咸丘蒙問曰語云盛德之士君
不得而臣父不得而子舜南面
而立堯帥諸侯北面而朝之瞽
瞍亦北面而朝之舜見瞽瞍其
容有蹙孔子曰於斯時也天下
殆哉岌岌乎不識此語誠然乎

之於弟也，不藏怒焉，不宿怨焉，親愛之而已矣。親之欲其貴也，愛之欲其富也。封之有庳，富貴之也。身爲天子，弟爲匹夫，可謂親愛之乎？」「敢問或曰放者，何謂也？」曰：「象不得有爲於其國，天子使吏治其國，而納其貢稅焉，故謂之放，豈得暴彼民哉？雖然，欲常常而見之，故源源而來。『不及貢，以政接于有庳』，此之謂也。」

咸丘蒙問曰：「語云：『盛德之士，君不得而臣，父不得而子。』舜南面而立，堯帥諸侯北面而朝之，瞽瞍亦北面而朝之。舜見瞽瞍，其容有蹙。孔子曰：『於斯時也，天下殆哉，岌岌乎！』不識此語誠然乎哉孟子曰否此非君子之言齊東野人之語也堯老而舜攝也堯典曰二十有八載放勳乃徂落百姓如喪考妣三年四海遏密八音孔子曰天無二日民無二王舜既爲天子矣又帥天下諸侯以爲堯三年喪是二天子矣咸丘蒙曰舜之不臣堯則吾既得聞命矣詩云普天之下莫非王土率土之濱莫非王臣而舜既爲天子矣敢問瞽瞍之非臣如何曰是詩也非是之謂也勞於王事而不得養父母也曰此莫非王事我獨賢勞也故說詩者不以文害辭不以辭害志以意逆志是爲得之如以辭而

儒藏

儒藏經典·康熙篆文六經四書　孟子

哉？」孟子曰：「否。此非君子之言，齊東野人之語也。堯老而舜攝也。《堯典》曰：『二十有八載，放勳乃徂落，百姓如喪考妣，三年，四海遏密八音。』孔子曰：『天無二日，民無二王。』舜既爲天子矣，又帥天下諸侯以爲堯三年喪，是二天子矣。」咸丘蒙曰：「舜之不臣堯，則吾既得聞命矣。《詩》云：『普天之下，莫非王土；率土之濱，莫非王臣。』而舜既爲天子矣，敢問瞽瞍之非臣，如何？」曰：「是詩也，非是之謂也；勞於王事，而不得養父母也。曰：『此莫非王事，我獨賢勞也。』故說詩者，不以文害辭，不以辭害志。以意逆志，是爲得之。如以辭而已矣雲漢之詩曰周餘黎民靡有子遺信斯言也是周無遺民也孝子之至莫大乎尊親尊親之至莫大乎以天下養爲天子父尊之至也以天下養養之至也詩曰永言孝思孝思維則此之謂也書曰祇載見瞽瞍夔夔齊栗瞽瞍亦允若是爲父不得而子也　萬章曰堯以天下與舜有諸孟子曰否天子不能以天下與人然則舜有天下也孰與之曰天與之天與之者諄諄然命之乎曰否天不言以行與事示之而已矣曰以行與事示之者如之何曰天子能薦人於天不能使天與之天下諸侯能

儒藏經典·康熙篆文六經四書　孟子

已矣，《雲漢》之詩曰：『周餘黎民，靡有子遺。』信斯言也，是周無遺民也。孝子之至，莫大乎尊親；尊親之至，莫大乎以天下養。爲天子父，尊之至也；以天下養，養之至也。《詩》曰：『永言孝思，孝思維則。』此之謂也。《書》曰：『祇載見瞽瞍，夔夔齊栗，瞽瞍亦允若。』是爲父不得而子也。」

萬章曰：「堯以天下與舜，有諸？」孟子曰：「否。天子不能以天下與人。」「然則舜有天下也，孰與之？」曰：「天與之。」「天與之者，諄諄然命之乎？」曰：「否。天不言，以行與事示之而已矣。」曰：「以行與事示之者如之何？」曰：「天子能薦人於天，不能使天與之天下；諸侯能薦人於天子，不能使天子與之諸侯；大夫能薦人於諸侯，不能使諸侯與之大夫。昔者堯薦舜於天而天受之，暴之於民而民受之，故曰：天不言，以行與事示之而已矣。」曰：「敢問薦之於天而天受之，暴之於民而民受之，如何？」曰：「使之主祭而百神享之，是天受之；使之主事而事治，百姓安之，是民受之也。天與之，人與之，故曰：天子不能以天下與人。舜相堯二十有八載，非人之所能爲也，天也。堯崩，三年之喪畢，舜避堯之子於南河之南。天下諸侯朝覲者，不之堯之子而之舜；訟獄者，不之堯之子而之舜；

謳歌者，不謳歌堯之子而謳歌舜，故曰天也。夫然後之中國，踐天子位焉。而居堯之宮，逼堯之子，是篡也，非天與也。《泰誓》曰：『天視自我民視，天聽自我民聽』，此之謂也。」萬章問曰：「人有言：『至於禹而德衰，不傳於賢而傳於子。』有諸？」孟子曰：「否，不然也。天與賢，則與賢；天與子，則與子。昔者舜薦禹於天，十有七年，舜崩。三年之喪畢，禹避舜之子於陽城。天下之民從之，若堯崩之後，不從堯之子而從舜也。禹薦益於天，七年，禹崩。三年之喪畢，益避禹之子於箕山之陰。朝覲訟獄者不之益而之啓，曰：『吾君之子

儒藏經典・康熙篆文六經四書　孟子

謳歌者，不謳歌堯之子而謳歌舜，故曰天也。夫然後之中國，踐天子位焉。而居堯之宮，逼堯之子，是篡也，非天與也。《泰誓》曰：『天視自我民視，天聽自我民聽』，此之謂也。」　萬章問曰：「人有言：『至於禹而德衰，不傳於賢而傳於子。』有諸？」孟子曰：「否，不然也。天與賢，則與賢；天與子，則與子。昔者舜薦禹於天，十有七年，舜崩。三年之喪畢，禹避舜之子於陽城。天下之民從之，若堯崩之後，不從堯之子而從舜也。禹薦益於天，七年，禹崩。三年之喪畢，益避禹之子於箕山之陰。朝覲訟獄者不之益而之啓，曰：『吾君之子

也。」謳歌者，不謳歌益而謳歌啓，曰：『吾君之子也。』丹朱之不肖，舜之子亦不肖。舜之相堯，禹之相舜也，歷年多，施澤於民久。啓賢，能敬承繼禹之道。益之相禹也，歷年少，施澤於民未久。舜、禹、益相去久遠，其子之賢不肖，皆天也，非人之所能爲也。莫之爲而爲者，天也；莫之致而至者，命也。匹夫而有天下者，德必若舜禹，而又有天子薦之者，故仲尼不有天下。繼世以有天下，天之所廢，必若桀紂者也，故益、伊尹、周公不有天下。伊尹相湯以王於天下。湯崩，太丁未立，外丙二年，仲壬四年。太甲顛覆湯之典刑，伊尹放之於桐。三年，太甲悔過，自怨自艾，於桐處仁遷義；三年，以聽伊尹之訓己也，復歸于亳。周公之不有天下，猶益之於夏，伊尹之於殷也。孔子曰：『唐虞禪，夏后、殷、周繼，其義一也。』」

萬章問曰：「人有言『伊尹以割烹要湯』，有諸？」孟子曰：「否，不然。伊尹耕於有莘之野，而樂堯舜之道焉。非其義也，非其道也，祿之以天下，弗顧也；繫馬千駟，弗視也。非其義也，非其道也，一介不以與人，一介不以取諸人。湯使人以幣聘之，囂囂然曰：『我何以湯之聘幣爲哉？我豈若處畎畝之中，由是以樂堯舜之道哉？』湯三使往

聘之既而幡然改曰與我處畎
畝之中由是以樂堯舜之道吾
豈若使是君爲堯舜之君哉吾
豈若使是民爲堯舜之民哉吾
豈若於吾身親見之哉天之生
此民也使先知覺後知使先覺
覺後覺也予天民之先覺者也
予將以斯道覺斯民也非予覺

之而誰也思天下之民匹夫匹
婦有不被堯舜之澤者若己推
而內之溝中其自任以天下之
重如此故就湯而說之以伐夏
救民吾未聞枉己而正人者也
況辱己以正天下者乎聖人之
行不同也或遠或近或去或不
去歸潔其身而已矣吾聞其以

聘之，既而幡然改曰：『與我處畎畝之中，由是以樂堯舜之道，吾豈若使是君爲堯舜之君哉？吾豈若使是民爲堯舜之民哉？吾豈若於吾身親見之哉？天之生此民也，使先知覺後知，使先覺覺後覺也。予，天民之先覺者也；予將以斯道覺斯民也。非予覺

儒藏 儒藏經典·康熙篆文六經四書 孟子

之，而誰也？』思天下之民，匹夫匹婦有不被堯舜之澤者，若己推而內之溝中。其自任以天下之重如此，故就湯而說之以伐夏救民。吾未聞枉己而正人者也，況辱己以正天下者乎？聖人之行不同也，或遠或近，或去或不去，歸潔其身而已矣。吾聞其以

堯舜之道要湯，未聞以割烹也。《伊訓》曰：『天誅造攻自牧宫，朕載自亳。』」萬章問曰：「或謂孔子於衛主癰疽，於齊主侍人瘠環，有諸乎？」孟子曰：「否，不然也。好事者爲之也。於衛主顔讎由。彌子之妻與子路之妻，兄弟也。彌子謂子路曰：『孔子主我，衛卿可得也。』子路以告。孔子曰：『有命。』孔子進以禮，退以義，得之不得曰『有命』。而主癰疽與侍人瘠環，是無義無命也。孔子不悦於魯、衛，遭宋桓司馬，將要而殺之，微服而過宋。是時孔子當阨，主司城貞子，爲陳侯周臣。吾聞觀近臣，以其所爲主；觀遠臣，以其所主。若孔子主癰疽與侍人瘠環何以爲孔子萬章問曰或曰百里奚自鬻於秦養牲者五羊之皮食牛以要秦穆公信乎孟子曰否不然好事者爲之也百里奚虞人也晉人以垂棘之璧與屈産之乘假道於虞以伐虢宮之奇諫百里奚不諫知虞公之不可諫而去之秦年已七十矣曾不知以食牛干秦穆公之爲汙也可謂智乎不可諫而不諫可謂不智乎知虞公之將亡而先去之不可謂不智也時舉於秦知穆公之可與有行也而相之可謂不智乎相秦而顯其君於天下可傳於後世不賢而能之乎

儒藏經典·康熙篆文六經四書　孟子

子主癰疽與侍人瘠環，何以爲孔子？」萬章問曰：「或曰：『百里奚自鬻於秦養牲者，五羊之皮，食牛，以要秦穆公。』信乎？」孟子曰：「否，不然。好事者爲之也。百里奚，虞人也。晉人以垂棘之璧與屈産之乘，假道於虞以伐虢。宮之奇諫，百里奚不諫。知虞公之不可諫而去，之秦，年已七十矣，曾不知以食牛干秦穆公之爲汙也，可謂智乎？不可諫而不諫，可謂不智乎？知虞公之將亡而先去之，不可謂不智也。時舉於秦，知穆公之可與有行也而相之，可謂不智乎？相秦而顯其君於天下，可傳於後世，不賢而能之乎？

儒藏經典·康熙篆文六經四書　孟子

自鬻以成其君，鄉黨自好者不爲，而謂賢者爲之乎？」

萬章章句下

孟子曰：「伯夷，目不視惡色，耳不聽惡聲。非其君不事，非其民不使。治則進，亂則退。横政之所出，横民之所止，不忍居也。思與鄉人處，如以朝衣朝冠坐於塗炭也。當紂之時，居北海之濱，以待天下之清也。故聞伯夷之風者，頑夫廉，懦夫有立志。伊尹曰：『何事非君？何使非民？』治亦進，亂亦進。曰：『天之生斯民也，使先知覺後知，使先覺覺後覺。予，天民之先覺者也；予將以此道覺此民也。』思天下之民匹夫匹婦有不與被堯舜之澤者若己推而内之溝中其自任以天下之重也柳下惠不羞汙君不辭小官進不隱賢必以其道遺佚而不怨阨窮而不憫與鄉人處由由然不忍去也爾爲爾我爲我雖袒裼裸裎於我側爾焉能浼我哉故聞柳下惠之風者鄙夫寬薄夫敦孔子之去齊接淅而行去魯曰遲遲吾行也去父母國之道也可以速而速可以久而久可以處而處可以仕而仕孔子也孟子曰伯夷聖之清者也伊尹聖之任者也柳下惠聖之和者也孔子聖之時者也孔子之謂集大成集大成也者金聲而

儒藏 儒藏經典·康熙篆文六經四書 孟子

與被堯舜之澤者，若己推而内之溝中，其自任以天下之重也。柳下惠，不羞汙君，不辭小官。進不隱賢，必以其道。遺佚而不怨，阨窮而不憫。與鄉人處，由由然不忍去也。『爾爲爾，我爲我，雖袒裼裸裎於我側，爾焉能浼我哉？』故聞柳下惠之風者，鄙夫寬，薄夫敦。孔子之去齊，接淅而行；去魯，曰：『遲遲吾行也。』去父母國之道也。可以速而速，可以久而久，可以處而處，可以仕而仕，孔子也。」孟子曰：「伯夷，聖之清者也；伊尹，聖之任者也；柳下惠，聖之和者也；孔子，聖之時者也。孔子之謂集大成。集大成也者，金聲而玉振之也。金聲也者，始條理也；玉振之也者，終條理也。始條理者，智之事也；終條理者，聖之事也。智，譬則巧也；聖，譬則力也。由射於百步之外也，其至，爾力也；其中，非爾力也。」

北宮錡問曰：「周室班爵祿也，如之何？」孟子曰：「其詳不可得聞也。諸侯惡其害己也，而皆去其籍。然而軻也，嘗聞其略也。天子一位，公一位，侯一位，伯一位，子、男同一位，凡五等也。君一位，卿一位，大夫一位，上士一位，中士一位，下士一位，凡六等。天子之制，地方千里，公侯皆方百里，伯七十里，子、男五十里，凡四等。不能五十里，不達

儒藏經典·康熙篆文六經四書　孟子

於天子附於諸侯曰附庸天子之卿受地視侯大夫受地視伯元士受地視子男大國地方百里君十卿祿卿祿四大夫大夫倍上士上士倍中士中士倍下士下士與庶人在官者同祿祿足以代其耕也次國地方七十里君十卿祿卿祿三大夫大夫倍上士上士倍中士中士倍下士下士與庶人在官者同祿祿足以代其耕也小國地方五十里君十卿祿卿祿二大夫大夫倍上士上士倍中士中士倍下士下士與庶人在官者同祿祿足以代其耕也耕者之所獲一夫百畝百畝之糞上農夫食九

儒藏
儒藏經典·康熙篆文六經四書　孟子

於天子，附於諸侯，曰附庸。天子之卿受地視侯，大夫受地視伯，元士受地視子、男。大國地方百里，君十卿祿，卿祿四大夫，大夫倍上士，上士倍中士，中士倍下士，下士與庶人在官者同祿，祿足以代其耕也。次國地方七十里，君十卿祿，卿祿三大夫，大夫倍上士，上士倍中士，中士倍下士，下士與庶人在官者同祿，祿足以代其耕也。小國地方五十里，君十卿祿，卿祿二大夫，大夫倍上士，上士倍中士，中士倍下士，下士與庶人在官者同祿，祿足以代其耕也。耕者之所獲，一夫百畝。百畝之糞，上農夫食九人，上次食八人，中食七人，中次食六人，下食五人。庶人在官者，其祿以是爲差。」萬章問曰：「敢問友。」孟子曰：「不挾長，不挾貴，不挾兄弟而友。友也者，友其德也，不可以有挾也。孟獻子，百乘之家也，有友五人焉：樂正裘、牧仲，其三人，則予忘之矣。獻子之與此五人者友也，無獻子之家者也。此五人者，亦有獻子之家，則不與之友矣。非惟百乘之家爲然也，雖小國之君亦有之。費惠公曰：『吾於子思，則師之矣；吾於顏般，則友之矣；王順、長息則事我者也。』非惟小國之君爲然也，雖大國之君亦有之。晉平公之

於亥唐也人云則入坐云則坐
食云則食雖疏食菜羹未嘗不
飽蓋不敢不飽也然終於此而
已矣弗與共天位也弗與治天
職也弗與食天祿也士之尊賢
者也非王公之尊賢也舜尚見
帝帝館甥于貳室亦饗舜迭爲
賓主是天子而友匹夫也用下
敬上謂之貴貴用上敬下謂之
尊賢貴貴尊賢其義一也　萬
章問曰敢問交際何心也孟子
曰恭也曰卻之卻之爲不恭何
哉曰尊者賜之曰其所取之者
義乎不義乎而後受之以是爲
不恭故弗卻也曰請無以辭卻
之以心卻之曰其取諸民之不

儒藏經典·康熙篆文六經四書　孟子

於亥唐也，入云則入，坐云則坐，食云則食。雖疏食菜羹，未嘗不飽，蓋不敢不飽也。然終於此而已矣。弗與共天位也，弗與治天職也，弗與食天祿也，士之尊賢者也，非王公之尊賢也。舜尚見帝，帝館甥于貳室，亦饗舜，迭爲賓主，是天子而友匹夫也。用下敬上，謂之貴貴；用上敬下，謂之尊賢。貴貴、尊賢，其義一也。」

萬章問曰：「敢問交際何心也？」孟子曰：「恭也。」曰：「卻之卻之爲不恭，何哉？」曰：「尊者賜之，曰『其所取之者，義乎，不義乎』，而後受之，以是爲不恭，故弗卻也。」曰：「請無以辭卻之，以心卻之，曰『其取諸民之不義也而以他辭無受不可乎曰其交也以道其接也以禮斯孔子受之矣萬章曰今有禦人於國門之外者其交也以道其餽也以禮斯可受禦與曰不可康誥曰殺越人于貨閔不畏死凡民罔不譈是不待教而誅者也殷受夏周受殷所不辭也於今

爲烈如之何其受之曰今之諸侯取之於民也猶禦也苟善其禮際矣斯君子受之敢問何説也曰子以爲有王者作將比今之諸侯而誅之乎其教之不改而後誅之乎夫謂非其有而取之者盗也充類至義之盡也孔子之仕於魯也魯人獵較孔子

義也』，而以他辭無受，不可乎？」曰：「其交也以道，其接也以禮，斯孔子受之矣。」萬章曰：「今有禦人於國門之外者，其交也以道，其餽也以禮，斯可受禦與？」曰：「不可。《康誥》曰：『殺越人于貨，閔不畏死，凡民罔不譈。』是不待教而誅者也。殷受夏，周受殷，所不辭也。於今

儒藏經典·康熙篆文六經四書　孟子

爲烈，如之何其受之？」曰：「今之諸侯取之於民也，猶禦也。苟善其禮際矣，斯君子受之，敢問何説也？」曰：「子以爲有王者作，將比今之諸侯而誅之乎？其教之不改而後誅之乎？夫謂非其有而取之者盗也，充類至義之盡也。孔子之仕於魯也，魯人獵較，孔子

亦獵較。獵較猶可，而況受其賜乎？」曰：「然則孔子之仕也，非事道與？」曰：「事道也。」「事道奚獵較也？」曰：「孔子先簿正祭器，不以四方之食供簿正。」曰：「奚不去也？」曰：「爲之兆也。兆足以行矣，而不行，而後去，是以未嘗有所終三年淹也。孔子有見行可之仕，有際可之仕，有公養之仕。於季桓子，見行可之仕也；於衛靈公，際可之仕也；於衛孝公，公養之仕也。」

孟子曰：「仕非爲貧也，而有時乎爲貧；娶妻非爲養也，而有時乎爲養。爲貧者，辭尊居卑，辭富居貧。辭尊居卑，辭富居貧，惡乎宜乎？抱關擊柝。孔子嘗爲委吏矣，曰

儒藏經典·康熙篆文六經四書　孟子

會計當而已矣嘗爲乘田矣曰牛羊茁壯長而已矣位卑而言高罪也立乎人之本朝而道不行恥也　萬章曰士之不託諸侯何也孟子曰不敢也諸侯失國而後託於諸侯禮也士之託於諸侯非禮也萬章曰君餽之粟則受之乎曰受之受之何義也曰君之於氓也固周之曰周之則受賜之則不受何也曰不敢也曰敢問其不敢何也曰抱關擊柝者皆有常職以食於上無常職而賜於上者以爲不恭也曰君餽之則受之不識可常繼乎曰繆公之於子思也亟問亟餽鼎肉子思不悅於卒也摽

「會計當而已矣」。嘗爲乘田矣，曰「牛羊茁壯長而已矣」。位卑而言高，罪也；立乎人之本朝，而道不行，恥也。」　萬章曰：「士之不託諸侯，何也？」孟子曰：「不敢也。諸侯失國，而後託於諸侯，禮也；士之託於諸侯，非禮也。」萬章曰：「君餽之粟，則受之乎？」曰：「受之。」「受之何義也？」曰：「君之於氓也，固周之。」曰：「周之則受，賜之則不受，何也？」曰：「不敢也。」曰：「敢問其不敢何也？」曰：「抱關擊柝者，皆有常職以食於上。無常職而賜於上者，以爲不恭也。」曰：「君餽之，則受之，不識可常繼乎？」曰：「繆公之於子思也，亟問，亟餽鼎肉。子思不悅。於卒也，摽使者出諸大門之外，北面稽首再拜而不受。曰：『今而後知君之犬馬畜伋。』蓋自是臺無餽也。悦賢不能舉，又不能養也，可謂悦賢乎？」曰：「敢問國君欲養君子，如何斯可謂養矣？」曰：「以君命將之，再拜稽首而受。其後廩人繼粟，庖人繼肉，不以君命將之。子思以爲鼎肉，使己僕僕爾亟拜也，非養君子之道也。堯之於舜也，使其子九男事之，二女女焉，百官牛羊倉廩備，以養舜於畎畝之中，後舉而加諸上位。故曰，王公之尊賢者也。」

萬章曰：「敢問不見諸侯，何義也？」孟子曰：「在國曰市井之臣，在野曰草莽之臣，皆謂庶人庶人不傳質爲臣不敢見於諸侯禮也萬章曰庶人召之役則往役君欲見之召之則不往見之何也曰往役義也往見不義也且君之欲見之也何爲也哉曰爲其多聞也爲其賢也曰爲其多聞也則天子不召師而況諸侯乎爲其賢也則吾未聞欲見賢而召之也繆公亟見於子思曰古千乘之國以友士何如子思不悅曰古之人有言曰事之云乎豈曰友之云乎子思之不悅也豈不曰以位則子君也我臣也何敢與君友也以德則子事我者也奚可以與我友千乘之君求與之友而

儒藏經典·康熙篆文六經四書　孟子

皆謂庶人。庶人不傳質爲臣，不敢見於諸侯，禮也。」萬章曰：「庶人，召之役，則往役；君欲見之，召之，則不往見之，何也？」曰：「往役，義也；往見，不義也。且君之欲見之也，何爲也哉？」曰：「爲其多聞也，爲其賢也。」曰：「爲其多聞也，則天子不召師，而況諸侯乎？爲其賢也，則吾未聞欲見賢而召之也。繆公亟見於子思，曰：『古千乘之國以友士，何如？』子思不悅，曰：『古之人有言：曰事之云乎，豈曰友之云乎？』子思之不悅也，豈不曰：『以位，則子，君也；我，臣也。何敢與君友也？以德，則子事我者也。奚可以與我友？』千乘之君求與之友，而不可得也，而況可召與？齊景公田，招虞人以旌，不至，將殺之。志士不忘在溝壑，勇士不忘喪其元。孔子奚取焉？取非其招不往也。」曰：「敢問招虞人何以？」曰：「以皮冠。庶人以旃，士以旂，大夫以旌。以大夫之招招虞人，虞人死不敢往。以士之招招庶人，庶人豈敢往哉？況乎以不賢人之招招賢人乎？欲見賢人而不以其道，猶欲其入而閉之門也。夫義，路也；禮，門也。惟君子能由是路，出入是門也。《詩》云：『周道如底，其直如矢；君子所履，小人所視。』」萬章曰：「孔子，君命召，不俟駕而行。然則孔子非與？」曰：「孔子當仕有官

職而以其官召之也　孟子謂萬章曰一鄉之善士斯友一鄉之善士一國之善士斯友一國之善士天下之善士斯友天下之善士以友天下之善士爲未足又尚論古之人頌其詩讀其書不知其人可乎是以論其世也是尚友也　齊宣王問卿孟子曰王何卿之問也王曰卿不同乎曰不同有貴戚之卿有異姓之卿王曰請問貴戚之卿曰君有大過則諫反覆之而不聽則易位王勃然變乎色曰王勿異也王問臣臣不敢不以正對王色定然後請問異姓之卿曰君有過則諫反覆之而不聽則

職，而以其官召之也。」孟子謂萬章曰：「一鄉之善士，斯友一鄉之善士；一國之善士，斯友一國之善士；天下之善士，斯友天下之善士。以友天下之善士爲未足，又尚論古之人。頌其詩，讀其書，不知其人，可乎？是以論其世也。是尚友也。」

齊宣王問卿。孟子曰：「王何卿之問也？」王曰：「卿不同乎？」曰：「不同。有貴戚之卿，有異姓之卿。」王曰：「請問貴戚之卿。」曰：「君有大過則諫，反覆之而不聽，則易位。」王勃然變乎色。曰：「王勿異也。王問臣，臣不敢不以正對。」王色定，然後請問異姓之卿。曰：「君有過則諫，反覆之而不聽，則

去

孟子卷之五

去。」

孟子卷之五

儒藏
儒藏經典·康熙篆文六經四書 孟子

孟子卷之六

告子章句上

告子曰性猶杞柳也義猶桮棬也以人性爲仁義猶以杞柳爲桮棬孟子曰子能順杞柳之性而以爲桮棬乎將戕賊杞柳而後以爲桮棬也如將戕賊杞柳而以爲桮棬則亦將戕賊人以爲仁義與率天下之人而禍仁義者必子之言夫 告子曰性猶湍水也決諸東方則東流決諸西方則西流人性之無分於善不善也猶水之無分於東西也孟子曰水信無分於東西無分於上下乎人性之善也猶水之就下也人無有不善水無有

孟子卷之六

告子章句上

告子曰：「性，猶杞柳也；義，猶桮棬也。以人性爲仁義，猶以杞柳爲桮棬。」孟子曰：「子能順杞柳之性而以爲桮棬乎？將戕賊杞柳而後以爲桮棬也？如將戕賊杞柳而以爲桮棬，則亦將戕賊人以爲仁義與？率天下之人而禍仁義者，必子之言夫！」告子曰：「性猶湍水也，決諸東方則東流，決諸西方則西流。人性之無分於善不善也，猶水之無分於東西也。」孟子曰：「水信無分於東西。無分於上下乎？人性之善也，猶水之就下也。人無有不善，水無有不下今夫水搏而躍之可使過顙激而行之可使在山是豈水之性哉其勢則然也人之可使爲不善其性亦猶是也　告子曰生之謂性孟子曰生之謂性也猶白之謂白與曰然白羽之白也猶白雪之白白雪之白猶白玉之白與曰然然則犬之性猶牛之性牛之性猶人之性與

告子曰食色性也仁内也非外也義外也非内也孟子曰何以謂仁内義外也曰彼長而我長之非有長於我也猶彼白而我白之從其白於外也故謂之外也曰異於白馬之白也無以異於白人之白也不識長馬之

不下。今夫水，搏而躍之，可使過顙；激而行之，可使在山。是豈水之性哉？其勢則然也。人之可使爲不善，其性亦猶是也。」　告子曰：「生之謂性。」孟子曰：「生之謂性也，猶白之謂白與？」曰：「然。」「白羽之白也，猶白雪之白；白雪之白，猶白玉之白與？」曰：「然。」「然則犬之性，猶牛之性；牛之性，猶人之性與？」

告子曰：「食色，性也。仁，内也，非外也；義，外也，非内也。」孟子曰：「何以謂仁内義外也？」曰：「彼長而我長之，非有長於我也；猶彼白而我白之，從其白於外也，故謂之外也。」曰：「異於白馬之白也，無以異於白人之白也；不識長馬之

儒藏經典·康熙篆文六經四書　孟子

長也無以異於長人之長與且謂長者義乎長之者義乎曰吾弟則愛之秦人之弟則不愛也是以我爲悅者也故謂之內長楚人之長亦長吾之長是以長爲悅者也故謂之外也曰耆秦人之炙無以異於耆吾炙夫物則亦有然者也然則耆炙亦有外與

孟季子問公都子曰何以謂義內也曰行吾敬故謂之內也鄉人長於伯兄一歲則誰敬曰敬兄酌則誰先曰先酌鄉人所敬在此所長在彼果在外非由內也公都子不能答以告孟子孟子曰敬叔父乎敬弟乎彼將曰敬叔父曰弟爲尸則誰

儒藏經典·康熙篆文六經四書 孟子

長也，無以異於長人之長與？且謂長者義乎？長之者義乎？」曰：「吾弟則愛之，秦人之弟則不愛也，是以我爲悅者也，故謂之內。長楚人之長，亦長吾之長，是以長爲悅者也，故謂之外也。」曰：「耆秦人之炙，無以異於耆吾炙。夫物則亦有然者也，然則耆炙亦有外與？」

孟季子問公都子曰：「何以謂義內也？」曰：「行吾敬，故謂之內也。」「鄉人長於伯兄一歲，則誰敬？」曰：「敬兄。」「酌則誰先？」曰：「先酌鄉人。」「所敬在此，所長在彼，果在外，非由內也。」公都子不能答，以告孟子。孟子曰：「敬叔父乎？敬弟乎？彼將曰『敬叔父』。曰：『弟爲尸，則誰敬彼將曰敬弟子曰惡在其敬叔父也彼將曰在位故也子亦曰在位故也庸敬在兄斯須之敬在鄉人季子聞之曰敬叔父則敬敬弟則敬果在外非由内也公都子曰冬日則飲湯夏日則飲水然則飲食亦在外也

公都子曰告子曰性無善無不善也或曰性可以爲善可以爲不善是故文武興則民好善幽厲興則民好暴或曰有性善有性不善是故以堯爲君而有象以瞽瞍爲父而有舜以紂爲兄之子且以爲君而有微子啓王子比干今曰性善然則彼皆非與孟子曰乃若其情則可以爲

儒藏經典·康熙篆文六經四書 孟子

敬？』彼將曰『敬弟』。子曰：『惡在其敬叔父也？』彼將曰：『在位故也。』子亦曰：『在位故也。庸敬在兄，斯須之敬在鄉人。』」季子聞之曰：「敬叔父則敬，敬弟則敬，果在外，非由内也。」公都子曰：「冬日則飲湯，夏日則飲水，然則飲食亦在外也？」

公都子曰：「告子曰：『性無善無不善也。』或曰：『性可以爲善，可以爲不善；是故文武興，則民好善；幽厲興，則民好暴。』或曰：『有性善，有性不善；是故以堯爲君而有象，以瞽瞍爲父而有舜；以紂爲兄之子且以爲君，而有微子啓、王子比干。』今曰『性善』，然則彼皆非與？」孟子曰：「乃若其情，則可以爲善矣乃所謂善也若夫爲不善非才之罪也惻隱之心人皆有之羞惡之心人皆有之恭敬之心人皆有之是非之心人皆有之惻隱之心仁也羞惡之心義也恭敬之心禮也是非之心智也仁義禮智非由外鑠我也我固有之也弗思耳矣故曰求則得之舍則失之或相倍蓰而無算者不能盡其才者也詩曰天生蒸民有物有則民之秉夷好是懿德孔子曰爲此詩者其知道乎故有物必有則民之秉夷也故好是懿德

孟子曰富歲子弟多賴凶歲子弟多暴非天之降才爾殊也其所以陷溺其

善矣，乃所謂善也。若夫爲不善，非才之罪也。惻隱之心，人皆有之；羞惡之心，人皆有之；恭敬之心，人皆有之；是非之心，人皆有之。惻隱之心，仁也；羞惡之心，義也；恭敬之心，禮也；是非之心，智也。仁義禮智，非由外鑠我也，我固有之也，弗思耳矣。故曰：『求則得之，舍則失之。』或相倍蓰而無算者，不能盡其才者也。《詩》曰：『天生蒸民，有物有則。民之秉夷，好是懿德。』孔子曰：『爲此詩者，其知道乎！故有物必有則，民之秉夷也，故好是懿德。』」

孟子曰：「富歲，子弟多賴；凶歲，子弟多暴，非天之降才爾殊也，其所以陷溺其心者然也今夫麰麥播種而耰之其地同樹之時又同浡然而生至於日至之時皆熟矣雖有不同則地有肥磽雨露之養人事之不齊也故凡同類者舉相似也何獨至於人而疑之聖人與我同類者故龍子曰不知足而爲屨我知其不爲蕢也屨之相似天下之足同也口之於味有同耆也易牙先得我口之所耆者也如使口之於味也其性與人殊若犬馬之與我不同類也則天下何耆皆從易牙之於味也至於味天下期於易牙是天下之口相似也惟耳亦然至於聲天下期於師曠是天下之

儒藏經典·康熙篆文六經四書　孟子

心者然也。今夫麰麥，播種而耰之，其地同，樹之時又同，浡然而生，至於日至之時，皆熟矣。雖有不同，則地有肥磽，雨露之養，人事之不齊也。故凡同類者，舉相似也，何獨至於人而疑之？聖人與我同類者。故龍子曰：『不知足而爲屨，我知其不爲蕢也。』屨之相似，天下之足同也。口之於味，有同耆也。易牙先得我口之所耆者也。如使口之於味也，其性與人殊，若犬馬之與我不同類也，則天下何耆皆從易牙之於味也？至於味，天下期於易牙，是天下之口相似也。惟耳亦然。至於聲，天下期於師曠，是天下之

耳相似也惟目亦然至於子都
天下莫不知其姣也不知子都
之姣者無目者也故曰口之於
味也有同耆焉耳之於聲也有
同聽焉目之於色也有同美焉
至於心獨無所同然乎心之所
同然者何也謂理也義也聖人
先得我心之所同然耳故理義
之悦我心猶芻豢之悦我口
孟子曰牛山之木嘗美矣以其
郊於大國也斧斤伐之可以爲
美乎是其日夜之所息雨露之
所潤非無萌糵之生焉牛羊又
從而牧之是以若彼濯濯也人
見其濯濯也以爲未嘗有材焉
此豈山之性也哉雖存乎人者

儒藏經典·康熙篆文六經四書　孟子

耳相似也。惟目亦然。至於子都，天下莫不知其姣也。不知子都之姣者，無目者也。故曰：口之於味也，有同耆焉；耳之於聲也，有同聽焉；目之於色也，有同美焉。至於心，獨無所同然乎？心之所同然者何也？謂理也，義也。聖人先得我心之所同然耳。故理義之悦我心，猶芻豢之悦我口。」

孟子曰：「牛山之木嘗美矣，以其郊於大國也，斧斤伐之，可以爲美乎？是其日夜之所息，雨露之所潤，非無萌糵之生焉，牛羊又從而牧之，是以若彼濯濯也。人見其濯濯也，以爲未嘗有材焉，此豈山之性也哉？雖存乎人者，豈無仁義之心哉其所以放其良心者亦猶斧斤之於木也旦旦而伐之可以爲美乎其日夜之所息平旦之氣其好惡與人相近也者幾希則其旦晝之所爲有梏亡之矣梏之反覆則其夜氣不足以存夜氣不足以存則其違禽獸不遠矣人見其禽獸也而以爲未嘗有才焉者是豈人之情也哉故苟得其養無物不長苟失其養無物不消孔子曰操則存舍則亡出入無時莫知其鄉惟心之謂與　孟子曰無或乎王之不智也雖有天下易生之物也一日暴之十日寒之未有能生者也吾見亦罕

儒藏
儒藏經典·康熙篆文六經四書　孟子

豈無仁義之心哉？其所以放其良心者，亦猶斧斤之於木也，旦旦而伐之，可以爲美乎？其日夜之所息，平旦之氣，其好惡與人相近也者，幾希。則其旦晝之所爲，有梏亡之矣。梏之反覆，則其夜氣不足以存；夜氣不足以存，則其違禽獸不遠矣。人見其禽獸也，而以爲未嘗有才焉者，是豈人之情也哉？故苟得其養，無物不長；苟失其養，無物不消。孔子曰：『操則存，舍則亡；出入無時，莫知其鄉。』惟心之謂與？」孟子曰：「無或乎王之不智也，雖有天下易生之物也，一日暴之，十日寒之，未有能生者也。吾見亦罕矣吾退而寒之者至矣吾如有萌焉何哉今夫弈之爲數小數也不專心致志則不得也弈秋通國之善弈者也使弈秋誨二人弈其一人專心致志惟弈秋之爲聽一人雖聽之一心以爲有鴻鵠將至思援弓繳而射之雖與之俱學弗若之矣爲是其

儒藏經典·康熙篆文六經四書　孟子

智弗若與曰非然也　孟子曰魚我所欲也熊掌亦我所欲也二者不可得兼舍魚而取熊掌者也生亦我所欲也義亦我所欲也二者不可得兼舍生而取義者也生亦我所欲所欲有甚於生者故不爲苟得也死亦我所惡所惡有甚於死者故患有

矣，吾退而寒之者至矣。吾如有萌焉何哉！今夫弈之爲數，小數也；不專心致志，則不得也。弈秋，通國之善弈者也。使弈秋誨二人弈，其一人專心致志，惟弈秋之爲聽。一人雖聽之，一心以爲有鴻鵠將至，思援弓繳而射之，雖與之俱學，弗若之矣。爲是其

智弗若與？曰：非然也。」

孟子曰：「魚，我所欲也；熊掌，亦我所欲也，二者不可得兼，舍魚而取熊掌者也。生，亦我所欲也；義，亦我所欲也，二者不可得兼，舍生而取義者也。生亦我所欲，所欲有甚於生者，故不爲苟得也；死亦我所惡，所惡有甚於死者，故患有

所不辟也如使人之所欲莫甚
於生則凡可以得生者何不用
也使人之所惡莫甚於死者則
凡可以辟患者何不爲也由是
則生而有不用也由是則可以
辟患而有不爲也是故所欲有
甚於生者所惡有甚於死者非
獨賢者有是心也人皆有之賢

者能勿喪耳一簞食一豆羹得
之則生弗得則死嘑爾而與之
行道之人弗受蹴爾而與之乞
人不屑也萬鍾則不辨禮義而
受之萬鍾於我何加焉爲宮室
之美妻妾之奉所識窮乏者得
我與鄉爲身死而不受今爲宮
室之美爲之鄉爲身死而不受

所不辟也。如使人之所欲莫甚於生，則凡可以得生者，何不用也？使人之所惡莫甚於死者，則凡可以辟患者，何不爲也？由是則生而有不用也，由是則可以辟患而有不爲也。是故所欲有甚於生者，所惡有甚於死者，非獨賢者有是心也，人皆有之，賢

者能勿喪耳。一簞食，一豆羹，得之則生，弗得則死。嘑爾而與之，行道之人弗受；蹴爾而與之，乞人不屑也。萬鍾則不辨禮義而受之。萬鍾於我何加焉？爲宮室之美、妻妾之奉、所識窮乏者得我與？鄉爲身死而不受，今爲宮室之美爲之；鄉爲身死而不受，

今爲妻妾之奉爲之；鄉爲身死而不受，今爲所識窮乏者得我而爲之，是亦不可以已乎？此之謂失其本心。」

孟子曰：「仁，人心也；義，人路也。舍其路而弗由，放其心而不知求，哀哉！人有雞犬放，則知求之；有放心，而不知求。學問之道無他，求其放心而已矣。」

孟子曰：「今有無名之指，屈而不信，非疾痛害事也，如有能信之者，則不遠秦楚之路，爲指之不若人也。指不若人，則知惡之；心不若人，則不知惡，此之謂不知類也。」

孟子曰：「拱把之桐梓，人苟欲生之，皆知所以養之者。至於身，而不知所以養之者，豈愛身不若桐梓哉？弗思甚也。」

孟子曰：「人之於身也，兼所愛。兼所愛，則兼所養也。無尺寸之膚不愛焉，則無尺寸之膚不養也。所以考其善不善者，豈有他哉？於己取之而已矣。體有貴賤，有小大。無以小害大，無以賤害貴。養其小者爲小人，養其大者爲大人。今有場師，舍其梧檟，養其樲棘，則爲賤場師焉。養其一指而失其肩背，而不知也，則爲狼疾人也。飲食之人，則人賤之矣，爲其養小以失大也。飲食之人無有失也，則口腹豈適爲尺寸之膚哉？」

公都子問曰：「鈞是人也，或爲大人，或爲小人，何也？」

孟子曰從其大體爲大人從其小體爲小人曰鈞是人也或從其大體或從其小體何也曰耳目之官不思而蔽於物物交物則引之而已矣心之官則思思則得之不思則不得也此天之所與我者先立乎其大者則其小者不能奪也此爲大人而已矣

孟子曰有天爵者有人爵者仁義忠信樂善不倦此天爵也公卿大夫此人爵也古之人脩其天爵而人爵從之今之人脩其天爵以要人爵既得人爵而棄其天爵則惑之甚者也終亦必亡而已矣

孟子曰欲貴者人之同心也人人有貴於己

儒藏經典·康熙篆文六經四書　孟子

孟子曰：「從其大體爲大人，從其小體爲小人。」曰：「鈞是人也，或從其大體，或從其小體，何也？」曰：「耳目之官不思，而蔽於物，物交物，則引之而已矣。心之官則思，思則得之，不思則不得也。此天之所與我者，先立乎其大者，則其小者不能奪也。此爲大人而已矣。」

孟子曰：「有天爵者，有人爵者。仁義忠信，樂善不倦，此天爵也；公卿大夫，此人爵也。古之人脩其天爵，而人爵從之。今之人脩其天爵，以要人爵；既得人爵，而棄其天爵，則惑之甚者也，終亦必亡而已矣。」

孟子曰：「欲貴者，人之同心也。人人有貴於己者，者弗思耳人之所貴者非良貴也趙孟之所貴趙孟能賤之詩云既醉以酒既飽以德言飽乎仁義也所以不願人之膏粱之味也令聞廣譽施於身所以不願人之文繡也　孟子曰仁之勝不仁也猶水勝火今之爲仁者猶以一杯水救一車薪之火也不熄則謂之水不勝火此又與於不仁之甚者也亦終必亡而已矣　孟子曰五穀者種之美者也苟爲不熟不如荑稗夫仁亦在乎熟之而已矣　孟子曰羿之教人射必志於彀學者亦必志於彀大匠誨人必以規矩學者亦必以規矩

儒藏經典·康熙篆文六經四書　孟子

者，弗思耳。人之所貴者，非良貴也。趙孟之所貴，趙孟能賤之。《詩》云：『既醉以酒，既飽以德。』言飽乎仁義也，所以不願人之膏粱之味也；令聞廣譽施於身，所以不願人之文繡也。」

孟子曰：「仁之勝不仁也，猶水勝火。今之爲仁者，猶以一杯水，救一車薪之火也；不熄，則謂之水不勝火，此又與於不仁之甚者也。亦終必亡而已矣。」

孟子曰：「五穀者，種之美者也；苟爲不熟，不如荑稗。夫仁亦在乎熟之而已矣。」

孟子曰：「羿之教人射，必志於彀；學者亦必志於彀。大匠誨人，必以規矩；學者亦必以規矩。」

告子章句下

任人有問屋廬子曰禮與食孰重曰禮重色與禮孰重曰禮重曰以禮食則飢而死不以禮食則得食必以禮乎親迎則不得妻不親迎則得妻必親迎乎屋廬子不能對明日之鄒以告孟子孟子曰於答是也何有不揣其本而齊其末方寸之木可使高於岑樓金重於羽者豈謂一鉤金與一輿羽之謂哉取食之重者與禮之輕者而比之奚翅食重取色之重者與禮之輕者而比之奚翅色重往應之曰紾兄之臂而奪之食則得食不紾則不得食則將紾之乎踰東家

儒藏 儒藏經典·康熙篆文六經四書 孟子

告子章句下

任人有問屋廬子曰：「禮與食孰重？」曰：「禮重。」「色與禮孰重？」曰：「禮重。」曰：「以禮食，則飢而死；不以禮食，則得食，必以禮乎？親迎，則不得妻；不親迎，則得妻，必親迎乎！」屋廬子不能對，明日之鄒以告孟子。孟子曰：「於答是也何有？不揣其本而齊其末，方寸之木可使高於岑樓。金重於羽者，豈謂一鉤金與一輿羽之謂哉？取食之重者，與禮之輕者而比之，奚翅食重？取色之重者，與禮之輕者而比之，奚翅色重？往應之曰：『紾兄之臂而奪之食，則得食；不紾，則不得食，則將紾之乎？踰東家牆而摟其處子，則得妻；不摟，則不得妻，則將摟之乎？』」曹交問曰：「人皆可以爲堯舜，有諸？」孟子曰：「然。」「交聞文王十尺，湯九尺，今交九尺四寸以長，食粟而已，如何則可？」曰：「奚有於是？亦爲之而已矣。有人於此，力不能勝一匹雛，則爲無力人矣；今曰舉百鈞，則爲有力人矣。然則舉烏獲之任，是亦爲烏獲而已矣。夫人豈以不勝爲患哉？弗爲耳。徐行後長者謂之弟，疾行先長者謂之不弟。夫徐行者，豈人所不能哉？所不爲也。堯舜之道，孝弟而已矣。子服堯之服，誦堯之言，行堯之行，是堯而已矣；子服桀之服，誦桀之言行桀之行是桀而已矣曰交得見於鄒君可以假館願留而受業於門曰夫道若大路然豈難知哉人病不求耳子歸而求之有餘師　公孫丑問曰高子曰小弁小人之詩也孟子曰何以言之曰怨曰固哉高叟之爲詩也有人於此越人關弓而射之則己談笑而道之無他疏之也其兄關弓而射之則己垂涕泣而道之無他戚之也小弁之怨親親也親親仁也固矣夫高叟之爲詩也曰凱風何以不怨曰凱風親之過小者也小弁親之過大者也親之過大而不怨是愈疏也親之過小而不

儒藏
儒藏經典·康熙篆文六經四書　孟子

誦桀之言，行桀之行，是桀而已矣。」曰：「交得見於鄒君，可以假館，願留而受業於門。」曰：「夫道，若大路然，豈難知哉？人病不求耳。子歸而求之，有餘師。」　公孫丑問曰：「高子曰：『《小弁》，小人之詩也。』」孟子曰：「何以言之？」曰：「怨。」曰：「固哉，高叟之爲詩也！有人於此，越人關弓而射之，則己談笑而道之；無他，疏之也。其兄關弓而射之，則己垂涕泣而道之；無他，戚之也。《小弁》之怨，親親也。親親，仁也。固矣夫，高叟之爲詩也！」曰：「《凱風》何以不怨？」曰：「《凱風》，親之過小者也；《小弁》，親之過大者也。親之過大而不怨，是愈疏也；親之過小而怨是不可磯也愈疏不孝也不可磯亦不孝也孔子曰舜其至孝矣五十而慕　宋牼將之楚孟子遇於石丘曰先生將何之曰吾聞秦楚構兵我將見楚王說而罷之楚王不悅我將見秦王說而罷之二王我將有所遇焉曰軻也請無問其詳願聞其指說之將何如曰我將言其不利也曰先生之志則大矣先生之號則不可先生以利說秦楚之王秦楚之王悅於利以罷三軍之師是三軍之士樂罷而悅於利也爲人臣者懷利以事其君爲人子者懷利以事其父爲人弟者懷利以事其兄是君臣

儒藏經典·康熙篆文六經四書　孟子

怨，是不可磯也。愈疏，不孝也；不可磯，亦不孝也。孔子曰：『舜其至孝矣，五十而慕。』」　宋牼將之楚，孟子遇於石丘。曰：「先生將何之？」曰：「吾聞秦楚構兵，我將見楚王說而罷之。楚王不悅，我將見秦王說而罷之，二王我將有所遇焉。」曰：「軻也請無問其詳，願聞其指。說之將何如？」曰：「我將言其不利也。」曰：「先生之志則大矣，先生之號則不可。先生以利說秦楚之王，秦楚之王悅於利，以罷三軍之師，是三軍之士樂罷而悅於利也。爲人臣者懷利以事其君，爲人子者懷利以事其父，爲人弟者懷利以事其兄。是君臣、父子兄弟終去仁義懷利以相接然而不亡者未之有也先生以仁義說秦楚之王秦楚之王悅於仁義而罷三軍之師是三軍之士樂罷而悅於仁義也爲人臣者懷仁義以事其君爲人子者懷仁義以事其父爲人弟者懷仁義以事其兄是君臣父

子兄弟去利懷仁義以相接也然而不王者未之有也何必曰利　孟子居鄒季任爲任處守以幣交受之而不報處於平陸儲子爲相以幣交受之而不報他日由鄒之任見季子由平陸之齊不見儲子屋廬子喜曰連得閒矣問曰夫子之任見季子

父子、兄弟終去仁義，懷利以相接，然而不亡者，未之有也。先生以仁義說秦楚之王，秦楚之王悅於仁義，而罷三軍之師，是三軍之士樂罷而悅於仁義也。爲人臣者懷仁義以事其君，爲人子者懷仁義以事其父，爲人弟者懷仁義以事其兄，是君臣、父

子、兄弟去利，懷仁義以相接也。然而不王者，未之有也。何必曰利？」　孟子居鄒，季任爲任處守，以幣交，受之而不報。處於平陸，儲子爲相，以幣交，受之而不報。他日由鄒之任，見季子；由平陸之齊，不見儲子。屋廬子喜曰：「連得閒矣。」問曰：「夫子之任見季子，

之齊不見儲子，爲其爲相與？」曰：「非也。《書》曰：『享多儀，儀不及物曰不享，惟不役志于享。』爲其不成享也。」屋廬子悦。或問之。屋廬子曰：「季子不得之鄒，儲子得之平陸。」

淳于髡曰：「先名實者，爲人也；後名實者，自爲也。夫子在三卿之中，名實未加於上下而去之，仁者固如此乎？」孟子曰：「居下位，不以賢事不肖者，伯夷也；五就湯，五就桀者，伊尹也；不惡汙君，不辭小官者，柳下惠也。三子者不同道，其趨一也。一者何也？曰仁也。君子亦仁而已矣，何必同？」曰：「魯繆公之時，公儀子爲政，子柳、子思爲臣，魯之削也滋甚。

若是乎賢者之無益於國也曰虞不用百里奚而亡秦穆公用之而霸不用賢則亡削何可得與曰昔者王豹處於淇而河西善謳綿駒處於高唐而齊右善歌華周杞梁之妻善哭其夫而變國俗有諸内必形諸外爲其事而無其功者髡未嘗覩之也是故無賢者也有則髡必識之曰孔子爲魯司寇不用從而祭燔肉不至不税冕而行不知者以爲爲肉也其知者以爲爲無禮也乃孔子則欲以微罪行不欲爲苟去君子之所爲衆人固不識也　孟子曰五霸者三王之罪人也今之諸侯五霸之罪

儒藏經典·康熙篆文六經四書　孟子

若是乎賢者之無益於國也！」曰：「虞不用百里奚而亡，秦穆公用之而霸。不用賢則亡，削何可得與？」曰：「昔者王豹處於淇，而河西善謳；綿駒處於高唐，而齊右善歌；華周、杞梁之妻善哭其夫，而變國俗。有諸内必形諸外。爲其事而無其功者，髡未嘗覩之也。是故無賢者也，有則髡必識之。」曰：「孔子爲魯司寇，不用，從而祭，燔肉不至，不税冕而行。不知者以爲爲肉也。其知者以爲爲無禮也。乃孔子則欲以微罪行，不欲爲苟去。君子之所爲，衆人固不識也。」

孟子曰：「五霸者，三王之罪人也；今之諸侯，五霸之罪人也；今之大夫，今之諸侯之罪人也。天子適諸侯曰巡狩，諸侯朝於天子曰述職。春省耕而補不足，秋省斂而助不給。入其疆，土地辟，田野治，養老尊賢，俊傑在位，則有慶，慶以地。入其疆，土地荒蕪，遺老失賢，掊克在位，則有讓。一不朝，則貶其爵；再不朝，則削其地；三不朝，則六師移之。是故天子討而不伐，諸侯伐而不討。五霸者，摟諸侯以伐諸侯者也，故曰：五霸者，三王之罪人也。五霸，桓公爲盛。葵丘之會諸侯，束牲、載書而不歃血。初命曰：『誅不孝，無易樹子，無以妾爲妻。』再命曰：『尊賢育才，以彰有德。』三命曰敬老慈幼無忘賓旅四命曰士無世官官事無攝取士必得無專殺大夫五命曰無曲防無遏糴無有封而不告曰凡我同盟之人既盟之後言歸于好今之諸侯皆犯此五禁故曰今之諸侯五霸之罪人也長君之惡其罪小逢君之惡其罪大今之大夫皆逢君之惡故曰今之大夫今之諸侯之罪人也　魯欲使慎子爲將軍孟子曰不教民而用之謂之殃民殃民者不容於堯舜之世一戰勝齊遂有南陽然且不可慎子勃然不悅曰此則滑釐所不識也曰吾明告子天子之地方千里不千里

儒藏經典·康熙篆文六經四書　孟子

命曰：『敬老慈幼，無忘賓旅。』四命曰：『士無世官，官事無攝，取士必得，無專殺大夫。』五命曰：『無曲防，無遏糴，無有封而不告。』曰：『凡我同盟之人，既盟之後，言歸于好。』今之諸侯皆犯此五禁，故曰：今之諸侯，五霸之罪人也。長君之惡其罪小，逢君之惡其罪大。今之大夫皆逢君之惡，故曰：今之大夫，今之諸侯之罪人也。」

魯欲使慎子爲將軍。孟子曰：「不教民而用之，謂之殃民。殃民者，不容於堯舜之世。一戰勝齊，遂有南陽，然且不可。」慎子勃然不悅曰：「此則滑釐所不識也。」曰：「吾明告子。天子之地方千里；不千里，不足以待諸侯。諸侯之地方百里；不百里，不足以守宗廟之典籍。周公之封於魯，爲方百里也；地非不足，而儉於百里。大公之封於齊也，亦爲方百里也；地非不足也，而儉於百里。今魯方百里者五，子以爲有王者作，則魯在所損乎？在所益乎？徒取諸彼以與此，然且仁者不爲，況於殺人以求之乎？君子之事君也，務引其君以當道，志於仁而已。」

孟子曰：「今之事君者曰：『我能爲君辟土地，充府庫。』今之所謂良臣，古之所謂民賊也。君不鄉道，不志於仁，而求富之，是富桀也。『我能爲君約與國，戰必克。』今之

儒藏經典·康熙篆文六經四書　孟子

所謂良臣古之所謂民賊也君不鄉道不志於仁而求爲之彊戰是輔桀也由今之道無變今之俗雖與之天下不能一朝居也　白圭曰吾欲二十而取一何如孟子曰子之道貉道也萬室之國一人陶則可乎曰不可器不足用也曰夫貉五穀不生惟黍生之無城郭宮室宗廟祭祀之禮無諸侯幣帛饔飧無百官有司故二十取一而足也今居中國去人倫無君子如之何其可也陶以寡且不可以爲國况無君子乎欲輕之於堯舜之道者大貉小貉也欲重之於堯舜之道者大桀小桀也　白圭

儒藏經典·康熙篆文六經四書　孟子

所謂良臣，古之所謂民賊也。君不鄉道，不志於仁，而求爲之强戰，是輔桀也。由今之道，無變今之俗，雖與之天下，不能一朝居也。」白圭曰：「吾欲二十而取一，何如？」孟子曰：「子之道，貉道也。萬室之國，一人陶，則可乎？」曰：「不可，器不足用也。」曰：「夫貉，五穀不生，惟黍生之。無城郭、宮室、宗廟、祭祀之禮，無諸侯幣帛饔飧，無百官有司，故二十取一而足也。今居中國，去人倫，無君子，如之何其可也？陶以寡，且不可以爲國，况無君子乎？欲輕之於堯舜之道者，大貉小貉也；欲重之於堯舜之道者，大桀小桀也。」白圭曰：「丹之治水也愈於禹。」孟子曰：「子過矣。禹之治水，水之道也。是故禹以四海爲壑，今吾子以鄰國爲壑。水逆行，謂之洚水。洚水者，洪水也，仁人之所恶也。吾子過矣。」孟子曰：「君子不亮，恶乎執？」魯欲使樂正子爲政。孟子曰：「吾聞之，喜而不寐。」公孫丑曰：「樂正子强乎？」曰：「否。」「有知慮乎？」曰：「否。」「多聞識乎？」曰：「否。」「然則奚爲喜而不寐？」曰：「其爲人也好善。」「好善足乎？」曰：「好善優於天下，而況魯國乎？夫苟好善，則四海之内，皆將輕千里而來告之以善。夫苟不好善，則人將曰：『訑訑，予既已知之矣。』訑訑之聲音顔色，距人於千里之外士止於千里之外則讒諂面諛之人至矣與讒諂面諛之人居國欲治可得乎陳子曰古之君子何如則仕孟子曰所就三所去三迎之致敬以有禮言將行其言也則就之禮貌未衰言弗行也則去之其次雖未行其言也迎之致敬以有禮則就之禮貌衰則去之其下朝不食夕不食飢餓不能出門户君聞之曰吾大者不能行其道又不能從其言也使飢餓於我土地吾恥之周之亦可受也免死而已矣孟子曰舜發於畎畝之中傅説舉於版築之閒膠鬲舉於魚鹽之中管夷吾

儒藏 儒藏經典·康熙篆文六經四書 孟子

於千里之外。士止於千里之外，則讒諂面諛之人至矣。與讒諂面諛之人居，國欲治，可得乎？」

陳子曰：「古之君子何如則仕？」孟子曰：「所就三，所去三。迎之致敬以有禮，言將行其言也，則就之；禮貌未衰，言弗行也，則去之。其次，雖未行其言也，迎之致敬以有禮，則就之；禮貌衰，則去之。其下，朝不食，夕不食，飢餓不能出門户。君聞之曰：『吾大者不能行其道，又不能從其言也，使飢餓於我土地，吾恥之。』周之，亦可受也，免死而已矣。」

孟子曰：「舜發於畎畝之中，傅説舉於版築之閒，膠鬲舉於魚鹽之中，管夷吾

舉於士孫叔敖舉於海百里奚
舉於市故天將降大任於是人
也必先苦其心志勞其筋骨餓
其體膚空乏其身行拂亂其所
爲所以動心忍性曾益其所不
能人恒過然後能改困於心衡
於慮而後作徵於色發於聲而
後喻入則無法家拂士出則無
敵國外患者國恒亡然後知生
於憂患而死於安樂也　孟子
曰教亦多術矣予不屑之教誨
也者是亦教誨之而已矣

孟子卷之六

儒藏經典·康熙篆文六經四書　孟子

舉於士，孫叔敖舉於海，百里奚舉於市。故天將降大任於是人也，必先苦其心志，勞其筋骨，餓其體膚，空乏其身，行拂亂其所爲，所以動心忍性，曾益其所不能。人恒過，然後能改；困於心，衡於慮，而後作；徵於色，發於聲，而後喻。入則無法家拂士，出則無敵國外患者，國恒亡。然後知生於憂患而死於安樂也。」

孟子曰：「教亦多術矣，予不屑之教誨也者，是亦教誨之而已矣。」

孟子卷之六

孟子卷之七

盡心章句上

孟子曰盡其心者知其性也知其性則知天矣存其心養其性所以事天也殀壽不貳脩身以俟之所以立命也　孟子曰莫非命也順受其正是故知命者不立乎巖牆之下盡其道而死者正命也桎梏死者非正命也

孟子曰求則得之舍則失之是求有益於得也求在我者也求之有道得之有命是求無益於得也求在外者也　孟子曰萬物皆備於我矣反身而誠樂莫大焉強恕而行求仁莫近焉

孟子曰行之而不著焉習矣

孟子卷之七

盡心章句上

孟子曰：「盡其心者，知其性也。知其性，則知天矣。存其心，養其性，所以事天也。殀壽不貳，脩身以俟之，所以立命也。」　孟子曰：「莫非命也，順受其正。是故知命者，不立乎巖牆之下。盡其道而死者，正命也。桎梏死者，非正命也。」

孟子曰：「求則得之，舍則失之，是求有益於得也，求在我者也。求之有道，得之有命，是求無益於得也，求在外者也。」　孟子曰：「萬物皆備於我矣。反身而誠，樂莫大焉。强恕而行，求仁莫近焉。」

孟子曰：「行之而不著焉，習矣

而不察焉，終身由之而不知其道者，衆也。」

孟子曰：「人不可以無恥。無恥之恥，無恥矣。」

孟子曰：「恥之於人大矣。爲機變之巧者，無所用恥焉。不恥不若人，何若人有？」

孟子曰：「古之賢王好善而忘勢，古之賢士何獨不然？樂其道而忘人之勢。故王公不致敬盡禮，則不得亟見之。見且猶不得亟，而況得而臣之乎？」

孟子謂宋句踐曰：「子好遊乎？吾語子遊。人知之，亦囂囂；人不知，亦囂囂。」曰：「何如斯可以囂囂矣？」曰：「尊德樂義，則可以囂囂矣。故士窮不失義，達不離道。窮不失義，故士得己焉；達不離道，故民不失望焉。古之人，得志，澤加於民；不得志，脩身見於世。窮則獨善其身，達則兼善天下。」

孟子曰：「待文王而後興者，凡民也。若夫豪傑之士，雖無文王猶興。」

孟子曰：「附之以韓魏之家，如其自視欿然，則過人遠矣。」

孟子曰：「以佚道使民，雖勞不怨；以生道殺民，雖死不怨殺者。」

孟子曰：「霸者之民，驩虞如也；王者之民，皞皞如也。殺之而不怨，利之而不庸，民日遷善而不知爲之者。夫君子所過者化，所存者神，上下與天地同流，豈曰小補之哉？」

孟子曰：「仁言，不如仁聲之入人深也。善政，不如善教之得民也。善政民畏之，善教民愛之；善政得民財，善教得民心。」　孟子曰：「人之所不學而能者，其良能也；所不慮而知者，其良知也。孩提之童，無不知愛其親者；及其長也，無不知敬其兄也。親親，仁也；敬長，義也。無他，達之天下也。」　孟子曰：「舜之居深山之中，與木石居，與鹿豕遊，其所以異於深山之野人者幾希。及其聞一善言，見一善行，若決江河，沛然莫之能禦也。」　孟子曰：「無爲其所不爲，無欲其所不欲，如此而已矣。」　孟子曰：「人之有德慧術知者，恆存乎疢疾。獨孤臣孽子，其操心也危，其慮患也深，故達。」孟子曰：「有事君人者，事是君則爲容悦者也。有安社稷臣者，以安社稷爲悦者也。有天民者，達可行於天下而後行之者也。有大人者，正己而物正者也。」

孟子曰：「君子有三樂，而王天下不與存焉。父母俱存，兄弟無故，一樂也。仰不愧於天，俯不怍於人，二樂也。得天下英才而教育之，三樂也。君子有三樂，而王天下不與存焉。」

孟子曰：「廣土衆民，君子欲之，所樂不存焉。中天下而立，定四海之民，君子樂之，所性不存焉。君子所性，雖大行不加焉，雖窮居不損焉，分定故也。君子所性，仁義禮智根於

儒藏經典·康熙篆文六經四書　孟子

心。其生色也，睟然見於面，盎於背，施於四體，四體不言而喻。」

孟子曰：「伯夷辟紂，居北海之濱，聞文王作興，曰：『盍歸乎來！吾聞西伯善養老者。』太公辟紂，居東海之濱，聞文王作興，曰：『盍歸乎來！吾聞西伯善養老者。』天下有善養老，則仁人以爲己歸矣。五畝之宅，樹牆下以桑，匹婦蠶之，則老者足以衣帛矣。五母雞，二母彘，無失其時，老者足以無失肉矣。百畝之田，匹夫耕之，八口之家足以無飢矣。所謂西伯善養老者，制其田里，教之樹畜，導其妻子，使養其老。五十非帛不煖，七十非肉不飽。不煖不飽，謂

儒藏 儒藏經典·康熙篆文六經四書 孟子

之凍餒。文王之民，無凍餒之老者，此之謂也。」

孟子曰：「易其田疇，薄其稅斂，民可使富也。食之以時，用之以禮，財不可勝用也。民非水火不生活，昏暮叩人之門戶，求水火，無弗與者，至足矣。聖人治天下，使有菽粟如水火。菽粟如水火，而民焉有不仁者乎？」

孟子曰：「孔子登東山而小魯，登大山而小天下。故觀於海者難爲水，遊於聖人之門者難爲言。觀水有術，必觀其瀾。日月有明，容光必照焉。流水之爲物也，不盈科不行；君子之志於道也，不成章不達。」

孟子曰：「雞鳴而起，孳孳爲善者，舜之徒也。雞

之凍餒文王之民無凍餒之老者此之謂也孟子曰易其田疇薄其稅斂民可使富也食之以時用之以禮財不可勝用也民非水火不生活昏暮叩人之門戶求水火無弗與者至足矣聖人治天下使有菽粟如水火菽粟如水火而民焉有不仁者乎孟子曰孔子登東山而小魯登大山而小天下故觀於海者難爲水遊於聖人之門者難爲言觀水有術必觀其瀾日月有明容光必照焉流水之爲物也不盈科不行君子之志於道也不成章不達孟子曰雞鳴而起孳孳爲善者舜之徒也雞

儒藏經典·康熙篆文六經四書　孟子

儒藏經典·康熙篆文六經四書　孟子

鳴而起，孳孳爲利者，蹠之徒也。欲知舜與蹠之分，無他，利與善之間也。」

孟子曰：「楊子取爲我，拔一毛而利天下，不爲也。墨子兼愛，摩頂放踵利天下，爲之。子莫執中，執中爲近之，執中無權，猶執一也。所惡執一者，爲其賊道也，舉一而廢百也。」

孟子曰：「飢者甘食，渴者甘飲，是未得飲食之正也，飢渴害之也。豈惟口腹有飢渴之害？人心亦皆有害。人能無以飢渴之害爲心害，則不及人不爲憂矣。」

孟子曰：「柳下惠不以三公易其介。」

孟子曰：「有爲者辟若掘井，掘井九軔而不及泉，猶爲棄井也。」

孟子

曰堯舜性之也湯武身之也五霸假之也久假而不歸惡知其非有也　公孫丑曰伊尹曰予不狎于不順放大甲于桐民大悅大甲賢又反之民大悅賢者之爲人臣也其君不賢則固可放與孟子曰有伊尹之志則可無伊尹之志則篡也　公孫丑曰詩曰不素餐兮君子之不耕而食何也孟子曰君子居是國也其君用之則安富尊榮其子弟從之則孝弟忠信不素餐兮孰大於是　王子墊問曰士何事孟子曰尚志曰何謂尚志曰仁義而已矣殺一無罪非仁也非其有而取之非義也居惡在

儒藏經典·康熙篆文六經四書　孟子

曰：「堯舜，性之也；湯武，身之也；五霸，假之也。久假而不歸，惡知其非有也。」

公孫丑曰：「伊尹曰：『予不狎于不順。』放大甲于桐，民大悅。大甲賢。又反之，民大悅。賢者之爲人臣也，其君不賢，則固可放與？」孟子曰：「有伊尹之志，則可；無伊尹之志，則篡也。」

公孫丑曰：「《詩》曰『不素餐兮』，君子之不耕而食，何也？」孟子曰：「君子居是國也，其君用之，則安富尊榮；其子弟從之，則孝弟忠信。『不素餐兮』，孰大於是？」

王子墊問曰：「士何事？」孟子曰：「尚志。」曰：「何謂尚志？」曰：「仁義而已矣。殺一無罪，非仁也；非其有而取之，非義也。居惡在？

仁是也；路惡在？義是也。居仁由義，大人之事備矣。」

孟子曰：「仲子，不義與之齊國而弗受，人皆信之，是舍簞食豆羹之義也。人莫大焉亡親戚、君臣、上下。以其小者信其大者，奚可哉？」

桃應問曰：「舜爲天子，皋陶爲士，瞽瞍殺人，則如之何？」孟子曰：「執之而已矣。」「然則舜不禁與？」曰：「夫舜惡得而禁之？夫有所受之也。」「然則舜如之何？」曰：「舜視棄天下，猶棄敝蹝也。竊負而逃，遵海濱而處，終身訢然，樂而忘天下。」

孟子自范之齊，望見齊王之子。喟然歎曰：「居移氣，養移體，大哉居乎！夫非盡人之子與？」孟子曰：「王子宮室、車馬、衣服多與人同，而王子若彼者，其居使之然也；況居天下之廣居者乎？魯君之宋，呼於垤澤之門。守者曰：『此非吾君也，何其聲之似我君也？』此無他，居相似也。」　孟子曰：「食而弗愛，豕交之也；愛而不敬，獸畜之也。恭敬者，幣之未將者也。恭敬而無實，君子不可虛拘。」　孟子曰：「形色，天性也；惟聖人，然後可以踐形。」　齊宣王欲短喪。公孫丑曰：「爲朞之喪，猶愈於已乎？」孟子曰：「是猶或紾其兄之臂，子謂之姑徐徐云爾，亦教之孝弟而已矣。」王子有其母死者，其傅爲之請數月之喪。公孫丑曰：「若此者，何如也？」曰：「是欲終之而不可得也。雖加一日愈於已，謂夫莫之禁而弗爲者也。」

孟子曰：「君子之所以教者五：有如時雨化之者，有成德者，有達財者，有答問者，有私淑艾者。此五者，君子之所以教也。」

公孫丑曰：「道則高矣，美矣，宜若登天然，似不可及也。何不使彼爲可幾及而日孳孳也？」孟子曰：「大匠不爲拙工改廢繩墨，羿不爲拙射變其彀率。君子引而不發，躍如也。中道而立，能者從之。」

孟子曰：「天下有道，以道殉身；天下無道，以身殉道。未聞以道殉乎人者也。」

公都子曰：「滕更之在門也，若在所

禮而不答何也孟子曰挾貴而問挾賢而問挾長而問挾有勳勞而問挾故而問皆所不答也滕更有二焉　孟子曰於不可已而已者無所不已於所厚者薄無所不薄也其進鋭者其退速　孟子曰君子之於物也愛之而弗仁於民也仁之而弗親親親而仁民仁民而愛物　孟子曰知者無不知也當務之爲急仁者無不愛也急親賢之爲務堯舜之知而不偏物急先務也堯舜之仁不偏愛人急親賢也不能三年之喪而緦小功之察放飯流歠而問無齒決是之謂不知務

儒藏經典·康熙篆文六經四書　孟子

禮。而不答，何也？」孟子曰：「挾貴而問，挾賢而問，挾長而問，挾有勳勞而問，挾故而問，皆所不答也。滕更有二焉。」

孟子曰：「於不可已而已者，無所不已；於所厚者薄，無所不薄也。其進鋭者，其退速。」

孟子曰：「君子之於物也，愛之而弗仁；於民也，仁之而弗親。親親而仁民，仁民而愛物。」

孟子曰：「知者無不知也，當務之爲急；仁者無不愛也，急親賢之爲務。堯舜之知而不偏物，急先務也；堯舜之仁不偏愛人，急親賢也。不能三年之喪，而緦小功之察；放飯流歠，而問無齒決，是之謂不知務。」

盡心章句下

孟子曰不仁哉梁惠王也仁者以其所愛及其所不愛不仁者以其所不愛及其所愛公孫丑曰何謂也梁惠王以土地之故糜爛其民而戰之大敗將復之恐不能勝故驅其所愛子弟以殉之是之謂以其所不愛及其所愛也　孟子曰春秋無義戰彼善於此則有之矣征者上伐下也敵國不相征也　孟子曰盡信書則不如無書吾於武成⑥取二三策而已矣仁人無敵於天下以至仁伐至不仁而何其血之流杵也　孟子曰有人曰我善爲陳我善爲戰大罪也國

盡心章句下

孟子曰：「不仁哉，梁惠王也！仁者以其所愛及其所不愛，不仁者以其所不愛及其所愛。」公孫丑曰：「何謂也？」「梁惠王以土地之故，糜爛其民而戰之，大敗，將復之，恐不能勝，故驅其所愛子弟以殉之，是之謂以其所不愛及其所愛也。」　孟子曰：「春秋無義戰。彼善於此，則有之矣。征者上伐下也，敵國不相征也。」　孟子曰：「盡信書，則不如無書。吾於《武成》，取二三策而已矣。仁人無敵於天下。以至仁伐至不仁，而何其血之流杵也？」　孟子曰：「有人曰：『我善爲陳，我善爲戰。』大罪也。國君好仁，天下無敵焉。南面而征北狄怨，東面而征西夷怨。曰：『奚爲後我？』武王之伐殷也，革車三百兩，虎賁三千人。王曰：『無畏！寧爾也，非敵百姓也。』若崩厥角稽首。征之爲言正也，各欲正己也，焉用戰？」

孟子曰：「梓匠輪輿，能與人規矩，不能使人巧。」

孟子曰：「舜之飯糗茹草也，若將終身焉；及其爲天子也，被袗衣，鼓琴，二女果，若固有之。」

孟子曰：「吾今而後知殺人親之重也：殺人之父，人亦殺其父；殺人之兄，人亦殺其兄。然則非自殺之也，一間耳。」

孟子曰：「古之爲關也，將以禦暴。今之爲關也，將以爲暴。」

孟子曰：「身不行道，不行於妻子；使人不以道，不能行於妻子。」

孟子曰：「周于利者，凶年不能殺；周于德者，邪世不能亂。」

孟子曰：「好名之人，能讓千乘之國；苟非其人，簞食豆羹見於色。」

孟子曰：「不信仁賢，則國空虛。無禮義，則上下亂。無政事，則財用不足。」

孟子曰：「不仁而得國者，有之矣；不仁而得天下，未之有也。」

孟子曰：「民爲貴，社稷次之，君爲輕。是故得乎丘民而爲天子，得乎天子爲諸侯，得乎諸侯爲大夫。諸侯危社稷，則變置。犧牲既成，粢盛既潔，祭祀以時，然而旱乾水溢，則變置社稷。」

孟

子曰：「聖人，百世之師也，伯夷、柳下惠是也。故聞伯夷之風者，頑夫廉，懦夫有立志；聞柳下惠之風者，薄夫敦，鄙夫寬。奮乎百世之上。百世之下，聞者莫不興起也。非聖人而能若是乎？而況於親炙之者乎？」　孟子曰：「仁也者，人也。合而言之，道也。」　孟子曰：「孔子之去魯，曰：『遲遲吾行也。』去父母國之道也。去齊，接淅而行，去他國之道也。」　孟子曰：「君子之戹於陳蔡之閒，無上下之交也。」　貉稽曰：「稽大不理於口。」孟子曰：「無傷也。士憎茲多口。《詩》云：『憂心悄悄，慍于群小。』孔子也。『肆不殄厥慍，亦不隕厥問。』文王也。」

孟子曰：「賢者以其昭昭，使人昭昭；今以其昏昏，使人昭昭。」

孟子謂高子曰：「山徑之蹊間，介然用之而成路。爲間不用，則茅塞之矣。今茅塞子之心矣。」

高子曰：「禹之聲，尚文王之聲。」孟子曰：「何以言之？」曰：「以追蠡。」曰：「是奚足哉？城門之軌，兩馬之力與？」

齊饑。陳臻曰：「國人皆以夫子將復爲發棠，殆不可復。」孟子曰：「是爲馮婦也。晉人有馮婦者，善搏虎，卒爲善士。則之野，有衆逐虎。虎負嵎，莫之敢攖。望見馮婦，趨而迎之。馮婦攘臂下車。衆皆悦之，其爲士者笑之。」

孟子曰：「口之於味也，目之於色也，耳之於

儒藏經典·康熙篆文六經四書　孟子

孟子曰賢者以其昭昭使人昭昭今以其昏昏使人昭昭

孟子謂高子曰山徑之蹊間介然用之而成路爲間不用則茅塞之矣今茅塞子之心矣

高子曰禹之聲尚文王之聲孟子曰何以言之曰以追蠡曰是奚足哉城門之軌兩馬之力與

齊饑陳臻曰國人皆以夫子將復爲發棠殆不可復孟子曰是爲馮婦也晉人有馮婦者善搏虎卒爲善士則之野有衆逐虎虎負嵎莫之敢攖望見馮婦趨而迎之馮婦攘臂下車衆皆悦之其爲士者笑之

孟子曰口之於味也目之於色也耳之於

聲也，鼻之於臭也，四肢之於安佚也，性也，有命焉，君子不謂性也。仁之於父子也，義之於君臣也，禮之於賓主也，智之於賢者也，聖人之於天道也，命也，有性焉，君子不謂命也。」　浩生不害問曰：「樂正子，何人也？」孟子曰：「善人也，信人也。」「何謂善？何謂信？」曰：「可欲之謂善，有諸己之謂信。充實之謂美，充實而有光輝之謂大，大而化之之謂聖，聖而不可知之之謂神。樂正子，二之中，四之下也。」　孟子曰：「逃墨必歸於楊，逃楊必歸於儒。歸，斯受之而已矣。今之與楊墨辯者，如追放豚，既入其苙，又從而招之。」　孟

儒藏
儒藏經典·康熙篆文六經四書　孟子

聲也，鼻之於臭也，四肢之於安佚也，性也，有命焉，君子不謂性也。仁之於父子也，義之於君臣也，禮之於賓主也，智之於賢者也，聖人之於天道也，命也，有性焉，君子不謂命也。」　浩生不害問曰：「樂正子，何人也？」孟子曰：「善人也，信人也。」「何謂善？何謂信？」曰：「可欲之謂善，有諸己之謂信。充實之謂美，充實而有光輝之謂大，大而化之之謂聖，聖而不可知之之謂神。樂正子，二之中，四之下也。」　孟子曰：「逃墨必歸於楊，逃楊必歸於儒。歸，斯受之而已矣。今之與楊墨辯者，如追放豚，既入其苙，又從而招之。」　孟

子曰有布縷之征粟米之征力
役之征君子用其一緩其二用
其二而民有殍用其三而父子
離　孟子曰諸侯之寶三土地
人民政事寶珠玉者殃必及身
盆成括仕於齊孟子曰死矣
盆成括盆成括見殺門人問曰
夫子何以知其將見殺曰其爲
人也小有才未聞君子之大道
也則足以殺其軀而已矣　孟
子之滕館於上宮有業屨於牖
上館人求之弗得或問之曰若
是乎從者之廋也曰子以是爲
竊屨來與曰殆非也夫子之設
科也往者不追來者不距苟以
是心至斯受之而已矣　孟子

子曰：「有布縷之征，粟米之征，力役之征。君子用其一，緩其二。用其二而民有殍，用其三而父子離。」

孟子曰：「諸侯之寶三：土地，人民，政事。寶珠玉者，殃必及身。」

盆成括仕於齊。孟子曰：「死矣盆成括！」盆成括見殺。門人問曰：「夫子何以知其將見殺？」曰：「其爲人也小有才，未聞君子之大道也，則足以殺其軀而已矣。」

孟子之滕，館於上宮。有業屨於牖上，館人求之弗得。或問之曰：「若是乎從者之廋也？」曰：「子以是爲竊屨來與？」曰：「殆非也。」「夫子之設科也，往者不追，來者不距。苟以是心至，斯受之而已矣。」

孟子

曰人皆有所不忍達之於其所忍仁也人皆有所不爲達之於其所爲義也人能充無欲害人之心而仁不可勝用也人能充無穿窬之心而義不可勝用也人能充無受爾汝之實無所往而不爲義也士未可以言而言是以言餂之也可以言而不言是以不言餂之也是皆穿踰之類也　孟子曰言近而指遠者善言也守約而施博者善道也君子之言也不下帶而道存焉君子之守脩其身而天下平人病舍其田而芸人之田所求於人者重而所以自任者輕　孟子曰堯舜性者也湯武反之也

曰：「人皆有所不忍，達之於其所忍，仁也；人皆有所不爲，達之於其所爲，義也。人能充無欲害人之心，而仁不可勝用也；人能充無穿窬之心，而義不可勝用也。人能充無受爾汝之實，無所往而不爲義也。士未可以言而言，是以言餂之也；可以言而不言，是以不言餂之也，是皆穿踰之類也。」

孟子曰：「言近而指遠者，善言也；守約而施博者，善道也。君子之言也，不下帶而道存焉。君子之守，脩其身而天下平。人病舍其田而芸人之田，所求於人者重，而所以自任者輕。」

孟子曰：「堯舜，性者也；湯武，反之也。

動容周旋中禮者盛德之至也
哭死而哀非爲生者也經德不
回非以干祿也言語必信非以
正行也君子行法以俟命而已
矣孟子曰說大人則藐之勿
視其巍巍然堂高數仞榱題數
尺我得志弗爲也食前方丈侍
妾數百人我得志弗爲也般樂
飲酒驅騁田獵後車千乘我得
志弗爲也在彼者皆我所不爲
也在我者皆古之制也吾何畏
彼哉孟子曰養心莫善於寡
欲其爲人也寡欲雖有不存焉
者寡矣其爲人也多欲雖有存
焉者寡矣曾晳嗜羊棗而曾
子不忍食羊棗公孫丑問曰膾

儒藏 儒藏經典・康熙篆文六經四書　孟子

動容周旋中禮者，盛德之至也；哭死而哀，非爲生者也；經德不回，非以干祿也；言語必信，非以正行也。君子行法，以俟命而已矣。」

孟子曰：「說大人，則藐之，勿視其巍巍然。堂高數仞，榱題數尺，我得志弗爲也；食前方丈，侍妾數百人，我得志弗爲也；般樂飲酒，驅騁田獵，後車千乘，我得志弗爲也。在彼者，皆我所不爲也；在我者，皆古之制也，吾何畏彼哉？」

孟子曰：「養心莫善於寡欲。其爲人也寡欲，雖有不存焉者，寡矣；其爲人也多欲，雖有存焉者，寡矣。」

曾晳嗜羊棗，而曾子不忍食羊棗。公孫丑問曰：「膾炙與羊棗孰美孟子曰膾炙哉公孫丑曰然則曾子何爲食膾炙而不食羊棗曰膾炙所同也羊棗所獨也諱名不諱姓姓所同也名所獨也　萬章問曰孔子在陳曰盍歸乎來吾黨之士狂簡進取不忘其初孔子在陳何思魯之狂士孟子曰孔子不得中道而與之必也狂獧乎狂者進取獧者有所不爲也孔子豈不欲中道哉不可必得故思其次也敢問何如斯可謂狂矣曰如琴張曾晳牧皮者孔子之所謂狂矣何以謂之狂也曰其志嘐嘐然曰古之人古之人夷考其行而不掩焉者也狂者又

炙與羊棗孰美？」孟子曰：「膾炙哉！」公孫丑曰：「然則曾子何爲食膾炙而不食羊棗？」曰：「膾炙所同也，羊棗所獨也。諱名不諱姓，姓所同也，名所獨也。」

萬章問曰：「孔子在陳曰：『盍歸乎來！吾黨之士狂簡，進取不忘其初。』孔子在陳，何思魯之狂士？」孟子曰：「孔子『不得中道而與之，必也狂獧乎！狂者進取，獧者有所不爲也』。孔子豈不欲中道哉？不可必得，故思其次也。」「敢問何如斯可謂狂矣？」曰：「如琴張、曾晳、牧皮者，孔子之所謂狂矣。」「何以謂之狂也？」曰：「其志嘐嘐然，曰『古之人，古之人』。夷考其行而不掩焉者也。狂者又不可得，欲得不屑不潔之士而與之，是獧也，是又其次也。孔子曰：『過我門而不入我室，我不憾焉者，其惟鄉原乎！鄉原，德之賊也。』」曰：「何如斯可謂之鄉原矣？」曰：「『何以是嘐嘐也？言不顧行，行不顧言，則曰：古之人，古之人。行何爲踽踽涼涼？生斯世也，爲斯世也，善斯可矣。』閹然媚於世也者，是鄉原也。」萬章曰：「一鄉皆稱原人焉，無所往而不爲原人，孔子以爲德之賊，何哉？」曰：「非之無舉也，刺之無刺也；同乎流俗，合乎汙世；居之似忠信，行之似廉潔；衆皆悅之，自以爲是，而不可與入堯舜之道，故曰德之賊也。孔子曰惡似而非者惡莠恐其亂苗也惡佞恐其亂義也惡利口恐其亂信也惡鄭聲恐其亂樂也惡紫恐其亂朱也惡鄉原恐其亂德也君子反經而已矣經正則庶民興庶民興斯無邪慝矣

孟子曰由堯舜至於湯五百有餘歲若禹臯陶則見而知之若湯則聞而知之由湯至於文王五百有餘歲若伊尹萊朱則見而知之若文王則聞而知之由文王至於孔子五百有餘歲若大公望散宜生則見而知之若孔子則聞而知之由孔子而來至於今百有餘歲去聖人之世若此其未遠也近聖人之

儒藏 儒藏經典·康熙篆文六經四書 孟子

子曰：『惡似而非者：惡莠，恐其亂苗也；惡佞，恐其亂義也；惡利口，恐其亂信也；惡鄭聲，恐其亂樂也；惡紫，恐其亂朱也；惡鄉原，恐其亂德也。』君子反經而已矣。經正，則庶民興；庶民興，斯無邪慝矣。」

孟子曰：「由堯舜至於湯，五百有餘歲，若禹、臯陶，則見而知之；若湯，則聞而知之。由湯至於文王，五百有餘歲，若伊尹、萊朱，則見而知之；若文王，則聞而知之。由文王至於孔子，五百有餘歲，若大公望、散宜生，則見而知之；若孔子，則聞而知之。由孔子而來至於今，百有餘歲，去聖人之世，若此其未遠也；近聖人之

居若此其甚也然而無有乎爾則亦無有乎爾

孟子卷之七

翰林院檢討加一級臣張照

編修加一級臣薄海奉

旨恭校刊

居，若此其甚也，然而無有乎爾，則亦無有乎爾。」

孟子卷之七

儒藏

儒藏經典·康熙篆文六經四書　孟子

翰林院檢討加一級臣張照

編修加一級臣薄海奉

旨恭校刊

校記

①昏：誤。據通行本，當作「惛」。

②也：衍文。

③維：通行本作「惟」。参見本書《大學》校記①。

④事：誤。據通行本，當作「祀」。

⑤人：誤。據通行本，當作「之」。

⑥城：誤。據通行本，當作「成」。

⑦增：通行本作「憎」。朱注引趙氏注，以爲本當作「增」。

儒藏經典

康熙篆文六經四書

上

四川大學古籍整理研究所◎編

余洋　馬琛◎校釋

舒大剛　尹波◎審核

四川大學出版社
SICHUAN UNIVERSITY PRESS

項目策劃：何　靜
責任編輯：何　靜
責任校對：周　穎
封面設計：墨創文化
責任印製：王　煒

圖書在版編目（CIP）數據

儒藏經典 ：康熙篆文六經四書 / 四川大學古籍整理研究所編 . — 成都 ：四川大學出版社，2021.9
ISBN 978-7-5690-3453-0

Ⅰ . ①儒… Ⅱ . ①四… Ⅲ . ①儒家②六經③四書
Ⅳ . ① B222

中國版本圖書館 CIP 數據核字（2020）第 014779 號

書名　儒藏經典・康熙篆文六經四書

編　者	四川大學古籍整理研究所
出　版	四川大學出版社
地　址	成都市一環路南一段 24 號（610065）
發　行	四川大學出版社
書　號	ISBN 978-7-5690-3453-0
印　刷	成都東江印務有限公司
成品尺寸	185mm×260mm
印　張	101
字　數	1158 千字
版　次	2021 年 9 月第 1 版
印　次	2021 年 9 月第 1 次印刷
定　價	880.00 圓（全二冊）

◆ 讀者郵購本書，請與本社發行科聯繫。
電話：(028)85408408/(028)85401670/
(028)86408023　郵政編碼 ：610065
◆ 本社圖書如有印裝質量問題，請寄回出版社調換。
◆ 網址：http://press.scu.edu.cn

四川大學出版社
微信公衆號

尼山世界儒學中心
中國孔子基金會重大項目
中共山東省委宣傳部資助項目
「統籌推進世界一流大學一流學科建設」項目
四川省哲學社會科學重點研究基地
儒學研究中心重大項目
貴陽孔學堂資助重大項目
四川大學國際儒學研究院系列成果

《儒藏》學術委員會

主　任：項　楚　陳　來

常務副主任：舒大剛

委　員（以姓氏筆畫爲序）：

于春松（北京大學）

王鈞林（山東師範大學）

王新春（山東大學）

王中江（北京大學）

申屠爐明（南京大學）

田海平（東南大學）

朱漢民（湖南大學）

李文澤（四川大學）

李　申（上海師範大學）

李宗桂（中山大學）

李存山（中國社會科學院）

李景林（北京師範大學）

吴　光（浙江省社會科學院）

吴洪澤（四川大學）

林忠軍（山東大學）

郭　沂（中國社會科學院）

郭　齊（四川大學）

陳廷湘（四川大學）

陳鴻森（臺灣「中央研究院」）
黄懷信（曲阜師範大學）
黄玉順（山東大學）
黄開國（四川師範大學）
曹順慶（四川大學）
梁韋弦（福建師範大學）
張希峰（北京語言大學）
葛志毅（大連大學）
單　純（中國政法大學）
舒大剛（四川大學）
鄒重華（香港中文大學）
楊世文（四川大學）
楊朝明（孔子研究院）
蔣秋華（臺灣「中央研究院」）
蔣宗許（西南科技大學）
蔡方鹿（四川師範大學）
廖名春（清華大學）
鄭萬耕（北京師範大學）
鄧立光（香港城市大學）
劉復生（四川大學）
劉學智（陝西師範大學）
謝幼田（美國斯坦福大學）
謝維揚（上海大學）
濮茅左（上海博物館）
龔鵬程（臺灣佛光大學）
顔炳罡（山東大學）

《儒藏》出版委員會

鳴謝（排名不分先後）

葉選平（國際儒學聯合會）
楊　波（國際儒學聯合會）
曹鳳泉（國際儒學聯合會）
于友先（中國出版工作者協會）
滕文生（國際儒學聯合會）
牛喜平（國際儒學聯合會）
周興俊（綫裝書局）
鍾肇鵬（中國社會科學院）
龐　朴（中國社會科學院）
孔德懋（全國政協，孔子七十七代孫）
湯一介（北京大學）
湯恩佳（香港孔教學院）
趙毅武（北京納通醫療集團）
陳啓生（馬來西亞孔學研究會）

安平秋（北京大學）
吴榮曾（北京大學）
李學勤（清華大學）
葛榮智（中國人民大學）
張立文（中國人民大學）
章玉鈞（四川省政治協商委員會）
楊泉明（四川省社會科學聯合會）
劉大鈞（山東大學）
胡昭曦（四川大學）
蒙　默（四川大學）
賈順先（四川大學）
劉　琳（四川大學）
卿希泰（四川大學）
張文軒（蘭州大學）

儒藏總序

《儒藏》是收集保存儒學文獻的大型叢書。她薈萃兩千餘年間的儒學著作，以系統的著録體例，分門别類地予以整理和出版。

《儒藏》作爲中國古代儒學文獻之集成，可望成爲中國傳統文化的一個象徵，與《大藏經》《道藏》鼎足而三，永遠滋養中華民族的心靈，並且代表中國文化走出國門，走向世界。

今值《儒藏》出版之際，聊述因緣，以弁篇首。

一

儒學是中國的。兩千五百多年前，中國的孔子集唐、虞、夏、商、周優秀文化之大成，總《詩》《書》《禮》《樂》《易》《春秋》爲「六經」，樹「仁義」「忠信」之高標，垂「中庸」「忠恕」之宏法，創立儒學，垂教萬世。儒學生於斯，長於斯，昌盛於斯，亦曾一度衰微於斯。兩千多年來，儒學是引導中國文化走向輝煌的指南北斗，是鑄造中國文化特質的規矩準繩。她是中國文化之門、中國文化之藴，對中國政治、經濟、社會、思想、學術和文化各個方面都產生了重大影響，促成了中國人特有的世界觀、價值觀和思維方式的形成。她是中華民族精神的核心，是中國傳統文化的主幹和靈魂。在國際範圍內，人們一提起中國文化，首先想到的無疑就是孔子，就是他所創立的儒學。在這個意義上，儒學是中國的，中國也是儒學的。要深入研究中國文化，欲準確地瞭解中國歷史，不認識孔夫子，不研究儒學，就不能得其門而入，更不能得其精華和神韻！

儒學是東方的。古代東方，北起朝鮮半島，東至日本列島，南到印支半島、南亞諸國，伴隨着儒家「偃武修文」「睦近徠遠」外交方略的實施，東亞各國「成鈞館」（朝鮮）、「大學寮」（日本）、「國子監」和「國學院」（越南）等文教機構的設置，大批「遣隋使」「遣唐使」、留學生和學問僧的派遣，儒學早已融入東方歷史和社會，成爲東方各個國家、各個民族共同的思想體系和價值觀念的重要部分；東方各國的政治家、思想家和文化學者，或用儒學治世，或以儒理明志，與中華學人一道共同豐富和發展了儒學的思想和內涵。因此，國際「漢學界」在討論東方社會時，無不異口同聲地稱之爲「儒家文化圈」。崇尚「仁義禮樂」的儒家思想成了東亞各國共同標榜的文化理想。

儒學又是世界的。作爲「四大文明古國」之一的中國的文化主流，儒學不僅影響了東方，而且輻射世界。就古代而言，先秦儒學是西方學者公認的世界上古文化「軸心時代」的主流思想，是古代東方思想文化的源頭活水。儒學是開放性的，在歷史發展演進的長河中，儒學不斷以其「海納百川」「集雜爲醇」的包容精神，融合涵攝了各種外來文化與文明，與時偕行，日新其德，使思想之源長盛，學術之樹常青。儒學在歷史上不斷兼容並包各家學術、進行自我創新的歷史，是中國文化生生不息、不斷創造發明的歷史，是人類文化寶庫日新月異、充實豐富的歷史，也是儒學不斷影響和輻射世界的歷史。她的經典和理論曾西涉流沙，南渡重洋，對近代思想啟蒙和現代文明的形成産生過不可忽視的影響。在當今世界文化格局中，她又作爲十三億中國人及數千萬海外華人和僑胞共同的文化符號和背景，卓爾屹立於基督教文明與伊斯蘭文明之間，倡導「以和爲貴」「和而不同」的和平共處原則，以其「立己立人，達己達人」和「己所不欲，勿施於人」的忠恕情懷，化解各種矛盾，調停地區衝突。

儒學是歷史的。在儒術盛行的時代，儒學不僅是中國古代的學術，而且幾乎是中國學術的古代，她與古代中國文化的各個方面都結下了不解之緣。殷墟甲骨文有「儒」與「丘儒」之官，《周禮》有「師儒」之職，儒者在殷商時期就已發揮着重要作用。至春秋時期，孔子正式創立具有系統思想和文化特徵的儒家學派，孔門弟子散遊四方，友教諸侯和士大夫，「六藝」之學風行天下，開啓了春秋戰國時期士人的智慧，催生了諸子學派，促成了百家爭鳴。從這個意義上講，没有儒學，就没有諸子百家，也没有周秦學術。繼而漢武帝「罷黜百家，表彰六經」，儒家經典教育與研究影響了中國兩千餘年的教育、選舉和文化。可以説，中國的古代史主要就是儒學影響中國的歷史。没有儒學，便没有古代中國的教育，也就没有古代中國的學術，也就不會有如此燦爛的中國文化。人類不可能生活在没有歷史的真空之中，對於逝去的昨天，對於先賢的遺産，我們應該以回顧、反觀、總結與傳承的態度，在歷史繼承的基礎上進行創新，用富有民族特色的創新來豐富歷史、美化生活。作爲與中國歷史水乳交融的儒學，當然不能遊離於歷史繼承之外，更不會自外於偉大的文化創新。

儒學又是現實的。孔子説：「殷因於夏禮，所損益可知也；周因於殷禮，所損益可知也。其或繼周者，雖百世可知也。」中國是文明古國，也是文化大國，她的「古」不僅在於歷史上曾經有過，更在於其歷史傳統一直在延續着；她的「大」不僅在於文化積累豐富，更在於其優秀文化一直在弘揚光大着。由殷可以見夏，由周可以觀殷。後世之「繼周者」，有秦、有漢、有晋、有唐、有宋、有元、有明、有清，其民族則有華夏、有「四裔」，有漢族，有少數民族。然而，只要是在華夏文化圈内崛起，只要是在中華大地上立國，無論願意不願意，主動或被動，都必然打上儒學文化這個不朽的烙印。縱觀古今歷史，無一例外。即使是少數民族入主中原，也必將被中原固有文化所融合甚至同化。如果説，在春秋戰國時期還存在「以夏變夷」和「以夷變夏」的爭論，那麽自秦漢以後的中國，無論誰家入主中原，都毫無例外地是以「華化」「漢化」爲主流的多民族融合。「五胡十六國」是這樣，遼、金是這樣，蒙古族建立的元朝也不例外，滿族建立的清朝更是如此。其原因也許多種多樣，但其中以儒學爲主體的華夏文化代表了當時的先進文化，代表了各族文化發展的共同方向，則是最深層的原因。特别是儒家從理論上將這一文化總結出來，建立起堯、舜、禹、湯、文、武、周公、孔子的「道統」體系，形成虞、夏、商、周、秦、漢、魏、晋、隋、唐等「正統」觀念，並從教育上、實踐中宣傳和推廣開來，從而形成了以儒學爲核心的華夏文明的感召力和吸引力。儘管有些觀念在今天已顯得陳舊和落後，但它是千百年來維繫祖國統一、加强民族團結的精神力量，更是激起「人生自古誰無死，留取丹心照汗青」之豪情的潛在動力。今天，即使我們已經跨入世界經濟全球化的時代，瞬息萬變、不可捉摸的世界局勢，曾使傳統文化被世俗化（甚至庸俗化）的社會和多元化（甚至詭異化）的思想所困厄，以至於一些人曾一度産生過擺脱文化傳統「束縛」的想法。然而事實反復證明，文化傳統是無法擺脱的，儒學對新世紀、新世界的作用和影響仍然是不可低估、不容忽視的。她已呈現出與日俱增、歷久彌新之勢。隨着中國的和平崛起，綜合國力的不斷提高，中華民族的精神面貌也將焕然一新，中華民族的傳統文化和中國人既有的價值觀念正在得到重新審視和認同，儒學這一古老學科必將焕發絢麗的青春，儒家思想也將一如既往地作用於當今的世界。否則，二十世紀八十年代末，一百餘位諾貝爾獎得主在巴黎討論「面向二十一世紀」問題時，怎會發出「人類要在二十一世紀生存下去，必須回到二十五個世紀以前，去汲取孔子的智慧」的呼聲？二〇〇四年八月，來自世界各地的二百餘位專家學者齊集馬來西亞首都吉隆坡，參加

「第一届儒學國際大會」，代表不同文化背景的專家學者深入討論了儒學各類理念後，形成了《吉隆坡宣言》，宣稱儒家「『忠恕之道』是促進世界和平、物我相諧的基石」，提議「正式啟動『以儒學救世』的機運，締造二十一世紀儒學另一個國際化的新局面」！

儒學是理論的。儒家「遊文於六經之中，留意於仁義之際」，是一個陣容龐大的學術集群，儒學是一個内容豐富的思想體系，她集哲學、政治、倫理、社會、教育以及其他文化思想觀念爲一體，是中國精神的集中體現。其「太極生兩儀，兩儀生四象」（《周易・繫辭傳》）的命題，構成了中國人的宇宙圖式和世界觀。「過猶不及」「中正」「中庸」（孔子）的辯證思維，形成了中國人高超的思維方式和處世哲學。「仁義禮智信」（孔子、孟子、董仲舒）的五常之教，成了中國人做「新民」、立「新德」（《大學》）的指導思想。追求和平、講究秩序的理論，成了中國人建立和諧社會、實現文明生活的理想模式。「載舟覆舟」（孔子）的君民關係論和「民貴君輕」（孟子）的「民本」思想，成了歷代志士仁人反對專制集權、追求「仁政德治」的思想武器。「始乎爲士，終乎爲聖人」（荀子）、「進德修業」（《周易》）、「内聖外王」（莊子）的修身模式，構成了中國人終身嚮往的理想人格和修身之道。「己欲立而立人，己欲達而達人」「己所不欲，勿施於人」（孔子）的「忠恕」情懷，成了中國人建立和諧人際關係的無尚法則。這一切的一切，都經儒家的提倡、推廣，逐漸融入了中國的民族精神之中，支撑着這個民族的生存、發展、繁衍，創造和豐富着自己燦爛的文化和

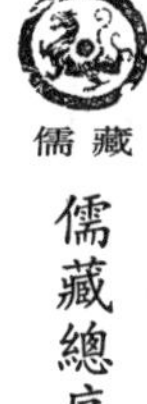

文明。儒家經典是中國思想的源頭活水，儒家理論是中華精神的思想寶庫。我們只要不願重過「從人到猿」的生活，當然就不會拒絶這份珍貴遺産的滋潤。

儒學尤其是實踐的。儒家「助人君順陰陽，明教化」，是修身之學、實踐之學，倫理道德學説構成了儒家學説的核心和靈魂。儒家重視思想教育，注重個性修養和道德情操，提倡「捨生取義」「殺身成仁」「以天下爲己任」，强調道德責任感和歷史使命感。它雖然上究「天人」之際，下探「心性」之微，形上無象，玄之又玄，但在講究「博學」「慎思」的同時，又特别强調「篤行」。它的「仁」便是要「愛人」，「義」便是要行而得宜，「禮」本身就是行爲規範，「智」便是要知曉「仁義」之道而慎守弗失（孟子），「信」便是要言而行之（孔子）。儒家非常重視「五倫」教育，將其定義爲人倫之始、政治之本。「五品」之教首倡於堯舜之《典》，「五教」之義復申於《左傳》《孟子》，至《中庸》更將其奉爲「天下之達道」。在儒家看來，五倫不順，將倫理倒錯，人將不人；五教推行，則社會和諧，政治清明。儒家成功地將個人的品德修養與國家的治理安定緊密地結合起來，把道德主體的能動作用與社會的道德感化力量有機地融爲一體，從而使道德規範的約束功能與知耻自覺的自律機制更好地相輔相成。《大學》之書將「明明德」「親民」「止於至善」和「格物」「致知」「誠意」「正心」「修身」「齊家」「治國」「平天下」等定義爲修「大道」、聞「大義」的「三綱領」「八條目」，設爲儒者奉行的大綱大法，更是儒家力行躬踐哲學的集中體現。儒學正是以其理論與實踐結合、個體修養與群體利益結合、道德修養與政治事業結合的學術思想，形成了中華民族「自强不息」「厚德載物」「仁義道德」「孝悌忠信」「民胞物與」「崇德廣業」「誠實守信」「見義勇爲」「文明理性」「公平正直」「禮義廉耻」等優秀品德，這是她有别於宗教神學的根本之處。

總之，儒學作爲歷經兩千五百餘年發展的系統理論，已成爲中華文化的血脈和靈魂，成爲人類文化的共同遺産和精神財富。她既是中國的，也是東方的和世界的；既是歷史的，也是現實的；既是理論的，也是實踐的。儘管儒學作爲古代的一種意識形態和文化體系，也存在不太適應現代社會的内容，特别是經兩千年間專制君主的利用與歪曲，使她帶上了許多舊時代的特徵。但是，我們無論是要認識中國，還是要研究世界；無論是要回顧歷史，還是要服務現實；無論是要探討理論，還是要躬行實踐，在古代學術中，儒學都應位居首選，理當認真研究和弘揚。這就是她在歷經了無數風風雨雨、艱難磨礪之後，仍能像鳳凰涅槃一般不斷獲得新生的緣由所在。儒學在今天即使已經失去了從前「塞乎天地，横乎四海，施諸後世而無朝夕，放諸四海而無不準」（曾參）的無所不包、無所不能的地位，但若要認真地研究和認識中國，特别是中國人面對當今世界經濟全球化、政治多極化、文化多樣化的局面，要參與全球文明對話，重建人類文化新秩序，我們檢點一下自己的文化庫存，並衡之古今中外的價值標準，除了以儒學爲主體的優秀傳統文化外，似乎也没有其他更好的選擇。

然而，由於歷史的原因，特别是「西學東漸」大潮下的「中學」迷失，「疑古過勇」「文化革命」帶來的文化虚無主義，以至於「儒學在哪裏」「儒學爲何物」「儒學研究從何着手」之類不該存在的問題，在儒學誕生之地的中國卻成了「嚴重問題」。儒家著作或滅於劫灰，或毁於人禍，或流失於重洋之外。其所存者，亦分散於群籍，雜廁於四部，未能得到有效的利用。人們常常會感到：要研究孔子而不知孔子資料何在，欲研究儒學卻不見儒學文獻全貌，欲研究經學卻不知何經可信、何書可讀。至於在汲取已有儒學與經學研究成果的基礎上，做更高層次、更高水平的研究，則大有無所措手足之感。究其原因，皆在於近百年儒學傳統的丢失，尤在於儒學迄今未有一部自己的文獻集成。要擺脱儒學研究的這一隔世感與陌生感，確立儒學的本位意識，認真搜集和整理儒學文獻，建構完備的儒學文獻庫，就是十分必要的和迫切需要的了。前人爲矯「心學」末流「束書不觀」之弊，而倡「捨經學無理學」之説，今天要糾正「疑古過勇」「文化革命」造成的文化虚無之失，我們也不得不重申「捨文獻無儒術」了。這就是我們提倡編纂大型儒學叢書——《儒藏》的原因所在。

二

在中國學術史上有所謂「三教九流」之稱，「三教」即儒、釋、道，「九流」即諸子百家。

佛教的文獻已經有中外各種版别的《大藏經》收集，道教文獻也有古今諸本《道藏》彙録，就連份量並不龐大的諸子著作，也有《百子全書》《諸子集成》系列來結集。可是迄今爲止，作爲中國文化主幹的儒學，卻没有像佛、道、諸子那樣，擁有自己涵蓋全面的大型叢書。

通觀中國歷史，每一次大規模的文化復興無不是伴隨着對前代文獻的全面搜集和整理而出現的。《隋書・經籍志序》曰：「夫經籍也者，機神之妙旨，聖哲之能事，所以經天地、緯陰陽、正紀綱、弘道德。顯仁足以利物，藏用足以獨善，學之者將殖焉，不學者將落焉。……其王者之所以樹風聲、流顯號、美教化、移風俗，何莫由乎斯道！」歷史已經昭示，儒學的創立和戰國的學術繁榮是以孔子删訂「六經」爲契機；西漢的經學初成與文化復蘇是以「除挾書之律，開獻書之路」政策的實施爲先導；東漢的經學與文學、史學的繁盛是以西漢末年向、歆父子校書爲基礎。同樣，隋大業間廣泛的收集圖書和初唐的整理圖籍，奠定了大唐文明的基石；北宋初廣泛的文獻整理，揭開了中國文化高峰時代「宋代文化」的序幕；清朝的《古今圖書集成》和《四庫全書》等大型文獻修纂工程的實施，直接促成了以「乾嘉之學」爲代表的「清學」的形成。文獻是文化得以傳承和發展的載體，資料更是從事一切科學研究的基礎，文獻學和史料學正是保障文獻、史料得以科學利用和有效推廣的「先行官」。儒學要在新世紀得到發展和復興，重返淑世濟人之路，對其以文獻爲載體的成果進行徹底清理和合理繼承，便是先決條件。可惜的是，大規模地搜集和整理儒學文獻，並編纂成大型儒學叢書，歷史上雖屢有倡議，卻始終没能實現，甚至專門而系統的儒學文獻著録體系也未曾確立。這對於以儒立國、以儒治世的中國而言，無疑是莫大的遺憾。

司馬遷《史記·儒林列傳》説：「孔子閔王路廢而邪道興，於是論次《詩》《書》，修起《禮》《樂》。」又在《孔子世家》説：「孔子以《詩》《書》《禮》《樂》教，弟子蓋三千焉，身通六藝者七十有二人。」《莊子·天運篇》和《天道篇》也有孔子「治《詩》《書》《禮》《樂》《易》《春秋》六經以爲文」和孔子「繙十二經以説」的記載。説明孔子是將古典文獻整理出來，形成「六經」或「十二經」概念的第一人。

漢代劉向、劉歆父子整理群書，編成《别録》《七略》，《七略》是中國第一部目録學著作。班固據《七略》删成《漢書·藝文志》，其中《六藝略》記録儒家經部圖書（按易、書、詩、禮、樂、春秋、論語、孝經、小學排列，附史書於《春秋》之後）一百零三家、三千一百二十三篇；《諸子略》的「儒家類」記録《晏子》《子思》《曾子》以下至「劉向所序」「揚雄所序」儒學諸子五十三家、八百三十六篇。兩類共有儒學文獻一百五十六種、三千九百五十九篇，已備儒學文獻「經部」「論部」二體。但在整個《漢書·藝文志》著録的「六略三十八種、五百九十六家、萬三千二百六十九卷」中，儒學文獻只佔一小部分。

三國、西晋有《中經簿》及《中經新簿》，創立了「四分」法。魏秘書郎鄭默始製《中經》，晋秘書監荀勖又因《中經》更著《新簿》，「分爲四部，總括群書」。荀氏創立以甲、乙、丙、丁標目，甲部即後來的「經部」，著録與《漢書·藝文志·六藝略》相同；乙部即《漢書·藝文志》的《諸子略》《兵書略》《術數略》，即後來的「子部」；丙部即後之「史部」；丁部即《漢書·藝文志》的《詩賦略》，亦即後來的「集部」。《隋書·經籍志》承之，並正式以經、史、子、集命名四部。此後，直至《四庫全書總目》，四分法作爲中國圖書分類的主流，成了古典目録分類的固定體例。需要特别指出的是，六分也好，四部也好，都是百科書目，不是專科目録，更不是儒學文獻的總目。

南北朝時期，道教已有陸修靜的《三洞經書目録》，佛教有梁僧佑的《出三藏記集》，唐開元時期佛教又有《開元釋教録》，都創立了很好的專題文獻著録體系。就儒學的發展史和當時地位而言，不應在目録學上毫無建樹。《魏書·儒林傳》載孫惠蔚上疏：「臣請依前丞臣盧昶所撰《甲乙新録》，欲裨殘補闕，損併有無，校練句讀，以爲定本。」並説「今求令四門博士及在京儒生四十人，在秘省專精校考，參定字義」。這裏的《甲乙新録》是一部目録書，但它是什麼樣的書目呢？由於「《隋志》略而不言」，學人或疑「其書名爲甲、乙，或是只録六藝、諸子，抑舉甲、乙以該丙、丁，皆不可知」（余嘉錫《目録學發微》卷三）。我們認爲，荀勖《中經新簿》以甲部紀六藝、小學，乙部紀諸子、兵書、術數。東晋李充雖已將其乙、丙互换，以乙部紀史書、丙部録諸子，但當時南北隔絶，盧昶未必及時採納，此之「甲」「乙」或仍當是經、子兩類。孫惠蔚欲請「四門博士及在京儒生」與其一起修訂，

其書乙類所録則有可能就是儒家諸子。依此考察，盧氏《甲乙新録》也許就是當時的儒學目録。至宋代，高似孫有《史略》《子略》《緯略》等專題書目，用以著録史部、子部和讖緯類圖書。但當時仍無專題性儒學總目傳世。

真正較系統的儒學文獻專科目録，是清初朱彝尊的《經義考》三百卷。《四庫全書總目》卷八五說：「是編統考歷朝經義之目，初名《經義存亡考》，惟列存、亡二例。後分例曰存，曰闕，曰佚，曰未見，因改今名。凡御注、勅撰一卷，易七十卷，書二十六卷，詩二十二卷，周禮十卷，儀禮八卷，禮記二十五卷，通禮四卷，樂一卷，春秋四十三卷，論語十一卷，孝經九卷，孟子六卷，爾雅二卷，群經十三卷，四書八卷，逸經三卷，毖緯五卷，擬經十三卷，承師五卷，宣講、立學共一卷，刊石五卷，書壁、鏤板、著録各一卷，通說四卷，家學、自述各一卷。其宣講、立學、家學、自述三卷，皆有録無書，蓋撰輯未竟也。」朱目主要對經學文獻進行分類著録，只有少量篇幅涉及儒學的師承、宣講、立學、刊石、書壁、鏤版、著録、通說、家學和自述等内容，而且其中宣講、立學、家學、自述四目實付之闕如，並無著録。《經義考》只對經部文獻著録較全，卻對儒學諸子（理論類）和儒學史料圖書注意不夠（或根本未曾涉獵）。因此，《經義考》儘管是一部有規模的儒學文獻總目，但還不是儒家著作的全録，也未對儒學著作進行系統分類。

歷史上較大型的儒典叢刻有以下幾次：東漢的《熹平石經》，曹魏的《正始石經》，唐初的《五經正義》，中唐的《開成石經》，五代孟蜀的《蜀石經》，宋代形成的《十三經注疏》，清初的《通志堂經解》，清中後期的《皇清經解》和《續皇清經解》等。但是規模都較小，難成體系。《熹平石經》只有《周易》《尚書》《魯詩》《儀禮》《春秋》《公羊傳》《論語》七經。《正始石經》只有《古文尚書》《春秋》《左氏傳》三經。《五經正義》由唐太宗下令孔穎達負責修撰，只有五部，即：《周易正義》《尚書正義》《毛詩正義》《春秋左傳正義》《禮記正義》。《開成石經》只有白文十二經：《易》《書》《詩》《周禮》《儀禮》《禮記》《春秋左氏傳》《公羊傳》《穀梁傳》《論語》《孝經》《爾雅》。《蜀石經》正式形成「十三經」概念，但總量也只比《開成石經》多一種，即北宋補刻的《孟子》。南宋及明清彙刻的《十三經注疏》，也只有十三部。以上叢刻各經收書都只有一種，構不成系統的著録體系。

清徐乾學和納蘭性德等人彙刻成當時最大的儒學叢書——《通志堂經解》，收宋、元、明經書注解一百四十六種，按易、書、詩、春秋、三禮、孝經、論語、四書、爾雅九類編刻，又稱《九經解》。繼此盛舉，阮元和王先謙先後主持編刻了正、續《皇清經解》，共收清代經解類著作三百八十九種，規模已經不小，但兩套叢書都只「以人之先後爲次序，不以書爲次序」（嚴傑《編刻皇清經解序》），所收圖書未曾分類。而且以上三部叢書都限於儒家經部著作（《皇清經解》間涉筆記和別集），著録範圍不廣，未將儒學文獻盡可能地收録，不利於創建儒學文獻的分類體系。

缺乏嚴格科學的分類方法，這對於小型叢書來説倒也無妨，但是對於將容納數千近萬種圖書的《儒藏》來説，就絶不能引以爲法了。更何况上述幾種儒學叢書都僅限於經部文獻，儒學其他的理論著作、史料著作，一概付之闕如，這樣的叢書當然不能擔當起完整地反映儒學全部成果，全面地展現儒學歷史，系統地收集和保存儒學文獻的重任，也不能爲讀者提供「即類求書，因書究學」之方便。

儒學文獻既無大型叢書，又無系統著録的狀况，在明代萬曆年間曾引起學人的極大關注，湯顯祖《孫鵬初〈遂初堂集〉序》記載，當時的湖湘學人孫羽侯（字鵬初）就曾發願編纂《儒藏》，其文云：「（鵬初）嘗欲總史傳，聚往略，起唐虞以來至勝國（元朝），效遷史體，爲紀傳之書；而因以櫽括十三經疏義，訂覈收採，號曰《儒藏》。」（《文章辨體彙選》卷三二〇）惜未成編。既而曹學佺亦有感於「二氏有藏，吾儒何獨無藏」，而「欲修《儒藏》與鼎立」（《明史·曹學佺傳》）。曹氏《五經困學·自序》也曾自述：「予蓋欲修《儒藏》焉，以經先之也。擷四庫之精華，與二氏爲鼎峙。」曹氏生平曾編撰成許多大型著述，可惜只留下《西峰儒藏》五册（係宋儒語録之摘編）！清乾隆年間，山東學人周永年撰《儒藏説》一卷，推《儒藏》編纂爲「學中第一要事」，但也未付諸實行。

二十世紀九十年代，在孔子的故鄉山東省，出版了大型儒學叢書《孔子文化大全》。這是一部力圖「比較全面地展示孔子文化和儒家學説全貌」的叢書，編輯體例突破了傳統的

「四部法」，「分爲經典、論著、史志、雜纂、藝文、述聞六類」著録各書。前三類和第五類顯然繼承了傳統經、史、子、集四部分類法，而又增加雜纂、述聞二類以濟四部之窮，顯示出不凡的變通精神和創新意識。但總共收書只有一百零六種，是在「與儒家有關的著述不在數萬部之下」的群書之中，經過一番「去蕪取精」編纂而成的，數量十分有限。從内容上看，編者雖然立意「收録孔子和歷代儒家代表人物的經典著作及古籍資料，古今學者論著及研究成果，未曾面世的珍貴文獻」等，但由於篇幅受限，編者只能對孔子、曾子、顔回、孟子等儒家代表人物的資料收録較全，其他諸儒的著作和資料卻概未涉獵，顯然没有達到集儒學成果之大成、成儒學資料之全書，亦即儒學之「藏」的水準。

彙集儒家經學的、理論的和歷史的文獻，編纂出一套大型叢書；同時研究儒學文獻的類别，創立一套新型的適合儒學文獻的分類體系和著録方法，仍然是擺在當今學人面前亟需完成的神聖使命。

三

《儒藏》是儒學之「藏」，她是儒家經學成果的集成，是儒家思想理論的薈萃，是儒學歷史文獻的總録。兩千五百年的儒學歷史將在此得一大總結，此後的學者專家將從此方便地覓得儒學研究的資料。她是對儒學文獻的一次大搜討，是對儒學成就的一次大檢閲，也是對儒學歷史的一次大掃描。前於此的儒學發展史，將由此而得到「辨章學術，考鏡源流」式的疏通清理；後於此的儒學研究，亦將借此「即類求書，因書就學」，得到查閲資料的方便。對於前者，《儒藏》是總結，是一部具有系統體例、用圖書構建起來的「大型儒學史」；對於後者，《儒藏》又是開新，是根據現代科學研究需要，用分類資料組成的「巨型資料庫」。我們希望，這一工程能夠成爲承前啟後、繼往開來的轉折點，成爲新時代儒學復興的奠基石。

《儒藏》的編纂不是簡單的文獻彙集和影印，而應該是嚴肅的科學研究和學術創新，應在普查、統計和分析研究現存儒學文獻性質和類别的基礎上，綜合運用儒學史、經學史、文獻學（包括目録學、版本學、校勘學）和歷史編纂學等知識，參考和吸收佛、道二「藏」的編纂經驗，結合當代學科分類特點和學術研究需要，建立起盡可能系統的、科學的、實用的儒學文獻分類體系。

科學合理的分類必須建立在全面調查研究的基礎上。昔漢成帝欲校群籍，先遣謁者陳農「求遺書於天下」；清乾隆將修「四庫」，詔令各級官吏採進圖籍，皆此類也。今欲編纂《儒藏》並探討儒學文獻的分類方法，當然也要以廣泛的資料信息爲基礎。它離不開對儒學文獻分佈情況的系統調查，離不開對儒學文獻類别的充分瞭解和研究。那麼，歷史上到底有多少儒學文獻呢？這些文獻流傳和保存情況如何呢？它們包含了哪些類型呢？傳統目録書在每一類著録之後，都對該類圖書的門類、種數和卷數有所統計，馬端臨《文獻通考·經籍考》又轉録了這些統計資料，清朱彝尊《經義考》卷二九四更設有「著録」一目來彙録此類信息。但是，時移代易，書缺簡脱，其間所録，或存或亡，或有或無。這些書目的信息現在只具有參考價值，而不具有使用意義了。經考察研究，在現存數十萬種古典文獻中，儒學文獻不下五萬種。這些文獻，就傳統的分類目録而言，當然散見於經部、史部、子部、集部之中，今編《儒藏》，自然應從四部中去取材。但這只是儒學文獻分佈的狀況，而不是儒學文獻的基本類型，似不能以「四部」來構建《儒藏》的分類體系。

細審現存儒學文獻的類别，大致不外乎三大類：以經書爲主體的經注、經解和經説系列；以儒家理論闡發爲主要内容的儒家子學、禮教、政論、雜議系列；以記載儒學歷史爲主要内容的人物、流派、制度、書目、學校等系列。如果每一類用簡潔的詞語來表述，即「儒經」「儒論」「儒史」。編成《儒藏》即是「經藏」「論藏」「史藏」，簡稱之，則爲「經」「論」「史」。

至於傳統目録中的「集部」，如果整部都論儒理，當然應整體收入論部。但是後世别集内容龐雜，無相應部類可入，有的甚至連是否可以完整進入《儒藏》也成問題。故「集部」的資料，將採取分類輯録的方式，對其中儒學理論資料、群經論述資料、儒學人物和儒學史資料，分别選編歸入各部。具體而言，其經解、經論的篇什，收入「經藏」；其記儒學史或儒學人物的篇什，則入「史藏」；其論儒家理論的，則入「論藏」。從前阮元編刻《皇清經

解》，除收録經解專著外，其他單篇的經解經論資料「凡見於雜家、小説家及文集中者，亦序次編録」（嚴傑《編刻皇清經解序》），不爲無見。

爲了盡可能多地收録儒學資料，《儒藏》採用「叢書」兼「類書」的辦法處理各類文獻。對於整部收録的圖書來説，《儒藏》是一部大型的「儒學叢書」；就分類輯録而成的專題文獻而言，《儒藏》又兼有「儒學類書」的性質。《儒藏》正是「叢書」和「類書」的統一，是「專題叢書」和「專題類書」的合一。

「經」「論」「史」三大藏，可以統攝各類儒學著作和儒學史料。每部之下，再根據需要，將文獻分爲若干類目，如：「經藏」可以分爲元典（儒經白文的重要版本）、周易、尚書、詩經、三禮（含周禮、儀禮、禮記及總論）、春秋（含春秋經、左傳、公羊、穀梁及總論）、孝經、四書（含大學、中庸、論語、孟子及總論）、爾雅（附小學），再加群經（含總論、通考、經論等）、讖緯等；「論藏」可分儒家、性理、禮教、政治、雜論等；「史藏」可分孔孟、學案、碑傳、年譜、史傳、學校、禮樂、雜史等。以此「三藏二十四目」，庶幾可將儒學成果及其歷史收攬無遺。

在收録、編類和對史部文獻進行標點、校勘外，我們還特別注意學術的辨章與文獻的述評。爲入選各書撰寫簡明「内容提要」，對作者之生平、著述之源流、版本之流傳、内容之梗概，略作評介。仿《四庫全書》例，「分之則散弁諸編，合之則共爲總目」。在三部、二十四類之前，分别撰有「總序」「分序」和「小序」，討論儒家學術的源流、各門文獻的歷史，爲讀者提供必要的儒學史、經學史、儒學文獻史、專經研究史等基本知識，希望使《儒藏》這部在一定體系下用圖書構築的「儒學大廈」，輪廓更爲分明地展現在讀者面前。

《儒藏》將儒學文獻分爲「三藏二十四目」來分類著録，以「叢書」和「類書」結合的方法來區别處理，形成以儒學爲主題，以「儒經」「儒論」「儒史」爲基本著録體系，將歷史上内容繁多、門類複雜的儒學文獻系統地搜集和編録起來。「儒經」基本是儒家「經學」成果的彙編；「儒論」基本是儒家理論即儒學思想的資料彙編；「儒史」則是儒學史的資料集成。類例明晰，著録有序，重點突出，源流清楚。儒學的各類文獻既得到了系統的著録，各門學術也得到了尋源溯流式的考索。上可綜覽儒學群書，下可方便來學使用；内可保存儒學書籍，外可宣傳儒學理論，於古於今，於存於用，實爲兩便。

自明朝萬曆初年孫羽侯首倡《儒藏》編纂以來，欲集中國儒學文獻而成一部足與佛、道二「藏」相鼎立的大型叢書，一直是四百餘年間歷代學人的夢想。其間雖有曹學佺、周永年等人的推波助瀾，卻因政治的、歷史的或技術的種種原因，未能如願。今值科學昌明、文運隆興之時，溫故知新，繼承與創新交相輝映；以人爲本，人文共科技比翼齊飛。我中華學子，感奮於先賢「爲天地立心」「爲生民立命」的壯志豪情，重申「爲往聖繼絶學」「爲萬世開太平」的神聖使命，繼承先賢先儒之遺願，紬繹金匱石室之藏書，舊學新統，成茲《儒藏》，董理國故，其命維新。兩千載儒學之成就萃兹一「藏」，四百年學人之憧憬即將成真，前乎此者既因之而明，後乎斯者將藉此以興。辨章學術，儒學文獻的整理著録，體系粗具；考鏡源流，道統學統之師傳授受，釐然區分。繼往開來，推陳出新，力雖不逮，而心嚮往之。其有知者，願賜教焉。

舒大剛　序於川大花園之雙橘園二〇〇四年底
二〇一〇年十一月重訂
二〇一三年十二月再訂

儒藏類目

經部

元典類（儒經白文重要版本） 周易類 尚書類 詩經類 三禮類（周禮 儀禮 禮記及總論） 春秋類（春秋經 左傳 公羊傳 穀梁傳及總論） 孝經類 四書類（含大學 中庸 論語 孟子及總論） 爾雅類（附小學） 群經類（含總論 通考 經論等） 讖緯

論部

儒家類 性理類 禮教類 政治類 雜論類

史部

孔孟類 學案類 碑傳類 年譜類 史傳類 學校類 禮樂類 雜史類

儒藏

經部

四川大學出版社　二〇二一年

《儒藏》經部編委會

前言

清代官刻書之盛，爲中國歷朝之魁，尤其是康雍乾三朝，内廷刊刻了大量文籍，徧及四部。出版於康熙末年的《篆文六經四書》就是其中之一。全書以小篆上板，收入儒家經典十種，字體端莊，刻印精美，是清代内府刻書中的精品。它繼承了漢魏以來的石經傳統，又與明清時期的學術和政治密切相關，具有獨特的價値。

一、明代以前的篆文經典

自孔子删述六經，以六藝爲教，這批三代遺籍漸成爲儒家尊奉的經典。《易》《書》《詩》《禮》《樂》《春秋》六經和傳承六經的儒家在漢初被官方認可，儒家學説取得了學術統治地位，承載先王之道的六經也成爲至高無上的經典。在六經産生的時代，日常的書寫還是「科斗文字」，即秦以前的古文字。漢人傳經，則以今文字即隸書寫之。但在漢代，先秦的載籍尚未完全泯滅，周代簡帛常出於屋壁和民間私藏。以這些古文字寫經爲本的經師，同立於學官、以今文字傳經的經師對立，乃有了漢代的經今古文學之别。

時迄漢末，今文學家法多門、師法歧出，經籍文字各用師説，已然錯亂。於是東漢熹平年間，詔蔡邕以隸書寫經文立於洛陽太學，即熹平石經，但引起古文家的不滿，時有盧植上書，表示願以古文家所傳，對石經進行校勘。①當時古文學大家輩出，經義上，又有鄭玄混同今古，今文家之家法師法遂因此變亂；文字學上，許慎作《説文解字》（以下或簡稱《説文》），對兩漢的古文字學研究進行了集大成式的總結。王肅仕於曹魏，善「賈（逵）、馬（融）」之學，在他的推動下，古文經正式列於曹魏學官。在這樣的背景下，洛陽太學的熹平石經之側，立起了書寫古文、小篆和隸書三種字體的正始三體石經（以下稱「正始石經」）。正始石經僅刻成《尚書》《春秋》及部分《左氏傳》，遂因戰亂中止，其中的小篆基本來源於《説文》，而古文則取材於漢代輾轉相傳的戰國古書。②正始石經的刊刻，開啓了以古文字復原經典文本的先河。

曹魏以降，經過長時間戰亂，不惟簡帛典冊殘缺有間，立於太學的石經碑板也多有亡佚。唐貞觀初，魏徵收集三體石經，碑板「十不存一」③。《説文》、吕忱《字林》等字書雖未亡佚，三體石經在秘閣尚存拓本，但古文字學在唐世已經不絶如線，「殆將泯滅」④。在時人看來，雖然國家設有書學博士，但「學者粗紀點畫，鮮造精微」⑤。故合州（一作廣漢）人李陽冰崛起於意氣風發的盛唐，傲視前代篆書家，堪稱一代作手，備受時人和後世推崇，被認爲能傳李斯的筆法。徐鉉也稱他「篆迹殊絶，獨冠古今。自云『斯翁之後，直至小生』，此言爲不妄矣」[6]。

李陽冰自詡爲李斯之後一人，慨然有以古篆寫儒家經典之大志。其《上採訪李大夫書》云：

> 陽冰志在古篆，殆三十年。見前人遺跡，美即美矣，惜其未有點畫，但偏傍模刻而已。……常痛孔壁遺文、汲冢舊簡，年代浸遠，謬誤滋多。……魯魚一惑，涇渭同流，學者相承，靡所遷復。每一念至，未嘗不廢食雪泣，攬筆長歎焉。天之未喪斯文也，故小子得篆籀之宗旨。皇唐聖運，逮茲八葉，天生克復之主，人樂惟新之命。以淳古爲務，以文明爲理。欽若典謨，疇咨故實。誠願刻石作篆，備書六經，立於明堂，爲不刊之典，號曰「大唐石經」。……此志不就，必將有負於聖朝，是謂長埋於古學矣。[7]

「斯文未喪」之語，自比孔子，可見陽冰自負之深。[8]在他眼中，「前人遺跡」徒有其表，至於點畫尚不能深究。而自己「得篆籀之宗旨」，不願將局限於書法技藝的小道，而想要將篆籀宗旨與聖人大道結合，「刻石作篆，備書六經」，「立於明堂，號曰『大唐石經』」[9]。這樣的構想，在形式上是對漢魏石經的模仿，而在內涵上更注入了新的政治意蘊，將文字筆法和篆籀之學上升到了「斯文」的地位，從而加强石經自居正統的宣示作用。不過唐代後來的開成石經以楷書寫就，李陽冰的設想沒有得到實現。

北宋結束五代的戰亂，開啓了一個重文的時代。在宋初，即有徐鉉（九一六—九九一）等人整理《說文》，繼承李陽冰對《說文》的研究成果，爲後世提供了一個較爲可靠的《說文》

版本。宋初的士大夫又頗有好古之風，對於山川所出鼎彝懷有强烈興趣，歐陽修（一〇〇七—一〇七二）還親自考訂金石銘文，編成《集古録》。仁宗時代的著名文臣宋祁（九九八—一〇六一）和葉道卿（清臣，一〇〇〇—一〇四九）上書皇帝，請在太學刻篆書石經，全部工程在嘉祐二年（一〇五七）完成，耗時十餘載，以篆、楷二體刊刻《易》《詩》《書》《周禮》《禮記》《春秋》《孝經》等經典⑩，後人稱爲「嘉祐石經」或「二體石經」。宋祁之爲嘉祐石經之首倡，見於范鎮（一〇〇八—一〇八九）所作《宋祁神道碑》：「太學篆石經、《禮部韻略》、《集韻》，皆公倡之也。」⑪宋祁和葉道卿的上奏已經不可考見，但有宋祁《致工篆人書》一文，可略見宋祁之用意。書曰：

自唐室學廢，諸儒搦管者，雖題部點畫，不復能别。逮今百年，經僞史駁。僕比不自揆，與葉道卿建言於朝，欲以「九經」刊石，用篆隸二體檢正僞，駁其不與文合者，以救流蕩之失。幸上開許，俾之卒業。……萬一使石經之成，流布宇内，數十年後，蹙頞者皆張頤澤吻，嗜爲佳味。⑫

宋祁認爲，當時的經史文籍，錯訛浸多。只有通曉字學，弄清文字嬗變的原委，才能在真正意義上訂正經籍文字。所以他説要「用篆隸二體檢正僞」，就是要使古文今文相對照以見正字何以爲正，「駁其不與文合者」，强調以文字學的原理來訂正錯訛。

嘉祐石經的書寫者可以考見的有楊南仲、章友直、趙克繼、張次立、胡恢等人⑬，均以善寫篆書知名。如主要書寫者楊南仲，仁宗時知國子監書學。章次仲爲「草澤」之士，以「音樂書畫弈棋」知名，善篆書。歐陽修在識讀金石銘文，編寫《集古録》的過程中，就常常請教楊、章二人。⑭宗室趙克繼，善楷書，尤工篆隸，曾「臨蔡邕古文法寫《論語》《詩》《書》」⑮。張次立不僅參與了石經的書寫，還在其後參與了徐鍇《説文解字繫傳》一書的整理。⑯

但嘉祐石經刻成之後流傳不廣。南宋葉適（一一五〇—一二二三）認爲，王安石新學風行，「石經甫刻即廢」。全祖望（一七〇五—一七五五）則認爲，宋代刻本的風行，也是石經被人忽視的重要原因。⑰結合兩種説法，嘉祐石經因爲王安石新學盛行和北宋刻版書流行而無人問津，應是事實。南渡以後，汴京已淪敵手，宋人更難以得見石經面貌。元代雖有修復，並增刻《孟子》，仍流佈不廣。元末戰亂，石經大量散佚。明代的狀況，顧永新文引明陳頎《閒中今古》，可知景泰中，開封府學的石經碑版「破碎磨滅，罕有完者」，有的甚至移爲柱礎，或被當道者改作他用。⑱這與宋祁心目中「石經之成，流布宇内」，士人學者「嗜爲佳味」的理想，相去何啻萬里。

二、陳鳳梧與《篆文六經》

明正德末，時任河南按察使的陳鳳梧在開封府學收集了嘉祐石經殘存的碑板，將其重新立於開封府學，並作文刻石，記録其事本末。陳碑在清代即不存，清初學者全祖望在浙江天一閣得見陳鳳梧《碑贊》拓本，在跋語中摘録了陳鳳梧的贊文：

> 篆變而隸，隸變而楷；去古失真，魯魚亥豕。漢唐崇文，乃立石經；字體漸正，大義未明。五星聚宋，大儒篤生；啟關抽鑰，昭映日星。重勒石經，版之太學；天球河圖，龍翔鳳躍。陵谷變遷，學淪於水；殘編斷章，所餘無幾。皇明右文，視如石鼓；遷之群庠，爰置兩廡。[19]

贊語中，陳鳳梧視嘉祐石經爲「石鼓」一般的珍品，又將其比作「天球河圖」，推崇備至。

陳鳳梧（一四七五—一五四一），字文鳴，號靜齋，江西泰和人。弘治丙辰（九年，一四九六）進士，授刑部主事，歷官湖廣按察司提學僉事、山西副使、湖廣右參政。正德己卯（十四年，一五一九），父喪服闋，補河南按察使。嘉靖初，升山東左布政使，又升右副都御史，巡撫山東。嘉靖甲申（三年，一五二四），改南京都察院攝院事，遷右都御史，總理糧儲兼巡撫應天十一府。嘉靖六年（一五二七）致仕。[20]陳鳳梧在三十年的宦遊生涯中，樹立了正直不阿的令名，也爲百姓辦了實事。處理政務而外，他的主要活動就是「崇正學、迪正道」，一是嚴格在地方學校貫徹程朱理學的教育[21]，二是主持刊印書籍，而以經部書籍爲主。如《儀禮》一書，陳氏在正德初任湖廣提學僉事時，曾刻《儀禮》經文；正德十六年（一五二一）巡撫河南，刻《儀禮》鄭注本；嘉靖初巡撫山東，合刻《儀禮注疏》。[22]嘉靖四年（一五二五）以

後，刻有《篆文六經》、楷書《六經》和《周禮》鄭注本。此外，嘉靖元年刻有《韻補》，嘉靖二年刻《重修政和經史證類備用本草》三十卷等。

嘉靖四年到六年，陳鳳梧在蘇州刊刻了《篆文六經》。其《重刻六經古文序》云：

> 自秦火以後，《樂經》失傳，至宋王安石後廢罷《儀禮》，獨存《禮記》之科，棄經託傳，而學者不復知經有六矣。矧石經本科斗文字，與篆體相近，秦漢變而爲隸，後世又變而爲楷，愈趨愈俗。千載而下，不復見古經之文，豈不重可歎哉！鳳梧寡陋，自少有志於六經，及宦遊中外，爰訪求古石經而未得其全。竊嘗仰稽周孔之聖謨，參之程朱之確論，不忖愚昧，輒以《易》《書》《詩》《周禮》《儀禮》《春秋》定爲六經云。……間由舛誤殘缺者，悉重加考校，以復其舊。頃承乏巡撫江南，行部至姑蘇，以胡守纘宗好字慕古，且精於篆籀，亟以定本屬焉。爰擇監生陳淳、庠生許初敬篆六經於學道書院[23]，而請工精刻之。始事於嘉靖乙酉之冬，訖工於又明年丁亥之夏。……每一經畢，鳳梧與纘宗躬校讎之，於是六經煥然悉復故，如明星辰之麗乎。……六經凡九百五十八葉，爲板五百有九，藏之書院，恒典守焉。……丁亥夏四月甲子，後學廬陵陳鳳梧謹序。[24]

文中並没有明確提到嘉祐石經，但陳氏在宦遊中所訪求的石經必然包含嘉祐石經無疑。在這篇文字中，陳鳳梧重申了他爲嘉祐石經碑所撰銘文中的觀點，即篆隸之變使文字形體失真，後世所見經典已經和聖人所定經典相去甚遠。這與前面提到的李陽冰、宋祁等人的認識相去無幾。小篆接近於經典初成時代的「科斗文字」，所以用小篆來還原經典就是理所當然。嘉祐石經實際上已經完成了這一工作，但到明代已經殘佚，所以陳鳳梧不得不重新書寫刻板，這也是所謂「重刻六經古文」之意。

《匋齋藏石記》卷四十四著録陳鳳梧詩刻殘石一種，就是「體兼篆隸」，録文中「煙雲」「側足」「静齋」等字樣均爲古體。㉕可見陳鳳梧也能寫篆書，但要是將六經通篇都用篆書寫成，恐怕還是難以勝任。所以，找到能夠勝任這項工作的人就尤爲重要。序文中已經提到，陳鳳梧在蘇州結識了「好字慕古、精於篆籀」的知府胡纘宗。胡纘宗（一四八〇—一五六〇），字孝思，又字世甫，陝西秦安人，正德三年（一五〇八）進士，嘉靖二年到六年知蘇州府，累官至右副都御史。富詩才，有《鳥鼠山人集》。書法亦有名，「詩文、篆草盛爲天下所稱」㉖。從篆字書寫的層面上講，參與書寫的監生陳淳和庠生許初二人更具有決定性作用。

陳淳和許初是當時聞名蘇州的書法家，並有善篆書之名。陳淳（一四八三—一五四四），字道復，號白陽山人，長洲人。少從文徵明學，補邑庠，嘉靖二年遊北雍後歸里，以布衣終。詩文書畫皆有名，有《白陽集》。據説陳鳳梧爲巡撫時，曾以名刺邀見陳淳，淳甚無禮，但終以高超畫藝將陳鳳梧折服。㉗陳淳在吴門書畫史上有重要地位，王世貞（一五二六—一五九〇）稱「陳道復作篆不甚經心，而自有天趣」㉘。《白陽山人墓誌銘》記載：「巡撫都御史陳公知君

精於篆法，開館禮聘，俾書五經、《周禮》，鏤板置學，君名益大震。」[29]許初，字元復，號高陽，長洲人。以貢擢南京太僕寺主簿，遷漢陽府通判。崇禎《吴縣志》稱其「書法師二王，尤工篆籀，譽重公卿間」[30]。《詹氏性理小辨·書旨》將許初和陳淳並稱，曰：「許初、陳惇小篆並可觀。許莊整而秀，陳蕭灑而勁。」[31]《中國古籍版刻辭典》中認爲許初曾刻印篆文《周易》《毛詩》[32]，張秀民《中國印刷史》也提到許初有篆書《毛詩》，並注「嘉靖五」[33]，他們的材料來源，應即陳鳳梧本《篆文六經》的零種。可以推測，陳、許二人是分經書寫的，許初至少書寫了篆文《周易》和《毛詩》，在原書上可能有所標識。

《篆文六經》的産生亦有其時代背景。明代也出現了性質與《篆文六經》相類的書籍，如明益莊王朱厚燁篆書《忠經》《孝經》，秦藩永壽王刊《諸篆大學》《諸篆中庸》[34]，明正德十五年刊篆文《楚騷》五卷，由熊宇書篆[35]。此外，明人好作僞書，世所共知，其僞造方法就有以古文字書寫一途。最有名者如豐坊（一四九二—一五六三）的《四經世學》，經文部分全部以古文字書寫，號稱正始石經之遺。[36]豐坊不僅藉經學世家的聲譽爲其僞書增加可信度，而且在無由得見三體石經的明代，炫目的古文字形也成爲其自我標榜的資本。

魏校（一四八三—一五四三）與陳鳳梧同時，其著作《大學指歸》尤其值得注意。劉勇的研究指出，正德以來，王陽明、湛若水、方獻夫先後改訂《大學》文本，並號稱「古本」，魏校在長期關注這場《大學》文本之争的過程中産生了參與競争的新思路，即「首先復原能夠體現聖人之道的先秦古文字系統，再據此復原聖人創作之初的《大學》面貌」[37]。魏校從此種思路出發，首先出版了匯集其文字學研究成果的字書《六書精藴》，既而在嘉靖二十一年（一五四二）正式刊佈《大學指歸》，於卷首刊刻根據《六書精藴》中的字形所還原的《大學古本》。顯而易見，這與陳鳳梧所認爲的因字體發展使經典失去原貌，故而逆向尋求古文字形就可使經典回復原貌的邏輯如出一轍，只不過魏校在古文字學的研究上有一套摻雜了諸多主觀想象的獨特理論[38]，導致《六書精藴》在古文字學上的成就大受質疑。其篆文本的《古本大學》也因此而降低了水準，精研小學的四庫館臣直斥其爲「奇形詭狀」「不爲典要」的「杜撰」之體[39]。

三、《篆文六經四書》的刊刻

明人《篆文六經》刻成之後，没有産生太大的影響，不僅稱引極少，藏書家著録也不多[40]。朱彝尊（一六二九—一七〇九）作《經義考》廣搜博採，也並未見過《篆文六經》。但它仍然流傳下來，被清人李光地（一六四二—一七一八）所發現。

李光地（一六四二—一七一八），字晉卿，號厚庵，因創建榕村書舍，故又號「榕村」，福建安溪人，學者稱安溪先生，卒謚文貞。康熙九年（一六七〇）進士，由翰林院編修累官至直隸巡撫、吏部尚書、文淵閣大學士。其學本於朱子，先後奉敕主持編纂《朱子全書》《周易

折中》《性理精義》《音韻闡微》等書。著述宏富，涉及經學、史學、子學、天文曆算、音韻等諸多領域，主要著作有《周易通論》《周易觀象》《古樂經傳》《韻書》《榕村全集》《榕村語録》等。《清史稿》有傳。

康熙五十四年（一七一五）六月，七十四岁的李光地上書乞休，康熙帝批准其休假兩年。於是在本年八月，李光地到熱河向康熙帝辭行，康熙帝賞賜御書匾額和御製送别詩，以示恩寵。李光地將行之前，又被康熙帝召見，「握手爲别。公叩首請曰：『西師之役，臣每欲有云。然臣事上久，知上更歷持重，必無輕舉妄動之事，惟乞深爲留意。』上許之，乃曰：『卿雖家居，政事有不便者，當密以聞。』公頓首謝，隨進篆文《五經》一部，乞更賜刊刻，以廣篆法之傳。上即頒付内殿，如其請。」㊶這部進呈的「篆文《五經》」就是陳鳳梧刻本《篆文六經》㊷，内廷以它爲底本刻成了《欽定篆文六經四書》。

該書編纂出版的時間，没有明確的信息，據李光地年譜記載，全書開編時間不得早於康熙五十四年八月。書中避康熙諱而不避雍正諱，列名校對官的王澍在康熙六十年才參與編纂工作㊸，故而出版時間應在康熙六十年到六十一年。

王鍔已經指出，《篆文六經四書》和陳鳳梧《篆文六經》有直接的繼承關係。㊹所幸我們還可以在網絡上一睹陳鳳梧本的真容。中國國家圖書館藏有陳鳳梧本《篆文六經》的殘本，並公佈了其中的《篆文儀禮》殘本的微縮膠卷。該書二十卷，現存一到七卷和十四到二十卷，共三冊。《儀禮》十七篇每篇爲一卷，又多出《奔喪禮》《投壺禮》《深衣》三篇三卷，其中《奔喪禮》《投壺禮》採用了吴澄《儀禮逸經傳》的説法，以《深衣》爲逸經則不知爲何人之説。

通過比對二書的《儀禮》部分，可以發現：其一，兩書字形基本上没有區别，比如《士昏禮》「質明贊見婦于舅姑席于阼舅即席」中兩個「舅」字，第一字陳本寫作上下結構，爲求變化，第二字寫作左右結構，清内府本與陳本同。清内府本的字形沿襲陳本較多，故而也繼承了陳本的一些錯誤。如《士昏禮》「賓升北面奠鴈再拜稽首」的「稽」字，清内府本與陳本皆誤作「[illegible]」；「婦乘以几從者二人」的「乘」字，二本皆誤作「執」；《士相見禮》「他國之人則曰外臣」的「人」字，二本都誤作「臣」。其二，清内府本修改了個别的字形。如「主」字，陳本寫作「燈中火主」的「主」，清内府本一律寫作「有所絶止，、以識之」的「、」（《説文》「、部」）；「拜」字，陳本寫作「[illegible]」，清内府本一律改作「㨃」。同時，清内府本也改正了陳本的一些錯誤。如《士冠禮》「擯者告期于賓之家」的「家」字，陳本誤作「冢」，清内府本改正了；《士冠禮・記》中的「屨夏用葛」到「不屨繐屨」五十字，陳本置於「賓升則東面」之後，「主人玄端爵韠」之前，清内府本改正了；《鄉射禮》「工四人二瑟瑟先」前一「瑟」字，陳本誤作「琴」，清内府本改正了。其三，清内府本修改了陳本與通行的注疏本經文不同的地方，比如陳本最末多出的三篇逸經，清内府本全部删去。但清内府本也增加了一些錯誤，比如顧炎武在《日知録》中指出的明監本系統《儀禮》的五處脱文㊺，陳本都未脱，清内府本則全脱。可以明確，内府本《篆文六經四書》只是在陳鳳梧本的基礎上增加了「四書」部分，「六經」部分只是對陳鳳梧本進行校勘後翻刻。

康熙帝在位期間，官修經部書及性理書多達十六種，多集中在其統治的後期，康熙四十五年（一七〇六）以後編纂的有十種之多。[46]官修書無疑是要在學術界將一家之説定於一尊，宣示皇權的至高無上。從功能意義上，官定經典自然契合了這一目的，這是《欽定篆文六經四書》能夠出版的根本條件。《清文獻通考》中，該書的提要云：

漢人傳經多用隸寫，至唐開元改寫今文，於是諸經悉從楷體，古經舊本久已沿訛。是編仰蒙聖祖仁皇帝鑒定，俾學者奉爲圭臬，得以循流溯源，有裨經學，洵非淺鮮也。[47]

前一句是文字古變爲今的老生常談，「俾學者奉爲圭臬」才點出了其書編纂的真正意義。譚獻在讀到此書的石印本後，就敏鋭地觀察到了這一點，説它「體類石經，義取同文」[48]，指出該書由政府組織，以篆文書寫，是繼承歷代官刻石經的傳統，旨在提供經典文字的定本，具有通過統一學術宣示政治權力的意圖。

李光地是推動《篆文六經四書》出版的關鍵性人物。李氏在朝四十餘年，參與甚至主持了康熙朝後期的多種官修儒家典籍的編修工作，如《朱子全書》《性理精義》《康熙字典》《音韻闡微》《春秋傳説彙纂》等。《篆文六經四書》是爲數不多的由李光地本人倡導，進而受到康熙帝首肯而編纂的典籍之一。所以李光地向康熙帝倡議，其本人所寄寓的學術意圖值得注意。

陳鳳梧在《篆文六經》中展現的觀點與李光地甚爲契合，其《重刻六經古文序》認爲，《樂經》雖亡，但是《儀禮》記載樂歌和《周禮》大司樂、太師等官可備「樂之大端」。李光地作《古樂經傳》，卷一謂：「漢書文帝時，得魏文侯樂工竇公，年一百八十歲，出其本經一篇，即今《周官》『大司樂』章，則知此篇乃古樂經也。」㊾並以此爲基礎，將「大司樂」二十官作爲「經」，將《禮記·樂記》作爲「傳」。㊿與陳氏之論遥相呼應。陳鳳梧强調篆隸之變導致經籍的訛誤，解決的辦法就是從研究篆文入手。李光地也説：「人能於書學考訂妥當，亦是一要緊事。須是兼通篆籀，不是注釋篆籀，明白此，然後可通如今楷書之不可通處。如古字『之』字下著『心』字，謂之『志』，心之所之也；『之』字下著『日』字，謂之『時』，日之所之也。如今楷字『志』字上作『土』，『旹』上作『山』，因篆字之字似『山』也。不然，妄求解便差，王荆公費盡心力，字字着解，便是可笑處。」[51]指出楷書因爲字形演變已難見造字之意，對古文字的研究不能僅停留在明白注釋的階段，而需要「兼通」，才能知古今文字之變。這也是他心目中「廣篆法之傳」的學術意義。

爲保證這部官定的篆文經典的學術水準，李光地要親自勘閲。康熙五十六年（一七一七）四月，李光地從福建回京，「奉命勘閲大學士王掞等所纂《春秋傳説》及檢討張照等所輯篆字經文」[52]。主要負責篆字書寫的是張照和王澍，二人都是清前期的著名書法家。張照（一六九一—一七四五），字得天，華亭人，累官至刑部尚書。《書畫紀略》稱其：「性地高明，學問淹博。……書法初從董香光入手，繼乃出入顏、朱，天骨開張，氣魄渾厚，雄跨當代，深被宸賞。」[53]王澍（一六六八—一七四三），字若霖，號虛舟，金壇人。康熙壬辰（五十一年，一七一二）進士，官至吏部員外郎。《昭代名人尺牘小傳》稱其：「書入率更之室。……篆書法李斯，爲一代作手。」[54]其族叔所撰墓誌記録了其參與編纂《篆文六經四書》的情況：「辛丑（康熙六十年，一七二一），考選户科給事中，欽命稽察錢局。又以君雅善書法，特命充五經篆文館總裁官。壬寅（一七二二），陞本科掌印給事中。」[55]可知王澍在五經篆文館供職時間不滿一年。《篆文六經四書》中，《孟子》的篆書較他經最爲匀稱美觀，或即王澍的手筆。

四、清代後期的古文字寫經實踐

《篆文六經四書》雖有欽定之名，但在清代官修書中實算不得上乘之作。不惟《四庫》不加著録，《國朝宫史》及《清文獻通考》也記載寥寥，宗室昭槤（一七七六—一八三〇）作《嘯亭雜録》，於「本朝欽定諸書」條遍録嘉慶以前官修書目，亦不見此書[56]，但在此間卻頗有流傳。康雍之際的浙江人朱像賢作《聞見偶録》，其「古今書版」條云：「御定諸書……奉諭旨，聽民刷印。」並載《欽定篆文六經四書》，注云「内閣學士張照刻」，後又注「版藏各本家」，是此書版藏於張照家中，而且只要繳納紙墨工本費用就可以刷印。從私家記録來看，士大夫家中或藏有此書，如郭嵩燾在咸豐十年（一八六〇）三月初八日的日記中考證一元刊本上的印章文字，就引用了《欽定篆文六經》的字形。[57]曾紀澤家中也有收藏，他在同治十年（一八七一）十月廿二日的日記中記載：「查閲篆文《六經》，將請瑞臣號寫書底也。」[58]

光緒六年（一八八〇），點石齋將《篆文四書》石印出版，這一版不甚流行。光緒九年，上海同文書局將全書石印出版，此後士大夫一睹此書真容更爲便利。譚獻在光緒十二年（一八八六）的日記中説：「《篆文六經》縮印官本，結體多訛，偏旁妄配，有同虚造。又體類石經，義取同文，參錯處尤不倫。《周官》寫人較精密。」[59]譚獻的日記在光緒年間就已經刊行，對御定書籍評價如此之低，只能用時趨清末，文網漸疏來解釋。從此也可以明顯感受到，在精熟《説文》之學的清代學者眼中，這部書的文字學水平實在不甚高明。

精通古文字學的考證學者當然有信心重作一部更好的篆文經典，付諸實踐的至少有四家。其一，近市居刻本江聲《尚書集注音疏》（序於乾隆五十九年，一七九四）和畢沅的《釋名疏證》（序於乾隆五十五年，一七九〇），包括正文和注文在内，全部以小篆上板，其書寫者都是江聲。江聲（一七二一—一七九九），字叔澐，號艮庭，元和人。師事元和惠棟，是清代吴派經學的代表人物。治《尚書》本於師説，《尚書集注音疏》就是繼承惠棟（一六九七—一七八五）的《尚書》學觀點而作，江藩認爲該書是《尚書》辨僞學的「集大成」之作，推江聲爲「伏、孔、馬、鄭之功臣」，説他「精於小學，以許叔重《説文解字》爲宗。《説文》所無之字，必求假借之字以代之。生平不作楷書，即與人往來筆札，皆作古篆」[60]。孫星衍也説他

「不爲行楷者數十年，凡尺牘率皆依《説文》書之，不肯用俗字」[61]。《尚書集注音疏》全書經注疏都用篆文，除了依據《説文》外，《説文》所無字必求同聲通假字代替。他對《説文》的信守到了固執的程度，甚至説：「許氏《説文》爲千古第一部書。除九千三百五十三字之外無字，除《説文》之外無學問也。」[62]《釋名疏證》的篆文本也是在江聲的主動要求下刻成的。[63]《釋名》是集中利用聲訓方法的訓詁學著作，用篆文書寫，是音形義三者結合的體現，無疑契合了江聲講求文字之學的學術宗旨。

其二是孫星衍（一七五三—一八一八）、星海兄弟。顧廣圻（一七六六—一八三五）《廣復古編序》：「邃堂（孫星海）又有與觀察（孫星衍）合撰《擬篆字石經稿》若干卷，與是編互相發明，皆世間不可少之書。曰『廣』曰『擬』，乃謙而又謙之辭。」[64]《廣復古編》三十卷爲孫星海所作，今存稿本[65]。由顧序可知，這是一部專門研究《説文》正俗字的著作，而特重於假借字。《説文解字》收字不到一萬，經典用字多有逸出《説文》收字範圍者，尤其是假借一門，《説文》原書不能詳盡。所以顧廣圻認爲《廣復古編》可「輔佐《説文》而行」。依靠這樣的研究成果，還原經典文本的古文字狀態就可以付諸實踐了，這也是假借理論之「用」的淋漓體現。[66]所以他説《擬篆字石經稿》與《廣復古編》「互相發明」。該序作於嘉慶二十一年（一八一六），觀其辭氣，《擬篆字石經稿》似已成書。

其三是山東的丁良善（一八二九—一八九三）所編《篆文論語》。[67]丁良善，字少山，山東日照人，師事邑人許瀚，精於《説文》之學。丁氏咸豐十年（一八六〇）自序云：「孔子壁中皆科斗古文，出於漢，亡於魏晉，正始中猶摹刻之，與篆隸爲三體。……《論語》，漢石經有之，但一體隸書，又殘斷不完，莫可據依，乃就《正義》本以篆文書之，從漢唐石經、《經典釋文》校其字句，分其篇章。篆文從《説文解字》，參用古籀或體及假借，一以《正義》本今字爲準。古文不可得見，以意逆志，於經師傳授之本，冀期有合。」可見石經傳統的影響。該書用字以《説文》爲本，但又旁及古籀文字，從艮善與老師許瀚的書信中可以看出他們對字形選擇的審慎[68]。艮善之從子丁楙五又有《校刻篆文論語考證》二卷，許瀚（一七九七—一八六六）有《論語附録》，都是針對定本《篆文論語》的用字進行辨析的著作，附於丁書而行。[69]

其四是吴大澂（一八三五—一九〇二）所書《篆文論語》和《篆文孝經》二種[70]，這兩種書在清末被作爲篆書法帖廣泛流傳，遠比丁艮善書出名，但書者吴大澂本人的初衷還是從經學出發的。《篆文孝經》之寫成比《篆文論語》稍早，《篆文論語》寫成於光緒十二年正月，載於其日記《皇華紀程》中[71]。吴氏在《篆文論語》卷末的跋語中説：「今書《論語》二十篇，又以許書正文補彝器中未見之字，大小二篆，同條共貫，上窺壁經，略有依據，抱殘守缺，斯文在兹，訂而正之，以俟君子。……慨自祖龍焚書，而古文亡；漢儒以隸書寫經，致多改易；晉唐以後，又以楷書代隸，更失本真。二千餘年，屢傳屢變，不知先聖之手澤爲何如，僅賴郡國山川所出鼎彝，援據一二，匯而存之。欲以此復漆書之舊觀，不亦難哉！不亦難

哉！」[72]可見他選字的方法與丁艮善稍有區别，丁氏本於《説文》，吴氏參用「大小二篆」；吴氏在版本依據上也與丁氏稍異，意圖復「漆書舊觀」，而非如丁氏依據《正義》本文字。

五、《篆文六經四書》的底本和用字情况

雖然譚獻對《篆文六經四書》的評價較低[73]，但「結體多訛，偏旁妄配」寥寥數語，顯然不足以全面評價該書。考察該書書寫所用底本和篆字的使用情况，就顯得尤其必要。前文已經説明，《篆文六經四書》是在明代《篆文六經》的基礎上增修而成的，「六經」部分基本上沿襲陳書，「四書」部分則是新增刻的。陳鳳梧刻本目前只能見到《篆文儀禮》一種，且已殘缺。所以我們對《篆文六經四書》的討論，必然包含一些陳鳳梧本《篆文六經》原本的情况，但哪些問題是陳書原有的，就難以區别了。

《篆文周易》先是上下經經文，然後是「十翼」。朱熹作《周易本義》本來採取吕祖謙《古周易》的經文順序，即先爲上下經經文，後爲「十翼」，但後人翻刻，仍改作王弼本的順序，與朱熹的本意不合。嘉靖六年陳鳳梧所刻楷體「六經」中《周易》的順序就是先經文、後「十翼」，可以推測《篆文六經》亦當如此。將康熙時内廷收藏的南宋吴革本《易本義》和内府刊本《周易折中》與《篆文周易》對校，文字相差無幾。其中「豐」卦上六「闃其無人」之「闃」，《篆文周易》誤書作「閴」字。此字吴革本《易本義》就形訛爲「閴」字。可

以推測，當時校勘陳書時，《周易》用到了宋吴革本《易本義》。

《篆文尚書》中《武成》篇的文字順序與蔡沈《書集傳》中的「今考定《武成》」篇一致，可知其以蔡傳爲宗。《篆文毛詩》中《小雅》的篇什與朱熹《詩集傳》相同，可見其以《詩集傳》爲宗。《篆文春秋》只録《春秋》經文，文字幾乎全從胡安國《春秋胡氏傳》，衹有少數不合。如僖公九年「晉侯佹諸卒」的「佹」，胡傳作「詭」，《左傳》作「佹」；昭公二十五年「九月己亥」的「己」篆文作「乙」，此字胡傳及《公羊傳》《左傳》都作「己」，只有《穀梁傳》作「乙」。《篆文周禮》《篆文儀禮》二書，通過與注疏本系統的明代閩本和汲古閣本兩種本子對照，可知其與這個系統的關係最爲密切。《篆文四書》則全用朱熹《四書章句集注》。

我們又將世界書局在一九三六年出版的一種銅板本《宋元人注四書五經》[74]與《篆文六經四書》相對照。世界書局本各經採用的都是清末坊間流行的科舉用書，版本價值不高，但比照後發現，《篆文六經四書》的許多錯誤正與世界書局本的錯誤相同。比如《尚書》中常見的解釋爲「至也」的「厎」字篆書幾乎全部作「底」，這個字在宋淳祐十年上饒學本《書集傳》和阮刻本《尚書正義》中誤爲「底」的很少，但世界書局本幾乎全部作「底」。與之類似，《尚書》中解釋爲「敬也」的「祗」字，世界書局本《書集傳》常誤作「祇」，宋本《書集傳》和阮刻本《尚書正義》中誤爲「祇」的則不多見，但篆書幾乎全誤作「祇」。《尚書・太甲上》「視乃厥祖」的「厥」字篆書作「烈」，這個字注疏本系統都不誤，宋本《書集傳》也不誤，阮刻本校記引《石經考文提要》説「坊本作『烈祖』」，實際上是《書集傳》系統的刻本因爲看到蔡傳「視烈祖之所爲」而改動經文致誤，世界書局本《書集傳》就誤作「烈」。類似的，《尚書·金縢》「惟朕小子其新逆」的「逆」字篆書作「迎」，宋本《書集傳》和阮刻本《尚書正義》都作「逆」，而世界書局本作「迎」。《尚書·費誓》「臣妾逋逃勿敢越逐」的「勿」篆書作「無」，宋本、阮刻本都作「勿」，阮刻本校記引《石經考文提要》説「坊本作『無敢』」，世界書局本作「無」。《毛詩·東山》「熠燿宵行，不可畏也」的「不」字篆書作「亦」，阮刻本《毛詩注疏》、中國國家圖書館藏元刊本《詩集傳》都作「不」，而世界書局本作誤作「亦」。《毛詩·伐柯》「我覯之子」的「覯」字篆書作「遘」，阮刻本《毛詩注疏》、元本《詩集傳》都作「覯」，世界書局本誤作「遘」。《説文》：「覯，見也。」「遘，遇也。」這是不同的兩個字。《毛詩·十月之交》「家伯維宰」的「维」字篆書作「冢」，阮刻本《毛詩注疏》、元本《詩集傳》都作「維」，世界書局本誤作「冢」。《毛詩·皇矣》「以篤于周祜」篆書脱「于」字，阮刻本《毛詩注疏》、元本《詩集傳》不脱，世界書局本脱。《毛詩·泮水》「其旗茷茷」的「茷茷」篆書作「筏筏」，元本《詩集傳》作「茷茷」，阮刻本《毛詩注疏》作「茷茷」，總之都從「艸」，世界書局本誤作「筏筏」。《春秋》定公十五年「齊侯衛侯次於渠蒢」的「渠」字篆書作「蕖」，《左傳》、《穀梁傳》、宋本《胡傳》和世界書局本

《春秋三傳》作「渠」，《公羊傳》作「籧」，四庫本《胡傳》作「蕖」。四庫本所依據的「通行本」應當是涉下「蒢」字而誤加「艸」頭，可知篆文本所用的底本或校本，必有類似此種錯誤的「通行本」。

同時，《篆文六經四書》中又可以見到明北監本系統《十三經注疏》的痕跡。正如前文已經指出的，《儀禮》中的五段脱文，陳鳳梧本原不脱，清本反而脱去，必定是用明監本系統的《儀禮注疏》校對之故。如《周易》「井」卦「九五，井洌寒泉食」的「洌」字篆書作「冽」，宋吴革本《易本義》、康熙内府本《周易折中》，以及世界書局本《易本義》都不誤。據阮刻本《周易注疏》的校勘記，明監本和毛氏汲古閣本正誤作「冽」。情況類似的還有《頤》卦的象辭「自求口實，觀其自養也」的「實」字，宋吴革本《易本義》、康熙内府本《周易折中》以及世界書局本《易本義》都不誤，但篆書誤作「食」。據阮刻本校勘記，明閩本、監本和毛本正誤作「食」。《周禮・春官・司巫》「凡祭事守瘞」的「事」字篆書誤作「祀」，與毛本誤同。《周禮・秋官・遂士》「而究其戒令」的「令」篆書誤作「命」，與毛本誤同。《儀禮・大射》「卒若矢不備」的「卒」字，據阮校，唐石經以下各本俱不脱，毛本無，今查閩本、監本亦脱去，篆本與閩本、監本、毛本誤同。《儀禮・特性饋食禮》「立于門外東方南面」的「方」字，據阮校，唐石經以下各本俱作「方」，毛本作「房」，今查閩本、監本亦作「房」，篆本從閩本、監本、毛本。《儀禮・少牢饋食禮》「尸受同祭于豆祭」的「受同」二字，篆文誤倒，

也是延襲了閩本、監本、毛本的錯誤。《周禮・考工記・輈人爲輈》「自伏兔不至軓七寸，軓中有灂，謂之國輈」的兩個「軓」字，篆書前一字仍作「軓」，後一字作「軌」，據阮元校勘記，監本、閩本都誤作「軌」，毛本二字皆不誤，篆書一正一誤，正表明篆文本校訂者所見有異文，但不敢確定何者爲是。還有許多難以判定是書寫篆書時改寫，還是據底本抄寫的字，也同於監本系統的本子。如《孟子》「今之樂猶古之樂」的「猶」字篆書作「由」，《四書章句集注》各本作「猶」，據阮刻本《孟子注疏》校勘記，閩、監、毛三本作「由」。《孟子・盡心上》「見且由不得亟」的「由」字篆書作「猶」，《四書章句集注》各本皆作「由」，阮刻本《孟子注疏》同，據校勘記：「閩、監、毛三本由作猶。」

《篆文六經》部分雖然以陳鳳梧書爲基礎，但可以推測，張照等人必然用當時較爲通行的版本對陳本進行過校對，並有規律地改動了某些字形，如上節所提到的「拜」「主」等字。這個用來校對的版本，可能是當時比較流行的毛氏汲古閣本《十三經注疏》，也可能有當時科舉考試士子閱讀的程朱系《四書五經》注本。僅就《六經》來說，因爲陳鳳梧本的底本並非注疏系統的本子，並且一定早於明代監本注疏系統，雖然其呈現的面貌與該系統的版本有密切關係，但一定具有與監本系統不同的特色。所以内府本的《篆文六經》也呈現出雜糅各本特色的面貌。

《篆文六經四書》中的篆字以小篆爲主，字形基本採自《說文解字》，雜有極少量的鐘鼎文字形。考察其用字情況，大概有如下幾類：

（一）以《説文》引經改字。《説文解字》中引用六經文字，常與傳本不同，《篆文六經四書》中有時直接根據《説文》引經來改寫經字。如《尚書・禹貢》「隨山刊木」的「刊」字篆書作「栞」，《説文》中「栞」字下就引用了《禹貢》的這一句。《尚書・顧命》「憑玉几」的「憑」字篆書作「凭」，也見於《説文》「凭」字所引經文。《毛詩・甘棠》「召伯所茇」的「茇」字篆書作「废」，見於《説文》「废」字引經。《毛詩・匏有苦葉》「深則厲」的「厲」字篆書作「濿」，這是用《説文》「砅」的或體，「砅」字下引了此詩。

當然更多的情況是不改。如《尚書・禹貢》「浮於淮泗，達於河」的「河」字篆書没有改，但《説文》引此句作「菏」。

（二）依《説文》改寫本字。如全書中多次出現的「寧」字，楷書的「寧」可作虚詞，也可作實詞，但《説文》中，表「安寧」之義寫作「寍」，「寧」字則專爲「願詞」。書中對這兩個字有所分別，如《周易》《兑》卦「九四，商兑未寧」的「寧」篆書作「寍」。又如全篇中「由」篆文都寫作「甹」，《説文》中没有收「由」而有「甹」，並在「甹」字的訓釋中引用了《尚書》「若顛木之有甹枿」，所以徐鍇認爲「甹」就是「由」的本字。又如《説文》中「應」字是「應當」的專字，「譍」爲「以言對」，所以全書中表「應對」之義或其引申義的「應」字篆書多寫作「譍」，如《周易》象傳上「應地無疆」。又如「蒞」字，《説文》本字作「逮」，書中凡「莅」或「涖」字篆書都作「逮」。《毛詩・甘棠》：「召伯所憩」的「憩」字篆書作「愒」，就是改用《說文》本字，《說文》：「愒，息也。」徐鉉等曰：「今別作憩，非是。」《毛詩・江有汜》「江有渚」的「渚」字篆書作「陼」，也是用《說文》本字。《周禮・天官冢宰》「八曰匪頒之式」的「匪」字篆書作「⿱非巳」，「匪」字，鄭注引鄭司農說：「分也。」《說文》：「⿱非巳，別也。」可知「⿱非巳」爲本字。又如《孟子》中的「免」字都書作「挽」，《說文》：「挽，生子免身。」不收「免」字，徐鍇認爲「挽」「通用爲解免之免」。

有時也用《說文》的重文。如《毛詩・簡兮》「公庭萬舞」的「舞」字篆書作「𦏶」，「𦏶」是《說文》「舞」字的古文。《春秋》僖公十四年「沙鹿崩」的「崩」字篆書作「⿰阝朋」，「⿰阝朋」是《說文》「崩」字的古文。

（三）取聲旁，或同音字、義近字改替今字。如《毛詩・賓之初筵》「賓載手仇」的「仇」字篆書作「斞」，朱注：「仇讀曰斞。」與鄭箋同。《毛詩・鳧鷖》「鳧鷖在亹」的「亹」字篆書作「門」，鄭箋：「亹之謂門。」《釋文》：「音門。」朱注也說讀作門。《毛詩・載芟》「有厭其傑」的「傑」字篆書作「桀」，古書中常見以「桀」作「傑」的例子。《毛詩・良耜》「以似以續」的「似」字篆書作「嗣」，孔疏：「似訓爲嗣。」篆書就改作「嗣」字。《大學》「君子胡不慥慥爾」的「慥」字篆書作「造」，也是直接取聲旁爲字，不知有何依據。《論語・爲政》「人焉廋哉」的「廋」字篆書作「搜」，「廋」字不見於《說文》，篆書是取同音字爲本字。《論語·泰伯》「悾悾而不信」的「悾」字篆書作「空」，「悾」字不見於《説文》，篆書僅取聲旁。據《釋文》，《論語·子罕》「空空如也」的「空空」鄭本作「悾悾」，可見二字互用。

也有改得明顯不太合理的例子。如《周易》《井》卦「九二，井谷射鮒，甕敝漏」的「甕」字篆書寫作同音字「瓮」，經文中的「甕」指汲水器皿，《説文·缶部》：「罋，汲缾也。」「罋」是它的本字，但《説文》：「瓮，罌也。」「罋」和「瓮」是不同的兩個字。又如《周易》繫傳「陽卦奇陰卦耦」的「耦」字篆書作「偶」，二字雖同音，但在《説文》卻是兩個不同的字，「耦」的本義是「兩人耕」，「偶」的本義是「桐人」，在這裡篆書作「耦」即可。又如《尚書·大禹謨》「天之歷數在汝躬」的「歷」字篆書作「曆」，這個字僞孔傳解釋爲「歷運」，蔡傳解釋爲「相繼」，所以篆書作「歷」就是本字，不需改成「曆」。《尚書·洛誥》「汝乃是不蘉」的「蘉」字篆書作「𤻮」，「蘉」僞孔傳認爲是勉勵的意思，《説文》：「𤻮，病臥也。」與「蘉」完全不同。《毛詩·采苓》「苟亦無信」的「苟」字篆書作「茍」，朱注取鄭箋釋爲「且」，《説文》：「茍，自急敕也。」和此處的「苟」字形、音、義都不同。《毛詩·烝民》「八鸞鏘鏘」的「鏘」字篆書作「將」，只是取了原字的聲旁，没有什麼依據。《毛詩·長發》「宅殷土芒芒」「洪水芒芒」的「芒芒」篆書都作「茫茫」，《説文》「芒」的本義是「艸耑」，就是草的尖端，和此處的「茫茫」釋義不同，但《説文》中没有「茫」字。

《春秋》中常見的「西鄙」「北鄙」的「鄙」字篆書多作「啚」，《説文》：「啚，嗇也。」並非「邊鄙」之本字。《周禮·考工記·輪人爲輪》「不甐於鑿」的「甐」字篆書作「瓴」，鄭注：「不甐於鑿，謂不動於鑿中也。」《説文》：「瓴，瓮，似瓶也。」是音義不同的兩個字。《論語·子罕》「固天縱之將聖」的「縱」字篆書作「縦」，《説文》：「縦，緎屬。」朱注訓「縱」爲「肆」，絶非一字。「韞櫝而藏諸」的「韞」字篆書作「蘊」，「韞」字《説文》不載，何注：「韞，藏也。」《説文》：「蘊，積也。」並非一字。《孟子·盡心上》「睟然見於面」的「睟」字篆書作「萃」，《説文》不收「睟」字，趙注：「睟，潤澤之貌也。」《説文》：「萃，艸皃。」並非一字。

（四）依照楷書字形書篆，故多有後起俗字、形訛字，與《説文》不合。前面提到《周易》「豐」卦的「闐」字就是顯例。又如書中多次出現的「畀」字，俗寫多與「畁」字混淆，而寫作「畁」，「畀」的篆書在多處被寫成了「畁」，如《尚書·康王之誥》「付畀四方」的「畀」。《毛詩·小弁》「萑葦淠淠」的「淠」字，篆書右旁的「畀」也誤作「畁」。又如《周易》「革」卦卦辭「已日乃孚」和「六二，已日乃革之」的「已」，篆書前者作「已」（全書中「已」的篆書都與「以」的篆書相同），後者作「巳」。《周易折中》在此處引用了明代何楷説，認爲這兩個字都是「巳」字，古書中「己」「已」「巳」三字常常混淆成一個「巳」字形，所以注家要特別辨析。可見書寫者對這兩句經文的經義不太明瞭。類似的，《尚書·堯典》

的「方命圮族」的「圮」字，本當從「己」，《説文》的「圮」字在訓釋中也引用了《堯典》這一句，但因爲刻本中一般都寫成「圯」，篆書也寫成「圯」，成了另外一個字。又如《大禹謨》「罔遊于逸」的「逸」字，篆書寫成了「逸」，從「免」。《説文》：「逸，失也。從辵兔。」坊刻本中常誤寫成「逸」者，寫篆的人也因此致誤。與此類似，《毛詩·十月之交》「黽勉從事」的「勉」，篆書從「兔」。「勉」字本從「免」得聲，不當從「兔」。這也可能是因爲所據刻本楷書俗字致誤。書中「斂」字的篆書常作「歛」，也是因爲俗寫字形致誤，如《毛詩·大田》「此有不斂穧」的「斂」；從斂的字也有寫錯的，如《毛詩·葛生》「蘞蔓於域」的「蘞」字篆書誤作「蘞」。又如《春秋》中晉國的家族郤氏的「郤」字當從「邑」，且見於《説文》，但《春秋》中此字篆書全部作「卻」，從「卩」，也是因俗寫楷體致誤。這種情況在《尚書》《周禮》《儀禮》中最爲普遍，而《周禮》《儀禮》幾乎是用篆字照抄楷書本，考訂極少。

（五）有極少量的鐘鼎文字形。《周易》「大過」卦的象傳「遯世無悶」的「世」字，其篆書形體就取自《封比干墓銅盤銘》「萬世之寧」的「世」字，見於宋薛尚功《歷代鐘鼎彝器款識法帖》卷十六。《尚書·大禹謨》「罔遊于逸」的「遊」字、《秦誓》「射御不違」的「射」字，其篆書形體取自《石鼓文》。《毛詩·何彼襛矣》「齊侯之子」的「齊」字篆書作「亝」，形見夏竦《古文四聲韻》。

（六）其他與《説文》不同的字形（故字）。如《周易》「艮」卦象傳「不拯其隨，未退聽也」的「聽」字篆書作「𦔻」。這個字形不見於《説文》。周伯琦《六書正訛》中以「𦔻」爲「聽」。《毛詩・我行其野》「昏姻之故」的「故」字篆書作「故」，《説文通訓定聲》引宋戴侗《六書故》引唐本《説文》作「从久，古聲」，周伯琦《六書正訛》也認爲「故」爲本字，「故」是訛形。又如書中多次出現的「從」字的篆形「徔」、《尚書・武成》「華夏蠻貊」的「貊」字的篆形等，也不太清楚其依據。

（七）根據注文改字或增減字。改字如《毛詩・卷耳》「云何吁矣」的「吁」字篆書作「盱」，朱注：「吁，憂嘆也。《爾雅》注引此作『盱』。」篆書當據此改。《毛詩・關雎》「悠哉悠哉」的「悠」字篆書作「攸」，《詩集傳》：「悠，長也。」《説文》：「攸，行水也。」段注「悠」字説：「古多假攸爲脩，長也，遠也。」故而篆書改作「攸」。《毛詩・漢廣》「惄如調飢」的「調」字篆書作「輖」，朱注：「調一作輖，重也。」朱注的異文取自《釋文》。《毛詩・出車》「僕夫況瘁」的「況」字篆書作「怳」，朱注：「況，兹也。或云當作怳。」篆書用朱注或説。《孟子・盡心下》「士憎兹多口」的「憎」字篆書作「增」，朱注引趙注「爲士者益多口」後説：「按此則憎當從土，今本皆從心，蓋傳寫之誤。」篆書因此改寫作「增」。減字如《周易》「坎」卦「尊酒簋，剛柔際也」中「簋」字後無「貳」字，宋吴革本《易本義》也無「貳」字，朱注：「陸氏《釋文》本無貳字，今從之。」應是據朱注而刪。但《論語・鄉黨》「没階趨進翼如也」篆書有「進」字，《四書章句集注》本皆無「進」字，朱注：「陸氏曰，趨下本無『進』字，俗本有之，誤。」篆書本不從。

除了上面舉出的朱注引用《釋文》爲篆文本所吸收者外，《篆文毛詩》中又有數條似乎暗用《釋文》。《河廣》「曾不容刀」的「刀」字篆書作「舠」，朱注：「小船曰刀。」《釋文》：「字書作『刀』，《説文》作『舠』，並音刀。」今見《説文》各本都没有收「舠」字，篆書或許因此而不用「舠」。《毛詩・清人》「河上乎逍遥」的「逍遥」篆書作「消摇」，《釋文》：「逍本又作消，遥本又作摇。」《毛詩・還》「驅從兩肩兮」的「肩」篆書作「豜」，朱注：「獸三歲曰肩。」《釋文》：「肩，如字。《説文》云：三歲豕肩相及者。本亦作豜。」《毛詩・洞酌》「取厲取鍛」的「厲」篆書作「礪」，《釋文》：「厲，本又作礪。」篆文的「礪」見於《説文》新附字，徐鉉：「經典通用厲。」

細閲全書，不僅《篆文六經》的用字情况和《篆文四書》有較明顯的差異，即使同一經的書寫者也不止一人。全書用字没有劃一的標準，本字、假借字雜亂而出，有小篆字形，有傳世鐘鼎文字形，也有據楷書直接改寫而生造的篆體，只能説大致以《説文解字》爲本。而其中《毛詩》《孟子》能夠較忠實於《説文》，如《尚書》《儀禮》等幾乎直接依照楷書字形篆寫，生造和不合理的篆字最多，《周禮》一書本來就保存了比較豐富的古文字形，雖然也基本上是以楷寫篆，但還不至於太過離譜。

六、《篆文六經四書》的價值

通過上節的分析，幾乎已經可以判定《篆文六經四書》在古文字學和版本學上没有什麽特别的價值了，那我們今天仍然要把它整理出版，表彰於世的意義究竟何在呢？筆者以爲，若能夠以更全面的視角來審視傳世文獻，没有哪個文獻可以被判定爲一文不名。何況這部《篆文六經四書》曾經以極高的規格出版，它的初版本和翻印本都曾有過廣泛的讀者。

首先，這部書全以篆書上板，在以雕版印刷爲主要出版方式的明清時期，需要耗費較大的人力、財力。我們今日可見的篆書上板的印刷品，早的有南宋刻本《忠經篆注》[75]，明代也有《孝經》《中庸》《離騷》等書的篆文刻本，但這些書籍都不過數千字而已，篆書字體碩大，每一頁中只能排十幾個字。這都是刻工對於篆書遠不如楷書那樣熟悉，雕刻篆字難度較大導致的；而且篆書筆勢詰屈圓轉，需要精細雕刻才能保證不出錯誤，不像楷體字横平豎直，可以歸併同類筆畫，批量化雕刻以提高效率。陳鳳梧本《篆文六經》幾乎是第一部把篆書按通行的方式雕刻成書的作品，單個篆字的大小與普通書籍中文字的大小没有區别。所以我們看到，其筆畫呈現出了更多的方折棱角，可能就是刻字工人在短時間内大規模雕刻産生的印記。該書雖然從開始雕版到印刷成書只用了三年時間，但相比陳鳳梧嘉靖六年在新安刊成楷書白文本《六經》僅「踰半載」，仍可見篆文雕刻之不易。[76]江聲的《尚書集注音疏》更是大部頭的篆文書籍，從其書首的《募捐尚書小引》中可知，該書之刊刻前後耗時九年，用銀高達四百五十兩，九年間江聲多方求助才得以竣事。[77]《篆文六經四書》篆書的印刷效果遠超陳鳳梧本《篆文六經》，而且用紙用墨都極爲精良，當代研究者更稱其爲清代內府刻書之「白眉」[78]，可以推想其花費之巨，刻成之難。故而在清代的版刻史上，《篆文六經四書》實有一定地位。

其次，《篆文六經四書》在康熙朝的官刻書中也佔有特殊的地位，這就是譚獻點出的「體類石經，義取同文」，而這種强烈的政治象徵意義是上承漢魏石經統一文字的傳統而來。比如正始石經將古文字和經典合而爲一，立於洛陽太學，不僅以皇權爲經今古文學之爭提供了一個答案，也確立了一種政治權力的表達方式。在其後的歷史發展中，學者不斷提起古文字的意義，將古文字與聖人的思想相結合，使之成爲「先王之道」的一種權威載體。所以陳鳳梧難以忘懷經典復古的夢想，在受到嘉祐石經啟發後，出版了《篆文六經》。到了李光地手裡，尊奉程朱、體類石經等要素，使得陳鳳梧這部沉寂多年的古本再次焕发了生命力。故而《篆文六經四書》應當被視爲清廷統一學術並宣示政治權力的系列官方文化活動中的一環，在審視清朝前期的文化政策時仍有相當的參考價值。

在統一學術的意義上，《篆文六經四書》和康熙朝其他十多種官刻的經部書相比不算成功。清代學者精研《説文》之學，對這部錯漏百出的書當然不放在眼裡。《篆文六經四書》出版後相當長一段時間幾乎不被人提起，並非意味着無人知曉它的存在，也有可能是閱讀過的人對其價值不置可否，既不敢公開批評，又没有大加讚揚的必要，不如緘口不言。但清人並非没有表達態度的方式。比如錢泳（一七五九—一八四四）就曾説：「本朝王虚舟吏部頗負篆書之名，既非秦非漢，亦非唐非宋，且既寫篆書而不用《説文》，學者譏之。」[79]錢泳晚年曾仿效蔡邕以隸書寫經刻石，並號其樓名「寫經樓」，奚崗爲他畫了《寫經樓圖》，此圖有翁方綱（一七三三—一八一八）、王芑孫（一七五五—一八一八）兩家的題跋。王芑孫在《錢上舍寫經樓銘》中説：「先時王澍，技以篆名；嘗充寫官，未迄完成。」[80]可見錢泳、翁方綱是知道王澍曾篆寫六經的。翁方綱也曾評論王澍曰：「近日如王澍知學書，而所撰帖跋，避論書談藝之名，而嗜援史事，矜爲考訂之學，實則所考轉多舛誤。」[81]可見清人對王澍的學問評價不太高，他所參與的《篆文六經四書》水準也可想而知。清代先後出現的四家古文字寫經，都隱然與《篆文六經四書》形成對立。江聲、孫星海、丁良善、吴大澂諸人對小學和經典都有精深的研究，對古文字和經典版本的認識都到了新的高度。江聲的觀點比較保守，他認爲《説文》有其自足的系統，經典中《説文》不載的字形，可以用通假字補足，證之當今出土的先秦簡帛，同聲通假無處不在，可見江聲的認識有其獨到之處。孫星海的研究特重於假借字一門，也與江聲有相通之處。吴大澂以收藏金石著名，並對金石銘文有深入研究，在《説文》所載之外，又資以金文，使得他的作品在「復三代之舊」的道路上更進了一步。丁良善的族子丁懋五對經籍版本也有獨到認識，他認爲《論語》在漢時就有多家傳本，「今本亦自古相傳，不惟未必後於《釋文》、唐石經，亦未必不古於漢石經」，所以與其據《釋文》和漢唐石經改《正義》本，不如「專從今本」[82]。這種見解，已經跳脱一味崇古的泥潭了。對壁中書、石經這些古文字經籍的追慕，背後的理想是求「道」之真，但這個「真」只存在於各人的夢想裡；没有對先秦學術和歷史的深入了解，這個「真」的内涵是虚幻的。清儒通過他們的研究，把這種求真的過程向前推進了，這樣，他們才敢於在學術上與科舉制藝之學分庭抗禮。站在清儒考據學反面的《篆文六經四書》，在清代學術史上也有着獨特意義。

最後，與吴大澂的《篆文孝經》《篆文論語》常被當作篆書法帖一樣，《篆文六經四書》在清末以後可能更多的是作爲書法作品或篆刻參考書被讀者接受的。近代篆刻名家陳巨來（一九〇五—一九八四）曾回憶三個善於僞造骨董的奇人，其中嘉興人湯臨澤，也是刻印的好手。一九六四年前後，湯對陳巨來説，若要元朱文技藝精進，「只要買一部王虚舟所寫篆文《四書》，用以仿寫刻之，即包你像了」[83]。湯的本意是要代買而求財，陳氏當時早已是刻元朱文印的名手，自然不把湯的話放在心裡。但由此也可以看出，晚清迄於民國，《篆文六經四書》因爲其書法價值還受到一些人的歡迎。[84]《篆文六經四書》中的篆字，一字一格，均匀排佈，和江聲、吴大澂帶有鐘鼎古意的作品不同，富有李斯篆書那樣嚴謹的美感，確實比較符合元朱文篆刻的審美，在今天仍可爲篆書和篆刻愛好者提供參考。

書成之後曾被多次翻印，版式與内府本相同的有光緒六年（一八八〇）點石齋石印本

《篆文四書》，此本僅有《四書》。還有一種半頁十二行，滿行十八字的版本，有光緒九年（一八八三）同文書局石印本《篆文六經四書》、民國四年（一九一五）千頃堂書局石印《欽定篆文六經四書》、民國五年（一九一六）廣益書局影印《篆文四書》、民國求古齋影印《篆文四書》。《儒藏》「元典類」擬收各種重要白文經典（包括漢唐石經），該本作爲目前規模最大的篆文經典，自然有其收録價值。

此次出版，以哈佛大學所藏清康熙内府原刊本爲底本影印，該本有「曾爲北海王南洲家收藏」「曾爲北海王南洲氏收藏」「曾爲北海王南洲秘藏」「曾爲北海王南洲密藏」「是書曾爲北海王家密藏」「哈佛大學漢和圖書館珍藏印」等印記，或爲乾隆時濰縣篆刻家王右民舊藏。整理本以篆楷對照的方式排版，每頁分上下兩欄，上欄爲原書，下欄爲楷體對照，並根據通行版本對原書進行校對，訛奪之處出校勘記。楷書部分爲盡量反映篆文本面貌，不以某種版本爲準，但也不與篆文字形機械地對照。校記中除特殊情況外，祇將對校本稱爲「通行本」。除主要參考台灣藝文印書館二〇〇一年影印阮刻本《十三經注疏》和中國書店影印一九三六年世界書局本宋元人注《四書五經》外，《周易》還參考了南宋吴革本《易本義》和康熙内府本《周易折中》，《尚書》主要參考宋淳祐十年上饒郡學刻本《朱文公訂正門人蔡九峰書集傳》，《毛詩》主要參考中國國家圖書館藏元刻本《詩集傳》，《周禮》《儀禮》主要參考明李元陽閩刊本和明毛氏汲古閣本《周禮正義》《儀禮正義》，《春秋》主要參考宋乾道四年刻、慶元五年修本

《春秋傳》和四庫全書本《春秋胡氏傳》。「四書」主要參考南宋當塗郡齋刻本《四書章句集注》。篆形寫法，非整理者敢指摘者，但在此要鄭重提醒讀者，對本書所用篆書形體保持審慎的態度，並特別推薦江聲篆文本《尚書集注音疏》和吴大澂書寫的《篆文孝經》《篆文論語》對照使用。

因學力所限，書中不足之處尚多，亟望專家學者指正。

整理者

二〇二〇年二月

注釋

①［漢］范曄：《後漢書》，北京：中華書局，一九六五年，二二一六頁。

②趙立偉：《魏三體石經古文輯證》，博士論文，中山大學，二〇〇五年，一九六頁。

③《隋書·藝文志》：「貞觀初，秘書監臣魏徵始收聚之，十不存一。」《隋書》卷三二，北京：中華書局，一九七三年，第九四七頁。

④［後蜀］林罕：《字源偏旁小説序》，見［宋］陳思編、崔爾平校注《書苑菁華校注》，上海：上海辭書出版社，二〇一三年，第二四三頁。

⑤［唐］賈眈：《説文字源序》，見［宋］陳思編、崔爾平校注《書苑菁華校注》，第二四〇頁。

⑥［漢］許慎：《説文解字》，北京：中華書局，一九六三年，第三二〇頁。

⑦［宋］陳思編、崔爾平校注：《書苑菁華校注》，第二四三頁。

⑧《論語·子罕》：子畏于匡，曰：「文王既没，文不在兹乎？天之將喪斯文也，後死者不得與于斯文也；天之未喪斯文也，匡人其如予何？」

⑨明堂是古禮中天子布政之所，是天子上應於天的神聖性象徵建築。武周建有明堂，玄宗即位後改爲乾元殿。參見張一兵：《明堂制度研究——明堂制度的源流》，吉林大學博

士論文，二〇〇四年，第一四一——一七一頁。而明堂之旁的「辟雍」，則是古禮中記載的天子之學。

⑩嘉祐石經刊刻的起始時間史書没有明確記載，尚無一致性結論，但可以推測的是，至遲在至和二年就已經開始。參見楊恆平：《北宋二體石經考述》，《中國典籍與文化》，二〇〇八年第一期；顧永新：《關於嘉祐石經的幾個問題》，《儒家典籍與思想研究》（第五輯）二〇一三年；晁會元：《北宋太學二體石經新證》，《史林》，二〇一五年第二期。嘉祐石經的經數也有多種説法，筆者傾向於原刻有《儀禮》，爲九經，元時增入《孟子》，共十經。

⑪［宋］范鎮：《宋景文公祁神道碑》，［宋］杜大珪《名臣碑傳琬琰集》卷七，影印文淵閣《四庫全書》，台北：台灣商務印書館，一九八六年，第四五〇册，六三頁。

⑫［宋］宋祁：《景文集》，《叢書集成初編》，上海：商務印書館，一九三六年，册一八七九，六七七頁。此文中也談及書家篆學和儒者篆學之區别，涉及篆書書法與古文字學傳承的關係問題，深可留意。

⑬參見⑩顧永新文最後一節。

⑭《集古録跋尾》卷一：「自余集録古文，所得三代器銘，必問於楊南仲、章友直。」［宋］歐陽修：《歐陽修全集》卷一三四，北京：中華書局，二〇〇一年，第五册，

第二〇七三頁。

⑮見《宋史》本傳。顧文已及之。

⑯見《説文解字繫傳提要》，《四庫全書總目》卷四一，北京：中華書局，一九六五年，第三四六頁。

⑰石經廢棄不用的問題，前揭顧文、晁文並有論及。

⑱以上皆見⑩顧永新文。

⑲［清］全祖望：《明開封府學石經碑贊跋》，《全祖望集彙校集注》，上海：上海古籍出版社，二〇〇二年，第七四七頁。

⑳履歷資料據［明］韓邦奇：《資善大夫都察院右都御史贈工部尚書陳公傳》，《宛洛集》，《明别集叢刊》第二輯，第六册，第四〇四—四〇八頁。

㉑陳鳳梧崇祀先賢、整頓學校、教導諸生的活動見於前揭韓邦奇所作傳記，也散見於明清方志，此處不便於展開。

㉒這是《儀禮》注、疏合刊之始，參見廖明飛：《〈儀禮〉注疏合刻考》，《文史》二〇一四年第一期。

㉓原作「存道書院」。按，胡纘宗任知府時，曾報請巡撫陳鳳梧、督學盧焕、巡按朱實昌批准，重修始建於宋咸淳五年（一二六九）的學道書院以奉祀言偃，並於嘉靖四年

（一五二五）四月開工。見胡纘宗：《重建學道書院記》，崇禎《吴縣志》卷一四《書院》，第三—四頁。

㉔承任利榮提供全文，在此謹申謝忱。

㉕［清］端方：《匋齋藏石記》，《續修四庫全書》，上海：上海古籍出版社，二〇〇二年，第九〇五冊，第七八五頁。

㉖［清］梁維樞：《玉劍尊聞》卷七，《四庫全書存目叢書》，濟南：齊魯書社，一九九七年，子部，第二四四冊，第七五四頁。

㉗［明］陳仁錫：《白陽公小記》，《陳太史無夢園初集》駐集四，《續修四庫全書》，第一三八三冊，第三九頁。

㉘［明］王世貞：《新刻增補藝苑卮言》卷一一，《續修四庫全書》，第一六九五冊，第五六九頁。

㉙［明］張寰：《白陽山人墓誌銘》，［明］陳仁錫輯《陳白陽集》附録，《四庫全書存目叢書》，集部，第一四六冊，第八九頁。

㉚崇禎《吴縣志》卷五三《人物・藝事》，第八頁。

㉛［明］詹景鳳：《詹氏性理小辨》，《四庫全書存目叢書》，子部，冊一一二，第五五五頁。

㉜瞿冕良：《中國古籍版刻辭典》，蘇州：蘇州大學出版社，二〇〇九年，二七二頁。

㉝張秀民：《中國印刷史》，上海：上海人民出版社，一九八九年，第五〇八頁。

㉞以上四種見张秀民：《中國印刷史》，第四一二頁。

㉟［清］徐乃昌：《積學齋藏書記》，上海：上海古籍出版社，二〇一四年，第一八五頁。

㊱林慶彰：《豐坊與姚士粦》，上海：華東師範大學出版社，二〇一五年，第四二一—四七頁。

㊲劉勇：《變動不居的經典——明代〈大學〉改本研究》，北京：生活·讀書·新知三聯書店，二〇一六年，第六〇頁。

㊳詳參上引劉書第三章。

㊴《四庫全書總目》卷四三，第三七三頁。

㊵《授經圖》《晁氏寶文堂書目》《絳雲樓書目》《千頃堂書目》等有著録。

㊶［清］李清植：《文貞公年譜》，《北京圖書館藏珍本年譜叢刊》，北京：北京圖書館出版社，一九九九年，第八五冊，第三七〇—三七六頁。

㊷經數應當爲六，但《周禮》《儀禮》可合稱爲禮，門類上爲五。王澍的墓誌銘中所記載的修書館也叫「五經篆文館」。

㊸《清史列傳》卷七一，北京：中華書局，一九八七年，第五八二七頁。

㊹王鍔：「康熙内府所刻篆文《儀禮》，顯係仿明陳鳳梧篆文本而刻。」見《三禮研究論著提要》，蘭州：甘肅教育出版社，二〇〇一年，第一二四頁。

㊺［明］顾炎武著，［清］黄汝成注：《日知録集釋》，杭州：浙江古籍出版社，二〇一三年，第一〇四四頁。

㊻參見霍艷芳：《中國圖書官修史》，武漢：武漢大學出版社，二〇一四年，第四四八—四五一頁，第四六八—四七三頁。

㊼《欽定皇朝文獻通考》卷二一八，影印文淵閣《四庫全書》，第六三七册，第一二三頁。

㊽［清］譚獻：《復堂日記》，石家莊：河北教育出版社，二〇〇一年，第一五〇頁。

㊾［清］李光地：《古樂經傳》，影印文淵閣《四庫全書》，第二二〇册，第二頁。

㊿［清］李光地：《古樂經傳》，影印文淵閣《四庫全書》，第二二〇册，第一頁。

51［清］李光地：《榕村語録續編》，《四庫未收書輯刊》第四輯，北京：北京出版社，二〇〇〇年，第二一册，第一九七頁。

52《清史列傳》卷一〇，第七一八頁。

53轉引自［清］馮金柏：《國朝畫識》卷九，《馮氏畫識二種》，上海：復旦大學出版社，二〇一八年，第二一六頁。

54［清］吴修：《昭代名人尺牘小傳》，《叢書集成續編》，台北：新文豐出版公司，一九八八年，第二五六冊，第二八九頁。

⑤⑤［清］王步青：《吏部員外郎族姪虚舟墓誌銘》，《已山先生文集》卷八，《四庫全書存目叢書》，集部，第二七三冊，第七九五頁。

⑤⑥［清］昭槤：《嘯亭雜録》，北京：中華書局，一九八〇年，第四〇〇頁。

⑤⑦該條云：「古璽與門通。《詩》：臯鬻在璽。《欽定篆文六經》，璽即作門。」梁小進主編：《郭嵩燾全集》，長沙：嶽麓書社，二〇一八年，第八冊，第二七二頁。

⑤⑧《曾紀澤日記》，長沙：嶽麓書社，一九九八年，第一六五頁。轉引自胡衛平：《曾國藩的藏書與刻書》，長沙：嶽麓書社，二〇一四年，第九四頁。

⑤⑨［清］譚獻：《復堂日記》，第一四九—一五〇頁。

⑥⓪［清］江藩：《國朝漢學師承記》卷二，北京：中華書局，一九八三年，第三三頁。

⑥①［清］孫星衍：《江聲傳》，《孫淵如先生全集·平津館文稿卷下》，《清代詩文集彙編》，第四三六冊，第二四九頁。

⑥②［清］錢泳：《履園叢話》卷六，北京：中華書局，一九七九年。

⑥③［清］畢沅：《釋名疏證敘》，《篆字釋名疏證》，《叢書集成初編》，第一一五五冊，第四頁。畢沅周圍聚集了眾多漢學家，本節提到的江聲、孫星衍都曾在畢沅幕府。畢沅幕府的另一人錢泳，晚年也曾模仿蔡邕用隸書寫經刻石。

(64)［清］顧廣圻：《顧千里集》卷十二，北京：中華書局，二〇〇八年，第一八一頁。

(65)《廣復古編》稿本收藏於南京圖書館，見《中國古籍善本書目（經部）》卷四，上海：上海古籍出版社，一九八九年，第四五一頁。

(66)清人認爲六書中，象形、指事、會意、形聲爲「體」，即造字之法；轉注、假借爲「用」，即用字之法。

(67)丁原基《許瀚交遊問學考》一文載此事甚詳，本段主要從該文取材，並參考《山東通志藝文志訂補》相關記載。見丁原基：《許瀚交遊問學考》，《嵐山文史》第三輯，第一三四—一三七頁；徐泳：《山東通志藝文志訂補・經部》，濟南：山東人民出版社，二〇一六年，第四五五頁。

(68)丁原基：《許瀚交遊問學考》，《嵐山文史》第三輯，第一三五—一三六頁。

(69)徐泳：《山東通志藝文志訂補・經部》，第四五五頁。

(70)李軍《吴大澂篆書論語考》一文是對《篆文論語》較爲集中的討論，又引用蘇州博物館所藏《篆文論語》原件吴氏自跋，值得參考。李軍：《吴大澂篆書論語考》，《美苑》，二〇一三年第四期。

(71)［清］吴大澂：《皇華紀程》，《長白叢書》初集，長春：吉林文史出版社，一九八六年，第二九六—二九八頁。轉引自陳左高：《歷代日記叢談》，上海：上海畫報出版社，二〇〇四年，第一一三頁。

(72)轉引自李軍：《吴大澂篆書論語考》。

(73)王欣夫先生也有類似的評價：「古籍之以篆書鋟木者，始於明代。……清康熙中張照奉敕刊《篆文六經四書》，雕印精好，突過前人。但皆疏於學問，不守家法，不明通假，未免多所乖誤。」王欣夫撰，鮑正鵠、徐鵬整理：《蛾術軒篋存善本書録》，上海：上海古籍出版社，二〇〇二年，第三頁。

(74)中國書店一九八五年據世界書局本影印本。

(75)該書現藏於台灣圖書館。

(76)［明］陳鳳梧：《重刻六經序》，《「國立中央圖書館」善本序跋集録·經部》，台北：「國立中央圖書館」，一九九二年，第七三五頁。

(77)［清］江聲：《募刊尚書小引》，《尚書集注音疏》，《續修四庫全書》，第四四册，第三四六頁。

(78)翁連溪：《清代内府刻書研究》，北京：故宫出版社，二〇一三年，第一〇五頁。

(79)［清］錢泳：《履園叢話》卷一一，第二八五頁。

(80)［清］王芑孫：《淵雅堂全集·惕甫未定稿》卷一九，揚州：廣陵書社，二〇一七年，第七八〇頁。

⑧① ［清］翁方綱：《考訂論上之三》，《復初齋文集》卷七，《續修四庫全書》，册一四五五，第四一四頁。

⑧② 徐泳：《山東通志藝文志訂補·經部》，第四五五頁。

⑧③ 陳巨來：《安持人物瑣憶》，上海：上海書畫出版社，二〇一九年，第一九八頁。

⑧④ 湯臨澤後來買來《篆文四書》，陳巨來在古籍書店問得價格，四册僅值一元。

目録

奉

旨開列

總閱官

文淵閣大學士兼吏部尚書臣李光地

文淵閣大學士兼禮部尚書臣王掞

南書房校閱官

內閣學士兼禮部侍郎臣張廷玉

內閣學士兼禮部侍郎臣蔣廷錫

內閣學士兼禮部侍郎臣勵廷儀

翰林院侍讀學士臣陳邦彥

左春坊左庶子掌坊事兼翰林院侍讀臣王圖炳

原任翰林院侍讀臣趙熊詔

校對官

翰林院編修臣王澍

儒藏
儒藏經典·康熙篆文六經四書

周易

周易篇目

周易篇目

周易篇目

周易篇目

周易上經第一

☰ 乾下乾上

乾元亨利貞 初九潛龍勿用

九二見龍在田利見大人

九三君子終日乾乾夕惕若厲无咎 九四或躍在淵无咎

九五飛龍在天利見大人 上九亢龍有悔 用九見羣龍无首吉

☷ 坤下坤上

坤元亨利牝馬之貞君子有攸往先迷後得主利西南得朋東北喪朋安貞吉 初六履霜堅冰至 六二直方大不習无不利 六三含章可貞或從王事无成有終 六四括囊无咎无

周易上經第一

☰ 乾下乾上

乾，元亨利貞。 初九：潛龍勿用。

九二：見龍在田，利見大人。

九三：君子終日乾乾，夕惕若厲，无咎。 九四：或躍在淵，无咎。

九五：飛龍在天，利見大人。 上九：亢龍有悔。 用九：見群龍无首，吉。

☷ 坤下坤上

坤，元亨，利牝馬之貞。君子有攸往。先迷後得，主利。西南得朋，東北喪朋。安貞吉。 初六：履霜，堅冰至。 六二：直、方、大，不習无不利。 六三：含章可貞。或從王事，无成，有終。 六四：括囊，无咎，无

譽　六五黃裳元吉　上六龍
戰于野其血玄黃　用六利永
貞
䷂ 震下坎上
屯元亨利貞勿用有攸往利建
侯　初九磐桓利居貞利建侯
六二屯如邅如乘馬班如匪
寇婚媾女子貞不字十年乃字

六三即鹿无虞惟入于林中
君子幾不如舍往吝　六四乘
馬班如求婚媾往吉无不利
九五屯其膏小貞吉大貞凶
上六乘馬班如泣血漣如
䷃ 坎下艮上
蒙亨匪我求童蒙童蒙求我初
筮告再三瀆瀆則不告利貞

譽。六五：黃裳，元吉。上六：龍戰于野，其血玄黃。用六：利永貞。

䷂ 震下坎上

屯，元亨，利貞。勿用有攸往。利建侯。初九：磐桓，利居貞，利建侯。六二：屯如邅如，乘馬班如，匪寇，婚媾。女子貞不字，十年乃字。

儒藏 儒藏經典·康熙篆文六經四書　周易

六三：即鹿无虞，惟入于林中，君子幾不如舍，往吝。六四：乘馬班如，求婚媾，往，吉，无不利。九五：屯其膏，小貞吉，大貞凶。上六：乘馬班如，泣血漣如。

䷃ 坎下艮上

蒙，亨。匪我求童蒙，童蒙求我。初筮告，再三瀆，瀆則不告。利貞。

初六發蒙利用刑人用説桎梏
以往吝九二包蒙吉納婦吉
子克家六三勿用取女見金
夫不有躬无攸利六四困蒙
吝六五童蒙吉上九擊蒙
不利爲寇利禦寇

䷄ 乾下 坎上

需有孚光亨貞吉利涉大川

初九需于郊利用恆无咎九
二需于沙小有言終吉九三
需于泥致寇至六四需于血
出自穴九五需于酒食貞吉
上六入于穴有不速之客三
人來敬之終吉

䷅ 坎下 乾上

訟有孚窒惕中吉終凶利見大

初六：發蒙，利用刑人，用説桎梏，
以往吝。九二：包蒙吉。納婦吉。
子克家。六三：勿用取女，見金
夫，不有躬，无攸利。六四：困蒙，
吝。六五：童蒙，吉。上九：擊蒙。
不利爲寇，利禦寇。

䷄ 乾下 坎上

需，有孚，光亨，貞吉。利涉大川。

儒藏經典·康熙篆文六經四書 周易

初九：需于郊，利用恆，无咎。九
二：需于沙，小有言，終吉。九三：
需于泥，致寇至。六四：需于血，
出自穴。九五：需于酒食，貞吉。
上六：入于穴，有不速之客三
人來，敬之，終吉。

䷅ 坎下 乾上

訟，有孚，窒惕，中吉，終凶。利見大

人不利涉大川　初六不永所
事小有言終吉　九二不克訟
歸而逋其邑人三百戶无眚
六三食舊德貞厲終吉或從王
事无成　九四不克訟復即命
渝安貞吉　九五訟元吉　上
九或錫之鞶帶終朝三褫之

坎下
坤上

師貞丈人吉无咎　初六師出
以律否臧凶　九二在師中吉
无咎王三錫命　六三師或輿
尸凶　六四師左次无咎　六
五田有禽利執言无咎長子帥
師弟子輿尸①貞凶　上六大君
有命開國承家小人勿用

坤下
坎上

人。不利涉大川。　初六：不永所事，小有言，終吉。　九二：不克訟，歸而逋，其邑人三百户，无眚。　六三：食舊德，貞厲，終吉。或從王事，无成。　九四：不克訟，復即命渝，安貞，吉。　九五：訟，元吉。　上九：或錫之鞶帶，終朝三褫之。

坎下
坤上

儒藏經典·康熙篆文六經四書　周易

師，貞，丈人吉，无咎。　初六：師出以律，否臧凶。　九二：在師中，吉，无咎。王三錫命。　六三：師或輿尸，凶。　六四：師左次，无咎。　六五：田有禽，利執言，无咎。長子帥師，弟子輿尸，貞凶。　上六：大君有命，開國承家，小人勿用。

坤下
坎上

比，吉。原筮，元永貞，无咎。不寧方來，後夫凶。初六：有孚比之，无咎。有孚盈缶，終來有他，吉。六二：比之自内，貞吉。六三：比之匪人。六四：外比之，貞吉。九五：顯比，王用三驅，失前禽，邑人不誡，吉。上六：比之无首，凶。

乾下 巽上

儒藏經典·康熙篆文六經四書　周易

小畜，亨。密雲不雨，自我西郊。初九：復自道，何其咎？吉。九二：牽復，吉。九三：輿説輻，夫妻反目。六四：有孚，血去惕出，无咎。九五：有孚攣如，富以其鄰。上九：既雨既處，尚德載，婦貞厲。月幾望，君子征凶。

兑下 乾上

比，吉。原筮，元永貞，无咎。不寧方來，後夫凶。　初六：有孚比之，无咎。有孚盈缶，終來有他，吉。　六二：比之自内，貞吉。　六三：比之匪人。　六四：外比之，貞吉。　九五：顯比，王用三驅，失前禽，邑人不誡，吉。　上六：比之无首，凶。

乾下 巽上

小畜，亨。密雲不雨，自我西郊。

初九：復自道，何其咎？吉。　九二：牽復，吉。　九三：輿説輻，夫妻反目。　六四：有孚，血去惕出，无咎。

九五：有孚攣如，富以其鄰。

上九：既雨既處，尚德載，婦貞厲。月幾望，君子征凶。

兑下 乾上

履虎尾不咥人亨　初九素履往无咎　九二履道坦坦幽人貞吉　六三眇能視跛能履履虎尾咥人凶武人爲于大君　九四履虎尾愬愬終吉　九五夬履貞厲　上九視履考祥其旋元吉

乾下坤上

儒藏　儒藏經典·康熙篆文六經四書　周易

泰小往大來吉亨　初九拔茅茹以其彙征吉　九二包荒用馮河不遐遺朋亡得尚于中行　九三无平不陂无往不復艱貞无咎勿恤其孚于食有福　六四翩翩不富以其鄰不戒以孚　六五帝乙歸妹以祉元吉　上六城復于隍勿用師自邑

履虎尾，不咥人，亨。初九：素履，往，无咎。九二：履道坦坦，幽人貞吉。六三：眇能視，跛能履，履虎尾，咥人，凶。武人爲于大君。九四：履虎尾，愬愬，終吉。九五：夬履，貞厲。上九：視履考祥，其旋元吉。

乾下坤上

泰，小往大來，吉，亨。初九：拔茅茹，以其彙，征吉。九二：包荒，用馮河，不遐遺，朋亡，得尚于中行。九三：无平不陂，无往不復，艱貞，无咎。勿恤其孚，于食有福。六四：翩翩不富，以其鄰，不戒以孚。六五：帝乙歸妹，以祉元吉。上六：城復于隍，勿用師。自邑

告命貞吝

䷋ 坤下乾上

否之匪人不利君子貞大往小
來　初六拔茅茹以其彙貞吉
亨　六二包承小人吉大人否
亨　六三包羞　九四有命无
咎疇離祉　九五休否大人吉
其亡其亡繫于苞桑②　上九傾

儒藏經典·康熙篆文六經四書　周易

否先否後喜

䷌ 離下乾上

同人于野亨利涉大川利君子
貞　初九同人于門无咎　六
二同人于宗吝　九三伏戎于
莽升其高陵三歲不興　九四
乘其墉弗克攻吉　九五同人
先號咷而後笑大師克相遇

告命，貞吝。

䷋ 坤下乾上

否之匪人，不利君子貞，大往小來。　初六：拔茅茹，以其彙，貞吉，亨。　六二：包承，小人吉，大人否，亨。　六三：包羞。　九四：有命无咎，疇離祉。　九五：休否，大人吉。其亡其亡，繫于苞桑。　上九：傾

儒藏經典·康熙篆文六經四書　周易

否，先否後喜。

䷌ 離下乾上

同人于野，亨。利涉大川。利君子貞。　初九：同人于門，无咎。　六二：同人于宗，吝。　九三：伏戎于莽，升其高陵，三歲不興。　九四：乘其墉，弗克攻，吉。　九五：同人先號咷而後笑，大師克相遇。

上九：同人于郊，无悔。

☰ 乾下 離上

大有，元亨。初九：无交害，匪咎，艱則无咎。九二：大車以載，有攸往，无咎。九三：公用亨于天子，小人弗克。九四：匪其彭，无咎。六五：厥孚交如，威如，吉。上九：自天祐之，吉，无不利。

艮下 坤上

謙，亨，君子有終。初六：謙謙君子，用涉大川，吉。六二：鳴謙，貞吉。九三：勞謙君子，有終吉。六四：无不利，撝謙。六五：不富，以其鄰。利用侵伐，无不利。上六：鳴謙，利用行師，征邑國。

坤下 震上

上九：同人于郊，无悔。
乾下 離上
大有，元亨。初九：无交害，匪咎，艱則无咎。九二：大車以載，有攸往，无咎。九三：公用亨于天子，小人弗克。九四：匪其彭，无咎。六五：厥孚交如，威如，吉。上九：自天祐之，吉，无不利。
儒藏經典·康熙篆文六經四書　周易
艮下 坤上
謙，亨，君子有終。初六：謙謙君子，用涉大川，吉。六二：鳴謙，貞吉。九三：勞謙君子，有終吉。六四：无不利，撝謙。六五：不富，以其鄰。利用侵伐，无不利。上六：鳴謙，利用行師，征邑國。
坤下 震上

豫，利建侯行師。初六：鳴豫，凶。六二：介于石，不終日，貞吉。六三：盱豫，悔。遲有悔。九四：由豫，大有得。勿疑，朋盍簪？六五：貞疾，恒不死。上六：冥豫，成有渝，无咎。

䷐ 震下兌上

隨，元亨，利貞，无咎。初九：官有渝，貞吉。出門交有功。六二：係小子，失丈夫。六三：係丈夫，失小子。隨有求得，利居貞。九四：隨有獲，貞凶。有孚在道以明，何咎？九五：孚于嘉，吉。上六：拘係之，乃從維之。王用亨于西山。

䷑ 巽下艮上

蠱，元亨，利涉大川。先甲三日，後

甲三日　初六幹父之蠱有子考无咎厲終吉　九二幹母之蠱不可貞　九三幹父之蠱小有悔无大咎　六四裕父之蠱往見吝　六五幹父之蠱用譽　上九不事王侯高尚其事

兌下坤上

臨元亨利貞至于八月有凶

儒藏經典·康熙篆文六經四書　周易

初九咸臨貞吉　九二咸臨吉无不利　六三甘臨无攸利既憂之无咎　六四至臨无咎　六五知臨大君之宜吉　上六敦臨吉无咎

坤下巽上

觀盥而不薦有孚顒若　初六童觀小人无咎君子吝　六二

甲三日。初六：幹父之蠱，有子，考无咎，厲，終吉。九二：幹母之蠱，不可貞。九三：幹父之蠱，小有悔，无大咎。六四：裕父之蠱，往見吝。六五：幹父之蠱，用譽。

上九：不事王侯，高尚其事。

兌下坤上

臨，元亨，利貞。至于八月有凶。

初九：咸臨，貞吉。九二：咸臨，吉，无不利。六三：甘臨，无攸利。既憂之，无咎。六四：至臨，无咎。六五：知臨，大君之宜，吉。上六：敦臨，吉，无咎。

坤下巽上

觀，盥而不薦，有孚顒若。初六：童觀，小人无咎，君子吝。六二：

闚觀利女貞　六三觀我生進
退　六四觀國之光利用賓于
王　九五觀我生君子无咎
上九觀其生君子无咎

䷔ 離下震上

噬嗑亨利用獄　初九屨校滅
趾无咎　六二噬膚滅鼻无咎
六三噬腊肉遇毒小吝无咎
九四噬乾胏得金矢利艱貞
吉　六五噬乾肉得黃金貞厲
无咎　上九何校滅耳凶

䷕ 離下艮上

賁亨小利有攸往　初九賁其
趾舍車而徒　六二賁其須
九三賁如濡如永貞吉　六四
賁如皤如白馬翰如匪寇婚③媾

闚觀，利女貞。　六三：觀我生進退。　六四：觀國之光，利用賓于王。　九五：觀我生，君子无咎。

上九：觀其生，君子无咎。

䷔ 離下震上

噬嗑，亨。利用獄。　初九：屨校滅趾，无咎。　六二：噬膚滅鼻，无咎。

六三：噬腊肉，遇毒，小吝，无咎。

九四：噬乾胏，得金矢，利艱貞，吉。　六五：噬乾肉，得黃金，貞厲，无咎。　上九：何校滅耳，凶。

䷕ 離下艮上

賁，亨，小利，有攸往。　初九：賁其趾，舍車而徒。　六二：賁其須。

九三：賁如濡如，永貞吉。　六四：賁如皤如，白馬翰如，匪寇，婚媾。

六五賁于丘園束帛戔戔吝終吉 上九白賁无咎

䷖ 坤下艮上

剝不利有攸往 初六剝牀以足蔑貞凶 六二剝牀以辨蔑貞凶 六三剝之无咎 六四剝牀以膚凶 六五貫魚以宮人寵无不利 上九碩果不食君子得輿小人剝廬

䷗ 震下坤上

復亨出入无疾朋來无咎反復其道七日來復利有攸往 初九不遠復无祇悔元吉 六二休復吉 六三頻復厲无咎 六四中行獨復 六五敦復无悔 上六迷復凶有災眚用行

六五：賁于丘園，束帛戔戔，吝，終吉。上九：白賁，无咎。

䷖ 坤下艮上

剝，不利有攸往。初六：剝牀以足，蔑貞凶。六二：剝牀以辨，蔑貞凶。六三：剝之，无咎。六四：剝牀以膚，凶。六五：貫魚以宮人寵，无不利。上九：碩果不食，君子得輿，小人剝廬。

䷗ 震下坤上

復，亨。出入无疾，朋來无咎。反復其道，七日來復。利有攸往。初九：不遠復，无祇悔，元吉。六二：休復，吉。六三：頻復，厲，无咎。六四：中行獨復。六五：敦復，无悔。上六：迷復，凶，有災眚。用行

師中④有大敗以其國君凶至于
十年不克征

䷘ 震下 乾上

无妄元亨利貞其匪正有眚不
利有攸往　初九无妄往吉
六二不耕穫不菑畬則利有攸
往　六三无妄之災或繫之牛
行人之得邑人之災　九四可

貞无咎　九五无妄之疾勿藥
有喜　上九无妄行有眚无攸
利

䷙ 乾下 艮上

大畜利貞不家食吉利涉大川
初九有厲利已　九二輿説
輹　九三良馬逐利艱貞曰閑
輿衛利有攸往　六四童牛之

師，終有大敗，以其國君凶，至于
十年不克征。

䷘ 震下 乾上

无妄，元亨，利貞。其匪正有眚，不
利有攸往。　初九：无妄，往吉。
六二：不耕穫，不菑畬，則利有攸
往。　六三：无妄之災，或繫之牛，
行人之得，邑人之災。　九四：可

儒藏經典·康熙篆文六經四書　周易

貞，无咎。　九五：无妄之疾，勿藥
有喜。　上九：无妄，行有眚，无攸
利。

䷙ 乾下 艮上

大畜，利貞。不家食，吉。利涉大川。
初九：有厲，利已。　九二：輿説
輹。　九三：良馬逐，利艱貞。曰閑
輿衛，利有攸往。　六四：童牛之

牿，元吉。 六五：豶豕之牙，吉。

上九：何天之衢，亨。

震下 艮上

頤，貞吉。觀頤。自求口實。 初九：舍爾靈龜，觀我朵頤，凶。 六二：顛頤，拂經，于丘頤，征凶。 六三：拂頤，貞凶，十年勿用，无攸利。 六四：顛頤，吉。虎視眈眈，其欲逐

逐，无咎。 六五：拂經，居貞吉，不可涉大川。 上九：由頤，厲吉，利涉大川。

巽下 兌上

大過，棟橈，利有攸往，亨。 初六：藉用白茅，无咎。 九二：枯楊生稊，老夫得其女妻，无不利。 九三：棟橈，凶。 九四：棟隆，吉，有它

吝 九五 枯楊生華老婦得其
士夫无咎无譽 上六 過涉滅
頂凶无咎

☵☵ 坎下 坎上

習坎有孚維心亨行有尚 初
六 習坎入于坎窞凶 九二 坎
有險求小得 六三 來之坎坎
險且枕入于坎窞勿用 六四

儒藏經典·康熙篆文六經四書 周易

樽酒簋貳用缶納約自牖終无
咎 九五 坎不盈衹既平无咎
上六 係用徽纆寘于叢棘三
歲不得凶

☲☲ 離下 離上

離利貞亨畜牝牛吉 初九 履
錯然敬之无咎 六二⑤黃離元
吉 九三 日昃之離不鼓缶而

吝。九五：枯楊生華，老婦得其士夫，无咎，无譽。上六：過涉滅頂，凶，无咎。

☵☵ 坎下 坎上

習坎，有孚，維心亨，行有尚。初六：習坎，入于坎窞，凶。九二：坎有險，求小得。六三：來之坎坎，險且枕，入于坎窞，勿用。六四：

儒藏經典·康熙篆文六經四書 周易

樽酒簋，貳用缶，納約自牖，終无咎。九五：坎不盈，衹既平，无咎。上六：係用徽纆，寘于叢棘，三歲不得，凶。

☲☲ 離下 離上

離，利貞，亨。畜牝牛，吉。初九：履錯然，敬之，无咎。六二：黃離，元吉。九三：日昃之離，不鼓缶而

歌則大耋之嗟凶 九四突如
其來如焚如死如棄如 六五
出涕沱若戚嗟若吉 上九王
用出征有嘉折首獲匪其醜无
咎

儒藏
儒藏經典·康熙篆文六經四書 周易

歌，則大耋之嗟，凶。九四：突如其來如，焚如，死如，棄如。六五：出涕沱若，戚嗟若，吉。上九：王用出征，有嘉折首，獲匪其醜，无咎。

周易下經第二

艮下
兌上

咸亨利貞取女吉 初六咸其拇 六二咸其腓凶居吉 九三咸其股執其隨往吝 九四貞吉悔亡憧憧往來朋從爾思 九五咸其脢无悔 上六咸其輔頰舌

巽下
震上

恒亨无咎利貞利有攸往 初六浚恒貞凶无攸利 九二悔亡 九三不恒其德或承之羞貞吝 九四田无禽 六五恒其德貞婦人吉夫子凶 上六振恒凶

艮下
乾上

儒藏
儒藏經典·康熙篆文六經四書 周易

周易下經第二

艮下
兌上

咸，亨，利貞，取女吉。初六：咸其拇。六二：咸其腓，凶，居吉。九三：咸其股，執其隨，往吝。九四：貞吉，悔亡。憧憧往來，朋從爾思。九五：咸其脢，无悔。上六：咸其輔、頰、舌。

巽下
震上

恒，亨，无咎，利貞，利有攸往。初六：浚恒，貞凶，无攸利。九二：悔亡。九三：不恒其德，或承之羞，貞吝。九四：田无禽。六五：恒其德，貞。婦人吉，夫子凶。上六：振恒，凶。

艮下
乾上

遯亨小利貞 初六遯尾厲勿
用有攸往 六二執之用黃牛
之革莫之勝説 九三係遯有
疾厲畜臣妾吉 九四好遯君
子吉小人否 九五嘉遯貞吉
上九肥遯无不利

䷡ 乾下 震上

大壯利貞 初九壯于趾征凶
有孚 九二貞吉 九三小人
用壯君子用罔貞厲羝羊觸藩
羸其角 九四貞吉悔亡藩決
不羸壯于大輿之輹 六五喪
羊于易无悔 上六羝羊觸藩
不能退不能遂无攸利艱則吉

䷢ 坤下 離上

晉康侯用錫馬蕃庶晝日三接

儒藏
儒藏經典·康熙篆文六經四書 周易

遯，亨，小利貞。 初六：遯尾，厲，勿用有攸往。 六二：執之用黃牛之革，莫之勝説。 九三：係遯，有疾厲，畜臣妾，吉。 九四：好遯，君子吉，小人否。 九五：嘉遯，貞吉。 上九：肥遯，无不利。

䷡ 乾下 震上

大壯，利貞。 初九：壯于趾，征凶，有孚。 九二：貞吉。 九三：小人用壯，君子用罔，貞厲。羝羊觸藩，羸其角。 九四：貞吉，悔亡，藩決不羸，壯于大輿之輹。 六五：喪羊于易，无悔。 上六：羝羊觸藩，不能退，不能遂，无攸利，艱則吉。

䷢ 坤下 離上

晉，康侯用錫馬蕃庶，晝日三接。

初六晉如摧如貞吉罔孚裕无咎 六二晉如愁如貞吉受茲介福于其王母 六三衆允悔亡 九四晉如鼫鼠貞厲 六五悔亡失得勿恤往吉无不利 上九晉其角維用伐邑厲吉无咎貞吝

䷣ 離下坤上

明夷利艱貞 初九明夷于飛垂其翼君子于行三日不食有攸往主人有言 六二明夷夷于左股用拯馬壯吉 九三明夷于南狩得其大首不可疾貞 六四入于左腹獲明夷之心于出門庭 六五箕子之明夷利貞 上六不明晦初登于天

儒藏經典·康熙篆文六經四書 周易

初六：晉如，摧如，貞吉。罔孚，裕，无咎。六二：晉如，愁如，貞吉。受茲介福，于其王母。六三：衆允，悔亡。九四：晉如鼫鼠，貞厲。六五：悔亡，失得勿恤，往吉，无不利。上九：晉其角，維用伐邑，厲，吉，无咎，貞吝。

䷣ 離下坤上

明夷，利艱貞。初九：明夷于飛，垂其翼。君子于行，三日不食。有攸往，主人有言。六二：明夷，夷于左股，用拯馬壯，吉。九三：明夷于南狩，得其大首，不可疾貞。六四：入于左腹，獲明夷之心，于出門庭。六五：箕子之明夷，利貞。上六：不明晦，初登于天，後入于地。

離下巽上

家人，利女貞。初九：閑有家，悔亡。六二：无攸遂，在中饋，貞吉。九三：家人嗃嗃，悔厲，吉。婦子嘻嘻，終吝。六四：富家，大吉。九五：王假有家，勿恤，吉。上九：有孚威如，終吉。

兌下離上

睽，小事吉。初九：悔亡。喪馬勿逐，自復。見惡人，无咎。九二：遇主于巷，无咎。六三：見輿曳，其牛掣，其人天且劓，无初有終。九四：睽孤，遇元夫，交孚，厲，无咎。六五：悔亡，厥宗噬膚，往何咎？上九：睽孤。見豕負塗，載鬼一

車先張之弧後説之弧匪寇婚
媾往遇雨則吉

䷦ 艮下坎上

蹇利西南不利東北利見大人
貞吉 初六往蹇來譽 六二
王臣蹇蹇匪躬之故 九三往
蹇來反 六四往蹇來連 九
五大蹇朋來 上六往蹇來碩
吉利見大人

䷧ 坎下震上

解利西南无所往其來復吉有
攸往夙吉 初六无咎 九二
田獲三狐得黃矢貞吉 六三
負且乘致寇至貞吝 九四解
而拇朋至斯孚 六五君子維
有解吉有孚于小人 上六公

車。先張之弧，後説之弧。匪寇婚
媾，往，遇雨則吉。

䷦ 艮下坎上

蹇，利西南，不利東北。利見大人。
貞吉。 初六：往蹇，來譽。 六二：
王臣蹇蹇，匪躬之故。 九三：往
蹇，來反。 六四：往蹇，來連。 九
五：大蹇，朋來。 上六：往蹇，來碩，
吉。利見大人。

䷧ 坎下震上

解，利西南。无所往，其來復吉。有
攸往，夙吉。 初六：无咎。 九二：
田獲三狐，得黃矢，貞吉。 六三：
負且乘，致寇至，貞吝。 九四：解
而拇，朋至斯孚。 六五：君子維
有解，吉。有孚于小人。 上六：公

用射隼于高墉之上獲之无不
利
䷨ 兑下艮上
損有孚元吉无咎可貞利有攸
往曷之用二簋可用享 初九
已事遄往无咎酌損之 九二
利貞征凶弗損益之 六三三
人行則損一人一人行則得其
儒藏 儒藏經典·康熙篆文六經四書 周易
友 六四損其疾使遄有喜无
咎 六五或益之十朋之龜弗
克違元吉 上九弗損益之无
咎貞吉利有攸往得臣无家
䷩ 震下巽上
益利有攸往利涉大川 初九
利用爲大作元吉无咎 六二
或益之十朋之龜弗克違永貞

用射隼于高墉之上，獲之，无不利。

䷨ 兑下艮上

損，有孚，元吉，无咎，可貞，利有攸往。曷之用？二簋可用享。 初九：已事遄往，无咎，酌損之。 九二：利貞，征凶，弗損益之。 六三：三人行，則損一人。一人行，則得其友。 六四：損其疾，使遄有喜，无咎。 六五：或益之，十朋之龜弗克違，元吉。 上九：弗損益之，无咎，貞吉，利有攸往。得臣无家。

䷩ 震下巽上

益，利有攸往，利涉大川。 初九：利用爲大作，元吉，无咎。 六二：或益之，十朋之龜弗克違，永貞吉。王用享于帝，吉。六三：益之，用凶事，无咎。有孚中行，告公用圭。六四：中行，告公從，利用爲依遷國。九五：有孚惠心，勿問，元吉。有孚惠我德。上九：莫益之，或擊之，立心勿恆，凶。

䷪ 乾下 兌上

夬，揚于王庭，孚號有厲，告自邑，

不利即戎，利有攸往。初九：壯于前趾，往不勝爲咎。九二：惕號，莫夜有戎，勿恤。九三：壯于頄，有凶。君子夬夬，獨行遇雨，若濡有慍，无咎。九四：臀无膚，其行次且。牽羊悔亡，聞言不信。九五：莧陸夬夬，中行无咎。上六：无號，終有凶。

吉。王用享于帝，吉。六三：益之，用凶事，无咎。有孚中行，告公用圭。六四：中行，告公從，利用爲依遷國。九五：有孚惠心，勿問，元吉。有孚惠我德。上九：莫益之，或擊之，立心勿恆，凶。

䷪ 乾下 兌上

夬，揚于王庭，孚號有厲，告自邑，

儒藏經典·康熙篆文六經四書　周易

不利即戎，利有攸往。初九：壯于前趾，往不勝爲咎。九二：惕號，莫夜有戎，勿恤。九三：壯于頄，有凶。君子夬夬，獨行遇雨，若濡有慍，无咎。九四：臀无膚，其行次且。牽羊悔亡，聞言不信。九五：莧陸夬夬，中行无咎。上六：无號，終有凶。

䷫ 巽下 乾上

姤，女壯，勿用取女。　初六：繫于金柅，貞吉，有攸往，見凶，羸豕孚蹢躅。　九二：包有魚，无咎，不利賓。　九三：臀无膚，其行次且，厲，无大咎。　九四：包无魚，起凶。　九五：以杞包瓜，含章，有隕自天。　上九：姤其角，吝，无咎。

䷬ 坤下 兌上

萃，亨。王假有廟，利見大人，亨。利貞。用大牲，吉。利有攸往。　初六：有孚不終，乃亂乃萃，若號，一握爲笑，勿恤，往无咎。　六二：引吉，无咎，孚乃利用禴。　六三：萃如，嗟如，无攸利，往无咎，小吝。　九四：大吉，无咎。　九五：萃有位，无

咎，匪孚，元永貞，悔亡。　上六：齎
咨涕洟，无咎。

䷭ 巽下坤上

升，元亨。用見大人，勿恤。南征吉。
初六：允升，大吉。　九二：孚乃
利用禴，无咎。　九三：升虛邑。
六四：王用亨于岐山，吉，无咎。
六五：貞吉，升階。　上六：冥升，利
于不息之貞。

䷮ 坎下兑上

困，亨，貞，大人吉。无咎。有言不信。
初六：臀困于株木，入于幽谷，
三歲不覿。　九二：困于酒食，朱
紱方來，利用享祀，征凶，无咎。
六三：困于石，據于蒺蔾，入于其
宮，不見其妻，凶。　九四：來徐徐，

儒藏
儒藏經典·康熙篆文六經四書　周易
咎，匪孚，元永貞，悔亡。　上六：齎
咨涕洟，无咎。
䷭ 巽下坤上
升，元亨。用見大人，勿恤。南征吉。
初六：允升，大吉。　九二：孚乃
利用禴，无咎。　九三：升虛邑。
六四：王用亨于岐山，吉，无咎。
六五：貞吉，升階。　上六：冥升，利
于不息之貞。
䷮ 坎下兑上
困，亨，貞，大人吉。无咎。有言不信。
初六：臀困于株木，入于幽谷，
三歲不覿。　九二：困于酒食，朱
紱方來，利用享祀，征凶，无咎。
六三：困于石，據于蒺蔾，入于其
宮，不見其妻，凶。　九四：來徐徐，

困于金車，吝，有終。九五：劓刖，困于赤紱，乃徐有説，利用祭祀。

上六：困于葛藟，于臲卼，曰動悔，有悔，征吉。

䷯ 巽下坎上

井，改邑不改井。无喪，无得。往來井井。汔至，亦未繘井。羸其瓶，凶。

初六：井泥不食，舊井无禽。

九二：井谷射鮒，甕敝漏。九三：井渫不食，爲我心惻，可用汲，王明，並受其福。六四：井甃，无咎。

九五：井洌，寒泉，食。上六：井收，勿幕，有孚，元吉。

䷰ 離下兑上

革，已日乃孚。元亨，利貞，悔亡。

初九：鞏用黄牛之革。六二：已

日乃革之征吉无咎九三征凶貞厲革言三就有孚九四悔亡有孚改命吉九五大人虎變未占有孚上六君子豹變小人革面征凶居貞吉

巽下離上

鼎元亨初六鼎顛趾利出否得妾以其子无咎九二鼎有實我仇有疾不我能即吉九三鼎耳革其行塞雉膏不食方雨虧悔終吉九四鼎折足覆公餗其形渥凶六五鼎黃耳金鉉利貞上九鼎玉鉉大吉无不利

震下震上

震亨震來虩虩笑言啞啞震驚

日乃革之，征吉，无咎。九三：征凶，貞厲，革言三就，有孚。九四：悔亡，有孚改命，吉。九五：大人虎變，未占有孚。上六：君子豹變，小人革面，征凶，居貞吉。

䷱ 巽下離上

鼎，元亨。初六：鼎顛趾，利出否，得妾以其子，无咎。九二：鼎有實，我仇有疾，不我能即，吉。九三：鼎耳革，其行塞，雉膏不食，方雨虧悔，終吉。九四：鼎折足，覆公餗，其形渥，凶。六五：鼎黃耳金鉉，利貞。上九：鼎玉鉉，大吉，无不利。

䷲ 震下震上

震，亨。震來虩虩，笑言啞啞。震驚

百里不喪匕鬯　初九震來虩虩後笑言啞啞吉　六二震來厲億喪貝躋于九陵勿逐七日得　六三震蘇蘇震行无眚　九四震遂泥　六五震往來厲億无喪有事　上六震索索視矍矍征凶震不于其躬于其鄰无咎婚媾有言

䷳ 艮下艮上

艮其背不獲其身行其庭不見其人无咎　初六艮其趾无咎利永貞　六二艮其腓不拯其隨其心不快　九三艮其限列其夤厲薰心　六四艮其身无咎　六五艮其輔言有序悔亡

上九敦艮吉

百里，不喪匕鬯。初九：震來虩虩，後笑言啞啞，吉。六二：震來厲，億喪貝，躋于九陵，勿逐，七日得。六三：震蘇蘇，震行无眚。九四：震遂泥。六五：震往來厲，億无喪，有事。上六：震索索，視矍矍，征凶。震不于其躬，于其鄰，无咎。婚媾有言。

儒藏經典·康熙篆文六經四書　周易

䷳ 艮下艮上

艮其背，不獲其身，行其庭，不見其人，无咎。初六：艮其趾，无咎，利永貞。六二：艮其腓，不拯其隨，其心不快。九三：艮其限，列其夤，厲薰心。六四：艮其身，无咎。六五：艮其輔，言有序，悔亡。

上九：敦艮，吉。

䷴ 艮下巽上

漸，女歸吉，利貞。初六：鴻漸于干，小子厲，有言，无咎。六二：鴻漸于磐，飲食衎衎，吉。九三：鴻漸于陸，夫征不復，婦孕不育，凶。利禦寇。六四：鴻漸于木，或得其桷，无咎。九五：鴻漸于陵，婦三歲不孕，終莫之勝，吉。上九：鴻漸于陸，其羽可用爲儀，吉。

䷵ 兌下震上

歸妹，征凶，无攸利。初九：歸妹以娣，跛能履，征吉。九二：眇能視，利幽人之貞。六三：歸妹以須，反歸以娣。九四：歸妹愆期，遲歸有時。六五：帝乙歸妹，其君之袂不如其娣之袂良。月幾

望吉　上六女承筐无實士刲羊无血无攸利

䷶ 離下震上

豐亨王假之勿憂宜日中　初九遇其配主雖旬无咎往有尚　六二豐其蔀日中見斗往得疑疾有孚發若吉　九三豐其沛日中見沬折其右肱无咎

九四豐其蔀日中見斗遇其夷主吉　六五來章有慶譽吉　上六豐其屋蔀其家闚其户闃⑧其无人三歲不覿凶

䷷ 艮下離上

旅小亨旅貞吉　初六旅瑣瑣斯其所取災　六二旅即次懷其資得童僕貞　九三旅焚其

望，吉。　上六：女承筐，无實，士刲羊，无血，无攸利。

䷶ 離下震上

豐，亨，王假之，勿憂，宜日中。　初九：遇其配主，雖旬无咎，往有尚。　六二：豐其蔀，日中見斗，往得疑疾，有孚發若，吉。　九三：豐其沛，日中見沬，折其右肱，无咎。

九四：豐其蔀，日中見斗，遇其夷主，吉。　六五：來章，有慶譽，吉。　上六：豐其屋，蔀其家，闚其户，闃其无人，三歲不覿，凶。

䷷ 艮下離上

旅，小亨，旅貞吉。　初六：旅瑣瑣，斯其所取災。　六二：旅即次，懷其資，得童僕，貞。　九三：旅焚其次，喪其童僕，貞厲。九四：旅于處，得其資斧，我心不快。六五：射雉，一矢亡，終以譽命。上九：鳥焚其巢，旅人先笑後號咷。喪牛于易，凶。

䷸ 巽下 巽上

巽，小亨，利有攸往，利見大人。初六：進退，利武人之貞。九二：巽在牀下，用史巫紛若，吉，无咎。九三：頻巽，吝。六四：悔亡，田獲三品。九五：貞吉，悔亡，无不利。无初有終，先庚三日，後庚三日，吉。上九：巽在牀下，喪其資斧，貞凶。

䷹ 兌下 兌上

兌，亨，利貞。初九：和兌，吉。九

儒藏 儒藏經典·康熙篆文六經四書 周易

次，喪其童僕，貞厲。九四：旅于處，得其資斧，我心不快。六五：射雉，一矢亡，終以譽命。上九：鳥焚其巢，旅人先笑後號咷。喪牛于易，凶。

䷸ 巽下 巽上

巽，小亨，利有攸往，利見大人。初六：進退，利武人之貞。九二：巽在牀下，用史巫紛若，吉，无咎。九三：頻巽，吝。六四：悔亡，田獲三品。九五：貞吉，悔亡，无不利。无初有終，先庚三日，後庚三日，吉。上九：巽在牀下，喪其資斧，貞凶。

䷹ 兌下 兌上

兌，亨，利貞。初九：和兌，吉。九

二孚兑吉悔亡六三來兑凶
九四商兑未寧介疾有喜
九五孚于剝有厲上六引兑
䷺ 坎下 巽上
渙亨王假有廟利涉大川利貞
初六用拯馬壯吉九二渙
奔其机悔亡六三渙其躬无
悔六四渙其群元吉渙有丘

匪夷所思九五渙汗其大號
渙王居无咎上九渙其血去
逖出无咎
䷻ 兑下 坎上
節亨苦節不可貞初九不出
户庭无咎九二不出門庭凶
六三不節若則嗟若无咎
六四安節亨九五甘節吉往

二：孚兑，吉，悔亡。六三：來兑，凶。
九四：商兑未寧，介疾有喜。
九五：孚于剝，有厲。上六：引兑。
䷺ 坎下 巽上
渙，亨。王假有廟，利涉大川。利貞。
初六：用拯馬壯，吉。九二：渙
奔其机，悔亡。六三：渙其躬，无
悔。六四：渙其群，元吉。渙有丘，
儒藏經典·康熙篆文六經四書 周易
匪夷所思。九五：渙汗其大號，
渙，王居无咎。上九：渙其血去
逖出，无咎。
䷻ 兑下 坎上
節，亨，苦節不可貞。初九：不出
户庭，无咎。九二：不出門庭，凶。
六三：不節若，則嗟若，无咎。
六四：安節，亨。九五：甘節，吉。往

有尚　上六苦節貞凶悔亡

䷼ 兌下巽上

中孚豚魚吉利涉大川利貞

初九虞吉有他不燕　九二鳴鶴在陰其子和之我有好爵吾與爾靡之　六三得敵或鼓或罷或泣或歌　六四月幾望馬匹亡无咎　九五有孚攣如无咎　上九翰音登于天貞凶

䷽ 艮下震上

小過亨利貞可小事不可大事飛鳥遺之音不宜上宜下大吉

初六飛鳥以凶　六二過其祖遇其妣不及其君遇其臣无咎　九三弗過防之從或戕之凶　九四无咎弗過遇之往厲

有尚。上六：苦節，貞凶，悔亡。

䷼ 兌下巽上

中孚，豚魚吉，利涉大川，利貞。

初九：虞吉，有他不燕。九二：鳴鶴在陰，其子和之，我有好爵，吾與爾靡之。六三：得敵，或鼓或罷，或泣或歌。六四：月幾望，馬匹亡，无咎。九五：有孚攣如，无咎。上九：翰音登于天，貞凶。

䷽ 艮下震上

小過，亨，利貞。可小事，不可大事。飛鳥遺之音。不宜上，宜下，大吉。

初六：飛鳥以凶。六二：過其祖，遇其妣，不及其君，遇其臣，无咎。九三：弗過防之，從或戕之，凶。九四：无咎，弗過遇之。往厲

必戒勿用永貞 六五密雲不雨自我西郊公弋取彼在穴 上六弗遇過之飛鳥離之凶是謂災眚

䷾ 離下坎上

既濟亨小利貞初吉終亂 初九曳其輪濡其尾无咎 六二婦喪其茀勿逐七日得 九三高宗伐鬼方三年克之小人勿用 六四繻有衣袽終日戒 九五東鄰殺牛不如西鄰之禴祭實受其福 上六濡其首厲

䷿ 坎下離上

未濟亨小狐汔濟濡其尾无攸利 初六濡其尾吝 九二曳其輪貞吉 六三未濟征凶利

必戒，勿用永貞。　六五：密雲不雨，自我西郊，公弋，取彼在穴。　上六：弗遇過之，飛鳥離之，凶，是謂災眚。

䷾ 離下坎上

既濟，亨，小利貞，初吉，終亂。　初九：曳其輪，濡其尾，无咎。　六二：婦喪其茀，勿逐，七日得。　九三：高宗伐鬼方，三年克之，小人勿用。　六四：繻有衣袽，終日戒。　九五：東鄰殺牛，不如西鄰之禴祭，實受其福。　上六：濡其首，厲。

䷿ 坎下離上

未濟，亨，小狐汔濟，濡其尾，无攸利。　初六：濡其尾，吝。　九二：曳其輪，貞吉。　六三：未濟，征凶，利

涉大川　九四貞吉悔亡震用伐鬼方三年有賞于大國　六五貞吉无悔君子之光有孚吉
上九有孚于飲酒无咎濡其首有孚失是

儒藏
儒藏經典·康熙篆文六經四書　周易

涉大川。九四：貞吉，悔亡，震用伐鬼方，三年有賞于大國。六五：貞吉，无悔，君子之光，有孚，吉。

上九：有孚于飲酒，无咎，濡其首，有孚失是。

周易彖上傳第一

大哉乾元萬物資始乃統天雲行雨施品物流形大明終始六位時成時乘六龍以御天乾道變化各正性命保合大和乃利貞首出庶物萬國咸寧

至哉坤元萬物資生乃順承天坤厚載物德合无疆含弘光大品物咸亨牝馬地類行地无疆柔順利貞君子攸行先迷失道後順得常西南得朋乃與類行東北喪朋乃終有慶安貞之吉應地无疆

屯剛柔始交而難生動乎險中大亨貞雷雨之動滿盈天造草昧宜建侯而不寧

儒藏
儒藏經典·康熙篆文六經四書　周易

周易彖上傳第一

大哉乾元！萬物資始，乃統天。雲行雨施，品物流形。大明終始，六位時成。時乘六龍以御天。乾道變化，各正性命，保合大和，乃利貞。首出庶物，萬國咸寧。

至哉坤元！萬物資生，乃順承天。坤厚載物，德合无疆。含弘光大，品物咸亨。牝馬地類，行地无疆。柔順利貞，君子攸行。先迷失道，後順得常。西南得朋，乃與類行。東北喪朋，乃終有慶。安貞之吉，應地无疆。

屯，剛柔始交而難生，動乎險中，大亨貞。雷雨之動滿盈，天造草昧，宜建侯而不寧。

蒙山下有險險而止蒙蒙亨以亨行時中也匪我求童蒙童蒙求我志應也初筮告以剛中也再三瀆瀆則不告瀆蒙也蒙以養正聖功也

需須也險在前也剛健而不陷其義不困窮矣需有孚光亨貞吉位乎天位以正中也利涉大川往有功也

訟上剛下險險而健訟訟有孚窒惕中吉剛來而得中也終凶訟不可成也利見大人尚中正也不利涉大川入于淵也

師衆也貞正也能以衆正可以王矣剛中而應行險而順以此毒天下而民從之吉又何咎矣

儒藏經典・康熙篆文六經四書　周易

蒙，山下有險，險而止，蒙。「蒙亨」，以亨行，時中也。「匪我求童蒙，童蒙求我」，志應也。「初筮告」，以剛中也。「再三瀆，瀆則不告」，瀆蒙也。蒙以養正，聖功也。

需，須也，險在前也。剛健而不陷，其義不困窮矣。「需，有孚，光亨，貞吉」，位乎天位，以正中也。「利涉大川」，往有功也。

訟，上剛下險，險而健，訟。「訟，有孚，窒惕，中吉」，剛來而得中也。「終凶」，訟不可成也。「利見大人」，尚中正也。「不利涉大川」，入于淵也。

師，衆也。貞，正也。能以衆正，可以王矣。剛中而應，行險而順，以此毒天下而民從之，吉，又何咎矣？

比吉也比輔也下順從也原筮元永貞无咎以剛中也不寧方來上下應也後夫凶其道窮也小畜柔得位而上下應之曰小畜健而巽剛中而志行乃亨密雲不雨尚往也自我西郊施未行也

履柔履剛也說而應乎乾是以履虎尾不咥人亨剛中正履帝位而不疚光明也

泰小往大來吉亨則是天地交而萬物通也上下交而其志同也內陽而外陰內健而外順內君子而外小人君子道長小人道消也

否之匪人不利君子貞大往小

儒藏
儒藏經典·康熙篆文六經四書　周易

比，吉也。比，輔也，下順從也。「原筮，元永貞，无咎」，以剛中也。「不寧方來」，上下應也。「後夫凶」，其道窮也。

小畜，柔得位而上下應之，曰「小畜」。健而巽，剛中而志行，乃亨。「密雲不雨」，尚往也。「自我西郊」，施未行也。

履，柔履剛也。說而應乎乾，是以「履虎尾，不咥人，亨」。剛中正，履帝位而不疚，光明也。

「泰，小往大來，吉，亨」，則是天地交而萬物通也，上下交而其志同也。內陽而外陰，內健而外順，內君子而外小人，君子道長，小人道消也。

「否之匪人，不利君子貞，大往小

來則是天地不交而萬物不通也上下不交而天下无邦也內陰而外陽內柔而外剛內小人而外君子小人道長君子道消也

同人柔得位得中而應乎乾曰同人同人曰同人于野亨利涉大川乾行也文明以健中正而應君子正也唯君子爲能通天下之志

大有柔得尊位大中而上下應之曰大有其德剛健而文明應乎天而時行是以元亨

謙亨天道下濟而光明地道卑而上行天道虧盈而益謙地道變盈而流謙鬼神害盈而福謙

儒藏
儒藏經典·康熙篆文六經四書　周易

來」，則是天地不交而萬物不通也，上下不交而天下无邦也。內陰而外陽，內柔而外剛，內小人而外君子，小人道長，君子道消也。

同人，柔得位得中而應乎乾，曰「同人」。《同人》曰：「同人于野，亨，利涉大川」，乾行也。文明以健，中正而應，君子正也。唯君子爲能通天下之志。

大有，柔得尊位，大中，而上下應之，曰「大有」。其德剛健而文明，應乎天而時行，是以「元亨」。

謙，亨。天道下濟而光明，地道卑而上行。天道虧盈而益謙，地道變盈而流謙，鬼神害盈而福謙，人道惡盈而好謙。謙尊而光，卑而不可踰，君子之終也。

豫，剛應而志行，順以動，豫。豫順以動，故天地如之，而況建侯行師乎？天地以順動，故日月不過而四時不忒。聖人以順動，則刑罰清而民服。豫之時義大矣哉！

隨，剛來而下柔，動而説，隨。大亨貞，无咎，而天下隨時。隨時之義大矣哉！

蠱，剛上而柔下，巽而止，蠱。「蠱，元亨」，而天下治也。「利涉大川」，往有事也。「先甲三日，後甲三日」，終則有始，天行也。

臨，剛浸而長，説而順，剛中而應，大亨以正，天之道也。「至于八月

儒藏 儒藏經典·康熙篆文六經四書 周易

人道惡盈而好謙。謙尊而光，卑而不可踰，君子之終也。

豫，剛應而志行，順以動，豫。豫順以動，故天地如之，而況建侯行師乎？天地以順動，故日月不過而四時不忒。聖人以順動，則刑罰清而民服。豫之時義大矣哉！

隨，剛來而下柔，動而説，隨。大亨貞，无咎，而天下隨時。隨時之義大矣哉！

蠱，剛上而柔下，巽而止，蠱。「蠱，元亨」，而天下治也。「利涉大川」，往有事也。「先甲三日，後甲三日」，終則有始，天行也。

臨，剛浸而長，説而順，剛中而應，大亨以正，天之道也。「至于八月

有凶消不久也
大觀在上順而巽中正以觀天下觀盥而不薦有孚顒若下觀而化也觀天之神道而四時不忒聖人以神道設教而天下服矣
頤中有物曰噬嗑噬嗑而亨剛柔分動而明雷電合而章柔得中而上行雖不當位利用獄也
賁亨柔來而文剛故亨分剛上而文柔故小利有攸往天文也文明以止人文也觀乎天文以察時變觀乎人文以化成天下
剝剝也柔變剛也不利有攸往小人長也順而止之觀象也君子尚消息盈虛天行也

儒藏 儒藏經典·康熙篆文六經四書 周易

有凶」，消不久也。

大觀在上，順而巽，中正以觀天下。「觀，盥而不薦，有孚顒若」，下觀而化也。觀天之神道，而四時不忒。聖人以神道設教，而天下服矣。

頤中有物，曰「噬嗑」。噬嗑而亨，剛柔分，動而明，雷電合而章。柔得中而上行，雖不當位，利用獄也。

「賁，亨。」柔來而文剛，故亨。分剛上而文柔，故「小利有攸往」。天文也。文明以止，人文也。觀乎天文，以察時變。觀乎人文，以化成天下。

剝，剝也，柔變剛也。「不利有攸往」，小人長也。順而止之，觀象也。君子尚消息盈虛，天行也。

復亨剛反動而以順行是以出入无疾朋來无咎反復其道七日來復天行也利有攸往剛長也復其見天地之心乎

无妄剛自外來而爲主於內動而健剛中而應大亨以正天之命也其匪正有眚不利有攸往无妄之往何之矣天命不祐行

矣哉

大畜剛健篤實輝光日新其德剛上而尚賢能止健大正也不家食吉養賢也利涉大川應乎天也

頤貞吉養正則吉也觀頤觀其所養也自求口⑨實觀其自養也天地養萬物聖人養賢以及萬

復，亨，剛反，動而以順行，是以「出入无疾，朋來无咎」。「反復其道，七日來復」，天行也。「利有攸往」，剛長也。復其見天地之心乎？

无妄，剛自外來而爲主於內，動而健，剛中而應，大亨以正，天之命也。「其匪正有眚，不利有攸往」，无妄之往，何之矣？天命不祐，行

儒藏 儒藏經典·康熙篆文六經四書 周易

矣哉！

大畜，剛健，篤實，輝光，日新其德，剛上而尚賢，能止健，大正也。「不家食，吉」，養賢也。「利涉大川」，應乎天也。

「頤，貞吉」，養正則吉也。「觀頤」，觀其所養也。「自求口實」，觀其自養也。天地養萬物，聖人養賢以及萬

民頤之時大矣哉
大過大者過也棟橈本末弱也
剛過而中巽而說行利有攸往
乃亨大過之時大矣哉
習坎重險也水流而不盈行險
而不失其信維心亨乃以剛中
也行有尚往有功也天險不可
升也地險山川丘陵也王公設
險以守其國險之時用大矣哉
離麗也日月麗乎天百穀艸木
麗乎土重明以麗乎正乃化成
天下柔麗乎中正故亨是以畜
牝牛吉也

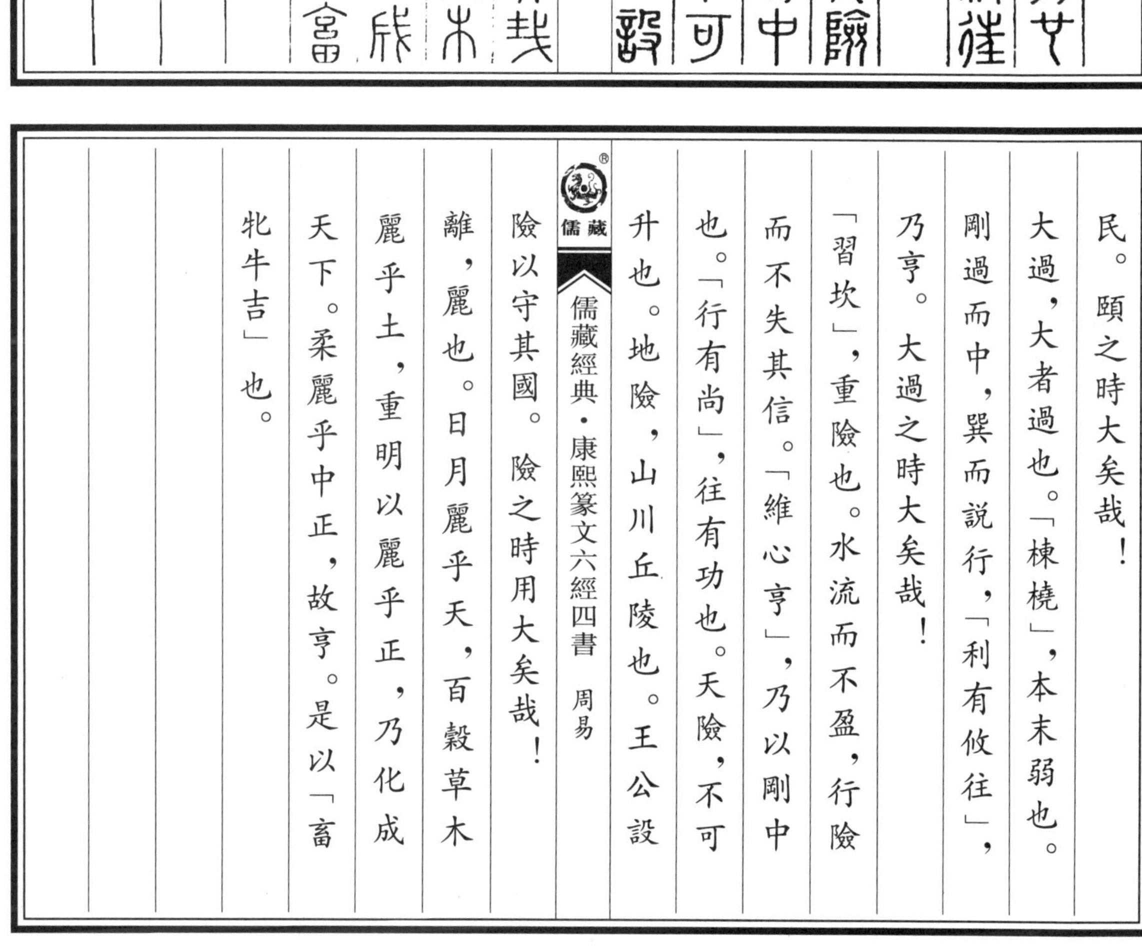
儒藏經典·康熙篆文六經四書　周易

民。頤之時大矣哉！

大過，大者過也。「棟橈」，本末弱也。剛過而中，巽而説行，「利有攸往」，乃亨。大過之時大矣哉！

「習坎」，重險也。水流而不盈，行險而不失其信。「維心亨」，乃以剛中也。「行有尚」，往有功也。天險，不可升也。地險，山川丘陵也。王公設險以守其國。險之時用大矣哉！

離，麗也。日月麗乎天，百穀草木麗乎土，重明以麗乎正，乃化成天下。柔麗乎中正，故亨。是以「畜牝牛吉」也。

周易彖下傳第二

咸感也柔上而剛下二氣感應以相與止而說男下女是以亨利貞取女吉也天地感而萬物化生聖人感人心而天下和平觀其所感而天地萬物之情可見矣

恆久也剛上而柔下雷風相與巽而動剛柔皆應恆亨无咎利貞久於其道也天地之道恆久而不已也利有攸往終則有始也日月得天而能久照四時變化而能久成聖人久於其道而天下化成觀其所恆而天地萬物之情可見矣

遯亨遯而亨也剛當位而應與

儒藏 儒藏經典·康熙篆文六經四書 周易

周易彖下傳第二

咸，感也。柔上而剛下，二氣感應以相與，止而說，男下女，是以「亨，利貞，取女吉」也。天地感而萬物化生，聖人感人心而天下和平。觀其所感，而天地萬物之情可見矣！

恆，久也。剛上而柔下，雷風相與，巽而動，剛柔皆應，恆。「恆，亨，无咎，利貞」，久於其道也。天地之道，恆久而不已也。「利有攸往」，終則有始也。日月得天而能久照，四時變化而能久成，聖人久於其道而天下化成。觀其所恆，而天地萬物之情可見矣！

「遯，亨」，遯而亨也。剛當位而應，與

時行也。「小利貞」，浸而長也。遯之時義大矣哉！

大壯，大者壯也。剛以動，故壯。「大壯，利貞」，大者正也。正大而天地之情可見矣！

晉，進也。明出地上，順而麗乎大明，柔進而上行，是以「康侯用錫馬蕃庶，晝日三接」也。

明入地中，明夷。內文明而外柔順，以蒙大難，文王以之。「利艱貞」，晦其明也。內難而能正其志，箕子以之。

家人，女正位乎內，男正位乎外。男女正，天地之大義也。家人有嚴君焉，父母之謂也。父父子子，兄兄弟弟，夫夫婦婦，而家道正。

正家而天下定矣
睽火動而上澤動而下二女同
居其志不同行説而麗乎明柔
進而上行得中而應乎剛是以
小事吉天地睽而其事同也男
女睽而其志通也萬物睽而其
事類也睽之時用大矣哉
蹇難也險在前也見險而能止
知矣哉蹇利西南往得中也不
利東北其道窮也利見大人往
有功也當位貞吉以正邦也蹇
之時用大矣哉
解險以動動而免乎險解解利
西南往得衆也其來復吉乃得
中也有攸往夙吉往有功也天
地解而雷雨作雷雨作而百果

儒藏 儒藏經典·康熙篆文六經四書 周易

正家而天下定矣。

睽，火動而上，澤動而下。二女同居，其志不同行。説而麗乎明，柔進而上行，得中而應乎剛，是以「小事吉」。天地睽而其事同也，男女睽而其志通也，萬物睽而其事類也。睽之時用大矣哉！

蹇，難也，險在前也。見險而能止，知矣哉！「蹇利西南」，往得中也。「不利東北」，其道窮也。「利見大人」，往有功也。當位「貞吉」，以正邦也。蹇之時用大矣哉！

解，險以動。動而免乎險，解。「解利西南」，往得衆也。「其來復吉」，乃得中也。「有攸往，夙吉」，往有功也。天地解而雷雨作，雷雨作而百果草木皆甲坼。解之時大矣哉！

損，損下益上，其道上行。損而「有孚，元吉，无咎，可貞，利有攸往。曷之用？二簋可用享」，「二簋」應有時，損剛益柔有時。損益盈虛，與時偕行。

益，損上益下，民説无疆；自上下下，其道大光。「利有攸往」，中正有慶。「利涉大川」，木道乃行。益動而巽，日進无疆。天施地生，其益无方。凡益之道，與時偕行。

夬，決也，剛決柔也。健而説，決而和。「揚于王庭」，柔乘五剛也。「孚號有厲」，其危乃光也。「告自邑，不利即戎」，所尚乃窮也。「利有攸往」，剛長乃終也。

儒藏經典·康熙篆文六經四書　周易

姤遇也柔遇剛也勿用取女不可與長也天地相遇品物咸章也剛遇中正天下大行也姤之時義大矣哉

萃聚也順以說剛中而應故聚也王假有廟致孝享也利見大人亨聚以正也用大牲吉利有攸往順天命也觀其所聚而天地萬物之情可見矣

柔以時升巽而順剛中而應是以大亨用見大人勿恤有慶也南征吉志行也

困剛揜也險以說困而不失其所亨其唯君子乎貞大人吉以剛中也有言不信尚口乃窮也

巽乎水而上水井井養而不窮

儒藏
儒藏經典·康熙篆文六經四書　周易

姤，遇也，柔遇剛也。「勿用取女」，不可與長也。天地相遇，品物咸章也。剛遇中正，天下大行也。姤之時義大矣哉！

萃，聚也。順以說，剛中而應，故聚也。「王假有廟」，致孝享也。「利見大人，亨」，聚以正也。「用大牲，吉，利有攸往」，順天命也。觀其所聚，而天地萬物之情可見矣。

柔以時升，巽而順，剛中而應，是以大亨。「用見大人，勿恤」，有慶也。「南征吉」，志行也。

困，剛揜也。險以說，困而不失其所，亨，其唯君子乎？「貞大人吉」，以剛中也。「有言不信」，尚口乃窮也。

巽乎水而上水，井。井，養而不窮

也。「改邑不改井」，乃以剛中也。「汔至，亦未繘井」，未有功也。「羸其瓶」，是以凶也。

革，水火相息，二女同居，其志不相得，曰革。「已日乃孚」，革而信之。文明以說，大亨以正，革而當，其悔乃亡。天地革而四時成，湯、武革命，順乎天而應乎人。革之時大矣哉！

鼎，象也。以木巽火，亨飪也。聖人亨以享上帝，而大亨以養聖賢。巽而耳目聰明，柔進而上行，得中而應乎剛，是以元亨。

「震，亨。震來虩虩」，恐致福也。「笑言啞啞」，後有則也。「震驚百里」，驚遠而懼邇也。出可以守宗廟社稷，

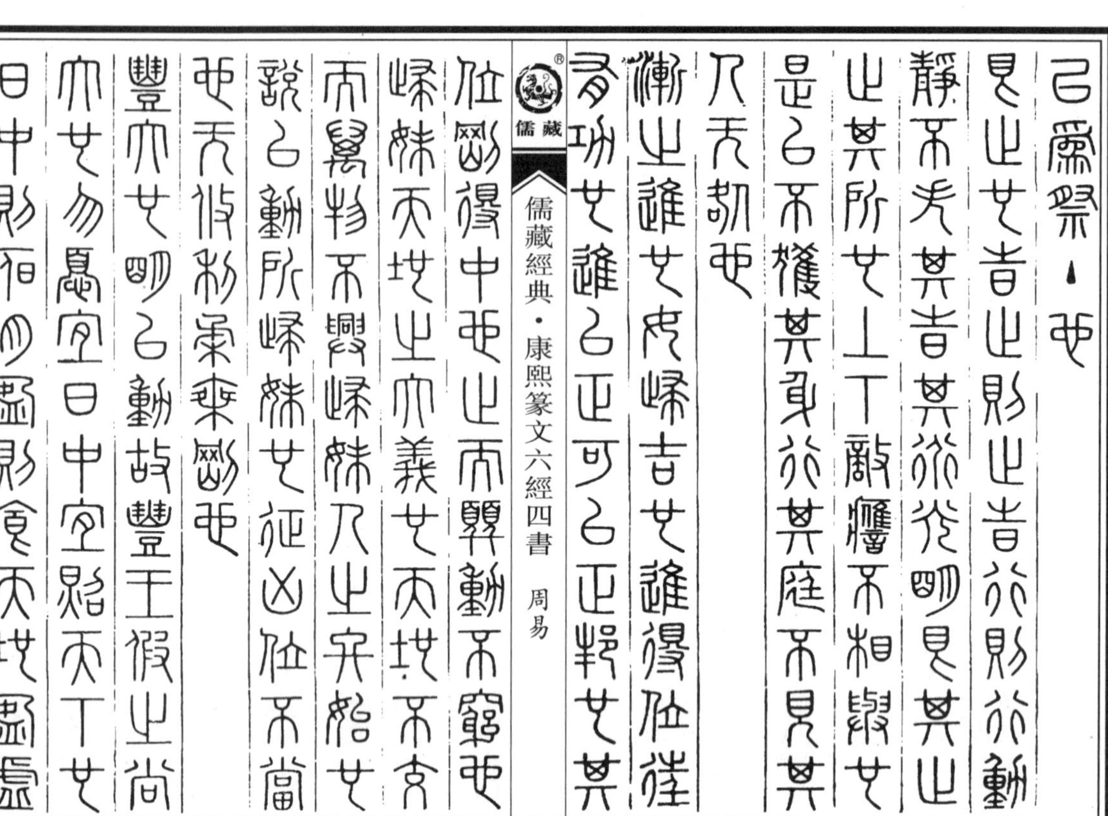

以爲祭主也。

艮，止也。時止則止，時行則行；動静不失其時，其道光明。艮其止，止其所也，上下敵應，不相與也，是以「不獲其身，行其庭，不見其人，无咎」也。

漸之進也，女歸吉也。進得位，往有功也。進以正，可以正邦也。其位，剛得中也。止而巽，動不窮也。

歸妹，天地之大義也。天地不交而萬物不興。歸妹，人之終始也。説以動，所歸妹也。「征凶」，位不當也。「无攸利」，柔乘剛也。

豐，大也。明以動，故豐。「王假之」，尚大也。「勿憂，宜日中」，宜照天下也。日中則昃，月盈則食，天地盈虛，

與時消息而況於人乎況於鬼
神乎
旅小亨柔得中乎外而順乎剛
止而麗乎明是以小亨旅貞吉
也旅之時義大矣哉
重巽以申命剛巽乎中正而志
行柔皆順乎剛是以小亨利有
攸往利見大人
兑說也剛中而柔外說以利貞
是以順乎天而應乎人說以先
民民忘其勞說以犯難民忘其
死說之大民勸矣哉
渙亨剛來而不窮柔得位乎外
而上同王假有廟王乃在中也
利涉大川乘木有功也
節亨剛柔分而剛得中苦節不

儒藏經典・康熙篆文六經四書　周易

與時消息，而況於人乎？況於鬼神乎？

「旅，小亨」，柔得中乎外而順乎剛，止而麗乎明，是以「小亨，旅貞吉」也。旅之時義大矣哉！

重巽以申命，剛巽乎中正而志行，柔皆順乎剛，是以「小亨，利有攸往，利見大人」。

兑，說也。剛中而柔外，說以「利貞」，是以順乎天而應乎人。說以先民，民忘其勞。說以犯難，民忘其死。說之大，民勸矣哉！

「渙，亨」，剛來而不窮，柔得位乎外而上同。「王假有廟」，王乃在中也。「利涉大川」，乘木有功也。

「節，亨」，剛柔分而剛得中。「苦節，不

可貞其道窮也說以行險當位以節中正以通天地節而四時成節以制度不傷財不害民
中孚柔在内而剛得中說而巽孚乃化邦也豚魚吉信及豚魚也利涉大川乘木舟虛也中孚以利貞乃應乎天也
小過小者過而亨也過以利貞與時行也柔得中是以小事吉也剛失位而不中是以不可大事也有飛鳥之象焉飛鳥遺之音不宜上宜下大吉上逆而下順也
既濟亨小者亨也利貞剛柔正而位當也初吉柔得中也終止則亂其道窮也

儒藏
儒藏經典・康熙篆文六經四書　周易

可貞」，其道窮也。說以行險，當位以節，中正以通。天地節而四時成。節以制度，不傷財，不害民。

中孚，柔在内而剛得中。說而巽，孚，乃化邦也。「豚魚吉」，信及豚魚也。「利涉大川」，乘木舟虛也。中孚以利貞，乃應乎天也。

小過，小者過而亨也。過以利貞，與時行也。柔得中，是以小事吉也。剛失位而不中，是以不可大事也。有飛鳥之象焉，「飛鳥遺之音，不宜上，宜下，大吉」，上逆而下順也。

「既濟，亨」，小者亨也。「利貞」，剛柔正而位當也。「初吉」，柔得中也。終止則亂，其道窮也。

未濟亨柔得中也小狐汔濟未出中也濡其尾无攸利不續終也雖不當位剛柔應也

儒藏
儒藏經典·康熙篆文六經四書　周易

「未濟，亨」，柔得中也。「小狐汔濟」，未出中也。「濡其尾，无攸利」，不續終也。雖不當位，剛柔應也。

周易象上傳第三

天行健君子以自强不息潛龍勿用陽在下也見龍在田德施普也終日乾乾反復道也或躍在淵進无咎也飛龍在天大人造也亢龍有悔盈不可久也用九天德不可爲首也

地勢坤君子以厚德載物履霜

堅冰陰始凝也馴致其道至堅冰也六二之動直以方也不習无不利地道光也含章可貞以時發也或從王事知光大也括囊无咎慎不害也黃裳元吉文在中也龍戰于野其道窮也用六永貞以大終也

雲雷屯君子以經綸雖磐桓志

周易象上傳第三

天行健，君子以自强不息。「潛龍勿用」，陽在下也。「見龍在田」，德施普也。「終日乾乾」，反復道也。「或躍在淵」，進无咎也。「飛龍在天」，大人造也。「亢龍有悔」，盈不可久也。「用九」，天德不可爲首也。

地勢坤，君子以厚德載物。「履霜

儒藏經典·康熙篆文六經四書　周易

堅冰」，陰始凝也。馴致其道，至堅冰也。六二之動，直以方也。「不習，无不利」，地道光也。「含章可貞」，以時發也。「或從王事」，知光大也。「括囊，无咎」，慎不害也。「黃裳，元吉」，文在中也。「龍戰于野」，其道窮也。「用六」「永貞」，以大終也。

雲雷，屯。君子以經綸。雖「磐桓」，志

[Seal-script (篆文) version of the text below; same content]

行正也。以貴下賤，大得民也。六二之難，乘剛也。「十年乃字」，反常也。「即鹿无虞」，以從禽也。君子舍之，「往吝」，窮也。求而往，明也。「屯其膏」，施未光也。「泣血漣如」，何可長也！

山下出泉，蒙。君子以果行育德。「利用刑人」，以正法也。「子克家」，剛

柔節也。「勿用取女」，行不順也。困蒙之吝，獨遠實也。童蒙之吉，順以巽也。利用禦寇，上下順也。

雲上於天，需。君子以飲食宴樂。「需于郊」，不犯難行也。「利用恆，无咎」，未失常也。「需于沙」，衍在中也。雖「小有言」，以吉終也。「需于泥」，災在外也。自我致寇，敬慎不敗也。

需于血順以聽也酒食貞吉以
中正也不速之客來敬之終吉
雖不當位未大失也
天與水違行訟君子以作事謀
始不永所事訟不可長也雖小
有言其辯明也不克訟歸逋竄
也自下訟上患至掇也食舊德
從上吉也復即命渝安貞不失

也訟元吉以中正也以訟受服
亦不足敬也
地中有水師君子以容民畜衆
師出以律失律凶也在師中吉
承天寵也王三錫命懷萬邦也
師或輿尸大无功也左次无咎
未失常也長子帥師以中行也
弟子輿師⑩使不當也大君有命

「需于血」，順以聽也。「酒食，貞吉」，以中正也。「不速之客來，敬之，終吉」，雖不當位，未大失也。

天與水違行，訟。君子以作事謀始。「不永所事」，訟不可長也。雖「小有言」，其辯明也。「不克訟」，歸逋竄也。自下訟上，患至掇也。「食舊德」，從上吉也。「復即命渝，安貞」，不失

儒藏經典·康熙篆文六經四書　周易

也。「訟，元吉」，以中正也。以訟受服，亦不足敬也。

地中有水，師。君子以容民畜衆。「師出以律」，失律凶也。「在師中，吉」，承天寵也。「王三錫命」，懷萬邦也。「師或輿尸」，大无功也。「左次，无咎」，未失常也。「長子帥師」，以中行也。「弟子輿師」，使不當也。「大君有命」

以正功也。「小人勿用」，必亂邦也。

地上有水，比。先王以建萬國，親諸侯。比之初六，「有它，吉」也。「比之自內」，不自失也。「比之匪人」，不亦傷乎！「外比」於賢，以從上也。「顯比」之吉，位正中也。舍逆取順，「失前禽」也。「邑人不誡」，上使中也。「比之无首」，无所終也。

儒藏經典·康熙篆文六經四書　周易

風行天上，小畜。君子以懿文德。「復自道」，其義吉也。「牽復」在中，亦不自失也。「夫妻反目」，不能正室也。「有孚惕出」，上合志也。「有孚攣如」，不獨富也。「既雨既處」，德積載也。「君子征凶」，有所疑也。

上天下澤，履。君子以辨上下，定民志。素履之往，獨行願也。「幽人

貞吉中不自亂也眇能視不足
以有明也跛能履不足以與行
也咥人之凶位不當也武人爲
于大君志剛也愬愬終吉志行
也夬履貞厲位正當也元吉在
上大有慶也

天地交泰后以財成天地之道
輔相天地之宜以左右民拔茅
征吉志在外也包荒得尚于中
行以光大也无往不復天地際
也翩翩不富皆失實也不戒以
孚中心願也以祉元吉中以行
願也城復于隍其命亂也

天地不交否君子以儉德辟難
不可榮以祿拔茅貞吉志在君
也大人否亨不亂群也包羞位

儒藏經典·康熙篆文六經四書 周易

貞吉」，中不自亂也。「眇能視」，不足以有明也。「跛能履」，不足以與行也。咥人之凶，位不當也。「武人爲于大君」，志剛也。「愬愬，終吉」，志行也。「夬履，貞厲」，位正當也。元吉在上，大有慶也。

天地交，泰。后以財成天地之道，輔相天地之宜，以左右民。「拔茅」，「征吉」，志在外也。「包荒」，「得尚于中行」，以光大也。「无往不復」，天地際也。「翩翩不富」，皆失實也。「不戒以孚」，中心願也。「以祉元吉」，中以行願也。「城復于隍」，其命亂也。

天地不交，否。君子以儉德辟難，不可榮以祿。「拔茅」貞吉，志在君也。「大人否，亨」，不亂群也。「包羞」，位

不當也有命无咎志行也大人之吉位正當也否終則傾何可長也

天與火同人君子以類族辨物出門同人又誰咎也同人于宗吝道也伏戎于莽敵剛也三歲不興安行也乘其墉義弗克也其吉則困而反則也同人之先以中直也大師相遇言相克也同人于郊志未得也

火在天上大有君子以遏惡揚善順天休命大有初九无交害也大車以載積中不敗也公用亨于天子小人害也匪其彭无咎明辨晳也厥孚交如信以發志也威如之吉易而无備也大

儒藏經典・康熙篆文六經四書　周易

不當也。「有命无咎」，志行也。「大人之吉」，位正當也。否終則傾，何可長也！

天與火，同人。君子以類族辨物。出門同人，又誰咎也？「同人于宗」，吝道也。「伏戎于莽」，敵剛也。「三歲不興」，安行也。「乘其墉」，義弗克也。其吉，則困而反則也。同人之先，以中直也。大師相遇，言相克也。「同人于郊」，志未得也。

火在天上，大有。君子以遏惡揚善，順天休命。《大有》初九，「无交害」也。「大車以載」，積中不敗也。「公用亨于天子」，小人害也。「匪其彭，无咎」，明辨晳也。「厥孚交如」，信以發志也。「威如」之吉，易而无備也。「大

有上吉自天祐也
地中有山謙君子以裒多益寡
稱物平施謙謙君子卑以自牧
也鳴謙貞吉中心得也勞謙君
子萬民服也无不利撝謙不違
則也利用侵伐征不服也鳴謙
志未得也可用行師征邑國也
雷出地奮豫先王以作樂崇德

殷薦之上帝以配祖考初六鳴
豫志窮凶也不終日貞吉以正
中也⑪盱豫有悔位不當也由豫
大有得志大行也六五貞疾乘
剛也恆不死中未亡也冥豫在
上何可長也
澤中有雷隨君子以嚮晦入宴
息官有渝從正吉也出門交有

有」上吉，「自天祐」也。
地中有山，謙。君子以裒多益寡，
稱物平施。「謙謙君子」，卑以自牧
也。「鳴謙，貞吉」，中心得也。「勞謙君
子」，萬民服也。「无不利，撝謙」，不違
則也。「利用侵伐」，征不服也。「鳴謙」，
志未得也，可」用行師，征邑國」也。
雷出地奮，豫。先王以作樂崇德，

儒藏

儒藏經典·康熙篆文六經四書　周易

殷薦之上帝，以配祖考。初六「鳴
豫」，志窮，凶也。「不終日，貞吉」，以正
中也。⑪「盱豫」「有悔」，位不當也。「由豫，
大有得」，志大行也。六五「貞疾」，乘
剛也。「恆不死」，中未亡也。「冥豫」在
上，何可長也！
澤中有雷，隨。君子以嚮晦入宴
息。「官有渝」，從正吉也。「出門交有

功不失也係小子弗兼與也係
丈夫志舍下也隨有獲其義凶
也有孚在道明功也孚于嘉吉
位正中也拘係之上窮也
山下有風蠱君子以振民育德
幹父之蠱意承考也幹母之蠱
得中道也幹父之蠱終无咎也
裕父之蠱往未得也幹父用譽
承以德也不事王侯志可則也
澤上有地臨君子以教思无窮
容保民无疆咸臨貞吉志行正
也咸臨吉无不利未順命也甘
臨位不當也既憂之咎不長也
至臨无咎位當也大君之宜行
中之謂也敦臨之吉志在內也
風行地上觀先王以省方觀民

儒藏
儒藏經典·康熙篆文六經四書　周易

功」，不失也。「係小子」，弗兼與也。「係丈夫」，志舍下也。「隨有獲」，其義凶也。「有孚在道」，明功也。「孚于嘉，吉」，位正中也。「拘係之」，上窮也。

山下有風，蠱。君子以振民育德。「幹父之蠱」，意承考也。「幹母之蠱」，得中道也。「幹父之蠱」，終无咎也。「裕父之蠱」，往未得也。幹父用譽，承以德也。「不事王侯」，志可則也。

澤上有地，臨。君子以教思无窮，容保民无疆。「咸臨，貞吉」，志行正也。「咸臨，吉，无不利」，未順命也。「甘臨」，位不當也。「既憂之」，咎不長也。「至臨，无咎」，位當也。「大君之宜」，行中之謂也。敦臨之吉，志在內也。

風行地上，觀。先王以省方，觀民

設教初六童觀小人道也闚觀女貞亦可醜也觀我生進退未失道也觀國之光尚賓也觀我生觀民也觀其生志未平也

雷電噬嗑先王以明罰敕法屨校滅趾不行也噬膚滅鼻乘剛也遇毒位不當也利艱貞吉未光也貞厲无咎得當也何校滅耳聰不明也

山下有火賁君子以明庶政无敢折獄舍車而徒義弗乘也賁其須與上興也永貞之吉終莫之陵也六四當位疑也匪寇婚媾終无尤也六五之吉有喜也白賁无咎上得志也

山附於地剝上以厚下安宅剝

儒藏
儒藏經典·康熙篆文六經四書　周易

設教。初六「童觀」，小人道也。「闚觀」「女貞」，亦可醜也。「觀我生，進退」，未失道也。「觀國之光」，尚賓也。「觀我生」，觀民也。「觀其生」，志未平也。

雷電，噬嗑。先王以明罰敕法。「屨校滅趾」，不行也。「噬膚滅鼻」，乘剛也。「遇毒」，位不當也。「利艱貞，吉」，未光也。「貞厲，无咎」，得當也。「何校滅耳」，聰不明也。

山下有火，賁。君子以明庶政，无敢折獄。「舍車而徒」，義弗乘也。「賁其須」，與上興也。永貞之吉，終莫之陵也。六四當位，疑也。「匪寇，婚媾」，終无尤也。六五之吉，有喜也。「白賁，无咎」，上得志也。

山附於地，剝。上以厚下安宅。「剝

牀以足以滅下也剝牀以辨未
有與也剝之无咎失上下也剝
牀以膚切近災也以宮人寵終
无尤也君子得輿民所載也小
人剝廬終不可用也
雷在地中復先王以至日閉關
商旅不行后不省方不遠之復
以脩身也休復之吉以下仁也

頻復之厲義无咎也中行獨復
以從道也敦復无悔中以自考
也迷復之凶反君道也
天下雷行物與无妄先王以茂
對時育萬物无妄之往得志也
不耕穫未富也行人得牛邑人
災也可貞无咎固有之也无妄
之藥不可試也无妄之行窮之

牀以足」，以滅下也。「剝牀以辨」，未有與也。「剝之，无咎」，失上下也。「剝牀以膚」，切近災也。「以宮人寵」，終无尤也。「君子得輿」，民所載也。「小人剝廬」，終不可用也。

雷在地中，復。先王以至日閉關，商旅不行，后不省方。不遠之復，以脩身也。休復之吉，以下仁也。

儒藏
儒藏經典・康熙篆文六經四書　周易

頻復之厲，義无咎也。「中行獨復」，以從道也。「敦復，无悔」，中以自考也。「迷復」之凶，反君道也。

天下雷行，物與无妄。先王以茂對時，育萬物。无妄之往，得志也。「不耕穫」，未富也。行人得牛，邑人災也。「可貞，无咎」，固有之也。无妄之藥，不可試也。无妄之行，窮之災也。

天在山中，大畜。君子以多識前言往行，以畜其德。「有厲，利已」，不犯災也。「輿説輹」，中无尤也。「利有攸往」，上合志也。六四「元吉」，有喜也。六五之吉，有慶也。「何天之衢」，道大行也。

山下有雷，頤。君子以慎言語，節飲食。「觀我朶頤」，亦不足貴也。六二「征凶」，行失類也。「十年勿用」，道大悖也。顛頤之吉，上施光也。居貞之吉，順以從上也。「由頤，厲，吉」，大有慶也。

澤滅木，大過。君子以獨立不懼，遯世无悶。「藉用白茅」，柔在下也。老夫女妻，過以相與也。棟橈之

凶不可以有輔也棟隆之吉不橈乎下也枯楊生華何可久也老婦士夫亦可醜也過涉之凶不可咎也
水洊至習坎君子以常德行習教事習坎入坎失道凶也求小得未出中也來之坎坎終无功也樽酒簋貳剛柔際也坎不盈中未大也上六失道凶三歲也
明兩作離大人以繼明照于四方履錯之敬以辟咎也黃離元吉得中道也日昃之離何可久也突如其來如无所容也六五之吉離王公也王用出征以正邦也

儒藏經典·康熙篆文六經四書　周易

凶，不可以有輔也。棟隆之吉，不橈乎下也。「枯楊生華」，何可久也。老婦士夫，亦可醜也。過涉之凶，不可咎也。

水洊至，習坎。君子以常德行，習教事。習坎入坎，失道凶也。「求小得」，未出中也。「來之坎坎」，終无功也。「樽酒簋貳」，剛柔際也。「坎不盈」，中未大也。上六失道，凶三歲也。

明兩作，離。大人以繼明照于四方。履錯之敬，以辟咎也。「黃離，元吉」，得中道也。「日昃之離」，何可久也。「突如其來如」，无所容也。六五之吉，離王公也。「王用出征」，以正邦也。

周易象下傳第四
山上有澤咸君子以虛受人咸
其拇志在外也雖凶居吉順不
害也咸其股亦不處也志在隨
人所執下也貞吉悔亡未感害
也憧憧往來未光大也咸其脢
志末也咸其輔頰舌滕口説也
雷風恒君子以立不易方浚恒

之凶始求深也九二悔亡能久
中也不恒其德无所容也久非
其位安得禽也婦人貞吉從一
而終也夫子制義從婦凶也振
恒在上大无功也
天下有山遯君子以遠小人不
惡而嚴遯尾之厲不往何災也
執用黄牛固志也係遯之厲有

周易象下傳第四

山上有澤，咸。君子以虛受人。「咸其拇」，志在外也。雖「凶，居吉」，順不害也。「咸其股」，亦不處也。志在隨人，所執下也。「貞吉悔亡」，未感害也。「憧憧往來」，未光大也。「咸其脢」，志末也。「咸其輔、頰、舌」，滕口説也。

雷風，恒。君子以立不易方。「浚恒」

儒藏
儒藏經典·康熙篆文六經四書　周易

之凶，始求深也。九二「悔亡」，能久中也。「不恒其德」，无所容也。久非其位，安得禽也？婦人貞吉，從一而終也。夫子制義，從婦凶也。「振恒」在上，大无功也。

天下有山，遯。君子以遠小人，不惡而嚴。遯尾之厲，不往何災也？執用黄牛，固志也。係遯之厲，有

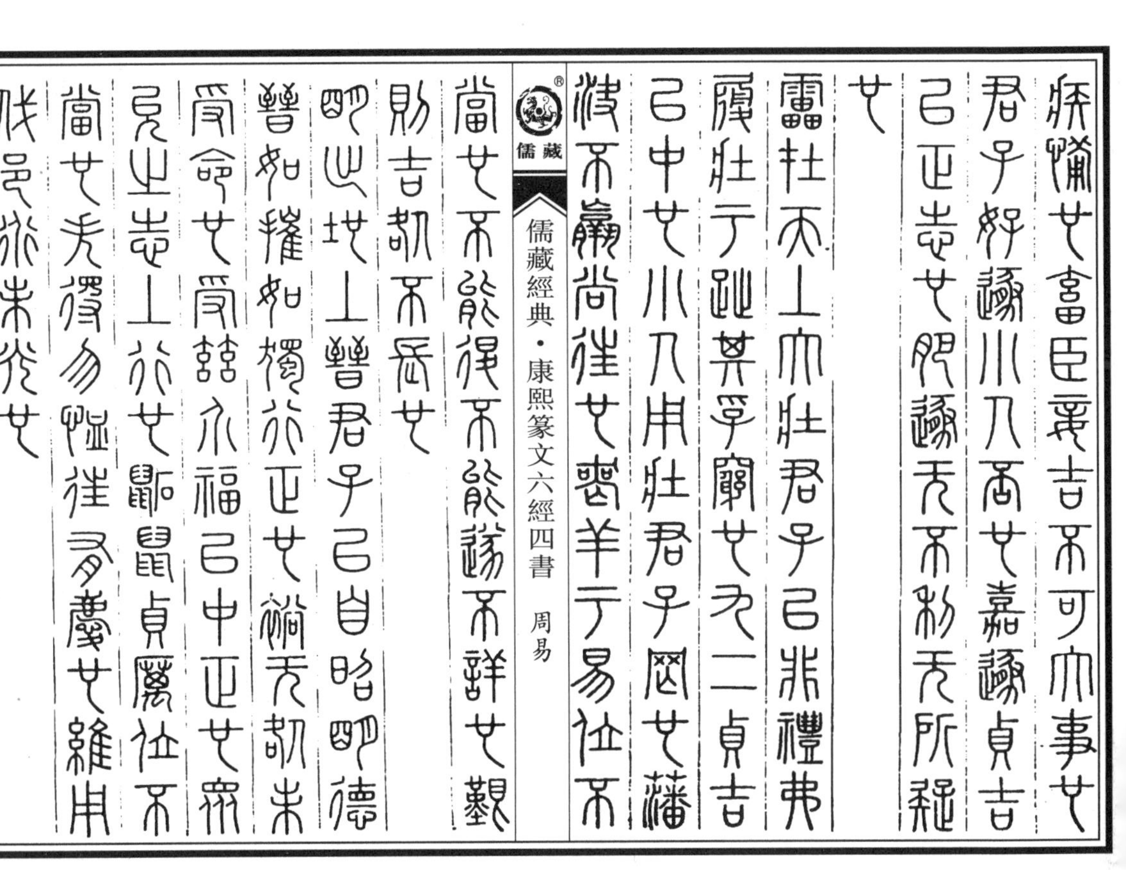

疾憊也。「畜臣妾吉」，不可大事也。君子好遯，小人否也。「嘉遯，貞吉」，以正志也。「肥遯，无不利」，无所疑也。

雷在天上，大壯。君子以非禮弗履。「壯于趾」，其孚窮也。九二「貞吉」，以中也。「小人用壯」，君子罔也。「藩決不羸」，尚往也。「喪羊于易」，位不當也。「不能退，不能遂」，不詳也。「艱則吉」，咎不長也。

明出地上，晉。君子以自昭明德。「晉如，摧如」，獨行正也。「裕，无咎」，未受命也。「受茲介福」，以中正也。眾允之志，上行也。「鼫鼠，貞厲」，位不當也。「失得勿恤」，往有慶也。「維用伐邑」，道未光也。

明入地中明夷君子以蒞眾用
晦而明君子于行義不食也六
二之吉順以則也南狩之志乃
大得也入于左腹獲心意也箕
子之貞明不可息也初登于天
照四國也後入于地失則也
風自火出家人君子以言有物
而行有恆閑有家志未變也六
二之吉順以巽也家人嗃嗃未
失也婦子嘻嘻失家節也富家
大吉順在位也王假有家交相
愛也威如之吉反身之謂也
上火下澤睽君子以同而異見
惡人以辟咎也遇主于巷未失
道也見輿曳位不當也无初有
終遇剛也交孚无咎志行也厥

儒藏經典·康熙篆文六經四書　周易

明入地中，明夷。君子以蒞眾，用晦而明。「君子于行」，義不食也。六二之吉，順以則也。南狩之志，乃大得也。「入于左腹」，獲心意也。箕子之貞，明不可息也。「初登于天」，照四國也。「後入于地」，失則也。

風自火出，家人。君子以言有物而行有恆。「閑有家」，志未變也。六二之吉，順以巽也。「家人嗃嗃」，未失也。「婦子嘻嘻」，失家節也。「富家，大吉」，順在位也。「王假有家」，交相愛也。「威如」之吉，反身之謂也。

上火下澤，睽。君子以同而異。「見惡人」，以辟咎也。「遇主于巷」，未失道也。「見輿曳」，位不當也。「无初有終」，遇剛也。「交孚」「无咎」，志行也。「厥

宗噬膚往有慶也遇雨之吉羣
疑亡也
山上有水蹇君子以反身脩德
往蹇來譽宜待也王臣蹇蹇終
无尤也往蹇來反內喜之也往
蹇來連當位實也大蹇朋來以
中節也往蹇來碩志在內也利
見大人以從貴也

雷雨作解君子以赦過宥罪剛
柔之際義无咎也九二貞吉得
中道也負且乘亦可醜也自我
致戎又誰咎也解而拇未當位
也君子有解小人退也公用射
隼以解悖也
山下有澤損君子以懲忿窒欲
已事遄往尚合志也九二利貞

宗噬膚」，往有慶也。遇雨之吉，群疑亡也。

山上有水，蹇。君子以反身脩德。「往蹇，來譽」，宜待也。「王臣蹇蹇」，終无尤也。「往蹇，來反」，內喜之也。「往蹇，來連」，當位實也。「大蹇，朋來」，以中節也。「往蹇，來碩」，志在內也。「利見大人」，以從貴也。

儒藏 儒藏經典·康熙篆文六經四書 周易

雷雨作，解。君子以赦過宥罪。剛柔之際，義无咎也。九二「貞吉」，得中道也。「負且乘」，亦可醜也。自我致戎，又誰咎也？「解而拇」，未當位也。君子有解，小人退也。「公用射隼」，以解悖也。

山下有澤，損。君子以懲忿窒欲。「已事遄往」，尚合志也。九二「利貞」，

中以爲志也一人行三則疑也
損其疾亦可喜也六五元吉自
上祐也弗損益之大得志也
風雷益君子以見善則遷有過
則改元吉无咎下不厚事也或
益之自外來也益用凶事固有
之也告公從以益志也有孚惠
心勿問之矣惠我德大得志也
莫益之偏辭也或擊之自外來
也
澤上於天夬君子以施祿及下
居德則忌不勝而往咎也有戎
勿恤得中道也君子夬夬終无
咎也其行次且位不當也聞言
不信聰不明也中行无咎中未
光也无號之凶終不可長也

儒藏經典·康熙篆文六經四書　周易

中以爲志也。「一人行」，三則疑也。「損其疾」，亦可喜也。六五「元吉」，自上祐也。「弗損益之」，大得志也。

風雷，益。君子以見善則遷，有過則改。「元吉，无咎」，下不厚事也。「或益之」，自外來也。益用凶事，固有之也。「告公從」，以益志也。「有孚惠心」，勿問之矣。「惠我德」，大得志也。「莫益之」，偏辭也。「或擊之」，自外來也。

澤上於天，夬。君子以施祿及下，居德則忌。不勝而往，咎也。「有戎勿恤」，得中道也。「君子夬夬」，終无咎也。「其行次且」，位不當也。「聞言不信」，聰不明也。「中行无咎」，中未光也。「无號」之凶，終不可長也。

天下有風，姤。后以施命誥四方。「繫于金柅」，柔道牽也。「包有魚」，義不及賓也。「其行次且」，行未牽也。无魚之凶，遠民也。九五「含章」，中正也。「有隕自天」，志不舍命也。「姤其角」，上窮吝也。

澤上於地，萃。君子以除戎器，戒不虞。「乃亂乃萃」，其志亂也。「引吉，无咎」，中未變也。「往无咎」，上巽也。「大吉，无咎」，位不當也。「萃有位」，志未光也。「齎咨涕洟」，未安上也。

地中生木，升。君子以順德，積小以高大。「允升，大吉」，上合志也。九二之孚，有喜也。「升虛邑」，无所疑也。「王用亨于岐山」，順事也。「貞吉，升階」，大得志也。「冥升」在上，消不

富也

澤无水困君子以致命遂志入于幽谷幽不明也困于酒食中有慶也據于蒺藜乘剛也入于其宮不見其妻不祥也來徐徐志在下也雖不當位有與也劓刖志未得也乃徐有說以中直也利用祭祀受福也困于葛藟未當也動悔有悔吉行也

木上有水井君子以勞民勸相

井泥不食下也舊井无禽時舍也井谷射鮒无與也井渫不食行惻也求王明受福也井甃无咎脩井也寒泉之食中正也元吉在上大成也

澤中有火革君子以治曆明時

儒藏經典・康熙篆文六經四書　周易

富也。

澤无水，困。君子以致命遂志。「入于幽谷」，幽不明也。「困于酒食」，中有慶也。「據于蒺藜」，乘剛也。「入于其宮，不見其妻」，不祥也。「來徐徐」，志在下也。雖不當位，有與也。「劓刖」，志未得也。「乃徐有説」，以中直也。「利用祭祀」，受福也。「困于葛藟」，未當也。「動悔，有悔」，吉行也。

木上有水，井。君子以勞民勸相。

「井泥不食」，下也。「舊井无禽」，時舍也。「井谷射鮒」，无與也。「井渫不食」，行惻也。求「王明」，受福也。「井甃，无咎」，脩井也。「寒泉」之食，中正也。「元吉」在上，大成也。

澤中有火，革。君子以治曆明時。

「鞏用黃牛」，不可以有爲也。「已日革之」，行有嘉也。「革言三就」，又何之矣？改命之吉，信志也。「大人虎變」，其文炳也。「君子豹變」，其文蔚也。「小人革面」，順以從君也。

木上有火，鼎。君子以正位凝命。「鼎顛趾」，未悖也。「利出否」，以從貴也。「鼎有實」，慎所之也。「我仇有疾」，終无尤也。「鼎耳革」，失其義也。「覆公餗」，信如何也。「鼎黃耳」，中以爲實也。玉鉉在上，剛柔節也。

洊雷，震。君子以恐懼脩省。「震來虩虩」，恐致福也。「笑言啞啞」，後有則也。「震來厲」，乘剛也。「震蘇蘇」，位不當也。「震遂泥」，未光也。「震往來厲」，危行也。其事在中，大无喪也。

震索索中未得也雖凶无咎畏
鄰戒也
兼山艮君子以思不出其位艮
其趾未失正也不拯其隨未退
聽也艮其限危薰心也艮其身
止諸躬也艮其輔以中正也敦
艮之吉以厚終也
山上有木漸君子以居賢德善
俗小子之厲義无咎也飲食衎
衎不素飽也夫征不復離群醜
也婦孕不育失其道也利用禦
寇順相保也或得其桷順以巽
也終莫之勝吉得所願也其羽
可用爲儀吉不可亂也
澤上有雷歸妹君子以永終知
敝歸妹以娣以恒也跛能履吉

儒藏經典·康熙篆文六經四書　周易

「震索索」，中未得也。雖凶无咎，畏鄰戒也。

兼山，艮。君子以思不出其位。「艮其趾」，未失正也。「不拯其隨」，未退聽也。「艮其限」，危薰心也。「艮其身」，止諸躬也。「艮其輔」，以中正也。敦艮之吉，以厚終也。

山上有木，漸。君子以居賢德善俗。小子之厲，義无咎也。「飲食衎衎」，不素飽也。「夫征不復」，離群醜也。「婦孕不育」，失其道也。「利用禦寇」，順相保也。「或得其桷」，順以巽也。「終莫之勝，吉」，得所願也。「其羽可用爲儀，吉」，不可亂也。

澤上有雷，歸妹。君子以永終知敝。「歸妹以娣」，以恒也。「跛能履」，吉，

相承也利幽人之貞未變常也
歸妹以須未當也愆期之志有
待而行也帝乙歸妹不如其娣
之袂良也其位在中以貴行也
上六无實承虛筐也
雷電皆至豐君子以折獄致刑
雖旬无咎過旬災也有孚發若
信以發志也豐其沛不可大事
也折其右肱終不可用也豐其
蔀位不當也日中見斗幽不明
也遇其夷主吉行也六五之吉
有慶也豐其屋天際翔也闚其
戶闃其无人自藏也
山上有火旅君子以明慎用刑
而不留獄旅瑣瑣志窮災也得
童僕貞終无尤也旅焚其次亦

儒藏經典・康熙篆文六經四書　周易

相承也。「利幽人之貞」，未變常也。「歸妹以須」，未當也。愆期之志，有待而行也。「帝乙歸妹」，「不如其娣之袂良」也。其位在中，以貴行也。上六无實，承虛筐也。

雷電皆至，豐。君子以折獄致刑。「雖旬无咎」，過旬災也。「有孚發若」，信以發志也。「豐其沛」，不可大事也。「折其右肱」，終不可用也。「豐其蔀」，位不當也。「日中見斗」，幽不明也。「遇其夷主」，吉行也。六五之吉，有慶也。「豐其屋」，天際翔也。「闚其戶，闃其无人」，自藏也。

山上有火，旅。君子以明慎用刑，而不留獄。「旅瑣瑣」，志窮災也。「得童僕，貞」，終无尤也。「旅焚其次」，亦

以傷矣以旅與下其義喪也旅于處未得位也得其資斧心未快也終以譽命上逮也以旅在上其義焚也喪牛于易終莫之聞也

隨風巽君子以申命行事進退志疑也利武人之貞志治也紛若之吉得中也頻巽之吝志窮也田獲三品有功也九五之吉位正中也巽在牀下上窮也喪其資斧正乎凶也

麗澤兑君子以朋友講習和兑之吉行未疑也孚兑之吉信志也來兑之凶位不當也九四之喜有慶也孚于剝位正當也上六引兑未光也

儒藏經典·康熙篆文六經四書 周易

以傷矣。以旅與下，其義喪也。「旅于處」，未得位也。「得其資斧」，心未快也。「終以譽命」，上逮也。以旅在上，其義焚也。「喪牛于易」，終莫之聞也。

隨風，巽。君子以申命行事。「進退」，志疑也。「利武人之貞」，志治也。「紛若」之吉，得中也。「頻巽」之吝，志窮也。「田獲三品」，有功也。九五之吉，位正中也。「巽在牀下」，上窮也。「喪其資斧」，正乎凶也。

麗澤，兑。君子以朋友講習。和兑之吉，行未疑也。孚兑之吉，信志也。來兑之凶，位不當也。九四之喜，有慶也。「孚于剝」，位正當也。上六「引兑」，未光也。

儒藏 儒藏經典·康熙篆文六經四書 周易

儒藏 儒藏經典·康熙篆文六經四書 周易

風行水上，渙。先王以享于帝立廟。初六之吉，順也。「渙奔其机」，得願也。「渙其躬」，志在外也。「渙其群，元吉」，光大也。「王居无咎」，正位也。「渙其血」，遠害也。

澤上有水，節。君子以制數度，議德行。「不出户庭」，知通塞也。「不出門庭，凶」，失時極也。不節之嗟，又誰咎也？安節之亨，承上道也。甘節之吉，居位中也。「苦節，貞凶」，其道窮也。

澤上有風，中孚。君子以議獄緩死。初九「虞吉」，志未變也。「其子和之」，中心願也。「或鼓或罷」，位不當也。「馬匹亡」，絶類上也。「有孚攣如」，位正當也。「翰音登于天」，何可長也！山上有雷，小過。君子以行過乎恭，喪過乎哀，用過乎儉。「飛鳥以凶」，不可如何也。「不及其君」，臣不可過也。「從或戕之」，凶如何也。「弗過遇之」，位不當也。「往厲必戒」，終不可長也。「密雲不雨」，已上也。「弗遇過之」，已亢也。

水在火上，既濟。君子以思患而豫防之。「曳其輪」，義无咎也。「七日得」，以中道也。「三年克之」，憊也。「終日戒」，有所疑也。「東鄰殺牛」，不如西鄰之時也。「實受其福」，吉大來也。「濡其首，厲」，何可久也！

火在水上，未濟。君子以慎辨物居方。「濡其尾」，亦不知極也。九二

貞吉中以行正也未濟征凶位不當也貞吉悔亡志行也君子之光其暉吉也飲酒濡首亦不知節也

儒藏經典·康熙篆文六經四書　周易

「貞吉」，中以行正也。「未濟，征凶」，位不當也。「貞吉，悔亡」，志行也。「君子之光」，其暉吉也。飲酒濡首，亦不知節也。

儒藏經典·康熙篆文六經四書　周易

周易繫辭上傳第五

天尊地卑，乾坤定矣。卑高以陳，貴賤位矣。動靜有常，剛柔斷矣。方以類聚，物以群分，吉凶生矣。在天成象，在地成形，變化見矣。是故剛柔相摩，八卦相盪。鼓之以雷霆，潤之以風雨。日月運行，一寒一暑。乾道成男，坤道成女。乾知大始，坤作成物。乾以易知，坤以簡能。易則易知，簡則易從。易知則有親，易從則有功。有親則可久，有功則可大。可久則賢人之德，可大則賢人之業。易簡而天下之理得矣。天下之理得，而成位乎其中矣。

聖人設卦觀象，繫辭焉而明吉

周易繫辭上傳第五

天尊地卑，乾坤定矣。卑高以陳，貴賤位矣。動靜有常，剛柔斷矣。方以類聚，物以群分，吉凶生矣。在天成象，在地成形，變化見矣。是故剛柔相摩，八卦相盪。鼓之以雷霆，潤之以風雨。日月運行，一寒一暑。乾道成男，坤道成女。乾知大始，坤作成物。乾以易知，坤以簡能。易則易知，簡則易從。易知則有親，易從則有功。有親則可久，有功則可大。可久則賢人之德，可大則賢人之業。易簡而天下之理得矣。天下之理得，而成位乎其中矣。

聖人設卦觀象，繫辭焉而明吉

凶剛柔相推而生變化是故吉凶者失得之象也悔吝者憂虞之象也變化者進退之象也剛柔者晝夜之象也六爻之動三極之道也是故君子所居而安者易之序也所樂而玩者爻之辭也是故君子居則觀其象而玩其辭動則觀其變而玩其占

是以自天祐之吉无不利象者言乎象者也爻者言乎變者也吉凶者言乎其失得也悔吝者言乎其小疵也无咎者善補過也是故列貴賤者存乎位齊小大者存乎卦辨吉凶者存乎辭憂悔吝者存乎介震无咎者存乎悔是故卦有小大辭有

儒藏經典・康熙篆文六經四書　周易

凶，剛柔相推而生變化。是故吉凶者，失得之象也。悔吝者，憂虞之象也。變化者，進退之象也。剛柔者，晝夜之象也。六爻之動，三極之道也。是故君子所居而安者，易之序也。所樂而玩者，爻之辭也。是故君子居則觀其象而玩其辭，動則觀其變而玩其占。

是以「自天祐之，吉无不利」。象者，言乎象者也。爻者，言乎變者也。吉凶者，言乎其失得也。悔吝者，言乎其小疵也。无咎者，善補過也。是故列貴賤者存乎位，齊小大者存乎卦，辨吉凶者存乎辭，憂悔吝者存乎介，震无咎者存乎悔。是故卦有小大，辭有險易辭也者各指其所之易與天地準故能彌綸天地之道仰以觀於天文俯以察於地理是故知幽明之故原始反終故知死生之説精氣爲物游魂爲變是故知鬼神之情狀與天地相似故不違知周乎萬物而道濟天下故不過旁行而不流樂天知命故不憂安土敦乎仁故能愛範圍天地之化而不過曲成萬物而不遺通乎晝夜之道而知故神无方而易无體一陰一陽之謂道繼之者善也成之者性也仁者見之謂之仁知者見之謂之知百姓日用而不知故君子之道鮮矣顯諸仁

儒藏
儒藏經典·康熙篆文六經四書　周易

險易。辭也者，各指其所之。《易》與天地準，故能彌綸天地之道。仰以觀於天文，俯以察於地理，是故知幽明之故。原始反終，故知死生之説。精氣爲物，游魂爲變，是故知鬼神之情狀。與天地相似，故不違。知周乎萬物而道濟天下，故不過。旁行而不流，樂天知命，故不憂。安土敦乎仁，故能愛。範圍天地之化而不過，曲成萬物而不遺，通乎晝夜之道而知，故神无方而易无體。一陰一陽之謂道，繼之者善也，成之者性也。仁者見之謂之仁，知者見之謂之知，百姓日用而不知，故君子之道鮮矣！顯諸仁，藏諸用鼓萬物而不與聖人同憂盛德大業至矣哉富有之謂大業日新之謂盛德生生之謂易成象之謂乾效法之謂坤極數知來之謂占通變之謂事陰陽不測之謂神
夫易廣矣大矣以言乎遠則不禦以言乎邇則靜而正以言乎天地之間則備矣夫乾其靜也專其動也直是以大生焉夫坤其靜也翕其動也闢是以廣生焉廣大配天地變通配四時陰陽之義配日月易簡之善配至德
子曰易其至矣乎夫易聖人所以崇德而廣業也知崇禮卑崇

藏諸用，鼓萬物而不與聖人同憂，盛德大業至矣哉！富有之謂大業，日新之謂盛德。生生之謂易，成象之謂乾，效法之謂坤，極數知來之謂占，通變之謂事，陰陽不測之謂神。

夫《易》，廣矣！大矣！以言乎遠則不禦，以言乎邇則靜而正，以言乎天地之間則備矣！夫乾，其靜也專，其動也直，是以大生焉。夫坤，其靜也翕，其動也闢，是以廣生焉。廣大配天地，變通配四時，陰陽之義配日月，易簡之善配至德。

子曰：「《易》，其至矣乎！」夫《易》，聖人所以崇德而廣業也。知崇禮卑，崇

效天卑法地天地設位而易行
乎其中矣成性存存道義之門
聖人有以見天下之賾而擬諸
其形容象其物宜是故謂之象
聖人有以見天下之動而觀其
會通以行其典禮繫辭焉以斷
其吉凶是故謂之爻言天下之
至賾而不可惡也言天下之至
動而不可亂也擬之而後言議
之而後動擬議以成其變化鳴
鶴在陰其子和之我有好爵吾
與爾靡之子曰君子居其室出
其言善則千里之外應之況其
邇者乎居其室出其言不善則
千里之外違之況其邇者乎言
出乎身加乎民行發乎邇見乎

效天，卑法地。天地設位，而《易》行乎其中矣。成性存存，道義之門。

聖人有以見天下之賾，而擬諸其形容，象其物宜，是故謂之象。聖人有以見天下之動，而觀其會通，以行其典禮，繫辭焉，以斷其吉凶，是故謂之爻。言天下之至賾，而不可惡也。言天下之至動，而不可亂也。擬之而後言，議之而後動，擬議以成其變化。「鳴鶴在陰，其子和之。我有好爵，吾與爾靡之。」子曰：「君子居其室，出其言善，則千里之外應之，況其邇者乎？居其室，出其言不善，則千里之外違之，況其邇者乎？言出乎身，加乎民；行發乎邇，見乎遠言行君子之樞機樞機之發榮辱之主也言行君子之所以動天地也可不慎乎同人先號咷而後笑子曰君子之道或出或處或默或語二人同心其利斷金同心之言其臭如蘭初六藉用白茅无咎子曰苟錯諸地而可矣藉之用茅何咎之有慎
儒藏經典·康熙篆文六經四書　周易
之至也夫茅之爲物薄而用可重也慎斯術也以往其无所失矣勞謙君子有終吉子曰勞而不伐有功而不德厚之至也語以其功下人者也德言盛禮言恭謙也者致恭以存其位者也亢龍有悔子曰貴而无位高而无民賢人在下位而无輔是以

遠。言行，君子之樞機。樞機之發，榮辱之主也。言行，君子之所以動天地也，可不慎乎？」「同人，先號咷而後笑。」子曰：「君子之道，或出或處，或默或語。二人同心，其利斷金。同心之言，其臭如蘭。」「初六，藉用白茅，无咎。」子曰：「苟錯諸地而可矣。藉之用茅，何咎之有？慎

之至也。夫茅之爲物薄，而用可重也。慎斯術也以往，其无所失矣。」「勞謙，君子有終，吉。」子曰：「勞而不伐，有功而不德，厚之至也，語以其功下人者也。德言盛，禮言恭。謙也者，致恭以存其位者也。」「亢龍有悔。」子曰：「貴而无位，高而无民，賢人在下位而无輔，是以

動而有悔也。」「不出户庭，无咎。」子曰：「亂之所生也，則言語以爲階。君不密則失臣，臣不密則失身，幾事不密則害成，是以君子慎密而不出也。」子曰：「作《易》者，其知盜乎？《易》曰：『負且乘，致寇至。』負也者，小人之事也。乘也者，君子之器也。小人而乘君子之器，盜思

儒藏經典·康熙篆文六經四書　周易

奪之矣！上慢下暴，盜思伐之矣！慢藏誨盜，治容誨淫。《易》曰：『負且乘，致寇至。』盜之招也。」

天一，地二，天三，地四，天五，地六，天七，地八，天九，地十。天數五，地數五，五位相得而各有合。天數二十有五，地數三十，凡天地之數五十有五，此所以成變化而

行鬼神也大衍之數五十其用四十有九分而爲二以象兩掛一以象三揲之以四以象四時歸奇於扐以象閏五歲再閏故再扐而後掛乾之策二百一十有六坤之策百四十有四凡三百有六十當期之日二篇之策萬有一千五百二十當萬物之數也是故四營而成易十有八變而成卦八卦而小成引而伸之觸類而長之天下之能事畢矣顯道神德行是故可與酬酢可與祐神矣子曰知變化之道者其知神之所爲乎

易有聖人之道四焉以言者尚其辭以動者尚其變以制器者尚

儒藏經典·康熙篆文六經四書　周易

行鬼神也。大衍之數五十，其用四十有九。分而爲二以象兩，掛一以象三，揲之以四以象四時，歸奇於扐以象閏，五歲再閏，故再扐而後掛。乾之策二百一十有六，坤之策百四十有四，凡三百有六十，當期之日。二篇之策，萬有一千五百二十，當萬物之數也。是故四營而成《易》，十有八變而成卦，八卦而小成。引而伸之，觸類而長之，天下之能事畢矣。顯道神德行，是故可與酬酢，可與祐神矣。子曰：「知變化之道者，其知神之所爲乎！」

《易》有聖人之道四焉：以言者尚其辭，以動者尚其變，以制器者尚其象，以卜筮者尚其占。是以君子將有爲也，將有行也，問焉而以言，其受命也如響，无有遠近幽深，遂知來物。非天下之至精，其孰能與於此？參伍以變，錯綜其數。通其變，遂成天地之文；極其數，遂定天下之象。非天下之至變，其孰能與於此？《易》无思也，无爲也，寂然不動，感而遂通天下之故。非天下之至神，其孰能與於此？夫《易》，聖人之所以極深而研幾也。唯深也，故能通天下之志。唯幾也，故能成天下之務。唯神也，故不疾而速，不行而至。子曰「《易》有聖人之道四焉」，此之謂也。

儒藏經典·康熙篆文六經四書　周易

子曰夫易何爲者也夫易開物
成務冒天下之道如斯而已者
也是故聖人以通天下之志以
定天下之業以斷天下之疑是
故蓍之德圓而神卦之德方以
知六爻之義易以貢聖人以此
洗心退藏於密吉凶與民同患
神以知來知以藏往其孰能與
於此哉古之聰明叡知神武而
不殺者夫是以明於天之道而
察於民之故是興神物以前民
用聖人以此齊戒以神明其德
夫是故闔戶謂之坤闢戶謂之
乾一闔一闢謂之變往來不窮
謂之通見乃謂之象形乃謂之
器制而用之謂之法利用出入

子曰：「夫《易》何爲者也？夫《易》，開物成務，冒天下之道，如斯而已者也。是故聖人以通天下之志，以定天下之業，以斷天下之疑。」是故蓍之德圓而神，卦之德方以知，六爻之義易以貢。聖人以此洗心，退藏於密，吉凶與民同患。神以知來，知以藏往，其孰能與於此哉！古之聰明叡知、神武而不殺者夫？是以明於天之道，而察於民之故。是興神物，以前民用。聖人以此齊戒，以神明其德夫！是故闔户謂之坤，闢户謂之乾，一闔一闢謂之變，往來不窮謂之通。見乃謂之象，形乃謂之器，制而用之謂之法，利用出入、民咸用之謂之神是故易有太極是生兩儀兩儀生四象四象生八卦八卦定吉凶吉凶生大業是故法象莫大乎天地變通莫大乎四時縣象著明莫大乎日月崇高莫大乎富貴備物致用立成器以爲天下利莫大乎聖人探賾索隱鉤深致遠以定天下之吉凶成天下之亹亹者莫大乎蓍龜是故天生神物聖人則之天地變化聖人效之天垂象見吉凶聖人象之河出圖洛出書聖人則之易有四象所以示也繫辭焉所以告也定之以吉凶所以斷也

易曰自天祐之吉无不利子曰

儒藏 儒藏經典·康熙篆文六經四書 周易

民咸用之謂之神。是故《易》有太極，是生兩儀，兩儀生四象，四象生八卦，八卦定吉凶，吉凶生大業。是故法象莫大乎天地；變通莫大乎四時；縣象著明莫大乎日月；崇高莫大乎富貴；備物致用，立成器以爲天下利，莫大乎聖人；探賾索隱，鉤深致遠，以定天下之吉凶，成天下之亹亹者，莫大乎蓍龜。是故天生神物，聖人則之；天地變化，聖人效之；天垂象，見吉凶，聖人象之；河出圖，洛出書，聖人則之。《易》有四象，所以示也；繫辭焉，所以告也；定之以吉凶，所以斷也。

《易》曰：「自天祐之，吉无不利。」子曰：

祐者助也天之所助者順也人
之所助者信也履信思乎順又
以尚賢也是以自天祐之吉无
不利也子曰書不盡言言不盡
意然則聖人之意其不可見乎
子曰聖人立象以盡意設卦以
盡情僞繫辭焉以盡其言變而
通之以盡利鼓之舞之以盡神

乾坤其易之縕邪乾坤成列而
易立乎其中矣乾坤毁則无以
見易易不可見則乾坤或幾乎
息矣是故形而上者謂之道形
而下者謂之器化而裁之謂之
變推而行之謂之通舉而措之⑬
天下之民謂之事業是故夫象
聖人有以見天下之賾而擬諸

「祐者，助也。天之所助者，順也。人之所助者，信也。履信思乎順，又以尚賢也，是以『自天祐之，吉无不利』也。」子曰：「書不盡言，言不盡意。然則聖人之意，其不可見乎？」子曰：「聖人立象以盡意，設卦以盡情僞，繫辭焉以盡其言，變而通之以盡利，鼓之舞之以盡神。」

儒藏
儒藏經典·康熙篆文六經四書　周易

乾坤，其《易》之縕邪？乾坤成列，而《易》立乎其中矣。乾坤毁，則无以見《易》。《易》不可見，則乾坤或幾乎息矣。是故形而上者謂之道，形而下者謂之器，化而裁之謂之變，推而行之謂之通，舉而錯之天下之民，謂之事業。是故夫象，聖人有以見天下之賾，而擬諸

其形容象其物宜是故謂之象
聖人有以見天下之動而觀其
會通以行其典禮繫辭焉以斷
其吉凶是故謂之爻極天下之
賾者存乎卦鼓天下之動者存
乎辭化而裁之存乎變推而行
之存乎通神而明之存乎其人
默而成之不言而信存乎德行

儒藏
儒藏經典・康熙篆文六經四書　周易

其形容，象其物宜，是故謂之象。聖人有以見天下之動，而觀其會通，以行其典禮，繫辭焉以斷其吉凶，是故謂之爻。極天下之賾者存乎卦，鼓天下之動者存乎辭，化而裁之存乎變，推而行之存乎通，神而明之存乎其人，默而成之，不言而信，存乎德行。

周易繫辭下傳第六
八卦成列象在其中矣因而重之爻在其中矣剛柔相推變在其中矣繫辭焉而命之動在其中矣吉凶悔吝者生乎動者也剛柔者立本者也變通者趣時者也吉凶者貞勝者也天地之道貞觀者也日月之道貞明者也天下之動貞夫一者也夫乾確然示人易矣夫坤隤然示人簡矣爻也者效此者也象也者像此者也爻象動乎內吉凶見乎外功業見乎變聖人之情見乎辭天地之大德曰生聖人之大寶曰位何以守位曰仁何以聚人曰財理財正辭禁民爲非

儒藏
儒藏經典·康熙篆文六經四書　周易

周易繫辭下傳第六

八卦成列，象在其中矣。因而重之，爻在其中矣。剛柔相推，變在其中矣。繫辭焉而命之，動在其中矣。吉凶悔吝者，生乎動者也。剛柔者，立本者也。變通者，趣時者也。吉凶者，貞勝者也。天地之道，貞觀者也。日月之道，貞明者也。天下之動，貞夫一者也。夫乾，確然示人易矣。夫坤，隤然示人簡矣。爻也者，效此者也。象也者，像此者也。爻象動乎內，吉凶見乎外，功業見乎變，聖人之情見乎辭。天地之大德曰生，聖人之大寶曰位，何以守位曰仁，何以聚人曰財，理財正辭、禁民爲非

曰義

古者包犧氏之王天下也仰則觀象於天俯則觀法於地觀鳥獸之文與地之宜近取諸身遠取諸物於是始作八卦以通神明之德以類萬物之情作結繩而爲罔罟以佃以漁蓋取諸離包犧氏没神農氏作斲木爲耜揉木爲耒耒耨之利以教天下蓋取諸益日中爲市致天下之民聚天下之貨交易而退各得其所蓋取諸噬嗑神農氏没黄帝堯舜氏作通其變使民不倦神而化之使民宜之易窮則變變則通通則久是以自天祐之吉无不利黄帝堯舜垂衣裳而

儒藏經典·康熙篆文六經四書　周易

曰義。

古者包犧氏之王天下也，仰則觀象於天，俯則觀法於地，觀鳥獸之文與地之宜，近取諸身，遠取諸物，於是始作八卦，以通神明之德，以類萬物之情。作結繩而爲罔罟，以佃以漁，蓋取諸《離》。包犧氏没，神農氏作。斲木爲耜，揉木爲耒。耒耨之利，以教天下，蓋取諸《益》。日中爲市，致天下之民，聚天下之貨，交易而退，各得其所，蓋取諸《噬嗑》。神農氏没，黄帝、堯、舜氏作。通其變，使民不倦。神而化之，使民宜之。《易》窮則變，變則通，通則久，是以「自天祐之，吉无不利」。黄帝、堯、舜垂衣裳而天下治，蓋取諸《乾》《坤》。刳木爲舟，剡木爲楫；舟楫之利，以濟不通，致遠以利天下，蓋取諸《涣》。服牛乘馬，引重致遠，以利天下，蓋取諸《隨》。重門擊柝，以待暴客，蓋取諸《豫》。斷木爲杵，掘地爲臼；臼杵之利，萬民以濟，蓋取諸《小過》。弦木爲弧，剡木爲矢；弧矢之利，以威天下，蓋取諸《睽》。上古穴居而野處，後世聖人易之以宫室，上棟下宇，以待風雨，蓋取諸《大壯》。古之葬者，厚衣之以薪，葬之中野，不封不樹，喪期无數；後世聖人易之以棺椁，蓋取諸《大過》。上古結繩而治，後世聖人易之以書契，百官以治，萬民以察，蓋取諸《夬》。

是故《易》者，象也；象也者，像也；象者，材也；爻也者，效天下之動者也。是故吉凶生而悔吝著也。

陽卦多陰，陰卦多陽，其故何也？陽卦奇，陰卦耦，其德行何也？陽一君而二民，君子之道也。陰二君而一民，小人之道也。

《易》曰：「憧憧往來，朋從爾思。」子曰：「天下何思何慮？天下同歸而殊塗，一致而百慮。天下何思何慮？日往則月來，月往則日來，日月相推而明生焉。寒往則暑來，暑往則寒來，寒暑相推而歲成焉。往者，屈也。來者，信也。屈信相感而利生焉。尺蠖之屈，以求信也。

龍蛇之蟄以存身也精義入神以致用也利用安身以崇德也過此以往未之或知也窮神知化德之盛也易曰困于石據于蒺藜入于其宮不見其妻凶子曰非所困而困焉名必辱非所據而據焉身必危既辱且危死期將至妻其可得見邪易曰公用射隼于高墉之上獲之无不利子曰隼者禽也弓矢者器也射之者人也君子藏器於身待時而動何不利之有動而不括是以出而有獲語成器而動者也子曰小人不恥不仁不畏不義不見利而不勸不威不懲小懲而大誡此小人之福也易曰履

儒藏經典·康熙篆文六經四書　周易

龍蛇之蟄，以存身也。精義入神，以致用也。利用安身，以崇德也。過此以往，未之或知也。窮神知化，德之盛也。」《易》曰：「困于石，據于蒺藜，入于其宮，不見其妻，凶。」子曰：「非所困而困焉，名必辱。非所據而據焉，身必危。既辱且危，死期將至，妻其可得見邪？」《易》曰：「公用射隼于高墉之上，獲之，无不利。」子曰：「隼者，禽也。弓矢者，器也。射之者，人也。君子藏器於身，待時而動，何不利之有？動而不括，是以出而有獲。語成器而動者也。」子曰：「小人不恥不仁，不畏不義，不見利而不勸，不威不懲。小懲而大誡，此小人之福也。《易》曰：『履校滅趾，无咎。』此之謂也。善不積不足以成名，惡不積不足以滅身。小人以小善爲无益而弗爲也，以小惡爲无傷而弗去也，故惡積而不可掩，罪大而不可解。《易》曰：『何校滅耳，凶。』子曰：「危者，安其位者也；亡者，保其存者也；亂者，有其治者也。是故，君子安而不忘危，存而不忘亡，治而不忘亂，是以身安而國家可保也。《易》曰：『其亡其亡，繫于包桑。』」子曰：「德薄而位尊，知小而謀大，力小而任重，鮮不及矣。《易》曰：『鼎折足，覆公餗，其形渥，凶。』言不勝其任也。」子曰：「知幾其神乎！君子上交不諂，下交不瀆，其知幾乎？幾者，動

之微吉之先見者也君子見幾
而作不俟終日易曰介于石不
終日貞吉介如石焉寧用終日
斷可識矣君子知微知彰知柔
知剛萬夫之望子曰顏氏之子
其殆庶幾乎有不善未嘗不知
知之未嘗復行也易曰不遠復
无祇悔元吉天地絪緼萬物化
醇男女構精萬物化生易曰三
人行則損一人一人行則得其
友言致一也子曰君子安其身
而後動易其心而後語定其交
而後求君子脩此三者故全也
危以動則民不與也懼以語則
民不應也无交而求則民不與
也莫之與則傷之者至矣易曰

儒藏經典·康熙篆文六經四書　周易

之微，吉之先見者也。君子見幾而作，不俟終日。《易》曰：『介于石，不終日，貞吉。』介如石焉，寧用終日？斷可識矣！君子知微知彰，知柔知剛，萬夫之望。」子曰：「顏氏之子，其殆庶幾乎？有不善未嘗不知，知之未嘗復行也。《易》曰：『不遠復，无祇悔，元吉。』天地絪緼，萬物化醇。男女構精，萬物化生。《易》曰：『三人行則損一人，一人行則得其友。』言致一也。」子曰：「君子安其身而後動，易其心而後語，定其交而後求。君子脩此三者，故全也。危以動，則民不與也；懼以語，則民不應也；无交而求，則民不與也。莫之與，則傷之者至矣。《易》曰：

莫益之或擊之立心勿恆凶
子曰乾坤其易之門邪乾陽物也坤陰物也陰陽合德而剛柔有體以體天地之撰以通神明之德其稱名也雜而不越於稽其類其衰世之意邪夫易彰往而察來而微顯闡幽開而當名辨物正言斷辭則備矣其稱名也小其取類也大其旨遠其辭文其言曲而中其事肆而隱因貳以濟民行以明失得之報
易之興也其於中古乎作易者其有憂患乎是故履德之基也謙德之柄也復德之本也恆德之固也損德之脩也益德之裕也困德之辨也井德之地也巽

『莫益之，或擊之，立心勿恆，凶。』」

子曰：「乾、坤其《易》之門邪？」乾，陽物也；坤，陰物也。陰陽合德而剛柔有體，以體天地之撰，以通神明之德。其稱名也，雜而不越。於稽其類，其衰世之意邪？夫《易》彰往而察來，而微顯闡幽。開而當名，辨物正言，斷辭則備矣。其稱名也小，其取類也大。其旨遠，其辭文。其言曲而中，其事肆而隱。因貳以濟民行，以明失得之報。

《易》之興也，其於中古乎？作《易》者，其有憂患乎？是故《履》，德之基也；《謙》，德之柄也；《復》，德之本也；《恆》，德之固也；《損》，德之脩也；《益》，德之裕也；《困》，德之辨也；《井》，德之地也；《巽》，

德之制也履和而至謙尊而光
復小而辨於物恆雜而不厭損
先難而後易益長裕而不設困
窮而通井居其所而遷巽稱而
隱履以和行謙以制禮復以自
知恆以一德損以遠害益以興
利困以寡怨井以辨義巽以行
權

易之爲書也不可遠爲道也屢
遷變動不居周流六虛上下无
常剛柔相易不可爲典要唯變
所適其出入以度外內使知懼
又明於憂患與故无有師保如
臨父母初率其辭而揆其方既
有典常苟非其人道不虛行
易之爲書也原始要終以爲質

儒藏經典·康熙篆文六經四書　周易

德之制也。《履》，和而至；《謙》，尊而光；《復》，小而辨於物；《恆》，雜而不厭；《損》，先難而後易；《益》，長裕而不設；《困》，窮而通；《井》，居其所而遷；《巽》，稱而隱。《履》以和行；《謙》以制禮；《復》以自知；《恆》以一德；《損》以遠害；《益》以興利；《困》以寡怨；《井》以辨義；《巽》以行權。

《易》之爲書也不可遠，爲道也屢遷。變動不居，周流六虛。上下无常，剛柔相易。不可爲典要，唯變所適。其出入以度，外內使知懼。又明於憂患與故，无有師保，如臨父母。初率其辭，而揆其方，既有典常。苟非其人，道不虛行。

《易》之爲書也，原始要終，以爲質

也六爻相雜唯其時物也其初
難知其上易知本末也初辭擬
之卒成之終若夫雜物撰德辨
是與非則非其中爻不備噫亦
要存亡吉凶則居可知矣知者
觀其彖辭則思過半矣二與四
同功而異位其善不同二多譽
四多懼近也柔之爲道不利遠
者其要无咎其用柔中也三與
五同功而異位三多凶五多功
貴賤之等也其柔危其剛勝邪
易之爲書也廣大悉備有天道
焉有人道焉有地道焉兼三才
而兩之故六六者非它也三才
之道也道有變動故曰爻爻有
等故曰物物相雜故曰文文不

也。六爻相雜，唯其時物也。其初難知，其上易知，本末也。初辭擬之，卒成之終。若夫雜物撰德，辨是與非，則非其中爻不備。噫！亦要存亡吉凶，則居可知矣。知者觀其彖辭，則思過半矣。二與四同功而異位，其善不同。二多譽，四多懼，近也。柔之爲道，不利遠者，其要无咎，其用柔中也。三與五同功而異位，三多凶，五多功，貴賤之等也。其柔危，其剛勝邪？《易》之爲書也，廣大悉備。有天道焉，有人道焉，有地道焉。兼三才而兩之，故六。六者非它也，三才之道也。道有變動，故曰爻；爻有等，故曰物；物相雜，故曰文；文不當故吉凶生焉易之興也其當殷之末世周之盛德邪當文王與紂之事邪是故其辭危危者使平易者使傾其道甚大百物不廢懼以終始其要无咎此之謂易之道也夫乾天下之至健也德行恒易以知險夫坤天下之至順也德

行恒簡以知阻能說諸心能研諸侯之慮定天下之吉凶成天下之亹亹者是故變化云爲吉事有祥象事知器占事知來天地設位聖人成能人謀鬼謀百姓與能八卦以象告爻彖以情言剛柔雜居而吉凶可見矣變動以利言吉凶以情遷是故愛

當，故吉凶生焉。

《易》之興也，其當殷之末世、周之盛德邪？當文王與紂之事邪？是故其辭危。危者使平，易者使傾；其道甚大，百物不廢；懼以終始，其要无咎：此之謂《易》之道也。

夫乾，天下之至健也，德行恒易以知險。夫坤，天下之至順也，德

儒藏經典·康熙篆文六經四書　周易

行恒簡以知阻。能說諸心，能研諸侯之慮，定天下之吉凶，成天下之亹亹者。是故變化云爲，吉事有祥。象事知器，占事知來。天地設位，聖人成能。人謀鬼謀，百姓與能。八卦以象告，爻彖以情言，剛柔雜居，而吉凶可見矣。變動以利言，吉凶以情遷。是故愛

惡相攻而吉凶生遠近相取而悔吝生情僞相感而利害生凡易之情近而不相得則凶或害之悔且吝將叛者其辭慙中心疑者其辭枝吉人之辭寡躁人之辭多誣善之人其辭游失其守者其辭屈

惡相攻而吉凶生，遠近相取而悔吝生，情僞相感而利害生。凡《易》之情，近而不相得則凶。或害之，悔且吝。將叛者其辭慙，中心疑者其辭枝，吉人之辭寡，躁人之辭多，誣善之人其辭游，失其守者其辭屈。

周易文言傳第七
元者善之長也亨者嘉之會也利者義之和也貞者事之幹也君子體仁足以長人嘉會足以合禮利物足以和義貞固足以幹事君子行此四德者故曰乾元亨利貞
初九曰潛龍勿用何謂也子曰龍德而隱者也不易乎世不成乎名遯世无悶不見是而无悶樂則行之憂則違之確乎其不可拔潛龍也
九二曰見龍在田利見大人何謂也子曰龍德而正中者也庸言之信庸行之謹閑邪存其誠善世而不伐德博而化易曰見

周易文言傳第七

元者，善之長也。亨者，嘉之會也。利者，義之和也。貞者，事之幹也。君子體仁足以長人，嘉會足以合禮，利物足以和義，貞固足以幹事。君子行此四德者，故曰：「乾，元亨利貞。」

初九曰：「潛龍勿用。」，何謂也？子曰：「龍德而隱者也。不易乎世，不成乎名，遯世无悶，不見是而无悶，樂則行之，憂則違之，確乎其不可拔，潛龍也。」

九二曰：「見龍在田，利見大人。」何謂也？子曰：「龍德而正中者也。庸言之信，庸行之謹，閑邪存其誠，善世而不伐，德博而化。《易》曰：『見

龍在田利見大人君德也
九三曰君子終日乾乾夕惕若
厲无咎何謂也子曰君子進德
脩業忠信所以進德也脩辭立
其誠所以居業也知至至之可
與幾也知終終之可與存義也
是故居上位而不驕在下位而
不憂故乾乾因其時而惕雖危
无咎矣
九四曰或躍在淵无咎何謂也
子曰上下无常非爲邪也進退
无恆非離群也君子進德脩業
欲及時也故无咎
九五曰飛龍在天利見大人何
謂也子曰同聲相應同氣相求
水流濕火就燥雲從龍風從虎

儒藏
儒藏經典・康熙篆文六經四書　周易

龍在田，利見大人。』君德也。」

九三曰：「君子終日乾乾，夕惕若厲，无咎。」何謂也？子曰：「君子進德脩業。忠信，所以進德也；脩辭立其誠，所以居業也。知至至之，可與幾也；知終終之，可與存義也。是故居上位而不驕，在下位而不憂。故乾乾因其時而惕，雖危无咎矣。」

九四曰：「或躍在淵，无咎。」何謂也？子曰：「上下无常，非爲邪也。進退无恆，非離群也。君子進德脩業，欲及時也。故无咎。」

九五曰：「飛龍在天，利見大人。」何謂也？」子曰：「同聲相應，同氣相求。水流濕，火就燥，雲從龍，風從虎，

聖人作而萬物覩本乎天者親上本乎地者親下則各從其類也

上九曰亢龍有悔何謂也子曰貴而无位高而无民賢人在下位而无輔是以動而有悔也

潛龍勿用下也見龍在田時舍也終日乾乾行事也或躍在淵

自試也飛龍在天上治也亢龍有悔窮之災也乾元用九天下治也

潛龍勿用陽氣潛藏見龍在田天下文明終日乾乾與時偕行或躍在淵乾道乃革飛龍在天乃位乎天德亢龍有悔與時偕極乾元用九乃見天則

聖人作，而萬物覩。本乎天者親上，本乎地者親下，則各從其類也。」

上九曰：「亢龍有悔。」何謂也？子曰：「貴而无位，高而无民，賢人在下位而无輔，是以動而有悔也。」

「潛龍勿用」，下也。「見龍在田」，時舍也。「終日乾乾」，行事也。「或躍在淵」，

儒藏經典・康熙篆文六經四書　周易

自試也。「飛龍在天」，上治也。「亢龍有悔」，窮之災也。乾元「用九」，天下治也。

「潛龍勿用」，陽氣潛藏。「見龍在田」，天下文明。「終日乾乾」，與時偕行。「或躍在淵」，乾道乃革。「飛龍在天」，乃位乎天德。「亢龍有悔」，與時偕極。乾元「用九」，乃見天則。

乾元者，始而亨者也。利貞者，性情也。乾始能以美利利天下，不言所利，大矣哉！大哉乾乎！剛健中正，純粹精也！六爻發揮，旁通情也！時乘六龍，以御天也！雲行雨施，天下平也！

君子以成德爲行，日可見之行也。潛之爲言也，隱而未見，行而未成，是以君子弗用也。

君子學以聚之，問以辨之，寬以居之，仁以行之。《易》曰：「見龍在田，利見大人。」君德也。

九三重剛而不中，上不在天，下不在田，故乾乾因其時而惕，雖危无咎矣。

九四重剛而不中，上不在天，下

不在田中不在人故或之或之者疑之也故无咎

夫大人者與天地合其德與日月合其明與四時合其序與鬼神合其吉凶先天而天弗違後天而奉天時天且弗違而況於人乎況於鬼神乎

亢之爲言也知進而不知退知存而不知亡知得而不知喪其唯聖人乎知進退存亡而不失其正者其唯聖人乎

坤至柔而動也剛至靜而德方後得主而有常含萬物而化光

坤道其順乎承天而時行

積善之家必有餘慶積不善之家必有餘殃臣弒其君子弒其

儒藏經典·康熙篆文六經四書　周易

不在田，中不在人，故或之。或之者，疑之也，故无咎。

夫大人者，與天地合其德，與日月合其明，與四時合其序，與鬼神合其吉凶。先天而天弗違，後天而奉天時。天且弗違，而況於人乎？況於鬼神乎？

亢之爲言也，知進而不知退，知存而不知亡，知得而不知喪，其唯聖人乎！知進退存亡而不失其正者，其唯聖人乎！

坤至柔而動也剛，至靜而德方，後得主而有常，含萬物而化光。

坤道其順乎！承天而時行。

積善之家，必有餘慶。積不善之家，必有餘殃。臣弒其君，子弒其父非一朝一夕之故其所由來者漸矣由辨之不早辨也易曰履霜堅冰至蓋言順也直其正也方其義也君子敬以直内義以方外敬義立而德不孤直方大不習无不利則不疑其所行也陰雖有美含之以從王事弗敢成也地道也妻道也臣道也地道无成而代有終也天地變化草木蕃天地閉賢人隱易曰括囊无咎无譽蓋言謹也君子黄中通理正位居體美在其中而暢於四支發於事業美之至也陰疑於陽必戰爲其嫌於无陽

儒藏經典・康熙篆文六經四書 周易

父，非一朝一夕之故，其所由來者漸矣，由辨之不早辨也。《易》曰：「履霜，堅冰至。」蓋言順也。

直，其正也。方，其義也。君子敬以直内，義以方外，敬義立而德不孤。「直、方、大，不習无不利」，則不疑其所行也。陰雖有美含之，以從王事，弗敢成也。地道也，妻道也，臣道也。地道无成而代有終也。

天地變化，草木蕃。天地閉，賢人隱。《易》曰：「括囊，无咎，无譽。」蓋言謹也。

君子黄中通理，正位居體，美在其中，而暢於四支，發於事業，美之至也。

陰疑於陽必戰，爲其嫌於无陽

儒藏

儒藏經典·康熙篆文六經四書　周易

也故稱龍焉猶未離其類也故
稱血焉夫玄黃者天地之雜也
天玄而地黃

儒藏

儒藏經典·康熙篆文六經四書　周易

也，故稱龍焉；猶未離其類也，故
稱血焉。夫玄黃者，天地之雜也，
天玄而地黃。

周易說卦傳第八

昔者聖人之作易也幽贊於神明而生蓍參天兩地而倚數觀變於陰陽而立卦發揮於剛柔而生爻和順於道德而理於義窮理盡性以至於命

昔者聖人之作易也將以順性命之理是以立天之道曰陰與陽立地之道曰柔與剛立人之道曰仁與義兼三才而兩之故易六畫而成卦分陰分陽迭用柔剛故易六位而成章

天地定位山澤通氣雷風相薄水火不相射八卦相錯數往者順知來者逆是故易逆數也

雷以動之風以散之雨以潤之

周易說卦傳第八

昔者聖人之作《易》也，幽贊於神明而生蓍，參天兩地而倚數，觀變於陰陽而立卦，發揮於剛柔而生爻，和順於道德而理於義，窮理盡性以至於命。

昔者聖人之作《易》也，將以順性命之理。是以立天之道，曰陰與陽；立地之道，曰柔與剛；立人之道，曰仁與義。兼三才而兩之，故《易》六畫而成卦。分陰分陽，迭用柔剛，故《易》六位而成章。

天地定位，山澤通氣，雷風相薄，水火不相射，八卦相錯。數往者順，知來者逆，是故《易》逆數也。

雷以動之，風以散之，雨以潤之，

日以烜之，艮以止之，兑以説之，乾以君之，坤以藏之。

帝出乎震，齊乎巽，相見乎離，致役乎坤，説言乎兑，戰乎乾，勞乎坎，成言乎艮。萬物出乎震。震，東方也。齊乎巽。巽，東南也。齊也者，言萬物之潔齊也。離也者，明也，萬物皆相見，南方之卦也。聖人南面而聽天下，嚮明而治，蓋取諸此也。坤也者，地也，萬物皆致養焉，故曰「致役乎坤。」兑，正秋也，萬物之所説也，故曰「説言乎兑。」「戰乎乾」。乾，西北之卦也，言陰陽相薄也。坎者，水也，正北方之卦也，勞卦也，萬物之所歸也，故曰「勞乎坎」。艮，東北之卦也，萬物之

儒藏經典·康熙篆文六經四書　周易

所成終而所成始也故曰成言
乎艮
神也者妙萬物而爲言者也動
萬物者莫疾乎雷橈萬物者莫
疾乎風燥萬物者莫熯乎火説
萬物者莫説乎澤潤萬物者莫
潤乎水終萬物始萬物者莫盛
乎艮故水火相逮雷風不相悖
山澤通氣然後能變化既成萬
物也
乾健也坤順也震動也巽入也
坎陷也離麗也艮止也兑説也
乾爲馬坤爲牛震爲龍巽爲雞
坎爲豕離爲雉艮爲狗兑爲羊
乾爲首坤爲腹震爲足巽爲股
坎爲耳離爲目艮爲手兑爲口

儒藏經典·康熙篆文六經四書　周易

所成終而所成始也，故曰：「成言乎艮。」

神也者，妙萬物而爲言者也。動萬物者莫疾乎雷，橈萬物者莫疾乎風，燥萬物者莫熯乎火，説萬物者莫説乎澤，潤萬物者莫潤乎水，終萬物始萬物者莫盛乎艮。故水火相逮，雷風不相悖，山澤通氣，然後能變化，既成萬物也。

乾，健也。坤，順也。震，動也。巽，入也。坎，陷也。離，麗也。艮，止也。兑，説也。

乾爲馬，坤爲牛，震爲龍，巽爲雞，坎爲豕，離爲雉，艮爲狗，兑爲羊。

乾爲首，坤爲腹，震爲足，巽爲股，坎爲耳，離爲目，艮爲手，兑爲口。

乾，天也，故稱乎父。坤，地也，故稱乎母。震一索而得男，故謂之長男。巽一索而得女，故謂之長女。坎再索而得男，故謂之中男。離再索而得女，故謂之中女。艮三索而得男，故謂之少男。兑三索而得女，故謂之少女。

乾爲天，爲圜，爲君，爲父，爲玉，爲金，爲寒，爲冰，爲大赤，爲良馬，爲老馬，爲瘠馬，爲駁馬，爲木果。

坤爲地，爲母，爲布，爲釜，爲吝嗇，爲均，爲子母牛，爲大輿，爲文，爲衆，爲柄，其於地也爲黑。

震爲雷，爲龍，爲玄黄，爲旉，爲大塗，爲長子，爲決躁，爲蒼筤竹，爲萑葦；其於馬也，爲善鳴，爲馵足，

乾，天也，故稱乎父。坤，地也，故稱乎母。震一索而得男，故謂之長男。巽一索而得女，故謂之長女。坎再索而得男，故謂之中男。離再索而得女，故謂之中女。艮三索而得男，故謂之少男。兑三索而得女，故謂之少女。

儒藏經典・康熙篆文六經四書　周易

乾爲天，爲圜，爲君，爲父，爲玉，爲金，爲寒，爲冰，爲大赤，爲良馬，爲老馬，爲瘠馬，爲駁馬，爲木果。

坤爲地，爲母，爲布，爲釜，爲吝嗇，爲均，爲子母牛，爲大輿，爲文，爲衆，爲柄，其於地也爲黑。

震爲雷，爲龍，爲玄黄，爲旉，爲大塗，爲長子，爲決躁，爲蒼筤竹，爲萑葦；其於馬也，爲善鳴，爲馵足，

爲作足爲的顙其於稼也爲反生其究爲健爲蕃鮮
巽爲木爲風爲長女爲繩直爲工爲白爲長爲高爲進退爲不果爲臭其於人也爲寡髮爲廣顙爲多白眼爲近利市三倍其究爲躁卦
坎爲水爲溝瀆爲隱伏爲矯輮爲弓輪其於人也爲加憂爲心病爲耳痛爲血卦爲赤其於馬也爲美脊爲亟心爲下首爲薄蹄爲曳其於輿也爲多眚爲通爲月爲盜其於木也爲堅多心
離爲火爲日爲電爲中女爲甲胄爲戈兵其於人也爲大腹爲乾卦爲鱉爲蟹爲蠃爲蚌爲龜

儒藏 儒藏經典·康熙篆文六經四書 周易

爲作足，爲的顙；其於稼也，爲反生；其究爲健，爲蕃鮮。

巽爲木，爲風，爲長女，爲繩直，爲工，爲白，爲長，爲高，爲進退，爲不果，爲臭；其於人也，爲寡髮，爲廣顙，爲多白眼，爲近利市三倍，其究爲躁卦。

坎爲水，爲溝瀆，爲隱伏，爲矯輮，爲弓輪；其於人也，爲加憂，爲心病，爲耳痛，爲血卦，爲赤；其於馬也，爲美脊，爲亟心，爲下首，爲薄蹄，爲曳；其於輿也，爲多眚，爲通，爲月，爲盜；其於木也，爲堅多心。

離爲火，爲日，爲電，爲中女，爲甲胄，爲戈兵；其於人也，爲大腹，爲乾卦，爲鱉，爲蟹，爲蠃，爲蚌，爲龜；

其於木也爲科上槁
艮爲山爲徑路爲小石爲門闕
爲果蓏爲閽寺爲指爲狗爲鼠
爲黔喙之屬其於木也爲堅多
節
兑爲澤爲少女爲巫爲口舌爲
毀折爲附決其於地也爲剛鹵
爲妾爲羊

其於木也，爲科上槁。

艮爲山，爲徑路，爲小石，爲門闕，爲果蓏，爲閽寺，爲指，爲狗，爲鼠，爲黔喙之屬；其於木也，爲堅多節。

兑爲澤，爲少女，爲巫，爲口舌，爲毀折，爲附決；其於地也，爲剛鹵，爲妾，爲羊。

儒藏經典·康熙篆文六經四書　周易

周易序卦傳第九

有天地然後萬物生焉盈天地之間者唯萬物故受之以屯屯者盈也屯者物之始生也物生必蒙故受之以蒙蒙者蒙也物之稺也物稺不可不養也故受之以需需者飲食之道也飲食必有訟故受之以訟訟必有眾起故受之以師師者眾也眾必有所比故受之以比比者比也比必有所畜故受之以小畜物畜然後有禮故受之以履履而泰然後安故受之以泰泰者通也物不可以終通故受之以否物不可以終否故受之以同人與人同者物必歸焉故受之以

儒藏經典·康熙篆文六經四書　周易

周易序卦傳第九

有天地，然後萬物生焉。盈天地之間者唯萬物，故受之以《屯》。屯者，盈也。屯者，物之始生也。物生必蒙，故受之以《蒙》。蒙者，蒙也，物之稺也。物稺不可不養也，故受之以《需》。需者，飲食之道也。飲食必有訟，故受之以《訟》。訟必有眾起，故受之以《師》。師者，眾也。眾必有所比，故受之以《比》。比者，比也。比必有所畜，故受之以《小畜》。物畜然後有禮，故受之以《履》。履而泰，然後安，故受之以《泰》。泰者，通也。物不可以終通，故受之以《否》。物不可以終否，故受之以《同人》。與人同者，物必歸焉，故受之以

儒藏經典·康熙篆文六經四書　周易

《大有》。有大者，不可以盈，故受之以《謙》。有大而能謙必豫，故受之以《豫》。豫必有隨，故受之以《隨》。以喜隨人者必有事，故受之以《蠱》。蠱者，事也。有事而後可大，故受之以《臨》。臨者，大也。物大然後可觀，故受之以《觀》。可觀而後有所合，故受之以《噬嗑》。嗑者，合也。物不可以苟合而已，故受之以《賁》。賁者，飾也。致飾然後亨則盡矣，故受之以《剝》。剝者，剝也。物不可以終盡，剝窮上反下，故受之以《復》。復則不妄矣，故受之以《无妄》。有无妄，然後可畜，故受之以《大畜》。物畜然後可養，故受之以《頤》。頤者，養也。不養則不可動，故受

之以大過物不可以終過故受之以坎坎者陷也陷必有所麗故受之以離離者麗也

有天地然後有萬物有萬物然後有男女有男女然後有夫婦有夫婦然後有父子有父子然後有君臣有君臣然後有上下有上下然後禮義有所錯夫婦之道不可以不久也故受之以恆恆者久也物不可以久居其所故受之以遯遯者退也物不可以終遯故受之以大壯物不可以終壯故受之以晉晉者進也進必有所傷故受之以明夷夷者傷也傷於外者必反其家⑯故受之以家人家道窮必乖故

儒藏
儒藏經典·康熙篆文六經四書　周易

之以《大過》。物不可以終過，故受之以《坎》。坎者，陷也。陷必有所麗，故受之以《離》。離者，麗也。

有天地然後有萬物，有萬物然後有男女，有男女然後有夫婦，有夫婦然後有父子，有父子然後有君臣，有君臣然後有上下，有上下然後禮義有所錯。夫婦之道不可以不久也，故受之以《恆》。恆者，久也。物不可以久居其所，故受之以《遯》。遯者，退也。物不可以終遯，故受之以《大壯》。物不可以終壯，故受之以《晉》。晉者，進也。進必有所傷，故受之以《明夷》。夷者，傷也。傷於外者必反其家，故受之以《家人》。家道窮必乖，故受之以睽睽者乖也乖必有難故受之以蹇蹇者難也物不可以終難故受之以解解者緩也緩必有所失故受之以損損而不已必益故受之以益益而不已必決故受之以夬夬者決也決必有所遇故受之以姤姤者遇也物相遇而後聚故受之以

萃萃者聚也聚而上者謂之升故受之以升升而不已必困故受之以困困乎上者必反下故受之以井井道不可不革故受之以革革物者莫若鼎故受之以鼎鼎主器者莫若長子故受之以震震者動也物不可以終動止之故受之以艮艮者止也物

受之以《睽》。睽者，乖也。乖必有難，故受之以《蹇》。蹇者，難也。物不可以終難，故受之以《解》。解者，緩也。緩必有所失，故受之以《損》。損而不已必益，故受之以《益》。益而不已必決，故受之以《夬》。夬者，決也。決必有所遇，故受之以《姤》。姤者，遇也。物相遇而後聚，故受之以

儒藏
儒藏經典·康熙篆文六經四書　周易

《萃》。萃者，聚也。聚而上者謂之升，故受之以《升》。升而不已必困，故受之以《困》。困乎上者必反下，故受之以《井》。井道不可不革，故受之以《革》。革物者莫若鼎，故受之以《鼎》。主器者莫若長子，故受之以《震》。震者，動也。物不可以終動，止之，故受之以《艮》。艮者，止也。物

不可以終止故受之以漸漸者進也進必有所歸故受之以歸妹得其所歸者必大故受之以豐豐者大也窮大者必失其居故受之以旅旅而无所容故受之以巽巽者入也入而後說之故受之以兌兌者說也說而後散之故受之以渙渙者離也物不可以終離故受之以節節而信之故受之以中孚有其信者必行之故受之以小過有過物者必濟故受之以既濟物不可以窮也故受之以未濟終焉

儒藏經典·康熙篆文六經四書　周易

不可以終止，故受之以《漸》。漸者，進也。進必有所歸，故受之以《歸妹》。得其所歸者必大，故受之以《豐》。豐者，大也。窮大者必失其居，故受之以《旅》。旅而无所容，故受之以《巽》。巽者，入也。入而後説之，故受之以《兑》。兑者，説也。説而後散之，故受之以《涣》。涣者，離也。物不可以終離，故受之以《節》。節而信之，故受之以《中孚》。有其信者必行之，故受之以《小過》。有過物者必濟，故受之以《既濟》。物不可以窮也，故受之以《未濟》。終焉。

周易雜卦傳第十

乾剛坤柔比樂師憂臨觀之義或與或求屯見而不失其居蒙雜而著震起也艮止也損益盛衰之始也大畜時也无妄災也萃聚而升不來也謙輕而豫怠也噬嗑食也賁无色也兌見而巽伏也隨无故也蠱則飭也剝

爛也復反也晉晝也明夷誅也井通而困相遇也咸速也恒久也渙離也節止也解緩也蹇難也睽外也家人內也否泰反其類也大壯則止遯則退也大有衆也同人親也革去故也鼎取新也小過過也中孚信也豐多故也親寡旅也離上而坎下也

周易雜卦傳第十

《乾》剛《坤》柔，《比》樂《師》憂；《臨》《觀》之義，或與或求。《屯》見而不失其居。《蒙》雜而著。《震》，起也。《艮》，止也。《損》《益》，盛衰之始也。《大畜》，時也。《无妄》，災也。《萃》聚而《升》不來也。《謙》輕而《豫》怠也。《噬嗑》，食也。《賁》，无色也。《兑》見而《巽》伏也。《隨》，无故也。《蠱》則飭也。《剝》，

爛也。《復》，反也。《晉》，晝也。《明夷》，誅也。《井》通而《困》相遇也。《咸》，速也。《恒》，久也。《渙》，離也。《節》，止也。《解》，緩也。《蹇》，難也。《睽》，外也。《家人》，內也。《否》《泰》，反其類也。《大壯》則止，《遯》則退也。《大有》，衆也。《同人》，親也。《革》，去故也。《鼎》，取新也。《小過》，過也。《中孚》，信也。《豐》，多故也。親寡，《旅》也。《離》上而《坎》下也。

《小畜》，寡也。《履》，不處也。《需》，不進也。《訟》，不親也。《大過》，顛也。《姤》，遇也，柔遇剛也。《漸》，女歸待男行也。《頤》，養正也。《既濟》，定也。《歸妹》，女之終也。《未濟》，男之窮也。《夬》，決也，剛決柔也，君子道長，小人道憂也。

周易終

校記

①師：誤。據通行各本，當作「尸」。下楷書徑改，不出校。下同。

②包：通行本作「苞」，朱熹《本義》曰：「古《易》作『包』」。

③昏：通行本作「婚」。

④中：誤。據通行本，當作「終」。

⑤六三：誤。據通行本，當作「六二」。

⑥冽：誤，當作「洌」。阮校云，監本、毛本誤作「冽」。

⑦巳：誤。據通行本，當作「已」。

⑧閒：誤。據通行本，當作「闃」。

⑨食：誤。據通行本，當作「實」。

⑩師：誤。據通行本，當作「尸」。

⑪正中：通行本作「中正」。

⑫貞：誤。據通行本，當作「征」。

儒藏
儒藏經典·康熙篆文六經四書 周易

⑬措：通行本皆作「錯」，《經典釋文》云：「錯，本又作措。」

⑭偶：誤。據通行本，當作「耦」。

⑮斜：誤。據通行本，當作「邪」。

⑯其：《周易折中》同，宋本《周易本義》及阮刻《周易正義》作「于」。

尚書

尚書篇目

虞書

堯典　舜典

大禹謨　皋陶謨

益稷

夏書

禹貢　甘誓

五子之歌　胤征

商書

湯誓　仲虺之誥

湯誥　伊訓

太甲上　太甲中

太甲下　咸有一德

盤庚上　盤庚中

盤庚下　說命上

說命中　說命下

尚書篇目
虞書
堯典　舜典
大禹謨　皋陶謨
益稷
夏書
禹貢　甘誓
五子之歌　胤征
儒藏經典·康熙篆文六經四書　尚書
商書
湯誓　仲虺之誥
湯誥　伊訓
太甲上　太甲中
太甲下　咸有一德
盤庚上　盤庚中
盤庚下　說命上
說命中　說命下

高宗肜日　西伯戡黎
微子
周書
泰誓上　泰誓中
泰誓下　牧誓
武成　洪範
旅獒　金縢
大誥　微子之命
康誥　酒誥
梓材　召誥
洛誥　多士
無逸　君奭
蔡仲之命　多方
立政　周官
君陳　顧命
康王之誥　畢命

儒藏
儒藏經典・康熙篆文六經四書　尚書

高宗肜日　西伯戡黎
微子
周書
泰誓上　泰誓中
泰誓下　牧誓
武成　洪範
旅獒　金縢
大誥　微子之命
康誥　酒誥
梓材　召誥
洛誥　多士
無逸　君奭
蔡仲之命　多方
立政　周官
君陳　顧命
康王之誥　畢命

君牙　冏命

呂刑　文侯之命

費誓　秦誓

尚書篇目

君牙　冏命

呂刑　文侯之命

費誓　秦誓

尚書篇目

尚書

虞書

堯典

曰若稽古帝堯曰放勳欽明文思安安允恭克讓光被四表格于上下克明俊德以親九族九族既睦平章百姓百姓昭明協和萬邦黎民於變時雍乃命羲

和欽若昊天曆象日月星辰敬授人時分命羲仲宅嵎夷曰暘谷寅賓出日平秩東作日中星鳥以殷仲春厥民析鳥獸孳尾申命羲叔宅南交平秩南訛敬致日永星火以正仲夏厥民因鳥獸希革分命和仲宅西曰昧谷寅餞納日平秩西成宵中星

尚書

虞書

堯典

曰若稽古帝堯，曰放勳。欽明文思安安，允恭克讓，光被四表，格于上下。克明俊德，以親九族；九族既睦，平章百姓；百姓昭明，協和萬邦，黎民於變時雍。乃命羲、

儒藏 儒藏經典・康熙篆文六經四書 尚書

和，欽若昊天，曆象日月星辰，敬授人時。分命羲仲，宅嵎夷，曰暘谷。寅賓出日，平秩東作。日中星鳥，以殷仲春。厥民析，鳥獸孳尾。申命羲叔，宅南交，平秩南訛，敬致。日永，星火，以正仲夏。厥民因，鳥獸希革。分命和仲，宅西，曰昧谷。寅餞納日，平秩西成。宵中星

虛以殷仲秋厥民夷鳥獸毛毨
申命和叔宅朔方曰幽都平在
朔易日短星昴以正仲冬厥民
隩鳥獸氄毛帝曰咨汝羲暨和
朞三百有六旬有六日以閏月
定四時成歲允釐百工庶績咸熙
帝曰疇咨若時登庸放齊曰
胤子朱啓明帝曰吁嚚訟可乎

帝曰疇咨若予采驩兜曰都共
工方鳩僝功帝曰吁靜言庸違
象恭滔天帝曰咨四岳湯湯洪
水方割蕩蕩懷山襄陵浩浩滔
天下民其咨有能俾乂僉曰於
鯀哉帝曰吁咈哉方命圮①族岳
曰异哉試可乃已帝曰往欽哉
九載績用弗成帝曰咨四岳朕

虛，以殷仲秋。厥民夷，鳥獸毛毨。
申命和叔，宅朔方，曰幽都。平在
朔易。日短星昴，以正仲冬。厥民
隩，鳥獸氄毛。帝曰：「咨！汝羲暨和，
朞三百有六旬有六日，以閏月
定四時成歲。允釐百工，庶績咸熙。」
帝曰：「疇咨若時登庸？」放齊曰：
「胤子朱啓明。」帝曰：「吁！嚚訟，可乎？」

儒藏
儒藏經典·康熙篆文六經四書　尚書

帝曰：「疇咨若予采？」驩兜曰：「都！共
工方鳩僝功。」帝曰：「吁！靜言庸違，
象恭滔天。」帝曰：「咨！四岳，湯湯洪
水方割，蕩蕩懷山襄陵，浩浩滔
天。下民其咨，有能俾乂？」僉曰：「於，
鯀哉！」帝曰：「吁！咈哉！方命圮族。」岳
曰：「异哉！試可乃已。」帝曰：「往，欽哉！」
九載，績用弗成。帝曰：「咨！四岳。朕

在位七十載汝能庸命巽朕位
岳曰否德忝帝位曰明明揚側
陋師錫帝曰有鰥在下曰虞舜
帝曰俞予聞如何岳曰瞽子父
頑母嚚象傲克諧以孝烝烝乂
不格姦帝曰我其試哉女于時
觀厥刑于二女釐降二女于嬀
汭嬪于虞帝曰欽哉

舜典

曰若稽古帝舜曰重華協于帝
濬哲文明溫恭允塞玄德升聞
乃命以位慎徽五典五典克從
納于百揆百揆時敘賓于四門
四門穆穆納于大麓②烈風雷雨
弗迷帝曰格汝舜詢事考言乃
言底可績三載汝陟帝位舜讓

在位七十載，汝能庸命，巽朕位？」岳曰：「否德忝帝位。」曰：「明明揚側陋。」師錫帝曰：「有鰥在下，曰虞舜。」帝曰：「俞，予聞。如何？」岳曰：「瞽子，父頑，母嚚，象傲，克諧以孝，烝烝乂，不格姦。」帝曰：「我其試哉！」女于時，觀厥刑于二女。釐降二女于嬀汭，嬪于虞。帝曰：「欽哉！」

儒藏
儒藏經典·康熙篆文六經四書　尚書

舜典

曰若稽古帝舜，曰重華，協于帝，濬哲文明，温恭允塞，玄德升聞，乃命以位。慎徽五典，五典克從。納于百揆，百揆時敘。賓于四門，四門穆穆。納于大麓，烈風雷雨弗迷。帝曰：「格汝舜！詢事考言，乃言底可績，三載，汝陟帝位。」舜讓

于德弗嗣正月上日受終于文
祖在璿璣玉衡以齊七政肆類
于上帝禋于六宗望于山川徧
于群神輯五瑞既月乃日覲四
岳群牧班瑞于群后歲二月東
巡守至于岱宗柴望秩于山川
肆覲東后協時月正日同律度
量衡修五禮五玉三帛二生一
死贄如五器卒乃復五月南巡
守至于南岳如岱禮八月西巡
守至于西岳如初十有一月朔
巡守至于北岳如西禮歸格于
藝祖用特五載一巡守群后四
朝敷奏以言明試以功車服以
庸肇十有二州封十有二山濬
川象以典刑流宥五刑鞭作官

儒藏 儒藏經典·康熙篆文六經四書 尚書

于德，弗嗣。正月上日，受終于文祖。在璿璣玉衡，以齊七政。肆類于上帝，禋于六宗，望于山川，徧于群神。輯五瑞，既月，乃日覲四岳群牧，班瑞于群后。歲二月，東巡守，至于岱宗，柴；望秩于山川，肆覲東后。協時月，正日；同律度、量、衡。修五禮、五玉、三帛、二生、一死，贄，如五器，卒乃復。五月，南巡守，至于南岳，如岱禮。八月，西巡守，至于西岳，如初。十有一月，朔巡守，至于北岳，如西禮。歸，格于藝祖，用特。五載一巡守，群后四朝，敷奏以言，明試以功，車服以庸。肇十有二州，封十有二山，濬川。象以典刑，流宥五刑，鞭作官

刑扑作教刑金作贖刑眚災肆
赦怙終賊刑欽哉欽哉惟刑之
恤哉流共工于幽州放驩兜于
崇山竄三苗于三危殛鯀于羽
山四罪而天下咸服二十有八
載帝乃殂落百姓如喪考妣三
載四海遏密八音月正元日舜
格于文祖詢于四岳闢四門明

四目達四聰咨十有二牧曰食
哉惟時柔遠能邇惇德允元而
難任人蠻夷率服舜曰咨四岳
有能奮庸熙帝之載使宅百揆
亮采惠疇僉曰伯禹作司空帝
曰俞咨禹汝平水土惟時懋哉
禹拜稽首讓于稷契暨皋陶帝
曰俞汝往哉帝曰棄黎民阻飢

刑，扑作教刑，金作贖刑。眚災肆
赦，怙終賊刑。「欽哉！欽哉！惟刑之
恤哉！」流共工于幽州，放驩兜于
崇山，竄三苗于三危，殛鯀于羽
山，四罪而天下咸服。二十有八
載，帝乃殂落。百姓如喪考妣，三
載，四海遏密八音。月正元日，舜
格于文祖。詢于四岳，闢四門，明

儒藏
儒藏經典・康熙篆文六經四書　尚書

四目，達四聰。咨十有二牧，曰：「食
哉惟時！柔遠能邇，惇德允元，而
難任人，蠻夷率服。」舜曰：「咨！四岳！
有能奮庸熙帝之載，使宅百揆，
亮采惠疇？」僉曰：「伯禹作司空。」帝
曰：「俞！咨禹，汝平水土，惟時懋哉！」
禹拜稽首，讓于稷、契暨皋陶。帝
曰：「俞，汝往哉！」帝曰：「棄，黎民阻飢，

汝后稷播時百穀帝曰契百姓
不親五品不遜汝作司徒敬敷
五教在寬帝曰皐陶蠻夷猾夏
寇賊姦宄汝作士五刑有服五
服三就五流有宅五宅三居惟
明克允帝曰疇若予工僉曰垂
哉帝曰俞咨垂汝共工垂拜稽
首讓于殳斨暨伯與帝曰俞往
哉汝諧帝曰疇若予上下草木
鳥獸僉曰益哉帝曰俞咨益汝
作朕虞益拜稽首讓于朱虎熊
羆帝曰俞往哉汝諧帝曰咨四
岳有能典朕三禮僉曰伯夷帝
曰俞咨伯汝作秩宗夙夜惟寅
直哉惟清伯拜稽首讓于夔龍
帝曰俞往欽哉帝曰夔命汝典

儒藏經典·康熙篆文六經四書　尚書

汝后稷，播時百穀。」帝曰：「契，百姓
不親，五品不遜。汝作司徒，敬敷
五教，在寬。」帝曰：「皐陶！蠻夷猾夏，
寇賊姦宄。汝作士，五刑有服，五
服三就，五流有宅，五宅三居，惟
明克允。」帝曰：「疇若予工？」僉曰：「垂
哉。」帝曰：「俞，咨垂，汝共工。」垂拜稽
首，讓于殳斨暨伯與。帝曰：「俞，往
哉！汝諧。」帝曰：「疇若予上下草木
鳥獸？」僉曰：「益哉！」帝曰：「俞，咨益，汝
作朕虞。」益拜稽首，讓于朱虎、熊
羆。帝曰：「俞，往哉！汝諧。」帝曰：「咨四
岳，有能典朕三禮？」僉曰：「伯夷。」帝
曰：「俞，咨伯，汝作秩宗。夙夜惟寅，
直哉惟清。」伯拜稽首，讓于夔、龍。
帝曰：「俞，往，欽哉！」帝曰：「夔，命汝典

樂，教冑子。直而温，寬而栗，剛而無虐，簡而無傲。詩言志，歌永言，聲依永，律和聲。八音克諧，無相奪倫，神人以和。」夔曰：「於！予擊石拊石，百獸率舞。」帝曰：「龍，朕堲讒說殄行，震驚朕師。命汝作納言，夙夜出納朕命，惟允！」帝曰：「咨！汝二十有二人，欽哉！惟時亮天功。」三載考績，三考，黜陟幽明，庶績咸熙。分北三苗。舜生三十徵庸，三十在位，五十載陟方乃死。

大禹謨

曰若稽古大禹，曰文命敷于四海，祗承于帝。曰：「后克艱厥后，臣克艱厥臣，政乃乂，黎民敏德。」帝曰：「俞，允若茲，嘉言罔攸伏，野無遺賢萬邦咸寧稽于衆舍己從人不虐無告不廢困窮惟帝時克益曰都帝德廣運乃聖乃神乃武乃文皇天眷命奄有四海爲天下君禹曰惠迪吉從逆凶惟影響益曰吁戒哉儆戒無虞罔失法度罔遊于逸④罔淫于樂任賢勿貳去邪勿疑疑謀勿成百志惟熙罔違道以干百姓之譽罔咈百姓以從己之欲無怠無荒四夷來王禹曰於帝念哉德惟善政政在養民水火金木土穀惟修正德利用厚生惟和九功惟敘九敘惟歌戒之用休董之用威勸之以九歌俾勿壞帝曰俞地平天成六府三事允

儒藏
儒藏經典・康熙篆文六經四書　尚書

遺賢，萬邦咸寧。稽于衆，舍己從人，不虐無告，不廢困窮，惟帝時克。」益曰：「都，帝德廣運，乃聖乃神，乃武乃文。皇天眷命，奄有四海，爲天下君。」禹曰：「惠迪吉，從逆凶，惟影響。」益曰：「吁！戒哉！儆戒無虞，罔失法度；罔遊于逸，罔淫于樂；任賢勿貳，去邪勿疑；疑謀勿成，百志惟熙；罔違道以干百姓之譽；罔咈百姓以從己之欲。無怠無荒，四夷來王。」禹曰：「於！帝念哉！德惟善政，政在養民。水、火、金、木、土、穀，惟修；正德，利用，厚生，惟和；九功惟敘，九敘惟歌。戒之用休，董之用威，勸之以九歌，俾勿壞。」帝曰：「俞！地平天成，六府三事允

治萬世永賴時乃功帝曰格汝
禹朕宅帝位三十有三載耄期
倦于勤汝惟不怠摠朕師禹曰
朕德罔克民不依臯陶邁種德
德乃降黎民懷之帝念哉念茲
在茲釋茲在茲名言茲在茲允
出茲在茲惟帝念功帝曰臯陶
惟茲臣庶罔或干予正汝作士
明于五刑以弼五教期于予治
刑期于無刑民協于中時乃功
懋哉臯陶曰帝德罔愆臨下以
簡御眾以寬罰弗及嗣賞延于
世宥過無大刑故無小罪疑惟
輕功疑惟重與其殺不辜寧失
不經好生之德洽于民心茲用
不犯于有司帝曰俾予從欲以

儒藏
儒藏經典・康熙篆文六經四書　尚書

治，萬世永賴，時乃功。」帝曰：「格汝禹！朕宅帝位，三十有三載，耄期倦于勤，汝惟不怠，摠朕師。」禹曰：「朕德罔克，民不依；臯陶邁種德，德乃降，黎民懷之。帝念哉！念茲在茲，釋茲在茲；名言茲在茲，允出茲在茲。惟帝念功！」帝曰：「臯陶，惟茲臣庶，罔或干予正。汝作士，明于五刑，以弼五教，期于予治。刑期于無刑，民協于中，時乃功，懋哉！」臯陶曰：「帝德罔愆，臨下以簡，御眾以寬，罰弗及嗣，賞延于世，宥過無大，刑故無小，罪疑惟輕，功疑惟重。與其殺不辜，寧失不經。好生之德，洽于民心，茲用不犯于有司。」帝曰：「俾予從欲以

治四方風動惟乃之休帝曰來
禹降水儆予成允成功惟汝賢
克勤于邦克儉于家不自滿假
惟汝賢汝惟不矜天下莫與汝
爭能汝惟不伐天下莫與汝爭
功予懋乃德嘉乃丕績天之歷⑤
數在汝躬汝終陟元后人心惟
危道心惟微惟精惟一允執厥
中無稽之言勿聽弗詢之謀勿
庸可愛非君可畏非民衆非元
后何戴后非衆罔與守邦欽哉
慎乃有位敬修其可願四海困
窮天祿永終惟口出好興戎朕
言不再禹曰枚卜功臣惟吉之
從帝曰禹官占惟先蔽志昆命
于元龜朕志先定詢謀僉同鬼

儒藏
儒藏經典·康熙篆文六經四書 尚書

治，四方風動，惟乃之休。」帝曰：「來！禹！降水儆予，成允成功，惟汝賢。克勤于邦，克儉于家，不自滿假，惟汝賢。汝惟不矜，天下莫與汝爭能；汝惟不伐，天下莫與汝爭功。予懋乃德，嘉乃丕績，天之歷數在汝躬，汝終陟元后。人心惟危，道心惟微，惟精惟一，允執厥中。無稽之言勿聽，弗詢之謀勿庸。可愛非君，可畏非民。衆非元后何戴？后非衆罔與守邦。欽哉！慎乃有位，敬修其可願。四海困窮，天祿永終。惟口出好興戎，朕言不再。」禹曰：「枚卜功臣，惟吉之從。」帝曰：「禹！官占，惟先蔽志，昆命于元龜。朕志先定，詢謀僉同，鬼

神其依龜筮協從卜不習吉禹
拜稽首固辭帝曰毋惟汝諧正
月朔旦受命于神宗率百官若
帝之初帝曰咨禹惟時有苗弗
率汝徂征禹乃會群后誓于師
曰濟濟有衆咸聽朕命蠢茲有
苗昏迷不恭侮慢自賢反道敗
德君子在野小人在位民棄不

保天降之咎肆予以爾衆士奉
辭伐罪爾尚一乃心力其克有
勳三旬苗民逆命益贊于禹曰
惟德動天無遠弗屆滿招損謙
受益時乃天道帝初于歷山往
于田日號泣于旻天于父母負
罪引慝祗載見瞽瞍夔夔齊慄
瞽亦允若至誠感神矧茲有苗

神其依，龜筮協從，卜不習吉。」禹拜稽首固辭。帝曰：「毋！惟汝諧。」正月朔旦，受命于神宗，率百官若帝之初。帝曰：「咨禹！惟時有苗弗率，汝徂征。」禹乃會群后，誓于師曰：「濟濟有衆，咸聽朕命。蠢茲有苗，昏迷不恭，侮慢自賢，反道敗德。君子在野，小人在位。民棄不

儒藏
儒藏經典·康熙篆文六經四書　尚書

保，天降之咎。肆予以爾衆士，奉辭伐罪，爾尚一乃心力，其克有勳。」三旬，苗民逆命。益贊于禹曰：「惟德動天，無遠弗屆。滿招損，謙受益，時乃天道。」帝初于歷山，往于田，日號泣于旻天，于父母。負罪引慝，祗載見瞽瞍，夔夔齊慄，瞽亦允若；至誠感神，矧茲有苗。

禹拜昌言曰俞班師振旅帝乃
誕敷文德舞干羽于兩階七旬
有苗格

皋陶謨

曰若稽古皋陶曰允迪厥德謨
明弼諧禹曰俞如何皋陶曰都
慎厥身修思永惇敘九族庶明
勵翼邇可遠在茲禹拜昌言曰
俞皋陶曰都在知人在安民禹
曰吁咸若時惟帝其難之知人
則哲能官人安民則惠黎民懷
之能哲而惠何憂乎驩兜何遷
乎有苗何畏乎巧言令色孔壬
皋陶曰都亦行有九德亦言其
人有德乃言曰載采采禹曰何
皋陶曰寬而栗柔而立愿而恭

儒藏 儒藏經典·康熙篆文六經四書 尚書

禹拜昌言曰：「俞！」班師振旅。帝乃誕敷文德，舞干羽于兩階。七旬，有苗格。

皋陶謨

曰若稽古，皋陶，曰：「允迪厥德，謨明弼諧。」禹曰：「俞，如何？」皋陶曰：「都！慎厥身修，思永。惇敘九族，庶明勵翼，邇可遠，在茲。」禹拜昌言曰：「俞！」皋陶曰：「都！在知人，在安民。」禹曰：「吁！咸若時，惟帝其難之。知人則哲，能官人；安民則惠，黎民懷之。能哲而惠，何憂乎驩兜？何遷乎有苗？何畏乎巧言令色孔壬？」皋陶曰：「都！亦行有九德，亦言其人有德，乃言曰：載采采。」禹曰：「何？」皋陶曰：「寬而栗，柔而立，愿而恭，

亂而敬擾而毅直而温簡而廉
剛而塞彊而義彰厥有常吉哉
日宣三德夙夜浚明有家日嚴
祗敬六德亮采有邦翕受敷施
九德咸事俊乂在官百僚師師
百工惟時撫于五辰庶績其凝
無教逸欲有邦兢兢業業一日
二日萬幾無曠庶官天工人其
代之天敘有典敕我五典五惇
哉天秩有禮自我五禮有庸哉
同寅協恭和衷哉天命有德五
服五章哉天討有罪五刑五用
哉政事懋哉懋哉天聰明自我
民聰明天明畏自我民明威達
于上下敬哉有土皋陶曰朕言
惠可底行禹曰俞乃言底可績

儒藏經典·康熙篆文六經四書　尚書

亂而敬，擾而毅，直而温，簡而廉，剛而塞，彊而義；彰厥有常，吉哉。日宣三德，夙夜浚明有家。日嚴祗敬六德，亮采有邦。翕受敷施，九德咸事。俊乂在官，百僚師師，百工惟時。撫于五辰，庶績其凝。無教逸欲有邦。兢兢業業，一日二日萬幾。無曠庶官，天工人其代之。天敘有典，敕我五典五惇哉！天秩有禮，自我五禮有庸哉！同寅協恭，和衷哉！天命有德，五服五章哉！天討有罪，五刑五用哉！政事懋哉！懋哉！天聰明，自我民聰明；天明畏，自我民明威。達于上下，敬哉有土！」皋陶曰：「朕言惠，可底行。」禹曰：「俞，乃言底可績。」

皋陶曰予未有知思曰贊贊襄
哉

益稷

帝曰來禹汝亦昌言禹拜曰都
帝予何言予思日孜孜皋陶曰
吁如何禹曰洪水滔天浩浩懷
山襄陵下民昏墊予乘四載隨
山刊木暨益奏庶鮮食予決九

川距四海濬畎澮距川暨稷播
奏庶艱食鮮食懋遷有無化居
烝民乃粒萬邦作乂皋陶曰俞
師汝昌言禹曰都帝慎乃在位
帝曰俞禹曰安汝止惟幾惟康
其弼直惟動丕應徯志以昭受
上帝天其申命用休帝曰吁臣
哉鄰哉鄰哉臣哉禹曰俞帝曰

皋陶曰：「予未有知，思曰贊贊襄
哉。」

益稷

帝曰：「來，禹！汝亦昌言。」禹拜曰：「都，
帝！予何言？予思日孜孜。」皋陶曰：
「吁！如何？」禹曰：「洪水滔天，浩浩懷
山襄陵，下民昏墊。予乘四載，隨
山刊木。暨益奏庶鮮食。予決九

儒藏
儒藏經典·康熙篆文六經四書　尚書

川，距四海；濬畎澮，距川。暨稷播
奏庶艱食，鮮食，懋遷有無化居。
烝民乃粒，萬邦作乂。」皋陶曰：「俞！
師汝昌言。」禹曰：「都，帝！慎乃在位。」
帝曰：「俞！」禹曰：「安汝止，惟幾惟康，
其弼直。惟動丕應徯志，以昭受
上帝，天其申命用休。」帝曰：「吁！臣
哉鄰哉！鄰哉臣哉！」禹曰：「俞！」帝曰：

臣作朕股肱耳目予欲左右有民汝翼予欲宣力四方汝爲予欲觀古人之象日月星辰山龍華蟲作會宗彝藻火粉米黼黻絺繡以五采彰施于五色作服汝明予欲聞六律五聲八音在治忽以出納五言汝聽予違汝弼汝無面從退有後言欽四鄰

庶頑讒説若不在時侯以明之撻以記之書用識哉欲並生哉工以納言時而颺之格則承之庸之否則威之禹曰俞哉帝光天之下至于海隅蒼生萬邦黎獻共惟帝臣惟帝時舉敷納以言明庶以功車服以庸誰敢不讓敢不敬應帝不時敷同日奏

儒藏
儒藏經典·康熙篆文六經四書　尚書

「臣作朕股肱耳目：予欲左右有民，汝翼。予欲宣力四方，汝爲。予欲觀古人之象，日、月、星辰，山、龍、華蟲，作會，宗彝、藻、火、粉米、黼黻、絺繡，以五采彰施于五色，作服，汝明。予欲聞六律、五聲、八音，在治忽，以出納五言，汝聽。予違，汝弼。汝無面從，退有後言。欽四鄰。

庶頑讒説，若不在時，侯以明之，撻以記之；書用識哉，欲並生哉。工以納言，時而颺之。格則承之庸之，否則威之。」禹曰：「俞哉！帝光天之下，至于海隅蒼生，萬邦黎獻，共惟帝臣。惟帝時舉，敷納以言，明庶以功，車服以庸。誰敢不讓，敢不敬應？帝不時，敷同日奏

罔功無若丹朱傲惟慢遊是好
傲虐是作罔晝夜頟頟罔水行
舟朋淫于家用殄厥世予創若
時娶于塗山辛壬癸甲啓呱呱
而泣予弗子惟荒度土功弼成
五服至于五千州十有二師外
薄四海咸建五長各迪有功苗
頑弗即工帝其念哉帝曰迪朕
德時乃功惟敘皋陶方祗厥敘
方施象刑惟明夔曰戛擊鳴球
搏拊琴瑟以詠祖考來格虞賓
在位群后德讓下管鼗鼓合止
柷敔笙鏞以間鳥獸蹌蹌簫韶
九成鳳凰來儀夔曰於予擊石
拊石百獸率舞庶尹允諧帝庸
作歌曰敕⑥天之命惟時惟幾乃

儒藏
儒藏經典・康熙篆文六經四書　尚書

罔功。無若丹朱傲，惟慢遊是好，傲虐是作，罔晝夜頟頟。罔水行舟，朋淫于家，用殄厥世。予創若時，娶于塗山，辛壬癸甲。啓呱呱而泣，予弗子，惟荒度土功。弼成五服，至于五千。州十有二師，外薄四海，咸建五長。各迪有功，苗頑弗即工。帝其念哉。」帝曰：「迪朕德，時乃功惟敘。皋陶方祗厥敘，方施象刑惟明。」夔曰：「戛擊鳴球，搏拊琴瑟以詠，祖考來格，虞賓在位，群后德讓。下管鼗鼓，合止柷敔，笙鏞以間，鳥獸蹌蹌。《簫韶》九成，鳳凰來儀。」夔曰：「於！予擊石拊石，百獸率舞，庶尹允諧。」帝庸作歌，曰：「敕天之命，惟時惟幾。」乃

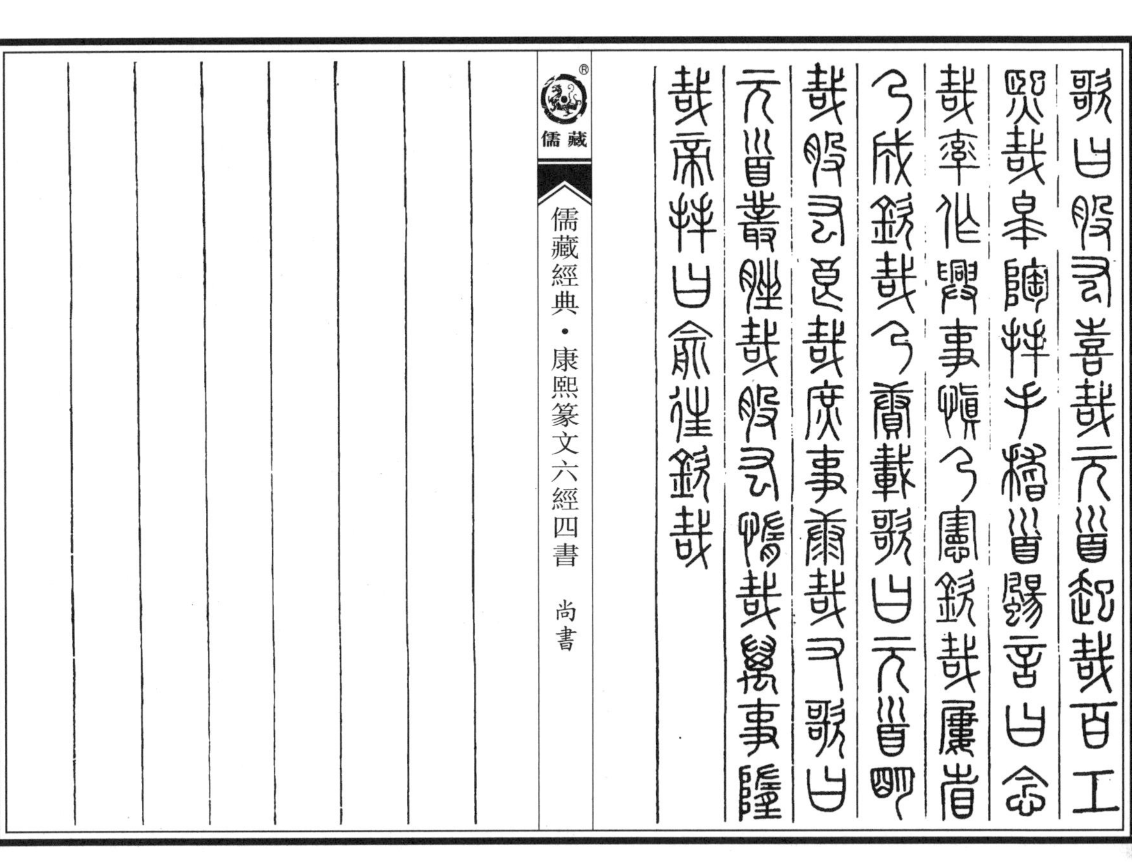

歌曰：「股肱喜哉，元首起哉，百工熙哉！」皋陶拜手稽首，颺言曰：「念哉！率作興事，慎乃憲，欽哉！屢省乃成，欽哉！」乃賡載歌曰：「元首明哉，股肱良哉，庶事康哉！」又歌曰：「元首叢脞哉，股肱惰哉，萬事墮哉！」帝拜曰：「俞，往欽哉！」

尚書

夏書

禹貢

禹敷土隨山刊木奠高山大川
冀州既載壺口治梁及岐既修
太原至于岳陽覃懷底績至于
衡漳厥土惟白壤厥賦惟上上
錯厥田惟中中恒衛既從大陸
既作島夷皮服夾右碣石入于
河濟河惟兗州九河既道雷夏
既澤灉沮會同桑土既蠶是降
丘宅土厥土黑墳厥草惟繇厥
木惟條厥田惟中下厥賦貞作
十有三載乃同厥貢漆絲厥篚
織文浮于濟漯達于河海岱惟
青州嵎夷既略濰淄其道厥土

儒藏
儒藏經典·康熙篆文六經四書　尚書

尚書

夏書

禹貢

禹敷土，隨山刊木，奠高山大川。
冀州：既載壺口，治梁及岐。既修
太原，至于岳陽。覃懷底績，至于
衡漳。厥土惟白壤，厥賦惟上上
錯，厥田惟中中，恒衛既從，大陸
既作。島夷皮服。夾右碣石，入于
河。濟、河惟兗州：九河既道，雷夏
既澤，灉、沮會同；桑土既蠶，是降
丘宅土。厥土黑墳。厥草惟繇，厥
木惟條。厥田惟中下，厥賦貞。作
十有三載，乃同。厥貢漆絲，厥篚
織文。浮于濟、漯，達于河。海、岱惟
青州：嵎夷既略，濰、淄其道。厥土

白墳海濱廣斥厥田惟上下厥
賦中上厥貢鹽絺海物惟錯岱
畎絲枲鉛松怪石萊夷作牧厥
篚檿絲浮于汶達于濟海岱及
淮惟徐州淮沂其乂蒙羽其藝
大野既豬東原底平厥土赤埴
墳草木漸包厥田惟上中厥賦
中中厥貢惟土五色羽畎夏翟
嶧陽孤桐泗濱浮磬淮夷蠙珠
暨魚厥篚玄纖縞浮于淮泗達
于河淮海惟揚州彭蠡既豬陽
鳥攸居三江既入震澤底定篠
簜既敷厥草惟夭厥木惟喬厥
土惟塗泥厥田惟下下厥賦下
上上錯厥貢惟金三品瑤琨篠
簜齒革羽毛惟木島夷卉服厥

儒藏經典·康熙篆文六經四書　尚書

白墳；海濱廣斥。厥田惟上下，厥
賦中上。厥貢鹽絺，海物惟錯，岱
畎絲枲，鉛松怪石。萊夷作牧。厥
篚檿絲。浮于汶，達于濟。海、岱及
淮惟徐州：淮、沂其乂，蒙、羽其藝；
大野既豬，東原底平。厥土赤埴
墳。草木漸包。厥田惟上中，厥賦
中中。厥貢惟土五色，羽畎夏翟，
嶧陽孤桐，泗濱浮磬，淮夷蠙珠
暨魚；厥篚玄纖縞。浮于淮、泗，達
于河。淮、海惟揚州：彭蠡既豬，陽
鳥攸居；三江既入，震澤底定。篠
簜既敷。厥草惟夭，厥木惟喬。厥
土惟塗泥。厥田惟下下，厥賦下
上上錯。厥貢惟金三品，瑤、琨、篠
簜，齒、革、羽、毛惟木。島夷卉服。厥

篚織貝厥包橘柚錫貢沿于江海達于淮泗荆及衡陽惟荆州江漢朝宗于海九江孔殷沱潛既道雲土夢作乂厥土惟塗泥厥田惟下中厥賦上下厥貢羽毛齒革惟金三品杶幹栝柏礪砥砮丹惟箘簵楛三邦底貢厥名包匭菁茅厥篚玄纁璣組九江納錫大龜浮于江沱潛漢逾于洛至于南河荆河惟豫州伊洛瀍澗既入于河滎波既豬導菏澤被孟豬厥土惟壤下土墳壚厥田惟中上厥賦錯上中厥貢漆枲絺紵厥篚纖纊錫貢磬錯浮于洛達于河華陽黑水惟梁州岷嶓既藝沱潛既道蔡蒙

儒藏 儒藏經典·康熙篆文六經四書 尚書

篚織貝；厥包橘柚，錫貢。沿于江、海，達于淮、泗。荆及衡陽惟荆州：江、漢朝宗于海，九江孔殷，沱、潛既道，雲土夢作乂。厥土惟塗泥。厥田惟下中，厥賦上下。厥貢羽、毛、齒、革，惟金三品，杶、幹、栝、柏，礪、砥、砮、丹，惟箘簵楛，三邦底貢厥名。包匭菁茅，厥篚玄纁璣組，九江納錫大龜。浮于江、沱、潛、漢，逾于洛，至于南河。荆、河惟豫州：伊、洛、瀍、澗，既入于河，滎波既豬，導菏澤，被孟豬。厥土惟壤，下土墳壚。厥田惟中上，厥賦錯上中。厥貢漆、枲、絺、紵，厥篚纖纊，錫貢磬錯。浮于洛，達于河。華陽、黑水惟梁州：岷、嶓既藝，沱、潛既道，蔡、蒙

旅平和夷底績厥土青黎厥田
惟下上厥賦下中三錯厥貢璆
鐵銀鏤砮磬熊羆狐貍織皮西
傾因桓是來浮于潛逾于沔入
于渭亂于河黑水西河惟雍州
弱水既西涇屬渭汭漆沮既從
灃水攸同荆岐既旅終南惇物
至于鳥鼠原隰底績至于豬野

三危既宅三苗丕敘厥土惟黄
壤厥田惟上上厥賦中下厥貢
惟球琳琅玕浮于積石至于龍
門西河會于渭汭織皮崐崘析
⑦支渠搜西戎即敘導岍及岐至
于荆山逾于河壺口雷首至于
太岳底柱析城至于王屋太行
恒山至于碣石入于海西傾朱

旅平，和夷底績。厥土青黎，厥田
惟下上，厥賦下中三錯。厥貢璆、
鐵、銀、鏤、砮、磬，熊、羆、狐、貍、織皮。西
傾因桓是來，浮于潛，逾于沔，入
于渭，亂于河。黑水、西河惟雍州：
弱水既西，涇屬渭汭，漆、沮既從，
灃水攸同；荆、岐既旅，終南、惇物，
至于鳥鼠。原隰底績，至于豬野。

三危既宅，三苗丕敘。厥土惟黄
壤，厥田惟上上，厥賦中下。厥貢
惟球、琳、琅、玕。浮于積石，至于龍
門西河，會于渭汭。織皮崐崘、析
支、渠搜，西戎即敘。導岍及岐，至
于荆山，逾于河。壺口、雷首，至于
太岳。底柱、析城，至于王屋。太行、
恒山，至于碣石，入于海。西傾、朱

儒藏經典·康熙篆文六經四書 尚書

圉鳥鼠至于太華熊耳外方桐
柏至于陪尾導嶓冢至于荆山
内方至于大别岷山之陽至于
衡山過九江至于敷淺原導弱
水至于合黎餘波入于流沙導
黑水至于三危入于南海導河
積石至于龍門南至于華陰東
至于底柱又東至于孟津東過
洛汭至于大伾北過降[8]水至于
大陸又北播爲九河同爲逆河
入于海嶓冢導漾東流爲漢又
東爲滄浪之水過三澨至于大
别南入于江東匯澤爲彭蠡東
爲北江入于海岷山導江東别
爲沱又東至于澧過九江至于
東陵東迆北會于匯東爲中江

儒藏經典·康熙篆文六經四書 尚書

圉、鳥鼠，至于太華；熊耳、外方、桐
柏，至于陪尾。導嶓冢，至于荆山；
内方至于大别。岷山之陽，至于
衡山，過九江，至于敷淺原。導弱
水，至于合黎，餘波入于流沙。導
黑水，至于三危，入于南海。導河
積石，至于龍門，南至于華陰，東
至于底柱，又東至于孟津，東過
洛汭，至于大伾；北過降水，至于
大陸，又北播爲九河，同爲逆河，
入于海。嶓冢導漾，東流爲漢，又
東爲滄浪之水，過三澨，至于大
别，南入于江；東匯澤爲彭蠡，東
爲北江，入于海。岷山導江，東别
爲沱，又東至于澧，過九江，至于
東陵，東迆北會于匯，東爲中江，

入于海導沇水東流爲濟入于河溢爲滎東出于陶丘北又東至于菏又東北會于汶又北東入于海導淮自桐柏東會于泗沂東入于海導渭自鳥鼠同穴東會于灃又東會于涇又東過漆沮入于河導洛自熊耳東北會于澗瀍又東會于伊又東北入于河九州攸同四隩既宅九山刊旅九川滌源九澤既陂四海會同六府孔修庶土交正底慎財賦咸則三壤成賦中邦錫土姓祗台德先不距朕行五百里甸服百里賦納總二百里納銍三百里納秸服四百里粟五百里米五百里侯服百里采二

儒藏經典・康熙篆文六經四書 尚書

入于海。導沇水，東流爲濟，入于河，溢爲滎，東出于陶丘北，又東至于菏，又東北會于汶，又北東入于海。導淮自桐柏，東會于泗、沂，東入于海。導渭自鳥鼠同穴，東會于灃，又東會于涇，又東過漆沮，入于河。導洛自熊耳，東北會于澗、瀍，又東會于伊，又東北入于河。九州攸同，四隩既宅，九山刊旅，九川滌源，九澤既陂。四海會同，六府孔修，庶土交正，底慎財賦，咸則三壤，成賦中邦。錫土姓，祗台德先，不距朕行。五百里甸服：百里賦納總，二百里納銍，三百里納秸服，四百里粟，五百里米。五百里侯服：百里采，二百里男邦三百里諸侯五百里綏服三百里揆文教二百里奮武衛五百里要服三百里夷二百里蔡五百里荒服三百里蠻二百里流東漸于海西被于流沙朔南暨聲教訖于四海禹錫玄圭告厥成功

甘誓

大戰于甘乃召六卿王曰嗟六事之人予誓告汝有扈氏威侮五行怠棄三正天用勦絶其命今予惟恭行天之罰左不攻于左汝不恭命右不攻于右汝不恭命御非其馬之正汝不恭命用命賞于祖不用命戮于社予則孥戮汝

儒藏
儒藏經典·康熙篆文六經四書　尚書

百里男邦，三百里諸侯。五百里綏服：三百里揆文教，二百里奮武衛。五百里要服：三百里夷，二百里蔡。五百里荒服：三百里蠻，二百里流。東漸于海，西被于流沙，朔南暨聲教，訖于四海。禹錫玄圭，告厥成功。

甘誓

大戰于甘，乃召六卿。王曰：「嗟！六事之人，予誓告汝，有扈氏威侮五行，怠棄三正，天用勦絶其命，今予惟恭行天之罰。左不攻于左，汝不恭命；右不攻于右，汝不恭命；御非其馬之正，汝不恭命。用命賞于祖，不用命戮于社，予則孥戮汝。」

五子之歌

太康尸位以逸豫滅厥德黎民
咸貳乃盤遊無度畋于有洛之
表十旬弗反有窮后羿因民弗
忍距于河厥弟五人御其母以
從徯于洛之汭五子咸怨述大
禹之戒以作歌其一曰皇祖有
訓民可近不可下民惟邦本本
固邦寧予視天下愚夫愚婦一
能勝予一人三失怨豈在明不
見是圖予臨兆民懍乎若朽索
之馭六馬爲人上者奈何不敬
其二曰訓有之内作色荒外作
禽荒甘酒嗜音峻宇彫牆有一
于此未或不亡其三曰惟彼陶
唐有此冀方今失厥道亂其紀

儒藏
儒藏經典・康熙篆文六經四書 尚書

五子之歌

太康尸位以逸豫，滅厥德，黎民咸貳，乃盤遊無度，畋于有洛之表，十旬弗反。有窮后羿，因民弗忍，距于河。厥弟五人，御其母以從，徯于洛之汭。五子咸怨，述大禹之戒以作歌。其一曰：皇祖有訓，民可近，不可下。民惟邦本，本固邦寧。予視天下，愚夫愚婦，一能勝予。一人三失，怨豈在明，不見是圖。予臨兆民，懍乎若朽索之馭六馬。爲人上者，奈何不敬！其二曰：訓有之，内作色荒，外作禽荒。甘酒嗜音，峻宇彫牆。有一于此，未或不亡。其三曰：惟彼陶唐，有此冀方。今失厥道，亂其紀綱乃底滅亡其四曰明明我祖萬邦之君有典有則貽厥子孫關石和鈞王府則有荒墜厥緒覆宗絶祀其五曰嗚呼曷歸予懷之悲萬姓仇予予將疇依鬱陶乎予心顔厚有忸怩弗慎厥德雖悔可追

胤征

惟仲康肇位四海胤侯命掌六師羲和廢厥職酒荒于厥邑胤后承王命徂征告于衆曰嗟予有衆聖有謨訓明徵定保先王克謹天戒臣人克有常憲百官修輔厥后惟明明每歲孟春遒人以木鐸徇于路官師相規工執藝事以諫其或不恭邦有常

儒藏
儒藏經典·康熙篆文六經四書　尚書

綱，乃底滅亡。其四曰：明明我祖，萬邦之君，有典有則，貽厥子孫。關石和鈞，王府則有，荒墜厥緒，覆宗絶祀。其五曰：嗚呼！曷歸！予懷之悲。萬姓仇予，予將疇依。鬱陶乎予心，顔厚有忸怩。弗慎厥德，雖悔可追。

胤征

惟仲康肇位四海，胤侯命掌六師。羲和廢厥職，酒荒于厥邑，胤后承王命徂征，告于衆曰：「嗟予有衆，聖有謨訓，明徵定保。先王克謹天戒，臣人克有常憲。百官修輔，厥后惟明明。每歲孟春，遒人以木鐸徇于路。官師相規，工執藝事以諫。其或不恭，邦有常

刑惟時羲和顛覆厥德沈亂于
酒畔官離次俶擾天紀遐棄厥
司乃季秋月朔辰弗集于房瞽
奏鼓嗇夫馳庶人走羲和尸厥
官罔聞知昏迷于天象以干先
王之誅政典曰先時者殺無赦
不及時者殺無赦今予以爾有
眾奉將天罰爾眾士同力王室

尚弼予欽承天子威命火炎崑
岡玉石俱焚天吏逸德烈于猛
火殲厥渠魁脅從罔治舊染汙
俗咸與惟新嗚呼威克厥愛允
濟愛克厥威允罔功其爾眾士
懋戒哉

刑。惟時羲和，顛覆厥德，沈亂于酒，畔官離次，俶擾天紀，遐棄厥司。乃季秋月朔，辰弗集于房。瞽奏鼓，嗇夫馳，庶人走。羲和尸厥官，罔聞知。昏迷于天象，以干先王之誅。政典曰：『先時者殺無赦，不及時者殺無赦。』今予以爾有眾，奉將天罰。爾眾士同力王室，

儒藏經典·康熙篆文六經四書　尚書

尚弼予，欽承天子威命，火炎崑岡，玉石俱焚，天吏逸德，烈于猛火。殲厥渠魁，脅從罔治，舊染汙俗，咸與惟新。嗚呼！威克厥愛允濟，愛克厥威允罔功。其爾眾士，懋戒哉！」

尚書

商書

湯誓

王曰格爾眾庶悉聽朕言非台小子敢行稱亂有夏多罪天命殛之今爾有眾汝曰我后不恤我眾舍我穡事而割正夏予惟聞汝眾言夏氏有罪予畏上帝不敢不正今汝其曰夏罪其如台夏王率遏眾力率割夏邑有眾率怠弗協曰時日曷喪予及汝皆亡夏德若茲今朕必往爾尚輔予一人致天之罰予其大賚汝爾無不信朕不食言爾不從誓言予則孥戮汝罔有攸赦

仲虺之誥

儒藏
儒藏經典·康熙篆文六經四書　尚書

尚書

商書

湯誓

王曰：「格爾眾庶，悉聽朕言。非台小子，敢行稱亂。有夏多罪，天命殛之。今爾有眾，汝曰：『我后不恤我眾，舍我穡事，而割正夏。』予惟聞汝眾言，夏氏有罪，予畏上帝，不敢不正。今汝其曰：『夏罪其如台？』夏王率遏眾力，率割夏邑，有眾率怠弗協，曰：『時日曷喪？予及汝皆亡！』夏德若茲，今朕必往。爾尚輔予一人，致天之罰，予其大賚汝。爾無不信，朕不食言。爾不從誓言，予則孥戮汝，罔有攸赦。」

仲虺之誥

成湯放桀于南巢惟有慙德曰予恐來世以台爲口實仲虺乃作誥曰嗚呼惟天生民有欲無主乃亂惟天生聰明時乂有夏昏德民墜塗炭天乃錫王勇智表正萬邦纘禹舊服茲率厥典奉若天命夏王有罪矯誣上天以布命于下帝用不臧式商受命用爽厥師簡賢附勢寔繁有徒肇我邦于有夏若苗之有莠若粟之有秕小大戰戰罔不懼于非辜矧予之德言足聽聞惟王不邇聲色不殖貨利德懋懋官功懋懋賞用人惟己改過不吝克寬克仁彰信兆民乃葛伯仇餉初征自葛東征西夷怨南

儒藏經典·康熙篆文六經四書　尚書

成湯放桀于南巢，惟有慙德，曰：「予恐來世以台爲口實。」仲虺乃作誥，曰：「嗚呼！惟天生民有欲，無主乃亂。惟天生聰明時乂，有夏昏德，民墜塗炭。天乃錫王勇智，表正萬邦，纘禹舊服。茲率厥典，奉若天命。夏王有罪，矯誣上天，以布命于下。帝用不臧，式商受命，用爽厥師。簡賢附勢，寔繁有徒。肇我邦于有夏，若苗之有莠，若粟之有秕。小大戰戰，罔不懼于非辜。矧予之德，言足聽聞。惟王不邇聲色，不殖貨利。德懋懋官，功懋懋賞，用人惟己，改過不吝，克寬克仁，彰信兆民。乃葛伯仇餉，初征自葛，東征西夷怨，南征北狄怨曰奚獨後予攸徂之民室家相慶曰徯予后后來其蘇民之戴商厥惟舊哉佑賢輔德顯忠遂良兼弱攻昧取亂侮亡推亡固存邦乃其昌德日新萬邦惟懷志自滿九族乃離王懋昭大德建中于民以義制事以禮制心垂裕後昆予聞曰能自得師者王謂人莫己若者亡好問則裕自用則小嗚呼慎厥終惟其始殖有禮覆昏暴欽崇天道永保天命

湯誥

王歸自克夏至于亳誕告萬方王曰嗟爾萬方有衆明聽予一人誥惟皇上帝降衷于下民若

儒藏經典·康熙篆文六經四書　尚書

征北狄怨，曰：『奚獨後予。』攸徂之民，室家相慶，曰：『徯予后，后來其蘇。』民之戴商，厥惟舊哉，佑賢輔德，顯忠遂良，兼弱攻昧，取亂侮亡，推亡固存，邦乃其昌。德日新，萬邦惟懷；志自滿，九族乃離。王懋昭大德，建中于民，以義制事，以禮制心，垂裕後昆。予聞曰：『能自得師者王，謂人莫己若者亡。好問則裕，自用則小。』嗚呼！慎厥終，惟其始；殖有禮，覆昏暴。欽崇天道，永保天命。」

湯誥

王歸自克夏，至于亳，誕告萬方。王曰：「嗟！爾萬方有衆，明聽予一人誥！惟皇上帝，降衷于下民。若有恒性，克綏厥猷惟后。夏王滅德作威，以敷虐于爾萬方百姓。爾萬方百姓，罹其凶害，弗忍荼毒。並告無辜于上下神祇。天道福善禍淫，降災于夏，以彰厥罪。肆台小子，將天命明威，不敢赦。敢用玄牡，敢昭告于上天神后，請罪有夏。聿求元聖，與之戮力，

儒藏經典·康熙篆文六經四書　尚書

以與爾有衆請命。上天孚佑下民，罪人黜伏，天命弗僭，賁若草木，兆民允殖。俾予一人，輯寧爾邦家，茲朕未知獲戾于上下。慄慄危懼，若將隕于深淵。凡我造邦，無從匪彝，無即慆淫。各守爾典，以承天休。爾有善，朕弗敢蔽。罪當朕躬，弗敢自赦。惟簡在上

帝之心其爾萬方有罪在予一
人予一人有罪無以爾萬方嗚
呼尚克時忱乃亦有終

伊訓

惟元祀十有二月乙丑伊尹祠
于先王奉嗣王祗見厥祖侯甸
群后咸在百官總己以聽冢宰
伊尹乃明言烈祖之成德以訓

于王曰嗚呼古有夏先后方懋
厥德罔有天災山川鬼神亦莫
不寧暨鳥獸魚鼈咸若于其子
孫弗率皇天降災假手于我有
命造攻自鳴條朕哉自亳惟我
商王布昭聖武代虐以寬兆民
允懷今王嗣厥德罔不在初立
愛惟親立敬惟長始于家邦終

帝之心。其爾萬方有罪，在予一人。予一人有罪，無以爾萬方。嗚呼！尚克時忱，乃亦有終。」

伊訓

惟元祀，十有二月，乙丑，伊尹祠于先王，奉嗣王祗見厥祖，侯甸群后咸在，百官總己以聽冢宰。伊尹乃明言烈祖之成德，以訓

儒藏 儒藏經典·康熙篆文六經四書 尚書

于王，曰：「嗚呼！古有夏先后，方懋厥德，罔有天災，山川鬼神，亦莫不寧，暨鳥獸魚鼈咸若。于其子孫弗率，皇天降災，假手于我有命，造攻自鳴條，朕哉自亳。惟我商王，布昭聖武，代虐以寬，兆民允懷。今王嗣厥德，罔不在初。立愛惟親，立敬惟長，始于家邦，終

于四海。嗚呼！先王肇修人紀，從諫弗咈，先民時若，居上克明，爲下克忠，與人不求備，檢身若不及，以至于有萬邦，茲惟艱哉！敷求哲人，俾輔于爾後嗣，制官刑，儆于有位，曰：『敢有恒舞于宮，酣歌于室，時謂巫風。敢有殉于貨色，恒于遊畋，時謂淫風；敢有侮聖言，逆忠直，遠耆德，比頑童，時謂亂風。』惟茲三風十愆，卿士有一于身，家必喪；邦君有一于身，國必亡。臣下不匡，其刑墨，具訓于蒙士。嗚呼！嗣王祗厥身，念哉！聖謨洋洋，嘉言孔彰，惟上帝不常。作善，降之百祥；作不善，降之百殃。爾惟德罔小，萬邦惟慶；爾

儒藏經典·康熙篆文六經四書 尚書

惟不德罔大，墜厥宗。」

太甲上

惟嗣王不惠于阿衡。伊尹作書，曰：「先王顧諟天之明命，以承上下神祇。社稷宗廟，罔不祗肅。天監厥德，用集大命，撫綏萬方。惟尹躬，克左右厥辟，宅師。肆嗣王丕承基緒。惟尹躬，先見于西邑夏，自周有終，相亦惟終。其後嗣王，罔克有終，相亦罔終。嗣王戒哉，祗爾厥辟，辟不辟，忝厥祖。」王惟庸，罔念聞。伊尹乃言曰：「先王昧爽丕顯，坐以待旦。旁求俊彥，啓迪後人。無越厥命以自覆。慎乃儉德，惟懷永圖。若虞機張，往省括于度，則釋。欽厥止，率乃祖

攸行惟朕以懌萬世有辭王未
克變伊尹曰茲乃不義習與性
成予弗狎于弗順營于桐宮密
邇先王其訓無俾世迷王徂桐
宮居憂克終允德

太甲中

惟三祀十有二月朔伊尹以冕
服奉嗣王歸于亳作書曰民非

后罔克胥匡以生后非民罔以
辟四方皇天眷佑有商俾嗣王
克終厥德實萬世無疆之休王
拜手稽首曰予小子不明于德
自底不類欲敗度縱敗禮以速
戾于厥躬天作孽猶可違自作
孽不可逭既往背師保之訓弗
克于厥初尚賴匡救之德圖惟

攸行。惟朕以懌，萬世有辭。」王未克變。伊尹曰：「茲乃不義，習與性成。予弗狎于弗順，營于桐宮，密邇先王其訓，無俾世迷。」王徂桐宮居憂。克終允德。

太甲中

惟三祀，十有二月朔，伊尹以冕服，奉嗣王歸于亳，作書曰：「民非

儒藏
儒藏經典・康熙篆文六經四書　尚書

后，罔克胥匡以生；后非民，罔以辟四方。皇天眷佑有商，俾嗣王克終厥德，實萬世無疆之休。」王拜手稽首曰：「予小子不明于德，自底不類。欲敗度，縱敗禮，以速戾于厥躬。天作孽，猶可違；自作孽，不可逭。既往背師保之訓，弗克于厥初，尚賴匡救之德，圖惟

厥終。」伊尹拜手稽首，曰：「修厥身，允德協于下，惟明后。先王子惠困窮，民服厥命，罔有不悅，並其有邦厥鄰，乃曰：『徯我后，后來無罰。』王懋乃德，視乃其祖，無時豫怠，奉先思孝，接下思恭，視遠惟明，聽德惟聰。朕承王之休無斁。」

太甲下

伊尹申誥于王曰：「嗚呼！惟天無親，克敬惟親；民罔常懷，懷于有仁；鬼神無常享，享于克誠。天位艱哉！德惟治，否德亂。與治同道，罔不興！與亂同事，罔不亡！終始慎厥與，惟明明后。先王惟時懋敬厥德，克配上帝。今王嗣有令緒，尚監茲哉！若升高，必自下；若陟遐，必自邇。無輕民事，惟難。無安厥位，惟危。愼終于始。有言逆于汝心，必求諸道。有言遜于汝志，必求諸非道。嗚呼！弗慮胡獲，弗爲胡成；一人元良，萬邦以貞。君罔以辯言亂舊政，臣罔以寵利居成功，邦其永孚于休！」

咸有一德

伊尹既復政厥辟，將告歸，乃陳戒于德，曰：「嗚呼！天難諶，命靡常。常厥德，保厥位。厥德匪常，九有以亡。夏王弗克庸德，慢神虐民，皇天弗保，監于萬方，啓迪有命。眷求一德，俾作神主。惟尹躬暨湯，咸有一德，克享天心，受天明命，以有九有之師，爰革夏正。非

天私我有商惟天佑于一德非
商求于下民惟民歸于一德德
惟一動罔不吉德二三動罔不
凶惟吉凶不僭在人惟天降災
祥在德今嗣王新服厥命惟新
厥德終始惟一時乃日新任官
惟賢才左右惟其人臣爲上爲
德爲下爲民其難其慎惟和惟
一德無常師主善爲師善無常
主協于克一俾萬姓咸曰大哉
王言又曰一哉王心克綏先王
之祿永底烝民之生嗚呼七世
之廟可以觀德萬夫之長可以
觀政后非民罔使民非后罔事
無自廣以狹人匹夫匹婦不獲
自盡民主罔與成厥功

儒藏經典·康熙篆文六經四書 尚書

天私我有商，惟天佑于一德。非商求于下民，惟民歸于一德。德惟一，動罔不吉；德二三，動罔不凶。惟吉凶不僭在人，惟天降災祥在德。今嗣王新服厥命，惟新厥德。終始惟一，時乃日新。任官惟賢才，左右惟其人。臣爲上爲德，爲下爲民。其難其慎，惟和惟一。德無常師，主善爲師；善無常主，協于克一。俾萬姓咸曰：「大哉！王言。」又曰：「一哉！王心。」克綏先王之祿，永底烝民之生。嗚呼！七世之廟，可以觀德；萬夫之長，可以觀政。后非民罔使，民非后罔事，無自廣以狹人。匹夫匹婦，不獲自盡，民主罔與成厥功。」

盤庚上

盤庚遷于殷民不適有居率籲眾感出矢言曰我王來既爰宅于茲重我民無盡劉不能胥匡以生卜稽曰其如台先王有服恪謹天命茲猶不常寧不常厥邑于今五邦今不承于古罔知天之斷命矧曰其克從先王之烈若顛木之有由蘖天其永我命于茲新邑紹復先王之大業底綏四方盤庚斆于民由乃在位以常舊服正法度曰無或敢伏小人之攸箴王命眾悉至于庭王若曰格汝眾予告汝訓汝猷黜乃心無傲從康古我先王亦惟圖任舊人共政王播告之

儒藏經典·康熙篆文六經四書　尚書

盤庚上

盤庚遷于殷，民不適有居。率籲眾感，出矢言。曰：「我王來，既爰宅于茲；重我民，無盡劉。不能胥匡以生，卜稽曰其如台？先王有服，恪謹天命，茲猶不常寧，不常厥邑，于今五邦。今不承于古，罔知天之斷命，矧曰其克從先王之烈？若顛木之有由蘖，天其永我命于茲新邑，紹復先王之大業，底綏四方。」盤庚斆于民，由乃在位，以常舊服，正法度。曰：「無或敢伏小人之攸箴！」王命眾，悉至于庭。王若曰：「格汝眾，予告汝訓。汝猷黜乃心，無傲從康。古我先王，亦惟圖任舊人共政。王播告之

修，不匿厥指，王用丕欽，罔有逸
言，民用丕變。今汝聒聒，起信險
膚，予弗知乃所訟。非予自荒茲
德，惟汝含德，不惕予一人。予若
觀火。予亦拙謀，作乃逸。若網在
綱，有條而不紊。若農服田力穡，⑪
乃亦有秋。汝克黜乃心，施實德
于民，至于婚友，丕乃敢大言，汝

有積德。乃不畏戎毒于遠邇，惰
農自安，不昏作勞，不服田畝，越
其罔有黍稷。汝不和吉言于百
姓，惟汝自生毒。乃敗禍姦宄，以
自災于厥身。乃既先惡于民，乃
奉其恫，汝悔身何及！相時憸民，
猶胥顧于箴言，其發有逸口，矧
予制乃短長之命？汝曷弗告朕，

修，不匿厥指，王用丕欽，罔有逸
言，民用丕變。今汝聒聒，起信險
膚，予弗知乃所訟。非予自荒茲
德，惟汝含德，不惕予一人。予若
觀火。予亦拙謀，作乃逸。若網在
綱，有條而不紊。若農服田力穡，
乃亦有秋。汝克黜乃心，施實德
于民，至于婚友，丕乃敢大言，汝
儒藏經典·康熙篆文六經四書 尚書
有積德。乃不畏戎毒于遠邇，惰
農自安，不昏作勞，不服田畝，越
其罔有黍稷。汝不和吉言于百
姓，惟汝自生毒。乃敗禍姦宄，以
自災于厥身。乃既先惡于民，乃
奉其恫，汝悔身何及！相時憸民，
猶胥顧于箴言，其發有逸口，矧
予制乃短長之命？汝曷弗告朕，

而胥動以浮言恐沈于眾若火之燎于原不可嚮邇其猶可撲滅則惟汝眾自作弗靖非予有咎遲任有言曰人惟求舊器非求舊惟新古我先王暨乃祖乃父胥及逸勤予敢動用非罰世選爾勞予不掩爾善茲予大享于先王爾祖其從與享之作福作災予亦不敢動用非德予告汝于難若射之有志汝無侮老成人無弱孤有幼各長于厥居勉出乃力聽予一人之作猷無有遠邇用罪伐厥死用德彰厥善邦之臧惟汝眾邦之不臧惟予一人有佚罰凡爾眾其惟致告自今至于後日各恭爾事齊

儒藏
儒藏經典·康熙篆文六經四書　尚書

而胥動以浮言，恐沈于眾？若火之燎于原，不可嚮邇，其猶可撲滅。則惟汝眾，自作弗靖，非予有咎。遲任有言曰：『人惟求舊；器非求舊，惟新。』古我先王，暨乃祖乃父，胥及逸勤，予敢動用非罰？世選爾勞，予不掩爾善。茲予大享于先王，爾祖其從與享之。作福作災，予亦不敢動用非德。予告汝于難，若射之有志。汝無侮老成人，無弱孤有幼。各長于厥居，勉出乃力，聽予一人之作猷。無有遠邇，用罪伐厥死，用德彰厥善。邦之臧，惟汝眾；邦之不臧，惟予一人有佚罰。凡爾眾，其惟致告，自今至于後日，各恭爾事，齊乃位，度乃口。罰及爾身，弗可悔。」

盤庚中

盤庚作，惟涉河以民遷，乃話民之弗率，誕告用亶其有衆咸造，勿褻在王庭。盤庚乃登進厥民，曰：「明聽朕言，無荒失朕命。嗚呼！古我前后，罔不惟民之承，保后胥慼，鮮以不浮于天時。殷降大

虐，先王不懷，厥攸作，視民利用遷。汝曷弗念我古后之聞？承汝俾汝，惟喜康共，非汝有咎，比于罰。予若籲懷茲新邑，亦惟汝故，以丕從厥志。今予將試以汝遷，安定厥邦。汝不憂朕心之攸困，乃咸大不宣乃心，欽念以忱，動予一人。爾惟自鞠自苦，若乘舟，

乃位度乃口罰及爾身弗可悔

盤庚中

盤庚作惟涉河以民遷乃話民之弗率誕告用亶其有衆咸造勿褻在王庭盤庚乃登進厥民曰明聽朕言無荒失朕命嗚呼古我前后罔不惟民之承保后胥慼鮮以不浮于天時殷降大

儒藏經典·康熙篆文六經四書 尚書

虐先王不懷厥攸作視民利用遷汝曷弗念我古后之聞承汝俾汝惟喜康共非汝有咎比于罰予若籲懷茲新邑亦惟汝故以丕從厥志今予將試以汝遷安定厥邦汝不憂朕心之攸困乃咸大不宣乃心欽念以忱動予一人爾惟自鞠自苦若乘舟

儒藏

汝弗濟臭厥載爾忱不屬惟胥
以⑫沈不其或稽自怒曷瘳汝不
謀長以思乃災汝誕勸憂今其
有今罔後汝何生在上今予命
汝一無起穢以自臭恐人倚乃
身迂乃心予迓續乃命于天予
豈汝威用奉畜汝眾予念我先
神后之勞爾先予丕克羞爾用
懷爾然失于政陳于茲高后丕
乃崇降罪疾曰曷虐朕民汝萬
民乃不生生暨予一人猷同心
先后丕降與汝罪疾曰曷不暨
朕幼孫有比故有爽德自上其
罰汝汝罔能迪古我先后既勞
乃祖乃父汝共作我畜民汝有
戕則在乃心我先后綏乃祖乃

儒藏

儒藏經典·康熙篆文六經四書 尚書

汝弗濟，臭厥載。爾忱不屬，惟胥以沈。不其或稽，自怒曷瘳？汝不謀長，以思乃災，汝誕勸憂。今其有今罔後，汝何生在上？今予命汝一，無起穢以自臭，恐人倚乃身，迂乃心。予迓續乃命于天，予豈汝威，用奉畜汝眾。予念我先神后之勞爾先。予丕克羞爾，用懷爾然。失于政，陳于茲，高后丕乃崇降罪疾，曰：『曷虐朕民！』汝萬民乃不生生，暨予一人猷同心，先后丕降與汝罪疾，曰：『曷不暨朕幼孫有比！』故有爽德，自上其罰汝，汝罔能迪。古我先后，既勞乃祖乃父，汝共作我畜民。汝有戕則在乃心，我先后綏乃祖乃

父乃祖乃父乃斷棄汝不救乃
死茲予有亂政同位具乃貝玉
乃祖乃父丕乃告我高后曰作
丕刑于朕孫迪高后丕乃崇降
弗祥嗚呼今予告汝不易永敬
大恤無胥絶遠汝分猷念以相
從各設中于乃心乃有不吉不
迪顛越不恭暫遇姦宄我乃劓
殄滅之無遺育無俾易種于茲
新邑往哉生生今予將試以汝
遷永建乃家

盤庚下

盤庚既遷奠厥攸居乃正厥位
綏爰有衆曰無戲怠懋建大命
今予其敷心腹腎腸歷告爾百
姓于朕志罔罪爾衆爾無共怒

儒藏經典·康熙篆文六經四書　尚書

父。乃祖乃父，乃斷棄汝，不救乃死。茲予有亂政同位，具乃貝玉。乃祖乃父，丕乃告我高后，曰：『作丕刑于朕孫。』迪高后，丕乃崇降弗祥。嗚呼！今予告汝不易，永敬大恤，無胥絶遠，汝分猷念以相從，各設中于乃心。乃有不吉不迪，顛越不恭，暫遇姦宄，我乃劓殄滅之，無遺育，無俾易種于茲新邑。往哉生生！今予將試以汝遷，永建乃家。」

盤庚下

盤庚既遷，奠厥攸居。乃正厥位，綏爰有衆。曰：「無戲怠，懋建大命。今予其敷心腹腎腸，歷告爾百姓于朕志。罔罪爾衆，爾無共怒，協比讒言予一人古我先王將多于前功適于山用降我凶德嘉績于朕邦今我民用蕩析離居罔有定極爾謂朕曷震動萬民以遷肆上帝將復我高祖之德亂越我家朕及篤敬恭承民命用永地于新邑肆予沖人非廢厥謀弔由靈各非敢違卜用宏茲賁嗚呼邦伯師長百執事之人尚皆隱哉予其懋簡相爾念敬我衆朕不肩好貨敢恭生生鞠人謀人之保居敘欽今我既羞告爾于朕志若否罔有弗欽無總于貨寶生生自庸式敷民德永肩一心

說命上

協比讒言予一人。古我先王，將多于前功，適于山，用降我凶德，嘉績于朕邦。今我民用蕩析離居，罔有定極。爾謂朕：『曷震動萬民以遷？』肆上帝將復我高祖之德，亂越我家。朕及篤敬，恭承民命，用永地于新邑。肆予沖人，非廢厥謀，弔由靈。各非敢違卜，用宏茲賁。嗚呼！邦伯、師長、百執事之人，尚皆隱哉。予其懋簡相爾，念敬我衆。朕不肩好貨，敢恭生生，鞠人謀人之保居，敘欽。今我既羞告爾于朕志，若否，罔有弗欽。無總于貨寶，生生自庸。式敷民德，永肩一心。」

說命上

王宅憂諒⑬陰三祀既免喪其惟
弗言群臣咸諫于王曰嗚呼知
之曰明哲明哲實作則天子惟
君萬邦百官承式王言惟作命
不言臣下罔攸稟令王庸作書
以誥曰以台正于四方台恐德
弗類茲故弗言恭默思道夢帝
賚予良弼其代予言乃審厥象
俾以形旁求于天下說築傅巖
之野惟肖爰立作相王置諸其
左右命之曰朝夕納誨以輔台
德若金用汝作礪若濟巨川用
汝作舟楫若歲大旱用汝作霖
雨啓乃心沃朕心若藥弗瞑眩
厥疾弗瘳若跣弗視地厥足用
傷惟暨乃僚罔不同心以匡乃

儒藏經典·康熙篆文六經四書　尚書

王宅憂，諒陰三祀。既免喪，其惟
弗言。群臣咸諫于王，曰：「嗚呼！知
之曰明哲，明哲實作則。天子惟
君萬邦，百官承式。王言惟作命，
不言，臣下罔攸稟令。」王庸作書
以誥曰：「以台正于四方，台恐德
弗類，茲故弗言。恭默思道，夢帝
賚予良弼，其代予言。」乃審厥象，
俾以形旁求于天下。說築傅巖
之野，惟肖，爰立作相。王置諸其
左右，命之曰：「朝夕納誨，以輔台
德。若金，用汝作礪；若濟巨川，用
汝作舟楫；若歲大旱，用汝作霖
雨。啓乃心，沃朕心，若藥弗瞑眩，
厥疾弗瘳。若跣弗視地，厥足用
傷。惟暨乃僚，罔不同心，以匡乃

辟。俾率先王，迪我高后，以康兆民。嗚呼！欽予時命，其惟有終。」說復于王曰：「惟木從繩則正，后從諫則聖。后克聖，臣不命其承，疇敢不祗若王之休命！」

說命中

惟說命總百官，乃進于王，曰：「嗚呼！明王奉若天道，建邦設都，樹后王君公，承以大夫師長。不惟逸豫，惟以亂民。惟天聰明，惟聖時憲，惟臣欽若，惟民從乂，惟口起羞，惟甲胄起戎，惟衣裳在笥，惟干戈省厥躬。王惟戒茲，允茲克明，乃罔不休。惟治亂在庶官，官不及私昵，惟其能。爵罔及惡德，惟其賢。慮善以動，動惟厥時。

有其善喪厥善矜其能喪厥功惟事事乃其有備有備無患無啓寵納侮無恥過作非惟厥攸居政事惟醇黷于祭祀時謂弗欽禮煩則亂事神則難王曰旨哉説乃言惟服乃不良于言予罔聞于行説拜稽首曰非知之艱行之惟艱王忱不艱允協于

先王成德惟説不言有厥咎

説命下

王曰來汝説台小子舊學于甘盤既乃遯于荒野入宅于河自河徂亳暨厥終罔顯爾惟訓于朕志若作酒醴爾惟麴蘗若作和羹爾惟鹽梅爾交修予罔予棄予惟克邁乃訓説曰王人求

有其善，喪厥善；矜其能，喪厥功。惟事事乃其有備，有備無患。無啓寵納侮，無恥過作非。惟厥攸居，政事惟醇。黷于祭祀，時謂弗欽。禮煩則亂，事神則難。」王曰：「旨哉！説乃言惟服。乃不良于言，予罔聞于行。」説拜稽首，曰：「非知之艱，行之惟艱。王忱不艱，允協于

儒藏經典·康熙篆文六經四書　尚書

先王成德。惟説不言，有厥咎。」

説命下

王曰：「來！汝説。台小子舊學于甘盤，既乃遯于荒野，入宅于河。自河徂亳，暨厥終罔顯。爾惟訓于朕志。若作酒醴，爾惟麴蘗；若作和羹，爾惟鹽梅。爾交修予，罔予棄，予惟克邁乃訓。」説曰：「王！人求

多聞時惟建事學于古訓乃有獲事不師古以克永世匪說攸聞惟學遜志務時敏厥修乃來允懷于茲道積于厥躬惟斆學半念終始典于學厥德修罔覺監于先王成憲其永無愆惟說式克欽承旁招俊乂列于庶位王曰嗚呼說四海之內咸仰朕德時乃風股肱惟人良臣惟聖昔先正保衡作我先王乃曰予弗克俾厥后惟堯舜其心愧恥若撻于市一夫不獲則曰時予之辜佑我烈祖格于皇天爾尚明保予罔俾阿衡專美有商惟后非賢不乂惟賢非后不食其爾克紹乃辟于先王永綏民說

儒藏經典·康熙篆文六經四書　尚書

多聞，時惟建事。學于古訓，乃有獲。事不師古，以克永世，匪說攸聞。惟學遜志，務時敏，厥修乃來。允懷于茲，道積于厥躬。惟斆學半，念終始典于學，厥德修罔覺。監于先王成憲，其永無愆。惟說式克欽承，旁招俊乂，列于庶位。」

王曰：「嗚呼！說！四海之內，咸仰朕德，時乃風。股肱惟人，良臣惟聖。昔先正保衡，作我先王，乃曰：『予弗克俾厥后惟堯、舜，其心愧恥，若撻于市。』一夫不獲，則曰：『時予之辜！』佑我烈祖，格于皇天。爾尚明保予，罔俾阿衡，專美有商。惟后非賢不乂，惟賢非后不食。其爾克紹乃辟于先王，永綏民！」說

拜稽首曰敢對揚天子之休命

高宗肜日

高宗肜日越有雊雉祖己曰惟先格王正厥事乃訓于王曰惟天監下民典厥義降年有永有不永非天夭民民中絕命民有不若德不聽罪天既孚命正厥德乃曰其如台嗚呼王司敬民

罔非天胤典祀無豐于昵⑭

西伯戡黎

西伯既戡黎祖伊恐奔告于王曰天子天既訖我殷命格人元龜罔敢知吉非先王不相我後人惟王淫戲用自絕故天棄我不有康食不虞天性不迪率典今我民罔弗欲喪曰天曷不降

拜稽首，曰：「敢對揚天子之休命！」

高宗肜日

高宗肜日，越有雊雉。祖己曰：「惟先格王，正厥事。」乃訓于王曰：「惟天監下民，典厥義。降年有永有不永。非天夭民，民中絕命。民有不若德，不聽罪。天既孚命正厥德，乃曰：『其如台？』嗚呼！王司敬民，

儒藏
儒藏經典·康熙篆文六經四書　尚書

罔非天胤，典祀無豐于昵。」

西伯戡黎

西伯既戡黎，祖伊恐，奔告于王。曰：「天子！天既訖我殷命，格人元龜，罔敢知吉。非先王不相我後人，惟王淫戲用自絕。故天棄我，不有康食，不虞天性，不迪率典。今我民罔弗欲喪，曰：『天曷不降

威？大命不摯。』今王其如台！」王曰：「嗚呼！我生不有命在天？」祖伊反曰：「嗚呼！乃罪多參在上，乃能責命于天！殷之即喪，指乃功，不無戮于爾邦。」

微子

微子若曰：「父師、少師，殷其弗或亂正四方。我祖底遂陳于上，我用沈酗于酒，用亂敗厥德于下。殷罔不小大，好草竊姦宄，卿士師師非度，凡有辜罪，乃罔恒獲。小民方興，相爲敵讎。今殷其淪喪，若涉大水，其無津涯。殷遂喪越至于今。」曰：「父師、少師，我其發出狂，吾家耄遜于荒。今爾無指告予顛隮，若之何其？」父師若曰：

儒藏經典·康熙篆文六經四書 尚書

威大命不摯今王其如台王曰嗚呼我生不有命在天祖伊反曰嗚呼乃罪多參在上乃能責命于天殷之即喪指乃功不無戮于爾邦

微子

微子若曰父師少師殷其弗或亂正四方我祖底遂陳于上我用沈酗于酒用亂敗厥德于下殷罔不小大好草竊姦宄卿士師師非度凡有辜罪乃罔恒獲小民方興相爲敵讎今殷其淪喪若涉大水其無津涯殷遂喪越至于今曰父師少師我其發出狂吾家耄遜于荒今爾無指告予顛隮若之何其父師若曰

王子天毒降災荒殷邦方興沈
酗于酒乃罔畏畏咈其耇長(15)舊
有位人今殷民乃攘竊神祇之
犧牷牲用以容將食無災降監
殷民用乂讎斂召敵讎不怠罪
合于一多瘠罔詔商今其有災
我興受其敗商其淪喪我罔為
臣僕詔王子出迪我舊云刻子
王子弗出我乃顛隮自靖人自
獻于先王我不顧行遯

「王子！天毒降災荒殷邦，方興沈酗于酒。乃罔畏畏，咈其耇長、舊有位人。今殷民乃攘竊神祇之犧牷牲，用以容，將食無災。降監殷民，用乂讎斂，召敵讎不怠。罪合于一，多瘠罔詔。商今其有災，我興受其敗。商其淪喪，我罔爲臣僕。詔王子出迪，我舊云刻子，王子弗出，我乃顛隮。自靖，人自獻于先王，我不顧行遯。」

尚書

周書

泰誓上

惟十有三年春大會于孟津王
曰嗟我友邦冢君越我御事庶
士明聽誓惟天地萬物父母惟
人萬物之靈亶聰明作元后元
后作民父母今商王受弗敬上

天降災下民沈湎冒色敢行暴
虐罪人以族官人以世惟宮室
臺榭陂池侈服以殘害于爾萬
姓焚炙忠良刳剔孕婦皇天震
怒命我文考肅將天威大勳未
集肆予小子發以爾友邦冢君
觀政于商惟受罔有悛心乃夷
居弗事上帝神祇⑮遺厥先宗廟

尚書

周書

泰誓上

惟十有三年，春，大會于孟津。王曰：「嗟！我友邦冢君，越我御事庶士，明聽誓。惟天地，萬物父母；惟人，萬物之靈。亶聰明，作元后，元后作民父母。今商王受，弗敬上

天，降災下民，沈湎冒色，敢行暴虐。罪人以族，官人以世。惟宮室、臺榭、陂池、侈服，以殘害于爾萬姓。焚炙忠良，刳剔孕婦。皇天震怒，命我文考，肅將天威，大勳未集。肆予小子發，以爾友邦冢君，觀政于商，惟受罔有悛心，乃夷居，弗事上帝神祇，遺厥先宗廟

弗祀犧牲粢盛既于凶盜乃曰
吾有民有命罔懲其侮天佑下
民作之君作之師惟其克相上
帝寵綏四方有罪無罪予曷敢
有越厥志同力度德同德度義
受有臣億萬惟億萬心予有臣
三千惟一心商罪貫盈天命誅
之予弗順天厥罪惟鈞予小子
夙夜祗懼受命文考類于上帝
宜于冢土以爾有眾厎天之罰
天矜于民民之所欲天必從之
爾尚弼予一人永清四海時哉
弗可失

泰誓中

惟戊午王次于河朔群后以師
畢會王乃徇師而誓曰嗚呼西

弗祀。犧牲粢盛，既于凶盜。乃曰：『吾有民有命。』罔懲其侮。天佑下民，作之君，作之師。惟其克相上帝，寵綏四方。有罪無罪，予曷敢有越厥志？同力度德，同德度義，受有臣億萬，惟億萬心。予有臣三千，惟一心。商罪貫盈，天命誅之，予弗順天，厥罪惟鈞。予小子夙夜祗懼，受命文考，類于上帝，宜于冢土，以爾有眾，厎天之罰。天矜于民，民之所欲，天必從之。爾尚弼予一人，永清四海。時哉！弗可失。」

泰誓中

惟戊午，王次于河朔。群后以師畢會。王乃徇師而誓，曰：「嗚呼！西土有眾咸聽朕言我聞吉人爲善惟日不足凶人爲不善亦惟日不足今商王受力行無度播棄犁老⑯昵比罪人淫酗肆虐臣下化之朋家作仇脅權相滅無辜籲天穢德彰聞惟天惠民惟辟奉天有夏桀弗克若天流毒下國天乃佑命成湯降黜夏命

惟受罪浮于桀剝喪元良賊虐諫輔謂己有天命謂敬不足行謂祭無益謂暴無傷厥監惟不遠在彼夏王天其以予乂民朕夢協朕卜襲于休祥戎商必克受有億兆夷人離心離德予有亂臣十人同心同德雖有周親不如仁人天視自我民視天聽

儒藏
儒藏經典·康熙篆文六經四書　尚書

土有衆，咸聽朕言。我聞吉人爲善，惟日不足；凶人爲不善，亦惟日不足。今商王受，力行無度，播棄犁老，昵比罪人。淫酗肆虐，臣下化之。朋家作仇，脅權相滅，無辜籲天，穢德彰聞。惟天惠民，惟辟奉天。有夏桀，弗克若天，流毒下國，天乃佑命成湯，降黜夏命。

惟受罪浮于桀，剝喪元良，賊虐諫輔，謂己有天命，謂敬不足行，謂祭無益，謂暴無傷，厥監惟不遠，在彼夏王。天其以予乂民，朕夢協朕卜，襲于休祥，戎商必克。受有億兆夷人，離心離德。予有亂臣十人，同心同德。雖有周親，不如仁人。天視自我民視，天聽

自我民聽百姓有過在予一人
今朕必往我武惟揚侵于之疆
取彼凶殘我伐用張于湯有光
勖哉夫子罔或無畏寧執非敵
百姓懍懍若崩厥角嗚呼乃一
德一心立定厥功惟克永世
泰誓下
時厥明王乃大巡六師明誓眾
儒藏 儒藏經典·康熙篆文六經四書 尚書
士王曰嗚呼我西土君子天有
顯道厥類惟彰今商王受狎侮
五常荒怠弗敬自絶于天結怨
于民斮朝涉之脛剖賢人之心
作威殺戮毒痛四海崇信姦回
放黜師保屏棄典刑囚奴正士
郊社不修宗廟不享作奇技淫
巧以悦婦人上帝弗順祝降時

自我民聽。百姓有過，在予一人。今朕必往。我武惟揚，侵于之疆，取彼凶殘，我伐用張，于湯有光。勖哉夫子，罔或無畏，寧執非敵。百姓懍懍，若崩厥角。嗚呼！乃一德一心，立定厥功，惟克永世。」

泰誓下

時厥明，王乃大巡六師，明誓眾

儒藏 儒藏經典·康熙篆文六經四書 尚書

士。王曰：「嗚呼！我西土君子，天有顯道，厥類惟彰。今商王受，狎侮五常，荒怠弗敬。自絶于天，結怨于民，斮朝涉之脛，剖賢人之心。作威殺戮，毒痛四海。崇信姦回，放黜師保，屏棄典刑，囚奴正士，郊社不修，宗廟不享，作奇技淫巧以悦婦人。上帝弗順，祝降時

喪爾其孜孜奉予一人恭行天
罰古人有言曰撫我則后虐我
則讎獨夫受洪惟作威乃汝世
讎樹德務滋除惡務本肆予小
子誕以爾眾士殄殲乃讎爾眾
士其尚迪果毅以登乃辟功多
有厚賞不迪有顯戮嗚呼惟我
文考若日月之照臨光于四方
顯于西土惟我有周誕受多方
予克受非予武惟朕文考無罪
受克予非朕文考有罪惟予小
子無良

牧誓

時甲子昧爽王朝至于商郊牧
野乃誓王左杖黃鉞右秉白旄
以麾曰逖矣西土之人王曰嗟

儒藏經典・康熙篆文六經四書　尚書

喪。爾其孜孜，奉予一人，恭行天罰。古人有言曰：『撫我則后，虐我則讎。』獨夫受，洪惟作威，乃汝世讎。樹德務滋，除惡務本，肆予小子，誕以爾眾士，殄殲乃讎。爾眾士其尚迪果毅，以登乃辟。功多有厚賞，不迪有顯戮。嗚呼！惟我文考，若日月之照臨，光于四方，顯于西土。惟我有周，誕受多方。予克受，非予武，惟朕文考無罪。受克予，非朕文考有罪，惟予小子無良。」

牧誓

時甲子昧爽，王朝至于商郊牧野，乃誓。王左杖黃鉞，右秉白旄以麾，曰：「逖矣西土之人。」王曰：「嗟！

我友邦冢君御事司徒司馬司空亞旅師氏千夫長百夫長及庸蜀羌髳微盧彭濮人稱爾戈比爾干立爾矛予其誓王曰古人有言曰牝雞無晨牝雞之晨惟家之索今商王受惟婦言是用昏棄厥肆祀弗答昏棄厥遺王父母弟不迪乃惟四方之多罪逋逃是崇是長是信是使是以爲大夫卿士俾暴虐于百姓以姦宄于商邑今予發惟恭行天之罰今日之事不愆于六步七步乃止齊焉夫子勖哉不愆于四伐五伐六伐七伐乃止齊焉勖哉夫子尚桓桓如虎如貔如熊如羆于商郊弗迓克奔以

儒藏
儒藏經典·康熙篆文六經四書　尚書

我友邦冢君，御事、司徒、司馬、司空、亞旅、師氏、千夫長、百夫長，及庸、蜀、羌、髳、微、盧、彭、濮人。稱爾戈，比爾干，立爾矛，予其誓。」王曰：「古人有言曰：『牝雞無晨。牝雞之晨，惟家之索。』今商王受，惟婦言是用。昏棄厥肆祀，弗答；昏棄厥遺王父母弟，不迪。乃惟四方之多罪逋逃，是崇是長，是信是使，是以爲大夫卿士。俾暴虐于百姓，以姦宄于商邑。今予發，惟恭行天之罰。今日之事，不愆于六步、七步，乃止齊焉。夫子勖哉！不愆于四伐、五伐、六伐、七伐，乃止齊焉。勖哉夫子！尚桓桓，如虎、如貔、如熊、如羆，于商郊。弗迓克奔，以

役西土勖哉夫子爾所弗勖其
于爾躬有戮
武成⑰
惟一月壬辰旁死魄越翼日癸
巳王朝步自周于征伐商厎商
之罪告于皇天后土所過名山
大川曰惟有道曾孫周王發將
有大正于商今商王受無道暴
儒藏
儒藏經典・康熙篆文六經四書　尚書
殄天物害虐烝民爲天下逋逃
主萃淵藪予小子既獲仁人敢
祗承上帝以遏亂略華夏蠻貊
罔不率俾惟爾有神尚克相予
以濟兆民無作神羞既戊午師
逾孟津癸亥陳于商郊俟天休
命甲子昧爽受率其旅若林會
于牧野罔有敵于我師前徒倒

役西土。勖哉夫子！爾所弗勖，其于爾躬有戮！」

武成

惟一月壬辰，旁死魄，越翼日癸巳，王朝步自周，于征伐商。厎商之罪，告于皇天后土，所過名山大川。曰：「惟有道曾孫周王發，將有大正于商。今商王受無道，暴

殄天物，害虐烝民，爲天下逋逃主，萃淵藪。予小子既獲仁人，敢祗承上帝，以遏亂略。華夏蠻貊，罔不率俾，惟爾有神，尚克相予，以濟兆民，無作神羞。」既戊午，師逾孟津。癸亥，陳于商郊，俟天休命。甲子昧爽，受率其旅若林，會于牧野。罔有敵于我師，前徒倒

戈攻于後以北血流漂杵一戎衣天下大定乃反商政政由舊釋箕子囚封比干墓式商容閭散鹿臺之財發鉅橋之粟大賚于四海而萬姓悅服厥四月哉生明王來自商至于豐乃偃武修文歸馬于華山之陽放牛于桃林之野示天下弗服既生魄庶邦冢君暨百工受命于周丁未祀于周廟邦甸侯衛駿奔走執豆籩越三日庚戌柴望大告武成王若曰嗚呼群后惟先王建邦啓土公劉克篤前烈至于大王肇基王迹王季其勤王家我文考文王克成厥勳誕膺天命以撫方夏大邦畏其力小邦

儒藏
儒藏經典·康熙篆文六經四書　尚書

戈，攻于後以北，血流漂杵。一戎衣，天下大定。乃反商政，政由舊。釋箕子囚，封比干墓，式商容閭。散鹿臺之財，發鉅橋之粟。大賚于四海，而萬姓悅服。厥四月哉生明，王來自商，至于豐。乃偃武修文，歸馬于華山之陽，放牛于桃林之野，示天下弗服。既生魄，庶邦冢君，暨百工，受命于周。丁未，祀于周廟，邦甸侯衛，駿奔走，執豆籩。越三日庚戌，柴，望，大告武成。王若曰：『嗚呼，群后！惟先王建邦啓土。公劉克篤前烈，至于大王，肇基王迹，王季其勤王家。我文考文王，克成厥勳，誕膺天命，以撫方夏。大邦畏其力，小邦懷其德惟九年大統未集予小子其承厥志恭天成命肆予東征綏厥士女惟其士女篚厥玄黃昭我周王天休震動用附我大邑周列爵惟五分土惟三建官惟賢位事惟能重民五教惟食喪祭惇信明義崇德報功垂拱而天下治

洪範

惟十有三祀王訪于箕子王乃言曰嗚呼箕子惟天陰騭下民相協厥居我不知其彝倫攸敘箕子乃言曰我聞在昔鯀陻洪水汨陳其五行帝乃震怒不畀洪範九疇彝倫攸斁鯀則殛死禹乃嗣興天乃錫禹洪範九疇

儒藏
儒藏經典·康熙篆文六經四書 尚書

懷其德。惟九年，大統未集。予小子其承厥志，恭天成命。肆予東征，綏厥士女。惟其士女，篚厥玄黃，昭我周王。天休震動，用附我大邑周。」列爵惟五，分土惟三。建官惟賢，位事惟能。重民五教。惟食喪祭。惇信明義，崇德報功，垂拱而天下治。

洪範

惟十有三祀，王訪于箕子。王乃言曰：「嗚呼，箕子！惟天陰騭下民，相協厥居，我不知其彝倫攸敘。」箕子乃言曰：「我聞在昔，鯀陻洪水，汨陳其五行。帝乃震怒，不畀洪範九疇，彝倫攸斁。鯀則殛死，禹乃嗣興，天乃錫禹洪範九疇，彝倫攸敘初一曰五行次二曰敬用五事次三曰農用八政次四曰協用五紀次五曰建用皇極次六曰乂用三德次七曰明用稽疑次八曰念用庶徵次九曰嚮用五福威用六極一五行一曰水二曰火三曰木四曰金五曰土水曰潤下火曰炎上木

曰曲直金曰從革土爰稼穡潤下作鹹炎上作苦曲直作酸從革作辛稼穡作甘二五事一曰貌二曰言三曰視四曰聽五曰思貌曰恭言曰從視曰明聽曰聰思曰睿恭作肅從作乂明作哲聰作謀睿作聖三八政一曰食二曰貨三曰祀四曰司空五

彝倫攸敘。初一曰五行，次二曰敬用五事，次三曰農用八政，次四曰協用五紀，次五曰建用皇極，次六曰乂用三德，次七曰明用稽疑，次八曰念用庶徵，次九曰嚮用五福，威用六極。一、五行：一曰水，二曰火，三曰木，四曰金，五曰土。水曰潤下，火曰炎上，木

儒藏 儒藏經典·康熙篆文六經四書 尚書

曰曲直，金曰從革，土爰稼穡。潤下作鹹，炎上作苦，曲直作酸，從革作辛，稼穡作甘。二、五事：一曰貌，二曰言，三曰視，四曰聽，五曰思。貌曰恭，言曰從，視曰明，聽曰聰，思曰睿。恭作肅，從作乂，明作哲，聰作謀，睿作聖。三、八政：一曰食，二曰貨，三曰祀，四曰司空，五

曰司徒，六曰司寇，七曰賓，八曰師。四、五紀：一曰歲，二曰月，三曰日，四曰星辰，五曰曆數。五、皇極：⑱皇建其有極，斂時五福，用敷錫厥庶民。惟時厥庶民于汝極，錫汝保極。凡厥庶民，無有淫朋。人無有比德，惟皇作極。凡厥庶民，有猷有爲有守，汝則念之。不協于極，不罹于咎，皇則受之。而康而色，曰『予攸好德』。汝則錫之福。時人斯其惟皇之極。無虐煢獨，而畏高明。人之有能有爲，使羞其行，而邦其昌。凡厥正人，既富方穀，汝弗能使有好于而家，時人斯其辜。于其無好德，汝雖錫之福，其作汝用咎。無偏無陂，遵

儒藏經典·康熙篆文六經四書　尚書

王之義無有作好遵王之道無
有作惡遵王之路無偏無黨王
道蕩蕩無黨無偏王道平平無
反無側王道正直會其有極歸
其有極曰皇極之敷言是彝是
訓于帝其訓凡厥庶民極之敷
言是訓是行以近天子之光曰
天子作民父母以爲天下王六
三德一曰正直二曰剛克三曰
柔克平康正直彊弗友剛克燮
友柔克沈潛剛克高明柔克惟
辟作福惟辟作威惟辟玉食臣
無有作福作威玉食臣之有作
福作威玉食其害于而家凶于
而國人用側頗僻民用僭忒七
稽疑擇建立卜筮人乃命卜筮

王之義；無有作好，遵王之道；無有作惡，遵王之路。無偏無黨，王道蕩蕩；無黨無偏，王道平平；無反無側，王道正直。會其有極，歸其有極。曰皇極之敷言，是彝是訓，于帝其訓。凡厥庶民，極之敷言，是訓是行，以近天子之光。曰天子作民父母，以爲天下王。六、三德：一曰正直，二曰剛克，三曰柔克。平康正直，彊弗友剛克，燮友柔克；沈潛剛克，高明柔克。惟辟作福，惟辟作威，惟辟玉食。臣無有作福作威玉食，臣之有作福作威玉食，其害于而家，凶于而國。人用側頗僻，民用僭忒。七、稽疑：擇建立卜筮人，乃命卜筮。

曰雨曰霽曰蒙曰驛曰克曰貞
曰悔凡七卜五占用二衍忒立
時人作卜筮三人占則從二人
之言汝則有大疑謀及乃心謀
及卿士謀及庶人謀及卜筮汝
則從龜從筮從卿士從庶民從
是之謂大同身其康彊子孫其
逢吉汝則從龜從筮從卿士逆
庶民逆吉卿士從龜從筮從汝
則逆庶民逆吉庶民從龜從筮
從汝則逆卿士逆吉汝則從龜
從筮逆卿士逆庶民逆作内吉
作外凶龜筮共違于人用靜吉
用作凶八庶徵曰雨曰暘曰燠
曰寒曰風曰時五者來備各以
其敘庶草蕃廡一極備凶一極

儒藏經典·康熙篆文六經四書　尚書

曰雨，曰霽，曰蒙，曰驛，曰克，曰貞，曰悔。凡七，卜五，占用二，衍忒。立時人作卜筮，三人占，則從二人之言。汝則有大疑，謀及乃心，謀及卿士，謀及庶人，謀及卜筮。汝則從、龜從、筮從、卿士從、庶民從，是之謂大同。身其康彊，子孫其逢吉。汝則從、龜從、筮從、卿士逆、庶民逆，吉。卿士從、龜從、筮從、汝則逆、庶民逆，吉。庶民從、龜從、筮從，汝則逆，卿士逆，吉。汝則從、龜從、筮逆、卿士逆、庶民逆，作内吉，作外凶。龜、筮共違于人，用靜吉，用作凶。八、庶徵：曰雨，曰暘，曰燠，曰寒，曰風，曰時。五者來備，各以其敘，庶草蕃廡。一極備凶，一極無凶曰休徵曰肅時雨若曰乂時暘若曰哲時燠若曰謀時寒若曰聖時風若曰咎徵曰狂恒雨若曰僭恒暘若曰豫恒燠若曰急恒寒若曰蒙恒風若曰王省惟歲卿士惟月師尹惟日歲月日時無易百穀用成乂用明俊民用章家用平康日月歲時既易百穀用不成乂用昏不明俊民用微家用不寧庶民惟星星有好風星有好雨日月之行則有冬有夏月之從星則以風雨九五福一曰壽二曰富三曰康寧四曰攸好德五曰考終命六極一曰凶短折二曰疾三曰憂四曰貧五曰惡六曰弱

無凶。曰休徵：曰肅，時雨若；曰乂，時暘若；曰哲，時燠若；曰謀，時寒若；曰聖，時風若。曰咎徵：曰狂，恒雨若；曰僭，恒暘若；曰豫，恒燠若；曰急，恒寒若；曰蒙，恒風若。曰王省惟歲，卿士惟月，師尹惟日。歲月日時無易，百穀用成，乂用明，俊民用章，家用平康。日月歲時既易，百穀用不成，乂用昏不明，俊民用微，家用不寧。庶民惟星，星有好風，星有好雨。日月之行，則有冬有夏；月之從星，則以風雨。九、五福：一曰壽，二曰富，三曰康寧，四曰攸好德，五曰考終命。六極：一曰凶短折，二曰疾，三曰憂，四曰貧，五曰惡，六曰弱。」

旅獒

惟克商遂通道于九夷八蠻西旅底貢厥獒太保乃作旅獒用訓于王曰嗚呼明王慎德四夷咸賓無有遠邇畢獻方物惟服食器用王乃昭德之致于異姓之邦無替厥服分寶玉于伯叔之國時庸展親人不易物惟德其物德盛不狎侮狎侮君子罔以盡人心狎侮小人罔以盡其力不役耳目百度惟貞玩人喪德玩物喪志志以道寧言以道接不作無益害有益功乃成不貴異物賤用物民乃足犬馬非其土性不畜珍禽奇獸不育于國不寶遠物則遠人格所寶惟

儒藏
儒藏經典·康熙篆文六經四書　尚書

旅獒

惟克商，遂通道于九夷八蠻。西旅底貢厥獒，太保乃作《旅獒》，用訓于王。曰：「嗚呼！明王慎德，四夷咸賓。無有遠邇，畢獻方物，惟服食器用。王乃昭德之致于異姓之邦，無替厥服。分寶玉于伯叔之國，時庸展親。人不易物，惟德其物。德盛不狎侮，狎侮君子，罔以盡人心；狎侮小人，罔以盡其力。不役耳目，百度惟貞。玩人喪德，玩物喪志。志以道寧，言以道接。不作無益害有益，功乃成。不貴異物賤用物，民乃足。犬馬非其土性不畜；珍禽奇獸，不育于國。不寶遠物，則遠人格。所寶惟賢，則邇人安。嗚呼！夙夜罔或不勤。不矜細行，終累大德。爲山九仞，功虧一簣。允迪茲，生民保厥居，惟乃世王。」

金縢

既克商二年，王有疾，弗豫。二公曰：「我其爲王穆卜。」周公曰：「未可以戚我先王。」公乃自以爲功，爲三壇同墠。爲壇於南方，北面，周公立焉，植璧秉珪，乃告太王、王季、文王。史乃册祝曰：「惟爾元孫某，遘厲虐疾。若爾三王，是有丕子之責于天，以旦代某之身。予仁若考，能多材多藝，能事鬼神。乃元孫不若旦多材多藝，不能事鬼神。乃命于帝庭，敷佑四方，

儒藏經典·康熙篆文六經四書　尚書

用能定爾子孫于下地四方之民罔不祗畏嗚呼無墜天之降寶命我先王亦永有依歸今我即命于元龜爾之許我我其以璧與珪歸俟爾命爾不許我我乃屏璧與珪乃卜三龜一習吉啓籥見書乃并是吉公曰體王其罔害予小子新命于三王惟永終是圖茲攸俟能念予一人公歸乃納冊于金縢之匱中王翼日乃瘳武王既喪管叔及其群弟乃流言于國曰公將不利於孺子周公乃告二公曰我之弗辟我無以告我先王周公居東二年則罪人斯得于後公乃爲詩以貽王名之曰鴟鴞王亦

用能定爾子孫于下地。四方之民，罔不祗畏。嗚呼！無墜天之降寶命，我先王亦永有依歸。今我即命于元龜，爾之許我，我其以璧與珪，歸俟爾命。爾不許我，我乃屏璧與珪。」乃卜三龜，一習吉。啓籥見書，乃并是吉。公曰：「體，王其罔害。予小子新命于三王，惟永終是圖。茲攸俟，能念予一人。」公歸，乃納冊于金縢之匱中。王翼日乃瘳。武王既喪，管叔及其群弟乃流言于國，曰：「公將不利於孺子。」周公乃告二公曰：「我之弗辟，我無以告我先王。」周公居東二年，則罪人斯得。于後，公乃爲詩以貽王，名之曰《鴟鴞》。王亦未敢誚公。秋，大熟，未穫，天大雷電以風，禾盡偃，大木斯拔。邦人大恐，王與大夫盡弁，以啓金縢之書，乃得周公所自以爲功，代武王之説。二公及王乃問諸史與百執事。對曰：「信。噫！公命，我勿敢言。」王執書以泣，曰：「其勿穆卜。昔公勤勞王家，惟予沖人弗及知；今天動威，以彰周公之德，惟朕小子其新迎，我國家禮亦宜之。」王出郊，天乃雨。反風，禾則盡起。二公命邦人，凡大木所偃，盡起而築之，歲則大熟。

大誥

王若曰：「猷，大誥爾多邦，越爾御事。弗弔，天降割于我家，不少延。

未敢誚公。秋，大熟，未穫，天大雷電以風，禾盡偃，大木斯拔。邦人大恐，王與大夫盡弁，以啓金縢之書，乃得周公所自以爲功，代武王之説。二公及王乃問諸史與百執事。對曰：「信。噫！公命，我勿敢言。」王執書以泣，曰：「其勿穆卜。昔公勤勞王家，惟予沖人弗及知；今天動威，以彰周公之德，惟朕小子其新迎，我國家禮亦宜之。」王出郊，天乃雨。反風，禾則盡起。二公命邦人，凡大木所偃，盡起而築之，歲則大熟。

大誥

王若曰：「猷，大誥爾多邦，越爾御事。弗弔，天降割于我家，不少延。

洪惟我幼沖人嗣無疆大歷服
弗造哲迪民康矧曰其有能格
知天命己⑲予惟小子若涉淵水
予惟往求朕攸濟敷賁敷前人
受命茲不忘大功予不敢閉于
天降威用寧王遺我大寶龜紹
天明即命曰有大艱于西土西
土人亦不靜越茲蠢殷小腆誕

敢紀其敘天降威知我國有疵
民不康曰予復反鄙我周邦今
蠢今翼日民獻有十夫予翼以
于敉寧武圖功我有大事休朕
卜并吉肆予告我友邦君越尹
氏庶士御事曰予得吉卜予惟
以爾庶邦于伐殷逋播臣爾庶
邦君越庶士御事罔不反曰艱

洪惟我幼沖人，嗣無疆大歷服。弗造哲，迪民康，矧曰其有能格知天命？已，予惟小子，若涉淵水，予惟往求朕攸濟。敷賁，敷前人受命，茲不忘大功，予不敢閉于天降威用。寧王遺我大寶龜，紹天明，即命曰：『有大艱于西土，西土人亦不靜，越茲蠢。』殷小腆，誕

敢紀其敘。天降威，知我國有疵，民不康。曰：『予復。』反鄙我周邦。今蠢，今翼日，民獻有十夫，予翼以于敉寧武圖功。我有大事休，朕卜并吉。肆予告我友邦君，越尹氏、庶士、御事，曰：『予得吉卜，予惟以爾庶邦，于伐殷逋播臣。』爾庶邦君，越庶士、御事，罔不反曰：『艱

大民不靜亦惟在王宮邦君室
越予小子考翼不可征王害不
違卜肆予沖人永思艱曰嗚呼
允蠢鰥寡哀哉予造天役遺大
投艱于朕身越予沖人不卬自
恤義爾邦君越爾多士尹氏御
事綏予曰無毖于恤不可不成
乃寧考圖功已予惟小子不敢

替上帝命天休于寧王興我小
邦周寧王惟卜用克綏受茲命
今天其相民矧亦惟卜用嗚呼
天明畏弼我丕丕基王曰爾惟
舊人爾丕克遠省爾知寧王若
勤哉天閟毖我成功所予不敢
不極卒寧王圖事肆予大化誘
我友邦君天棐忱辭其考我民

大，民不靜，亦惟在王宮、邦君室。
越予小子，考翼不可征，王害不
違卜？』肆予沖人，永思艱。曰：嗚呼！
允蠢鰥寡，哀哉！予造天役，遺大
投艱于朕身。越予沖人，不卬自
恤。義爾邦君，越爾多士，尹氏、御
事，綏予曰：『無毖于恤，不可不成
乃寧考圖功。』已，予惟小子，不敢

儒藏經典·康熙篆文六經四書　尚書

替上帝命。天休于寧王，興我小
邦周。寧王惟卜用，克綏受茲命。
今天其相民，矧亦惟卜用。嗚呼！
天明畏，弼我丕丕基。」王曰：「爾惟
舊人，爾丕克遠省，爾知寧王若
勤哉！天閟毖我成功所，予不敢
不極卒寧王圖事。肆予大化誘
我友邦君，天棐忱辭，其考我民，

予曷其不于前寧人圖功攸終？天亦惟用勤毖我民，若有疾，予曷敢不于前寧人攸受休畢？」王曰：「若昔，朕其逝。朕言艱日思。若考作室，既底法，厥子乃弗肯堂，矧肯構？厥父菑，厥子乃弗肯播，矧肯穫？厥考翼其肯曰：『予有後，弗棄基？』肆予曷敢不越卬，敉寧王大命？若兄考，乃有友伐厥子，民養其勸弗救。」王曰：「嗚呼！肆哉，爾庶邦君，越爾御事。爽邦由哲，亦惟十人，迪知上帝命，越天棐忱，爾時罔敢易法，矧今天降戾于周邦，惟大艱人，誕鄰胥伐于厥室，爾亦不知天命不易。予永念曰，天惟喪殷。若穡夫，予曷敢不終朕畝？天亦惟休于前寧人，予曷其極卜，敢弗于從，率寧人有指疆土？矧今卜并吉，肆朕誕以爾東征，天命不僭，卜陳惟若茲。」

微子之命

王若曰：「猷！殷王元子！惟稽古，崇德象賢。統承先王，修其禮物。作賓于王家，與國咸休，永世無窮。嗚呼！乃祖成湯，克齊聖廣淵，皇天眷佑，誕受厥命。撫民以寬，除其邪虐。功加于時，德垂後裔。爾惟踐修厥猷，舊有令聞。恪慎克孝，肅恭神人，予嘉乃德，曰篤不忘。上帝時歆，下民祗協，庸建爾于上公，尹茲東夏。欽哉！往敷乃

訓慎乃服命率由典常以蕃王
室弘乃烈祖律乃有民永綏厥
位毗予一人世世享德萬邦作
式俾我有周無斁嗚呼往哉惟
休無替朕命

康誥

惟三月哉生魄周公初基作新
大邑于東國洛四方民大和會

侯甸男邦采衛百工播民和見
士于周周公咸勤乃洪大誥治
王若曰孟侯朕其弟小子封惟
乃丕顯考文王克明德慎罰不
敢侮鰥寡庸庸祗祗威威顯民
用肇造我區夏越我一二邦以
修我西土惟時怙冒聞于上帝
帝休天乃大命文王殪戎殷誕

訓，慎乃服命，率由典常，以蕃王室。弘乃烈祖，律乃有民，永綏厥位，毗予一人，世世享德，萬邦作式，俾我有周無斁。嗚呼！往哉惟休，無替朕命。」

康誥

惟三月哉生魄，周公初基作新大邑于東國洛，四方民大和會。

儒藏 儒藏經典·康熙篆文六經四書 尚書

侯甸男邦，采衛百工播，民和，見士于周。周公咸勤，乃洪大誥治。

王若曰：「孟侯，朕其弟，小子封。惟乃丕顯考文王，克明德，慎罰，不敢侮鰥寡，庸庸，祗祗，威威，顯民。用肇造我區夏，越我一二邦以修。我西土惟時怙冒，聞于上帝，帝休。天乃大命文王，殪戎殷，誕

受厥命越厥邦厥民惟時敘乃
寡兄勖肆汝小子封在茲東土
王曰嗚呼封汝念哉今民將在
祇遹乃文考紹聞衣德言往敷
求于殷先哲王用保乂民汝丕
遠惟商耇成人宅心知訓別求
聞由古先哲王用康保民弘于
天若德裕乃身不廢在王命王
曰嗚呼小子封恫瘝乃身敬哉
天畏棐忱民情大可見小人難
保往盡乃心無康好逸豫乃其
乂民我聞曰怨不在大亦不在
小惠不惠懋不懋已汝惟小子
乃服惟弘王應保殷民亦惟助
王宅天命作新民王曰嗚呼封
敬明乃罰人有小罪非眚乃惟

受厥命。越厥邦厥民，惟時敘。乃寡兄勖，肆汝小子封，在茲東土。」

王曰：「嗚呼！封。汝念哉！今民將在祇遹乃文考，紹聞衣德言，往敷求于殷先哲王，用保乂民。汝丕遠惟商耇成人，宅心知訓。別求聞由古先哲王，用康保民，弘于天。若德裕乃身，不廢在王命。」

王曰：「嗚呼！小子封。恫瘝乃身，敬哉！天畏棐忱，民情大可見，小人難保，往盡乃心，無康好逸豫，乃其乂民。我聞曰：『怨不在大，亦不在小；惠不惠，懋不懋。』已，汝惟小子，乃服惟弘王，應保殷民，亦惟助王宅天命，作新民。」

王曰：「嗚呼！封。敬明乃罰。人有小罪，非眚，乃惟

終自作不典式爾有厥罪小乃
不可不殺乃有大罪非終乃惟
眚災適爾既道極厥辜時乃不
可殺王曰嗚呼封有敘時乃大
明服惟民其敕懋和若有疾惟
民其畢棄咎若保赤子惟民其
康乂非汝封刑人殺人無或刑
人殺人非汝封又曰劓刵人無

儒藏經典·康熙篆文六經四書　尚書

或劓刵人王曰外事汝陳時臬
司師茲殷罰有倫又曰要囚服
念五六日至于旬時丕蔽要囚
王曰汝陳時臬事罰蔽殷彝用
其義刑義殺勿庸以次汝封乃
汝盡遜曰時敘惟曰未有遜事
已汝惟小子未其有若汝封之
心朕心朕德惟乃知凡民自得

終，自作不典，式爾，有厥罪小，乃不可不殺。乃有大罪，非終，乃惟眚災，適爾，既道極厥辜，時乃不可殺。」王曰：「嗚呼！封。有敘，時乃大明服，惟民其敕懋和。若有疾，惟民其畢棄咎。若保赤子，惟民其康乂。非汝封刑人殺人，無或刑人殺人，非汝封又曰劓刵人，無或劓刵人。」王曰：「外事，汝陳時臬，司師茲殷罰有倫。」又曰：「要囚，服念五六日，至于旬時，丕蔽要囚。」王曰：「汝陳時臬事，罰蔽殷彝，用其義刑義殺，勿庸以次汝封。乃汝盡遜，曰時敘，惟曰未有遜事。已，汝惟小子，未其有若汝封之心。朕心朕德，惟乃知。凡民自得罪，寇攘姦宄，殺越人于貨，暋不畏死，罔弗憝。」王曰：「封。元惡大憝，矧惟不孝不友。子弗祗服厥父事，大傷厥考心。于父不能字厥子，乃疾厥子。于弟弗念天顯，乃弗克恭厥兄。兄亦不念鞠子哀，大不友于弟。惟弔兹，不于我政人得罪。天惟與我民彝大泯亂。曰：乃其速由文王作罰，刑兹無赦。不率大戛，矧惟外庶子訓人，惟厥正人越小臣諸節，乃別播敷，造民大譽，弗念弗庸，瘝厥君。時，乃引惡惟朕憝。已，汝乃其速由兹義率殺。亦惟君惟長，不能厥家人，越厥小臣外正。惟威惟虐，大放王命，乃非德用乂。汝亦

儒藏經典·康熙篆文六經四書　尚書

罔不克敬典乃由裕民惟文王
之敬忌乃裕民曰我惟有及則
予一人以懌王曰封爽惟民迪
吉康我時其惟殷先哲王德用
康乂民作求矧今民罔迪不適
不迪則罔政在厥邦王曰封予
惟不可不監告汝德之説于罰
之行今惟民不靜未戾厥心迪
屢未同爽惟天其罰殛我我其
不怨惟厥罪無在大亦無在多
矧曰其尚顯聞于天王曰嗚呼
封敬哉無作怨勿用非謀非彝
蔽時忱丕則敏德用康乃心顧
乃德遠乃猷裕乃以民寧不汝
瑕殄王曰嗚呼肆汝小子封惟
命不于常汝念哉無我殄享明

儒藏經典·康熙篆文六經四書　尚書

罔不克敬典，乃由裕民。惟文王之敬忌，乃裕民。曰：『我惟有及。』則予一人以懌。」王曰：「封！爽惟民，迪吉康。我時其惟殷先哲王德，用康乂民，作求。矧今民罔迪不適，不迪，則罔政在厥邦。」王曰：「封！予惟不可不監，告汝德之説，于罰之行。今惟民不靜，未戾厥心，迪屢未同。爽惟天其罰殛我，我其不怨。惟厥罪無在大，亦無在多，矧曰其尚顯聞于天。」王曰：「嗚呼！封，敬哉！無作怨，勿用非謀非彝蔽時忱，丕則敏德。用康乃心，顧乃德，遠乃猷裕，乃以；民寧，不汝瑕殄。」王曰：「嗚呼！肆汝小子封。惟命不于常，汝念哉！無我殄享，明

乃服命高乃聽用康乂民王若
曰往哉封勿替敬典聽朕告汝
乃以殷民世享

酒誥

王若曰明大命于妹邦乃穆考
文王肇國在西土厥誥毖庶邦
庶士越少正御事朝夕曰祀茲
酒惟天降命肇我民惟元祀天
降威我民用大亂喪德亦罔非
酒惟行越小大邦用喪亦罔非
酒惟辜文王誥教小子有正有
事無彝酒越庶國飲惟祀德將
無醉惟曰我民迪小子惟土物
愛厥心臧聰聽祖考之彝訓越
小大德小子惟一妹土嗣爾股
肱純其藝黍稷奔走事厥考厥

儒藏 儒藏經典·康熙篆文六經四書 尚書

乃服命，高乃聽，用康乂民。」王若曰：「往哉！封，勿替敬，典！聽朕告汝，乃以殷民世享。」

酒誥

王若曰：「明大命于妹邦。乃穆考文王，肇國在西土。厥誥毖庶邦庶士，越少正、御事，朝夕曰：祀茲酒。惟天降命，肇我民，惟元祀。天降威，我民用大亂喪德，亦罔非酒惟行。越小大邦用喪，亦罔非酒惟辜。文王誥教小子，有正有事，無彝酒。越庶國，飲惟祀，德將無醉。惟曰，我民迪小子，惟土物愛，厥心臧，聰聽祖考之彝訓。越小大德，小子惟一。妹土，嗣爾股肱，純其藝黍稷，奔走事厥考厥

長肇牽車牛遠服賈用孝養厥
父母厥父母慶自洗腆致用酒
庶士有正越庶伯君子其爾典
聽朕教爾大克羞者惟君爾乃
飲食醉飽丕惟曰爾克永觀省
作⑳稽中德爾尚克羞饋祀爾乃
自介用逸茲乃允惟王正事之
臣茲亦惟天若元德永不忘在
王家王曰封我西土棐徂邦君
御事小子尚克用文王教不腆
于酒故我至于今克受殷之命
王曰封我聞惟曰在昔殷先哲
王迪畏天顯小民經德秉哲自
成湯咸至于帝乙成王畏相惟
御事厥棐有恭不敢自暇自逸
矧曰其敢崇飲越在外服侯甸

儒藏經典·康熙篆文六經四書 尚書

長。肇牽車牛，遠服賈，用孝養厥父母。厥父母慶，自洗腆致用酒。庶士有正，越庶伯君子，其爾典聽朕教。爾大克羞者惟君，爾乃飲食醉飽，丕惟曰：爾克永觀省，作稽中德。爾尚克羞饋祀，爾乃自介用逸。茲乃允惟王正事之臣。茲亦惟天若元德，永不忘在王家。」王曰：「封！我西土棐徂邦君、御事、小子，尚克用文王教，不腆于酒。故我至于今，克受殷之命。」王曰：「封。我聞惟曰，在昔殷先哲王，迪畏天顯小民，經德秉哲。自成湯咸至于帝乙，成王畏相。惟御事厥棐有恭，不敢自暇自逸，矧曰其敢崇飲？越在外服，侯甸男衛邦伯，越在内服，百僚庶尹惟亞惟服宗工，越百姓里居，罔敢湎于酒，不惟不敢，亦不暇。惟助成王德顯，越尹人祇辟。我聞亦惟曰：在今後嗣王酣身，厥命罔顯于民，祇保越怨不易。誕惟厥縱淫泆于非彝，用燕喪威儀，民罔不盡傷心。惟荒腆于酒，不惟自息，乃逸。厥心疾很，不克畏死。辜在商邑，越般國滅無罹。弗惟德馨香祀，登聞于天，誕惟民怨。庶群自酒，腥聞在上。故天降喪于般，罔愛于般，惟逸。天非虐，惟民自速辜。」王曰：「封！予不惟若兹多誥。古人有言曰，「人無於水監，當於民監。今惟般墜厥命，我

其可不大監撫于時予惟曰汝
劼毖殷獻臣侯甸男衛矧太史
友內史友越獻臣百宗工矧惟
爾事服休服采矧惟若疇圻父
薄違農父若保宏父定辟矧汝
剛制于酒厥或誥曰群飲汝勿
佚盡執拘以歸于周予其殺又
惟殷之迪諸臣惟工乃湎于酒

勿庸殺之姑惟教之有斯明享
乃不用我教辭惟我一人弗恤
弗蠲乃事時同于殺王曰封汝
典聽朕毖勿辯㉑乃司民湎于酒
梓材
王曰封以厥庶民暨厥臣達大
家以厥臣達王惟邦君汝若恒
越曰我有師師司徒司馬司空

其可不大監撫于時？予惟曰：汝劼毖殷獻臣，侯甸男衛，矧太史友、內史友，越獻臣百宗工。矧惟爾事，服休服采。矧惟若疇，圻父薄違，農父若保，宏父定辟，矧汝剛制于酒。厥或誥曰：『群飲。』汝勿佚，盡執拘以歸于周，予其殺。又惟殷之迪諸臣惟工，乃湎于酒，

儒藏經典・康熙篆文六經四書　尚書

勿庸殺之，姑惟教之，有斯明享。乃不用我教辭，惟我一人弗恤，弗蠲乃事，時同于殺。」王曰：「封！汝典聽朕毖，勿辯乃司，民湎于酒。」

梓材

王曰：「封！以厥庶民暨厥臣達大家，以厥臣達王惟邦君，汝若恒。越曰：『我有師師，司徒、司馬、司空、

尹旅曰予罔厲殺人亦厥君先
敬勞肆徂厥敬勞肆往姦宄殺
人歷人宥肆亦見厥君事戕敗
人宥王啓監厥亂爲民曰無胥
戕無胥虐至于敬寡至于屬婦
合由以容王其效邦君越御事
厥命曷以引養引恬自古王若
茲監罔攸辟惟曰若稽田既勤

敷菑惟其陳修爲厥疆畎㉒若作
室家既勤垣墉惟其塗塈茨若
作梓材既勤樸斲惟其塗丹雘㉓
今王惟曰先王既勤用明德懷
爲夾庶邦享作兄弟方來亦既
用明德后式典集庶邦丕享皇
天既付中國民越厥疆土于先
王肆王惟德用和懌先後迷民

尹旅。』曰：『予罔厲殺人。』亦厥君先敬勞，肆徂厥敬勞。肆往、姦宄、殺人歷人宥，肆亦見厥君事，戕敗人宥。」王啓監，厥亂爲民。曰：「無胥戕，無胥虐，至于敬寡，至于屬婦，合由以容。」王其效邦君，越御事，厥命曷以，引養引恬，自古王若茲監罔攸辟。惟曰：「若稽田，既勤

儒藏經典·康熙篆文六經四書 尚書

敷菑，惟其陳修，爲厥疆畎。若作室家，既勤垣墉，惟其塗塈茨。若作梓材，既勤樸斲，惟其塗丹雘。」今王惟曰：「先王既勤用明德，懷爲夾，庶邦享，作兄弟，方來。亦既用明德，后式典集，庶邦丕享。皇天既付中國民，越厥疆土于先王。肆王惟德用，和懌先後迷民，

用懌先王受命已若茲監惟曰
欲至于萬年惟王子子孫孫永
保民
召誥
惟二月既望越六日乙未王朝
步自周則至于豐惟太保先周
公相宅越若來三月惟丙午朏
越三日戊申太保朝至于洛卜
宅厥既得卜則經營越三日庚
戌太保乃以庶殷攻位于洛汭
越五日甲寅位成若翼日乙卯
周公朝至于洛則達觀于新邑
營越三日丁巳用牲于郊牛二
越翼日戊午乃社于新邑牛一
羊一豕一越七日甲子周公乃
朝用書命庶殷侯甸男邦伯厥

用懌先王受命。已！若茲監。」惟曰：「欲至于萬年，惟王子子孫孫永保民。」

召誥

惟二月既望，越六日乙未，王朝步自周，則至于豐。惟太保先周公相宅，越若來，三月惟丙午朏。越三日戊申，太保朝至于洛，卜宅。厥既得卜，則經營。越三日庚戌，太保乃以庶殷攻位于洛汭。越五日甲寅，位成。若翼日乙卯，周公朝至于洛，則達觀于新邑營。越三日丁巳，用牲于郊，牛二。越翼日戊午，乃社于新邑，牛一，羊一，豕一。越七日甲子，周公乃朝用書，命庶殷侯甸男邦伯。厥

既命殷庶庶殷丕作太保乃以
庶邦冢君出取幣乃復入錫周
公曰拜手稽首旅王若公誥告
庶殷越自乃御事嗚呼皇天上
帝改厥元子茲大國殷之命惟
王受命無疆惟休亦無疆惟恤
嗚呼曷其奈何弗敬天既遐終
大邦殷之命茲殷多先哲王在
天越厥後王後民茲服厥命厥
終智藏瘝在夫知保抱攜持厥
婦子以哀籲天徂厥亡出執嗚
呼天亦哀于四方民其眷命用
懋王其疾敬德相古先民有夏
天迪從子保面稽天若今時既
墜厥命今相有殷天迪格保面
稽天若今時既墜厥命今沖子

儒藏經典·康熙篆文六經四書　尚書

既命殷庶，庶殷丕作。太保乃以
庶邦冢君出取幣，乃復入，錫周
公，曰：「拜手稽首，旅王若公。誥告
庶殷越自乃御事。嗚呼！皇天上
帝，改厥元子，茲大國殷之命。惟
王受命，無疆惟休，亦無疆惟恤。
嗚呼！曷其奈何弗敬！天既遐終
大邦殷之命。茲殷多先哲王在
天，越厥後王後民，茲服厥命，厥
終智藏瘝在。夫知保抱攜持厥
婦子，以哀籲天，徂厥亡，出執。嗚
呼！天亦哀于四方民，其眷命用
懋，王其疾敬德。相古先民有夏，
天迪從子保。面稽天若，今時既
墜厥命。今相有殷，天迪格保。面
稽天若，今時既墜厥命。今沖子

嗣則無遺壽耇曰其稽我古人之德矧曰其有能稽謀自天嗚呼有王雖小元子哉其丕能諴于小民今休王不敢後用顧畏于民碞王來紹上帝自服于土中旦曰其作大邑其自時配皇天毖祀于上下其自時中乂王厥有成命治民今休王先服殷御事比介于我有周御事節性惟日其邁王敬作所不可不敬德我不可不監于有夏亦不可不監于有殷我不敢知曰有夏服天命惟有歷年我不敢知曰不其延惟不敬厥德乃早墜厥命我不敢知曰有殷受天命惟有歷年我不敢知曰不其延惟

儒藏 儒藏經典·康熙篆文六經四書 尚書

嗣，則無遺壽耇，曰其稽我古人之德，矧曰其有能稽謀自天？嗚呼！有王雖小，元子哉！其丕能諴于小民，今休。王不敢後，用顧畏于民碞。王來紹上帝，自服于土中。旦曰：『其作大邑，其自時配皇天。毖祀于上下，其自時中乂，王厥有成命，治民今休。』王先服殷御事，比介于我有周御事。節性，惟日其邁。王敬作所，不可不敬德。我不可不監于有夏，亦不可不監于有殷。我不敢知曰，有夏服天命，惟有歷年。我不敢知曰，不其延，惟不敬厥德，乃早墜厥命。我不敢知曰，有殷受天命，惟有歷年。我不敢知曰，不其延，惟不敢厥德乃早墜厥命今王嗣受厥命我亦惟茲二國命嗣若功王乃初服嗚呼若生子罔不在厥初生自貽哲命今天其命哲命吉凶命歷年知今我初服宅新邑肆惟王其疾敬德王其德之用祈天永命其惟王勿以小民淫用非彝亦敢殄戮用乂民若有功其惟王位在德元小民乃惟刑用于天下越王顯上下勤恤其曰我受天命丕若有夏歷年式勿替有殷歷年欲王以小民受天永命拜手稽首曰予小臣敢以王之讎民百君子越友民保受王威命明德王末有成命王亦顯我非敢勤惟恭

儒藏
儒藏經典·康熙篆文六經四書 尚書

不敢厥德，乃早墜厥命。今王嗣受厥命，我亦惟茲二國命，嗣若功。王乃初服。嗚呼！若生子，罔不在厥初生，自貽哲命。今天其命哲，命吉凶，命歷年。知今我初服，宅新邑，肆惟王其疾敬德。王其德之用，祈天永命。其惟王勿以小民淫用非彝，亦敢殄戮用乂，民若有功，其惟王位在德元，小民乃惟刑用于天下，越王顯。上下勤恤，其曰：『我受天命，丕若有夏歷年，式勿替有殷歷年。』欲王以小民受天永命。」拜手稽首，曰：「予小臣，敢以王之讎民百君子，越友民，保受王威命明德。王末有成命，王亦顯。我非敢勤，惟恭

奉幣用供王能祈天永命

洛誥

周公拜手稽首曰朕復子明辟王如弗敢及天基命定命予乃胤保大相東土其基作民明辟予惟乙卯朝至于洛師我卜河朔黎水我乃卜澗水東瀍水西惟洛食我又卜瀍水東亦惟洛

食伻來以圖及獻卜王拜手稽首曰公不敢不敬天之休來相宅其作周匹休公既定宅伻來來視予卜休恒吉我二人共貞公其以予萬億年敬天之休拜手稽首誨言周公曰王肇稱殷禮祀于新邑咸秩無文予齊百工伻從王于周予惟曰庶有事

奉幣，用供王能祈天永命。」

洛誥

周公拜手稽首曰：「朕復子明辟。王如弗敢及天基命定命，予乃胤保，大相東土，其基作民明辟。予惟乙卯，朝至于洛師。我卜河朔黎水。我乃卜澗水東，瀍水西，惟洛食。我又卜瀍水東，亦惟洛

食。伻來，以圖及獻卜。」王拜手稽首曰：「公不敢不敬天之休，來相宅，其作周匹休。公既定宅，伻來，來視予卜休恒吉，我二人共貞，公其以予萬億年敬天之休，拜手稽首誨言。」周公曰：「王肇稱殷禮，祀于新邑，咸秩無文。予齊百工，伻從王于周。予惟曰：『庶有事。』

今王即命曰：「記功宗，以功作元祀。」惟命曰：「汝受命篤弼，丕視功載，乃汝其悉自教工。」孺子其朋，孺子其朋，其往。無若火始燄燄，厥攸灼敘，弗其絶。厥若彝，及撫事。如予，惟以在周工，往新邑，伻嚮，即有僚，明作有功。惇大成裕，汝永有辭。」公曰：「已！汝惟沖子，惟終。汝其敬，識百辟享，亦識其有不享。享多儀，儀不及物，惟曰不享。惟不役志于享。凡民惟曰不享，惟事其爽侮。乃惟孺子，頒朕不暇，聽朕教汝，于棐民彝。汝乃是不蘉，乃時惟不永哉！篤敘乃正父，罔不若予，不敢廢乃命。汝往，敬哉！茲予其明農哉！彼裕我

民無遠用戾王若曰公明保予
沖子公稱丕顯德以予小子揚
文武烈奉答天命和恒四方民
居師惇宗將禮稱秩元祀咸秩
無文惟公德明光于上下勤施
于四方旁作穆穆迓衡不迷文
武勤教予沖子夙夜毖祀王曰
公功棐迪篤罔不若時王曰公
予小子其退即辟于周命公後
四方迪亂未定于宗禮亦未克
敉公功迪將其後監我士師工
誕保文武受民亂爲四輔王曰
公定予往已公功肅將祇歡公
無困哉我惟無斁其康事公勿
替刑四方其世享周公拜手稽
首曰王命予來承保乃文祖受

民，無遠用戾。」王若曰：「公！明保予沖子。公稱丕顯德，以予小子，揚文武烈。奉答天命，和恒四方民，居師。惇宗將禮，稱秩元祀，咸秩無文。惟公德明，光于上下，勤施于四方，旁作穆穆迓衡，不迷文武勤教。予沖子夙夜毖祀。」王曰：「公功棐迪篤，罔不若時。」王曰：「公！予小子其退，即辟于周，命公後。四方迪亂，未定于宗禮，亦未克敉公功。迪將其後，監我士師工，誕保文武受民，亂爲四輔。」王曰：「公定，予往已。公功肅將祇歡，公無困哉！我惟無斁其康事，公勿替刑，四方其世享。」周公拜手稽首曰：「王命予來，承保乃文祖受

儒藏經典·康熙篆文六經四書　尚書

命民，越乃光烈考武王，弘朕恭。孺子來相宅，其大惇典殷獻民，亂爲四方新辟，作周恭先。曰，其自時中乂，萬邦咸休，惟王有成績。予旦以多子，越御事，篤前人成烈，答其師，作周孚先。考朕昭子刑，乃單文祖德。伻來毖殷，乃命寧。予以秬鬯二卣，曰明禋，拜手稽首，休享。予不敢宿，則禋于文王、武王。惠篤敘，無有遘自疾，萬年厭于乃德，殷乃引考。王伻殷乃承敘萬年，其永觀朕子懷德。」戊辰，王在新邑，烝，祭歲。文王騂牛一，武王騂牛一。王命作冊，逸祝冊，惟告周公其後。王賓，殺禋，咸格，王入太室祼。王命周公

命民，越乃光烈考武王，弘朕恭。孺子來相宅，其大惇典殷獻民，亂爲四方新辟，作周恭先。曰，其自時中乂，萬邦咸休，惟王有成績。予旦以多子，越御事，篤前人成烈，答其師，作周孚先。考朕昭子刑，乃單文祖德。伻來毖殷，乃命寧。予以秬鬯二卣，曰明禋，拜手稽首，休享。予不敢宿，則禋于文王、武王。惠篤敘，無有遘自疾，萬年厭于乃德，殷乃引考。王伻殷乃承敘萬年，其永觀朕子懷德。」戊辰，王在新邑，烝，祭歲。文王騂牛一，武王騂牛一。王命作冊，逸祝冊，惟告周公其後。王賓，殺禋，咸格，王入太室祼。王命周公

後，作冊逸誥，在十有二月。惟周公誕保文武受命，惟七年。

多士

惟三月，周公初于新邑洛，用告商王士。王若曰：「爾殷遺多士，弗弔旻天，大降喪于殷。我有周佑命，將天明威，致王罰，敕殷命終于帝。肆爾多士！非我小國敢弋殷命。惟天不畀允罔固亂，弼我，我其敢求位？惟帝不畀，惟我下民秉爲，惟天明畏。我聞曰：『上帝引逸。』有夏不適逸，則惟帝降格，嚮于時夏。弗克庸帝，大淫泆有辭。惟時天罔念聞，厥惟廢元命，降致罰。乃命爾先祖成湯革夏，俊民甸四方。自成湯至于帝乙，

罔不明德恤祀亦惟天丕建保
乂有殷殷王亦罔敢失帝罔不
配天其澤在今後嗣王誕罔顯
于天矧曰其有聽念于先王勤
家誕淫厥泆罔顧于天顯民祇
惟時上帝不保降若茲大喪惟
天不畀不明厥德凡四方小大
邦喪罔非有辭于罰王若曰爾
殷多士今惟我周王丕靈承帝
事有命曰割殷告敕于帝惟我
事不貳適惟爾王家我適予其
曰惟爾洪無度我不爾動自乃
邑予亦念天即于殷大戾肆不
正王曰猷告爾多士予惟時其
遷居西爾非我一人奉德不康
寧時惟天命無違朕不敢有後

儒藏
儒藏經典·康熙篆文六經四書 尚書

罔不明德恤祀。亦惟天丕建，保乂有殷，殷王亦罔敢失帝，罔不配天其澤。在今後嗣王，誕罔顯于天，矧曰其有聽念于先王勤家？誕淫厥泆，罔顧于天顯民祇，惟時上帝不保，降若茲大喪。惟天不畀不明厥德，凡四方小大邦喪，罔非有辭于罰。」王若曰：「爾殷多士，今惟我周王，丕靈承帝事，有命曰割殷，告敕于帝。惟我事不貳適，惟爾王家我適。予其曰：『惟爾洪無度，我不爾動，自乃邑。』予亦念天即于殷大戾，肆不正。」王曰：「猷！告爾多士，予惟時其遷居西爾。非我一人奉德不康寧，時惟天命。無違，朕不敢有後，

無我怨惟爾知惟殷先人有冊
有典殷革夏命今爾又曰夏迪
簡在王庭有服在百僚予一人
惟聽用德肆予敢求爾于天邑
商予惟率肆矜爾非予罪時惟
天命王曰多士昔朕來自奄予
大降爾四國民命我乃明致天
罰移爾遐逖比事臣我宗多遜
王曰告爾殷多士今予惟不爾
殺予惟時命有申今朕作大邑
于茲洛予惟四方罔攸賓亦惟
爾多士攸服奔走臣我多遜爾
乃尚有爾土爾乃尚寧幹止爾
克敬天惟畀矜爾爾不克敬爾
不啻不有爾土予亦致天之罰
于爾躬今爾惟時宅爾邑繼爾

儒藏
儒藏經典·康熙篆文六經四書　尚書

無我怨。惟爾知惟殷先人，有冊有典，殷革夏命。今爾又曰：『夏迪簡在王庭，有服在百僚。』予一人惟聽用德，肆予敢求爾于天邑商。予惟率肆矜爾，非予罪，時惟天命。」王曰：「多士，昔朕來自奄，予大降爾四國民命。我乃明致天罰，移爾遐逖。比事臣我宗，多遜。」

王曰：「告爾殷多士，今予惟不爾殺，予惟時命有申。今朕作大邑于茲洛，予惟四方罔攸賓。亦惟爾多士，攸服奔走臣我，多遜。爾乃尚有爾土，爾乃尚寧幹止。爾克敬，天惟畀矜爾。爾不克敬，爾不啻不有爾土，予亦致天之罰于爾躬。今爾惟時宅爾邑，繼爾居，爾厥有幹有年于茲洛。爾小子乃興，從爾遷。」王曰。又曰：「時予乃或言，爾攸居。」

無逸

周公曰：「嗚呼！君子所，其無逸。先知稼穡之艱難，乃逸，則知小人之依。相小人，厥父母勤勞稼穡，厥子乃不知稼穡之艱難，乃逸乃諺，既誕。否則侮厥父母曰：『昔之人，無聞知！』」周公曰：「嗚呼！我聞曰：昔在殷王中宗，嚴恭寅畏天命，自度，治民祗懼，不敢荒寧。肆中宗之享國，七十有五年。其在高宗時，舊勞于外，爰暨小人。作其即位，乃或亮陰，三年不言。其惟不言，言乃雍。不敢荒寧，嘉靖

般邦至于小大無時或怨肆高
宗之享國五十有九年其在祖
甲不義惟王舊爲小人作其即
位爰知小人之依能保惠于庶
民不敢侮鰥寡肆祖甲之享國
三十有三年自時厥後立王生
則逸生則逸不知稼穡之艱難
不聞小人之勞惟耽樂之從自
時厥後亦罔或克壽或十年或
七八年或五六年或四三年周
公曰嗚呼厥亦惟我周太王王
季克自抑畏文王卑服即康功
田功徽柔懿恭懷保小民惠鮮
鰥寡自朝至于日中昃不遑暇
食用咸和萬民文王不敢盤于
遊田以庶邦惟正之供文王受

儒藏經典・康熙篆文六經四書　尚書

般邦。至于小大，無時或怨。肆高宗之享國，五十有九年。其在祖甲，不義惟王，舊爲小人。作其即位，爰知小人之依，能保惠于庶民，不敢侮鰥寡。肆祖甲之享國，三十有三年。自時厥後立王，生則逸。生則逸，不知稼穡之艱難，不聞小人之勞，惟耽樂之從。自時厥後，亦罔或克壽，或十年，或七八年，或五六年，或四三年。」周公曰：「嗚呼！厥亦惟我周太王、王季，克自抑畏。文王卑服，即康功田功。徽柔懿恭，懷保小民，惠鮮鰥寡。自朝至于日中昃，不遑暇食，用咸和萬民。文王不敢盤于遊田，以庶邦惟正之供。文王受

命惟中身厥享國五十年周公
曰嗚呼繼自今嗣王則其無淫
于觀于逸于遊于田以萬民惟
正之供無皇曰今日耽樂乃非
民攸訓非天攸若時人丕則有
愆無若殷王受之迷亂酗于酒
德哉周公曰嗚呼我聞曰古之
人猶胥訓告胥保惠胥教誨民

無或胥譸張爲幻此厥不聽人
乃訓之乃變亂先王之正刑至
于小大民否則厥心違怨否則
厥口詛祝周公曰嗚呼自殷王
中宗及高宗及祖甲及我周文
王茲四人迪哲厥或告之曰小
人怨汝詈汝則皇自敬德厥愆
曰朕之愆允若時不啻不敢含

命惟中身，厥享國五十年。」周公曰：「嗚呼！繼自今嗣王，則其無淫于觀、于逸、于遊、于田，以萬民惟正之供。無皇曰：『今日耽樂。』乃非民攸訓，非天攸若，時人丕則有愆。無若殷王受之迷亂，酗于酒德哉！」周公曰：「嗚呼！我聞曰：古之人猶胥訓告，胥保惠，胥教誨，民

儒藏經典・康熙篆文六經四書　尚書

無或胥譸張爲幻。此厥不聽，人乃訓之。乃變亂先王之正刑，至于小大。民否則厥心違怨，否則厥口詛祝。」周公曰：「嗚呼！自殷王中宗，及高宗，及祖甲，及我周文王，茲四人迪哲。厥或告之曰：『小人怨汝詈汝。』則皇自敬德。厥愆，曰朕之愆，允若時，不啻不敢含

怒此厥不聽人乃或譸張爲幻曰小人怨汝詈汝則信之則若時不永念厥辟不寬綽厥心亂罰無罪殺無辜怨有同是叢于厥身周公曰嗚呼嗣王其監于茲

君奭

周公若曰君奭弗弔天降喪于殷殷既墜厥命我有周既受我不敢知曰厥基永孚于休若天棐忱我亦不敢知曰其終出于不祥嗚呼君已曰時我我亦不敢寧于上帝命弗永遠念天威越我民罔尤違惟人在我後嗣子孫大弗克恭上下遏佚前人光在家不知天命不易天難諶

儒藏經典·康熙篆文六經四書　尚書

怒。此厥不聽，人乃或譸張爲幻，曰：『小人怨汝詈汝。』則信之。則若時，不永念厥辟，不寬綽厥心，亂罰無罪，殺無辜，怨有同，是叢于厥身。」周公曰：「嗚呼！嗣王其監于茲！」

君奭

周公若曰：「君奭！弗弔，天降喪于殷，殷既墜厥命，我有周既受。我不敢知曰，厥基永孚于休。若天棐忱，我亦不敢知曰，其終出于不祥。嗚呼！君已曰時我，我亦不敢寧于上帝命，弗永遠念天威，越我民罔尤違。惟人，在我後嗣子孫，大弗克恭上下，遏佚前人光，在家不知。天命不易，天難諶，

乃其墜命弗克經歷嗣前人恭
明德在今予小子旦非克有正
迪惟前人光施于我沖子又曰
天不可信我道惟寧王德延天
不庸釋于文王受命公曰君奭
我聞在昔成湯既受命時則有
若伊尹格于皇天在太甲時則
有若保衡在太戊時則有若伊
陟臣扈格于上帝巫咸乂王家
在祖乙時則有若巫賢在武丁
時則有若甘盤率惟茲有陳保
乂有殷故殷禮陟配天多歷年
所天惟純佑命則商實百姓王
人罔不秉德明恤小臣屏侯甸
矧咸奔走惟茲惟德稱用乂厥
辟故一人有事于四方若卜筮

儒藏經典·康熙篆文六經四書 尚書

乃其墜命，弗克經歷，嗣前人，恭明德。在今予小子旦，非克有正，迪惟前人光，施于我沖子。」又曰：「天不可信，我道惟寧王德延，天不庸釋于文王受命。」公曰：「君奭！我聞在昔成湯既受命，時則有若伊尹，格于皇天。在太甲，時則有若保衡。在太戊，時則有若伊陟、臣扈，格于上帝，巫咸乂王家。在祖乙，時則有若巫賢。在武丁，時則有若甘盤。率惟茲有陳，保乂有殷，故殷禮陟配天，多歷年所。天惟純佑命，則商實，百姓王人，罔不秉德明恤，小臣屏侯甸，矧咸奔走。惟茲惟德稱，用乂厥辟。故一人有事于四方，若卜筮，罔不是孚。」公曰：「君奭！天壽平格，保乂有殷。有殷嗣，天滅威。今汝永念，則有固命，厥亂明我新造邦。」公曰：「君奭！在昔上帝割申勸寧王之德，其集大命于厥躬。惟文王尚克修和我有夏，亦惟有若虢叔，有若閎夭，有若散宜生，有若泰顛，有若南宮括。」又曰：「無能往來，茲迪彝教，文王蔑德降于國人。亦惟純佑秉德，迪知天威，乃惟時昭文王，迪見冒聞于上帝，惟時受有殷命哉。武王惟茲四人，尚迪有祿。後暨武王，誕將天威，咸劉厥敵。惟茲四人，昭武王惟冒，丕單稱德。今在予小子旦，若游大川，予往暨汝奭其

濟小子同未在位誕無我責收
罔勖不及耇造德不降我則鳴
鳥不聞矧曰其有能格公曰嗚
呼君肆其監于茲我受命無疆
惟休亦大惟艱告君乃猷裕我
不以後人迷公曰前人敷乃心
乃悉命汝作汝民極曰汝明勖
偶王在亶乘茲大命惟文王德

丕承無疆之恤公曰君告汝朕
允保奭其汝克敬以予監于殷
喪大否肆念我天威予不允惟
若茲誥予惟曰襄我二人汝有
合哉言曰在時二人天休滋至
惟時二人弗戡其汝克敬德明
我俊民在讓後人于丕時嗚呼
篤棐時二人我式克至于今日

濟。小子同未在位，誕無我責。收罔勖不及，耇造德不降。我則鳴鳥不聞，矧曰其有能格。」公曰：「嗚呼！君肆其監于茲。我受命無疆惟休，亦大惟艱。告君乃猷裕，我不以後人迷。」公曰：「前人敷乃心，乃悉命汝，作汝民極。曰：『汝明勖偶王，在亶乘茲大命。惟文王德

丕承，無疆之恤！』」公曰：「君！告汝朕允。保奭！其汝克敬以予監于殷喪大否，肆念我天威。予不允惟若茲誥，予惟曰襄我二人。汝有合哉，言曰：『在時二人。』天休滋至，惟時二人弗戡。其汝克敬德，明我俊民，在讓後人于丕時。嗚呼！篤棐時二人，我式克至于今日

休我咸成文王功于不怠丕冒海隅出日罔不率俾公曰君予不惠若茲多誥予惟用閔于天越民公曰嗚呼君惟乃知民德亦罔不能厥初惟其終祗若茲往敬用治

蔡仲之命

惟周公位冢宰正百工群叔流言乃致辟管叔于商囚蔡叔于郭鄰以車七乘降霍叔于庶人三年不齒蔡仲克庸祗德周公以爲卿士叔卒乃命諸王邦之蔡王若曰小子胡惟爾率德改行克慎厥猷肆予命爾侯于東土往即乃封敬哉爾尚蓋前人之愆惟忠惟孝爾乃邁迹自身

儒藏
儒藏經典·康熙篆文六經四書　尚書

休。我咸成文王功于不怠，丕冒海隅出日，罔不率俾。」公曰：「君！予不惠若茲多誥。予惟用閔于天越民。」公曰：「嗚呼！君！惟乃知民德，亦罔不能厥初，惟其終。祗若茲，往敬用治。」

蔡仲之命

惟周公位冢宰，正百工。群叔流言，乃致辟管叔于商，囚蔡叔于郭鄰，以車七乘；降霍叔于庶人，三年不齒；蔡仲克庸祗德，周公以爲卿士。叔卒，乃命諸王邦之蔡。王若曰：「小子胡！惟爾率德改行，克慎厥猷。肆予命爾侯于東土，往即乃封，敬哉！爾尚蓋前人之愆，惟忠惟孝。爾乃邁迹自身，克勤無怠以垂憲乃後率乃祖文王之彝訓無若爾考之違王命皇天無親惟德是輔民心無常惟惠之懷爲善不同同歸于治爲惡不同同歸于亂爾其戒哉慎厥初惟厥終終以不困不惟厥終終以困窮懋乃攸績睦乃四鄰以蕃王室以和兄弟康濟小民率自中無作聰明亂舊章詳乃視聽罔以側言改厥度則予一人汝嘉王曰嗚呼小子胡汝往哉無荒棄朕命

多方

惟五月丁亥王來自奄至于宗周周公曰王若曰猷告爾四國多方惟爾殷侯尹民我惟大降

儒藏經典·康熙篆文六經四書　尚書

克勤無怠，以垂憲乃後。率乃祖文王之彝訓，無若爾考之違王命。皇天無親，惟德是輔；民心無常，惟惠之懷。爲善不同，同歸于治；爲惡不同，同歸于亂。爾其戒哉！慎厥初，惟厥終，終以不困。不惟厥終，終以困窮。懋乃攸績，睦乃四鄰，以蕃王室，以和兄弟，康濟小民。率自中，無作聰明亂舊章，詳乃視聽，罔以側言改厥度，則予一人汝嘉。」王曰：「嗚呼！小子胡，汝往哉！無荒棄朕命。」

多方

惟五月丁亥，王來自奄，至于宗周。周公曰：「王若曰：猷，告爾四國多方，惟爾殷侯尹民。我惟大降

爾命爾罔不知洪惟圖天之命
弗永寅念于祀惟帝降格于夏
有夏誕厥逸不肯感言于民乃
大淫昏不克終日勸于帝之迪
乃爾攸聞厥圖帝之命不克開
于民之麗乃大降罰崇亂有夏
因甲于内亂不克靈承于旅罔
丕惟進之恭洪舒于民亦惟有
儒藏
儒藏經典·康熙篆文六經四書　尚書
夏之民叨懫日欽劓割夏邑天
惟時求民主乃大降顯休命于
成湯刑殄有夏惟天不畀純乃
惟以爾多方之義民不克永于
多享惟夏之恭多士大不克明
保享于民乃胥惟虐于民至于
百爲大不克開乃惟成湯克以
爾多方簡代夏作民主慎厥麗

爾命，爾罔不知。洪惟圖天之命，
弗永寅念于祀。惟帝降格于夏，
有夏誕厥逸，不肯感言于民，乃
大淫昏，不克終日，勸于帝之迪，
乃爾攸聞。厥圖帝之命，不克開
于民之麗。乃大降罰，崇亂有夏，
因甲于内亂。不克靈承于旅，罔
丕惟進之恭，洪舒于民。亦惟有

夏之民，叨懫日欽，劓割夏邑。天
惟時求民主，乃大降顯休命于
成湯，刑殄有夏。惟天不畀純，乃
惟以爾多方之義民，不克永于
多享。惟夏之恭多士，大不克明
保享于民，乃胥惟虐于民，至于
百爲，大不克開。乃惟成湯，克以
爾多方簡，代夏作民主。慎厥麗

乃勸厥民刑用勸以至于帝乙
罔不明德慎罰亦克用勸要囚
殄戮多罪亦克用勸開釋無辜
亦克用勸今至于爾辟弗克以
爾多方享天之命嗚呼王若曰
誥告爾多方非天庸釋有夏非
天庸釋有殷乃惟爾辟以爾多
方大淫圖天之命屑有辭乃惟
有夏圖厥政不集于享天降時
喪有邦間之乃惟爾商後王逸
厥逸圖厥政不蠲烝天惟降時
喪惟聖罔念作狂惟狂克念作
聖天惟五年須暇之子孫誕作
民主罔可念聽天惟求爾多方
大動以威開厥顧天惟爾多方
罔堪顧之惟我周王靈承于旅

儒藏
儒藏經典・康熙篆文六經四書　尚書

乃勸，厥民刑用勸。以至于帝乙，罔不明德慎罰，亦克用勸。要囚，殄戮多罪，亦克用勸。開釋無辜，亦克用勸。今至于爾辟，弗克以爾多方享天之命。嗚呼！王若曰：誥告爾多方，非天庸釋有夏，非天庸釋有殷，乃惟爾辟，以爾多方，大淫圖天之命，屑有辭。乃惟有夏，圖厥政，不集于享。天降時喪，有邦間之。乃惟爾商後王，逸厥逸，圖厥政，不蠲烝，天惟降時喪。惟聖罔念作狂，惟狂克念作聖。天惟五年，須暇之子孫，誕作民主，罔可念聽。天惟求爾多方，大動以威，開厥顧天。惟爾多方，罔堪顧之。惟我周王，靈承于旅。

克堪用德惟典神天天惟式教
我用休簡畀殷命尹爾多方今
我曷敢多誥我惟大降爾四國
民命爾曷不忱裕之于爾多方
爾曷不夾介乂我周王享天之
命今爾尚宅爾宅畋爾田爾曷
不惠王熙天之命爾乃迪屢不
静爾心未愛爾乃不大宅天命
爾乃屑播天命爾乃自作不典
圖忱于正我惟時其教告之我
惟時其戰要囚之至于再至于
三乃有不用我降爾命我乃其
大罰殛之非我有周秉德不康
寧乃惟爾自速辜王曰嗚呼猷
告爾有多方士暨殷多士今爾
奔走臣我監五祀越惟有胥伯

儒藏經典·康熙篆文六經四書　尚書

克堪用德，惟典神天。天惟式教我用休，簡畀殷命，尹爾多方。今我曷敢多誥？我惟大降爾四國民命，爾曷不忱裕之于爾多方？爾曷不夾介乂我周王，享天之命？今爾尚宅爾宅，畋爾田，爾曷不惠王熙天之命？爾乃迪屢不静，爾心未愛，爾乃不大宅天命，爾乃屑播天命，爾乃自作不典，圖忱于正。我惟時其教告之，我惟時其戰要囚之，至于再，至于三。乃有不用我降爾命，我乃其大罰殛之。非我有周秉德不康寧，乃惟爾自速辜。王曰：嗚呼！猷告爾有多方士，暨殷多士。今爾奔走臣我監五祀，越惟有胥伯小大多正，爾罔不克臬。自作不和，爾惟和哉！爾室不睦，爾惟和哉！爾邑克明，爾惟克勤乃事。爾尚不忌于凶德，亦則以穆穆在乃位，克閱于乃邑謀介。爾乃自時洛邑，尚永力畋爾田，天惟畀矜爾。我有周惟其大介賚爾，迪簡在王庭，尚爾事，有服在大僚。王曰：嗚呼！多士！爾不克勸忱我命，爾亦則惟不克享，凡民惟曰不享。爾乃惟逸惟頗，大遠王命，則惟爾多方探天之威，我則致天之罰，離逖爾土。王曰：我不惟多誥，我惟祇告爾命。又曰：時惟爾初，不克敬于和，則無我怨。」

立政

小大多正，爾罔不克臬。自作不和，爾惟和哉！爾室不睦，爾惟和哉！爾邑克明，爾惟克勤乃事。爾尚不忌于凶德，亦則以穆穆在乃位，克閱于乃邑謀介。爾乃自時洛邑，尚永力畋爾田，天惟畀矜爾。我有周惟其大介賚爾，迪簡在王庭，尚爾事，有服在大僚。

王曰：嗚呼！多士！爾不克勸忱我命，爾亦則惟不克享，凡民惟曰不享。爾乃惟逸惟頗，大遠王命，則惟爾多方探天之威，我則致天之罰，離逖爾土。王曰：我不惟多誥，我惟祇告爾命。又曰：時惟爾初，不克敬于和，則無我怨。」

立政

周公若曰拜手稽首告嗣天子王矣用咸戒于王曰王左右常伯常任準人綴衣虎賁周公曰嗚呼休茲知恤鮮哉古之人迪惟有夏乃有室大競籲俊尊上帝迪知忱恂于九德之行乃敢告教厥后曰拜手稽首后矣曰宅乃事宅乃牧宅乃準茲惟后矣謀面用丕訓德則乃宅人茲乃三宅無義民桀德惟乃弗作往任是惟暴德罔後亦越成湯陟丕釐上帝之耿命乃用三有宅克即宅曰三有俊克即俊嚴惟丕式克用三宅三俊其在商邑用協于厥邑其在四方用丕式見德嗚呼其在受德暋惟羞

周公若曰：「拜手稽首，告嗣天子王矣。」用咸戒于王，曰：「王左右常伯、常任、準人、綴衣、虎賁。」周公曰：「嗚呼！休茲，知恤鮮哉！古之人，迪惟有夏，乃有室大競，籲俊尊上帝，迪知忱恂于九德之行。乃敢告教厥后曰，拜手稽首，后矣。曰：宅乃事，宅乃牧，宅乃準，茲惟后矣。謀面用丕訓德，則乃宅人，茲乃三宅無義民。桀德惟乃弗作往任，是惟暴德罔後。亦越成湯陟丕釐上帝之耿命，乃用三有宅，克即宅，曰三有俊，克即俊。嚴惟丕式，克用三宅三俊。其在商邑，用協于厥邑；其在四方，用丕式見德。嗚呼！其在受德暋，惟羞

儒藏 儒藏經典·康熙篆文六經四書 尚書

刑暴德之人同于厥邦乃惟庶
習逸德之人同于厥政帝欽罰
之乃伻我有夏式商受命奄甸
萬姓亦越文王武王克知三有
宅心灼見三有俊心以敬事上
帝立民長伯立政任人準夫牧
作三事虎賁綴衣趣馬小尹左
右攜僕百司庶府大都小伯藝

人表臣百司太史尹伯庶常吉
士司徒司馬司空亞旅夷微盧
烝三亳阪尹文王惟克厥宅心
乃克立茲常事司牧人以克俊
有德文王罔攸兼于庶言庶獄
庶慎惟有司之牧夫是訓用違
庶獄庶慎文王罔敢知于茲亦
越武王率惟敉功不敢替厥義

刑暴德之人，同于厥邦，乃惟庶習逸德之人，同于厥政。帝欽罰之，乃伻我有夏，式商受命，奄甸萬姓。亦越文王、武王，克知三有宅心，灼見三有俊心，以敬事上帝，立民長伯。立政：任人、準夫、牧，作三事，虎賁、綴衣、趣馬、小尹、左右攜僕，百司庶府，大都、小伯、藝

儒藏
儒藏經典·康熙篆文六經四書　尚書

人、表臣、百司、太史、尹伯、庶常吉士，司徒、司馬、司空、亞旅、夷、微、盧、烝，三亳、阪、尹。文王惟克厥宅心，乃克立茲常事，司牧人，以克俊有德。文王罔攸兼于庶言，庶獄、庶慎，惟有司之牧夫，是訓用違。庶獄、庶慎，文王罔敢知于茲。亦越武王，率惟敉功，不敢替厥義

德，率惟謀，從容德，以並受此丕丕基。嗚呼！孺子王矣！繼自今，我其立政、立事、準人、牧夫，我其克灼知厥若，丕乃俾亂。相我受民，和我庶獄、庶慎。時則勿有間之，自一話一言。我則末惟成德之彥，以乂我受民。嗚呼！予旦已受人之徽言，咸告孺子王矣！繼自今，文子文孫，其勿誤于庶獄、庶慎，惟正是乂之。自古商人，亦越我周文王，立政，立事，牧夫、準人，則克宅之，克由繹之，茲乃俾乂。國則罔有立政用憸人，不訓于德，是罔顯在厥世。繼自今立政，其勿以憸人，其惟吉士，用勱相我國家。今文子文孫，孺子王矣。

其勿誤于庶獄惟有司之牧夫其克詰爾戎兵以陟禹之迹方行天下至于海表罔有不服以覲文王之耿光以揚武王之大烈嗚呼繼自今後王立政其惟克用常人周公若曰太史司寇蘇公式敬爾由獄以長我王國茲式有慎以列用中罰

周官

惟周王撫萬邦巡侯甸四征弗庭綏厥兆民六服群辟罔不承德歸于宗周董正治官王曰若昔大猷制治于未亂保邦于未危曰唐虞稽古建官惟百內有百揆四岳外有州牧侯伯庶政惟和萬國咸寧夏商官倍亦克

儒藏
儒藏經典·康熙篆文六經四書　尚書

其勿誤于庶獄，惟有司之牧夫。其克詰爾戎兵，以陟禹之迹。方行天下，至于海表，罔有不服。以覲文王之耿光，以揚武王之大烈。嗚呼！繼自今，後王立政，其惟克用常人。」周公若曰：「太史，司寇蘇公！式敬爾由獄，以長我王國。茲式有慎，以列用中罰。」

周官

惟周王撫萬邦，巡侯甸。四征弗庭，綏厥兆民。六服群辟，罔不承德，歸于宗周，董正治官。王曰：「若昔大猷，制治于未亂，保邦于未危。曰唐虞稽古，建官惟百，內有百揆四岳，外有州牧侯伯。庶政惟和，萬國咸寧。夏、商官倍，亦克用乂明王立政不惟其官惟其人今予小子祗勤于德夙夜不逮仰惟前代時若訓迪厥官立太師太傅太保茲惟三公論道經邦燮理陰陽官不必備惟其人少師少傅少保曰三孤貳公弘化寅亮天地弼予一人冢宰掌邦治統百官均四海司徒掌邦教敷五典擾兆民宗伯掌邦禮治神人和上下司馬掌邦政統六師平邦國司寇掌邦禁詰姦慝刑暴亂司空掌邦土居四民時地利六卿分職各率其屬以倡九牧阜成兆民六年五服一朝又六年王乃時巡考制度于四岳諸侯各朝于方岳大明

儒藏經典·康熙篆文六經四書　尚書

用乂。明王立政，不惟其官，惟其人。今予小子，祗勤于德，夙夜不逮。仰惟前代時若，訓迪厥官。立太師、太傅、太保，茲惟三公，論道經邦，燮理陰陽。官不必備，惟其人。少師、少傅、少保，曰三孤，貳公弘化，寅亮天地，弼予一人。冢宰掌邦治，統百官，均四海。司徒掌邦教，敷五典，擾兆民。宗伯掌邦禮，治神人，和上下。司馬掌邦政，統六師，平邦國。司寇掌邦禁，詰姦慝，刑暴亂。司空掌邦土，居四民，時地利。六卿分職，各率其屬，以倡九牧，阜成兆民。六年，五服一朝。又六年，王乃時巡，考制度于四岳。諸侯各朝于方岳，大明黜陟。」王曰：「嗚呼！凡我有官君子，欽乃攸司，慎乃出令，令出惟行，弗惟反。以公滅私，民其允懷。學古入官，議事以制，政乃不迷。其爾典常作之師，無以利口亂厥官。蓄疑敗謀，怠忽荒政，不學牆面，蒞事惟煩。戒爾卿士，功崇惟志，業廣惟勤，惟克果斷，乃罔後艱。位不期驕，祿不期侈。恭儉惟德，無載爾僞。作德心逸日休，作僞心勞日拙。居寵思危，罔不惟畏，弗畏入畏。推賢讓能，庶官乃和，不和政厖。舉能其官，惟爾之能，稱匪其人，惟爾不任。」王曰：「嗚呼！三事暨大夫，敬爾有官，亂爾有政。以佑乃辟，永康兆民，萬邦

惟無斁
君陳
王若曰君陳惟爾令德孝恭惟
孝友于兄弟克施有政命汝尹
茲東郊敬哉昔周公師保萬民
民懷其德往慎乃司茲率厥常
懋昭周公之訓惟民其乂我聞
曰至治馨香感于神明黍稷非

馨明德惟馨爾尚式時周公之
猷訓惟日孜孜無敢逸豫凡人
未見聖若不克見既見聖亦不
克由聖爾其戒哉爾惟風下民
惟草圖厥政莫或不艱有廢有
興出入自爾師虞庶言同則繹
爾有嘉謀嘉猷則入告爾后于
內爾乃順之于外曰斯謀斯猷

惟無斁。」

君陳

王若曰：「君陳，惟爾令德孝恭。惟孝友于兄弟，克施有政。命汝尹茲東郊，敬哉！昔周公師保萬民，民懷其德，往慎乃司！茲率厥常。懋昭周公之訓，惟民其乂。我聞曰：『至治馨香，感于神明；黍稷非

儒藏經典·康熙篆文六經四書 尚書

馨，明德惟馨。』爾尚式時周公之猷訓，惟日孜孜，無敢逸豫！凡人未見聖，若不克見；既見聖，亦不克由聖。爾其戒哉！爾惟風，下民惟草。圖厥政，莫或不艱，有廢有興，出入自爾師虞，庶言同則繹。爾有嘉謀嘉猷，則入告爾后于內，爾乃順之于外，曰：『斯謀斯猷，

惟我后之德嗚呼臣人咸若時
惟良顯哉王曰君陳爾惟弘周
公丕訓無依勢作威無倚法以
削寬而有制從容以和殷民在
辟予曰辟爾惟勿辟予曰宥爾
惟勿宥惟厥中有弗若于汝政
弗化于汝訓辟以止辟乃辟狃
于姦宄敗常亂俗三細不宥爾

無忿疾于頑無求備于一夫必
有忍其乃有濟有容德乃大簡
厥修亦簡其或不修進厥良以
率其或不良惟民生厚因物有
遷違上所命從厥攸好爾克敬
典在德時乃罔不變允升于大
猷惟予一人膺受多福其爾之
休終有辭於永世

惟我后之德。』嗚呼！臣人咸若時，惟良顯哉！」王曰：「君陳，爾惟弘周公丕訓！無依勢作威，無倚法以削。寬而有制，從容以和。殷民在辟，予曰辟，爾惟勿辟；予曰宥，爾惟勿宥。惟厥中。有弗若于汝政，弗化于汝訓，辟以止辟，乃辟。狃于姦宄，敗常亂俗，三細不宥。爾

儒藏 儒藏經典·康熙篆文六經四書 尚書

無忿疾于頑，無求備于一夫。必有忍，其乃有濟；有容，德乃大。簡厥修，亦簡其或不修；進厥良，以率其或不良。惟民生厚，因物有遷。違上所命，從厥攸好。爾克敬典在德，時乃罔不變，允升于大猷。惟予一人，膺受多福。其爾之休，終有辭於永世。」

顧命

惟四月哉生魄王不懌甲子王
乃洮頮水相被冕服憑玉几乃
同召太保奭芮伯彤伯畢公衛
侯毛公師氏虎臣百尹御事王
曰嗚呼疾大漸惟幾病日臻既
彌留恐不獲誓言嗣茲予審訓
命汝昔君文王武王宣重光奠

麗陳教則肄肄不違用克達殷
集大命在後之侗敬迓天威嗣
守文武大訓無敢昏逾今天降
疾殆弗興弗悟爾尚明時朕言
用敬保元子釗弘濟于艱難柔
遠能邇安勸小大庶邦思夫人
自亂于威儀爾無以釗冒貢于
非幾茲既受命還出綴衣于庭

顧命

惟四月，哉生魄，王不懌。甲子，王乃洮頮水。相被冕服，憑玉几。乃同，召太保奭、芮伯、彤伯、畢公、衛侯、毛公、師氏、虎臣、百尹、御事。王曰：「嗚呼！疾大漸，惟幾，病日臻，既彌留，恐不獲誓言嗣，茲予審訓命汝。昔君文王、武王，宣重光，奠

儒藏 儒藏經典·康熙篆文六經四書 尚書

麗陳教則肄。肄不違，用克達殷集大命。在後之侗，敬迓天威，嗣守文武大訓，無敢昏逾。今天降疾，殆弗興弗悟。爾尚明時朕言，用敬保元子釗，弘濟于艱難。柔遠能邇，安勸小大庶邦。思夫人自亂于威儀，爾無以釗冒貢于非幾。」茲既受命還，出綴衣于庭。

越翼日乙丑王崩太保命仲桓南宮毛俾爰齊侯呂伋以二干戈虎賁百人逆子釗于南門之外延入翼室恤宅宗丁卯命作冊度越七日癸酉伯相命士須材狄設黼扆綴衣牖間南嚮敷重篾席黼純華玉仍几西序東嚮敷重底席綴純文貝仍几東序西嚮敷重豐席畫純雕玉仍几西夾南嚮敷重筍席玄紛純漆仍几越玉五重陳寶赤刀大訓弘璧琬琰在西序大玉夷玉天球河圖在東序胤之舞衣大貝鼖鼓在西房兌之戈和之弓垂之竹矢在東房大輅在賓階面綴輅在阼階面先輅在左塾

越翼日乙丑，王崩。太保命仲桓、南宮毛，俾爰齊侯呂伋，以二干戈，虎賁百人，逆子釗于南門之外，延入翼室，恤宅宗。丁卯，命作冊度。越七日癸酉，伯相命士須材。狄設黼扆綴衣。牖間南嚮，敷重篾席黼純，華玉仍几。西序東嚮，敷重底席，綴純，文貝仍几。東序西嚮，敷重豐席，畫純，雕玉仍几。西夾南嚮，敷重筍席，玄紛純，漆仍几。越玉五重：陳寶，赤刀，大訓，弘璧，琬琰，在西序；大玉，夷玉，天球，河圖，在東序。胤之舞衣，大貝，鼖鼓，在西房；兌之戈，和之弓，垂之竹矢，在東房。大輅在賓階面，綴輅在阼階面，先輅在左塾

之前次輅在右塾之前二人雀
弁執惠立于畢門之內四人綦
弁執戈上刃夾兩階戺一人冕
執劉立于東堂一人冕執鉞立
于西堂一人冕執戣立于東垂
一人冕執瞿立于西垂一人冕
執鋭立于側階王麻冕黼裳由
賓階隮卿士邦君麻冕蟻裳入

即位太保太史太宗皆麻冕彤
裳太保承介圭上宗奉同瑁由
阼階隮太史秉書由賓階隮御
王册命曰皇后憑玉几道揚末
命命汝嗣訓臨君周邦率循大
卞燮和天下用答揚文武之光
訓王再拜興答曰眇眇予末小
子其能而亂四方以敬忌天威

之前，次輅在右塾之前。二人雀
弁，執惠，立于畢門之內。四人綦
弁，執戈上刃，夾兩階戺。一人冕
執劉，立于東堂；一人冕執鉞，立
于西堂。一人冕執戣，立于東垂；
一人冕執瞿，立于西垂；一人冕
執鋭，立于側階。王麻冕黼裳，由
賓階隮。卿士邦君，麻冕蟻裳，入

即位。太保、太史、太宗，皆麻冕彤
裳。太保承介圭，上宗奉同瑁，由
阼階隮。太史秉書，由賓階隮，御
王册命。曰：「皇后憑玉几，道揚末
命，命汝嗣訓，臨君周邦，率循大
卞，燮和天下，用答揚文武之光
訓。」王再拜，興。答曰：「眇眇予末小
子，其能而亂四方，以敬忌天威。」

乃受同瑁王三宿三祭三咤上
宗曰饗太保受同降盥以異同
秉璋以㉖酢授宗人同拜王答拜
太保受同祭嚌宅授宗人同拜
王答拜太保降收諸侯出廟門
俟

康王之誥

王出在應門之內太保率西方

諸侯入應門左畢公率東方諸
侯入應門右皆布乘黃朱賓稱
奉圭兼幣曰一二臣衛敢執壤
奠皆再拜稽首王義嗣德答拜
太保暨芮伯咸進相揖皆再拜
稽首曰敢敬告天子皇天改大
邦殷之命惟周文武誕受羑若
克恤西土惟新陟王畢協賞罰

乃受同瑁，王三宿，三祭，三咤。上宗曰：「饗。」太保受同，降，盥，以異同秉璋以酢。授宗人同，拜，王答拜。太保受同，祭，嚌，宅，授宗人同，拜，王答拜。太保降，收。諸侯出廟門俟。

康王之誥

王出，在應門之內。太保率西方

儒藏經典·康熙篆文六經四書 尚書

諸侯入應門左，畢公率東方諸侯入應門右，皆布乘黃朱。賓稱奉圭兼幣，曰：「一二臣衛，敢執壤奠。」皆再拜稽首。王義嗣，德答拜。太保暨芮伯咸進，相揖，皆再拜稽首曰：「敢敬告天子，皇天改大邦殷之命，惟周文武誕受羑若，克恤西土。惟新陟王畢協賞罰，戡定厥功用敷遺後人休今王敬之哉張皇六師無壞我高祖寡命王若曰庶邦侯甸男衛惟予一人釗報誥昔君文武丕平富不務咎底至齊信用昭明于天下則亦有熊羆之士不二心之臣保乂王家用端命于上帝皇天用訓厥道付畀四方乃命

建侯樹屏在我後之人今予一二伯父尚胥暨顧綏爾先公之臣服于先王雖爾身在外乃心罔不在王室用奉恤厥若無遺鞠子羞群公既皆聽命相揖趨出王釋冕反喪服

畢命

惟十有二年六月庚午朏越三

戡定厥功，用敷遺後人休。今王敬之哉！張皇六師，無壞我高祖寡命。」王若曰：「庶邦侯甸男衛，惟予一人釗報誥。昔君文武丕平，富不務咎，底至齊信，用昭明于天下。則亦有熊羆之士，不二心之臣，保乂王家，用端命于上帝。皇天用訓厥道，付畀四方。乃命

建侯樹屏，在我後之人。今予一二伯父尚胥暨顧，綏爾先公之臣服于先王。雖爾身在外，乃心罔不在王室。用奉恤厥若，無遺鞠子羞！」群公既皆聽命，相揖趨出。王釋冕，反喪服。

畢命

惟十有二年，六月庚午朏。越三

日壬申王朝步自宗周至于豐
以成周之眾命畢公保釐東郊
王若曰嗚呼父師惟文王武王
敷大德于天下用克受殷命惟
周公左右先王綏定厥家毖殷
頑民遷于洛邑密邇王室式化
厥訓既歷三紀世變風移四方
無虞予一人以寧道有升降政
由俗革不臧厥臧民罔攸勸惟
公懋德克勤小物弼亮四世正
色率下罔不祗師言嘉績多于
先王予小子垂拱仰成王曰嗚
呼父師今予祗命公以周公之
事往哉旌別淑慝表厥宅里彰
善癉惡樹之風聲弗率訓典殊
厥井疆俾克畏慕申畫郊圻慎

儒藏 儒藏經典・康熙篆文六經四書 尚書

日壬申，王朝步自宗周，至于豐。以成周之眾，命畢公保釐東郊。王若曰：「嗚呼！父師，惟文王、武王，敷大德于天下，用克受殷命。惟周公左右先王，綏定厥家，毖殷頑民，遷于洛邑，密邇王室，式化厥訓。既歷三紀，世變風移，四方無虞，予一人以寧。道有升降，政由俗革，不臧厥臧，民罔攸勸。惟公懋德，克勤小物，弼亮四世，正色率下，罔不祗師言。嘉績多于先王，予小子垂拱仰成。」王曰：「嗚呼！父師，今予祗命公以周公之事，往哉！旌別淑慝，表厥宅里，彰善癉惡，樹之風聲。弗率訓典，殊厥井疆，俾克畏慕。申畫郊圻，慎固封守，以康四海。政貴有恆，辭尚體要，不惟好異。商俗靡靡，利口惟賢，餘風未殄，公其念哉！我聞曰：『世祿之家，鮮克由禮。』以蕩陵德，實悖天道。敝化奢麗，萬世同流。茲殷庶士，席寵惟舊，怙侈滅義，服美于人。驕淫矜侉，將由惡終，雖收放心，閑之惟艱。資富能訓，惟以永年。惟德惟義，時乃大訓。不由古訓，于何其訓？」王曰：「嗚呼！父師，邦之安危，惟茲殷士，不剛不柔，厥德允修。惟周公克慎厥始，惟君陳克和厥中，惟公克成厥終。三后協心，同底于道，道洽政治，澤潤生民。四夷左衽，罔不咸賴，予小子永膺多福。公

其惟時成周建無窮之基亦有
無窮之聞子孫訓其成式惟乂
嗚呼罔曰弗克惟既厥心罔曰
民寡惟慎厥事欽若先王成烈
以休于前政

君牙

王若曰嗚呼君牙惟乃祖乃父
世篤忠貞服勞王家厥有成績

紀于太常惟予小子嗣守文武
成康遺緒亦惟先正之臣克左
右亂四方心之憂危若蹈虎尾
涉于春冰今命爾予翼作股肱
心膂纘乃舊服無忝祖考弘敷
五典式和民則爾身克正罔敢
弗正民心罔中惟爾之中夏暑
雨小民惟曰怨咨冬祁寒小民

其惟時成周，建無窮之基，亦有無窮之聞。子孫訓其成式，惟乂。嗚呼！罔曰弗克，惟既厥心。罔曰民寡，惟慎厥事。欽若先王成烈，以休于前政。」

君牙

王若曰：「嗚呼！君牙，惟乃祖乃父，世篤忠貞，服勞王家，厥有成績，

儒藏
儒藏經典·康熙篆文六經四書　尚書

紀于太常。惟予小子，嗣守文、武、成、康遺緒，亦惟先正之臣，克左右亂四方。心之憂危，若蹈虎尾，涉于春冰。今命爾予翼，作股肱心膂。纘乃舊服，無忝祖考，弘敷五典，式和民則。爾身克正，罔敢弗正，民心罔中，惟爾之中。夏暑雨，小民惟曰怨咨。冬祁寒，小民

亦惟曰怨咨厥惟艱哉思其艱以圖其易民乃寧嗚呼丕顯哉文王謨丕承哉武王烈啓佑我後人咸以正罔缺爾惟敬明乃訓用奉若于先王對揚文武之光命追配于前人王若曰君牙乃惟由先正舊典時式民之治亂在茲率乃祖考之攸行昭乃辟之有乂

冏命

王若曰伯冏惟予弗克于德嗣先人宅丕后怵惕惟厲中夜以興思免厥愆昔在文武聰明齊聖小大之臣咸懷忠良其侍御僕從罔匪正人以旦夕承弼厥辟出入起居罔有不欽發號施

儒藏經典・康熙篆文六經四書　尚書

亦惟曰怨咨。厥惟艱哉！思其艱以圖其易，民乃寧。嗚呼！丕顯哉，文王謨；丕承哉，武王烈。啓佑我後人，咸以正罔缺。爾惟敬明乃訓，用奉若于先王。對揚文、武之光命，追配于前人。」王若曰：「君牙，乃惟由先正舊典時式，民之治亂在茲。率乃祖考之攸行，昭乃辟之有乂。」

冏命

王若曰：「伯冏！惟予弗克于德，嗣先人宅丕后。怵惕惟厲，中夜以興，思免厥愆。昔在文、武，聰明齊聖。小大之臣，咸懷忠良。其侍御僕從，罔匪正人，以旦夕承弼厥辟。出入起居，罔有不欽；發號施令，罔有不臧。下民祇若，萬邦咸休。惟予一人無良，實賴左右前後有位之士，匡其不及，繩愆糾謬，格其非心，俾克紹先烈。今予命汝作大正，正于群僕侍御之臣，懋乃后德，交修不逮。慎簡乃僚，無以巧言令色，便辟側媚，其惟吉士。僕臣正，厥后克正。僕臣諛，厥后自聖。后德惟臣，不德惟臣。爾無昵于憸人，充耳目之官，迪上以非先王之典。非人其吉，惟貨其吉，若時瘝厥官。惟爾大弗克祇厥辟，惟予汝辜。」王曰：「嗚呼！欽哉！永弼乃后于彝憲。」

呂刑

惟呂命，王享國百年，耄荒，度作

刑以詰四方王曰若古有訓蚩
尤惟始作亂延及于平民罔不
寇賊鴟義姦宄奪攘矯虔苗民
弗用靈制以刑惟作五虐之刑
曰法殺戮無辜爰始淫爲劓刵
椓黥越茲麗刑并制罔差有辭
民興胥漸泯泯棼棼罔中于信
以覆詛盟虐威庶戮方告無辜

于上上帝監民罔有馨香德刑
發聞惟腥皇帝哀矜庶戮之不
辜報虐以威遏絶苗民無世在
下乃命重黎絶地天通罔有降
格群后之逮在下明明棐常鰥
寡無蓋皇帝清問下民鰥寡有
辭于苗德威惟畏德明惟明乃
命三后恤功于民伯夷降典折

刑以詰四方。王曰：「若古有訓，蚩
尤惟始作亂，延及于平民。罔不
寇賊，鴟義姦宄，奪攘矯虔。苗民
弗用靈，制以刑，惟作五虐之刑，
曰法，殺戮無辜。爰始淫爲劓、刵、
椓、黥，越茲麗刑并制，罔差有辭。
民興胥漸，泯泯棼棼，罔中于信，
以覆詛盟。虐威庶戮，方告無辜

儒藏
儒藏經典·康熙篆文六經四書　尚書

于上。上帝監民，罔有馨香德，刑
發聞惟腥。皇帝哀矜庶戮之不
辜，報虐以威，遏絶苗民，無世在
下。乃命重黎，絶地天通，罔有降
格。群后之逮在下，明明棐常，鰥
寡無蓋。皇帝清問下民，鰥寡有
辭于苗。德威惟畏，德明惟明。乃
命三后，恤功于民。伯夷降典，折

民惟刑。禹平水土，主名山川，稷降播種，農殖嘉穀。三后成功，惟殷于民。士制百姓于刑之中，以教祇德。穆穆在上，明明在下，灼于四方，罔不惟德之勤。故乃明于刑之中，率乂于民棐彝。典獄，非訖于威，惟訖于富。敬忌，罔有擇言在身。惟克天德，自作元命，配享在下。」王曰：「嗟！四方司政典獄，非爾惟作天牧。今爾何監，非時伯夷播刑之迪？其今爾何懲？惟時苗民，匪察于獄之麗。罔擇吉人，觀于五刑之中。惟時庶威奪貨，斷制五刑，以亂無辜。上帝不蠲，降咎于苗。苗民無辭于罰，乃絕厥世。」王曰：「嗚呼！念之哉！伯

民惟刑。禹平水土，主名山川，稷降播種，農殖嘉穀。三后成功，惟殷于民。士制百姓于刑之中，以教祇德。穆穆在上，明明在下，灼于四方，罔不惟德之勤。故乃明于刑之中，率乂于民棐彝。典獄，非訖于威，惟訖于富。敬忌，罔有擇言在身。惟克天德，自作元命，配享在下。」王曰：「嗟！四方司政典獄，非爾惟作天牧。今爾何監，非時伯夷播刑之迪？其今爾何懲？惟時苗民，匪察于獄之麗。罔擇吉人，觀于五刑之中。惟時庶威奪貨，斷制五刑，以亂無辜。上帝不蠲，降咎于苗。苗民無辭于罰，乃絕厥世。」王曰：「嗚呼！念之哉！伯

父伯兄仲叔季弟幼子童孫皆聽朕言庶有革㉗命今爾罔不由慰日勤爾罔或戒不勤天齊于民俾我一日非終惟終在人爾尚敬逆天命以奉我一人雖畏勿畏雖休勿休惟敬五刑以成三德一人有慶兆民賴之其寧惟永王曰吁來有邦有土告爾祥刑在今爾安百姓何擇非人何敬非刑何度非及兩造具備師聽五辭五辭簡孚正于五刑五刑不簡正于五罰五罰不服正于五過五過之疵惟官惟反惟內惟貨惟來其罪惟均其審克之五刑之疑有赦五罰之疑有赦其審克之簡孚有眾惟貌

儒藏
儒藏經典·康熙篆文六經四書　尚書

父，伯兄，仲叔，季弟，幼子，童孫，皆聽朕言，庶有格命。今爾罔不由慰日勤，爾罔或戒不勤。天齊于民，俾我一日。非終惟終，在人。爾尚敬逆天命，以奉我一人。雖畏勿畏，雖休勿休。惟敬五刑，以成三德。一人有慶，兆民賴之，其寧惟永。」王曰：「吁！來！有邦有土，告爾祥刑。在今爾安百姓，何擇非人？何敬非刑？何度非及？兩造具備，師聽五辭；五辭簡孚，正于五刑；五刑不簡，正于五罰；五罰不服，正于五過；五過之疵，惟官，惟反，惟內，惟貨，惟來，其罪惟均，其審克之。五刑之疑有赦，五罰之疑有赦，其審克之。簡孚有眾，惟貌

有稽無簡不聽具嚴天威墨辟
疑赦其罰百鍰閱實其罪劓辟
疑赦其罰惟倍閱實其罪剕辟
疑赦其罰倍差閱實其罪宮辟
疑赦其罰六百鍰閱實其罪大
辟疑赦其罰千鍰閱實其罪墨
罰之屬千劓罰之屬千剕罰之
屬五百宮罰之屬三百大辟之
罰其屬二百五刑之屬三千上
下比罪無僭亂辭勿用不行惟
察惟法其審克之上刑適輕下
服下刑適重上服輕重諸罰有
權刑罰世輕世重惟齊非齊有
倫有要罰懲非死人極于病非
佞折獄惟良折獄罔非在中察
辭于差非從惟從哀敬折獄明

儒藏 儒藏經典·康熙篆文六經四書 尚書

有稽。無簡不聽，具嚴天威。墨辟疑赦，其罰百鍰，閱實其罪。劓辟疑赦，其罰惟倍，閱實其罪。剕辟疑赦，其罰倍差，閱實其罪。宮辟疑赦，其罰六百鍰，閱實其罪。大辟疑赦，其罰千鍰，閱實其罪。墨罰之屬千，劓罰之屬千，剕罰之屬五百，宮罰之屬三百，大辟之罰，其屬二百；五刑之屬三千。上下比罪，無僭亂辭，勿用不行，惟察惟法，其審克之。上刑適輕下服，下刑適重上服，輕重諸罰有權。刑罰世輕世重，惟齊非齊，有倫有要。罰懲非死，人極于病。非佞折獄，惟良折獄，罔非在中。察辭于差，非從惟從。哀敬折獄，明

啓刑書胥占咸庶中正其刑其
罰其審克之獄成而孚輸而孚
其刑上備有并兩刑王曰嗚呼
敬之哉官伯族姓朕言多懼朕
敬于刑有德惟刑今天相民作
配在下明清于單辭民之亂罔
不中聽獄之兩辭無或私家于
獄之兩辭獄貨非寶惟府辜功

報以庶尤永畏惟罰非天不中
惟人在命天罰不極庶民罔有
令政在于天下王曰嗚呼嗣孫
今往何監非德于民之中尚明
聽之哉哲人惟刑無疆之辭屬
于五極咸中有慶受王嘉師監
于茲祥刑

文侯之命

啓刑書胥占，咸庶中正。其刑其罰，其審克之。獄成而孚，輸而孚，其刑上備，有并兩刑。」王曰：「嗚呼！敬之哉！官伯族姓，朕言多懼。朕敬于刑，有德惟刑。今天相民，作配在下，明清于單辭。民之亂，罔不中，聽獄之兩辭，無或私家于獄之兩辭。獄貨非寶，惟府辜功，

儒藏
儒藏經典・康熙篆文六經四書　尚書

報以庶尤。永畏惟罰，非天不中，惟人在命。天罰不極，庶民罔有令政在于天下。」王曰：「嗚呼！嗣孫，今往何監？非德于民之中，尚明聽之哉！哲人惟刑，無疆之辭，屬于五極，咸中有慶。受王嘉師，監于茲祥刑。」

文侯之命

王若曰父義和丕顯文武克慎
明德昭升于上敷聞在下惟時
上帝集厥命于文王亦惟先正
克左右昭事厥辟越小大謀猷
罔不率從肆先祖懷在位嗚呼
閔予小子嗣造天丕愆殄資澤
于下民侵戎我國家純即我御
事罔或耆壽俊在厥服予則罔

克曰惟祖惟父其伊恤朕躬嗚
呼有績予一人永綏在位父義
和汝克昭乃顯祖汝肇刑文武
用會紹乃辟追孝于前文人汝
多修扞我于艱若汝予嘉王曰
父義和其歸視爾師寧爾邦用
賚爾秬鬯一卣彤弓一彤矢百
盧弓一盧矢百馬四匹父往哉

王若曰：「父義和！丕顯文、武，克慎明德，昭升于上，敷聞在下；惟時上帝，集厥命于文王。亦惟先正克左右昭事厥辟，越小大謀猷罔不率從，肆先祖懷在位。嗚呼！閔予小子，嗣造天丕愆，殄資澤于下民，侵戎我國家純。即我御事，罔或耆壽俊在厥服，予則罔

儒藏
儒藏經典・康熙篆文六經四書　尚書

克。曰：惟祖惟父，其伊恤朕躬！嗚呼！有績予一人，永綏在位。父義和！汝克昭乃顯祖。汝肇刑文、武，用會紹乃辟，追孝于前文人。汝多修，扞我于艱，若汝，予嘉。」王曰：「父義和！其歸視爾師，寧爾邦。用賚爾秬鬯一卣，彤弓一，彤矢百，盧弓一，盧矢百，馬四匹。父往哉！

柔遠能邇惠康小民無荒寧簡恤爾都用成爾顯德

費誓

公曰嗟人無譁聽命徂茲淮夷徐戎並興善敹乃甲冑敿乃干無敢不弔備乃弓矢鍛乃戈矛礪乃鋒刃無敢不善今惟淫舍牿牛馬杜乃擭敜乃穽無敢傷牿牿之傷汝則有常刑馬牛其風臣妾逋逃無敢越逐祗復之我商賚汝乃越逐不復汝則有常刑無敢寇攘踰垣牆竊馬牛誘臣妾汝則有常刑甲戌我惟征徐戎峙乃糗糧無敢不逮汝則有大刑魯人三郊三遂峙乃楨榦甲戌我惟築無敢不供汝

柔遠能邇，惠康小民，無荒寧。簡恤爾都，用成爾顯德。」

費誓

公曰：「嗟！人無譁，聽命！徂茲淮夷，徐戎並興，善敹乃甲冑，敿乃干，無敢不弔！備乃弓矢，鍛乃戈矛，礪乃鋒刃，無敢不善！今惟淫舍牿牛馬，杜乃擭，敜乃穽，無敢傷牿。牿之傷，汝則有常刑！馬牛其風，臣妾逋逃，無敢越逐！祗復之，我商賚汝。乃越逐不復，汝則有常刑！無敢寇攘，踰垣牆，竊馬牛，誘臣妾，汝則有常刑！甲戌，我惟征徐戎。峙乃糗糧，無敢不逮，汝則有大刑！魯人三郊三遂，峙乃楨榦。甲戌，我惟築，無敢不供，汝

則有無餘刑非殺魯人三郊三
遂峙乃芻茭無敢不多汝則有
大刑

秦誓

公曰嗟我士聽無譁予誓告汝
群言之首古人有言曰民訖自
若是多盤責人斯無難惟受責
俾如流是惟艱哉我心之憂日

月逾邁若弗云來惟古之謀人
則曰未就予忌惟今之謀人姑
將以爲親雖則云然尚猷詢茲
黃髮則罔所愆番番良士旅力
既愆我尚有之仡仡勇夫射御
不違我尚不欲惟截截善諞言
俾君子易辭我皇多有之昧昧
我思之如有一介臣斷斷猗無

則有無餘刑，非殺。魯人三郊三遂，峙乃芻茭，無敢不多，汝則有大刑！」

秦誓

公曰：「嗟！我士！聽無譁！予誓告汝群言之首。古人有言曰：『民訖自若是多盤。責人斯無難，惟受責俾如流，是惟艱哉。』我心之憂，日

月逾邁，若弗云來。惟古之謀人，則曰未就予忌。惟今之謀人，姑將以爲親。雖則云然，尚猷詢茲黃髮，則罔所愆。番番良士，旅力既愆，我尚有之。仡仡勇夫，射御不違，我尚不欲。惟截截善諞言，俾君子易辭，我皇多有之！昧昧我思之，如有一介臣，斷斷猗無

他技其心休休焉其如有容人
之有技若己有之人之彥聖其
心好之不啻如自其口出是能
容之以保我子孫黎民亦職有
利哉人之有技冒疾以惡之人
之彥聖而違之俾不達是不能
容以不能保我子孫黎民亦曰
殆哉邦之杌隉曰由一人邦之
榮懷亦尚一人之慶

尚書終

他技，其心休休焉，其如有容。人之有技，若己有之；人之彥聖，其心好之，不啻如自其口出，是能容之。以保我子孫黎民，亦職有利哉。人之有技，冒疾以惡之；人之彥聖，而違之俾不達，是不能容。以不能保我子孫黎民，亦曰殆哉。邦之杌隉，曰由一人；邦之榮懷，亦尚一人之慶。」

尚書終

校記

①圮：誤。據通行本，當作「圮」。

②麓：形體有誤，當從「林」，不從「𣏟」。

③工：誤。據通行本，當作「功」。

④逸：形體有誤，當從「兔」，不從「免」。

⑤曆：誤。據通行本，當作「歷」。

⑥敕：形體有誤，當從「朿」，不從「束」。

⑦枝：《尚書》各本作「支」，《史記·五

帝本紀》作「枝」。

⑧洚：誤。據通行本，當作「降」。

⑨祇：誤。據通行本，當作「祇」。

⑩烈：當作「其」，作「烈」乃沿俗蔡傳本之誤。蔡傳宋本亦不誤。參看阮氏校勘記。

⑪牆：誤。據通行本，當作「穡」。

⑫忱：誤。據通行本，當作「沈」。

⑬諒：今《尚書》各本皆作「亮」。《釋文》：「亮本又作諒。」蔡傳：「亮一作諒。」

⑭昵：誤。據通行本，當作「昵」。

⑮祇：誤。據通行本，當作「祇」。

⑯黎：形體有誤，且各本皆作「犁」。阮氏校勘記云，古本作「黎」。

⑰此篇用蔡傳「今考定《武成》」。

⑱歛：形體有誤，當從「攵」，不從「欠」。

⑲己：誤。據通行本，當作「已」。

⑳稽：形體有誤，當從「日」，不從「口」。

㉑辨：各本皆作「辯」。

㉒畝：誤。據通行本，當作「畎」。

㉓艧：誤。據通行本，當作「雘」。

㉔廷：誤。據通行本，當作「庭」。

㉕己：誤。據通行本，當作「已」。

㉖嚮：誤。據通行本，當作「響」。

㉗革：誤。據通行本，當作「格」。

詩

毛詩篇目

國風

周南

關雎　葛覃

卷耳　樛木

螽斯　桃夭

兔罝　芣苢

漢廣　汝墳

麟之趾

召南

鵲巢　采蘩

草蟲　采蘋

甘棠　行露

羔羊　殷其靁

摽有梅　小星

江有汜　野有死麕

毛詩篇目

國風

周南

關雎　葛覃

卷耳　樛木

螽斯　桃夭

兔罝　芣苢

漢廣　汝墳

儒藏
儒藏經典·康熙篆文六經四書　毛詩

麟之趾

召南

鵲巢　采蘩

草蟲　采蘋

甘棠　行露

羔羊　殷其靁

摽有梅　小星

江有汜　野有死麕

何彼襛矣　騶虞

邶

柏舟　綠衣

燕燕　日月

終風　擊鼓

凱風　雄雉

匏有苦葉　谷風

式微　旄丘

簡兮　泉水

北門　北風

靜女　新臺

二子乘舟

鄘

柏舟　牆有茨

君子偕老　桑中

鶉之奔奔　定之方中

儒藏
儒藏經典·康熙篆文六經四書　毛詩

何彼襛矣　騶虞

邶

柏舟　綠衣

燕燕　日月

終風　擊鼓

凱風　雄雉

匏有苦葉　谷風

式微　旄丘

簡兮　泉水

北門　北風

靜女　新臺

二子乘舟

鄘

柏舟　牆有茨

君子偕老　桑中

鶉之奔奔　定之方中

蝃蝀 相鼠
干旄 載馳

衛

淇奧 考槃
碩人 氓
竹竿 芄蘭
河廣 伯兮
有狐 木瓜

王

黍離 君子于役
君子陽陽 揚之水
中谷有蓷 兔爰
葛藟 采葛
大車 丘中有麻

鄭

緇衣 將仲子

儒藏
儒藏經典·康熙篆文六經四書 毛詩
蝃蝀 相鼠
干旄 載馳
衛
淇奧 考槃
碩人 氓
竹竿 芄蘭
河廣 伯兮
有狐 木瓜
王
黍離 君子于役
君子陽陽 揚之水
中谷有蓷 兔爰
葛藟 采葛
大車 丘中有麻
鄭
緇衣 將仲子

叔于田　大叔于田
清人　羔裘
遵大路　女曰雞鳴
有女同車　山有扶蘇
蘀兮　狡童
褰裳　丰
東門之墠　風雨
子衿　揚之水
出其東門　野有蔓草
溱洧

齊

雞鳴　還
著　東方之日
東方未明　南山
甫田　盧令
敝笱　載驅

儒藏
儒藏經典·康熙篆文六經四書　毛詩

叔于田　大叔于田
清人　羔裘
遵大路　女曰雞鳴
有女同車　山有扶蘇
蘀兮　狡童
褰裳　丰
東門之墠　風雨
子衿　揚之水
出其東門　野有蔓草
溱洧

齊

雞鳴　還
著　東方之日
東方未明　南山
甫田　盧令
敝笱　載驅

猗嗟

魏

葛屨 汾沮洳

園有桃 陟岵

十畝之間 伐檀

碩鼠

唐

蟋蟀 山有樞

揚之水 椒聊

綢繆 杕杜

羔裘 鴇羽

無衣 有杕之杜

葛生 采苓

秦

車鄰 駟驖

小戎 蒹葭

儒藏 儒藏經典·康熙篆文六經四書 毛詩

猗嗟

魏

葛屨 汾沮洳

園有桃 陟岵

十畝之間 伐檀

碩鼠

唐

蟋蟀 山有樞

揚之水 椒聊

綢繆 杕杜

羔裘 鴇羽

無衣 有杕之杜

葛生 采苓

秦

車鄰 駟驖

小戎 蒹葭

終南 黃鳥

晨風 無衣

渭陽 權輿

陳

宛丘 東門之枌

衡門 東門之池

東門之楊 墓門

防有鵲巢 月出

株林 澤陂

檜

羔裘 素冠

隰有萇楚 匪風

曹

蜉蝣 候人

鳲鳩 下泉

豳

終南 黃鳥

晨風 無衣

渭陽 權輿

陳

宛丘 東門之枌

衡門 東門之池

東門之楊 墓門

防有鵲巢 月出

株林 澤陂

檜

羔裘 素冠

隰有萇楚 匪風

曹

蜉蝣 候人

鳲鳩 下泉

豳

七月　鴟鴞
東山　破斧
伐柯　九罭
狼跋

小雅

鹿鳴之什

鹿鳴　四牡
皇皇者華　常棣
伐木　天保
采薇　出車
杕杜　南陔

白華之什

白華　華黍
魚麗　由庚①
南有嘉魚　崇丘
南山有臺　由儀

儒藏經典·康熙篆文六經四書　毛詩

七月　鴟鴞
東山　破斧
伐柯　九罭
狼跋
小雅
鹿鳴之什
鹿鳴　四牡
皇皇者華　常棣
伐木　天保
采薇　出車
杕杜　南陔
白華之什
白華　華黍
魚麗　由庚
南有嘉魚　崇丘
南山有臺　由儀

蓼蕭　湛露

彤弓之什

彤弓　菁菁者莪

六月　采芑

車攻　吉日

鴻雁　庭燎

沔水　鶴鳴

祈父之什

祈父　白駒

黃鳥　我行其野

斯干　無羊

節南山　正月

十月之交　雨無正

小旻之什

小旻　小宛

小弁　巧言

儒藏
儒藏經典·康熙篆文六經四書　毛詩

蓼蕭　湛露

彤弓之什

彤弓　菁菁者莪

六月　采芑

車攻　吉日

鴻雁　庭燎

沔水　鶴鳴

祈父之什

祈父　白駒

黃鳥　我行其野

斯干　無羊

節南山　正月

十月之交　雨無正

小旻之什

小旻　小宛

小弁　巧言

何人斯　巷伯

谷風　蓼莪

大東　四月

北山之什

北山　無將大車

小明　鼓鐘

楚茨　信南山

甫田　大田

瞻彼洛矣　裳裳者華

桑扈之什

桑扈　鴛鴦

頍弁　車舝

青蠅　賓之初筵

魚藻　采菽

角弓　菀柳

都人士之什

儒藏
儒藏經典·康熙篆文六經四書　毛詩

何人斯　巷伯

谷風　蓼莪

大東　四月

北山之什

北山　無將大車

小明　鼓鐘

楚茨　信南山

甫田　大田

瞻彼洛矣　裳裳者華

桑扈之什

桑扈　鴛鴦

頍弁　車舝

青蠅　賓之初筵

魚藻　采菽

角弓　菀柳

都人士之什

都人士　采綠

黍苗　隰桑

白華　緜蠻

瓠葉　漸漸之石

苕之華　何草不黃

大雅

文王之什

文王　大明

緜　棫樸

旱麓　思齊

皇矣　靈臺

下武　文王有聲

生民之什

生民　行葦

既醉　鳧鷖

假樂　公劉

洞酌　卷阿
民勞　板
蕩之什
蕩　抑
桑柔　雲漢
崧高　烝民
韓奕　江漢
常武　瞻卬
召旻
頌
周頌清廟之什
清廟　維天之命
維清　烈文
天作　昊天有成命
我將　時邁
執競　思文

儒藏
儒藏經典·康熙篆文六經四書　毛詩
洞酌　卷阿
民勞　板
蕩之什
蕩　抑
桑柔　雲漢
崧高　烝民
韓奕　江漢
常武　瞻卬
召旻
頌
周頌清廟之什
清廟　維天之命
維清　烈文
天作　昊天有成命
我將　時邁
執競　思文

周頌臣工之什

臣工　噫嘻

振鷺　豐年

有瞽　潛

雝　載見

有客　武

周頌閔予小子之什

閔予小子　訪落

敬之　小毖

載芟　良耜

絲衣　酌

桓　賚

般

魯頌

駉　有駜

泮水　閟宮

周頌臣工之什

臣工　噫嘻

振鷺　豐年

有瞽　潛

雝　載見

有客　武

周頌閔予小子之什

閔予小子　訪落

儒藏 儒藏經典·康熙篆文六經四書　毛詩

敬之　小毖

載芟　良耜

絲衣　酌

桓　賚

般

魯頌

駉　有駜

泮水　閟宮

商頌

那　烈祖

玄鳥　長發

殷武

毛詩篇目

商頌

那　烈祖

玄鳥　長發

殷武

毛詩篇目

毛詩

國風

周南

關關雎鳩在河之洲窈窕淑女

君子好逑　參差荇菜左右流

之窈窕淑女寤寐求之求之不

得寤寐思服悠哉悠哉②輾轉反

側　參差荇菜左右采之窈窕

淑女琴瑟友之參差荇菜左右

芼之窈窕淑女鐘鼓樂之

關雎三章一章四句二

章章八句

葛之覃兮施于中谷維葉萋萋

黃鳥于飛集于灌木其鳴喈喈

葛之覃兮施于中谷維葉莫莫

莫是刈是濩爲絺爲綌服之無

毛詩

國風

周南

關關雎鳩，在河之洲。窈窕淑女，

君子好逑。參差荇菜，左右流

之。窈窕淑女，寤寐求之。求之不

得，寤寐思服。悠哉悠哉！輾轉反

側。參差荇菜，左右采之。窈窕

淑女，琴瑟友之。參差荇菜，左右

芼之。窈窕淑女，鐘鼓樂之。

《關雎》三章，一章四句，二

章章八句。

葛之覃兮，施于中谷，維葉萋萋。

黃鳥于飛，集于灌木，其鳴喈喈。

葛之覃兮，施于中谷，維葉莫

莫。是刈是濩，爲絺爲綌，服之無

數　言告師氏言告言歸薄污
我私薄澣我衣害澣害否歸寧
父母
葛覃三章章六句
采采卷耳不盈頃筐嗟我懷人
寘彼周行　陟彼崔嵬我馬虺
隤我姑酌彼金罍維以不永懷
陟彼高岡我馬玄黃我姑酌
彼兕觥維以不永傷　陟彼砠
矣我馬瘏矣我僕痡矣云何吁③
矣
卷耳四章章四句
南有樛木葛藟纍之樂只君子
福履綏之　南有樛木葛藟荒
之樂只君子福履將之　南有
樛木葛藟縈之樂只君子福履

儒藏經典・康熙篆文六經四書　毛詩

數。言告師氏，言告言歸。薄污我私，薄澣我衣。害澣害否？歸寧父母。

《葛覃》三章，章六句。

采采卷耳，不盈頃筐。嗟我懷人，寘彼周行。陟彼崔嵬，我馬虺隤。我姑酌彼金罍，維以不永懷。陟彼高岡，我馬玄黃。我姑酌彼兕觥，維以不永傷。陟彼砠矣，我馬瘏矣，我僕痡矣，云何吁矣！

《卷耳》四章，章四句。

南有樛木，葛藟纍之。樂只君子，福履綏之。南有樛木，葛藟荒之。樂只君子，福履將之。南有樛木，葛藟縈之。樂只君子，福履

成之

樛木三章章四句

螽斯羽詵詵兮宜爾子孫振振兮　螽斯羽薨薨兮宜爾子孫繩繩兮　螽斯羽揖揖兮宜爾子孫蟄蟄兮

螽斯三章章三句

桃之夭夭灼灼其華之子于歸宜其室家　桃之夭夭有蕡其實之子于歸宜其家室　桃之夭夭其葉蓁蓁之子于歸宜其家人

桃夭三章章四句

肅肅兔罝椓之丁丁赳赳武夫公侯干城　肅肅兔罝施于中逵赳赳武夫公侯好仇　肅肅

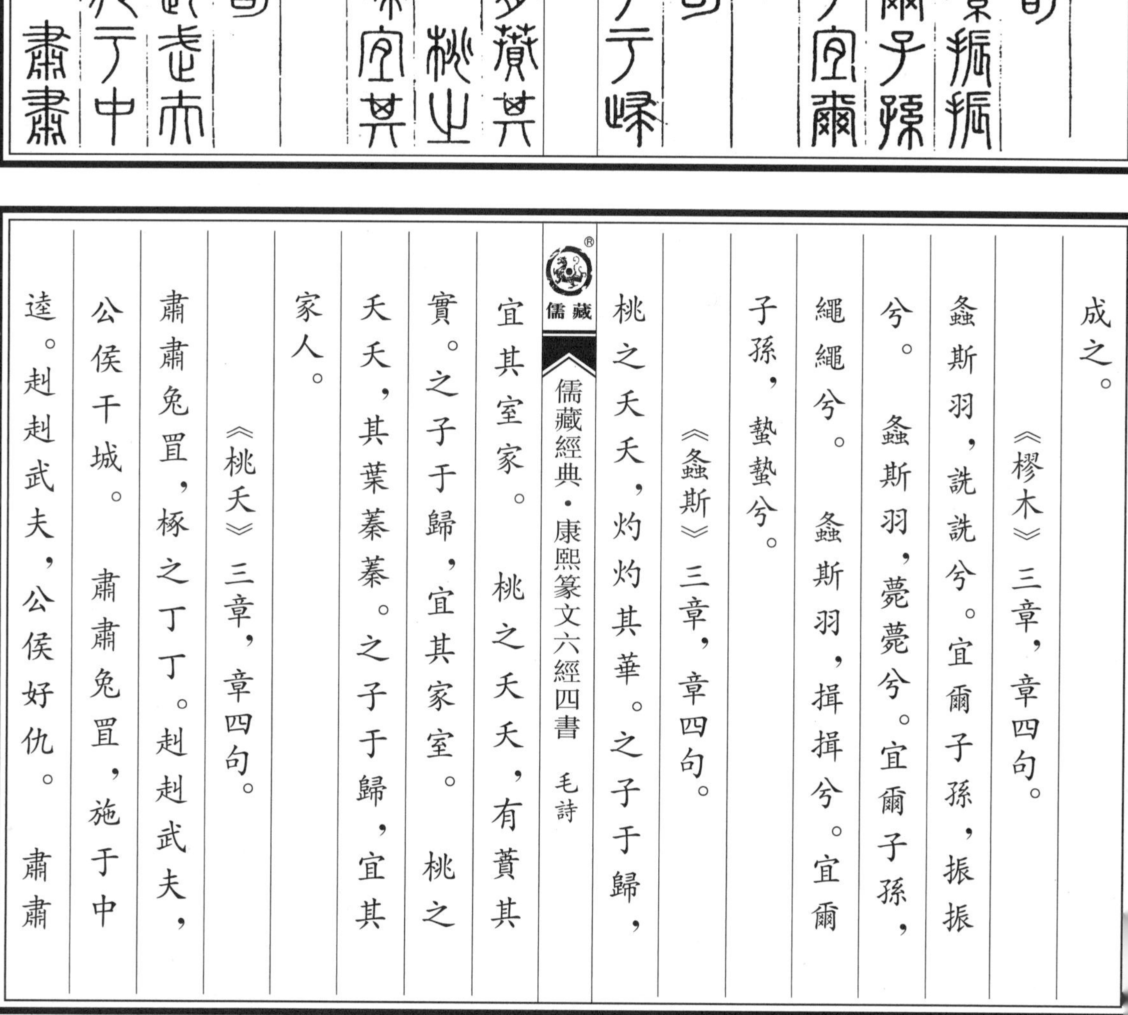

成之。

《樛木》三章，章四句。

螽斯羽，詵詵兮。宜爾子孫，振振兮。　螽斯羽，薨薨兮。宜爾子孫，繩繩兮。　螽斯羽，揖揖兮。宜爾子孫，蟄蟄兮。

《螽斯》三章，章四句。

儒藏經典·康熙篆文六經四書　毛詩

桃之夭夭，灼灼其華。之子于歸，宜其室家。　桃之夭夭，有蕡其實。之子于歸，宜其家室。　桃之夭夭，其葉蓁蓁。之子于歸，宜其家人。

《桃夭》三章，章四句。

肅肅兔罝，椓之丁丁。赳赳武夫，公侯干城。　肅肅兔罝，施于中逵。赳赳武夫，公侯好仇。　肅肅

兔罝施于中林赳赳武夫公侯腹心

兔罝三章章四句

采采芣苢薄言采之采采芣苢薄言有之　采采芣苢薄言掇之采采芣苢薄言捋之　采采芣苢薄言袺之采采芣苢薄言襭之

芣苢三章章四句

南有喬木不可休息漢有游女不可求思漢之廣矣不可泳思江之永矣不可方思

翹翹錯薪言刈其楚之子于歸言秣其馬漢之廣矣不可泳思江之永矣不可方思

翹翹錯薪言刈其蔞之子于歸言秣其駒漢之

兔罝，施于中林。赳赳武夫，公侯腹心。

《兔罝》三章，章四句。

采采芣苢，薄言采之。采采芣苢，薄言有之。　采采芣苢，薄言掇之。采采芣苢，薄言捋之。　采采芣苢，薄言袺之。采采芣苢，薄言襭之。

《芣苢》三章，章四句。

南有喬木，不可休息。漢有游女，不可求思。漢之廣矣，不可泳思。江之永矣，不可方思。

翹翹錯薪，言刈其楚。之子于歸，言秣其馬。漢之廣矣，不可泳思。江之永矣，不可方思。

翹翹錯薪，言刈其蔞。之子于歸，言秣其駒。漢之

廣矣不可泳思江之永矣不可
方思

漢廣三章章八句

遵彼汝墳伐其條枚未見君子
惄如輖④飢　遵彼汝墳伐其條
肄既見君子不我遐棄　魴魚
赬尾王室如燬雖則如燬父母
孔邇

汝墳三章章四句

麟之趾振振公子于嗟麟兮
麟之定振振公姓于嗟麟兮
麟之角振振公族于嗟麟兮

麟之趾三章章三句

召南

維鵲有巢維鳩居之之子于歸
百兩御之　維鵲有巢維鳩方

儒藏
儒藏經典·康熙篆文六經四書　毛詩

廣矣，不可泳思。江之永矣，不可方思。

《漢廣》三章，章八句。

遵彼汝墳，伐其條枚。未見君子，惄如調飢。遵彼汝墳，伐其條肄。既見君子，不我遐棄。魴魚赬尾，王室如燬。雖則如燬，父母孔邇。

《汝墳》三章，章四句。

麟之趾，振振公子。于嗟麟兮！

麟之定，振振公姓。于嗟麟兮！

麟之角，振振公族。于嗟麟兮！

《麟之趾》三章，章三句。

召南

維鵲有巢，維鳩居之。之子于歸，百兩御之。

維鵲有巢，維鳩方

之之子于歸百兩將之 維鵲有巢維鳩盈之之子于歸百兩成之

鵲巢三章章四句

于以采蘩于沼于沚于以用之公侯之事 于以采蘩于澗之中于以用之公侯之宮 被之僮僮夙夜在公被之祁祁薄言還歸

采蘩三章章四句

喓喓草蟲趯趯阜螽未見君子憂心忡忡亦既見止亦既覯止我心則降 陟彼南山言采其蕨未見君子憂心惙惙亦既見止亦既覯止我心則說 陟彼南山言采其薇未見君子我心

儒藏經典·康熙篆文六經四書 毛詩

之。之子于歸，百兩將之。 維鵲有巢，維鳩盈之。之子于歸，百兩成之。

《鵲巢》三章，章四句。

于以采蘩？于沼于沚。于以用之？公侯之事。 于以采蘩？于澗之中。于以用之？公侯之宮。 被之僮僮，夙夜在公。被之祁祁，薄言還歸。

《采蘩》三章，章四句。

喓喓草蟲，趯趯阜螽。未見君子，憂心忡忡。亦既見止，亦既覯止，我心則降！ 陟彼南山，言采其蕨。未見君子，憂心惙惙。亦既見止，亦既覯止，我心則說！ 陟彼南山，言采其薇。未見君子，我心傷悲。亦既見止，亦既覯止，我心則夷！

《草蟲》三章，章七句。

于以采蘋？南簡之濱。于以采藻？于彼行潦。于以盛之？維筐及筥。于以湘之？維錡及釜。于以奠之？宗室牖下。誰其尸之？有齊季女。

《采蘋》三章，章四句。

蔽芾甘棠，勿翦勿伐。召伯所茇。⑤

蔽芾甘棠，勿翦勿敗。召伯所憩。⑥

蔽芾甘棠，勿翦勿拜。召伯所説。

《甘棠》三章，章三句。

厭浥行露。豈不夙夜，謂行多露。

誰謂雀無角？何以穿我屋？誰

謂女無家何以速我獄雖速我獄室家不足　誰謂鼠無牙何以穿我墉誰謂女無家何以速我訟雖速我訟亦不女從

行露三章一章三句二章章六句

羔羊之皮素絲五紽退食自公委蛇委蛇　羔羊之革素絲五緎委蛇委蛇自公退食　羔羊之縫素絲五總委蛇委蛇退食自公

羔羊三章章四句

殷其靁在南山之陽何斯違斯莫敢或遑振振君子歸哉歸哉　殷其靁在南山之側何斯違斯莫敢遑息振振君子歸哉歸

儒藏

儒藏經典·康熙篆文六經四書　毛詩

謂女無家？何以速我獄？雖速我獄，室家不足。　誰謂鼠無牙？何以穿我墉？誰謂女無家？何以速我訟？雖速我訟，亦不女從。

《行露》三章，一章三句，二章章六句。

羔羊之皮，素絲五紽。退食自公，委蛇委蛇。　羔羊之革，素絲五緎。委蛇委蛇，自公退食。　羔羊之縫，素絲五總。委蛇委蛇，退食自公。

《羔羊》三章，章四句。

殷其靁，在南山之陽。何斯違斯？莫敢或遑。振振君子，歸哉歸哉！　殷其靁，在南山之側。何斯違斯？莫敢遑息。振振君子，歸哉歸

哉　殷其靁在南山之下何斯違斯莫或遑處振振君子歸哉歸哉

殷其靁三章章六句

摽有梅其實七兮求我庶士迨其吉兮　摽有梅其實三兮求我庶士迨其今兮　摽有梅頃筐塈之求我庶士迨其謂之

摽有梅三章章四句

嘒彼小星三五在東肅肅宵征夙夜在公寔命不同　嘒彼小星維參與昴肅肅宵征抱衾與裯寔命不猶

小星二章章五句

江有汜之子歸不我以不我以其後也悔　江有渚之子歸不

哉！　殷其靁，在南山之下。何斯違斯？莫或遑處。振振君子，歸哉歸哉！

《殷其靁》三章，章六句。

摽有梅，其實七兮。求我庶士，迨其吉兮！　摽有梅，其實三兮。求我庶士，迨其今兮！　摽有梅，頃筐塈之。求我庶士，迨其謂之！

《摽有梅》三章，章四句。

嘒彼小星，三五在東。肅肅宵征，夙夜在公。寔命不同！　嘒彼小星，維參與昴。肅肅宵征，抱衾與裯。寔命不猶！

《小星》二章，章五句。

江有汜，之子歸，不我以。不我以，其後也悔。　江有渚，之子歸，不

我與不我與其後也處 江有沱之子歸不我過不我過其嘯也歌

江有汜三章章五句

野有死麕白茅包之有女懷春吉士誘之 林有樸樕野有死鹿白茅純束有女如玉 舒而脫脫兮無感我帨兮無使尨也吠

⑦

野有死麕三章二章章四句一章三句

何彼襛矣唐棣之華曷不肅雝王姬之車 何彼襛矣華如桃李平王之孫齊侯之子 其釣維何維絲伊緡齊侯之子平王之孫

我與。不我與，其後也處。 江有沱，之子歸，不我過。不我過，其嘯也歌。

《江有汜》三章，章五句。

野有死麕，白茅包之。有女懷春，吉士誘之。 林有樸樕，野有死鹿，白茅純束，有女如玉。 舒而脫脫兮，無感我帨兮，無使尨也吠。

《野有死麕》三章，二章章四句，一章三句。

何彼襛矣？唐棣之華。曷不肅雝？王姬之車。 何彼襛矣？華如桃李。平王之孫，齊侯之子。 其釣維何？維絲伊緡。齊侯之子，平王之孫。

《何彼襛矣》三章，章四句。

彼茁者葭，壹發五豝。于嗟乎騶虞！彼茁者蓬，壹發五豵。于嗟乎騶虞！

《騶虞》二章，章三句。

邶

汎彼柏舟，亦汎其流。耿耿不寐，如有隱憂。微我無酒，以敖以遊。我心匪鑒，不可以茹。亦有兄弟，不可以據。薄言往愬，逢彼之怒。我心匪石，不可轉也。我心匪席，不可卷也。威儀棣棣，不可選也。憂心悄悄，慍于群小。覯閔既多，受侮不少。靜言思之，寤辟有摽。日居月諸，胡迭而微？心之憂矣，如匪澣衣。靜言思之，

儒藏經典·康熙篆文六經四書　毛詩

不能奮飛。

《柏舟》五章，章六句。

綠兮衣兮，綠衣黃裏。心之憂矣，曷維其已？　綠兮衣兮，綠衣黃裳。心之憂矣，曷維其亡？　綠兮絲兮，女所治兮。我思古人，俾無訧兮。　絺兮綌兮，凄其以風。我思古人，實獲我心。

《綠衣》四章，章四句。

燕燕于飛，差池其羽。之子于歸，遠送于野。瞻望弗及，泣涕如雨。　燕燕于飛，頡之頏之。之子于歸，遠于將之。瞻望弗及，佇立以泣。　燕燕于飛，下上其音。之子于歸，遠送于南。瞻望弗及，實勞我心。　仲氏任只，其心塞淵。終

温且惠淑慎其身先君之思以勖寡人

燕燕四章章六句

日居月諸照臨下土乃如之人兮逝不古處胡能有定寧不我顧　日居月諸下土是冒乃如之人兮逝不相好胡能有定寧不我報　日居月諸出自東方乃如之人兮德音無良胡能有定俾也可忘　日居月諸東方自出父兮母兮畜我不卒胡能有定報我不述

日月四章章六句

終風且暴顧我則笑謔浪笑敖中心是悼　終風且霾惠然肯來莫往莫來悠悠我思　終風

儒藏經典·康熙篆文六經四書　毛詩

温且惠，淑慎其身。先君之思，以勖寡人。

《燕燕》四章，章六句。

日居月諸，照臨下土。乃如之人兮，逝不古處。胡能有定？寧不我顧？　日居月諸，下土是冒。乃如之人兮，逝不相好。胡能有定？寧不我報？　日居月諸，出自東方。乃如之人兮，德音無良。胡能有定？俾也可忘。　日居月諸，東方自出。父兮母兮，畜我不卒。胡能有定？報我不述。

《日月》四章，章六句。

終風且暴，顧我則笑。謔浪笑敖，中心是悼。　終風且霾，惠然肯來。莫往莫來，悠悠我思。　終風且曀，不日有曀。寤言不寐，願言則嚏。曀曀其陰，虺虺其靁。寤言不寐，願言則懷。

《終風》四章，章四句。

擊鼓其鏜，踊躍用兵。土國城漕，我獨南行。從孫子仲，平陳與宋。不我以歸，憂心有忡。爰居爰處，爰喪其馬。于以求之？于林之下。死生契闊，與子成說。執子之手，與子偕老。于嗟闊兮，不我活兮。于嗟洵兮，不我信兮。

《擊鼓》五章，章四句。

凱風自南，吹彼棘心。棘心夭夭，母氏劬勞。凱風自南，吹彼棘薪。母氏聖善，我無令人。爰有寒泉，在浚之下。有子七人，母氏

勞苦 睍睆黃鳥載好其音有

子七人莫慰母心

凱風三章章四句

雄雉于飛泄泄其羽我之懷矣自詒伊阻 雄雉于飛下上其音展矣君子實勞我心 瞻彼日月悠悠我思道之云遠曷云能來 百爾君子不知德行不忮不求何用不臧

雄雉四章章四句

匏有苦葉濟有深涉深則厲淺則揭 有瀰濟盈有鷕雉鳴濟盈不濡軌雉鳴求其牡 雝雝鳴鴈旭日始旦士如歸妻迨冰未泮 招招舟子人涉卬否人涉卬否卬須我友

勞苦。睍睆黃鳥，載好其音。有子七人，莫慰母心。

《凱風》四章，章四句。

雄雉于飛，泄泄其羽。我之懷矣，自詒伊阻。雄雉于飛，下上其音。展矣君子，實勞我心。瞻彼日月，悠悠我思。道之云遠，曷云能來？百爾君子，不知德行。不忮不求，何用不臧？

《雄雉》四章，章四句。

匏有苦葉，濟有深涉。深則厲，淺則揭。有瀰濟盈，有鷕雉鳴。濟盈不濡軌，雉鳴求其牡。雝雝鳴鴈，旭日始旦。士如歸妻，迨冰未泮。招招舟子，人涉卬否。人涉卬否，卬須我友。

儒藏

儒藏經典·康熙篆文六經四書　毛詩

儒藏經典·康熙篆文六經四書　毛詩

《匏有苦葉》四章，章四句。

習習谷風，以陰以雨。黽勉同心，不宜有怒。采葑采菲，無以下體。德音莫違，及爾同死。

行道遲遲，中心有違。不遠伊邇，薄送我畿。誰謂荼苦？其甘如薺。宴爾新昏，如兄如弟。

涇以渭濁，湜湜其沚。宴爾新昏，不我屑以。毋逝我梁，毋發我笱。我躬不閱，遑恤我後。

就其深矣，方之舟之。就其淺矣，泳之游之。何有何亡？黽勉求之。凡民有喪，匍匐救之。

不我能慉⑨，反以我爲讎。既阻我德，賈用不售。昔育恐育鞫，及爾顛覆。既生既育，比予于毒。

我有旨蓄，亦以御冬。宴爾新昏，以

我御窮有洸有潰既詒我肄不
念昔者伊余來塈
谷風六章章八句
式微式微胡不歸微君之故胡
爲乎中露　式微式微胡不歸
微君之躬胡爲乎泥中
式微二章章四句
旄丘之葛兮何誕之節兮叔兮
伯兮何多日也　何其處也必
有與也何其久也必有以也
狐裘蒙戎匪車不東叔兮伯兮
靡所與同　瑣兮尾兮流離之
子叔兮伯兮褎如充耳
旄丘四章章四句
簡兮簡兮方將萬舞日之方中
在前上處　碩人俁俁公庭萬

儒藏　儒藏經典·康熙篆文六經四書　毛詩

我御窮。有洸有潰，既詒我肄。不
念昔者，伊余來塈。
《谷風》六章，章八句。
式微式微，胡不歸？微君之故，胡
爲乎中露？　式微式微，胡不歸？
微君之躬，胡爲乎泥中？
《式微》二章，章四句。
旄丘之葛兮，何誕之節兮。叔兮
伯兮，何多日也。　何其處也？必
有與也。何其久也？必有以也。
狐裘蒙戎，匪車不東。叔兮伯兮，
靡所與同。　瑣兮尾兮，流離之
子。叔兮伯兮，褎如充耳。
《旄丘》四章，章四句。
簡兮簡兮，方將萬舞。日之方中，
在前上處。　碩人俁俁，公庭萬

舞有力如虎執轡如組　左手
執籥右手秉翟赫如渥赭公言
錫爵　山有榛隰有苓云誰之
思西方美人彼美人兮西方之
人兮

簡兮四章三章章四句

一章六句

毖彼泉水亦流于淇有懷于衛
靡日不思孌彼諸姬聊與之謀
出宿于泲飲餞于禰女子有
行遠父母兄弟問我諸姑遂及
伯姊　出宿于干飲餞于言載
脂載舝還車言邁遄臻于衛不
瑕有害　我思肥泉茲之永歎
思須與漕我心悠悠駕言出遊
以寫我憂

儒藏經典·康熙篆文六經四書　毛詩

舞。有力如虎，執轡如組。左手
執籥，右手秉翟。赫如渥赭，公言
錫爵。山有榛，隰有苓。云誰之
思？西方美人。彼美人兮，西方之
人兮。

《簡兮》四章，三章章四句，

一章六句。

毖彼泉水，亦流于淇。有懷于衛，
靡日不思。孌彼諸姬，聊與之謀。
出宿于泲，飲餞于禰。女子有
行，遠父母兄弟。問我諸姑，遂及
伯姊。出宿于干，飲餞于言。載
脂載舝，還車言邁。遄臻于衛，不
瑕有害？我思肥泉，茲之永歎。
思須與漕，我心悠悠。駕言出遊，
以寫我憂。

泉水三章章六句

出自北門憂心殷殷⑩終窶且貧莫知我艱已焉哉天實爲之謂之何哉　王事適我政事一埤益我我入自外室人交徧讁我已焉哉天實爲之謂之何哉　王事敦我政事一埤遺我我人自外室人交徧摧我已焉哉天實爲之謂之何哉

北門三章章七句

北風其涼雨雪其雱惠而好我攜手同行其虛其邪既亟只且　北風其喈雨雪其霏惠而好我攜手同歸其虛其邪既亟只且　莫赤匪狐莫黑匪烏惠而好我攜手同車其虛其邪既亟

《泉水》四章，章六句。

出自北門，憂心殷殷。終窶且貧，莫知我艱。已焉哉！天實爲之，謂之何哉！　王事適我，政事一埤益我。我入自外，室人交徧讁我。已焉哉！天實爲之，謂之何哉！　王事敦我，政事一埤遺我，我入自外，室人交徧摧我。已焉哉！天實爲之，謂之何哉！

《北門》三章，章七句。

北風其涼，雨雪其雱。惠而好我，攜手同行。其虛其邪，既亟只且！　北風其喈，雨雪其霏。惠而好我，攜手同歸。其虛其邪，既亟只且！　莫赤匪狐，莫黑匪烏。惠而好我，攜手同車。其虛其邪，既亟

只且

北風三章章六句

靜女其姝俟我於城隅愛而不見搔首踟躕 靜女其孌貽我彤管彤管有煒説懌女美 自牧歸荑洵美且異匪女之爲美美人之貽

靜女三章章四句

新臺有泚河水瀰瀰燕婉之求籧篨不鮮 新臺有洒河水浼浼燕婉之求籧篨不殄 魚網之設鴻則離之燕婉之求得此戚施

新臺三章章四句

二子乘舟汎汎其景願言思子中心養養 二子乘舟汎汎其

只且。

《北風》三章，章六句。

靜女其姝，俟我於城隅。愛而不見，搔首踟躕。靜女其孌，貽我彤管。彤管有煒，説懌女美。自牧歸荑，洵美且異。匪女之爲美，美人之貽。

《靜女》三章，章四句。

新臺有泚，河水瀰瀰。燕婉之求，籧篨不鮮。新臺有洒，河水浼浼。燕婉之求，籧篨不殄。魚網之設，鴻則離之。燕婉之求，得此戚施。

《新臺》三章，章四句。

二子乘舟，汎汎其景。願言思子，中心養養。二子乘舟，汎汎其

逝願言思子不瑕有害

二子乘舟二章章四句

鄘

汎彼柏舟在彼中河髧彼兩髦實維我儀之死矢靡它母也天只不諒人只　汎彼柏舟在彼河側髧彼兩髦實維我特之死矢靡慝母也天只不諒人只

柏舟二章章七句

牆有茨不可埽也中冓之言不可道也所可道也言之醜也

牆有茨不可襄也中冓之言不可詳也所可詳也言之長也

牆有茨不可束也中冓之言不可讀也所可讀也言之辱也

牆有茨三章章六句

逝。願言思子，不瑕有害。

《二子乘舟》二章，章四句。

鄘

汎彼柏舟，在彼中河。髧彼兩髦，實維我儀。之死矢靡它，母也天只，不諒人只！　汎彼柏舟，在彼河側。髧彼兩髦，實維我特。之死矢靡慝，母也天只，不諒人只！

儒藏
儒藏經典·康熙篆文六經四書　毛詩

《柏舟》二章，章七句。

牆有茨，不可埽也。中冓之言，不可道也。所可道也，言之醜也。

牆有茨，不可襄也。中冓之言，不可詳也。所可詳也，言之長也。

牆有茨，不可束也。中冓之言，不可讀也。所可讀也，言之辱也。

《牆有茨》三章，章六句。

君子偕老，副笄六珈。委委佗佗，如山如河，象服是宜。子之不淑，云如之何？　玼兮玼兮！其之翟也。鬒髮如雲，不屑髢也。玉之瑱也，象之揥也，揚且之皙也。胡然而天也？胡然而帝也？　瑳兮瑳兮！其之展也。蒙彼縐絺，是紲袢也。子之清揚，揚且之顔也。展如之人兮，邦之媛也。

《君子偕老》三章，一章七句，一章九句，一章八句。

爰采唐矣，沬之鄉矣。云誰之思？美孟姜矣。期我乎桑中，要我乎上宫，送我乎淇之上矣。　爰采麥矣，沬之北矣。云誰之思？美孟弋矣。期我乎桑中，要我乎上宫，

送我乎淇之上矣　爰采葑矣
沫之東矣云誰之思美孟庸矣
期我乎桑中要我乎上宮送我
乎淇之上矣

桑中三章章七句

鶉之奔奔鵲之彊彊人之無良
我以爲兄　鵲之彊彊鶉之奔
奔人之無良我以爲君

鶉之奔奔二章章四句

定之方中作于楚宮揆之以日
作于楚室樹之榛栗椅桐梓漆
爰伐琴瑟　升彼虛矣以望楚
矣望楚與堂景山與京降觀于
桑卜云其吉終焉允臧　靈雨
既零命彼倌人星言夙駕說于
桑田匪直也人秉心塞淵騋牝

送我乎淇之上矣。爰采葑矣，沫之東矣。云誰之思，美孟庸矣。期我乎桑中，要我乎上宮，送我乎淇之上矣。

《桑中》三章，章七句。

鶉之奔奔，鵲之彊彊。人之無良，我以爲兄。　鵲之彊彊，鶉之奔奔。人之無良，我以爲君。

《鶉之奔奔》二章，章四句。

定之方中，作于楚宮。揆之以日，作于楚室。樹之榛栗，椅桐梓漆，爰伐琴瑟。　升彼虛矣，以望楚矣。望楚與堂，景山與京。降觀于桑。卜云其吉，終焉允臧。　靈雨既零，命彼倌人。星言夙駕，說于桑田。匪直也人，秉心塞淵，騋牝

三千

定之方中三章章七句

蝃蝀在東莫之敢指女子有行
遠父母兄弟　朝隮于西崇朝
其雨女子有行遠兄弟父母
乃如之人也懷昏姻也大無信
也不知命也

蝃蝀三章章四句

相鼠有皮人而無儀人而無儀
不死何爲　相鼠有齒人而無
止人而無止不死何俟　相鼠
有體人而無禮人而無禮胡不
遄死

相鼠三章章四句

孑孑干旄在浚之郊素絲紕之
良馬四之彼姝者子何以畀之

儒藏
儒藏經典・康熙篆文六經四書　毛詩

三千。

《定之方中》三章，章七句。

蝃蝀在東，莫之敢指。女子有行，遠父母兄弟。　朝隮于西，崇朝其雨。女子有行，遠兄弟父母。乃如之人也，懷昏姻也。大無信也，不知命也。

《蝃蝀》三章，章四句。

相鼠有皮，人而無儀。人而無儀，不死何爲？　相鼠有齒，人而無止。人而無止，不死何俟？　相鼠有體，人而無禮。人而無禮，胡不遄死？

《相鼠》三章，章四句。

孑孑干旄，在浚之郊。素絲紕之，良馬四之。彼姝者子，何以畀之？

孑孑干旟在浚之都素絲組之良馬五之彼姝者子何以予之　孑孑干旌在浚之城素絲祝之良馬六之彼姝者子何以告之

干旄三章章六句

載馳載驅歸唁衛侯驅馬悠悠言至于漕大夫跋涉我心則憂既不我嘉不能旋反視爾不臧我思不遠既不我嘉不能旋濟視爾不臧我思不閟　陟彼阿丘言采其蝱女子善懷亦各有行許人尤之眾穉且狂　我行其野芃芃其麥控于大邦誰因誰極大夫君子無我有尤百爾所思不如我所之

儒藏

儒藏經典·康熙篆文六經四書　毛詩

孑孑干旟，在浚之都。素絲組之，良馬五之。彼姝者子，何以予之？　孑孑干旌，在浚之城。素絲祝之，良馬六之。彼姝者子，何以告之？

《干旄》三章，章六句。

載馳載驅，歸唁衛侯。驅馬悠悠，言至于漕。大夫跋涉，我心則憂。既不我嘉，不能旋反。視爾不臧，我思不遠。既不我嘉，不能旋濟。視爾不臧，我思不閟。　陟彼阿丘，言采其蝱。女子善懷，亦各有行。許人尤之，眾穉且狂。　我行其野，芃芃其麥。控于大邦，誰因誰極？大夫君子，無我有尤。百爾所思，不如我所之。

載馳四章二章章六句

二章章八句

衛

瞻彼淇奧綠竹猗猗有匪君子如切如磋如琢如磨瑟兮僩兮赫兮咺兮有匪君子終不可諼兮　瞻彼淇奧綠竹青青有匪君子充耳琇瑩會弁如星瑟兮僩兮赫兮咺兮有匪君子終不可諼兮　瞻彼淇奧綠竹如簀有匪君子如金如錫如圭如璧寬兮綽兮猗重較兮善戲謔兮不爲虐兮

淇奧三章章九句

考槃在澗碩人之寬獨寐寤言永矢弗諼　考槃在阿碩人之

儒藏
儒藏經典·康熙篆文六經四書　毛詩

《載馳》四章，二章章六句，

二章章八句。

衛

瞻彼淇奧，綠竹猗猗。有匪君子，如切如磋，如琢如磨。瑟兮僩兮，赫兮咺兮。有匪君子，終不可諼兮。　瞻彼淇奧，綠竹青青。有匪君子，充耳琇瑩，會弁如星。瑟兮僩兮，赫兮咺兮。有匪君子，終不可諼兮。　瞻彼淇奧，綠竹如簀。有匪君子，如金如錫，如圭如璧。寬兮綽兮，猗重較兮。善戲謔兮，不爲虐兮。

《淇奧》三章，章九句。

考槃在澗，碩人之寬。獨寐寤言，永矢弗諼。　考槃在阿，碩人之

薖獨寐寤歌永矢弗過　考槃
在陸碩人之軸獨寐寤宿永矢
弗告
⑫考槃三章章四句
碩人頎頎衣錦褧衣齊侯之子
衛侯之妻東宮之妹邢侯之姨
譚公維私　手如柔荑膚如凝
脂領如蝤蠐齒如瓠犀螓首蛾
眉巧笑倩兮美目盼兮　碩人
敖敖說于農郊四牡有驕朱幩
鑣鑣翟茀以朝大夫夙退無使
君勞　河水洋洋北流活活施
罛濊濊鱣鮪發發葭菼揭揭庶
姜孽孽庶士有朅
碩人四章章七句
氓之蚩蚩抱布貿絲匪來貿絲

儒藏
儒藏經典·康熙篆文六經四書　毛詩

薖。獨寐寤歌，永矢弗過。　考槃在陸，碩人之軸。獨寐寤宿，永矢弗告。

《考槃》三章，章四句。

碩人頎頎，衣錦褧衣。齊侯之子，衛侯之妻，東宮之妹，邢侯之姨，譚公維私。　手如柔荑，膚如凝脂，領如蝤蠐，齒如瓠犀，螓首蛾眉，巧笑倩兮，美目盼兮。　碩人敖敖，說于農郊。四牡有驕，朱幩鑣鑣。翟茀以朝，大夫夙退，無使君勞。　河水洋洋，北流活活。施罛濊濊，鱣鮪發發。葭菼揭揭，庶姜孽孽，庶士有朅。

《碩人》四章，章七句。

氓之蚩蚩，抱布貿絲。匪來貿絲，

來即我謀送子涉淇至于頓丘
匪我愆期子無良媒將子無怒
秋以爲期 乘彼垝垣以望復
關不見復關泣涕漣漣既見復
關載笑載言爾卜爾筮體無咎
言以爾車來以我賄遷 桑之
未落其葉沃若于嗟鳩兮無食
桑葚于嗟女兮無與士耽士之
耽兮猶可說也女之耽兮不可
說也 桑之落矣其黃而隕自
我徂爾三歲食貧淇水湯湯漸
車帷裳女也不爽士貳其行士
也罔極二三其德 三歲爲婦
靡室勞矣夙興夜寐靡有朝矣
言既遂矣至于暴矣兄弟不知
咥其笑矣靜言思之躬自悼矣

儒藏經典·康熙篆文六經四書 毛詩

來即我謀。送子涉淇，至于頓丘。匪我愆期，子無良媒。將子無怒，秋以爲期。

乘彼垝垣，以望復關。不見復關，泣涕漣漣。既見復關，載笑載言。爾卜爾筮，體無咎言。以爾車來，以我賄遷。

桑之未落，其葉沃若。于嗟鳩兮，無食桑葚。于嗟女兮，無與士耽。士之耽兮，猶可說也。女之耽兮，不可說也。

桑之落矣，其黃而隕。自我徂爾，三歲食貧。淇水湯湯，漸車帷裳。女也不爽，士貳其行。士也罔極，二三其德。

三歲爲婦，靡室勞矣。夙興夜寐，靡有朝矣。言既遂矣，至于暴矣。兄弟不知，咥其笑矣。靜言思之，躬自悼矣。

及爾偕老老使我怨淇則有岸隰則有泮總角之宴言笑晏晏信誓旦旦不思其反反是不思亦已焉哉

氓六章章十句

籊籊竹竿以釣于淇豈不爾思遠莫致之 泉源在左淇水在右女子有行遠父母兄弟 淇水在右泉源在左巧笑之瑳佩玉之儺 淇水滺滺檜楫松舟駕言出遊以寫我憂

竹竿四章章四句

芄蘭之支童子佩觿雖則佩觿能不我知容兮遂兮垂帶悸兮

芄蘭之葉童子佩韘雖則佩韘能不我甲容兮遂兮垂帶悸

及爾偕老，老使我怨。淇則有岸，隰則有泮。總角之宴，言笑晏晏。信誓旦旦，不思其反。反是不思，亦已焉哉！

《氓》六章，章十句。

籊籊竹竿，以釣于淇。豈不爾思，遠莫致之。泉源在左，淇水在右。女子有行，遠父母兄弟。淇水在右，泉源在左。巧笑之瑳，佩玉之儺。淇水滺滺，檜楫松舟。駕言出遊，以寫我憂。

《竹竿》四章，章四句。

芄蘭之支，童子佩觿。雖則佩觿，能不我知。容兮遂兮，垂帶悸兮。

芄蘭之葉，童子佩韘。雖則佩韘，能不我甲。容兮遂兮，垂帶悸

兮

芄蘭二章章六句

誰謂河廣一葦杭之誰謂宋遠
跂予望之　誰謂河廣曾不容
刀誰謂宋遠曾不崇朝

河廣二章章四句

伯兮朅兮邦之桀兮伯也執殳
爲王前驅　自伯之東首如飛
蓬豈無膏沐誰適爲容　其雨
其雨杲杲出日願言思伯甘心
首疾　焉得諼草言樹之背願
言思伯使我心痗

伯兮四章章四句

有狐綏綏在彼淇梁心之憂矣
之子無裳　有狐綏綏在彼淇
厲心之憂矣之子無帶　有狐

儒藏經典・康熙篆文六經四書　毛詩

兮。

《芄蘭》二章，章六句。

誰謂河廣？一葦杭之。誰謂宋遠？跂予望之。　誰謂河廣？曾不容刀。誰謂宋遠？曾不崇朝。

《河廣》二章，章四句。

伯兮朅兮，邦之桀兮！伯也執殳，爲王前驅。　自伯之東，首如飛蓬。豈無膏沐？誰適爲容。　其雨其雨，杲杲出日。願言思伯，甘心首疾。　焉得諼草？言樹之背。願言思伯，使我心痗。

《伯兮》四章，章四句。

有狐綏綏，在彼淇梁。心之憂矣，之子無裳。　有狐綏綏，在彼淇厲。心之憂矣，之子無帶。　有狐

綏綏在彼淇側心之憂矣之子
無服

有狐三章章四句

投我以木瓜報之以瓊琚匪報
也永以爲好也　投我以木桃
報之以瓊瑤匪報也永以爲好
也　投我以木李報之以瓊玖
匪報也永以爲好也

木瓜三章章四句

王

彼黍離離彼稷之苗行邁靡靡
中心搖搖知我者謂我心憂不
知我者謂我何求悠悠蒼天此
何人哉　彼黍離離彼稷之穗
行邁靡靡中心如醉知我者謂
我心憂不知我者謂我何求悠

綏綏，在彼淇側。心之憂矣，之子無服。

《有狐》三章，章四句。

投我以木瓜，報之以瓊琚。匪報也，永以爲好也。　投我以木桃，報之以瓊瑤。匪報也，永以爲好也。　投我以木李，報之以瓊玖。匪報也，永以爲好也。

儒藏經典·康熙篆文六經四書　毛詩

《木瓜》三章，章四句。

王

彼黍離離，彼稷之苗。行邁靡靡，中心搖搖。知我者，謂我心憂；不知我者，謂我何求。悠悠蒼天，此何人哉！　彼黍離離，彼稷之穗。行邁靡靡，中心如醉。知我者，謂我心憂；不知我者，謂我何求。悠

悠蒼天此何人哉 彼黍離離
彼稷之實行邁靡靡中心如噎
知我者謂我心憂不知我者謂
我何求悠悠蒼天此何人哉
黍離三章章十句
君子于役不知其期曷至哉雞
棲于塒日之夕矣羊牛下來君
子于役如之何勿思 君子于
役不日不月曷其有佸雞棲于
桀日之夕矣羊牛下括君子于
役苟無飢渴
君子于役二章章八句
君子陽陽左執簧右招我由房
其樂只且 君子陶陶左執翿
右招我由敖其樂只且
君子陽陽二章章四句

儒藏
儒藏經典·康熙篆文六經四書 毛詩

悠蒼天，此何人哉！ 彼黍離離，
彼稷之實。行邁靡靡，中心如噎。
知我者，謂我心憂；不知我者，謂
我何求。悠悠蒼天，此何人哉！

《黍離》三章，章十句。

君子于役，不知其期，曷至哉？雞
棲于塒，日之夕矣，羊牛下來。君
子于役，如之何勿思？ 君子于
役，不日不月，曷其有佸？雞棲于
桀，日之夕矣，羊牛下括。君子于
役，苟無飢渴！

《君子于役》二章，章八句。

君子陽陽，左執簧，右招我由房。
其樂只且！ 君子陶陶，左執翿，
右招我由敖。其樂只且！

《君子陽陽》二章，章四句。

揚之水不流束薪彼其之子不與我戍申懷哉懷哉曷月予還歸哉　揚之水不流束楚彼其之子不與我戍甫懷哉懷哉曷月予還歸哉　揚之水不流束蒲彼其之子不與我戍許懷哉懷哉曷月予還歸哉

揚之水三章章六句

中谷有蓷暵其乾矣有女仳離嘅其嘆矣嘅其嘆矣遇人之艱難矣　中谷有蓷暵其脩矣有女仳離條其歗矣條其歗矣遇人之不淑矣　中谷有蓷暵其濕矣有女仳離啜其泣矣啜其泣矣何嗟及矣

中谷有蓷三章章六句

揚之水，不流束薪。彼其之子，不與我戍申。懷哉懷哉！曷月予還歸哉？　揚之水，不流束楚。彼其之子，不與我戍甫。懷哉懷哉！曷月予還歸哉？　揚之水，不流束蒲。彼其之子，不與我戍許。懷哉懷哉！曷月予還歸哉？

《揚之水》三章，章六句。

中谷有蓷，暵其乾矣。有女仳離，嘅其嘆矣。嘅其嘆矣，遇人之艱難矣。　中谷有蓷，暵其脩矣。有女仳離，條其歗矣。條其歗矣，遇人之不淑矣。　中谷有蓷，暵其濕矣。有女仳離，啜其泣矣。啜其泣矣，何嗟及矣。

《中谷有蓷》三章，章六句。

有兔爰爰，雉離于羅。我生之初，尚無爲。我生之後，逢此百罹。尚寐無吪！　有兔爰爰，雉離于罦。我生之初，尚無造；我生之後，逢此百憂。尚寐無覺！　有兔爰爰，雉離于罿。我生之初，尚無庸；我生之後，逢此百凶。尚寐無聰！

《兔爰》三章，章七句。

緜緜葛藟，在河之滸。終遠兄弟，謂他人父。謂他人父，亦莫我顧。　緜緜葛藟，在河之涘。終遠兄弟，謂他人母。謂他人母，亦莫我有。　緜緜葛藟，在河之漘。終遠兄弟，謂他人昆。謂他人昆，亦莫我聞。

《葛藟》三章，章六句。

彼采葛兮一日不見如三月兮
彼采蕭兮一日不見如三秋兮
彼采艾兮一日不見如三歲兮
采葛三章章三句
大車檻檻毳衣如菼豈不爾思畏子不敢
大車哼哼毳衣如璊豈不爾思畏子不奔
穀則異室死則同穴謂予不信有如皦日
大車三章章四句
丘中有麻彼留子嗟彼留子嗟將其來施施
丘中有麥彼留子國彼留子國將其來食
丘中有李彼留之子彼留之子貽我佩玖

彼采葛兮，一日不見，如三月兮！

彼采蕭兮，一日不見，如三秋兮！

彼采艾兮，一日不見，如三歲兮！

《采葛》三章，章三句。

大車檻檻，毳衣如菼。豈不爾思？畏子不敢。

大車哼哼，毳衣如璊。豈不爾思？畏子不奔。

穀則異室，死則同穴。謂予不信，有如皦日。

《大車》三章，章四句。

丘中有麻，彼留子嗟。彼留子嗟，將其來施施。

丘中有麥，彼留子國。彼留子國，將其來食。

丘中有李，彼留之子。彼留之子，貽我佩玖。

丘中有麻三章章四句

鄭

緇衣之宜兮敝予又改爲兮適子之館兮還予授子之粲兮

緇衣之好兮敝予又改造兮適子之館兮還予授子之粲兮

緇衣之蓆兮敝予又改作兮適子之館兮還予授子之粲兮

緇衣三章章四句

將仲子兮無踰我里無折我樹杞豈敢愛之畏我父母仲可懷也父母之言亦可畏也

將仲子兮無踰我牆無折我樹桑豈敢愛之畏我諸兄仲可懷也諸兄之言亦可畏也

將仲子兮無踰我園無折我樹檀豈敢愛

《丘中有麻》三章，章四句。

鄭

緇衣之宜兮，敝予又改爲兮。適子之館兮，還予授子之粲兮。

緇衣之好兮，敝予又改造兮。適子之館兮，還予授子之粲兮。

緇衣之蓆兮，敝予又改作兮。適子之館兮，還予授子之粲兮。

儒藏經典·康熙篆文六經四書　毛詩

《緇衣》三章，章四句。

將仲子兮，無踰我里，無折我樹杞。豈敢愛之？畏我父母。仲可懷也，父母之言，亦可畏也。

將仲子兮，無踰我牆，無折我樹桑。豈敢愛之？畏我諸兄。仲可懷也，諸兄之言，亦可畏也。

將仲子兮，無踰我園，無折我樹檀。豈敢愛

之畏人之多言仲可懷也人之
多言亦可畏也
將仲子三章章八句
叔于田巷無居人豈無居人不
如叔也洵美且仁　叔于狩巷
無飲酒豈無飲酒不如叔也洵
美且好　叔適野巷無服馬豈
無服馬不如叔也洵美且武
叔于田三章章五句
叔于田乘乘馬執轡如組兩驂
如舞叔在藪火烈具舉襢裼暴
虎獻于公所將叔無狃戒其傷
女　叔于田乘乘黃兩服上襄
兩驂鴈行叔在藪火烈具揚叔
善射忌又良御忌抑磬控忌抑
縱送忌　叔于田乘乘鴇兩服

之？畏人之多言。仲可懷也，人之多言，亦可畏也。

《將仲子》三章，章八句。

叔于田，巷無居人。豈無居人？不如叔也，洵美且仁。　叔于狩，巷無飲酒。豈無飲酒？不如叔也，洵美且好。　叔適野，巷無服馬。豈無服馬？不如叔也，洵美且武。

《叔于田》三章，章五句。

叔于田，乘乘馬。執轡如組，兩驂如舞。叔在藪，火烈具舉。襢裼暴虎，獻于公所。將叔無狃，戒其傷女。　叔于田，乘乘黃。兩服上襄，兩驂鴈行。叔在藪，火烈具揚。叔善射忌，又良御忌。抑磬控忌，抑縱送忌。　叔于田，乘乘鴇。兩服

齊首兩驂如手叔在藪火烈具
阜叔馬慢忌叔發罕忌抑釋掤
忌抑鬯弓忌

大叔于田三章章十句

清人在彭駟介旁旁二矛重英
河上乎翱翔 清人在消駟介
麃麃二矛重喬河上乎逍遙
清人在軸駟介陶陶左旋右抽
中軍作好

清人三章章四句

羔裘如濡洵直且侯彼其之子
舍命不渝 羔裘豹飾孔武有
力彼其之子邦之司直 羔裘
晏兮三英粲兮彼其之子邦之
彥兮

羔裘三章章四句

儒藏經典·康熙篆文六經四書 毛詩

齊首，兩驂如手。叔在藪，火烈具阜。叔馬慢忌，叔發罕忌。抑釋掤忌，抑鬯弓忌。

《大叔于田》三章，章十句。

清人在彭，駟介旁旁。二矛重英，河上乎翱翔。 清人在消，駟介麃麃。二矛重喬，河上乎逍遙。 清人在軸，駟介陶陶。左旋右抽，中軍作好。

《清人》三章，章四句。

羔裘如濡，洵直且侯。彼其之子，舍命不渝。 羔裘豹飾，孔武有力。彼其之子，邦之司直。 羔裘晏兮，三英粲兮。彼其之子，邦之彥兮！

《羔裘》三章，章四句。

遵大路兮摻執子之袪兮無我
惡兮不寁故也　遵大路兮摻
執子之手兮無我魗兮不寁好
也

遵大路二章章四句

女曰雞鳴士曰昧旦子興視夜
明星有爛將翱將翔弋鳧與鴈
弋言加之與子宜之宜言飲
酒與子偕老琴瑟在御莫不靜
好　知子之來之雜佩以贈之
知子之順之雜佩以問之知子
之好之雜佩以報之

女曰雞鳴三章章六句

有女同車顔如舜華將翱將翔
佩玉瓊琚彼美孟姜洵美且都
有女同行顔如舜英將翱將

儒藏經典·康熙篆文六經四書 毛詩

遵大路兮，摻執子之袪兮。無我惡兮，不寁故也。遵大路兮，摻執子之手兮。無我魗兮，不寁好也。

《遵大路》二章，章四句。

女曰雞鳴。士曰昧旦。子興視夜，明星有爛。將翱將翔，弋鳧與鴈。弋言加之，與子宜之。宜言飲酒，與子偕老。琴瑟在御，莫不靜好。知子之來之，雜佩以贈之。知子之順之，雜佩以問之。知子之好之，雜佩以報之。

《女曰雞鳴》三章，章六句。

有女同車，顔如舜華。將翱將翔，佩玉瓊琚。彼美孟姜，洵美且都。

有女同行，顔如舜英。將翱將

翔，佩玉將將。彼美孟姜，德音不忘。

《有女同車》二章，章六句。

山有扶蘇，隰有荷華。不見子都，乃見狂且。山有橋松，隰有游龍。不見子充，乃見狡童。

《山有扶蘇》二章，章四句。

蘀兮蘀兮，風其吹女。叔兮伯兮，倡予和女。蘀兮蘀兮，風其漂女。叔兮伯兮，倡予要女。

《蘀兮》二章，章四句。

彼狡童兮，不與我言兮。維子之故，使我不能餐兮。彼狡童兮，不與我食兮。維子之故，使我不能息兮。

《狡童》二章，章四句。

儒藏 儒藏經典·康熙篆文六經四書 毛詩

子惠思我褰裳涉溱子不我思
豈無他人狂童之狂也且　子
惠思我褰裳涉洧子不我思豈
無他士狂童之狂也且

褰裳二章章五句

子之丰兮俟我乎巷兮悔予不
送兮　子之昌兮俟我乎堂兮
悔予不將兮　衣錦褧衣裳錦

褧裳叔兮伯兮駕予與行　裳
錦褧裳衣錦褧衣叔兮伯兮駕
予與歸

丰四章二章章三句二
章章四句

東門之墠茹藘在阪其室則邇
其人甚遠　東門之栗有踐家
室豈不爾思子不我即

子惠思我，褰裳涉溱。子不我思，豈無他人？狂童之狂也且！　子惠思我，褰裳涉洧。子不我思，豈無他士。狂童之狂也且！

《褰裳》二章，章五句。

子之丰兮，俟我乎巷兮，悔予不送兮！　子之昌兮，俟我乎堂兮，悔予不將兮！　衣錦褧衣，裳錦

儒藏經典·康熙篆文六經四書　毛詩

褧裳。叔兮伯兮，駕予與行。　裳錦褧裳，衣錦褧衣。叔兮伯兮，駕予與歸。

《丰》四章，二章章三句，二章章四句。

東門之墠，茹藘在阪。其室則邇，其人甚遠。　東門之栗，有踐家室。豈不爾思？子不我即。

東門之墠二章章四句

風雨淒淒雞鳴喈喈既見君子云胡不夷 風雨瀟瀟雞鳴膠膠既見君子云胡不瘳 風雨如晦雞鳴不已既見君子云胡不喜

風雨三章章四句

青青子衿悠悠我心縱我不往子寧不嗣音 青青子佩悠悠我思縱我不往子寧不來 挑兮達兮在城闕兮一日不見如三月兮

子衿三章章四句

揚之水不流束楚終鮮兄弟維予與女無信人之言人實迋女

揚之水不流束薪終鮮兄弟

儒藏 儒藏經典·康熙篆文六經四書 毛詩

《東門之墠》二章，章四句。

風雨淒淒，雞鳴喈喈。既見君子，云胡不夷？ 風雨瀟瀟，雞鳴膠膠。既見君子，云胡不瘳？ 風雨如晦，雞鳴不已。既見君子，云胡不喜？

《風雨》三章，章四句。

青青子衿，悠悠我心。縱我不往，子寧不嗣音？ 青青子佩，悠悠我思。縱我不往，子寧不來？ 挑兮達兮，在城闕兮。一日不見，如三月兮。

《子衿》三章，章四句。

揚之水，不流束楚。終鮮兄弟，維予與女。無信人之言，人實迋女。

揚之水，不流束薪。終鮮兄弟，

維予二人無信人之言人實不
信
揚之水二章章六句
出其東門有女如雲雖則如雲
匪我思存縞衣綦巾聊樂我員
出其闉闍有女如荼雖則如
荼匪我思且縞衣茹藘聊可與
娛
出其東門二章章六句
野有蔓草零露漙兮有美一人
清揚婉兮邂逅相遇適我願兮
野有蔓草零露瀼瀼有美一
人婉如清揚邂逅相遇與子偕
臧
野有蔓草二章章六句
溱與洧方渙渙兮士與女方秉

儒藏經典・康熙篆文六經四書　毛詩

維予二人。無信人之言，人實不信。

《揚之水》二章，章六句。

出其東門，有女如雲。雖則如雲，匪我思存。縞衣綦巾，聊樂我員。

出其闉闍，有女如荼。雖則如荼，匪我思且。縞衣茹藘，聊可與娛。

《出其東門》二章，章六句。

野有蔓草，零露漙兮。有美一人，清揚婉兮。邂逅相遇，適我願兮。

野有蔓草，零露瀼瀼。有美一人，婉如清揚。邂逅相遇，與子偕臧。

《野有蔓草》二章，章六句。

溱與洧，方渙渙兮。士與女，方秉

蕑兮女曰觀乎士曰既且且往
觀乎洧之外洵訏且樂維士與
女伊其相謔贈之以勺藥 溱
與洧瀏其清矣士與女殷其盈
矣女曰觀乎士曰既且且往觀
乎洧之外洵訏且樂維士與女
伊其相謔贈之以勺藥

溱洧二章章十二句

齊

雞既鳴矣朝既盈矣匪雞則鳴
蒼蠅之聲 東方明矣朝既昌
矣匪東方則明月出之光 蟲
飛薨薨甘與子同夢會且歸矣
無庶予子憎

雞鳴三章章四句

子之還兮遭我乎峱之閒兮並

蕑兮。女曰觀乎？士曰既且。且往觀乎？洧之外，洵訏且樂。維士與女，伊其相謔，贈之以勺藥。溱與洧，瀏其清矣。士與女，般其盈矣。女曰觀乎？士曰既且。且往觀乎？洧之外，洵訏且樂。維士與女，伊其將謔，贈之以勺藥。

《溱洧》二章，章十二句。

儒藏
儒藏經典・康熙篆文六經四書 毛詩

齊

雞既鳴矣，朝既盈矣。匪雞則鳴，蒼蠅之聲。東方明矣，朝既昌矣。匪東方則明，月出之光。蟲飛薨薨，甘與子同夢。會且歸矣，無庶予子憎！

《雞鳴》三章，章四句。

子之還兮，遭我乎峱之間兮。並

⑭ 驅從兩肩兮，揖我謂我儇兮。子之茂兮，遭我乎猺之道兮。並驅從兩牡兮，揖我謂我好兮。子之昌兮，遭我乎猺之陽兮。並驅從兩狼兮，揖我謂我臧兮。

《還》三章，章四句。

俟我於著乎而，充耳以素乎而，尚之以瓊華乎而。俟我於庭乎而，充耳以青乎而，尚之以瓊瑩乎而。俟我於堂乎而，充耳以黃乎而，尚之以瓊英乎而。

《著》三章，章三句。

東方之日兮，彼姝者子，在我室兮。在我室兮，履我即兮。東方之月兮，彼姝者子，在我闥兮。在我闥兮，履我發兮。

儒藏經典·康熙篆文六經四書 毛詩

東方之日二章章五句

東方未明顛倒衣裳顛之倒之自公召之 東方未晞顛倒裳衣倒之顛之自公令之 折柳樊圃狂夫瞿瞿不能辰夜不夙則莫 ⑮

東方未明三章章四句

南山崔崔雄狐綏綏魯道有蕩齊子由歸既曰歸止曷又懷止

葛屨五兩冠緌雙止魯道有蕩齊子庸止既曰庸止曷又從止

蓺麻如之何衡從其畝取妻如之何必告父母既曰告止曷又鞠止 析薪如之何匪斧不克取妻如之何匪媒不得既曰得止曷又極止

儒藏 儒藏經典·康熙篆文六經四書 毛詩

《東方之日》二章，章五句。

東方未明，顛倒衣裳。顛之倒之，自公召之。東方未晞，顛倒裳衣。倒之顛之，自公令之。折柳樊圃，狂夫瞿瞿。不能辰夜，不夙則莫。

《東方未明》三章，章四句。

南山崔崔，雄狐綏綏。魯道有蕩，齊子由歸。既曰歸止，曷又懷止？

葛屨五兩，冠緌雙止。魯道有蕩，齊子庸止。既曰庸止，曷又從止？

蓺麻如之何？衡從其畝。取妻如之何？必告父母。既曰告止，曷又鞠止？析薪如之何？匪斧不克。取妻如之何？匪媒不得。既曰得止，曷又極止？

南山四章章六句

無田甫田維莠驕驕無思遠人勞心忉忉　無田甫田維莠桀桀無思遠人勞心怛怛　婉兮孌兮總角丱兮未幾見兮突而弁兮

甫田三章章四句

盧令令其人美且仁　盧重環其人美且鬈　盧重鋂其人美且偲

盧令三章章二句

敝笱在梁其魚魴鰥齊子歸止其從如雲　敝笱在梁其魚魴鱮齊子歸止其從如雨　敝笱在梁其魚唯唯齊子歸止其從如水

《南山》四章，章六句。

無田甫田，維莠驕驕。無思遠人，勞心忉忉。無田甫田，維莠桀桀。無思遠人，勞心怛怛。婉兮孌兮，總角丱兮。未幾見兮，突而弁兮。

《甫田》三章，章四句。

盧令令，其人美且仁。盧重環，其人美且鬈。盧重鋂，其人美且偲。

儒藏
儒藏經典·康熙篆文六經四書　毛詩

《盧令》三章，章二句。

敝笱在梁，其魚魴鰥。齊子歸止，其從如雲。敝笱在梁，其魚魴鱮。齊子歸止，其從如雨。敝笱在梁，其魚唯唯。齊子歸止，其從如水。

《敝笱》三章，章四句。

載驅薄薄，簟茀朱鞹。魯道有蕩，齊子發夕。

四驪濟濟，垂轡瀰瀰。魯道有蕩，齊子豈弟。

汶水湯湯，行人彭彭。魯道有蕩，齊子翱翔。

汶水滔滔，行人儦儦。魯道有蕩，齊子遊敖。

《載驅》四章，章四句。

猗嗟昌兮！頎而長兮。抑若揚兮，美目揚兮。巧趨蹌兮，射則臧兮。

猗嗟名兮！美目清兮。儀既成兮，終日射侯。不出正兮，展我甥兮。

猗嗟孌兮！清揚婉兮。舞則選兮，射則貫兮。四矢反兮，以禦亂兮。

《猗嗟》三章，章六句。

魏

糾糾葛屨，可以履霜。摻摻女手，可以縫裳。要之襋之，好人服之。好人提提，宛然左辟，佩其象揥。維是褊心，是以爲刺。

《葛屨》二章，一章六句，一章五句。

彼汾沮洳，言采其莫。彼其之子，美無度；美無度，殊異乎公路。

彼汾一方，言采其桑。彼其之子，美如英；美如英，殊異乎公行。

彼汾一曲，言采其藚。彼其之子，美如玉；美如玉，殊異乎公族。

《汾沮洳》三章，章六句。

園有桃，其實之殽。心之憂矣，我歌且謠。不知我者，謂我士也驕。

彼人是哉子曰何其心之憂矣其誰知之其誰知之蓋亦勿思

園有棘其實之食心之憂矣聊以行國不知我者謂我士也罔極彼人是哉子曰何其心之憂矣其誰知之其誰知之蓋亦勿思

園有桃二章章十二句

陟彼岵兮瞻望父兮父曰嗟予子行役夙夜無已上慎旃哉猶來無止

陟彼屺兮瞻望母兮母曰嗟予季行役夙夜無寐上慎旃哉猶來無棄

陟彼岡兮瞻望兄兮兄曰嗟予弟行役夙夜必偕上慎旃哉猶來無死

陟岵三章章六句

儒藏經典・康熙篆文六經四書　毛詩

彼人是哉！子曰何其。心之憂矣，其誰知之？其誰知之，蓋亦勿思！

園有棘，其實之食。心之憂矣，聊以行國。不知我者，謂我士也罔極。彼人是哉，子曰何其。心之憂矣，其誰知之？其誰知之，蓋亦勿思！

《園有桃》二章，章十二句。

陟彼岵兮，瞻望父兮。父曰嗟予子行役，夙夜無已。上慎旃哉！猶來無止。

陟彼屺兮，瞻望母兮。母曰嗟予季行役，夙夜無寐。上慎旃哉！猶來無棄。

陟彼岡兮，瞻望兄兮。兄曰嗟予弟行役，夙夜必偕。上慎旃哉！猶來無死。

《陟岵》三章，章六句。

十畝之間兮桑者閑閑兮行與子還兮 十畝之外兮桑者泄泄兮行與子逝兮
十畝之間二章章三句
坎坎伐檀兮寘之河之干兮河水清且漣猗不稼不穡胡取禾三百廛兮不狩不獵胡瞻爾庭有縣貆兮彼君子兮不素餐兮
坎坎伐輻兮寘之河之側兮河水清且直猗不稼不穡胡取禾三百億兮不狩不獵胡瞻爾庭有縣特兮彼君子兮不素食兮
坎坎伐輪兮寘之河之漘兮河水清且淪猗不稼不穡胡取禾三百囷兮不狩不獵胡瞻爾庭有縣鶉兮彼君子兮不素

儒藏經典·康熙篆文六經四書 毛詩

十畝之間兮，桑者閑閑兮。行與子還兮。十畝之外兮，桑者泄泄兮。行與子逝兮。

《十畝之間》二章，章三句。

坎坎伐檀兮，寘之河之干兮，河水清且漣猗。不稼不穡，胡取禾三百廛兮？不狩不獵，胡瞻爾庭有縣貆兮？彼君子兮，不素餐兮。

坎坎伐輻兮，寘之河之側兮，河水清且直猗。不稼不穡，胡取禾三百億兮？不狩不獵，胡瞻爾庭有縣特兮？彼君子兮，不素食兮。

坎坎伐輪兮，寘之河之漘兮，河水清且淪猗。不稼不穡，胡取禾三百囷兮？不狩不獵，胡瞻爾庭有縣鶉兮？彼君子兮，不素

飧兮

伐檀三章章九句

碩鼠碩鼠無食我黍三歲貫女莫我肯顧逝將去女適彼樂土樂土樂土爰得我所 碩鼠碩鼠無食我麥三歲貫女莫我肯德逝將去女適彼樂國樂國樂國爰得我直 碩鼠碩鼠無食

我苗三歲貫女莫我肯勞逝將去女適彼樂郊樂郊誰之永號

碩鼠三章章八句

唐

蟋蟀在堂歲聿其莫今我不樂日月其除⑯無已大康職思其居好樂無荒良士瞿瞿 蟋蟀在

飧兮？

《伐檀》三章，章九句。

碩鼠碩鼠，無食我黍！三歲貫女，莫我肯顧。逝將去女，適彼樂土。樂土樂土，爰得我所。 碩鼠碩鼠，無食我麥！三歲貫女，莫我肯德。逝將去女，適彼樂國。樂國樂國，爰得我直。 碩鼠碩鼠，無食

儒藏
儒藏經典·康熙篆文六經四書 毛詩

我苗！三歲貫女，莫我肯勞。逝將去女，適彼樂郊。樂郊樂郊，誰之永號？

《碩鼠》三章，章八句。

唐

蟋蟀在堂，歲聿其莫。今我不樂，日月其除。無已大康，職思其居。好樂無荒，良士瞿瞿。 蟋蟀在

堂歲聿其逝今我不樂日月其邁無已⑰大康職思其外好樂無荒良士蹶蹶　蟋蟀在堂役車其休今我不樂日月其慆無已⑱大康職思其憂好樂無荒良士休休

蟋蟀三章章八句

山有樞隰有榆子有衣裳弗曳

弗婁子有車馬弗馳弗驅宛其死矣他人是愉　山有栲隰有杻子有廷內弗洒弗埽子有鐘鼓弗鼓弗考宛其死矣他人是保　山有漆隰有栗子有酒食何不日鼓瑟且以喜樂且以永日宛其死矣他人入室

山有樞三章章八句

堂，歲聿其逝。今我不樂，日月其邁。無已大康，職思其外。好樂無荒，良士蹶蹶。

蟋蟀在堂，役車其休。今我不樂，日月其慆。無已大康，職思其憂。好樂無荒，良士休休。

《蟋蟀》三章，章八句。

山有樞，隰有榆。子有衣裳，弗曳

儒藏
儒藏經典·康熙篆文六經四書　毛詩

弗婁；子有車馬，弗馳弗驅。宛其死矣，他人是愉。

山有栲，隰有杻。子有廷內，弗洒弗埽；子有鐘鼓，弗鼓弗考。宛其死矣，他人是保。

山有漆，隰有栗。子有酒食，何不日鼓瑟？且以喜樂，且以永日。宛其死矣，他人入室。

《山有樞》三章，章八句。

揚之水白石鑿鑿素衣朱襮從子于沃既見君子云何不樂揚之水白石晧晧素衣朱繡從子于鵠既見君子云何其憂揚之水白石粼粼我聞有命不敢以告人

揚之水三章二章章六句一章四句

椒聊之實蕃衍盈升彼其之子碩大無朋椒聊且遠條且　椒聊之實蕃衍盈匊彼其之子碩大且篤椒聊且遠條且

椒聊二章章六句

綢繆束薪三星在天今夕何夕見此良人子兮子兮如此良人何　綢繆束芻三星在隅今夕

揚之水，白石鑿鑿。素衣朱襮，從子于沃。既見君子，云何不樂？揚之水，白石晧晧。素衣朱繡，從子于鵠。既見君子，云何其憂？揚之水，白石粼粼。我聞有命，不敢以告人。

《揚之水》三章，二章章六句，一章四句。

椒聊之實，蕃衍盈升。彼其之子，碩大無朋。椒聊且，遠條且。椒聊之實，蕃衍盈匊。彼其之子，碩大且篤。椒聊且，遠條且。

《椒聊》二章，章六句。

綢繆束薪，三星在天。今夕何夕，見此良人。子兮子兮，如此良人何？綢繆束芻，三星在隅。今夕

何夕見此邂逅子兮子兮如此
邂逅何 綢繆束楚三星在户
今夕何夕見此粲者子兮子兮
如此粲者何

綢繆三章章六句

有杕之杜其葉湑湑獨行踽踽
豈無他人不如我同父嗟行之
人胡不比焉人無兄弟胡不佽
焉 有杕之杜其葉菁菁獨行
睘睘豈無他人不如我同姓嗟
行之人胡不比焉人無兄弟胡
不佽焉

杕杜二章章九句

羔裘豹祛自我人居居豈無他
人維子之故 羔裘豹褎自我
人究究豈無他人維子之好

儒藏
儒藏經典·康熙篆文六經四書 毛詩

何夕，見此邂逅？子兮子兮，如此邂逅何？ 綢繆束楚，三星在户。今夕何夕，見此粲者？子兮子兮，如此粲者何？

《綢繆》三章，章六句。

有杕之杜，其葉湑湑。獨行踽踽，豈無他人？不如我同父。嗟行之人，胡不比焉？人無兄弟，胡不佽焉？ 有杕之杜，其葉菁菁。獨行睘睘，豈無他人？不如我同姓。嗟行之人，胡不比焉？人無兄弟，胡不佽焉？

《杕杜》二章，章九句。

羔裘豹祛，自我人居居。豈無他人，維子之故。 羔裘豹褎，自我人究究。豈無他人，維子之好。

羔裘二章章四句

肅肅鴇羽集于苞栩王事靡盬不能蓺稷黍父母何怙悠悠蒼天曷其有所　肅肅鴇翼集于苞棘王事靡盬不能蓺黍稷父母何食悠悠蒼天曷其有極　肅肅鴇行集于苞桑王事靡盬不能蓺稻粱父母何嘗悠悠蒼天曷其有常

鴇羽三章章七句

豈曰無衣七兮不如子之衣安且吉兮　豈曰無衣六兮不如子之衣安且燠兮

無衣二章章三句

有杕之杜生于道左彼君子兮噬肯適我中心好之曷飲食之

儒藏經典·康熙篆文六經四書　毛詩

《羔裘》二章，章四句。

肅肅鴇羽，集于苞栩。王事靡盬，不能蓺稷黍。父母何怙？悠悠蒼天，曷其有所？　肅肅鴇翼，集于苞棘。王事靡盬，不能蓺黍稷。父母何食？悠悠蒼天，曷其有極？　肅肅鴇行，集于苞桑。王事靡盬，不能蓺稻粱。父母何嘗？悠悠蒼天，曷其有常？

《鴇羽》三章，章七句。

豈曰無衣七兮？不如子之衣，安且吉兮。　豈曰無衣六兮？不如子之衣，安且燠兮。

《無衣》二章，章三句。

有杕之杜，生于道左。彼君子兮，噬肯適我。中心好之，曷飲食之？

有杕之杜生于道周彼君子兮噬肯來遊中心好之曷飲食之
有杕之杜二章章六句
葛生蒙楚蘞蔓于野予美亡此誰與獨處　葛生蒙棘蘞蔓于域予美亡此誰與獨息　角枕粲兮錦衾爛兮予美亡此誰與獨旦　夏之日冬之夜百歲之後歸于其居　冬之夜夏之日百歲之後歸于其室
葛生五章章四句
采苓采苓首陽之巔人之爲言苟亦無信舍旃舍旃苟亦無然人之爲言胡得焉　采苦采苦首陽之下人之爲言苟亦無與
儒藏經典·康熙篆文六經四書　毛詩

有杕之杜，生于道周。彼君子兮，噬肯來遊。中心好之，曷飲食之？

《有杕之杜》二章，章六句。

葛生蒙楚，蘞蔓于野。予美亡此，誰與獨處！　葛生蒙棘，蘞蔓于域。予美亡此，誰與獨息！　角枕粲兮，錦衾爛兮。予美亡此，誰與獨旦！　夏之日，冬之夜，百歲之後，歸于其居。　冬之夜，夏之日。百歲之後，歸于其室。

《葛生》五章，章四句。

采苓采苓，首陽之巔。人之爲言，苟亦無信。舍旃舍旃，苟亦無然。人之爲言，胡得焉？　采苦采苦，首陽之下。人之爲言，苟亦無與。

舍旃舍旃。苟亦無然。人之爲言，胡得焉？ 采葑采葑，首陽之東。人之爲言，苟亦無從。舍旃舍旃，苟亦無然。人之爲言，胡得焉？

《采苓》三章，章八句。

秦

有車鄰鄰，有馬白顛。未見君子，寺人之令。 阪有漆，隰有栗。既見君子，並坐鼓瑟。今者不樂，逝者其耋。 阪有桑，隰有楊。既見君子，並坐鼓簧。今者不樂，逝者其亡。

《車鄰》三章，一章四句，二章章六句。

駟驖孔阜，六轡在手。公之媚子，從公于狩。 奉時辰牡，辰牡孔碩。公曰左之，舍拔則獲。 游于北園，四馬既閑。輶車鸞鑣，載獫歇驕。
駟驖三章章四句
小戎俴收，五楘梁輈，游環脅驅，陰靷鋈續，文茵暢轂，駕我騏馵。言念君子，温其如玉；在其板屋，亂我心曲。 四牡孔阜，六轡在手。騏駵是中，騧驪是驂。龍盾之合，鋈以觼軜。言念君子，温其在邑。方何爲期？胡然我念之？ 俴駟孔群，厹矛鋈錞，蒙伐有苑。虎韔鏤膺，交韔二弓，竹閉緄縢。言念君子，載寢載興；厭厭良人，秩秩德音。
小戎三章章十句

碩。公曰左之，舍拔則獲。 游于北園，四馬既閑。輶車鸞鑣，載獫歇驕。

《駟驖》三章，章四句。

小戎俴收，五楘梁輈，游環脅驅，陰靷鋈續，文茵暢轂，駕我騏馵。言念君子，温其如玉；在其板屋，亂我心曲。 四牡孔阜，六轡在手。騏駵是中，騧驪是驂。龍盾之合，鋈以觼軜。言念君子，温其在邑。方何爲期？胡然我念之？ 俴駟孔群，厹矛鋈錞，蒙伐有苑。虎韔鏤膺，交韔二弓，竹閉緄縢。言念君子，載寢載興；厭厭良人，秩秩德音。

《小戎》三章，章十句。

儒藏經典·康熙篆文六經四書 毛詩

蒹葭蒼蒼，白露爲霜。所謂伊人，在水一方。遡洄從之，道阻且長；遡游從之，宛在水中央。　蒹葭淒淒，白露未晞。所謂伊人，在水之湄。遡洄從之，道阻且躋；遡游從之，宛在水中坻。　蒹葭采采，白露未已。所謂伊人，在水之涘。遡洄從之，道阻且右；遡游從之，宛在水中沚。

《蒹葭》三章，章八句。

終南何有？有條有梅。君子至止，錦衣狐裘，顔如渥丹，其君也哉！

終南何有？有紀有堂。君子至止，黻衣繡裳。佩玉將將，壽考不忘！

《終南》二章，章六句。

交交黃鳥止于棘誰從穆公子車奄息維此奄息百夫之特臨其穴惴惴其慄彼蒼者天殲我良人如可贖兮人百其身　交交黃鳥止于桑誰從穆公子車仲行維此仲行百夫之防臨其穴惴惴其慄彼蒼者天殲我良人如可贖兮人百其身　交交黃鳥止于楚誰從穆公子車鍼虎維此鍼虎百夫之禦臨其穴惴惴其慄彼蒼者天殲我良人如可贖兮人百其身

黃鳥三章章十二句

鴥彼晨風鬱彼北林未見君子憂心欽欽如何如何忘我實多

山有苞櫟隰有六駮未見君

交交黃鳥，止于棘。誰從穆公？子車奄息。維此奄息，百夫之特。臨其穴，惴惴其慄。彼蒼者天，殲我良人。如可贖兮，人百其身。　交交黃鳥，止于桑。誰從穆公？子車仲行。維此仲行，百夫之防。臨其穴，惴惴其慄。彼蒼者天，殲我良人。如可贖兮，人百其身。　交交黃鳥，止于楚。誰從穆公？子車鍼虎。維此鍼虎，百夫之禦。臨其穴，惴惴其慄。彼蒼者天，殲我良人。如可贖兮，人百其身。

《黃鳥》三章，章十二句。

鴥彼晨風，鬱彼北林。未見君子，憂心欽欽。如何如何！忘我實多。

山有苞櫟，隰有六駮。未見君

子憂心靡樂如何如何忘我實多　山有苞棣隰有樹檖未見君子憂心如醉如何如何忘我實多

晨風三章章六句

豈曰無衣與子同袍王于興師脩我戈矛與子同仇　豈曰無衣與子同澤王于興師脩我矛戟與子偕作　豈曰無衣與子同裳王于興師脩我甲兵與子偕行

無衣三章章五句

我送舅氏曰至渭陽何以贈之路車乘黃　我送舅氏悠悠我思何以贈之瓊瑰玉佩

渭陽二章章四句

子，憂心靡樂。如何如何！忘我實多。　山有苞棣，隰有樹檖。未見君子，憂心如醉。如何如何！忘我實多。

《晨風》三章，章六句。

豈曰無衣？與子同袍。王于興師，脩我戈矛，與子同仇。　豈曰無衣？與子同澤。王于興師，脩我矛戟，與子偕作。　豈曰無衣？與子同裳。王于興師，脩我甲兵，與子偕行。

《無衣》三章，章五句。

我送舅氏，曰至渭陽。何以贈之？路車乘黃。　我送舅氏，悠悠我思。何以贈之？瓊瑰玉佩。

《渭陽》二章，章四句。

於我乎夏屋渠渠今也每食無餘于嗟乎不承權輿　於我乎每食四簋今也每食不飽于嗟乎不承權輿

權輿二章章五句

陳

子之湯兮宛丘之上兮洵有情兮而無望兮　坎其擊鼓宛丘之下無冬無夏值其鷺羽　坎其擊缶宛丘之道無冬無夏值其鷺翿

宛丘三章章四句

東門之枌宛丘之栩子仲之子婆娑其下　穀旦于差南方之原不績其麻市也婆娑　穀旦于逝越以鬷邁視爾如荍貽我

於我乎！夏屋渠渠，今也每食無餘。于嗟乎，不承權輿！　於我乎！每食四簋，今也每食不飽。于嗟乎，不承權輿！

《權輿》二章，章五句。

陳

子之湯兮，宛丘之上兮。洵有情兮，而無望兮。　坎其擊鼓，宛丘之下。無冬無夏，值其鷺羽。　坎其擊缶，宛丘之道。無冬無夏，值其鷺翿。

《宛丘》三章，章四句。

東門之枌，宛丘之栩。子仲之子，婆娑其下。　穀旦于差，南方之原。不績其麻，市也婆娑。　穀旦于逝，越以鬷邁。視爾如荍，貽我

握椒

東門之枌三章章四句

衡門之下可以棲遲泌之洋洋可以樂飢 豈其食魚必河之魴豈其取妻必齊之姜 豈其食魚必河之鯉豈其取妻必宋之子

衡門二章章四句

東門之池可以漚麻彼美淑姬可與晤歌 東門之池可以漚紵彼美淑姬可與晤語 東門之池可以漚菅彼美淑姬可與晤言

東門之池三章章四句

東門之楊其葉牂牂昏以爲期明星煌煌 東門之楊其葉肺

儒藏經典·康熙篆文六經四書 毛詩

握椒。

《東門之枌》三章，章四句。

衡門之下，可以棲遲。泌之洋洋，可以樂飢。 豈其食魚，必河之魴？豈其取妻，必齊之姜？ 豈其食魚，必河之鯉？豈其取妻，必宋之子？

《衡門》三章，章四句。

東門之池，可以漚麻。彼美淑姬，可與晤歌。 東門之池，可以漚紵。彼美淑姬，可與晤語。 東門之池，可以漚菅。彼美淑姬，可與晤言。

《東門之池》三章，章四句。

東門之楊，其葉牂牂。昏以爲期，明星煌煌。 東門之楊，其葉肺

肺昏以爲期明星晢晢

東門之楊二章章四句

墓門有棘斧以斯之夫也不良國人知之知而不已誰昔然矣

墓門有梅有鴞萃止夫也不良歌以訊之訊予不顧顛倒思予

墓門二章章六句

防有鵲巢邛有旨苕誰侜予美心焉忉忉

中唐有甓邛有旨鷊誰侜予美心焉惕惕

防有鵲巢二章章三句

月出皎兮佼人僚兮舒窈糾兮勞心悄兮

月出皓兮佼人懰兮舒懮受兮勞心慅兮

月出照兮佼人燎兮舒夭紹兮勞心

肺。昏以爲期，明星晢晢。

《東門之楊》二章，章四句。

墓門有棘，斧以斯之。夫也不良，國人知之。知而不已，誰昔然矣。

墓門有梅，有鴞萃止。夫也不良，歌以訊之。訊予不顧，顛倒思予。

《墓門》二章，章六句。

儒藏

儒藏經典·康熙篆文六經四書　毛詩

防有鵲巢，邛有旨苕。誰侜予美，心焉忉忉。

中唐有甓，邛有旨鷊。誰侜予美，心焉惕惕。

《防有鵲巢》二章，章四句。

月出皎兮，佼人僚兮。舒窈糾兮，勞心悄兮。

月出皓兮，佼人懰兮。舒懮受兮，勞心慅兮。

月出照兮，佼人燎兮。舒夭紹兮，勞心

慘兮

《月出》三章章三句

胡爲乎株林從夏南匪適株林從夏南　駕我乘馬說于株野乘我乘駒朝食于株

《株林》二章章四句

彼澤之陂有蒲與荷有美一人傷如之何寤寐無爲涕泗滂沱

彼澤之陂有蒲與蕑有美一人碩大且卷寤寐無爲中心悁悁

彼澤之陂有蒲菡萏有美一人碩大且儼寤寐無爲輾轉伏枕

《澤陂》三章章六句

檜

羔裘逍遙狐裘以朝豈不爾思

儒藏經典·康熙篆文六經四書　毛詩

慘兮。

《月出》三章，章四句。

胡爲乎株林？從夏南。匪適株林，從夏南。　駕我乘馬，說于株野。乘我乘駒，朝食于株。

《株林》二章，章四句。

彼澤之陂，有蒲與荷。有美一人，傷如之何！寤寐無爲，涕泗滂沱。

彼澤之陂，有蒲與蕑。有美一人，碩大且卷。寤寐無爲，中心悁悁。

彼澤之陂，有蒲菡萏。有美一人，碩大且儼。寤寐無爲，輾轉伏枕。

《澤陂》三章，章六句。

檜

羔裘逍遙，狐裘以朝。豈不爾思？

勞心忉忉。羔裘翱翔，狐裘在堂。豈不爾思？我心憂傷。羔裘如膏，日出有曜。豈不爾思？中心是悼。

《羔裘》三章，章四句。

庶見素冠兮，棘人欒欒兮，勞心慱慱兮。庶見素衣兮，我心傷悲兮，聊與子同歸兮。庶見素韠兮，我心蘊結兮，聊與子如一兮。

《素冠》三章，章三句。

隰有萇楚，猗儺其枝。夭之沃沃，樂子之無知。隰有萇楚，猗儺其華。夭之沃沃，樂子之無家。隰有萇楚，猗儺其實。夭之沃沃，樂子之無室。

隰有萇楚三章章四句
匪風發兮匪車偈兮顧瞻周道
中心怛兮 匪風飄兮匪車嘌
兮顧瞻周道中心弔兮 誰能
亨魚溉之釜鬵誰將西歸懷之
好音
匪風三章章四句
曹
儒藏經典·康熙篆文六經四書 毛詩
蜉蝣之羽衣裳楚楚心之憂矣
於我歸處 蜉蝣之翼采采衣
服心之憂矣於我歸息 蜉蝣
掘閱麻衣如雪心之憂矣於我
歸說
蜉蝣三章章四句
彼候人兮何戈與祋彼其之子
三百赤芾 維鵜在梁不濡其

《隰有萇楚》三章，章四句。

匪風發兮，匪車偈兮。顧瞻周道，中心怛兮。　匪風飄兮，匪車嘌兮。顧瞻周道，中心弔兮。　誰能亨魚，溉之釜鬵。誰將西歸，懷之好音。

《匪風》三章，章四句。

曹

蜉蝣之羽，衣裳楚楚。心之憂矣，於我歸處。　蜉蝣之翼，采采衣服。心之憂矣，於我歸息。　蜉蝣掘閱，麻衣如雪。心之憂矣，於我歸說。

《蜉蝣》三章，章四句。

彼候人兮，何戈與祋。彼其之子，三百赤芾。　維鵜在梁，不濡其翼。彼其之子，不稱其服。　維鵜在梁，不濡其咮。彼其之子，不遂其媾。　薈兮蔚兮，南山朝隮。婉兮孌兮，季女斯飢。

《候人》四章，章四句。

鳲鳩在桑，其子七兮。淑人君子，其儀一兮；其儀一兮，心如結兮。　鳲鳩在桑，其子在梅。淑人君子，其帶伊絲；其帶伊絲，其弁伊騏。　鳲鳩在桑，其子在棘。淑人君子，其儀不忒；其儀不忒，正是四國。　鳲鳩在桑，其子在榛。淑人君子，正是國人；正是國人，胡不萬年！

《鳲鳩》四章，章六句。

洌彼下泉，浸彼苞稂。愾我寤嘆，

念彼周京　洌彼下泉浸彼苞蕭愾我寤嘆念彼京周　洌彼下泉浸彼苞蓍愾我寤嘆念彼京師　芃芃黍苗陰雨膏之四國有王郇伯勞之

下泉三章章四句

豳

七月流火九月授衣一之日觱發二之日栗烈無衣無褐何以卒歲三之日于耜四之日舉趾同我婦子饁彼南畝田畯至喜

七月流火九月授衣春日載陽有鳴倉庚女執懿筐遵彼微行爰求柔桑春日遲遲采蘩祁祁女心傷悲殆及公子同歸

七月流火八月萑葦蠶月條桑

儒藏
儒藏經典·康熙篆文六經四書　毛詩

念彼周京。洌彼下泉，浸彼苞蕭。愾我寤嘆，念彼京周。洌彼下泉，浸彼苞蓍。愾我寤嘆，念彼京師。芃芃黍苗，陰雨膏之。四國有王，郇伯勞之。

《下泉》四章，章四句。

豳

七月流火，九月授衣。一之日觱發，二之日栗烈。無衣無褐，何以卒歲？三之日于耜，四之日舉趾。同我婦子，饁彼南畝，田畯至喜。

七月流火，九月授衣。春日載陽，有鳴倉庚。女執懿筐，遵彼微行，爰求柔桑。春日遲遲，采蘩祁祁。女心傷悲，殆及公子同歸？

七月流火，八月萑葦。蠶月條桑，

取彼斧斨，以伐遠揚，猗彼女桑。七月鳴鵙，八月載績。載玄載黄，我朱孔陽，爲公子裳。　四月秀葽，五月鳴蜩。八月其穫，十月隕蘀。一之日于貉，取彼狐狸，爲公子裘。二之日其同，載纘武功。言私其豵，獻豜于公。　五月斯螽動股，六月莎雞振羽。七月在野，八月在宇，九月在户，十月蟋蟀入我牀下。穹室熏鼠，塞向墐户。嗟我婦子，曰爲改歲，入此室處。　六月食鬱及薁，七月亨葵及菽，八月剝棗，十月穫稻。爲此春酒，以介眉壽。七月食瓜，八月斷壺，九月叔苴。采荼薪樗，食我農夫。　九月築場圃，十月納禾稼。

黍稷重穋，禾麻菽麥。嗟我農夫，我稼既同，上入執宮功。晝爾于茅，宵爾索綯；亟其乘屋，其始播百穀。　二之日鑿冰沖沖，三之日納于凌陰，四之日其蚤，獻羔祭韭。九月肅霜，十月滌場。朋酒斯饗，曰殺羔羊。躋彼公堂，稱彼兕觥，萬壽無疆。

《七月》八章，章十一句。

鴟鴞鴟鴞！既取我子，無毀我室！恩斯勤斯，鬻子之閔斯。　迨天之未陰雨，徹彼桑土，綢繆牖户。今女下民，或敢侮予？　予手拮据，予所捋荼，予所蓄租。予口卒瘏，曰予未有室家。　予羽譙譙，予尾翛翛，予室翹翹，風雨所漂

搖予維音嘵嘵

鴟鴞四章章五句

我徂東山慆慆不歸我來自東零雨其濛我東曰歸我心西悲制彼裳衣勿士行枚蜎蜎者蠋烝在桑野敦彼獨宿亦在車下

我徂東山慆慆不歸我來自東零雨其濛果臝之實亦施于

宇伊威在室蠨蛸在户町畽鹿場熠燿宵行不可畏也伊可懷也

20

我徂東山慆慆不歸我來自東零雨其濛鸛鳴于垤婦嘆于室洒埽穹窒我征聿至有敦瓜苦烝在栗薪自我不見于今三年

我徂東山慆慆不歸我來自東零雨其濛倉庚于飛熠

搖。予維音嘵嘵。

《鴟鴞》四章，章五句。

我徂東山，慆慆不歸。我來自東，零雨其濛。我東曰歸，我心西悲。制彼裳衣，勿士行枚。蜎蜎者蠋，烝在桑野。敦彼獨宿，亦在車下。

我徂東山，慆慆不歸。我來自東，零雨其濛。果臝之實，亦施于

宇。伊威在室，蠨蛸在户，町畽鹿場，熠燿宵行。不可畏也，伊可懷也。

我徂東山，慆慆不歸。我來自東，零雨其濛。鸛鳴于垤，婦嘆于室。洒埽穹窒，我征聿至。有敦瓜苦，烝在栗薪。自我不見，于今三年。

我徂東山，慆慆不歸。我來自東，零雨其濛。倉庚于飛，熠

燿其羽之子于歸皇駁其馬親
結其縭九十其儀其新孔嘉其
舊如之何

東山四章章十二句

既破我斧又缺我斨周公東征
四國是皇哀我人斯亦孔之將
既破我斧又缺我錡周公東
征四國是吪哀我人斯亦孔之

嘉　既破我斧又缺我銶周公
東征四國是遒哀我人斯亦孔
之休

破斧三章章六句

伐柯如何匪斧不克取妻如何
匪媒不得　伐柯伐柯其則不
遠我覯㉑之子籩豆有踐

伐柯二章章四句

燿其羽。之子于歸，皇駁其馬。親結其縭，九十其儀。其新孔嘉，其舊如之何？

《東山》四章，章十二句。

既破我斧，又缺我斨。周公東征，四國是皇。哀我人斯，亦孔之將。

既破我斧，又缺我錡。周公東征，四國是吪。哀我人斯，亦孔之

嘉。既破我斧，又缺我銶。周公東征，四國是遒。哀我人斯，亦孔之休。

《破斧》三章，章六句。

伐柯如何？匪斧不克。取妻如何？匪媒不得。伐柯伐柯，其則不遠。我覯之子，籩豆有踐。

《伐柯》二章，章四句。

九罭之魚鱒魴我覯之子袞衣
繡裳 鴻飛遵渚公歸無所於
女信處 鴻飛遵陸公歸不復
於女信宿 是以有袞衣兮無
以我公歸兮無使我心悲兮

九罭四章一章四句三
章章三句

狼跋其胡載疐其尾公孫碩膚

赤舄几几 狼疐其尾載跋其
胡公孫碩膚德音不瑕

狼跋二章章四句

九罭之魚，鱒魴。我覯之子，袞衣繡裳。

鴻飛遵渚。公歸無所，於女信處。

鴻飛遵陸。公歸不復，於女信宿。

是以有袞衣兮，無以我公歸兮，無使我心悲兮。

《九罭》四章，一章四句，三章章三句。

狼跋其胡，載疐其尾。公孫碩膚，

赤舄几几。

狼疐其尾，載跋其胡。公孫碩膚，德音不瑕。

《狼跋》二章，章四句。

毛詩

小雅

鹿鳴之什

呦呦鹿鳴食野之苹我有嘉賓鼓瑟吹笙吹笙鼓簧承筐是將人之好我示我周行 呦呦鹿鳴食野之蒿我有嘉賓德音孔昭視民不恌君子是則是傚我

有旨酒嘉賓式燕以敖 呦呦鹿鳴食野之芩我有嘉賓鼓瑟鼓瑟鼓琴和樂且湛我有旨酒以燕樂嘉賓之心

鹿鳴三章章八句

四牡騑騑周道倭遲豈不懷歸王事靡盬我心傷悲 四牡騑騑嘽嘽駱馬豈不懷歸王事靡

毛詩

小雅

鹿鳴之什

呦呦鹿鳴，食野之苹。我有嘉賓，鼓瑟吹笙。吹笙鼓簧，承筐是將。人之好我，示我周行。 呦呦鹿鳴，食野之蒿。我有嘉賓，德音孔昭。視民不恌，君子是則是傚。我

儒藏 儒藏經典·康熙篆文六經四書 毛詩

有旨酒，嘉賓式燕以敖。 呦呦鹿鳴，食野之芩。我有嘉賓，鼓瑟鼓琴。鼓瑟鼓琴，和樂且湛。我有旨酒，以燕樂嘉賓之心。

《鹿鳴》三章，章八句。

四牡騑騑，周道倭遲。豈不懷歸？王事靡盬，我心傷悲。 四牡騑騑，嘽嘽駱馬。豈不懷歸？王事靡

盬不遑啓處　翩翩者鵻載飛載下集于苞栩王事靡盬不遑將父　翩翩者鵻載飛載止集于苞杞王事靡盬不遑將母駕彼四駱載驟駸駸豈不懷歸是用作歌將母來諗

四牡五章章五句

皇皇者華于彼原隰駪駪征夫每懷靡及　我馬維駒六轡如濡載馳載驅周爰咨諏　我馬維騏六轡如絲載馳載驅周爰咨謀　我馬維駱六轡沃若載馳載驅周爰咨度　我馬維駰六轡既均載馳載驅周爰咨詢

皇皇者華五章章四句

常棣之華鄂不韡韡凡今之人

儒藏經典・康熙篆文六經四書　毛詩

盬，不遑啓處。　翩翩者鵻，載飛載下，集于苞栩。王事靡盬，不遑將父。　翩翩者鵻，載飛載止，集于苞杞。王事靡盬，不遑將母。駕彼四駱，載驟駸駸。豈不懷歸？是用作歌，將母來諗。

《四牡》五章，章五句。

皇皇者華，于彼原隰。駪駪征夫，每懷靡及。　我馬維駒，六轡如濡。載馳載驅，周爰咨諏。　我馬維騏，六轡如絲。載馳載驅，周爰咨謀。　我馬維駱，六轡沃若。載馳載驅，周爰咨度。　我馬維駰，六轡既均。載馳載驅，周爰咨詢。

《皇皇者華》五章，章四句。

常棣之華，鄂不韡韡。凡今之人，

莫如兄弟。死喪之威，兄弟孔懷。原隰裒矣，兄弟求矣。脊令在原，兄弟急難。每有良朋，況也永歎。兄弟鬩于牆，外禦其務。每有良朋，烝也無戎。喪亂既平，既安且寧。雖有兄弟，不如友生。儐爾籩豆，飲酒之飫。兄弟既具，和樂且孺。妻子好合，如鼓瑟琴。兄弟既翕，和樂且湛。宜爾室家，樂爾妻帑。是究是圖，亶其然乎？

《常棣》八章，章四句。

伐木丁丁，鳥鳴嚶嚶。出自幽谷，遷于喬木。嚶其鳴矣，求其友聲。相彼鳥矣，猶求友聲；矧伊人矣，不求友生。神之聽之，終和且平。

伐木許許，釃酒有藇。既有肥羜，以速諸父。寧適不來，微我弗顧。於粲灑埽，陳饋八簋。既有肥牡，以速諸舅。寧適不來，微我有咎。　伐木于阪，釃酒有衍。籩豆有踐，兄弟無遠。民之失德，乾餱以愆。有酒湑我，無酒酤我。坎坎鼓我，蹲蹲舞我。迨我暇矣，飲此

儒藏經典·康熙篆文六經四書　毛詩

湑矣。

《伐木》三章，章十二句。

天保定爾，亦孔之固。俾爾單厚，何福不除。俾爾多益，以莫不庶。

天保定爾，俾爾戩穀。罄無不宜，受天百祿。降爾遐福，維日不足。　天保定爾，以莫不興。如山如阜，如岡如陵，如川之方至，以

莫不增 吉蠲爲饎是用孝享
禴祠烝嘗于公先王君曰卜爾
萬壽無疆 神之弔矣詒爾多
福民之質矣日用飲食群黎百
姓徧爲爾德 如月之恒如日
之升如南山之壽不騫不崩如
松栢之茂無不爾或承

天保六章章六句

采薇采薇薇亦作止曰歸曰歸
歲亦莫止靡室靡家玁狁之故
不遑啓居玁狁之故 采薇采
薇薇亦柔止曰歸曰歸心亦憂
止憂心烈烈載飢載渴我戍未
定靡使歸聘 采薇采薇薇亦
剛止曰歸曰歸歲亦陽止王事
靡盬不遑啓處憂心孔疚我行

莫不增。吉蠲爲饎，是用孝享，
禴祠烝嘗，于公先王。君曰卜爾，
萬壽無疆。 神之弔矣，詒爾多
福；民之質矣，日用飲食。群黎百
姓，徧爲爾德。 如月之恒，如日
之升；如南山之壽，不騫不崩；如
松栢之茂，無不爾或承。

《天保》六章，章六句。

儒藏經典·康熙篆文六經四書 毛詩

采薇采薇！薇亦作止。曰歸曰歸！
歲亦莫止。靡室靡家，玁狁之故。
不遑啓居，玁狁之故。 采薇采
薇！薇亦柔止。曰歸曰歸！心亦憂
止。憂心烈烈，載飢載渴。我戍未
定，靡使歸聘。 采薇采薇！薇亦
剛止。曰歸曰歸！歲亦陽止。王事
靡盬，不遑啓處。憂心孔疚，我行

不來 彼爾維何維常之華彼
路斯何君子之車戎車既駕四
牡業業豈敢定居一月三捷
駕彼四牡四牡騤騤君子所依
小人所腓四牡翼翼象弭魚服
豈不日戒玁狁孔棘 昔我往
矣楊柳依依今我來思雨雪霏
霏行道遲遲載渴載飢我心傷
悲莫知我哀

采薇六章章八句

我出我車于彼牧矣自天子所
謂我來矣召彼僕夫謂之載矣
王事多難維其棘矣 我出我
車于彼郊矣設此旐矣建彼旄
矣彼旟旐斯胡不旆旆憂心悄
悄僕夫況瘁 王命南仲往城

儒藏 儒藏經典・康熙篆文六經四書 毛詩

不來。彼爾維何？維常之華。彼路斯何？君子之車。戎車既駕，四牡業業。豈敢定居，一月三捷。

駕彼四牡，四牡騤騤。君子所依，小人所腓。四牡翼翼，象弭魚服。豈不日戒，玁狁孔棘。

昔我往矣，楊柳依依。今我來思，雨雪霏霏。行道遲遲，載渴載飢。我心傷悲，莫知我哀！

《采薇》六章，章八句。

我出我車，于彼牧矣。自天子所，謂我來矣。召彼僕夫，謂之載矣。王事多難，維其棘矣。

我出我車，于彼郊矣！設此旐矣，建彼旄矣！彼旟旐斯，胡不旆旆？憂心悄悄，僕夫況瘁。

王命南仲，往城

于方。出車彭彭，旂旐央央。天子命我，城彼朔方。赫赫南仲，玁狁于襄。

昔我往矣，黍稷方華；今我來思，雨雪載塗。王事多難，不遑啓居。豈不懷歸？畏此簡書。

喓喓草蟲，趯趯阜螽。未見君子，憂心忡忡。既見君子，我心則降。赫赫南仲，薄伐西戎。

春日遲遲，卉木萋萋，倉庚喈喈，采蘩祁祁。執訊獲醜，薄言還歸。赫赫南仲，玁狁于夷。

《出車》六章，章八句。

有杕之杜，有睆其實。王事靡盬，繼嗣我日。日月陽止，女心傷止，征夫遑止！

有杕之杜，其葉萋萋。王事靡盬，我心傷悲。卉木萋止女心悲止征夫歸止 陟彼北山言采其杞王事靡盬憂我父母檀車幝幝四牡痯痯征夫不遠 匪載匪來憂心孔疚期逝不至而多爲恤卜筮偕止會言近止征夫邇止
杕杜四章章七句
南陔
白華之什
白華
華黍
魚麗于罶鱨鯊君子有酒旨且多 魚麗于罶魴鱧君子有酒多且旨 魚麗于罶鰋鯉君子有酒旨且有 物其多矣維其嘉矣 物其旨矣維其偕矣

止，女心悲止，征夫歸止！ 陟彼北山，言采其杞。王事靡盬，憂我父母。檀車幝幝，四牡痯痯，征夫不遠！ 匪載匪來，憂心孔疚。期逝不至，而多爲恤。卜筮偕止，會言近止，征夫邇止！

《杕杜》四章，章七句。

南陔

白華之什

白華

華黍

魚麗于罶，鱨鯊。君子有酒，旨且多。 魚麗于罶，魴鱧。君子有酒，多且旨。 魚麗于罶，鰋鯉。君子有酒，旨且有。 物其多矣，維其嘉矣。 物其旨矣，維其偕矣。

物其有矣維其時矣

魚麗六章三章章四句

三章章二句

由庚

南有嘉魚烝然罩罩君子有酒

嘉賓式燕以樂 南有嘉魚烝

然汕汕君子有酒嘉賓式燕以

衎 南有樛木甘瓠纍之君子

有酒嘉賓式燕綏之 翩翩者

鵻烝然來思君子有酒嘉賓式

燕又思

南有嘉魚四章章四句

崇丘

南山有臺北山有萊樂只君子

邦家之基樂只君子萬壽無期

南山有桑北山有楊樂只君

物其有矣，維其時矣。

《魚麗》六章，三章章四句，三章章二句。

由庚

南有嘉魚，烝然罩罩。君子有酒，嘉賓式燕以樂。 南有嘉魚，烝然汕汕。君子有酒，嘉賓式燕以衎。 南有樛木，甘瓠纍之。君子有酒，嘉賓式燕綏之。 翩翩者鵻，烝然來思。君子有酒，嘉賓式燕又思。

《南有嘉魚》四章，章四句。

崇丘

南山有臺，北山有萊。樂只君子，邦家之基。樂只君子，萬壽無期。

南山有桑，北山有楊。樂只君

子邦家之光樂只君子萬壽無疆　南山有杞北山有李樂只君子民之父母樂只君子德音不已　南山有栲北山有杻樂只君子遐不眉壽樂只君子德音是茂　南山有枸北山有楰樂只君子遐不黃耇樂只君子保艾爾後

南山有臺五章章六句

由儀

蓼彼蕭斯零露湑兮既見君子我心寫兮燕笑語兮是以有譽處兮　蓼彼蕭斯零露瀼瀼既見君子爲龍爲光其德不爽壽考不忘　蓼彼蕭斯零露泥泥既見君子孔燕豈弟宜兄宜弟

子，邦家之光。樂只君子，萬壽無疆。　南山有杞，北山有李。樂只君子，民之父母。樂只君子，德音不已。　南山有栲，北山有杻。樂只君子，遐不眉壽？樂只君子，德音是茂。　南山有枸，北山有楰。樂只君子，遐不黃耇？樂只君子，保艾爾後。

《南山有臺》五章，章六句。

由儀

蓼彼蕭斯，零露湑兮。既見君子，我心寫兮。燕笑語兮，是以有譽處兮。　蓼彼蕭斯，零露瀼瀼。既見君子，爲龍爲光。其德不爽，壽考不忘。　蓼彼蕭斯，零露泥泥。既見君子，孔燕豈弟。宜兄宜弟，

令德壽豈　蓼彼蕭斯零露濃
濃既見君子鞗革沖沖和鸞雝
雝萬福攸同

蓼蕭四章章六句

湛湛露斯匪陽不晞厭厭夜飲
不醉無歸　湛湛露斯在彼豐
草厭厭夜飲在宗載考　湛湛
露斯在彼杞棘顯允君子莫不
令德　其桐其椅其實離離豈
弟君子莫不令儀

湛露四章章四句

彤弓之什

彤弓弨兮受言藏之我有嘉賓
中心貺之鐘鼓既設一朝饗之
彤弓弨兮受言載之我有嘉
賓中心喜之鐘鼓既設一朝右

令德壽豈。　蓼彼蕭斯，零露濃濃。既見君子，鞗革沖沖。和鸞雝雝，萬福攸同。

《蓼蕭》四章，章六句。

湛湛露斯，匪陽不晞。厭厭夜飲，不醉無歸。　湛湛露斯，在彼豐草。厭厭夜飲，在宗載考。　湛湛露斯，在彼杞棘。顯允君子，莫不令德。　其桐其椅，其實離離。豈弟君子，莫不令儀。

《湛露》四章，章四句。

彤弓之什

彤弓弨兮，受言藏之。我有嘉賓，中心貺之。鐘鼓既設，一朝饗之。

彤弓弨兮，受言載之。我有嘉賓，中心喜之。鐘鼓既設，一朝右之。彤弓弨兮，受言櫜之。我有嘉賓，中心好之。鐘鼓既設，一朝醻之。

《彤弓》三章，章六句。

菁菁者莪，在彼中阿。既見君子，樂且有儀。

菁菁者莪，在彼中沚。既見君子，我心則喜。

菁菁者莪，在彼中陵。既見君子，錫我百朋。

汎汎楊舟，載沈載浮。既見君子，我心則休。

《菁菁者莪》四章，章四句。

六月棲棲，戎車既飭。四牡騤騤，載是常服。玁狁孔熾，我是用急。王于出征，以匡王國。

比物四驪，閑之維則。維此六月，既成我服。我服既成，于三十里。王于出

之。彤弓弨兮，受言櫜之。我有嘉賓，中心好之。鐘鼓既設，一朝醻之。

《彤弓》三章，章六句。

菁菁者莪，在彼中阿。既見君子，樂且有儀。

菁菁者莪，在彼中沚。既見君子，我心則喜。

菁菁者莪，在彼中陵。既見君子，錫我百朋。

汎汎楊舟，載沈載浮。既見君子，我心則休。

《菁菁者莪》四章，章四句。

六月棲棲，戎車既飭。四牡騤騤，載是常服。玁狁孔熾，我是用急。王于出征，以匡王國。

比物四驪，閑之維則。維此六月，既成我服。我服既成，于三十里。王于出

征以佐天子　四牡脩廣其大有顒薄伐玁狁以奏膚公有嚴有翼共武之服共武之服以定王國　玁狁匪茹整居焦穫侵鎬及方至于涇陽織文鳥章白旆央央元戎十乘以先啓行戎車既安如輊如軒四牡既佶既佶且閑薄伐玁狁至于大原文武吉甫萬邦爲憲　吉甫燕喜既多受祉來歸自鎬我行永久飲御諸友炰鼈膾鯉侯誰在矣張仲孝友

六月六章章八句

薄言采芑于彼新田于此菑畝方叔涖止其車三千師干之試方叔率止乘其四騏四騏翼翼

儒藏
儒藏經典·康熙篆文六經四書　毛詩

征，以佐天子。四牡脩廣，其大有顒。薄伐玁狁，以奏膚公。有嚴有翼，共武之服。共武之服，以定王國。

玁狁匪茹，整居焦穫。侵鎬及方，至于涇陽。織文鳥章，白旆央央。元戎十乘，以先啓行。

戎車既安，如輊如軒。四牡既佶，既佶且閑。薄伐玁狁，至于大原。文武吉甫，萬邦爲憲。

吉甫燕喜，既多受祉。來歸自鎬，我行永久。飲御諸友，炰鼈膾鯉。侯誰在矣？張仲孝友。

《六月》六章，章八句。

薄言采芑，于彼新田，于此菑畝。方叔涖止，其車三千，師干之試。方叔率止，乘其四騏，四騏翼翼。

路車有奭，簟第魚服，鉤膺鞗革。

薄言采芑，于彼新田，于此中鄉。方叔涖止，其車三千，旂旐央央。方叔率止，約軝錯衡，八鸞瑲瑲。服其命服，朱芾斯皇，有瑲蔥珩。

鴥彼飛隼，其飛戾天，亦集爰止。方叔涖止，其車三千，師干之試。方叔率止，鉦人伐鼓，陳師鞠旅。顯允方叔，伐鼓淵淵，振旅闐闐。

蠢爾蠻荆，大邦爲讎！方叔元老，克壯其猶。方叔率止，執訊獲醜。戎車嘽嘽，嘽嘽焞焞，如霆如雷。顯允方叔，征伐玁狁，蠻荆來威。

《采芑》四章，章十二句。

我車既攻，我馬既同。四牡龐龐，

駕言徂東　田車既好四牡孔
阜東有甫草駕言行狩之子
于苗選徒囂囂建旐設旄搏獸
于敖　駕彼四牡四牡奕奕赤
芾金舄會同有繹　決拾既佽
弓矢既調射夫既同助我舉柴
　四黃既駕兩驂不猗不失其
馳舍矢如破　蕭蕭馬鳴悠悠
旆旌徒御不驚大庖不盈之
子于征有聞無聲允矣君子展
也大成
　車攻八章章四句
吉日維戊既伯既禱田車既好
四牡孔阜升彼大阜從其群醜
　吉日庚午既差我馬獸之所
同麀鹿麌麌漆沮之從天子之

儒藏經典·康熙篆文六經四書 毛詩

駕言徂東。田車既好，四牡孔阜。東有甫草，駕言行狩。之子于苗，選徒囂囂。建旐設旄，搏獸于敖。

駕彼四牡，四牡奕奕。赤芾金舄，會同有繹。

決拾既佽，弓矢既調。射夫既同，助我舉柴。

四黃既駕，兩驂不猗。不失其馳，舍矢如破。

蕭蕭馬鳴，悠悠旆旌。徒御不驚，大庖不盈。之子于征，有聞無聲。允矣君子，展也大成。

《車攻》八章，章四句。

吉日維戊，既伯既禱。田車既好，四牡孔阜，升彼大阜，從其群醜。

吉日庚午，既差我馬。獸之所同，麀鹿麌麌。漆沮之從，天子之

所　瞻彼中原其祁孔有儦儦
俟俟或群或友悉率左右以燕
天子　既張我弓既挾我矢發
彼小豝殪此大兕以御賓客且
以酌醴

吉日四章章六句

鴻鴈于飛肅肅其羽之子于征
劬勞于野爰及矜人哀此鰥寡

鴻鴈于飛集于中澤之子于
垣百堵皆作雖則劬勞其究安
宅　鴻鴈于飛哀鳴嗷嗷維此
哲人謂我劬勞維彼愚人謂我
宣驕

鴻鴈三章章六句

夜如何其夜未央庭燎之光君
子至止鸞聲將將　夜如何其

所。　瞻彼中原，其祁孔有。儦儦俟俟，或群或友。悉率左右，以燕天子。　既張我弓，既挾我矢，發彼小豝，殪此大兕。以御賓客，且以酌醴。

《吉日》四章，章六句。

鴻鴈于飛，肅肅其羽。之子于征，劬勞于野。爰及矜人，哀此鰥寡。

鴻鴈于飛，集于中澤。之子于垣，百堵皆作。雖則劬勞，其究安宅。　鴻鴈于飛，哀鳴嗷嗷。維此哲人，謂我劬勞。維彼愚人，謂我宣驕。

《鴻鴈》三章，章六句。

夜如何其？夜未央，庭燎之光。君子至止，鸞聲將將。　夜如何其？

夜未艾庭燎晣晣君子至止鸞聲噦噦　夜如何其夜鄉晨庭燎有煇君子至止言觀其旂

庭燎三章章五句

沔彼流水朝宗于海鴥彼飛隼載飛載止嗟我兄弟邦人諸友莫肯念亂誰無父母　沔彼流水其流湯湯鴥彼飛隼載飛載揚念彼不蹟載起載行心之憂矣不可弭忘　鴥彼飛隼率彼中陵民之訛言寧莫之懲我友敬矣讒言其興

沔水三章二章章八句

一章六句

鶴鳴于九皋聲聞于野魚潛在淵或在于渚樂彼之園爰有樹

夜未艾，庭燎晣晣。君子至止，鸞聲噦噦。　夜如何其？夜鄉晨，庭燎有煇。君子至止，言觀其旂。

《庭燎》三章，章五句。

沔彼流水，朝宗于海。鴥彼飛隼，載飛載止。嗟我兄弟，邦人諸友，莫肯念亂，誰無父母！　沔彼流水，其流湯湯。鴥彼飛隼，載飛載揚。念彼不蹟，載起載行。心之憂矣，不可弭忘。　鴥彼飛隼，率彼中陵。民之訛言，寧莫之懲。我友敬矣，讒言其興。

《沔水》三章，二章章八句，

一章六句。

鶴鳴于九皋，聲聞于野。魚潛在淵，或在于渚。樂彼之園，爰有樹

檀其下維蘀他山之石可以爲
錯　鶴鳴于九皋聲聞于天魚
在于渚或潛在淵樂彼之園爰
有樹檀其下維穀他山之石可
以攻玉
鶴鳴二章章九句
祈父之什
祈父予王之爪牙胡轉予于恤
靡所止居　祈父予王之爪士
胡轉予于恤靡所厎止　祈父
亶不聰胡轉予于恤有母之尸
饔
祈父三章章四句
皎皎白駒食我場苗縶之維之
以永今朝所謂伊人於焉逍遥
皎皎白駒食我場藿縶之維

儒藏經典·康熙篆文六經四書　毛詩

檀，其下維蘀。他山之石，可以爲錯。

鶴鳴于九皋，聲聞于天。魚在于渚，或潛在淵。樂彼之園，爰有樹檀，其下維穀。他山之石，可以攻玉。

《鶴鳴》二章，章九句。

祈父之什

祈父！予王之爪牙。胡轉予于恤？靡所止居。

祈父！予王之爪士。胡轉予于恤？靡所厎止。

祈父！亶不聰。胡轉予于恤？有母之尸饔。

《祈父》三章，章四句。

皎皎白駒，食我場苗。縶之維之，以永今朝。所謂伊人，於焉逍遥。

皎皎白駒，食我場藿。縶之維

之，以永今夕。所謂伊人，於焉嘉客。皎皎白駒，賁然來思。爾公爾侯，逸豫無期。慎爾優游，勉爾遁思。皎皎白駒，在彼空谷。生芻一束，其人如玉。毋金玉爾音，而有遐心。

《白駒》四章，章六句。

黃鳥黃鳥，無集于穀，無啄我粟。

此邦之人，不我肯穀。言旋言歸，復我邦族。黃鳥黃鳥，無集于桑，無啄我粱。此邦之人，不可與明。言旋言歸，復我諸兄。黃鳥黃鳥，無集于栩，無啄我黍。此邦之人，不可與處。言旋言歸，復我諸父。

《黃鳥》三章，章七句。

我行其野蔽芾其樗昏姻之故言就爾居爾不我畜復我邦家
我行其野言采其蓫昏姻之故言就爾宿爾不我畜言歸思復
我行其野言采其葍不思舊姻求爾新特㉒成不以富亦祇以異
我行其野三章章六句
秩秩斯干幽幽南山如竹苞矣如松茂矣兄及弟矣式相好矣無相猶矣
似續妣祖築室百堵西南其户爰居爰處爰笑爰語
約之閣閣椓之橐橐風雨攸除鳥鼠攸去君子攸芋
如跂斯翼如矢斯棘如鳥斯革如翬斯飛君子攸躋
殖殖其庭

儒藏經典·康熙篆文六經四書　毛詩

我行其野，蔽芾其樗。昏姻之故，言就爾居。爾不我畜，復我邦家。

我行其野，言采其蓫。昏姻之故，言就爾宿。爾不我畜，言歸思復。

我行其野，言采其葍。不思舊姻，求爾新特。成不以富，亦祇以異。

《我行其野》三章，章六句。

秩秩斯干，幽幽南山。如竹苞矣，如松茂矣。兄及弟矣，式相好矣，無相猶矣。

似續妣祖，築室百堵，西南其户。爰居爰處，爰笑爰語。

約之閣閣，椓之橐橐，風雨攸除，鳥鼠攸去。君子攸芋。

如跂斯翼，如矢斯棘，如鳥斯革，如翬斯飛。君子攸躋。

殖殖其庭，

有覺其楹。噲噲其正，噦噦其冥。君子攸寧。

下莞上簟，乃安斯寢。乃寢乃興，乃占我夢。吉夢維何？維熊維羆，維虺維蛇。

大人占之：維熊維羆，男子之祥；維虺維蛇，女子之祥。

乃生男子，載寢之牀。載衣之裳，載弄之璋。其泣喤喤，朱芾斯皇，室家君王。

乃生女子，載寢之地。載衣之裼，載弄之瓦。無非無儀，唯酒食是議，無父母詒罹。

《斯干》九章，四章章七句，五章章五句。

誰謂爾無羊？三百維群。誰謂爾無牛？九十其犉。爾羊來思，其角濈濈；爾牛來思，其耳濕濕。或

有覺其楹。噲噲其正，噦噦其冥。君子攸寧。

下莞上簟，乃安斯寢。乃寢乃興，乃占我夢。吉夢維何？維熊維羆，維虺維蛇。

大人占之：維熊維羆，男子之祥；維虺維蛇，女子之祥。

乃生男子，載寢之牀。載衣之裳，載弄之璋。其泣喤喤，朱芾斯皇，室家君王。

儒藏 儒藏經典·康熙篆文六經四書 毛詩

乃生女子，載寢之地。載衣之裼，載弄之瓦。無非無儀，唯酒食是議，無父母詒罹。

《斯干》九章，四章章七句，五章章五句。

誰謂爾無羊？三百維群。誰謂爾無牛？九十其犉。爾羊來思，其角濈濈；爾牛來思，其耳濕濕。或

儒藏經典・康熙篆文六經四書　毛詩

降于阿，或飲于池，或寢或訛。爾牧來思，何蓑何笠，或負其餱。三十維物，爾牲則具。　爾牧來思，以薪以蒸，以雌以雄。爾羊來思，矜矜兢兢，不騫不崩。麾之以肱，畢來既升。　牧人乃夢，衆維魚矣，旐維旟矣。大人占之：衆維魚矣，實維豐年；旐維旟矣，室家溱溱。

《無羊》四章，章八句。

節彼南山，維石巖巖。赫赫師尹，民具爾瞻。憂心如惔，不敢戲談。國既卒斬，何用不監！　節彼南山，有實其猗。赫赫師尹，不平謂何！天方薦瘥，喪亂弘多。民言無嘉，憯莫懲嗟！　尹氏大師，維周之氐。秉國之均，四方是維。天子是毗，俾民不迷。不弔昊天！不宜空我師。

弗躬弗親，庶民弗信。弗問弗仕，勿罔君子。式夷式已，無小人殆。瑣瑣姻亞，則無膴仕。

昊天不傭，降此鞠訩；昊天不惠，降此大戾。君子如屆，俾民心闋；君子如夷，惡怒是違。

不弔昊天，亂靡有定。式月斯生，俾民不寧。憂心如酲，誰秉國成？不自爲政，卒勞百姓。

駕彼四牡，四牡項領。我瞻四方，蹙蹙靡所騁。

方茂爾惡，相爾矛矣；既夷既懌，如相醻矣！

昊天不平，我王不寧。不懲其心，覆怨其正。

家父作誦，以究王訩。式訛爾心，以

畜萬邦

節南山十章六章章八句四章章四句

正月繁霜我心憂傷民之訛言亦孔之將念我獨兮憂心京京哀我小心癙憂以痒 父母生我胡俾我瘉不自我先不自我後好言自口莠言自口憂心愈愈是以有侮 憂心惸惸念我無祿民之無辜并其臣僕哀我人斯于何從祿瞻烏爰止于誰之屋 瞻彼中林侯薪侯蒸民今方殆視天夢夢既克有定靡人弗勝有皇上帝伊誰云憎謂山蓋卑爲岡爲陵民之訛言寧莫之懲召彼故老訊之占夢

儒藏經典·康熙篆文六經四書 毛詩

畜萬邦。

《節南山》十章，六章章八句，四章章四句。

正月繁霜，我心憂傷。民之訛言，亦孔之將。念我獨兮，憂心京京。哀我小心，癙憂以痒。 父母生我，胡俾我瘉？不自我先，不自我後。好言自口，莠言自口。憂心愈愈，是以有侮。 憂心惸惸，念我無祿。民之無辜，并其臣僕。哀我人斯，于何從祿？瞻烏爰止，于誰之屋？ 瞻彼中林，侯薪侯蒸。民今方殆，視天夢夢。既克有定，靡人弗勝。有皇上帝，伊誰云憎？謂山蓋卑，爲岡爲陵。民之訛言，寧莫之懲！召彼故老，訊之占夢。

具曰予聖誰知烏之雌雄　謂天蓋高不敢不局謂地蓋厚不敢不蹐維號斯言有倫有脊哀今之人胡爲虺蜴　瞻彼阪田有菀其特天之扤我如不我克彼求我則如不我得執我仇仇亦不我力　心之憂矣如或結之今茲之正胡然厲矣燎之方揚寧或滅之赫赫宗周褒姒威之　終其永懷又窘陰雨其車既載乃棄爾輔載輸爾載將伯助予　無棄爾輔員于爾輻屢顧爾僕不輸爾載終踰絶險曾是不意　魚在于沼亦匪克樂潛雖伏矣亦孔之炤憂心慘慘念國之爲虐　彼有旨酒又有

具曰予聖，誰知烏之雌雄？　謂天蓋高，不敢不局；謂地蓋厚，不敢不蹐。維號斯言，有倫有脊。哀今之人，胡爲虺蜴？　瞻彼阪田，有菀其特。天之扤我，如不我克。彼求我則，如不我得。執我仇仇，亦不我力。　心之憂矣，如或結之。今茲之正，胡然厲矣？燎之方揚，寧或滅之？赫赫宗周，褒姒威之。　終其永懷，又窘陰雨。其車既載，乃棄爾輔。載輸爾載，將伯助予。　無棄爾輔，員于爾輻。屢顧爾僕，不輸爾載。終踰絶險，曾是不意！　魚在于沼，亦匪克樂。潛雖伏矣，亦孔之炤。憂心慘慘，念國之爲虐！　彼有旨酒，又有

嘉肴洽比其鄰昏姻孔云念我獨兮憂心慇慇 佌佌彼有屋蔌蔌方有穀民今之無祿天夭是椓哿矣富人哀此惸獨

正月十三章八章章八句五章章六句

十月之交朔日辛卯日有食之亦孔之醜彼月而微此日而微

今此下民亦孔之哀 日月告凶不用其行四國無政不用其良彼月而食則維其常此日而食于何不臧 爗爗震電不寧不令百川沸騰山冢崒崩高岸爲谷深谷爲陵哀今之人胡憯莫懲 皇父卿士番維司徒家伯㉓冢宰仲允膳夫聚子內史蹶

嘉肴。洽比其鄰，昏姻孔云。念我獨兮，憂心慇慇。 佌佌彼有屋，蔌蔌方有穀。民今之無祿，天夭是椓。哿矣富人，哀此惸獨！

《正月》十三章，八章章八句，五章章六句。

十月之交，朔日辛卯。日有食之，亦孔之醜。彼月而微，此日而微。

今此下民，亦孔之哀。 日月告凶，不用其行。四國無政，不用其良。彼月而食，則維其常；此日而食，于何不臧！ 爗爗震電，不寧不令。百川沸騰，山冢崒崩。高岸爲谷，深谷爲陵。哀今之人，胡憯莫懲？ 皇父卿士，番維司徒，家伯維宰，仲允膳夫，聚子內史，蹶

維趣馬楀維師氏豔妻煽方處
抑此皇父豈曰不時胡爲我
作不即我謀徹我牆屋田卒汙
萊曰予不戕禮則然矣　皇父
孔聖作都于向擇三有事亶侯
多藏不憖遺一老俾守我王擇
有車馬以居徂向　黽勉㉔從事
不敢告勞無罪無辜讒口囂囂
下民之孽匪降自天噂沓背憎
職競由人　悠悠我里亦孔之
痗四方有羨我獨居憂民莫不
逸我獨不敢休天命不徹我不
敢傚我友自逸
十月之交八章章八句
浩浩昊天不駿其德降喪饑㉕饉
斬伐四國旻天疾威弗慮弗圖

維趣馬，楀維師氏，豔妻煽方處。
抑此皇父，豈曰不時？胡爲我
作，不即我謀？徹我牆屋，田卒汙
萊。曰予不戕，禮則然矣。　皇父
孔聖，作都于向。擇三有事，亶侯
多藏。不憖遺一老，俾守我王。擇
有車馬，以居徂向。　黽勉從事，
不敢告勞。無罪無辜，讒口囂囂。
下民之孽，匪降自天；噂沓背憎，
職競由人。　悠悠我里，亦孔之
痗。四方有羨，我獨居憂。民莫不
逸，我獨不敢休。天命不徹，我不
敢傚我友自逸。

《十月之交》八章，章八句。

浩浩昊天，不駿其德。降喪饑饉，
斬伐四國。旻天疾威，弗慮弗圖。

舍彼有罪既伏其辜若此無罪
淪胥以鋪　周宗既滅靡所止
戾正大夫離居莫知我勩三事
大夫莫肯夙夜邦君諸侯莫肯
朝夕庶曰式臧覆出爲惡　如
何昊天辟言不信如彼行邁則
靡所臻凡百君子各敬爾身胡
不相畏不畏于天　戎成不退

飢成不遂曾我暬㉖御憯憯日瘁
凡百君子莫肯用訊聽言則答
譖言則退　哀哉不能言匪舌
是出維躬是瘁哿矣能言巧言
如流俾躬處休　維曰于仕孔
棘且殆云不可使得罪于天子
亦云可使怨及朋友　謂爾遷
于王都曰予未有室家鼠思泣

舍彼有罪，既伏其辜；若此無罪，
淪胥以鋪。周宗既滅，靡所止
戾。正大夫離居，莫知我勩。三事
大夫，莫肯夙夜；邦君諸侯，莫肯
朝夕。庶曰式臧，覆出爲惡。如
何昊天，辟言不信？如彼行邁，則
靡所臻。凡百君子，各敬爾身。胡
不相畏？不畏于天！戎成不退，

儒藏
儒藏經典·康熙篆文六經四書　毛詩

飢成不遂。曾我暬御，憯憯日瘁。
凡百君子，莫肯用訊；聽言則答，
譖言則退。哀哉不能言！匪舌
是出，維躬是瘁。哿矣能言，巧言
如流，俾躬處休。維曰于仕，孔
棘且殆。云不可使，得罪于天子；
亦云可使，怨及朋友。謂爾遷
于王都，曰予未有室家。鼠思泣

血無言不疾昔爾出居誰從作
爾室

雨無正七章二章章十
句二章章八句三章章
六句

小旻之什

旻天疾威敷于下土謀猶回遹
何日斯沮謀臧不從不臧覆用

我視謀猶亦孔之邛 潝潝訿
訿亦孔之哀謀之其臧則具是
違謀之不臧則具是依我視謀
猶伊于胡底 我龜既厭不我
告猶謀夫孔多是用不集發言
盈庭誰敢執其咎如匪行邁謀
是用不得于道 哀哉爲猶匪
先民是程匪大猶是經維邇言

㉗

血，無言不疾。昔爾出居，誰從作爾室！

《雨無正》七章，二章章十句，二章章八句，三章章六句。

小旻之什

旻天疾威，敷于下土。謀猶回遹，何日斯沮？謀臧不從，不臧覆用。

我視謀猶，亦孔之邛。

潝潝訿訿，亦孔之哀。謀之其臧，則具是違；謀之不臧，則具是依。我視謀猶，伊于胡底！

我龜既厭，不我告猶。謀夫孔多，是用不集。發言盈庭，誰敢執其咎？如匪行邁謀，是用不得于道。

哀哉爲猶！匪先民是程，匪大猶是經；維邇言

是聽維邇言是爭如彼築室于
道謀是用不潰于成 國雖靡
止或聖或否民雖靡膴或哲或
謀或肅或艾如彼流泉無淪胥
以敗 不敢暴虎不敢馮河人
知其一莫知其他戰戰兢兢如
臨深淵如履薄冰
小旻六章三章章八句

三章章七句
宛彼鳴鳩翰飛戾天我心憂傷
念昔先人明發不寐有懷二人
人之齊聖飲酒温克彼昏不
知壹醉日富各敬爾儀天命不
又 中原有菽庶民采之螟蛉
有子蜾蠃負之教誨爾子式穀
似之 題彼脊令載飛載鳴我

是聽，維邇言是爭。如彼築室于道謀，是用不潰于成。

國雖靡止，或聖或否；民雖靡膴，或哲或謀，或肅或艾。如彼流泉，無淪胥以敗。

不敢暴虎，不敢馮河。人知其一，莫知其他。戰戰兢兢，如臨深淵，如履薄冰。

《小旻》六章，三章章八句，

三章章七句。

宛彼鳴鳩，翰飛戾天。我心憂傷，念昔先人。明發不寐，有懷二人。

人之齊聖，飲酒温克，彼昏不知，壹醉日富。各敬爾儀，天命不又。

中原有菽，庶民采之。螟蛉有子，蜾蠃負之。教誨爾子，式穀似之。

題彼脊令，載飛載鳴。我

日斯邁，而月斯征。夙興夜寐，無忝爾所生。　交交桑扈，率場啄粟。哀我填寡，宜岸宜獄。握粟出卜，自何能穀？　温温恭人，如集于木。惴惴小心，如臨于谷。戰戰兢兢，如履薄冰。

《小宛》六章，章六句。

弁彼鸒斯，歸飛提提。民莫不穀，我獨于罹。何辜于天？我罪伊何？心之憂矣，云如之何！　踧踧周道，鞫爲茂草。我心憂傷，惄焉如擣。假寐永歎，維憂用老。心之憂矣，疢如疾首。　維桑與梓，必恭敬止。靡瞻匪父，靡依匪母。不屬于毛，不離于裏，天之生我，我辰安在？　菀彼柳斯，鳴蜩嘒嘒。有

儒藏經典·康熙篆文六經四書　毛詩

日斯邁，而月斯征。夙興夜寐，無忝爾所生。　交交桑扈，率場啄粟。哀我填寡，宜岸宜獄。握粟出卜，自何能穀？　温温恭人，如集于木。惴惴小心，如臨于谷。戰戰兢兢，如履薄冰。

《小宛》六章，章六句。

弁彼鸒斯，歸飛提提。民莫不穀，我獨于罹。何辜于天？我罪伊何？心之憂矣，云如之何！　踧踧周道，鞫爲茂草。我心憂傷，惄焉如擣。假寐永歎，維憂用老。心之憂矣，疢如疾首。　維桑與梓，必恭敬止。靡瞻匪父，靡依匪母。不屬于毛，不離于裏，天之生我，我辰安在？　菀彼柳斯，鳴蜩嘒嘒。有

漼者淵萑葦淠淠譬彼舟流不知所屆心之憂矣不遑假寐鹿斯之奔維足伎伎雉之朝雊尚求其雌譬彼壞木疾用無枝心之憂矣寧莫之知 相彼投兔尚或先之行有死人尚或墐之君子秉心維其忍之心之憂矣涕既隕之 君子信讒如或醻之君子不惠不舒究之伐木掎矣析薪杝矣舍彼有罪予之佗矣 莫高匪山莫浚匪泉君子無易由言耳屬于垣無逝我梁無發我笱我躬不閱遑恤我後

小弁八章章八句

悠悠昊天曰父母且無罪無辜

漼者淵，萑葦淠淠。譬彼舟流，不知所屆。心之憂矣，不遑假寐。鹿斯之奔，維足伎伎。雉之朝雊，尚求其雌。譬彼壞木，疾用無枝。心之憂矣，寧莫之知！ 相彼投兔，尚或先之；行有死人，尚或墐之。君子秉心，維其忍之。心之憂矣，涕既隕之。 君子信讒，如或醻之。君子不惠，不舒究之。伐木掎矣，析薪杝矣。舍彼有罪，予之佗矣。 莫高匪山，莫浚匪泉。君子無易由言，耳屬于垣。無逝我梁，無發我笱；我躬不閱，遑恤我後！

《小弁》八章，章八句。

悠悠昊天，曰父母且。無罪無辜，

亂如此憮。昊天已威，予慎無罪；昊天泰憮，予慎無辜。

亂之初生，僭始既涵；亂之又生，君子信讒。君子如怒，亂庶遄沮；君子如祉，亂庶遄已。

君子屢盟，亂是用長；君子信盜，亂是用暴。盜言孔甘，亂是用餤。匪其止共，維王之邛。

奕奕寢廟，君子作之。秩秩大猷，聖人莫之。他人有心，予忖度之。躍躍毚兔，遇犬獲之。

荏染柔木，君子樹之。往來行言，心焉數之。蛇蛇碩言，出自口矣。巧言如簧，顔之厚矣。

彼何人斯？居河之麋。無拳無勇，職爲亂階。既微且尰，爾勇伊何！爲猶將多，爾居徒幾何！

巧言六章章八句
彼何人斯其心孔艱胡逝我梁
不入我門伊誰云從維暴之云
二人從行誰爲此禍胡逝我
梁不入唁我始者不如今云不
我可　彼何人斯胡逝我陳我
聞其聲不見其身不愧于人不
畏于天　彼何人斯其爲飄風

胡不自北胡不自南胡逝我梁
祇攪我心　爾之安行亦不遑
舍爾之亟行遑脂爾車壹者之
來云何其盱　爾還而入我心
易也還而不入否難知也壹者
之來俾我祇也　伯氏吹壎仲
氏吹篪及爾如貫諒不我知出
此三物以詛爾斯　爲鬼爲蜮

《巧言》六章，章八句。
彼何人斯？其心孔艱。胡逝我梁，
不入我門！伊誰云從？維暴之云。
二人從行，誰爲此禍？胡逝我
梁，不入唁我！始者不如今，云不
我可。　彼何人斯？胡逝我陳？我
聞其聲，不見其身。不愧于人，不
畏于天。　彼何人斯？其爲飄風。

儒藏
儒藏經典·康熙篆文六經四書　毛詩

胡不自北？胡不自南？胡逝我梁，
祇攪我心！　爾之安行，亦不遑
舍；爾之亟行，遑脂爾車。壹者之
來，云何其盱！　爾還而入，我心
易也；還而不入，否難知也。壹者
之來，俾我祇也。　伯氏吹壎，仲
氏吹篪。及爾如貫，諒不我知。出
此三物，以詛爾斯。　爲鬼爲蜮，

則不可得有靦面目視人罔極
作此好歌以極反側
何人斯八章章六句
萋兮斐兮成是貝錦彼譖人者
亦已大甚　哆兮侈兮成是南
箕彼譖人者誰適與謀　緝緝
翩翩謀欲譖人慎爾言也謂爾
不信　捷捷幡幡謀欲譖言豈
不爾受既其女遷　驕人好好
勞人草草蒼天蒼天視彼驕人
矜此勞人　彼譖人者誰適與
謀取彼譖人投畀豺虎豺虎不
食投畀有北有北不受投畀有
昊　楊園之道猗于畝丘寺人
孟子作爲此詩凡百君子敬而
聽之

儒藏經典·康熙篆文六經四書　毛詩

則不可得。有靦面目，視人罔極。作此好歌，以極反側。

《何人斯》八章，章六句。

萋兮斐兮，成是貝錦。彼譖人者，亦已大甚。　哆兮侈兮，成是南箕。彼譖人者，誰適與謀？　緝緝翩翩，謀欲譖人。慎爾言也，謂爾不信。　捷捷幡幡，謀欲譖言，豈不爾受？既其女遷。　驕人好好，勞人草草。蒼天蒼天！視彼驕人，矜此勞人。　彼譖人者，誰適與謀？取彼譖人，投畀豺虎；豺虎不食，投畀有北；有北不受，投畀有昊。　楊園之道，猗于畝丘。寺人孟子，作爲此詩。凡百君子，敬而聽之。

巷伯七章四章章四句一章五句一章八句一章六句

習習谷風維風及雨將恐將懼維予與女將安將樂女轉棄予

習習谷風維風及頹將恐將懼寘予于懷將安將樂棄予如遺

習習谷風維山崔嵬無草不死無木不萎忘我大德思我小怨

谷風三章章六句

蓼蓼者莪匪莪伊蒿哀哀父母生我劬勞

蓼蓼者莪匪莪伊蔚哀哀父母生我勞瘁

缾之罄矣維罍之恥鮮民之生不如死之久矣無父何怙無母何恃

《巷伯》七章，四章章四句，一章五句，一章八句，一章六句。

習習谷風，維風及雨。將恐將懼，維予與女；將安將樂，女轉棄予。

習習谷風，維風及頹。將恐將懼，寘予于懷；將安將樂，棄予如遺。

習習谷風，維山崔嵬。無草不死，無木不萎。忘我大德，思我小怨。

儒藏經典·康熙篆文六經四書　毛詩

《谷風》三章，章六句。

蓼蓼者莪，匪莪伊蒿。哀哀父母！生我劬勞。

蓼蓼者莪，匪莪伊蔚。哀哀父母！生我勞瘁。

缾之罄矣，維罍之恥。鮮民之生，不如死之久矣。無父何怙？無母何恃？

出則銜恤入則靡至　父兮生
我母兮鞠我拊我畜我長我育
我顧我復我出入腹我欲報之
德昊天罔極　南山烈烈飄風
發發民莫不穀我獨何害　南
山律律飄風弗弗民莫不穀我
獨不卒

蓼莪六章四章章四句

二章章八句

有饛簋飧有捄棘匕周道如砥
其直如矢君子所履小人所視
睠言顧之潸焉出涕　小東大
東杼柚其空糾糾葛屨可以履
霜佻佻公子行彼周行既往既
來使我心疚　有冽氿泉無浸
穫薪契契寤歎哀我憚人薪是

儒藏經典·康熙篆文六經四書 毛詩

出則銜恤，入則靡至。父兮生我，母兮鞠我。拊我畜我，長我育我，顧我復我，出入腹我。欲報之德，昊天罔極！

南山烈烈，飄風發發。民莫不穀，我獨何害？

南山律律，飄風弗弗。民莫不穀，我獨不卒！

《蓼莪》六章，四章章四句，二章章八句。

有饛簋飧，有捄棘匕。周道如砥，其直如矢。君子所履，小人所視。睠言顧之，潸焉出涕。

小東大東，杼柚其空。糾糾葛屨，可以履霜。佻佻公子，行彼周行。既往既來，使我心疚。

有冽氿泉，無浸穫薪。契契寤歎，哀我憚人。薪是穫薪尚可載也哀我憚人亦可息也 東人之子職勞不來西人之子粲粲衣服舟人之子熊羆是裘私人之子百僚是試或以其酒不以其漿鞙鞙佩璲不以其長維天有漢監亦有光跂彼織女終日七襄 雖則七襄不成報章睆彼牽牛不以服

箱東有啓明西有長庚有捄天畢載施之行 維南有箕不可以簸揚維北有斗不可以挹酒漿維南有箕載翕其舌維北有斗西柄之揭

大東七章章八句

四月維夏六月徂暑先祖匪人胡寧忍予 秋日淒淒百卉具

穫薪，尚可載也；哀我憚人，亦可息也。 東人之子，職勞不來；西人之子，粲粲衣服。舟人之子，熊羆是裘；私人之子，百僚是試。或以其酒，不以其漿。鞙鞙佩璲，不以其長。維天有漢，監亦有光。跂彼織女，終日七襄。 雖則七襄，不成報章。睆彼牽牛，不以服

儒藏 儒藏經典·康熙篆文六經四書 毛詩

箱。東有啓明，西有長庚。有捄天畢，載施之行。維南有箕，不可以簸揚；維北有斗，不可以挹酒漿。維南有箕，載翕其舌；維北有斗，西柄之揭。

《大東》七章，章八句。

四月維夏，六月徂暑。先祖匪人，胡寧忍予？ 秋日淒淒，百卉具

腓亂離瘼矣奚其適歸　冬日烈烈飄風發發民莫不穀我獨何害　山有嘉卉侯栗侯梅廢爲殘賊莫知其尤　相彼泉水載清載濁我日構禍曷云能穀　滔滔江漢南國之紀盡瘁以仕寧莫我有　匪鶉匪鳶翰飛戾天匪鱣匪鮪潛逃于淵　山有蕨薇隰有杞桋君子作歌維以告哀

四月八章章四句

北山之什

陟彼北山言采其杞偕偕士子朝夕從事王事靡盬憂我父母

溥天之下莫非王土率土之濱莫非王臣大夫不均我從事

儒藏經典·康熙篆文六經四書　毛詩

腓。亂離瘼矣，奚其適歸？　冬日烈烈，飄風發發。民莫不穀，我獨何害？　山有嘉卉，侯栗侯梅。廢爲殘賊，莫知其尤！　相彼泉水，載清載濁。我日構禍，曷云能穀？　滔滔江漢，南國之紀。盡瘁以仕，寧莫我有？　匪鶉匪鳶，翰飛戾天。匪鱣匪鮪，潛逃于淵。　山有蕨薇，隰有杞桋。君子作歌，維以告哀。

《四月》八章，章四句。

北山之什

陟彼北山，言采其杞。偕偕士子，朝夕從事。王事靡盬，憂我父母。

溥天之下，莫非王土；率土之濱，莫非王臣。大夫不均，我從事

獨賢　四牡彭彭王事傍傍嘉我未老鮮我方將旅力方剛經營四方　或燕燕居息或盡瘁事國或息偃在牀或不已于行　或不知叫號或慘慘劬勞或棲遲偃仰或王事鞅掌　或湛樂飲酒或慘慘畏咎或出入風議或靡事不爲

北山六章三章章六句三章章四句

無將大車祇自塵兮無思百憂祇自疷兮　無將大車維塵冥冥無思百憂不出于熲　無將大車維塵雝兮無思百憂祇自重兮

無將大車三章章四句

獨賢。　四牡彭彭，王事傍傍。嘉我未老，鮮我方將。旅力方剛，經營四方。　或燕燕居息，或盡瘁事國；或息偃在牀，或不已于行。　或不知叫號，或慘慘劬勞；或棲遲偃仰，或王事鞅掌。　或湛樂飲酒，或慘慘畏咎；或出入風議，或靡事不爲。

《北山》六章，三章章六句，三章章四句。

無將大車，祇自塵兮。無思百憂，祇自疷兮。　無將大車，維塵冥冥。無思百憂，不出于熲。　無將大車，維塵雝兮。無思百憂，祇自重兮。

《無將大車》三章，章四句。

明明上天，照臨下土。我征徂西，至于艽野。二月初吉，載離寒暑。心之憂矣，其毒大苦。念彼共人，涕零如雨。豈不懷歸？畏此罪罟。

昔我往矣，日月方除。曷云其還？歲聿云莫。念我獨兮，我事孔庶。心之憂矣，憚我不暇。念彼共人，睠睠懷顧。豈不懷歸？畏此譴怒。

昔我往矣，日月方奧。曷云其還？政事愈蹙。歲聿云莫，采蕭穫菽。心之憂矣，自詒伊戚。念彼共人，興言出宿。豈不懷歸？畏此反覆。

嗟爾君子，無恆安處。靖共爾位，正直是與。神之聽之，式穀以女。

嗟爾君子，無恆安息。靖共爾位，好是正直。神之聽之，

儒藏
儒藏經典・康熙篆文六經四書　毛詩

明明上天，照臨下土。我征徂西，至于艽野。二月初吉，載離寒暑。心之憂矣，其毒大苦。念彼共人，涕零如雨。豈不懷歸？畏此罪罟。

昔我往矣，日月方除。曷云其還？歲聿云莫。念我獨兮，我事孔庶。心之憂矣，憚我不暇。念彼共人，睠睠懷顧。豈不懷歸？畏此譴怒。

昔我往矣，日月方奧。曷云其還？政事愈蹙。歲聿云莫，采蕭穫菽。心之憂矣，自詒伊戚。念彼共人，興言出宿。豈不懷歸？畏此反覆。

嗟爾君子，無恆安處。靖共爾位，正直是與。神之聽之，式穀以女。

嗟爾君子，無恆安息。靖共爾位，好是正直。神之聽之，

介爾景福。

《小明》五章，三章章十二句，二章章六句。

鼓鍾將將，淮水湯湯，憂心且傷。淑人君子，懷允不忘。

鼓鍾喈喈，淮水湝湝，憂心且悲。淑人君子，其德不回。

鼓鍾伐鼛，淮有三洲，憂心且妯。淑人君子，其德不猶。

鼓鍾欽欽，鼓瑟鼓琴，笙磬同音。以雅以南，以籥不僭。

《鼓鍾》四章，章五句。

楚楚者茨，言抽其棘。自昔何爲？我蓺黍稷。我黍與與，我稷翼翼。我倉既盈，我庾維億。以爲酒食，以享以祀，以妥以侑，以介景福。

濟濟蹌蹌，絜爾牛羊，以往烝

嘗或剝或亨或肆或將祝祭于祊祀事孔明先祖是皇神保是饗孝孫有慶報以介福萬壽無疆 執爨踖踖爲俎孔碩或燔或炙君婦莫莫爲豆孔庶爲賓爲客獻酬交錯禮儀卒度笑語卒獲神保是格報以介福萬壽攸酢 我孔熯矣式禮莫愆工祝致告徂賚孝孫苾芬孝祀神嗜飲食卜爾百福如幾如式既齊既稷既匡既敕永錫爾極時萬時億 禮儀既備鐘鼓既戒孝孫徂位工祝致告神具醉止皇尸載起鼓鐘送尸神保聿歸諸宰君婦廢徹不遲諸父兄弟備言燕私 樂具入奏以綏後

儒藏 儒藏經典·康熙篆文六經四書 毛詩

嘗。或剝或亨，或肆或將。祝祭于祊，祀事孔明。先祖是皇，神保是饗。孝孫有慶，報以介福，萬壽無疆。

執爨踖踖，爲俎孔碩。或燔或炙，君婦莫莫。爲豆孔庶，爲賓爲客。獻酬交錯，禮儀卒度，笑語卒獲。神保是格，報以介福，萬壽攸酢。

我孔熯矣，式禮莫愆。工祝致告，徂賚孝孫。苾芬孝祀，神嗜飲食。卜爾百福，如幾如式。既齊既稷，既匡既敕。永錫爾極，時萬時億。

禮儀既備，鐘鼓既戒。孝孫徂位，工祝致告。神具醉止，皇尸載起。鼓鐘送尸，神保聿歸。諸宰君婦，廢徹不遲。諸父兄弟，備言燕私。

樂具入奏，以綏後

祿爾殽既將莫怨具慶既醉既
飽小大稽首神嗜飲食使君壽
考孔惠孔時維其盡之子子孫
孫勿替引之

楚茨六章章十二句

信彼南山維禹甸之畇畇原隰
曾孫田之我疆我理南東其畝
上天同雲雨雪雰雰益之以
霢霂既優既渥既霑既足生我
百穀　疆埸翼翼黍稷彧彧曾
孫之穡以爲酒食畀我尸賓壽
考萬年　中田有廬疆埸有瓜
是剝是菹獻之皇祖曾孫壽考
受天之祜　祭以清酒從以騂
牡享于祖考執其鸞刀以啓其
毛取其血膋　是烝是享苾苾

儒藏
儒藏經典・康熙篆文六經四書　毛詩

祿。爾殽既將，莫怨具慶。既醉既飽，小大稽首。神嗜飲食，使君壽考。孔惠孔時，維其盡之。子子孫孫，勿替引之。

《楚茨》六章，章十二句。

信彼南山，維禹甸之。畇畇原隰，曾孫田之。我疆我理，南東其畝。上天同雲，雨雪雰雰。益之以霢霂，既優既渥，既霑既足，生我百穀。　疆埸翼翼，黍稷彧彧。曾孫之穡，以爲酒食。畀我尸賓，壽考萬年。　中田有廬，疆埸有瓜。是剝是菹，獻之皇祖。曾孫壽考，受天之祜。　祭以清酒，從以騂牡，享于祖考。執其鸞刀，以啓其毛，取其血膋。　是烝是享，苾苾

芬芬祀事孔明先祖是皇報以
介福萬壽無疆
信南山六章章六句
倬彼甫田歲取十千我取其陳
食我農人自古有年今適南畝
或耘或耔黍稷薿薿攸介攸止
烝我髦士　以我齊明與我犧
羊以社以方我田既臧農夫之
慶琴瑟擊鼓以御田祖以祈甘
雨以介我稷黍以穀我士女
曾孫來止以其婦子饁彼南畝
田畯至喜攘其左右嘗其旨否
禾易長畝終善且有曾孫不怒
農夫克敏　曾孫之稼如茨如
梁曾孫之庾如坻如京乃求千
斯倉乃求萬斯箱黍稷稻粱農

儒藏經典·康熙篆文六經四書　毛詩

芬芬。祀事孔明，先祖是皇。報以介福，萬壽無疆。

《信南山》六章，章六句。

倬彼甫田，歲取十千。我取其陳，食我農人，自古有年。今適南畝，或耘或耔，黍稷薿薿。攸介攸止，烝我髦士。　以我齊明，與我犧羊，以社以方。我田既臧，農夫之慶。琴瑟擊鼓，以御田祖，以祈甘雨，以介我稷黍，以穀我士女。

曾孫來止，以其婦子，饁彼南畝，田畯至喜。攘其左右，嘗其旨否。禾易長畝，終善且有。曾孫不怒，農夫克敏。　曾孫之稼，如茨如梁；曾孫之庾，如坻如京。乃求千斯倉，乃求萬斯箱。黍稷稻粱，農

夫之慶報以介福萬壽無疆
甫田四章章十句
大田多稼既種既戒既備乃事
以我覃耜俶載南畝播厥百穀
既庭且碩曾孫是若　既方既
皁既堅既好不稂不莠去其螟
螣及其蟊賊無害我田穉田祖
有神秉畀炎火　有渰萋萋興
雨祁祁雨我公田遂及我私彼
有不穫穉此有不斂穧彼有遺
秉此有滯穗伊寡婦之利　曾
孫來止以其婦子饁彼南畝田
畯至喜來方禋祀以其騂黑與
其黍稷以享以祀以介景福
大田四章二章章八句
二章章九句

夫之慶。報以介福，萬壽無疆。

《甫田》四章，章十句。

大田多稼，既種既戒，既備乃事。以我覃耜，俶載南畝。播厥百穀，既庭且碩，曾孫是若。　既方既皁，既堅既好，不稂不莠。去其螟螣，及其蟊賊，無害我田穉。田祖有神，秉畀炎火。　有渰萋萋，興雨祁祁；雨我公田，遂及我私。彼有不穫穉，此有不斂穧；彼有遺秉，此有滯穗，伊寡婦之利。　曾孫來止，以其婦子。饁彼南畝，田畯至喜。來方禋祀，以其騂黑，與其黍稷，以享以祀，以介景福。

《大田》四章，二章章八句，二章章九句。

瞻彼洛矣維水泱泱君子至止
福祿如茨韎韐有奭以作六師
瞻彼洛矣維水泱泱君子至
止鞞琫有珌君子萬年保其家
室 瞻彼洛矣維水泱泱君子
至止福祿既同君子萬年保其
家邦

瞻彼洛矣三章章六句

裳裳者華其葉湑兮我覯之子
我心寫兮我心寫兮是以有譽
處兮 裳裳者華芸其黃矣我
覯之子維其有章矣維其有章
矣是以有慶矣 裳裳者華或
黃或白我覯之子乘其四駱乘
其四駱六轡沃若 左之左之
君子宜之右之右之君子有之

瞻彼洛矣，維水泱泱。君子至止，福祿如茨。韎韐有奭，以作六師。

瞻彼洛矣，維水泱泱。君子至止，鞞琫有珌。君子萬年，保其家室。

瞻彼洛矣，維水泱泱。君子至止，福祿既同。君子萬年，保其家邦。

《瞻彼洛矣》三章，章六句。

儒藏 儒藏經典·康熙篆文六經四書 毛詩

裳裳者華，其葉湑兮。我覯之子，我心寫兮。我心寫兮，是以有譽處兮。

裳裳者華，芸其黃矣。我覯之子，維其有章矣。維其有章矣，是以有慶矣。

裳裳者華，或黃或白。我覯之子，乘其四駱。乘其四駱，六轡沃若。

左之左之，君子宜之。右之右之，君子有之。

維其有之，是以似之。

《裳裳者華》四章，章六句。

桑扈之什

交交桑扈，有鶯其羽。君子樂胥，受天之祜。　交交桑扈，有鶯其領。君子樂胥，萬邦之屏。　之屏之翰，百辟爲憲。不戢不難，受福不那。　兕觥其觩，旨酒思柔。彼交匪敖，萬福來求。

《桑扈》四章，章四句。

鴛鴦于飛，畢之羅之。君子萬年，福祿宜之。　鴛鴦在梁，戢其左翼。君子萬年，宜其遐福。　乘馬在廄，摧之秣之。君子萬年，福祿艾之。　乘馬在廄，秣之摧之。君子萬年，福祿綏之。

儒藏經典·康熙篆文六經四書　毛詩

鴛鴦四章章四句

有頍者弁實維伊何爾酒既旨爾殽既嘉豈伊異人兄弟匪他蔦與女蘿施于松柏未見君子憂心弈弈既見君子庶幾說懌

有頍者弁實維何期爾酒既旨爾殽既時豈伊異人兄弟具來蔦與女蘿施于松上未見君子憂心怲怲既見君子庶幾有臧

有頍者弁實維在首爾酒既旨爾殽既阜豈伊異人兄弟甥舅如彼雨雪先集維霰死喪無日無幾相見樂酒今夕君子維宴

頍弁三章章十二句

間關車之舝兮思孌季女逝兮

儒藏經典·康熙篆文六經四書　毛詩

《鴛鴦》四章，章四句。

有頍者弁，實維伊何？爾酒既旨，爾殽既嘉。豈伊異人？兄弟匪他。蔦與女蘿，施于松柏。未見君子，憂心弈弈；既見君子，庶幾說懌。

有頍者弁，實維何期？爾酒既旨，爾殽既時。豈伊異人？兄弟具來。蔦與女蘿，施于松上。未見君子，憂心怲怲；既見君子，庶幾有臧。

有頍者弁，實維在首。爾酒既旨，爾殽既阜。豈伊異人？兄弟甥舅。如彼雨雪，先集維霰。死喪無日，無幾相見。樂酒今夕，君子維宴。

《頍弁》三章，章十二句。

間關車之舝兮，思孌季女逝兮。

匪飢匪渴德音來括雖無好友式燕且喜 依彼平林有集維鷮辰彼碩女令德來教式燕且譽好爾無射 雖無旨酒式飲庶幾雖無嘉殽式食庶幾雖無德與女式歌且舞 陟彼高岡析其柞薪析其柞薪其葉湑兮鮮我覯爾我心寫兮 高山仰止景行行止四牡騑騑六轡如琴覯爾新昏以慰我心

車舝五章章六句

營營青蠅止于樊豈弟君子無信讒言 營營青蠅止于棘讒人罔極交亂四國 營營青蠅止于榛讒人罔極構我二人

青蠅三章章四句

匪飢匪渴，德音來括。雖無好友，式燕且喜。　依彼平林，有集維鷮。辰彼碩女，令德來教。式燕且譽，好爾無射。　雖無旨酒，式飲庶幾；雖無嘉殽，式食庶幾；雖無德與女，式歌且舞。　陟彼高岡，析其柞薪。析其柞薪，其葉湑兮。鮮我覯爾，我心寫兮。　高山仰止，景行行止。四牡騑騑，六轡如琴。覯爾新昏，以慰我心。

《車舝》五章，章六句。

營營青蠅，止于樊。豈弟君子，無信讒言。　營營青蠅，止于棘。讒人罔極，交亂四國。　營營青蠅，止于榛。讒人罔極，構我二人。

《青蠅》三章，章四句。

賓之初筵，左右秩秩。籩豆有楚，殽核維旅。酒既和旨，飲酒孔偕。鐘鼓既設，舉醻逸逸。大侯既抗，弓矢斯張。射夫既同，獻爾發功。發彼有的，以祈爾爵。

籥舞笙鼓，樂既和奏。烝衎烈祖，以洽百禮。百禮既至，有壬有林。錫爾純嘏，子孫其湛。其湛曰樂，各奏爾能。賓載手仇，室人入又。酌彼康爵，以奏爾時。

賓之初筵，溫溫其恭。其未醉止，威儀反反。曰既醉止，威儀幡幡。舍其坐遷，屢舞僊僊。其未醉止，威儀抑抑。曰既醉止，威儀怭怭。是曰既醉，不知其秩。

賓既醉止，載號載呶。亂我籩豆，屢舞僛僛。是曰既醉，不

知其郵。側弁之俄，屢舞傞傞。既醉而出，並受其福。醉而不出，是謂伐德。飲酒孔嘉，維其令儀。凡此飲酒，或醉或否。既立之監，或佐之史。彼醉不臧，不醉反恥。式勿從謂，無俾大怠。匪言勿言，匪由勿語。由醉之言，俾出童羖。三爵不識，矧敢多又！

《賓之初筵》五章，章十四句。

魚在在藻，有頒其首。王在在鎬，豈樂飲酒。　魚在在藻，有莘其尾。王在在鎬，飲酒樂豈。　魚在在藻，依于其蒲。王在在鎬，有那其居。

《魚藻》三章，章四句。

采菽采菽筐之筥之君子來朝何錫予之雖無予之路車乘馬又何予之玄衮及黼　觱沸檻泉言采其芹君子來朝言觀其旂其旂淠淠鸞聲嘒嘒載驂載駟君子所屆　赤芾在股邪幅在下彼交匪紓天子所予樂只君子天子命之樂只君子福祿申之　維柞之枝其葉蓬蓬樂只君子殿天子之邦樂只君子萬福攸同平平左右亦是率從　汎汎楊舟紼纚維之樂只君子天子葵之樂只君子福祿膍之優哉游哉亦是戾矣

采菽五章章八句

騂騂角弓翩其反矣兄弟昏姻

儒藏 儒藏經典·康熙篆文六經四書 毛詩

采菽采菽，筐之筥之。君子來朝，何錫予之？雖無予之，路車乘馬。又何予之？玄衮及黼。

觱沸檻泉，言采其芹。君子來朝，言觀其旂。其旂淠淠，鸞聲嘒嘒。載驂載駟，君子所屆。

赤芾在股，邪幅在下。彼交匪紓，天子所予。樂只君子，天子命之。樂只君子，福祿申之。

維柞之枝，其葉蓬蓬。樂只君子，殿天子之邦。樂只君子，萬福攸同。平平左右，亦是率從。

汎汎楊舟，紼纚維之。樂只君子，天子葵之。樂只君子，福祿膍之。優哉游哉，亦是戾矣。

《采菽》五章，章八句。

騂騂角弓，翩其反矣。兄弟昏姻，

無胥遠矣。爾之遠矣，民胥然矣。爾之教矣，民胥傚矣。此令兄弟，綽綽有裕。不令兄弟，交相爲瘉。民之無良，相怨一方。受爵不讓，至于己斯亡。老馬反爲駒，不顧其後。如食宜饇，如酌孔取。毋教猱升木，如塗塗附。君子有徽猷，小人與屬。雨雪瀌瀌，見晛曰消。莫肯下遺，式居婁驕。雨雪浮浮，見晛曰流。如蠻如髦，我是用憂。

《角弓》八章，章四句。

有菀者柳，不尚息焉？上帝甚蹈，無自暱焉。俾予靖之，後予極焉。

有菀者柳，不尚愒焉？上帝甚蹈，無自瘵焉。俾予靖之，後予邁

儒藏經典·康熙篆文六經四書　毛詩

無胥遠矣。　爾之遠矣，民胥然矣。爾之教矣，民胥傚矣。　此令兄弟，綽綽有裕。不令兄弟，交相爲瘉。　民之無良，相怨一方。受爵不讓，至于己斯亡。　老馬反爲駒，不顧其後。如食宜饇，如酌孔取。　毋教猱升木，如塗塗附。君子有徽猷，小人與屬。　雨雪瀌瀌，見晛曰消。莫肯下遺，式居婁驕。　雨雪浮浮，見晛曰流。如蠻如髦，我是用憂。

《角弓》八章，章四句。

有菀者柳，不尚息焉？上帝甚蹈，無自暱焉。俾予靖之，後予極焉。

有菀者柳，不尚愒焉？上帝甚蹈，無自瘵焉。俾予靖之，後予邁

焉　有鳥高飛亦傅于天彼人之心于何其臻曷予靖之居以凶矜

菀柳三章章六句

都人士之什

彼都人士狐裘黃黃其容不改出言有章行歸于周萬民所望

彼都人士臺笠緇撮彼君子

女綢直如髮我不見兮我心不說　彼都人士充耳琇實彼君子女謂之尹吉我不見兮我心苑結　彼都人士垂帶而厲彼君子女卷髮如蠆我不見兮言從之邁　匪伊垂之帶則有餘匪伊卷之髮則有旟我不見兮云何盱矣

焉。　有鳥高飛，亦傅于天。彼人之心，于何其臻？曷予靖之？居以凶矜。

《菀柳》三章，章六句。

都人士之什

彼都人士，狐裘黃黃。其容不改，出言有章。行歸于周，萬民所望。

彼都人士，臺笠緇撮。彼君子

儒藏

儒藏經典·康熙篆文六經四書　毛詩

女，綢直如髮。我不見兮，我心不說。　彼都人士，充耳琇實。彼君子女，謂之尹吉。我不見兮，我心苑結。　彼都人士，垂帶而厲。彼君子女，卷髮如蠆。我不見兮，言從之邁。　匪伊垂之，帶則有餘；匪伊卷之，髮則有旟。我不見兮，云何盱矣！

《都人士》五章，章六句。

終朝采綠，不盈一匊。予髮曲局，薄言歸沐。　終朝采藍，不盈一襜。五日爲期，六日不詹。　之子于狩，言韔其弓；之子于釣，言綸之繩。　其釣維何？維魴及鱮。維魴及鱮，薄言觀者。

《采綠》四章，章四句。

芃芃黍苗，陰雨膏之。悠悠南行，召伯勞之。　我任我輦，我車我牛。我行既集，蓋云歸哉！　我徒我御，我師我旅。我行既集，蓋云歸處！　肅肅謝功，召伯營之。烈烈征師，召伯成之。　原隰既平，泉流既清。召伯有成，王心則寧。

《黍苗》五章，章四句。

隰桑有阿其葉有難既見君子其樂如何　隰桑有阿其葉有沃既見君子云何不樂　隰桑有阿其葉有幽既見君子德音孔膠　心乎愛矣遐不謂矣中心藏之何日忘之

隰桑三章章三句

白華菅兮白茅束兮之子之遠俾我獨兮　英英白雲露彼菅茅天步艱難之子不猶　滮池北流浸彼稻田嘯歌傷懷念彼碩人　樵彼桑薪卬烘于煁維彼碩人實勞我心　鼓鐘于宮聲聞于外念子懆懆視我邁邁　有鶖在梁有鶴在林維彼碩人實勞我心　鴛鴦在梁戢其

儒藏經典·康熙篆文六經四書　毛詩

隰桑有阿，其葉有難。既見君子，其樂如何？　隰桑有阿，其葉有沃。既見君子，云何不樂？　隰桑有阿，其葉有幽。既見君子，德音孔膠。　心乎愛矣，遐不謂矣？中心藏之，何日忘之？

《隰桑》四章，章四句。

白華菅兮，白茅束兮。之子之遠，俾我獨兮。　英英白雲，露彼菅茅。天步艱難，之子不猶。　滮池北流，浸彼稻田。嘯歌傷懷，念彼碩人。　樵彼桑薪，卬烘于煁。維彼碩人，實勞我心。　鼓鐘于宮，聲聞于外。念子懆懆，視我邁邁。　有鶖在梁，有鶴在林。維彼碩人，實勞我心。　鴛鴦在梁，戢其

左翼之子無良二三其德　有
扁斯石履之卑兮之子之遠俾
我疷兮

白華八章章四句

緜蠻黃鳥止于丘阿道之云遠
我勞如何飲之食之教之誨之
命彼後車謂之載之　緜蠻黃
鳥止于丘隅豈敢憚行畏不能

趨飲之食之教之誨之命彼後
車謂之載之　緜蠻黃鳥止于
丘側豈敢憚行畏不能極飲之
食之教之誨之命彼後車謂之
載之

緜蠻三章章八句

幡幡瓠葉采之亨之君子有酒
酌言嘗之　有兔斯首炮之燔

左翼。之子無良，二三其德。　有
扁斯石，履之卑兮。之子之遠，俾
我疷兮。

《白華》八章，章四句。

緜蠻黃鳥，止于丘阿。道之云遠，
我勞如何！飲之食之，教之誨之。
命彼後車，謂之載之。　緜蠻黃
鳥，止于丘隅。豈敢憚行，畏不能

儒藏經典·康熙篆文六經四書　毛詩

趨。飲之食之，教之誨之。命彼後
車，謂之載之。　緜蠻黃鳥，止于
丘側。豈敢憚行，畏不能極。飲之
食之，教之誨之。命彼後車，謂之
載之。

《緜蠻》三章，章八句。

幡幡瓠葉，采之亨之。君子有酒，
酌言嘗之。　有兔斯首，炮之燔

之君子有酒酌言獻之　有兔斯首燔之炙之君子有酒酌言酢之　有兔斯首燔之炮之君子有酒酌言醻之

瓠葉四章章四句

漸漸之石維其高矣山川悠遠維其勞矣武人東征不遑朝矣　漸漸之石維其卒矣山川悠遠曷其没矣武人東征不遑出矣　有豕白蹢烝涉波矣月離于畢俾滂沱矣武人東征不遑他矣

漸漸之石三章章六句

苕之華芸其黄矣心之憂矣維其傷矣　苕之華其葉青青知我如此不如無生　牂羊墳首

儒藏
儒藏經典·康熙篆文六經四書　毛詩

之。君子有酒，酌言獻之。　有兔斯首，燔之炙之。君子有酒，酌言酢之。　有兔斯首，燔之炮之。君子有酒，酌言醻之。

《瓠葉》四章，章四句。

漸漸之石，維其高矣。山川悠遠，維其勞矣。武人東征，不遑朝矣。　漸漸之石，維其卒矣。山川悠遠，曷其没矣。武人東征，不遑出矣。　有豕白蹢，烝涉波矣。月離于畢，俾滂沱矣。武人東征，不遑他矣。

《漸漸之石》三章，章六句。

苕之華，芸其黄矣。心之憂矣，維其傷矣。　苕之華，其葉青青。知我如此，不如無生。　牂羊墳首，

三星在罶人可以食鮮可以飽
苕之華三章章四句
何草不黄何日不行何人不將經營四方
何草不玄何人不矜哀我征夫獨爲匪民
匪兕匪虎率彼曠野哀我征夫朝夕不暇
有芃者狐率彼幽草有棧之車行彼周道
何草不黄四章章四句
小雅

儒藏經典·康熙篆文六經四書　毛詩

三星在罶。人可以食，鮮可以飽。

《苕之華》三章，章四句。

何草不黄？何日不行？何人不將？經營四方。

何草不玄？何人不矜？哀我征夫，獨爲匪民。

匪兕匪虎，率彼曠野。哀我征夫，朝夕不暇。

有芃者狐，率彼幽草。有棧之車，行彼周道。

《何草不黄》四章，章四句。

小雅

毛詩

大雅

文王之什

文王在上於昭于天周雖舊邦其命維新有周不顯帝命不時文王陟降在帝左右㉙亹亹文王令聞不已㉚陳錫哉周侯文王孫子文王孫子本支百世凡周之士不顯亦世世之不顯厥猶翼翼思皇多士生此王國王國克生維周之楨濟濟多士文王以寧穆穆文王於緝熙敬止假哉天命有商孫子商之孫子其麗不億上帝既命侯于周服侯服于周天命靡常殷士膚敏祼將于京厥作祼將常服

毛詩

大雅

文王之什

文王在上，於昭于天。周雖舊邦，其命維新。有周不顯，帝命不時。文王陟降，在帝左右。

亹亹文王，令聞不已。陳錫哉周，侯文王孫子。文王孫子，本支百世。凡周之士，不顯亦世。

世之不顯，厥猶翼翼。思皇多士，生此王國。王國克生，維周之楨。濟濟多士，文王以寧。

穆穆文王，於緝熙敬止。假哉天命，有商孫子。商之孫子，其麗不億。上帝既命，侯于周服。

侯服于周，天命靡常。殷士膚敏，祼將于京。厥作祼將，常服黼冔王之藎臣無念爾祖　無念爾祖聿脩厥德永言配命自求多福殷之未喪師克配上帝宜鑒于殷駿命不易　命之不易無遏爾躬宣昭義問有虞殷自天上天之載無聲無臭儀刑文王萬邦作孚

文王七章章八句

明明在下赫赫在上天難忱斯不易維王天位殷適使不挾四方　摯仲氏任自彼殷商來嫁于周曰嬪于京乃及王季維德之行大任有身生此文王　維此文王小心翼翼昭事上帝聿懷多福厥德不回以受方國　天監在下有命既集文王初載

儒藏
儒藏經典·康熙篆文六經四書　毛詩

黼冔。王之藎臣，無念爾祖。　無念爾祖，聿脩厥德。永言配命，自求多福。殷之未喪師，克配上帝。宜鑒于殷，駿命不易。　命之不易，無遏爾躬。宣昭義問，有虞殷自天。上天之載，無聲無臭。儀刑文王，萬邦作孚。

《文王》七章，章八句。

明明在下，赫赫在上。天難忱斯，不易維王。天位殷適，使不挾四方。　摯仲氏任，自彼殷商，來嫁于周，曰嬪于京。乃及王季，維德之行。大任有身，生此文王。　維此文王，小心翼翼。昭事上帝，聿懷多福。厥德不回，以受方國。　天監在下，有命既集。文王初載，

天作之合在洽之陽在渭之涘
文王嘉止大邦有子　大邦有
子俔天之妹文定厥祥親迎于
渭造舟爲梁不顯其光　有命
自天命此文王于周于京纘女
維莘長子維行篤生武王保右
命爾燮伐大商　殷商之旅其
會如林矢于牧野維予侯興上

帝臨女無貳爾心　牧野洋洋
檀車煌煌駟騵彭彭維師尚父
時維鷹揚涼彼武王肆伐大商
會朝清明

大明八章四章章六句
四章章八句

緜緜瓜瓞民之初生自土沮漆
古公亶父陶復陶穴未有家室

天作之合。在洽之陽，在渭之涘。
文王嘉止，大邦有子。　大邦有
子，俔天之妹。文定厥祥，親迎于
渭。造舟爲梁，不顯其光。　有命
自天，命此文王。于周于京，纘女
維莘。長子維行。篤生武王，保右
命爾，燮伐大商。　殷商之旅，其
會如林。矢于牧野，維予侯興。上

儒藏經典·康熙篆文六經四書　毛詩

帝臨女，無貳爾心！　牧野洋洋，
檀車煌煌，駟騵彭彭。維師尚父，
時維鷹揚。涼彼武王，肆伐大商，
會朝清明。

《大明》八章，四章章六句，
四章章八句。

緜緜瓜瓞。民之初生，自土沮漆。
古公亶父，陶復陶穴，未有家室。

古公亶父來朝走馬率西水滸至于岐下爰及姜女聿來胥宇周原膴膴堇荼如飴爰始爰謀爰契我龜曰止曰時築室于茲迺慰迺止乃左乃右乃疆乃理乃宣乃畝自西徂東周爰執事乃召司空乃召司徒俾立室家其繩則直縮版以載作廟翼翼捄之陾陾度之薨薨築之登登削屢馮馮百堵皆興鼛鼓弗勝乃立皋門皋門有伉乃立應門應門將將乃立冢土戎醜攸行肆不殄厥慍亦不隕厥問柞棫拔矣行道兑矣混夷駾矣維其喙矣虞芮質厥成文王蹶厥生予曰有疏

古公亶父，來朝走馬，率西水滸，至于岐下。爰及姜女，聿來胥宇。

周原膴膴，堇荼如飴。爰始爰謀，爰契我龜。曰止曰時，築室于茲。

迺慰迺止，乃左乃右，乃疆乃理，乃宣乃畝。自西徂東，周爰執事。

乃召司空，乃召司徒，俾立室家。其繩則直，縮版以載，作廟翼翼。

捄之陾陾，度之薨薨，築之登登，削屢馮馮。百堵皆興，鼛鼓弗勝。

乃立皋門，皋門有伉，乃立應門，應門將將。乃立冢土，戎醜攸行。

肆不殄厥慍，亦不隕厥問。柞棫拔矣，行道兑矣。混夷駾矣，維其喙矣。

虞芮質厥成，文王蹶厥生。予曰有疏

附予曰有先後予曰有奔奏予
曰有禦侮
緜九章章六句
芃芃棫樸薪之槱之濟濟辟王
左右趣之 濟濟辟王左右奉
璋奉璋峨峨髦士攸宜 淠彼㉛
涇舟烝徒楫之周王于邁六師
及之 倬彼雲漢爲章于天周

王壽考遐不作人 追琢其章
金玉其相勉勉我王綱紀四方
棫樸五章章四句
瞻彼旱麓榛楛濟濟豈弟君子
干祿豈弟 瑟彼玉瓚黄流在
中豈弟君子福祿攸降 鳶飛
戾天魚躍于淵豈弟君子遐不
作人 清酒既載騂牡既備以

附，予曰有先後，予曰有奔奏，予曰有禦侮。

《緜》九章，章六句。

芃芃棫樸，薪之槱之。濟濟辟王，左右趣之。　濟濟辟王，左右奉璋。奉璋峨峨，髦士攸宜。　淠彼涇舟，烝徒楫之。周王于邁，六師及之。　倬彼雲漢，爲章于天。周

王壽考，遐不作人。　追琢其章，金玉其相。勉勉我王，綱紀四方。

《棫樸》五章，章四句。

瞻彼旱麓，榛楛濟濟。豈弟君子，干祿豈弟。　瑟彼玉瓚，黄流在中。豈弟君子，福祿攸降。　鳶飛戾天，魚躍于淵。豈弟君子，遐不作人。　清酒既載，騂牡既備。以

享以祀以介景福　瑟彼柞棫
民所燎矣豈弟君子神所勞矣
莫莫葛藟施于條枚豈弟君
子求福不回
旱麓六章章四句
思齊大任文王之母思媚周姜
京室之婦大姒嗣徽音則百斯
男　惠于宗公神罔時怨神罔

時恫刑于寡妻至于兄弟以御
于家邦　雝雝在宮肅肅在廟
不顯亦臨無射亦保　肆戎疾
不殄烈假不遐不聞亦式不諫
亦入　肆成人有德小子有造
古之人無斁譽髦斯士
思齊五章二章章六句
三章章四句

享以祀，以介景福。　瑟彼柞棫，

民所燎矣。豈弟君子，神所勞矣。

莫莫葛藟，施于條枚。豈弟君

子，求福不回。

《旱麓》六章，章四句。

思齊大任，文王之母。思媚周姜，

京室之婦。大姒嗣徽音，則百斯

男。　惠于宗公，神罔時怨，神罔

儒藏　儒藏經典·康熙篆文六經四書　毛詩

時恫。刑于寡妻，至于兄弟，以御

于家邦。　雝雝在宮，肅肅在廟。

不顯亦臨，無射亦保。　肆戎疾

不殄，烈假不遐。不聞亦式，不諫

亦入。　肆成人有德，小子有造。

古人之無斁，譽髦斯士。

《思齊》五章，二章章六句。

三章章四句。

皇矣上帝臨下有赫監觀四方求民之莫維此二國其政不獲維彼四國爰究爰度上帝耆之憎其式廓乃眷西顧此維與宅作之屏之其菑其翳修之平之其灌其栵啓之辟之其檉其椐攘之剔之其檿其柘帝遷明德串夷載路天立厥配受命既固

帝省其山柞棫斯拔松柏斯兑帝作邦作對自大伯王季維此王季因心則友則友其兄則篤其慶載錫之光受祿無喪奄有四方

維此王季帝度其心貊其德音其德克明克明克類克長克君王此大邦克順克比比于文王其德靡悔既受帝

儒藏

儒藏經典·康熙篆文六經四書　毛詩

皇矣上帝，臨下有赫；監觀四方，求民之莫。維此二國，其政不獲；維彼四國，爰究爰度。上帝耆之，憎其式廓。乃眷西顧，此維與宅。

作之屏之，其菑其翳；修之平之，其灌其栵；啓之辟之，其檉其椐；攘之剔之，其檿其柘。帝遷明德，串夷載路。天立厥配，受命既固。

帝省其山，柞棫斯拔，松柏斯兑。帝作邦作對，自大伯王季。維此王季，因心則友。則友其兄，則篤其慶，載錫之光。受祿無喪，奄有四方。

維此王季，帝度其心。貊其德音。其德克明，克明克類，克長克君。王此大邦，克順克比。比于文王，其德靡悔。既受帝

祉施于孫子　帝謂文王無然
畔援無然歆羨誕先登于岸密
人不恭敢距大邦侵阮徂共王
赫斯怒爰整其旅以按徂旅以
㉜篤于周祜以對于天下　依其在
京侵自阮疆陟我高岡無矢我
陵我陵我阿無飲我泉我泉我
池度其鮮原居岐之陽在渭之

將萬邦之方下民之王　帝謂
文王予懷明德不大聲以色不
長夏以革不識不知順帝之則
帝謂文王詢爾仇方同爾兄弟
以爾鉤援與爾臨衝以伐崇墉
　臨衝閑閑崇墉言言執訊連
連攸馘安安是類是禡是致是
附四方以無侮臨衝茀茀崇墉

祉，施于孫子。帝謂文王，無然
畔援，無然歆羨，誕先登于岸。密
人不恭，敢距大邦，侵阮徂共。王
赫斯怒，爰整其旅，以按徂旅，以
篤于周祜，以對于天下。依其在
京，侵自阮疆，陟我高岡。無矢我
陵，我陵我阿；無飲我泉，我泉我
池！度其鮮原，居岐之陽，在渭之

將。萬邦之方，下民之王。帝謂
文王：予懷明德，不大聲以色，不
長夏以革。不識不知，順帝之則。
帝謂文王：詢爾仇方，同爾兄弟。
以爾鉤援，與爾臨衝，以伐崇墉。
　臨衝閑閑，崇墉言言，執訊連
連，攸馘安安。是類是禡，是致是
附，四方以無侮。臨衝茀茀，崇墉

佹佹是伐是肆是絶是忽四方
以無拂
皇矣八章章十二句
經始靈臺經之營之庶民攻之
不日成之經始勿亟庶民子來
王在靈囿麀鹿攸伏麀鹿濯
濯白鳥翯翯王在靈沼於牣魚
躍　虡業維樅賁鼓維鏞於論

鼓鐘於樂辟廱　於論鼓鐘於
樂辟廱鼉鼓逢逢矇瞍奏公
靈臺四章二章章六句
二章章四句
下武維周世有哲王三后在天
王配于京　王配于京世德作
求永言配命成王之孚　成王
之孚下土之式永言孝思孝思

佹佹，是伐是肆，是絶是忽，四方以無拂。

《皇矣》八章，章十二句。

經始靈臺，經之營之。庶民攻之，不日成之。經始勿亟，庶民子來。

王在靈囿，麀鹿攸伏。麀鹿濯濯，白鳥翯翯。王在靈沼，於牣魚躍。

虡業維樅，賁鼓維鏞。於論

儒藏　儒藏經典·康熙篆文六經四書　毛詩

鼓鐘，於樂辟廱。　於論鼓鐘，於樂辟廱。鼉鼓逢逢，矇瞍奏公。

《靈臺》四章，二章章六句，二章章四句。

下武維周，世有哲王。三后在天，王配于京。　王配于京，世德作求。永言配命，成王之孚。　成王之孚，下土之式。永言孝思，孝思維則。媚茲一人，應侯順德。永言孝思，昭哉嗣服。昭茲來許，繩其祖武。於萬斯年，受天之祜。受天之祜，四方來賀。於萬斯年，不遐有佐。

《下武》六章，章四句。

文王有聲，遹駿有聲。遹求厥寧，遹觀厥成。文王烝哉！　文王受命，有此武功。既伐于崇，作邑于豐。文王烝哉！　築城伊淢，作豐伊匹。匪棘其欲，遹追來孝。王后烝哉！　王公伊濯，維豐之垣。四方攸同，王后維翰。王后烝哉！　豐水東注，維禹之績。四方攸同，皇王維辟。皇王烝哉！　鎬京辟廱，自西自東，自南自北，無思不

服皇王烝哉　考卜維王宅是鎬京維龜正之武王成之武王烝哉　豐水有芑武王豈不仕詒厥孫謀以燕翼子武王烝哉

文王有聲八章章五句

生民之什

厥初生民時維姜嫄生民如何克禋克祀以弗無子履帝武敏歆攸介攸止載震載夙載生載育時維后稷　誕彌厥月先生如達不坼不副無菑無害以赫厥靈上帝不寧不康禋祀居然生子　誕寘之隘巷牛羊腓字之誕寘之平林會伐平林誕寘之寒冰鳥覆翼之鳥乃去矣后稷呱矣實覃實訏厥聲載路

服。皇王烝哉！　考卜維王，宅是鎬京。維龜正之，武王成之。武王烝哉！　豐水有芑，武王豈不仕？詒厥孫謀，以燕翼子。武王烝哉！

《文王有聲》八章，章五句。

生民之什

厥初生民，時維姜嫄。生民如何？克禋克祀，以弗無子。履帝武敏歆，攸介攸止；載震載夙，載生載育，時維后稷。　誕彌厥月，先生如達。不坼不副，無菑無害，以赫厥靈。上帝不寧，不康禋祀，居然生子。　誕寘之隘巷，牛羊腓字之。誕寘之平林，會伐平林。誕寘之寒冰，鳥覆翼之。鳥乃去矣，后稷呱矣。實覃實訏，厥聲載路。

誕實匍匐克岐克嶷以就口食蓺之荏菽荏菽旆旆禾役穟穟麻麥幪幪瓜瓞唪唪　誕后稷之穡有相之道茀厥豐草種之黄茂實方實苞實種實褎實發實秀實堅實好實穎實栗即有邰家室　誕降嘉種維秬維秠維穈維芑恒之秬秠是穫是畝恒之穈芑是任是負以歸肇祀

誕我祀如何或舂或揄或簸或蹂釋之叟叟烝之浮浮載謀載惟取蕭祭脂取羝以軷載燔載烈以興嗣歲　卬盛于豆于豆于登其香始升上帝居歆胡臭亶時后稷肇祀庶無罪悔以迄于今

儒藏
儒藏經典·康熙篆文六經四書　毛詩

誕實匍匐，克岐克嶷，以就口食。蓺之荏菽，荏菽旆旆，禾役穟穟，麻麥幪幪，瓜瓞唪唪。　誕后稷之穡，有相之道。茀厥豐草，種之黄茂。實方實苞，實種實褎，實發實秀，實堅實好，實穎實栗，即有邰家室。　誕降嘉種，維秬維秠，維穈維芑。恒之秬秠，是穫是畝；恒之穈芑，是任是負，以歸肇祀。

誕我祀如何？或舂或揄，或簸或蹂。釋之叟叟，烝之浮浮。載謀載惟，取蕭祭脂。取羝以軷，載燔載烈。以興嗣歲。　卬盛于豆，于豆于登，其香始升。上帝居歆，胡臭亶時。后稷肇祀，庶無罪悔，以迄于今。

生民八章四章章十句
四章章八句
敦彼行葦牛羊勿踐履方苞方
體維葉泥泥戚戚兄弟莫遠具
爾或肆之筵或授之几　肆筵
設席授几有緝御或獻或酢洗
爵奠斝醓醢以薦或燔或炙嘉
肴脾臄或歌或咢　敦弓既堅
四鍭既鈞舍矢既均序賓以賢
敦弓既句既挾四鍭四鍭如樹
序賓以不侮　曾孫維主酒醴
維醹酌以大斗以祈黃耇黃耇
台背以引以翼壽考維祺以介
景福
行葦四章章八句
既醉以酒既飽以德君子萬年

《生民》八章，四章章十句，
四章章八句。
敦彼行葦，牛羊勿踐履。方苞方
體，維葉泥泥。戚戚兄弟，莫遠具
爾。或肆之筵，或授之几。 肆筵
設席，授几有緝御。或獻或酢，洗
爵奠斝。醓醢以薦，或燔或炙。嘉
肴脾臄，或歌或咢。 敦弓既堅，
四鍭既鈞，舍矢既均，序賓以賢。
敦弓既句，既挾四鍭，四鍭如樹，
序賓以不侮。 曾孫維主，酒醴
維醹，酌以大斗，以祈黃耇。黃耇
台背，以引以翼。壽考維祺，以介
景福。
《行葦》四章，章八句。
既醉以酒，既飽以德。君子萬年，

介爾景福　既醉以酒爾殽既將君子萬年介爾昭明　昭明有融高朗令終令終有俶公尸嘉告　其告維何籩豆靜嘉朋友攸攝攝以威儀　威儀孔時君子有孝子孝子不匱永錫爾類　其類維何室家之壼君子萬年永錫祚胤　其胤維何天

被爾祿君子萬年景命有僕　其僕維何釐爾女士釐爾女士從以孫子

既醉八章章四句

鳧鷖在涇公尸來燕來寧爾酒既清爾殽既馨公尸燕飲福祿來成　鳧鷖在沙公尸來燕來宜爾酒既多爾殽既嘉公尸燕

介爾景福。既醉以酒，爾殽既將。君子萬年，介爾昭明。昭明有融，高朗令終。令終有俶，公尸嘉告。其告維何？籩豆靜嘉。朋友攸攝，攝以威儀。威儀孔時，君子有孝子。孝子不匱，永錫爾類。其類維何？室家之壼。君子萬年，永錫祚胤。其胤維何？天

儒藏經典·康熙篆文六經四書　毛詩

被爾祿。君子萬年，景命有僕。其僕維何？釐爾女士。釐爾女士，從以孫子。

《既醉》八章，章四句。

鳧鷖在涇，公尸來燕來寧。爾酒既清，爾殽既馨。公尸燕飲，福祿來成。鳧鷖在沙，公尸來燕來宜。爾酒既多，爾殽既嘉。公尸燕

飲，福祿來爲。鳧鷖在渚，公尸來燕來處。爾酒既湑，爾殽伊脯。公尸燕飲，福祿來下。鳧鷖在潨，公尸來燕來宗。既燕于宗，福祿攸降。公尸燕飲，福祿來崇。鳧鷖在亹，公尸來止熏熏。旨酒欣欣，燔炙芬芬。公尸燕飲，無有後艱。

《鳧鷖》五章，章六句。

假樂君子，顯顯令德。宜民宜人，受祿于天。保右命之，自天申之。干祿百福，子孫千億。穆穆皇皇，宜君宜王。不愆不忘，率由舊章。威儀抑抑，德音秩秩。無怨無惡，率由群匹。受福無疆，四方之綱。之綱之紀，燕及朋友。百

飲，福祿來爲。 鳧鷖在渚，公尸來燕來處。爾酒既湑，爾殽伊脯。公尸燕飲，福祿來下。 鳧鷖在潨，公尸來燕來宗。既燕于宗，福祿攸降。公尸燕飲，福祿來崇。 鳧鷖在亹，公尸來止熏熏。旨酒欣欣，燔炙芬芬。公尸燕飲，無有後艱。

《鳧鷖》五章，章六句。

假樂君子，顯顯令德。宜民宜人，受祿于天。保右命之，自天申之。 干祿百福，子孫千億。穆穆皇皇，宜君宜王。不愆不忘，率由舊章。 威儀抑抑，德音秩秩。無怨無惡，率由群匹。受福無疆，四方之綱。 之綱之紀，燕及朋友。百

辟卿士媚于天子不解于位民
之攸塈
假樂四章章六句
篤公劉匪居匪康迺埸迺疆迺
積迺倉迺裹餱糧于槖于囊思
輯用光弓矢斯張干戈戚揚爰
方啓行 篤公劉于胥斯原既
庶既繁既順迺宣而無永歎陟
則在巘復降在原何以舟之維
玉及瑤鞞琫容刀 篤公劉逝
彼百泉瞻彼溥原迺陟南岡乃
覯于京京師之野于時處處于
時廬旅于時言言于時語語
篤公劉于京斯依蹌蹌濟濟俾
筵俾几既登乃依乃造其曹執
豕于牢酌之用匏食之飲之君

辟卿士，媚于天子。不解于位，民之攸塈。

《假樂》四章，章六句。

篤公劉，匪居匪康，迺埸迺疆，迺積迺倉。迺裹餱糧，于槖于囊，思輯用光。弓矢斯張，干戈戚揚，爰方啓行。

篤公劉，于胥斯原。既庶既繁，既順迺宣，而無永歎。陟則在巘，復降在原。何以舟之？維玉及瑤，鞞琫容刀。

篤公劉，逝彼百泉，瞻彼溥原。迺陟南岡，乃覯于京。京師之野，于時處處，于時廬旅。于時言言，于時語語。

篤公劉，于京斯依。蹌蹌濟濟，俾筵俾几。既登乃依，乃造其曹。執豕于牢，酌之用匏。食之飲之，君

之宗之 篤公劉既溥既長既景迺岡相其陰陽觀其流泉其軍三單度其隰原徹田爲糧度其夕陽豳居允荒 篤公劉于豳斯館涉渭爲亂取厲取鍛止基迺理爰衆爰有夾其皇澗遡其過澗止旅迺密芮鞫之即

公劉六章章十句

泂酌彼行潦挹彼注茲可以餴饎豈弟君子民之父母 泂酌彼行潦挹彼注茲可以濯罍豈弟君子民之攸歸 泂酌彼行潦挹彼注茲可以濯溉豈弟君子民之攸塈

泂酌三章章五句

有卷者阿飄風自南豈弟君子

儒藏經典·康熙篆文六經四書 毛詩

之宗之。篤公劉，既溥既長，既景迺岡，相其陰陽，觀其流泉。其軍三單，度其隰原，徹田爲糧。度其夕陽，豳居允荒。篤公劉，于豳斯館。涉渭爲亂，取厲取鍛。止基迺理，爰衆爰有。夾其皇澗，遡其過澗。止旅迺密，芮鞫之即。

《公劉》六章，章十句。

泂酌彼行潦，挹彼注茲，可以餴饎。豈弟君子，民之父母。泂酌彼行潦，挹彼注茲，可以濯罍。豈弟君子，民之攸歸。泂酌彼行潦，挹彼注茲，可以濯溉。豈弟君子，民之攸塈。

《泂酌》三章，章五句。

有卷者阿，飄風自南。豈弟君子，

來游來歌以矢其音　伴奐爾
游矣優游爾休矣豈弟君子俾
爾彌爾性似先公酋矣　爾土
宇昄章亦孔之厚矣豈弟君子
俾爾彌爾性百神爾主矣　爾
受命長矣茀祿爾康矣豈弟君
子俾爾彌爾性純嘏爾常矣
有馮有翼有孝有德以引以翼

豈弟君子四方爲則　顒顒卬
卬如圭如璋令聞令望豈弟君
子四方爲綱　鳳皇于飛翽翽
其羽亦集爰止藹藹王多吉士
維君子使媚于天子　鳳皇于
飛翽翽其羽亦傅于天藹藹王
多吉人維君子命媚于庶人
鳳皇鳴矣于彼高岡梧桐生矣

來游來歌，以矢其音。　伴奐爾
游矣，優游爾休矣。豈弟君子，俾
爾彌爾性，似先公酋矣。　爾土
宇昄章，亦孔之厚矣。豈弟君子，
俾爾彌爾性，百神爾主矣。　爾
受命長矣，茀祿爾康矣。豈弟君
子，俾爾彌爾性，純嘏爾常矣。
有馮有翼，有孝有德，以引以翼。

儒藏經典·康熙篆文六經四書　毛詩

豈弟君子，四方爲則。　顒顒卬
卬，如圭如璋，令聞令望。豈弟君
子，四方爲綱。　鳳皇于飛，翽翽
其羽，亦集爰止。藹藹王多吉士，
維君子使，媚于天子。　鳳皇于
飛，翽翽其羽，亦傅于天。藹藹王
多吉人，維君子命，媚于庶人。
鳳皇鳴矣，于彼高岡。梧桐生矣，

于彼朝陽菶菶萋萋雝雝喈喈
君子之車既庶且多君子之
馬既閑且馳矢詩不多維以遂
歌

卷阿十章六章章五句
四章章六句

民亦勞止汔可小康惠此中國
以綏四方無縱詭隨以謹無良
式遏寇虐憯不畏明柔遠能邇
以定我王　民亦勞止汔可小
休惠此中國以爲民逑無縱詭
隨以謹惛怓式遏寇虐無俾民
憂無棄爾勞以爲王休　民亦
勞止汔可小息惠此京師以綏
四國無縱詭隨以謹罔極式遏
寇虐無俾作慝敬慎威儀以近

儒藏 儒藏經典·康熙篆文六經四書 毛詩

于彼朝陽。菶菶萋萋，雝雝喈喈。

君子之車，既庶且多；君子之馬，既閑且馳。矢詩不多，維以遂歌。

《卷阿》十章，六章章五句，四章章六句。

民亦勞止，汔可小康。惠此中國，以綏四方。無縱詭隨，以謹無良。式遏寇虐，憯不畏明。柔遠能邇，以定我王。

民亦勞止，汔可小休。惠此中國，以爲民逑。無縱詭隨，以謹惛怓。式遏寇虐，無俾民憂。無棄爾勞，以爲王休。

民亦勞止，汔可小息。惠此京師，以綏四國。無縱詭隨，以謹罔極。式遏寇虐，無俾作慝。敬慎威儀，以近

有德 民亦勞止汔可小愒惠此中國俾民憂泄無縱詭隨以謹醜厲式遏寇虐無俾正敗戎雖小子而式弘大 民亦勞止汔可小安惠此中國國無有殘無縱詭隨以謹繾綣式遏寇虐無俾正反王欲玉女是用大諫

民勞五章章十句

儒藏經典·康熙篆文六經四書 毛詩

上帝板板下民卒癉出話不然爲猶不遠靡聖管管不實於亶猶之未遠是用大諫 天之方難無然憲憲天之方蹶無然泄泄辭之輯矣民之洽矣辭之懌矣民之莫矣 我雖異事及爾同僚我即爾謀聽我囂囂我言維服勿以爲笑先民有言詢于

有德。民亦勞止，汔可小愒。惠此中國，俾民憂泄。無縱詭隨，以謹醜厲。式遏寇虐，無俾正敗。戎雖小子，而式弘大。

民亦勞止，汔可小安。惠此中國，國無有殘。無縱詭隨，以謹繾綣。式遏寇虐，無俾正反。王欲玉女，是用大諫。

《民勞》五章，章十句。

上帝板板，下民卒癉。出話不然，爲猶不遠。靡聖管管，不實於亶。猶之未遠，是用大諫。

天之方難，無然憲憲；天之方蹶，無然泄泄。辭之輯矣，民之洽矣；辭之懌矣，民之莫矣。

我雖異事，及爾同僚。我即爾謀，聽我囂囂。我言維服，勿以爲笑。先民有言，詢于

芻蕘 天之方虐無然謔謔老
夫灌灌小子蹻蹻匪我言耄爾
用憂謔多將熇熇不可救藥
天之方懠無爲夸毗威儀卒迷
善人載尸民之方殿屎則莫我
敢葵喪亂蔑資曾莫惠我師
天之牖民如壎如篪如璋如圭
如取如攜攜無曰益牖民孔易
民之多辟無自立辟 价人維
藩大師維垣大邦維屏大宗維
翰懷德維寧宗子維城無俾城
壞無獨斯畏 敬天之怒無敢
戲豫敬天之渝無敢馳驅昊天
曰明及爾出王昊天曰旦及爾
游衍

板八章章八句

儒藏
儒藏經典·康熙篆文六經四書 毛詩

芻蕘。 天之方虐，無然謔謔。老夫灌灌，小子蹻蹻。匪我言耄，爾用憂謔。多將熇熇，不可救藥。

天之方懠，無爲夸毗。威儀卒迷，善人載尸。民之方殿屎，則莫我敢葵。喪亂蔑資，曾莫惠我師。

天之牖民，如壎如篪，如璋如圭，如取如攜。攜無曰益，牖民孔易。民之多辟，無自立辟。

价人維藩，大師維垣，大邦維屏，大宗維翰。懷德維寧，宗子維城。無俾城壞，無獨斯畏。

敬天之怒，無敢戲豫；敬天之渝，無敢馳驅。昊天曰明，及爾出王；昊天曰旦，及爾游衍。

《板》八章，章八句。

蕩之什

蕩蕩上帝下民之辟疾威上帝
其命多辟天生烝民其命匪諶
靡不有初鮮克有終　文王曰
咨咨女殷商曾是彊禦曾是掊
克曾是在位曾是在服天降滔
德女興是力　文王曰咨咨女
殷商而秉義類彊禦多懟流言
以對寇攘式內侯作侯祝靡屆
靡究　文王曰咨咨女殷商女
炰烋于中國斂怨以爲德不明
爾德時無背無側爾德不明以
無陪無卿　文王曰咨咨女殷
商天不湎爾以酒不義從式既
愆爾止靡明靡晦式號式呼俾
晝作夜　文王曰咨咨女殷商

儒藏
儒藏經典·康熙篆文六經四書　毛詩

蕩之什

蕩蕩上帝，下民之辟。疾威上帝，其命多辟。天生烝民，其命匪諶。靡不有初，鮮克有終。　文王曰咨，咨女殷商。曾是彊禦，曾是掊克，曾是在位，曾是在服。天降滔德，女興是力。　文王曰咨，咨女殷商。而秉義類，彊禦多懟。流言以對，寇攘式內。侯作侯祝，靡屆靡究。　文王曰咨，咨女殷商。女炰烋于中國，斂怨以爲德。不明爾德，時無背無側；爾德不明，以無陪無卿。　文王曰咨，咨女殷商。天不湎爾以酒，不義從式。既愆爾止，靡明靡晦。式號式呼，俾晝作夜。　文王曰咨，咨女殷商。

如蜩如螗如沸如羹小大近喪人尚乎由行內奰于中國覃及鬼方 文王曰咨咨女殷商匪上帝不時殷不用舊雖無老成人尚有典刑曾是莫聽大命以傾 文王曰咨咨女殷商人亦有言顛沛之揭枝葉未有害本實先撥殷鑒不遠㉝在夏后之世

蕩八章章八句

抑抑威儀維德之隅人亦有言靡哲不愚庶人之愚亦職維疾哲人之愚亦維斯戾 無競維人四方其訓之有覺德行四國順之訏謨定命遠猶辰告敬慎威儀維民之則 其在于今興迷亂于政顛覆厥德荒湛于酒

儒藏 儒藏經典·康熙篆文六經四書 毛詩

如蜩如螗，如沸如羹。小大近喪，人尚乎由行。內奰于中國，覃及鬼方。

文王曰咨，咨女殷商。匪上帝不時，殷不用舊。雖無老成人，尚有典刑。曾是莫聽，大命以傾。

文王曰咨，咨女殷商。人亦有言，顛沛之揭，枝葉未有害，本實先撥。殷鑒不遠，在夏后之世！

《蕩》八章，章八句。

抑抑威儀，維德之隅。人亦有言，靡哲不愚。庶人之愚，亦職維疾；哲人之愚，亦維斯戾。

無競維人，四方其訓之；有覺德行，四國順之。訏謨定命，遠猶辰告。敬慎威儀，維民之則。

其在于今，興迷亂于政，顛覆厥德，荒湛于酒。

女雖湛樂從，弗念厥紹。罔敷求先王，克共明刑。　肆皇天弗尚，如彼泉流，無淪胥以亡。夙興夜寐，洒埽廷內，維民之章。脩爾車馬，弓矢戎兵，用戒戎作，用逷蠻方。　質爾人民，謹爾侯度，用戒不虞。慎爾出話，敬爾威儀，無不柔嘉。白圭之玷，尚可磨也；斯言之玷，不可爲也。　無易由言，無曰苟矣，莫捫朕舌，言不可逝矣。無言不讎，無德不報。惠于朋友，庶民小子。子孫繩繩，萬民靡不承。　視爾友君子，輯柔爾顏，不遐有愆。相在爾室，尚不愧于屋漏。無曰不顯，莫予云覯。神之格思，不可度思，矧可射思？　辟爾

爲德俾臧俾嘉淑慎爾止不愆
于儀不僭不賊鮮不爲則投我
以桃報之以李彼童而角實虹
小子　荏染柔木言緡之絲温
温恭人維德之基其維哲人告
之話言順德之行其維愚人覆
謂我僭民各有心　於乎小子
未知臧否匪手攜之言示之事
匪面命之言提其耳借曰未知
亦既抱子民之靡盈誰夙知而
莫成　昊天孔昭我生靡樂視
爾夢夢我心慘慘誨爾諄諄聽
我藐藐匪用爲教覆用爲虐借
曰未知亦聿既耄　於乎小子
告爾舊止聽用我謀庶無大悔
天方艱難曰喪厥國取譬不遠

儒藏經典·康熙篆文六經四書　毛詩

爲德，俾臧俾嘉。淑慎爾止，不愆于儀。不僭不賊，鮮不爲則。投我以桃，報之以李。彼童而角，實虹小子。

荏染柔木，言緡之絲。温温恭人，維德之基。其維哲人，告之話言，順德之行。其維愚人，覆謂我僭，民各有心。

於乎小子！未知臧否。匪手攜之，言示之事。匪面命之，言提其耳。借曰未知，亦既抱子。民之靡盈，誰夙知而莫成？

昊天孔昭，我生靡樂。視爾夢夢，我心慘慘。誨爾諄諄，聽我藐藐。匪用爲教，覆用爲虐。借曰未知，亦聿既耄。

於乎小子！告爾舊止。聽用我謀，庶無大悔。天方艱難，曰喪厥國。取譬不遠，

昊天不忒回遹其德俾民大棘
抑十二章三章章八句
九章章十句
菀彼桑柔其下侯旬捋采其劉
瘼此下民不殄心憂倉兄填兮
倬彼昊天寧不我矜　三牡騤
騤旟旐有翩亂生不夷靡國不
泯民靡有黎具禍以燼於乎有

哀國步斯頻　國步蔑資天不
我將靡所止疑云徂何往君子
實維秉心無競誰生厲階至今
爲梗　憂心慇慇念我土宇我
生不辰逢天僤怒自西徂東靡
所定處多我覯痻孔棘我圉
爲謀爲毖亂況斯削告爾憂恤
誨爾序爵誰能執熱逝不以濯

昊天不忒。回遹其德，俾民大棘。

《抑》十二章，三章章八句，

九章章十句。

菀彼桑柔，其下侯旬。捋采其劉，瘼此下民。不殄心憂，倉兄填兮。倬彼昊天，寧不我矜。

四牡騤騤，旟旐有翩。亂生不夷，靡國不泯。民靡有黎，具禍以燼。於乎有

儒藏
儒藏經典・康熙篆文六經四書　毛詩

哀！國步斯頻。

國步蔑資，天不我將。靡所止疑，云徂何往？君子實維，秉心無競。誰生厲階？至今爲梗。

憂心慇慇，念我土宇。我生不辰，逢天僤怒。自西徂東，靡所定處。多我覯痻，孔棘我圉。

爲謀爲毖，亂況斯削。告爾憂恤，誨爾序爵。誰能執熱，逝不以濯？

其何能淑載胥及溺 如彼遡
風亦孔之僾民有肅心荓云不
逮好是稼穡力民代食稼穡維
寶代食維好 天降喪亂滅我
立王降此蟊賊稼穡卒痒哀恫
中國具贅卒荒靡有旅力以念
穹蒼 維此惠君民人所瞻秉
心宣猶考慎其相維彼不順自
獨俾臧自有肺腸俾民卒狂
瞻彼中林甡甡其鹿朋友已譖
不胥以穀人亦有言進退維谷
維此聖人瞻言百里維彼愚
人覆狂以喜匪言不能胡斯畏
忌 維此良人弗求弗迪維彼
忍心是顧是復民之貪亂寧爲
荼毒 大風有隧有空大谷維

儒藏
儒藏經典·康熙篆文六經四書 毛詩

其何能淑？載胥及溺。 如彼遡風，亦孔之僾。民有肅心，荓云不逮。好是稼穡，力民代食。稼穡維寶，代食維好。

天降喪亂，滅我立王。降此蟊賊，稼穡卒痒。哀恫中國，具贅卒荒。靡有旅力，以念穹蒼。

維此惠君，民人所瞻。秉心宣猶，考慎其相。維彼不順，自獨俾臧。自有肺腸，俾民卒狂。

瞻彼中林，甡甡其鹿。朋友已譖，不胥以穀。人亦有言，進退維谷。

維此聖人，瞻言百里。維彼愚人，覆狂以喜。匪言不能，胡斯畏忌。

維此良人，弗求弗迪；維彼忍心，是顧是復。民之貪亂，寧爲荼毒！

大風有隧，有空大谷。維

此良人，作爲式穀；維彼不順，征以中垢。

大風有隧，貪人敗類。聽言則對，誦言如醉。匪用其良，覆俾我悖。

嗟爾朋友！予豈不知而作？如彼飛蟲，時亦弋獲。既之陰女，反予來赫。

民之罔極，職涼善背；爲民不利，如云不克。民之回遹，職競用力。

民之未戾，職盜爲寇。涼曰不可，覆背善詈。雖曰匪予，既作爾歌。

《桑柔》十六章，八章章八句，八章章六句。

倬彼雲漢，昭回于天。王曰於乎，何辜今之人！天降喪亂，饑饉薦臻。靡神不舉，靡愛斯牲。圭璧既卒，寧莫我聽！

旱既大甚，蘊隆

蟲蟲。不殄禋祀，自郊徂宮。上下奠瘞，靡神不宗。后稷不克，上帝不臨。耗斁下土，寧丁我躬。　旱既大甚，則不可推。兢兢業業，如霆如雷。周餘黎民，靡有子遺。昊天上帝，則不我遺。胡不相畏？先祖于摧。　旱既大甚，則不可沮。赫赫炎炎，云我無所。大命近止，靡瞻靡顧。群公先正，則不我助。父母先祖，胡寧忍予？　旱既大甚，滌滌山川。旱魃爲虐，如惔如焚。我心憚暑，憂心如熏。群公先正，則不我聞。昊天上帝，寧俾我遯！　旱既大甚，黽勉畏去。胡寧瘨我以旱？憯不知其故。祈年孔夙，方社不莫。昊天上帝，則不我虞敬恭明神宜無悔怒　旱既大甚散無友紀鞫哉庶正疚哉冢宰趣馬師氏膳夫左右靡人不周無不能止瞻卬昊天云如何里　瞻卬昊天有嘒其星大夫君子昭假無贏大命近止無棄爾成何求爲我以戾庶正瞻卬昊天曷惠其寧

雲漢八章章十句

崧高維嶽駿極于天維嶽降神生甫及申維申及甫維周之翰四國于蕃四方于宣　亹亹申伯王纘之事于邑于謝南國是式王命召伯定申伯之宅登是南邦世執其功　王命申伯式是南邦因是謝人以作爾庸王

儒藏
儒藏經典·康熙篆文六經四書　毛詩

虞。敬恭明神，宜無悔怒。　旱既大甚，散無友紀。鞫哉庶正，疚哉冢宰。趣馬師氏，膳夫左右，靡人不周，無不能止。瞻卬昊天，云如何里？　瞻卬昊天，有嘒其星。大夫君子，昭假無贏。大命近止，無棄爾成。何求爲我？以戾庶正。瞻卬昊天，曷惠其寧？

《雲漢》八章，章十句。

崧高維嶽，駿極于天。維嶽降神，生甫及申。維申及甫，維周之翰。四國于蕃，四方于宣。　亹亹申伯，王纘之事。于邑于謝，南國是式。王命召伯，定申伯之宅。登是南邦，世執其功。　王命申伯，式是南邦，因是謝人，以作爾庸。王命召伯徹申伯土田王命傅御遷其私人　申伯之功召伯是營有俶其城寢廟既成既成藐藐王錫申伯四牡蹻蹻鉤膺濯濯　王遣申伯路車乘馬我圖爾居莫如南土錫爾介圭以作爾寶往近王舅南土是保　申伯信邁王餞于郿申伯還南謝于誠歸王命召伯徹申伯土疆以峙其粻式遄其行　申伯番番既入于謝徒御嘽嘽周邦咸喜戎有良翰不顯申伯王之元舅文武是憲　申伯之德柔惠且直揉此萬邦聞于四國吉甫作誦其詩孔碩其風肆好以贈申伯

儒藏經典·康熙篆文六經四書　毛詩

命召伯，徹申伯土田。王命傅御，遷其私人。　申伯之功，召伯是營。有俶其城，寢廟既成，既成藐藐。王錫申伯，四牡蹻蹻，鉤膺濯濯。　王遣申伯，路車乘馬。我圖爾居，莫如南土。錫爾介圭，以作爾寶。往近王舅，南土是保。　申伯信邁，王餞于郿。申伯還南，謝于誠歸。王命召伯，徹申伯土疆，以峙其粻，式遄其行。　申伯番番，既入于謝，徒御嘽嘽。周邦咸喜，戎有良翰。不顯申伯，王之元舅，文武是憲。　申伯之德，柔惠且直。揉此萬邦，聞于四國。吉甫作誦，其詩孔碩，其風肆好，以贈申伯。

崧高八章章八句
天生烝民有物有則民之秉彝
好是懿德天監有周昭假于下
保茲天子生仲山甫　仲山甫
之德柔嘉維則令儀令色小心
翼翼古訓是式威儀是力天子
是若明命使賦　王命仲山甫
式是百辟纘戎祖考王躬是保
出納王命王之喉舌賦政于外
四方爰發　肅肅王命仲山甫
將之邦國若否仲山甫明之既
明且哲以保其身夙夜匪解以
事一人　人亦有言柔則茹之
剛則吐之維仲山甫柔亦不茹
剛亦不吐不侮矜寡不畏彊禦
人亦有言德輶如毛民鮮克

《崧高》八章，章八句。

天生烝民，有物有則。民之秉彝，好是懿德。天監有周，昭假于下。保茲天子，生仲山甫。

仲山甫之德，柔嘉維則。令儀令色，小心翼翼，古訓是式，威儀是力。天子是若，明命使賦。

王命仲山甫，式是百辟，纘戎祖考，王躬是保。出納王命，王之喉舌。賦政于外，四方爰發。

肅肅王命，仲山甫將之；邦國若否，仲山甫明之。既明且哲，以保其身。夙夜匪解，以事一人。

人亦有言，柔則茹之，剛則吐之。維仲山甫，柔亦不茹，剛亦不吐，不侮矜寡，不畏彊禦。

人亦有言，德輶如毛，民鮮克

舉之我儀圖之維仲山甫舉之
愛莫助之衮職有闕維仲山甫
補之　仲山甫出祖四牡業業
征夫捷捷每懷靡及四牡彭彭
八鸞鏘鏘王命仲山甫城彼東
方　四牡騤騤八鸞喈喈仲山
甫徂齊式遄其歸吉甫作誦穆
如清風仲山甫永懷以慰其心

烝民八章章八句
奕奕梁山維禹甸之有倬其道
韓侯受命王親命之纘戎祖考
無廢朕命夙夜匪解虔共爾位
朕命不易榦不庭方以佐戎辟
四牡奕奕孔脩且張韓侯入
覲以其介圭入覲于王王錫韓
侯淑旂綏章簟茀錯衡玄衮赤

儒藏
儒藏經典·康熙篆文六經四書　毛詩

舉之，我儀圖之。維仲山甫舉之，愛莫助之。衮職有闕，維仲山甫補之。

仲山甫出祖，四牡業業，征夫捷捷，每懷靡及。四牡彭彭，八鸞鏘鏘。王命仲山甫，城彼東方。

四牡騤騤，八鸞喈喈，仲山甫徂齊，式遄其歸。吉甫作誦，穆如清風。仲山甫永懷，以慰其心。

《烝民》八章，章八句。

奕奕梁山，維禹甸之，有倬其道。韓侯受命，王親命之，纘戎祖考。無廢朕命，夙夜匪解，虔共爾位。朕命不易，榦不庭方，以佐戎辟。

四牡奕奕，孔脩且張，韓侯入覲，以其介圭，入覲于王。王錫韓侯，淑旂綏章，簟茀錯衡，玄衮赤舄，鉤膺鏤鍚，鞹鞃淺幭，鞗革金厄。　韓侯出祖，出宿于屠。顯父餞之，清酒百壺。其殽維何？炰鼈鮮魚。其蔌維何？維筍及蒲。其贈維何？乘馬路車。籩豆有且，侯氏燕胥。　韓侯取妻，汾王之甥，蹶父之子。韓侯迎止，于蹶之里。百兩彭彭，八鸞鏘鏘，不顯其光。諸娣從之，祁祁如雲。韓侯顧之，爛其盈門。　蹶父孔武，靡國不到。爲韓姞相攸，莫如韓樂。孔樂韓土，川澤訏訏，魴鱮甫甫，麀鹿噳噳，有熊有羆，有貓有虎。慶既令居，韓姞燕譽。　溥彼韓城，燕師所完。以先祖受命，因時百蠻。王錫韓侯，其追其貊，奄受北國，因

以其伯實墉實壑實畝實籍獻 ㉞
其貔皮赤豹黄羆
韓奕六章章十二句
江漢浮浮武夫滔滔匪安匪遊
淮夷來求既出我車既設我旟
匪安匪舒淮夷來鋪　江漢湯
湯武夫洸洸經營四方告成于
王四方既平王國庶定時靡有
爭王心載寧　江漢之滸王命
召虎式辟四方徹我疆土匪疚
匪棘王國來極于疆于理至于
南海　王命召虎來旬來宣文
武受命召公維翰無曰予小子
召公是似肇敏戎公用錫爾祉
釐爾圭瓚秬鬯一卣告于文
人錫山土田于周受命自召祖

以其伯。實墉實壑，實畝實籍。獻其貔皮，赤豹黄羆。

《韓奕》六章，章十二句。

江漢浮浮，武夫滔滔。匪安匪遊，淮夷來求。既出我車，既設我旟，匪安匪舒，淮夷來鋪。　江漢湯湯，武夫洸洸。經營四方，告成于王。四方既平，王國庶定。時靡有爭，王心載寧。　江漢之滸，王命召虎。式辟四方，徹我疆土。匪疚匪棘，王國來極。于疆于理，至于南海。　王命召虎，來旬來宣。文武受命，召公維翰。無曰予小子，召公是似。肇敏戎公，用錫爾祉。

釐爾圭瓚，秬鬯一卣，告于文人。錫山土田，于周受命，自召祖

命虎拜稽首天子萬年　虎拜
稽首對揚王休作召公考天子
萬壽明明天子令聞不已矢其
文德洽此四國

江漢六章章八句

赫赫明明王命卿士南仲大祖
大師皇父整我六師以脩我戎
既敬既戒惠此南國　王謂尹

氏命程伯休父左右陳行戒我
師旅率彼淮浦省此徐土不留
不處三事就緒　赫赫業業有
嚴天子王舒保作匪紹匪遊徐
方繹騷震驚徐方如雷如霆徐
方震驚　王奮厥武如震如怒
進厥虎臣闞如虓虎鋪敦淮濆
仍執醜虜截彼淮浦王師之所

命。虎拜稽首，天子萬年。　虎拜稽首，對揚王休。作召公考，天子萬壽。明明天子，令聞不已；矢其文德，洽此四國。

《江漢》六章，章八句。

赫赫明明，王命卿士，南仲大祖，大師皇父。整我六師，以脩我戎。既敬既戒，惠此南國。　王謂尹

儒藏　儒藏經典·康熙篆文六經四書　毛詩

氏，命程伯休父，左右陳行，戒我師旅。率彼淮浦，省此徐土，不留不處，三事就緒。　赫赫業業，有嚴天子，王舒保作。匪紹匪遊，徐方繹騷。震驚徐方，如雷如霆，徐方震驚。　王奮厥武，如震如怒。進厥虎臣，闞如虓虎。鋪敦淮濆，仍執醜虜。截彼淮浦，王師之所。

王旅嘽嘽如飛如翰如江如漢如山之苞如川之流緜緜翼翼不測不克濯征徐國　王猶允塞徐方既來徐方既同天子之功四方既平徐方來庭徐方不回王曰還歸

常武六章章八句

瞻卬昊天則不我惠孔填不寧

儒藏經典·康熙篆文六經四書　毛詩

降此大厲邦靡有定士民其瘵蟊賊蟊疾靡有夷届罪罟不收靡有夷瘳　人有土田女反有之人有民人女覆奪之此宜無罪女反收之彼宜有罪女覆説之　哲夫成城哲婦傾城懿厥哲婦爲梟爲鴟婦有長舌維厲之階亂匪降自天生自婦人匪

王旅嘽嘽，如飛如翰，如江如漢。如山之苞，如川之流。緜緜翼翼，不測不克，濯征徐國。　王猶允塞，徐方既來。徐方既同，天子之功。四方既平，徐方來庭。徐方不回，王曰還歸。

《常武》六章，章八句。

瞻卬昊天，則不我惠。孔填不寧，

降此大厲。邦靡有定，士民其瘵。蟊賊蟊疾，靡有夷届。罪罟不收，靡有夷瘳。　人有土田，女反有之；人有民人，女覆奪之。此宜無罪，女反收之；彼宜有罪，女覆説之。　哲夫成城，哲婦傾城。懿厥哲婦，爲梟爲鴟。婦有長舌，維厲之階。亂匪降自天，生自婦人。匪教匪誨，時維婦寺。　鞫人忮忒，譖始竟背。豈曰不極？伊胡爲慝！如賈三倍，君子是識。婦無公事，休其蠶織。　天何以刺？何神不富？舍爾介狄，維予胥忌。不弔不祥，威儀不類。人之云亡，邦國殄瘁。　天之降罔，維其優矣。人之云亡，心之憂矣。天之降罔，維其幾矣。人之云亡，心之悲矣。　觱沸檻泉，維其深矣。心之憂矣，寧自今矣。不自我先，不自我後。藐藐昊天，無不克鞏。無忝皇祖，式救爾後。

《瞻卬》七章，三章章十句，

四章章八句。

35 旻天疾威，天篤降喪，瘨我饑饉，

民卒流亡我居圉卒荒　天降罪罟蟊賊內訌昏椓靡共潰潰回遹實靖夷我邦　皋皋訿訿曾不知其玷兢兢業業孔填不寧我位孔貶　如彼歲旱草不潰茂如彼棲苴我相此邦無不潰止　維昔之富不如時維今之疚不如茲彼疏斯粺胡不自替職兄斯引　池之竭矣不云自頻泉之竭矣不云自中溥斯害矣職兄斯弘不烖我躬　昔先王受命有如召公日辟國百里今也日蹙國百里於乎哀哉維今之人不尚有舊

召旻七章四章章五句

三章章七句

民卒流亡。我居圉卒荒。天降罪罟，蟊賊內訌。昏椓靡共，潰潰回遹，實靖夷我邦。皋皋訿訿，曾不知其玷。兢兢業業，孔填不寧，我位孔貶。如彼歲旱，草不潰茂，如彼棲苴。我相此邦，無不潰止。維昔之富，不如時；維今之疚，不如茲。彼疏斯粺，胡不自替？職兄斯引。池之竭矣，不云自頻？泉之竭矣，不云自中？溥斯害矣，職兄斯弘，不烖我躬？昔先王受命，有如召公，日辟國百里，今也日蹙國百里。於乎哀哉！維今之人，不尚有舊。

《召旻》七章，四章章五句，

三章章七句。

儒藏經典·康熙篆文六經四書　毛詩

大雅

大雅

儒藏
儒藏經典·康熙篆文六經四書 毛詩

毛詩

頌

周頌

清廟之什

於穆清廟肅雝顯相濟濟多士
秉文之德對越在天駿奔走在
廟不顯不承無射於人斯

清廟一章八句

維天之命於穆不已於乎不顯
文王之德之純假以溢我我其
收之駿惠我文王曾孫篤之

維天之命一章八句

維清緝熙文王之典肇禋迄用
有成維周之禎

維清一章五句

烈文辟公錫茲祉福惠我無疆

儒藏經典·康熙篆文六經四書　毛詩

毛詩

頌

周頌

清廟之什

於穆清廟，肅雝顯相。濟濟多士，秉文之德，對越在天，駿奔走在廟。不顯不承，無射於人斯。

《清廟》一章，八句。

維天之命，於穆不已。於乎不顯！文王之德之純。假以溢我，我其收之。駿惠我文王，曾孫篤之。

《維天之命》一章，八句。

維清緝熙，文王之典。肇禋。迄用有成，維周之禎。

《維清》一章，五句。

烈文辟公，錫茲祉福，惠我無疆，

子孫保之無封靡于爾邦維王
其崇之念茲戎功繼序其皇之
無競維人四方其訓之不顯維
德百辟其刑之於乎前王不忘
烈文一章十三句
天作高山大王荒之彼作矣文
王康之㊱彼徂矣岐有夷之行子
孫保之
天作一章七句
昊天有成命二后受之成王不
敢康夙夜基命宥密於緝熙單
厥心肆其靖之
昊天有成命一章七句
我將我享維羊維牛維天其右
之儀式刑文王之典日靖四方
伊嘏文王既右饗之我其夙夜

子孫保之。無封靡于爾邦，維王其崇之。念茲戎功，繼序其皇之。無競維人，四方其訓之。不顯維德，百辟其刑之。於乎前王不忘。

《烈文》一章，十三句。

天作高山，大王荒之。彼作矣，文王康之。彼徂矣岐，有夷之行。子孫保之。

《天作》一章，七句。

昊天有成命，二后受之。成王不敢康，夙夜基命宥密。於緝熙，單厥心，肆其靖之。

《昊天有成命》一章，七句。

我將我享，維羊維牛，維天其右之。儀式刑文王之典，日靖四方。伊嘏文王，既右饗之。我其夙夜，

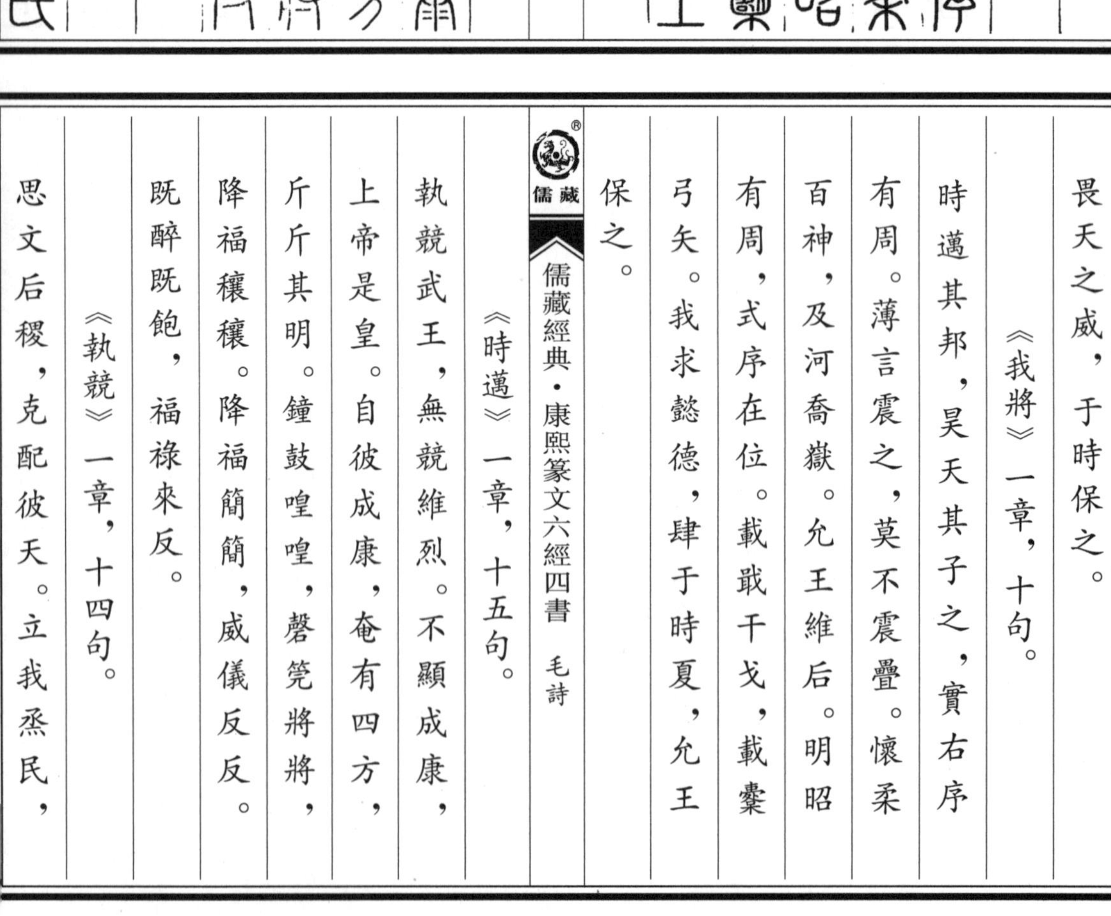

昊天之威，于時保之。

《我將》一章，十句。

時邁其邦，昊天其子之，實右序有周。薄言震之，莫不震疊。懷柔百神，及河喬嶽。允王維后。明昭有周，式序在位。載戢干戈，載櫜弓矢。我求懿德，肆于時夏，允王保之。

《時邁》一章，十五句。

執競武王，無競維烈。不顯成康，上帝是皇。自彼成康，奄有四方，斤斤其明。鐘鼓喤喤，磬筦將將，降福穰穰。降福簡簡，威儀反反。既醉既飽，福祿來反。

《執競》一章，十四句。

思文后稷，克配彼天。立我烝民，

莫匪爾極貽我來牟帝命率育
無此疆爾界陳常于時夏
思文一章八句

臣工之什

嗟嗟臣工敬爾在公王釐爾成
來咨來茹嗟嗟保介維莫之春
亦又何求如何新畬於皇來牟
將受厥明明昭上帝迄用康年

命我眾人庤乃錢鎛奄觀銍艾
臣工一章十五句

噫嘻成王既昭假爾率時農夫
播厥百穀駿發爾私終三十里
亦服爾耕十千維耦
噫嘻一章八句

振鷺于飛于彼西雝我客戾止
亦有斯容在彼無惡在此無斁

莫匪爾極。貽我來牟，帝命率育，無此疆爾界，陳常于時夏。

《思文》一章，八句。

臣工之什

嗟嗟臣工，敬爾在公。王釐爾成，來咨來茹。嗟嗟保介，維莫之春。亦又何求？如何新畬？於皇來牟，將受厥明。明昭上帝，迄用康年。

儒藏 儒藏經典·康熙篆文六經四書 毛詩

命我眾人，庤乃錢鎛，奄觀銍艾。

《臣工》一章，十五句。

噫嘻成王，既昭假爾。率時農夫，播厥百穀。駿發爾私，終三十里。亦服爾耕，十千維耦。

《噫嘻》一章，八句。

振鷺于飛，于彼西雝。我客戾止，亦有斯容。在彼無惡，在此無斁。

庶幾夙夜以永終譽

振鷺一章八句

豐年多黍多稌亦有高廩萬億及秭爲酒爲醴烝畀祖妣以洽百禮降福孔皆

豐年一章七句

有瞽有瞽在周之庭設業設虡崇牙樹羽應田縣鼓鞉磬柷圉既備乃奏簫管備舉喤喤厥聲肅雝和鳴先祖是聽我客戾止永觀厥成

有瞽一章十三句

猗與漆沮潛有多魚有鱣有鮪鰷鱨鰋鯉以享以祀以介景福

潛一章六句

有來雝雝至止肅肅相維辟公

儒藏經典·康熙篆文六經四書　毛詩

庶幾夙夜，以永終譽。

《振鷺》一章，八句。

豐年多黍多稌，亦有高廩，萬億及秭。爲酒爲醴，烝畀祖妣，以洽百禮。降福孔皆。

《豐年》一章，七句。

有瞽有瞽，在周之庭。設業設虡，崇牙樹羽，應田縣鼓，鞉磬柷圉。既備乃奏，簫管備舉。喤喤厥聲，肅雝和鳴，先祖是聽。我客戾止，永觀厥成。

《有瞽》一章，十三句。

猗與漆沮，潛有多魚。有鱣有鮪，鰷鱨鰋鯉。以享以祀，以介景福。

《潛》一章，六句。

有來雝雝，至止肅肅。相維辟公，

天子穆穆於薦廣牡相予肆祀
假哉皇考綏予孝子宣哲維人
文武維后燕及皇天克昌厥後
綏我眉壽介以繁祉既右烈考
亦右文母

雝一章十六句

載見辟王曰求厥章龍旂陽陽
和鈴央央鞗革有鶬休有烈光

率見昭考以孝以享以介眉壽
永言保之思皇多祜烈文辟公
綏以多福俾緝熙于純嘏

載見一章十四句

有客有客亦白其馬有萋有且
敦琢其旅有客宿宿有客信信
言授之縶以縶其馬薄言追之
左右綏之既有淫威降福孔夷

天子穆穆。於薦廣牡，相予肆祀。

假哉皇考，綏予孝子。宣哲維人，

文武維后。燕及皇天，克昌厥後。

綏我眉壽，介以繁祉。既右烈考，

亦右文母。

《雝》一章，十六句。

載見辟王，曰求厥章。龍旂陽陽，

和鈴央央，鞗革有鶬，休有烈光。

率見昭考，以孝以享，以介眉壽。

永言保之，思皇多祜。烈文辟公，

綏以多福，俾緝熙于純嘏。

《載見》一章，十四句。

有客有客，亦白其馬。有萋有且，

敦琢其旅。有客宿宿，有客信信。

言授之縶，以縶其馬。薄言追之，

左右綏之。既有淫威，降福孔夷。

有客一章十二句

於皇武王無競維烈允文文王克開厥後嗣武受之勝殷遏劉耆定爾功

武一章七句

閔予小子之什

閔予小子遭家不造嬛嬛在疚於乎皇考永世克孝念茲皇祖陟降庭止維予小子夙夜敬止於乎皇王繼序思不忘

閔予小子一章十一句

訪予落止率時昭考於乎悠哉朕未有艾將予就之繼猶判渙維予小子未堪家多難紹庭上下陟降厥家休矣皇考以保明其身

儒藏經典·康熙篆文六經四書　毛詩

《有客》一章，十二句。

於皇武王，無競維烈。允文文王，克開厥後。嗣武受之，勝殷遏劉，耆定爾功。

《武》一章，七句。

閔予小子之什

閔予小子，遭家不造，嬛嬛在疚。於乎皇考！永世克孝。念茲皇祖，陟降庭止。維予小子，夙夜敬止。於乎皇王！繼序思不忘。

《閔予小子》一章，十一句。

訪予落止，率時昭考。於乎悠哉！朕未有艾，將予就之，繼猶判渙。維予小子，未堪家多難。紹庭上下，陟降厥家。休矣皇考，以保明其身。

訪落一章十二句
敬之敬之天維顯思命不易哉
無曰高高在上陟降厥士日監
在茲維予小子不聰敬止日就
月將學有緝熙于光明佛時仔
肩示我顯德行
敬之一章十二句
予其懲而毖後患莫予荓蜂自
求辛螫肇允彼桃蟲拚飛維鳥
未堪家多難予又集于蓼
小毖一章八句
載芟載柞其耕澤澤千耦其耘
徂隰徂畛侯主侯伯侯亞侯旅
侯彊侯以有嗿其饁思媚其婦
有依其士有略其耜俶載南畝
播厥百穀實函斯活驛驛其達

儒藏
儒藏經典·康熙篆文六經四書　毛詩

《訪落》一章，十二句。

敬之敬之，天維顯思。命不易哉！無曰高高在上。陟降厥士，日監在茲。維予小子，不聰敬止。日就月將，學有緝熙于光明。佛時仔肩，示我顯德行。

《敬之》一章，十二句。

予其懲，而毖後患。莫予荓蜂，自求辛螫。肇允彼桃蟲，拚飛維鳥。未堪家多難，予又集于蓼。

《小毖》一章，八句。

載芟載柞，其耕澤澤。千耦其耘，徂隰徂畛。侯主侯伯，侯亞侯旅，侯彊侯以。有嗿其饁，思媚其婦，有依其士。有略其耜，俶載南畝，播厥百穀，實函斯活。驛驛其達，

有厭其傑厭厭其苗緜緜其麃
載穫濟濟有實其積萬億及秭
爲酒爲醴烝畀祖妣以洽百禮
有飶其香邦家之光有椒其馨
胡考之寧匪且有且匪今斯今
振古如茲

載芟一章三十一句

畟畟良耜俶載南畝播厥百穀
實函斯活或來瞻女載筐及筥
其饟伊黍其笠伊糾其鎛斯趙
以薅荼蓼荼蓼朽止黍稷茂止
穫之挃挃積之栗栗其崇如墉
其比如櫛以開百室百室盈止
婦子寧止殺時犉牡有捄其角
(37)以似以續續古之人

良耜一章二十三句

儒藏 儒藏經典·康熙篆文六經四書 毛詩

有厭其傑，厭厭其苗，緜緜其麃。
載穫濟濟，有實其積，萬億及秭。
爲酒爲醴，烝畀祖妣，以洽百禮。
有飶其香，邦家之光。有椒其馨，
胡考之寧？匪且有且，匪今斯今，
振古如茲。

《載芟》一章，三十一句。

畟畟良耜，俶載南畝，播厥百穀，
實函斯活。或來瞻女，載筐及筥。
其饟伊黍，其笠伊糾，其鎛斯趙，
以薅荼蓼。荼蓼朽止，黍稷茂止。
穫之挃挃，積之栗栗。其崇如墉，
其比如櫛。以開百室，百室盈止，
婦子寧止。殺時犉牡，有捄其角。
以似以續，續古之人。

《良耜》一章，二十三句。

絲衣其紑載弁俅俅自堂徂基
自羊徂牛鼐鼎及鼒兕觵其觩
旨酒思柔不吳不敖胡考之休

絲衣一章九句

於鑠王師遵養時晦時純熙矣
是用大介我龍受之蹻蹻王之
造載用有嗣實維爾公允師

酌一章八句

綏萬邦婁豐年天命匪解桓桓
武王保有厥士于以四方克定
厥家於昭于天皇以間之

桓一章九句

文王既勤止我應受之敷時繹
思我徂維求定時周之命於繹
思

賚一章六句

儒藏經典·康熙篆文六經四書　毛詩

絲衣其紑，載弁俅俅。自堂徂基，自羊徂牛。鼐鼎及鼒。兕觵其觩，旨酒思柔。不吳不敖，胡考之休？

《絲衣》一章，九句。

於鑠王師，遵養時晦。時純熙矣，是用大介。我龍受之，蹻蹻王之造。載用有嗣，實維爾公允師。

《酌》一章，八句。

綏萬邦，屢豐年。天命匪解，桓桓武王。保有厥士，于以四方，克定厥家。於昭于天，皇以間之。

《桓》一章，九句。

文王既勤止，我應受之，敷時繹思。我徂維求定，時周之命，於繹思。

《賚》一章，六句。

於皇時周陟其高山嶞山喬嶽
允猶翕河敷天之下裒時之對
時周之命

般一章七句

魯頌

駉駉牡馬在坰之野薄言駉者
有驈有皇有驪有黃以車彭彭
思無疆思馬斯臧　駉駉牡馬㊳
在坰之野薄言駉者有騅有駓
有騂有騏以車伾伾思無期思
馬斯才　駉駉牡馬在坰之野
薄言駉者有驒有駱有駵有雒
以車繹繹思無斁思馬斯作
駉駉牡馬在坰之野薄言駉者
有駰有騢有驔有魚以車祛祛
思無邪思馬斯徂

儒藏
儒藏經典·康熙篆文六經四書　毛詩

於皇時周，陟其高山。嶞山喬嶽，允猶翕河。敷天之下，裒時之對，時周之命。

《般》一章，七句。

魯頌

駉駉牡馬，在坰之野。薄言駉者，有驈有皇，有驪有黃，以車彭彭。思無疆，思馬斯臧。

駉駉牡馬，在坰之野。薄言駉者，有騅有駓，有騂有騏，以車伾伾。思無期，思馬斯才。

駉駉牡馬，在坰之野。薄言駉者，有驒有駱，有駵有雒。以車繹繹。思無斁，思馬斯作。

駉駉牡馬，在坰之野。薄言駉者，有駰有騢，有驔有魚，以車祛祛。思無邪，思馬斯徂。

駉四章章八句

有駜有駜駜彼乘黃夙夜在公在公明明振振鷺鷺于下鼓咽咽醉言舞于胥樂兮　有駜有駜駜彼乘牡夙夜在公在公飲酒振振鷺鷺于飛鼓咽咽醉言歸于胥樂兮　有駜有駜駜彼乘駽夙夜在公在公載燕自今以始歲其有君子有穀詒孫子于胥樂兮

有駜三章章九句

思樂泮水薄采其芹魯侯戾止言觀其旂 39 其旂茷茷鸞聲噦噦無小無大從公于邁　思樂泮水薄采其藻魯侯戾止其馬蹻蹻其馬蹻蹻其音昭昭載色載

儒藏經典・康熙篆文六經四書　毛詩

《駉》四章，章八句。

有駜有駜，駜彼乘黃。夙夜在公，在公明明。振振鷺，鷺于下。鼓咽咽，醉言舞。于胥樂兮。　有駜有駜，駜彼乘牡。夙夜在公，在公飲酒。振振鷺，鷺于飛。鼓咽咽，醉言歸。于胥樂兮。　有駜有駜，駜彼乘駽。夙夜在公，在公載燕。自今以始，歲其有。君子有穀，詒孫子。于胥樂兮。

《有駜》三章，章九句。

思樂泮水，薄采其芹。魯侯戾止，言觀其旂。其旂茷茷，鸞聲噦噦。無小無大，從公于邁。　思樂泮水，薄采其藻。魯侯戾止，其馬蹻蹻。其馬蹻蹻，其音昭昭。載色載

笑匪怒伊教　思樂泮水薄采
其茆魯侯戾止在泮飲酒既飲
旨酒永錫難老順彼長道屈此
群醜　穆穆魯侯敬明其德敬
慎威儀維民之則允文允武昭
假烈祖靡有不孝自求伊祜
明明魯侯克明其德既作泮宮
淮夷攸服矯矯虎臣在泮獻馘

淑問如皋陶在泮獻囚　濟濟
多士克廣德心桓桓于征狄彼
東南烝烝皇皇不吳不揚不告
于訩在泮獻功　角弓其觩束
矢其搜戎車孔博徒御無斁既
克淮夷孔淑不逆式固爾猶淮
夷卒獲　翩彼飛鴞集于泮林
食我桑黮懷我好音憬彼淮夷

笑，匪怒伊教。　思樂泮水，薄采
其茆。魯侯戾止，在泮飲酒，既飲
旨酒，永錫難老。順彼長道，屈此
群醜。　穆穆魯侯，敬明其德。敬
慎威儀，維民之則。允文允武，昭
假烈祖。靡有不孝，自求伊祜。
明明魯侯，克明其德，既作泮宮，
淮夷攸服。矯矯虎臣，在泮獻馘；

儒藏　儒藏經典·康熙篆文六經四書　毛詩

淑問如皋陶，在泮獻囚。　濟濟
多士，克廣德心。桓桓于征，狄彼
東南。烝烝皇皇，不吳不揚。不告
于訩，在泮獻功。　角弓其觩，束
矢其搜。戎車孔博，徒御無斁。既
克淮夷，孔淑不逆。式固爾猶，淮
夷卒獲。　翩彼飛鴞，集于泮林，
食我桑黮，懷我好音。憬彼淮夷，

來獻其琛元龜象齒大賂南金
泮水八章章八句
閟宮有侐實實枚枚赫赫姜嫄
其德不回上帝是依無災無害
彌月不遲是生后稷降之百福
黍稷重穋稙穉菽麥奄有下國
俾民稼穡有稷有黍有稻有秬
奄有下土纘禹之緒　后稷之
孫實維大王居岐之陽實始翦
商至于文武纘大王之緒致天
之届于牧之野無貳無虞上帝
臨女敦商之旅克咸厥功王曰
叔父建爾元子俾侯于魯大啓
爾宇爲周室輔　乃命魯公俾
侯于東錫之山川土田附庸周
公之孫莊公之子龍旂承祀六

來獻其琛。元龜象齒，大賂南金。

《泮水》八章，章八句。

閟宮有侐，實實枚枚。赫赫姜嫄，其德不回。上帝是依，無災無害，彌月不遲，是生后稷。降之百福，黍稷重穋，稙穉菽麥。奄有下國，俾民稼穡。有稷有黍，有稻有秬。奄有下土，纘禹之緒。　后稷之孫，實維大王。居岐之陽，實始翦商。至于文武，纘大王之緒。致天之届，于牧之野。無貳無虞，上帝臨女。敦商之旅，克咸厥功。王曰叔父，建爾元子，俾侯于魯；大啓爾宇，爲周室輔。　乃命魯公，俾侯于東；錫之山川，土田附庸。周公之孫，莊公之子，龍旂承祀，六

轡耳耳春秋匪解享祀不忒皇
皇后帝皇祖后稷享以騂犧是
饗是宜降福既多周公皇祖亦
其福女　秋而載嘗夏而楅衡
白牡騂剛犧尊將將毛炰胾羹
籩豆大房萬舞洋洋孝孫有慶
俾爾熾而昌俾爾壽而臧保彼
東方魯邦是常不虧不崩不震
不騰三壽作朋如岡如陵　公
車千乘朱英綠縢二矛重弓公
徒三萬貝冑朱綅烝徒增增戎
狄是膺荊舒是懲則莫我敢承
俾爾昌而熾俾爾壽而富黃髮
台背壽胥與試俾爾昌而大俾
爾耆而艾萬有千歲眉壽無有
害　泰山巖巖魯邦所詹奄有

儒藏經典・康熙篆文六經四書　毛詩

轡耳耳。春秋匪解，享祀不忒；皇
皇后帝，皇祖后稷。享以騂犧，是
饗是宜，降福既多。周公皇祖，亦
其福女。　秋而載嘗，夏而楅衡。
白牡騂剛，犧尊將將。毛炰胾羹，
籩豆大房；萬舞洋洋，孝孫有慶。
俾爾熾而昌，俾爾壽而臧。保彼
東方，魯邦是常。不虧不崩，不震
不騰。三壽作朋，如岡如陵。　公
車千乘，朱英綠縢，二矛重弓。公
徒三萬，貝冑朱綅，烝徒增增。戎
狄是膺，荊舒是懲，則莫我敢承。
俾爾昌而熾，俾爾壽而富。黃髮
台背，壽胥與試。俾爾昌而大，俾
爾耆而艾。萬有千歲，眉壽無有
害。　泰山巖巖，魯邦所詹。奄有

龜蒙遂荒大東至于海邦淮夷來同莫不率從魯侯之功 保有鳧繹遂荒徐宅至于海邦淮夷蠻貊及彼南夷莫不率從莫敢不諾魯侯是若 天錫公純嘏眉壽保魯居常與許復周公之宇魯侯燕喜令妻壽母宜大夫庶士邦國是有既多受祉黃

髮兒齒 徂來之松新甫之柏是斷是度是尋是尺松桷有舄路寢孔碩新廟奕奕奚斯所作孔曼且碩萬民是若

閟宮九章五章章十七句二章章八句二章章十句

商頌

龜蒙，遂荒大東，至于海邦。淮夷來同，莫不率從，魯侯之功。 保有鳧繹，遂荒徐宅，至于海邦。淮夷蠻貊，及彼南夷，莫不率從。莫敢不諾，魯侯是若。 天錫公純嘏，眉壽保魯；居常與許，復周公之宇。魯侯燕喜，令妻壽母，宜大夫庶士，邦國是有。既多受祉，黃

髮兒齒。 徂來之松，新甫之柏，是斷是度，是尋是尺。松桷有舄，路寢孔碩。新廟奕奕，奚斯所作。孔曼且碩，萬民是若。

《閟宮》九章，五章章十七句，二章章八句，二章章十句。

商頌

猗與那與置我鞉鼓奏鼓簡簡
衎我烈祖湯孫奏假綏我思成
鞉鼓淵淵嘒嘒管聲既和且平
依我磬聲於赫湯孫穆穆厥聲
庸鼓有斁萬舞有奕我有嘉客
亦不夷懌自古在昔先民有作
温恭朝夕執事有恪顧予烝嘗
湯孫之將

那一章二十二句

嗟嗟烈祖有秩斯祜申錫無疆
及爾斯所既載清酤賚我思成
亦有和羹既戒既平鬷假無言
時靡有爭綏我眉壽黄耇無疆
約軧錯衡八鸞鶬鶬以假以享
我受命溥將自天降康豐年穰
穰來假來饗降福無疆顧予烝

儒藏
儒藏經典·康熙篆文六經四書　毛詩

猗與那與！置我鞉鼓。奏鼓簡簡，
衎我烈祖。湯孫奏假，綏我思成。
鞉鼓淵淵，嘒嘒管聲。既和且平，
依我磬聲。於赫湯孫，穆穆厥聲。
庸鼓有斁，萬舞有奕。我有嘉客，
亦不夷懌。自古在昔，先民有作。
温恭朝夕，執事有恪。顧予烝嘗，
湯孫之將。

《那》一章，二十二句。

嗟嗟烈祖！有秩斯祜。申錫無疆，
及爾斯所。既載清酤，賚我思成。
亦有和羹，既戒既平。鬷假無言，
時靡有爭。綏我眉壽，黄耇無疆。
約軧錯衡，八鸞鶬鶬，以假以享。
我受命溥將。自天降康，豐年穰
穰。來假來饗，降福無疆。顧予烝

嘗湯孫之將

烈祖一章二十二句

天命玄鳥降而生商宅殷土芒芒古帝命武湯正域彼四方方命厥后奄有九有商之先后受命不殆在武丁孫子武丁孫子武王靡不勝龍旂十乘大糦是承邦畿千里維民所止肇域彼四海四海來假來假祁祁景員維河殷受命咸宜百祿是何

玄鳥一章二十二句

濬哲維商長發其祥洪水芒芒禹敷下土方外大國是疆幅隕既長有娀方將帝立子生商玄王桓撥受小國是達受大國是達率履不越遂視既發相土

儒藏
儒藏經典·康熙篆文六經四書　毛詩

嘗，湯孫之將。

《烈祖》一章，二十二句。

天命玄鳥，降而生商。宅殷土芒芒。古帝命武湯，正域彼四方。方命厥后，奄有九有。商之先后，受命不殆，在武丁孫子。武丁孫子，武王靡不勝。龍旂十乘，大糦是承。邦畿千里，維民所止，肇域彼四海。四海來假，來假祁祁。景員維河，殷受命咸宜，百祿是何。

《玄鳥》一章，二十二句。

濬哲維商，長發其祥。洪水芒芒，禹敷下土方。外大國是疆，幅隕既長。有娀方將，帝立子生商。

玄王桓撥，受小國是達，受大國是達。率履不越，遂視既發。相土烈烈，海外有截。　帝命不違，至于湯齊。湯降不遲，聖敬日躋。昭假遲遲，上帝是祗。帝命式于九圍。　受小球大球，爲下國綴旒，何天之休。不競不絿，不剛不柔，敷政優優，百祿是遒。　受小共大共，爲下國駿厖，何天之龍。敷奏其勇。不震不動，不戁不竦，百祿是總。　武王載旆，有虔秉鉞。如火烈烈，則莫我敢曷。苞有三蘖，莫遂莫達。九有有截，韋顧既伐，昆吾夏桀。　昔在中葉，有震且業。允也天子，降予卿士。實維阿衡，實左右商王。

《長發》七章，一章八句，四章章七句，一章九句，一

儒藏經典·康熙篆文六經四書　毛詩

烈烈，海外有截。　帝命不違，至于湯齊。湯降不遲，聖敬日躋。昭假遲遲，上帝是祗。帝命式于九圍。　受小球大球，爲下國綴旒，何天之休。不競不絿，不剛不柔，敷政優優，百祿是遒。　受小共大共，爲下國駿厖，何天之龍。敷奏其勇。不震不動，不戁不竦，百祿是總。　武王載旆，有虔秉鉞。如火烈烈，則莫我敢曷。苞有三蘖，莫遂莫達。九有有截，韋顧既伐，昆吾夏桀。　昔在中葉，有震且業。允也天子，降予卿士。實維阿衡，實左右商王。

《長發》七章，一章八句，四章章七句，一章九句，一

章六句
撻彼殷武奮伐荊楚罙入其阻裒荊之旅有截其所湯孫之緒
維女荊楚居國南鄉昔有成湯自彼氐羌莫敢不來享莫敢不來王曰商是常
天命多辟設都于禹之績歲事來辟勿予禍適稼穡匪解
天命降監下民有嚴不僭不濫不敢怠遑命于下國封建厥福
商邑翼翼四方之極赫赫厥聲濯濯厥靈壽考且寧以保我後生
陟彼景山松柏丸丸是斷是遷方斲是虔松桷有梴旅楹有閑寢成孔安
殷武六章三章章六句

章六句。

撻彼殷武，奮伐荊楚，罙入其阻，裒荊之旅。有截其所，湯孫之緒。

維女荊楚，居國南鄉。昔有成湯，自彼氐羌，莫敢不來享，莫敢不來王。曰商是常。

天命多辟，設都于禹之績。歲事來辟，勿予禍適。稼穡匪解。

天命降監，下民有嚴。不僭不濫，不敢怠遑。命于下國，封建厥福。

商邑翼翼，四方之極。赫赫厥聲，濯濯厥靈。壽考且寧，以保我後生。

陟彼景山，松柏丸丸。是斷是遷，方斲是虔。松桷有梴，旅楹有閑，寢成孔安！

《殷武》六章，三章章六句，

二章章七句，一章五句

毛詩終

儒藏經典·康熙篆文六經四書　毛詩

二章章七句，一章五句。

毛詩終

儒藏經典·康熙篆文六經四書　毛詩

校記

①庚：誤。據通行本，當作「康」。

②攸：通行本作「悠」。下「攸」字同。

③旴：通行本作「吁」。朱注：「吁，憂嘆也。《爾雅》注引此作『盱』。」篆文據此。

④輖：通行本作「調」。《釋文》：「調又作輖。」

⑤废：通行本作「茇」。《說文》引《詩》作「废」。

⑥愒：通行本作「憩」。《說文》：「愒，息也。」徐鉉等曰：「今別作憩，非是。」

⑦毋：通行本作「無」。

⑧沔：誤，當爲「泛」字之形誤。通行本作「汎」。

⑨畜：通行本作「慉」，字亦見《說文》。

⑩慇：通行本作「殷」。

⑪浼：誤形，當從「免」，不從「兔」。

⑫頎頎：通行本作「其頎」。《玉篇》引《詩》作「頎頎」。參見阮氏校勘記引臧琳《經義雜記》。

⑬攸：通行本作「滺」。

⑭豣：通行本作「肩」。《釋文》：「本亦作豣。」

儒藏 儒藏經典・康熙篆文六經四書 毛詩

⑮晨：誤。據通行本，當作「辰」。

⑯己：誤。據通行本，當作「已」。

⑰己：誤。據通行本，當作「已」。

⑱己：誤。據通行本，當作「已」。

⑲洌：誤。據通行本，當作「冽」。《說文》無「冽」字。

⑳亦：誤。據通行本，當作「不」。

㉑遘：誤。據通行本，當作「覯」。

㉒誠：誤。據通行本，當作「成」。

《論語》引此詩作「誠不以富」。阮氏校勘記以爲不當作「誠」。

㉓冢：誤。據通行本，當作「維」。馬瑞辰謂《集傳》本作「冢」，盖傳寫之誤或爲後人據箋以改經。

㉔勉：形體有誤，當從「免」，不從「兔」。

㉕飢：誤。據通行本，當作「饑」。

㉖暬：誤。據通行本，當作「暬」。

㉗爾：誤。據通行本，當作「邇」。

㉘求：誤。據通行本，當作「捄」。

㉙娓：通行本作「亹」。此用大徐說，《康熙字典》及段注並駁之。

㉚己：誤。據通行本，當作「已」。

㉛渒：誤。據通行本，當作「淠」。

㉜據通行本，「周」字上脱「于」字。

㉝監：誤。據通行本，當作「鑒」。

㉞耤：朱注本作「籍」，阮刻本作「藉」。

㉟飢：誤。據通行本，當作「饑」。

㊱岨，朱注引沈括說，引《漢書·西南夷傳》及韓《詩》以定於「徂」字後絶句。所引韓《詩》「徂」作「岨」，後世坊刻《詩集傳》，遂有據朱注改經字「徂」爲「岨」者，如世界書局

本即作「岨」，篆作「岨」亦本此。

㊲嗣：通行本作「似」。毛傳云：「以似以續，嗣前歲續往事也。」篆文盖據此。

㊳彊：誤。據通行本，當作「疆」。

㊴筏筏：誤。據通行本，當作「茷茷」。

周禮

周禮篇目

天官冢宰第一

地官司徒第二

春官宗伯第三

夏官司馬第四

秋官司寇第五

冬官考工記第六

周禮篇目

周禮篇目

天官冢宰第一

地官司徒第二

春官宗伯第三

夏官司馬第四

秋官司寇第五

冬官考工記第六

儒藏

儒藏經典·康熙篆文六經四書　周禮

周禮篇目

周禮卷之一

天官冢宰第一

惟王建國辨方正位體國經野設官分職以爲民極乃立天官冢宰使帥其屬而掌邦治以佐王均邦國

治官之屬大宰卿一人小宰中大夫二人宰夫下大夫四人上

士八人中士十有六人旅下士三十有二人府六人史十有二人胥十有二人徒百有二十人

宮正上士二人中士四人下士八人府二人史四人胥四人徒四十人　宮伯中士二人下士四人府一人史二人胥二人徒二十人　膳夫上士二人中

周禮卷之一

天官冢宰第一

惟王建國，辨方正位，體國經野，設官分職，以爲民極。乃立天官冢宰，使帥其屬而掌邦治，以佐王均邦國。

治官之屬：大宰，卿一人。小宰，中大夫二人。宰夫，下大夫四人；上

士八人，中士十有六人，旅下士三十有二人；府六人，史十有二人，胥十有二人，徒百有二十人。

宮正：上士二人，中士四人，下士八人；府二人，史四人，胥四人，徒四十人。

宮伯：中士二人，下士四人；府一人，史二人，胥二人，徒二十人。

膳夫：上士二人，中

士四人下士八人府二人史四
人胥十有二人徒百有二十人
庖人中士四人下士八人府
二人史四人賈八人胥四人徒
四十人 內饔中士四人下士
八人府二人史四人胥十人徒
百人 外饔中士四人下士八
人府二人史四人胥十人徒百

人 亨人下士四人府一人史
二人胥五人徒五十人 甸師
下士二人府一人史二人胥三
十人徒三百人 獸人中士四
人下士八人府二人史四人胥
四人徒四十人 𢿍人中士二
人下士四人府二人史四人胥
三十人徒三百人 鼈人下士

士四人，下士八人；府二人，史四人，胥十有二人，徒百有二十人。

庖人：中士四人，下士八人；府二人，史四人，賈八人，胥四人，徒四十人。

內饔：中士四人，下士八人；府二人，史四人，胥十人，徒百人。

外饔：中士四人，下士八人；府二人，史四人，胥十人，徒百

人。

亨人：下士四人；府一人，史二人，胥五人，徒五十人。

甸師：下士二人；府一人，史二人，胥三十人，徒三百人。

獸人：中士四人，下士八人；府二人，史四人，胥四人，徒四十人。

𢿍人：中士二人，下士四人；府二人，史四人，胥三十人，徒三百人。

鼈人：下士

四人府二人史二人徒十有六人　腊人下士四人府二人史二人徒二十人　醫師上士二人下士四人府二人史二人徒二十人　食醫中士二人　疾醫中士八人　瘍醫下士八人　獸醫下士四人　酒正中士四人下士八人府二人史八人胥八人徒八十人　酒人奄十人女酒三十人奚三百人　漿人奄五人女漿十有五人奚百有五十人　凌人下士二人府二人史二人胥八人徒八十人　籩人奄一人女籩十人奚二十人　醢人奄一人女醢二十人奚四十人　醯人奄二人女

儒藏經典·康熙篆文六經四書　周禮

四人；府二人，史二人，徒十有六人。　腊人：下士四人；府二人，史二人，徒二十人。　醫師：上士二人，下士四人；府二人，史二人，徒二十人。　食醫：中士二人。　疾醫：中士八人。　瘍醫：下士八人。　獸醫：下士四人。　酒正：中士四人，下士八人；府二人，史八人，胥八人，徒八十人。　酒人：奄十人，女酒三十人，奚三百人。　漿人：奄五人，女漿十有五人，奚百有五十人。　凌人：下士二人；府二人，史二人，胥八人，徒八十人。　籩人：奄一人，女籩十人，奚二十人。　醢人：奄一人，女醢二十人，奚四十人。　醯人：奄二人，女

醯二十人奚四十人 鹽人奄二人女鹽二十人奚四十人 冪人奄一人女冪十人奚二十人 宮人中士四人下士八人府二人史四人胥八人徒八十人 掌舍下士四人府二人史四人徒四十人 幕人下士一人府二人史二人徒四十人 掌次下士四人府四人史二人徒八十人 大府下大夫二人上士四人下士八人府四人史八人賈十有六人胥八人徒八十人 玉府上士二人中士四人府二人史二人工八人賈八人胥四人徒四十有八人 內府中士二人府一人史二人徒

儒藏
儒藏經典·康熙篆文六經四書 周禮

醯二十人，奚四十人。 鹽人：奄二人，女鹽二十人，奚四十人。 冪人：奄一人，女冪十人，奚二十人。 宮人：中士四人，下士八人；府二人，史四人，胥八人，徒八十人。 掌舍：下士四人；府二人，史四人，徒四十人。 幕人：下士一人，府二人，史二人，徒四十人。 掌次：下士四人；府四人，史二人，徒八十人。 大府：下大夫二人，上士四人，下士八人；府四人，史八人，賈十有六人，胥八人，徒八十人。 玉府：上士二人，中士四人；府二人，史二人，工八人，賈八人，胥四人，徒四十有八人。 內府：中士二人；府一人，史二人，徒

十人　外府中士二人府一人
史二人徒十人　司會中大夫
二人下大夫四人上士八人中
士十有六人府四人史八人胥
五人徒五十人　司書上士二
人中士四人府二人史四人徒
八人　職內上士二人中士四
人府四人史四人徒二十人

職歲上士四人中士八人府四
人史八人徒二十人　職幣上
士二人中士四人府二人史四
人賈四人胥二人徒二十人
司裘中士二人下士四人府二
人史四人徒四十人　掌皮下
士四人府二人史四人徒四十
人　內宰下大夫二人上士四

十人。　外府：中士二人；府一人，史二人，徒十人。　司會：中大夫二人，下大夫四人，上士八人，中士十有六人；府四人，史八人，胥五人，徒五十人。　司書：上士二人，中士四人；府二人，史四人，徒八人。　職內：上士二人，中士四人；府四人，史四人，徒二十人。

儒藏
儒藏經典·康熙篆文六經四書　周禮

職歲：上士四人，中士八人；府四人，史八人，徒二十人。　職幣：上士二人，中士四人；府二人，史四人，賈四人，胥二人，徒二十人。司裘：中士二人，下士四人；府二人，史四人，徒四十人。　掌皮：下士四人；府二人，史四人，徒四十人。　內宰：下大夫二人，上士四人，中士八人；府四人，史八人，胥八人，徒八十人。　内小臣：奄上士四人；史二人，徒八人。　閽人：王宮每門四人，囿游亦如之。寺人：王之正内五人。　内豎：倍寺人之數。　九嬪。　世婦。　女御。　女祝四人，奚八人。　女史八人，奚十有六人。　典婦功：中士二人，下士四人；府二人，史四人，工四人，賈四人，徒二十人。典絲：下士二人；府二人，史二人，賈四人，徒十有二人。　典枲：下士二人；府二人，史二人，徒二十人。　内司服：奄一人，女御二人，奚八人。　縫人：奄二人，女御八人，女工八十人，奚三十人。　染

人下士二人府二人史二人徒
二十人　追師下士二人府一
人史二人工二人徒四人　屨
人下士二人府一人史一人工
八人徒四人　夏采下士四人
史一人徒四人
大宰之職掌建邦之六典以佐
王治邦國一曰治典以經邦國

以治官府以紀萬民二曰教典
以安邦國以教官府以擾萬民
三曰禮典以和邦國以統百官
以諧萬民四曰政典以平邦國
以正百官以均萬民五曰刑典
以詰邦國以刑百官以糾萬民
六曰事典以富邦國以任百官
以生萬民以八灋治官府一曰

人：下士二人，府二人，史二人，徒二十人。追師：下士二人，府一人，史二人，工二人，徒四人。屨人：下士二人；府一人，史一人，工八人，徒四人。夏采：下士四人；史一人，徒四人。

大宰之職：掌建邦之六典，以佐王治邦國：一曰治典，以經邦國，

儒藏經典・康熙篆文六經四書　周禮

以治官府，以紀萬民。二曰教典，以安邦國，以教官府，以擾萬民。三曰禮典，以和邦國，以統百官，以諧萬民。四曰政典，以平邦國，以正百官，以均萬民。五曰刑典，以詰邦國，以刑百官，以糾萬民。六曰事典，以富邦國，以任百官，以生萬民。以八灋治官府：一曰

官屬以舉邦治二曰官職以辨
邦治三曰官聯以會官治四曰
官常以聽官治五曰官成以經
邦治六曰官灋以正邦治七曰
官刑以糾邦治八曰官計以弊
邦治以八則治都鄙一曰祭祀
以馭其神二曰灋則以馭其官
三曰廢置以馭其吏四曰祿位
以馭其士五曰賦貢以馭其用
六曰禮俗以馭其民七曰刑賞
以馭其威八曰田役以馭其衆
以八柄詔王馭群臣一曰爵以
馭其貴二曰祿以馭其富三曰
予以馭其幸四曰置以馭其行
五曰生以馭其福六曰奪以馭
其貧七曰廢以馭其罪八曰誅

官屬，以舉邦治。二曰官職，以辨邦治。三曰官聯，以會官治。四曰官常，以聽官治。五曰官成，以經邦治。六曰官灋，以正邦治。七曰官刑，以糾邦治。八曰官計，以弊邦治。以八則治都鄙：一曰祭祀，以馭其神。二曰灋則，以馭其官。三曰廢置，以馭其吏。四曰祿位，以馭其士。五曰賦貢，以馭其用。六曰禮俗，以馭其民。七曰刑賞，以馭其威。八曰田役，以馭其衆。以八柄詔王馭群臣：一曰爵，以馭其貴。二曰祿，以馭其富。三曰予，以馭其幸。四曰置，以馭其行。五曰生，以馭其福。六曰奪，以馭其貧。七曰廢，以馭其罪。八曰誅，以馭其過以八統詔王馭萬民一曰親親二曰敬故三曰進賢四曰使能五曰保庸六曰尊貴七曰達吏八曰禮賓以九職任萬民一曰三農生九穀二曰園圃毓草木三曰虞衡作山澤之材四曰藪牧養蕃鳥獸五曰百工飭化八材六曰商賈阜通貨賄七曰嬪婦化治絲枲八曰臣妾聚斂疏材九曰閒民無常職轉移執事以九賦斂財賄一曰邦中之賦二曰四郊之賦三曰邦甸之賦四曰家削之賦五曰邦縣之賦六曰邦都之賦七曰關市之賦八曰山澤之賦九曰幣餘之賦以九式均節財用一

儒藏 儒藏經典·康熙篆文六經四書 周禮

以馭其過。以八統詔王馭萬民：一曰親親，二曰敬故，三曰進賢，四曰使能，五曰保庸，六曰尊貴，七曰達吏，八曰禮賓。以九職任萬民：一曰三農，生九穀。二曰園圃，毓草木。三曰虞衡，作山澤之材。四曰藪牧，養蕃鳥獸。五曰百工，飭化八材。六曰商賈，阜通貨賄。七曰嬪婦，化治絲枲。八曰臣妾，聚斂疏材。九曰閒民，無常職，轉移執事。以九賦斂財賄：一曰邦中之賦，二曰四郊之賦，三曰邦甸之賦，四曰家削之賦，五曰邦縣之賦，六曰邦都之賦，七曰關市之賦，八曰山澤之賦，九曰幣餘之賦。以九式均節財用：一曰祭祀之式二曰賓客之式三曰喪荒之式四曰羞服之式五曰工事之式六曰幣帛之式七曰芻秣之式八曰匪頒之式九曰好用之式以九貢致邦國之用一曰祀貢二曰嬪貢三曰器貢四曰幣貢五曰材貢六曰貨貢七曰服貢八曰斿貢九曰物

貢以九兩繫邦國之民一曰牧以地得民二曰長以貴得民三曰師以賢得民四曰儒以道得民五曰宗以族得民六曰主以利得民七曰吏以治得民八曰友以任得民九曰藪以富得民正月之吉始和布治于邦國都鄙乃縣治象之灋于象魏使萬

曰祭祀之式，二曰賓客之式，三曰喪荒之式，四曰羞服之式，五曰工事之式，六曰幣帛之式，七曰芻秣之式，八曰匪頒之式，九曰好用之式。以九貢致邦國之用：一曰祀貢，二曰嬪貢，三曰器貢，四曰幣貢，五曰材貢，六曰貨貢，七曰服貢，八曰斿貢，九曰物

儒藏
儒藏經典·康熙篆文六經四書　周禮

貢。以九兩繫邦國之民：一曰牧，以地得民。二曰長，以貴得民。三曰師，以賢得民。四曰儒，以道得民。五曰宗，以族得民。六曰主，以利得民。七曰吏，以治得民。八曰友，以任得民。九曰藪，以富得民。正月之吉，始和，布治于邦國都鄙。乃縣治象之灋于象魏，使萬

民觀治象挾日而斂之乃施典
于邦國而建其牧立其監設其
參傅其伍陳其殷置其輔乃施
則于都鄙而建其長立其兩設
其伍陳其殷置其輔乃施灋于
官府而建其正立其貳設其攷
陳其殷置其輔凡治以典待邦
國之治以則待都鄙之治以灋

待官府之治以官成待萬民之
治以禮待賓客之治祀五帝則
掌百官之誓戒與其具脩前期
十日帥執事而卜日遂戒及執
事眡①滌濯及納亨贊王牲事及
祀之日贊玉幣爵之事祀大神
示亦如之享先王亦如之贊王
几玉爵大朝覲會同贊玉幣玉

民觀治象，挾日而斂之。乃施典于邦國，而建其牧，立其監，設其參，傅其伍，陳其殷，置其輔。乃施則于都鄙，而建其長，立其兩，設其伍，陳其殷，置其輔。乃施灋于官府，而建其正，立其貳，設其攷，陳其殷，置其輔。凡治，以典待邦國之治，以則待都鄙之治，以灋

儒藏經典·康熙篆文六經四書　周禮

待官府之治，以官成待萬民之治，以禮待賓客之治。祀五帝，則掌百官之誓戒與其具脩。前期十日，帥執事而卜日，遂戒。及執事，眡滌濯。及納亨，贊王牲事。及祀之日，贊玉、幣、爵之事。祀大神示亦如之，享先王亦如之，贊玉几、玉爵。大朝覲會同，贊玉幣、玉

獻王几王爵大喪贊贈王含王
作大事則戒于百官贊王命王
眡治朝則贊聽治眡四方之聽
朝亦如之凡邦之小治則冢宰
聽之待四方之賓客之小治歲
終則令百官府各正其治受其
會聽其致事而詔王廢置三歲
則大計群吏之治而誅賞之

小宰之職掌建邦之宫刑以治
王宫之政令凡宫之糾禁掌邦
之六典八灋八則之貳以逆邦
國都鄙官府之治執邦之九貢
九賦九式之貳以均財節邦用
以官府之六敘正群吏一曰以
敘正其位二曰以敘進其治三
曰以敘作其事四曰以敘制其

獻、玉几、玉爵。大喪，贊贈玉、含玉。
作大事，則戒于百官，贊王命。王
眡治朝，則贊聽治；眡四方之聽
朝，亦如之。凡邦之小治，則冢宰
聽之，待四方之賓客之小治。歲
終，則令百官府各正其治，受其
會，聽其致事，而詔王廢置。三歲，
則大計群吏之治而誅賞之。

小宰之職：掌建邦之宫刑，以治
王宫之政令，凡宫之糾禁。掌邦
之六典、八灋、八則之貳，以逆邦
國、都鄙、官府之治。執邦之九貢、
九賦、九式之貳，以均財節邦用。
以官府之六敘正群吏：一曰以
敘正其位，二曰以敘進其治，三
曰以敘作其事，四曰以敘制其

食，五曰以敘受其會，六曰以敘聽其情。以官府之六屬舉邦治：一曰天官，其屬六十，掌邦治，大事則從其長，小事則專達。二曰地官，其屬六十，掌邦教，大事則從其長，小事則專達。三曰春官，其屬六十，掌邦禮，大事則從其長，小事則專達。四曰夏官，其屬六十，掌邦政，大事則從其長，小事則專達。五曰秋官，其屬六十，掌邦刑，大事則從其長，小事則專達。六曰冬官，其屬六十，掌邦事，大事則從其長，小事則專達。以官府之六職辨邦治：一曰治職，以平邦國，以均萬民，以節財用。二曰教職，以安邦國，以寧萬

儒藏經典·康熙篆文六經四書　周禮

食，五曰以敘受其會，六曰以敘聽其情。以官府之六屬舉邦治：一曰天官，其屬六十，掌邦治，大事則從其長，小事則專達。二曰地官，其屬六十，掌邦教，大事則從其長，小事則專達。三曰春官，其屬六十，掌邦禮，大事則從其長，小事則專達。四曰夏官，其屬六十，掌邦政，大事則從其長，小事則專達。五曰秋官，其屬六十，掌邦刑，大事則從其長，小事則專達。六曰冬官，其屬六十，掌邦事，大事則從其長，小事則專達。以官府之六職辨邦治：一曰治職，以平邦國，以均萬民，以節財用。二曰教職，以安邦國，以寧萬

民以懷賓客三曰禮職以和邦國以諧萬民以事鬼神四曰政職以服邦國以正萬民以聚百物五曰刑職以詰邦國以糾萬民以除盜賊六曰事職以富邦國以養萬民以生百物以官府之六聯合邦治一曰祭祀之聯事二曰賓客之聯事三曰喪荒之聯事四曰軍旅之聯事五曰田役之聯事六曰斂弛之聯事凡小事皆有聯以官府之八成經邦治一曰聽政役以比居二曰聽師田以簡稽三曰聽閭里以版圖四曰聽稱責以傅別五曰聽祿位以禮命六曰聽取予以書契七曰聽賣買以質劑八

儒藏經典·康熙篆文六經四書　周禮

民，以懷賓客。三曰禮職，以和邦國，以諧萬民，以事鬼神。四曰政職，以服邦國，以正萬民，以聚百物。五曰刑職，以詰邦國，以糾萬民，以除盜賊。六曰事職，以富邦國，以養萬民，以生百物。以官府之六聯合邦治：一曰祭祀之聯事，二曰賓客之聯事，三曰喪荒之聯事，四曰軍旅之聯事，五曰田役之聯事，六曰斂弛之聯事。凡小事皆有聯。以官府之八成經邦治：一曰聽政役以比居，二曰聽師田以簡稽，三曰聽閭里以版圖，四曰聽稱責以傅別，五曰聽祿位以禮命，六曰聽取予以書契，七曰聽賣買以質劑，八曰聽出入以要會。以聽官府之六計，弊群吏之治：一曰廉善，二曰廉能，三曰廉敬，四曰廉正，五曰廉灋，六曰廉辨。以灋掌祭祀、朝覲、會同、賓客之戒具，軍旅、田役、喪荒亦如之。七事者，令百官府共其財用，治其施舍，聽其治訟。凡祭祀，贊玉幣爵之事、祼將之事。凡賓客，贊祼，凡受爵之事，凡受幣之事。喪荒，受其含襚幣玉之事。月終，則以官府之敘受群吏之要。贊冢宰受歲會。歲終，則令群吏致事。正歲，帥治官之屬而觀治象之法，徇以木鐸曰：「不用灋者，國有常刑！」乃退，以宮刑憲禁于王宮。令于百官府曰：

儒藏經典·康熙篆文六經四書　周禮

各修乃職攷乃灋待乃事以聽王命其有不共則國有大刑宰夫之職掌治朝之灋以正王及三公六卿大夫群吏之位掌其禁令敘群吏之治以待賓客之令諸臣之復萬民之逆掌百官府之徵令辨其八職一曰正掌官灋以治要二曰師掌官成以治凡三曰司掌官灋以治目四曰旅掌官常以治數五曰府掌官契以治藏六曰史掌官書以贊治七曰胥掌官敘以治敘八曰徒掌官令以徵令掌治灋以攷百官府群都縣鄙之治乘其財用之出入凡失財用物辟名者以官刑詔冢宰而誅之其

儒藏經典·康熙篆文六經四書　周禮

「各修乃職，攷乃灋，待乃事，以聽王命。其有不共，則國有大刑！」

宰夫之職：掌治朝之灋，以正王及三公、六卿、大夫、群吏之位。掌其禁令。敘群吏之治，以待賓客之令、諸臣之復、萬民之逆。掌百官府之徵令，辨其八職：一曰正，掌官灋以治要。二曰師，掌官成以治凡。三曰司，掌官灋以治目。四曰旅，掌官常以治數。五曰府，掌官契以治藏。六曰史，掌官書以贊治。七曰胥，掌官敘以治敘。八曰徒，掌官令以徵令。掌治灋以攷百官府、群都縣鄙之治，乘其財用之出入。凡失財用物、辟名者，以官刑詔冢宰而誅之。其足用、長財、善物者，賞之。以式灋掌祭祀之戒具，與其薦羞，從大宰而眂滌濯。凡禮事，贊小宰比官府之具。凡朝覲、會同、賓客，以牢禮之灋掌其牢禮、委積、膳獻、飲食、賓賜之飧牽與其陳數。凡邦之弔事，掌其戒令，與其幣器財用凡所共者。大喪、小喪，掌小官之戒令，帥執事而治之。三公、六卿之喪，與職喪帥官有司而治之。凡諸大夫之喪，使其旅帥有司而治之。歲終，則令群吏正歲會；月終，則令正月要；旬終，則令正日成。而以攷其治。治不以時舉者，以告而誅之。正歲，則以灋警戒群吏，令脩宮中之職事。

書其能者與其良者而以告于
上 宮正掌王宮之戒令糾禁
以時比宮中之官府次舍之衆
寡爲之版以待夕擊柝而比之
國有故則令宿其比亦如之辨
外内而時禁稽其功緒糾其德
行幾其出入均其稍食去其淫
怠與其奇衺之民會其什伍而
教之道藝月終則會其稍食歲
終則會其行事凡邦之大事令
于王宮之官府次舍無去守而
聽政令春秋以木鐸脩火禁凡
邦之事蹕宮中廟中則執燭大
喪則授廬舍辨其親疏貴賤之
居 宮伯掌王宮之士庶子凡
在版者掌其政令行其秩敘作

儒藏經典·康熙篆文六經四書 周禮

書其能者與其良者，而以告于上。

宮正：掌王宮之戒令、糾禁。以時比宮中之官府、次舍之衆寡，爲之版以待。夕擊柝而比之。國有故，則令宿，其比亦如之。辨外内而時禁，稽其功緒，糾其德行，幾其出入，均其稍食。去其淫怠與其奇衺之民。會其什伍而教之道藝。月終則會其稍食，歲終則會其行事。凡邦之大事，令于王宮之官府、次舍，無去守而聽政令。春秋以木鐸脩火禁。凡邦之事蹕，宮中廟中則執燭。大喪，則授廬舍，辨其親疏貴賤之居。

宮伯：掌王宮之士庶子，凡在版者。掌其政令，行其秩敘，作

其徒役之事授八次八舍之職
事若邦有大事作宮衆則令之
月終則均秩歲終則均敘以時
頒其衣裘掌其誅賞 膳夫掌
王之食飲膳羞以養王及后世
子凡王之饋食用六穀膳用六
牲飲用六清羞用百有二十品
珍用八物醬用百有二十罋王

日一舉鼎十有二物皆有俎以
樂侑食膳夫授祭品嘗食王乃
食卒食以樂徹于造王齊日三
舉大喪則不舉大荒則不舉大
札則不舉天地有烖則不舉邦
有大故則不舉王燕食則奉膳
贊祭凡王祭祀賓客食則徹王
之胙俎凡王之稍事設薦脯醢

其徒役之事。授八次八舍之職
事。若邦有大事，作宮衆，則令之。
月終則均秩，歲終則均敘。以時
頒其衣裘，掌其誅賞。 膳夫：掌
王之食飲膳羞，以養王及后、世
子。凡王之饋，食用六穀，膳用六
牲，飲用六清，羞用百有二十品，
珍用八物，醬用百有二十罋。王

儒藏
儒藏經典·康熙篆文六經四書 周禮

日一舉，鼎十有二，物皆有俎。以
樂侑食。膳夫授祭品，嘗食，王乃
食。卒食，以樂徹于造。王齊日三
舉。大喪則不舉，大荒則不舉，大
札則不舉，天地有烖則不舉，邦
有大故則不舉。王燕食，則奉膳
贊祭。凡王祭祀、賓客食，則徹王
之胙俎。凡王之稍事，設薦脯醢。

王燕飲酒則爲獻主掌后及世子之膳羞凡肉脩之頒賜皆掌之凡祭祀之致福者受而膳之以摯見者亦如之歲終則會唯王及后世子之膳不會 庖人掌共六畜六獸六禽辨其名物凡其死生鱻薨之物以共王之膳與其薦羞之物及后世子之

儒藏經典·康熙篆文六經四書 周禮

膳羞共祭祀之好羞共喪紀之庶羞賓客之禽獻凡令禽獻以灋授之其出入亦如之凡用禽獻春行羔豚膳膏香夏行腒鱐膳膏臊秋行犢麛膳膏腥冬行鱻羽膳膏羶歲終則會唯王及后之膳禽不會 内饔掌王及后世子膳羞之割亨煎和之事

王燕飲酒，則爲獻主。掌后及世子之膳羞。凡肉脩之頒賜皆掌之。凡祭祀之致福者，受而膳之，以摯見者亦如之。歲終則會，唯王及后、世子之膳不會。

庖人：掌共六畜、六獸、六禽，辨其名物。凡其死生鱻薨之物，以共王之膳，與其薦羞之物，及后、世子之

膳羞。共祭祀之好羞，共喪紀之庶羞、賓客之禽獻。凡令禽獻，以灋授之，其出入亦如之。凡用禽獻，春行羔豚，膳膏香；夏行腒鱐，膳膏臊；秋行犢麛，膳膏腥；冬行鱻羽，膳膏羶。歲終則會，唯王及后之膳禽不會。

内饔：掌王及后、世子膳羞之割亨煎和之事，

辨體名肉物辨百品味之物王
舉則陳其鼎俎以牲體實之選
百羞醬物珍物以俟饋共后及
世子之膳羞辨腥臊羶香之不
可食者牛夜鳴則庮羊泠毛而
毳羶犬赤股而躁臊鳥皫色而
沙鳴貍豕盲眡而交睫腥馬黑
脊而般臂螻凡宗廟之祭祀掌

割亨之事凡燕飲食亦如之凡
掌共羞脩刑膴胖骨鱐以待共
膳凡王之好賜肉脩則饔人共
之　外饔掌外祭祀之割亨共
其脯脩刑膴陳其鼎俎實之牲
體魚腊凡賓客之飧饔饗食之
事亦如之邦饗耆老孤子則掌
其割亨之事饗士庶子亦如之

辨體名肉物，辨百品味之物。王舉，則陳其鼎俎，以牲體實之。選百羞、醬物、珍物以俟饋。共后及世子之膳羞。辨腥臊羶香之不可食者：牛夜鳴，則庮；羊泠毛而毳，羶；犬赤股而躁，臊；鳥皫色而沙鳴，貍；豕盲眡而交睫，腥；馬黑脊而般臂，螻。凡宗廟之祭祀，掌

割亨之事，凡燕飲食亦如之。凡掌共羞、脩刑、膴胖、骨鱐，以待共膳。凡王之好賜肉脩，則饔人共之。

外饔：掌外祭祀之割亨，共其脯脩、刑膴，陳其鼎俎，實之牲體、魚、腊。凡賓客之飧饔、饗食之事，亦如之。邦饗耆老、孤子，則掌其割亨之事；饗士庶子，亦如之。

師役則掌共其獻賜脯肉之事
凡小喪紀陳其鼎俎而實之
亨人掌共鼎鑊以給水火之齊
職外内饔之爨亨煮辨膳羞之
物祭祀共大羹鉶羹賓客亦如
之 甸師掌帥其屬而耕耨王
藉以時入之以共齍盛祭祀共
蕭茅共野果蓏之薦喪事代王
受眚烖王之同姓有辠則死刑
焉帥其徒以薪蒸役外内饔之
事 獸人掌罟田獸辨其名物
冬獻狼夏獻麋春秋獻獸物時
田則守罟及弊田令禽注于虞
中凡祭祀喪紀賓客共其死獸
生獸凡獸入于腊人皮毛筋角
入于玉府凡田獸者掌其政令

師役，則掌共其獻賜脯肉之事。
凡小喪紀，陳其鼎俎而實之。
亨人：掌共鼎鑊，以給水火之齊。
職外内饔之爨亨煮，辨膳羞之
物。祭祀，共大羹、鉶羹，賓客亦如
之。 甸師：掌帥其屬而耕耨王
藉，以時入之，以共齍盛。祭祀，共
蕭茅，共野果蓏之薦。喪事，代王
受眚烖。王之同姓有辠，則死刑
焉。帥其徒以薪蒸，役外内饔之
事。 獸人：掌罟田獸，辨其名物。
冬獻狼，夏獻麋，春秋獻獸物。時
田，則守罟。及弊田，令禽注于虞
中。凡祭祀、喪紀、賓客，共其死獸
生獸。凡獸入于腊人，皮毛筋角
入于玉府。凡田獸者，掌其政令。

𪊨人掌以時𪊨爲梁春獻王鮪辨魚物爲鱻薨以共王膳羞凡祭祀賓客喪紀共其魚之鱻薨凡𪊨者掌其政令凡𪊨征入于玉府　鼈人掌取互物以時簎魚鼈龜蜃凡貍物春獻鼈蜃秋獻龜魚祭祀共蠯蠃蚳以授醢人掌凡邦之簎事　腊人掌乾肉凡田獸之脯腊膴胖之事凡祭祀共豆脯薦脯膴胖凡腊物賓客喪紀共其脯腊凡乾肉之事　醫師掌醫之政令聚毒藥以共醫事凡邦之有疾病者疕瘍者造焉則使醫分而治之歲終則稽其醫事以制其食十全爲上十失一次之十失二次

𪊨人：掌以時𪊨爲梁。春獻王鮪。辨魚物，爲魚鱗薨，以共王膳羞。凡祭祀、賓客、喪紀，共其魚之鱻薨。凡𪊨者，掌其政令。凡𪊨征入于玉府。

鼈人：掌取互物。以時簎魚、鼈、龜、蜃，凡貍物。春獻鼈、蜃，秋獻龜、魚。祭祀，共蠯、蠃、蚳，以授醢人。掌凡邦之簎事。

腊人：掌乾肉，凡田獸之脯、腊、膴、胖之事。凡祭祀，共豆脯、薦脯、膴、胖，凡腊物。賓客、喪紀，共其脯、腊，凡乾肉之事。

醫師：掌醫之政令，聚毒藥以共醫事。凡邦之有疾病者、疕瘍者造焉，則使醫分而治之。歲終，則稽其醫事，以制其食。十全爲上，十失一次之，十失二次

之十失三次之十失四爲下
食醫掌和王之六食六飲六膳
百羞百醬八珍之齊凡食齊眡
春時羹齊眡夏時醬齊眡秋時
飲齊眡冬時凡和春多酸夏多
苦秋多辛冬多鹹調以滑甘凡
會膳食之宜牛宜稌羊宜黍豕
宜稷犬宜粱鴈宜麥魚宜苽凡

君子之食恒放焉　疾醫掌養
萬民之疾病四時皆有癘疾春
時有痟首疾夏時有痒疥疾秋
時有瘧寒疾冬時有欬上氣疾
以五味五穀五藥養其病以五
氣五聲五色眡其死生兩之以
九竅之變參之以九藏之動凡
民之有疾病者分而治之死終

之，十失三次之，十失四爲下。
食醫：掌和王之六食、六飲、六膳、
百羞、百醬、八珍之齊。凡食齊眡
春時，羹齊眡夏時，醬齊眡秋時，
飲齊眡冬時。凡和，春多酸，夏多
苦，秋多辛，冬多鹹，調以滑甘。凡
會膳食之宜，牛宜稌，羊宜黍，豕
宜稷，犬宜粱，鴈宜麥，魚宜苽。凡

儒藏
儒藏經典·康熙篆文六經四書　周禮

君子之食，恒放焉。　疾醫：掌養
萬民之疾病。四時皆有癘疾，春
時有痟首疾，夏時有痒疥疾，秋
時有瘧寒疾，冬時有欬上氣疾。
以五味、五穀、五藥養其病。以五
氣、五聲、五色眡其死生。兩之以
九竅之變，參之以九藏之動。凡
民之有疾病者，分而治之；死終，

則各書其所以而入于醫師。

瘍醫：掌腫瘍、潰瘍、金瘍、折瘍之祝藥劀殺之齊。凡療瘍，以五毒攻之，以五氣養之，以五藥療之，以五味節之。凡藥，以酸養骨，以辛養筋，以鹹養脉，以苦養氣，以甘養肉，以滑養竅。凡有瘍者，受其藥焉。

獸醫：掌療獸病，療獸瘍。凡療獸病，灌而行之以節之，以動其氣，觀其所發而養之。凡療獸瘍，灌而劀之，以發其惡，然後藥之、養之、食之。凡獸之有病者、有瘍者，使療之；死則計其數以進退之。

酒正：掌酒之政令，以式灋授酒材。凡爲公酒者，亦如之。辨五齊之名，一曰泛齊，二

曰醴齊三曰盎齊四曰緹齊五
曰沈齊辨三酒之物一曰事酒
二曰昔酒三曰清酒辨四飲之
物一曰清二曰醫三曰漿四曰
酏掌其厚薄之齊以共王之四
飲三酒之饌及后世子之飲與
其酒凡祭祀以灋共五齊三酒
以實八尊大祭三貳中祭再貳
小祭一貳皆有酌數唯齊酒不
貳皆有器量共賓客之禮酒共
后之致飲于賓客之禮醫酏糟
皆使其士奉之凡王之燕飲酒
共其計酒正奉之凡饗士庶子
饗耆老孤子皆共其酒無酌數
掌酒之賜頒皆有灋以行之凡
有秩酒者以書契授之酒正之

儒藏經典·康熙篆文六經四書　周禮

曰醴齊，三曰盎齊，四曰緹齊，五曰沈齊。辨三酒之物，一曰事酒，二曰昔酒，三曰清酒。辨四飲之物，一曰清，二曰醫，三曰漿，四曰酏。掌其厚薄之齊，以共王之四飲、三酒之饌，及后、世子之飲與其酒。凡祭祀，以灋共五齊、三酒，以實八尊。大祭三貳，中祭再貳，小祭壹貳，皆有酌數。唯齊酒不貳，皆有器量。共賓客之禮酒，共后之致飲于賓客之禮，醫酏糟，皆使其士奉之。凡王之燕飲酒，共其計，酒正奉之。凡饗士庶子，饗耆老、孤子，皆共其酒，無酌數。掌酒之賜頒，皆有灋以行之。凡有秩酒者，以書契授之。酒正之出日入其成月入其要小宰聽之歲終則會唯王及后之飲酒不會以酒式誅賞　酒人掌爲五齊三酒祭祀則共奉之以役世婦共賓客之禮酒飲酒而奉之凡事共酒而入于酒府凡祭祀共酒以往賓客之陳酒亦如之　漿人掌共王之六飲水漿

儒藏經典·康熙篆文六經四書　周禮

醴涼醫酏入于酒府共賓客之稍禮共夫人致飲于賓客之禮清醴醫酏糟而奉之凡飲共之
凌人掌冰正歲十有二月令斬冰三其凌春始治鑑凡外内饔之膳羞鑑焉凡酒漿之酒醴亦如之祭祀共冰鑑賓客共冰大喪共夷槃冰夏頒冰掌事秋

出，日入其成，月入其要，小宰聽之。歲終則會，唯王及后之飲酒不會，以酒式誅賞。

酒人：掌爲五齊三酒，祭祀則共奉之，以役世婦。共賓客之禮酒、飲酒而奉之。凡事，共酒而入于酒府。凡祭祀，共酒以往。賓客之陳酒亦如之。

漿人：掌共王之六飲，水、漿、

醴、涼、醫、酏，入于酒府。共賓客之稍禮。共夫人致飲于賓客之禮，清醴、醫、酏糟而奉之。凡飲，共之。

凌人：掌冰，正歲十有二月，令斬冰，三其凌。春始治鑑，凡外内饔之膳羞，鑑焉。凡酒、漿之酒醴亦如之。祭祀，共冰鑑。賓客，共冰。大喪，共夷槃冰。夏，頒冰掌事。秋，

刷　籩人掌四籩之實朝事之籩其實麷蕡白黑形鹽膴鮑魚鱐饋食之籩其實棗桌桃乾䕩榛實加籩之實蔆芡桌脯蔆芡桌脯羞籩之實糗餌粉餈凡祭祀共其籩薦羞之實喪事及賓客之事共其薦籩羞籩爲王及后世子共其內羞凡籩事掌之

醢人掌四豆之實朝事之豆其實韭菹醓醢昌本麋臡菁菹鹿臡茆菹麇臡饋食之豆其實葵菹蠃醢脾析蠯醢蜃蚳醢豚拍魚醢加豆之實芹菹兔醢深蒲醓醢箈菹鴈醢筍菹魚醢羞豆之食酏食糝食凡祭祀共薦羞之豆實賓客喪紀亦如之爲

儒藏經典·康熙篆文六經四書　周禮

刷。

籩人：掌四籩之實。朝事之籩，其實麷、蕡、白、黑、形鹽、膴、鮑魚、鱐。饋食之籩，其實棗、桌、桃、乾䕩、榛實。加籩之實，蔆、芡、桌、脯，蔆芡、桌、脯。羞籩之實，糗餌、粉餈。凡祭祀，共其籩薦羞之實。喪事及賓客之事，共其薦籩羞籩。爲王及后、世子共其内羞。凡籩事掌之。

醢人：掌四豆之實。朝事之豆，其實韭菹、醓醢，昌本、麋臡，菁菹、鹿臡，茆菹、麇臡。饋食之豆，其實葵菹、蠃醢，脾析、蠯醢，蜃、蚳醢，豚拍、魚醢。加豆之實，芹菹、兔醢，深蒲、醓醢，箈菹、鴈醢，筍菹、魚醢。羞豆之食，酏食、糝食。凡祭祀，共薦羞之豆實，賓客、喪紀亦如之。爲王及后、世子共其内羞。王舉，則共醢六十罋，以五齊、七醢、七菹、三臡實之。賓客之禮，共醢五十罋。凡事共醢。

醢人：掌共五齊、七菹。凡醢物，以共祭祀之齊菹，凡醢醬之物。賓客，亦如之。王舉，則共齊菹醢物六十罋。共后及世子之醬齊菹。賓客之禮，共醢五十罋。凡事，共醢。

鹽人：掌鹽之政令，以共百事之鹽。祭祀，共其苦鹽、散鹽。賓客，共其形鹽、散鹽。王之膳羞，共飴鹽，后及世子亦如之。凡齊事，鬻鹽以待戒令。

幂人：掌共巾幂。祭祀，以疏布巾幂八尊，以畫布巾幂六彝。凡王巾皆黼。

宮人：掌王之六寢

之脩。爲其井匽，除其不蠲，去其惡臭。共王之沐浴。凡寢中之事，埽除、執燭、共爐炭，凡勞事。四方之舍事，亦如之。

掌舍：掌王之會同之舍。設梐枑再重。設車宮、轅門。爲壇壝宮，棘門，爲帷宮，設旌門。無宮，則共人門。凡舍事，則掌之。

幕人：掌帷、幕、幄、帟、綬之

儒藏經典·康熙篆文六經四書　周禮

事。凡朝覲、會同、軍旅、田役、祭祀，共其帷、幕、幄、帟、綬。大喪，共帷、幕、帟、綬。三公及卿大夫之喪，共其帟。

掌次：掌王次之灋，以待張事。王大旅上帝，則張氈案，設皇邸。朝日，祀五帝，則張大次、小次，設重帟、重案；合諸侯，亦如之。師田，則張幕，設重帟、重案。諸侯朝

觀會同則張大次小次師田則
張幕設案孤卿有邦事則張幕
設案凡喪王則張帟三重諸侯
再重孤卿大夫不重凡祭祀張
其旅幕張尸次射則張耦次掌
凡邦之張事　大府掌九貢九
賦九功之貳以受其貨賄之入
頒其貨于受藏之府頒其賄于
受用之府凡官府都鄙之吏及
執事者受財用焉凡頒財以式
灋授之關市之賦以待王之膳
服邦中之賦以待賓客四郊之
賦以待稍秣家削之賦以待匪
頒邦甸之賦以待工事邦縣之
賦以待幣帛邦都之賦以待祭
祀山澤之賦以待喪紀幣餘之

觀、會同，則張大次、小次；師田，則張幕設案。孤卿有邦事，則張幕設案。凡喪，王則張帟三重，諸侯再重，孤卿大夫不重。凡祭祀，張其旅幕，張尸次。射，則張耦次。掌凡邦之張事。

大府：掌九貢、九賦、九功之貳，以受其貨賄之入，頒其貨于受藏之府，頒其賄于受用之府。凡官府都鄙之吏及執事者，受財用焉。凡頒財，以式灋授之。關市之賦，以待王之膳服；邦中之賦，以待賓客；四郊之賦，以待稍秣；家削之賦，以待匪頒；邦甸之賦，以待工事；邦縣之賦，以待幣帛；邦都之賦，以待祭祀；山澤之賦，以待喪紀；幣餘之

賦以待賜予凡邦國之貢以待
弔用凡萬民之貢以充府庫凡
式貢之餘財以共玩好之用凡
邦之賦用取具焉歲終則以貨
賄之入出會之　玉府掌王之
金玉玩好兵器凡良貨賄之藏
共王之服玉佩玉珠玉王齊則
共食玉大喪共含玉復衣裳角
枕角柶掌王之燕衣服衽席牀
第凡褻器若合諸侯則共珠槃
玉敦凡王之獻金玉兵器文織
良貨賄之物受而藏之凡王之
好賜共其貨賄　內府掌受九
貢九賦九功之貨賄良兵良器
以待邦之大用凡四方之幣獻
之金玉齒革兵器凡良貨賄入

儒藏 儒藏經典·康熙篆文六經四書　周禮

賦，以待賜予。凡邦國之貢，以待弔用。凡萬民之貢，以充府庫。凡式貢之餘財，以共玩好之用。凡邦之賦用，取具焉。歲終，則以貨賄之入出會之。

玉府：掌王之金玉、玩好、兵器，凡良貨賄之藏。共王之服玉、佩玉、珠玉。王齊，則共食玉。大喪，共含玉、復衣裳、角枕、角柶。掌王之燕衣服、衽席、牀第，凡褻器。若合諸侯，則共珠槃、玉敦。凡王之獻金玉、兵器、文織、良貨賄之物，受而藏之。凡王之好賜，共其貨賄。

內府：掌受九貢、九賦、九功之貨賄、良兵、良器，以待邦之大用。凡四方之幣獻之金玉、齒革、兵器，凡良貨賄入焉凡適四方使者共其所受之物而奉之凡王及冢宰之好賜予則共之 外府掌邦布之入出以共百物而待邦之用凡有灋者共王及后世子之衣服之用凡祭祀賓客喪紀會同軍旅共其財用之幣齎賜予之財用凡邦之小用皆受焉歲終則會唯王及后之服不會 司會掌邦之六典八灋八則之貳以逆邦國都鄙官府之治以九貢之灋致邦國之財用以九賦之灋令田野之財用以九功之灋令民職之財用以九式之灋均節邦之財用掌國之官府郊野縣都之百物財用凡在書契版圖

儒藏經典·康熙篆文六經四書 周禮

焉。凡適四方使者，共其所受之物而奉之。凡王及冢宰之好賜予，則共之。

外府：掌邦布之入出，以共百物而待邦之用，凡有灋者。共王及后、世子之衣服之用。凡祭祀、賓客、喪紀、會同、軍旅，共其財用之幣，齎賜予之財用。凡邦之小用，皆受焉。歲終則會，唯王及后之服不會。

司會：掌邦之六典、八灋、八則之貳，以逆邦國、都鄙、官府之治。以九貢之灋致邦國之財用，以九賦之灋令田野之財用，以九功之灋令民職之財用，以九式之灋均節邦之財用。掌國之官府、郊野、縣都之百物財用，凡在書契版圖

者之貳以逆群吏之治而聽其
會計以參互攷日成以月要攷
月成以歲會攷歲成以周知四
國之治以詔王及冢宰廢置
司書掌邦之六典八灋八則九
職九正九事邦中之版土地之
圖以周知入出百物以敘其財
受其幣使入于職幣凡上之用
儒藏經典·康熙篆文六經四書　周禮
財用必攷于司會三歲則大計
群吏之治以知民之財器械之
數以知田野夫家六畜之數以
知山林川澤之數以逆群吏之
徵令凡稅斂掌事者受灋焉及
事成則入要貳焉凡邦治攷焉
職内掌邦之賦入辨其財用
之物而執其總以貳官府都鄙

者之貳，以逆群吏之治而聽其會計。以參互攷日成，以月要攷月成，以歲會攷歲成。以周知四國之治，以詔王及冢宰廢置。

司書：掌邦之六典、八灋、八則、九職、九正、九事，邦中之版，土地之圖，以周知入出百物，以敘其財；受其幣，使入于職幣。凡上之用，

財用，必攷于司會。三歲，則大計群吏之治，以知民之財器械之數，以知田野、夫家、六畜之數，以知山林川澤之數，以逆群吏之徵令。凡稅斂，掌事者受灋焉。及事成，則入要貳焉。凡邦治，攷焉。

職内：掌邦之賦入，辨其財用之物而執其總，以貳官府都鄙

之財入之數，以逆邦國之賦用。凡受財者，受其貳令而書之。及會，以逆職歲與官府財用之出，而敘其財以待邦之移用。

職歲：掌邦之賦出，以貳官府都鄙之財、出賜之數，以待會計而攷之。凡官府都鄙群吏之出財用，受式灋于職歲。凡上之賜予，以敘與職幣授之。及會，以式灋贊逆會。

職幣：掌式灋以斂官府都鄙與凡用邦財者之幣，振掌事者之餘財。皆辨其物而奠其録，以書楬之，以詔上之小用、賜予。歲終則會其出。凡邦之會事，以式灋贊之。

司裘：掌爲大裘，以共王祀天之服。中秋，獻良裘，王乃行羽物。季秋，獻功裘，以待頒賜。王大射，則共虎侯、熊侯、豹侯，設其鵠；諸侯則共熊侯、豹侯，卿大夫則共麋侯，皆設其鵠。大喪，廞裘，飾皮車。凡邦之皮事，掌之。歲終則會，唯王之裘與其皮事不會。

掌皮：掌秋斂皮，冬斂革，春獻之。遂以式灋頒皮革于百工，共其毳毛爲氈，以待邦事。歲終則會其財齎。

內宰：掌書版圖之灋，以治王內之政令，均其稍食，分其人民以居之。以陰禮教六宮，以陰禮教九嬪。以婦職之灋教九御，使各有屬，以作二事；正其服，禁其奇衺，展其功緒。大祭祀，后祼獻，則贊，瑤爵亦

儒藏經典·康熙篆文六經四書　周禮

儒藏經典・康熙篆文六經四書　周禮

如之正后之服位而詔其禮樂之儀贊九嬪之禮事凡賓客之祼獻瑤爵皆贊致后之賓客之禮凡喪事佐后使治外内命婦正其服位凡建國佐后立市設其次置其敘正其肆陳其貨賄出其度量淳制祭之以陰禮中春詔后帥外内命婦始蠶于北郊以爲祭服歲終則會内人之稍食稽其功事佐后而受獻功者比其大小與其麤良而賞罰之會内宮之財用正歲均其稍食施其功事憲禁令于王之北宮而糾其守上春詔王后帥六宮之人而生種稑之種而獻之于王　内小臣掌王后之命正

如之。正后之服位，而詔其禮樂之儀。贊九嬪之禮事。凡賓客之祼獻、瑤爵，皆贊。致后之賓客之禮。凡喪事，佐后，使治外内命婦，正其服位。凡建國，佐后立市，設其次，置其敘，正其肆，陳其貨賄，出其度量淳制，祭之以陰禮。中春，詔后帥外内命婦始蠶于北郊，以爲祭服。歲終，則會内人之稍食，稽其功事。佐后而受獻功者，比其大小與其麤良而賞罰之。會内宮之財用。正歲均其稍食，施其功事，憲禁令于王之北宮，而糾其守。上春，詔王后帥六宮之人，而生種稑之種，而獻之于王。

内小臣：掌王后之命，正

其服位后出入則前驅若有祭
祀賓客喪紀則擯詔后之禮事
相九嬪之禮事正内人之禮事
徹后之俎后有好事于四方則
使往有好令于卿大夫則亦如
之掌王之陰事陰令　閽人掌
守王宫之中門之禁喪服凶器
不入宫潛服賊器不入宫奇服
怪民不入宫凡内人公器賓客
無帥則幾其出入以時啓閉凡
外内命夫命婦出入則爲之闢
掌埽門庭大祭祀喪紀之事設
門燎蹕宫門廟門凡賓客亦如
之　寺人掌王之内人及女宫
之戒令相道其出入之事而糾
之若有喪紀賓客祭祀之事則

儒藏經典·康熙篆文六經四書　周禮

其服位。后出入，則前驅。若有祭祀、賓客、喪紀，則擯，詔后之禮事，相九嬪之禮事，正内人之禮事，徹后之俎。后有好事于四方，則使往；有好令于卿大夫，則亦如之。掌王之陰事陰令。　閽人：掌守王宫之中門之禁。喪服、凶器不入宫，潛服、賊器不入宫，奇服、怪民不入宫。凡内人、公器、賓客無帥，則幾其出入。以時啓閉。凡外内命夫命婦出入，則爲之闢。掌埽門庭。大祭祀、喪紀之事，設門燎，蹕宫門廟門。凡賓客，亦如之。　寺人：掌王之内人及女宫之戒令，相道其出入之事而糾之。若有喪紀、賓客、祭祀之事，則帥女宮而致於有司，佐世婦治禮事。掌内人之禁令，凡内人弔臨于外，則帥而往，立于其前而詔相之。

内豎：掌内外之通令，凡小事。若有祭祀、賓客、喪紀之事，則爲内人蹕。王后之喪，遷于宮中，則前蹕；及葬，執褻器以從遣車。

九嬪：掌婦學之灋，以教九御，婦德、婦言、婦容、婦功，各帥其屬而以時御敘于王所。凡祭祀，贊玉齍，贊后薦，徹豆籩。若有賓客，則從后。大喪，帥敘哭者亦如之。

世婦：掌祭祀、賓客、喪紀之事，帥女宮而濯摡，爲齍盛。及祭之日，涖陳女宮之具，凡内羞之物。掌弔臨于卿大夫之喪。

女御：掌御敘于王之燕寢。以歲時獻功事。凡祭祀，贊世婦。大喪，掌沐浴。后之喪，持翣。從世婦而弔于卿大夫之喪。　女祝：掌王后之內祭祀，凡內禱祠之事。掌以時招、梗、襘、禳之事，以除疾殃。

女史：掌王后之禮職，掌內治之貳，以詔后治內政。逆內宮。書內令。凡后之事，以禮從。　典婦功：掌婦式之灋，以授嬪婦及內人女功之事齎。凡授嬪婦功，及秋獻功，辨其苦良、比其小大而賈之，物書而楬之。以共王及后之用，頒之于內府。　典絲：掌絲入而辨其物，以其賈楬之。掌其藏與其出，以待興功之時。頒絲

于外内工皆以物授之凡上之
賜予亦如之及獻功則受良工
而藏之辨其物而書其數以待
有司之政令上之賜予凡祭祀
共黼畫組就之物喪紀共其絲
纊組文之物凡飾邦器者受文
織絲組焉歲終則各以其物會
之　典枲掌布緦縷紵之麻草
之物以待時頒功而授齎及獻
功受苦功以其賈楬而藏之以
待時頒頒衣服授之賜予亦如
之歲終則各以其物會之　内
司服掌王后之六服褘衣揄狄
闕狄鞠衣展衣緣衣素沙辨外
内命婦之服鞠衣展衣緣衣素
沙凡祭祀賓客共后之衣服及

儒藏
儒藏經典·康熙篆文六經四書　周禮

于外内工，皆以物授之。凡上之賜予，亦如之。及獻功，則受良功而藏之，辨其物而書其數，以待有司之政令、上之賜予。凡祭祀，共黼畫組就之物。喪紀，共其絲纊組文之物。凡飾邦器者，受文織絲組焉。歲終，則各以其物會之。

典枲：掌布緦縷紵之麻草之物，以待時頒功而授齎。及獻功，受苦功，以其賈楬而藏之，以待時頒。頒衣服，授之，賜予亦如之。歲終，則各以其物會之。

内司服：掌王后之六服，褘衣、揄狄、闕狄、鞠衣、展衣、緣衣、素沙。辨外内命婦之服，鞠衣、展衣、緣衣、素沙。凡祭祀、賓客，共后之衣服，及九嬪世婦凡命婦共其衣服共喪衰亦如之后之喪共其衣服凡内具之物 縫人掌王宮之縫線之事以役女御以縫王及后之衣服喪縫棺飾焉衣翣柳之材掌凡内之縫事 染人掌染絲帛凡染春暴練夏纁玄秋染夏冬獻功掌凡染事 追師掌王后之首服爲副編次追衡笄爲九嬪及外内命婦之首服以待祭祀賓客喪紀共笄經亦如之 屨人掌王及后之服屨爲赤舄黑舄赤繶黄繶青句素屨葛屨辨外内命夫命婦之命屨功屨散屨凡四時之祭祀以宜服之 夏采掌大喪以冕服

儒藏經典·康熙篆文六經四書 周禮

九嬪、世婦，凡命婦，共其衣服。共喪衰，亦如之。后之喪，共其衣服，凡内具之物。

縫人：掌王宮之縫線之事，以役女御，以縫王及后之衣服。喪，縫棺飾焉，衣翣柳之材。掌凡内之縫事。

染人：掌染絲帛。凡染，春暴練，夏纁玄，秋染夏，冬獻功。掌凡染事。

追師：掌王后之首服，爲副、編、次，追、衡、笄，爲九嬪及外内命婦之首服，以待祭祀、賓客。喪紀，共笄經亦如之。

屨人：掌王及后之服屨，爲赤舄、黑舄，赤繶、黄繶，青句、素屨、葛屨，辨外内命夫命婦之命屨、功屨、散屨。凡四時之祭祀，以宜服之。

夏采：掌大喪，以冕服

復于大祖以乘車建綏復于四郊

周禮卷之一

復于大祖，以乘車建綏復于四郊。

周禮卷之一

儒藏
儒藏經典·康熙篆文六經四書　周禮

周禮卷之二

地官司徒第二

惟王建國辨方正位體國經野設官分職以爲民極乃立地官司徒使帥其屬而掌邦教以佐王安擾邦國

教官之屬大司徒卿一人小司徒中大夫二人鄉師下大夫四人上士八人中士十有六人旅下士三十有二人府六人史十有二人胥十有二人徒百有二十人

鄉老二鄉則公一人鄉大夫每鄉卿一人州長每州中大夫一人黨正每黨下大夫一人族師每族上士一人閭胥每閭中士一人比長五家下士一

周禮卷之二

地官司徒第二

惟王建國，辨方正位，體國經野，設官分職，以爲民極。乃立地官司徒，使帥其屬而掌邦教，以佐王安擾邦國。

教官之屬：大司徒，卿一人。小司徒，中大夫二人。鄉師，下大夫四人。上士八人，中士十有六人，旅下士三十有二人。府六人，史十有二人，胥十有二人，徒百有二十人。

鄉老，二鄉則公一人。鄉大夫，每鄉卿一人。州長，每州中大夫一人。黨正，每黨下大夫一人。族師，每族上士一人。閭胥，每閭中士一人。比長，五家下士一

儒藏經典・康熙篆文六經四書　周禮

人　封人中士四人下士八人
府二人史四人胥六人徒六十
人　鼓人中士六人府二人史
二人徒二十人　舞師下士二
人胥四人舞徒四十人　牧人
下士六人府一人史二人徒六
十人　牛人中士二人下士四
人府二人史四人胥二十人徒

二百人　充人下士二人史二
人胥四人徒四十人　載師上
士二人中士四人府二人史四
人胥六人徒六十人　閭師中
士二人史二人徒二十人　縣
師上士二人中士四人府二人
史四人胥八人徒八十人　遺
人中士二人下士四人府二人

人。　封人：中士四人，下士八人；
府二人，史四人，胥六人，徒六十
人。　鼓人：中士六人；府二人，史
二人，徒二十人。　舞師：下士二
人；胥四人，舞徒四十人。　牧人：
下士六人；府一人，史二人，徒六
十人。　牛人：中士二人，下士四
人；府二人，史四人，胥二十人，徒

二百人。　充人：下士二人；史二
人，胥四人，徒四十人。　載師：上
士二人，中士四人；府二人，史四
人，胥六人，徒六十人。　閭師：中
士二人；史二人，徒二十人。　縣
師：上士二人，中士四人；府二人，
史四人，胥八人，徒八十人。　遺
人：中士二人，下士四人；府二人，

史四人，胥四人，徒四十人。均人：中士二人，下士四人；府二人，史四人，胥四人，徒四十人。師氏：中大夫一人，上士二人；府二人，史二人，胥十有二人，徒百有二十人。保氏：下大夫一人，中士二人；府二人，史二人，胥六人，徒六十人。司諫：中士二人；史二人，徒二十人。司救：中士二人；史二人，徒二十人。調人：下士二人；史二人，徒十人。媒氏：下士二人；史二人，徒十人。司市：下大夫二人，上士四人，中士八人，下士十有六人；府四人，史八人，胥十有二人，徒百有二十人。質人：中士二人，下士四人；

史四人胥四人徒四十人均人中士二人下士四人府二人史四人胥四人徒四十人師氏中大夫一人上士二人府二人史二人胥十有二人徒百有二十人保氏下大夫一人中士二人府二人史二人胥六人徒六十人司諫中士二人史二人徒二十人司救中士二人史二人徒二十人調人下士二人史二人徒十人媒氏下士二人史二人徒十人司市下大夫二人上士四人中士八人下士十有六人府四人史八人胥十有二人徒百有二十人質人中士二人下士四人

儒藏 儒藏經典·康熙篆文六經四書 周禮

府二人，史四人，胥二人，徒二十人。

廛人：中士二人，下士四人；府二人，史四人，胥二人，徒二十人。

胥師，二十肆則一人，皆二史。賈師，二十肆則一人，皆二史。司虣，十肆則一人。司稽，五肆則一人。胥，二肆則一人。肆長，每肆則一人。

泉府：上士四人，中士八人，下士十有六人；府四人，史八人，賈八人，徒八十人。

司門：下大夫二人，上士四人，中士八人，下士十有六人；府二人，史四人，胥四人，徒四十人。每門下士二人，府一人，史二人，徒四人。

司關：上士二人，中士四人；府二人，史四人，胥八人，徒八十人。每

儒藏經典·康熙篆文六經四書 周禮

關下士二人，府一人，史二人，徒四人。 掌節：上士二人，中士四人；府二人，史四人，胥二人，徒二十人。 遂人：中大夫二人。遂師：下大夫四人，上士八人，中士十有六人，旅下士三十有二人；府四人，史十有二人，胥十有二人，徒百有二十人。 遂大夫：每遂中大夫一人。縣正，每縣下大夫一人。鄙師，每鄙上士一人。酇長，每酇中士一人。里宰，每里下士一人。鄰長，五家則一人。 旅師：中士四人，下士八人；府二人，史四人，胥八人，徒八十人。 稍人：下士四人；史二人，徒十有二人。 委人：中士二人，下士四人；府

儒藏經典·康熙篆文六經四書 周禮

關下士二人，府一人，史二人，徒四人。 掌節：上士二人，中士四人；府二人，史四人，胥二人，徒二十人。 遂人：中大夫二人。遂師：下大夫四人，上士八人，中士十有六人，旅下士三十有二人；府四人，史十有二人，胥十有二人，徒百有二十人。 遂大夫：每遂中大夫一人。縣正，每縣下大夫一人。鄙師，每鄙上士一人。酇長，每酇中士一人。里宰，每里下士一人。鄰長，五家則一人。 旅師：中士四人，下士八人；府二人，史四人，胥八人，徒八十人。 稍人：下士四人；史二人，徒十有二人。 委人：中士二人，下士四人；府

二人史四人徒四十人 土均上士二人中士四人下士八人府二人史四人胥四人徒四十人 草人下士四人史二人徒十有二人 稻人上士二人中士四人下士八人府二人史四人胥十人徒百人 土訓中士二人下士四人史二人徒八人

誦訓中士二人下士四人史二人徒八人 山虞每大山中士四人下士八人府二人史四人胥八人徒八十人中山下士六人史二人胥六人徒六十人小山下士二人史一人徒二十人 林衡每大林麓下士十有二人史四人胥十有二人徒百

二人，史四人，徒四十人。 土均：上士二人，中士四人，下士八人；府二人，史四人，胥四人，徒四十人。 草人：下士四人；史二人，徒十有二人。 稻人：上士二人，中士四人，下士八人；府二人，史四人，胥十人，徒百人。 土訓：中士二人，下士四人；史二人，徒八人。

誦訓：中士二人，下士四人；史二人，徒八人。 山虞：每大山中士四人，下士八人；府二人，史四人，胥八人，徒八十人。中山下士六人；史二人，胥六人，徒六十人。小山下士二人；史一人，徒二十人。 林衡：每大林麓下士十有二人；史四人，胥十有二人，徒百

有二十人中林麓如中山之虞
小林麓如小山之虞 川衡每
大川下士十有二人史四人胥
十有二人徒百有二十人中川
下士六人史二人胥六人徒六
十人小川下士二人史一人徒
二十人 澤虞每大澤大藪中
士四人下士八人府二人史四

人胥八人徒八十人中澤中藪
如中川之衡小澤小藪如小川
之衡 迹人中士四人下士八
人史二人徒四十人 丱人中
士二人下士四人府二人史二
人胥四人徒四十人 角人下
士二人府一人徒八人 羽人
下士二人府一人徒八人 掌

有二十人。中林麓如中山之虞。小林麓如小山之虞。　川衡：每大川下士十有二人；史四人，胥十有二人，徒百有二十人。中川下士六人；史二人，胥六人，徒六十人。小川下士二人；史一人，徒二十人。　澤虞：每大澤大藪中士四人，下士八人；府二人，史四

儒藏經典·康熙篆文六經四書 周禮

人，胥八人，徒八十人。中澤中藪如中川之衡。小澤小藪如小川之衡。　迹人：中士四人，下士八人；史二人，徒四十人。　丱人：中士二人，下士四人；府二人，史二人，胥四人，徒四十人。　角人：下士二人；府一人，徒八人。　羽人：下士二人；府一人，徒八人。　掌

葛下士二人府一人史一人胥二人徒二十人 掌染草下士二人府一人史二人徒八人 掌炭下士二人史二人徒二十人 掌荼下士二人府一人史一人徒二十人 掌蜃下士二人府一人史一人徒八人 囿人中士四人下士八人府二人胥八人徒八十人 場人每場下士二人府一人史一人徒二十人 廩人下大夫二人上士四人中士八人下士十有六人府八人史十有六人胥三十人徒三百人 舍人上士二人中士四人府二人史四人胥四人徒四十人 倉人中士四人下

儒藏經典·康熙篆文六經四書 周禮

葛：下士二人；府一人，史一人，胥二人，徒二十人。 掌染草：下士二人；府一人，史二人，徒八人。 掌炭：下士二人；史二人，徒二十人。 掌荼：下士二人；府一人，史一人，徒二十人。 掌蜃：下士二人；府一人，史一人，徒八人。 囿人：中士四人，下士八人；府二人，胥八人，徒八十人。 場人：每場下士二人，府一人，史一人，徒二十人。 廩人：下大夫二人，上士四人，中士八人，下士十有六人；府八人，史十有六人，胥三十人，徒三百人。 舍人：上士二人，中士四人；府二人，史四人，胥四人，徒四十人。 倉人：中士四人，下

士八人府二人史四人胥四人
徒四十人 司祿中士四人下
士八人府二人史四人徒四十
人 司稼下士八人史四人徒
四十人 舂人奄二人女舂抌
二人奚五人 饎人奄二人女
饎八人奚四十人 ② 槀人奄八
人女槀每奄二人奚五人

大司徒之職掌建邦之土地之
圖與其人民之數以佐王安擾
邦國以天下土地之圖周知九
州之地域廣輪之數辨其山林
川澤丘陵墳衍原隰之名物而
辨其邦國都鄙之數制其畿疆
而溝封之設其社稷之壝而樹
之田主各以其野之所宜木遂

士八人；府二人，史四人，胥四人，徒四十人。司祿：中士四人，下士八人；府二人，史四人，徒四十人。司稼：下士八人；史四人，徒四十人。舂人：奄二人，女舂抌二人，奚五人。饎人：奄二人，女饎八人，奚四十人。槀人：奄八人，女槀每奄二人，奚五人。

儒藏
儒藏經典·康熙篆文六經四書 周禮

大司徒之職：掌建邦之土地之圖，與其人民之數，以佐王安擾邦國。以天下土地之圖，周知九州之地域廣輪之數，辨其山林、川澤、丘陵、墳衍、原隰之名物；而辨其邦國都鄙之數，制其畿疆而溝封之，設其社稷之壝而樹之田主。各以其野之所宜木，遂以名其社與其野以土會之灋辨五地之物生一曰山林其動物宜毛物其植物宜皁物其民毛而方二曰川澤其動物宜鱗物其植物宜膏物其民黑而津三曰丘陵其動物宜羽物其植物宜覈物其民專而長四曰墳衍其動物宜介物其植物宜莢物其民晳而瘠五曰原隰其動物宜贏物其植物宜叢物其民豐肉而庳因此五物者民之常而施十有二教焉一曰以祀禮教敬則民不苟二曰以陽禮教讓則民不爭三曰以陰禮教親則民不怨四曰以樂禮教和則民不乖五曰以儀辨等則民不

以名其社與其野。以土會之灋辨五地之物生：一曰山林，其動物宜毛物，其植物宜皁物，其民毛而方。二曰川澤，其動物宜鱗物，其植物宜膏物，其民黑而津。三曰丘陵，其動物宜羽物，其植物宜覈物，其民專而長。四曰墳衍，其動物宜介物，其植物宜莢物，其民晳而瘠。五曰原隰，其動物宜贏物，其植物宜叢物，其民豐肉而庳。因此五物者民之常，而施十有二教焉：一曰以祀禮教敬，則民不苟。二曰以陽禮教讓，則民不爭。三曰以陰禮教親，則民不怨。四曰以樂禮教和，則民不乖。五曰以儀辨等，則民不越六曰以俗教安則民不愉七曰以刑教中則民不虣八曰以誓教恤則民不怠九曰以度教節則民知足十曰以世事教能則民不失職十有一曰以賢制爵則民慎德十有二曰以庸制祿則民興功以土宜之灋辨十有二土之名物以相民宅而知其利害以阜人民以蕃鳥獸以毓草木以任土事辨十有二壤之物而知其種以教稼穡樹蓺以土均之灋辨五物九等制天下之地征以作民職以令地貢以斂財賦以均齊天下之政以土圭之灋測土深正日景以求地中日南則景短多暑日北則

儒藏 儒藏經典·康熙篆文六經四書 周禮

越。六曰以俗教安，則民不愉。七曰以刑教中，則民不虣。八曰以誓教恤，則民不怠。九曰以度教節，則民知足。十曰以世事教能，則民不失職。十有一曰以賢制爵，則民慎德。十有二曰以庸制祿，則民興功。以土宜之灋辨十有二土之名物，以相民宅，而知其利害，以阜人民，以蕃鳥獸，以毓草木，以任土事。辨十有二壤之物而知其種，以教稼穡樹蓺。以土均之灋辨五物九等，制天下之地征，以作民職，以令地貢，以斂財賦，以均齊天下之政。以土圭之灋測土深、正日景，以求地中。日南則景短多暑，日北則

景長多寒日東則景夕多風日
西則景朝多陰日至之景尺有
五寸謂之地中天地之所合也
四時之所交也風雨之所會也
陰陽之所和也然則百物阜安
乃建王國焉制其畿方千里而
封樹之凡建邦國以土圭土其
地而制其域諸公之地封疆方

五百里其食者半諸侯之地封
疆方四百里其食者參之一諸
伯之地封疆方三百里其食者
參之一諸子之地封疆方二百
里其食者四之一諸男之地封
疆方百里其食者四之一凡造
都鄙制其地域而封溝之以其
室數制之不易之地家百晦一

景長多寒，日東則景夕多風，日西則景朝多陰。日至之景，尺有五寸，謂之地中：天地之所合也，四時之所交也，風雨之所會也，陰陽之所和也。然則百物阜安，乃建王國焉，制其畿方千里，而封樹之。凡建邦國，以土圭土其地而制其域：諸公之地，封疆方

五百里，其食者半；諸侯之地，封疆方四百里，其食者參之一；諸伯之地，封疆方三百里，其食者參之一；諸子之地，封疆方二百里，其食者四之一；諸男之地，封疆方百里，其食者四之一。凡造都鄙，制其地域而封溝之。以其室數制之：不易之地，家百晦；一

易之地家二百晦再易之地家
三百晦乃分地職奠地守制地
貢而頒職事焉以爲地灋而待
政令以荒政十有二聚萬民一
曰散利二曰薄征三曰緩刑四
曰弛力五曰舍禁六曰去幾七
曰眚禮八曰殺哀九曰蕃樂十
曰多昏十有一曰索鬼神十有

二曰除盜賊以保息六養萬民
一曰慈幼二曰養老三曰振窮
四曰恤貧五曰寬疾六曰安富
以本俗六安萬民一曰媺宮室
二曰族墳墓三曰聯兄弟四曰
聯師儒五曰聯朋友六曰同衣
服正月之吉始和布教于邦國
都鄙乃縣教象之灋于象魏使

易之地，家二百晦；再易之地，家
三百晦。乃分地職、奠地守、制地
貢，而頒職事焉，以爲地灋而待
政令。以荒政十有二聚萬民：一
曰散利，二曰薄征，三曰緩刑，四
曰弛力，五曰舍禁，六曰去幾，七
曰眚禮，八曰殺哀，九曰蕃樂，十
曰多昏，十有一曰索鬼神，十有

二曰除盜賊。以保息六養萬民：
一曰慈幼，二曰養老，三曰振窮，四
曰恤貧，五曰寬疾，六曰安富。
以本俗六安萬民：一曰媺宮室，
二曰族墳墓，三曰聯兄弟，四曰
聯師儒，五曰聯朋友，六曰同衣
服。正月之吉始和，布教于邦國
都鄙。乃縣教象之灋于象魏，使

萬民觀教象挾日而斂之乃施教灋于邦國都鄙使之各以教其所治民令五家爲比使之相保五比爲閭使之相受四閭爲族使之相葬五族爲黨使之相救五黨爲州使之相賙五州爲鄉使之相賓頒職事十有二于邦國都鄙使以登萬民一曰稼

穡二曰樹藝三曰作材四曰阜蕃五曰飭材六曰通財③七曰化材八曰斂材九曰生材十曰學藝十有一曰世事十有二曰服事以鄉三物教萬民而賓興之一曰六德知仁聖義忠和二曰六行孝友睦婣任恤三曰六藝禮樂射御書數以鄉八刑糾萬

萬民觀教象，挾日而斂之。乃施教灋于邦國都鄙，使之各以教其所治民。令五家爲比，使之相保；五比爲閭，使之相受；四閭爲族，使之相葬；五族爲黨，使之相救；五黨爲州，使之相賙；五州爲鄉，使之相賓。頒職事十有二于邦國都鄙，使以登萬民：一曰稼

穡，二曰樹藝，三曰作材，四曰阜蕃，五曰飭材，六曰通財，七曰化材，八曰斂材，九曰生材，十曰學藝，十有一曰世事，十有二曰服事。以鄉三物教萬民而賓興之：一曰六德，知、仁、聖、義、忠、和；二曰六行，孝、友、睦、婣、任、恤；三曰六藝，禮、樂、射、御、書、數。以鄉八刑糾萬

民：一曰不孝之刑，二曰不睦之刑，三曰不婣之刑，四曰不弟之刑，五曰不任之刑，六曰不恤之刑，七曰造言之刑，八曰亂民之刑。以五禮防萬民之僞而教之中。以六樂防萬民之情而教之和。凡萬民之不服教而有獄訟者，與有地治者聽而斷之；其附

儒藏經典·康熙篆文六經四書　周禮

于刑者歸于士。祀五帝，奉牛牲，羞其肆。享先王亦如之。大賓客，令野修道委積。大喪，帥六鄉之衆庶，屬其六引，而治其政令。大軍旅，大田役，以旗致萬民，而治其徒庶之政令。若國有大故，則致萬民于王門，令無節者不行于天下。大荒、大札，則令邦國移

儒藏 儒藏經典·康熙篆文六經四書 周禮

民通財、舍禁弛力、薄征緩刑。歲終，則令教官正治而致事。正歲令于教官曰：「各共爾職，修乃事，以聽王命。其有不正，則國有常刑！」小司徒之職，掌建邦之教灋，以稽國中及四郊、都鄙之夫家、九比之數，以辨其貴賤、老幼、廢疾，凡征役之施舍，與其祭祀、飲食、喪紀之禁令。乃頒比灋于六鄉之大夫，使各登其鄉之衆寡、六畜、車輦，辨其物，以歲時入其數，以施政教，行徵令。及三年，則大比；大比則受邦國之比要。乃會萬民之卒伍而用之：五人爲伍，五伍爲兩，四兩爲卒，五卒爲旅，五旅爲師，五師爲軍，以起

儒藏經典·康熙篆文六經四書　周禮

軍旅以作田役以比追胥以令貢賦乃均土地以稽其人民而周知其數上地家七人可任也者家三人中地家六人可任也者二家五人下地家五人可任也者家二人凡起徒役毋過家一人以其餘爲羡唯田與追胥竭作凡用衆庶則掌其政教與其戒禁聽其辭訟施其賞罰誅其犯命者凡國之大事致民大故致餘子乃經土地而井牧其田野九夫爲井四井爲邑四邑爲丘四丘爲甸四甸爲縣四縣爲都以任地事而令貢賦凡稅斂之事乃分地域而辨其守施其職而平其政凡小祭祀奉牛

儒藏經典·康熙篆文六經四書　周禮

軍旅，以作田役，以比追胥，以令貢賦。乃均土地以稽其人民，而周知其數：上地家七人，可任也者家三人；中地家六人，可任也者二家五人；下地家五人，可任也者家二人。凡起徒役，毋過家一人，以其餘爲羡；唯田與追胥竭作。凡用衆庶，則掌其政教與其戒禁，聽其辭訟，施其賞罰，誅其犯命者。凡國之大事，致民；大故，致餘子。乃經土地而井牧其田野：九夫爲井，四井爲邑，四邑爲丘，四丘爲甸，四甸爲縣，四縣爲都，以任地事而令貢賦，凡稅斂之事。乃分地域而辨其守，施其職而平其政。凡小祭祀，奉牛牲，羞其肆。小賓客，令野脩道委積。大軍旅，帥其衆庶。小軍旅，巡役，治其政令。大喪，帥邦役，治其政教。凡建邦國，立其社稷，正其畿疆之封。凡民訟，以地比正之；地訟，以圖正之。歲終，則攷其屬官之治成而誅賞，令群吏正要會而致事。正歲，則帥其屬而觀教灋之象，徇以木鐸，曰：「不用灋者，國有常刑！」令群吏憲禁令，修灋糾職，以待邦治。及大比、六鄉、四郊之吏，平教治，正政事，攷夫屋，及其衆寡、六畜、兵器，以待政令。

鄉師之職：各掌其所治鄉之教而聽其治。以國比之灋，以時稽其夫家衆寡，辨其老幼、貴賤廢疾馬牛之物辨其可任者與其施舍者掌其戒令糾禁聽其獄訟大役則帥民徒而至治其政令既役則受州里之役要以攷司空之辟以逆其役事凡邦事令作秩敘大祭祀羞牛牲共茅蒩大軍旅會同正治其徒役與其輂輦戮其犯命者大喪用役則帥其民而至遂治之及葬執纛以與匠師御匶而治役及窆執斧以涖匠師凡四時之田前期出田灋于州里簡其鼓鐸旗物兵器修其卒伍及期以司徒之大旗致衆庶而陳之以旗物辨鄉邑而治其政令刑禁巡其前後之屯而戮其犯命者

儒藏經典·康熙篆文六經四書 周禮

賤、廢疾、馬牛之物，辨其可任者與其施舍者，掌其戒令糾禁，聽其獄訟。大役，則帥民徒而至，治其政令；既役，則受州里之役要，以攷司空之辟，以逆其役事。凡邦事，令作秩敘。大祭祀，羞牛牲，共茅蒩。大軍旅、會同，正治其徒役與其輂輦，戮其犯命者。大喪用役，則帥其民而至，遂治之。及葬，執纛，以與匠師御匶而治役。及窆，執斧以涖匠師。凡四時之田：前期，出田灋于州里，簡其鼓鐸、旗物、兵器，修其卒伍。及期，以司徒之大旗致衆庶，而陳之以旗物；辨鄉邑，而治其政令刑禁；巡其前後之屯，而戮其犯命者；

斷其爭禽之訟凡四時之徵令有常者以木鐸徇于市朝以歲時巡國及野而賙萬民之囏阨以王命施惠歲終則攷六鄉之治以詔廢置正歲稽其鄉器比共吉凶二服閭共祭器族共喪器黨共射器州共賓器鄉共吉凶禮樂之器若國大比則攷教察辭稽器展事以詔誅賞鄉大夫之職各掌其鄉之政教禁令正月之吉受教灋于司徒退而頒之于其鄉吏使各以教其所治以攷其德行察其道藝以歲時登其夫家之衆寡辨其可任者國中自七尺以及六十野自六尺以及六十有五皆征之

儒藏經典·康熙篆文六經四書　周禮

斷其爭禽之訟。凡四時之徵令有常者，以木鐸徇于市朝。以歲時巡國及野，而賙萬民之囏阨，以王命施惠。歲終，則攷六鄉之治以詔廢置。正歲，稽其鄉器，比共吉凶二服，閭共祭器，族共喪器，黨共射器，州共賓器，鄉共吉凶禮樂之器。若國大比，則攷教察辭，稽器展事，以詔誅賞。鄉大夫之職，各掌其鄉之政教禁令。正月之吉，受教灋于司徒，退而頒之于其鄉吏，使各以教其所治，以攷其德行，察其道藝。以歲時登其夫家之衆寡，辨其可任者。國中自七尺以及六十，野自六尺以及六十有五，皆征之。

其舍者國中貴者賢者能者服公事者老者疾者皆舍以歲時入其書三年則大比攷其德行道藝而興賢者能者鄉老及鄉大夫帥其吏與其衆寡以禮禮賓之厥明鄉老及鄉大夫羣吏獻賢能之書于王王再拜受之登于天府內史貳之退而以鄉射之禮五物詢衆庶一曰和二曰容三曰主皮四曰和容五曰興舞此謂使民興賢出使長之使民興能入使治之歲終則令六鄉之吏皆會政致事正歲令羣吏攷灋于司徒以退各憲之于其所治之國大詢于衆庶則各帥其鄉之衆寡而致于朝國

儒藏經典·康熙篆文六經四書　周禮

其舍者，國中貴者、賢者、能者、服公事者、老者、疾者，皆舍。以歲時入其書。三年則大比，攷其德行、道藝，而興賢者、能者。鄉老及鄉大夫帥其吏與其衆寡，以禮禮賓之。厥明，鄉老及鄉大夫、群吏，獻賢能之書于王，王再拜受之，登于天府，内史貳之。退而以鄉射之禮五物詢衆庶，一曰和，二曰容，三曰主皮，四曰和容，五曰興舞。此謂使民興賢，出使長之；使民興能，入使治之。歲終，則令六鄉之吏皆會政致事。正歲，令群吏攷灋于司徒以退，各憲之于其所治之國。大詢于衆庶，則各帥其鄉之衆寡而致于朝。國有大故則令民各守其閭以待政令以旌節輔令則達之州長各掌其州之教治政令之灋正月之吉各屬其州之民而讀灋以攷其德行道藝而勸之以糾其過惡而戒之若以歲時祭祀州社則屬其民而讀灋亦如之春秋以禮會民而射于州序

凡州之大祭祀大喪皆涖其事若國作民而師田行役之事則帥而致之掌其戒令與其賞罰歲終則會其州之政令正歲則讀教灋如初三年大比則大攷州里以贊鄉大夫廢興

黨正各掌其黨之政令教治及四時之孟月吉日則屬民而讀邦灋

儒藏 儒藏經典·康熙篆文六經四書 周禮

有大故，則令民各守其閭以待政令。以旌節輔令，則達之。州長：各掌其州之教治政令之灋。正月之吉，各屬其州之民而讀灋，以攷其德行道藝而勸之，以糾其過惡而戒之。若以歲時祭祀州社，則屬其民而讀灋，亦如之。春秋以禮會民，而射于州序。

凡州之大祭祀、大喪，皆涖其事。若國作民而師、田、行、役之事，則帥而致之；掌其戒令與其賞罰。歲終，則會其州之政令。正歲，則讀教灋如初。三年大比，則大攷州里，以贊鄉大夫廢興。

黨正：各掌其黨之政令教治。及四時之孟月吉日，則屬民而讀邦灋

以糾戒之春秋祭禜亦如之國
索鬼神而祭祀則以禮屬民而
飲酒于序以正齒位壹命齒于
鄉里再命齒于父族三命而不
齒凡其黨之祭祀喪紀昏冠飲
酒教其禮事掌其戒禁凡作民
而師田行役則以其灋治其政
事歲終則會其黨政帥其吏而
致事正歲屬民讀灋而書其德
行道藝以歲時涖校比及大比
亦如之族師各掌其族之戒
令政事月吉則屬民而讀邦灋
書其孝弟睦婣有學者春秋祭
酺亦如之以邦比之灋帥四閭
之吏以時屬民而校登其族之
夫家眾寡辨其貴賤老幼廢疾

以糾戒之。春秋祭禜，亦如之。國索鬼神而祭祀，則以禮屬民而飲酒于序，以正齒位：壹命齒于鄉里，再命齒于父族，三命而不齒。凡其黨之祭祀、喪紀、昏冠、飲酒，教其禮事，掌其戒禁。凡作民而師、田、行、役，則以其灋治其政事。歲終，則會其黨政，帥其吏而致事。正歲，屬民讀法，而書其德行道藝。以歲時涖校比。及大比，亦如之。

族師：各掌其族之戒令政事。月吉，則屬民而讀邦灋，書其孝、弟、睦、婣、有學者。春秋祭酺，亦如之。以邦比之法，帥四閭之吏，以時屬民而校，登其族之夫家眾寡，辨其貴賤、老幼、廢疾、可任者及其六畜車輦五家爲比十家爲聯五人爲伍十人爲聯四閭爲族八閭爲聯使之相保相受刑罰慶賞相及相共以受邦職以役國事以相葬埋若作民而師田行役則合其卒伍簡其兵器以鼓鐸旗物帥而至掌其治令戒禁刑罰歲終則會政致事

閭胥各掌其閭之徵令以歲時各數其閭之衆寡辨其施舍凡春秋之祭祀役政喪紀之數聚衆庶既比則讀法書其敬敏任恤者凡事掌其比觵撻罰之事

比長各掌其比之治五家相受相和親有辠奇衺則相及徙于國中及郊則從而

儒藏經典·康熙篆文六經四書 周禮

可任者，及其六畜、車輦。五家爲比，十家爲聯；五人爲伍，十人爲聯；四閭爲族，八閭爲聯：使之相保相受，刑罰慶賞，相及相共，以受邦職，以役國事，以相葬埋。若作民而師、田、行、役，則合其卒伍，簡其兵器，以鼓鐸、旗物帥而至，掌其治令、戒禁、刑罰。歲終，則會政致事。

閭胥：各掌其閭之徵令。以歲時各數其閭之衆寡，辨其施舍。凡春秋之祭祀、役政、喪紀之數，聚衆庶。既比，則讀法，書其敬、敏、任、恤者。凡事，掌其比觵撻罰之事。

比長：各掌其比之治。五家相受，相和親；有辠奇衺，則相及。徙于國中及郊，則從而授之若徙于他則爲之旌節而行之若無授無節則唯圜土内之 封人掌設王之社壝爲畿封而樹之凡封國設其社稷之壝封其四疆造都邑之封域者亦如之令社稷之職凡祭祀飾其牛牲設其楅衡置其絼共其水槀歌舞牲及毛炮之豚凡喪

紀賓客軍旅大盟則飾其牛牲

鼓人掌教六鼓四金之音聲以節聲樂以和軍旅以正田役教爲鼓而辨其聲用以雷鼓鼓神祀以靈鼓鼓社祭以路鼓鼓鬼享以鼖鼓鼓軍事以鼛鼓鼓役事以晉鼓鼓金奏以金錞和鼓以金鐲節鼓以金鐃止鼓以

儒藏
儒藏經典・康熙篆文六經四書 周禮

授之。若徙于他，則爲之旌節而行之。若無授無節，則唯圜土内之。

封人：掌設王之社壝，爲畿，封而樹之。凡封國，設其社稷之壝，封其四疆。造都邑之封域者亦如之。令社稷之職。凡祭祀，飾其牛牲，設其楅衡，置其絼，共其水槀。歌舞牲，及毛炮之豚。凡喪紀、賓客、軍旅、大盟，則飾其牛牲。

鼓人：掌教六鼓、四金之音聲，以節聲樂，以和軍旅，以正田役。教爲鼓而辨其聲用：以雷鼓鼓神祀，以靈鼓鼓社祭，以路鼓鼓鬼享，以鼖鼓鼓軍事，以鼛鼓鼓役事，以晉鼓鼓金奏，以金錞和鼓，以金鐲節鼓，以金鐃止鼓，以金鐸通鼓。凡祭祀百物之神，鼓兵舞帗舞者。凡軍旅，夜鼓鼜，軍動則鼓其眾，田役亦如之。救日月，則詔王鼓。大喪，則詔大僕鼓。

舞師：掌教兵舞，帥而舞山川之祭祀；教帗舞，帥而舞社稷之祭祀；教羽舞，帥而舞四方之祭祀；教皇舞，帥而舞旱暵之事。凡野舞，則皆教之。凡小祭祀，則不興舞。

牧人：掌牧六牲而阜蕃其物，以共祭祀之牲牷。凡陽祀，用騂牲毛之；陰祀，用黝牲毛之；望祀，各以其方之色牲毛之。凡時祀之牲，必用牷物。凡外祭毀事，用尨可也。凡祭祀，共其犧牲，以授充人繫之。凡牲不繫者，共

儒藏經典·康熙篆文六經四書　周禮

奉之　牛人掌養國之公牛以待國之政令凡祭祀共其享牛求牛以授職人而芻之凡賓客之事共其牢禮積膳之牛饗食賓射共其膳羞之牛軍事共其犒牛喪事共其奠牛凡會同軍旅行役共其兵車之牛與其牽徬以載公任器凡祭祀共其牛牲之互與其盆簝以待事　充人掌繫祭祀之牲牷祀五帝則繫于牢芻之三月享先王亦如之凡散祭祀之牲繫于國門使養之展牲則告牷碩牲則贊
載師掌任土之灋以物地事授地職而待其政令以廛里任國中之地以場圃任園地以宅田

奉之。牛人：掌養國之公牛，以待國之政令。凡祭祀，共其享牛、求牛，以授職人而芻之。凡賓客之事，共其牢禮積膳之牛；饗食、賓射，共其膳羞之牛；軍事，共其犒牛；喪事，共其奠牛。凡會同、軍旅、行役，共其兵車之牛與其牽徬，以載公任器。凡祭祀，共其牛牲之互與其盆簝以待事。充人：掌繫祭祀之牲牷。祀五帝，則繫于牢，芻之三月。享先王亦如之。凡散祭祀之牲，繫于國門，使養之。展牲則告牷。碩牲則贊。

載師：掌任土之灋以物地事、授地職，而待其政令。以廛里任國中之地，以場圃任園地，以宅田、

士田賈田任近郊之地以官田
牛田賞田牧田任遠郊之地以
公邑之田任甸地以家邑之田
任稍地以小都之田任縣地以
大都之田任畺地凡任地國宅
無征園廛二十而一近郊十一
遠郊二十而三甸稍縣都皆無
過十二唯其漆林之征二十而

五凡宅不毛者有里布凡田不
耕者出屋粟凡民無職事者出
夫家之征以時徵其賦 閭師
掌國中及四郊之人民六畜之
數以任其力以待其政令以時
徵其賦凡任民任農以耕事貢
九穀任圃以樹事貢草木任工
以飭材事貢器物任商以市事

士田、賈田任近郊之地，以官田、
牛田、賞田、牧田任遠郊之地，以
公邑之田任甸地，以家邑之田
任稍地，以小都之田任縣地，以
大都之田任畺地。凡任地，國宅
無征，園廛二十而一，近郊十一，
遠郊二十而三，甸、稍、縣、都皆無
過十二，唯其漆林之征二十而

儒藏
儒藏經典・康熙篆文六經四書 周禮

五。凡宅不毛者，有里布。凡田不
耕者，出屋粟。凡民無職事者，出
夫家之征。以時徵其賦。 閭師：
掌國中及四郊之人民、六畜之
數，以任其力，以待其政令，以時
徵其賦。凡任民：任農以耕事，貢
九穀；任圃以樹事，貢草木；任工
以飭材事，貢器物；任商以市事，

貢貨賄任牧以畜事貢鳥獸任嬪以女事貢布帛任衡以山事貢其物任虞以澤事貢其物凡無職者出夫布凡庶民不畜者祭無牲不耕者祭無盛不樹者無椁不蠶者不帛不績者不衰

縣師掌邦國都鄙稍甸郊里之地域而辨其夫家人民田萊之數及其六畜車輦之稽三年大比則以攷群吏而以詔廢置若將有軍旅會同田役之戒則受灋于司馬以作其衆庶及馬牛車輦會其車人之卒伍使皆備旗鼓兵器以帥而至凡造都邑量其地辨其物而制其域以歲時徵野之賦貢　遺人掌邦

儒藏經典·康熙篆文六經四書 周禮

貢貨賄；任牧以畜事，貢鳥獸；任嬪以女事，貢布帛；任衡以山事，貢其物；任虞以澤事，貢其物。凡無職者出夫布。凡庶民不畜者祭無牲，不耕者祭無盛，不樹者無椁，不蠶者不帛，不績者不衰。

縣師：掌邦國、都鄙、稍甸、郊里之地域，而辨其夫家、人民、田萊之數，及其六畜、車輦之稽。三年大比，則以攷群吏，而以詔廢置。若將有軍旅、會同、田役之戒，則受灋于司馬，以作其衆庶及馬牛車輦，會其車人之卒伍，使皆備旗鼓兵器，以帥而至。凡造都邑，量其地，辨其物，而制其域。以歲時徵野之賦貢。　遺人：掌邦之委積，以待施惠。鄉里之委積，以恤民之囏阨；門關之委積，以養老孤；郊里之委積，以待賓客；野鄙之委積，以待羇旅；縣都之委積，以待凶荒。凡賓客、會同、師役，掌其道路之委積。凡國野之道：十里有廬，廬有飲食；三十里有宿，宿有路室，路室有委；五十里有市，市有候館，候館有積。凡委積之事，巡而比之，以時頒之。

均人：掌均地政，均地守，均地職，均人民、牛馬、車輦之力政。凡均力政，以歲上下：豐年則公旬用三日焉，中年則公旬用二日焉，無年則公旬用一日焉。凶札則無力政，無財賦，不收地守、地

職不均地政三年大比則大均
師氏掌以媺詔王以三德教
國子一曰至德以爲道本二曰
敏德以爲行本三曰孝德以知
逆惡教三行一曰孝行以親父
母二曰友行以尊賢良三曰順
行以事師長居虎門之左司王
朝掌國中失之事以教國子弟
凡國之貴遊子弟學焉凡祭祀
賓客會同喪紀軍旅王舉則從
聽治亦如之使其屬帥四夷之
隸各以其兵服守王之門外且
蹕朝在野外則守內列　保氏
掌諫王惡而養國子以道乃教
之六藝一曰五禮二曰六樂三
曰五射四曰五馭五曰六書六

儒藏經典·康熙篆文六經四書　周禮

職，不均地政。三年大比，則大均。

師氏：掌以媺詔王。以三德教國子：一曰至德，以爲道本；二曰敏德，以爲行本；三曰孝德，以知逆惡。教三行：一曰孝行，以親父母；二曰友行，以尊賢良；三曰順行，以事師長。居虎門之左，司王朝。掌國中失之事，以教國子弟，凡國之貴遊子弟學焉。凡祭祀、賓客、會同、喪紀、軍旅，王舉則從；聽治亦如之。使其屬帥四夷之隸，各以其兵服守王之門外，且蹕。朝在野外，則守內列。

保氏：掌諫王惡，而養國子以道。乃教之六藝：一曰五禮，二曰六樂，三曰五射，四曰五馭，五曰六書，六曰九數。乃教之六儀：一曰祭祀之容，二曰賓客之容，三曰朝廷之容，四曰喪紀之容，五曰軍旅之容，六曰車馬之容。凡祭祀、賓客、會同、喪紀、軍旅，王舉則從；聽治亦如之。使其屬守王闈。司諫：掌糾萬民之德而勸之，朋友正其行而强之，道藝巡問而觀察之，以時書其德行道藝，辨其能而可任于國事者；以攷鄉里之治，以詔廢置，以行赦宥。司救：掌萬民之衰惡過失而誅讓之，以禮防禁而救之。凡民之有衰惡者，三讓而罰，三罰而士加明刑，恥諸嘉石，役諸司空。其有過失者，三讓而罰，三罰而歸于圜土。凡歲時有天患民病，則以節巡國中及郊野，而以王命施惠。

調人：掌司萬民之難而諧和之。凡過而殺傷人者，以民成之。鳥獸亦如之。凡和難：父之讎，辟諸海外；兄弟之讎，辟諸千里之外；從父兄弟之讎，不同國；君之讎眡父，師長之讎眡兄弟，主友之讎眡從父兄弟。弗辟，則與之瑞節而以執之。凡殺人有反殺者，使邦國交讎之。凡殺人而義者，不同國，令勿讎，讎之則死。凡有鬭怒者成之，不可成者則書之，先動者誅之。

媒氏：掌萬民之判。凡男女自成名以上，皆書年月日名焉。令男三十而娶，女二十而嫁。凡娶判妻入子者，皆書之。中春之月，令會男女。於是時也，奔者不禁。若無故而不用令者，罰之。司男女之無夫家者而會之。凡嫁子娶妻，入幣純帛無過五兩。禁遷葬者與嫁殤者。凡男女之陰訟，聽之于勝國之社；其附于刑者，歸之于士。

司市：掌市之治教、政刑、量度、禁令。以次敘分地而經市，以陳肆辨物而平市，以政令禁物靡而均市，以商賈阜貨而行布，以量度成賈而徵儥，以質劑結信而止訟，以賈民禁僞而除詐，以刑罰禁虣而去盜，以泉府同貨而斂賒。大市日而市，百族爲主；

朝市朝時而市商賈爲主夕市夕時而市販夫販婦爲主凡市入則胥執鞭度守門市之群吏平肆展成奠賈上旌于思次以令市市師涖焉而聽大治大訟胥師賈師涖于介次而聽小治小訟凡萬民之期于市者辟布者量度者刑戮者各于其地之敘凡得貨賄六畜者亦如之三日而舉之凡治市之貨賄六畜珍異亡者使有利者使阜害者使亡靡者使微凡通貨賄以璽節出入之國凶荒札喪則市無征而作布凡市僞飾之禁在民者十有二在商者十有二在賈者十有二在工者十有二市刑

朝市朝時而市，商賈爲主；夕市夕時而市，販夫販婦爲主。凡市入則胥執鞭度，守門市之群吏平肆，展成奠賈，上旌于思次以令市。市師涖焉，而聽大治大訟。胥師、賈師涖于介次，而聽小治小訟。凡萬民之期于市者、辟布者、量度者、刑戮者各于其地之敘。凡得貨賄、六畜者亦如之，三日而舉之。凡治市之貨賄、六畜、珍異，亡者使有，利者使阜，害者使亡，靡者使微。凡通貨賄，以璽節出入之。國凶、荒、札、喪，則市無征而作布。凡市僞飾之禁，在民者十有二，在商者十有二，在賈者十有二，在工者十有二。市刑：

小刑憲罰中刑徇罰大刑扑罰其附于刑者歸于士國君過市則刑人赦夫人過市罰一幕世子過市罰一帟命夫過市罰一蓋命婦過市罰一帷凡會同師役市司帥賈師而從治其市政掌其賣儥之事　質人掌成市之貨賄人民牛馬兵器珍異凡賣儥者質劑焉大市以質小市以劑掌稽市之書契同其度量壹其淳制巡而攷之犯禁者舉而罰之凡治質劑者國中一旬郊二旬野三旬都三月邦國朞期内聽期外不聽　廛人掌斂市絘布總布質布罰布廛布而入于泉府凡屠者斂其皮角筋

儒藏經典・康熙篆文六經四書　周禮

小刑憲罰，中刑徇罰，大刑扑罰，其附于刑者歸于士。國君過市，則刑人赦；夫人過市，罰一幕；世子過市，罰一帟；命夫過市，罰一蓋；命婦過市，罰一帷。凡會同、師役，市司帥賈師而從，治其市政，掌其賣儥之事。

質人：掌成市之貨賄、人民、牛馬、兵器、珍異。凡賣儥者質劑焉，大市以質，小市以劑。掌稽市之書契，同其度量，壹其淳制，巡而攷之，犯禁者舉而罰之。凡治質劑者，國中一旬，郊二旬，野三旬，都三月，邦國朞，期内聽，期外不聽。

廛人：掌斂市絘布、總布、質布、罰布、廛布而入于泉府。凡屠者，斂其皮角筋

骨入于玉府凡珍異之有滯者
斂而入于膳府　胥師各掌其
次之政令而平其貨賄憲刑禁
焉察其詐僞飾行儥慝者而誅
罰之聽其小治小訟而斷之
賈師各掌其次之貨賄之治辨
其物而均平之展其成而奠其
賈然後令市凡天患禁貴儥者
使有恒賈四時之珍異亦如之
凡國之賣儥各帥其屬而嗣掌
其月凡師役會同亦如之　司
虣掌憲市之禁令禁其鬬嚻者
與其虣亂者出入相陵犯者以
屬游飲食于市者若不可禁則
搏而戮之　司稽掌巡市而察
其犯禁者與其不物者而搏之

儒藏經典·康熙篆文六經四書　周禮

骨，入于玉府。凡珍異之有滯者，斂而入于膳府。　胥師：各掌其次之政令，而平其貨賄，憲刑禁焉。察其詐僞、飾行、儥慝者而誅罰之。聽其小治小訟而斷之。

賈師：各掌其次之貨賄之治，辨其物而均平之，展其成而奠其賈，然後令市。凡天患，禁貴儥者，使有恒賈。四時之珍異，亦如之。凡國之賣儥，各帥其屬而嗣掌其月。凡師役、會同，亦如之。　司虣：掌憲市之禁令，禁其鬬嚻者，與其虣亂者、出入相陵犯者、以屬游飲食于市者。若不可禁，則搏而戮之。　司稽：掌巡市，而察其犯禁者與其不物者而搏之。

掌執市之盜賊以徇且刑之
胥各掌其所治之政執鞭度而
巡其前掌其坐作出入之禁令
襲其不正者凡有罪者撻戮而
罰之 肆長各掌其肆之政令
陳其貨賄名相近者相遠也實
相近者相爾也而平正之斂其
總布掌其戒禁 泉府掌以市
之征布斂市之不售貨之滯於
民用者以其賈買之物楬而書
之以待不時而買者買者各從
其抵都鄙從其主國人郊人從
其有司然後予之凡賒者祭祀
無過旬日喪紀無過三月凡民
之貸者與其有司辨而授之以
國服爲之息凡國事之財用取

掌執市之盜賊以徇，且刑之。

胥：各掌其所治之政，執鞭度而巡其前。掌其坐作出入之禁令，襲其不正者。凡有罪者，撻戮而罰之。

肆長：各掌其肆之政令。陳其貨賄，名相近者相遠也，實相近者相爾也，而平正之。斂其總布，掌其戒禁。

泉府：掌以市之征布，斂市之不售、貨之滯於民用者，以其賈買之，物楬而書之，以待不時而買者。買者各從其抵，都鄙從其主，國人、郊人從其有司，然後予之。凡賒者，祭祀無過旬日，喪紀無過三月。凡民之貸者，與其有司辨而授之，以國服爲之息。凡國事之財用，取

儒藏
儒藏經典·康熙篆文六經四書 周禮

具焉歲終則會其出入而納其餘 司門掌授管鍵以啓閉國門幾出入不物者正其貨賄凡財物犯禁者舉之以其財養死政之老與其孤祭祀之牛牲繫焉監門養之凡歲時之門受其餘凡四方之賓客造焉則以告

司關掌國貨之節以聯門市

司貨賄之出入者掌其治禁與其征廛凡貨不出于關者舉其貨罰其人凡所達貨賄者則以節傳出之國凶札則無關門之征猶幾凡四方之賓客敂關則爲之告有外內之送令則以節傳出內之 掌節掌守邦節而辨其用以輔王命守邦國者用

儒藏 儒藏經典·康熙篆文六經四書 周禮

具焉。歲終，則會其出入而納其餘。 司門：掌授管鍵，以啓閉國門。幾出入不物者，正其貨賄。凡財物犯禁者舉之，以其財養死政之老與其孤。祭祀之牛牲繫焉，監門養之。凡歲時之門，受其餘。凡四方之賓客造焉，則以告。

司關：掌國貨之節，以聯門市。

司貨賄之出入者，掌其治禁與其征廛。凡貨不出于關者，舉其貨，罰其人。凡所達貨賄者，則以節傳出之。國凶札，則無關門之征，猶幾。凡四方之賓客敂關，則爲之告。有外內之送令，則以節傳出內之。 掌節：掌守邦節而辨其用，以輔王命。守邦國者用王節守都鄙者用角節凡邦國之使節山國用虎節土國用人節澤國用龍節皆金也以英蕩輔之門關用符節貨賄用璽節道路用旌節皆有期以反節凡通達于天下者必有節以傳輔之無節者有幾則不達 遂人掌邦之野以土地之圖經田野造縣鄙形體之灋五家爲鄰五鄰爲里四里爲酇五酇爲鄙五鄙爲縣五縣爲遂皆有地域溝樹之使各掌其政令刑禁以歲時稽其人民而授之田野簡其兵器教之稼穡凡治野以下劑致甿以田里安甿以樂昏擾甿以土宜教甿稼穡以興耡利甿

玉節，守都鄙者用角節。凡邦國之使節，山國用虎節，土國用人節，澤國用龍節，皆金也，以英蕩輔之。門關用符節，貨賄用璽節，道路用旌節，皆有期以反節。凡通達于天下者必有節，以傳輔之。無節者，有幾則不達。

遂人：掌邦之野。以土地之圖經田野，造縣鄙形體之灋。五家爲鄰，五鄰爲里，四里爲酇，五酇爲鄙，五鄙爲縣，五縣爲遂，皆有地域，溝樹之使。各掌其政令刑禁，以歲時稽其人民，而授之田野，簡其兵器，教之稼穡。凡治野，以下劑致甿以田里，安甿以樂昏，擾甿以土宜，教甿稼穡以興耡，利甿以時器，勸甿以疆予任甿以土均平政。辨其野之土，上地、中地、下地，以頒田里：上地，夫一廛，田百晦，萊五十晦，餘夫亦如之；中地，夫一廛，田百晦，萊百晦，餘夫亦如之；下地，夫一廛，田百晦，萊二百晦，餘夫亦如之。凡治野：夫間有遂，遂上有徑；十夫有溝，溝上有畛；百夫有洫，洫上有涂；千夫有澮，澮上有道；萬夫有川，川上有路，以達于畿。以歲時登其夫家之眾寡及其六畜、車輦，辨其老幼、廢疾與其施舍者，以頒職作事，以令貢賦，以令師田，以起政役。若起野役，則令各帥其所治之民而至，以遂之大旗致

之其不用命者誅之凡國祭祀
共野牲令野職凡賓客令修野
道而委積大喪帥六遂之役而
致之掌其政令及葬帥而屬六
綍及窆陳役凡事致野役而師
田作野民帥而至掌其政治禁
令　遂師各掌其遂之政令戒
禁以時登其夫家之眾寡六畜
車輦辨其施舍與其可任者經
牧其田野辨其可食者周知其
數而任之以徵財征作役事則
聽其治訟巡其稼穡而移用其
民以救其時事凡國祭祀審其
誓戒共其野牲入野職野賦于
玉府賓客則巡其道修庀其委
積大喪使帥其屬以幄帟先道

儒藏經典·康熙篆文六經四書　周禮

之，其不用命者誅之。凡國祭祀，共野牲，令野職。凡賓客，令修野道而委積。大喪，帥六遂之役而致之，掌其政令；及葬，帥而屬六綍；及窆，陳役。凡事致野役，而師田作野民，帥而至，掌其政治禁令。

遂師：各掌其遂之政令戒禁。以時登其夫家之眾寡、六畜、車輦，辨其施舍與其可任者。經牧其田野，辨其可食者，周知其數而任之，以徵財征。作役事，則聽其治訟。巡其稼穡，而移用其民，以救其時事。凡國祭祀，審其誓戒，共其野牲。入野職、野賦于玉府。賓客，則巡其道修，庀其委積。大喪，使帥其屬以幄帟先，道

野役及窆抱磨共丘籠及蜃車
之役軍旅田獵平野民掌其禁
令比敘其事而賞罰　遂大夫
各掌其遂之政令以歲時稽其
夫家之衆寡六畜田野辨其可
任者與其可施舍者以教稼穡
以稽功事掌其政令戒禁聽其
治訟令爲邑者歲終則會政致
事正歲簡稼器脩稼政三歲大
比則帥其吏而興甿明其有功
者屬其地治者凡爲邑者以四
達戒其功事而誅賞廢興之
縣正各掌其縣之政令徵比以
頒田里以分職事掌其治訟趨
其稼事而賞罰之若將用野民
師田行役移執事則帥而至治

儒藏
儒藏經典·康熙篆文六經四書　周禮

野役；及窆，抱磨，共丘籠及蜃車之役。軍旅、田獵，平野民，掌其禁令，比敘其事而賞罰。

遂大夫：各掌其遂之政令。以歲時稽其夫家之衆寡、六畜、田野，辨其可任者與其可施舍者，以教稼穡，以稽功事。掌其政令戒禁，聽其治訟。令爲邑者，歲終則會政致事。正歲，簡稼器，脩稼政。三歲大比，則帥其吏而興甿，明其有功者，屬其地治者。凡爲邑者，以四達戒其功事，而誅賞廢興之。

縣正：各掌其縣之政令徵比，以頒田里，以分職事；掌其治訟，趨其稼事而賞罰之。若將用野民師、田、行、役、移執事，則帥而至，治其政令既役則稽功會事而誅賞　鄙師各掌其鄙之政令祭祀凡作民則掌其戒令以時數其衆庶而察其媺惡而誅賞歲終則會其鄙之政而致事　酇長各掌其酇之政令以時校登其夫家比其衆寡以治其喪紀祭祀之事若作其民而用之則以旗鼓兵革帥而至若歲時簡器與有司數之凡歲時之戒令皆聽之趨其耕耨稽其女功里宰掌比其邑之衆寡與其六畜兵器治其政令以歲時合耦于耡以治稼穡趨其耕耨行其秩敘以待有司之政令而徵斂其財賦　鄰長掌相糾相受凡

儒藏經典·康熙篆文六經四書　周禮

其政令。既役，則稽功會事而誅賞。　鄙師：各掌其鄙之政令、祭祀。凡作民，則掌其戒令。以時數其衆庶，而察其媺惡而誅賞。歲終，則會其鄙之政而致事。　酇長：各掌其酇之政令，以時校登其夫家，比其衆寡，以治其喪紀、祭祀之事。若作其民而用之，則以旗鼓兵革帥而至。若歲時簡器，與有司數之。凡歲時之戒令皆聽之，趨其耕耨，稽其女功。里宰：掌比其邑之衆寡與其六畜、兵器，治其政令。以歲時合耦于耡，以治稼穡，趨其耕耨，行其秩敘，以待有司之政令，而徵斂其財賦。　鄰長：掌相糾相受。凡邑中之政，相贊。徙于他邑，則從而授之。　旅師：掌聚野之耡粟、屋粟、閒粟，而用之以質劑致民，平頒其興積，施其惠，散其利，而均其政令。凡用粟，春頒而秋斂之。凡新甿之治皆聽之，使無征役，以地之媺惡爲之等。　稍人：掌令丘乘之政令。若有會、同、師、田、行、役之事，則以縣師之灋作其同徒、輂輦，帥而以至，治其政令，以聽于司馬。大喪，帥蜃車與其役以至，掌其政令，以聽于司徒。　委人：掌斂野之賦斂薪芻，凡疏材、木材，凡畜聚之物。以稍聚待賓客，以甸聚待羈旅。凡其余聚以待頒賜。以式灋共祭祀

之薪蒸木材賓客共其芻薪喪
紀共其薪蒸木材軍旅共其委
積薪芻凡疏材共野委兵器與
其野囿財⑦用凡軍旅之賓客館
焉　土均掌平土地之政以均
地守以均地事以均地貢以和
邦國都鄙之政令刑禁與其施
舍禮俗喪紀祭祀皆以地媺惡
爲輕重之灋而行之掌其禁令
草人掌土化之灋以物地相
其宜而爲之種凡糞種騂剛用
牛赤緹用羊墳壤用麋渴澤用
鹿醎潟用貆勃壤用狐埴壚用
豕彊檃用蕡輕爂用犬　稻人
掌稼下地以瀦畜水以防止水
以溝蕩水以遂均水以列舍水

儒藏經典·康熙篆文六經四書　周禮

之薪蒸木材。賓客，共其芻薪。喪紀，共其薪蒸木材。軍旅，共其委積薪芻，凡疏材，共野委兵器，與其野囿財用。凡軍旅之賓客，館焉。

土均：掌平土地之政，以均地守，以均地事，以均地貢，以和邦國都鄙之政令、刑禁與其施舍。禮俗、喪紀、祭祀，皆以地媺惡爲輕重之灋而行之，掌其禁令。

草人：掌土化之灋以物地，相其宜而爲之種。凡糞種，騂剛用牛，赤緹用羊，墳壤用麋，渴澤用鹿，醎潟用貆，勃壤用狐，埴壚用豕，彊檃用蕡，輕爂用犬。

稻人：掌稼下地。以瀦畜水，以防止水，以溝蕩水，以遂均水，以列舍水，以澮寫水以涉揚其芟作田凡稼澤夏以水殄草而芟荑之澤草所生種之芒種旱暵共其雩斂喪紀共其葦事　土訓掌道地圖以詔地事道地慝以辨地物而原其生以詔地求王巡守則夾王車　誦訓掌道方志以詔觀事掌道方慝以詔辟忌以知地俗王巡守則夾王車　山虞掌山林之政令物爲之厲而爲之守禁仲冬斬陽木仲夏斬陰木凡服耜斬季材以時入之令萬民時斬材有期日凡邦工入山林而掄材不禁春秋之斬木不入禁凡竊木者有刑罰若祭山林則爲主而脩除且蹕若

儒藏
儒藏經典・康熙篆文六經四書　周禮

以澮寫水，以涉揚其芟，作田。凡稼澤，夏以水殄草而芟荑之。澤草所生，種之芒種。旱暵，共其雩斂。喪紀，共其葦事。　土訓：掌道地圖，以詔地事。道地慝，以辨地物而原其生，以詔地求。王巡守，則夾王車。　誦訓：掌道方志，以詔觀事。掌道方慝，以詔辟忌，以知地俗。王巡守，則夾王車。　山虞：掌山林之政令，物爲之厲而爲之守禁。仲冬斬陽木，仲夏斬陰木。凡服耜，斬季材，以時入之。令萬民時斬材，有期日。凡邦工入山林而掄材，不禁。春秋之斬木不入禁。凡竊木者有刑罰，若祭山林，則爲主而脩除，且蹕。若

大田獵則萊山田之野及弊田
植虞旗于中致禽而珥焉 林
衡掌巡林麓之禁令而平其守
以時計林麓而賞罰之若斬木
材則受灋于山虞而掌其政令
川衡掌巡川澤之禁令而平
其守以時舍其守犯禁者執而
誅罰之祭祀賓客共川奠 澤

儒藏經典·康熙篆文六經四書 周禮

虞掌國澤之政令爲之厲禁使
其地之人守其財物以時入之
于玉府頒其餘于萬民凡祭祀
賓客共澤物之奠喪紀共其葦
蒲之事若大田獵則萊澤野及
弊田植虞旌以屬禽 迹人掌
邦田之地政爲之厲禁而守之
凡田獵者受令焉禁麛卵者與

大田獵，則萊山田之野；及弊田，
植虞旗于中，致禽而珥焉。林
衡：掌巡林麓之禁令而平其守，
以時計林麓而賞罰之。若斬木
材，則受灋于山虞，而掌其政令。
川衡：掌巡川澤之禁令而平
其守。以時舍其守，犯禁者，執而
誅罰之。祭祀、賓客，共川奠。澤

儒藏經典·康熙篆文六經四書 周禮

虞：掌國澤之政令，爲之厲禁。使
其地之人守其財物，以時入之
于玉府，頒其餘于萬民。凡祭祀、
賓客，共澤物之奠。喪紀，共其葦
蒲之事。若大田獵，則萊澤野；及
弊田，植虞旌以屬禽。 迹人：掌
邦田之地政，爲之厲禁而守之。
凡田獵者受令焉。禁麛卵者與

其毒矢射者 卝人掌金玉錫
石之地而爲之厲禁以守之若
以時⑧取之則物其地圖而授之
巡其禁令 角人掌以時徵齒
角凡骨物於山澤之農以當邦
賦之政令以度量受之以共財
用 羽人掌以時徵羽翮之政
于山澤之農以當邦賦之政令

凡受羽十羽爲審百羽爲摶十
摶爲縛 掌葛掌以時徵絺綌
之材于山農凡葛征徵草貢之
材于澤農以當邦賦之政令以
權度受之 掌染草掌以春秋
斂染草之物以權量受之以待
時而頒之 掌炭掌灰物炭物
之徵令以時入之以權量受之

其毒矢射者。 卝人：掌金玉錫石之地，而爲之厲禁以守之。若以時取之，則物其地，圖而授之。巡其禁令。 角人：掌以時徵齒角凡骨物於山澤之農，以當邦賦之政令。以度量受之，以共財用。 羽人：掌以時徵羽翮之政于山澤之農，以當邦賦之政令。

凡受羽，十羽爲審，百羽爲摶，十摶爲縛。 掌葛：掌以時徵絺綌之材于山農，凡葛征，徵草貢之材于澤農，以當邦賦之政令。以權度受之。 掌染草：掌以春秋斂染草之物，以權量受之，以待時而頒之。 掌炭：掌灰物炭物之徵令，以時入之。以權量受之，

以共邦之用凡炭灰之事 掌
荼掌以時聚荼以共喪事徵野
疏材之物以待邦事凡畜聚之
物 掌蜃掌斂互物蜃物以共
闉壙之蜃祭祀共蜃器之蜃共
白盛之蜃 囿人掌囿游之獸
禁牧百獸祭祀喪紀賓客共其
生獸死獸之物 場人掌國之
場圃而樹之果蓏珍異之物以
時斂而藏之凡祭祀賓客共其
果蓏享亦如之 廩人掌九穀
之數以待國之匪頒賙賜稍食
以歲之上下數邦用以知足否
以詔穀用以治年之凶豐凡萬
民之食食者人四鬴上也人三
鬴中也人二鬴下也若食不能

儒藏經典·康熙篆文六經四書 周禮

以共邦之用，凡炭灰之事。掌荼：掌以時聚荼以共喪事。徵野疏材之物，以待邦事，凡畜聚之物。掌蜃：掌斂互物蜃物，以共闉壙之蜃。祭祀，共蜃器之蜃。共白盛之蜃。囿人：掌囿游之獸禁。牧百獸。祭祀、喪紀、賓客，共其生獸、死獸之物。場人：掌國之場圃，而樹之果蓏珍異之物，以時斂而藏之。凡祭祀、賓客，共其果蓏，享亦如之。廩人：掌九穀之數，以待國之匪頒、賙賜、稍食。以歲之上下數邦用，以知足否，以詔穀用，以治年之凶豐。凡萬民之食食者，人四鬴，上也；人三鬴，中也；人二鬴，下也。若食不能人二黼，則令邦移民就穀，詔王殺邦用。凡邦有會、同、師、役之事，則治其糧與其食。大祭祀，則共其接盛。 舍人：掌平宫中之政，分其財守，以灋掌其出入。凡祭祀，共簠簋，實之，陳之。賓客，亦如之，共其禮：車米、筥米、芻米。喪紀，共飯米、熬穀。以歲時縣種稑之種，以共王后之春獻種。 掌米粟之出入，辨其物。歲終，則會計其政。 倉人：掌粟入之藏。辨九穀之物，以待邦用。若穀不足，則止餘灋用；有餘，則藏之，以待凶而頒之。凡國之大事，共道路之穀積、食飲之具。 司祿闕。司稼：掌巡邦野之稼，而辨種稑之種，周知其名與其所宜地以爲瀍而縣于邑閭巡野觀稼以年之上下出斂瀍掌均萬民之食而賙其急而平其興　舂人掌共米物祭祀共其齍盛之米賓客共其牢禮之米凡饗食共其食米掌凡米事　饎人掌凡祭祀共盛共王及后之六食凡賓客共其簠簋之實饗食亦如之　槀人掌共外内朝宂食者之食若饗耆老孤子士庶子共其食掌豢祭祀之犬

周禮卷之二

知其名，與其所宜地，以爲瀍而縣于邑閭。巡野觀稼，以年之上下出斂瀍。掌均萬民之食，而賙其急，而平其興。　舂人：掌共米物。祭祀，共其齍盛之米。賓客，共其牢禮之米。凡饗食，共其食米。掌凡米事。　饎人：掌凡祭祀共盛，共王及后之六食。凡賓客，共其簠簋之實，饗食亦如之。　槀人：掌共外内朝宂食者之食。若饗耆老、孤子、士庶子，共其食。掌豢祭祀之犬。

周禮卷之二

儒藏
儒藏經典·康熙篆文六經四書　周禮

周禮卷之三

春官宗伯第三

惟王建國辨方正位體國經野設官分職以爲民極乃立春官宗伯使帥其屬而掌邦禮以佐王和邦國

禮官之屬大宗伯卿一人小宗伯中大夫二人肆師下大夫四人上士八人中士十有六人旅下士三十有二人府六人史十有二人胥十有二人徒百有二十人 鬱人下士二人府二人史一人徒八人 鬯人下士二人府一人史一人徒八人 雞人下士一人史一人徒四人 司尊彝下士二人府四人史二

儒藏經典·康熙篆文六經四書 周禮

周禮卷之三

春官宗伯第三

惟王建國，辨方正位，體國經野，設官分職，以爲民極。乃立春官宗伯，使帥其屬而掌邦禮，以佐王和邦國。

禮官之屬：大宗伯，卿一人。小宗伯，中大夫二人。肆師，下大夫四人。上士八人，中士十有六人，旅下士三十有二人。府六人，史十有二人，胥十有二人，徒百有二十人。

鬱人：下士二人；府二人，史一人，徒八人。

鬯人：下士二人；府一人，史一人，徒八人。

雞人：下士一人；史一人，徒四人。

司尊彝：下士二人；府四人，史二

人胥二人徒二十人 司几筵下士二人府二人史一人徒八人 天府上士一人中士二人府四人史二人胥二人徒二十人 典瑞中士二人府二人史二人胥一人徒十人 典命中士二人府二人史二人胥一人徒十人 司服中士二人府二人史一人胥一人徒十人 典祀中士二人下士四人府二人史二人胥四人徒四十人 守祧奄八人女祧每廟二人奚四人 世婦每宮卿二人下大夫四人中士八人女府二人女史二人奚十有六人 內宗凡內女之有爵者 外宗凡外女之

儒藏
儒藏經典·康熙篆文六經四書 周禮

人，胥二人，徒二十人。 司几筵：下士二人；府二人，史一人，徒八人。 天府：上士一人，中士二人；府四人，史二人，胥二人，徒二十人。 典瑞：中士二人；府二人，史二人，胥一人，徒十人。 典命：中士二人；府二人，史二人，胥一人，徒十人。 司服：中士二人；府二人，史一人，胥一人，徒十人。 典祀：中士二人，下士四人；府二人，史二人，胥四人，徒四十人。 守祧：奄八人，女祧每廟二人，奚四人。 世婦：每宮卿二人，下大夫四人，中士八人，女府二人，女史二人，奚十有六人。 內宗，凡內女之有爵者。 外宗，凡外女之

有爵者 冢人下大夫二人中士四人府二人史四人胥十有二人徒百有二十人 墓大夫下大夫二人中士八人府二人史四人胥二十人徒二百人職喪上士二人中士四人下士八人府二人史四人胥四人徒四十人 大司樂中大夫二人樂師下大夫四人上士八人下士十有六人府四人史八人胥八人徒八十人 大胥中士四人小胥下士八人府二人史四人徒四十人 大師下大夫二人小師上士四人瞽矇上瞽四十人中瞽百人下瞽百有六十人眡瞭三百人府四人史八人

儒藏經典·康熙篆文六經四書 周禮

有爵者。　冢人：下大夫二人，中士四人；府二人，史四人，胥十有二人，徒百有二十人。　墓大夫：下大夫二人，中士八人；府二人，史四人，胥二十人，徒二百人。職喪：上士二人，中士四人，下士八人；府二人，史四人，胥四人，徒四十人。　大司樂：中大夫二人。樂師，下大夫四人，上士八人，下士十有六人；府四人，史八人，胥八人，徒八十人。　大胥：中士四人。小胥，下士八人。府二人，史四人，徒四十人。　大師：下大夫二人。小師，上士四人。瞽矇，上瞽四十人，中瞽百人，下瞽百有六十人。眡瞭，三百人，府四人，史八人，

胥十有二人徒百有二十人
典同中士二人府一人史一人
胥二人徒二十人磬師中士
四人下士八人府四人史二人
胥四人徒四十人鐘師中士
四人下士八人府二人史二人
胥六人徒六十人笙師中士
二人下士四人府二人史二人
胥一人徒十人鎛師中士二
人下士四人府二人史二人胥
二人徒二十人韎師下士二
人府一人史一人舞者十有六
人徒四十人旄人下士四人
舞者衆寡無數府二人史二人
胥二人徒二十人籥師中士
四人府二人史二人胥二人徒

儒藏經典·康熙篆文六經四書　周禮

胥十有二人，徒百有二十人。

典同：中士二人；府一人，史一人，胥二人，徒二十人。

磬師：中士四人，下士八人；府四人，史二人，胥四人，徒四十人。

鐘師：中士四人，下士八人；府二人，史二人，胥六人，徒六十人。

笙師：中士二人，下士四人；府二人，史二人，胥一人，徒十人。

鎛師：中士二人，下士四人；府二人，史二人，胥二人，徒二十人。

韎師：下士二人；府一人，史一人，舞者十有六人，徒四十人。

旄人：下士四人；舞者衆寡無數，府二人，史二人，胥二人，徒二十人。

籥師：中士四人；府二人，史二人，胥二人，徒二十人籥章中士二人下士四人府一人史一人胥二人徒二十人鞮鞻氏下士四人府一人史一人胥二人徒二十人典庸器下士四人府四人史二人胥八人徒八十人司干下士二人府二人史二人徒二十人大卜下大夫二人卜師上士四人卜人中士八人下士十有六人府二人史二人胥四人徒四十人龜人中士二人府二人史二人工四人胥四人徒四十人華氏下士二人史一人徒八人占人下士八人府一人史二人徒八人簭人中士二人府一人史二人徒四

儒藏經典·康熙篆文六經四書　周禮

二十人。籥章：中士二人，下士四人；府一人，史一人，胥二人，徒二十人。

鞮鞻氏：下士四人；府一人，史一人，胥二人，徒二十人。

典庸器：下士四人；府四人，史二人，胥八人，徒八十人。

司干：下士二人；府二人，史二人，徒二十人。大卜，下大夫二人。卜師，上士四人。卜人，中士八人，下士十有六人。府二人，史二人，胥四人，徒四十人。

龜人：中士二人；府二人，史二人，工四人，胥四人，徒四十人。

華氏：下士二人；史一人，徒八人。

占人：下士八人；府一人，史二人，徒八人。

簭人：中士二人；府一人，史二人，徒四

人占夢中士二人史二人徒四人眡祲中士二人史二人徒四人大祝下大夫二人上士四人小祝中士八人下士十有六人府二人史四人胥四人徒四十人喪祝上士二人中士四人下士八人府二人史二人胥四人徒四十人甸祝下士二人府一人史一人徒四人詛祝下士二人府一人史一人徒四人司巫中士二人府一人史一人胥一人徒十人男巫無數女巫無數其師中士四人府二人史四人胥四人徒四十人大史下大夫二人上士四人小史中士八人下士十

儒藏經典・康熙篆文六經四書 周禮

人。占夢：中士二人，史二人，徒四人。眡祲：中士二人，史二人，徒四人。大祝，下大夫二人，上士四人。小祝，中士八人，下士十有六人；府二人，史四人，胥四人，徒四十人。喪祝：上士二人，中士四人，下士八人；府二人，史二人，胥四人，徒四十人。甸祝：下士二人；府一人，史一人，徒四人。詛祝：下士二人；府一人，史一人，徒四人。司巫：中士二人；府一人，史一人，胥一人，徒十人。男巫，無數；女巫，無數；其師，中士四人，府二人，史四人，胥四人，徒四十人。大史，下大夫二人，上士四人。小史，中士八人，下士十

有六人府四人史八人胥四人
徒四十人　馮相士⑨中士二人
下士四人府二人史四人徒八
人　保章氏中士二人下士四
人府二人史四人徒八人　內
史中大夫一人下大夫二人上
士四人中士八人下士十有六
人府四人史八人胥四人徒四

十人　外史上士四人中士八
人下士十有六人胥二人徒二
十人　御史中士八人下士十
有六人其史百有二十人府四
人胥四人徒四十人　巾車下
大夫二人上士四人中士八人
下士十有六人府四人史八人
工百人胥五人徒五十人　典

有六人；府四人，史八人，胥四人，
徒四十人。馮相氏：中士二人，
下士四人；府二人，史四人，徒八
人。保章氏：中士二人，下士四
人；府二人，史四人，徒八人。內
史：中大夫一人，下大夫二人，上
士四人，中士八人，下士十有六
人；府四人，史八人，胥四人，徒四

儒藏經典·康熙篆文六經四書　周禮

十人。外史：上士四人，中士八
人，下士十有六人；胥二人，徒二
十人。御史：中士八人，下士十
有六人；其史百有二十人，府四
人，胥四人，徒四十人。巾車：下
大夫二人，上士四人，中士八人，
下士十有六人；府四人，史八人，
工百人，胥五人，徒五十人。典

路中士二人下士四人府二人史二人胥二人徒二十人車僕中士二人下士四人府二人史二人胥二人徒二十人司常中士二人下士四人府二人史二人胥四人徒四十人都宗人上士二人中士四人府二人史四人胥四人徒四十人

家宗人如都宗人之數　凡以神士者無數以其藝爲之貴賤之等

大宗伯之職掌建邦之天神人鬼地示之禮以佐王建保邦國以吉禮事邦國之鬼神示以禋祀祀昊天上帝以實柴祀日月星辰以槱燎祀司中司命飌師

儒藏
儒藏經典·康熙篆文六經四書　周禮

路：中士二人，下士四人；府二人，史二人，胥二人，徒二十人。車僕：中士二人，下士四人；府二人，史二人，胥二人，徒二十人。司常：中士二人，下士四人；府二人，史二人，胥四人，徒四十人。都宗人：上士二人，中士四人；府二人，史四人，胥四人，徒四十人。

家宗人，如都宗人之數。　凡以神士者無數，以其藝爲之貴賤之等。

大宗伯之職：掌建邦之天神、人鬼、地示之禮，以佐王建保邦國。以吉禮事邦國之鬼神示：以禋祀祀昊天上帝，以實柴祀日月星辰，以槱燎祀司中、司命、飌師、雨師以血祭祭社稷五祀五嶽以貍沈祭山林川澤以疈辜祭四方百物以肆獻祼享先王以饋食享先王以祠春享先王以禴夏享先王以嘗秋享先王以烝冬享先王以凶禮哀邦國之憂以喪禮哀死亡以荒禮哀凶札以弔禮哀禍烖以禬禮哀圍敗以恤禮哀寇亂以賓禮親邦國春見曰朝夏見曰宗秋見曰覲冬見曰遇時見曰會殷見曰同時聘曰問殷覜曰視以軍禮同邦國大師之禮用衆也大均之禮恤衆也大田之禮簡衆也大役之禮任衆也大封之禮合衆也以嘉禮親萬民以飲食之

儒藏
儒藏經典·康熙篆文六經四書　周禮

雨師。以血祭祭社稷、五祀、五嶽，以貍沈祭山林川澤，以疈辜祭四方百物。以肆獻祼享先王，以饋食享先王，以祠春享先王，以禴夏享先王，以嘗秋享先王，以烝冬享先王。以凶禮哀邦國之憂：以喪禮哀死亡，以荒禮哀凶札，以弔禮哀禍烖，以禬禮哀圍敗，以恤禮哀寇亂。以賓禮親邦國：春見曰朝，夏見曰宗，秋見曰覲，冬見曰遇，時見曰會，殷見曰同，時聘曰問，殷覜曰視。以軍禮同邦國：大師之禮，用衆也；大均之禮，恤衆也；大田之禮，簡衆也；大役之禮，任衆也；大封之禮，合衆也。以嘉禮親萬民：以飲食之禮親宗族兄弟以昏冠之禮親成男女以賓射之禮親故舊朋友以饗燕之禮親四方之賓客以脤膰之禮親兄弟之國以賀慶之禮親異姓之國以九儀之命正邦國之位壹命受職再命受服三命受位四命受器五命賜則六命賜官七命賜國八命作牧九命作伯以玉作六瑞以等邦國王執鎮圭公執桓圭侯執信圭伯執躬圭子執穀璧男執蒲璧以禽作六摯以等諸臣孤執皮帛卿執羔大夫執鴈士執雉庶人執鶩工商執雞以玉作六器以禮天地四方以蒼璧禮天以黃琮禮地以青圭禮東

儒藏經典·康熙篆文六經四書　周禮

禮親宗族兄弟，以昏冠之禮親成男女，以賓射之禮親故舊朋友，以饗燕之禮親四方之賓客，以脤膰之禮親兄弟之國，以賀慶之禮親異姓之國。以九儀之命正邦國之位：壹命受職，再命受服，三命受位，四命受器，五命賜則，六命賜官，七命賜國，八命作牧，九命作伯。以玉作六瑞，以等邦國：王執鎮圭，公執桓圭，侯執信圭，伯執躬圭，子執穀璧，男執蒲璧。以禽作六摯，以等諸臣：孤執皮帛，卿執羔，大夫執鴈，士執雉，庶人執鶩，工商執雞。以玉作六器，以禮天地四方：以蒼璧禮天，以黃琮禮地，以青圭禮東

方以赤璋禮南方以白琥禮西
方以玄璜禮北方皆有牲幣各
放其器之色以天産作陰德以
中禮防之以地産作陽德以和
樂防之以禮樂合天地之化百
物之産以事鬼神以諧萬民以
致百物凡祀大神享大鬼祭大
示帥執事而卜日宿眂滌濯涖
玉鬯省牲鑊奉玉齍詔大號治
其大禮詔相王之大禮若王不
與祭祀則攝位凡大祭祀王后
不與則攝而薦豆籩徹大賓客
則攝而載果朝覲會同則爲上
相大喪亦如之王哭諸侯亦如
之王命諸侯則儐國有大故則
旅上帝及四望王大封則先告

儒藏
儒藏經典·康熙篆文六經四書　周禮

方，以赤璋禮南方，以白琥禮西
方，以玄璜禮北方。皆有牲幣，各
放其器之色。以天産作陰德，以
中禮防之。以地産作陽德，以和
樂防之。以禮樂合天地之化、百
物之産，以事鬼神，以諧萬民，以
致百物。凡祀大神、享大鬼、祭大
示，帥執事而卜日，宿，眂滌濯，涖
玉鬯，省牲、鑊，奉玉齍，詔大號，治
其大禮，詔相王之大禮。若王不
與祭祀，則攝位。凡大祭祀，王后
不與，則攝而薦豆籩，徹。大賓客，
則攝而載果。朝覲會同，則爲上
相。大喪，亦如之。王哭諸侯，亦如
之。王命諸侯，則儐。國有大故，則
旅上帝及四望。王大封，則先告

后土乃頒祀于邦國都家鄉邑
小宗伯之職掌建國之神位
右社稷左宗廟兆五帝于四郊
四望四類亦如之兆山川丘陵
墳衍各因其方掌五禮之禁令
與其用等辨廟祧之昭穆辨吉
凶之五服車旗宮室之禁掌三
族之別以辨親疏其正室皆謂

之門子掌其政令毛六牲辨其
名物而頒之于五官使共奉之
辨六齍之名物與其用使六宮
之人共奉之辨六彝之名物以
待果將辨六尊之名物以待祭
祀賓客掌衣服車旗宮室之賞
賜掌四時祭祀之序事與其禮
若國大貞則奉玉帛以詔號大

后土。乃頒祀于邦國、都家、鄉邑。
小宗伯之職：掌建國之神位，
右社稷，左宗廟。兆五帝於四郊，
四望、四類，亦如之。兆山川、丘陵、
墳衍，各因其方。掌五禮之禁令
與其用等。辨廟祧之昭穆。辨吉
凶之五服、車旗、宮室之禁。掌三
族之別，以辨親疏，其正室皆謂

之「門子」，掌其政令。毛六牲，辨其
名物而頒之于五官，使共奉之。
辨六齍之名物與其用，使六宮
之人共奉之。辨六彝之名物，以
待果將。辨六尊之名物，以待祭
祀、賓客。掌衣服、車旗、宮室之賞
賜。掌四時祭祀之序事與其禮。
若國大貞，則奉玉帛以詔號。大

祭祀省牲眂滌濯祭之日逆齍
省鑊告時于王告備于王凡祭
祀賓客以時將瓚果詔相祭祀
之小禮凡大禮佐大宗伯賜卿
大夫士爵則儐小祭祀掌事如
大宗伯之禮大賓客受其將幣
之齎若大師則帥有司而立軍
社奉主車若軍將有事則與祭
儒藏
儒藏經典·康熙篆文六經四書　周禮
有司將事于四望若大甸則帥
有司而饁獸于郊遂頒禽大烖
及執事禱祠于上下神示王崩
大肆以秬鬯渳及執事涖大斂
小斂帥異族而佐縣衰冠之式
于路門之外及執事眂葬獻器
遂哭之卜葬兆甫竁亦如之既
葬詔相喪祭之禮成葬而祭墓

祭祀，省牲，眂滌濯。祭之日，逆齍，省鑊，告時于王，告備于王。凡祭祀、賓客，以時將瓚果。詔相祭祀之小禮。凡大禮，佐大宗伯。賜卿、大夫、士爵，則儐。小祭祀，掌事，如大宗伯之禮。大賓客，受其將幣之齎。若大師，則帥有司而立軍社、奉主車。若軍將有事，則與祭，

有司將事于四望。若大甸，則帥有司而饁獸于郊，遂頒禽。大烖，及執事禱祠于上下神示。王崩，大肆，以秬鬯渳。及執事涖大斂、小斂，帥異族而佐。縣衰冠之式于路門之外。及執事眂葬獻器，遂哭之。卜葬兆，甫竁，亦如之。既葬，詔相喪祭之禮。成葬而祭墓，

爲位凡王之會同軍旅甸役之
禱祠肆儀爲位國有禍烖則亦
如之凡天地之大烖類社稷宗
廟則爲位凡國之大禮佐大宗
伯凡小禮掌事如大宗伯之儀
　肆師之職掌立國祀之禮以
佐大宗伯立大祀用玉帛牲牷
立次祀用牲幣立小祀用牲以
歲時序其祭祀及其祈珥大祭
祀展犧牲繫于牢頒于職人凡
祭祀之卜日宿爲期詔相其禮
眡滌濯亦如之祭之日表齍盛
告絜展器陳告備及果築鬻相
治小禮誅其慢怠者掌兆中廟
中之禁令凡祭祀禮成則告事
畢大賓客涖筵几築鬻贊果將

儒藏
儒藏經典·康熙篆文六經四書　周禮

爲位。凡王之會同、軍旅、甸役之禱祠，肆儀爲位。國有禍烖，則亦如之。凡天地之大烖，類社稷宗廟，則爲位。凡國之大禮，佐大宗伯。凡小禮，掌事，如大宗伯之儀。

肆師之職：掌立國祀之禮，以佐大宗伯。立大祀，用玉帛、牲牷。立次祀，用牲幣。立小祀，用牲。以歲時序其祭祀及其祈珥。大祭祀，展犧牲，繫于牢，頒于職人。凡祭祀之卜日、宿爲期，詔相其禮，眡滌濯亦如之。祭之日，表齍盛，告絜展器，陳告備，及果築鬻。相治小禮，誅其慢怠者。掌兆中、廟中之禁令。凡祭祀禮成，則告事畢。大賓客，涖筵几，築鬻，贊果將。

大朝覲，佐儐。共設匪罋之禮。饗食，授祭。與祝侯禳于畺及郊。大喪，大渳以鬯，則築鬻。令外內命婦序哭。禁外內命男女之衰不中灋者，且授之杖。凡師甸，用牲于社宗，則爲位。類造上帝，封于大神，祭兵于山川，亦如之。凡師不功，則助牽主車。凡四時之大甸獵，祭表貉，則爲位。嘗之日，涖卜來歲之芟。獮之日，涖卜來歲之戒。社之日，涖卜來歲之稼。若國有大故，則令國人祭。歲時之祭祀，亦如之。凡卿大夫之喪，相其禮。凡國之大事，治其禮儀，以佐宗伯。凡國之小事，治其禮儀而掌其事，如宗伯之禮。

鬱人：

儒藏經典·康熙篆文六經四書　周禮

掌祼器。凡祭祀、賓客之祼事，和鬱鬯以實彝而陳之。凡祼玉，濯之陳之，以贊祼事。詔祼將之儀與其節。凡祼事，沃盥。大喪之渳，共其肆器；及葬，共其祼器，遂貍之。大祭祀，與量人受舉斝之卒爵而飲之。

鬯人：掌共秬鬯而飾之。凡祭祀，社壝用大罍，禜門用瓢齎，廟用脩。凡山川四方用蜃，凡祼事用概，凡疈事用散。大喪之大渳，設斗，共其釁鬯。凡王之齊事，共其秬鬯；凡王弔臨，共介鬯。

雞人：掌共雞牲，辨其物。大祭祀，夜嘑旦以嘂百官。凡國之大賓客、會同、軍旅、喪紀，亦如之。凡國事爲期，則告之時。凡祭

儒藏經典·康熙篆文六經四書　周禮

掌祼器。凡祭祀、賓客之祼事，和鬱鬯以實彝而陳之。凡祼玉，濯之陳之，以贊祼事。詔祼將之儀與其節。凡祼事，沃盥。大喪之渳，共其肆器；及葬，共其祼器，遂貍之。大祭祀，與量人受舉斝之卒爵而飲之。

鬯人：掌共秬鬯而飾之。凡祭祀，社壝用大罍，禜門用瓢齎，廟用脩。凡山川四方用蜃，凡祼事用概，凡疈事用散。大喪之大渳，設斗，共其釁鬯。凡王之齊事，共其秬鬯；凡王弔臨，共介鬯。

雞人：掌共雞牲，辨其物。大祭祀，夜嘑旦以嘂百官。凡國之大賓客、會同、軍旅、喪紀，亦如之。凡國事爲期，則告之時。凡祭

祀面禳釁共其雞牲　司尊彝
掌六尊六彝之位詔其酌辨其
用與其實春祠夏禴祼用雞彝
鳥彝皆有舟其朝踐用兩獻尊
其再獻用兩象尊皆有罍諸臣
之所昨也秋嘗冬烝祼用斝彝
黄彝皆有舟其朝獻用兩著尊
其饋獻用兩壺尊皆有罍諸臣
之所昨也凡四時之間祀追享
朝享祼用虎彝蜼彝皆有舟其
朝踐用兩大尊其再獻用兩山
尊皆有罍諸臣之所昨也凡六
彝六尊之酌鬱齊獻酌醴齊縮
酌盎齊涚酌凡酒脩酌大喪存
奠彝大旅亦如之　司几筵掌
五几五席之名物辨其用與其

祀，面禳，釁，共其雞牲。司尊彝：掌六尊、六彝之位，詔其酌，辨其用與其實。春祠、夏禴，祼用雞彝、鳥彝，皆有舟。其朝踐用兩獻尊，其再獻用兩象尊，皆有罍。諸臣之所昨也。秋嘗、冬烝，祼用斝彝、黄彝，皆有舟。其朝獻用兩著尊，其饋獻用兩壺尊，皆有罍。諸臣

儒藏經典·康熙篆文六經四書　周禮

之所昨也。凡四時之間祀、追享、朝享，祼用虎彝、蜼彝，皆有舟。其朝踐用兩大尊，其再獻用兩山尊，皆有罍。諸臣之所昨也。凡六彝、六尊之酌，鬱齊獻酌，醴齊縮酌，盎齊涚酌，凡酒脩酌。大喪，存奠彝，大旅亦如之。司几筵：掌五几、五席之名物，辨其用與其

位。凡大朝覲、大饗射，凡封國、命諸侯，王位設黼依，依前南鄉，設莞筵紛純，加繅席畫純，加次席黼純，左右玉几。祀先王、昨席，亦如之。諸侯祭祀席蒲筵繢純，加莞席紛純，右彫几。昨席莞筵紛純，加繅席畫純。筵國賓于牖前亦如之，左彤几。甸役，則設熊席，右漆几。凡喪事，設葦席，右素几。其柏席用萑，黼純。諸侯則紛純，每敦一几。凡吉事變几，凶事仍几。

天府：掌祖廟之守藏與其禁令。凡國之玉鎮、大寶器藏焉。若有大祭、大喪，則出而陳之；既事，藏之。凡官府鄉州及都鄙之治中，受而藏之，以詔王察群吏之治。上春，釁寶鎮及寶器。凡吉凶之事，祖廟之中沃盥，執燭。季冬，陳玉以貞來歲之媺惡。若遷寶，則奉之。若祭天之司民、司祿而獻民數、穀數，則受而藏之。

典瑞：掌玉瑞、玉器之藏，辨其名物與其用事，設其服飾。王晉大圭，執鎮圭，繅藉五采五就，以朝日。公執桓圭，侯執信圭，伯執躬圭，繅皆三采三就；子執穀璧，男執蒲璧，繅皆二采再就；以朝、覲、宗、遇、會、同于王。諸侯相見，亦如之。瑑圭璋璧琮，繅皆二采一就，以覜聘。四圭有邸，以祀天、旅上帝。兩圭有邸，以祀地、旅四望。祼圭有瓚，以肆先王，以祼賓客。圭

璧以祀日月星辰璋邸射以祀 ⑩
山川以造贈賓客土圭以致四
時日月封國則以土地珍圭以
徵守以恤凶荒牙璋以起軍旅
以治兵守璧羨以起度駔圭璋
璧琮琥璜之渠眉疏璧琮以斂
尸穀圭以和難以聘女琬圭以
治德以結好琰圭以易行以除
慝大祭祀大旅凡賓客之事共
其玉器而奉之大喪共飯玉含
玉贈玉凡玉器出則共奉之
典命掌諸侯之五儀諸臣之五
等之命上公九命爲伯其國家
宮室車旗衣服禮儀皆以九爲
節侯伯七命其國家宮室車旗
衣服禮儀皆以七爲節子男五

儒藏
儒藏經典・康熙篆文六經四書　周禮

璧，以祀日月星辰。璋邸射，以祀
山川，以造贈賓客。土圭以致四
時日月，封國則以土地。珍圭以
徵守，以恤凶荒。牙璋以起軍旅，
以治兵守。璧羨以起度。駔圭、璋、
璧、琮、琥、璜之渠眉，疏璧琮以斂
尸。穀圭以和難，以聘女。琬圭以
治德，以結好。琰圭以易行，以除
慝。大祭祀，大旅，凡賓客之事，共
其玉器而奉之。大喪，共飯玉、含
玉、贈玉。凡玉器出，則共奉之。
典命：掌諸侯之五儀、諸臣之五
等之命。上公九命爲伯，其國家、
宮室、車旗、衣服、禮儀，皆以九爲
節。侯伯七命，其國家、宮室、車旗、
衣服、禮儀皆以七爲節。子男五

命其國家宮室車旗衣服禮儀
皆以五爲節王之三公八命其
卿六命其大夫四命及其出封
皆加一等其國家宮室車旗衣
服禮儀亦如之凡諸侯之適子
誓於天子攝其君則下其君之
禮一等未誓則以皮帛繼子男
公之孤四命以皮帛眡小國之

君其卿三命其大夫再命其士
一命其宮室車旗衣服禮儀各
眡其命之數侯伯之卿大夫士
亦如之子男之卿再命其大夫
一命其士不命其宮室車旗衣
服禮儀各眡其命之數　司服
掌王之吉凶衣服辨其名物與
其用事王之吉服祀昊天上帝

命，其國家、宮室、車旗、衣服、禮儀皆以五爲節。王之三公八命，其卿六命，其大夫四命；及其出封，皆加一等，其國家、宮室、車旗、衣服、禮儀亦如之。凡諸侯之適子，誓於天子，攝其君，則下其君之禮一等；未誓，則以皮帛繼子男。公之孤四命，以皮帛眡小國之

儒藏
儒藏經典·康熙篆文六經四書　周禮

君，其卿三命，其大夫再命，其士一命，其宮室、車旗、衣服、禮儀各眡其命之數；侯伯之卿、大夫、士亦如之。子男之卿再命，其大夫一命，其士不命，其宮室、車旗、衣服、禮儀各眡其命之數。　司服：掌王之吉凶衣服，辨其名物與其用事。王之吉服：祀昊天上帝，

則服大裘而冕，祀五帝亦如之；享先王，則衮冕；享先公，饗，射，則鷩冕；祀四望山川，則毳冕；祭社稷、五祀，則希冕；祭群小祀，則玄冕。凡兵事，韋弁服。眂朝，則皮弁服。凡甸，冠弁服。凡凶事，服弁服。凡弔事，弁經服。凡喪，爲天王斬衰，爲王后齊衰。王爲三公六卿錫衰，爲諸侯緦衰，爲大夫、士疑衰，其首服皆弁經。大札、大荒、大烖，素服。公之服，自衮冕而下，如王之服。侯伯之服，自鷩冕而下，如公之服。子男之服，自毳冕而下，如侯伯之服。孤之服，自希冕而下，如子男之服。卿大夫之服，自玄冕而下，如孤之服；其凶服，加以大功、小功。士之服，自皮弁而下，如大夫之服，其凶服亦如之。其齊服有玄端、素端。凡大祭祀、大賓客，共其衣服而奉之。大喪，共其復衣服、斂衣服、奠衣服、廞衣服，皆掌其陳序。

典祀：掌外祀之兆守，皆有域，掌其禁令。若以時祭祀，則帥其屬而脩除，徵役于司隸而役之。及祭，帥其屬而守其厲禁而蹕之。

守祧：掌守先王先公之廟祧，其遺衣服藏焉。若將祭祀，則各以其服授尸，其廟，則有司脩除之；其祧，則守祧黝堊之。既祭，則藏其隋與其服。

世婦：掌女宮之宿戒及祭祀，比其具。詔王后之禮事。

儒藏經典·康熙篆文六經四書　周禮

帥六宮之人共齍盛。相外内宗之禮事。大賓客之饗食，亦如之。大喪，比外内命婦之朝莫哭不敬者，而苛罰之。凡王后有捧事於婦人，則詔相。凡内事有達於外官者，世婦掌之。　内宗：掌宗廟之祭祀，薦加豆籩。及以樂徹，則佐傳豆籩。賓客之饗食，亦如之。王后有事，則從。大喪，序哭者；哭諸侯，亦如之。凡卿大夫之喪，掌其弔臨。　外宗：掌宗廟之祭祀，佐王后薦玉豆，眡豆籩；及以樂徹，亦如之。王后以樂羞齍，則贊。凡王后之獻，亦如之。王后不與，則贊宗伯。小祭祀，掌事；賓客之事，亦如之。大喪，則敘外内朝莫哭者，哭諸侯亦如之。　冢人：掌公墓之地，辨其兆域而爲之圖。先王之葬居中，以昭穆爲左右。凡諸侯居左右以前，卿、大夫、士居後，各以其族。凡死於兵者，不入兆域。凡有功者居前。以爵等爲丘封之度與其樹數。大喪既有日，請度甫竁，遂爲之尸；及竁，以度爲丘隧，共喪之窆器；及葬，言鸞車象人；及窆，執斧以涖；遂入，藏凶器。正墓位，蹕墓域，守墓禁。凡祭墓，爲尸。凡諸侯及諸臣葬於墓者，授之兆，爲之蹕，均其禁。　墓大夫：掌凡邦墓之地域，爲之圖。令國民族葬，而掌其禁令；正其位，掌其度數，使皆有

私地域凡爭墓地者聽其獄訟帥其屬而巡墓厲居其中之室以守之

職喪掌諸侯之喪及卿大夫士凡有爵者之喪以國之喪禮涖其禁令序其事凡國有司以王命有事焉則詔贊主人凡其喪祭詔其號治其禮凡公有私之所共職喪令之趣其

事

大司樂掌成均之灋以治建國之學政而合國之子弟焉凡有道者有德者使教焉死則以爲樂祖祭於瞽宗以樂德教國子中和祗庸孝友以樂語教國子興道諷誦言語以樂舞教國子舞雲門大卷大咸大韶大夏大濩大武以六律六同五聲

私地域。凡爭墓地者，聽其獄訟。帥其屬而巡墓厲，居其中之室以守之。

職喪：掌諸侯之喪及卿、大夫、士凡有爵者之喪，以國之喪禮涖其禁令，序其事。凡國有司以王命有事焉，則詔贊主人。凡其喪祭，詔其號，治其禮。凡公有私之所共，職喪令之，趣其

儒藏經典·康熙篆文六經四書　周禮

事。

大司樂：掌成均之灋，以治建國之學政，而合國之子弟焉。凡有道者、有德者，使教焉；死則以爲樂祖，祭於瞽宗。以樂德教國子：中和、祗庸、孝友。以樂語教國子：興道、諷誦、言語。以樂舞教國子，舞《雲門》《大卷》《大咸》《大韶》《大夏》《大濩》《大武》。以六律、六同、五聲、

八音六舞大合樂以致鬼神示以和邦國以諧萬民以安賓客以說遠人以作動物乃分樂而序之以祭以享以祀乃奏黃鍾歌大呂舞雲門以祀天神乃奏大蔟歌應鍾舞咸池以祭地示乃奏姑洗歌南呂舞大韶以祀四望乃奏蕤賓歌函鍾舞大夏以祭山川乃奏夷則歌小呂舞大濩以享先妣乃奏無射歌夾鍾舞大武以享先祖凡六樂者文之以五聲播之以八音凡六樂者一變而致羽物及川澤之示再變而致蠃物及山林之示三變而致鱗物及丘陵之示四變而致毛物及墳衍之示五變

儒藏經典・康熙篆文六經四書　周禮

八音、六舞大合樂，以致鬼神示，以和邦國，以諧萬民，以安賓客，以說遠人，以作動物。乃分樂而序之，以祭，以享，以祀。乃奏黃鍾，歌大呂，舞《雲門》，以祀天神。乃奏大蔟，歌應鍾，舞《咸池》，以祭地示。乃奏姑洗，歌南呂，舞《大韶》，以祀四望。乃奏蕤賓，歌函鍾，舞《大夏》，以祭山川。乃奏夷則，歌小呂，舞《大濩》，以享先妣。乃奏無射，歌夾鍾，舞《大武》，以享先祖。凡六樂者，文之以五聲，播之以八音。凡六樂者，一變而致羽物及川澤之示，再變而致蠃物及山林之示，三變而致鱗物及丘陵之示，四變而致毛物及墳衍之示，五變而致介物及土示六變而致象物及天神凡樂圜鍾爲宮黄鍾爲角大蔟爲徵姑洗爲羽雷鼓雷鼗孤竹之管雲和之琴瑟雲門之舞冬日至于地上之圜丘奏之若樂六變則天神皆降可得而禮矣凡樂函鍾爲宮大蔟爲角姑洗爲徵南吕爲羽靈鼓靈鼗孫竹之管空桑之琴瑟咸池之舞夏日至于澤中之方丘奏之若樂八變則地示皆出可得而禮矣凡樂黄鍾爲宮大吕爲角大蔟爲徵應鍾爲羽路鼓路鼗陰竹之管龍門之琴瑟九德之歌九韶之舞于宗廟之中奏之若樂九變則人鬼可得而

儒藏
儒藏經典·康熙篆文六經四書　周禮

而致介物及土示，六變而致象物及天神。凡樂，圜鍾爲宮，黄鍾爲角，大蔟爲徵，姑洗爲羽，雷鼓雷鼗，孤竹之管，雲和之琴瑟，《雲門》之舞。冬日至，于地上之圜丘奏之，若樂六變，則天神皆降，可得而禮矣。凡樂，函鍾爲宮，大蔟爲角，姑洗爲徵，南吕爲羽，靈鼓靈鼗，孫竹之管，空桑之琴瑟，《咸池》之舞。夏日至，于澤中之方丘奏之，若樂八變，則地示皆出，可得而禮矣。凡樂，黄鍾爲宮，大吕爲角，大蔟爲徵，應鍾爲羽，路鼓路鼗，陰竹之管，龍門之琴瑟，九德之歌，《九韶》之舞。于宗廟之中奏之，若樂九變，則人鬼可得而禮矣凡樂事大祭祀宿縣遂以聲展之王出入則令奏王夏尸出入則令奏肆夏牲出入則令奏昭夏帥國子而舞大饗不入牲其他皆如祭祀大射王出入令奏王夏及射令奏騶虞詔諸侯以弓矢舞王大食三侑皆令奏鍾鼓王師大獻則令奏愷樂

凡日月食四鎮五嶽崩大傀異烖諸侯薨令去樂大札大凶大烖大臣死凡國之大憂令弛縣凡建國禁其淫聲過聲凶聲慢聲大喪涖廞樂器及葬藏樂器亦如之

樂師掌國學之政以教國子小舞凡舞有帗舞有羽舞有皇舞有旄舞有干舞有人

禮矣！凡樂事：大祭祀，宿縣，遂以聲展之。王出入，則令奏《王夏》；尸出入，則令奏《肆夏》；牲出入，則令奏《昭夏》。帥國子而舞。大饗不入牲，其他皆如祭祀。大射，王出入，令奏《王夏》；及射，令奏《騶虞》。詔諸侯以弓矢舞。王大食，三侑，皆令奏鐘鼓。王師大獻，則令奏愷樂。

儒藏 儒藏經典·康熙篆文六經四書 周禮

凡日月食，四鎮五嶽崩，大傀異烖，諸侯薨，令去樂。大札、大凶、大烖、大臣死，凡國之大憂，令弛縣。凡建國，禁其淫聲、過聲、凶聲、慢聲。大喪，涖廞樂器；及葬，藏樂器，亦如之。

樂師：掌國學之政，以教國子小舞。凡舞，有帗舞，有羽舞，有皇舞，有旄舞，有干舞，有人舞教樂儀行以肆夏趨以采薺車亦如之環拜以鐘鼓爲節凡射王以騶虞爲節諸侯以貍首爲節大夫以采蘋爲節士以采蘩爲節凡樂掌其序事治其樂政凡國之小事用樂者令奏鐘鼓凡樂成則告備詔來瞽皋舞及徹帥學士而歌徹令相饗食諸侯序其樂事令奏鐘鼓令相如祭之儀燕射帥射夫以弓矢舞樂出入令奏鐘鼓凡軍大獻教愷歌遂倡之凡喪陳樂器則帥樂官及序哭亦如之凡樂官掌其政令聽其治訟　大胥掌學士之版以待致諸子春入學舍采合舞秋頒學合聲以六樂

儒藏
儒藏經典·康熙篆文六經四書 周禮

舞。教樂儀，行以《肆夏》，趨以《采薺》，車亦如之。環拜，以鐘鼓爲節。凡射，王以《騶虞》爲節，諸侯以《貍首》爲節，大夫以《采蘋》爲節，士以《采蘩》爲節。凡樂，掌其序事，治其樂政。凡國之小事用樂者，令奏鐘鼓。凡樂成，則告備。詔來瞽皋舞；及徹，帥學士而歌徹，令相。饗食諸侯，序其樂事，令奏鐘鼓，令相，如祭之儀。燕射，帥射夫以弓矢舞。樂出入，令奏鐘鼓。凡軍大獻，教愷歌，遂倡之。凡喪，陳樂器，則帥樂官；及序哭，亦如之。凡樂官，掌其政令，聽其治訟。　大胥：掌學士之版，以待致諸子。春，入學，舍采合舞。秋，頒學合聲。以六樂之會正舞位以序出入舞者比樂官展樂器凡祭祀之用樂者以鼓徵學士序宮中之事 小胥掌學士之徵令而比之觵其不敬者巡舞列而撻其怠慢者正樂縣之位王宮縣諸侯軒縣卿大夫判縣士特縣辨其聲凡縣鍾磬半爲堵全爲肆 大師掌六律六同以合陰陽之聲陽聲黄鍾大蔟姑洗蕤賓夷則無射陰聲大呂應鍾南呂函鍾小呂夾鍾皆文之以五聲宮商角徵羽皆播之以八音金石土革絲木匏竹教六詩曰風曰賦曰比曰興曰雅曰頌以六德爲之本以六律爲之音大祭祀帥瞽

儒藏經典・康熙篆文六經四書 周禮

之會正舞位，以序出入舞者，比樂官，展樂器。凡祭祀之用樂者，以鼓徵學士。序宮中之事。 小胥：掌學士之徵令而比之，觵其不敬者，巡舞列而撻其怠慢者。正樂縣之位，王宮縣，諸侯軒縣，卿大夫判縣，士特縣，辨其聲。凡縣鍾磬，半爲堵，全爲肆。 大師：掌六律、六同，以合陰陽之聲。陽聲：黄鍾、大蔟、姑洗、蕤賓、夷則、無射。陰聲：大呂、應鍾、南呂、函鍾、小呂、夾鍾。皆文之以五聲：宮、商、角、徵、羽。皆播之以八音：金、石、土、革、絲、木、匏、竹。教六詩，曰風，曰賦，曰比，曰興，曰雅，曰頌；以六德爲之本，以六律爲之音。大祭祀：帥瞽

11 登歌令奏擊拊下管播樂器令奏鼓朄大饗亦如之大射帥瞽而歌射節大師執同律以聽軍聲而詔吉凶大喪帥瞽而廞作匶謚凡國之瞽矇正焉　小師掌教鼓鼗柷敔塤簫管弦歌大祭祀登歌擊拊下管擊應鼓徹歌大饗亦如之大喪與廞凡小祭祀小樂事鼓朄掌六樂聲音之節與其和　瞽矇掌播鼗柷敔塤簫管弦歌諷誦詩世奠繫鼓琴瑟掌九德六詩之歌以役大師　眡瞭掌凡樂事播鼗擊頌磬笙磬掌大師之縣凡樂事相瞽大喪廞樂器大旅亦如之賓射皆奏其鐘鼓鼜愷獻亦如

登歌，令奏擊拊；下管，播樂器，令奏鼓朄。大饗，亦如之。大射，帥瞽而歌射節。大師，執同律以聽軍聲而詔吉凶。大喪，帥瞽而廞；作匶謚。凡國之瞽矇，正焉。　小師：掌教鼓鼗、柷、敔、塤、簫、管、弦、歌。大祭祀：登歌擊拊，下管，擊應鼓；徹，歌。大饗，亦如之。大喪，與廞。凡小祭祀、小樂事，鼓朄。掌六樂聲音之節與其和。　瞽矇：掌播鼗、柷、敔、塤、簫、管、弦、歌。諷誦詩，世奠繫，鼓琴瑟。掌九德六詩之歌，以役大師。　眡瞭：掌凡樂事播鼗，擊頌磬、笙磬。掌大師之縣。凡樂事，相瞽。大喪，廞樂器；大旅，亦如之。賓、射，皆奏其鐘鼓；鼜、愷獻，亦如

之　典同掌六律六同之和以
辨天地四方陰陽之聲以爲樂
器凡聲高聲硍正聲緩下聲肆
陂聲散險聲斂達聲贏微聲韽
回聲衍侈聲筰弇聲鬱薄聲甄
厚聲石凡爲樂器以十有二律
爲之數度以十有二聲爲之齊
量凡和樂亦如之　磬師掌教
擊磬擊編鐘教縵樂燕樂之鐘
磬凡祭祀奏縵樂　鐘師掌金
奏凡樂事以鐘鼓奏九夏王夏
肆夏昭夏納夏章夏齊夏族夏
祴夏驁夏凡祭祀饗食奏燕樂
凡射王奏騶虞諸侯奏貍首卿
大夫奏采蘋士奏采蘩掌鼙鼓
縵樂　笙師掌教龡竽笙塤籥

儒藏經典·康熙篆文六經四書　周禮

之。

典同：掌六律、六同之和，以辨天地四方陰陽之聲，以爲樂器。凡聲，高聲硍，正聲緩，下聲肆，陂聲散，險聲斂，達聲贏，微聲韽，回聲衍，侈聲筰，弇聲鬱，薄聲甄，厚聲石。凡爲樂器，以十有二律爲之數度，以十有二聲爲之齊量。凡和樂亦如之。

磬師：掌教擊磬、擊編鐘。教縵樂、燕樂之鐘磬。凡祭祀，奏縵樂。

鐘師：掌金奏。凡樂事，以鐘鼓奏九夏：《王夏》、《肆夏》《昭夏》《納夏》《章夏》《齊夏》《族夏》《祴夏》《驁夏》。凡祭祀、饗食，奏燕樂。凡射，王，奏《騶虞》；諸侯，奏《貍首》；卿大夫，奏《采蘋》；士，奏《采蘩》。掌鼙，鼓縵樂。

笙師：掌教龡竽、笙、塤、籥、

簫、篪、篴、管，舂牘、應、雅，以教祴樂。凡祭祀、饗、射，共其鍾笙之樂，燕樂亦如之。大喪，廞其樂器；及葬，奉而藏之。大旅，則陳之。

鎛師：掌金奏之鼓。凡祭祀，鼓其金奏之樂；饗食、賓射，亦如之。軍大獻，則鼓其愷樂。凡軍之夜三鼜，皆鼓之；守鼜，亦如之。大喪，廞其樂器，奉而藏之。

韎師：掌教韎樂。祭祀，則帥其屬而舞之；大饗，亦如之。

旄人：掌教舞散樂、舞夷樂。凡四方之以舞仕者屬焉。凡祭祀、賓客，舞其燕樂。

籥師：掌教國子舞羽歈籥。祭祀，則鼓羽籥之舞；賓客、饗食，則亦如之。大喪，廞其樂器，奉而藏之。

籥章：

簫篪篴管舂牘應雅以教祴樂凡祭祀饗射共其鍾笙之樂燕樂亦如之大喪廞其樂器及葬奉而藏之大旅則陳之鎛師掌金奏之鼓凡祭祀鼓其金奏之樂饗食賓射亦如之軍大獻則鼓其愷樂凡軍之夜三鼜皆鼓之守鼜亦如之大喪廞其樂器奉而藏之韎師掌教韎樂祭祀則帥其屬而舞之大饗亦如之旄人掌教舞散樂舞夷樂凡四方之以舞仕者屬焉凡祭祀賓客舞其燕樂籥師掌教國子舞羽歈籥祭祀則鼓羽籥之舞賓客饗食則亦如之大喪廞其樂器奉而藏之籥章

掌土鼓、豳籥。中春，晝擊土鼓、龡《豳》詩以逆暑。中秋，夜迎寒，亦如之。凡國祈年于田祖，龡《豳》雅，擊土鼓，以樂田畯。國祭蜡，則龡《豳》頌，擊土鼓，以息老物。

鞮鞻氏：掌四夷之樂與其聲歌。祭祀，則龡而歌之；燕，亦如之。

典庸器：掌藏樂器、庸器。及祭祀，帥其屬而設筍虡、陳庸器；饗食、賓射，亦如之。大喪，廞筍虡。

司干：掌舞器。祭祀，舞者既陳，則授舞器；既舞，則受之。賓、饗，亦如之。大喪，廞舞器；及葬，奉而藏之。

大卜：掌三兆之灋，一曰「玉兆」，二曰「瓦兆」，三曰「原兆」。其經兆之體，皆百有二十，其頌皆千有二百。掌三易

之灋一曰連山二曰歸藏三曰
周易其經卦皆八其別皆六十
有四掌三夢之灋一曰致夢二
曰觭夢三曰咸陟其經運十其
別九十以邦事作龜之八命一
曰征二曰象三曰與四曰謀五
曰果六曰至七曰雨八曰瘳以
八命者贊三兆三易三夢之占
以觀國家之吉凶以詔救政凡
國大貞卜立君卜大封則眡高
作龜大祭祀則眡高命龜凡小
事涖卜國大遷大師則貞龜凡
旅陳龜凡喪事命龜 卜師掌
開龜之四兆一曰方兆二曰功
兆三曰義兆四曰弓兆凡卜事
眡高揚火以作龜致其墨凡卜

儒藏 儒藏經典·康熙篆文六經四書 周禮

之灋，一曰「連山」，二曰「歸藏」，三曰「周易」。其經卦皆八，其別皆六十有四。掌三夢之灋，一曰「致夢」，二曰「觭夢」，三曰「咸陟」。其經運十，其別九十。以邦事作龜之八命，一曰征，二曰象，三曰與，四曰謀，五曰果，六曰至，七曰雨，八曰瘳。以八命者贊三兆、三易、三夢之占，以觀國家之吉凶，以詔救政。凡國大貞，卜立君，卜大封，則眡高作龜。大祭祀，則眡高命龜。凡小事，涖卜。國大遷、大師，則貞龜。凡旅，陳龜。凡喪事，命龜。

卜師：掌開龜之四兆，一曰方兆，二曰功兆，三曰義兆，四曰弓兆。凡卜事，眡高。揚火以作龜，致其墨。凡卜，辨龜之上下、左右、陰陽，以授命龜者而詔相之。

龜人：掌六龜之屬，各有名物。天龜曰靈屬，地龜曰繹屬，東龜曰果屬，西龜曰靁屬，南龜曰獵屬，北龜曰若屬。各以其方之色與其體辨之。凡取龜用秋時，攻龜用春時，各以其物入于龜室。上春釁龜，祭祀先卜。若有祭事，則奉龜以往；旅亦如之，喪亦如之。

華氏：掌共燋契，以待卜事。凡卜，以明火爇燋，遂龡其焌契，以授卜師，遂役之。

占人：掌占龜，以八簭占八頌，以八卦占簭之八故，以眂吉凶。凡卜簭，君占體，大夫占色，史占墨，卜人占坼。凡卜簭，既事，則繫幣以比其命歲終則計其占之中否簭人掌三易以辨九簭之名一曰連山二曰歸藏三曰周易九簭之名一曰巫更二曰巫咸三曰巫式四曰巫目五曰巫易六曰巫比七曰巫祠八曰巫參九曰巫環以辨吉凶凡國之大事先簭而後卜上春相簭凡國事共簭占夢掌其歲時觀天地之會辨陰陽之氣以日月星辰占六夢之吉凶一曰正夢二曰噩夢三曰思夢四曰寤夢五曰喜夢六曰懼夢季冬聘王夢獻吉夢于王王拜而受之乃舍萌于四方以贈惡夢遂令始難毆疫眡祲掌十煇之

儒藏經典·康熙篆文六經四書 周禮

繫幣以比其命。歲終，則計其占之中否。

簭人：掌三易以辨九簭之名，一曰「連山」，二曰「歸藏」，三曰「周易」。九簭之名，一曰巫更，二曰巫咸，三曰巫式，四曰巫目，五曰巫易，六曰巫比，七曰巫祠，八曰巫參，九曰巫環。以辨吉凶。凡國之大事，先簭而後卜。上春，相簭。凡國事，共簭。

占夢：掌其歲時，觀天地之會，辨陰陽之氣。以日月星辰占六夢之吉凶，一曰正夢，二曰噩夢，三曰思夢，四曰寤夢，五曰喜夢，六曰懼夢。季冬，聘王夢，獻吉夢于王，王拜而受之。乃舍萌于四方，以贈惡夢，遂令始難毆疫。

眡祲：掌十煇之

瀳以觀妖祥辨吉凶一曰祲二
曰象三曰鑴四曰監五曰闇六
曰瞢七曰彌八曰敘九曰隮十
曰想掌安宅敘降正歲則行事
歲終則弊其事　大祝掌六祝
之辭以事鬼神示祈福祥求永
貞一曰順祝二曰年祝三曰吉
祝四曰化祝五曰瑞祝六曰筴
祝掌六祈以同鬼神示一曰類
二曰造三曰禬四曰禜五曰攻
六曰説作六祠以通上下親疏
遠近一曰祠二曰命三曰誥四
曰會五曰禱六曰誄辨六號一
曰神號二曰鬼號三曰示號四
曰牲號五曰齍號六曰幣號辨
九祭一曰命祭二曰衍祭三曰

儒藏
儒藏經典·康熙篆文六經四書　周禮

瀳，以觀妖祥，辨吉凶。一曰祲，二曰象，三曰鑴，四曰監，五曰闇，六曰瞢，七曰彌，八曰敘，九曰隮，十曰想。掌安宅敘降。正歲，則行事；歲終，則弊其事。

大祝：掌六祝之辭，以事鬼神示，祈福祥，求永貞。一曰順祝，二曰年祝，三曰吉祝，四曰化祝，五曰瑞祝，六曰筴祝。掌六祈以同鬼神示，一曰類，二曰造，三曰禬，四曰禜，五曰攻，六曰説。作六祠以通上下、親疏、遠近，一曰祠，二曰命，三曰誥，四曰會，五曰禱，六曰誄。辨六號，一曰神號，二曰鬼號，三曰示號，四曰牲號，五曰齍號，六曰幣號。辨九祭，一曰命祭，二曰衍祭，三曰

炮祭四曰周祭五曰振祭六曰
擩祭七曰絶祭八曰繚祭九曰
共祭辨九𢷎一曰稽首二曰頓
首三曰空首四曰振動五曰吉
𢷎六曰凶𢷎七曰奇𢷎八曰褒
𢷎九曰肅𢷎以享右祭祀凡大
禋祀肆享祭示則執明水火而
號祝隋釁逆牲逆尸令鐘鼓右

亦如之來瞽令臯舞相尸禮既
祭令徹大喪始崩以肆鬯渳尸
相飯贊斂徹奠言甸人讀禱付
練祥掌國事國有大故天烖彌
祀社稷禱祠大師宜于社造于
祖設軍社類上帝國將有事于
四望及軍歸獻于社則前祝大
會同造于廟宜于社過大山川

炮祭，四曰周祭，五曰振祭，六曰
擩祭，七曰絶祭，八曰繚祭，九曰
共祭。辨九𢷎，一曰稽首，二曰頓
首，三曰空首，四曰振動，五曰吉
𢷎，六曰凶𢷎，七曰奇𢷎，八曰褒
𢷎，九曰肅𢷎，以享右祭祀。凡大
禋祀、肆享、祭示，則執明水火而
號祝。隋釁，逆牲逆尸，令鐘鼓；右

儒藏經典·康熙篆文六經四書　周禮

亦如之。來瞽，令臯舞。相尸禮。既
祭，令徹。大喪，始崩，以肆鬯渳尸，
相飯，贊斂，徹奠，言甸人讀禱；付、
練、祥，掌國事。國有大故、天烖，彌
祀社稷，禱祠。大師，宜于社，造于
祖，設軍社，類上帝，國將有事于
四望，及軍歸獻于社，則前祝。大
會同，造于廟，宜于社，過大山川，

則用事焉反行舍奠建邦國先
告后土用牲幣禁督逆祀命者
頒祭號于邦國都鄙　小祝掌
小祭祀將事侯禳禱祠之祝號
以祈福祥順豐年逆時雨寧風
旱彌裁兵遠辠疾大祭祀逆䀁
盛送逆尸沃尸盥贊隋贊徹贊
奠凡事佐大祝大喪贊渳設熬
置銘及葬設道齎之奠分禱五
祀大師掌釁祈號祝有寇戎之
事則保郊祀于社凡外内小祭
祀小喪紀小會同小軍旅掌事
焉　喪祝掌大喪勸防之事及
辟令啓及朝御匶乃奠及祖飾
棺乃載遂御及葬御匶出宮乃
代及壙說載除飾小喪亦如之

則用事焉；反行，舍奠。建邦國，先告后土，用牲幣。禁督逆祀命者。頒祭號于邦國都鄙。

小祝：掌小祭祀將事侯、禳、禱、祠之祝號，以祈福祥，順豐年，逆時雨，寧風旱，彌裁兵，遠辠疾。大祭祀，逆䀁盛，送逆尸，沃尸盥，贊隋，贊徹，贊奠。凡事，佐大祝。大喪，贊渳，設熬，置銘；及葬，設道齎之奠，分禱五祀。大師，掌釁祈號祝。有寇戎之事，則保郊，祀于社。凡外内小祭祀、小喪紀、小會同、小軍旅，掌事焉。

喪祝：掌大喪勸防之事。及辟，令啓。及朝，御匶，乃奠。及祖，飾棺，乃載，遂御。及葬，御匶出宮，乃代。及壙，說載除飾。小喪，亦如之。

掌喪祭祝號王弔則與巫前掌
勝國邑之社稷之祝號以祭祀
禱祠焉凡卿大夫之喪掌事而
斂飾棺焉 甸祝掌四時之田
表貉之祝號舍奠于祖廟禰亦
如之師甸致禽于虞中乃屬禽
及郊饁獸舍奠于祖禰乃斂禽
禂牲禂馬皆掌其祝號 詛祝
掌盟詛類造攻說禬禜之祝號
作盟詛之載辭以敘國之信用
以質邦國之劑信 司巫掌群
巫之政令若國大旱則帥巫而
舞雩國有大烖則帥巫而造巫
恒祭祀則共匰主及道布及蒩
館凡祭祀守瘞凡喪事掌巫降
之禮 男巫掌望祀望衍授號

儒藏 儒藏經典·康熙篆文六經四書 周禮

掌喪祭祝號。王弔，則與巫前。掌勝國邑之社稷之祝號，以祭祀禱祠焉。凡卿、大夫之喪，掌事而斂飾棺焉。

甸祝：掌四時之田表貉之祝號。舍奠于祖廟，禰亦如之。師甸，致禽于虞中，乃屬禽；及郊，饁獸，舍奠于祖禰，乃斂禽。禂牲、禂馬，皆掌其祝號。

詛祝：掌盟、詛、類、造、攻、説、禬、禜之祝號。作盟詛之載辭，以敘國之信用，以質邦國之劑信。

司巫：掌群巫之政令。若國大旱，則帥巫而舞雩。國有大烖，則帥巫而造巫恒。祭祀，則共匰主及道布及蒩館。凡祭祀，守瘞。凡喪事，掌巫降之禮。

男巫：掌望祀、望衍，授號，

旁招以茅冬堂贈無方無筭春招弭以除疾病王弔則與祝前女巫掌歲時祓除釁浴旱暵則舞雩若王后弔則與祝前凡邦之大烖歌哭而請大史掌建邦之六典以逆邦國之治掌灋以逆官府之治掌則以逆都鄙之治凡辨灋者攷焉不信者刑之凡邦國都鄙及萬民之有約劑者藏焉以貳六官六官之所登若約劑亂則辟灋不信者刑之正歲年以序事頒之于官府及都鄙頒告朔于邦國閏月詔王居門終月大祭祀與執事卜日戒及宿之日與群執事讀禮書而協事祭之日執書以次

旁招以茅。冬堂贈，無方無筭。春招弭，以除疾病。王弔，則與祝前。

女巫：掌歲時祓除、釁浴。旱暵則舞雩。若王后弔，則與祝前。凡邦之大烖，歌哭而請。

大史：掌建邦之六典，以逆邦國之治。掌灋以逆官府之治，掌則以逆都鄙之治。凡辨灋者攷焉，不信者刑之。凡邦國都鄙及萬民之有約劑者藏焉，以貳六官，六官之所登。若約劑亂，則辟灋；不信者刑之。正歲年以序事，頒之于官府及都鄙，頒告朔于邦國。閏月，詔王居門終月。大祭祀，與執事卜日。戒及宿之日，與群執事讀禮書而協事。祭之日，執書以次

儒藏經典·康熙篆文六經四書　周禮

位常辨事者致焉不信者誅之
大會同朝覲以書協禮事及將
幣之日執書以詔王大師抱天
時與大師同車大遷國抱灋以
前大喪執灋以涖勸防遣之日
讀誄凡喪事致焉小喪賜謚凡
射事飾中舍筭執其禮事　小
史掌邦國之志奠繫世辨昭穆
若有事則詔王之忌諱大祭祀
讀禮灋史以書敘昭穆之俎簋
大喪大賓客大會同大軍旅佐
大史凡國事之用禮灋者掌其
小事卿大夫之喪賜謚讀誄
馮相氏掌十有二歲十有二月
十有二辰十日二十有八星之
位辨其序事以會天位冬夏致

儒藏經典·康熙篆文六經四書　周禮

位常，辨事者致焉，不信者誅之。大會同、朝覲，以書協禮事。及將幣之日，執書以詔王。大師，抱天時，與大師同車。大遷國，抱灋以前。大喪，執灋以涖勸防；遣之日，讀誄。凡喪事致焉。小喪，賜謚。凡射事，飾中，舍筭，執其禮事。小史：掌邦國之志，奠繫世，辨昭穆。若有事，則詔王之忌諱。大祭祀，讀禮灋，史以書敘昭穆之俎簋。大喪、大賓客、大會同、大軍旅，佐大史。凡國事之用禮灋者，掌其小事。卿大夫之喪，賜謚，讀誄。馮相氏：掌十有二歲、十有二月、十有二辰、十日、二十有八星之位，辨其序事，以會天位。冬夏致

日春秋致月以辨四時之敘
保章氏掌天星以志星辰日月
之變動以觀天下之遷辨其吉
凶以星土辨九州之地所封封
域皆有分星以觀妖祥以十有
二歲之相觀天下之妖祥以五
雲之物辨吉凶水旱降豐荒之
祲象以十有二風察天地之和

命乖別之妖祥凡此五物者以
詔救政訪序事 内史掌王之
八枋之灋以詔王治一曰爵二
曰祿三曰廢四曰置五曰殺六
曰生七曰予八曰奪執國灋及
國令之貳以攷政事以逆會計
掌敘事之灋受納訪以詔王聽
治凡命諸侯及孤卿大夫則策

日，春秋致月，以辨四時之敘。

保章氏：掌天星，以志星辰日月之變動，以觀天下之遷，辨其吉凶。以星土辨九州之地所封，封域皆有分星，以觀妖祥。以十有二歲之相，觀天下之妖祥。以五雲之物辨吉凶、水旱降、豐荒之祲象。以十有二風，察天地之和、

儒藏經典·康熙篆文六經四書 周禮

命，乖別之妖祥。凡此五物者，以詔救政，訪序事。

内史：掌王之八枋之灋，以詔王治。一曰爵，二曰祿，三曰廢，四曰置，五曰殺，六曰生，七曰予，八曰奪。執國灋及國令之貳，以攷政事，以逆會計。掌敘事之灋，受納訪，以詔王聽治。凡命諸侯及孤卿、大夫，則策

命之。凡四方之事書，内史讀之。王制祿，則贊爲之，以方出之；賞賜，亦如之。内史掌書王命，遂貳之。　外史：掌書外令，掌四方之志，掌三皇五帝之書，掌達書名于四方。若以書使于四方，則書其令。　御史：掌邦國都鄙及萬民之治令，以贊冢宰。凡治者受灋令焉。掌贊書，凡數從政者。

巾車：掌公車之政令，辨其用與其旗物而等敘之，以治其出入。王之五路：一曰玉路，錫，樊纓十有再就，建大常，十有二斿，以祀；金路，鉤，樊纓九就，建大旂，以賓，同姓以封；象路，朱，樊纓七就，建大赤，以朝，異姓以封；革路，龍勒，條纓五就建大白以即戎以封四衛木路前樊鵠纓建大麾以田以封蕃國王后之五路重翟錫面朱總厭翟勒面繢總安車彫面鷖總皆有容蓋翟車貝面組總有握輦車組輓有翣羽蓋王之喪車五乘木車蒲蔽犬𧜭尾櫜疏飾小服皆疏素車棼蔽犬𧜭素飾小服皆素藻車藻蔽鹿淺𧜭革飾駹車萑蔽然𧜭髹飾漆車藩蔽豻𧜭雀飾服車五乘孤乘夏篆卿乘夏縵大夫乘墨車士乘棧車庶人乘役車凡良車散車不在等者其用無常凡車之出入歲終則會之凡賜闕之毁折入齎于職幣大喪飾

條纓五就，建大白，以即戎，以封四衛；木路，前樊鵠纓，建大麾，以田，以封蕃國。王后之五路：重翟，錫面朱總；厭翟，勒面繢總；安車，彫面鷖總，皆有容蓋；翟車，貝面組總，有握；輦車，組輓，有翣羽蓋。王之喪車五乘：木車，蒲蔽，犬𧜭，尾櫜，疏飾，小服皆疏；素車，棼蔽，犬𧜭，素飾，小服皆素；藻車，藻蔽，鹿淺𧜭，革飾；駹車，萑蔽，然𧜭，髹飾；漆車，藩蔽，豻𧜭，雀飾。服車五乘：孤乘夏篆，卿乘夏縵，大夫乘墨車，士乘棧車，庶人乘役車。凡良車、散車不在等者，其用無常。凡車之出入，歲終則會之，凡賜闕之；毁折，入齎于職幣。大喪，飾

遣車遂廞之行之及葬執蓋從
車持旌及墓嘑啓關陳車小喪
共匶路與其飾歲時更續共其
弊車大祭祀鳴鈴以應雞人
典路掌王及后之五路辨其名
物與其用說若有大祭祀則出
路贊駕說大喪大賓客亦如之
凡會同軍旅弔于四方以路從

車僕掌戎路之萃廣車之萃
闕車之萃苹車之萃輕車之萃
凡師共革車各以其萃會同亦
如之大喪廞革車大射共三乏
司常掌九旗之物名各有屬
以待國事日月爲常交龍爲旂
通帛爲旜雜帛爲物熊虎爲旗
鳥隼爲旟龜蛇爲旐全羽爲旞

遣車，遂廞之行之；及葬，執蓋從車，持旌；及墓，嘑啓關，陳車。小喪，共匶路與其飾。歲時更續，共其弊車。大祭祀，鳴鈴以應雞人。

典路：掌王及后之五路，辨其名物與其用說。若有大祭祀，則出路，贊駕說。大喪、大賓客，亦如之。凡會同、軍旅、弔于四方，以路從。

儒藏經典·康熙篆文六經四書　周禮

車僕：掌戎路之萃、廣車之萃、闕車之萃、苹車之萃、輕車之萃。凡師，共革車，各以其萃；會同，亦如之。大喪，廞革車。大射，共三乏。

司常：掌九旗之物名，各有屬，以待國事。日月爲常，交龍爲旂，通帛爲旜，雜帛爲物，熊虎爲旗，鳥隼爲旟，龜蛇爲旐，全羽爲旞，析羽爲旌及國之大閲贊司馬頒旗物王建大常諸侯建旂孤卿建旜大夫士建物師都建旗州里建旟縣鄙建旐道車載旞斿車載旌皆畫其象焉官府各象其事州里各象其名家各象其號凡祭祀各建其旗會同賓客亦如之置旌門大喪共銘旌建廞車之旌及葬亦如之凡軍事建旌旗及致民置旗弊之甸亦如之凡射共獲旌歲時共更旌 都宗人掌都祭祀之禮凡都祭祀致福于國正都禮與其服若有寇戎之事則保群神之壝國有大故則令禱祠既祭反命于國 家宗人掌家祭祀之

析羽爲旌。及國之大閲，贊司馬頒旗物：王建大常，諸侯建旂，孤卿建旜，大夫、士建物，師都建旗，州里建旟，縣鄙建旐，道車載旞，斿車載旌。皆畫其象焉，官府各象其事，州里各象其名，家各象其號。凡祭祀，各建其旗，會同、賓客亦如之；置旌門。大喪，共銘旌，建廞車之旌；及葬亦如之。凡軍事，建旌旗；及致民，置旗弊之。甸亦如之。凡射，共獲旌。歲時，共更旌。

都宗人：掌都祭祀之禮。凡都祭祀，致福于國。正都禮與其服。若有寇戎之事，則保群神之壝。國有大故，則令禱祠；既祭，反命于國。

家宗人：掌家祭祀之

禮凡祭祀致福國有大故則令禱祠反命祭亦如之掌家禮與其衣服宮室車旗之禁令　凡以神仕者掌三辰之灋以猶鬼神示之居辨其名物以冬日至致天神人鬼以夏日至致地示物鬽以禬國之凶荒民之札喪

周禮卷之三

禮。凡祭祀，致福。國有大故，則令禱祠，反命；祭亦如之。掌家禮與其衣服、宮室、車旗之禁令。

凡以神仕者，掌三辰之灋，以猶鬼神示之居，辨其名物。以冬日至致天神人鬼，以夏日至致地示物鬽，以禬國之凶荒、民之札喪。

周禮卷之三

儒藏
儒藏經典·康熙篆文六經四書　周禮

周禮卷之四

夏官司馬第四

惟王建國辨方正位體國經野設官分職以爲民極乃立夏官司馬使帥其屬而掌邦政以佐王平邦國

政官之屬大司馬卿一人小司馬中大夫二人軍司馬下大夫四人輿司馬上士八人行司馬中士十有六人旅下士三十有二人府六人史十有六人胥三十有二人徒三百有二十人凡制軍萬有二千五百人爲軍王六軍大國三軍次國二軍小國一軍軍將皆命卿二千有五百人爲師師帥皆中大夫五百人

儒藏
儒藏經典・康熙篆文六經四書　周禮

周禮卷之四

夏官司馬第四

惟王建國，辨方正位，體國經野，設官分職，以爲民極。乃立夏官司馬，使帥其屬而掌邦政，以佐王平邦國。

政官之屬：大司馬，卿一人。小司馬，中大夫二人。軍司馬，下大夫四人。輿司馬，上士八人。行司馬，中士十有六人，旅下士三十有二人。府六人，史十有六人，胥三十有二人，徒三百有二十人。凡制軍，萬有二千五百人爲軍。王六軍，大國三軍，次國二軍，小國一軍。軍將皆命卿。二千有五百人爲師，師帥皆中大夫。五百人為旅旅帥皆下大夫百人為卒卒長皆上士二十五人為兩兩司馬皆中士五人為伍伍皆有長一軍則二府六史胥十人徒百人 司勳上士二人下士四人府二人史四人胥二人徒二十人 馬質中士二人府一人史二人賈四人徒八人 量人下士二人府一人史四人徒八人 小子下士二人史一人徒八人 羊人下士二人史一人賈二人徒八人 司爟下士二人徒六人 掌固上士二人下士八人府二人史四人胥四人徒四十人 司險中士二人下士四人史二人徒四十人 掌

儒藏
儒藏經典·康熙篆文六經四書 周禮

為旅，旅帥皆下大夫。百人為卒，卒長皆上士。二十五人為兩，兩司馬皆中士。五人為伍，伍皆有長。一軍則二府、六史、胥十人、徒百人。 司勳：上士二人，下士四人；府二人，史四人，胥二人，徒二十人。 馬質：中士二人；府一人，史二人，賈四人，徒八人。 量人：下士二人；府一人，史四人，徒八人。 小子：下士二人；史一人，徒八人。 羊人：下士二人；史一人，賈二人，徒八人。 司爟：下士二人，徒六人。 掌固：上士二人，下士八人；府二人，史四人，胥四人，徒四十人。 司險：中士二人，下士四人；史二人，徒四十人。 掌疆中士八人史四人胥十有六人徒百有六十人　候人上士六人下士十有二人史六人徒百有二十人　環人下士六人史二人徒十有二人　挈壺氏下士六人史二人徒十有二人　射人下大夫二人上士四人下士八人府二人史四人胥二人徒二十人　服不氏下士一人徒四人　射鳥氏下士一人徒四人　羅氏下士一人徒八人　掌畜下士二人史二人胥二人徒二十人　司士下大夫二人中士六人下士十有二人府二人史四人胥四人徒四十人　諸子下大夫二人中士四

疆：中士八人；史四人，胥十有六人，徒百有六十人。　候人：上士六人，下士十有二人；史六人，徒百有二十人。　環人：下士六人；史二人，徒十有二人。　挈壺氏：下士六人；史二人，徒十有二人。　射人：下大夫二人，上士四人，下士八人；府二人，史四人，胥二人，徒二十人。　服不氏：下士一人；徒四人。　射鳥氏：下士一人；徒四人。　羅氏：下士一人；徒八人。　掌畜：下士二人；史二人，胥二人，徒二十人。　司士：下大夫二人，中士六人，下士十有二人；府二人，史四人，胥四人，徒四十人。　諸子：下大夫二人，中士四人；府二人，史二人，胥二人，徒二十人。　司右：上士二人，下士四人；府四人，史四人，胥八人，徒八十人。　虎賁氏：下大夫二十人，中士十有二人；府二人，史八人，胥八十人，虎士八百人。　旅賁氏：中士二人，下士十有六人；史二人，徒八人。　節服氏：下士八人；徒四人。　方相氏：狂夫四人。

大僕，下大夫二人。小臣，上士四人。祭僕，中士六人。御僕，下士十有二人；府二人，史四人，胥二人，徒二十人。　隸僕：下士二人；府一人，史二人，胥四人，徒四十人。

弁師：下士二人；工四人，史二人，徒四人。　司甲：下大夫二人，

儒藏經典·康熙篆文六經四書　周禮

人；府二人，史二人，胥二人，徒二十人。　司右：上士二人，下士四人；府四人，史四人，胥八人，徒八十人。　虎賁氏：下大夫二十人，中士十有二人；府二人，史八人，胥八十人，虎士八百人。　旅賁氏：中士二人，下士十有六人；史二人，徒八人。　節服氏：下士八人；徒四人。　方相氏：狂夫四人。

大僕，下大夫二人。小臣，上士四人。祭僕，中士六人。御僕，下士十有二人；府二人，史四人，胥二人，徒二十人。　隸僕：下士二人；府一人，史二人，胥四人，徒四十人。

弁師：下士二人；工四人，史二人，徒四人。　司甲：下大夫二人，

中士八人府四人史八人胥八
人徒八十人　司兵中士四人
府二人史四人胥二人徒二十
人　司戈盾下士二人府一人
史二人徒四人　司弓矢下大
夫二人中士八人府四人史八
人胥八人徒八十人　繕人上
士二人下士四人府一人史二
人胥二人徒二十人　稾人中
士四人府二人史四人胥二人
徒二十人　戎右中大夫二人
上士二人　齊右下大夫二人
道右上士二人　大馭中大
夫二人　戎僕中大夫二人
齊僕下大夫二人　道僕上士
十有二人　田僕上士十有二

中士八人；府四人，史八人，胥八人，徒八十人。司兵：中士四人；府二人，史四人，胥二人，徒二十人。司戈盾：下士二人；府一人，史二人，徒四人。司弓矢：下大夫二人，中士八人；府四人，史八人，胥八人，徒八十人。繕人：上士二人，下士四人；府一人，史二人，胥二人，徒二十人。稾人：中士四人；府二人，史四人，胥二人，徒二十人。戎右：中大夫二人，上士二人。齊右：下大夫二人。道右：上士二人。大馭：中大夫二人。戎僕：中大夫二人。齊僕：下大夫二人。道僕：上士十有二人。田僕：上士十有二人。馭夫：中士二十人，下士四十人。校人：中大夫二人，上士四人，下士十有六人；府四人，史八人，胥八人，徒八十人。趣馬：下士，皁一人；徒四人。巫馬：下士二人；醫四人，府一人，史二人，賈二人，徒二十人。牧師：下士四人；胥四人，徒四十人。廋人：下士，閑二人；史二人，徒二十人。圉師：乘一人，徒二人。圉人：良馬匹一人，駑馬麗一人。職方氏：中大夫四人，下大夫八人，中士十有六人；府四人，史十有六人，胥十有六人，徒百有六十人。

土方氏：上士五人，下士十人；府二人，史五人，胥五人，徒五十人懷方氏中士八人府四人史四人胥四人徒四十人合方氏中士八人府四人史四人胥四人徒四十人訓方氏中士四人府四人史四人胥四人徒四十人形方氏中士四人府四人史四人胥四人徒四十人山師中士二人下士四人府二人史四人胥四人徒四十人川師中士二人下士四人府二人史四人胥四人徒四十人邍師中士四人下士八人府四人史八人胥八人徒八十人匡人中士四人史四人徒八人撢人中士四人史四人徒八人都司馬每都上士二

儒藏經典·康熙篆文六經四書　周禮

人。懷方氏：中士八人；府四人，史四人，胥四人，徒四十人。合方氏：中士八人；府四人，史四人，胥四人，徒四十人。訓方氏：中士四人；府四人，史四人，胥四人，徒四十人。形方氏：中士四人；府四人，史四人，胥四人，徒四十人。山師：中士二人，下士四人；府二人，史四人，胥四人，徒四十人。川師：中士二人，下士四人；府二人，史四人，胥四人，徒四十人。邍師：中士四人，下士八人；府四人，史八人，胥八人，徒八十人。匡人：中士四人；史四人，徒八人。撢人：中士四人；史四人，徒八人。都司馬：每都上士二

人中士四人下士八人府二人
史八人胥八人徒八十人 家
司馬各使其臣以正於公司馬
大司馬之職掌建邦國之九灋
以佐王平邦國制畿封國以正
邦國設儀辨位以等邦國進賢
興功以作邦國建牧立監以維
邦國制軍詰禁以糾邦國施貢

分職以任邦國簡稽鄉民以用
邦國均守平則以安邦國比小
事大以和邦國以九伐之灋正
邦國馮弱犯寡則眚之賊賢害
民則伐之暴内陵外則壇之野
荒民散則削之負固不服則侵
之賊殺其親則正之放弒其君
則殘之犯令陵政則杜之外内

人，中士四人，下士八人；府二人，史八人，胥八人，徒八十人。 家司馬：各使其臣，以正於公司馬。

大司馬之職：掌建邦國之九灋，以佐王平邦國：制畿封國，以正邦國；設儀辨位，以等邦國；進賢興功，以作邦國；建牧立監，以維邦國；制軍詰禁，以糾邦國；施貢

儒藏經典·康熙篆文六經四書 周禮

分職，以任邦國；簡稽鄉民，以用邦國；均守平則，以安邦國；比小事大，以和邦國。以九伐之灋正邦國：馮弱犯寡，則眚之；賊賢害民，則伐之；暴内陵外，則壇之；野荒民散，則削之；負固不服，則侵之；賊殺其親，則正之；放弒其君，則殘之；犯令陵政，則杜之；外内

亂，鳥獸行，則滅之。正月之吉始和，布政于邦國都鄙，乃縣政象之法于象魏，使萬民觀政象，挾日而斂之。乃以九畿之籍，施邦國之政職。方千里曰國畿，其外方五百里曰侯畿，又其外方五百里曰甸畿，又其外方五百里曰男畿，又其外方五百里曰采畿，又其外方五百里曰衛畿，又其外方五百里曰蠻畿，又其外方五百里曰夷畿，又其外方五百里曰鎮畿，又其外方五百里曰蕃畿。凡令賦，以地與民制之。上地，食者參之二，其民可用者家三人。中地，食者半，其民可用者二家五人。下地，食者參之一，

亂鳥獸行則滅之正月之吉始和布政于邦國都鄙乃縣政象之法于象魏使萬民觀政象挾日而斂之乃以九畿之籍施邦國之政職方千里曰國畿其外方五百里曰侯畿又其外方五百里曰甸畿又其外方五百里曰男畿又其外方五百里曰采畿又其外方五百里曰衛畿又其外方五百里曰蠻畿又其外方五百里曰夷畿又其外方五百里曰鎮畿又其外方五百里曰蕃畿凡令賦以地與民制之上地食者參之二其民可用者家三人中地食者半其民可用者二家五人下地食者參之一

其民可用者家二人中春教振旅司馬以旗致民平列陳如戰之陳辨鼓鐸鐲鐃之用王執路鼓諸侯執賁鼓軍將執晉鼓師帥執提旅帥執鼙卒長執鐃兩司馬執鐸公司馬執鐲以教坐作進退疾徐疏數之節遂以蒐田有司表貉誓民鼓遂圍禁火弊獻禽以祭社中夏教茇舍如振旅之陳群吏撰車徒讀書契辨號名之用帥以門名縣鄙各以其名家以號名鄉以州名野以邑名百官各象其事以辨軍之夜事其他皆如振旅遂以苗田如蒐之法車弊獻禽以享礿中秋教治兵如振旅之陳辨旗

儒藏經典·康熙篆文六經四書　周禮

其民可用者家二人。中春教振旅，司馬以旗致民，平列陳，如戰之陳。辨鼓鐸鐲鐃之用：王執路鼓，諸侯執賁鼓，軍將執晉鼓，師帥執提，旅帥執鼙，卒長執鐃，兩司馬執鐸，公司馬執鐲，以教坐作、進退、疾徐、疏數之節。遂以蒐田，有司表貉，誓民；鼓，遂圍禁；火弊，獻禽以祭社。中夏教茇舍，如振旅之陳。群吏撰車徒，讀書契，辨號名之用，帥以門名，縣鄙各以其名，家以號名，鄉以州名，野以邑名，百官各象其事，以辨軍之夜事。其他皆如振旅。遂以苗田如蒐之法，車弊，獻禽以享礿。中秋教治兵，如振旅之陳。辨旗物之用王載大常諸侯載旂軍吏載旗師都載旜鄉遂載物郊野載旐百官載旟各書其事與其號焉其他皆如振旅遂以獮田如蒐田之法羅弊致禽以祀祊中冬教大閱前期群吏戒眾庶脩戰法虞人萊所田之野爲表百步則一爲三表又五十步爲一表田之日司馬建旗于後表之中群吏以旗物鼓鐸鐲鐃各帥其民而致質明弊旗誅後至者乃陳車徒如戰之陳皆坐群吏聽誓于陳前斬牲以左右徇陳曰不用命者斬之中軍以鼙令鼓鼓人皆三鼓司馬振鐸群吏作旗車徒皆作鼓行鳴鐲

儒藏經典·康熙篆文六經四書 周禮

物之用：王載大常，諸侯載旂，軍吏載旗，師都載旜，鄉遂載物，郊野載旐，百官載旟，各書其事與其號焉。其他皆如振旅。遂以獮田如蒐田之法，羅弊，致禽以祀祊。中冬教大閱。前期，群吏戒眾庶脩戰法。虞人萊所田之野，爲表，百步則一，爲三表，又五十步爲一表。田之日，司馬建旗于後表之中，群吏以旗物鼓鐸鐲鐃，各帥其民而致。質明，弊旗，誅後至者；乃陳車徒如戰之陳，皆坐。群吏聽誓于陳前，斬牲，以左右徇陳，曰：「不用命者斬之！」中軍以鼙令鼓，鼓人皆三鼓，司馬振鐸，群吏作旗，車徒皆作。鼓行，鳴鐲，車徒皆行，及表乃止。三鼓，摝鐸，群吏弊旗，車徒皆坐。又三鼓，振鐸作旗，車徒皆作。鼓進，鳴鐲，車驟徒趨，及表乃止，坐作如初。乃鼓，車馳徒走，及表乃止。鼓戒三闋，車三發，徒三刺。乃鼓退，鳴鐃且卻，及表乃止，坐作如初。遂以狩田，以旌爲左右和之門，群吏各帥其車徒以敘和出，左右陳車徒，有司平之；旗居卒間以分地，前後有屯百步，有司巡其前後，險野人爲主，易野車爲主。既陳，乃設驅逆之車，有司表貉于陳前。中軍以鼙令鼓，鼓人皆三鼓，群司馬振鐸，車徒皆作。遂鼓行，徒銜枚而進。大獸公之，小禽

儒藏經典·康熙篆文六經四書 周禮

車徒皆行，及表乃止。三鼓，摝鐸，群吏弊旗，車徒皆坐。又三鼓，振鐸作旗，車徒皆作。鼓進，鳴鐲，車驟徒趨，及表乃止，坐作如初。乃鼓，車馳徒走，及表乃止。鼓戒三闋，車三發，徒三刺。乃鼓退，鳴鐃且卻，及表乃止，坐作如初。遂以狩田，以旌爲左右和之門，群吏各帥其車徒以敘和出，左右陳車徒，有司平之；旗居卒間以分地，前後有屯百步，有司巡其前後，險野人爲主，易野車爲主。既陳，乃設驅逆之車，有司表貉于陳前。中軍以鼙令鼓，鼓人皆三鼓，群司馬振鐸，車徒皆作。遂鼓行，徒銜枚而進。大獸公之，小禽

私之獲者取左耳及所弊鼓皆
馳車徒皆譟徒乃弊致禽饁獸
于郊入獻禽以享烝及師大合
軍以行禁令以救無辜伐有罪
若大師則掌其戒令涖大卜帥
執事涖釁主及軍器及致建大
常比軍眾誅後至者及戰巡陳
眡事而賞罰若師有功則左執

儒藏經典·康熙篆文六經四書　周禮

律右秉鉞以先愷樂獻于社若
師不功則厭而奉主車王弔勞
士庶子則相大役與慮事屬其
植受其要以待考而賞誅大會
同則帥士庶子而掌其政令若
大射則合諸侯之六耦大祭祀
饗食羞牲魚授其祭大喪平士
大夫喪祭奉詔馬牲　小司馬

私之，獲者取左耳。及所弊，鼓皆馳，車徒皆譟。徒乃弊，致禽饁獸于郊；入，獻禽以享烝。及師，大合軍，以行禁令，以救無辜、伐有罪。若大師，則掌其戒令，涖大卜，帥執事涖釁主及軍器。及致，建大常，比軍眾，誅後至者。及戰，巡陳眡事而賞罰。若師有功，則左執

儒藏經典·康熙篆文六經四書　周禮

律、右秉鉞以先，愷樂獻于社。若師不功，則厭而奉主車。王弔勞士庶子，則相。大役，與慮事屬其植，受其要，以待考而賞誅。大會同，則帥士庶子而掌其政令。若大射，則合諸侯之六耦。大祭祀、饗食，羞牲魚，授其祭。大喪，平士大夫。喪祭，奉詔馬牲。　小司馬

之職：掌凡小祭祀、會同、饗射、師田、喪紀，掌其事，如大司馬之灋。

軍司馬闕。輿司馬闕。行司馬闕。司勳：掌六鄉賞地之法，以等其功。王功曰勳，國功曰功，民功曰庸，事功曰勞，治功曰力，戰功曰多。凡有功者，銘書於王之大常，祭於大烝，司勳詔之。大功，司勳藏其貳。掌賞地之政令，凡賞無常，輕重眡功。凡頒賞地，參之一食，唯加田無國正。

馬質：掌質馬。馬量三物，一曰戎馬，二曰田馬，三曰駑馬，皆有物賈。綱惡馬。凡受馬於有司者，書其齒毛與其賈。馬死，則旬之內更，旬之外入馬耳，以其物更，其外否。馬及行，則以任齊其行。若有馬訟，則聽之。禁原蠶者。 量人：掌建國之法，以分國爲九州。營國城郭，營后宮，量市朝、道巷、門渠，造都邑亦如之。營軍之壘舍，量其市朝、州涂、軍社之所里。邦國之地與天下之涂數，皆書而藏之。凡祭祀、饗賓，制其從獻脯燔之數量。掌喪祭奠竁之俎實。凡宰祭，與鬱人受斝歷而皆飲之。 小子：掌祭祀羞羊肆、羊殽、肉豆，而掌珥于社稷，祈于五祀。凡沈辜、侯禳，飾其牲。釁邦器及軍器。凡師田，斬牲以左右徇陳。祭祀，贊羞、受徹焉。 羊人：掌羊牲。凡祭祀，飾羔。祭祀，割羊牲，登其首。

儒藏經典·康熙篆文六經四書 周禮

及行，則以任齊其行。若有馬訟，則聽之。禁原蠶者。 量人：掌建國之法，以分國爲九州。營國城郭，營后宮，量市朝、道巷、門渠，造都邑亦如之。營軍之壘舍，量其市朝、州涂、軍社之所里。邦國之地與天下之涂數，皆書而藏之。凡祭祀、饗賓，制其從獻脯燔之數量。掌喪祭奠竁之俎實。凡宰祭，與鬱人受斝歷而皆飲之。 小子：掌祭祀羞羊肆、羊殽、肉豆，而掌珥于社稷，祈于五祀。凡沈辜、侯禳，飾其牲。釁邦器及軍器。凡師田，斬牲以左右徇陳。祭祀，贊羞、受徹焉。 羊人：掌羊牲。凡祭祀，飾羔。祭祀，割羊牲，登其首。

凡祈珥，共其羊牲；賓客，共其灋羊。凡沈、辜、侯、禳、釁、積，共其羊牲。若牧人無牲，則受布于司馬，使其賈買牲而共之。

司爟：掌行火之政令，四時變國火以救時疾。季春出火，民咸從之；季秋内火，民亦如之。時則施火令。凡祭祀，則祭爟。凡國失火，野焚萊，則有刑罰焉。

掌固：掌脩城郭、溝池、樹渠之固，頒其士庶子及其衆庶之守；設其飾器；分其財用，均其稍食。任其萬民，用其材器。凡守者受法焉，以通守政。有移甲與其役財用，唯是得通；與國有司帥之，以贊其不足者。晝三巡之，夜亦如之。夜三鼜以號戒。

若造都邑則治其固與其守灋
凡國都之竟有溝樹之固郊亦
如之民皆有職焉若有山川則
因之　司險掌九州之圖以周
知其山林川澤之阻而達其道
路設國之五溝五涂而樹之林
以爲阻固皆有守禁而達其道
路國有故則藩塞阻路而止行
者以其屬守之唯有節者達之
掌疆闕　候人各掌其方之道
治與其禁令以設候人若有方
治則帥而致于朝及歸送之于
竟　環人掌致師察軍慝環四
方之故巡邦國搏諜賊訟敵國
揚軍旅降圍邑　挈壺氏掌挈
壺以令軍井挈轡以令舍挈畚

儒藏
儒藏經典·康熙篆文六經四書　周禮

若造都邑則治其固，與其守灋。

凡國都之竟，有溝樹之固，郊亦如之。民皆有職焉。若有山川，則因之。

司險：掌九州之圖，以周知其山林、川澤之阻，而達其道路。設國之五溝五涂，而樹之林以爲阻固，皆有守禁，而達其道路。國有故，則藩塞阻路而止行者，以其屬守之，唯有節者達之。

掌疆闕。

候人：各掌其方之道治與其禁令，以設候人。若有方治，則帥而致于朝；及歸，送之于竟。

環人：掌致師，察軍慝，環四方之故。巡邦國，搏諜賊。訟敵國，揚軍旅，降圍邑。

挈壺氏：掌挈壺以令軍井，挈轡以令舍，挈畚以令糧。凡軍事，縣壺以序聚㮔。凡喪，縣壺以代哭者。皆以水火守之，分以日夜。及冬，則以火爨鼎水而沸之，而沃之。

射人：掌國之三公、孤、卿、大夫之位，三公北面，孤東面，卿、大夫西面。其摯：三公執璧，孤執皮帛，卿執羔，大夫鴈。諸侯在朝，則皆北面，詔相其灋。若有國事，則掌其戒令，詔相其事。掌其治達。以射法治射儀：王以六耦，射三侯，三獲三容，樂以《騶虞》，九節五正；諸侯以四耦，射二侯，二獲二容，樂以《貍首》，七節三正；孤、卿、大夫以三耦，射一侯，一獲一容，樂以《采蘋》，五節二正；士以三耦，射豻侯，一獲一

儒藏經典·康熙篆文六經四書　周禮

容，樂以《采蘩》，五節二正。若王大射，則以貍步張三侯。王射，則令去侯，立于後；以矢行告；卒，令取矢。祭侯則爲位。與大史數射中。佐司馬治射正。祭祀，則贊射牲，相孤、卿、大夫之法儀。會同、朝覲，作大夫介，凡有爵者。大師，令有爵者乘王之倅車。有大賓客，則作卿大夫從，戒大史及大夫介。大喪，與僕人遷尸，作卿大夫掌事，比其廬，不敬者，苛罰之。

服不氏：掌養猛獸而教擾之。凡祭祀，共猛獸。賓客之事，則抗皮。射則贊張侯，以旌居乏而待獲。

射鳥氏：掌射鳥。祭祀，以弓矢敺烏鳶；凡賓客、會同、軍旅，亦如之。

射則取矢矢在侯高則以并夾取之 羅氏掌羅烏鳥蜡則作羅襦中春羅春鳥獻鳩以養國老行羽物 掌畜掌養鳥而阜蕃教擾之祭祀共卵鳥歲時貢鳥物共膳獻之鳥 司士掌群臣之版以治其政令歲登下其損益之數辨其年歲與其貴賤周知邦國都家縣鄙之數卿大夫士庶子之數以詔王治以德詔爵以功詔祿以能詔事以久奠食唯賜無常正朝儀之位辨其貴賤之等王南鄉三公北面東上孤東面北上卿大夫西面北上王族故士虎士在路門之右南面東上大僕大右大僕從

儒藏
儒藏經典·康熙篆文六經四書 周禮

射則取矢；矢在侯高，則以并夾取之。 羅氏：掌羅烏鳥。蜡則作羅襦。中春，羅春鳥，獻鳩以養國老，行羽物。 掌畜：掌養鳥，而阜蕃教擾之。祭祀，共卵鳥。歲時，貢鳥物，共膳獻之鳥。 司士：掌群臣之版，以治其政令。歲登下其損益之數，辨其年歲與其貴賤，周知邦國、都家、縣鄙之數，卿、大夫、士庶子之數，以詔王治。以德詔爵，以功詔祿，以能詔事，以久奠食，唯賜無常。正朝儀之位，辨其貴賤之等。王南鄉，三公北面東上，孤東面北上，卿大夫西面北上；王族故士、虎士在路門之右，南面東上；大僕、大右、大僕從者在路門之左南面西上司士擯孤卿特揖大夫以其等旅揖士旁三揖王還揖門左揖門右大僕前王入内朝皆退掌國中之士治凡其戒令掌擯士者膳其摯凡祭祀掌士之戒令詔相其法事及賜爵呼昭穆而進之帥其屬而割牲羞俎豆凡會同作士從賓客亦如之作士適四方使爲介大喪作士掌事作六軍之士執披凡士之有守者令哭無去守國有故則致士而頒其守凡邦國三歲則稽士任而進退其爵祿 諸子掌國子之倅掌其戒令與其教治辨其等正其位國有大事則帥國子而

⑫

者在路門之左，南面西上。司士擯：孤卿特揖，大夫以其等旅揖，士旁三揖，王還揖門左，揖門右。大僕前。王入，内朝皆退。掌國中之士治，凡其戒令。掌擯士者，膳其摯。凡祭祀，掌士之戒令，詔相其法事；及賜爵，呼昭穆而進之。帥其屬而割牲，羞俎豆。凡會同，作士從，賓客亦如之。作士適四方使，爲介。大喪，作士掌事，作六軍之士執披；凡士之有守者，令哭無去守。國有故，則致士而頒其守。凡邦國，三歲則稽士任，而進退其爵祿。

諸子：掌國子之倅，掌其戒令與其教治，辨其等，正其位，國有大事，則帥國子而致於大子惟所用之若有兵甲之事則授之車甲合其卒伍置其有司以軍法治之司馬弗正凡國正弗及大祭祀正六牲之體凡樂事正舞位授舞器大喪正群子之服位會同賓客作群子從凡國之政事國子存遊倅使之脩德學道春合諸學秋合諸射以考其藝而進退之　司右掌群右之政令凡軍旅會同合其車之卒伍而比其乘屬其右凡國之勇力之士能用五兵者屬焉掌其政令　虎賁氏掌先後王而趨以卒伍軍旅會同亦如之舍則守王閑王在國則守王宮國有大故則守王門大

儒藏經典・康熙篆文六經四書　周禮

致於大子，惟所用之。若有兵甲之事，則授之車甲，合其卒伍，置其有司，以軍法治之。司馬弗正。凡國正，弗及。大祭祀，正六牲之體。凡樂事，正舞位，授舞器。大喪，正群子之服位。會同、賓客，作群子從。凡國之政事，國子存遊倅，使之脩德學道，春合諸學，秋合諸射，以考其藝而進退之。

司右：掌群右之政令。凡軍旅、會同，合其車之卒伍，而比其乘，屬其右。凡國之勇力之士能用五兵者屬焉，掌其政令。

虎賁氏：掌先後王而趨以卒伍。軍旅、會同，亦如之。舍則守王閑。王在國，則守王宮。國有大故，則守王門；大喪亦如之及葬從遣車而哭適四方使則從士大夫若道路不通有徵事則奉書以使於四方　旅賁氏掌執戈盾夾王車而趨左八人右八人車止則持輪凡祭祀會同賓客則服而趨喪紀則衰葛執戈盾軍旅則介而趨　節服氏掌祭祀朝覲衮冕六人維王之大常諸侯則四人其服亦如之郊祀裘冕二人執戈送逆尸從車　方相氏掌蒙熊皮黃金四目玄衣朱裳執戈揚盾帥百隸而時難以索室敺疫大喪先匶及墓入壙以戈擊四隅敺方良　太僕掌正王之服位出入王之大命掌諸侯之

儒藏經典·康熙篆文六經四書 周禮

喪，亦如之，及葬，從遣車而哭。適四方使，則從士大夫。若道路不通，有徵事，則奉書以使於四方。

旅賁氏：掌執戈盾，夾王車而趨，左八人，右八人。車止，則持輪。凡祭祀、會同、賓客，則服而趨。喪紀，則衰葛執戈盾。軍旅，則介而趨。

節服氏：掌祭祀、朝覲，衮冕六人，維王之大常。諸侯則四人，其服亦如之。郊祀，裘冕二人，執戈，送逆尸，從車。

方相氏：掌蒙熊皮、黃金四目、玄衣朱裳、執戈揚盾，帥百隸而時難，以索室敺疫。大喪，先匶；及墓，入壙，以戈擊四隅，敺方良。

太僕：掌正王之服位，出入王之大命。掌諸侯之

復逆王眡朝則前正位而退入
亦如之建路鼓于大寢之門外
而掌其政以待達窮者與遽令
聞鼓聲則速逆御僕與御庶子
祭祀賓客喪紀正王之服位詔
法儀贊王牲事王出入則自左
馭而前敺凡軍旅田役贊王鼓
救日月亦如之大喪始崩戒鼓

傳達于四方窆亦如之縣喪首
服之法于宮門掌三公孤卿之
弔勞王燕飲則相其法王射則
贊弓矢王眡燕朝則正位掌擯
相王不眡朝則辭於三公及孤
卿　小臣掌王之小命詔相王
之小法儀掌三公及孤卿之復
逆正王之燕服位王之燕出入

復逆。王眡朝，則前正位而退，入亦如之。建路鼓于大寢之門外，而掌其政，以待達窮者與遽令；聞鼓聲，則速逆御僕與御庶子。祭祀、賓客、喪紀，正王之服位，詔法儀，贊王牲事。王出入，則自左馭而前敺。凡軍旅、田役，贊王鼓；救日月，亦如之。大喪，始崩，戒鼓

儒藏
儒藏經典·康熙篆文六經四書　周禮

傳達于四方，窆亦如之。縣喪首服之法于宮門。掌三公、孤卿之弔勞。王燕飲，則相其法。王射，則贊弓矢。王眡燕朝，則正位，掌擯相。王不眡朝，則辭於三公及孤卿。　小臣：掌王之小命，詔相王之小法儀。掌三公及孤卿之復逆，正王之燕服位。王之燕出入，

則前敺大祭祀朝覲沃王盥小祭祀賓客饗食賓射掌事如大僕之灋掌士大夫之弔勞凡大事佐大僕　祭僕掌受命于王以眡祭祀而警戒祭祀有司糾百官之戒具既祭帥羣有司而反命以王命勞之誅其不敬者大喪復于小廟凡祭祀王之所不與則賜之禽都家亦如之凡祭祀致福者展而受之　御僕掌羣吏之逆及庶民之復與其弔勞大祭祀相盥而登大喪持翣掌王之燕令以序守路鼓
隸僕掌五寢之埽除糞灑之事祭祀脩寢王行洗乘石掌蹕宮中之事大喪復于小寢大寢

則前敺。大祭祀、朝覲，沃王盥。小祭祀、賓客、饗食、賓射，掌事如大僕之法。掌士大夫之弔勞。凡大事，佐大僕。　祭僕：掌受命于王，以眡祭祀，而警戒祭祀有司，糾百官之戒具。既祭，帥群有司而反命；以王命勞之，誅其不敬者。大喪，復于小廟。凡祭祀，王之所不與，則賜之禽，都家亦如之。凡祭祀致福者，展而受之。　御僕：掌群吏之逆，及庶民之復，與其弔勞。大祭祀，相盥而登。大喪，持翣。掌王之燕令，以序守路鼓。

隸僕：掌五寢之埽除糞洒之事。祭祀，脩寢。王行，洗乘石。掌蹕宮中之事。大喪，復于小寢、大寢。

弁師掌王之五冕皆玄冕朱裏延紐五采繅十有二就皆五采玉十有二玉笄朱紘諸侯之繅斿九就瑉玉三采其餘如王之事繅斿皆就玉瑱玉笄王之皮弁會五采玉璂象邸玉笄王之弁經弁而加環經諸侯及孤卿大夫之冕韋弁皮弁弁經各以其等爲之而掌其禁令　司甲

闕司兵掌五兵五盾各辨其物與其等以待軍事及授兵從司馬之法以頒之及其受兵輸亦如之及其用兵亦如之祭祀授舞者兵大喪廞五兵軍事建車之五兵會同亦如之　司戈盾掌戈盾之物而頒之祭祀授旅

儒藏
儒藏經典·康熙篆文六經四書　周禮

弁師：掌王之五冕，皆玄冕、朱裏、延、紐、五采繅十有二就；皆五采玉十有二，玉笄朱紘。諸侯之繅斿九就，瑉玉三采，其餘如王之事；繅斿皆就，玉瑱玉笄。王之皮弁，會五采玉璂，象邸玉笄。王之弁經，弁而加環經。諸侯及孤卿大夫之冕、韋弁、皮弁、弁經，各以其等爲之，而掌其禁令。　司甲

闕。司兵：掌五兵五盾，各辨其物與其等，以待軍事。及授兵，從司馬之法以頒之。及其受兵輸，亦如之。及其用兵，亦如之。祭祀，授舞者兵。大喪，廞五兵。軍事，建車之五兵，會同亦如之。　司戈盾：掌戈盾之物而頒之。祭祀，授旅

賁殳故士戈盾授舞者兵亦如
之軍旅會同授貳車戈盾建乘
車之戈盾授旅賁及虎士戈盾
及舍設藩盾行則斂之　司弓
矢掌六弓四弩八矢之法辨其
名物而掌其守藏與其出入中
春獻弓弩中秋獻矢箙及其頒
之王弓弧弓以授射甲革椹質
者夾弓庾弓以授射豻侯鳥獸
者唐弓大弓以授學射者使者
勞者其矢箙皆從其弓凡弩夾
庾利攻守唐大利車戰野戰凡
矢枉矢絜矢利火射用諸守城
車戰殺矢鍭矢用諸近射田獵
矰矢茀矢用諸弋射恒矢痺矢
用諸散射天子之弓合九而成

儒藏
儒藏經典·康熙篆文六經四書　周禮

賁殳、故士戈盾；授舞者兵亦如之。軍旅、會同，授貳車戈盾，建乘車之戈盾，授旅賁及虎士戈盾。及舍，設藩盾，行則斂之。

司弓矢：掌六弓四弩八矢之法，辨其名物，而掌其守藏與其出入。中春獻弓弩，中秋獻矢箙。及其頒之，王弓、弧弓，以授射甲革、椹質者；夾弓、庾弓，以授射豻侯、鳥獸者；唐弓、大弓，以授學射者、使者、勞者。其矢箙皆從其弓。凡弩，夾、庾利攻守，唐、大利車戰、野戰。凡矢，枉矢、絜矢利火射，用諸守城、車戰；殺矢、鍭矢用諸近射、田獵；矰矢、茀矢用諸弋射；恒矢、痺矢用諸散射。天子之弓合九而成規，諸侯合七而成規，大夫合五而成規，士合三而成規；句者謂之弊弓。凡祭祀，共射牲之弓矢。澤，共射椹質之弓矢。大射、燕射，共弓矢如數并夾。大喪，共明弓矢。凡師役、會同，頒弓弩各以其物，從授兵甲之儀。田弋，充籠箙矢，共矰矢。凡亡矢者，弗用則更。

繕人：掌王之用弓弩、矢箙、矰弋、抉拾，掌詔王射，贊王弓矢之事。凡乘車，充其籠箙，載其弓弩。既射，則斂之，無會計。

槀人：掌受財于職金，以齎其工。弓六物爲三等，弩四物亦如之。矢八物皆三等，箙亦如之。春獻素，秋獻成。書其等以饗工。乘其事，試其弓弩以下上其食而誅賞乃入功于司弓矢及繕人凡齎財與其出入皆在槀人以待會而考之亡者闕之　戎右掌戎車之兵革使詔贊王鼓傳王命于陳中會同充革車盟則以玉敦辟盟遂役之贊牛耳桃茢　齊右掌祭祀會同賓客前齊車王乘則持馬行則陪乘凡有牲事則前馬　道右掌前道車王出入則持馬陪乘如齊車之儀自車上諭命于從車詔王之車儀王式則下前馬王下則以蓋從大馭掌馭玉路以祀及犯軷王自左馭馭下祝登受轡犯軷遂敺之及祭酌僕僕左執轡右祭

儒藏經典·康熙篆文六經四書　周禮

弓弩，以下上其食而誅賞。乃入功于司弓矢及繕人。凡齎財與其出入，皆在槀人，以待會而考之，亡者闕之。

戎右：掌戎車之兵革使，詔贊王鼓，傳王命于陳中。會同，充革車。盟，則以玉敦辟盟，遂役之。贊牛耳、桃茢。

齊右：掌祭祀、會同、賓客前齊車，王乘則持馬，行則陪乘。凡有牲事，則前馬。

道右：掌前道車。王出入，則持馬陪乘，如齊車之儀。自車上諭命于從車，詔王之車儀。王式，則下前馬；王下，則以蓋從。

大馭：掌馭玉路以祀。及犯軷，王自左馭；馭下祝，登受轡，犯軷，遂敺之。及祭，酌僕；僕左執轡，右祭兩軹，祭軌，乃飲。凡馭路，行以《肆夏》，趨以《采薺》。凡馭路儀，以鸞和爲節。

戎僕：掌馭戎車。掌王倅車之政，正其服。犯軷，如玉路之儀。凡巡守及兵車之會，亦如之。掌凡戎車之儀。

齊僕：掌馭金路以賓。朝覲、宗遇、饗食，皆乘金路，其法儀各以其等爲車送逆之節。

道僕：掌馭象路，以朝夕、燕出入，其法儀如齊車。掌貳車之政令。

田僕：掌馭田路，以田以鄙。掌佐車之政，設驅逆之車。令獲者植旌，及獻比禽。凡田，王提馬而走，諸侯晉，大夫馳。

馭夫：掌馭貳車、從車、使車，分公馬而駕治之。

校人：掌王馬之政。

儒藏經典·康熙篆文六經四書 周禮

辨六馬之屬種馬一物戎馬一物齊馬一物道馬一物田馬一物駑馬一物凡頒良馬而養乘之乘馬一師四圉三乘爲皁皁一趣馬三皁爲繫繫一馭夫六繫爲廄廄一僕夫六廄成校校有左右駑馬三良馬之數麗馬一圉八麗一師八師一趣馬八趣馬一馭夫天子十有二閑馬六種邦國六閑馬四種家四閑馬二種凡馬特居四之一春祭馬祖執駒夏祭先牧頒馬攻特秋祭馬社臧僕冬祭馬步獻馬講馭夫凡大祭祀朝覲會同毛馬而頒之飾幣馬執扑而從之凡賓客受其幣馬大喪飾遣車

儒藏
儒藏經典·康熙篆文六經四書　周禮

辨六馬之屬，種馬一物，戎馬一物，齊馬一物，道馬一物，田馬一物，駑馬一物。凡頒良馬而養乘之：乘馬一師四圉，三乘爲皁，皁一趣馬；三皁爲繫，繫一馭夫；六繫爲廄，廄一僕夫；六廄成校，校有左右。駑馬三良馬之數；麗馬一圉，八麗一師；八師一趣馬，八趣馬一馭夫。天子十有二閑，馬六種；邦國六閑，馬四種；家四閑，馬二種。凡馬，特居四之一。春祭馬祖，執駒；夏祭先牧，頒馬攻特；秋祭馬社，臧僕；冬祭馬步，獻馬，講馭夫。凡大祭祀、朝覲、會同，毛馬而頒之。飾幣馬，執扑而從之。凡賓客，受其幣馬。大喪，飾遣車之馬及葬埋之田獵則帥驅逆之車凡將事于四海山川則飾黃駒凡國之使者共其幣馬凡軍事物馬而頒之等馭夫之祿宮中之稍食 趣馬掌贊正良馬而齊其飲食簡其六節掌駕說之頒辨四時之居治以聽馭夫 巫馬掌養疾馬而乘治之相醫而藥攻馬疾受財于校人馬死則使其賈粥之入其布于校人 牧師掌牧地皆有厲禁而頒之孟春焚牧中春通淫掌其政令凡田事贊焚萊 廋人掌十有二閑之政教以阜馬佚特教駣攻駒及祭馬祖祭閑之先牧及執駒散馬耳圉馬正校

儒藏 儒藏經典·康熙篆文六經四書 周禮

之馬；及葬，埋之。田獵，則帥驅逆之車。凡將事于四海、山川，則飾黃駒。凡國之使者，共其幣馬。凡軍事，物馬而頒之。等馭夫之祿、宮中之稍食。

趣馬：掌贊正良馬，而齊其飲食，簡其六節。掌駕說之頒。辨四時之居治，以聽馭夫。

巫馬：掌養疾馬而乘治之，相醫而藥攻馬疾，受財于校人。馬死，則使其賈粥之，入其布于校人。

牧師：掌牧地，皆有厲禁而頒之。孟春，焚牧；中春，通淫；掌其政令。凡田事，贊焚萊。

廋人：掌十有二閑之政教，以阜馬、佚特、教駣、攻駒，及祭馬祖、祭閑之先牧，及執駒、散馬耳、圉馬。正校人員選。馬八尺以上爲龍，七尺以上爲騋，六尺以上爲馬。圉師：掌教圉人養馬。春除蓐，釁廄，始牧；夏庌馬；冬獻馬。射則充椹質，茨牆則翦闔。圉人：掌養馬芻牧之事，以役圉師。凡賓客、喪紀，牽馬而入陳。廞馬亦如之。

職方氏：掌天下之圖，以掌天下之地。辨其邦國、都鄙、四夷、八蠻、七閩、九貉、五戎、六狄之人民，與其財用、九穀、六畜之數要，周知其利害。乃辨九州之國，使同貫利：東南曰揚州，其山鎮曰會稽，其澤藪曰具區，其川三江，其浸五湖，其利金、錫、竹、箭，其民二男五女，其畜宜鳥獸，其穀宜稻。正

南曰荆州其山鎮曰衡山其澤
藪曰云瞢其川江漢其浸潁湛
其利丹銀齒革其民一男二女
其畜宜鳥獸其穀宜稻河南曰
豫州其山鎮曰華山其澤藪曰
圃田其川熒雒其浸波溠其利
林漆絲枲其民二男三女其畜
宜六擾其穀宜五種正東曰青

州其山鎮曰沂山其澤藪曰望
諸其川淮泗其浸沂沭其利蒲
魚其民二男二女其畜宜雞狗
其穀宜稻麥河東曰兖州其山
鎮曰岱山其澤藪曰大野其川
河泲其浸盧維其利蒲魚其民
二男三女其畜宜六擾其穀宜
四種正西曰雍州其山鎮曰嶽

南曰荆州，其山鎮曰衡山，其澤
藪曰云瞢，其川江、漢，其浸潁、湛，
其利丹、銀、齒、革，其民一男二女，
其畜宜鳥獸，其穀宜稻。河南曰
豫州，其山鎮曰華山，其澤藪曰
圃田，其川熒、雒，其浸波、溠，其利
林、漆、絲、枲，其民二男三女，其畜
宜六擾，其穀宜五種。正東曰青

儒藏經典·康熙篆文六經四書　周禮

州，其山鎮曰沂山，其澤藪曰望
諸，其川淮、泗，其浸沂、沭，其利蒲、
魚，其民二男二女，其畜宜雞狗，
其穀宜稻麥。河東曰兖州，其山
鎮曰岱山，其澤藪曰大野，其川
河、泲，其浸盧、維，其利蒲、魚，其民
二男三女，其畜宜六擾，其穀宜
四種。正西曰雍州，其山鎮曰嶽

山其澤藪曰弦蒲其川涇汭其浸渭洛其利玉石其民三男二女其畜宜牛馬其穀宜黍稷東北曰幽州其山鎮曰醫無閭其澤藪曰貕養其川河泲其浸菑時其利魚鹽其民一男三女其畜宜四擾其穀宜三種河內曰冀州其山鎮曰霍山其澤藪曰楊紆其川漳其浸汾潞其利松柏其民五男三女其畜宜牛羊其穀宜黍稷正北曰并州其山鎮曰恒山其澤藪曰昭餘祁其川虖池嘔夷其浸淶易其利布帛其民二男三女其畜宜五擾其穀宜五種乃辨九服之邦國方千里曰王畿其外方五百里

儒藏
儒藏經典・康熙篆文六經四書 周禮

山，其澤藪曰弦蒲，其川涇、汭，其浸渭、洛，其利玉石，其民三男二女，其畜宜牛馬，其穀宜黍稷。東北曰幽州，其山鎮曰醫無閭，其澤藪曰貕養，其川河、泲，其浸菑、時，其利魚鹽，其民一男三女，其畜宜四擾，其穀宜三種。河内曰冀州，其山鎮曰霍山，其澤藪曰楊紆，其川漳，其浸汾、潞，其利松柏，其民五男三女，其畜宜牛羊，其穀宜黍稷。正北曰并州，其山鎮曰恒山，其澤藪曰昭餘祁，其川虖池、嘔夷，其浸淶、易，其利布帛，其民二男三女，其畜宜五擾，其穀宜五種。乃辨九服之邦國，方千里曰王畿，其外方五百里曰侯服又其外方五百里曰甸服又其外方五百里曰男服又其外方五百里曰采服又其外方五百里曰衛服又其外方五百里曰蠻服又其外方五百里曰夷服又其外方五百里曰鎮服又其外方五百里曰藩服凡邦國千里封公以方五百里則四公方四百里則六侯方三百里則七伯方二百里則二十五子方百里則百男以周知天下凡邦國小大相維王設其牧制其職各以其所能制其貢各以其所有王將巡守則戒于四方曰各脩平乃守考乃職事無敢不敬戒國有大刑及王之所行

儒藏
儒藏經典・康熙篆文六經四書　周禮

曰侯服，又其外方五百里曰甸服，又其外方五百里曰男服，又其外方五百里曰采服，又其外方五百里曰衛服，又其外方五百里曰蠻服，又其外方五百里曰夷服，又其外方五百里曰鎮服，又其外方五百里曰藩服。凡邦國千里，封公以方五百里，則四公；方四百里，則六侯；方三百里，則七伯；方二百里，則二十五子；方百里，則百男。以周知天下。凡邦國，小大相維。王設其牧，制其職，各以其所能；制其貢，各以其所有。王將巡守，則戒于四方，曰：「各脩平乃守，考乃職事，無敢不敬戒，國有大刑！」及王之所行，

先道帥其屬而巡戒令王殷國
亦如之　土方氏掌土圭之灋
以致日景以土地相宅而建邦
國都鄙以辨土宜土化之灋而
授任地者王巡守則樹王舍
懷方氏掌來遠方之民致方貢
致遠物而送逆之達之以節治
其委積館舍飲食　合方氏掌

達天下之道路通其財利同其
數器壹其度量除其怨惡同其
好善　訓方氏掌道四方之政
事與其上下之志誦四方之傳
道正歲則布而訓四方而觀新
物　形方氏掌制邦國之地域
而正其封疆無有華離之地使
小國事大國大國比小國　山

先道，帥其屬而巡戒令。王殷國，亦如之。　土方氏：掌土圭之灋以致日景，以土地相宅而建邦國都鄙。以辨土宜土化之灋而授任地者。王巡守，則樹王舍。懷方氏：掌來遠方之民，致方貢，致遠物，而送逆之，達之以節。治其委積、館舍、飲食。　合方氏：掌

儒藏經典·康熙篆文六經四書　周禮

達天下之道路，通其財利，同其數器，壹其度量，除其怨惡，同其好善。　訓方氏：掌道四方之政事，與其上下之志，誦四方之傳道。正歲，則布而訓四方，而觀新物。　形方氏：掌制邦國之地域，而正其封疆，無有華離之地。使小國事大國，大國比小國。　山

師掌山林之名辨其物與其利害而頒之于邦國使致其珍異之物　川師掌川澤之名辨其物與其利害而頒之于邦國使致其珍異之物　邍師掌四方之地名辨其丘陵墳衍邍隰之名物之可以封邑者　匡人掌達灋則匡邦國而觀其慝使無敢反側以聽王命　撢人掌誦王志道國之政事以巡天下邦國而語之使萬民和說而正王面　都司馬掌都之士庶子及其眾庶車馬兵甲之戒令以國法掌其政學以聽國司馬家司馬亦如之

儒藏經典·康熙篆文六經四書　周禮

師：掌山林之名，辨其物與其利害，而頒之于邦國，使致其珍異之物。　川師：掌川澤之名，辨其物與其利害，而頒之于邦國，使致其珍異之物。　邍師：掌四方之地名，辨其丘陵、墳衍、邍隰之名，物之可以封邑者。　匡人：掌達灋則，匡邦國而觀其慝，使無敢反側，以聽王命。　撢人：掌誦王志，道國之政事，以巡天下邦國而語之；使萬民和說而正王面。　都司馬：掌都之士庶子及其眾庶、車馬、兵甲之戒令。以國法掌其政學，以聽國司馬。家司馬，亦如之。

周禮卷之四

周禮卷之四

儒藏
儒藏經典·康熙篆文六經四書　周禮

周禮卷之五

秋官司寇第五

惟王建國辨方正位體國經野設官分職以爲民極乃立秋官司寇使帥其屬而掌邦禁以佐王刑邦國

刑官之屬大司寇卿一人小司寇中大夫二人士師下大夫四人鄉士上士八人中士十有六人旅下士三十有二人府六人史十有二人胥十有二人徒百有二十人遂士中士十有二人府六人史十有二人胥十有二人徒百有二十人縣士中士三十有二人府八人史十有六人胥十有六人徒百有六十

儒藏經典・康熙篆文六經四書　周禮

周禮卷之五

秋官司寇第五

惟王建國，辨方正位，體國經野，設官分職，以爲民極。乃立秋官司寇，使帥其屬而掌邦禁，以佐王刑邦國。

刑官之屬：大司寇，卿一人。小司寇，中大夫二人。士師，下大夫四人。鄉士，上士八人，中士十有六人，旅下士三十有二人；府六人，史十有二人，胥十有二人，徒百有二十人。　遂士：中士十有二人；府六人，史十有二人，胥十有二人，徒百有二十人。　縣士：中士三十有二人；府八人，史十有六人，胥十有六人，徒百有有六十

人 方士中士十有六人府八
人史十有六人胥十有六人徒
百有六十人 訝士中士八人
府四人史八人胥八人徒八十
人 朝士中士六人府三人史
六人胥六人徒六十人 司民
中士六人府三人史六人胥三
人徒三十人 司刑中士二人
府一人史二人胥二人徒二十
人 司刺下士二人府一人史
二人徒四人 司約下士二人
府一人史二人徒四人 司盟
下士二人府一人史二人徒四
人 職金上士二人下士四人
府二人史四人胥八人徒八十
人 司厲下士二人史一人徒

儒藏經典·康熙篆文六經四書 周禮

人。方士：中士十有六人；府八人，史十有六人，胥十有六人，徒百有六十人。訝士：中士八人；府四人，史八人，胥八人，徒八十人。朝士：中士六人；府三人，史六人，胥六人，徒六十人。司民：中士六人；府三人，史六人，胥三人，徒三十人。司刑：中士二人；府一人，史二人，胥二人，徒二十人。司刺：下士二人；府一人，史二人，徒四人。司約：下士二人；府一人，史二人，徒四人。司盟：下士二人；府一人，史二人，徒四人。職金：上士二人，下士四人；府二人，史四人，胥八人，徒八十人。司厲：下士二人；史一人，徒

十有二人 犬人下士二人府一
人史二人賈四人徒十有六人
司圜中士六人下士十有二
人府三人史六人胥十有六人
徒百有六十人 掌囚下士十
有二人府六人史十有二人徒
百有二十人 掌戮下士二人
史一人徒十有二人 司隸中
士二人下士十有二人府五人
史十人胥二十人徒二百人
辠隸百有二十人 蠻隸百有
二十人 閩隸百有二十人
夷隸百有二十人 貉隸百有
二十人 布憲中士二人下士
四人府二人史四人胥四人徒
四十人 禁殺戮下士二人史

十有二人。 犬人：下士二人；府一
人，史二人，賈四人，徒十有六人。
司圜：中士六人，下士十有二
人；府三人，史六人，胥十有六人，
徒百有六十人。 掌囚：下士十
有二人；府六人，史十有二人，徒
百有二十人。 掌戮：下士二人，
史一人，徒十有二人。 司隸：中
士二人，下士十有二人；府五人，
史十人，胥二十人，徒二百人。
罪隸：百有二十人。 蠻隸：百有
二十人。 閩隸：百有二十人。
夷隸：百有二十人。 貉隸：百有
二十人。 布憲：中士二人，下士
四人；府二人，史四人，胥四人，徒
四十人。 禁殺戮：下士二人；史

一人徒十有二人　禁暴氏下士六人史三人胥六人徒六十人　野廬氏下士六人胥十有二人徒百有二十人　蜡氏下士四人徒四十人　雍氏下士二人徒八人　萍氏下士二人徒八人　司寤氏下士二人徒八人　司烜氏下士六人徒十有六人　條狼氏下士六人胥六人徒六十人　脩閭氏下士二人史一人徒十有二人　冥氏下士二人徒八人　庶氏下士一人徒四人　穴氏下士一人徒四人　翨氏下士二人徒八人　柞氏下士八人徒二十人　薙氏下士二人徒二十人

一人，徒十有二人。禁暴氏：下士六人，史三人，胥六人，徒六十人。野廬氏：下士六人，胥十有二人，徒百有二十人。蜡氏：下士四人，徒四十人。雍氏：下士二人，徒八人。萍氏：下士二人，徒八人。司寤氏：下士二人，徒八人。司烜氏：下士六人，徒十有六人。條狼氏：下士六人，胥六人，徒六十人。脩閭氏：下士二人，史一人，徒十有二人。冥氏：下士二人，徒八人。庶氏：下士一人，徒四人。穴氏：下士一人，徒四人。翨氏：下士二人，徒八人。柞氏：下士八人，徒二十人。薙氏：下士二人，徒二十人。

晢蔟氏下士一人徒二人　翦氏下士一人徒二人　赤犮氏下士一人徒二人　蟈氏下士一人徒二人　壺涿氏下士一人徒二人　庭氏下士一人徒二人　銜枚氏下士二人徒八人　伊耆氏下士一人徒二人　大行人中大夫二人小行人下大夫四人司儀上士八人中士十有六人行夫下士三十有二人府四人史八人胥八人徒八十人　環人中士四人史四人胥四人徒四十人　象胥每翟上士一人中士二人下士八人徒二十人　掌客上士二人下士四人府一人史二人胥

儒藏
儒藏經典·康熙篆文六經四書　周禮

晢蔟氏：下士一人，徒二人。翦氏：下士一人，徒二人。赤犮氏：下士一人，徒二人。蟈氏：下士一人，徒二人。壺涿氏：下士一人，徒二人。庭氏：下士一人，徒二人。銜枚氏：下士二人，徒八人。伊耆氏：下士一人，徒二人。大行人，中大夫二人。小行人，下大夫四人。司儀：上士八人，中士十有六人。行夫，下士三十有二人；府四人，史八人，胥八人，徒八十人。環人：中士四人；史四人，胥四人，徒四十人。象胥：每翟上士一人，中士二人，下士八人，徒二十人。掌客：上士二人，下士四人；府一人，史二人，胥二人徒二十人掌訝中士八人府二人史四人胥四人徒四十人掌交中士八人府二人史四人徒三十有二人掌察四方中士八人史四人徒十有六人掌貨賄下士十有六人史四人徒三十有二人朝大夫每國上士二人下士四人府
一人史二人庶子八人徒二十人都則中士一人下士二人府一人史二人庶子四人徒八十人都士中士二人下士四人府二人史四人胥四人徒四十人家士亦如之
大司寇之職掌建邦之三典以佐王刑邦國詰四方一曰刑新

儒藏經典·康熙篆文六經四書　周禮

二人，徒二十人。掌訝：中士八人；府二人，史四人，胥四人，徒四十人。掌交：中士八人；府二人，史四人，徒三十有二人。掌察：四方中士八人，史四人，徒十有六人。掌貨賄：下士十有六人；史四人，徒三十有二人。朝大夫：每國上士二人，下士四人；府一人，史二人，庶子八人，徒二十人。都則：中士一人，下士二人；府一人，史二人，庶子四人，徒八十人。都士：中士二人，下士四人；府二人，史四人，胥四人，徒四十人。家士亦如之。

大司寇之職：掌建邦之三典，以佐王刑邦國、詰四方：一曰刑新

國用輕典二曰刑平國用中典
三曰刑亂國用重典以五刑糾
萬民一曰野刑上功糾力二曰
軍刑上命糾守三曰鄉刑上德
糾孝四曰官刑上能糾職五曰
國刑上愿糾暴以圜土聚教罷
民凡害人者寘之圜土而施職
事焉以明刑恥之其能改者反
于中國不齒三年其不能改而
出圜土者殺以兩造禁民訟人
束矢于朝然後聽之以兩劑禁
民獄入鈞金⑬三日乃致于朝然
後聽之以嘉石平罷民凡萬民
之有罪過而未麗于法而害于
州里者桎梏而坐諸嘉石役諸
司空重罪旬有三日坐期役其

儒藏 儒藏經典・康熙篆文六經四書 周禮

國用輕典，二曰刑平國用中典，
三曰刑亂國用重典。以五刑糾
萬民：一曰野刑，上功糾力；二曰
軍刑，上命糾守；三曰鄉刑，上德
糾孝；四曰官刑，上能糾職；五曰
國刑，上愿糾暴。以圜土聚教罷
民，凡害人者，寘之圜土而施職
事焉，以明刑恥之。其能改者，反
于中國，不齒三年。其不能改而
出圜土者，殺。以兩造禁民訟，入
束矢于朝，然後聽之。以兩劑禁
民獄，入鈞金，三日乃致于朝，然
後聽之。以嘉石平罷民，凡萬民
之有罪過而未麗于法而害于
州里者，桎梏而坐諸嘉石，役諸
司空：重罪，旬有三日坐，期役；其

次九日坐九月役其次七日坐七月役其次五日坐五月役其下罪三日坐三月役使州里任之則宥而舍之以肺石達窮民凡遠近惸獨老幼之欲有復于上而其長弗達者立于肺石三日士聽其辭以告于上而罪其長正月之吉始和布刑于邦國都鄙乃縣刑象之法于象魏使萬民觀刑象挾日而斂之凡邦之大盟約涖其盟書而登之于天府大史內史司會及六官皆受其貳而藏之凡諸侯之獄訟以邦典定之凡卿大夫之獄訟以邦法斷之凡庶民之獄訟以邦成弊之大祭祀奉犬牲若禋

儒藏經典·康熙篆文六經四書　周禮

次九日坐，九月役；其次七日坐，七月役；其次五日坐，五月役；其下罪三日坐，三月役；使州里任之，則宥而舍之。以肺石達窮民，凡遠近惸獨老幼之欲有復于上而其長弗達者，立于肺石三日，士聽其辭，以告于上而罪其長。正月之吉，始和布刑于邦國都鄙，乃縣刑象之法于象魏，使萬民觀刑象，挾日而斂之。凡邦之大盟約，涖其盟書而登之于天府；大史、內史、司會及六官皆受其貳而藏之。凡諸侯之獄訟，以邦典定之。凡卿大夫之獄訟，以邦法斷之。凡庶民之獄訟，以邦成弊之。大祭祀，奉犬牲。若禋

祀五帝則戒之日涖誓百官戒于百族及納亨前王祭之日亦如之奉其明水火凡朝覲會同前王大喪亦如之大軍旅涖戮于社凡邦之大事使其屬蹕

小司寇之職掌外朝之政以致萬民而詢焉一曰詢國危二曰詢國遷三曰詢立君其位王南鄉三公及州長百姓北面群臣西面群吏東面小司寇擯以敘進而問焉以眾輔志而弊謀以五刑聽萬民之獄訟附于刑用情訊之至于旬乃弊之讀書則用法凡命夫命婦不躬坐獄訟凡王之同族有罪不即市以五聲聽獄訟求民情一曰辭聽二

儒藏經典·康熙篆文六經四書　周禮

祀五帝，則戒之日，涖誓百官，戒于百族。及納亨，前王，祭之日亦如之。奉其明水火。凡朝覲、會同，前王；大喪，亦如之。大軍旅，涖戮于社。凡邦之大事，使其屬蹕。

小司寇之職：掌外朝之政，以致萬民而詢焉，一曰詢國危，二曰詢國遷，三曰詢立君。其位：王南鄉，三公及州長、百姓北面，群臣西面，群吏東面。小司寇擯以敘進而問焉，以眾輔志而弊謀。以五刑聽萬民之獄訟，附于刑，用情訊之；至于旬乃弊之，讀書則用法。凡命夫命婦，不躬坐獄訟。凡王之同族有罪，不即市。以五聲聽獄訟，求民情：一曰辭聽，二

曰色聽三曰氣聽四曰耳聽五
曰目聽以八辟麗邦法附刑罰
一曰議親之辟二曰議故之辟
三曰議賢之辟四曰議能之辟
五曰議功之辟六曰議貴之辟
七曰議勤之辟八曰議賓之辟
以三刺斷庶民獄訟之中一曰
訊群臣二曰訊群吏三曰訊萬
民聽民之所刺宥以施上服下
服之刑及大比登民數自生齒
以上登于天府內史司會冢宰
貳之以制國用小祭祀奉犬牲
凡禋祀五帝實鑊水納亨亦如
之大賓客前王而辟后世子之
喪亦如之小師涖戮凡國之大
事使其屬蹕孟冬祀司民獻民

曰色聽，三曰氣聽，四曰耳聽，五曰目聽。以八辟麗邦法，附刑罰：一曰議親之辟，二曰議故之辟，三曰議賢之辟，四曰議能之辟，五曰議功之辟，六曰議貴之辟，七曰議勤之辟，八曰議賓之辟。以三刺斷庶民獄訟之中：一曰訊群臣，二曰訊群吏，三曰訊萬民。聽民之所刺宥，以施上服、下服之刑。及大比，登民數，自生齒以上，登于天府。內史、司會、冢宰貳之，以制國用。小祭祀，奉犬牲。凡禋祀五帝，實鑊水，納亨亦如之。大賓客，前王而辟，后、世子之喪亦如之。小師，涖戮。凡國之大事，使其屬蹕。孟冬祀司民，獻民數于王王拜受之以圖國用而進退之歲終則令羣士計獄弊訟登中于天府正歲帥其屬而觀刑象令以木鐸曰不用法者國有常刑令羣士乃宣布于四方憲刑禁乃命其屬入會乃致事

士師之職掌國之五禁之灋以左右刑罰一曰宮禁二曰官禁三曰國禁四曰野禁五曰軍禁皆以木鐸徇之于朝書而縣于門閭以五戒先後刑罰毋使罪麗于民一曰誓用之于軍旅二曰誥用之于會同三曰禁用諸田役四曰糾用諸國中五曰憲用諸都鄙掌鄉合州黨族閭比之聯與其民人之什伍使

儒藏經典·康熙篆文六經四書　周禮

數於王，王拜受之，以圖國用而進退之。歲終，則令群士計獄弊訟，登中于天府。正歲，帥其屬而觀刑象，令以木鐸，曰：「不用法者，國有常刑！」令群士，乃宣布于四方，憲刑禁。乃命其屬入會，乃致事。

士師之職：掌國之五禁之灋，以左右刑罰：一曰宮禁，二曰官禁，三曰國禁，四曰野禁，五曰軍禁。皆以木鐸徇之于朝，書而縣于門閭。以五戒先後刑罰，毋使罪麗于民：一曰誓，用之于軍旅；二曰誥，用之于會同；三曰禁，用諸田役；四曰糾，用諸國中；五曰憲，用諸都鄙。掌鄉合州黨族閭比之聯，與其民人之什伍，使之相安相受以比追胥之事以施刑罰慶賞掌官中之政令察獄訟之辭以詔司寇斷獄弊訟致邦令掌士之八成一曰邦汋二曰邦賊三曰邦諜四曰犯邦令五曰撟邦令六曰爲邦盜七曰爲邦朋八曰爲邦誣若邦凶荒則以荒辯之法治之令移民通財糾守緩刑凡以財獄訟者正之以傅別約劑若祭勝國之社稷則爲之尸王燕出入則前驅而辟祀五帝則沃尸及王盥洎鑊水凡刉珥則奉犬牲諸侯爲賓則帥其屬而蹕于王宮大喪亦如之大師帥其屬而禁逆軍旅者與犯師禁者而戮之歲

儒藏經典・康熙篆文六經四書　周禮

之相安相受，以比追胥之事，以施刑罰慶賞。掌官中之政令。察獄訟之辭，以詔司寇斷獄弊訟，致邦令。掌士之八成，一曰邦汋，二曰邦賊，三曰邦諜，四曰犯邦令，五曰撟邦令，六曰爲邦盜，七曰爲邦朋，八曰爲邦誣。若邦凶荒，則以荒辯之法治之。令移民、通財，糾守、緩刑。凡以財獄訟者，正之以傅別、約劑。若祭勝國之社稷，則爲之尸。王燕出入，則前驅而辟。祀五帝，則沃尸及王盥，洎鑊水。凡刉珥，則奉犬牲。諸侯爲賓，則帥其屬而蹕于王宮；大喪亦如之。大師，帥其屬而禁逆軍旅者與犯師禁者而戮之。歲終，則令正要會。正歲，帥其屬而憲禁令于國及郊野。

鄉士：掌國中。各掌其鄉之民數而糾戒之。聽其獄訟，察其辭。辯其獄訟，異其死刑之罪而要之，旬而職聽于朝。司寇聽之，斷其獄、弊其訟于朝；群士司刑皆在，各麗其灋以議獄訟。獄訟成，士師受中；協日刑殺，肆之三日。若欲免之，則王會其期。大祭祀、大喪紀、大軍旅、大賓客，則各掌其鄉之禁令，帥其屬夾道而蹕。三公若有邦事，則爲之前驅而辟，其喪亦如之。凡國有大事，則戮其犯命者。

遂士：掌四郊。各掌其遂之民數，而糾其戒命。聽其獄訟，察

儒藏經典·康熙篆文六經四書　周禮

其辭辨其獄訟異其死刑之罪而要之二旬而職聽于朝司寇聽之斷其獄弊其訟于朝群士司刑皆在各麗其法以議獄訟獄訟成士師受中協日就郊而刑殺各于其遂肆之三日若欲免之則王令三公會其期若邦有大事聚衆庶則各掌其遂之禁令帥其屬而蹕六卿若有邦事則爲之前驅而辟其喪亦如之凡郊有大事則戮其犯命者

縣士掌野各掌其縣之民數糾其戒令而聽其獄訟察其辭辨其獄訟異其死刑之罪而要之三旬而職聽于朝司寇聽之斷其獄弊其訟于朝群士司刑

儒藏經典·康熙篆文六經四書　周禮

其辭。辨其獄訟，異其死刑之罪而要之，二旬而職聽于朝。司寇聽之，斷其獄，弊其訟于朝；群士司刑皆在，各麗其法以議獄訟。獄訟成，士師受中；協日就郊而刑殺，各于其遂肆之三日。若欲免之，則王令三公會其期。若邦有大事，聚衆庶，則各掌其遂之禁令，帥其屬而蹕。六卿若有邦事，則爲之前驅而辟，其喪亦如之。凡郊有大事，則戮其犯命者。

縣士：掌野。各掌其縣之民數，糾其戒令而聽其獄訟，察其辭。辨其獄訟，異其死刑之罪而要之，三旬而職聽于朝。司寇聽之，斷其獄，弊其訟于朝。群士司刑皆在各麗其灋以議獄訟獄訟成士師受中協日刑殺各就其縣肆之三日若欲免之則王命六卿會其期若邦有大役聚衆庶則各掌其縣之禁令若大夫有邦事則爲之前驅而辟其喪亦如之凡野有大事則戮其犯命者　方士掌都家聽其獄訟之辭辨其死刑之罪而要之三月而上獄訟于國司寇聽其成于朝群士司刑皆在各麗其灋以議獄訟獄訟成士師受中書其刑殺之成與其聽獄訟者凡都家之大事聚衆庶則各掌其方之禁令以時修其縣灋若歲終則省之而誅賞焉凡都家之

儒藏經典·康熙篆文六經四書　周禮

皆在，各麗其法以議獄訟。獄訟成，士師受中；協日刑殺，各就其縣肆之三日。若欲免之，則王命六卿會其期。若邦有大役，聚衆庶，則各掌其縣之禁令。若大夫有邦事，則爲之前驅而辟，其喪亦如之。凡野有大事，則戮其犯命者。

方士：掌都家。聽其獄訟之辭，辨其死刑之罪而要之，三月而上獄訟于國。司寇聽其成于朝，群士司刑皆在，各麗其灋以議獄訟。獄訟成，士師受中，書其刑殺之成與其聽獄訟者。凡都家大事，聚衆庶，則各掌其方之禁令。以時修其縣法，若歲終，則省之而誅賞焉。凡都家之

士所上治則主之　訝士掌四方之獄訟諭罪刑于邦國凡四方之有治於士者造焉四方有亂獄則往而成之邦有賓客則與行人送逆之入于國則爲之前驅而辟野亦如之居館則帥其屬而爲之蹕誅戮暴客者客出入則道之有治則贊之凡邦之大事聚衆庶則讀其誓禁

朝士掌建邦外朝之法左九棘孤卿大夫位焉群士在其後右九棘公侯伯子男位焉群吏在其後面三槐三公位焉州長衆庶在其後左嘉石平罷民焉右肺石達窮民焉帥其屬而以鞭呼趨且辟禁慢朝錯立族談者

儒藏經典·康熙篆文六經四書　周禮

士所上治，則主之。訝士：掌四方之獄訟，諭罪刑于邦國。凡四方之有治於士者造焉。四方有亂獄，則往而成之。邦有賓客，則與行人送逆之。入于國，則爲之前驅而辟，野亦如之。居館，則帥其屬而爲之蹕，誅戮暴客者。客出入，則道之；有治，則贊之。凡邦之大事，聚衆庶，則讀其誓禁。

朝士：掌建邦外朝之法。左九棘，孤、卿、大夫位焉，群士在其後；右九棘，公、侯、伯、子、男位焉，群吏在其後；面三槐，三公位焉，州長衆庶在其後；左嘉石，平罷民焉；右肺石，達窮民焉。帥其屬而以鞭呼趨且辟。禁慢朝、錯立、族談者。

凡得獲貨賄人民六畜者委于朝告于士旬而舉之大者公之小者庶民私之凡士之治有期日國中一旬郊二旬野三旬都三月邦國期期内之治聽期外不聽凡有責者有判書以治則聽凡民同貨財者令以國灋行之犯令者刑罰之凡屬責者以其地傅而聽其辭凡盜賊軍鄉邑及家人殺之無罪凡報仇讎者書于士殺之無罪若邦凶荒札喪寇戎之故則令邦國都家縣鄙慮刑貶　司民掌登萬民之數自生齒以上皆書于版辨其國中與其都鄙及其郊野異其男女歲登下其死生及三年

儒藏經典·康熙篆文六經四書　周禮

凡得獲貨賄、人民、六畜者，委于朝，告于士，旬而舉之：大者公之，小者庶民私之。凡士之治有期日：國中一旬，郊二旬，野三旬，都三月，邦國期。期内之治聽，期外不聽。凡有責者，有判書以治，則聽。凡民同貨財者，令以國灋行之；犯令者，刑罰之。凡屬責者，以其地傅而聽其辭。凡盜賊軍鄉邑及家人，殺之無罪。凡報仇讎者，書于士，殺之無罪。若邦凶荒、札喪、寇戎之故，則令邦國、都家、縣鄙慮刑貶。　司民：掌登萬民之數。自生齒以上，皆書于版。辨其國中與其都鄙及其郊野，異其男女。歲登下其死生。及三年大比，以萬民之數詔司寇。司寇及孟冬祀司民之日，獻其數于王；王拜受之，登于天府；內史、司會、冢宰貳之，以贊王治。

司刑：掌五刑之法，以麗萬民之罪，墨罪五百，劓罪五百，宮罪五百，刖罪五百，殺罪五百。若司寇斷獄弊訟，則以五刑之法詔刑罰，而以辨罪之輕重。

司刺：掌三刺、三宥、三赦之法，以贊司寇聽獄訟。壹刺曰訊群臣，再刺曰訊群吏，三刺曰訊萬民。壹宥曰不識，再宥曰過失，三宥曰遺忘。壹赦曰幼弱，再赦曰老旄，三赦曰惷愚。以此三法者求民情，斷民中，而施上服、下服之罪，然後刑殺。

司約：掌邦國及萬民之約劑。治神之約爲上，治民之約次之，治地之約次之，治功之約次之，治器之約次之，治摯之約次之。凡大約劑書于宗彝，小約劑書于丹圖。若有訟者，則珥而辟藏，其不信者服墨刑。若大亂，則六官辟藏，其不信者殺。　司盟：掌盟載之法。凡邦國有疑會同，則掌其盟約之載及其禮儀，北面詔明神，既盟，則貳之。盟萬民之犯命者，詛其不信者亦如之。凡民之有約劑者，其貳在司盟；有獄訟者，則使之盟詛。凡盟詛，各以其地域之衆庶，共其牲而致焉；既盟，則爲司盟共祈酒脯。

儒藏
儒藏經典・康熙篆文六經四書　周禮

司約：掌邦國及萬民之約劑。治神之約爲上，治民之約次之，治地之約次之，治功之約次之，治器之約次之，治摯之約次之。凡大約劑書于宗彝，小約劑書于丹圖。若有訟者，則珥而辟藏，其不信者服墨刑。若大亂，則六官辟藏，其不信者殺。　司盟：掌盟載之法。凡邦國有疑會同，則掌其盟約之載及其禮儀，北面詔明神，既盟，則貳之。盟萬民之犯命者，詛其不信者亦如之。凡民之有約劑者，其貳在司盟；有獄訟者，則使之盟詛。凡盟詛，各以其地域之衆庶，共其牲而致焉；既盟，則爲司盟共祈酒脯。

職金掌凡金玉錫石丹青之戒令受其入征者辨其物之媺惡與其數量楬而璽之入其金錫于爲兵器之府入其玉石丹青于守藏之府入其要掌受士之金罰貨罰入于司兵旅于上帝則共其金版饗諸侯亦如之凡國有大故而用金石則掌其令

司厲掌盜賊之任器貨賄辨其物皆有數量賈而楬之入于司兵其奴男子入于罪隸女子入于舂槀凡有爵者與七十者與未齓者皆不爲奴　犬人掌犬牲凡祭祀共犬牲用牷物伏瘞亦如之凡幾珥沈辜用駹可也凡相犬牽犬者屬焉掌其政

儒藏 儒藏經典·康熙篆文六經四書 周禮

職金：掌凡金玉、錫石、丹青之戒令。受其入征者，辨其物之媺惡與其數量，楬而璽之。入其金錫于爲兵器之府，入其玉石、丹青于守藏之府，入其要。掌受士之金罰、貨罰，入于司兵。旅于上帝，則共其金版，饗諸侯亦如之。凡國有大故而用金石，則掌其令。

司厲：掌盜賊之任器、貨賄。辨其物，皆有數量，賈而楬之，入于司兵。其奴，男子入于罪隸，女子入于舂槀。凡有爵者與七十者，與未齓者，皆不爲奴。

犬人：掌犬牲。凡祭祀，共犬牲，用牷物，伏、瘞亦如之。凡幾、珥、沈、辜，用駹可也。凡相犬、牽犬者屬焉，掌其政

治　司圜掌收教罷民凡害人者弗使冠飾而加明刑焉任之以事而收教之能改者上罪三年而舍中罪二年而舍下罪一年而舍其不能改而出圜土者殺雖出三年不齒凡圜土之刑人也不虧體其罰人也不虧財　掌囚掌守盜賊凡囚者上罪梏拲而桎中罪桎梏下罪梏王之同族拲有爵者桎以待弊罪及刑殺告刑于王奉而適朝士加明梏以適市而刑殺之凡有爵者與王之同族奉而適甸師氏以待刑殺　掌戮掌斬殺賊諜而搏之凡殺其親者焚之殺王之親者辜之凡殺人者踣諸

儒藏經典・康熙篆文六經四書　周禮

治。　司圜：掌收教罷民。凡害人者弗使冠飾，而加明刑焉，任之以事而收教之。能改者，上罪三年而舍，中罪二年而舍，下罪一年而舍。其不能改而出圜土者，殺；雖出，三年不齒。凡圜土之刑人也，不虧體；其罰人也，不虧財。

掌囚：掌守盜賊，凡囚者，上罪梏拲而桎，中罪桎梏，下罪梏，王之同族拲，有爵者桎，以待弊罪。及刑殺，告刑于王，奉而適朝士；加明梏，以適市而刑殺之。凡有爵者與王之同族，奉而適甸師氏，以待刑殺。

掌戮：掌斬殺賊諜而搏之。凡殺其親者，焚之；殺王之親者，辜之。凡殺人者，踣諸

市肆之三日刑盗于市凡罪之
麗于法者亦如之唯王之同族
與有爵者殺之于甸師氏凡軍
旅田役斬殺刑戮亦如之墨者
使守門劓者使守關宫者使守
內刖者使守囿髡者使守積
司隸掌五隸之法辨其物而掌
其政令帥其民而搏盗賊役國
中之辱事爲百官積任器凡囚
執人之事邦有祭祀賓客喪紀
之事則役其煩辱之事掌帥四
翟之隸使之皆服其邦之服執
其邦之兵守王宫與野舍之厲
禁　罪隸掌役百官府與凡有
守者掌使令之小事凡封國若
家牛助爲牽徬其守王宫與其

儒藏 儒藏經典·康熙篆文六經四書 周禮

市，肆之三日，刑盗于市。凡罪之
麗于法者，亦如之。唯王之同族
與有爵者，殺之于甸師氏。凡軍
旅、田役，斬殺、刑戮，亦如之。墨者
使守門，劓者使守關，宫者使守
內，刖者使守囿，髡者使守積。
司隸：掌五隸之法，辨其物而掌
其政令。帥其民而搏盗賊，役國
中之辱事，爲百官積任器，凡囚
執人之事。邦有祭祀、賓客、喪紀
之事，則役其煩辱之事。掌帥四
翟之隸，使之皆服其邦之服，執
其邦之兵，守王宫與野舍之厲
禁。　罪隸：掌役百官府與凡有
守者，掌使令之小事。凡封國若
家，牛助爲牽徬。其守王宫與其

屬禁者如蠻隸之事。蠻隸：掌役校人，養馬。其在王宮者，執其國之兵以守王宮；在野外，則守屬禁。閩隸：掌役畜，養鳥，而阜蕃教擾之。掌子則取隸焉。夷隸：掌役牧人，養牛馬，與鳥言。其守王宮者，與其守厲禁者，如蠻隸之事。貉隸：掌役服不氏，而養獸，而教擾之。掌與獸言。其守王宮者，與其守厲禁者，如蠻隸之事。布憲：掌憲邦之刑禁。正月之吉，執旌節以宣布于四方；而憲邦之刑禁，以詰四方邦國及其都鄙，達于四海。凡邦之大事，合衆庶，則以刑禁號令。禁殺戮：掌司斬殺戮者、凡傷人見

儒藏經典·康熙篆文六經四書 周禮

屬禁者如蠻隸之事 蠻隸掌役校人養馬其在王宮者執其國之兵以守王宮在野外則守屬禁 閩隸掌役畜養鳥而阜蕃教擾之掌子則取隸焉 夷隸掌役牧人養牛馬與鳥言其守王宮者與其守厲禁者如蠻隸之事 貉隸掌役服不氏而養獸而教擾之掌與獸言其守王宮者與其守厲禁者如蠻隸之事 布憲掌憲邦之刑禁正月之吉執旌節以宣布于四方而憲邦之刑禁以詰四方邦國及其都鄙達于四海凡邦之大事合衆庶則以刑禁號令 禁殺戮掌司斬殺戮者凡傷人見

血而不以告者攘獄者遏訟者以告而誅之禁暴氏掌禁庶民之亂暴力正者撟誣犯禁者作言語而不信者以告而誅之凡國聚衆庶則戮其犯禁者以徇凡奚隸聚而出入者則司牧之戮其犯禁者野廬氏掌達國道路至于四畿比國郊及野

儒藏經典·康熙篆文六經四書 周禮

之道路宿息井樹若有賓客則令守涂地之人聚欜之有相翔者誅之凡道路之舟車轚互者敘而行之凡有節者及有爵者至則爲之辟禁野之横行徑踰者凡國之大事比修除道路者掌凡道禁邦之大師則令埽道路且以幾禁行作不時者不物

血而不以告者、攘獄者、遏訟者，以告而誅之。

禁暴氏：掌禁庶民之亂暴力正者、撟誣犯禁者、作言語而不信者，以告而誅之。凡國聚衆庶，則戮其犯禁者以徇。凡奚隸聚而出入者，則司牧之，戮其犯禁者。

野廬氏：掌達國道路，至于四畿；比國郊及野

之道路、宿息、井、樹。若有賓客，則令守涂地之人聚欜之，有相翔者誅之。凡道路之舟車轚互者，敘而行之。凡有節者及有爵者至，則爲之辟。禁野之横行徑踰者。凡國之大事，比修除道路者。掌凡道禁。邦之大師，則令埽道路，且以幾禁行作不時者、不物

者。　蜡氏：掌除骴。凡國之大祭祀，令州里除不蠲，禁刑者、任人及凶服者，以及郊野；大師、大賓客，亦如之。若有死于道路者，則令埋而置楬焉，書其日月焉，縣其衣服、任器于有地之官，以待其人。掌凡國之骴禁。　雍氏：掌溝瀆澮池之禁，凡害于國稼者。春令爲阱擭溝瀆之利于民者，秋令塞阱杜擭。禁山之爲苑、澤之沈者。　萍氏：掌國之水禁。幾酒，謹酒。禁川游者。　司寤氏：掌夜時。以星分夜，以詔夜士夜禁。禦晨行者，禁宵行者、夜游者。司烜氏：掌以夫遂取明火于日，以鑒取明水于月，以共祭祀之明齏明燭共明水凡邦之大事共墳燭庭燎中春以木鐸修火禁于國中軍旅修火禁邦若屋誅則爲明竁焉　條狼氏掌執鞭以趨辟王出入則八人夾道公則六人侯伯則四人子男則二人凡誓執鞭以趨于前且命之誓僕右曰殺誓馭曰車轘⑭誓

大夫曰敢不關鞭五百誓師曰三百誓邦之大史曰殺誓小史曰墨　修閭氏掌比國中宿互㯞者與其國粥而比其追胥者而賞罰之禁徑踰者與以兵革趨行者與馳騁于國中者邦有故則令守其閭互唯執節者不幾　冥氏掌設弧張爲阱擭以

儒藏經典·康熙篆文六經四書　周禮

明齏、明燭，共明水。凡邦之大事，共墳燭庭燎。中春，以木鐸修火禁于國中。軍旅，修火禁。邦若屋誅，則爲明竁焉。　條狼氏：掌執鞭以趨辟。王出入，則八人夾道，公則六人，侯伯則四人，子男則二人。凡誓，執鞭以趨于前，且命之。誓僕右曰「殺」，誓馭曰「車轘」，誓

大夫曰「敢不關，鞭五百」，誓師曰「三百」，誓邦之大史曰「殺」，誓小史曰「墨」。　修閭氏：掌比國中宿互㯞者與其國粥，而比其追胥者而賞罰之。禁徑踰者，與以兵革趨行者，與馳騁于國中者。邦有故，則令守其閭互，唯執節者不幾。　冥氏：掌設弧張。爲阱擭以

攻猛獸以靈鼓敺之若得其獸則獻其皮革齒須備

庶氏掌除毒蠱以攻說禬之嘉艸攻之凡敺蠱則令之比之

穴氏掌攻蟄獸各以其物火之以時獻其珍異皮革

翨氏掌攻猛鳥各以其物爲媒而掎之以時獻其羽翮

柞氏掌攻艸木及林麓夏日至令刊陽木而火之冬日至令剝陰木而水之若欲其化也則春秋變其水火凡攻木者掌其政令

薙氏掌殺艸春始生而萌之夏日至而夷之秋繩而芟之冬日至而耜之若欲其化也則以水火變之掌凡殺艸之政令

硩蔟氏掌覆夭鳥

攻猛獸，以靈鼓敺之。若得其獸，則獻其皮、革、齒、須、備。

庶氏：掌除毒蠱，以攻説禬之，嘉草攻之。凡敺蠱，則令之，比之。

穴氏：掌攻蟄獸，各以其物火之。以時獻其珍異皮革。

翨氏：掌攻猛鳥，各以其物爲媒而掎之。以時獻其羽翮。

儒藏經典·康熙篆文六經四書 周禮

柞氏：掌攻草木及林麓。夏日至，令刊陽木而火之。冬日至，令剝陰木而水之。若欲其化也，則春秋變其水火。凡攻木者，掌其政令。

薙氏：掌殺草。春始生而萌之，夏日至而夷之，秋繩而芟之，冬日至而耜之。若欲其化也，則以水火變之。掌凡殺草之政令。

硩蔟氏：掌覆夭鳥

之巢以方書十日之號十有二辰之號十有二月之號十有二歲之號二十有八星之號縣其巢上則去之 翦氏掌除蠹物以攻禜攻之以莽草熏之凡庶蠱之事 赤犮氏掌除牆屋以蜃炭攻之以灰洒毒之凡隙屋除其貍蟲 蟈氏掌去鼃黽焚牡鞠以灰洒之則死以其煙被之則凡水蟲無聲 壺涿氏掌除水蟲以炮土之鼓毆之以焚石投之若欲殺其神則以牡橭午貫象齒而沈之則其神死淵爲陵 庭氏掌射國中之夭鳥若不見其鳥獸則以救日之弓與救月之矢射之若神也則以

儒藏經典·康熙篆文六經四書 周禮

之巢。以方書十日之號、十有二辰之號、十有二月之號、十有二歲之號、二十有八星之號，縣其巢上，則去之。　翦氏：掌除蠹物，以攻禜攻之，以莽草熏之。凡庶蠱之事。　赤犮氏：掌除牆屋，以蜃炭攻之，以灰洒毒之。凡隙屋，除其貍蟲。　蟈氏：掌去鼃黽，焚牡鞠。以灰洒之，則死。以其煙被之，則凡水蟲無聲。　壺涿氏：掌除水蟲。以炮土之鼓毆之，以焚石投之。若欲殺其神，則以牡橭午貫象齒而沈之，則其神死，淵爲陵。　庭氏：掌射國中之夭鳥。若不見其鳥獸，則以救日之弓與救月之矢射之。若神也，則以大陰之弓與枉矢射之 銜枚氏掌司囂國之大祭祀令禁無囂軍旅田役令銜枚禁嘂呼歎嗚于國中者行歌哭于國中之道者 伊耆氏掌國之大祭祀共其杖咸軍旅授有爵者杖共王之齒杖 大行人掌大賓之禮及大客之儀以親諸侯春朝

諸侯而圖天下之事秋覲以比邦國之功夏宗以陳天下之謨冬遇以協諸侯之慮時會以發四方之禁殷同以施天下之政時聘以結諸侯之好殷覜以除邦國之慝間問以諭諸侯之志歸脤以交諸侯之福賀慶以贊諸侯之喜致禬以補諸侯之烖

大陰之弓與枉矢射之。　銜枚氏：掌司囂。國之大祭祀，令禁無囂。軍旅、田役，令銜枚。禁嘂呼歎嗚于國中者、行歌哭于國中之道者。　伊耆氏：掌國之大祭祀，共其杖咸。軍旅，授有爵者杖。共王之齒杖。　大行人：掌大賓之禮及大客之儀，以親諸侯。春朝

儒藏經典·康熙篆文六經四書　周禮

諸侯而圖天下之事，秋覲以比邦國之功，夏宗以陳天下之謨，冬遇以協諸侯之慮。時會以發四方之禁，殷同以施天下之政；時聘以結諸侯之好，殷覜以除邦國之慝；間問以諭諸侯之志，歸脤以交諸侯之福，賀慶以贊諸侯之喜，致禬以補諸侯之烖。

以九儀辨諸侯之命等諸臣之爵以同邦國之禮而待其賓客上公之禮執桓圭九寸繅藉九寸冕服九章建常九斿樊纓九就貳車九乘介九人禮九牢其朝位賓主之間九十步立當車軹擯者五人廟中將幣三享王禮再祼而酢饗禮九獻食禮九舉出入五積三問三勞諸侯之禮執信圭七寸繅藉七寸冕服七章建常七斿樊纓七就貳車七乘介七人禮七牢朝位賓主之間七十步立當前疾擯者四人廟中將幣三享王禮壹祼而酢饗禮七獻食禮七舉出入四積再問再勞諸伯執躬圭其他

儒藏
儒藏經典·康熙篆文六經四書　周禮

以九儀辨諸侯之命，等諸臣之爵，以同邦國之禮而待其賓客。上公之禮：執桓圭九寸，繅藉九寸，冕服九章，建常九斿，樊纓九就，貳車九乘，介九人，禮九牢；其朝位，賓主之間九十步，立當車軹；擯者五人；廟中將幣，三享。王禮再祼而酢，饗禮九獻，食禮九舉，出入五積，三問三勞。諸侯之禮：執信圭七寸，繅藉七寸，冕服七章，建常七斿，樊纓七就，貳車七乘，介七人，禮七牢；朝位，賓主之間七十步，立當前疾；擯者四人；廟中將幣，三享。王禮壹祼而酢，饗禮七獻，食禮七舉，出入四積，再問再勞。諸伯執躬圭，其他

皆如諸侯之禮諸子執穀璧五
寸繅藉五寸冕服五章建常五
斿樊纓五就貳車五乘介五人
禮五牢朝位賓主之間五十步
立當車衡擯者三人廟中將幣
三享王禮壹祼不酢饗禮五獻
食禮五舉出入三積壹問壹勞
諸男執蒲璧其他皆如諸子之

禮凡大國之孤執皮帛以繼小
國之君出入三積不問壹勞朝
位當車前不交擯廟中無相以
酒禮之其他皆眡小國之君凡
諸侯之卿其禮各下其君二等
以下及其大夫士皆如之邦畿
方千里其外方五百里謂之侯
服歲壹見其貢祀物又其外方

皆如諸侯之禮。諸子，執穀璧五寸，繅藉五寸，冕服五章，建常五斿，樊纓五就，貳車五乘，介五人，禮五牢；朝位，賓主之間五十步，立當車衡；擯者三人；廟中將幣，三享。王禮壹祼不酢，饗禮五獻，食禮五舉，出入三積，壹問壹勞。諸男執蒲璧，其他皆如諸子之

儒藏經典·康熙篆文六經四書　周禮

禮。凡大國之孤，執皮帛以繼小國之君。出入三積，不問，壹勞。朝位當車前。不交擯，廟中無相。以酒禮之。其他皆眡小國之君。凡諸侯之卿，其禮各下其君二等以下，及其大夫、士，皆如之。邦畿方千里，其外方五百里謂之侯服，歲壹見，其貢祀物。又其外方

五百里謂之甸服二歲壹見其貢嬪物又其外方五百里謂之男服三歲壹見其貢器物又其外方五百里謂之采服四歲壹見其貢服物又其外方五百里謂之衛服五歲壹見其貢材物又其外方五百里謂之要服六歲壹見其貢貨物九州之外謂之蕃國世壹見各以其所貴寶爲摯王之所以撫邦國諸侯者歲徧存三歲徧覜五歲徧省七歲屬象胥諭言語協辭命九歲屬瞽史諭書名聽聲音十有一歲達瑞節同度量成牢禮同數器脩法則十有二歲王巡守殷國凡諸侯之王事辨其位正其

儒藏 儒藏經典·康熙篆文六經四書 周禮

五百里謂之甸服，二歲壹見，其貢嬪物。又其外方五百里謂之男服，三歲壹見，其貢器物。又其外方五百里謂之采服，四歲壹見，其貢服物。又其外方五百里謂之衛服，五歲壹見，其貢材物。又其外方五百里謂之要服，六歲壹見，其貢貨物。九州之外謂之蕃國，世壹見，各以其所貴寶爲摯。王之所以撫邦國諸侯者，歲徧存，三歲徧覜，五歲徧省；七歲，屬象胥、諭言語、協辭命；九歲，屬瞽史、諭書名、聽聲音；十有一歲，達瑞節、同度量、成牢禮、同數器、脩法則；十有二歲，王巡守、殷國。凡諸侯之王事，辨其位，正其等協其禮賓而見之若有大喪則詔相諸侯之禮若有四方之大事則受其幣聽其辭凡諸侯之邦交歲相問也殷相聘也世相朝也　小行人掌邦國賓客之禮籍以待四方之使者令諸侯春入貢秋獻功王親受之各以其國之籍禮之凡諸侯入王

儒藏
儒藏經典·康熙篆文六經四書 周禮

則逆勞于畿及郊勞眡館將幣爲承而擯凡四方之使者大客則擯小客則受其幣而聽其辭使適四方協九儀賓客之禮朝覲宗遇會同君之禮也存覜省聘問臣之禮也達天下之六節山國用虎節土國用人節澤國用龍節皆以金爲之道路用旌

等，協其禮，賓而見之。若有大喪，則詔相諸侯之禮。若有四方之大事，則受其幣，聽其辭。凡諸侯之邦交，歲相問也，殷相聘也，世相朝也。

小行人：掌邦國賓客之禮籍，以待四方之使者。令諸侯春入貢，秋獻功；王親受之，各以其國之籍禮之。凡諸侯入王，

儒藏
儒藏經典·康熙篆文六經四書 周禮

則逆勞于畿。及郊勞、眡館、將幣，爲承而擯。凡四方之使者，大客則擯，小客則受其幣而聽其辭。使適四方，協九儀賓客之禮。朝、覲、宗、遇、會、同，君之禮也；存、覜、省、聘、問，臣之禮也。達天下之六節：山國用虎節，土國用人節，澤國用龍節，皆以金爲之；道路用旌

節門關用符節都鄙用管節皆以竹爲之成六瑞王用瑱圭公用桓圭侯用信圭伯用躬圭子用穀璧男用蒲璧合六幣圭以馬璋以皮璧以帛琮以錦琥以繡璜以黼此六物者以龢諸侯之好故若國札喪則令賻補之若國凶荒則令賙委之若國師

役則令稾禬之若國有福事則令慶賀之若國有禍烖則令哀弔之凡此五物者治其事故及其萬民之利害爲一書其禮俗政事教治刑禁之逆順爲一書其悖逆暴亂作慝猶犯令者爲一書其札喪凶荒厄貧爲一書其康樂和親安平爲一書凡此

節，門關用符節，都鄙用管節，皆以竹爲之。成六瑞：王用瑱圭，公用桓圭，侯用信圭，伯用躬圭，子用穀璧，男用蒲璧。合六幣：圭以馬，璋以皮，璧以帛，琮以錦，琥以繡，璜以黼；此六物者，以龢諸侯之好故。若國札喪，則令賻補之。若國凶荒，則令賙委之。若國師

儒藏經典·康熙篆文六經四書 周禮

役，則令稾禬之。若國有福事，則令慶賀之。若國有禍烖，則令哀弔之。凡此五物者，治其事故。及其萬民之利害爲一書，其禮俗、政事、教治、刑禁之逆順爲一書，其悖逆、暴亂、作慝、猶犯令者爲一書，其札喪、凶荒、厄貧爲一書，其康樂、和親、安平爲一書。凡此

五物者每國辨異之以反命于王以周知天下之故司儀掌九儀之賓客擯相之禮以詔儀容辭令揖讓之節將合諸侯則令爲壇三成宮旁一門詔王儀南鄉見諸侯土揖庶姓時揖異姓天揖同姓及其擯之各以其禮公于上等侯伯于中等子男于下等其將幣亦如之其禮亦如之王燕則諸侯毛凡諸公相爲賓主國五積三問皆三辭拜受皆旅擯再勞三辭三揖登拜受拜送主君郊勞交擯三辭車逆拜辱三揖三辭拜受車送三還再拜致館亦如之致飧如致積之禮及將幣交擯三辭車逆

儒藏經典·康熙篆文六經四書　周禮

五物者，每國辨異之，以反命于王，以周知天下之故。司儀：掌九儀之賓客擯相之禮，以詔儀容、辭令、揖讓之節。將合諸侯，則令爲壇三成，宮，旁一門。詔王儀，南鄉見諸侯，土揖庶姓，時揖異姓，天揖同姓。及其擯之，各以其禮，公于上等，侯伯于中等，子男于下等。其將幣亦如之，其禮亦如之。王燕，則諸侯毛。凡諸公相爲賓：主國五積，三問，皆三辭，拜受，皆旅擯，再勞，三辭，三揖，登，拜受，拜送。主君郊勞，交擯，三辭，車逆，拜辱，三揖，三辭，拜受，車送，三還，再拜。致館亦如之。致飧，如致積之禮。及將幣，交擯，三辭，車逆，拜辱；賓車進，答拜；三揖，三讓；每門止一相，及廟，唯上相入；賓三揖三讓，登，再拜授幣；賓拜送幣，每事如初，賓亦如之，及出，車送，三請三進，再拜；賓三還三辭，告辟。致饔餼，還圭，饗食，致贈，郊送，皆如將幣之儀。賓之拜禮，拜饔餼，拜饗食。賓繼主君，皆如主國之禮。諸侯、諸伯、諸子、諸男之相爲賓也，各以其禮；相待也，如諸公之儀。諸公之臣相爲國客，則三積，皆三辭，拜受。及大夫郊勞，旅擯，三辭，拜辱；三讓，登，聽命；下拜，登受；賓使者，如初之儀；及退，拜送。致館，如初之儀。及將幣，旅擯，三辭；拜逆，客辟；三揖，每門止

一相及廟唯君相入三讓客登
拜客三辟授幣下出每事如初
之儀及禮私面私獻皆再拜稽
首君答拜出及中門之外問君
客再拜對君拜客辟而對君問
大夫客對君勞客客再拜稽首
君答拜客趨辟致饔餼如勞之
禮饗食還圭如將幣之儀君館

客客辟介受命遂送客從拜辱
于朝明日客拜禮賜遂行如入
之積凡侯伯子男之臣以其國
之爵相爲客而相禮其儀亦如
之凡四方之賓客禮儀辭命餼
牢賜獻以二等從其爵而上下
之凡賓客送逆同禮凡諸侯之
交各稱其邦而爲之幣以其幣

一相，及廟，唯君相入；三讓，客登；
拜，客三辟；授幣，下出。每事如初
之儀。及禮，私面，私獻，皆再拜稽
首，君答拜；出，及中門之外，問君；
客再拜，對君拜，客辟而對；君問
大夫，客對；君勞客，客再拜稽首，
君答拜，客趨辟。致饔餼，如勞之
禮。饗食，還圭，如將幣之儀。君館

客，客辟，介受命；遂送，客從拜辱
于朝。明日，客拜禮賜，遂行，如入
之積。凡侯伯子男之臣，以其國
之爵相爲客而相禮，其儀亦如
之。凡四方之賓客，禮儀、辭命、餼
牢、賜獻以二等，從其爵而上下
之。凡賓客，送逆同禮。凡諸侯之
交，各稱其邦而爲之幣，以其幣

爲之禮凡行人之儀不朝不夕
不正其主面亦不背客　行夫
掌邦國傳遽之小事㜪惡而無
禮者凡其使也必以旌節雖道
有難而不時必達居于其國則
掌行人之勞辱事焉使則介之
環人掌送逆邦國之通賓客
以路節達諸四方舍則授館令
聚欜有任器則令環之凡門關
無幾送逆及疆　象胥掌蠻夷
閩貉戎狄之國使掌傳王之言
而諭説焉以和親之若以時入
賓則協其禮與其辭言傳之凡
其出入送逆之禮節幣帛辭令
而賓相之凡國之大喪詔相國
客之禮儀而正其位凡軍旅會

爲之禮。凡行人之儀，不朝不夕，不正其主面，亦不背客。　行夫：掌邦國傳遽之小事、㜪惡而無禮者。凡其使也，必以旌節。雖道有難而不時，必達。居于其國，則掌行人之勞辱事焉，使則介之。

環人：掌送逆邦國之通賓客，以路節達諸四方。舍則授館，令聚欜；有任器，則令環之。凡門關無幾，送逆及疆。　象胥：掌蠻夷、閩貉、戎狄之國使，掌傳王之言而諭説焉，以和親之。若以時入賓，則協其禮與其辭，言傳之。凡其出入送逆之禮節、幣帛、辭令而賓相之。凡國之大喪，詔相國客之禮儀而正其位。凡軍旅、會同，受國客幣而賓禮之。凡作事：王之大事，諸侯；次事，卿；次事，大夫；次事，上士；下事，庶子。　掌客：掌四方賓客之牢禮、餼獻、飲食之等數與其政治。王合諸侯而饗禮，則具十有二牢，庶具百物備；諸侯長，十有再獻。王巡守、殷國，則國君膳以牲犢，令百官百牲皆具，從者三公眡上公之禮，卿眡侯伯之禮，大夫眡子男之禮，士眡諸侯之卿禮，庶子壹眡其大夫之禮。凡諸侯之禮：上公五積，皆眡飧牽，三問皆脩。群介、行人、宰、史皆有牢。飧五牢，食四十，簠十，豆四十，鉶四十有二，壺四十，鼎、簋十有二，牲三十有六，

儒藏經典·康熙篆文六經四書　周禮

皆陳饔餼九牢其死牢如飧之
陳牽四牢米百有二十筥醯醢
百有二十甕車皆陳車米眡生
牢牢十車車秉有五籔車禾眡
死牢牢十車車三秅芻薪倍禾
皆陳乘禽日九十雙殷膳大牢
以及歸三饗三食三燕若弗酌
則以幣致之凡介行人宰史皆
有飧饔餼以其爵等爲之牢禮
之陳數唯上介有禽獻夫人致
禮八壺八豆八籩膳大牢致饗
大牢食大牢卿皆見以羔膳大
牢侯伯四積皆眡飧牽再問皆
脩飧四牢食三十有二簠八豆
三十有二鉶二十有八壺三十
有二鼎簋十有二腥二十有七

儒藏
儒藏經典·康熙篆文六經四書 周禮

皆陳。饔餼九牢，其死牢如飧之陳。牽四牢，米百有二十筥，醯醢百有二十甕，車皆陳。車米眡生牢，牢十車，車秉有五籔；車禾眡死牢，牢十車，車三秅；芻薪倍禾：皆陳。乘禽日九十雙，殷膳大牢；以及歸，三饗、三食、三燕；若弗酌，則以幣致之。凡介、行人、宰、史，皆有飧、饔餼，以其爵等爲之牢禮之陳數，唯上介有禽獻。夫人致禮：八壺，八豆，八籩，膳大牢，致饗大牢，食大牢。卿皆見以羔，膳大牢。侯伯四積，皆眡飧牽，再問皆脩。飧四牢，食三十有二，簠八，豆三十有二，鉶二十有八，壺三十有二，鼎、簋十有二，腥二十有七，

儒藏經典·康熙篆文六經四書　周禮

皆陳。饔餼七牢，其死牢如飧之陳。牽三牢，米百筥，醯醢百甕，皆陳。米三十車，禾四十車，芻薪倍禾，皆陳。乘禽日七十雙，殷膳大牢，三饗、再食、再燕。凡介、行人、宰、史，皆有飧、饔餼，以其爵等爲之禮，唯上介有禽獻。夫人致禮：八壺，八豆，八籩，膳大牢，致饗大牢。卿皆見以羔，膳特牛。子男三積，皆眡飧牽，壹問以脩。飧三牢，食二十有四，簠六，豆二十有四，鉶十有八，壺二十有四，鼎、簋十有二，牲十有八，皆陳。饔餼五牢，其死牢如飧之陳。牽二牢，米八十筥，醯醢八十甕，皆陳。米二十車，禾三十車，芻薪倍禾，皆陳。乘禽日五十雙，壹饗，壹食，壹燕。凡介、行人、宰、史，皆有飧、饔餼，以其爵等爲之禮，唯上介有禽獻。夫人致禮：六壺，六豆，六籩，膳眂致饔。親見卿，皆膳特牛。凡諸侯之卿、大夫、士爲國客，則如其介之禮以待之。凡禮賓客，國新殺禮，凶荒殺禮，札喪殺禮，禍烖殺禮，在野在外殺禮。凡賓客死，致禮以喪用。賓客有喪，惟芻稍之受。遭主國之喪，不受饗食，受牲禮。

掌訝：掌邦國之等籍以待賓客。若將有國賓客至，則戒官修委積，與士逆賓于疆，爲前驅而入。及宿，則令聚欜。及委，則致積。至于國，賓入館，次于舍門外，待事

儒藏經典·康熙篆文六經四書　周禮

于客及將幣爲前驅至于朝詔
其位入復及退亦如之凡賓客
之治令訝訝治之凡從者出則
使人道之及歸送亦如之凡賓
客諸侯有卿訝卿有大夫訝大
夫有士訝士皆有訝凡訝者賓
客至而往詔相其事而掌其治
令　掌交掌以節與幣巡邦國
之諸侯及其萬民之所聚者道
王之德意志慮使咸知王之好
惡辟行之使和諸侯之好達萬
民之說掌邦國之通事而結其
交好以諭九稅之利九禮之親
九牧之維九禁之難九戎之威
　掌察闕掌貨賄闕朝大夫掌
都家之國治日朝以聽國事故

于客。及將幣，爲前驅。至于朝，詔其位，入復；及退，亦如之。凡賓客之治，令訝，訝治之。凡從者出，則使人道之。及歸，送亦如之。凡賓客，諸侯有卿訝，卿有大夫訝，大夫有士訝，士皆有訝。凡訝者，賓客至而往，詔相其事而掌其治令。

掌交：掌以節與幣巡邦國之諸侯，及其萬民之所聚者，道王之德意志慮，使咸知王之好惡，辟行之。使和諸侯之好，達萬民之說。掌邦國之通事而結其交好，以諭九稅之利、九禮之親、九牧之維、九禁之難、九戎之威。

掌察闕。掌貨賄闕。朝大夫：掌都家之國治。日朝，以聽國事故，以告其君長國有政令則令其朝大夫凡都家之治於國者必因其朝大夫然後聽之唯大事弗因凡都家之治有不及者則誅其朝大夫在軍旅則誅其有司

都則闕都士闕家士闕

周禮卷之五

儒藏經典·康熙篆文六經四書　周禮

以告其君長。國有政令，則令其朝大夫。凡都家之治於國者，必因其朝大夫，然後聽之；唯大事弗因。凡都家之治有不及者，則誅其朝大夫；在軍旅，則誅其有司。

都則闕。都士闕。家士闕。

周禮卷之五

周禮卷之六

冬官考工記第六

國有六職百工與居一焉或坐而論道或作而行之或審曲面埶以飭五材以辨民器或通四方之珍異以資之或飭力以長地財或治絲麻以成之坐而論道謂之王公作而行之謂之士大夫審曲面埶以飭五材以辨民器謂之百工通四方之珍異以資之謂之商旅飭力以長地財謂之農夫治絲麻以成之謂之婦功粵無鎛燕無函秦無廬胡無弓車粵之無鎛也非無鎛也夫人而能爲鎛也燕之無函也非無函也夫人而能爲函也

周禮卷之六

冬官考工記第六

國有六職，百工與居一焉。或坐而論道；或作而行之；或審曲面埶，以飭五材，以辨民器；或通四方之珍異以資之；或飭力以長地財；或治絲麻以成之。坐而論道，謂之王公；作而行之，謂之士大夫；審曲面埶，以飭五材，以辨民器，謂之百工；通四方之珍異以資之，謂之商旅；飭力以長地財，謂之農夫；治絲麻以成之，謂之婦功。粵無鎛，燕無函，秦無廬，胡無弓車。粵之無鎛也，非無鎛也，夫人而能爲鎛也。燕之無函也，非無函也，夫人而能爲函也。

儒藏
儒藏經典・康熙篆文六經四書　周禮

秦之無廬也，非無廬也，夫人而能爲廬也。胡之無弓車也，非無弓車也，夫人而能爲弓車也。知者創物。巧者述之守之，世謂之工。百工之事，皆聖人之作也。爍金以爲刃，凝土以爲器，作車以行陸，作舟以行水，此皆聖人之所作也。天有時，地有氣，材有美，工有巧。合此四者，然後可以爲良。材美工巧，然而不良，則不時、不得地氣也。橘踰淮而北爲枳，鸜鵒不踰濟，貉踰汶則死，此地氣然也。鄭之刀，宋之斤，魯之削，吴粵之劒，遷乎其地而弗能爲良，地氣然也。燕之角，荊之幹，妢胡之笴，吴粵之金錫，此材之美者也天有時以生有時以殺草木有時以生有時以死石有時以泐水有時以凝有時以澤此天時也凡攻木之工七攻金之工六攻皮之工五設色之工五刮摩之工五摶埴之工二攻木之工輪輿弓廬匠車梓攻金之工築冶鳧㮚段桃攻皮之工函鮑韗韋裘設色之工畫繢鍾筐㡛刮摩之工玉楖雕矢磬摶埴之工陶旊有虞氏上陶夏后氏上匠殷人上梓周人上輿故一器而工聚焉者車爲多車有六等之數車軫四尺謂之一等戈柲六尺有六寸既建而迆崇于軫四尺謂之二等人長八尺崇

者也。天有時以生，有時以殺；草木有時以生，有時以死；石有時以泐；水有時以凝，有時以澤：此天時也。凡攻木之工七，攻金之工六，攻皮之工五，設色之工五，刮摩之工五，摶埴之工二。攻木之工：輪、輿、弓、廬、匠、車、梓。攻金之工：築、冶、鳧、㮚、段、桃。攻皮之工：函、鮑、韗、韋、裘。設色之工：畫、繢、鍾、筐、㡛。刮摩之工：玉、楖、雕、矢、磬。摶埴之工：陶、旊。有虞氏上陶，夏后氏上匠，殷人上梓，周人上輿。故一器而工聚焉者，車爲多。車有六等之數：車軫四尺，謂之一等；戈柲六尺有六寸，既建而迆，崇于軫四尺，謂之二等；人長八尺，崇于戈四尺謂之三等殳長尋有四尺崇于人四尺謂之四等車戟常崇于殳四尺謂之五等酋矛常有四尺崇于戟四尺謂之六等車謂之六等之數凡察車之道必自載于地者始也是故察車自輪始凡察車之道欲其樸屬而微至不樸屬無以爲完

久也不微至無以爲戚速也輪已崇則人不能登也輪已庳則于馬終古登阤也故兵車之輪六尺有六寸田車之輪六尺有三寸乘車之輪六尺有六寸六尺有六寸之輪軹崇三尺有三寸也加軫與轐焉四尺也人長八尺登下以爲節 輪人爲輪

于戈四尺，謂之三等。殳長尋有四尺，崇于人四尺，謂之四等。車戟常，崇于殳四尺，謂之五等。酋矛常有四尺，崇于戟四尺，謂之六等。車謂之六等之數。凡察車之道，必自載于地者始也，是故察車自輪始。凡察車之道，欲其樸屬而微至。不樸屬，無以爲完

儒藏經典·康熙篆文六經四書 周禮

久也；不微至，無以爲戚速也。輪已崇，則人不能登也。輪已庳，則于馬終古登阤也。故兵車之輪六尺有六寸，田車之輪六尺有三寸，乘車之輪六尺有六寸。六尺有六寸之輪，軹崇三尺有三寸也；加軫與轐焉，四尺也；人長八尺，登下以爲節。 輪人爲輪。

斬三材必以其時，三材既具，巧者和之。轂也者，以爲利轉也。輻也者，以爲直指也。牙也者，以爲固抱也。輪敝，三材不失職，謂之完。望而眡其輪，欲其幎爾而下迆也。進而眡之，欲其微至也。無所取之，取諸圜也。望其輻，欲其掣爾而纖也。進而眡之，欲其肉稱也。無所取之，取諸易直也。望其轂，欲其眼也。進而眡之，欲其幬之廉也。無所取之，取諸急也。眡其綆，欲其蚤之正也。察其菑蚤不齵，則輪雖敝不匡。凡斬轂之道，必矩其陰陽。陽也者，稹理而堅；陰也者，疏理而柔。是故以火養其陰，而齊諸其陽，則轂雖敝不蔽。轂小而長則柞，大而短則摯。是故六分其輪崇，以其一爲之牙圍；參分其牙圍而漆其二，椁其漆内而中詘之，以爲之轂長，以其長爲之圍，以其圍之阞捎其藪；五分其轂之長，去一以爲賢，去三以爲軹。容轂必直，陳篆必正，施膠必厚，施筋必數，幬必負幹。既摩，革色青白，謂之轂之善。參分其轂長，二在外，一在内，以置其輻。凡輻，量其鑿深以爲輻廣。輻廣而鑿淺，則是以大扤，雖有良工，莫之能固。鑿深而輻小，則是固有餘而彊不足也。故竑其輻廣以爲之弱，則雖有重任，轂不折。參分其輻之長而殺其一則雖有深泥亦弗之溓也參分其股圍去一以爲骹圍揉輻必齊平沈必均直以指牙牙得則無槷而固不得則有槷必足見也六尺有六寸之輪綆參分寸之二謂之輪之固凡爲輪行澤者欲杼行山者欲侔杼以行澤則是刀以割塗也是故塗不附侔以行山則是摶以行石也是故輪雖敝不甐於鑿凡揉牙外不廉而内不挫旁不腫謂之用火之善是故規之以眡其圜也萬之以眡其匡也縣之以眡其輻之直也水之以眡其平沈之均也量其藪以黍以眡其同也權之以眡其輕重之

儒藏 儒藏經典·康熙篆文六經四書 周禮

而殺其一，則雖有深泥，亦弗之溓也。參分其股圍，去一以爲骹圍。揉輻必齊，平沈必均。直以指牙，牙得，則無槷而固；不得，則有槷必足見也。六尺有六寸之輪，綆參分寸之二，謂之輪之固。凡爲輪，行澤者欲杼，行山者欲侔。杼以行澤，則是刀以割塗也，是故塗不附。侔以行山，則是摶以行石也，是故輪雖敝，不甐於鑿。凡揉牙，外不廉而内不挫、旁不腫，謂之用火之善。是故規之以眡其圜也，萬之以眡其匡也，縣之以眡其輻之直也，水之以眡其平沈之均也，量其藪以黍，以眡其同也，權之以眡其輕重之侔也。故可規、可萬、可水、可縣、可量、可權也，謂之國工。

輪人爲蓋，達常圍三寸。桯圍倍之，六寸。信其桯圍以爲部廣，部廣六寸。部長二尺。桯長倍之四尺者二。十分寸之一謂之枚。部尊一枚。弓鑿廣四枚，鑿上二枚，鑿下四枚。鑿深二寸有半，下直二枚，鑿端一枚。弓長六尺謂之庇軹，五尺謂之庇輪，四尺謂之庇軫。參分弓長而揉其一。參分其股圍，去一以爲蚤圍。參分弓長，以其一爲之尊。上欲尊而宇欲卑。上尊而宇卑，則吐水疾而霤遠。蓋已崇，則難爲門也；蓋已卑，是蔽目也。是故蓋崇十尺。良蓋弗冒

弗紘殷畝而馳不隊謂之國工
輿人爲車輪崇車廣衡長參
如一謂之參稱參分車廣去一
以爲隧參分其隧一在前二在
後以揉其式以其廣之半爲之
式崇以其隧之半爲之較崇六
分其廣以一爲之軫圍參分軫
圍去一以爲式圍參分式圍去
一以爲較圍參分較圍去一以
爲軹圍參分軹圍去一以爲轛
圍圜者中規方者中矩立者中
縣衡者中水直者如生焉繼者
如附焉凡居材大與小無并大
倚小則摧引之則絶棧車欲弇
飾車欲侈　輈人爲輈輈有三
度軸有三理國馬之輈深四尺

儒藏經典·康熙篆文六經四書　周禮

弗紘，殷畝而馳不隊，謂之國工。

輿人爲車。輪崇，車廣，衡長，參如一，謂之參稱。參分車廣，去一以爲隧。參分其隧，一在前，二在後，以揉其式。以其廣之半爲之式崇，以其隧之半爲之較崇。六分其廣，以一爲之軫圍。參分軫圍，去一以爲式圍。參分式圍，去一以爲較圍。參分較圍，去一以爲軹圍。參分軹圍，去一以爲轛圍。圜者中規，方者中矩，立者中縣，衡者中水，直者如生焉，繼者如附焉。凡居材，大與小無并。大倚小則摧，引之則絶。棧車欲弇，飾車欲侈。

輈人爲輈。輈有三度，軸有三理。國馬之輈，深四尺有七寸田馬之輈深四尺駑馬之輈深三尺有三寸軸有三理一者以爲媺也二者以爲久也三者以爲利也軓前十尺而策半之凡任木任正者十分其輈之長以其一爲之圍衡任者五分其長以其一爲之圍小於度謂之無任五分其軫間以其一爲之軸圍十分其輈之長以其一爲之當兔之圍參分其兔圍去一以爲頸圍五分其頸圍去一以爲踵圍凡揉輈欲其孫而無弧深今夫大車之轅摯其登又難既克其登其覆車也必易此無故惟轅直且無橈也是故大車平地既節軒摯之任及其

儒藏經典·康熙篆文六經四書 周禮

有七寸。田馬之輈，深四尺。駑馬之輈，深三尺有三寸。軸有三理，一者以爲媺也，二者以爲久也，三者以爲利也。軓前十尺而策半之。凡任木：任正者，十分其輈之長，以其一爲之圍。衡任者，五分其長，以其一爲之圍。小於度，謂之無任。五分其軫間，以其一爲之軸圍。十分其輈之長，以其一爲之當兔之圍。參分其兔圍，去一以爲頸圍。五分其頸圍，去一以爲踵圍。凡揉輈，欲其孫而無弧深。今夫大車之轅摯，其登又難；既克其登，其覆車也必易。此無故，惟轅直且無橈也。是故大車平地既節軒摯之任，及其登阤，不伏其轅，必縊其牛。此無故，唯轅直且無橈也。故登阤者，倍任者也，猶能以登；及其下阤也，不援其邸，必緧其牛後。此無故，唯轅直且無橈也。是故輈欲頎典。輈深則折，淺則負。輈注則利準，利準則久，和則安。輈欲弧而無折，經而無絶；進則與馬謀，退則與人謀；終日馳騁，左不楗；行數千里，馬不契需；終歲御，衣衽不敝。此唯輈之和也。勸登馬力，馬力既竭，輈猶能一取焉。良輈環灂，自伏兔不至軓七寸，軓中有灂，謂之國輈。軫之方也，以象地也。蓋之圜也，以象天也。輪輻三十，以象日月也。蓋弓二十有八，以象星也。龍旂九斿，以象大火也。鳥旟七斿，以象鶉火也。熊旗六斿，以象伐也。龜蛇四斿，以象營室也。弧旌枉矢，以象弧也。攻金之工，築氏執下齊，冶氏執上齊，鳧氏爲聲，㮚氏爲量，段氏爲鎛器，桃氏爲刃。金有六齊。六分其金而錫居一，謂之鐘鼎之齊。五分其金而錫居一，謂之斧斤之齊。四分其金而錫居一，謂之戈戟之齊。參分其金而錫居一，謂之大刃之齊。五分其金而錫居二，謂之削殺矢之齊。金錫半，謂之鑒燧之齊。　築氏爲削。長尺博寸，合六而成規。欲新而無窮，敝盡而無惡。　冶氏爲

儒藏經典·康熙篆文六經四書　周禮

殺矢刃長寸圍寸鋌十之重三垸戈廣二寸内倍之胡三之援四之已倨則不入已句則不決長内則折前短内則不疾是故倨句外博重三鋝戟廣寸有半寸内三之胡四之援五之倨句中矩與刺重三鋝　桃氏爲劍臘廣二寸有半寸兩從半之以其臘廣爲之莖圍長倍之中其莖設其後參分其臘廣去一以爲首廣而圍之身長五其莖長重九鋝謂之上制上士服之身長四其莖長重七鋝謂之中制中士服之身長三其莖長重五鋝謂之下制下士服之　鳧氏爲鐘兩欒謂之銑銑間謂之于

儒藏經典·康熙篆文六經四書　周禮

殺矢。刃長寸，圍寸，鋌十之，重三垸。戈廣二寸，内倍之，胡三之，援四之。已倨則不入，已句則不決。長内則折前，短内則不疾。是故倨句外博。重三鋝。戟廣寸有半寸，内三之，胡四之，援五之。倨句中矩，與刺重三鋝。　桃氏爲劍。臘廣二寸有半寸，兩從半之。以其臘廣爲之莖圍，長倍之。中其莖，設其後。參分其臘廣，去一以爲首廣而圍之。身長五其莖長，重九鋝，謂之上制，上士服之。身長四其莖長，重七鋝，謂之中制，中士服之。身長三其莖長，重五鋝，謂之下制，下士服之。　鳧氏爲鐘。兩欒謂之銑，銑間謂之于，于上謂之鼓鼓上謂之鉦鉦上謂之舞舞上謂之甬甬上謂之衡鐘縣謂之旋旋蟲謂之幹鐘帶謂之篆篆間謂之枚枚謂之景于上之攠謂之隧十分其銑去二以爲鉦以其鉦爲之銑間去二分以爲之鼓間以其鼓間爲之舞脩去二分以爲舞廣以

其鉦之長爲之甬長以其甬長爲之圍參分其圍去一以爲衡圍參分其甬長二在上一在下以設其旋薄厚之所震動清濁之所由出侈弇之所由興有説鐘已厚則石已薄則播侈則柞弇則鬱長甬則震是故大鐘十分其鼓間以其一爲之厚小鐘

于上謂之鼓，鼓上謂之鉦，鉦上謂之舞，舞上謂之甬，甬上謂之衡。鐘縣謂之旋，旋蟲謂之幹。鐘帶謂之篆，篆間謂之枚，枚謂之景。于上之攠之隧。十分其銑，去二以爲鉦，以其鉦爲之銑間，去二分以爲之鼓間。以其鼓間爲之舞脩，去二分以爲舞廣。以

儒藏 儒藏經典·康熙篆文六經四書 周禮

其鉦之長爲之甬長，以其甬長爲之圍。參分其圍，去一以爲衡圍。參分其甬長，二在上，一在下，以設其旋。薄厚之所震動，清濁之所由出，侈弇之所由興，有説。鐘已厚則石，已薄則播，侈則柞，弇則鬱，長甬則震。是故大鐘十分其鼓間，以其一爲之厚；小鐘

十分其鉦間以其一爲之厚鐘
大而短則其聲疾而短聞鐘小
而長則其聲舒而遠聞爲遂六
分其厚以其一爲之深而圜之
　桌氏爲量改煎金錫則不耗
不耗然後權之權之然後準之
準之然後量之量之以爲鬴深
尺內方尺而圜其外其實一鬴
其臀一寸其實一豆其耳三寸
其實一升重一鈞其聲中黃鍾
之宮槩而不稅其銘曰時文思
索允臻其極嘉量既成以觀四
國永啓厥後茲器維則凡鑄金
之狀金與錫黑濁之氣竭黃白
次之黃白之氣竭青白次之青
白之氣竭青氣次之然後可鑄

儒藏經典·康熙篆文六經四書　周禮

十分其鉦間，以其一爲之厚。鐘
大而短，則其聲疾而短聞；鐘小
而長，則其聲舒而遠聞。爲遂，六
分其厚，以其一爲之深而圜之。
　桌氏爲量。改煎金錫則不耗，
不耗然後權之，權之然後準之，
準之然後量之。量之以爲鬴，深
尺，內方尺而圜其外，其實一鬴。
其臀一寸，其實一豆；其耳三寸，
其實一升。重一鈞。其聲中黃鍾
之宮。槩而不稅。其銘曰：「時文思
索，允臻其極。嘉量既成，以觀四
國。永啓厥後，茲器維則。」凡鑄金
之狀：金與錫黑濁之氣竭，黃白
次之；黃白之氣竭，青白次之；青
白之氣竭，青氣次之。然後可鑄

也。　段氏闕。函人爲甲。犀甲七屬，兕甲六屬，合甲五屬。犀甲壽百年，兕甲壽二百年，合甲壽三百年。凡爲甲，必先爲容，然後制革。權其上旅與其下旅，而重若一。以其長爲之圍。凡甲，鍛不摯則不堅，已敝則橈。凡察革之道：眡其鑽空，欲其惌也；眡其裏，欲其易也；眡其朕，欲其直也；櫜之，欲其約也；舉而眡之，欲其豐也；衣之，欲其無齘也。眡其鑽空而惌，則革堅也。眡其裏而易，則材更也。眡其朕而直，則制善也。櫜之而約，則周也。舉之而豐，則明也。衣之無齘，則變也。　鮑人之事：望而眡之，欲其荼白也；進而

儒藏經典·康熙篆文六經四書　周禮

也　段氏闕　函人爲甲犀甲七屬兕甲六屬合甲五屬犀甲壽百年兕甲壽二百年合甲壽三百年凡爲甲必先爲容然後制革權其上旅與其下旅而重若一以其長爲之圍凡甲鍛不摯則不堅已敝則橈凡察革之道眡其鑽空欲其惌也眡其裏欲其易也眡其朕欲其直也櫜之欲其約也舉而眡之欲其豐也衣之欲其無齘也眡其鑽空而惌則革堅也眡其裏而易則材更也眡其朕而直則制善也櫜之而約則周也舉之而豐則明也衣之無齘則變也　鮑人之事望而眡之欲其荼白也進而

握之欲其柔而滑也卷而摶之
欲其無迆也眂其著欲其淺也
察其線欲其藏也革欲其荼白
而疾澣之則堅欲其柔滑而腥
脂之則需引而信之欲其直也
信之而直則取材正也信之而
枉則是一方緩一方急也若苟
一方緩一方急則及其用之也
必自其急者先裂若苟自急者
先裂則是以博爲帴也卷而摶
之而不迆則厚薄序也眂其著
而淺則革信也察其線而藏則
雖敝不甐　輈人爲皐陶長六
尺有六寸左右端廣六寸中尺
厚三寸穹者三之一上三正鼓
長八尺鼓四尺中圍加三之一

儒藏經典·康熙篆文六經四書　周禮

握之，欲其柔而滑也；卷而摶之，欲其無迆也；眂其著，欲其淺也；察其線，欲其藏也。革欲其荼白而疾澣之，則堅；欲其柔滑而腥脂之，則需。引而信之，欲其直也。信之而直，則取材正也。信之而枉，則是一方緩、一方急也。若苟一方緩、一方急，則及其用之也，必自其急者先裂；若苟自急者先裂，則是以博爲帴也。卷而摶之而不迆，則厚薄序也。眂其著而淺，則革信也。察其線而藏，則雖敝不甐。

輈人爲皐陶。長六尺有六寸，左右端廣六寸，中尺，厚三寸。穹者三之一。上三正。鼓長八尺，鼓四尺，中圍加三之一，

謂之鼛鼓爲皋鼓長尋有四尺
鼓四尺倨句磬折凡冒鼓必以
啓蟄之日良鼓瑕如積環鼓大
而短則其聲疾而短聞鼓小而
長則其聲舒而遠聞 韋氏闕
裘氏闕畫繢之事雜五色東方
謂之青南方謂之赤西方謂之
白北方謂之黑天謂之玄地謂
之黄青與白相次也赤與黑相
次也玄與黄相次也青與赤謂
之文赤與白謂之章白與黑謂
之黼黑與青謂之黻五采備謂
之繡土以黄其象方天時變火
以圜山以章水以龍鳥獸蛇雜
四時五色之位以章之謂之巧
凡畫繢之事後素功 鍾氏染

儒藏 儒藏經典·康熙篆文六經四書 周禮

謂之鼛鼓。爲皋鼓，長尋有四尺，鼓四尺，倨句，磬折。凡冒鼓，必以啓蟄之日。良鼓瑕如積環。鼓大而短，則其聲疾而短聞。鼓小而長，則其聲舒而遠聞。

韋氏闕。

裘氏闕。畫繢之事：雜五色。東方謂之青，南方謂之赤，西方謂之白，北方謂之黑，天謂之玄，地謂之黄。青與白相次也，赤與黑相次也，玄與黄相次也。青與赤謂之文，赤與白謂之章，白與黑謂之黼，黑與青謂之黻，五采備謂之繡。土以黄，其象方，天時變；火以圜，山以章，水以龍；鳥，獸，蛇。雜四時五色之位以章之，謂之巧。凡畫繢之事，後素功。

鍾氏染

羽。以朱湛丹秫，三月而熾之，淳而漬之。三入爲纁，五入爲緅，七入爲緇。

筐人闕。

㡛氏湅絲，以涚水漚其絲，七日，去地尺，暴之。晝暴諸日，夜宿諸井，七日七夜，是謂水湅。湅帛，以欄爲灰，渥淳其帛，實諸澤器，淫之以蜃。清其灰而盝之，而揮之；而沃之，而盝之；而塗之，而宿之。明日，沃而盝之。晝暴諸日，夜宿諸井，七日七夜，是謂水湅。

玉人之事：鎮圭尺有二寸，天子守之。命圭九寸，謂之桓圭，公守之。命圭七寸，謂之信圭，侯守之。命圭七寸，謂之躬圭，伯守之。天子執冒四寸，以朝諸侯。天子用全，上公用龍，侯用瓚，伯用將。繼子男，執皮帛。天子圭中必。四圭尺有二寸，以祀天。大圭長三尺，杼上終葵首，天子服之。土圭尺有五寸，以致日，以土地。裸圭尺有二寸，有瓚，以祀廟。琬圭九寸而繅，以象德。琰圭九寸，判規，以除慝，以易行。璧羨度尺，好三寸，以爲度。圭璧五寸，以祀日月星辰。璧琮九寸，諸侯以享天子。穀圭七寸，天子以聘女。大璋中璋九寸，邊璋七寸。射四寸，厚寸。黄金勺，青金外，朱中。鼻寸，衡四寸。有繅。天子以巡守，宗祝以前馬。大璋亦如之，諸侯以聘女。瑑圭璋八寸，璧琮八寸，以覜、聘。牙璋、中璋七寸，射二寸，厚寸，以起軍旅，以治兵守。駔琮五寸，宗后以爲權。大琮十有二寸，射四寸，厚寸，是謂内鎮，宗后守之。駔琮七寸，鼻寸有半寸，天子以爲權。兩圭五寸，有邸，以祀地，以旅四望。瑑琮八寸，諸侯以享夫人。案十有二寸，棗、㮚十有二列，諸侯純九，大夫純五，夫人以勞諸侯。璋邸射，素功；以祀山川，以致稍餼。　楖人闕。雕人。闕。磬氏爲磬。倨句一矩有半。其博爲一，股爲二，鼓爲三。參分其股博，去一以爲鼓博，參分其鼓博，以其一爲之厚。已上則摩其旁，已下則摩其耑。　矢人爲矢。鍭矢參分，茀矢參分，一在前，二

在後兵矢田矢五分二在前三
在後殺矢七分三在前四在後
參分其長而殺其一五分其長
而羽其一以其笴厚爲之羽深
水之以辨其陰陽夾其陰陽以
設其比夾其比以設其羽參分
其羽以設其刃則雖有疾風亦
弗之能憚矣刃長寸圍寸鋌十
之重三垸前弱則俛後弱則翔
中弱則紆中彊則揚羽豐則遲
羽殺則趮是故夾而搖之以眡
其豐殺之節也橈之以眡其鴻
殺之稱也凡相笴欲生而摶同
摶欲重同重節欲疏同疏欲㮚
陶人爲甗實二鬴厚半寸脣
寸盆實二鬴厚半寸脣寸甑實

儒藏經典·康熙篆文六經四書　周禮

在後。兵矢、田矢五分，二在前，三在後。殺矢七分，三在前，四在後。參分其長而殺其一，五分其長而羽其一，以其笴厚爲之羽深。水之，以辨其陰陽。夾其陰陽以設其比，夾其比以設其羽，參分其羽以設其刃，則雖有疾風，亦弗之能憚矣！刃長寸、圍寸，鋌十之，重三垸。前弱則俛，後弱則翔；中弱則紆，中彊則揚；羽豐則遲，羽殺則趮。是故夾而搖之，以眡其豐殺之節也；橈之，以眡其鴻殺之稱也。凡相笴，欲生而摶；同摶，欲重；同重，節欲疏；同疏，欲㮚。

陶人爲甗，實二鬴，厚半寸，脣寸。盆，實二鬴，厚半寸，脣寸。甑，實

二鬴厚半寸脣寸七穿鬲實五
觳厚半寸脣寸庾實二觳厚半
寸脣寸 瓬人爲簋實一觳崇
尺厚半寸脣寸豆實三而成觳
崇尺凡陶瓬之事髻墾薜暴不
入市器中膊豆中縣膊崇四尺
方四寸 梓人爲筍虡天下之
大獸五脂者膏者羸者羽者鱗
者宗廟之事脂者膏者以爲牲
羸者羽者鱗者以爲筍虡外骨
内骨卻行仄行連行紆行以脰
鳴者以注鳴者以旁鳴者以翼
鳴者以股鳴者以胷鳴者謂之
小蟲之屬以爲彫琢厚脣弇口
出目短耳大胷燿後大體短脰
若是者謂之羸屬恒有力而不

二鬴，厚半寸，脣寸，七穿。鬲，實五觳，厚半寸，脣寸。庾，實二觳，厚半寸，脣寸。　瓬人爲簋，實一觳，崇尺，厚半寸，脣寸。豆，實三而成觳，崇尺。凡陶瓬之事：髻墾薜暴不入市，器中膊，豆中縣。膊崇四尺，方四寸。　梓人爲筍虡。天下之大獸五：脂者，膏者，羸者，羽者，鱗者。宗廟之事，脂者、膏者以爲牲，羸者、羽者、鱗者以爲筍虡。外骨、内骨，卻行、仄行，連行、紆行，以脰鳴者，以注鳴者，以旁鳴者，以翼鳴者，以股鳴者，以胷鳴者，謂之小蟲之屬，以爲彫琢。厚脣弇口，出目短耳，大胷燿後，大體短脰：若是者謂之羸屬，恒有力而不

能走其聲大而宏有力而不能
走則于任重宜聲大而宏則于
鐘宜若是者以爲鐘虡是故擊
其所縣而由其虡鳴鋭喙決吻
數目顧脰小體騫腹若是者謂
之羽屬恒無力而輕其聲清陽
而遠聞無力而輕則于任輕宜
其聲清陽而遠聞於磬宜若是

者以爲磬虡故擊其所縣而由
其虡鳴小首而長摶身而鴻若
是者謂之鱗屬以爲筍凡攫閷
援簭之類必深其爪出其目作
其鱗之而深其爪出其目作其
鱗之而則于眡必撥爾而怒苟
撥爾而怒則于任重宜且其匪
色必似鳴矣爪不深目不出鱗

能走，其聲大而宏。有力而不能走，則于任重宜；大聲而宏，則于鍾宜。若是者以爲鍾虡，是故擊其所縣而由其虡鳴。鋭喙決吻，數目顧脰，小體騫腹，若是者謂之羽屬，恒無力而輕，其聲清陽而遠聞。無力而輕，則于任輕宜，其聲清陽而遠聞，於磬宜。若是

儒藏經典·康熙篆文六經四書　周禮

者以爲磬虡，故擊其所縣而由其虡鳴。小首而長，摶身而鴻，若是者謂之鱗屬，以爲筍。凡攫閷、援簭之類，必深其爪，出其目，作其鱗之而。深其爪，出其目，作其鱗之而，則于眡必撥爾而怒。苟撥爾而怒，則于任重宜，且其匪色必似鳴矣。爪不深，目不出，鱗

之而不作，則必積爾如委矣！苟積爾如委，則加任焉，則必如將廢措，其匪色必似不鳴矣。

梓人爲飲器。勺一升，爵一升，觚三升。獻以爵而酬以觚。一獻而三酬，則一豆矣。食一豆肉，飲一豆酒，中人之食也。凡試梓，飲器鄉衡而實不盡，梓師罪之。

梓人爲侯。廣與崇方，參分其廣，而鵠居一焉。上兩个與其身三，下兩个半之。上綱與下綱出舌尋，縜寸焉。張皮侯而棲鵠，則春以功。張五采之侯，則遠國屬。張獸侯，則王以息燕。祭侯之禮，以酒、脯、醢。其辭曰：「惟若寧侯。毋或若女不寧侯，不屬于王所，故抗而射

女彊飲彊食詒女曾孫諸侯百
福 廬人爲廬器戈柲六尺有
六寸殳長尋有四尺車戟常酋
矛常有四尺夷矛三尋凡兵無
過三其身過三其身弗能用也
而無已又以害人故攻國之兵
欲短守國之兵欲長攻國之人
衆行地遠食飲飢且涉山林之

儒藏經典·康熙篆文六經四書 周禮

阻是故兵欲短守國之人寡食
飲飽行地不遠且不涉山林之
阻是故兵欲長凡兵句兵欲無
彈刺兵欲無蜎是故句兵椑刺
兵摶轂兵同彊舉圍欲細細則
校刺兵同彊舉圍欲重重欲傅
人傅人則密是故侵之凡爲殳
五分其長以其一爲之被而圍

女。彊飲彊食，詒女曾孫諸侯百福。」

廬人爲廬器。戈柲六尺有六寸。殳長尋有四尺。車戟常。酋矛常有四尺，夷矛三尋。凡兵無過三其身，過三其身，弗能用也，而無已，又以害人。故攻國之兵欲短，守國之兵欲長。攻國之人衆，行地遠，食飲飢，且涉山林之

阻，是故兵欲短；守國之人寡，食飲飽，行地不遠，且不涉山林之阻，是故兵欲長。凡兵，句兵欲無彈，刺兵欲無蜎。是故句兵椑，刺兵摶。轂兵同彊，舉圍欲細，細則校。刺兵同彊，舉圍欲重，重欲傅人；傅人則密，是故侵之。凡爲殳，五分其長，以其一爲之被而圍

之參分其圍去一以爲晉圍五
分其晉圍去一以爲首圍凡爲
酋矛參分其長二在前一在後
而圍之五分其圍去一以爲晉
圍參分其晉圍去一以爲刺圍
凡試廬事置而搖之以眂其蜎
也灸諸牆以眂其橈之均也橫
而搖之以眂其勁也六建既備

車不反覆謂之國工 匠人建
國水地以縣置槷以縣眂以景
爲規識日出之景與日入之景
晝參諸日中之景夜考之極星
以正朝夕 匠人營國方九里
旁三門國中九經九緯經涂九
軌左祖右社面朝後市市朝一
夫夏后氏世室堂修二七廣四

之。參分其圍，去一以爲晉圍。五
分其晉圍，去一以爲首圍。凡爲
酋矛，參分其長，二在前、一在後
而圍之。五分其圍，去一以爲晉
圍。參分其晉圍，去一以爲刺圍。
凡試廬事：置而搖之，以眂其蜎
也；灸諸牆，以眂其橈之均也；橫
而搖之，以眂其勁也。六建既備，

儒藏經典・康熙篆文六經四書 周禮

車不反覆，謂之國工。 匠人建
國，水地以縣。置槷以縣，眂以景。
爲規，識日出之景，與日入之景。
晝參諸日中之景，夜考之極星，
以正朝夕。 匠人營國。方九里，
旁三門。國中九經九緯，經涂九
軌。左祖右社，面朝後市，市朝一
夫。夏后氏世室，堂修二七，廣四

修一五室三四步四三尺九階四旁兩夾窻白盛門堂三之二室三之一殷人重屋堂修七尋堂崇三尺四阿重屋周人明堂度九尺之筵東西九筵南北七筵堂崇一筵五室凡室二筵室中度以几堂上度以筵宮中度以尋野度以步涂度以軌廟門容大扃七个闈門容小扃參个路門不容乘車之五个應門二徹參个內有九室九嬪居之外有九室九卿朝焉九分其國以爲九分九卿治之王宮門阿之制五雉宮隅之制七雉城隅之制九雉經涂九軌環涂七軌野涂五軌門阿之制以爲都城之

儒藏
儒藏經典·康熙篆文六經四書 周禮

修一。五室，三四步，四三尺。九階。四旁兩夾窻，白盛。門堂三之二，室三之一。殷人重屋，堂修七尋，堂崇三尺，四阿，重屋。周人明堂，度九尺之筵，東西九筵，南北七筵，堂崇一筵。五室，凡室二筵。室中度以几，堂上度以筵，宮中度以尋，野度以步，涂度以軌。廟門容大扃七个，闈門容小扃參个，路門不容乘車之五个，應門二徹參个。內有九室，九嬪居之；外有九室，九卿朝焉。九分其國以爲九分，九卿治之。王宮門阿之制五雉，宮隅之制七雉，城隅之制九雉。經涂九軌，環涂七軌，野涂五軌。門阿之制，以爲都城之制宮隅之制以爲諸侯之城制環涂以爲諸侯經涂野涂以爲都經涂　匠人爲溝洫耜廣五寸二耜爲耦一耦之伐廣尺深尺謂之甽田首倍之廣二尺深二尺謂之遂九夫爲井井間廣四尺深四尺謂之溝方十里爲成成間廣八尺深八尺謂之洫方百里爲同同間廣二尋深二仞謂之澮專達于川各載其名凡天下之地埶兩山之間必有川焉大川之上必有涂焉凡溝逆地防謂之不行水屬不理孫謂之不行梢溝三十里而廣倍凡行奠水磬折以參伍欲爲淵則句于矩凡溝必因水埶防必

制。宮隅之制，以爲諸侯之城制。環涂以爲諸侯經涂，野涂以爲都經涂。

匠人爲溝洫。耜廣五寸，二耜爲耦。一耦之伐，廣尺深尺謂之甽。田首倍之，廣二尺、深二尺謂之遂。九夫爲井，井間廣四尺、深四尺謂之溝。方十里爲成，成間廣八尺、深八尺謂之洫。方百里爲同，同間廣二尋、深二仞謂之澮。專達于川，各載其名。凡天下之地埶，兩山之間必有川焉，大川之上必有涂焉。凡溝逆地防，謂之不行；水屬不理孫，謂之不行。梢溝三十里而廣倍。凡行奠水，磬折以參伍。欲爲淵，則句于矩。凡溝必因水埶，防必因地埶善溝者水漱之善防者水淫之凡爲防廣與崇方其殺參分去一大防外殺凡溝防必一日先深之以爲式里爲式然後可以傳衆力凡任索約大汲其版謂之無任葺屋參分瓦屋四分囷窌倉城逆牆六分堂涂十有二分竇其崇三尺牆厚三尺崇三之

車人之事半矩謂之宣一宣有半謂之欘一欘有半謂之柯一柯有半謂之磬折

車人爲耒庛長尺有一寸中直者三尺有三寸上句者二尺有二寸自其庛緣其外以至于首以弦其內六尺有六寸與步相中也堅地欲直庛柔地欲句

因地埶，善溝者水漱之，善防者水淫之。凡爲防，廣與崇方，其殺參分去一。大防外殺。凡溝防，必一日先深之以爲式，里爲式然後可以傳衆力。凡任，索約大汲其版，謂之無任。葺屋參分，瓦屋四分。囷窌倉城，逆牆六分。堂涂十有二分。竇，其崇三尺。牆厚三尺，崇三之。

車人之事：半矩謂之宣，一宣有半謂之欘，一欘有半謂之柯，一柯有半謂之磬折。

車人爲耒，庛長尺有一寸，中直者三尺有三寸，上句者二尺有二寸。自其庛，緣其外，以至于首，以弦其內，六尺有六寸，與步相中也。堅地欲直庛，柔地欲句庛。直庛則利推，句庛則利發。倨句磬折，謂之中地。車人爲車，柯長三尺，博三寸，厚一寸有半。五分其長，以其一爲之首。轂長半柯，其圍一柯有半。輻長一柯有半，其博三寸，厚三之一。渠三柯者三，行澤者欲短轂，行山者欲長轂；短轂則利，長轂則安。行澤者反輮，行山者仄輮；反輮則易，仄輮則完。六分其輪崇，以其一爲之牙圍。柏車轂長一柯，其圍二柯，其輻一柯，其渠二柯者三。五分其輪崇，以其一爲之牙圍。大車崇三柯，綆寸，牝服二柯有參分柯之二。羊車二柯有參分柯之一。柏車二柯。凡爲轅，三

其輪崇參分其長二在前一在
後以鑿其鉤徹廣六尺鬲長六
尺　弓人爲弓取六材必以其
時六材既聚巧者和之榦也者
以爲遠也角也者以爲疾也筋
也者以爲深也膠也者以爲和
也絲也者以爲固也漆也者以
爲受霜露也凡取榦之道七柘
爲上檍次之檿桑次之橘次之
木瓜次之荆次之竹爲下凡相
幹欲赤黑而陽聲赤黑則鄉心
陽聲則遠根凡析榦射遠者用
埶射深者用直居榦之道菑栗
不迆則弓不發凡相角秋殺者
厚春殺者薄稺牛之角直而澤
老牛之角紾而昔疢疾險中瘠

儒藏
儒藏經典·康熙篆文六經四書　周禮

其輪崇。參分其長，二在前，一在後，以鑿其鉤。徹廣六尺，鬲長六尺。　弓人爲弓。取六材必以其時。六材既聚，巧者和之。榦也者，以爲遠也；角也者，以爲疾也；筋也者，以爲深也；膠也者，以爲和也；絲也者，以爲固也；漆也者，以爲受霜露也。凡取榦之道七：柘爲上，檍次之，檿桑次之，橘次之，木瓜次之，荆次之，竹爲下。凡相幹，欲赤黑而陽聲，赤黑則鄉心，陽聲則遠根。凡析榦，射遠者用埶，射深者用直。居榦之道，菑栗不迆，則弓不發。凡相角，秋殺者厚，春殺者薄；稺牛之角直而澤，老牛之角紾而昔；疢疾險中，瘠

牛之角無澤角欲青白而豐末
夫角之本蹙于腦而休于氣是
故柔柔故欲其埶也白也者埶
之徵也夫角之中恒當弓之畏
畏也者必橈橈故欲其堅也青
也者堅之徵也夫角之末遠于
剈而不休於氣是故脃脃故欲
其柔也豐末也者柔之徵也角

長二尺有五寸三色不失理謂
之牛戴牛凡相膠欲朱色而昔
昔也者深瑕而澤紾而摶廉鹿
膠青白馬膠赤白牛膠火赤鼠
膠黑魚膠餌犀膠黄凡昵之類
不能方凡相筋欲小簡而長大
結而澤小簡而長大結而澤則
其爲獸必剽以爲弓則豈異于

牛之角無澤。角欲青白而豐末。夫角之本，蹙于腦而休于氣，是故柔；柔故欲其埶也。白也者，埶之徵也。夫角之中，恒當弓之畏；畏也者必橈，橈故欲其堅也。青也者，堅之徵也。夫角之末，遠于剈而不休於氣，是故脃，脃故欲其柔也。豐末也者，柔之徵也。角

長二尺有五寸，三色不失理，謂之牛戴牛。凡相膠，欲朱色而昔，昔也者，深瑕而澤，紾而摶廉。鹿膠青白，馬膠赤白，牛膠火赤，鼠膠黑，魚膠餌，犀膠黄。凡昵之類不能方。凡相筋，欲小簡而長，大結而澤。小簡而長，大結而澤，則其爲獸必剽；以爲弓，則豈異于

其獸筋欲敝之敝漆欲測絲欲
沈得此六材之全然後可以爲
良凡爲弓冬析幹而春液角夏
治筋秋合三材寒奠體冰析瀞
冬析幹則易春液角則合夏治
筋則不煩秋合三材則合寒奠
體則張不流冰析瀞則審環春
被弦則一年之事析幹必倫析
角無邪斲目必荼斲目荼則
及其大脩也筋代之受病夫目
也者必强彊者在内而摩其筋
夫筋之所由幨恒由此作故角
三液而幹再液厚其帤則木堅
薄其帤則需是故厚其液而節
其帤約之不皆約疏數必侔斲
摯必中膠之必均斲摯不中膠

儒藏經典・康熙篆文六經四書　周禮

其獸？筋欲敝之敝。漆欲測，絲欲沈。得此六材之全，然後可以爲良。凡爲弓，冬析幹而春液角，夏治筋，秋合三材，寒奠體，冰析瀞。冬析幹則易，春液角則合，夏治筋則不煩，秋合三材則合，寒奠體則張不流，冰析瀞則審環，春被弦則一年之事。析幹必倫。析角無邪。斲目必荼。斲目荼，則及其大脩也，筋代之受病。夫目也者必强，彊者在内而摩其筋，夫筋之所由幨，恒由此作。故角三液而幹再液，厚其帤則木堅，薄其帤則需，是故厚其液而節其帤。約之不皆約，疏數必侔。斲摯必中，膠之必均。斲摯不中，膠之不均則及其大脩也角代之受病夫懷膠于内而摩其角夫角之所由挫恒由此作凡居角長者以次需恒角而短是謂逆橈引之則縱釋之則不校恒角而達辟如終紲非弓之利也今夫茭解中有變焉故校于挺臂中有柎焉故剽恒角而達引如終紲非弓之利也撟幹欲孰于火而無贏撟角欲孰于火而無燂引筋欲盡而無傷其力鬻膠欲孰而水火相得然則居旱亦不動居濕亦不動苟有賤工必因角幹之濕以爲之柔善者在外動者在内雖善于外必動于内雖善亦弗可以爲良矣凡爲弓

儒藏經典·康熙篆文六經四書 周禮

之不均，則及其大脩也，角代之受病。夫懷膠于内而摩其角，夫角之所由挫，恒由此作。凡居角，長者以次需。恒角而短，是謂逆橈。引之則縱，釋之則不校。恒角而達，辟如終紲，非弓之利也。今夫茭解中有變焉，故校；于挺臂中有柎焉，故剽。恒角而達，引如終紲，非弓之利也。撟幹欲孰于火而無贏，撟角欲孰于火而無燂，引筋欲盡而無傷其力，鬻膠欲孰而水火相得，然則居旱亦不動，居濕亦不動。苟有賤工，必因角幹之濕以爲之柔，善者在外，動者在内；雖善于外，必動于内，雖善亦弗可以爲良矣！凡爲弓：

方其峻而高其柎，長其畏而薄其敝；宛之無已，應。下柎之弓，末應將興。爲柎而發，必動於殺。弓而羽殺，末應將發。弓有六材焉，維幹强之，張如流水。維體防之，引之中參。維角堂之，欲宛而無負弦。引之如環，釋之無失體，如環。材美，工巧，爲之時，謂之參均。角不勝幹，幹不勝筋，謂之參均。量其力有三均，均者三，謂之九和。九和之弓，角與幹權，筋三侔，膠三鋝，絲三邸，漆三斞。上工以有餘，下工以不足。爲天子之弓，合九而成規。爲諸侯之弓，合七而成規。大夫之弓，合五而成規。士之弓，合三而成規。弓長六尺

有六寸謂之上制上士服之弓
長六尺有三寸謂之中制中士
服之弓長六尺謂之下制下士
服之凡爲弓各因其君之躬志
慮血氣豐肉而短寬緩以荼若
是者爲之危弓危弓爲之安矢
骨直以立忿埶以奔若是者爲
之安弓安弓爲之危矢其人安
其弓安其矢安則莫能以速中
且不深其人危其弓危其矢危
則莫能以愿中往體多來體寡
謂之夾臾之屬利射侯與弋往
體寡來體多謂之王弓之屬利
射革與質往體來體若一謂之
唐弓之屬利射深大和無瀳其
次筋角皆有瀳而深其次有瀳

儒藏
儒藏經典・康熙篆文六經四書　周禮

有六寸，謂之上制，上士服之。弓長六尺有三寸，謂之中制，中士服之。弓長六尺，謂之下制，下士服之。凡爲弓，各因其君之躬，志慮血氣。豐肉而短，寬緩以荼，若是者爲之危弓，危弓爲之安矢。骨直以立，忿埶以奔，若是者爲之安弓，安弓爲之危矢。其人安，其弓安，其矢安，則莫能以速中，且不深。其人危，其弓危，其矢危，則莫能以愿中。往體多，來體寡，謂之夾臾之屬，利射侯與弋。往體寡，來體多，謂之王弓之屬，利射革與質。往體、來體若一，謂之唐弓之屬，利射深。大和無瀳，其次筋角皆有瀳而深，其次有瀳

而疏其次角無灂合灂若背手文角環灂牛筋蕡灂麋筋斥蠖灂和弓轂摩覆之而角至謂之句弓覆之而幹至謂之侯弓覆之而筋至謂之深弓

周禮卷之六

而疏，其次角無灂。合灂若背手文。角環灂，牛筋蕡灂，麋筋斥蠖灂。和弓轂摩。覆之而角至，謂之句弓。覆之而幹至，謂之侯弓。覆之而筋至，謂之深弓。

周禮卷之六

儒藏
儒藏經典·康熙篆文六經四書　周禮

校記

①眡：誤。據通行本，當作「眡」。

此經中同此。

②稾：誤。據通行本，當作「稾」。

③材：誤。據通行本，當作「財」。

④祰：毛本作「犒」，阮本作「槁」。阮元校勘記：「宋本、嘉靖本、閩監毛本作『犒牛』，注及疏同，非也。」

⑤序：誤。據通行本，當作「敘」。

⑥經：誤。據通行本，當作「徑」。

⑦材：誤。據通行本，當作「財」。

⑧処：誤。據通行本，當作「取」。

⑨士：誤。據通行本，當作「氏」。

⑩障：誤。據通行本，當作「璋」。

⑪鼓：誤。據通行本，當作「瞽」。

⑫士：誤。據通行本，當作「事」。

⑬玉：誤。據通行本，當作「三」。

⑭轅：誤。據通行本，當作「轘」。

⑮軌：誤。據通行本，當作「軓」。

⑯搏：誤。據通行本，當作「博」。

儒藏
儒藏經典・康熙篆文六經四書 周禮